I Testi 56

Gian Piero Brunetta

Storia
del cinema italiano

Dal neorealismo al miracolo economico
1945-1959

Volume terzo

Editori Riuniti

III edizione, I ristampa: luglio 2000
© Copyright Editori Riuniti, 1982
via Alberico II, 33 - 00193 Roma
Grafica Luciano Vagaggini
ISBN 88-359-4544-5

Indice

Nota introduttiva all'edizione 1993

Per i criteri che hanno guidato revisione e aggiornamento di questa *Storia* rinvio all'introduzione generale del primo volume. Nel terzo volume sono stati rivisti a fondo soprattutto i capitoli relativi ai registi e agli sceneggiatori. Il quarto volume è riscritto del tutto, rispetto ai capitoli della prima edizione. Naturalmente ho fatto tesoro del lavoro condotto per *Cent'anni di cinema italiano*, ma ho cercato di mantenere tra le due opere un rapporto complementare e non di dipendenza parassitaria. Sul periodo del dopoguerra in questi anni ho sviluppato ulteriori ricerche di prossima pubblicazione, insieme ad un gruppo di studiosi italiani e stranieri, sull'identità italiana e identità europea rappresentata dal cinema italiano tra gli anni della ricostruzione e quelli del miracolo economico. L'aggiornamento bibliografico e l'analisi della situazione produttiva e filmica si arrestano ai primi mesi del 1993. Nel frattempo il mutamento catastrofico della società italiana ha colpito in pieno la realtà del cinema: un referendum popolare ha deciso la soppressione del ministero del turismo e dello spettacolo, prima dello scoccare del settimo anno è già in crisi il matrimonio Penta-Berlusconi che sanciva una situazione di controllo monopolistico del mercato, il mondo televisivo viene rivoluzionato dall'entrata in vigore di una nuova legge che sostituisce la contestata legge Mammí del 1990... Non ho creduto necessario rincorrere gli avvenimenti aggiungendo nuove pagine ad ogni nuova correzione di bozze.

Rispetto alla prima edizione ho cercato di mettere piú a fuoco e di sviluppare l'analisi del lavoro dei registi e di tener conto del lavoro sul cinema italiano condotto sul piano internazionale. Nel leggere saggi e monografie di studiosi e critici stranieri nell'ultimo decennio (sul cinema degli anni trenta, su Fellini o Pasolini, su Antonioni e su Leone...) mi è parso di cogliere un vero e proprio valore aggiunto dato da un investimento affettivo, da una curiosità e intelligenza nei confronti dell'oggetto che poche volte ho ritrovato nei molti cataloghi realizzati a tamburo battente in occasione di rassegne e retrospettive italiane, per lo piú privi sia delle caratteristiche di novità date da una ricerca effettiva e in profondità, sia delle caratteristiche di investimento culturale e affettivo reale nei confronti del proprio oggetto. Inoltre, per quanto riguarda il quadro piú recente, alla disgregazione progressiva del tessuto e dei vincoli tra critica e autori ha corrisposto un affievolirsi della passione parallelo al processo di miniaturizzazione progressiva dei nuovi soggetti o oggetti d'amore. In questa fase si può riscontrare un maggiore interesse, curiosità e affinità, nei confronti del cinema muto e di quello degli anni trenta rispetto alla produzione e agli autori degli ultimi decenni. Buon segno dal punto di vista della crescita e della maturazione di una coscienza storiografica ma piuttosto inquietante per chi voglia dedurre dalla situazione presente proiezioni per l'immediato futuro.

Ci piace comunque pensare a piú mondi possibili e non solo a scenari apocalittici e riconoscere negli orizzonti futuri quegli squarci di luce, quei residui di energia e di ottimismo che hanno sempre fatto scattare la scintilla della ripresa e aiutato il cinema italiano a risollevarsi anche nei momenti piú difficili e nelle situazioni storiche piú drammatiche.

G.P.B.

Padova-Asiago, agosto 1993

Introduzione
alla prima edizione

Consegno all'editore, con ben tre anni di ritardo rispetto alla data prevista nel contratto (che risale all'ormai lontano 1974), l'ultima parte di questa *Storia del cinema italiano*.

Anche se lo dico in un momento di euforia, mi sembra che il ritardo possa essere ampiamente giustificato.

Nel progetto iniziale la seconda parte era stata concepita come un'appendice al primo volume, o meglio come un rapido excursus su un terreno dato come conosciuto e, al tempo stesso, difficilmente ricomponibile in un quadro d'insieme.

Dalla fine del 1979, con una buona metà del libro terminata, mi sono accorto che i rapporti di forza tra le due parti stavano mutando, al di là di ogni previsione, a favore del cinema del dopoguerra. A quel punto non mi era piú possibile sottrarmi al gioco, e non mi è rimasto che assecondare fino in fondo la volontà dei miei materiali e le richieste legittime avanzate dai soggetti stessi della mia ricerca.

Il ritardo si giustifica soprattutto per il fatto che mi sono accorto che molta parte dei materiali relativi al film del dopoguerra apparteneva a una memoria personale, assai incerta e lacunosa. Se volevo restar fedele al criterio adottato nel primo volume, di lavorare sempre, nei limiti del possibile, su una visione diretta e di prima mano delle fonti filmiche, non mi restava che varare un programma intensivo di recupero e controllo. Per quasi due anni mi sono imposto di vedere, registrare, rivedere, analizzare quasi un migliaio di film: il lavoro è stato enormemente facilitato, rispetto alle avventure picaresche del primo volume, dalla proliferazione delle televisioni private e dalla possibilità di recuperare, stando incollato al televisore per molte ore del giorno e della notte, qualche anello mancante nella catena dei titoli.

Se non temessi di generare nel lettore il sospetto di essere alla ricerca di qualche sponsorizzazione a buon mercato, dovrei dichiarare che, senza la memorabile retrospettiva di settanta film dell'immediato dopoguerra, trasmessa nell'estate del 1980 da una televisione privata, non avrei potuto portare allo stesso livello di maturazione alcuni capitoli che mi sembrano aver assunto il ruolo di strutture portanti dell'intera opera.

Anche se i capitoli relativi ai film, grazie a questa possibilità di revisione diretta, hanno uno sviluppo e un'articolazione ben piú ricchi rispetto al primo volume, il progetto generale non ne ha sofferto: la concessione dei tempi supplementari mi ha consentito di tener presente in maniera piú distesa il quadro e di procedere, in ogni momento, a revisioni, modifiche, tagli, aggiustamenti, correzioni e integrazioni in tutti i capitoli.

Mi sembra giusto, a questo punto, offrire qualche ulteriore indicazione sui criteri adottati nella redazione dell'opera e su alcune caratteristiche del laboratorio e del metodo.

«La storia – ha scritto Lucien Febvre – si fa, senza dubbio, con documenti scritti, quando ce n'è. Ma si può, si deve fare senza documenti scritti se non ne esistono. Per mezzo di tutto quello che l'ingegnosità dello storico gli consente di utilizzare... Quindi con le parole. Con i segni. Con i paesaggi e con le tegole. Con le forme dei campi e con le erbacce. Con le eclissi lunari e con gli attacchi delle bestie». Piú volte, nel corso di questi anni, mi è capitato di riconoscere il carattere di orientamento fondamentale di questa affermazione per il mio lavoro.

Riuscire a tradurre lo spirito della frase nella pratica della storiografia del cinema mi è parso come il modo piú produttivo per dispormi all'osservazione di un universo solo in parte esplorato e conosciuto con strumenti che favorivano una continua variazione della messa a fuoco, da una visione microscopica a una telescopica, senza mai perdere il senso dell'insieme.

Anche se la produzione storiografica, a partire dalla monumentale *Storia del cinema* di Georges Sadoul, ha avuto il merito di tracciare le prime coordinate e di procedere alla classificazione della materia secondo princípi aristotelici, quel tipo di lavoro di collazione di dati, di descrizione e interpretazione con strumenti ora socio-economici, ora estetico-sociologici, si rivela – anche ad un semplice esame comparato con discipline dotate di maggior tradizione – insufficiente e a troppo poche dimensioni per dare ragione della complessità dei fenomeni e del campo da osservare.

L'oggetto del lavoro dello storico del cinema si presenta oggi come un modello in espansione, dotato di un'energia ad alta compressione, tuttora capace di produrre reazioni a catena, la cui portata e le cui conseguenze sono imprevedibili. Il riconoscimento della natura espansiva del testo e del campo da analizzare, unito alla convinzione che non esiste un motore unico capace di spingere la storia del cinema italiano in una direzione privilegiata, conduce a porsi, prima di tutto, nuovi problemi di prospettiva e di punto di vista.

Il mutamento del punto di vista e di alcuni strumenti di interpretazione e decodificazione del sistema fa sí che i materiali si vengano a disporre non piú lungo una direttrice univoca, ordinata in senso logico e cronologico, secondo catene di continuità, causalità e veridicibilità mai piú rimesse in discussione dal momento della loro costituzione iniziale. I sistemi di verifica e controllo messi in atto portano l'insieme di indizi, sintomi, segni, informazioni, affermazioni, giudizi, interpretazioni, a redistribuirsi come in un grafo di considerevoli proporzioni (o secondo quell'ideale rete di modelli che sottende ad esempio il lavoro dell'*Enciclopedia* einaudiana), entro il quale ogni elemento partecipa, in senso attivo, di un piú vasto sistema in cui agiscono, come campi magnetici correlati e concorrenti, forze di tipo politico, culturale, letterario simbolico, fenomeni collegati alla memoria e all'immaginario collettivo e cosí via. La struttura molecolare di ogni singolo momento o unità può dunque disporsi in modo da risultare saturabile e saturata solo quando sono attivati tutti i relais e quando si riesce ad aprire e dilatare al massimo questi relais. Il contatto e l'interferenza dei codici, i princípi di transcodificazione, le continue metamorfosi, la diversa portata di irradiazione, incidenza, propagazione e capacità di sintonizzazione lungo determinate frequenze di alcuni fenomeni pongono in modo preciso allo storico l'esigenza di assumere e manifestare una nuova disponibilità e responsabilità critica e metodologica nei confronti delle sue fonti.

Fare storia del cinema oggi vuol anche dire, a mio parere, saper elaborare progetti di ricerca e di esplorazione in terreni conosciuti o in galassie inesplorate, sapendo sopperire ai limiti e all'ingenuità della tradizione critica, all'improvvisazione e al dilettantismo di molto lavoro fatto negli ultimi anni, con attrezzature di conoscenze piú solide, con competenze multiple e al tempo stesso riuscendo a combinare alta specializzazione con curiosità e disponibilità assoluta nei confronti del proprio oggetto. I tabú, le chiusure, le rimozioni, i rifiuti pregiudiziali non fanno andare molto lontano né la ricerca né la conoscenza.

Nell'era dei computers e delle banche dati, un lavoro come quello da me condotto in solitudine, per lunghi anni, servendomi di sistemi tradizionali di schedatura e memorizzazione, appare pateticamente anacronistico e assai presto superabile da una piú razionale organizzazione della ricerca e da una piú funzionale suddivisione dei compiti e delle competenze.

In un futuro che mi auguro prossimo, si potrà procedere alla costituzione rigorosa e sistematica di strumenti e inventari per la ricerca comune, alla catalogazione delle fonti, alla immediatezza della consultazione e riproduzione. Per ora è sufficiente saper rendersi conto delle virtualità della ricerca e muoversi in base alla convinzione che il materiale emerso e conosciuto non è altro che una minima parte di quello ancora esistente.

Non voglio ricorrere a paradossi, ma credo sia possibile sostenere, con assoluta tranquillità, che il lavoro dello storico del cinema risulta in molti casi assai piú difficile e anomalo di quello, ad esempio, del paleontologo, che studia la civiltà dei Camuni della Valtellina di sessantamila anni fa. Tuttora una notizia banale, come quella della giusta identificazione anagrafica dell'età di Francesca Bertini, appare come un'impresa pressoché disperata, a chi manca di una tradizione di ricerca negli archivi e nelle biblioteche.

In nessun momento del mio lavoro mi sono comunque limitato a una semplice e impassibile accumulazione di dati e a una fredda vivisezione delle opere e degli autori. Assieme alla quantità di informazioni disposte in modo da farvi emergere anche l'interpretazione, ho cercato di comunicare anche il senso di un'esperienza entusiasmante, le cui difficoltà e la cui durata erano ripagate in gran parte dal piacere della caccia, dell'avventura lungo piste sconosciute, dall'avvistamento e dalla cattura di prede di vario genere.

Nel mio programma iniziale non ho posto limiti-pregiudiziali alla esplorazione delle fonti: ho fatto incursioni negli archivi delle questure e nelle soffitte dei privati; ho rovistato tra i resti degli stabilimenti Pisorno di Tirrenia, dopo il passaggio delle ruspe, e sono entrato nella privacy degli epistolari dei critici e degli attori. Ho usato varie tecniche di mimetizzazione per accedere alle fonti cattoliche, ho viaggiato in lungo e largo in Italia e mi sono recato almeno sei volte negli Stati Uniti per consultare gli archivi nazionali e le cineteche. Ho raccolto ricordi di critici, attori, registi, sceneggiatori, amici, mogli, parenti di produttori, protagonisti, o anche semplici comparse della scena cinematografica. Ho scoperto sceneggiature mai realizzate; ho studiato migliaia di manifesti, locandine, fotografie, materiale pubblicitario di ogni genere. Ho consultato i borderò di piccole sale di campagna e letto gli interventi parlamentari di uomini di governo e dell'opposizione in occasione dei diversi interventi legislativi; ho scovato valigie contenenti materiali di archivi dell'associazionismo; ho analizzato sistematicamente i giudizi del Centro cattolico cinematografico e mi sono procurato la documentazione degli interventi censori dei centri di revisione periferici; ho studiato per anni i modelli linguistici e lavorato su tabelle e dati statistici sull'andamento del mercato dalla produzione all'esercizio...

Il lavoro si è dunque costituito in egual misura in base a precise ipotesi generali e a un programma che prevedeva un training quotidiano nella cucina filologica, un contatto continuo e diretto con la materialità dei testi e delle fonti. Ho cercato di mostrare l'imprevedibile ricchezza di senso che si nasconde anche dietro ai fenomeni in apparenza piú semplici e di procedere a differenti tipi di verifica nei confronti di affermazioni e convinzioni da tempo assunte nella vulgata della critica e mai rimesse in discussione.

Per parafrasare una frase delle *Mille e una notte* di Pasolini, credo che per uno storico del cinema la verità storiografica oggi non consista tanto nella sua capacità di produrre *Una Storia*, quanto piuttosto nell'aver coscienza che esistono *molte storie* e nel saperle far venire alla luce in una nuova imprevedibile rete di relazioni. Lo ha detto del resto già Fernand Braudel: «La Storia può concepirsi oggi solo a "n" dimensioni».

Pur con gli inevitabili rischi di squilibri interni e con il minore o maggiore grado di interesse, competenza e coinvolgimento, ritengo di essermi posto, per ogni capitolo, i problemi di pertinenza generale e di non aver esitato a ricorrere a consulenze esterne ogni volta che mi sorgessero dubbi e difficoltà.

Mi sono sforzato di guardare oltre le evidenze e i luoghi critici deputati e conosciuti per dimostrare come anche nell'orto di casa e nelle zone in apparenza piú familiari vi fosse ancora molto da arare e da analizzare. Per questo ho dedicato un tempo considerevole alla ricostruzione di argomenti poco conosciuti, trascurati o ignorati, come quelli sulla politica di riconquista del mercato da parte dei produttori americani, o quelli sui ritratti linguistici dell'italiano.

Ho cercato di ricomporre nell'insieme le caratteristiche del lavoro di bottega degli sceneggiatori e di restituire, servendomi di materiali eterogenei (in prevalenza di derivazione letteraria), il senso del rito e della festa perduta nella visione cinematografica popolare dell'immediato dopoguerra. Quanto ai registi, ai generi, ai film, mi sono posto il problema di sistemarli entro una cornice in apparenza tradizionale, che rispettasse le caratteristiche dei singoli sottolineando in egual misura la specificità dei segni e del senso, e di mostrare anche, al di là delle differenze e dei raggruppamenti piú ovvi, una serie ulteriore di legami, parentele, filiazioni, contiguità e relazioni, oltre che di tipo interindividuale anche tra gli individui e i differenti livelli del sistema. Nell'economia generale del lavoro sono questi i capitoli programmaticamente meno articolati, in quanto presuppongono l'unica consistente letteratura critica.

Pur avendo concepito la fase della ricerca e della raccolta dei materiali secondo il modello dell'arca di Noè, a un certo punto sono stato costretto a cessare le ricerche e a chiudere il lavoro. Alcuni nomi, pur importanti, specie nell'ultimo periodo, sono rimasti fuori, altri ormai gratificati dalla pubblicazione di contributi monografici di rilievo sono stati passati in rassegna molto rapidamente, altri infine, piú banalmente, erano e sono purtroppo rimasti al di fuori dell'orizzonte delle mie conoscenze. Mi scuso soprattutto con questi ultimi, anche se devo dire che, già nel momento delle scelte generali, ho deciso di escludere dalla trattazione intere categorie professionali, dagli scenografi ai costumisti, dagli operatori ai montatori, ai musicisti. Per fortuna esistono segni positivi del fatto che altri si stanno muovendo proprio in queste direzioni.

Giunto in dirittura d'arrivo in condizioni di debito d'ossigeno, con il respiro pesante e lo sguardo in uno stato di assoluta catatonia nei confronti di qualsiasi prodotto cinematografico italiano che entri nel mio campo visivo, passo il testimone, augurandomi che i risultati di questo lavoro possano servire per futuri e piú attrezzati ricercatori come campo base o utile

punto d'appoggio per il raggiungimento di obiettivi piu ampi
e ambiziosi.

Per quanto mi riguarda, se dovessi fare una dichiarazione a
caldo al microfono di un ideale intervistatore, mi resterebbe
solo da dire che vorrei saper ripartire da zero per riuscire a saper guardare con la stessa attenzione e la stessa curiosità di
questi anni al di là dell'immagine cinematografica, oltre lo
schermo e lo spazio della sala, oltre il foglio della macchina da
scrivere. Con lo stesso piacere con cui, in questo momento, incrocio lo sguardo della gatta che studia come aprirsi la finestra
per inseguire un merlo che, posatosi un attimo sul davanzale,
sta volando verso la cima del monte Moor.

Gian Piero Brunetta

Padova-Asiago, giugno 1982

«Pensa che matti che eravamo: dal '43 al '45 l'Ugo Casiraghi era
prigioniero in Germania, aveva due cartoline al mese a disposizione,
una l'adoperava per scrivere ai suoi, l'altra per scrivere a me di *cinema*. Se le trovo te le passo». Nella sua ultima lettera, Glauco Viazzi
mi prometteva anche di volersi mettere al lavoro per redigere un memoriale «a mio uso e consumo» sull'attività e sull'esperienza del suo
gruppo: a lui va anzitutto la mia riconoscenza e il rimpianto di non
aver potuto godere piú a lungo della sua amicizia e dei suoi consigli.
Il campo di concentramento evocato nella lettera mi era noto: mio
padre ricordava con ammirazione – negli anni cinquanta – quel giovane suo compagno di baracca, nel frattempo divenuto critico cinematografico dell'*Unità*, che sapeva trovare la forza di parlare di cinema ad un gruppo di prigionieri quasi incapaci di reggersi in piedi per
lo stato di denutrizione. La redazione della prima parte di questo volume mi ha particolarmente coinvolto: ho cercato di scrivere la storia della generazione dei padri guardando con rispetto, ma anche senza complessi, il loro volto, il senso del loro lavoro, delle loro passioni, delle loro speranze deluse e delle loro sconfitte. Mi auguro che dal
tessuto complessivo del lavoro si possano riconoscere anche le presenze (che ho cercato di rendere il piú possibile invisibili) di alcuni
padri culturali e maestri e di metodi e libri verso cui in varia misura

devo dichiarare un debito di riconoscenza: Sergio Bettini e Concetto Marchesi, Gianfranco Folena e Roman Jakobson, Carlo Ginzburg e Michail Bachtin, Lucien Febvre e Jacques Le Goff, Tullio De Mauro e Roberto Longhi, Jurij Lotman, Michel Foucault e Fernand Braudel...

Ho goduto di molti aiuti: alcune spinte in particolare sono giunte provvidenzialmente a farmi superare i momenti di maggiore crisi. Mi hanno segnalato o prestato documenti o materiali indispensabili a fare avanzare l'analisi Aldo Bernardini, Giuliano Agnolini, Gino Gottardi, Piero Mechini, Ennio De Concini, Piero Tortolina, Giorgio Tinazzi, Ennio Di Nolfo, Antonio Costa, Pierre Sorlin, Goffredo Fofi, Jean Gili, Tullio Kezich, David Ellwood, Luciano Michetti Ricci, Elena Barbaro.

James Miller mi ha guidato nell'esplorazione dei labirinti dei National archives di Washington e Patrick Sheehan ha risolto tutti i miei problemi bibliografici all'interno della Motion Pictures Division della Library of Congress.

Mario Isnenghi ha seguito capitolo per capitolo il libro nel suo farsi e mi ha dato non pochi consigli illuminanti. Nel lavoro di editing e di controllo finale mi ha aiutato Giuliana Muscio. Per la filmografia ho avuto un aiuto da Paolo Madron e soprattutto da mio padre che, con pazienza certosina, ha ricopiato tutto il dattiloscritto, spesso dall'aspetto indecifrabile, emendandolo di numerosi errori. Il libro è dedicato a lui e a mia moglie Giuliana, che ha saputo sopportare l'ingombrante e ossessiva presenza di questo lavoro nella nostra vita privata.

Le fotografie provengono soprattutto dall'Archivio della Cineteca comunale di Bologna, ma mi sono state anche fornite da Giorgio Tinazzi, Antonio Rubini, Carlo Montanaro, Guido Fink, Carlo Lizzani, Jean Gili, Massimo Baistrocchi. Le riproduzioni sono di Marina Emo.

Ringrazio infine Roberto Bonchio e gli Editori Riuniti per la pazienza con cui hanno accolto tutte le richieste di dilazione nelle consegne. Un ultimo grazie a Ovidio Martini, amico, oltre che attento e scrupoloso redattore.

Storia del cinema italiano 3

Dal neorealismo al miracolo economico
1945-1959

L'economia cinematografica
tra produzione e consumo

1. Il quadro

Tutte le strade partono da Cinecittà. Come una meteora, alla fine di un percorso molto breve, Cinecittà esplode a contatto con l'atmosfera bellica e il suo corpo, senza dissolversi, si disperde in molti pezzi e frammenti. Il periodo che ci accingiamo a esaminare oscilla tra un polo di massima dispersione e disgregazione e un progressivo lavoro di ricomposizione e riunificazione, in uno stesso luogo, dei molteplici processi produttivi.

È bene dunque ripartire da una situazione di fatto, così come si presenta agli occhi del maggiore John C. Cave, del quartier generale delle forze armate americane, a cui spetta il compito di redigere, ancora in piena guerra, un rapporto sulle condizioni di Cinecittà e un accurato inventario dell'esistente. L'operazione catastale, una volta identificata l'area e ciò che resta degli immobili, è sintetizzata in nove righe: «Cinecittà dista otto o nove chilometri da Roma e si stende tra la via Tuscolana e la Casilina. In quest'area ci sono gli studi del Luce e alcuni edifici ausiliari sono costruiti dall'altra parte di Cinecittà. Gli studi consistono in dieci edifici principali; in piú, sulla destra, di fronte all'entrata principale, c'è un gruppo di costruzioni che comprendono: 1) una scuola di recitazione; 2) un istituto per la produzione di lungometraggi; 3) laboratori per la scenografia; 4) ristoranti, ecc. Secondo notizie non confermate, tutti i materiali cinematografici sono stati trasportati in Germania nel novembre 1943 e gli studi sono stati poi adibiti a depositi dei materiali tedeschi. Da questi rapporti risulta, inoltre, che sette degli studi piú importanti sono stati distrutti dai bombardamenti dell'aviazione alleata»[1].

Il piú importante centro di produzione europeo, in pratica, è stato annientato. Mancando un'industria cinematografica (l'errore americano sarà quello di identificare Cinecittà con l'industria del cinema italiano) sembrerà piú che legittimo, agli occhi dei produttori americani, occupare uno spazio e un mercato privi di rifornimenti, senza preoccuparsi troppo degli eventuali danni. Le truppe che hanno il compito di redigere delle mappe accurate, a mano a mano che risalgono la penisola, una volta assolta questa funzione, passano il testimone ad organismi che svolgono un lavoro specifico nel settore. Come sarà il caso dello Psychological Warfare Branch (PWB)[2] e, in seguito, dell'ambasciata americana[3].

Il cinema, dunque, sembra una voce come un'altra. In pratica non c'è industria, del nord e del sud, di cui non venga redatta, dopo la requisizione, un'accurata descrizione dei beni patrimoniali. Dalle miniere di zolfo della Sicilia a quelle di lignite del centro Italia, dai cantieri metallurgici alle industrie farmaceutiche, fino alle centinaia di piccole imprese a conduzione familiare, si procede con estrema cura, descrivendo lo stato dei macchinari, il numero delle persone impiegate, le possibilità di ripresa a breve termine e cosí via. Mentre però per l'industria, e per la maggior parte delle piccole imprese commerciali requisite, dalla Breda alla Montecatini, dalla Drusi e Vittozzi alla Fabbroncino e Cirillo di Napoli, o alle aziende Casimiri di Grosseto, è previsto un programma di riabilitazione, varato tra il gennaio 1945 e il dicembre dello stesso anno, per il cinema non è previsto alcun piano, o meglio, rimane come una voce a parte nell'interno dei piani complessivi americani[4].

L'utilizzazione di Cinecittà come campo profughi e, contemporaneamente, quella degli stabilimenti Pisorno di Tirrenia (meno importanti, ma pur sempre in grado di offrire buone attrezzature e assistenza tecnica), come depositi delle forze armate americane, che vi impiantano l'Engineering Depot 2L 76 e se ne servono, in pratica, fino al novembre 1949, non sono dovuti al caso[5].

Dopo il tiro incrociato dell'aviazione e della fanteria, l'industria cinematografica continua a subire, ben oltre la fine della guerra, un tipo di bombardamento che sembra voler far terra bruciata e non offrire alcuna possibilità di ripresa. La volontà di rinascita del cinema italiano è però talmente forte da riuscire a riprendere il cammino, nonostante tutta una serie di forze contrastanti.

Il terreno che si vuole esplorare è osservabile soltanto se si rinuncia a privilegiare un percorso lineare ordinato e cronologico e ci si pone di fronte a un oggetto le cui parti sono collegate e unite dai bordi di una sfaccettatura a taglio di diamante, che consente di vedere riverberati su ogni faccia i riflessi e la luce di tutte le altre.

Analizzare nell'insieme le strutture produttive impone, date le caratteristiche dell'oggetto, di frantumare la ricerca. Non per inseguire la specificità e la distintività di ogni singolo elemento lungo tutto il cammino del prodotto, dalla fase di progettazione fino alla circolazione nazionale e internazionale, quanto per restituire, all'oggetto stesso, la sua ricchezza morfologica e il senso della molteplice possibilità di interrelazione tra le parti.

Le tessere mobili di questo mosaico si compongono tenendo conto dei seguenti dati, ruoli e funzioni:

1) Lo stato delle strutture e le forze che entrano in campo.

2) Lo sforzo di ricomposizione e l'affermazione di un'industria.

3) I luoghi di produzione.

4) I protagonisti.

5) La politica delle case di produzione.

6) Le caratteristiche del consumo.

Immergendo tutte queste parti nello stesso contenitore, è evidente che gli elementi e i sistemi di indagine adattati non riusciranno a far precipitare le singole componenti rispettandone tutte le caratteristiche e le qualità specifiche. L'obiettivo principale è intanto quello di procedere a una prima, generale ripartizione, e identificazione di materie prime.

Volendo fissare una periodizzazione, all'interno del quindicennio, si deve riconoscere come, anche per quanto riguarda l'aspetto produttivo, o l'esercizio, nell'ambito della sola voce economica, sia molto difficile trovare una congruenza o coincidenza di appuntamenti con le fasi di sviluppo e quelle di crisi e di involuzione. Bisogna inoltre vedere come i momenti di massima espansione linguistica, espressiva e ideologica, coincidano con le fasi di crisi economica e la compressione espressiva coincida invece con l'espansione produttiva. Per quanto riguarda l'esercizio, infine, la sua storia non dipende strettamente dalla storia dello sviluppo della cinematografia nazionale, ma è collegabile, anzitutto, a spinte esterne e comunque tutta la fase di massima espansione avviene al di fuori del progetto produttivo neorealista.

2. Rinascita dalle macerie

Negli uomini del cinema italiano, che hanno ripreso a lavorare come possono (negli stabilimenti Titanus alla Farnesina, o a Torino alla Fert e soprattutto per le strade) e volgono lo sguardo a Cinecittà, non c'è alcuna nostalgia per i fasti del passato. Semmai commozione per l'inedito spettacolo che il presente impone di registrare[6].

Siamo nel giugno 1945. Al suo secondo numero la rivista *Film d'oggi*, in collaborazione con la casa di produzione cattolica Orbis, indice, per tutti i lettori, un grande concorso sul tema «È accaduto veramente» dotato di cospicui premi di quindici, dieci e cinquemila lire. «Il nostro concorso – dice il testo, in uno stile gravitante nell'orbita zavattiniana – vuole ispirarsi alla verità, alla vita quotidiana. Vogliamo fatti VERI, accaduti negli anni di guerra. Raccontateceli come potete, senza preoccuparvi di colorirli, di scriverli "bene". TUTTI, dall'operaio alla massaia, possono diventare AUTORI D'UN FILM, semplicemente mettendoci al corrente d'una storia vera, che parli al cuore e sia curiosa e avvincente»[7].

Non può non colpire, di fronte a questo testo, la sproporzione tra l'azzeramento delle strutture produttive e la presenza di energie, che, pur disperse, e assai fragili, intendono contribuire, in modo unitario, alla ripresa[8]. La fiducia nella creatività potenziale degli individui, punto cardinale della poetica zavattiniana, è una leva potente che consente di agire su una forza lavoro intellettuale capace di muoversi anche in assenza delle basi economiche indispensabili a rifondare l'edificio produttivo.

Le possibilità di ripresa sono intanto garantite dalla disponibilità e dall'esistenza dei tecnici. E la stessa pellicola, di cui si lamenta da qualche parte la mancanza[9], è disponibile grazie all'intervento partigiano, che ha impedito lo smantellamento degli impianti Ferrania di Savona, consentendo di continuare la produzione, quasi a regime normale, già all'indomani della liberazione[10].

L'industria risorge materialmente, nonostante la dispersione delle sue ceneri, e si rimette in cammino «motu proprio», senza contributi esterni o spinte iniziali, vincendo la convergenza oppositiva di piú forze, prima di tutto di quelle alleate[11]. Neppure lo Stato, del resto, è in grado di dotarla di stampelle per consentire una rieducazione degli arti e tuttavia, solo nel 1945, i film prodotti con mezzi di fortuna sono venticinque[12].

Nel luglio del 1944 si è costituita l'Anica (Associazione nazionale industrie cinematografiche affini), uno dei primi organismi nati per difendere gli interessi di una categoria di naufraghi priva della benché minima bussola d'orientamento. Nel quadro generale delle forze operanti sul piano cinematografico i produttori, grazie a questa iniziativa, sono i primi a tentare di stabilire un contatto con le forze politiche e diplomatiche, italiane e alleate. E da subito vengono elaborati bilanci consuntivi e di previsione nel caso di rapida fine della guerra. Si prevede – ad esempio – di poter produrre almeno una quarantina di film, per consentire una ripresa regolare.

Nel novembre 1945 Riccardo Gualino, presidente della Lux, concede alla rivista *Star* un'intervista in cui chiede la detassazione e un piú diretto contributo dello Stato alla rinascita dell'industria cinematografica. I produttori pensano di dover rientrare di diritto nell'orizzonte dei piani della ricostruzione, anche se l'industria che rappresentano, in pratica, deve dimostrare di esistere. E desiderano inoltre chiudere, in maniera indolore, i conti con il passato. «Troppi erano stati infatti – come osserva Claudio Zanchi – i legami col passato regime: il cinema italiano rischiava di essere sottoposto – in blocco e non come singole persone – a un processo di epurazione»[13].

Si tratta di un rischio puramente teorico: le forze di sinistra, in questo ambito particolare, e nel contesto di una scelta politica di pacificazione nazionale perseguita da Palmiro Togliatti, segretario del Pci, fin dal suo rientro in Italia nel marzo 1944 (e definita come «la svolta di Salerno»), non intendono aprire processi agli uomini compromessi col regime e le commissioni di epurazione sono tolleranti e tendono, in pratica, all'amnistia generale[14].

Semmai si aprono, già prima della fine della guerra, preoccupazioni in determinati ambienti (cattolici in particolare) sui pericoli che il cinema possa diventare un terreno privilegiato di occupazione per le forze comuniste.

Cosí, quando verso la fine del 1945, da parte dell'incaricato d'affari dell'ambasciata americana a Roma si invia un dettagliato rapporto al segretario di Stato, e si sottolineano precise e definitive scelte già operate nell'ambito delle forze cattoliche, non si fa altro che mostrare un legame di continuità e di dipendenza tra atteggiamenti generali assunti in ambito vaticano e interventi specifici nel settore[15].

Il cinema, che diventerà per alcuni anni uno dei canali piú rappresentativi di coordinamento, coabitazione e trasmissione

della cultura antifascista, è tuttavia anche il luogo in cui si manifestano, in misura macroscopica, una serie di fenomeni fortemente contraddittori[16], nonostante i quali il sistema riesce
egualmente a procedere e a liberare una quantità imprevedibile
di energie. Anzitutto, non si può non rilevare il fenomeno della rapida conversione all'antifascismo di gruppi intellettuali,
quadri tecnici e produttivi sbarcati a tempo, ai primi consi-
stenti segnali di pericolo, e pronti a offrire la loro competenza,
come se nulla fosse successo[17].

Il cinema italiano rinasce esibendo tutte le sue caratteristiche genetiche ereditarie. Rinasce come campo di contraddizioni aperte, per qualche tempo assai produttive. Rinasce come
autentico atto di fiducia in un enorme patrimonio intellettuale
da scoprire e valorizzare. Rinasce perché l'attesa del momento
in cui l'occhio della macchina da presa possa tornare a vedere
tutto e a poter esplorare senza limitazioni il visibile si è consu-
mata negli anni di guerra. I registi, per la prima volta nella loro storia, sono liberi di vedere e di guardare l'Italia e gli italiani
non come mondi possibili, ma come dimensioni tutte da scoprire e osservare come un territorio vergine. Rinasce – dicia-
molo pure – come frutto di un capitalismo straccione, a suo
modo coraggioso e pieno di iniziative, che riesce a sopravvivere e a vivere delle briciole del mercato: «Nella cinematografia
– troviamo scritto in un rapporto dell'Anica del 1945 – piú
che in qualsiasi altro ramo di attività, il potere psicologico della fiducia e della volontà di superare gli ostacoli, è di importanza decisiva». Rinasce perché sa convertire in motivo di spinta
una debolezza strutturale, propria della parcellizzazione produttiva. Viene a mancare Cinecittà: il fatto non costituisce un
impedimento. Il sistema produttivo del passato si può realizzare ovunque. Rinasce infine, perché intende, almeno nelle ipotesi iniziali, coinvolgere il pubblico nell'operazione creativa,
facendone il destinatario previsto di un messaggio, e promuo-
vendolo a soggetto creatore di storie e racconti. E perché, al
suo interno, ha forza di produrre l'ipotesi, o meglio il sogno

(di fatto poi realizzato dal cinema americano), di immediata unificazione del pubblico.

Volendo prendere atto di altri dati strutturali di partenza, non si può, ancor oggi, non concordare con quanto, già a suo tempo, hanno osservato Solaroli e Bizzarri a proposito di un'industria, che non si è mai mossa secondo criteri economici, quanto piuttosto secondo una logica di investimento di capitali a breve e medio termine, in iniziative con il minimo di rischi e il massimo possibile di profitti[18].

Per la massa di produttori improvvisati si tratta di rischiare i capitali congelati dei redditi familiari, o di piccole imprese, nell'avventura anche di un solo film. In questo modo il margine di rischio è ridotto e il giocatore può sperare nella possibilità di ottenere profitti astronomici. Il concetto di ruota della fortuna, di terno al lotto, di gioco, mantiene il produttore cinematografico al di fuori delle leggi economiche e consente, al tempo stesso, interessanti esperimenti di rischio finanziario controllato.

L'economia cinematografica, nella sua struttura piú diffusa, è assimilabile alle attività terziarie e il suo successo e progressiva conquista del mercato nazionale e di quelli stranieri, diventa, emblematicamente, una delle manifestazioni piú significative di «miracolo economico» in un regime di economia mista, in parte affidata alla libera imprenditorialità e in parte assistita dallo Stato. In meno di quindici anni questo tipo di industria riesce a collocarsi, sul mercato mondiale, immediatamente alle spalle degli Stati Uniti, sia dal punto di vista produttivo che di mercato, ed è tra le prime al mondo per diffusione di sale.

Otturando artigianalmente prima i piccoli buchi e poi alcune falle nella distribuzione e nell'esercizio e creando bisogni per prodotti con un tipico marchio nazionale, alcuni produttori riescono a riconquistare i pubblici perduti. E soprattutto conquistano un pubblico che si sta orientando in massa, per la prima volta, verso lo spettacolo cinematografico.

Per tutto il periodo della ricostruzione il cinema sembra, di fatto, una branca dell'economia che opera in una terra di nessuno, in una zona franca. Questo sia per ragioni interne alla sua struttura, che per le caratteristiche genetiche ed ereditarie di cui si è parlato, che costituiscono una funzione strutturale della storia economica del cinema italiano.

Le scelte economiche e governative, dovendo affrontare prioritariamente problemi di ben diversa portata, non si preoccupano affatto del fenomeno[19].

A poco piú di un anno dalla fine della guerra è già possibile prendere atto di alcuni segni positivi di ripresa, nonostante la congiuntura complessiva sia del tutto sfavorevole: «La produzione non ha credito, non ha appoggi dallo Stato, non ha vendite all'estero, e, finalmente, dentro il paese è un cinematografo senza cinematografi. Eppure si agita, opera, agisce. Affronta problemi sociali da una parte, e dall'altra supera ostacoli di decine di milioni»[20].

Anche dopo la fine della stagione neorealista il cinema italiano mantiene un grande prestigio sul piano internazionale e colleziona premi a Cannes e a Berlino, a San Sebastiano e a Locarno, a Karlovy Vary, mantenendo sempre puntati gli occhi della critica straniera sulla nostra produzione.

Tra tutte le cinematografie europee che escono dalla guerra, vincitrici e vinte, quella italiana compie il maggiore sforzo, modifica una condizione di subalternità e ottiene risultati qualitativi e quantitativi che nessuna cinematografia dei paesi a maggiore sviluppo economico riesce a raggiungere. Né l'Inghilterra, né la Francia, né tanto meno la Germania hanno la capacità di costituire un'industria cinematografica in grado di contrastare il cinema americano, nonostante che, in queste nazioni, si adottino, da subito, sistemi protezionistici.

La svolta della legge del 1949 e la successiva politica dirigistica e di favore, attuata da Andreotti, portano, in meno di cinque anni, la produzione italiana ad occupare il secondo posto nel mondo, con la punta di oltre duecento film realizzati nel corso del 1954. Il livello qualitativo degrada, la spinta e la ricerca creativa affidata ai singoli autori viene compressa, la ragione industriale sposa la ragione governativa: per chi accetta queste condizioni però il cinema diventa un reale investimento produttivo. La stessa evoluzione tecnologica, la trasformazione degli impianti e delle apparecchiature, l'uso del colore e del cinemascope, testimoniano di questo sforzo di passaggio da una fase artigianale a una fase di organizzazione industriale dell'economia cinematografica. Le scelte di settore si inseriscono così nel disegno più generale di ristrutturazione economica del paese.

Il processo segue un netto tracciato ascendente, perdendo progressivamente le punte espressive e tendendo a una maggiore uniformità e omogeneizzazione dei livelli e dei modelli. Tutto questo senza spezzare i legami tra i periodi: di fatto, come ha scritto Lino Micciché, «il cinema della speranza fonda il cinema della rassegnazione e non dissimilmente che altrove, la "politica della ricostruzione" diventa, anche nel cinema, pratica della restaurazione»[21]. Una restaurazione più rosea e tollerante, tutto sommato, che in altri settori della vita pubblica. Il guanto di velluto di Andreotti non si può certo paragonare al manganello della polizia di Scelba, anche se lascia i suoi segni duraturi.

3. Una politica economica per una pattuglia di naufraghi

Il 5 ottobre 1945 il decreto luogotenenziale n. 678 revoca il monopolio e l'industria del cinema, fino allora protetta dallo Stato, entra in regime di libero mercato.

«Dall'eccesso totalitario del regime fascista si passa ora all'eccesso opposto: si accetta che una valanga di film americani invadano il nostro mercato senza alcuna limitazione... I produttori italiani constatano subito la difficoltà di produrre film... In questo clima d'incertezza, sotto la spinta della ripresa del dopoguerra, nel 1946 sono prodotti 62 film nazionali e ne vengono importati 850, dei quali seicento americani»[22].

Vista nell'insieme la storia della produzione si sviluppa e si allarga, nonostante la convergenza e l'incidenza di una serie di fattori congiunturali sfavorevoli.

Per avere un quadro dello sviluppo produttivo dell'espansione e della crisi è bene partire dalle cifre. I film risultano cosí ripartiti:

1945	25	1946	62	1947	67
1948	54	1949	94	1950	104
1951	107	1952	148	1953	161
1954	201	1955	133	1956	105
1957	129	1958	137	1959	167[23].

La progressione quantitativa, con la netta impennata dopo l'approvazione della legge del 1949, ci suggerisce anche di vedere come prodotti espulsi dal mercato procedano a una lenta riconquista del mercato stesso, erodendo, anno dopo anno, lo spazio invaso dalla produzione americana. Se, nell'immediato dopoguerra, gli incassi dei film italiani riguardano, come si è detto, appena il 13% degli incassi globali, alla fine degli anni cinquanta la cifra è salita al 34%, toccando nel 1954 una punta del 36%.

A causa delle caratteristiche strutturali della produzione i film entrano nel mercato come prodotti isolati e in concorrenza tra loro per la spartizione di ciò che resta dopo il passaggio barbarico dell'orda hollywoodiana[24].

La produzione italiana si muove partendo da una posizione di fuori giuoco, priva, salvo modeste eccezioni, di meccanismi distributivi, con un numero di imprese con un minimo di ossatura industriale e finanziaria non superiore alle dita di una mano. Obiettivamente il mercato appare chiuso. Le opere piú significative, con la loro carica di messaggi, la quantità di problemi che sollevano, intendono sí includere il pubblico nel cerchio del messaggio; il pubblico tuttavia viene allontanato in tutti i modi da questo tipo di opere. Si teme, per esempio, da parte delle forze politiche di governo, il pericolo di un impatto troppo diretto di certi messaggi. Un impatto che, non piú frenato dalle convenzioni spettacolari, si pensa possa interferire nella lotta politica.

I produttori, in genere è bene riconoscerlo, pur mirando a ricostituire posizioni dell'anteguerra, non cedono subito ai ricatti governativi, tengono conto dell'unità delle forze e si dimostrano disponibili, in un primo tempo almeno, alla pluralità delle voci. Se i limiti di molti produttori sono dati dalla mancanza di una mentalità industriale, i meriti sono invece riconoscibili nel coraggio, nella volontà di fare, nell'apertura a esperienze ed esperimenti diversificati, nella tolleranza ideologica, almeno fino a che ciò è possibile, nello spirito di gruppo e nella volontà di collaborazione tra diverse forze.

Senza questi momenti di convergenza operativa e di riconoscimento di interessi comuni, non si spiegherebbe la straordinaria azione di recupero sul piano economico. Le concessioni ideologiche vengono ampiamente ripagate in termini di prestigio acquisito sul piano internazionale e, di riflesso, di capacità, per i rappresentanti del cinema, di porsi come interlocutori credibili nei confronti delle forze politiche.

Il periodo si muove pertanto all'insegna di un iniziale e apparente ritorno a forme di liberismo economico e di un successivo recupero del controllo, per molti aspetti non meno rigido e repressivo di quello del passato regime.

I discorsi di opposizione ad ogni forma di protezionismo, sintonizzati con le scelte di politica economica di De Gasperi, comportano una consapevole scelta di campo ideologica, prima che economica. È però anche evidente che la minima pressione sul governo viene dall'azione sincronica di piú forze (produttori, tecnici, maestranze, intellettuali, critica). Grazie agli interventi legislativi del 1947 e soprattutto del 1949, di cui ci occuperemo nel capitolo successivo, la produzione italiana rientra in giuoco sul mercato, ottiene fondi speciali, crediti e premi: la ripresa è immediata e l'euforia produttiva dura qualche anno. In questo senso, si è detto, le contraddizioni strutturali diventano motivi di forza.

Il viaggio procede per gradi e tappe ed è guidato da Eitel

Monaco, che, oltre a dimostrare, nel corso degli anni, di possedere il quadro della situazione dell'industria nazionale in rapporto a quella internazionale, tenta, con abilità diplomatica e una discreta dose di lungimiranza, di promuovere a industria l'unione corporativa di gruppi artigiani e interessi finanziari. Monaco cerca inoltre di porre l'Anica come interlocutrice per tutti i tipi di alleanze e accordi che consentano un rafforzamento delle posizioni di mercato. Accetta le condizioni di fatto di dipendenza dell'industria nazionale pur di far riconoscere l'Anica dall'MPAA, l'associazione dei produttori americani. Partendo alla testa di una scialuppa di salvataggio riesce a far dimenticare il suo passato e ad affrontare, via via, una navigazione su imbarcazioni di maggior tonnellaggio. Come prima mossa si preoccupa di stabilire, al piú presto, relazioni operative con la neonata associazione dell'Agis (Associazione generale italiana dello spettacolo)[25] e, il 10 gennaio 1946, ottiene che sia firmato un accordo tra i produttori e la categoria degli esercenti per la programmazione obbligatoria di film italiani per almeno 60 giorni l'anno. L'accordo anticipa un disegno di legge, preparato dallo stesso Monaco, da Camerini, Alfredo Guarini e Riccardo Gualino, che si converte nella legge del 1947 degli ottanta giorni di programmazione obbligatoria[26].

L'Anica si muove su tre fronti: tenta l'unificazione di interessi atomizzati[27], cerca appoggi e aiuti dal governo, tenta di trattare, da pari a pari, con i produttori americani.

L'improvvisazione resta un leit motiv per tutto lo sviluppo: l'aumento numerico dei film significa aumento delle case operanti sul mercato, spesso incapaci di entrare nel circuito distributivo. Osservando l'annuario statistico della Siae del 1948 si vede come l'87% della produzione sia costituito da case che realizzano un solo film e poi scompaiono dal mercato. Tre sole case producono piú di un film. Nel 1950 la situazione rimane inalterata[28].

I sette anni, dal 1953 al 1959, sono stati attentamente studiati da Lorenzo Quaglietti, che ha offerto un quadro assai ricco di dati, rilevando il sostanziale ripetersi del fenomeno[29].

Eppure il processo di espansione industriale subisce un ulteriore incremento. Le società consorziate nell'Anica sono 180, 13 gli stabilimenti di produzione, 8 quelli di sviluppo, 19 quelli di doppiaggio, 150 le aziende partecipanti alle forniture di apparecchi cinematografici, 72 quelle adibite al noleggio del passo ridotto[30]. Il 1950 è anche l'anno degli esordi e dell'impressione di un ricambio generazionale in ambito registico[31]. Di fatto bisognerà aspettare dieci anni perché si possa parlare di una nuova generazione.

Il terreno è tutto in tensione e l'Anica tenta di giocare, con particolare tempismo, le poche carte a disposizione. Nel 1951, all'insaputa del parlamento – come ritengono Solaroli e Bizzarri – il governo autorizza un gruppo di «esperti» cinematografici a trattare direttamente coi rappresentanti delle case americane. Questi esperti (Monaco, Gualino, Franco Penotti e Italo Gemini) stipulano accordi in base ai quali si conferma l'apertura al prodotto americano in pratica senza restrizioni[32]. Si tenta, nello stesso tempo, di ottenere una garanzia inversa di esportabilità del cinema italiano negli Stati Uniti sotto il controllo del governo italiano. Senza troppo successo, peraltro.

Gli interrogativi che scaturiscono dalla lettura di questi documenti e dalla presenza diffusa dei capitali statunitensi non sono pochi, e alla maggior parte non è possibile dare risposte precise[33]. «Il torto fondamentale dell'Anica – si è detto – è stato quello di non aver mai fatto conoscere i dati esatti sulle origini dei finanziamenti e sul concorso in questi dei fondi congelati, inducendo così a ogni possibile speculazione»[34].

Dal 1949 si raggiunge un'alleanza per un regime di coproduzione con la Francia: *La beauté du diable* di René Clair segna l'inizio di questo accordo firmato a Roma il 21 gennaio e ratificato, poco dopo, a Parigi[35].

Monaco punta anche a raggiungere accordi in altre direzioni. Nel 1954 va a Mosca per trattare con i rappresentanti del cinema sovietico: l'intesa raggiunta non viene ratificata dal governo democristiano. Nel 1955 lancia l'idea di una specie di Mercato comune del cinema (l'Ueo) per arginare la produzione statunitense. Fatti i conti delle strutture esistenti egli ha registrato un numero di 30.000 sale e un gettito complessivo assicurato di 45.000 miliardi. La proposta è pertanto legittima[36].

La crisi, che monta dopo la metà degli anni cinquanta e blocca l'industria in un momento di tentativo di sviluppo oltre i confini nazionali, nasce, anzitutto, dal mancato intervento legislativo del governo. Ufficialmente non si vuole deprimere l'industria, di fatto i fallimenti delle case grandi e piccole, dalla Minerva alla Lux, dipendono dal prolungarsi eccessivo dell'attesa della legge e dal venir meno di crediti e finanziamenti[37].

Volendo riassumere le posizioni, si può dire che, nella fase della ricostruzione, la ripresa è affidata agli autori singoli, che contribuiscono a mutare radicalmente l'immagine della cinematografia nazionale. In questo periodo i produttori sono disgregati al massimo e gli esercenti sposano la causa del cinema americano. Nell'era di Andreotti si assiste a una convergenza di forze tra produttori, esercenti e governo; si punta a raggiungere un assetto industriale e alla realizzazione del prodotto con determinati requisiti senza considerare che in misura minima le ragioni artistiche. L'associazione degli autori è, in pratica, tenuta ai margini di questa politica, fino a che la battuta d'arresto del 1955 e un clima politico che si avvia verso una maggior distensione non mutano di nuovo i rapporti.

L'approvazione della legge, alla fine del 1956, consente di riprendere fiato alla produzione e il successo – imprevisto e superiore alle aspettative – di alcuni prodotti a basso costo, oltre a quello dell'affermazione di opere e autori vecchi e nuovi, contribuisce a conferire un'ulteriore spinta verso la ripresa.

Con una storia di crescita, crisi congiunturali e espansioni, di sforzo di uscire, a qualsiasi costo, da uno stato di colonizzazione l'associazione dei produttori ottiene i suoi successi, non tanto in conseguenza di un piano economico, quanto grazie alla fortunata «congiunzione astrale» di più fattori. I produttori e anche i dirigenti dell'Anica guardano molto a lungo al pubblico e al mercato come a un bene di natura e non riescono a

cogliere i sintomi o a prevedere le terapie piú appropriate per
fronteggiare i mali che, nel corso degli anni, colpiscono le varie branche dell'industria. I bilanci annuali dell'Anica, in questo quadro, ci appaiono come bollettini meteorologici che non
sanno andare al di là della registrazione dei fenomeni atmosfe-
rici in atto.

Il risultato reale, a cui mirano i produttori piú lungimiran-
ti, alla fine del periodo di cui ci occupiamo, non punta pertanto al raggiungimento di una emancipazione assoluta nei confronti del cinema americano, quanto ad uno stato di autonomia sotto tutela. Il rifiuto di assunzione di piene e autonome
responsabilità riflette la paura di perdere privilegi, protezioni
e aiuti che accompagna, per tutti questi anni, il viaggio picaresco della produzione, e ne spiega i non pochi compromessi nei
confronti di forze esterne.

4. Due, tre, cento Cinecittà

La disgregazione del centro produttivo favorisce, per qualche tempo, un fenomeno di diaspora e decentramento: in pratica Cinecittà cessa di essere il fulcro di un sistema attorno a
cui ruotano satelliti dalla vita molto stentata, e viene assorbita
in una galassia di pianeti e soprattutto di asteroidi e astri dalla
vita brevissima. La fine del monopolio produttivo non significa-
ca che, allo smantellamento e decentramento delle industrie,
corrisponda un automatico decentramento di attori, tecnici e
maestranze. I quadri tecnici e gli attori restano nell'area romana e tutta la produzione delle nuove capitali del cinema non
può che inventare una buona parte di nuovi quadri.

Il problema della perdita del ruolo guida di Cinecittà è avvertito, e in parte visto in termini positivi, come una possibilità data all'industria cinematografica di rinascere su basi del tutto differenti[38].

Non credo possibile trovare, in tutte le posizioni dei produttori dell'immediato dopoguerra, una sola voce favorevole a

un piano economico. Il mecenatismo del primo cinema muto si riproduce attraverso finanziatori improvvisati e avventurieri e si trasforma lentamente lasciando intravedere l'esistenza di uno spazio per la nascita di un imprenditore di tipo nuovo. Pochi sono comunque gli uomini che possano aspirare al titolo di capitano d'industria e si dimostrino capaci di una gestione d'impresa su tempi medio-lunghi. Poche case investono i capitali negli strumenti di produzione, in teatri di posa, macchine, tecnici, maestranze stabili e a contratto. Eppure, come abbiamo già osservato, questa armata Brancaleone, – che Mario Chiari in un articolo su *Film d'oggi* del 4 agosto 1945 paragona agli Omenoni, alle cariatidi di Milano che osservano impassibili dall'alto la storia che cambia – male equipaggiata, acquista la fisionomia di un esercito regolare nel giro di qualche anno e pone alla propria guida alcuni personaggi capaci di operare con criteri similari e su basi competitive rispetto alla produzione americana.

Il fenomeno ha una sua marcata rilevanza nel quadro della ricostruzione.

Non è negli scopi di questo lavoro tentare di tracciare una precisa fisionomia di ogni produttore italiano, o incidere a tutto tondo i ritratti delle figure piú rappresentative di questi anni: importa però indicare come, nel quadro della trasformazione in atto del lavoro storiografico, sia necessario uno studio integrato delle loro figure e delle case di produzione da loro dirette. È vero, ripeto, che non esistono grandi «tycoons» nel cinema italiano, paragonabili a quelli americani: esistono però i Gualino, i Lombardo, i Rizzoli, i Ponti, i De Laurentiis, i Rovere, i Guarini, che consentono al cinema italiano di svilupparsi, formare i propri quadri, provocare spinte interdipendenti con tutti i settori economici, linguistici, espressivi e gli permettono di uscire dai confini strapaesani. Accanto a loro non vanno dimenticati i nomi di Salvo D'Angelo, Peppino Amato, Sandro Ghenzi, Roberto Amoroso, Natale Montillo, Fortunato Misiano, che, su piani molto diversi, contribuiscono, in maniera importante, alla ripresa industriale[39].

La loro storia è, in parte, la storia di un decentramento produttivo che fa ritornare la situazione dell'industria cinematografica alle condizioni delle origini.

Nel momento della ripresa del lavoro si possono osservare ancora operanti, e con capitali nell'area romana, la Lux, la Titanus, la Orbis e l'Excelsa-Minerva, che compiono il massimo sforzo per dimostrare la propria efficienza.

A Roma i cattolici, dopo la positiva esperienza di *Pastor Angelicus* del 1942, vogliono continuare a impegnarsi nel settore, e affidano alla coppia Zavattini-De Sica il compito di dirigere, nel 1944, un film d'argomento religioso, *La porta del cielo*. La casa di produzione, diretta da Antonio Scarano, di fatto alle dipendenze del Centro cattolico cinematografico, si chiama Orbis. In seguito si affrontano opere di mediazione ideologica *(Un giorno nella vita* di Blasetti) e di rivendicazione di autonomia del religioso (*Guerra alla guerra* di Romolo Marcellini, già autore di *Pastor Angelicus* e, in precedenza, di vari documentari sui diversi fronti delle guerre fasciste). Al di fuori dell'atmosfera edificante e moraleggiante si produce il film d'esordio di Pietro Germi, *Il testimone*. Poi gli obiettivi della casa diventano piú modesti, di tipo documentaristico e catechistico, mentre l'attività piú prestigiosa è affidata all'Universalia, diretta da Salvo D'Angelo, presieduta dal conte Giuseppe Dalla Torre, direttore dell'*Osservatore romano*. L'Universalia produce *Fabiola* di Blasetti (film di maggior successo del 1948) e interviene a salvare la produzione della *Terra trema* di Luchino Visconti, che sarà invece un fattore decisivo del rapido affondamento dell'iniziative e dell'avventura produttiva. Importante, e pressoché conclusiva, la produzione di *Prima comunione* di Blasetti nel 1950. I produttori cattolici, dopo queste esperienze, si accorgono che è piú remunerativo puntare su altri settori i propri capitali. L'esiguità delle iniziative non consente di determinarne dei profili significativi[40].

Sempre a Roma gli stabilimenti della Titanus, alla Farnesina, sono presto messi in grado di funzionare e i tre film prodotti già nel 1945 pongono la casa di Gustavo Lombardo alla

testa della ripresa produttiva, assieme alla Lux e alla Minerva[41].
Lombardo paga il suo contributo alla storia e alla Resistenza
producendo *Giorni di gloria* di Mario Serandrei e subito, potendo contare sugli studi e su strutture ancora in piedi, ritorna
al tipo di produzione mai abbandonata, affidando a Gennaro
Righelli la regia di *Storia di una capinera* e al produttore Peppino Amato la regia di *Malia*, tratto da un racconto di Luigi Capuana. Intende rimanere fedele a una produzione popolare e
punta il suo sguardo verso quel pubblico che non lo ha mai abbandonato neppure negli anni della crisi del muto. A differenza delle produzioni napoletane, i film Titanus hanno una diffusione e un pubblico nazionale e vanno, poco per volta, alla
conquista di pubblici borghesi. L'industria del foto e cineron-
manzo, che si diffonde in parallelo, gioca come supporto, senza spiegare del tutto le interferenze e i contatti di codici[42].

A una domanda in aumento, in provincia e periferia, in
aree a economia agricola e industriale, Goffredo Lombardo,
fin dal suo esordio produttivo, nel 1949, pur muovendosi lungo le direttrici paterne, cerca di offrire varianti piú sofisticate
di una cultura che sta trovando il suo punto di massima aggregazione nel cinema.

Le strutture classiche delle letture popolari sono nobilitate
da un impegno piú consistente sul piano economico, che, come effetto immediato, provoca una valorizzazione di ogni momento del film. Non piú improvvisazione tecnica e recitativa,
costruzione di storie traballanti e sceneggiature sgangherate,
quanto piuttosto cura e ottimalizzazione delle varie fasi e tentativo di elevare culturalmente il genere attraverso la sua nobilitazione formale.

Goffredo Lombardo non fa che perfezionare e aggiornare
l'ideologia paterna, adattandola a nuove situazioni, senza volersi assumere quei rischi produttivi che due «homines novi»
come Ponti e De Laurentiis mostreranno subito di voler affrontare. Assicuratisi il pubblico popolare, i film di Matarazzo
muovono alla conquista del pubblico urbano, aprono brecce
molto ampie in quello borghese[43]. La novità è data proprio

dallo sfondamento in direzione di questo nuovo pubblico, attraverso la rappresentazione di spaccati di un'Italia strapaesana in movimento, percorsa da fermenti interni e da forze che colgono, con discreto tempismo, i sintomi della trasformazione in atto. Dando colore a questa realtà si contribuisce a rimuovere dalla coscienza del presente quei problemi sociali legati al sottosviluppo, alla protesta e alla denuncia e si recupera l'idea di spettacolo, di messa in scena della miseria e del sottosviluppo stesso.

I film Titanus realizzano una strategia bilanciata tra produzione popolare che segue una sua linea per tutti gli anni cinquanta (accumulando tra i vari titoli *È arrivato l'accordatore*, *Attanasio cavallo vanesio*, *Tarantella napoletana*, *Alvaro piuttosto corsaro*, *Le vacanze del sor Clemente*, *Io mammeta e tu*, la serie dei *Poveri ma belli* successiva a quella di *Pane, amore e...*) e una serie di film d'autore come *Roma ore 11* e *Uomini e lupi* di De Santis, *La spiaggia* di Lattuada, *Il bidone* di Fellini. Mentre la Lux e l'Excelsa-Minerva falliscono verso la metà degli anni cinquanta, la Titanus riesce a evitare la crisi, grazie alla coerenza di una gestione produttiva che tenta di ridurre al massimo il rischio e continua a perseguire, a dispetto della tendenza all'americana di De Laurentiis, una politica di bassi costi. Anche negli anni sessanta l'orientamento sarà quello del «progresso senza avventure» e dell'assunzione controllata di piú ampi rischi produttivi.

La Lux, nel momento della ripresa, detiene il primato di film realizzati con ben sei titoli: *Abbasso la miseria* di Gennaro Righelli, *Un americano in vacanza* di Luigi Zampa, *Le miserie di Monsú Travet* di Mario Soldati, *Notte di tempesta* di Gianni Franciolini, *Partenza ore 7* di Mario Mattoli. Alla presidenza della Lux c'è ancora quella straordinaria figura d'imprenditore e industriale che è stato Riccardo Gualino. Fondatore della Snia Viscosa e della Rumianca, amministratore, mecenate, scrittore e intellettuale antifascista, mandato al confino a Lipari negli anni trenta, Gualino, che come produttore culturale raggiunge il suo massimo splendore negli anni venti, non vuole mancare ai nuovi appuntamenti con la storia. E nel suo diario del 1945 cosí raccoglie il suo credo: «Si abbia una buona volta coraggio di avere idee nuove, di tentare strade nuove dalle antiche, di procedere tutti sulle vie che si aprono all'umanità; coraggio di voler far risorgere dalle rovine non un'Italia impaurita che si accontenti di un po' di sole, ma un'Italia degna del posto che le compete per la sua storia, per l'umanità e il fervore dei suoi abitanti»[44].

Grazie al suo coraggio e alla sua intelligenza imprenditoriale, Gualino diventa l'autentico polo di sviluppo e attrazione delle iniziative produttive del cinema italiano. Alla Lux, e alla scuola di Gualino, si formano e muovono i primi passi Luigi Rovere, Carlo Ponti, Dino De Laurentiis, Antonio Mambretti e i film con il marchio Lux rappresentano, nella loro media, il momento piú alto di professionalità, congiunzione ottimale del lavoro di tecnici con quello di attori e registi, e decentramento produttivo. Per conto della Lux i film sono prodotti a Roma, Torino, Milano, ecc.[45].

Gualino non si fa intimidire dalla concorrenza americana e punta, in prima battuta, alla riconquista delle fasce medie e alte del pubblico[46]. Per ottenere risultati in tutte le direzioni non impone una linea ideologica e culturale, ma accoglie soggetti e registi senza particolari pregiudizi, non preoccupandosi di mettere, fianco a fianco, nei titoli dei suoi cataloghi, opere dirette da De Santis, Germi, Soldati, Castellani, Comencini, Carlo Borghesio, Duilio Coletti, Giacomo Gentilomo, Riccardo Freda, Pietro Francisci, Francesco De Robertis. Accanto al rischio assunto con De Santis, c'è dunque la compensazione di un discreto gruppo di registi iscrivibili nell'area cattolica e la presenza ideologica di autori che guardano al pubblico piú conservatore, usando, nei suoi confronti, la lingua del qualunquismo, o confermando stereotipi culturali già diffusi. E anche un certo tempismo e l'esperienza necessaria a prevedere l'evoluzione della situazione politico-economica generale.

Riso amaro, che nella politica della Lux viene ad essere il momento piú alto del progetto produttivo esibito a tutto campo nel 1948, si rivela anche come la tendenza piú pericolosa da recidere al piú presto[47].

Non a caso, dopo aver realizzato *Riso amaro*, il maggiore successo internazionale del primo dopoguerra, e *Caccia tragica* in precedenza, Giuseppe De Santis rompe, nel 1949, il contratto che lo lega alla Lux, vedendosi respinti ben quattro soggetti: uno sull'analfabetismo, un aggiornamento dei *Promessi sposi* ambientato in Sicilia, l'occupazione delle terre di Calabria, una riduzione del *Bell'Antonio* di Vitaliano Brancati.

La cultura, l'intelligenza delle qualità artistiche di un'opera, unite alle grandi doti di capitano d'industria, fanno di Gualino l'unico produttore in grado di gestire un'impresa commerciale, capace di essere, al tempo stesso, un luogo di raccolta di alcune delle migliori forze del cinema di quegli anni. Connotati ideologicamente da una forte componente cattolica, i film Lux fanno sentire il rispetto pluralistico delle voci e tendenze e presuppongono una filosofia imprenditoriale basata sull'idea di collaborazione collettiva.

Tra i suoi ultimi film la Lux conta *Senso* e si può dire, visto il discorso finora fatto, che l'incontro tra Visconti e Gualino sia quasi obbligato, e necessario alla conclusione della carriera del produttore. In effetti Gualino, tra tutti i produttori esistenti, è l'unico in grado di sintonizzarsi con quell'aspetto della cultura del regista meno legato ad esigenze contingenti e destinato a divenire piú produttivo negli anni sessanta e settanta.

Allevati alla scuola di Gualino, con una capacità di sentire le diverse esigenze del mercato e di impostare una politica economica non basata solo sul prestigio culturale, ma anche sui miglioramenti tecnologici dei prodotti, Carlo Ponti e Dino De Laurentiis costituiscono la coppia di giovani leoni della produzione italiana degli anni cinquanta. All'inizio, per lo stile che adottano, per i registi a cui si rivolgono, sembrano muoversi in uno spazio contiguo a quello della Lux (tra i nomi troviamo Rossellini, Soldati, Lattuada, Camerini, Zampa, Mattoli...) poi si aprono a collaborazioni e avventure produttive piú ambiziose con produttori americani (*Attila, Ulisse, Mambo, Guerra e pace*).

La coppia si scioglie verso la metà degli anni cinquanta, quando Ponti intende proseguire su una linea di film italiani e punta sulla carta Sophia Loren, mentre De Laurentiis opta, in maniera piú decisa, su grandi produzioni all'americana e giuoca, a sua volta, la carta Silvana Mangano (*La diga sul Pacifico* di René Clement, *La tempesta* di Lattuada, *La grande guerra* di Monicelli, *Jovanka e le altre* di Martin Ritt).

Al di là della biforcazione del loro cammino, entrambi mirano al raggiungimento di uno standard fortemente competitivo sul piano della qualità e dell'adeguamento tecnologico ai livelli della produzione americana. Al tempo stesso sono gli unici produttori da cui pare emergere un piano e un programma a medio-lungo termine, grazie al quale superare vittoriosamente la crisi del 1956.

Pressoché priva di storia, o comunque meno rilevante, l'attività della Rizzoli negli anni cinquanta, anche se il numero di film prodotti sotto le diverse sigle è cospicuo e l'editore-produttore è uno dei pochi a pensare in grande. L'aspetto piú interessante delle iniziative varate da Rizzoli è dato dalle coproduzioni con la Francia, la Gran Bretagna, gli Stati Uniti. Rizzoli produce un numero relativamente basso di film di registi italiani e preferisce coprodurre film come *Le belle di notte* di René Clair, *Lucrezia Borgia* di Christian-Jaque, *I gioielli di Madame de...* di Max Ophüls, *Il tesoro dell'Africa* di John Huston, *Il grande gioco* di Robert Siodmak, *Fascicolo nero* di André Cayatte, *Le grandi manovre* di René Clair, *Il sepolcro indiano* e *La tigre di Eschnapur* di Fritz Lang. Il parco dei registi e delle opere italiane è molto legato invece agli aspetti piú popolari della sua attività di editore e i nomi di Giacomo Gentilomo, Mario Costa, Carmine Gallone sono abbastanza emblematici, al di là dei titoli dei film, del senso generale delle sue scelte produttive. I suoi grandi successi sono legati alla serie di film di *Don Camillo* dei cui testi letterari è l'editore[48].

In tema di coproduzioni, torna utile ricordare che, nel

1949, riprende anche l'attività della Cines direttamente controllata dallo Stato[49]. Né gli esordi, né le opere prodotte nel corso degli anni cinquanta, fino al 1956, presentano titoli memorabili. La Cines interviene nella produzione chiedendo ai suoi registi (Zampa, Germi, Camerini, Blasetti) di allontanarsi dal clima del neorealismo e di realizzare dei prodotti professionalmente corretti, in cui i rischi ideologici siano ridottissimi. Il punto di massimo sperimentalismo è quello di Blasetti, che gira due film a episodi tratti da racconti ottocenteschi e contemporanei (*Altri tempi* e *Tempi nostri*), e la maggior avventura produttiva è data dalla coproduzione di film di Jean Delannoy, Marc Allegret, Pabst, ecc.

A Roma riprende anche l'attività dell'Excelsa-Minerva, una delle produzioni piú regolari per tutto il periodo del dopoguerra, e anche una delle case da cui meno emergono caratteri distintivi e fortemente marcati. Il mattatore dell'Excelsa è Mario Mattoli, che vi realizza buona parte dei film che non hanno a protagonista Totò. Tra gli altri registi troviamo Carmine Gallone, Carlo Ludovico Bragaglia, Mario Soldati: bisogna tuttavia aspettare fino al 1954 per vedere il nome di un autore come Giuseppe De Santis (*Giorni d'amore*).

Ben diversa, anche se numericamente piú modesta, l'attività della casa di produzione di Giuseppe Amato, a cui va riconosciuto il merito di aver rischiato i propri capitali nella produzione di alcune delle opere piú coraggiose del dopoguerra. Amato è una figura ben nota fin dagli anni trenta, con caratteristiche nettamente antitetiche rispetto a Gualino: al posto della cultura, della competenza economica e della capacità previsionale, Amato investe intuizione, capacità di rischio in imprese economicamente suicide (*Francesco giullare di Dio* di Rossellini e *Umberto D.* di De Sica) ed entusiasmo e disponibilità in iniziative certo al di sopra delle sue capacità culturali. Bastano i due film appena ricordati a meritargli un posto di primo piano nel quadro che cerchiamo di comporre. La produzione Amato ci consente di stabilire l'anello di congiunzione piú significativo tra attività organizzata e improvvisazione, tra livelli alti e generi popolari. Oltre alla sterminata aneddotica di cui ha lasciato un ritratto esilarante e indimenticabile Giuseppe Berto nel romanzo *Il male oscuro*.

Tuttavia, se si vuole capire meglio l'attività delle case di produzione popolari, bisogna spostare la propria attenzione in direzione di iniziative specificamente legate a un'area culturale, come quelle delle produzioni napoletane, o di singole imprese, come quelle della Romana Film di Misiano. Necessariamente l'ottica di analisi è differente: non piú case di produzione con un minimo di struttura e di programmi e di mezzi, bensí esempi di economia sommersa, che riuniscono tutte le iniziative marginali dal Friuli fino alla Sicilia e su cui ci limitiamo a dare un rapido sguardo.

Napoli è una delle città in cui piú presto viene avvertito il rapporto tra cinema e beni di prima necessità. Roberto Amoroso, Enzo Di Gianni, Antonio Ferrigno e Natale Montillo sono gli artefici della rinascita di una produzione popolare ai piedi del Vesuvio. La Sud film di Amoroso, la Eva film di Di Gianni, la Sap film di Montillo e l'AF film di Ferrigno, la MC film di Momi e Caiano, riescono a vivere oltre la durata di un film, sapendosi ricollegare all'esperienza dei produttori del muto, e identificando assai bene il proprio pubblico[50]. *Malaspina, Madunnella, Nennella, La figlia della Madonna, Malavita, Femmina senza cuore, Città canora, Piccola santa, Pentimento, Luna rossa, Balocchi e profumi, Calamita d'oro, Madonna delle rose, Milanesi a Napoli, Core furastiero*, fino a *Fermi tutti, arrivo io!*, uno dei primi film a colori italiani, sono solo alcuni dei titoli di maggior successo. Come si può capire, questa produzione compie, nei confronti della sceneggiata, quello che nelle produzioni romane e settentrionali viene fatto per l'avanspettacolo e la rivista. La sceneggiata e la canzone napoletana non sono ancora in stato preagonico, come l'avanspettacolo e in parte la rivista, ma il cinema immette nuova linfa vitale, nuova verisimiglianza, stringendo, in uno stesso cerchio comunicativo, produttori, attori e pubblico («Quando vedu 'stu film me sembra de sta dintu 'a casa mia»). Il costo di questi film, nel caso di *Malaspina*, frutto di un montaggio di vari spezzoni di pellicola, è di poco superiore al costo della pellicola e dell'affitto dei macchinari. Il produttore, a comando, si trasforma anche in regista e operatore; la moglie spesso recita come prima attrice (il caso di Eva Nova, moglie di Enzo Di Gianni) e la troupe è ridottissima. Montillo, per esempio, è un esercente di sala cinematografica perfettamente a conoscenza dei gusti del suo pubblico. Questi uomini partono alla conquista del mercato di casa: il loro successo è costruito da un sistema di vendita porta a porta e non riesce a spingersi verso il nord, se non in quelle aree urbane di Milano o Torino dove si formino delle colonie di emigrati (lo stesso vale, evidentemente, per New York). Il cinema napoletano, nel suo insieme, rappresenta il «lumpenproletariat» della nostra industria cinematografica. L'invenzione di quel tipo di cinema povero nasce dal semplice bisogno di sopravvivere e inventare una parvenza di struttura economica capace di rimediare ai guasti prodotti dal cinema americano.

Vi sono anche altre caratteristiche da sottolineare: uomini come Amoroso hanno avuto il merito di «resuscitare quel cinema *basso, volgare*, che il fascismo aveva ucciso, perché mal sopportava che andassero in giro per il mondo film nei quali venivano presentati guappi, camorristi, scugnizzi, e che fossero ambientati nei vicoli e bassi»[51].

Questi film, sia ben chiaro, sono molto distanti dal cerchio neorealista e si collegano invece – come si è detto – a modelli della cultura popolare napoletana, profondamente radicati nel destinatario.

Il loro successo favorisce la nascita di produzioni che ne surrogano gli elementi e tentano di raggiungere una maggiore circolazione. È il caso della Romana film.

Tra le piccole case in grado di superare le crisi periodiche, la Romana film di Fortunato Misiano vive per quasi venticinque anni realizzando in media almeno quattro film l'anno[52].

La ricetta di Misiano è povera, anche se si differenzia da quella della produzione napoletana per caratteri piú marcati in senso regionale e per l'intenzione di rivolgersi a un pubblico nazionale. La Romana film riproduce, in scala ridotta, tutti i generi di successo: i melodrammi e le sceneggiate, i film cantati nel primo decennio del dopoguerra e i film avventurosi dalla metà degli anni cinquanta[53]. Il regista tuttofare è Luigi Capuano: vi lavorano anche Vittorio Cottafavi, Leonardo De Mitri, Guido Brignone, Pino Mercanti, Sergio Corbucci, Mario Costa. Coi suoi prodotti di imitazione e i costi assai bassi la casa sopravvive perché riesce a conquistare, poco per volta, i mercati del terzo mondo e dei paesi dell'est ed evita rigorosamente qualsiasi avventura produttiva che esorbiti dai propri limiti[54]. L'asso nella manica di Misiano è costituito all'inizio dalle canzoni napoletane interpretate da Giacomo Rondinella, Claudio Villa, Achille Togliani, Sergio Bruni e, in un secondo tempo, dai film d'avventura di imitazione americana (*Il cavaliere della spada nera, Il cavaliere del castello maledetto, La scimitarra del saraceno*), tutte opere che, nonostante l'evidente povertà dei mezzi, trovano i loro pubblici e i loro circuiti distributivi senza difficoltà.

I film napoletani, quelli torinesi realizzati dalla Lux, o da Luigi Rovere, i tre film della Scalera prodotti ancora a Venezia nel 1945 affidando la regia a uomini che avevano aderito a Salò, come Giorgio Ferroni (*Casello n. 3*) o Francesco De Robertis (*I figli della laguna, La vita semplice*), mostrano come, al di là dell'ipotesi dialettale, praticata e teorizzata dal neorealismo, vi sia un tentativo di dar vita a una produzione legata specificamente alle caratteristiche dell'ambiente. È quello che si tenta di fare, nello stesso periodo, in altre regioni e città, da Milano a Torino, alla Toscana, alla Sicilia.

A Milano, che, proprio dal 1945, sembra diventare la capitale culturale del cinema italiano, alcuni industriali decidono di dar vita a una casa di produzione, l'Icet (Industrie cinematografiche e teatrali) e di rimettere in efficienza stabilimenti già esistenti dall'anteguerra. L'Icet produce nel 1946, come suo primo film, *Vanità* di Giorgio Pastina, tratto dalla *Gibigianna* di Bertolazzi, proponendosi, come per la produzione veneziana della Scalera, quella napoletana o romana, di dar vita a un repertorio di opere legate alla cultura milanese e lombarda in senso più lato. Gli incassi (30 milioni) raffreddano di colpo gli entusiasmi e la spinta produttiva si dissolve fino alla fine degli anni quaranta, quando alcuni film di produzione romana vengono girati a Milano appoggiandosi alle attrezzature dell'Icet[55].

Oltre a ricordare *Il sole sorge ancora* di Vergano del 1946[56], si possono citare opere come *Cronaca di un amore, Miracolo a Milano, Traviata '53, Napoletani a Milano, Siamo tutti milanesi*, che, a vario titolo, si servono della città, di tecnici e maestranze per un lavoro cinematografico. La città inoltre promuove e favorisce iniziative editoriali, è un polo di irradiazione di alcune delle più importanti esperienze critiche, ma nel complesso non riesce a stimolare gli investimenti produttivi.

Alcuni film prodotti a Milano, verso la fine degli anni quaranta, portano il nome di Giorgio Venturini, l'uomo che per diciotto mesi ha retto le sorti del cinema di Salò. La sua avventura nel dopoguerra si sviluppa ininterrotta fino agli anni settanta, ma solo di recente è stata ricostruita con cura la sua fase produttiva al nord, a Milano prima e poi soprattutto a Torino[57]. Venturini approda a Torino agli inizi degli anni cinquanta spostandosi per caso da Milano, dove ha prodotto film di De Robertis, verso la Val D'Aosta per le riprese di *Genoveffa di Brabante*.

Venturini può affittare a Torino, a prezzi vantaggiosi, gli stabilimenti della Fert (un 30% in meno dei costi praticati a Cinecittà), praticamente fermi da molti anni e dotati di attrezzature per una lavorazione a ciclo completo. E, nel giro di qualche anno, vi realizza, per lo più in coproduzione con partners francesi, una ventina di titoli, in costume o in abiti contemporanei. Per qualche tempo, grazie a Venturini, sembrano rivivere i fasti delle grandi stagioni del cinema muto: sugli spalti del Valentino si incrociano le lame di Cartouche, mentre nei dintorni si svolgono le tristi storie del *Piccolo vetraio* o della *Trovatella di Milano*.

Le ambizioni di Venturini saranno quelle di riuscire a produrre buoni film di serie B, capaci di affrontare il mercato internazionale con attori di buon calibro non solo italiani come Richard Basehart, Eddie Constantine, Barbara Laage. Tra gli attori italiani, oltre a Vittorio Gassman, Rossano Brazzi, spicca la figura di Armando Francioli a cui il produttore pensa nei termini di una variante italiana di Tyrone Power o Errol Flynn.

Purtroppo, in anni di forte crisi del cinema italiano, Venturini non riesce a calcolare bene i costi di produzione, né ad assicurarsi delle coperture di minimo garantito da parte dei distributori. Il fallimento del suo sogno torinese è dovuto proprio allo scarto tra le sue ambizioni e la realtà del mercato con cui non vuole fare i conti.

Milano e Torino restano – rispetto al movimento di progressiva riunificazione produttiva a Roma dopo il 1948, quando cominciano a confluire i capitali americani – lontane dal centro della produzione, né piú né meno che la Sicilia, dove pure, per qualche anno, si tenta la speculazione cinematografica. Vi nascono infatti, in un breve volgere di anni, l'Ofs, l'Epica, la Hidalgo, la Panaria, la Faro film, la Delphinus, che tentano di inserirsi nei circuiti produttivi nazionali. La Panaria partecipa alla produzione della *Carrozza d'oro* di Jean Renoir, e di *Vulcano* di William Dieterle, la Faro film coproduce *La spiaggia* di Lattuada, l'Epica interviene con capitali nella produzione dello *Sceicco bianco* di Fellini[58]. Al di là di questi tentativi, non nasce una produzione dell'isola, con una propria distribuzione, propri modelli culturali e un preciso pubblico, come avviene per il cinema napoletano. La speculazione è condotta a caso, intervenendo, con dei capitali, in progetti di volta in volta differenti.

Queste forme di produzione effimera non cessano in tutto il quindicennio del dopoguerra e mostrano una continua nascita e morte di sigle in quasi tutte le aree del territorio nazionale. A poco a poco, a partire dal 1949, si deve registrare un nuovo fenomeno di riaggregazione produttiva attorno a Cinecittà, favorito, anche, come vedremo, dalla presenza sempre piú evidente dei capitali americani.

Quanto all'altro polo di sviluppo produttivo dell'anteguerra, gli stabilimenti Pisorno a Tirrenia, la loro derequisizione avviene soltanto nel settembre 1949[59]. La produzione riprende quasi subito con un teatro di posa in meno, distrutto da un incendio, con una serie di apparecchi e strutture completamente rinnovati, e con l'immediata sensazione di dover limitare le proprie ambizioni: *Enrico Caruso* e *Clandestino a Trieste* del 1951, *Smarrimento*, *Addio figlio mio*, *La brigata della speranza* del 1952, *Le campane di San Giusto*, *Pellegrini d'amore* del 1953, *Napoli piange e ride* del 1954. Da segnalare, forse, soltanto *Imbarco a mezzanotte* del 1951, prodotto in parte con capitali statunitensi e diretto da Joseph Losey: film di grande impegno produttivo che doveva rilanciare l'immagine degli stabilimenti di Tirrenia e si risolse in un fiasco economico clamoroso. Gli stabilimenti alle bocche d'Arno si offrono come alternativa a Cinecittà, per minor incidenza di costi, ma non sono in grado di realizzare grandi produzioni. Si può risparmiare di sicuro sull'affitto degli impianti, non sui costi di trasferta dell'intera troupe. Tra Pisa e Livorno mancano quella massa di generici e di comparse che costituiscono una sorta di humus naturale formatosi ai margini di Cinecittà. A parte il caso di Losey, i maggiori registi italiani non vedono di buon occhio gli stabilimenti di Forzano, troppo compromessi con il passato. È la stessa ragione per cui i film di Giorgio Venturini, anche quando abbandonano i generi popolari per affrontare obiettivi piú ambiziosi (è il caso di *Traviata '53* di Cottafavi), godono di attenzioni critiche quasi nulle in Italia (mentre in Francia avranno da parte di giovani come François Truffaut accoglienze entusiastiche).

I capitali americani si muovono come mine vaganti in tutto il periodo che stiamo considerando: ora emergono e sono facilmente avvistabili, ora viaggiano sott'acqua, ora operano in profondità; sono comunque presenti, anno dopo anno, e pesano, in maniera netta, nel determinare spinte fondamentali a partire dagli anni cinquanta. La presenza americana è avvertita dunque da tutte le forze in campo, dai produttori, dai registi fino agli esercenti e al pubblico. Agli aiuti americani, d'altronde, si pensa fin dall'immediato dopoguerra e alle forze armate statunitensi si rivolge direttamente Rossellini per la realizzazione, con autentici soldati, di *Paisà*[60].

Una volta conquistato il mercato, i produttori americani pensano anche ai vantaggi di poter produrre, a basso costo, in un paese come l'Italia e, verso la fine degli anni quaranta, viene addirittura elaborato da Otello Pagliai (definito in un rapporto riservato del console americano a Firenze come «persona di buona condotta, con discreti mezzi finanziari e notevoli competenze professionali») un progetto di realizzazione di un grande stabilimento, nei pressi di Firenze, per consentire di convogliare tutte le forze e i capitali sparsi, congelati e infruttiferi bloccati in Italia[61].

Il progetto cade quindi con perfetto tempismo in un anno di crisi per l'industria nazionale: la legge non è stata varata e tutto lascia pensare a una resa definitiva dell'industria italiana. Intanto i produttori hanno dimezzato le loro attività. Il fatto che tutta l'ipotesi venga a costituire un miraggio, e l'iniziativa naufraghi all'indomani dell'approvazione della legge, lascia trasparire l'esistenza di una rete di possibili favoritismi e corruzioni politiche, che viene improvvisamente spezzata, ma anche forse lascia trasparire l'esistenza di un sogno di un individuo isolato e non sufficientemente forte dal punto di vista politico. La storia è anche fatta di sogni e questa idea di fondare una nuova città del cinema alle porte di Firenze sembra molto significativa dello spirito che animava l'Italia della ricostruzione.

Il testo definitivo della legge mostra una chiara intenzione da parte governativa di difendere, per quanto possibile, gli interessi dell'industria nazionale e attuare una serie di interventi di sostegno e protezione.

Gli americani non rinunciano comunque a tentare di utilizzare, per produzioni di grande impegno spettacolare, le strutture, i quadri tecnici e la manodopera italiana[62]. Dal momento in cui si decide di realizzare a Roma *Quo vadis?*, affidandone, dopo molte peripezie, la regia a Mervyn Le Roy[63], la storia della produzione italiana del periodo successivo risente il contraccolpo, cosí come si avvertono subito una serie di conseguenze sul piano dell'aumento dei costi, della trasformazione degli impianti e della loro utilizzazione, della formazione di veri e propri eserciti di comparse accampate alle porte di Cinecittà per tutto il decennio successivo[64].

Ma *Quo vadis?* rappresenta il momento piú evidente del fenomeno, che vede però una serie di produzioni anteriori e posteriori, di accordi, interrelazioni e presenze americane sulla scena produttiva italiana. *Cagliostro*, diretto da Gregory Ratoff nel 1949 e prodotto formalmente dalla Scalera, in realtà comporta un investimento di 115 milioni di lire bloccati in Italia in quanto incassi di una produzione americana. E, tramite l'ambasciata americana a Roma, dal 1947, si manifesta un discreto interesse per l'investimento di capitali in opere filmate, anche se, nei rapporti inviati al segretario di Stato, si sottolinea sempre il tentativo da parte del governo italiano di riprendere il controllo dell'industria cinematografica. I film coprodotti negli anni cinquanta saranno molti di piú e la presenza di capitali americani avrà effetti importanti nella modifica delle stesse tecniche produttive e realizzative. Si comincerà a seguire in maniera piú completa tutto il percorso del prodotto fino alla fase del consumo, considerata finora come un fattore imponderabile.

Infine, per aggiungere un ulteriore tassello, o momento di saldatura tra diverse forze, a questo panorama produttivo del primo dopoguerra, in cui il vecchio e il nuovo coesistono, va osservato come, accanto alle figure dei produttori, che riconquistano, poco per volta, un ruolo decisionale, rispuntino di nuovo le esigenze governative nei cinegiornali. Dopo una breve ripresa del Luce, la sigla che si afferma in maniera quasi monopolistica per alcuni anni è quella della Settimana-Incom, diretta da Sandro Pallavicini. I cinegiornali Luce degli anni trenta, ormai ampiamente esplorati, al confronto di questi del dopoguerra ci appaiono traboccare d'informazione e brillare per obiettività e rigore[65]. Gli operatori della Incom sembrano ignorare programmaticamente i problemi della ricostruzione e regrediscono ad un mondo ancora piú asettico e astorico rispetto al fascismo. Ogni cinegiornale è un insieme di favole dove i rappresentanti del governo e soprattutto gli amici americani sono delle buone fatine, che producono miracoli a catena. Il cambio di registro, rispetto alla propaganda del fascismo, che pure adottava tecniche di rimozione e riempiva le varie sezioni di notizie sportive, di inaugurazioni di case e di celebrazioni di glorie patrie, si nota proprio nell'aumentato senso di beneficio e di donazione miracolosa elargita dagli uomini di governo.

Tra il '50 e il '59, come documenta il citato studio di Maria Adelaide Frabotta, vengono prodotti ben 4.425 documentari d'attualità, che da un certo momento in poi avranno una cadenza quasi giornaliera. Sarà il telegiornale a renderli obsoleti nel giro di qualche anno. La Incom dimostra di effettuare subito una doppia scelta di campo: da una parte, per quanto riguarda gli uomini di governo italiani, le forze cattoliche, o industriali, cerca di circondarli di un'aureola di santità e di poteri miracolosi al servizio del bene nazionale. Dall'altra, per quanto riguarda gli aiuti americani, mostra, in maniera assai pragmatica, il senso di questi aiuti, materializzandoli in termini monetari e non soltanto di generica amicizia. Pallavicini, soprattutto nel periodo elettorale, ricorre a molti materiali forniti dagli americani stessi per enfatizzare il contributo degli Stati Uniti allo sviluppo democratico dell'Italia.

Già all'indomani della vittoria elettorale del 1948 egli si presenta agli americani per riscuotere i suoi crediti. L'ambasciatore americano a Roma, in una lettera del 27 aprile 1948 al dipartimento di Stato, ne sottolinea caldamente i meriti filoamericani e sollecita, da parte del governo, aiuti piú continui e sostanziosi e soprattutto piú filtrati dai canali governativi[66].

A questi livelli di servilismo e di dipendenza (mi sembra opportuno precisarlo per evitare equivoci interpretativi) nessuno dei produttori cinematografici, neppure quelli piú legati al governo, è mai giunto, neppure negli anni piú duri della guerra fredda.

Per riassumere e interpretare, in senso complessivo, i termini di questa serie di movimenti irregolari sincronici e diacronici, orizzontali e verticali e piú o meno riavvicinati al sistema produttivo, si può tentare di vedere come il processo di sviluppo di un'economia marginale (non contemplata nei piani economici della ricostruzione, consegnata piuttosto a scatola chiusa nelle mani americane) segua, con squilibri interni, quello piú generale dell'economia nazionale e ne costituisca una sorta di terreno di coltura, di laboratorio, in cui fenomeni molto differenti vengono raggruppati e acquistano un valore esemplare[67].

Il fascismo aveva realizzato col cinema una concentrazione e un tipo di intervento e controllo senza eliminare forme arretrate e improvvisate, che rendevano assai fluida l'economia del settore. Ciò che già appariva come una caratteristica strutturale dell'industria cinematografica degli anni trenta e alla vigilia della guerra non era tanto la concentrazione produttiva e lo stato di economia assistita a favore di un numero limitato di case di produzione, quanto il formarsi di decine di piccole e piccolissime imprese produttive, disgregate, capaci a malapena di dare ai loro prodotti la forma di un semilavorato. Il fenomeno si riforma anche nella fase economica della ricostruzione. Nessuna razionalità di scelte in prospettiva: produrre, anzitutto, diventa la parola d'ordine comunemente accettata. I produttori, incapaci di vedere al di là dell'affermazione di pura esistenza, non intendono però sentirsi esclusi dalle esigenze generali che attraversano l'apparato produttivo del paese. Implicitamente si riconoscono tutti nelle parole del presidente della Confindustria («Noi non potremo mai pretendere di fare salvo alcuni casi, della grande industria... viceversa abbiamo tutti gli elementi favorevoli per uno sviluppo assai maggiore della piccola e media industria»)[68]. In modo sempre piú aperto chiedono appoggi all'onorevole Andreotti (da qualcuno definito subito «l'onorevole Assicurazioni», per la capacità di promet-

tere a tutti e di accumulare tutti i poteri nelle sue mani) e chiedono di ridurre il potere della commissione partitica per la cinematografia, istituita nel 1945, composta da Camerini, Barbaro, Pietrangeli, Vermocchi, che chiede protezione e aiuti per i
film di qualità. Non appena lo Stato interviene di nuovo con
misure protezionistiche e di controllo, i produttori, dotati di
una maggiore ossatura, e l'Anica stessa puntano alla realizzazione di un'industria in grado di riacquistare una capacità
competitiva, una concentrazione di capitali che permetta, nel
giro di pochi anni, di assumere un ruolo piú autorevole nel-
l'ambito della produzione europea e di riconquistare buona
parte delle posizioni perdute nel mercato interno.

Capovolgendo, dopo solo quattro anni dalla fine della guerra, l'accettazione di una libera economia di mercato, si chiede
a gran voce, forti anche dell'appoggio delle forze politiche della sinistra, l'intervento statale a favore dell'industria cinematografica. Si ipoteca cosí un consistente patrimonio intellettuale
in cambio di assistenza e protezione, e con la prospettiva di
una rapida evoluzione tecnologica. Ben presto appare chiaro
che lo Stato, distribuendo con eccesso di generosità i suoi pacchi dono, intende riservarsi il controllo dei meccanismi di produzione intellettuale e ideologica. Inoltre, la politica dei premi
condiziona quasi subito le scelte complessive della produzione: il governo paga e concede il premio di qualità a qualsiasi
film, a patto che l'industria si orienti nella direzione voluta.
L'eccesso distributivo che si viene a determinare (tenendo conto della presenza egemonica dei prodotti americani) favorisce
la censura del mercato, emarginando in maniera inesorabile
tutti quei film nei confronti dei quali esistono a priori veti o
riserve ideologiche.   ·

Gli effetti sono immediati: nel 1950 la produzione riceve
una spinta verso l'alto eguale e contraria rispetto a quella che
l'aveva compressa negli anni precedenti. Lo Stato, cedendo in
apparenza alle voci concordi, politiche, economiche e sindacali, rimette in moto una macchina per la supervisione di tutte le
fasi realizzative del prodotto.

Il neorealismo ha potuto liberare e far esplodere il suo senso, riuscendo a trasmetterlo ben al di là dei limiti nazionali:
ora la presenza di nuovi meccanismi di controllo restringe in
modo rapido la possibilità di puntare al rapporto privilegiato
autore-opera e valorizza soprattutto la coppia prodotto-pub-
blico.

I miglioramenti tecnologici, una nuova attenzione ai fenomeni divistici, una politica piú razionale d'investimenti confe-
riscono a molti film degli anni cinquanta caratteristiche nuove, capacità di occupare il livello produttivo medio, e coopera-
re alla realizzazione di processi industriali meno improvvisati.
Diventano pertanto scomodi gli autori che vogliono, ad ogni
costo, firmare i loro film[69] ignorando il pubblico e guadagna-
no o riguadagnano credito quei registi che si pongono, in prima istanza, il problema del pubblico e assecondano la volontà
combinata della produzione e del sottosegretariato alla presidenza del Consiglio.

5. La vendita dei prodotti

Restano da esaminare i momenti terminali del processo
produttivo, relativi alla circolazione, consumo e resa economica dei film.

Per determinare gli indici di incassi e l'andamento della
produzione, bisogna tener conto di vari ordini di fattori, assoluti e relativi. Se vediamo le tabelle offerte da Callisto Cosulich sull'andamento degli incassi nei primi dieci anni del dopoguerra, dobbiamo poi interpretare i dati correggendoli con alcuni fattori differenzianti[70], sapendo che la cifra dell'incasso di
un film popolare, nel suo primo anno di circolazione, può essere notevolmente modificata con lo sfruttamento in profondità del mercato negli anni successivi.

Se nel 1945 *Roma città aperta* ottiene il primato assoluto
d'incasso con 162 milioni, già ne 1946 *Paisà* occupa solo il no-
no posto con 100 milioni preceduto, tra gli altri, da *Rigoletto*

(224 milioni), *Genoveffa di Brabante* (220 milioni), *Aquila nera* (198 milioni). Negli anni successivi in testa agli incassi troviamo *Fabiola* (572 milioni) e i film di Matarazzo, il *Don Camillo* di Duvivier, il *Puccini* di Gallone, *Pane amore e fantasia* di Comencini, *Ulisse* di Camerini, ecc. Ai punti piú bassi di incassi complessivi *Francesco giullare di Dio* (26 milioni), *La terra trema* (35 milioni), *Umberto D.* (103 milioni), *La macchina ammazzacattivi* (5.700.000), *Lo sceicco bianco* (33 milioni), *La paura* e *Giovanna d'Arco al rogo* (entrambi con 18 milioni d'incasso). I film di Rossellini spesso raggiungono cifre minime, che non consentono ai produttori di recuperare neppure un decimo dei costi di produzione e la vendita di questi film all'estero non cambia la situazione. I proventi delle vendite all'estero di *Francesco* ammontano a una ventina di milioni, quelli della *Terra trema* a 5 milioni.

I costi di un film, alla fine degli anni quaranta, si aggirano sulla cinquantina di milioni e, solo in casi eccezionali, raggiungono il centinaio. Il produttore può recuperare una parte dei suoi soldi soltanto grazie ai ristorni erariali e ad un incasso almeno cinque volte superiore alle spese. Il neorealismo, in effetti, non rivoluziona i costi di produzione: *La terra trema* costa 120 milioni, *Umberto D.* e il *Francesco* di Rossellini si aggirano sui 200. Dei tre i film di De Sica è campione d'incassi (103 milioni) con un introito per il produttore di 20.680.000, mentre quelli di Rossellini e Visconti incassano rispettivamente 26.800.000 e 35.000.000 con un introito per i produttori di cinque e nove milioni circa. Dal punto di vista economico i produttori ricordano questi film come vere e proprie catastrofi. La produzione in esterni e dal vero, se permette di risparmiare su una serie di voci, comporta un aggravio di spesa sulla pellicola, sui costi vivi della trasferta della troupe, sull'esplorazione dei luoghi, sulla preparazione preliminare, sui trasporti...

Va tenuto presente che i miliardi incassati da *Catene* e dagli altri film di Matarazzo e le centinaia di milioni dei film mitologici e pseudostorici (*Orlando e i paladini di Francia* realizzato da Clemente Fracassi, nel 1956, costa 80 milioni e ne in-

cassa 800) «hanno un peso specifico assai diverso dai proventi
di film d'autore»[71], che giocano tutto il loro sfruttamento nel
mercato delle prime e seconde visioni. «I vari Ercoli, Macisti,
Veneri, Messaline – come osserva Vittorio Spinazzola – rag-
granellano il loro imponente gruzzolo, lira su lira, nel corso
degli anni, facendo confluire, nelle casse del produttore, i mille
rivoli provenienti dai paesini piú sperduti, dalle sale piú misere, dal pubblico meno provveduto»[72].

Intanto, in attesa della nuova legge, mentre si è aperta una
vera e propria caccia alle streghe all'interno dell'industria cinematografica (con la pubblicazione di liste nere e apocalittiche
denunce di Cinecittà come luogo di lavoro a favore di Togliatti) il ministro Ponti dichiara che «il governo non vuole deprimere il cinema» e che «non esiste alcuna pressione straniera
contro il nostro cinema»[73].

Per fortuna l'incompetenza degli uomini succeduti ad Andreotti ritarda semplicemente, senza impedirla, l'approvazione della legge, frutto di una pressione convergente di tutte le
forze del cinema italiano e dell'appoggio esterno dei partiti
della sinistra. Osservando la situazione di stallo, che si è venuta a determinare, Monaco sottolinea da una parte che «la mancata approvazione dei nuovo disegno di legge... rende ancora
piú pesanti e incerte le condizioni del nostro cinema»[74], e dal-
l'altra che «mai come ora la situazione mondiale della produzione e dei mercati cinematografici ha offerto al cinema italiano prospettive piú favorevoli». Tra tutte le cinematografie, europee e americane, il cinema italiano gode di costi di produzione ancora relativamente bassi, di crediti assai forti sul piano internazionale e di un fortissimo ricupero sul mercato interno
(dove assorbe ormai il 35% degli incassi).

La ripresa, che dipende dall'approvazione della legge, avviene nel periodo in cui si manifesta, sul piano internazionale e in
Italia, la prima macroscopica crisi dell'unico settore, che in
passato era sempre parso in espansione: l'esercizio[75].

La spinta produttiva, in gran parte, bisogna riconoscerlo, è
data dagli incassi astronomici, nel mercato nazionale e soprat-

tutto in quello americano, di un film a basso costo, *Le fatiche di Ercole* di Pietro Francisci. Dal 1958 in poi si assiste a una specie di conversione totale al genere mitologico e storico di tutte le case di produzione grandi e piccole. Gli incassi medi sono di quattrocento milioni, e non è difficile raggiungere gli ottocento, con costi di produzione che, raramente, raggiungono i duecento milioni. Esaminando nell'insieme il panorama produttivo, si può senz'altro riconoscere che, grazie alla forza degli eroi mitologici, vengono spezzate quasi del tutto le catene del colonialismo cinematografico e si apre una nuova stagione di espansione del cinema nazionale in Italia e all'estero.

6. Il cinema come il pane

Ultimo aspetto, ma non il minore, quello dell'esercizio.

È necessario partire da questo dato di fatto: alla vigilia e durante la guerra il cinema entra nelle abitudini della popolazione come bene di prima necessità, voce di spesa fissa[76]. Fino alla metà degli anni cinquanta la domanda di cinema è addirittura superiore, in percentuale, all'incremento di reddito annuo. A partire dal 1956 (da quando comincia a diffondersi la televisione) si registra un'inversione di tendenza, aumentano altri tipi di consumo e arretra la domanda cinematografica. Nel decennio precedente il consumo mantiene un ruolo privilegiato nella spesa collettiva[77].

In altri termini, si può tracciare una curva che registra, nel primo periodo, un consumo di cinema poco elastico e piú assimilabile alle voci di spesa necessarie e, solo da un certo momento, decresce e acquista una maggiore elasticità, divenendo una tra le varie voci nei bilanci dei consumi del tempo libero[78].

La domanda di spettacolo non è distribuita, all'interno di questa tendenza generale, in modo omogeneo: anzi, risulta variamente ripartita e i pubblici cinematografici sono raggruppabili – per il consumo – a seconda delle diverse aree geografiche. Nel primo dopoguerra a ogni biglietto venduto nell'Italia insulare ne corrispondono 2 in quella meridionale, 4 in quella centrale e 8 nell'Italia settentrionale.

Ciò non dipende solo dal fattore clima, come cerca di dimostrare – con i dati alla mano – uno dei primi trattati di analisi economica dell'esercizio cinematografico[79]. Le ragioni dipendono piuttosto dalla presenza forte di altre forme di spettacolo, dalla resistenza nei confronti del cinema da parte delle forze politiche e religiose, da problemi di distribuzione del reddito e dal grado di alfabetizzazione dei pubblici.

Il numero delle sale rimaste in piedi, alla fine della guerra, si aggira sulle 5.000 unità, nel 1948 è di 6.551 e nel 1956 ha raggiunto il numero di 10.500 (a cui vanno aggiunte le 5.449 sale parrocchiali che dispongono di un milione di posti). L'incremento intende assicurare un'attività a tutti i centri italiani con almeno 5.000 abitanti e sviluppare una forma di concorrenza tra due forme di gestione, laica e cattolica[80].

Nel 1948 il numero dei posti a sedere è molto cresciuto rispetto all'anteguerra e lo sviluppo maggiore di nuove sale si è avuto in particolare nei comuni non capoluogo dell'Italia centrale e meridionale. Il 1948 è un anno chiave per la corsa agli investimenti in sale cinematografiche. Rispetto al 1938 si può registrare un numero di sale doppio e un aumento del 75% dei biglietti venduti. L'aspetto negativo può essere dato dal fatto che diminuisce sensibilmente, in un decennio, la domanda potenziale di spettatori per cinematografo. Nel 1938 esiste un cinema ogni 10.815 abitanti, nel 1948 uno ogni 6.289. Per aggiungere un ulteriore dato, che conferma la tendenza in atto, basterà notare come, tra il gennaio 1948 e il gennaio dell'anno seguente, il numero di cinematografi attivi passi da 6.551 a 7.445: naturalmente si assiste a un'ulteriore spartizione e redistribuzione degli spettatori.

Alle soglie del 1950 esistono ancora in Italia ben 2.817 comuni in cui non avvengono spettacoli cinematografici di alcun tipo[81]. Si tratta dei comuni con meno di 5.000 abitanti ma per esercizi che sappiano adeguarsi alle esigenze locali c'è ancora uno spazio tutto da coprire (ad esempio, nella sola provincia di Padova esistevano ben 17 centri sprovvisti di sala cinematografica)[82].

Tenuto conto di tutta una serie di funzioni attivate collateralmente, oltre a quelle legate alla visione diretta dei film, si può riconoscere come l'attivazione dell'esercizio cinematografico, in questo periodo, sia vista piú come servizio sociale, che come un investimento speculativo.

Nel quindicennio che ci interessa la domanda cinematografica e il consumo ora appaiono, come si è visto, di tipo necessario (ossia a basso grado di elasticità in termini di reddito), ora di tipo voluttuario (ad alto grado di elasticità). Nel biennio 1948-1949 l'incremento di spesa per gli spettacoli cinematografici è superiore sia a qualsiasi altra voce relativa a beni di prima necessità che ai consumi voluttuari. Nel 1949 si registra, rispetto all'anno precedente, un incremento del 25%. Il divertimento cinematografico assorbe, in pratica, tutte le altre voci. Su 70 miliardi incassati dagli spettacoli, ben 53,4 vanno al cinematografo e 5,5 al teatro[83]. Nel 1950 la spesa passa dai 70 miliardi dell'anno precedente agli 83,5 miliardi[84].

Fino a che il cinema garantisce, soprattutto nelle aree periferiche e nei circuiti parrocchiali, un tipo di divertimento continuo, ricco di emozioni, sostitutivo di molti altri bisogni, la domanda permane invariata nella borghesia e nelle classi proletarie e contadine.

Poi, quando si cominciano ad avvertire i primi segni di modifica delle abitudini, dei consumi e di redistribuzione della spesa[85], il boom cinematografico lascia il posto a un diverso tipo di boom economico, che si manifesta in tutti i settori della vita italiana e interessa tutte le fasce sociali.

Per spiegare il fenomeno di modifica progressiva delle abitudini di una popolazione bisogna tener presente sí la domanda, ma anche riconoscere che «la domanda esprime solo in modo parziale le determinanti che nel periodo considerato hanno agito sul mercato»[86].

Il consumo è prima di tutto indotto e potenziato per le sue qualità di merce americana e solo in un secondo tempo si collega, in misura piú netta, al prodotto nazionale. Le scelte di divertimento per il pubblico sono assai ridotte[87].

Il fenomeno di canalizzazione della domanda trova, sul versante della produzione, gli americani capaci di invadere il mercato con una quantità di merci eccedente la domanda stessa e su quello degli esercenti una frenetica gara all'apertura di nuove sale, tanto che, nel giro di pochi anni, l'Italia raggiunge uno dei primi posti nel mondo[88].

A questo punto, osservando la crescita dell'esercizio e sulla base del numero di spettacoli, posti e spettatori, si può capire che ogni spettacolo raggiunge un numero limitato di spettatori rispetto alla potenzialità della sala e che tutta l'attrezzatura è utilizzata in misura assai bassa rispetto alla sua capacità produttiva (soprattutto tenendo conto della modesta frequenza in certi giorni della settimana).

Nonostante l'eccesso di posti, l'eccesso di spettacoli offerti in certe aree e la diminuzione degli incassi medi per giornata di spettacolo rispetto al periodo anteguerra (proprio per la diversa distribuzione del pubblico causata dall'incremento del numero di esercizi), gli esercenti trasformano gli impianti ad ogni evoluzione tecnologica importante. Nel 1956 l'esercizio dispone di ben 1.528 impianti ottici e stereofonici per la proiezione in cinemascope, cifra che consente di ottenere il primato europeo e il secondo posto nel mondo (alle spalle, ovviamente, degli Stati Uniti)[89].

Gli incassi, comunque, sono assorbiti, per oltre la metà, dalle città con piú di centomila abitanti, a dimostrazione che il cinema è, prima di tutto, uno spettacolo popolare, a prevalente residenza urbana. In pratica 27 città assorbono la metà degli incassi, il resto viene distribuito sul numero di esercizi sparsi in città e provincia. Il che vuol dire che l'esercizio cinematografico in provincia, anche nel periodo d'oro del dopoguerra, non garantisce certo grandi profitti.

Dal 1955 inizia inoltre un'inversione di tendenza: «L'orientamento del pubblico a destinare parte del denaro prima speso negli spettacoli al soddisfacimento di nuove esigenze, lo sviluppo dello spettacolo televisivo, sono fattori che denunciano la loro influenza sull'andamento economico del cinema. E ancora maggiore influenza avranno nell'immediato futuro»[90].

Con queste parole gli esercenti avvertono, nel 1957, che, per loro, il periodo aureo sta per finire e lanciano il primo grido d'allarme. Ancora una volta non esiste una corrispondenza o una relazione diretta tra i problemi della produzione e quelli dell'esercizio e, ancora una volta, gli sviluppi e le crisi non sono automaticamente correlabili e periodizzabili nello stesso modo[91]. Prima di tutto sono colpiti quegli spazi e quegli esercizi periferici che vivevano di un pubblico abitudinario, indifferente al tipo di prodotto offerto e, in molti casi, da poco promossi al consumo regolare di cinema.

La sfasatura dei processi di crisi nei diversi settori ha il vantaggio di mantenere il sistema in condizioni di equilibrio: per fortuna, prima che nessuno sia piú in grado di tamponare falle sempre piú vistose, dovranno passare ancora vent'anni.

Istituzioni e potere

La progressiva forbice che si apre, nel periodo della ricostruzione, tra tendenze espressive e poetiche e interessi industriali del cinema italiano non nasce dalla naturale conflittualità delle ragioni estetiche con quelle di mercato. In una realtà
fluttuante e aperta i registi operano come se i loro prodotti artigianali fossero del tutto sganciati dalle leggi della domanda e
dell'offerta e ponendosi sulla scia di Zavattini vorrebbero, dal
1945, che il cinema si ponesse finalità artistiche e risultasse «di-
sancorato da gretti interessi commerciali». Il processo di aggregazione e di intreccio sempre piú stretto tra questi due termini, una volta raggiunto il massimo di divaricazione, è invece
l'effetto di un fenomeno pilotato e applicato, secondo una
strategia coerente, a tutto il campo delle istituzioni e delle
strutture che regolano il funzionamento del cinema.
   La linea operativa passa attraverso un'accorta alternanza tra
mediazione, disarticolazione e isolamento di alcuni fenomeni,
arrembaggio, conquista e concessione di istituzioni e centri di
potere, con criteri piú propri di una società feudale, che di un
neonato ordinamento democratico. La politica dei premi governativi, intesa, ad esempio, come beneficium medievale, la
creazione di un rigido sistema di nomine gerarchiche e l'incoraggiamento al vassallaggio vanno letti non tanto in base a ca-

tegorie interpretative della continuità delle istituzioni, quanto piuttosto come fenomeni di arretramento e scadimento obiettivo nella qualità di gestione delle istituzioni stesse. Il cinema, figlio prediletto del fascismo, era – come si è visto nel secondo volume – uno dei terreni in cui si manifestava una discreta tolleranza che serviva ad ammorbidire l'immagine piú repressiva del regime dittatoriale. Nello stemma nobiliare andreottiano, in materia di cinema, appare invece una mano rampante del governo nel campo dell'industria privata.

Nel momento in cui ci si accinge a descrivere la nascita e lo sviluppo di un sistema di potere settoriale, le sue scelte e la razionalizzazione del controllo, non si può non riconoscere che, rispetto alla potenzialità e tensione culturale e ideologica, la linea di attacco adottata, da un certo momento in poi, è quella del massimo restringimento degli spazi operativi, nel piú assoluto disprezzo e indifferenza verso le ragioni culturali che pure erano state tenute presenti durante il ventennio.

In pratica – dopo la prima fase di mediazione – il cinema italiano attraversa il periodo che va dal 1948 al 1960 muovendosi quasi in apnea. I quadri professionali vengono espulsi dai centri di potere o dalle istituzioni culturali e, nel ricambio, viene dato ampio spazio a grigi funzionari, a teste di turco, a ottusi esecutori della volontà governativa. Questo avviene indifferentemente al Centro sperimentale e alla Mostra di Venezia, nella direzione delle riviste cinematografiche e alla direzione dello spettacolo, alla Rai e all'istituto Luce.

Elsa Morante e Guido Aristarco, titolari alla Rai di una rubrica cinematografica, vengono licenziati in tronco dopo le elezioni del 1948, e lo stesso capita a Umberto Barbaro (il cui insegnamento era stato tollerato durante gli anni del fascismo), commissario straordinario nel biennio 1946-47 al Centro sperimentale, cacciato dopo che, nel 1948, la presidenza è assunta da Nicola De Pirro: «Devi mandar via quel professore di ottica che è comunista, cosí vuole Andreotti», intima De Pirro a Luigi Chiarini, nominato vice presidente. Chiarini si oppone, senza però riuscire ad impedire che l'insegnamento di ottica sia soppresso dalle materie di insegnamento del Centro[1].

«Le evoluzioni e le involuzioni del nostro cinema – scrive nel 1954 Guido Aristarco – coincidono spesso con le evoluzioni e le involuzioni della nostra vita pubblica: esso ne ha seguito passo passo le aperture, le incertezze, i freni, gli slanci»[2]. La storia della politica delle istituzioni è però scandita da un riassetto politico e ideologico che decide di colpire al cuore la produzione culturale, dispiegata sul campo in tutta la pluralità delle sue manifestazioni e potenzialità, e di isolare e ghettizzare le espressioni culturali giudicate pericolose, lasciando loro spazi marginali. Il lavoro culturale diventa pertanto una forma di apostolato volontaristico senza mai alcun tipo di contatto con il «palazzo» e le «stanze dei bottoni». La libertà culturale, la difesa di una propria identità viene pagata a caro prezzo dagli uomini del cinema. Registi, critici e intellettuali godranno di un notevole prestigio, ma anche di un forte isolamento e saranno oggetto di attacchi concentrici per diminuirne, con ogni mezzo, il potere.

In questo senso va anche interpretata la proposta, tutt'altro che casuale, avanzata da Amintore Fanfani nel 1950, di far rientrare l'intera materia cinematografica sotto le competenze del ministero dell'industria e dell'agricoltura[3]. Riuscendo a far perdere al cinema l'aura di canale privilegiato di trasmissione culturale di sinistra, lo si addomestica e assoggetta a un regime di riflessi condizionati.

D'altra parte, quando si imbocca una strada in cui i produttori avvertono che il governo intende appoggiare l'evoluzione industriale soltanto su una base economica, il cinema inizia a marciare a grandi passi verso l'emancipazione nei confronti del cinema americano. L'incompetenza culturale, di cui si parla in questo capitolo, negli uomini voluti da Andreotti, è frutto di una scelta ed ha un carattere transitorio in un periodo di riconquista di posizioni perdute. Una volta raggiunti determinati obiettivi sarà anche possibile tentare di ovviare alle proprie carenze culturali in certi settori, non certo a livello governativo e ministeriale.

Perché si ottengano risultati immediati, gli indirizzi complessivi devono essere guidati da una volontà centralizzata: a capo delle varie istituzioni è sufficiente che si crei un potere esecutivo, quanto piú ottuso e neutro, in modo da servire da richiamo e parafulmine per gli attacchi degli intellettuali e delle forze politiche di opposizione.

La reintegrazione degli ex fascisti nei quadri intermedi è fatta proprio per mantenere la continuità di un funzionariato incapace, per caratteristiche costituzionali, di assumere iniziative autonome. Si tratta di una specie biologica abituata ad agire in base a comportamenti automatici, e a muoversi sempre come pedine lungo identici percorsi di una scacchiera. Non bisogna però pensare che l'organigramma voluto da Andreotti, e con lo stesso sottosegretario al vertice, sia solo una clamorosa dimostrazione della «legge di Peter» sull'incompetenza progressiva. Data la non volontà e l'incapacità della classe dirigente democristiana di esprimere e produrre, in breve tempo, gruppi di intellettuali organici e fortemente rappresentativi, capaci di elaborare dei programmi, è naturale che la figura rappresentativa del potere, ai suoi livelli piú alti, sia proprio Andreotti.

I suoi comportamenti e la sua strategia mescolano ingredienti diversi che vanno sí dall'incompetenza al cinismo, al moralismo, all'anticomunismo, alla stretta dipendenza dalle autorità ecclesiastiche, all'indifferenza culturale e alla ferma opposizione al neorealismo, ma si combinano o alternano anche con una reale intenzione di promuovere una rinascita industriale e sottrarre la produzione nazionale dalla sua condizione di subalternità. Di fatto, negli anni del suo sottosegretariato, Andreotti è l'unico realmente in grado di sviluppare una conoscenza di tutto il settore che gli è affidato, dimostrandosi capace di risolvere non poche situazioni ed elaborare piani non improvvisati per la ripresa economica. Negli anni della guerra fredda egli rappresenta l'ala piú illuminata, culturalmente e ideologicamente, del suo partito ed è la personalità che usa tecniche piú sottili e avanzate di gestione del potere. Nella sua maschera di Giano bifronte continua ad apparirci anche oggi un po' l'orco e un po' la buona fatina del cinema italiano.

Il periodo che va dal 1945 al 1948 (nel 1947 Giulio Andreotti è nominato sottosegretario alla presidenza del Consiglio) vede una fluttuazione del campo e delle forze e un aumento di energia di tutto il sistema: la legislazione può cercare di stabilire una regolamentazione, però le forze di pressione esterna (americane, come si è visto e come vedremo), riescono a ottenere che i provvedimenti siano inadeguati e favoriscano l'incremento iperbolico del caos produttivo e distributivo.

Il primo provvedimento, emanato sotto forma di decreto luogotenenziale (n. 678), in data 5 ottobre 1945[4], è firmato da Umberto di Savoia e dai ministri Ferruccio Parri, Giovanni Gronchi, Mauro Scoccimarro, Palmiro Togliatti, Federico Ricci e Vincenzo Arangio Ruiz. «Non c'è da meravigliarsi –osserva Lorenzo Quaglietti – se sono in pochi a ricordare questo decreto». Esso non dava fastidio a nessuno. Nessuno poteva, allora, fare il viso dell'armi all'art. 1, che proclamava solennemente: «L'esercizio di attività di produzione del film è libero», e nessuno poteva nemmeno mostrarsi seccato dal fatto che l'art. 2, dopo aver abrogato tutte le restrizioni promulgate dal fascismo in materia di concessione del nulla osta preventivo per la produzione di film, affermasse che, da parte delle autorità competenti, poteva essere negata l'approvazione «soltanto per ragioni inerenti alla censura militare o ai rapporti internazionali»; inoltre «l'art. 6 accordava, in favore dei film nazionali, un contributo pari al 10 per cento degli incassi al botteghino oltre a una ulteriore quota del 4 per cento alle pellicole che fossero state giudicate meritevoli da un'apposita commissione»[5]. Gli effetti positivi di spinta e incoraggiamento alla produzione sono immediati, come si vede soprattutto dal numero di film realizzati nel 1946, che raddoppia quello dell'anno precedente.

Non può però sfuggirci, e il discorso verrà ripreso in seguito, come, nello sforzo di creare una cesura netta con il passato, manchi il coraggio di eliminare le voci relative al controllo censorio. All'art. 11 si legge infatti che tutto è abrogato, «salvo le leggi di pubblica sicurezza e del regolamento per la vigilanza governativa sulle pellicole cinematografiche, approvato con Rd 24 settembre 1923, n. 3287, che disciplinano la censura cinematografica». In questo articolo della legge, passato quasi inosservato, viene conferito – come nel passato – al potere esecutivo un potente mezzo di controllo e limitazione delle libertà d'espressione. In ogni caso le conseguenze piú macroscopiche di questa prima legge riguardano soprattutto l'apertura incondizionata del mercato ai film stranieri. Il potere legislativo è, di fatto, esercitato dalle maggiori compagnie americane che, attraverso il Film Board, ottengono un adeguamento completo della legge ai loro desiderata.

Tra questo provvedimento e il successivo passano circa due anni, durante i quali le forze in campo (produttori, registi, distributori, esercenti, case di produzione americane) si misurano, senza trovare piattaforme comuni. Tuttavia va riconosciuto che, proprio a partire dalla legge del 16 maggio 1947, n. 379[6], la Democrazia cristiana «incominciò a occuparsi di cinema»[7]. Non a caso il secondo articolo (dopo che il primo riconfermava la libertà di produzione di film) stabilisce che venga istituito «alle dirette dipendenze della presidenza del consiglio un ufficio centrale per la cinematografia», con attribuzioni che piú vaste di cosí non potrebbero essere. Tale ufficio infatti: *a)* attua le provvidenze stabilite a favore della cinematografia nazionale; *b)* accerta la nazionalità dei film; *c)* promuove e cura i rapporti concernenti gli scambi cinematografici con l'estero; *d)* esercita le attribuzioni demandate allo Stato dalle disposizioni concernenti la vigilanza governativa sulle pellicole cinematografiche; *e)* esercita la vigilanza sugli enti, le attività e le attribuzioni demandate dalla presente legge e da altre leggi[8].

Non è difficile capire come, salvo qualche eccezione, prevista da articoli successivi, mediante questa legge il cinema nel suo complesso è posto sotto tutela[9]. Con una circolare del 10

luglio 1947 Andreotti per ingraziarsi l'associazione dei distributori e porla sotto le sue ali protettive, sottrae agli organi di
polizia i compiti di controllare che la legge sulla programmazione obbligatoria venga rispettata e chiude ben presto gli occhi su tutte le trasgressioni che vengono denunciate. Col favore degli esercenti e dei distributori americani, Andreotti può
affrontare, con un enorme sostegno esterno, la reazione dei
produttori nazionali.

Mentre la Costituzione della Repubblica italiana, che sarebbe entrata in vigore dal 1° gennaio 1948, avrebbe stabilito la libertà di pensiero, di parola, la libertà dell'arte e della scienza
(artt. 21 e 33), la legislazione cinematografica aveva sancito
che, nel suo ambito, le libertà di espressione fossero già controllate, anche se non ancora limitate. Questo potere assoluto
concesso ad Andreotti (e di cui il sottosegretario avrebbe saputo far buon uso, con una politica accorta di monarchia illuminata e di intimidazione attraverso interventi esemplari, piuttosto che servendosi solo della repressione ottusa e continua)
avrebbe dovuto apparire subito nella sua natura reale[10]. Nessuno però era parso rendersene conto, tanta era l'euforia per
l'approvazione del successivo articolo 4, dove si obbligava
ogni esercente a proiettare almeno venti film di produzione
nazionale a quadrimestre. La proposta iniziale dei democristiani teneva, come tetto massimo, i 15 giorni per trimestre: l'aumento si deve a un emendamento proposto dai socialisti, comunisti e da Guglielmo Giannini per l'Uomo qualunque.

Anche in Francia, negli stessi anni, si adottano analoghi
provvedimenti e anche nel mercato francese i distributori e gli
esercenti tenteranno di eludere e aggirare la legge in tutti i modi, vista la disparità dei profitti tra prodotto nazionale e prodotto hollywoodiano. Con questa legge si ripristina il sistema,
entrato in vigore durante il fascismo, di assistenza all'industria
cinematografica da parte dello Stato mediante premi e contributi. Dopo due soli mesi dall'approvazione della legge i rapporti al vertice politico mutano in modo deciso: il governo è,
almeno all'inizio, un monocolore democristiano, appoggiato

da liberali, comunisti e monarchici e da alcuni indipendenti, tra cui Luigi Einaudi[11]. Alla fine dell'anno ne entrano a far parte ufficialmente anche i socialdemocratici, i repubblicani e i liberali. Le alleanze e i programmi nati dalla Resistenza vengono cosí sconvolti.

A pochi giorni dalla nascita del quarto governo De Gasperi, nel giugno 1947, è varato il piano Marshall, che rende ancora piú espliciti i rapporti di colonizzazione dell'Italia da parte degli Stati Uniti, e segna l'avvio della mobilitazione nella lotta al comunismo[12].

In questa fase, che qualcuno ha voluto chiamare di «congelamento costituzionale»[13], dopo la svolta centrista del 1947, il cinema viene a rivestire un ruolo importante e dinamico, in quanto, grazie all'intervento statale, si riesce a conferire a questa industria un assetto competitivo sul piano del mercato. Lo scontro, per tutto il periodo degli anni cinquanta, tra gruppi di opinione, rappresentanti del neorealismo e istituzioni, governo e Dc, è, come si è osservato, «lo scontro tra una *cinematografia nazionalista*, garante della qualità del lavoro intellettuale e del suo valore sociale e una cinematografia che tiene ancora *insieme* produzione e mercato e tenta di elaborare un prodotto direttamente competitivo, capace di rispondere all'*happy end* americano. L'oggetto dello scontro è in realtà un'egemonia sui modelli d'esportazione»[14].

Per ottenere questi risultati la Dc deve operare, dopo il 1948, una ridistribuzione del «gioco delle parti», sostituendo ovunque gli uomini già messi a ricoprire ruoli direttivi in base alle proprie competenze professionali nel periodo del massimo fervore ricostruttivo.

Il panorama non è però del tutto apocalittico: per istituzioni come la Biennale, o il Centro sperimentale di cinematografia, vi sarà l'intenzione politica di garantire, oltre alla semplice sopravvivenza, anche una certa autonoma vitalità. La regressione ideologica, o il controllo e la gestione di alcuni enti da parte di funzionari privi del carisma di Luigi Chiarini, o di Umberto Barbaro, o di Francesco Pasinetti, non azzera le funzioni operative e non significa, in ogni caso, arresto della produzione culturale. La mostra del cinema riesce a raggiungere e recuperare, in buona misura, il prestigio perduto; il Centro sperimentale diploma allievi che continueranno a trasmettere, in tutto il mondo, un'immagine di piú importante centro di formazione professionale. Ottenuta l'espulsione, dai centri direzionali, di personaggi politicamente indesiderati, la struttura si dimostra sana nonostante l'inefficienza di vertice e la congiuntura culturale è talmente favorevole al cinema che qualsiasi iniziativa può navigare col vento in poppa.

L'aumento dell'efficientismo maschera il vuoto ideale e rende meno avvertibile la frattura. Grazie al lavoro già fatto in precedenza si può procedere, per forza d'inerzia, vivendo di rendita, come vive d'altronde di rendita il sottosegretariato, che passa nelle mani di una serie di persone che sembrano sempre piú capitate per caso a ricoprire l'incarico, quando non esibiscono apertamente la loro ottusità burocratica e culturale[15].

Le due leggi successive, n. 448 del 25 luglio 1949 e n. 958 del 29 dicembre dello stesso anno, costituiscono interventi piú decisi a favore della produzione nazionale e appaiono come l'effetto convergente di un'affermazione delle lotte condotte dagli uomini del cinema italiano e dello sforzo e impegno del governo di assumere una posizione autonoma su tutta la materia, rispetto ai condizionamenti esercitati dai produttori americani. Nella prima si decide che, per ogni pellicola d'importazione, si versino 2.500.000 lire in uno speciale fondo della sezione per il credito cinematografico della Banca nazionale del lavoro destinato alla concessione di mutui, finanziamenti e prestiti per la cinematografia.

Verso la fine dell'anno, venendo a scadere i benefici previsti dalla legge del 1947, è approvata la nuova legge che, pur mantenendo alla presidenza del consiglio i poteri d'intervento già sottolineati, li rende, in apparenza, meno concentrati nelle mani di una sola persona mediante l'allargamento del comitato tecnico e della commissione consultiva[16]. Alle commissioni si concede il potere di escludere determinati film dalla programmazione obbligatoria e questa decisione è direttamente collegata alla possibilità di ottenere l'assegnazione dei premi. I premi sono integrati in occasione di particolari qualità artistiche, di un supplemento dell'8%, da aggiungersi al già previsto 10% assegnato normalmente in base agli incassi.

Anche ai documentari e ai film d'attualità si concede la possibilità di ottenere un premio pari al 3% aumentabile al 5%: documentari e film d'attualità sono sottoposti alla programmazione obbligatoria e, da questo momento, si scatena la gara per associarli ai film che raccolgano, presumibilmente, i maggiori incassi. In quest'ambito della produzione si sviluppano, nel giro di breve tempo, enormi speculazioni per abbinare ai film americani destinati ad ottenere un grande successo i documentari di alcune case assai legate agli ambienti governativi[17].

A un'industria assai fragile lo Stato lancia alcuni salvagente, a patto che, chi intenda farne uso, risponda a determinati requisiti. Andreotti, quasi sintonizzato con Fanfani, interviene a favore degli interessi industriali, chiedendo di sganciare le ragioni artistiche da quelle economiche. Offrendo ai produttori e agli esercenti una prova concreta di appoggio e sostegno, il sottosegretario democristiano ottiene che tutto il sistema riceva una spinta molto decisa in senso quantitativo, e vengano isolati, e di fatto esclusi dal mercato, tutti quei prodotti non graditi dal vertice politico[18]. Andreotti interviene con un piano ideologico economico non per mettere a tacere il cinema italiano, ma per sintonizzarlo su un registro diverso. Questo fatto va interpretato come principio generale dello scontro degli anni successivi.

Lo sviluppo produttivo che durerà fino al 1954 (anno che precede l'approvazione della nuova legge) e il diffondersi dell'esercizio, il potenziamento dell'esportazione, l'ammodernamento dei macchinari portano l'industria cinematografica italiana al secondo posto nel mondo, alle spalle soltanto della cinematografia hollywoodiana. Sotto il profilo economico – e date le condizioni di partenza – non è un risultato di poco conto.

La successiva legge n. 897, del 31 luglio 1956, contiene alcune modifiche rispetto a quella del '49, senza alterarne peraltro lo spirito e le caratteristiche.

a) Per ottenere i contributi dello Stato i film devono essere ammessi alla programmazione obbligatoria mediante un giudizio di idoneità rilasciato da tre esperti scelti nel mondo del cinema e della cultura;

b) il numero di giorni di programmazione obbligatoria dei film italiani passa da 80 a 100;

c) si chiedono ai produttori maggiori garanzie per la concessione dei contributi dello Stato;

d) questi contributi sono concessi in base ad aliquote in apparenza un po' piú elevate (il 16%), di fatto inferiori del 2% perché il premio di qualità per «meriti artistici» è concesso a tutti, come si può vedere dall'elenco di qualsiasi anno di produzione. Sono istituiti premi di qualità che si assegnano indipendentemente dagli incassi, in misura variabile dai 5 ai 25 milioni.

Allo scadere degli anni cinquanta, il 22 dicembre 1959, è approvata infine la legge n. 1097, che proroga semplicemente le disposizioni della legge precedente, scadute nel luglio del '59, e introduce alcune modifiche relative al Luce, ai cortometraggi, ai film per la gioventú e al Centro sperimentale[19].

Dal 1949 l'insieme delle leggi ottiene l'effetto di favorire una ripresa della nostra industria, premiando soprattutto le forme di speculazione, le produzioni piú forti e legate al capitale americano per conto di cui molte case agiscono (vedi i film di Ponti e soprattutto di De Laurentiis), e penalizzando le produzioni indipendenti, spesso inconsistenti dal punto di vista patrimoniale e sospette da quello ideologico.

Il controllo della produzione e la vincente azione di dirigismo ideologico sono soltanto due aspetti dell'intervento articolato nel settore, da parte dello Stato[20].

Non bisogna dimenticare che esistono una serie di enti e istituzioni che lo Stato democratico ha ereditato dal governo fascista e la cui gestione, fallimentare dal punto di vista econo-

mico, si può rivelare assai produttiva sotto il punto di vista politico e clientelare. I governi democristiani, tuttavia, non sembrano volersi far carico del problema degli enti cinematografici di Stato e preferiscono dimostrare, nei loro confronti, un
tiepido interesse, puntando piú decisamente l'attenzione dai
primi anni cinquanta verso la gestione e il controllo di radio e
televisione.

Cosí, nei confronti dell'istituto Luce, dell'Enic, della Cines,
di Cinecittà, il governo interviene stanziando fondi, preveden-
do sovvenzioni, offrendo posti ai propri funzionari, ma senza
volerne fare strumenti di consenso[21]. Nel 1948 è assai piú utile
ricorrere all'appoggio elettorale esterno della Settimana Incom
di Pallavicini, piuttosto che pensare a una utilizzazione diretta
del Luce. Il fatto di offrire al Luce delle anticipazioni, per con-
sentirne la rinascita, l'ammodernamento e il rinnovamento degli impianti, è subordinato alla scelta programmatica di confe-
rirgli un ruolo marginale e subalterno e comunque di fare in
modo che la sua attività non costituisca alcun pericolo per l'industria privata[22].

Nel testo di legge del 1949, in cui si parlava della riorganizzazione del Luce, si prevede che l'attività dell'istituto sia volta
esclusivamente alla realizzazione di documentari di attualità e
diretti a «finalità didattiche, scientifiche, artistiche, tecniche e
turistiche». L'attualità non è mai realmente perseguita perché
il testo è modificato dalla prima commissione del senato in
modo da eliminare ogni riferimento al presente. Il Luce sopravvive ai margini della produzione, privo di un qualsiasi
ruolo: è uno dei tanti enti inutili che proliferano in quel periodo, nei confronti dei quali lo Stato si dimostra generoso di-
spensatore di favori[23].

Piú complessa è la storia dell'Enic-Eci, delle cui vicende tut-
t'altro che edificanti ci offre ancora una volta un quadro analitico esauriente la *Storia economico-politica del cinema italiano*
di Quaglietti (pp. 150-176).

La Cines, Cinecittà, l'Enic, ossia il momento produttivo e
quello dell'esercizio, hanno una vita parallela e interdipenden-

te. L'Enic e Cinecittà intervengono al 50% nel versamento del capitale azionario della quarta Cines. Bizzarri e Solaroli, e soprattutto Quaglietti, ci offrono una rigorosa e dettagliata ricostruzione dei fasti e soprattutto dei nefasti in materia di investimenti sbagliati, di sperpero di denaro pubblico (la vertenza Enic-famiglia Leoni), di conduzione affidata a incapaci o a fantocci, di gestione sempre molto allegra, con passivi iperbolici, e quasi mai sottoposta a controlli amministrativi. Anche in questo settore lo Stato poteva contare sulla concentrazione verticale di tutte le strutture necessarie alla produzione e diffusione del prodotto cinematografico: il fatto che tutta la politica governativa sia tesa allo smantellamento, alla gestione in perdita di queste strutture, non lascia dubbi sulle scelte a favore dell'industria privata[24]. Gli illeciti, gli scandali, le appropriazioni indebite, che accompagnano la vita di questi organismi, e i regolari insabbiamenti di tutte le inchieste, volte a far luce sugli scandali, ci consentono di vedere come, anche in questo settore, il partito di governo (la Democrazia cristiana) si consideri cosí forte in quegli anni da ritenersi sciolto dalle leggi e al di sopra di esse, e consideri legittima qualsiasi operazione.

Con tutta probabilità proprio negli scandali Enic, Eci, Cines, vediamo all'opera il sistema di potere, nel suo piccolo cabotaggio di benefici, concessioni, favoritismi, nepotismo. Come altrove, in questi ambiti, si esercita la pratica quotidiana dell'immoralità amministrativa, con il pieno consenso e l'aperto incoraggiamento del vertice governativo.

Nelle pratiche di gestione delle istituzioni non c'è legame di parentela tra Andreotti e gli uomini politici del fascismo: il suo stile sembra venire da piú lontano, dai costumi gesuitici settecenteschi, e dalla loro lezione, in materia di intrighi e di protezioni e favori, senza dimenticare la lezione machiavellica, punta ad assimilare la gestione politica del potere a quella di una piú moderna conduzione manageriale d'impresa senza scopi di lucro.

L'arco di tempo preso in considerazione racchiude una morfologia completa e documenta lo stile dell'intervento pubblico in materia di cinema. Non è tanto paradossale, a questo punto, riconoscere che lo Stato rinuncia alla gestione in proprio di una struttura cinematografica perfettamente integrata, perché è assai piú produttivo ottenere il controllo indiretto dell'industria privata. I fallimenti dell'Enic, la liquidazione della Cines, la passività di tutti gli altri enti (soltanto a Cinecittà si poteva registrare, a metà degli anni cinquanta, un «normale» passivo annuo di un miliardo e mezzo)[25], non rientrano dunque nel quadro solo delle incompetenze, ma anche delle scelte prioritarie, di una linea di condotta che, a suo modo, manifesta una palese «coerenza» interna.

I nuovi intellettuali organici, i nuovi funzionari che assumono ruoli direttivi nel quadro delle istituzioni, sono selezionati in base a una semplice scelta politica di promozioni e di mobilità nell'ambito dell'organigramma dei partiti di governo, o in base a un legame di continuità di ruolo rivestito nelle istituzioni fasciste. C'è un doppio movimento di attrazione: i funzionari fascisti, nel pieno rispetto dello Stato, si convertono in massa al partito di maggioranza e a sua volta la Democrazia cristiana «ha sí gran braccia» da incoraggiare questa immigrazione, valorizzando, pragmaticamente, i fini e non preoccupandosi troppo della moralità dei mezzi con cui conseguirli.

Lo stesso avviene per molti produttori: il caso di Forzano, della rinascita della Tirrenia e della ripresa dell'attività negli anni del sottosegretariato di Andreotti, non si spiega senza un preciso legame di dipendenza clientelare dello stesso Forzano dal partito di governo, di cui, nel frattempo, aveva preso la tessera.

Per istituzioni come la Biennale, il periodo della ripresa è caratterizzato da una grande tensione e volontà di riconquista del ruolo perduto nel periodo di forzata inattività.

La Mostra del cinema, in quest'ambito, tenta di rimettersi in piedi per affermare la propria autonomia culturale, rispetto alla dipendenza evidente dalla volontà governativa dimostrata nelle sue ultime edizioni.

Giovanni Ponti, sindaco del Cln veneziano e commissario

straordinario della Biennale, decide, nei primi mesi del '46, di nominare direttore della Mostra Elio Zorzi, uomo non compromesso col regime e in possesso delle doti diplomatiche necessarie a riallacciare una serie di relazioni troncate bruscamente durante il fascismo.

In una riunione a Roma, il 27 giugno 1946, presso il sottosegretariato stampa, spettacolo e turismo, alla presenza di rappresentanti di tutte le categorie dello spettacolo, si vara il nuovo regolamento e si decide che la prima edizione si debba fare già a partire dal 31 agosto dello stesso anno[26].

Il primo problema da risolvere per la Mostra è quello della concorrenza con il Festival di Cannes: la Francia, in qualità di nazione vincitrice della guerra, ha in mano tutte le carte per sostituire in pieno la manifestazione veneziana. E, in effetti, il primo Festival di Cannes è già programmato per la fine di settembre del 1946. Il nuovo direttore della Mostra veneziana, con l'appoggio del governo italiano, riesce a risolvere, in tempi assai celeri, la situazione, stabilendo un accordo a Parigi, con i rappresentanti del festival francese e della municipalità di Cannes, assai favorevole al rilancio immediato della manifestazione lagunare[27].

Secondo questo accordo, la manifestazione veneziana non avrebbe dovuto avere una inaugurazione ufficiale: tuttavia, quando il 31 agosto del 1946 viene dato il via alle proiezioni, sono presenti rappresentanti del governo, a dimostrare come al governo stia a cuore anche la ripresa culturale accanto a quella economica[28].

Nonostante il tempo minimo a disposizione, Francesco Pasinetti riesce a selezionare ben 35 lungometraggi e 32 documentari: l'Italia è rappresentata, con un fin troppo generoso rispetto del pluralismo, da *Paisà* di Rossellini, *Il sole sorge ancora* di Vergano, *Montecassino* di Arturo Gemmiti, *Pian delle stelle* di Giorgio Ferroni[29]. Non esistendo piú premi, una commissione segnala i migliori film. Vedendo i nomi, italiani e stranieri, dei membri della commissione (Umberto Barbaro e Vinicio Marinucci, Francesco Pasinetti e Gino Visentini, Pierre

Michaut e Nikolaj Gorkov), e i risultati della votazione, è evidente come il voto sia frutto di mediazioni e di preferenze accordate al nome rispetto all'opera.

Nell'ordine vengono segnalati *L'uomo del sud* di Jean Renoir, *Anche i boia muoiono* di Fritz Lang, *Enrico V* di Laurence Olivier, *Gli indomiti* di Mark Donskoj e, solo al quinto posto, si incontra *Paisà*, che precede di due posizioni *Il sole sorge ancora*. La «politique des auteurs» è comprensibile, come è comprensibile, da parte dei commissari, un comportamento che non voglia riportare alla luce le ambizioni nazionalistiche. Certo è che i film di Rossellini, De Sica (*Sciuscià*, *Ladri di biciclette* non giungono alla Mostra) e Visconti (*La terra trema* e i successivi film) non godono di grandi appoggi e riconoscimenti, anche nel periodo in cui piú si manifesta una discreta apertura e libertà di giudizio.

Se il 1946 serve a levare la Mostra dallo stato di ibernazione e a ridarle vita, nel 1947 si assiste già a una vera e propria esplosione e desiderio di rapido ricupero. I film, rispetto all'edizione precedente, sono piú che raddoppiati, le nazioni presenti sono 18, le iniziative si moltiplicano per tutta Venezia: quattro retrospettive, una mostra della tecnica cinematografica, il congresso dei circoli del cinema[30]. Una giuria internazionale assegna nuovamente i premi con criteri di difficile decifrazione.

Molto piú chiari risulteranno invece i motivi che portano, l'anno successivo, una giuria nazionale, composta da Luigi Chiarini, Mario Gromo, Guido Aristarco, Arturo Lanocita, Alberto Consiglio, Vinicio Marinucci, Mario Melloni, Giorgio Prosperi e padre Felix Morlion, a decidere che il gran premio vada a *Amleto* di Laurence Olivier «per aver dato, in forma cinematografica, un'altissima interpretazione di una tragedia classica», mentre *La terra trema* di Luchino Visconti è premiato per i suoi «valori stilistici e corali», accanto a *Croce di fuoco* di John Ford e a *Louisiana Story* di Robert Flaherty[31].

La situazione politica non sembra condizionare i lavori della giuria, come avverrà poi, in maniera scandalosa, negli anni

cinquanta: il premio a Olivier è, in fondo, la manifestazione
che la temperatura dello scontro politico e il lavoro teorico
non hanno ancora imboccato la stessa rotta e che i critici di diverse tendenze riconoscono e antepongono nel giudizio i problemi squisitamente chiariniani dell'autonomia della forma cinematografica, già rilanciati nell'immediato dopoguerra in tutto il dibattito sulla cosiddetta terza via (di cui ci occuperemo
nel capitolo della critica).

Negli anni della direzione Zorzi, la gestione commissariale
democristiana non intende modificare, nella sostanza, lo statuto fascista del decreto legge del 21 luglio 1938. Solo nel 1951 è
emanata una legge che muta la terminologia e mantiene di fatto l'ente veneziano saldamente nelle mani del potere democristiano fino agli inizi degli anni sessanta. Tuttavia la dipendenza reale dell'ente autonomo si verrà manifestando sul piano
economico: fin dalla prima edizione, e soprattutto dalla seconda, la Mostra del cinema registra un passivo di bilancio abbastanza sostenuto (di circa dodici milioni). Anche in questo caso, come in altri, il sottosegretario alla presidenza del Consiglio dei ministri erogherà fondi speciali per sanare il disavan-
zo, e pretenderà, in cambio, un allineamento progressivo alle
proprie direttive. Se si studiano i bilanci della Mostra non si
può non osservare come la maggior parte delle spese non va a
coprire i costi di gestione, le spese per il personale – sempre assolutamente inadeguato, o per eccesso o per difetto – piuttosto
viene elargita, quasi a fondo perduto, per voci a favore degli alberghi della Ciga, per ospitalità a notabili democristiani e famiglia, o gruppi, per biglietti omaggio, ecc. La Biennale diventa, negli anni cinquanta, una specie di luogo di soggiorno premio mediante il quale la Democrazia cristiana intende esibire i
propri meriti culturali. Non la grande rappresentanza, la «hit
parade» dei divi e dei registi, ma la claque è beneficiaria privilegiata di questa politica dell'ente e continuerà ad esserlo, senza
soluzione di continuità, anche nei decenni successivi.

Il pubblico, che pure segue la manifestazione, superando il
numero di centomila presenze nel 1950, fa da sfondo a tutto

un sottobosco di piccoli funzionari di Stato, promuovendoli a
coro di comparse indispensabili per la migliore riuscita della
messa in scena.

Elio Zorzi avverte, agli inizi del 1949, il netto mutamento
del vento politico e rassegna le sue dimissioni: al suo posto
giunge Antonio Petrucci, cattolico, che ha partecipato alla Resistenza[32], uomo che intende puntare su una conduzione meno
spontaneistica, valorizzando l'efficienza, la qualità e continuità di certe iniziative, la promozione di convegni, retrospettive
(sul cinema muto italiano e francese), ecc. Petrucci, con la sua
direzione manageriale e burocratica, non raccoglie grandi consensi da parte della stampa, né locale, né specializzata, dando
l'impressione di privilegiare la mondanità, di volere la messa ai
margini del pubblico, e la consegna della mostra in parte nelle
mani dei produttori americani. Egli cerca l'equidistanza tra chi
vuole ridurre la mostra alla dimensione del cineclub e chi punta solo alla manifestazione mondana, ma non riesce ad affermare la piena autonomia dell'ente, anche se, con la sua direzione, vengono conseguiti importanti e inediti risultati e varate
iniziative in direzioni molto diverse (dalle rassegne di film per
ragazzi a quelle del documentario).

Se qualcuno comunque decidesse oggi di istituire un premio
per le peggiori giurie della storia della Mostra veneziana quelle
dei primi anni cinquanta sarebbero candidate d'ufficio al bal-
lottaggio finale.

Dopo le sue dimissioni la scelta cade su Ottavio Croze, veneziano, già direttore prima della guerra. È il 1954: un anno in
cui si presentano in concorso almeno sei film destinati a lasciare un segno importante nella storia del cinema[33].

Eppure *Senso*, attorno a cui si svilupperà una delle più importanti battaglie critiche di quegli anni, non viene premiato,
a conferma di una politica coerente di rifiuto del cinema di Visconti da parte di Venezia, destinata a durare a lungo[34].

In seguito l'ingerenza politica nei confronti della Mostra
aumenta ulteriormente. Ciò nonostante, sugli schermi del Li-
do, appaiono film di grande importanza: a partire da *Ordet* di

Dreyer del 1955, che vince il premio tra una marea di critiche per il comportamento della giuria. A Croze succede, dal 1956, Floris Ammannati, che punta ad una selezione piú rigorosa e decisa e avvia una fase di disgelo ideologico da parte delle strutture direttive.

La critica italiana dei quotidiani e specializzata dedica un grande spazio alla manifestazione, vengono condotte delle battaglie a favore del cinema italiano, o almeno di alcuni film, con una partecipazione e una passione mai manifestate negli anni dell'esplosione del neorealismo. Passione e ideologia travolgono spesso i freni del giudizio critico, proprio perché per molti critici l'appuntamento annuale con Venezia diventa sempre piú il momento delle grandi verifiche, della mobilitazione, dello scontro diretto in cui la battaglia dura ininterrottamente dentro e fuori il Palazzo del cinema per due settimane.

La vittoria di Roberto Rossellini nel 1959, con il *Generale Della Rovere*, è uno dei segni importanti dell'allentamento della pressione politica. I critici, che pure appoggiano, per motivi contenutistici, il film di Rossellini, non sembrano però rendersi conto che la vittoria segue, ancora una volta, una affermazione di forze esterne al cinema.

Proseguendo secondo la stessa linea di osservazione della «prise de pouvoir» inarrestabile da parte della burocrazia cattolica e democristiana nelle istituzioni chiave, va ora visto quanto accade al Centro sperimentale di cinematografia e, in linea subalterna, nella rivista *Bianco e Nero*, che ne è l'organo culturale. La riapertura del Centro avviene nel 1947, in un clima di grande entusiasmo e senso di rinnovamento. «Per tre anni i moderni Cadmi sono rimasti inattivi – leggiamo su *Fotogrammi* nel 1947 – oggi che finalmente il Centro è stato riaperto, essi hanno ripreso la quotidiana fatica... Quest'anno metodi, insegnamenti e programmi presentano tutti un carattere di novità rispetto a quelli del vecchio Centro. Non piú un solo insegnante... ma dal contatto diretto con gli stati maggiori della produzione italiana i giovani del Centro apprenderanno le

nozioni di cui hanno bisogno e la pratica viva del cinema. Lu-
nedí scorso Luchino Visconti ha tenuto la prima lezione alle
classi riunite degli allievi registi e degli allievi attori; e quando
Visconti avrà terminato sarà sostituito via via da Blasetti, da
De Sica, da un Camerini, da un Vergano e perfino da un Mattoli, sí che dalle diverse personalità gli allievi possano apprendere quanto in ciascuna di esse c'è di singolare»[35].

Nella fase della ripresa è nominato commissario straordinario Umberto Barbaro, unico tra i docenti intellettuali della
precedente gestione su cui non gravino ombre politiche e certo figura intellettuale di cui non si mette in discussione né l'autorità, né il rigore, né il magistero negli anni precedenti. Il
contributo di Barbaro alla ripresa è già avvertibile, in modo
netto, nell'impostazione aperta dei corsi e nella realizzazione
del primo numero della nuova serie di *Bianco e Nero* (ottobre
1947), dove, oltre a un saggio fondamentale *(Ancora della terza
fase, ovverosia dell'arte del film)*, appaiono, secondo una prospettiva interdisciplinare molto avanzata, voci come quella di
Roberto Secondari *(Psicanalisi e cinema)* e una serie di contributi sparsi in un'appendice *(Rassegna della stampa)*, grazie a cui
è possibile fare il punto di tutti i problemi teorici nel periodo
intercorso dalla fine della guerra.

Con la nomina di Andreotti a sottosegretario, Barbaro è
praticamente licenziato dal Centro (la sua espulsione coincide
con la chiamata alla scuola di cinema di Lodz in Polonia, per
cui il fatto non appare in tutta la sua gravità) e la struttura si ri-
costituisce secondo i criteri già conosciuti in precedenza. Alla
presidenza è chiamato Nicola De Pirro (direttore generale dello spettacolo, già direttore generale per la musica e il teatro nel
ministero della stampa e propaganda del fascismo dal 1935) e
alla vice presidenza Luigi Chiarini, secondo una logica di continuità delle istituzioni, in questo caso fortunatamente e casualmente coincidente con un alto livello di capacità professionali[36]. Chiarini è affiancato da Francesco Pasinetti, nominato
direttore del Centro. La linea scelta da Chiarini tiene conto
delle proposte fatte da Barbaro e il turn-over di registi e il plu-

ralismo di voci sono mantenuti anche nel secondo anno accademico, che inizia nel 1948.

La morte improvvisa e prematura di Francesco Pasinetti, nel 1949, rompe definitivamente un equilibrio che già l'assenza di Barbaro aveva reso precario. Quella indipendenza teorica e ideologica, «status symbol» del Centro negli ultimi anni del fascismo, è spazzata con violenza. La volontà governativa non tiene affatto conto dello sforzo chiariniano di far coesistere, nel lavoro didattico e all'interno della rivista, quel pluralismo di voci e di tendenze che era stato uno dei cardini del suo lavoro di intellettuale e operatore culturale. La direzione è affidata a un carneade assoluto, Giuseppe Sala, la cui carriera, nel quadro delle istituzioni pubbliche, appare esemplare. Ex professore di liceo, dopo aver preso il posto di Pasinetti, Sala viene nominato, dal 1952, direttore generale del Centro, direttore di *Bianco e Nero* e della collana di testi critici e teorici. Chiarini, licenziato, va a dirigere *La Rivista del cinema italiano* che, sin dalla scelta grafica, si propone esplicitamente di proseguire nella linea di *Bianco e Nero*.

Non si deve pensare solo all'incapacità dei funzionari democristiani di gestire i nuovi spazi conquistati in questi anni, anche se i segni della involuzione didattica e culturale si possono notare semplicemente guardando i nomi degli allievi diplomati prima e dopo il 1949[37].

«Che succede al Centro sperimentale» si domanda Barbaro in un articolo su *Rinascita* nel 1951: «Sono stati allontanati coloro che lo avevano creato, diretto, animato: per sostituir loro un branco famelico di incompetenti, il cui unico titolo è quello di far parte della fazione governativa. Costoro hanno già dato la misura delle loro capacità e dell'indirizzo che intendono imprimere all'istituto: che sarà, come hanno pubblicamente dichiarato, un indirizzo *pratico*, svincolato dall'eccessivo culturalismo... Motivo di soddisfazione e arra di futuri successi – ha dichiarato il direttore del Centro – è che quest'anno, tra i nuovi allievi, ci sia un giovane proveniente dal nobile collegio di Mondragone, nonché il figlio di un alto funzionario del ministero degli esteri che sa andare a cavallo»[38].

Se il quinquennio della gestione Sala non brilla per apertura e confronto dialettico di posizioni, alcuni elementi di novità e altri di continuità vanno comunque sottolineati. Sala si dimostra particolarmente sensibile all'influenza del pensiero esistenzialista francese e l'appoggio incondizionato che offre indirettamente al cinema di Rossellini introduce, nel dibattito critico, diverse categorie estetiche, che, pur non entrando immediatamente in circolazione, avranno un discreto peso nella rivalutazione rosselliniana degli anni successivi. Alcune voci di critici cattolici, che già vi avevano trovato ospitalità durante la direzione Chiarini, riescono a mettere meglio in luce le loro posizioni (penso a padre Morlion, figura peraltro molto discutibile e in sospetto di svolgere la sua attività con l'appoggio materiale della Cia, o al gesuita Nazzareno Taddei), mentre ad altri critici decisamente integralisti, come Nino Ghelli, viene affidato il ruolo di interpretazione ufficiale della produzione corrente. Con risultati su cui non vale troppo la pena di insistere[39].

In questo periodo di gestione commissariale si cerca di non far avvertire lo iato rispetto alla gestione chiariniana: in effetti non basta garantire la continuità delle strutture, la pura e semplice esistenza biologica di una istituzione che, culturalmente e metodologicamente, non ha nulla da dire e nessun progetto complessivo da prospettare per acquistare i crediti culturali goduti in precedenza. Alla fine della gestione commissariale è predisposto un decreto legge (n. 516, 31 maggio 1955, pubblicato sulla *Gazzetta Ufficiale* n. 148 del 30 giugno) grazie al quale il precedente statuto fascista è abrogato e sostituito. Il Centro, nelle intenzioni legislative, acquisisce compiti assai piú ampi e aperti in varie direzioni, sia di formazione professionale, che di produzione teorica e scientifica.

Nel 1955 la presidenza è affidata a Michele Lacalamita e la direzione generale a Leonardo Fioravanti. Al Centro, e nella rivista, si avvertono immediatamente i segni di questo passaggio di consegne[40]. Inizia, a partire dalla loro gestione, una ripresa di dialogo tra cattolici e marxisti, si allenta la tensione e il clima di netta contrapposizione e, grazie a questa maggiore circolazione di idee e disponibilità al confronto, la rivista apre nuovamente le porte a forze esterne, non conformisticamente allineate alla volontà governativa. Si varano progetti culturali di lungo periodo[41]. In minima parte ciò era avvenuto anche prima, ma in una misura tale da risultare inavvertibile.

I segni piú evidenti e memorabili del lavoro del decennio, volendo procedere a un bilancio complessivo, non sono tanto dati dai nomi degli studenti diplomati (assai pochi sono degni di essere ricordati e i nomi si possono ritrovare nel citato numero di *Bianco e Nero* curato da Ernesto G. Laura e nella piú recente pubblicazione per il cinquantenario), quanto piuttosto dalla ripetizione automatica di determinati rituali, che servono a garantire l'immagine dell'efficienza, della perfetta sintonia tra organizzazione dell'istituzione e volontà statale. Discorsi inaugurali, cerimonie di consegne di diplomi, cronache degli esami: una routine che le annate di *Bianco e Nero* documentano e da cui emerge chiaramente la mancanza di ipotesi di gestione, l'improvvisa condizione di asfissia culturale in cui la struttura viene di colpo a trovarsi e la sua capacità di adattarsi per vari anni a questa condizione, godendo della piena approvazione governativa. Anno dopo anno, puntando sul suo aspetto di pura formazione professionale e non di produzione culturale, il Centro riacquista un'immagine di scuola qualificata e sembra non aver piú alcun tipo di contatto reale con le tensioni e i problemi del cinema contemporaneo, se non nel senso che si è detto di attaccarli o di ignorarli o promuovendo crociate estetiche e ideologiche che non fanno certo onore alla tradizione del Centro stesso.

Al di là delle ambizioni dei suoi quadri dirigenti, negli anni cinquanta dal punto di vista professionale il Centro è una scuola di modesta levatura, perché soprattutto priva di quella tensione ideale che l'aveva caratterizzata nell'anteguerra. Ancora una volta il confronto di gestione di un'istituzione culturale tra fascismo e dopoguerra gioca sia per libertà culturale, qualità delle iniziative e tolleranza ideologica, a favore del periodo fascista.

Accanto al momento della produzione culturale «in progress» che deve ricuperare il terreno perduto, va ricordato anche quello relativo alla conservazione e alla raccolta dei materiali d'archivio.

Sia pure di scorcio, in quest'ambito il problema va inquadrato nel fenomeno più ampio della formazione delle cineteche, che si diffonde nel dopoguerra portando alla nascita di diverse iniziative. Una politica di salvataggio, catalogazione, conservazione e messa a disposizione degli studiosi e del pubblico del patrimonio cinematografico, poteva essere un momento assai qualificante dell'azione governativa, che puntava al controllo totale delle diverse istituzioni. In realtà, l'unica attenzione dedicata al problema della conservazione, è data dal fatto che, per legge, dal 1949, si impone ai produttori di depositare una copia (per lo più si tratta di positivi) del loro film presso la Cineteca nazionale. Il problema della conservazione dei negativi, della consegna dei testi nella loro integrità, del deposito del materiale girato, per poter procedere a un lavoro di formazione filologica, di realizzazione di sceneggiature che possano costituire un'edizione critica del film, non entra neppure minimamente nell'orizzonte culturale di questi anni. Il primo nucleo della Cineteca costituita negli anni trenta era stato, com'è noto, requisito dai tedeschi, avviato verso la Germania e mai più ricuperato. Per cui la raccolta ricomincia dalla produzione corrente e il patrimonio di opere classiche e del passato si deve ricostituire, mentre altre cineteche, ormai di fatto operanti, come quella milanese, possono già contare su un materiale cospicuo.

Posto in ultima posizione nella scala di priorità governative, il fascicolo delle cineteche riceve, negli anni che prendiamo in considerazione e in tutto il ventennio successivo, un'attenzione minima, appena sufficiente a garantire la sopravvivenza degli enti, non quella dei materiali raccolti. Alle cineteche vanno le briciole, una sorta di elemosina che non concede alcun margine a una politica reale di salvataggio delle copie, o di acquisti, scambi, controtipaggio, ecc. La mancanza di un intervento governativo, che consenta ai curatori delle cineteche di elaborare piani a medio-lungo periodo, fa sí che queste strutture non possano mai veramente essere considerate pubbliche. Mancherà sempre un catalogo generale delle opere conservate, l'accesso ai film sarà limitato e spesso impossibile per mancanza di strutture adeguate. La catalogazione stessa dei materiali risulterà un'impresa di difficile realizzazione.

In ogni caso i difetti di una gestione privatistica e individualistica che si possono addebitare a queste strutture sono in fondo l'unico modo di protezione possibile dei materiali esistenti nei confronti dei pericoli costituiti da qualsiasi agente esterno.

La Cineteca nazionale stenta un poco, anche per le ragioni che abbiamo detto, connesse alla politica generale del Centro, a ritrovare quell'identità che l'aveva caratterizzata nell'anteguerra e ne aveva fatto un punto di formazione fondamentale per tutta una generazione di registi. Il Centro, per molti anni, non viene piú concepito come un luogo di produzione culturale: in questo senso assai piú vivace è il lavoro svolto da altre due cineteche operanti sul territorio: la Cineteca italiana e il Museo del cinema di Torino. Alla prima, che si costituisce ufficialmente il 27 aprile del 1947, va riconosciuto il merito di aver promosso e contribuito a far circolare per anni, nei cineclub e nei cineforum, oltre che in rassegne di vario tipo, una notevole quantità di classici della cinematografia mondiale. Dal 1948 la Cineteca italiana aderisce alla Fédération internationale des archives du film (Fiaf) ed è per sua iniziativa che, nel congresso romano delle cineteche di tutto il mondo dell'anno successivo, viene ammessa come membro anche la Cineteca nazionale appena costituita[42].

La Cineteca milanese, già a partire dagli anni cinquanta, vara diverse manifestazioni e retrospettive sul cinema italiano in Italia e all'estero e, forse, è in questo decennio che si registra lo sforzo maggiore di promozione culturale e di presenza sul piano nazionale e internazionale. Già dal 1948 ottiene un contributo finanziario da parte della presidenza del Consiglio dei ministri: per questo organismo, come per la Cineteca nazionale a cui dovrebbero essere affidati compiti assai piú importanti, i contributi consentono appena la sopravvivenza e non certo una programmazione di lavori su vari piani.

A Torino, il Museo del cinema, ideato da Maria Adriana Prolo fin dal 1941, e arricchito di materiali su iniziativa personale della stessa Prolo, si costituisce in veste giuridica soltanto a partire dal luglio del 1953[43]. Queste due ultime istituzioni, e in particolare il Museo del cinema, sono la piú clamorosa dimostrazione di come, grazie a iniziative private, si possano apportare positivi correttivi alla insipienza, indifferenza e incapacità di considerare il cinema come un bene culturale, da parte del sistema di potere.

La Prolo non si limita soltanto alla raccolta di materiali cinematografici: cerca di fare del museo il luogo in cui sia documentata tutta la storia della visione, dalla lanterna magica al cinema, e al tempo stesso inizia un importante lavoro di documentazione storica del cinema italiano delle origini, di cui pubblica, nel 1951, un primo contributo destinato a costituire un punto fermo per la ricerca storiografica successiva[44].

L'attivismo delle cineteche milanese e torinese, il susseguirsi di iniziative, le ricerche e il salvataggio di materiali di ogni tipo compensano, e fanno dimenticare, l'assoluta indifferenza per questo ordine di problemi nell'ambito della direzione del Centro sperimentale. Pur godendo di una legge che la equipara alle biblioteche nazionali, la Cineteca nazionale non vara alcun programma di recupero dei film requisiti durante la guerra, non procede al salvataggio delle copie negative (e spesso neppure alla loro semplice identificazione), e preferisce piuttosto organizzarsi nei primi anni «à la manière» di un ministero. Dopo la metà degli anni cinquanta le cose cominciano a cambiare, anche se i mezzi risultano inadeguati per qualsiasi piano di salvataggio, anche minimo. Molti dei meriti di salvataggio e di elaborazione di un primo piano di raccolta di materiale non solo italiani si devono alla passione, all'amore e al lavoro fatto con certosina modestia da Fausto Montesanti, che della Cineteca è stato a lungo il responsabile nel dopoguerra.

Nonostante l'incuria e l'indifferenza governativa i materiali cinematografici hanno continuato a manifestare una singolare capacità e volontà di sopravvivenza; sono stati fortunatamente custoditi da privati, grazie ai quali un grande patrimonio di film non è andato disperso o distrutto per sempre e si è anche garantita alle generazioni future la possibilità di ricostruzione dello spettacolo cinematografico, della storia del cinema italiano e della sua cultura materiale.

La censura

1. Censura e censure

Il censore è il titolo dell'ultimo episodio di un film del 1954, *Gran Varietà*, di Domenico Paolella. Un piccolo funzionario del Minculpop (piccolo, anche perché interpretato da Renato Rascel), reintegrato nel suo compito nel dopoguerra, segue uno spettacolo di varietà, intitolato *Fascino d'oggi*. Il suo lavoro è scrupolosissimo: il sesso non dà preoccupazione («Gioventú, sanità della stirpe! Io devo guardare alla difesa della patria»), ma ogni possibile riferimento politico, diretto e indiretto, va individuato e soppresso con decisione. Basta un nulla, un leggero spostamento delle ragazze che tengono, una per una, le lettere con il titolo della rivista, perché la prima parola si possa leggere «Fasci no»... Da eliminare poi il fatto che nel balletto ci sia una finestra («perché di finestre e di balconi in Italia ce n'è uno solo») e da sostituire la canzone «È arrivata la bufera! È arrivato il temporale...», che potrebbe apparire un insulto antipatriottico.

Finita la guerra, alla stessa compagnia, che ha ancora nel suo repertorio lo spettacolo, adattato qua e là alla nuova situazione, si ripresenta il censore nel camerino del capocomico. «Ho notato due o tre cosucce...», esordisce con affabilità democratica. «Per le battute politiche?», «No, no, tutto a posto. C'era quella su Togliatti! Che risate!». «E quella su Nenni?», «Che risate!». «E quella su De Gasperi?»... «Un po' meno!».

Nei primi anni cinquanta si poteva tranquillamente inventare una figura letteraria di censore come questa e dichiarare, in perfetta buona fede, che ogni fatto e riferimento a persone vissute era puramente casuale[1].

La pratica era ben peggiore: rispetto al fascismo il lavoro di censura aveva fatto un ulteriore passo avanti verso la centralizzazione dei poteri e del controllo in mani di burocrati alle dirette dipendenze del sottosegretariato per la stampa, lo spettacolo e il turismo[2].

Grazie a una congruenza maggiore delle forze al potere, oltre al controllo centralizzato, erano nate molte altre figure con compiti di piccole vedette distribuite nel sociale a bloccare, segnalare, ispezionare, con estrema cura, tutti gli eventuali segnali pericolosi emessi dal cinema. Pur rimanendo intatte alcune caratteristiche di fondo, si può dire che i censori immaginati da Paolella si fossero moltiplicati per partenogenesi, e fossero chiamati a seguire tutto il cammino di un prodotto cinematografico, dall'idea iniziale fino all'esposizione dei manifesti e alla proiezione. Le tecniche di censura ideate da Andreotti, e rispettate e applicate ancora per anni, forse con maggiore scrupolo, non sono certo paragonabili a quelle dei suoi successori e, nei loro confronti, irradiano una potente luce d'intelligenza. Sono tecniche di controllo, che, pur facendo tesoro della lezione del fascismo (penso alla teoria del bastone e della carota), mettono in atto pratiche differenti di disseminazione del controllo, di discussione, argomentazione pubblica e difesa di ogni intervento amministrativo.

La censura fascista occupava spazi ben definiti e attuava una «politica dei confini» trasgredibile solo in casi eccezionali, approfittando di piccole incrinature del sistema. La censura democristiana, grazie alla sua capacità di centralizzazione, segna il trionfo dell'arbitrio piú assoluto, del clientelismo, del ricatto, della politica del «divide et impera», e, grazie alle forze decentrate, si dimostra capace di colpire, volendo, qualsiasi iniziativa cinematografica e in qualsiasi momento[3].

Lo stato di coprifuoco ideologico, che scatta dopo il '48, e dura quasi dieci anni, riesce a ottenere risultati migliori per il fatto che, dalla parte governativa, passano, poco per volta, anche le forze dei produttori, dei distributori, degli esercenti. La censura diventa un'idra dalle molte teste e non bastano a combatterla le armi della protesta, dell'indignazione, delle firme di appelli[4].

Alla crociata per la moralizzazione del cinema italiano, per la difesa dei confini nazionali dai pericoli ideologici dei film provenienti da paesi dell'est, partecipano, accanto ai tre oscuri componenti la commissione di revisione, entrati in servizio dal 1947[5], una serie di forze collaterali, mobilitate per oltre trent'anni a difesa del comune senso del pudore e della moralità, e tutte unite in una catena di sant'Antonio interminabile.

Il gioco delle identificazioni e la morfologia degli interventi porterebbero ad uno schedario segnaletico solo in parte lombrosiano. In effetti, il cinema, che, sebbene in ritardo, diventa la bandiera per la cultura delle forze democratiche e della sinistra, per un esercito di funzionari statali, di forze politiche e giudiziarie e per masse di cittadini opportunamente orientati da campagne di stampa e da anatemi lanciati da pulpiti parrocchiali, è l'occasione privilegiata per far pagare i costi di alcune conquiste morali ottenute durante la guerra e il dopoguerra.

Se consideriamo che il compito principale è saldamente nelle mani del governo e che a tutte le altre figure di contorno spettano compiti di rifinitura, vediamo come qualsiasi prodotto, che non intenda accettare interamente le regole del gioco imposte dalla volontà governativa, debba compiere una sorta di attraversamento di forche caudine di grandissima estensione alla cui composizione partecipano, in varia misura, il sottosegretario, i funzionari dei ministeri, i censori nazionali e locali amministrativi ed ecclesiastici, i produttori, i distributori, gli esercenti, i magistrati, i questori, i commissari di Ps, i marescialli dei carabinieri, i parroci e infine i semplici gruppi di cittadini riuniti in associazioni con sigle e nomi di fantasia.

La libera licenza di caccia concessa dagli anni cinquanta, quando anche da noi, sia pure in formato ridotto, si tengono presenti i suggerimenti del maccartismo statunitense, nasce anche dal pensare – per un ragionamento eguale e contrario all'utopia delle sinistre – che il cinema abbia un altissimo potere di sovversione del sociale e sia una causa importante di molti mali del presente. Si trasferiscono sul cinema – in pratica – non poche delle oscure paure di destabilizzazione sociale. I personaggi scelti per attuare l'azione censoria, e tutti coloro che collaborano alla (im)perfetta riuscita dell'impresa, non sono frustrati in cerca di notorietà, o esibizionisti (come avverrà invece nel caso di alcuni magistrati negli anni sessanta). Sono un esercito di sentinelle investite del compito di rappresentare un'Italia che vuole deliberatamente rimanere al livello di sviluppo culturale di uno Stato balcanico o del terzo mondo. Sono i rappresentanti dell'Italia piú passiva, piú chiusa ad ogni possibile trasformazione ideale[6].

Per anni il cinema italiano diventa cosí il capro espiatorio per processi che si vogliono fare agli intellettuali, di cui si cerca in tutti i modi di limitare il potere e si teme comunque l'azione.

Non mi sembra del tutto impertinente ricordare, a questo proposito, un bel passo di Charles Baudelaire, che si serve di un apologo di sapore evangelico, per bollare genere e specie: «Tutti gli imbecilli della borghesia che pronunciano senza posa le parole "immorale", "immoralità", "moralità nell'arte" e altrettali sciocchezze, mi fanno pensare a Louise Villedieu, prostituta da cinque franchi, che accompagnandomi una volta al Louvre, dove non era mai stata, cominciò ad arrossire, a coprirsi il viso, e, tirandomi ogni momento la manica, mi domandava, davanti alle statue e ai quadri immortali, come mai si potessero mettere pubblicamente in mostra simili indecenze».

Per questo gli anni cinquanta appaiono come piú bui, e in

fondo piú repressivi, rispetto agli anni del fascismo[7]. C'è una grande circolazione di prodotti cinematografici, c'è un'offerta piuttosto ricca e, a ben guardare, i film veramente importanti ottengono, previo qualche taglio, il permesso di circolazione; ma la strategia complessiva, messa in atto dal potere politico, rende tuttavia pressoché impossibile la circolazione di un prodotto scomodo, una volta superato il già difficile scoglio delle commissioni di revisione. L'azione degli sceneggiatori e registi, per quanto abile e astuta, può cadere a ogni passo nelle trappole diffuse lungo tutto il cammino della produzione e circolazione del prodotto cinematografico.

La censura, in questi anni, non è significativa solo per il suo carattere repressivo, di cui pure ci si vuole occupare. Di fatto non è altro che una manifestazione terminale di una serie di interventi che intendono esprimere, ai livelli alti ed efficienti come a quelli bassi, la presenza del potere. La censura, intesa quindi in un'accezione molto inclusiva, reprime o le idee, o certi aspetti della rappresentazione del sociale di cui si temono gli effetti, e vuole anche riplasmare questi aspetti[8].

Quando Andreotti scrive la famosa lettera a De Sica su *Libertas*[9], esercita, sia pure usando il guanto di velluto, il suo potere sovrano sulla qualità e sulle caratteristiche dei prodotti cinematografici e intende sostituire, a un sapere dagli sviluppi imprevedibili, un sapere piú tranquillizzante. Andreotti non vuole che ci sia immersione totale in realtà di cui si preferisce ignorare la profondità. Egli riveste il ruolo del super-io che impedisce il tentativo di discesa verso zone oscure del sociale che il fascismo non aveva mai voluto portare alla luce. La profilassi adottata è quella dell'isolamento, della disinfestazione e della progressiva affermazione di realtà simili ma ripulite, purgate, piú ricche di attrattive sessuali e povere di implicazioni ideologiche. La cultura censoria di Andreotti sembra indifferente, in certe occasioni, al sesso[10] – che impegna invece il moralismo comunista – e scatta in quasi tutte le altre occasioni.

I comunisti e le sinistre, d'altra parte, non sono immuni dal morbo censorio, che si esercita, evidentemente, non secondo le pratiche del potere, bensí secondo una logica collaterale, che investe altri terreni, mirando pur sempre a reprimere certe tendenze. La polemica Vittorini-Togliatti è forse il caso piú noto: le pratiche sono però piú diffuse e mirano, senza ottenere peraltro risultati omogenei, a uniformare le voci, a convogliare le energie in modo unitario, a evitare fughe intellettuali in qualsiasi direzione. Una pratica censoria delle idee, avviene anche, per antitesi e secondo il principio affermativo di cui si è parlato, per quanto riguarda la celebrazione incondizionata della realtà sovietica, dei processi e dell'autocritica fatta da registi come Ejzenštejn[11], nell'esaltazione del prodotto «moralizzato» proveniente dai paesi dell'est, accettato nella sua totalità. La censura democristiana, negli anni cinquanta, in un certo senso, fa il gioco delle sinistre, impedendo l'arrivo massiccio di prodotti staliniani e consente la circolazione mitica, e senza riscontri reali, di accettazione incondizionata di certi prodotti secondo il principio di un'ideologia positiva che moralizza automaticamente qualsiasi prodotto[12]. È un'analisi da compiere, proprio perché non si vogliono considerare le sinistre immuni da colpe e di fatto perché la stessa critica cinematografica, nei suoi aspetti piú dirigistici nei confronti dei registi e nei suoi interventi valutativi, nelle scelte delle opere da analizzare, nelle esclusioni, ecc., contribuisce alla moltiplicazione di queste manifestazioni collaterali di fenomeni di censura. Lo zdanovismo è stato una pratica censoria delle idee che ha avuto un suo peso, eccome.

Bisognerà distinguere, per un lavoro in questo senso, le date di emergenza dei fenomeni (soprattutto dopo il 1948) e riconoscere che, rispetto all'azione coordinata e coerente dei cattolici o delle forze governative, gli episodi di controllo sono affidati piú alle singole personalità e non esiste mai – come principio generale – una perfetta congruenza tra il piano del lavoro politico e quello culturale. Come principio va però osservato che le forze di sinistra, che combattono la censura andreottiana, non sono contrarie alla censura in sé, in qualsiasi forma si manifesti[13], e conservano, nei confronti di molte manifestazioni, un atteggiamento moralistico elementare che non diventa oggetto di riflessione teorica o autocritica. La loro lotta, per il neorealismo prima e il realismo poi, esclude di fatto quella coesistenza di voci e di tensioni che aveva prodotto la spinta neorealista e favorisce un tipo di intervento nel merito delle opere e della loro ideologia che non possiamo non assimilare oggi ad una forma di repressione spesso condizionante registi (vedi, oltre a Rossellini, le polemiche contro Fellini, Antonioni, De Santis, ecc.), già sufficientemente bloccati su tutti gli altri versanti[14].

2. L'inquisizione a Cinecittà

Se si pensa all'Italia nei giorni della liberazione non può non colpire il fervore di attività intellettuali, l'immediata apertura delle frontiere culturali e una circolazione di idee talmente intensa da creare non pochi problemi (come vedremo) nella direzione del traffico. «La libertà di stampa – scrive Argentieri – è un piacere che si assapora, ogni mattina, alle edicole dei giornali... sugli schermi tornano i film americani... e le opere piú recenti della cinematografia sovietica»[15].

A teatro Visconti mette in scena *Les parents terribles* di Cocteau[16] e poi *Antigone* di Jean Anouilh e *A porte chiuse* di Jean Paul Sartre, il Teatro di Roma la *Brava gente* di Irwin Shaw, la compagnia di Sergio Tofano presenta *Non te li puoi portare appresso* di George Kaufman e Moss Hart e ancora testi di Lillian Hellman, Billetdoux, Steinbeck, Hemingway...

«Gli spettacoli teatrali e cinematografici sembrano beni di prima necessità tanto la gente si affolla nelle sale, ma questo stato di grazia durerà poco»[17].

Per un paio d'anni la situazione non cambia in maniera sostanziale, tuttavia già il decreto luogotenenziale del 5 ottobre 1945, all'art. 11, che elimina le voci relative all'esame preventivo dei copioni, reintroduce le norme della censura del Rd n. 3.287 del 1923 e le disposizioni del testo unico delle leggi di pubblica sicurezza. «È – osserva ancora Argentieri – un governo di coalizione antifascista, in cui le sinistre sono largamente rappresentate, a reintrodurre madama Anastasia»[18].

La continuità di questa istituzione non sembra dunque costruirsi sulle macerie, bensí sui pilastri del vecchio ordinamento, come del resto molte altre strutture portanti della vita politica, amministrativa giudiziaria e militare[19]. Il consenso delle forze di sinistra alla reintroduzione di una qualche forma di controllo dipende da considerazioni puramente moralistiche. Si pensa di attribuire alle censure il compito di proteggere l'intelligenza degli spettatori chiedendo un controllo sulla qualità delle idee, cercando di dar la caccia – come sosteneva Barbaro anche durante il fascismo – ai film d'evasione, ai film facili. Il potere di azione del cinema sullo spettatore (sul suo subcosciente, dice Barbaro, oltre che sulla sua coscienza) è considerato enorme: «L'immagine cinematografica può diffondere germi... deleteri e mortali come bacilli. È quindi assurdo parlare di soppressione della censura». Ma a che film pensa? «Alle storielle innocenti e insequestrabili che sono lo stupefacente delle classi popolari. L'oppio a buon mercato. Quei film ai quali... bisogna dare la caccia che si dà, nei paesi civili, agli stupefacenti»[20].

Moralismo ingenuo e residui idealistici cospirano, in perfetta buona fede, a liberare gli ostacoli preliminari per la reintroduzione della censura[21].

Non è per difendere l'intelligenza dello spettatore popolare che, rivolgendosi ad Alfredo Proia, presidente dell'Anica, con una lettera allarmata, del 7 ottobre 1946, l'onorevole Cappa, sottosegretario alla stampa, turismo e spettacolo del secondo ministero De Gasperi, avanza preoccupazioni di tutela della dignità nazionale nei confronti degli altri paesi: «Ho dovuto constatare con profondo disappunto – sostiene – come la produzione italiana... si avvalga e abusi di motivi drammatici e di elementi spettacolari non raccomandabili dal punto di vista morale. Il tema del banditismo e dei fuorilegge, la pratica delle case di tolleranza, il rilievo eccessivo di fatti sessuali e morbosi riempiono i nostri film... ritengo perciò opportuno invitare le case di produzione a orientare le loro iniziative verso temi e motivi piú nobili, evitando, il piú possibile, ogni elemento di spettacolo negativo dal punto di vista morale»[22].

Nel rivolgere questo giudizio l'onorevole Cappa non ha in mano alcuno strumento giuridico per ottenerne il rispetto, tuttavia è importante notare come si faccia portatore di due forme di opinione: una di chiara derivazione fascista, ma già apparsa alla vigilia della prima guerra mondiale (la difesa del prestigio nazionalistico agli occhi degli stranieri), l'altra già ampiamente circolante nella stampa cattolica. E soprattutto come la sua richiesta, a titolo personale, produca, come effetto immediato, forme di intervento per ritardare l'uscita di film come *Sciuscià*, o per tagliarne alcune scene[23].

Siamo ormai in prossimità della Costituente; i lavori delle commissioni e sottocommissioni sono stati esplorati e descritti con cura da piú autori, tuttavia la considerazione che piú colpisce la sostanza dei fatti mi sembra quella di apertura della relazione del senatore Giuseppe Branca al convegno sulla censura, svoltosi a Ferrara nel settembre 1979: «Francamente non si può dire che i padri fondatori della nostra repubblica abbiano dedicato molto tempo o molta attenzione alla censura degli spettacoli cinematografici e teatrali. Anzi sarebbe piú esatto riconoscere che non gliene hanno dedicato nessuno o nessuna: paghi, a quanto pare, d'aver scritto, in quello che doveva essere l'art. 21, secondo comma, della Costituzione: "La stampa non può essere soggetta ad autorizzazioni o censure". La stampa, solo la stampa»[24].

Prima che la Costituzione del nuovo ordinamento democratico entrasse in vigore, dal 1° gennaio 1948, era però stata approvata la legge n. 379 del 16 maggio 1947, che, dopo aver proclamato la libertà di produzione cinematografica, mostrava, con l'art. 14, di volersi rifare, con qualche significativa variazione, alla legge del 1923. Le variazioni dipendono anche dal secondo articolo, in cui si attribuiscono tutti i compiti, in materia cinematografica, a un ufficio per la cinematografia, istituito presso la presidenza del Consiglio dei ministri. Questo ufficio sarà presto popolato da ex funzionari fascisti, occupanti ruoli di un certo peso nell'organigramma amministrativo, a partire da Nicola De Pirro, già direttore generale del teatro dal 1935. A un gruppo omogeneo di personaggi di questo tipo viene affidato, fino agli anni sessanta, il compito di far funzionare le commissioni di revisione di primo e secondo grado.

Il testo dell'art. 14 dice: «Il nulla osta per la proiezione in pubblico dei film e per l'esportazione è concesso dall'Ufficio centrale per la cinematografia, previa revisione dei film stessi da parte di speciali commissioni di primo e secondo grado secondo le norme del regolamento annesso al regio decreto del 23 settembre 1923, n. 3287. È in facoltà del produttore di sottoporre la sceneggiatura alla preventiva approvazione dell'Ufficio centrale per la cinematografia. Le commissioni di primo grado per la revisione cinematografica sono così composte: *a*) da un funzionario dell'Ufficio centrale per la cinematografia, presidente; *b*) da un magistrato dell'ordine giudiziario; *c*) da un rappresentante del ministero dell'interno. La commissione di revisione cinematografica di secondo grado è composta: *a*) dal sottosegretario di Stato alla presidenza del Consiglio dei ministri o, per sua delega, dal capo dell'Ufficio per la cinematografia, presidente; *b*) da un magistrato dell'ordine giudiziario; *c*) da un rappresentante del ministero dell'interno. Le commissioni suddette sono nominate con decreto del presidente del Consiglio dei ministri».

Non può non saltare subito all'occhio, che, rispetto alla legge fascista, il numero di persone componenti le commissioni si riduce da sette a tre: la presenza di un numero ridotto di funzionari statali e il mantenimento della presidenza ai rappresentanti del sottosegretariato aumentano enormemente il potere governativo. E, d'altronde, l'abolizione dell'obbligo della presentazione preventiva dei copioni è soltanto un espediente formale. In sostanza sarà proprio da questo Ufficio che cominceranno a partire, molto presto, i consigli ai produttori di evitare determinati temi rispetto ad altri.

Che il vento stia cambiando i registi italiani lo avvertono già alla fine del 1947, come risulta da una lettera che esprime un punto di vista unitario sul rinascere, dalle ceneri della vecchia censura fascista, di una nuova, in tutto e per tutto, sua degna erede: «Negli uffici ministeriali sembra manifestarsi una tendenza, una ripresa della consuetudine fascista di controllare la produzione dei film... Si tratta di una vera e propria censura di carattere ideologico e politico, il cui stile filisteo noi tutti riconosciamo e ricordiamo molto bene. Man mano che l'illegale censura intacca anche la nostra produzione si chiudono lentamente, quasi invisibilmente, porte e finestre alla fresca aria di libertà, la nostra ispirazione è soffocata, il nostro lavoro manca di motivi e di scopi»[25].

Andreotti decide di non muovere subito all'attacco, piuttosto preferisce far proprie le voci del moralismo sulla tutela del decoro nazionale all'estero («I numerosissimi svizzeri che conoscono l'Italia e ne ammirano lo sforzo di ricostruzione – scrive in una lettera alla Federazione dei lavoratori dello spettacolo – non comprendono per quale ragione si insista, da parte della produzione italiana, a presentare gli aspetti piú deteriori della nostra vita nazionale») e allungare nello stesso tempo la mano, in segno di stima, al nuovo cinema italiano. Come fa in occasione di un intervento alla Camera del 28 settembre 1948, in cui prende posizione a favore di *Anni difficili* (che aveva incontrato noie fin dal titolo originale *Credere, obbedire, combattere!*) e dichiara che, di fronte a problemi reali, l'opinione che si può avere all'estero non ha certo una grande importanza: «Dobbiamo essere dei tutori molto severi della dignità nazionale: ma lo saremo con tanta maggiore convinzione se questa dignità nazionale sarà possibile qui, nel nostro paese... non si può ignorare e trascurare un fatto ormai universalmente acquisito: il sorgere cioè di una scuola che si chiama del "neoverismo cinematografico", che pure con le difficoltà iniziali, pur con tutte le qualità accessorie... ha portato il nostro paese in questo campo ad affermarsi... nel campo della cinematografia internazionale»[26].

In questo intervento il sottosegretario ha modo di esporre, en passant, anche la sua concezione della censura e mi sembra che non aver considerato, con la dovuta attenzione, le poche righe del suo credo, sia stato un errore destinato ad aprirgli la strada verso il controllo assoluto: «Non basta un'eventuale azione di censura... la censura è come la pena, è un rimedio estremo, anche però non sana le cause... Noi dobbiamo incoraggiare una produzione sana, moralissima e nello stesso tempo attraente... tra pochi giorni sarà presentato un provvedimento di legge che in qualche modo, senza oneri per le pubbliche finanze, viene incontro a questa esigenza di rinascita cinematografica»[27].

L'immagine soteriologica e di nume protettore che il sottosegretario democristiano offre di sé e l'impegno profuso nei mesi successivi, per il varo di una legge protezionistica, fanno passare in secondo piano l'impressione di un ritorno strisciante ad un regime di censura. Eppure Andreotti non bara nel suo gioco e dice chiaramente che la ripresa dell'industria e l'impegno assistenziale del governo sono legati a doppio filo alla moralizzazione dei prodotti. Non si deve attuare la censura se non come «rimedio estremo», perché il controllo va esercitato sulla produzione e non sui registi. «Ad Andreotti – nota Argentieri – interessa solamente stabilire un rapporto di sudditanza, nel quale, chi produce film si assoggetti alle direttive del governo»[28]. Il sistema dei premi e dei ristorni spacca il fronte dei produttori e dei registi e crea, di fatto, una condizione d'isolamento e di quarantena per determinati film e registi. E, in pari tempo, fa sí che si riesca a costituire un ampio fronte di consensi e interessi collegati tra loro: dal pubblico, agli esercenti, ai distributori, ai produttori, ad ampi settori della stampa, ai cattolici.

Dall'esterno veglia anche l'occhio degli americani, che seguono con attenzione il consenso popolare e l'eventuale dissenso nei confronti dei film sovietici e di quelli statunitensi.

Un rapporto dell'ambasciata romana al dipartimento di Stato
segnala ad esempio due fatti contrari, ma egualmente significativi: la proiezione a Palermo, l'8 febbraio 1948, di un documentario sovietico (doppiato, per la prima volta, secondo i
funzionari, in italiano!) accolto con applausi scroscianti a ogni
apparizione di Stalin («certo il pubblico è di parte»), e gli inci-
denti verificatisi a Roma negli stessi giorni alla proiezione del
film anticomunista *Il sipario di ferro* (è allegato il ritaglio di un
articolo dell'*Unità*)[29].

Tenendo presente il quadro generale del lavoro censorio
promosso dalle forze di governo, si deve riconoscere che l'avvocato Ercole Graziadei ha ragione per difetto quando sostiene che, in materia cinematografica, l'Italia è il paese delle sei
censure: una dopo l'altra, senza quasi soluzione di continuità,
lavorano, come a una catena di montaggio: *a)* le commissioni
amministrative; *b)* i giudici penali; *c)* i questori e i commissari;
d) la censura preventiva; *e)* il credito; *f)* gli elementi di condizionamento esterno[30] e inoltre agiscono tutte quelle colonne
di sostegno di cui generalmente non era stato fatto alcun censimento. Infine c'è, come si è detto, la censura dell'opposizione,
che non va rimossa né dimenticata.

L'apparato censorio delle commissioni di revisione è, a sua
volta, un momento del sistema, quello che può funzionare da
parafulmine delle polemiche della stampa e dei partiti di sinistra e consente di ricordare la percezione della piú ampia manovra politica in atto.

Si può sfidare tranquillamente l'arbitrio piú assoluto nelle
decisioni di imporre dei tagli, nel vietare la visione o nell'impedirla, nel rispetto o meno della casistica prevista dalla legge
del 1923. Si possono inventare motivazioni al di fuori di ogni
legge del ridicolo, non solo per dare un po' di fiato alle esigenze revanscistiche di funzionari e burocrati ex fascisti, quanto
perché l'azione di questi guastatori agisce anche da diversivo
rispetto agli interessi che tendono a colpire i gangli vitali, il sistema pensante dell'avversario. È pertanto nobilitare troppo il
lavoro delle commissioni sostenere, come ha fatto Giuseppe

Branca nella citata relazione sulla censura, «che i singoli atti ministeriali di censura e di boicottaggio furono parti di un'azione ispirata da un indicibile terrore verso la cultura moderna»: i censori, da come si può capire esaminando su basi statistiche il tipo di lavoro, erano puri strumenti, funzionavano come automi nell'intervenire in prima e seconda istanza[31].

La prima consegna, non prevista dalle leggi fasciste, era quella di impedire, con tutti i mezzi, l'ingresso e la circolazione di film provenienti dall'Unione Sovietica e dai paesi dell'est. La giustificazione offerta, in seguito a una delle tante interpellanze parlamentari avanzate dai comunisti, era che in alcuni paesi dell'est non vigeva la reciprocità dello scambio. Il divieto, procedendo verso i primi anni cinquanta, e con l'acuirsi della tensione internazionale, colpisce indiscriminatamente film a soggetto e documentari: nel 1948 si respinge *La questione russa* e *In nome della vita*, nel 1949 *l'Aleksandr Nevskij* di Ejzenštejn, nel 1951 *La vittoria del popolo cinese*, nel 1952 *Il cavaliere della stella d'oro*, *La Cina libera*, *La caduta di Berlino* e *Colcos moderno*. Negli anni successivi si rinuncia al tentativo di importare film sovietici. Lo stesso intervento discriminatorio, di tipo ideologico, è riservato a film polacchi (*L'ultima tappa* è respinto nel 1950, *Le acque zampillano per tutti* nel 1951, *Gioventú contadina* nel 1952, *Varsavia città indomita* nel 1953) e ungheresi (*Un palmo di terra* nel 1951).

Qualche problema viene alla commissione di censura dai film francesi, che, per gli intervenuti accordi di reciprocità di scambio, si presentano in discreto numero[32]. Questi film fanno parte di una diversa casistica d'intervento: quella relativa all'incitamento a delinquere e interessante in misura piú diretta il cosiddetto «comune sentimento del pudore». L'approvazione è concessa quasi sempre a condizione che si levino tutte le scene in cui vi sono troppi centimetri di pelle scoperti; questo è puro lavoro di routine delle commissioni. Certo piú generoso e tollerante, rispetto alla censura cattolica, che sembra volere come divisa femminile per eccellenza l'abito monacale, sessuofobico però quel tanto che basta per raggiungere, nella sfera dell'erotismo, il primato di tagli di scene con oltre un migliaio di interventi nel corso di meno di una quindicina d'anni[33]. Rispetto ai 43 interventi per offese alla religione, ai 27 di offese nella sfera delle istituzioni politiche, ai 49 rientranti nell'ambito del vilipendio e ai 13 tagli imposti per scene contenenti «istigazione a delinquere» e 11 per scene con rappresentazione di ambienti sociali particolari, il censore appare come decisamente affetto dalla «sindrome di Biancaneve», da preoccupazioni morali che possano riscuotere ampi consensi anche nelle sinistre.

Modesti i tagli effettuati sui cortometraggi e sulle attualità, terreno di caccia pressoché monopolizzato da ambienti protetti dal governo; non è un caso che, complessivamente, sommando tutti i medio e cortometraggi censurati e le attualità, non si raggiunga il centinaio, con punte elevate soltanto nella sfera del vilipendio (ma di chi?) e dell'erotismo e con un indice che sfiora lo zero per quanto riguarda gli ambiti religiosi, politici, sociali, ecc.

Affidato dunque alla manovalanza dei funzionari ministeriali un compito analogo a quello dei carabinieri e delle forze di pubblica sicurezza, che, negli stessi anni, giravano per le spiagge, metro alla mano, per controllare i centimetri di pelle lasciati scoperti dai primi bikini, il vero compito di censura si svolge, come si dice, a monte e a valle delle commissioni. Attraverso la concessione pubblica dei premi e l'offerta privata, «in camera caritatis», dei consigli ai registi e produttori.

I primi consigli sono di evitare con cura «i film della Resistenza che ormai non interessano piú nessuno»[34]. Gli argomenti legati in qualche modo al tema della guerra, del fascismo e della Resistenza sono i primi ad essere bloccati sul nascere[35].

«Diventa chiaro – come ha osservato Arrigo Benedetti, primo direttore dell'*Espresso* – che la polemica contro un film, la mobilitazione di spettatori singoli o in gruppo era una polemica contro ben altri obiettivi: era la continuazione dell'altra polemica in corso dappertutto, nelle piazze milanesi, nelle stesse redazioni dei giornali... scontri tra coloro che volevano la liquidazione del Cln, che invitavano a voltare le spalle alla Resistenza, che la condannavano in quanto guerra civile, e che perseguivano, fin da allora, la restaurazione del passato, cercando di liquidare quanto c'era di nuovo nel giornalismo, nella letteratura, nel teatro, e gli altri che invece non accettavano tale liquidazione»[36].

I titoli dei film non realizzati sono molti e in gran parte assai noti. Basterà ricordarne solo alcuni. Di questa pagina di atti mancati e di «sogni nel cassetto» parlo anche nel capitolo sugli sceneggiatori, limitandomi qui ad un elenco indicativo di alcuni titoli d'argomento storico[37]. Aldo Vergano non può realizzare un film sull'attentato Zaniboni a Mussolini, né un film sui fratelli Cervi; il soggetto *Fuga da Lipari*, scritto da Salvatore Laurani e Luigi Marchi, che parla della fuga di Emilio Lussu, Fausto Nitti e dei fratelli Rosselli e della Resistenza all'estero, non trova nessun produttore interessato. Tanto meno *Il delitto sull'auto* (sull'assassinio di Giacomo Matteotti) scritto da Barbaro, Pietrangeli e Lucio Battistrada, nonostante il grande interesse dimostrato da Alberto Lattuada. Si pensa a lungo ad una riduzione cinematografica dell'*Agnese va a morire* di Renata Viganò (gli sceneggiatori sono Massimo Mida e Gianni Corbi) e allo stato di progetto rimane *Il pensionante* di Renato Castellani, storia del formarsi di una coscienza civile nella Roma occupata dai nazisti. E ancora: *Casa Frediani* di Piero Nelli e *Poi venne l'alba* di Antonio Centa, il cui soggetto ha straordinarie consonanze con il bel film jugoslavo di Puriša Djordjevic, *Jutro (Mattino)*, del 1970.

Al soggetto su *La strage di Cefalonia* di Giannetti e Laurani, in cui perirono quasi tredicimila uomini della divisione Acqui, si interessarono in molti, come ricorda Massimo Mida, e tra gli altri anche gli americani: «Una casa di produzione americana inviò nell'isola greca un regista e un gruppo di tecnici, ma la censura americana pose il suo veto»[38].

Si era pensato ancora alla riduzione di *Uomini e no* di Vittorini a *Cristo si è fermato a Eboli* di Levi e al *Sergente nella neve* di Mario Rigoni Stern, già all'indomani della sua uscita. Ma quello era l'anno in cui era bastata la pubblicazione sul n. 4 di *Cinema Nuovo* del soggetto dell'*Armata s'agapò*[39] perché l'autore Renzo Renzi e il direttore della rivista, Guido Aristarco, fossero arrestati su iniziativa della procura militare, giudicati e condannati da un tribunale militare.

Questo processo e la condanna, per un «reato a mezzo stampa» da parte di un organismo militare, è, a mio vedere, il momento culminante e forse piú rappresentativo di quanto finora detto. Esemplare caso di applicazione di leggi fasciste (che permettevano ai tribunali militari di invadere la giurisdizione civile anche in tempo di pace), il processo Renzi-Aristarco è l'episodio che fa precipitare, in modo netto, tutta una serie di comportamenti rimasti in superficie e chiarisce come anche il settore del cinema applichi con successo la formula di repressione capillare e sistematica di «militarizzazione della giustizia» in atto nel paese in tutti i settori produttivi, e soprattutto come si tenda, anche in quest'ambito, ad abrogare di fatto i diritti costituzionali di libertà. La storia del processo, dei suoi aspetti giuridici e costituzionali, della sua risonanza nell'opinione pubblica, è ampiamente documentata nel libro *Dall'Arcadia a Peschiera* e a questo testo si rinvia per informazioni piú dettagliate[40]. Alla fine del 1953 (Renzi e Aristarco vengono arrestati il 10 settembre), quando si registra questo episodio, Andreotti è da poco passato ad altri incarichi governativi ed è stato sostituito da Bubbio. Per tutta la durata del suo incarico aveva dimostrato di saper fare da sé e di non aver bisogno di una «controffensiva dei fantasmi del passato» (come la chiama Calamandrei): non è improbabile che l'intervento militare sia collegabile al cambio delle consegne. Cosí come si può d'altra parte pensare, in un clima che ridava fiato alle nostalgie nazionalistiche, che l'iniziativa del tribunale militare sia autonoma e non pilotata dall'esterno.

Mentre avanza a vele spiegate una produzione parafascista, di esaltazione dei valori nazionalistici e del militarismo eroico, temi che spaziano nel Risorgimento, attraverso la prima guerra mondiale, fino alle imprese sovrumane di alcuni corpi militari italiani (si pensi ai *Sette dell'Orsa Maggiore*), il ricordo della Resistenza e la possibilità di rappresentare il fascismo in modo critico lentamente diventano tabú. Non ci sarà, da un certo momento in poi, neppure piú bisogno della censura: funzionerà perfettamente un'autocensura da parte dell'Anica e degli stessi registi, che accantoneranno i loro progetti in attesa di tempi migliori[41].

Il primo giro di vite preoccupante si nota a partire dal 1950 quando, su 104 film italiani realizzati, soltanto 72 ottengono, in prima istanza, il visto di censura. I registi denunciano subito il mutamento della situazione dimostrando di aver capito come la censura si realizzi mediante un'azione a cui partecipano con compiti distinti piú forze: «Oggi – dichiara Mario Soldati – a cinque anni dalla liberazione, è troppo difficile realizzare film che non siano conformisti e che attacchino, anche minimamente, la politica e la religione o meglio l'irreligione imperante»[42]. Visconti, da parte sua, denuncia il boicottaggio effettuato dagli esercenti ai danni della *Terra trema* e l'atteggiamento pilatesco del governo nei confronti di un aiuto per una minima circolazione almeno nei circuiti dell'Enic[43]. All'inchiesta partecipano, con un ampio «cahier de doléances», De Sica, Lattuada, De Santis e Rossellini. Tra i produttori la voce di Ponti sostiene che «a pochi anni di distanza sarebbe impossibile realizzare *Roma città aperta*, poiché non sarebbe gradito ai tedeschi».

La ricerca di Baldi sugli atti censori andrebbe integrata da un'analisi delle motivazioni addotte dalle commissioni. In mancanza delle fonti, ricercate in varie occasioni e curiosamente volatilizzatesi nei labirinti ministeriali, resta la documentazione offerta dal numero del *Ponte* del 1961, che, ancor oggi, è un punto di riferimento indispensabile. Da *Gioventú perduta* di Germi e da *Adamo ed Eva* di Mattoli, fino a *Rocco e i suoi fratelli* e *La dolce vita* (per cui dalle pagine della *Settimana del clero* si invitano i fedeli a far celebrare messe di espiazione e riparazione per tutti coloro che si sono recati a vederlo) scorre un museo degli orrori o meglio un sacrario costruito per onorare il «censore» sconosciuto, una figura che si estingue lentamente negli anni cinquanta e continuerà a vivere nell'operato periferico dei procuratori della repubblica. Per l'aneddotica piú spicciola degli interventi, delle modifiche e dei tagli imposti ai film piú diversi – *L'onorevole Angelina* di Zampa e *Il bivio* di Fernando Cerchio, *L'eroe della strada* di Borghesio e *Due soldi di speranza* di Castellani, *Giorni d'amore* di De Santis e *Ai margini della metropoli* di Lizzani, *Gli zitelloni* di Giorgio Bianchi (sequestrato per vilipendio alla magistratura) e *Il grido* di Antonioni – vedi Argentieri e Cipriani. Sono anche utili, oltre ai testi piú volte citati, gli interventi di deputati e senatori comunisti. Per rendersi conto del tipo di varianti proposte e del livello dell'argomentazione, prendiamo uno dei film su cui l'azione censoria ha avuto effetti piú disastranti: *Totò e Carolina* di Monicelli. A un gruppo di operai che cantano *Bandiera rossa* viene imposta la sostituzione della variante patriottica *Di qua e di là del Piave*. Un vecchio anarchico che nella versione originale grida «Abbasso i padroni!» in quella definitiva dice «Viva l'amore!»[44]. Eccetera.

La piú bella sintesi del lavoro delle commissioni censorie degli anni cinquanta è contenuta nel film di Giorgio Bianchi *Il moralista*, in cui Alberto Sordi impersona la figura di un censore dall'apparenza irreprensibile e dalla capacità di giudizio sicuro. Il giudizio sulla *Carne e il diavolo*? «Osceno e peccaminoso». Sulla *Donna nuda*? «Osceno e polemico». Su *Torna a casa Lassie*? «Altamente educativo».

Andreotti sa che molto lavoro è stato fatto, nel 1952, sia ai vertici del governo, sia grazie al concorso parallelo e periferico dell'azione del Ccc e di «quegli eroici sacerdoti che impegnano tutte le loro risorse e sottraendo spesso il pane già scarso nella propria mensa, hanno moltiplicato il numero di sale in tutte le regioni... dobbiamo tutti sentirci mobilitati per questa vera e propria crociata dei tempi moderni, collegandoci anche tra coloro che egualmente pensano in tutte le nazioni, sí da creare un amplissimo mercato aperto per una cinematografia positiva»[45].

Il pubblico, tutti i pubblici devono, negli ideali del sottose-gretariato di quegli anni, essere avviati al cinema come ad una cerimonia di edificazione. Non devono quindi sfuggire tutte le eventuali forze centrifughe e meno controllabili, come, per esempio, i «circoli del cinema».

In parallelo con il preoccupante sviluppo che stanno pren-dendo i circoli del cinema, che godono, grazie al carattere pri-vato delle iniziative, della possibilità di proiettare opere sprov-viste del nulla osta di censura, scatta anche, nei loro confronti, una tecnica di boicottaggio e controllo. Tecnica di puro distur-bo, sufficiente a mantenere un continuo stato d'allarme, a dare il costante senso di cospirazione anche alla proiezioni piú in-nocue. Il divieto si riferisce – come viene chiarito in una circo-lare ai prefetti del 14 luglio 1951 – soltanto alle pellicole sprov-viste di nulla osta di censura, che non siano di proprietà delle cineteche italiana e nazionale[46]. Il che significa far dipendere il nulla osta dallo stesso sistema discriminatorio usato nei con-fronti delle pellicole importate in quegli anni. Il testo della pri-ma circolare di Andreotti ai prefetti è del 23 giugno 1950 e contiene le seguenti direttive: «È stato ripetutamente segnala-to, a questa presidenza, che a volte vengono presentate, nel corso di riunioni promosse dai circoli del cinema, pellicole sprovviste del nulla osta di revisione cinematografica... si chia-risce in merito che, ove le proiezioni effettuate da parte dei cir-coli del cinema abbiano realmente un carattere privato, inten-dendosi le iniziative rivolte esclusivamente ai soci e con finali-tà essenzialmente culturali, si può prescindere in questa sede, dalla esibizione dei prescritti nulla osta... Ove però le proiezio-ni effettuate venissero a perdere, nel corso di una manifesta-zione, il carattere strettamente privato per concretarsi in vere e proprie pubbliche rappresentazioni... in tal caso deve essere rigorosamente applicata la condizione del preventivo nulla osta di proiezione in pubblico».

Da Padova parte, l'11 luglio 1952, una comunicazione di flagranza per proiezione di film di non chiara provenienza (il film in questione è *Dies Irae* di Dreyer, e la notizia rimbalza in parlamento.

Il parlamento è la cassa di risonanza da cui si pensa che la protesta possa avere la massima eco. Nei primi anni cinquanta, nella distribuzione delle carte il sottosegretario alla presidenza che tiene il banco ha fatto in modo di avere tutti gli atouts e di lasciare le scartine agli avversari. Dal 1952 la sua dichiarazione di giuoco può benissimo puntare al grande slam. In questo senso va interpretata la lettera a De Sica e soprattutto non tanto la parte piú nota già ricordata sul fatto che nel mondo per colpa di *Umberto D.* si sarà portati a credere che quella sia l'Italia e che in questo modo il regista avrà reso un «pessimo servizio alla sua patria, che è anche patria di don Bosco, del Forlanini e di una progredita legislazione sociale», quanto per l'ultima parte, dove emerge, nel mare delle perifrasi retoriche, la funzione conativa esplicita del discorso: «De Sica ha annunciato un suo giro d'Italia in cerca di cinematografiche rivelazioni. Noi ci auguriamo sinceramente che egli non si fermi a raccogliere soltanto le male arti delle donne traviate, i furtarelli della cronaca nera, l'isolamento sterile dell'una o dell'altra sottoclasse. Ma che faccia spaziare invece il suo obiettivo, sopra un campo piú vasto di esperienze, rammentando che ovunque ci sono rivoli di bene che, individuati, fruttificano e che bilanciano la marea del male in una sintesi che egli può e sa comprendere e descrivere»[47].

La lettera a De Sica, letta nella sua integralità, nelle sue consonanze linguistiche e ideologiche con il pensiero dei vertici ecclesiastici, si può considerare come l'enciclica cinematografica del pontificato di Andreotti. La sua produttività, nei confronti di De Sica, è tale (è appena il caso di ricordarlo) che il film *Italia mia*, tratto da un soggetto omonimo di Cesare Zavattini, non verrà mai realizzato.

Rispetto ai suoi successori, per capacità diplomatiche, intelligenza strategica ed efficienza ad Andreotti starebbero bene le parole del principe Salina a Chevalley, nel *Gattopardo* di Giuseppe Tomasi di Lampedusa: «Tutto questo non dovrebbe poter durare; però durerà, sempre... e dopo sarà diverso, ma peggiore. Noi fummo i Gattopardi, i Leoni: chi ci sostituirà saranno gli sciacalletti, le iene; e tutti quanti, gattopardi, sciacalli e pecore, continueremo a crederci il sale della terra»[48].

Con qualche eccezione (Brusasca e Egidio Ariosto), da quando Andreotti, col primo ministero Pella (17 agosto 1953), viene sostituito da Bubbio, la girandola dei successori non lascia segni memorabili se non nel senso di accentuare l'aspetto piú ridicolo e grottesco degli interventi.

«Con l'onorevole Scalfaro, tutore della morale artistica – dice il senatore Busoni – noi signori ci meravigliamo soltanto, passando da piazza dell'Esedra, di non vedere ancora infilate le mutande alle naiadi della fontana»[49]. Effettivamente la nostalgia per i fasti dell'era di Braghettone si possono vedere metonimicamente rappresentati nella evoluzione della sigla d'apertura della Settimana Incom, in cui, dopo una fase di presentazione della figura intera del David di Michelangelo, si preferisce passare alla meno pericolosa presentazione del mezzobusto della statua, ripreso di profilo.

Non sono dunque da studiare le imprese di Bubbio, di Ermini («dobbiamo impedire il diffondersi del tolstoismo»), di Scalfaro, di Ponti, di Magrí, di Tupini (quest'ultimo nominato ministro dello spettacolo), perché il sistema, ben oleato e programmato, può funzionare benissimo anche senza di loro. Gli uomini delle commissioni di revisione restano gli stessi e il lavoro, divenuto di pura routine, ogni tanto consente loro di sonnecchiare. Cosí, non sapendo a chi rivolgersi anonimi sacerdoti romani inviano lettere alla rivista diretta da Andreotti contro il visto di censura concesso a *Rififí* e *Mademoiselle striptease*. «Non posso che esprimere il mio stupore, – risponde Andreotti, dopo aver detto che purtroppo il parere sovrano della commissione è contrario a quello del sottosegretario che la presiede... – si tratta di due film che possono esercitare una funzione deleteria e che quindi non andavano ammessi... Dove andremo a finire? Dove non arriva la disciplina arriverà la coazione. Nessuno avrà però il diritto di lamentarsi»[50].

Tuttavia, piú che la coazione consapevole, che pare sempre meno possibile, l'azione degli ultimi anni è dominata piuttosto dall'arbitrio da una parte e da un allentamento dei freni dall'altra, ma si deve anche osservare una correzione di rotta lenta prodotta dalle spinte e denunce esterne[51]. I censori inamovibili sembrano sentire la fine del loro mandato: nell'attesa cercano di prevedere, con il fiuto che li contraddistingue, quali debbano essere le mode per le future stagioni.

Gli abusi delle commissioni di censura e il potere loro concesso di stabilire giudizi non revocabili, in contrasto con il dettato della Costituzione, spingono, nel frattempo, varie forze parlamentari, di destra e di sinistra, a proporre nuove forme di regolamentazione. Nelle sinistre non viene messo, ancora per anni, in discussione l'istituto stesso della censura; da parte dei diversi relatori e presentatori si propone di migliorare la situazione esistente, non di eliminarla.

Prima che la legge del 1956 venga approvata, si riunisce a Roma, il 6 marzo, proprio nei giorni in cui inizia l'iter di discussione alle commissioni, un'assemblea di cineasti che pone all'ordine del giorno il problema della censura. L'assemblea è unitaria: intervengono Comencini, Lattuada, Lizzani, Amidei, Blasetti, Petrucci, Antonioni, Camerini e Trombadori.

Le idee sono tra le piú svariate: tutti d'accordo sul fatto che la censura sia un male, e sul fatto che, negli ultimi tempi, abbia proceduto nelle forme piú caotiche, e tutti d'accordo che la censura piú pericolosa sia ormai quella preventiva dei produttori. Il fatto nuovo – nell'esposizione di Antonello Trombadori – è quello dell'esistenza di due fronti nel parlamento pro e contro la censura, all'interno degli stessi partiti. Ai registi, propone Trombadori, spetta il compito di dare un aiuto per la soluzione del problema nel senso del rispetto della Costituzione[52].

La legge approvata nel giugno del 1956 stabilisce, proprio per quanto riguarda il problema della censura, un termine per l'abrogazione delle leggi fasciste del 1923: «Le vigenti disposizioni concernenti il nulla osta per le proiezioni in pubblico e le esportazioni dei film restano in vigore fino all'emanazione di nuove norme sulla revisione dei film e in ogni caso non oltre il 31 dicembre 1957». Poi, per via di successive proroghe semestrali, la disposizione slitta di anno in anno fino alla legge n. 1312 del 30 aprile 1962, che riscopre le commissioni allargate, ma mantiene in vita l'istituzione[53].

La politica cinematografica
dei cattolici

1. La mobilitazione

La distruzione delle strutture produttive, la dispersione dei macchinari, il vuoto di potere statale, la mancanza di una politica economica e culturale in campo cinematografico toccano in misura assai limitata il mondo cattolico alla fine della guerra. La Chiesa, grazie alla sua organizzazione, all'elaborazione di un piano di controllo e intervento già messo a punto negli anni trenta, si trova in una situazione di privilegio e relativa forza (almeno per quanto riguarda il settore dell'esercizio) e può continuare a emettere – mediante le schede del Centro cattolico cinematografico – un giudizio morale sulla produzione affluente da vari paesi in misura assai piú elevata che in passato[1].

Alla fine della guerra restano in piedi, su tutto il territorio nazionale, 559 sale parrocchiali, capaci di garantire la continuazione del servizio cinematografico: la cifra è rilevante e destinata a moltiplicarsi per dieci nel corso degli anni cinquanta[2].

Questa rete di sale, strategicamente dislocata lungo la penisola, controlla, in particolare, le zone delle periferie urbane e le campagne dove, in molti casi, l'attività culturale è gestita dalla parrocchia in condizioni di assoluto monopolio. L'aumento vertiginoso dell'offerta, gli aiuti economici, il tempismo nel cogliere la situazione favorevole, fanno sí che si registri, dall'indomani del 25 aprile, uno sforzo di massima valorizzazione del cinema all'interno della politica culturale cattolica.

Non si può parlare – come vedremo – di una strategia univoca, messa in atto nel dopoguerra dai cattolici, quanto piuttosto di una continua capacità di modifica e adeguamento alle esigenze piú diverse, d'ordine economico, commerciale, culturale e politico, e, «last but not least», morale. Raccogliendo la massa delle fonti e osservandole nell'insieme, colpisce l'inclusività quasi giroscopica del progetto, la partecipazione di tutte le forze reclutate e mobilitate per anni, con una perfetta suddivisione dei compiti. Da subito si osserva un grande fervore di iniziative al vertice e alla base, giustamente sottolineato dalla critica cattolica[3]. Questo fervore è l'effetto di un lavoro giunto alla sua piena maturazione già negli ultimi anni del conflitto mondiale. La nomina di Luigi Gedda (già presidente della gioventú dell'Azione cattolica) alla presidenza del Centro cattolico cinematografico nel 1942 e la costituzione dell'Ente dello spettacolo, nel marzo del 1944, sono due momenti che determinano un salto di qualità nel lavoro cinematografico cattolico.

Un emblematico punto di partenza può essere dato dal tipo di intervento studiato e realizzato già nel 1942 in occasione dell'uscita sugli schermi di tutta Italia di *Pastor Angelicus* di Romolo Marcellini, prodotto dal Ccc e distribuito, con il massimo sforzo pubblicitario, dall'Enic. Alla vigilia dell'uscita del film ai gestori delle sale cinematografiche giunge una lettera circolare, firmata dal direttore generale dell'Enic, Armando Roncaglia, e da Luigi Gedda per il Ccc, in cui si prescrivono precise norme a cui attenersi in occasione della programmazione. È la prima volta che il tipo di prescrizione non riguarda solo l'opera, ma anche tutte le modalità connesse alla proiezione[4].

Pastor Angelicus, oltre a segnare il primo grandioso successo produttivo e organizzativo in campo cinematografico di Luigi Gedda, è anche un vero e proprio manifesto politico: un segno pubblico di modifica delle alleanze e un tentativo di sostituire, all'immagine mussoliniana ormai vacillante, quella del pontefice, al di sopra delle parti, capace di accogliere, in un abbraccio ecumenico, tutti i propri figli, offrendo loro una parola di pace e un gesto di conforto[5].

Nella fotografia del papa, che stende la propria mano sulla testa di un soldato della milizia fascista dall'espressione vuota, si può vedere legittimamente la discesa tra gli uomini del Pastor Angelicus per la riaffermazione del proprio potere temporale (non a caso il film entra nuovamente in circolazione in appoggio al lavoro politico per le elezioni del 1948)[6].

Infine in *Pastor Angelicus*, e nel tipo di intervento che si è voluto documentare, si ritrovano, in modo assai rappresentativo, tutte le forze e le ipotesi che definiscono il quadro e costituiscono i soggetti principali dell'azione dei cattolici nel dopoguerra: Luigi Gedda e l'Azione cattolica, Pio XII, la distribuzione e l'esercizio laico e cattolico, la produzione di lungometraggi e cortometraggi con capitali cattolici, l'intersecazione e lo sfruttamento dei circuiti e dell'appoggio statale...

Il terreno va percorso tenendo presente sia la coerenza e coesione interna delle varie parti, sia le diverse anime e strategie che, nell'ambito di uno stesso campo, agiscono ora in parallelo, ora in successione. Dalla costituzione dell'Ente dello spettacolo, di cui si è detto, alla creazione della Pontificia commissione per la cinematografia nel 1948, a quella di un organismo nazionale per la difesa degli esercenti di cinema cattolici (l'Acec) nel maggio 1949, il lavoro organizzativo di vertice dei cattolici e degli organi ecclesiastici è costantemente accompagnato e confortato dagli interventi pontifici che, dal punto di vista teorico, giungono a sistemare l'intera materia attraverso i discorsi sul «film ideale» del 1955 e dell'enciclica *Miranda prorsus* del 1957[7]. Il viaggio cinematografico della Chiesa e dei cattolici, pur sviluppandosi lungo un terreno accidentato, pieno di insidie dal loro punto di vista e di forze nemiche in agguato, porta a indubbie conquiste e a risultati notevoli non soltanto sul piano organizzativo.

La linea di tendenza dominante vede gli organismi cattolici impegnati per alcuni anni contro i pericoli ideologici del nuovo cinema italiano e allineati a fianco dell'ideologia americana; solo in un secondo tempo, alla fine degli anni quaranta, in un clima meno arroventato, anche se la guerra continua[8], alcuni cattolici avvertono i segni della propria distanza e ritardo culturale – misurandosi con i critici cattolici della vicina Francia, come André Bazin, Amédée Ayfre, Cohen Séhat e soprattutto con le posizioni aperte della *Revue du cinéma* – e cominciano a sviluppare un'azione combinata per l'organizzazione della cultura cinematografica e la riconquista del terreno perduto.

Il momento produttivo, o quello della presenza di una componente cattolica sia sul piano registico che su quello del lavoro di sceneggiatura, sottovalutati da tutti, in primis dagli stessi cattolici, risultano pertanto come fenomeni meno appariscenti agli effetti del processo di sviluppo e della formazione della poetica neorealista[9].

D'altra parte, anche l'analisi del contributo teorico non offre grandi risultati, né rivela vistose tensioni di immediata produttività.

L'operatività è data dall'azione coordinata del Ccc con quella dei gestori delle sale parrocchiali, dalla nascita di iniziative distributive per i film a passo ridotto, dall'azione programmatica di esclusione totale del cinema italiano del dopoguerra dalla cultura visiva dei pubblici delle sale cattoliche[10].

Il fenomeno della ripresa dello sforzo organizzativo è coronato da successo, sul piano della conquista dei pubblici popolari, grazie alla continuità e all'impegno operativo di certe istituzioni, alla centralizzazione delle direttive, alla riconquista delle istituzioni periferiche in una fase di vuoto di strutture alternative. Se le forze di sinistra si occupano del momento estetico e ideologico della produzione culturale, i cattolici, per qualche tempo, lo accantonano e si dedicano alle pratiche basse di organizzazione degli spazi e di sistemi di controllo del pubblico.

La mossa vincente è data dalla contemporanea unificazione al vertice dei poteri nelle mani di Gedda (che nel 1946 diventa anche direttore della *Rivista del cinematografo*) e dalla politica di decentramento massimo. Il cinema diventa cosí il punto avanzato del lavoro politico di vari organismi, in primis dell'Azione cattolica: nelle campagne, nelle periferie urbane, in tutti i luoghi in cui il potere politico o le forme sociali non sono in grado di organizzare subito servizi culturali mediante istituzioni pubbliche, si attua una sorta di delega in bianco ai cattolici, sempre piú favorita, per la gestione pubblica di una serie di iniziative culturali, e ricreative[11].

È appena il caso di ricordare tra parentesi che, dalla fine della guerra, si sviluppa in grande stile il progetto neotemporalista di Pio XII, marcato da un tentativo di inquadrare e militarizzare tutte le forze a disposizione e considerare il laicato come «funzione subordinata e complementare di una schiera eletta di fedeli provati e generosi» all'azione del clero[12]. Il terreno del cinema, nel disegno complessivo, deve essere occupato dalle pedine, ma costantemente tenuto sotto controllo e manovrato dai pezzi principali. La politica cinematografica dei cattolici è, prima di tutto, elaborata ai vertici delle gerarchie ecclesiastiche e delegata in parte, in un secondo momento, alle forze non religiose. In tutta la prima fase del lavoro le garanzie del successo, sul piano operativo, sono date dal fatto che il controllo e la direzione delle singole azioni è nelle mani dei parroci. Solo a partire dall'istituzione dei cineforum diventa importante reclutare, selezionare e creare, nella comunità dei fedeli e parrocchiani, degli operatori culturali e promuoverli a esperti con rapidi corsi di aggiornamento. Il tracciato vede subito in ascesa le linee organizzative e registra minimi segnali di tipo teorico culturale, mentre, in fasi successive, mostra anche il maturarsi di gruppi di operatori che aspirano a una propria autonomia e a una competenza specifica, al di fuori del dirigismo ecclesiastico.

L'indubbia espansione e il tentativo di controllo diffuso in molte realtà della penisola sono coronati da successo grazie ad appoggi governativi e a sovvenzioni versate, a vario titolo, dagli americani, e anche grazie all'assenza ed ai limiti obiettivi, per alcuni anni, di una strategia sullo stesso piano da parte delle sinistre. Il fenomeno dapprima è sottovalutato e, quando viene percepito in tutta la sua portata, non è piú possibile frenarne l'irresistibile dilagare.

Volendo servirsi di una elementare opposizione, di evidente ascendenza chiariniana, si potrebbe dire che, mentre per le sinistre prima viene il film e poi, a lunga distanza, il cinema, per i cattolici avviene esattamente il contrario. Osservando la disposizione delle forze in campo e servendosi di analogie calcistico-militari, si vede che i cattolici dispongono le loro forze allineandole in profondità, in una sorta di «mise en abîme», che consente loro di comprendere, coinvolgere, dominare e far avanzare, nello stesso tempo, e a tutto campo, macro e microrealtà, mentre le sinistre dispongono di uno schieramento frontale di due gruppi, che si muovono senza alcuna reale difesa. All'attacco sono disposti i registi, lasciati soli a lungo e da un certo momento con il solo Visconti a funzionare come punta di diamante e, sulla linea mediana, la critica militante, la stampa di partito e quella delle riviste specializzate, a far opera di controllo delle caratteristiche di qualità dei prodotti neorealisti e di arginamento degli attacchi avversari.

Manca – come devo ripetere piú volte – o comunque interviene con grande ritardo, un progetto politico di copertura, capace di saldare il momento culturale con quello economico produttivo e di promuovere e soprattutto di mobilitare grandi forze. Le sinistre conducono, con una grande tensione, e a prezzo di alti costi politici e culturali, una battaglia su grandi ideali (la libertà di espressione, la difesa a oltranza del neorealismo, la difesa del cinema d'autore). Per un curioso e paradossale rovesciamento – le cui cause sono tutte rintracciabili nella formazione culturale umanistica anteriore – i marxisti si occupano in prevalenza della sovrastruttura e i cattolici dei problemi di struttura. Lo si nota in modo macroscopico e ossessivo fin dal 1945, quando critici, intellettuali e registi chiedono ai produttori di farsi carico solo delle ragioni dell'arte, e di abbracciare «la verità dell'arte, che sola può ricreare un appagamento nel cuore degli uomini» e ripetono a ogni occasione che il «cinema è *anche* industria, ma non solo industria». I cattolici, con lucido pragmatismo, si pongono come obiettivo primario la conquista dei centri di potere, la razionalizzazione dei sistemi di controllo e pressione sul mercato e la distribuzione: tutti obiettivi perfettamente coerenti e sviluppati con iniziative ora autonome ora sintonizzate con l'azione governativa.

Accanto al controllo della moralità cinematografica dei prodotti, gli organismi vogliono premere sulla produzione e intendono porsi come interlocutori privilegiati nei confronti dello Stato, a cui si affiancano con organi supplementari di controllo, per correggere le eventuali carenze e le piú pericolose tendenze in atto[13].

La principale preoccupazione della stampa cattolica, rivolta in apparenza a salvaguardia dei valori della famiglia, contro i pericoli che possono minarne l'integrità[14], è in realtà quella di puntare a intervenire, con precise indicazioni di rotta, nella politica del nuovo Stato democratico. Si capisce che l'obiettivo primario non è quello di chiedere che lo Stato appoggi e aiuti il momento della produzione culturale, quanto di sollecitare, in maniera unanime, un intervento repressivo (a partire dall'*Osservatore romano*, fino al piú periferico foglio di parrocchia) nei confronti del nuovo cinema italiano.

Sulla *Rivista del cinematografo* Paolo Salviucci si fa interprete di molte preoccupazioni in questo modo: «I competenti organi superiori richiamano gli artefici (artisti e finanziatori) di tale cinema italiano a una maggiore consapevolezza delle proprie responsabilità, tanto piú necessarie in momenti come questi nei quali il paese è gravemente impegnato nella difficile opera di ricostruzione morale»[15].

Negli anni della ricostruzione, almeno fino alla data delle elezioni del 1948, che funziona da spartiacque anche in questo settore specifico, l'azione dei cattolici si svolge in prevalenza lungo queste direttrici: *opposizione al neorealismo*, scattata a tutti i livelli e mantenuta con coerenza fino alla fine del decennio; *riorganizzazione e allargamento* dell'esercizio; *appoggio e progressiva promozione* di iniziative culturali.

2. L'attacco

La mobilitazione antineorealista, effettuata con estremo tempismo e decisione, si manifesta mediante un attacco concentrico, che, sotto l'egida della battaglia contro gli spettacoli immorali, intende colpire ogni forma di rappresentazione critica dei problemi che la società italiana ha di fronte. Per ottenere risultati immediati non ci si limita a mobilitare, come poi verrà fatto a lungo, gruppi o associazioni piú o meno fantomatiche di difensori della sanità della famiglia. Ci si rivolge direttamente ai giovani e li si spinge a manifestare contro gli spettacoli immorali: «Ogni dopoguerra – scrive *L'Osservatore romano* – ha promosso lo slittamento nel campo dello spettacolo. Questo slittamento è provocato da tre fattori: abbondanza di denaro in circolazione (sic!), smania di svago, cupidigia d'incassi... Curioso è un fatto: l'iniziativa di opporsi al dilagare degli spettacoli malsani non è partita dalle capitali, dove logicamente dovrebbero esistere nuclei ben organizzati, bensí dalla provincia.. come ai tempi di *Ossessione* Ferrara diede esempio di civica dignità... Si tratta di gruppi di giovani, non di vecchi barbogi... Conforta perciò apprendere che dei giovani siano scesi in lizza per sostenere il giusto enunciato: facciamo appello a tutti i giovani per reagire, ogniqualvolta sarà necessario, contro le pellicole degradanti»[16].

Per pellicole degradanti si intende non tanto la rappresentazione di scene erotiche o offensive della morale religiosa: piuttosto si vogliono colpire, senza perifrasi, tutti i film che rientrano sotto il denominatore comune del neorealismo. Il termine, da solo, assume un valore di agente demonico, diffusore di tutti i mali possibili. All'inizio comunque la deplorazione è associata all'augurio che gli agenti del male siano presto debellati: «Auguriamoci che la campagna moralizzatrice in corso faccia rinsavire i caparbi sostenitori dell'estetica cosiddetta verista e rientrare nei giusti binari del buon senso e del buon gusto»[17]. Siamo ancora in una fase in cui l'attacco non ha raggiunto il punto di massima incandescenza: la scalata comunque è progressiva e segue l'andamento della febbre politica.

La Chiesa e la stampa cattolica si fanno interpreti, sul piano nazionale e locale, della volontà del popolo italiano di allontanarsi al piú presto da ogni possibilità di conquista di una coscienza critica del presente e dell'immediato passato: «Misuriamo il male e l'autodenigrazione apportati in casa nostra (e presso gli altri, quel che è peggio) da quelle pellicole, purtroppo in voga, che si definiscono *veriste*... Tale tendenza sorta come atteggiamento scolastico trenta e piú anni fa non era nostra allora, figuriamoci oggi. O se lo era allora non lo è oggi dopo tanti anni di lacrime e di fango... Si richiamano gli artefici del cinema italiano ad una maggiore consapevolezza delle proprie responsabilità... Il popolo vuole dimenticare Cefalonia, Salerno, le Fosse Ardeatine e tutte le tremende cose che non devono essere cinematografate»[18].

Grazie a Gedda, e attraverso i vari strumenti da lui coordinati, l'attacco contro il neorealismo assume i toni di una crociata senza possibili mediazioni. Ben piú articolato e disteso il tono dell'*Osservatore romano* ancora nel periodo immediatamente precedente all'inizio della guerra fredda: «Se si prendesse ad esempio l'Urss, nei suoi diversi generi, nessuno potrebbe citare una sola pellicola di carattere morboso e osceno... Seppur talvolta non abbiamo condiviso speciali condizioni ideologiche, mai abbiamo rivolto appunti alla sostanza perché negativa»[19].

Però, quando si tratta di pellicole italiane, realizzate anche da autori cattolici come Rossellini, scattano, quasi automatici, meccanismi di difesa. Molto significativo è il diario di Marcel-

lo Vazio, scritto durante la Mostra del cinema di Venezia nel
1946 per la *Rivista del cinematografo*: «Nel pomeriggio ho visto *Paisà*. È molto brutto... Brutto bilancio della produzione
nazionale. Di male in peggio. *Paisà* è una pellicola slegata,
composta di sei episodi falsi, pieni di rettorica e cattivo gusto...
che vorrebbero raccontare storie della lotta di liberazione»[20].

A Venezia l'anno successivo *L'Osservatore romano* invia come critico Piero Regnoli; interessano le citazioni di un paio di
articoli perché confermano come la polemica sull'organo vaticano tenda a giocare su due piani, dell'attacco frontale e del
dissenso critico motivato: «Si è fatta strada – scrive Regnoli in
un articolo del 3 settembre – nelle menti malate di alcuni paz-
zoidi del cinema che l'ultima meta possibile dei tempi attuali
sia il piú crudo verismo e che verismo significa gettare in volto
ai propri simili le piú laide brutture, purtroppo evidenti nella
vita... Si sbaglia due volte, primo perché ci si ostina a presentare solo un lato dell'umanità e solo una parte di essa, ignorando
volutamente quanto di buono e semplice c'è, nonostante tutto, in ciò che ci circonda, secondo perché le loro nefandezze
mancano proprio di verità e di spontaneità e appaiono alla
lunga per quello che sono: semplici acrobazie cerebrali».

Piú equilibrato il dissenso nei confronti di *Caccia tragica* di
Giuseppe De Santis (la recensione appare il 19 settembre), in
cui si sottolinea, almeno, «l'eccesso» di cultura: «Del resto non
possiamo che ammirare il coraggio di De Santis che non ha te-
muto di affrontare – forse con troppa crudezza però – problemi vitali per una nazione come quella italiana, senza preoccuparsi del dolore necessario per estirpare il male».

A parte casi singoli, come questo, di discreto fair play critico, la media statistica degli interventi che hanno come oggetto
il neorealismo è sempre piú caratterizzata dalla violenza e dal
rifiuto, in una scalata che sarà poi perfettamente sintonizzata
agli attacchi di Scelba contro «il culturame di sinistra»: «Anche
questo film è contagiato dal male veristico che ha piú o meno
influenzato tre quarti dei registi italiani», nota *L'Osservatore ro-*

mano del 16 gennaio 1948, a proposito di *Molti sogni per le strade*, mentre *Senza pietà* di Lattuada è giudicato, il 20 ottobre dello stesso anno, sulle stesse pagine, in questo modo: «Ad aggravare le cose, in questo film cosí convenzionale, ha contribuito quel falso amore per la verità che si chiama verismo e che con tanta facilità diventa compiacenza dell'immorale».

Neorealismo ricetta per infingardi, articolo siglato G.L.F., segna il momento in cui la polemica antirealista tocca il fondo, per rozzezza di argomentazione e ottusità dell'attacco: «In fondo noi sappiamo che l'affazzonamento del primo vero che capita è la risposta dell'infingardaggine con cui si cerca di praticare l'arte, con la massima fretta e la minima energia... Molti equivoci e molti compromessi di questi ultimi decenni in tutte le branche dell'arte sono sortiti da questa fretta e conseguente mancanza di volontà discriminante... neorealismo = autolesionismo»[21]. *Riso amaro* diventerà *Ghigno amaro* in un titolo dell'*Osservatore romano* del 7 dicembre (la recensione è di P. Regnoli).

Né sorte piú benevola avranno, nel periodo della guerra fredda, i migliori prodotti letterari del neorealismo e neppure le opere di Gramsci. Nei giudizi autorevoli della *Civiltà cattolica* non si può cogliere alcuna intenzione di mediazione, o di separazione dei brani del discorso[22].

Padre Enrico Baragli vi inizia, soltanto alla metà degli anni cinquanta, il recupero graduale del neorealismo (che altrove è già iniziato in modo assai meno circospetto), partendo da un film americano, e da un film come *Fronte del porto* di Elia Kazan, «che si inserisce degnamente nella scia d'arte e di missione spirituale dei migliori film del neorealismo italiano»[23]; ma riprende, in occasione della recensione al *Cinema italiano* di Lizzani, il tono di piú accesa crociata anticomunista[24]. È molto importante il momento negativo e distruttivo nell'azione dei cattolici, in quanto ha un suo peso specifico e un ruolo non secondario nella battaglia condotta per ridurre la tensione innovativa del neorealismo. È possibile isolare e misurare con precisione le caratteristiche di questa azione destruens, nettamente orientata ideologicamente, al di là della dichiarata equidistanza verso le ideologie e della volontà di separare il discorso morale da quello politico[25]. Gli obiettivi primari da colpire, o meglio da rimuovere risultano i seguenti:

a) la guerra, la memoria della Resistenza e le responsabilità dei fascisti;

b) la rappresentazione della realtà italiana contemporanea.

Contro di questi dovrebbe muoversi una produzione cattolica d'argomento prevalentemente religioso e confessionale[26].

La rappresentazione della guerra è condannata già a partire da *Roma città aperta* e *Il sole sorge ancora*, e, poco per volta, emergono discorsi che chiedono di eliminare ogni possibile riferimento al passato[27].

Non si capisce bene da questi discorsi se le preoccupazioni maggiori siano di ordine morale, se si voglia giungere al piú presto ad un abbraccio generale, oppure se vi siano già nuove alleanze, o prevalgano preoccupazioni di ordine pubblico.

Il rifiuto della rappresentazione del presente consente di condannare in blocco la produzione italiana contemporanea e di impedirne l'accesso nella rete delle sale parrocchiali, favorendo la circolazione, senza alcuna remora di tipo morale, della maggior parte della produzione americana.

I cattolici capiscono che, attorno al cinema, si gioca l'occasione per la conquista di un tipo di divertimento di massa ancora in piena espansione e si muovono lungo tutto il territorio nazionale con estrema decisione e tempismo, senza particolari discriminazioni tra cinema popolare e di qualità.

Il rigido dirigismo di vertice del Ccc, a cui si aggiungono, dal 1949, organi locali di revisione, àncora la politica delle sale a una precisa azione di rifiuto di tutti quei film italiani in cui siano agitati problemi sociali e comunque si sostenga un'idea laica della vita. Solo la nascita dei cineforum servirà da correttivo a questa tendenza e consentirà una maggiore possibilità di visione controllata di determinati film, esclusi nella prima fase postbellica.

3. Riorganizzazione, potenziamento delle sale
e coordinamento delle attività

Come già si è detto, alla fine della guerra, funzionano ancora, su tutto il territorio nazionale, quasi 600 sale. Già nel 1949
sono 3.013 (di cui ben 1.192 in Piemonte e in Lombardia e 472
nel Veneto, luogo tuttora esemplare per capire in tutta la sua
morfologia il lavoro cinematografico dei cattolici)[28].

Il programma organizzativo marcia di pari passo con quello
ideologico e si muove tenendo presenti i presupposti etici della
Vigilanti cura di Pio XI, calati però in una precisa realtà giuridica ed economica. L'operazione di espansione delle sale parrocchiali è promossa dalla *Rivista del cinematografo* fin dai primi numeri del 1946 (nel secondo numero appare un articolo
significativamente intitolato *Organizzazione,* in cui si spiegano
le convenzioni tra Siae e Aci per l'apertura e gestione di nuove
sale). In parallelo si affronta, con notevole lungimiranza, il
problema del passo ridotto in un progetto destinato ad essere
adottato quasi all'unanimità[29].

Remo Branca, l'autore dell'articolo, proietta il suo piano di
sviluppo addirittura su scala mondiale: «Bisogna soprattutto
organizzare, in tutto il mondo, da 100.000 a 150.000 sale a passo ridotto entro il termine di 5-7 anni, perché pare che ogni 7-
10 anni il cinema cambia pelle. È questo un piano d'attacco a
largo raggio, ma esteso non per l'esaltazione di sante energie,
ma perché il cinema è un fenomeno internazionale... Grande
piano, ma possibile e subito, domani i problemi saranno più
gravi e nuovi»[30].

Al di là della megalomania del progetto (del resto né impossibile né inverosimile) restano alcuni dati importanti, destinati
a influenzare tutto il successivo lavoro organizzativo: non ultimo quello della necessità di attenersi a giudizi unitari nei confronti della produzione. In secondo luogo, la coscienza di poter contare su una massa d'urto capace di incidere sulla produzione stessa.

La struttura degli apparati controllati e ruotanti attorno alla Chiesa consente di organizzare un'azione sempre piú ampia e capillare sulla base di direttive di vertice. Dal 1950 Pio XII pretende un controllo piú stretto delle associazioni da parte delle guardie della Chiesa: nell'organigramma, visto su scala locale, i poteri ecclesiastici si allargano e come ha scritto Silvio Lanaro «il parroco è il vescovo e il vescoco è il papa». Sul piano locale esistono spazi minimi di invenzione: tutto è previsto e ricondotto a un'unica direttrice. Lo slogan che sostiene per oltre un decennio l'intero programma di espansione («un cinema per ogni campanile») è una variante di «una fabbrica per ogni campanile», parola d'ordine per la ripresa produttiva della piccola industria negli anni cinquanta e che non è difficile pensare alla base del successivo miracolo economico[31].

La Chiesa riesce a sviluppare vittoriosamente la propria strategia di costituzione di una rete di sale e di un programma di controllo e condizionamento in quanto ancora negli anni cinquanta cresceva nel paese, a nord, come a sud, un prestigio e un'autorità che le forze di sinistra possono combattere, ma non certo rovesciare, né scalzare.

Dal 1947 in poi l'azione si articola su varie fasce; si comincia a sentire l'esigenza di rispondere a una domanda differenziata e avviare piani di promozione culturale del pubblico attraverso l'organizzazione di cicli e conferenze. Il 1947 è anno di svolte: in giugno (tra il 15 e il 22) l'Ocic organizza a Bruxelles un convegno in cui si affrontano problemi organizzativi e soprattutto di produzione culturale non necessariamente di tipo confessionale[32] e si comincia a indicare l'importanza dei giovani come soggetti e obiettivo privilegiato per la migliore riuscita di qualsiasi programma di promozione di cultura cinematografica.

In settembre si organizza a Roma un convegno presso i salesiani, nella cui mozione finale i partecipanti, oltre a riconoscere di andare al cinema «per ritrarne gli insegnamenti pratici di Pedagogia, Fede, Speranza, Carità, formazione spirituale e psicologica», dichiarano che «non sarebbe sconveniente rappresentare nel film, con le dovute riserve, anche i lati negativi della vita». E ancora nel giugno dello stesso anno Mario Verdone, sulla *Rivista del cinematografo*, indica quali possono essere obiettivi e caratteristiche dei futuri cineforum[33].

A Verdone va anche il merito di aver impresso una svolta netta e un rovesciamento del giudizio critico nei confronti del neorealismo in anni in cui dominavano ancora giudizi del tipo di quelli di Turi Vasile, secondo cui la tendenza del «documentario romanzato» non era ancora sufficiente a poter dire che l'Italia possedeva una sua cinematografia[34]. «Spetta ai cattolici – scrive Verdone in un articolo dal titolo *Per un cinema realista cristiano* – iniziare un film realistico, anche esso destinato al popolo, agli operai, agli analfabeti, che nella stessa convinzione, ingenerato da una fede non materialistica, sappia trattare gli stessi problemi e infiniti altri, dandone l'unica risoluzione possibile, quella cristiana... Nulla è piú efficace del cinema realistico che osserva e analizza ciò che è la realtà: tale film, per essere accettato, deve potersi rivolgere a tutti... vedere la società, la fabbrica, la casa, vedere che i bambini ci guardano, vedere gli sciuscià, i banditi, i paisà, frutto di questa guerra, ricavandone un ragionamento cristiano... Vedere, giudicare, agire»[35].

Si apre uno spiraglio, se non la strada, e può confermarlo il fatto che dal numero successivo *La Rivista del cinematografo* ospita la voce di un critico straniero che esalta «la prodigiosa abilità degli sceneggiatori e dei registi italiani a cogliere a volo la realtà e trasportarla sullo schermo senza perdere nulla della sua attualità»[36].

Sono queste le prime voci che chiamano a raccolta gli specialisti e le forze interessate per una battaglia di recupero delle posizioni perdute. Sono, per il momento, voci isolate, di intellettuali non ecclesiastici che parlano a titolo personale[37]. Gli appelli di vertice si pongono altri obiettivi; il cinema è uno dei tanti terreni di scontro, in cui le posizioni ideologiche precostituite non consentono mediazioni e consensi, almeno su obiettivi comuni. *Un manifesto giusto, ma tendenzioso* è il titolo posto in testa al manifesto del movimento per la difesa del cinema italiano, a cui aderiscono tutte le maggiori personalità del cinema italiano (il testo esce, per la prima volta, sull'*Unità* del 22 febbraio 1948); e il commento al manifesto, pur riconoscendo che «il testo potrebbe essere sottoscritto con qualche riserva da uomini di buona volontà», è molto duro, punta l'attenzione sull'uso puramente strumentale ed elettorale che il partito comunista intende farne e conclude contestando «agli improvvisati speculatori di oggi il diritto esclusivo di sbandierare il motivo della difesa del nostro cinema a scopi secondari e deteriori»[38].

Coloro che tentano di avviare un diverso tipo di lavoro e usano diverse esche critiche e metodologiche si allineano in prospettiva diacronica e agiscono in maniera piú efficace solo a partire dagli anni cinquanta. Prima non riescono a scalfire il muro compatto di atteggiamenti che si servono del cinema come di una delle tante armi elettorali. Nella stampa di parrocchia, ad esempio, per anni il cinema è fonte abbastanza ricca di notizie mostruose, che servono d'appoggio alla crociata anticomunista[39].

Il 1948 è un anno particolare: non esiste, in pratica, argomento che non venga piegato alle esigenze della propaganda. Il cinema diventa cosí un anello di una vasta mobilitazione a cui i cattolici sono invitati, fin dalla fine dell'anno precedente, in una battaglia in cui sono in gioco «la vita e la morte di tutti». Quando comincia a suonare la campana che chiama a raccolta tutte le forze, i cattolici sanno già di poter contare su strutture preesistenti e cosí ben collaudate da potersi muovere all'unisono a difesa e baluardo di una civiltà in pericolo[40].

Per alcuni anni successivi al 1948, convivono (e per via di spostamenti progressivi assumono un rapporto piú equilibrato rispetto al passato) due atteggiamenti opposti e complementari della strategia cattolica nei confronti del cinema. Quello di tipo piú apocalittico («il cinema è la luce che uccide»)[41], in cui si maschera un tipo di cabotaggio ideologico con le preoccupazioni d'ordine morale per i mali che il cinema può provocare soprattutto nei giovani[42], e quello piú illuminato e progressista, che punta direttamente ad impadronirsi delle strutture, per piegarle ai fini di promozione culturale e di apostolato. La prima linea di tendenza si presenta come la continuazione di un sapere orale, trasmesso da millenni (fin dalla tradizione patristica), ed è ripresa con successo in provincia, spesso con l'autorevole conforto delle alte gerarchie ecclesiastiche[43].

Si chiede a tutti l'accettazione di una rigida disciplina: disciplinare vuol dire incanalare, aggiungere e moltiplicare le forme di censura locale, che costituiscono ulteriori filtri purificatori rispetto al lavoro condotto in sede nazionale. Vuol dire restringere in basso le maglie, in modo da garantire che nulla sfugga.

Per qualche tempo l'azione si biforca e all'esercito dei parroci è affidato il compito contraddittorio di invitare i bambini al cinema e, al tempo stesso, accreditare tutta una serie di teorie pseudoscientifiche – ampiamente diffuse dai bollettini diocesani o dai fogli parrocchiali – sui mali che la visione cinematografica può provocare[44].

Alle volte il compito viene assunto direttamente anche dal vertice, come si può vedere da un articolo apparso sull'*Osservatore della domenica*, in cui l'accumulazione statistica dei dati assume una comicità involontariamente rabelaisiana[45]. È proprio questo atteggiamento di condanna che permane come lato oscuro della coscienza cinematografica cattolica e continua a stabilire meccanici rapporti di causa ed effetto tra il potere del cinema e i mali sociali e a trovare crediti e alfieri sempre più marginali presso le piccole associazioni in difesa della famiglia. E, curiosamente, anche presso la magistratura (come dimostrano gli immancabili riferimenti nei discorsi inaugurali di ogni anno giudiziario), convinta che, dal cinema, possono dipendere molti, se non quasi tutti, i mali contemporanei.

«Predichiamo l'astensionismo», «Salviamo almeno i fanciulli» sono le parole d'ordine di queste forze di retroguardia, gli stendardi ideali con cui queste salmerie dell'esercito cinematografico coprono i reali obiettivi delle loro crociate. Per esorcizzare i mali del cinema, grandi e piccoli, hanno a loro disposizione anche la Promessa cinematografica, da recitare in forma di preghiera[46].

Questo tipo di intervento – com'è ovvio – è sempre piú delegato al caporalato dei trecento e piú bollettini e giornali parrocchiali sparsi capillarmente lungo tutta la penisola, mentre alle voci degli organi centrali e ufficiali sono affidati compiti progressivi di aperture piú spregiudicate[47]. Due squadre operano in parallelo, con ruoli distinti di copertura di aree e funzioni differenti: una di serie B, a cui affidare il compito piú pastorale di occuparsi della salute delle anime e di arginare, il piú possibile, l'accesso delle classi popolari a certi tipi di prodotto cinematografico; l'altra di intellettuali nuovi, reclutati dalla fine degli anni quaranta, a cui affidare il compito di gestire strutture e istituzioni e collaborare a un progetto piú positivo di studio del terreno cinematografico. Da un certo momento in poi, grazie all'istituzione dei cineforum, anche nelle realtà periferiche parroci e giovani cattolici potranno essere chiamati a mansioni piú impegnative di riproduzione dei modelli del lavoro culturale ideati al vertice.

La chiamata a raccolta, dopo il 1948, di intellettuali cattolici, registi, critici, cattedratici che non siano voci confessionali, vuole essere una risposta ai diversi «fronti della cultura» e una dimostrazione dell'esistenza, nelle file cattoliche, di intellettuali militanti con le carte in regola. Tuttavia gli esponenti migliori di questo programma resteranno ai margini (come sostiene, da parte cattolica, anche Bernardini)[48] e serviranno da copertura per un'azione di conquista dei centri di potere e l'occupazione delle poltrone dirigenziali nelle istituzioni da parte di funzionari spesso privi delle minime referenze culturali.

In un campo che entra tutto in tensione, dove non ci si pone piú limiti all'azione, coesistono anime diverse che puntano, non soddisfatte dalla vittoria elettorale, all'annientamento dell'avversario. Queste anime possono essere emblematicamente rappresentate dalla vittoria della sinistra democristiana al congresso nazionale di Venezia (2-5 giugno 1949) e dal decreto di scomunica dei comunisti partito dal Sant'Uffizio il 1° luglio dello stesso anno. È la révanche sociale dei cattolici contro il socialismo laico e umanistico che si pone in gara, cerca spazi e li trova naturalmente nel cinema, luogo massimo di socializzazione dei beni culturali[49].

Il boom cinematografico giunge pertanto con dieci anni d'anticipo rispetto a quello economico e si manifesta a livello di conquista dei centri di potere, di ottenimento di sovvenzioni, di orientamento di una consistente massa di spettatori, di nascita di nuovi strumenti di analisi nell'ambito piú ampio della comunicazione sociale[50].

La grande vittoria elettorale e la rottura nel fronte neorealista consentono ai cattolici di abbandonare la linea dura dello scontro ideologico e dell'intransigenza e lasciano aperti spazi a un discorso sulla gestione del pubblico e su una nuova produzione di cultura.

Appaiono i primi articoli che tentano di fondare un'estetica cinematografica cattolica e supportare, con discorsi filosofici, l'approccio al neorealismo[51].

Dopo l'intervento di Verdone, *Le basi filosofiche del neorealismo cinematografico italiano* di padre Felix Morlion segna un'importante uscita «extra moenia» da parte cattolica sulla rivista *Bianco e Nero* e produce una spinta abbastanza ampia alla riflessione estetica e filosofica sul cinema[52]. *La Rivista del cinematografo* comincia ad ospitare la regolare collaborazione del pedagogista padovano Giuseppe Flores D'Arcais, che, non immemore della lezione gentiliana, scriverà: «La critica cattolica del cinema è responsabilità dei cattolici, cioè dell'uomo nella totalità dei suoi aspetti»[53]. Il ricupero del neorealismo è fatto dai cattolici, e in particolare da Rondi, Morlion, Ayfre, su *Bianco e Nero, La Fiera letteraria, Filmcritica*, ecc.

Dalla fine degli anni quaranta inizia a circolare il senso di una vasta autocritica; che impone di reimpostare l'intera questione del cinema: «Il cinema – scrive Ugo Sciascia sull'*Osservatore romano* – è nato senza di noi, è cresciuto senza di noi, ha preso posizione contro di noi. Solo quando il cinema divenne fenomeno universale ci accorgemmo che la tattica dello struzzo era sbagliata e che la politica del non intervento e della protesta accademica non risolveva nulla»[54].

Di fatto è ormai messo in moto un meccanismo e un processo molto deciso che coinvolge tutti i parroci; ci si muove sotto la doppia parola d'ordine, come abbiamo visto, di «un cinema per ogni campanile» e «cinema cattolici di tutto il mondo, unitevi!».

Anche il papa moltiplica i suoi interventi, mescolando di continuo motivi apostolici, richiami agli uomini di spettacolo alle proprie responsabilità («responsabilità formidabile, ma al tempo stesso nobile ed elevata, che voi, diletti figli e figlie intendete di portare degnamente», 26 agosto 1945) e normale amministrazione di benedizioni a proiettori cinematografici di società cattoliche, autocinema dell'Azione cattolica, facendosi fotografare con attori e attrici (quando incontra Tyrone Power i giornali parrocchiali non mancano di sottolineare la superiorità divistica del pontefice rispetto all'attore americano)[55].

Il campo dei problemi e delle possibilità di intervento sembra dilatarsi sempre piú: il discorso estetico viaggia assieme all'esigenza di intervento materiale; l'attenzione ai problemi della gestione del mercato va di pari passo con quella rivolta alle caratteristiche del prodotto e di tutte le fasi di elaborazione materiale e di circolazione, dall'idea iniziale fino alla proiezione nella piú sperduta saletta parrocchiale di campagna.

I cattolici, grazie all'ingresso nel governo e alla capacità di mobilitazione di tutte le loro forze, aspirano a esercitare un controllo su tutto e sanno di poter avere le carte in mano per limitare, di fatto, il potere, in quest'ambito, delle forze di sinistra. La rigida campagna di controllo centralistico dei prodotti cinematografici raggiunge la sua definitiva messa a punto nel 1949 e può, da quel momento, contare su meccanismi capaci di produrre, fino all'estrema periferia, le stesse operazioni automatiche di selezione, scarto e trasmissione, di certi prodotti. La crescente capacità di condizionare il mercato e decretare il successo di alcuni film rispetto ad altri è motivo di soddisfazione congiunta per le gerarchie ecclesiastiche e per il sottosegretario alla presidenza del Consiglio, che ha particolarmente a cuore l'intero problema.

Nel 1949 nasce l'Acec, Associazione cattolica esercenti cinema, e la sua nascita è segnalata come «un passo avanti del cinema cattolico italiano». La parola d'ordine in base a cui si muove questa struttura è «organizzare il consumo... In Italia contiamo su oltre 3.000 sale di proiezione, una bella forza. Mediante l'organizzazione di tali sale, che per l'industria cinematografica rappresentano buoni clienti, si può rivendicare un nuovo diritto, quello cioè che la stessa industria produca delle pellicole corrispondenti pienamente ai nostri princípi».

I punti salienti dello statuto dell'Acec sono i seguenti:

«1) Rappresentare gli interessi morali e materiali della categoria degli esercenti delle sale cinematografiche cattoliche...

«2) Risolvere e studiare i problemi morali ed economici degli esercenti stessi.

«3) Assicurare ai suoi aderenti un servizio di consulenza e di assistenza fiscale...

«4) Promuovere e favorire ogni intesa diretta a regolare nel comune interesse i rapporti con gli altri esercenti e con l'industria privata del cinema»[56].

L'Acec entra subito in azione e, dal 1° agosto 1949, ottiene una convenzione tra Siae e Azione cattolica grazie a cui le sale cattoliche godono di particolari facilitazioni economiche ed esenzioni fiscali[57].

La spinta ad intensificare gli sforzi viene anche dall'anno santo: il cinema risponde tra i primi agli appelli papali per una mobilitazione generale. Sulla *Rivista del cinematografo* appaiono, per tutto il 1949, articoli dai titoli: *Per una cinematografia dell'anno santo, Interessanti premesse per la cinematografia dell'anno santo, Cinema per l'anno santo*. Il papa non perde occasione per accogliere e circondarsi di materiali dello spettacolo e il suo esempio è accolto dai vescovi.

Il gran movimento dei cattolici serve solo a occupare qualche nuovo spazio, senza giungere a ottenere il pieno controllo della produzione, anche se i segni dei condizionamenti e delle pressioni della censura sulla cinematografia ad indirizzo laico si fanno sempre piú pressanti.

Il progetto della Chiesa si orienta pertanto – fin dai primi anni cinquanta – verso il potenziamento del proprio circuito di sale e le riviste si adeguano, in linea di massima, alle direttive centrali.

I tentativi, sul piano della produzione, continuano: tuttavia l'esperienza dell'Orbis prima e dell'Universalia poi, nonostante il buon «succès d'estime» e l'alto livello di alcune opere, portano alla constatazione che, su questo piano, i margini di rischio non sono coperti né compensati da alcun punto di vista.

L'Universalia finanzia *Daniele Cortis* di Soldati, *Fabiola* di Blasetti, ma anche *La terra trema* di Visconti, *Guarany* di Freda, *Gli ultimi giorni di Pompei* di Moffa e L'Herbier, *Prima comunione* di Blasetti. La San Paolo tenta a sua volta l'avventura realizzando nel 1951 *Mater Dei* di Cordero[58].

Il capitolo sulla produzione – a parte le sorprese che può offrire nell'identificazione dei soggetti fisici che intervengono nel finanziamento di alcuni film – resta, come si è detto, ai margini della politica cattolica sul cinema. Anche se, dopo un accurato censimento, non si può quantificarne la presenza ai livelli minimi – la soluzione al 7% di Sherlock Holmes – è evidente che se ne deve riscontrare la presenza diffusa dalla produzione al lavoro nelle sceneggiature, alle istituzioni, dalle scelte governative all'organizzazione teorica e materiale di una politica culturale.

I veri obiettivi che ci si pone progressivamente sono invece quelli della conquista di nuovi spazi, del raggiungimento di gradi piú alti di professionalità e di rilancio di una diversa attenzione nei confronti del neorealismo.

La coscienza della forza raggiunta sul piano dell'organizzazione e del controllo dell'esercizio apre la discussione sulle tattiche di pressione sulla produzione; ci si accorge di poter agire con successo operando separatamente sul fronte della produzione, della distribuzione e del pubblico. Don Albino Galletto propone, senza mezzi termini, di chiudere le sale cinematografiche cattoliche, per misurare la qualità della forza, e propone agli stessi produttori di rivolgersi per consigli al Centro cattolico[59].

La vita dei film laici non è dunque facile: a una censura amministrativa, che «in Italia assolve i suoi compiti con saggio criterio e si rivela pertanto utile anche nei confronti della produzione»[60], si associano varie forme di condizionamento da parte cattolica e, non ultima, la censura. L'azione del Ccc, come si è già visto durante il fascismo, sa essere dura e repressiva e, al tempo stesso, abbastanza duttile sul piano delle alleanze, secondo una tecnica ormai perfettamente collaudata. Alla censura nazionale del Ccc si aggiunge poi il lavoro di supercontrollo da parte degli organismi regionali. Dal momento che la strategia e la tattica generale del Ccc sono già state esaminate, mi limiterò a riportare alcuni esempi specifici, tentando di vedere come operino in sintonia il vertice e la base[61].

Se, alla fine degli anni quaranta, la tendenza generale neorealista è ancora attaccata duramente, come si può vedere dai giudizi su *Ladri di biciclette, La terra trema, Non c'è pace tra gli ulivi*[62], da un certo momento in poi la polemica si allenta e si assume, soprattutto verso certi autori, un tono favorevole quasi a volerne festeggiare il ritorno all'ovile (il figliol prodigo per eccellenza è il Rossellini di *Francesco giullare di Dio* di cui padre Felix Morlion sarà uno degli sceneggiatori).

Le riserve fatte a film come *Stromboli* di Rossellini, *Il cappotto* di Lattuada, *Bellissima* di Visconti, *Miracolo a Milano* e *Umberto D.* di De Sica, *Il cammino della speranza* di Germi, *Processo alla città* di Zampa, non escludono una sottolineatura delle caratteristiche positive dei valori stilistici, fotografici, narrativi e di recitazione.

Volendo servirsi delle cifre, si può prendere come anno chiave il 1950, e osservare il maggior equilibrio nella distribuzione dei giudizi: su 500 pellicole esaminate, 141 (il 24%) sono considerate per tutti, 214 (il 37%) per adulti, 92 (il 16%) per adulti con riserva e 131 (il 22%) escluse. Alle volte bastano piccole modifiche per mutare radicalmente il giudizio morale sul film[63].

Se si registra un maggiore allentamento del cordone sanitario attorno alla produzione nazionale, va anche notato come il lavoro censorio risenta in pieno del clima della guerra fredda e ne registri, come un barometro o termometro ideologico sensibilissimo, le variazioni minime di pressione e temperatura.

Piú evidentemente connessi alla nuova strategia delle alleanze politiche i giudizi positivi su film di esaltazione militare, dai western[64] alla prima guerra mondiale, alla guerra di Corea e soprattutto all'appoggio incondizionato alla propaganda anticomunista. Il giudizio morale su *Red Danube*, catalogato come genere di «propaganda antisovietica», è il seguente: «Il film è tendenzialmente positivo ed è ricco di motivi morali e religiosi altamente apprezzabili: il suicidio di Maria è compensato dal di lei pentimento in extremis»[65]. Un giudizio egualmente positivo è rivolto al film di propaganda americana *Rosso il cielo dei Balcani* del 1949: «L'azione del servizio segreto americano è determinata da sentimenti e propositi moralmente apprezzabili: la tendenza è quindi positiva»[66].

Invece il cecoslovacco *Sirena* non potrà che «costituire un incitamento all'odio di classe, alla ribellione» e «contenere numerosi elementi negativi: vilipendio ai sentimenti religiosi, disprezzo dell'autorità, uccisioni, suicidi, brutalità, disonestà, adulterio, concubinaggi, atteggiamenti sensuali, ecc.»[67].

Gli organismi di revisione provinciali sono organizzati secondo rigide norme fin dal 1949. Il lavoro periferico è tutt'altro che di routine: il grosso è fatto dal Ccc, ma rimane tutta un'attività di rifinitura, di eliminazione di dettagli pericolosi a qualificare l'azione dei censori locali e a promuoverli sul campo a ultimi difensori di valori specificamente legati alla cultura ambientale[68].

In una serie di interventi della commissione di Treviso, da me analizzati, si nota una relativa indifferenza dei censori verso film che abbondano di scene di violenza. L'occhio è invece subito ferito dalle scollature, dalle gambe scoperte, dalle vasche da bagno, dai baci piú o meno lascivi, dalle ragazze di colore[69]. Sono le briciole, è vero, tuttavia il lavoro sul dettaglio giustifica l'esistenza degli organismi locali e porta alla perfezione il meccanismo.

Proseguendo nel movimento pendolare dal vertice alla base e viceversa, vanno ora osservati l'azione di riorganizzazione culturale e lo sforzo di scendere in campo con una critica diversa e piú agguerrita, con l'intenzione di costruire un associazionismo cinematografico cattolico in grado di contrastare quello laico in odore di marxismo.

Tutto questo lavoro di rilancio culturale agisce in parallelo con la «prise de pouvoir» politica di alcune strutture chiave, dal Centro sperimentale alla rivista *Cinema*, ma non sempre coincide.

La nuova generazione ecclesiastica di operatori culturali nell'ambito del cinema e dei mass-media, da padre Morlion a padre Nazzareno Taddei, anche se con obiettivi diversi, è capace di muovere il proprio lavoro con una relativa autonomia rispetto alle pressioni politiche. Del primo – comunque – sono tuttora da indagare e studiare le relazioni con le forze politiche, diplomatiche e militari americane che ne sostengono l'azione e le iniziative in funzione anticomunista.

Attorno ad alcune iniziative e alcuni gruppi (di cui si è occupato anche Aldo Bernardini nella relazione citata), non proiettati alla conquista dei centri di potere, si comincia a formare una nuova generazione di critici che vogliono recuperare un rapporto diretto con l'opera cinematografica, sono attenti raccoglitori di dati e costituiscono la massa di manovra per la formazione di quelle centinaia di quadri indispensabili al buon funzionamento dei cineforum che iniziano a diffondersi dai primi anni cinquanta.

L'influenza della critica cattolica francese di Amédée Ayfre, André Bazin e Cohen Séhat in particolare e della *Revue du cinéma* dei *Cahiers du cinéma*, è destinata ad agire non poco sulle nuove generazioni di critici italiani degli anni sessanta, ha un ruolo decisivo di orientamento per alcuni dei critici piú giovani e piú alla ricerca di nuove metodologie. Né sono da trascurare alcune iniziative periferiche che, al di fuori di preoccupazioni confessionali o di battaglie culturali particolari, riprendono la vecchia politica dei sussidi didattici e dell'azione missionaria di diffusione della buona novella del verbo audiovisivo in quell'enorme terreno inesplorato costituito dal mondo scolastico[70].

Nati senza celare le proprie ambizioni fin dalle intenzioni di padre Morlion[71], i cineforum costituiscono l'investimento culturale che, con tutta probabilità, ha dato i migliori frutti a lunga scadenza nel lavoro cinematografico dei cattolici.

La storia di questa istituzione è ancora da scrivere, come d'altronde tutta la storia dell'associazionismo del dopoguerra; qui interessa notare come alla costruzione di questo progetto si muovano, in uno sforzo congiunto, sia le gerarchie ecclesiastiche che le forze cattoliche. Sul piano delle direttive pastorali esistono varie lettere della segreteria di Stato a firma di monsignor Giovanni Battista Montini, a partire dal 1949[72], e non si contano poi, dal 1951, le riunioni internazionali per rilanciare, al livello piú alto, l'intera questione.

Sul piano nazionale si affermerà, fin dai primi convegni, la necessità di attenersi rigorosamente alle direttive ecclesiastiche[73]. Il clero in persona è chiamato a intervenire per promuovere e gestire quest'azione a largo raggio e, fin dal primo corso specialistico sui problemi dello spettacolo del 1953, si afferma il preciso impegno di «prepararsi per ridare al cinema il posto che gli compete».

Nella sua relazione generale padre Morlion definisce una morfologia e tipologia generale del cineforum, destinata a orientare tutto il lavoro degli anni successivi[74].

La crescita dei cineforum viaggia di pari passo con la scomparsa del tema di deprecazione e scandalo che aveva accompagnato il neorealismo nella fase ascendente della sua parabola e con l'avanzata di un vero e proprio tentativo di espropriazione-riappropriazione, oltre che di un improvviso recupero di una memoria perduta.

Se Diego Fabbri potrà annunciare, nel 1949, che «l'accusa mossa ai cattolici dagli uomini di sinistra circa una pretesa ostilità nei confronti della nuova scuola cinematografica è fuori di proposito»[75], Gian Luigi Rondi ribadisce, l'anno successivo, che il neorealismo è «cinema rigorosamente cristiano e cristiani i suoi primi poeti»[76].

Allo spirito intransigente di crociata che ancora, come si è visto, circola a lungo, cominciano a opporsi, su questo terreno specifico del cinema, nuovi e diversi tentativi di dialogo a piú voci, lungo tutta la struttura gerarchica, dimostrando l'esistenza di una frattura in senso verticale.

Si valorizzano cosí nuove aperture, rimuovendo i ricordi delle vecchie polemiche, e si affronta, per la prima volta, uno scontro aperto all'interno dello stesso campo cattolico.

Esemplare, in questo senso, la contrapposizione critica sul caso di *Senso* di Visconti, che spezza il campo dei cattolici nello stesso modo in cui avviene una frattura nell'ambito della critica di sinistra[77].

Nel 1953 si assiste a un ulteriore mutamento di rotta: l'avvento della televisione apre una nuova era non soltanto nel mondo dei mass-media italiani, ma anche nella politica cattolica sul terreno delle comunicazioni di massa. Mentre il cinema prende in contropiede le gerarchie ecclesiastiche, che mantengono a lungo un atteggiamento bivalente di attrazione/repulsione, il terreno televisivo appare come uno spazio ancora del tutto vergine, su cui si deve intervenire al piú presto. È questa una riprova di come i cattolici non giochino in difesa su questi terreni, quanto piuttosto vadano in attacco alla conquista del mezzo prima ancora di comprenderne caratteristiche e possibilità. «Il fedele dovrà far buon uso della televisione... gli artisti e i tecnici cattolici amino assumere responsabilità televisive», consiglia nel dicembre del 1953 la *Rivista del clero italiano*[78]. Ed è subito Bernabei.

All'inaugurazione degli studi di Milano, Torino e Roma,

sono presenti, simbolicamente, le gerarchie cattoliche (mons. Leoni, card. Fossati, card. Micara) a imprimere, con la loro benedizione, il senso di una protezione morale e di una simbolica presa di potere: «La benedizione del card. Micara agli impianti di Roma... ci fa formulare le migliori speranze sull'avvenire della televisione italiana»[79]. Perfino sulla *Voce dei Berici* di Vicenza si plaude, nel gennaio del 1954, al fatto che santa Chiara è stata eletta a patrona della televisione[80].

Il rallentamento e lo spostamento dell'attenzione verso il nuovo mezzo non impediscono di cogliere ulteriori elementi di progressione sul terreno cinematografico. Pio XII pronuncia i due discorsi sul «film ideale», scegliendo, come periodo, i mesi in cui si discute la nuova legge sul cinema in parlamento[81].

Il cinema non è piú visto come il mondo del male, ma come una realtà che può assolvere a una funzione catartica e di rigenerazione morale e artistica dell'uomo. Il salto di qualità, nell'atteggiamento pontificio e nell'analisi particolare e generale del fenomeno, è netto.

Il mondo cattolico reagisce con gratitudine a queste nuove direttive pastorali[82]; l'importanza del momento è tale che le reazioni si possono cogliere anche negli ambienti politici e culturali cattolici e laici[83].

L'allineamento alle direttive pontificie dei due discorsi e dell'enciclica *Miranda prorsus* del 1957 non impedisce certo la dinamica interna di un dialogo tra cattolici e marxisti, che inizia in varie sedi, a partire dalle pagine di *Bianco e Nero* della gestione di Michele Lacalamita, dalla fine del 1956. Anche i cattolici cominciano a sentirsi «sciolti dal giuramento» e avviano diverse forme di collaborazione e di confronto con i marxisti e la critica di sinistra.

Il biennio 1956-57 appare come un vero e proprio spartiacque storiografico: i cattolici sono raccolti nella celebrazione del XX anniversario della *Vigilanti cura* e a riaffermarne la vitalità e la sostanziale attualità. «Le iniziative auspicate da un tale documento – ricorda Enrico Baragli – hanno salvato nei vari paesi la barca del cinematografo da un sicuro naufragio morale e politico»[84]. Nel documento si sottolinea soprattutto «l'ardimento tempestivo se non addirittura precorritore per la ricchezza che vi soggiace»[85]. E, ancora una volta, si lancia l'invito ad una unità operativa che proceda lungo le linee indicate dalle direttive dei vertici. «Se sempre, rinnegata ogni nostra presunzione, piegheremo concordi la nostra condotta ai giudizi del Ccc; se sapremo cattolicamente rinunciare a qualche nostro diritto... procederemo sempre uniti in quell'unione di quadri e di direttive, il cinema ridurrà di molto il suo influsso subnormale e subculturale al quale assistiamo troppo spesso»[86].

Il cerchio sembra chiudersi perfettamente e in modo trionfalistico secondo la morale dell'obbedienza, del «quieta non movere»... tanto piú che il successivo intervento della *Miranda prorsus* (8 settembre 1957) unifica il discorso sui mass-media e vorrebbe, in un certo senso fare il punto generale di una fase della loro storia[87].

Invece, da questo momento l'unità di critici, esercenti, distributori, attori, produttori, il blocco cattolico a cui si richiama il discorso papale, si rivelano in tutto il loro anacronismo di fronte alle nuove spinte che vengono dal basso nei cineforum, o ai problemi teorici e pratici e alla ben diversa competenza operativa che impongono i mass-media.

La situazione stessa degli equilibri interni al blocco cattolico è mutata (Fanfani è diventato segretario della Dc e un nuovo modello di sviluppo industriale e sociale sta per essere varato) e «il politico ha preso il posto del sociale»[88] accentuando il senso delle sfasature interne, anche in campo cinematografico, e facendo emergere, nel modo piú netto, quei contrasti che, pur esistenti negli anni precedenti, erano quasi inavvertibili.

Bisogna riconoscere che, in questi anni, una crisi diversa e complementare a quella delle sinistre scuote i cattolici che si occupano di cinema; li prepara al cambio della guardia.

Come Totò e Ninetto nel finale di *Uccellacci e uccellini* di Pasolini, il vero cammino sta per cominciare. Resta da capire e da distinguere chi abbia ripreso la strada dopo avere mangiato «in salsa piccante» il maestro Luigi Gedda, la cui voce e i cui messaggi sono ormai nettamente anacronistici, e chi sia andato alla ricerca di altre mense. Resta soprattutto da capire se, e fino a che punto, la lezione di Gedda sia entrata nel circolo sanguigno della nuova generazione di cattolici che si affaccia alle soglie degli anni sessanta.

La battaglia delle idee:
il fronte della sinistra

1. Torri d'avorio e fronti della cultura

Nella sua ultima lettera al fratello, Giaime Pintor, dopo aver notato che la guerra ha costretto gli intellettuali a uscire dal loro stato di neutralità e di isolamento, cosí dichiara: «A un certo momento gli intellettuali devono essere capaci di trasferire la loro esperienza sul terreno dell'utilità comune, ciascuno deve saper prendere il suo posto in una organizzazione di combattimento... musicisti e scrittori dobbiamo rinunciare ai nostri privilegi per contribuire alla liberazione di tutti»[1].

Questo scritto testamentario, conosciuto e diffuso ampiamente, costituisce il punto di partenza ideale per tutto il dibattito che si sviluppa nell'ambito delle forze di sinistra nei mesi che precedono e seguono la liberazione. Lo ritroviamo al centro del programma del partito comunista fin dal 1944[2].

I comunisti, per primi, chiamano a raccolta gli intellettuali chiedendo loro di partecipare, finita la guerra, al progetto di ricostruzione morale e materiale del paese secondo una prospettiva unitaria[3] e di abbandonare il distacco aristocratico dell'intellettuale idealista (l'idealismo, d'altra parte, come vedremo, sarà un fantasma continuamente esorcizzato e continuamente ritornante, come l'ombra di Banco).

Coloro che rispondono all'appello non trovano, per quanto riguarda il cinema (lo stesso si può dire per le arti figurative, la musica o il teatro), un programma specifico bell'e pronto entro cui inserire il proprio lavoro. Rispetto ai cattolici, le forze mobilitate in tutto l'arco della sinistra non hanno alle spalle modelli e devono tentare di realizzare un programma unitario, attraverso pratiche tutte da scoprire e inventare.

Il primo dato, di immediata evidenza, è che esiste una forte mobilità all'interno dei gruppi che hanno lavorato nel cinema prima e durante la guerra. Gli stessi giovani critici, che hanno contribuito, sulla rivista *Cinema*, a dissodare il terreno in attesa di nuove messi, sono posti di fronte a una spinta prepotente al sistema, proveniente da aree impreviste e inattese. Altri passano alla sceneggiatura e alla regia: la trasformazione del sistema e la redistribuzione delle parti fanno sí che gli strumenti a disposizione di alcuni critici subiscano una prima perdita di contatto con la realtà filmica e questa sfasatura si potrà registrare a piú riprese, e sotto altre forme, anche in seguito[4].

Almeno fino al 1947 il cinema non appare sulla stampa socialista e comunista (almeno a quanto risulta dallo spazio dedicatogli) come un terreno privilegiato della battaglia culturale, e neppure in seguito il discorso critico verrà integrato con perfetta consapevolezza nella doppia dimensione estetica ed economica. Per alcuni anni i critici cinematografici della sinistra non sanno disfarsi del tutto del loro bagaglio idealistico la cui eredità li porta, per esempio, a sottovalutare, o a delegare ad altri, l'analisi dei problemi economici e strutturali, in una congiuntura particolare, che avrebbe dovuto porli invece in posizione prioritaria per tutti.

Il primo articolo di una certa ampiezza, apparso sulla stampa comunista, è del novembre 1946[5], mentre l'*Avanti!* pubblica, tra il 1945 e 1946, alcuni articoli firmati da Alberto Vecchietti, in cui si affrontano i problemi generali del cinema italiano e il fenomeno della rinascita di una scuola, dell'esercizio, ecc.[6].

In questi primi anni non c'è una presa di posizione ufficiale sui problemi dell'industria cinematografica; lo stesso spazio di cui godono i critici sulle pagine dei giornali e delle riviste è limitatissimo. Nel piano di fondazione della nuova cultura, a cui danno il loro contributo autorevole filosofi e scienziati, professori universitari, poeti e scrittori, il cinema è sempre ricordato. Tuttavia, per qualche tempo, è considerato l'ultimo della classe e non ha diritto alla parola.

La voce degli uomini di cinema, per potersi accordare a quella piú generale degli uomini di cultura, deve acquisire un'autorità, una «legittimazione» e, al tempo stesso, una precisa identità.

Nel primo periodo della riorganizzazione e della conquista di un'identità il dibattito piú generale è centrato sul motivo della separatezza dell'intellettuale[7] e sulla necessità di superare questa condizione ereditata dall'idealismo mediante un contatto diretto con la realtà popolare, proletaria e contadina[8].

Dal 1945 sulla stampa comunista, e in misura minore su quella socialista, ci si pone come obiettivo primario la necessità di un rapporto e scambio continuo tra il sapere e la cultura dell'intellettuale e quelli delle classi popolari[9]. I discorsi risultano tutti interrelati e ogni nuovo intervento presuppone i precedenti, sia nella pars destruens, che in quella in cui si cerca di precisare i compiti e i fini immediati[10].

Elio Vittorini è tra i primi a puntare l'accento sull'esigenza per l'intellettuale di mantenere una propria autonomia rispetto al politico[11]. È questo un punto fermo del suo credo. Questo atteggiamento è inizialmente condiviso e diffuso nell'area comunista piú che in quella socialista, dove appaiono subito voci che chiedono un maggior controllo dirigistico da parte del partito, e una conversione degli intellettuali in funzionari all'interno dell'organizzazione politica[12].

Il momento culminante di questa prima fase di dibattito, quello di portata piú inclusiva, dopo che le voci si sono succedute regolarmente sulle pagine della stampa socialista e comunista, si può considerare raggiunto da uno scritto di Antonio Banfi, dell'agosto del 1945, in cui si rivolge un appello unitario a tutte le forze del paese per la fondazione, nel piú breve tempo possibile, di un fronte della cultura entro cui trova posto anche il cinema[13].

Si chiede, in questo periodo, agli intellettuali, di investire, in un lavoro culturale di cui si devono scoprire modalità, caratteristiche e piani di sviluppo, le loro migliori energie. Gli intellettuali che aderiscono, sia pure momentaneamente, a questi appelli contribuiscono a formare un «blocco», che assumerà un ruolo «quasi» egemone e pressoché inedito nella cultura del novecento[14]. Tuttavia, molto prima che avvenga la rottura ufficiale del fronte politico, molti scrittori come Vittorini e Pavese, che hanno risposto tra i primi all'appello sono anche i primi a proiettare sul futuro ombre e incertezze anziché verità e sicurezza[15].

Proprio quando il profilarsi di queste ombre appare come sintomo di piú gravi pericoli futuri, scatta la polemica con Vittorini di Alicata prima e di Togliatti poi[16], nella quale oggi appaiono sí ben chiari i limiti del disegno dello scrittore, ma soprattutto quelli del partito comunista a «diventare l'autentica forza egemone di un vasto schieramento intellettuale (capace) di proporre una strategia nella quale si superi il rapporto tra autonomia ed eteronomia»[17].

Il partito comunista non si muove però ancora sotto il segno dello zdanovismo[18]; lo scontro e i futuri dibattiti sui rapporti tra intellettuale e partito, per il momento, non coinvolgono il cinema, anche se in seguito lo porranno sempre di piú al centro dell'attenzione[19]. Salvo che per un articolo di Carlo Lizzani[20], né *Il Politecnico*, che pure si occupa di «cultura popolare», né le prime annate di *Rinascita* ospitano scritti sul cinema. Questa «reale» separatezza tra cinema e politica nella prima fase del dopoguerra è aggravata dal fatto che gli stessi critici cinematografici, in mancanza di nuove categorie, adottano, per valutare i fenomeni del cinema e i valori espressivi e tematici dei film di Rossellini e De Sica, i pressoché inservibili ferrivecchi idealistici, appena temperati dal coinvolgimento affettivo e da un'interpretazione, in termini umanistici, dei fatti.

I primi articoli che considerino, con una certa continuità, il cinema come espressione alta e arte per eccellenza della Resistenza appaiono su *Vie Nuove*, il settimanale nato nel settembre 1946, diretto da Luigi Longo[21].

Il riconoscimento del cinema come potente strumento di emancipazione culturale delle masse popolari, che si forma «dietro le spalle degli intellettuali», è il motivo nuovo attorno a cui cominciano ad aggregarsi i discorsi, e in base al quale si cerca di operare la prima saldatura con i film, ormai presi come punti di riferimento indispensabili[22].

In pratica, se osserviamo comparativamente la strategia delle diverse forze in campo, non si può non ripetere che, mentre la mobilitazione cattolica e delle industrie americane punta al controllo di tutte le posizioni chiave della scacchiera, da parte delle sinistre non si è in grado di elaborare una strategia d'attacco per la disparità dei mezzi. E si giunge anche, con un certo ritardo, a organizzare un sistema di difesa attorno alle pedine che si sono mosse, in un primo tempo, da sole e isolatamente. Nel momento in cui si avvertono in maniera netta i pericoli che investono nell'insieme la cinematografia italiana e ne pregiudicano la sopravvivenza, il partito comunista dichiara di volersi far carico dei problemi dei lavoratori dell'industria cinematografica, riconoscendo che, anzitutto, si deve garantire l'esistenza della cinematografia nazionale[23].

La coscienza di questi problemi matura troppo lentamente, non producendo reazioni automatiche, quanto piuttosto mostrando fenomeni che hanno la caratteristica di veri e propri «shock di ritorno». Bisogna attendere all'incirca fino al marzo del 1947 perché, in un ampio articolo su *l'Unità*, Fabio Carpi riconosca la nascita di una nuova cinematografia italiana e ne denunci le difficoltà di crescita[24]. Quanto alle forze politiche organizzate della sinistra, gli interventi sono ancora piú ritardati a causa, è bene ripeterlo, di un'evidente sottovalutazione politica e culturale del fenomeno.

Il primo obiettivo è quello della conquista della cultura alta e di maggior prestigio: aderiscono, dopo il 1945, al partito comunista, filosofi e studiosi dell'importanza di Concetto Marchesi, Ranuccio Bianchi Bandinelli, Delio Cantimori, Antonio Banfi, Natalino Sapegno, scrittori, critici letterari, artisti, ecc.[25]. E sono loro i primi interlocutori, non gli uomini di cinema. Umberto Barbaro, il nome di maggior prestigio tra i critici comunisti, crea già nell'immediato dopoguerra qualche problema traducendo e scrivendo un'ampia prefazione a una raccolta di scritti di Freud, uno degli autori all'indice della politica culturale del Pci di quegli anni. Ci vogliono dunque un paio d'anni perché il rapporto di forze e il peso intellettuale degli uomini di cinema cominci a diventare piú sensibile.

Siamo ormai alla vigilia dell'espulsione del partito comunista dal governo: i blocchi di forze che si stanno contrapponendo nella realtà italiana riflettono la situazione internazionale e quasi ne rappresentano un primo emblematico esperimento di laboratorio. L'Unione Sovietica invita i partiti comunisti europei a una maggiore chiarezza di orientamento e «questo invito a serrare le fila – secondo Luciano Gruppi – imposto dalla situazione, pone un freno alla ricerca di vie autonome, originali di sviluppo della rivoluzione democratica e socialista nei vari paesi»[26].

Ma non lo pone certo sul piano della battaglia delle idee, che subisce un aumento di pressione e tensioni e, poco per volta, sceglie il cinema come terreno ideale di scontro e dibattito. Questa volta non piú all'interno del partito, o fra intellettuali e partito, ma in una lotta unitaria di blocchi antagonisti. Le forze del cinema (autori, sceneggiatori, attori, tecnici e maestranze) e tutta la critica piú rappresentativa si vengono a trovare, per qualche tempo, naturalmente fianco a fianco.

Grazie ai grandi successi internazionali, il cinema diventa mattatore e protagonista del dibattito sulla politica culturale e forza trainante per ogni discorso relativo all'organizzazione della cultura. Da questo momento si avvia una grande battaglia, fatta di errori e di sconfitte brucianti, come ormai si è ampiamente chiarito, di bollettini di guerra e di mobilitazione ininterrotta, di successi avversari ed anche di una esaltante ca-

pacità, da parte della critica e degli uomini di cinema, di offrirsi come volontari per una campagna che dura ben oltre il 1956
e li vede presenti ad ogni spedizione culturale da un capo all'altro della penisola. In piú punti il cinema si stacca dal gruppo di
problemi legati alla politica culturale delle sinistre e, godendo
anche del maggiore abbrivio di partenza, riesce a prendere un
tale vantaggio da far sí che gli stessi letterati, protagonisti del
dibattito di quegli anni, non riescano a tenere il ritmo e siano
costretti ad assumere un ruolo gregario (tanto è vero che il
senso di sconfitta e di lavoro culturale improduttivo sarà avvertito assai meno nell'ambito degli uomini di cinema, per cui
il dibattito autocritico investirà solo le modalità e gli errori del
giudizio)[27].

2. La svolta del 18 aprile 1948

Il 1948 è l'anno di decisiva trasformazione dei ruoli e delle
parti: se, all'inizio dell'anno, Gianni Puccini sembra trarre auspici favorevoli per il futuro e vede la possibilità di collaborare
alla costituzione di un fronte della cultura cinematografica,
che sviluppi le proprie lotte al di là della frattura politica sempre piú profonda nel paese[28], ad altri, come Antonio Pietrangeli, candidato del partito comunista alle elezioni del 18 aprile,
la situazione, alla vigilia delle elezioni, presenta un quadro catastrofico[29].

Che la battaglia per il cinema italiano sia ormai da condurre
sul piano politico, per far fronte agli attacchi concentrici in atto, è un fatto riconosciuto da piú parti.

I cattolici, ora che godono dell'appoggio palese del governo, stringono le fila e si muovono tra canti e agitare di stendardi[30].

«Difendere il cinema italiano» diventa la parola d'ordine che
passa e taglia trasversalmente la critica, gli uomini di cinema, i
produttori e i politici[31]. L'obiettivo è far sí che la difesa del cinema italiano sia assunta in prima persona dalle classi popolari

(«Compete alle classi popolari, alle classi lavoratrici, di sostenere dunque, ormai in modo aperto, le fortune e i diritti del
nuovo cinema italiano»)[32]. Che si tratti di una difesa utopica,
di una battaglia presto perduta non lo dice e non lo vorrà am-
mettere nessuno, ancora per molto tempo. Intanto si determina uno stato di guerra permanente e inizia un nuovo lungo
viaggio attraverso una democrazia che attua, con ogni mezzo a
propria disposizione, le tecniche di controllo e di limitazione
delle libertà sancite dalla Costituzione.

   Queste tecniche non sono affatto sofisticate, anzi sono rozze e brutali e tuttavia non producono subito, nell'ambito degli
uomini di cinema, quelle fratture che si verificano altrove[33].
Non è solo per piatta difesa dello spirito corporativo che pure
è molto presente e costituisce il collante di riconoscimento, o
per logica opportunistica che, ben oltre il 18 aprile, si tenti di
proseguire, in modo naturale, e nel pieno rispetto del pluralismo ideologico, quell'incontro operativo tra personalità con
idee e posizioni politiche diverse che, in tutti gli altri settori
della vita politica del paese, si trovano «l'una contro l'altra armate» assai a lungo.

   Il ricordo dei giorni della liberazione è ancora vivo, anche
se sembra appartenere a ere lontane[34].

   Il nuovo cinema, comunque, a tre anni dalla sua nascita, si
sente in grado di parlare e far sentire la propria voce. E, per
farlo, nel corso di questo anno chiave, sceglie diverse occasioni. La pubblicazione su *l'Unità*, il 22 febbraio, di un manifesto
firmato da tutti i piú autorevoli rappresentanti del cinema nazionale, la partecipazione, alla vigilia delle elezioni, al congresso per l'alleanza della cultura di Firenze, sono forse i due appuntamenti piú emblematici della tensione e dei limiti entro
cui ci si muove e si è costretti a muoversi.

   Obiettivo primario di tutta questa azione, e unica strada
possibile per far fronte alla crisi, sembra essere quella di coinvolgere le masse popolari e fare in modo che «esse acquistino
coscienza della necessità di una lotta nel campo del cinema,

che imparino a maneggiare direttamente questo mezzo di propaganda e a sperimentarne l'efficacia»[35].

Negli anni precedenti gli errori della battaglia culturale e le cause dei riflessi ritardati sono stati in parte attribuiti ai residui idealistici, ora ci si trova in una fase di utopica fiducia, nonostante il manifestarsi in tutta la sua gravità della crisi. Il 1948, in questo senso, è anche il momento piú felice, nelle sue contraddizioni, perché non è ancora sfiorato dall'ombra dello zdanovismo e perché, per gli uomini di cinema, il cammino offre molte strade in seguito sbarrate dall'interno delle stesse forze di sinistra.

La pubblicazione su *l'Unità*, il 22 febbraio 1948[36], di un manifesto, sottoscritto unitariamente da tutte le personalità piú rappresentative del mondo del cinema, non vuole solo tener d'occhio la scadenza elettorale firmando, per il cinema, una delega in bianco di esclusiva competenza delle sinistre per il futuro[37]. Piuttosto intende richiamare con forza l'attenzione su problemi reali e comuni di interesse nazionale e internazionale e allargare l'area del consenso e dell'appoggio di base nei confronti del cinema. («Milioni di spettatori da New York a Mosca, da Londra a Buenos Aires, da Parigi a Tokio hanno applaudito per mesi e mesi *Roma città aperta, Sciuscià, Vivere in pace, Paisà, Il bandito, Il sole sorge ancora, Un giorno nella vita, Caccia tragica*, e molti altri film italiani»)[38].

Di manifesti, in quegli anni, se ne firmeranno tanti; questo, per la sua portata e rappresentatività, va comunque considerato come una tappa importante, uno sforzo per far compiere un salto nella considerazione globale del cinema come fenomeno artistico e industriale.

Meno significativo, per quanto egualmente importante nel quadro della politica culturale, il tentativo di dar vita, in concomitanza con le elezioni del 18 aprile, a un'ennesima iniziativa di mobilitazione di tutte le forze culturali italiane col congresso per l'alleanza della cultura. Nel febbraio si riunisce a Santa Cecilia a Roma una specie di costituente della cultura, presieduta dal filosofo Guido De Ruggiero, mediante la quale si vuole inviare un ennesimo appello di tipo ciellenistico all'unità degli intellettuali. Il 3-4 aprile, come conseguenza di questa iniziativa, si tiene un gran convegno a Firenze[39]. Tra le commissioni al lavoro, una si occupa anche di problemi di cinema.

Tra le tante proposte le piú originali, per la difesa dell'industria, sono quelle di applicare una forte tassa di doppiaggio e far circolare il cinema nelle scuole. Agli intervenuti – tra l'altro – non è ancora ben chiaro di chi debbano essere effettivamente di competenza tutti i problemi dell'industria cinematografica: Antonio Pietrangeli propone l'istituzione di un sottosegretariato presso la presidenza del Consiglio, Fedele D'Amico vedrebbe meglio tutta la materia di competenza del ministero della pubblica istruzione e infine Paolo Grassi preferirebbe l'istituzione, sempre in seno al ministero della pubblica istruzione, di un commissariato dello spettacolo[40].

La lentezza dell'aggregazione delle forze e della messa a fuoco dei problemi e degli errori di strategia e di tattica politico-culturale, nello stabilire la priorità di obiettivi, traspare, in modo spesso drammatico, allo sguardo esterno e distante dello storico, anche se cerca il piú possibile di rispettare le ragioni e la bontà delle intenzioni[41].

Dopo la sconfitta elettorale, lo sforzo del partito comunista (e in parte socialista) di assumere un maggior controllo sulle forze ancora in una fase di ricerca e di progettazione non contribuisce a migliorare la qualità delle polveri critiche, né ad alzare il livello dello scontro aumentandone gli effetti sul piano politico. Tuttavia il terreno di lotta si allarga e, sempre piú, si diffonde la consapevolezza che, proprio attraverso il cinema, passi in modo privilegiato il richiamo all'unità delle forze democratiche. Il cinema diventa cosí il luogo simbolico, l'unico punto di riferimento positivo per ogni momento della successiva lotta politica ormai perduta su tutto il fronte.

Riprende a muoversi il motivo dei rapporti tra cultura e partito e il tono appare cambiato perché, da parte degli uomini politici, assume molto presto un carattere piú prescrittivo e impositivo[42]. Il mutamento si avverte poi, per estensione, nel linguaggio degli intellettuali, fino a burocratizzarsi e irrigidirsi anche nelle voci dotate di maggior apertura culturale (il caso di Barbaro è emblematico, ma non è il solo; basterà pensare, in un altro ambito, al caso di Concetto Marchesi). L'intelligenza e la creatività critica e stilistica sono uniformemente annullate dalle superiori ragioni ideologiche che si avvertono nel linguaggio sia del critico d'arte, che di quello letterario, teatrale e cinematografico. È questa una storia destinata a svolgersi per alcuni anni all'insegna della perdita e della riduzione delle possibilità che, in molti, hanno cominciato a scrivere – a partire dai *Dieci inverni* di Fortini – e tuttavia ancor oggi è ben lontana dall'essere terminata.

3. Dal neorealismo allo zdanovismo

La convocazione della grande manifestazione del 20 febbraio 1949, promossa unitariamente da tutte le forze del cinema per una piú rapida discussione e approvazione della legge a favore dell'industria nazionale e contro l'invasione americana, trova un immediato appoggio nelle forze politiche e sindacali[43]. Il comizio fa sentire, dalla viva voce dei protagonisti, il senso vibrante di un appello che vuole andare al di là delle immediate finalità politiche. Tra gli altri prende la parola anche l'on. Giuseppe Di Vittorio, segretario della Cgil. La manifestazione non ha effetti pratici immediati, anche se il suo ricordo, per la novità del fenomeno e l'ampiezza partecipativa, è ancora ben vivo negli attori e negli spettatori. Però, come ha rilevato Quaglietti, tutta «la battaglia si spostò dalla piazza nell'aula di Montecitorio e ne fanno fede le undici interpellanze parlamentari presentate subito dopo, tra cui: una dei deputati Corbi, Giolitti, Smith, Corona, Giuliana Nenni, Paolucci, una di Egidio Ariosto, una di Gabriele Semeraro, una di Crescenzo Mazza, una di Caserta, una di Mazzali, una di Di Vittorio»[44].

Il periodo racchiuso tra questa grande manifestazione unita-

ria e spontanea e la diaspora del 1956, l'anno in cui la critica cinematografica si dichiara «sciolta dal giuramento» (come con
felice formula *Cinema Nuovo* titola una polemica ospitata a
lungo nelle sue pagine)[45], si presenta come una estenuante,
drammatica e lacerante guerra di posizione, in cui gli uomini
di cinema pagano, tra tutti, i costi piú alti.

Intere categorie di intellettuali, autori, attori, che, per qualche tempo, si sentivano proiettati alla conquista di tutti i mondi possibili, sono sempre piú isolati e assumono il ruolo di
merce di scambio ideologico: sulla loro pelle, sulla loro potenzialità creativa si gioca a lungo, da parte dei politici, lasciando,
in certi casi, dei segni (penso al caso di Glauco Viazzi)[46] e delle
ferite difficilmente rimarginabili.

Spesso si produce una sorta di dissociazione della personalità e la parte migliore e piú creativa viene sacrificata o sublimata in altre attività (per Barbaro occuparsi di critica d'arte sul
Contemporaneo, ad esempio)[47].

Il dirigismo ispirato al modello zdanoviano[48], senza riuscire
a riprodurlo del tutto, ne crea una variante che non possiamo
ignorare o rimuovere, anche se risulta piuttosto annacquata rispetto all'originale. E che non vi sia una totale conversione allo zdanovismo, ma solo delle forzature delle tendenze e delle
adesioni individuali piú o meno scoperte, è anche dovuto al
fatto che, proprio alla fine degli anni quaranta, cominciano ad
apparire i *Quaderni del carcere* di Antonio Gramsci, che tem-
perano non poco la rigidità del clima che comincia a diffondersi. Si crea in pratica, ai margini del lavoro politico, un lavoro culturale che si pone anche degli obiettivi politici e procede
e si comporta in base a parole d'ordine e a una mentalità diffusa, di cui sono parte le varie forze, che pure cercano di mantenere spazi di autonomia.

Perché possiamo, a questo punto, riconoscere un reale momento di saldatura tra politica e cultura cinematografica bisogna rifarsi al discorso di Emilio Sereni al senato, il 25 maggio
1949, discorso cui va, senz'altro, attribuito il merito di aver segnato una svolta nell'atteggiamento del mondo politico verso

il cinema. La difesa del cinema italiano è assunta dal relatore in nome di ragioni sindacali, industriali, politiche, oltre che artistiche e di difesa della libertà di espressione: «La nostra azione parlamentare – afferma Sereni – esprime non semplicemente le posizioni e le esigenze di questo o quel gruppo politico, ma di tutta la parte sana dei produttori, dei consumatori, dei lavoratori e dei critici italiani»[49].

Non c'è, in questo discorso, alcun aspetto del cinema italiano che non venga toccato: nomi, cifre, leggi e, finalmente, un livello di documentazione orientata verso il centro dei problemi e non portata solo a privilegiare il momento estetico. Si entra poi nel merito di una proposta di legge articolata in sette punti, per la regolamentazione dei rapporti tra Stato ed enti cinematografici a vario titolo collegati o dipendenti, e per l'emanazione di leggi a tutela del patrimonio culturale e cinematografico. Tra i punti qualificanti la necessità di un contingentamento per le copie importate e l'istituzione di una tassa di circolazione sui film doppiati proporzionale agli incassi, sgravi fiscali ai piccoli esercenti, riforma della censura, regolamentazione legislativa degli scambi valutari con l'estero legati alle attività cinematografiche...

Dal punto di vista dell'organizzazione culturale, il 1949 ha il suo clou nel convegno internazionale di Perugia del 24-28 settembre. Nonostante le polemiche furibonde scatenate dai cattolici il convegno vede la presenza di registi, critici e uomini di cinema di tutto il mondo, a discutere sul tema del realismo cinematografico. Intervengono, tra gli altri, Vsevolod Pudovkin e Cesare Zavattini, Georges Sadoul e Joris Ivens[50].

Il convegno di Perugia ha il compito di tentar di saldare le diverse vie nazionali al realismo e di avvicinarle il piú possibile all'area del realismo socialista. Gli effetti non tardano a manifestarsi nella critica sia sulla stampa di partito, soprattutto, che in quella specializzata, dove le categorie del realismo e l'attenzione per le cinematografie dei paesi socialisti aumentano in maniera assai netta.

L'atteggiamento assunto nei confronti del cinema sovietico

resta un po' il punto piú dolente per la critica delle sinistre, quello in cui il conformismo piú piatto, l'ottusità nell'analisi e nel giudizio si sposa e passa attraverso una ricchissima articolazione di procedimenti retorici, iperboli verbali, accostamenti storici, accumulazioni, enfasi, ecc. «Nell'antica Grecia – scrive Viazzi – l'artista faceva tutt'uno col popolo, nell'Urss lo spettatore è considerato creatore della cultura allo stesso titolo dell'artista»[51].

Il cinema prodotto in Unione Sovietica, i festival dei paesi socialisti (pensiamo alle recensioni e ai servizi sul festival di Karlovy Vary) vengono posti dai critici comunisti al vertice della scala dei valori e vengono considerati come esemplari, cosí come esemplare è considerata la libertà di cui godono gli artisti sovietici («l'unica – scrive Viazzi su *l'Unità* del 3 maggio 1951 – che dia agli artisti l'effettiva libertà di creare in armonia con gli interessi del popolo, permette ai registi del cinema sovietico di trattare gli argomenti piú importanti della vita e della storia del loro paese, di contribuire in tal modo al progresso»).

Il mito del cinema classico (a parte il caso di Barbaro che vi rimane immerso per tutti gli anni cinquanta)[52] è sempre piú lontano e di sicuro i processi e le ritrattazioni e le autocritiche, a cui tutti i maggiori autori, a partire da Ejzenštejn, sono stati costretti, hanno buttato acqua su molti entusiasmi. Cosí, la celebrazione è rivolta alle opere del presente: fin troppo facile, a questo punto, prendere gli esempi piú noti e celebrati del *Giuramento* e della *Caduta di Berlino*, topos critico privilegiato per dimostrare lo stalinismo della critica cinematografica di sinistra[53].

Come è abbastanza facile estrapolare, ripercorrendo il lavoro critico sugli organi di stampa comunista (va tenuto però presente che, all'interno di uno stesso giornale come *l'Unità*, potevano esserci varie voci critiche che si esprimevano sullo stesso film recensendolo sulle pagine delle edizioni milanesi, torinesi, romane o genovesi ed erano voci tutt'altro che omogenee), e allineare una galleria di mostri critici, di fiori di banco, eliminando allegramente il contesto della lotta politica e sociale, ossia l'elemento piú determinante e drammatico in quegli anni[54].

In questo modo la conoscenza reale del periodo non avanza di molto, anche perché nel lavoro culturale dei comunisti e delle sinistre coabitano forze contraddittorie ed è bene tentar di abbracciare, con lo stesso sguardo, le contraddizioni, i legami con l'Unione Sovietica e lo sforzo di trovare una linea di cultura nazional-popolare capace di tener conto delle indicazioni gramsciane. In ogni caso il modello zdanoviano resta un fenomeno destinato a far presa piú sui politici che sugli uomini di cinema e sulla critica, che si rivolgono piuttosto a ricercare una prospettiva di cultura nazional-popolare in senso gramsciano.

Si ripropongono, nella ricerca di una via italiana al realismo, parole d'ordine come «andare verso il popolo» con ben piú profonde motivazioni sociali e antropologiche rispetto al ventennio.

Andare verso il popolo, in questi anni, vuole soprattutto dire andare verso il sud: nelle terre meridionali tutte le tensioni trovano il loro punto di massima aggregazione. Andare verso il popolo vuol dire sviluppare le indicazioni del *Cristo si è fermato a Eboli* di Carlo Levi e riuscire a riempire la rappresentazione di un mondo, in gran parte sconosciuto, di contenuti ideologici nuovi.

Vuol dire cogliere, in tutta la sua portata, la potenzialità di una spinta capace di trasmettersi verso il nord. Il cammino degli intellettuali vuole essere, prima di tutto, un viaggio di catabasi e in parte lo realizzano Visconti nel cinema e Guttuso in pittura[55].

Per tutti gli anni cinquanta il cinema italiano resterà rigorosamente estraneo e ostile alla cultura e al mondo industriale e anche in seguito continuerà a considerare la modernizzazione come un male da esorcizzare in vari modi, soprattutto usando le forme del comico.

4. Sciolti dal neorealismo e sciolti dal giuramento

Il nuovo decennio si apre con lo scoppio della guerra di Corea e l'accentuarsi della tensione nella situazione nazionale. I registi si rendono conto che gli spazi di libertà sono erosi. I sistemi di repressione, che in modo piú violento il partito di governo applica nelle piazze (con i morti di Torre Maggiora, Lentella, Modena), trovano un'applicazione parallela nel cinema con il trionfale *Ritorno alla censura*, denunciato da Vitaliano Brancati fin dal titolo di un suo libro.

La crisi, il cui spettro era stato già evocato nel 1948 torna a far parlare di sé soltanto nel 1951 in maniera diffusa: «È in crisi il miglior cinema italiano, cioè il cinema del neorealismo? È assurdo e illogico parlare di crisi – sostiene l'editoriale di *Vie Nuove*, usando perifrasi e tecniche di diminuzione – se con questo sostantivo si vuole indicare un esaurimento di quegli ideali democratici che sono stati e sono la molla prima del successo del cinema neorealistico»[56]. Ma c'è invece crisi, e non si può ignorare, all'interno del sistema stesso della produzione cinematografica «ufficiale». L'affrontare il problema della crisi, sia pure per negarlo e per capovolgere il discorso ai danni dei principali artefici della crisi stessa, pone già sul tappeto il problema. Si nega la crisi e non si vuole prendere atto globalmente delle sue coordinate economiche e politiche per ragioni strategiche, per eccesso di ottimismo, per necessità di continuare a condurre a oltranza la battaglia senza dare l'impressione all'avversario di arrendersi ed abbassare le armi.

Il lavoro della critica, in questi anni, è enorme anche se si possono raggruppare alcune linee dominanti, lungo le quali si registrano vaste convergenze e aggregazioni. Non è possibile dare una descrizione analitica del percorso compiuto all'interno del progetto politico: i punti e i discorsi estrapolati però sono scelti in modo da confermare il senso della diagnosi generale di un processo progressivo di scomposizione di un progetto unitario.

Per tornare alla crisi, si continua, di mese in mese, a rinvia-

re il referto ufficiale. Nel settembre del 1951 si decide di riconoscere che la crisi esiste e, sempre su *Vie Nuove*, appare un articolo dal titolo perentorio, *Crisi del cinema italiano*: «Il festival di Venezia ha suonato, forse per la prima volta, pubblicamente, la squilla dell'allarme. Si apre un dibattito a cui sono
invitati a partecipare gli uomini dell'arte e della cultura italiana»[57]. I registi che rispondono all'inchiesta sostengono che la
crisi riguarda il piano artistico e non quello industriale[58]. Gianni Puccini, quasi pantografando la denuncia togliattiana del
gennaio 1948 sulle minacce per la democrazia, indica le seguenti tre cause di crisi: invasione dei film americani, politica
del riarmo, involuzione politica che frena e toglie serenità di
giudizio ai registi piú impegnati[59].

Per uscire dalla crisi, che non è, per parere unanime, né di
idee, né di artisti, né di attori, le proposte avanzate sono di aiutare le forme di associazione cooperativa e i film di buon livello artistico che, con l'attuale sistema dei premi governativi, sono invece puniti. *Achtung! Banditi!* di Lizzani sembra, in quel
momento, la migliore risposta alla crisi in quanto nato da una
formula «cooperativa spettatori-produttori».

Il coraggio con cui si vara questo progetto ne mostra anche
l'irripetibilità. Produrre film al di fuori delle leggi di mercato,
con caratteristiche e ambizioni commerciali, è un'azione degna, ammirevole, ma del tutto suicida. Non si può arginare il
dilagare del cinema americano riesumando e reinventando la
colletta o la «cassa peota».

Nel momento in cui nasce un progetto come quello del
film di Lizzani è necessario prendere definitivamente atto che
il distacco tra la produzione e i registi neorealisti è avvenuto e
non prevede alcuna possibilità di ricongiungimento. I sostenitori del neorealismo possono sí ancora pascolare senza controlli, però il grosso del gregge sta rientrando in fretta all'ovile. Anche se non è facile ammetterlo, con il suo tono da buon
pastore, Andreotti, nel 1951, ha ormai la situazione sotto controllo. La strategia di logoramento isola le diverse forze, ne
smantella la capacità di progettazione, anche se non riesce a

impedire che il lavoro culturale e l'impegno profuso continuino a essere intensi[60].

Su questo piano il discorso si intreccia e si sposta verso temi trattati in altri capitoli, e mostra come il progetto politico di sostegno si sfilacci presto e non sia capace di predisporre le condizioni ambientali per la sopravvivenza biologica minima del neorealismo, pretendendone però egualmente la sopravvivenza artistica.

Anche se, dopo il VII Congresso del Pci, Togliatti si è reso conto degli errori compiuti sul piano della politica culturale col tentativo di creare un asse Ždanov-Gramsci, ed Emilio Sereni è stato sostituito da Carlo Salinari, letterato e intellettuale rappresentante di una cultura piú radicata nella tradizione nazionale.

Quanto al piano critico avviene un primo vistoso scollamento, non tanto in seguito alla constatazione delle «involuzioni» dei registi neorealisti, dei «tradimenti», o delle scelte individualistiche, quanto soprattutto perché non si è ancora abbracciata e imboccata la strada piú convincente. Ci si trova di continuo allo stesso bivio: o Gramsci o Ždanov, almeno fino a che non verrà tradotto Lukács. L'impressione è quella dell'accentuarsi della diaspora, di una estrema segmentazione e suddivisione del lavoro e degli ambiti rimasti per alcuni anni, fianco a fianco, in una lotta unitaria non fittizia. Con il cambio della guardia alla direzione culturale del partito il modello zdanoviano, mai del tutto adottato, verrà progressivamente abbandonato, o resterà sul piano degli intellettuali-funzionari.

Quando Cesare Zavattini, nel 1953, interviene in un'inchiesta sul futuro del cinema, chiedendosi se «la stampa di sinistra è veramente compresa della grande importanza che ha il cinema nella società e ha veramente coscienza del momento grave che sta attraversando il cinema italiano»[61], non esprime, evidentemente, solo uno sfogo morale isolato. Testimonia piuttosto di un malessere diffuso, di una dispersione grave di forze e di un'insufficienza politica e operativa. Il progetto aperto della poetica neorealista nella sua pluralità di voci e potenzialità è imbrigliato da un progetto realista molto piú marcato sul piano politico e insufficiente, o meglio quasi inesistente, dal punto di vista produttivo, economico, ecc... Il supporto che le forze politiche della sinistra cercano di predisporre appare sempre piú come un supporto ideale (e non pratico) per un cinema che non c'è piú. «Che cosa si annuncia all'orizzonte? – prosegue Zavattini – ...l'atomismo, la distruzione di quella società culturale e morale che il cinema neorealista aveva creato. Ecco perché c'è chi batte una mano sulla spalla di De Sica affinché si decida ad andare in America, e di Rossellini affinché si dedichi ai romanzi di Colette... È finita dunque ogni necessità di esame, di critica, di approfondimento dei problemi nazionali e morali... è forse finita, e parlo da cristiano, la necessità di conoscere e far conoscere i bisogni del prossimo tuo? Tutto ciò non è finito. Ecco perché il neorealismo non può morire. E se morrà di morte naturale sarà la fine stessa del cinema italiano»[62].

Il discorso è apocalittico, anche se fondato sul piú elementare buon senso, sulla constatazione di semplici dati di fatto: Zavattini, nel formularlo, tenta di coinvolgere, ancora una volta, molte forze: i giornalisti prima, i politici poi, per vedere di arginare l'offensiva combinata delle forze governative, clericali e del capitale americano[63]. Queste sí ancora ben compatte, nonostante il campo avversario sia ormai sgominato.

«La crisi c'è – riconosce anche Visconti – e non può essere risolta che in senso positivo, attraverso lo sviluppo. Si tratta di ampliare le basi della tematica e, direi, della stessa concezione del film italiano... Se il neorealismo diventa una formula fissa e obbligatoria può inaridirsi, fino a perdere contatto proprio con la realtà»[64].

Per tutti i registi di questi anni il solo Visconti, agli occhi di una parte della critica della sinistra, sembrerà in grado di uscire dallo stato di immobilismo, allargando gli orizzonti del neorealismo. Secondo Guido Aristarco, che in quegli anni, non solo dalle pagine di *Cinema Nuovo*, ne è il suo piú appassionato sostenitore, Visconti è il primo regista a trovare e realizzare «il passaggio dal neorealismo al realismo». Di fatto Visconti compie in solitudine questo passaggio e dopo essere giunto, con *Senso*, nella terra promessa del realismo, vede alle spalle lo stesso fronte dei suoi sostenitori ampiamente frantumato. Si deve prendere atto che il suo è un gesto isolato dal resto del cinema italiano; che i bollettini di guerra che lo dichiarano vincitore nascondono il fatto ben piú grave che, per il neorealismo, e anche per il realismo, siamo nei pressi di Caporetto, piú che di Vittorio Veneto.

La stessa babelizzazione dei discorsi critici, la perdita di qualsiasi bussola, dato lo stato di crisi reale e ormai perdurante da anni, fanno sí che, quasi contemporaneamente, partano dallo stesso fronte delle sinistre attacchi contro tutti: il neorealismo, i suoi annacquamenti veri o presunti, e verso lo stesso Visconti, di cui pure si riconosce la grandezza[65]. Curiosamente una critica come quella di Aristarco, che si era sottratta negli anni piú duri alle influenze del realismo socialista, per una specie di *reazione differita*, comincia a mettere in atto pratiche di repressione e di valutazione ideologica molto rigide, che non favoriscono l'unità delle forze, e anzi accentuano il senso di diaspora[66].

Non può neppure sfuggire il fatto che la crescita degli attacchi nei confronti dei tradimenti italiani al realismo non sia altro, con il passar del tempo, che una serie di colpi di coda del modello del «realismo socialista», in realtà incapace di trovare una sua applicazione nel cinema italiano. La crisi del neorealismo, l'agonia del movimento, si trova quindi a incrociarsi con la crisi del realismo socialista, che ancora non si vuole egualmente dichiarare e riconoscere[67]. Per qualche tempo gli attacchi al «neorealismo rosa», o a registi come Antonioni e Fellini, sono manifestazioni collaterali della crisi che interessa tutte le fasce del campo analizzato.

Per la sinistra è tempo di bilanci: ci si comincia ad accorgere che un decennio è ormai passato dalla Resistenza e dalla liberazione e ci si comincia a rendere conto che lo sviluppo dell'Italia ha imboccato strade che non corrispondono affatto alle speranze di allora. E che il processo è irreversibile.

Cosí, piú che il dibattito su *Senso*, che assume nella battaglia critica il valore di un punto di arrivo sia pure alto, in una specie di vicolo cieco, mi sembra significativa la polemica che nasce a partire dalla *Strada* di Fellini e coinvolge, in modo assai emblematico, voci rappresentative e delle diverse anime della critica e della crisi in atto dei modelli e delle categorie. «Io non posso riconoscere – sostiene Fellini rispondendo alle accuse che gli sono state mosse – i vostri concetti di neorealismo, che per me non esauriscono e neppure intaccano l'essenza di un movimento cui mi onoro, da *Roma città aperta*, di appartenere»[68].

Fellini reagisce, in questo modo, a un articolo di Trombadori che lo accusa, in sostanza, «di mescolare una sorta di mistica panteista e francescana alle sconsolate teorie dell'angoscia esistenziale»[69], e a una successiva lettera di Massimo Mida, che chiede una maggiore chiarezza ideologica da parte di un film, in quanto da una parte è stato assunto come «una bandiera cattolica e dall'altra si è avuto il torto di ritorcere contro il film questa presunta etichetta»[70]. Mida auspica, alla fine del suo discorso, un dialogo tra cattolici, comunisti e liberali sul film stesso.

La polemica continua ancora per vari numeri, mostrando la richiesta di passaggio pressoché unanime dal neorealismo al realismo e nello stesso tempo l'immobilismo critico delle diverse voci, la difficoltà, anche nell'ambito di una rivista di punta come *Il Contemporaneo*, a staccarsi dal modello del realismo socialista[71].

Il dibattito si conclude con una botta e risposta tra Fellini e la rivista. Il regista afferma che la ricerca deve andare nel senso di una impaginazione organica di tutti i rapporti che l'uomo ha «intorno a sé» e «oltre a sé» e che «l'elemento piú *pubblico* dell'uomo, in questo senso, è il Mistero»; *Il Contemporaneo*, di fronte a questa affermazione, si trova prevedibilmente a disagio e, anche se riconosce che il film di Fellini è opera di grande importanza, «nutre seri dubbi che in quella direzione si possa andare avanti»[72].

Inoltre, nello stesso periodo si sviluppa, sulle pagine dell'*Avanti!*, tra il luglio e l'agosto, un lungo dibattito in terza pagina, dal titolo *Cinema senza formule*, che intende rimettere in discussione, all'interno della critica militante di sinistra, tutta la meditazione teorica e ideologica sul neorealismo[73].

La rottura del consenso, il diffondersi di voci di dissenso, pur senza precludere, come si è visto, possibilità di dialogo, è dunque un fenomeno progressivo, che segue una curva ad andamento parabolico, il cui momento piú alto si raggiunge tra il 1955 e il 1956. L'immobilismo critico di tutto questo primo periodo, al di là del generoso movimento delle forze in campo, ci dice come siano operative, nello stesso tempo, forme diverse di crisi, che coinvolgono sia gli autori che i critici. Si avverte la distanza dal neorealismo, senza essere approdati a qualcosa che corrisponda alle nuove attese, e non si sa bene le attese a cosa portino. Il *Mistero* felliniano non può, ovviamente, soddisfare nessun tipo di attese delle sinistre.

Quanto al piano dell'intervento politico e parlamentare non si può accusare la sinistra di immobilismo assoluto: il movimento che si è rilevato nei diversi piani coinvolge a fondo il lavoro del vertice politico. Anche se le denunce delle malefatte governative non riescono a incidere sul sistema e a modificare lo status quo, hanno almeno il merito di portare a livello di opinione pubblica i problemi piú grandi entro cui si dibatte il cinema di quegli anni.

Dall'intervento del giugno 1952 del senatore Egisto Cappellini, fino a quello di Mario Alicata del giugno del 1960, noi possiamo trovare, esplorando gli atti ministeriali, una ininterrotta attenzione e sensibilizzazione nei confronti dei problemi del cinema, progressivamente allargata a tutte le forme dello spettacolo, comprese radio e televisione[74].

I testi dei discorsi di quegli anni vengono per la maggior parte pubblicati e diffusi anche a cura dell'associazionismo e in tutti ritornano gli stessi leit-motiv, gli stessi mali tutt'altro che oscuri che affliggono il cinema italiano: censura, invadenza dei capitali americani, interferenza governativa, finanziamento statale delle iniziative cinematografiche cattoliche sotto forma di abbuoni e facilitazioni fiscali, discriminazione ideologica, ecc. La pressione dei politici non consegue però grandi vittorie. La tattica dilatoria e temporeggiatrice del governo produce i suoi effetti migliori proprio in questi anni: i discorsi che abbiamo ricordato cercano sí di bloccare e stringere alle corde un avversario sfuggente; tuttavia, ancora una volta, se ci fosse bisogno di ulteriori prove, Andreotti si dimostra buon incassatore e avversario dotato di un ottimo gioco di gambe, per cui riesce assai difficile portare a fondo i colpi, e, a ogni ripresa, le sinistre denunciano i propri limiti di tenuta. Non a caso la legge sul cinema resta al parlamento per un paio d'anni, logorando le forze dei politici, degli uomini di cinema, dei produttori e dei registi e scavando solchi ulteriori tra di loro.

Il 1956 è l'anno della crisi profonda: apertosi in febbraio col XX Congresso del Pcus, si conclude con l'invasione dell'Ungheria nell'autunno da parte delle truppe sovietiche e con l'VIII Congresso del Partito comunista italiano in dicembre. Si decide di rimettere in discussione tutto ciò che il partito ha fatto finora. Si dichiara riaperta la discussione sul realismo socialista, che troverà però un suo chiarimento definitivo soltanto nel convegno dell'Istituto Gramsci del gennaio 1959.

Dalle pagine di *Cinema Nuovo* si apre, con un intervento di Renzo Renzi, un dibattito e una polemica a piú voci dal titolo *Sciolti dal giuramento*[75]. L'occasione è data dal fatto che la *Literaturnaja Gazeta* di Mosca ha sconfessato *Il giuramento* e *La caduta di Berlino* in quanto film staliniani. Renzo Renzi coglie lo spunto da questa notizia per avviare un deciso attacco critico e autocritico: «La premeditazione apologetica ha spesso condotto molti critici di sinistra, negli ultimi anni, a elogiare incondizionatamente i film sovietici... Quando per ragioni di propaganda si rinuncia alla critica e si dà luogo all'apologia, la cultura perde uno dei suoi caratteri, quindi diventa, fra l'altro, inefficiente propaganda»[76]. Il piegarsi alle esigenze propagandistiche non può che produrre «schiere di automi», secondo Renzi.

Le risposte non tardano a farsi sentire, sia in appoggio e con ulteriori pezze autocritiche, sia in netta polemica[77].

Non può sfuggire, rileggendo oggi tutti gli interventi, e soprattutto le voci della difesa (prima di tutto quella di Umberto Barbaro, che con tono piú duro e sprezzante riprende lo stile dei «corsivi di Roderigo», per chiudere il dibattito, una volta preso atto della modestia e non rappresentatività delle voci intervenute, senza quasi voler discutere della frana e del cedimento ben piú ampio del terreno cinematografico), la violenza dell'impatto con una realtà che bisogna guardare con occhi nuovi e la cui immagine appare completamente rovesciata.

D'altra parte, né Barbaro, né tutti gli altri intervenuti sulla sua scia ignoravano il dibattito pubblico in corso fin dal settimo numero del *Contemporaneo* del 1956, che coinvolgeva da mesi politici e intellettuali, toccando un arco di problemi non circoscritti al terreno cinematografico, e soprattutto quello interno al partito che coinvolgeva drammaticamente vertici e base[78]. L'unanimismo precario ormai da alcuni anni, almeno nei settori della critica, viene definitivamente spezzato.

«Per anni – scrive Paolo Gobetti – abbiamo seguito una via dettata essenzialmente da esigenze tattiche di propaganda... Abbiamo voluto fare di *Ladri di biciclette* e *Miracolo a Milano* le bandiere della nostra propaganda; e invece di creare intorno a certi artisti un effettivo fronte nazionale abbiamo finito con il lasciarli isolati facendo il gioco degli avversari»[79].

Il mito dell'unità – che ormai giunge da lontano – è un fantasma che attraversa gli anni cinquanta e trova una sua realizzazione nelle attività associazionistiche, ma non è egualmente riscontrabile nel terreno della critica – dove scatta una micro-conflittualità costante – né in quello degli autori, sottoposti per anni a un vero e proprio *jeu de massacre*.

In questo dibattito, tutti quelli che si potevano definire i nodi irrisolti negli anni precedenti all'interno della critica sembrano giungere, tutti insieme, al loro punto di rottura: dal mo-

tivo del mandato intellettuale, al ruolo del critico, alla politici-
tà delle scelte o all'autonomia del giudizio, all'analisi del testo
e al rapporto con il contesto. Cosí viene strutturato il dibattito; i punti sul tappeto posti da Renzi e Gobetti vengono a situarsi, per il resto dei critici, come una sorta di strettoia, di
Scilla e Cariddi, che non si può evitare inviando anatemi, o
studiando percorsi alternativi[80].

Sembra di essere giunti alla resa dei conti: il gioco di rinvii,
di tentativi di coordinamento, il consenso, sia pure forzato,
che finora era stato reso possibile, nel giro di pochi mesi appare impraticabile del tutto. Le regole del gioco sono mutate; il
modello del realismo socialista, sotto i colpi del XX Congresso
del Pcus, crolla come un castello di carte[81]. Si tratta, ancora
una volta, di ricominciare da capo[82].

Tutto il senso di coinvolgimento e di combattimento lungo
il fronte del neorealismo e del realismo sembra, all'improvviso, svuotato delle sue motivazioni piú profonde. Di colpo
sembra non importare piú – o essere criticamente irrilevante –
il fatto di sapere se un regista con la sua ultima opera è ancora
«parte di» o se è iniziato per lui il processo di espulsione e scomunica. Abbandonata la nave del realismo che affonda e che si
allontana presto alla vista, intellettuali e critici si trovano come relitti alla deriva. Si tratta, oltre che di ricominciare da capo, anche di imparare a guardare con un occhio nuovo sia i fenomeni cinematografici che la propria immagine, a muoversi
a piccoli passi, un po' a tastoni, all'interno di una realtà in via
di cambiamento, cercando nuove guide, recuperando i super-
stiti, tentando di ricomporre le fila dei dispersi. Il periodo che
ci si lascia alle spalle senza voltarsi viene come inghiottito e
presto dimenticato e seppellito nell'inconscio: tutti, politici e
intellettuali, guardano al nuovo decennio come all'inizio di
una nuova era.

Stati Uniti e Italia:
uno sguardo telescopico

1. Arrivano i nostri[1]

Insieme alle truppe americane, che nel 1943 sbarcano in Sicilia, giungono anche osservatori con il compito di suggerire al
governo statunitense il modo migliore di conquistare il consenso del popolo italiano. La prima osservazione, che emerge
da tutti i rapporti e dalla conseguente scelta di una linea di
propaganda specifica per l'Italia, è che il fascismo non ha attec-
chito in profondità nell'animo del popolo italiano e molte forze – nonostante la guerra – risultano ancora sane e capaci di ripartire per la ricostruzione del paese. «Benché l'Italia sia uno
Stato relativamente giovane – scrive il 25 novembre 1943, in
una lettera personale a John Wesley Jones del dipartimento di
Stato, il deputato Percy Winner, di ritorno da un viaggio in
Europa – è una nazione ricca di esperienza storica e di tradizioni; la generazione del fascismo non ha potuto e non ha distrutto il vigore e la validità di forze permanenti e preesistenti.
La religione è una. Un nazionalismo disciplinato dalle forze
armate è un'altra... La tradizione monarchica è – forse – un'altra... È giusto per noi – amici degli italiani – aiutarli a tornare
alle loro origini politiche e morali, ai loro fondamenti, a ritrovare le loro basi nel passato per il loro futuro. Non abbiamo il

diritto di scegliere per loro... Noi possiamo essere e rimanere i garanti del loro diritto di decidere quando la decisione può essere presa»[2].

Il riconoscimento dei diritti dei popoli all'autodeterminazione è uno dei cardini e delle strutture portanti che accompagna la politica governativa e diplomatica americana nei confronti dell'Italia, dall'8 settembre 1943 fino all'attuazione del piano Marshall[3]. E costituisce la miglior copertura ideologica per una pratica imperialistica in ambito cinematografico che, giustamente, Ennio Di Nolfo ha definito «da manuale»[4]. L'osservatore militare, il diplomatico, il funzionario statale, che cominciano a lavorare sulla base di piani «di lungo periodo» prevedono già, dall'ottobre del 1944, che la fine della guerra possa avvenire entro sei mesi, e che, per modificare l'atteggiamento degli italiani nei confronti degli americani, sia necessario un uso massiccio di tutti i mezzi di propaganda, radio, libri, giornali e cinema[5]. I documentari distribuiti dall'OWI e i film di finzione devono servire, anzitutto, a creare un'opinione pubblica favorevole agli Stati Uniti e ad avviare un definitivo processo di defascistizzazione dell'Italia.

La fiducia illuministica di potersi servire dei mass-media, per ottenere rapidi effetti di persuasione, è certo uno dei limiti piú macroscopici della politica dell'Office of War Information[6]. Il credere di essere in possesso di un messaggio vincente, che affermasse la superiorità della democrazia sui regimi totalitari, mostra come negli Stati Uniti si fosse soltanto ai primi passi nell'uso delle tecniche della propaganda e ci dice soprattutto che, per i produttori americani, il lavoro dei rappresentanti dell'OWI in Italia è una specie di ponte sospeso per la ripresa delle comunicazioni, da sostituire al piú presto con solide costruzioni per il passaggio di un traffico pesante e ininterrotto.

Hollywood non può esercitare un controllo diretto: conoscendo però bene, da prima della guerra, il mercato italiano, intende riconquistarlo eliminando ogni sorta di possibile concorrenza[7].

I produttori americani non sbarcano subito: lasciano, come si è già capito, che tutte le operazioni preliminari di rimozione degli ostacoli siano condotte a livello diplomatico o di rappresentanze militari. Decidono di intervenire quando il terreno è stato ben ripulito e reso abitabile, per prendere possesso ufficiale dei propri possedimenti.

Tramite l'ambasciata americana a Roma e i diversi emissari, i produttori hollywoodiani disporranno a lungo di un osservatorio privilegiato, con una messa a fuoco quasi perfetta del terreno. La tecnica adottata è dunque quella che possiamo definire di «osservazione telescopica»[8]: da un continente distante e diverso si decide a tavolino una strategia economica e ideologica sulla base di una conoscenza preventiva, dettagliata e analitica, della realtà che si intende conquistare. La diplomazia e le forze politiche americane dedicano dunque uno sguardo di rispetto all'Italia, alla potenzialità del suo mercato, alle caratteristiche del pubblico, come già avevamo visto negli anni trenta. Già prima che la guerra finisca, e soprattutto nei primi anni del dopoguerra, si registra un netto salto di qualità nel tipo di sguardo e di controllo e si dilata il potere di modificazione del campo in maniera mai raggiunta in precedenza. I meccanismi e gli organismi coinvolti sono senz'altro più efficaci rispetto al passato. Si può tranquillamente adottare, accanto al termine di colonialismo, anche quello di *cinefagia*, per definire il tipo di intervento tendente alla distruzione della cultura cinematografica italiana e alla sua sostituzione con altri modelli e valori. L'accoglimento e la penetrazione non solo nel pubblico, ma anche nella competenza stilistica dei registi, di modi e di forme del cinema americano, fa parte di questo sforzo di conquista e modificazione profonda di una cultura su cui si tenta di esercitare una forma di controllo e di dominio totale. I risultati sono evidenti e subito apprezzabili in termini quantitativi, ma l'azione, molto presto, si rivela più difficile dal previsto, anche se in apparenza non vi sono ostacoli al ritorno trionfale del cinema di Hollywood.

Hollywood penetra nel mercato con tutta la forza delle sue

truppe: i western, i melodrammi, i film di guerra, d'avventura, i film comici si suddividono le aree di influenza e di intervento, con lo scopo di occupare tutto il territorio[9]. L'arrivo ininterrotto di questi film costituisce, per l'industria cinematografica nazionale, una sorta di prolungamento dello stato di guerra destinato a durare per alcuni anni e a impedire un aggancio stabile dei film italiani con il proprio pubblico. In una prima fase questo aggancio mancato è dovuto a cause naturali; in una seconda fase scatta una precisa volontà politica per impedire la riuscita dell'operazione e solo in una terza fase il contatto avviene, ma è pilotato da forze extracinematografiche.

Nell'ambito di questo capitolo, che intendo mantenere su un piano prevalentemente descrittivo di materiali quasi totalmente inediti, invito a tener conto della descrizione e dell'analisi fatte nel secondo volume, in cui si cercava di mostrare lo sviluppo di una tecnica di penetrazione vittoriosa e parallela a quella del cammino delle forze di liberazione, fino alla vigilia dei primi decreti del nuovo governo[10].

Gli americani sono molto sensibili ai movimenti d'opinione: uno dei primi importanti test sulle risposte del pubblico ai documentari di propaganda lo troviamo nel memoriale su una proiezione organizzata per una colonia italiana a Tangeri, alla presenza del console generale, il 17 agosto 1944. Lo scrivente osserva che subito il console generale, con un eccezionale «tocco diplomatico», nota di non aver mai avuto una tale ressa di pubblico, neppure quando veniva a parlare il segretario del fascio. Il rappresentante americano ha appena il tempo di fargli osservare, con esemplare senso di «understatement», che forse «i film hanno maggior presa sul pubblico del segretario del fascio». La proiezione comincia. Il programma è intenso: la liberazione di Roma, un cartone animato di Walt Disney, la visita del maresciallo Tito a De Gaulle, un lungo documentario sull'*Acciaio al servizio dell'uomo*. Ogni volta che appare una bandiera americana giú un uragano di applausi e non c'è alcun dubbio sulla loro spontaneità. Anche Churchill riceve la sua dose di applausi. Un po' meno De Gaulle. All'apparizione di

Hitler dal pubblico parte un grido unanime: «A morte!». Alla fine, tra la commozione e in un clima di apoteosi. il pubblico intona: «Long live the United States of America»[11].

In Italia, per tutto il periodo della liberazione, il compito di distribuire i film americani è affidato allo Psychological Warfare Branch: il parco di corto e lungo-metraggi a disposizione è di alcune decine e comprende opere di argomento generale sulle caratteristiche della vita e del lavoro americano (*Cowboy*, *Autobiography of a Jeep, Democracy in Action, The Town*) e titoli specificamente realizzati per l'Italia (*Arturo Toscanini* e *Italian Prisoners in Usa*).

I dirigenti del PWB vogliono mantenere una posizione di semplici cinghie di trasmissione di servizi e non entrare nel merito della futura ripresa dell'industria cinematografica: questo terreno comporta problemi molto diversi da quelli affrontati con la radio e la stampa. La pressione dei produttori comincia a farsi sentire, favorita anche dal vuoto politico, dalla distruzione dell'industria, dalla mancanza d'idee in materia da parte del governo[12].

Qualche timida proposta è stata varata da Spataro, sottosegretario per la stampa e le informazioni: si tratta di una lettera al comandante Stone, dove lo si informa che verrà nominata una commissione per la parte politica dei film in circolazione e già prodotti e per la concessione in futuro del permesso di circolazione. Si avverte l'ufficiale americano che, in ogni caso, non si intende esercitare alcun tipo di censura preventiva sui soggetti[13].

Per quanto compete ai propri poteri decisionali, i dirigenti del PWB, e in particolare John Rayner, hanno compiuto (come risulta da un rapporto dello stesso Rayner, datato 1 ottobre 1944) un lavoro molto intenso:

1) autorizzando la riapertura di tutte le sale cinematografiche dell'Italia liberata, in considerazione del fatto che il cinema è un eccezionale mezzo di propaganda;

2) disponendo il controllo di tutti i film in circolazione;

3) distribuendo film di propaganda e non;

4) facilitando la diffusione di film sovietici[14];
5) producendo film d'accordo col governo italiano.

Dal momento della liberazione di Roma il fatto imprevisto è che alcuni privati hanno chiesto l'autorizzazione a produrre film: da parte del PWB non viene avanzata alcuna pregiudiziale, in quanto si tratta di ridare lavoro e risollevare il morale di ampi gruppi di lavoratori. Alcune misure per la rinascita dell'industria cinematografica italiana sembrano essenziali per risolvere i problemi della disoccupazione. L'ipotesi piú ragionevole è quella di staccare l'intero problema dal controllo dello Stato, per lasciarlo alle libere leggi di mercato[15].

A questo punto, per i rappresentanti dei produttori, rimasti mimetizzati e in silenzio, è scattato un meccanismo d'allarme che li chiama al piú presto al lavoro. Soltanto qualche giorno prima (il 24 settembre) un rappresentante del MPAA (Motion Pictures Association of America) sostiene che è importante eliminare al piú presto, nel mercato italiano, ogni forma di controllo e soprattutto «sottolineare la reversibilità dell'operazione. È vitale che dopo che i nostri film entreranno in Italia sia possibile un egual trattamento anche per i film italiani in America».

La prima lettera in cui i rappresentanti del cinema americano mettono realmente le carte in tavola, al di là del miraggio dell'apertura del mercato in tutti e due i sensi, dice che la vera preoccupazione «è di eliminare ogni forma di monopolio e di controllo messa in atto dalla legislazione fascista»[16].

Passano solo pochi giorni e giunge all'ammiraglio Stone, da parte dello stesso presidente del Consiglio dei ministri, una richiesta di concessione di ripresa dell'attività produttiva, dove si fa riferimento a passi già compiuti, senza alcun successo, dal sottosegretario per la stampa e informazioni Spataro. «Nella rinnovata vita del paese – scrive Ivanoe Bonomi – non sembrano sussistere validi motivi perché la rinascita di detta industria venga oggi osteggiata. Dal punto di vista economico, la nostra produzione cinematografica, caduti i presupposti monopolistici di un tempo, potrà trovare, su un terreno di sana concorrenza, le sue naturali condizioni di vita e di sviluppo, senza imporre allo Stato gravosi e vani oneri finanziari»[17].

La lettera risponde, punto per punto, alle attese dell'industria americana: però una dichiarazione d'intenti cosí generale non è sufficiente. Gli americani vogliono un'apertura reale del mercato, senza alcuna limitazione, e che il fatto, legittimato ufficialmente, sia frutto di accordi a livello di Commissione alleata di controllo e rappresentanti delle industrie italiane. Basta che, nei primi mesi del 1945, dalle macerie dell'industria cinematografica si levino molto flebili segni di vita per accelerare gli sforzi di pressione[18].

Si decide di costituire un organismo temporaneo alleato a cui affidare il compito di elaborare un progetto di «legge pilotata» da sottoporre al governo in tempi molto brevi. Dopo un primo incontro, non ufficiale, alla presenza di rappresentanti inglesi e americani, si costituisce l'Allied Italian Film Board, che prevede la partecipazione di quattro rappresentanti italiani. La cronaca attenta, condotta in base ai verbali delle riunioni della Film Board, che vedono un progressivo aumento del numero di partecipanti, è tutta riportata nel primo capitolo della citata *Storia economico-politica del cinema italiano* di Quaglietti[19].

Le riunioni avvengono il 27 e 30 marzo, il 10 e il 19 aprile, il 5 e il 31 maggio.

Fin dall'incontro iniziale il primo punto all'ordine del giorno è «l'abolizione immediata della legislazione fascista». Per giungere a questo bisogna procedere attraverso due momenti:
1) Eliminazione delle leggi fasciste.
2) Creazione di nuove leggi.

Da parte italiana (i presenti sono il sottosegretario Libonati, il signor Perrone Capano, segretario privato di Libonati, e De Zerbi, capo gabinetto del sottosegretariato) si dichiara subito che la situazione dell'industria italiana è tale che senza un aiuto governativo, per i prossimi tre o quattro anni, non è possibile pensare ad alcun tipo di rinascita. Viene proposta la creazione di un sottocomitato per la derequisizione dei materiali cinematografici e si pensa a un articolo di legge che imponga la proiezione obbligatoria di film italiani per un certo numero di giorni. Libonati sostiene anche che l'industria italiana dispone di mezzi modesti e le società italiane sarebbero contente se il capitale americano fosse investito nelle loro industrie.

La terza seduta è, come sottolinea Quaglietti, molto importante; si giunge al momento in cui il braccio di ferro tra i rappresentanti italiani e americani è piú forte (anche perché Libonati è assente e ha mandato un suo promemoria). Gli americani cercano di opporsi in vari modi fino alla quinta seduta alla proposta delle quote obbligatorie e, almeno su tempi brevi, risultano vincitori[20].

Finita la guerra, il passo successivo è ottenere che la legge passi nel piú breve tempo possibile: l'ammiraglio Stone scrive a Ferruccio Parri a piú riprese (30 giugno-12 settembre), con tono sempre piú allarmato, per il ritardo e il vuoto che si è creato con la fine del lavoro del PWB in luglio («Ho cercato di farvi capire, in molte occasioni, che è necessario procedere a una nuova legislazione senza ulteriori rinvii. I rappresentanti dell'industria non sanno cosa fare, il PWB sta cessando il suo lavoro. È urgente che vi prendiate personalmente cura di questo problema»)[21].

Intanto si è verificato un fatto molto importante, che si può considerare la presa di possesso simbolica, da parte dei produttori americani, del mercato europeo: il viaggio, durato circa un mese, di un gruppo di rappresentanti di tutte le maggiori case americane, in vari paesi europei. Il ritrovamento della relazione di questo viaggio nella biblioteca della Library of Congress è dovuto a David Ellwood, che ne ha curato la pubblicazione in italiano[22].

Al viaggio, organizzato a spese dell'esercito americano proprio allo scadere dei compiti del PWB, partecipano una quindicina di rappresentanti di tutte le majors[23].

Ai signori del cinema appare presto chiaro – come risulta dalla relazione – che la Francia è tutt'altro che pronta a essere colonizzata dai film americani; il lavoro di riabilitazione della popolazione in Germania è stato un fallimento, e il Belgio presenta un mercato inesistente. L'Italia, a cui non si era ancora pensato, risulta cosí il luogo ideale in cui concludere il viaggio con pieno successo: una popolazione che si alimenta in media con non piú di 900 calorie al giorno, priva di materie prime[24], con la maggior parte delle fonti di produzione completamente distrutte o requisite, mantiene ancora in piedi un consistente numero di sale e dimostra un grande interesse nei confronti del cinema. Il modello di vita americano – guardato con molta diffidenza e senso di superiorità in Francia – pare trovare in Italia un terreno molto piú permeabile e penetrabile, come già era stato notato attraverso i rapporti del PWB. E soprattutto i rappresentanti del cinema americano vengono ricevuti in Italia con tutti gli onori, come se fossero veri e propri capi di governo. Il primo ricevimento è offerto da Ferruccio Parri, al Viminale, il 13 luglio. Gli americani, dopo aver dimostrato di conoscere la lezioncina di storia ripassata sul *Reader's Digest*, ricordano al presidente che bisogna abolire, in un clima di riconquistate libertà, le leggi protezionistiche del fascismo. E, com'è prevedibile, garantiscono di voler la rinascita dell'industria cinematografica italiana, si augurano che presto il film italiano possa circolare negli Stati Uniti. Se l'incontro con Parri ha il valore di ribadire quanto il presidente sapeva già dai continui promemoria e lettere che gli giungevano, quello successivo con Pio XII segna il vero punto a favore dell'industria americana. Tutta la cerimonia dell'investitura, che in apparenza vedrebbe il papa in funzione di celebrante, di fatto va interpretata in termini rovesciati: l'incontro suggella un'alleanza in cui il papa consegna ai produttori americani e mette a disposizione il suo «modesto» patrimonio di sale e la sua piú autorevole voce per orientare il giudizio dei fedeli.

Questo avallo pontificio è fondamentale per gli americani, da tutti i punti di vista, e giunge con piena soddisfazione del dipartimento di Stato, che, finalmente, può riconoscere di avere a sua volta fatto un buon investimento per il futuro. Guidato da Myron Taylor, rappresentante degli Stati Uniti presso il

Vaticano[25], il gruppo di uomini del cinema è ammesso al cospetto di Pio XII, che non manca di rilasciare una dichiarazione ricca di insegnamenti: «Gli occhi e le orecchie – dice testualmente il pontefice – sono come strade che penetrano direttamente nell'anima dell'uomo: e negli spettatori dei vostri film essi sono bene aperti e generalmente senza difesa... Oh quanto bene può fare il cinema, che lo spirito del demonio, sempre in attività nel mondo, desidera pervertire per piegarlo ai suoi fini»[26].

Tre giorni dopo il gruppo riparte per gli Stati Uniti: mentre il rappresentante del governo guarda le macerie dei paesi che l'aereo sorvola e si domanda, pensando al futuro, se prevarranno i distruttori o i costruttori, la cattedrale o il cannone, i negoziati o il caos, vicino a lui i rappresentanti dell'industria cinematografica possono dormire tranquilli perché hanno già impartito precise disposizioni per la prossima apertura di filiali italiane, indipendentemente dall'approvazione della legge[27].

Ad ogni buon conto, come veniamo a sapere da una breve nota apparsa su *Risorgimento liberale* del 5 agosto 1945 *(Il cinema italiano in un colloquio tra Arpesani e Lober)*, Louis Lober, capo della Motion Pictures Division dell'OWI, arriva a sua volta a incontrarsi col sottosegretario Arpesani, nel frattempo succeduto a Libonati, per sollecitare un pronto varo della legge: «Lober ha ringraziato il sottosegretario per l'interessamento riguardo all'abolizione della legislazione fascista... ed è del parere che l'Italia avrà molte possibilità in campo cinematografico, anche perché le case cinematografiche americane, che riconoscono la nostra bravura in fatto di doppiaggio, hanno intenzione di mandare in Italia i loro film perché siano doppiati, oltre che in italiano, anche in romeno, bulgaro, greco, francese. Il sottosegretario ha confermato che entro brevissimo tempo le leggi fasciste verranno abolite».

Il 20 settembre il consiglio dei ministri approva il decreto luogotenenziale, piú volte ricordato, che non pone limiti all'importazione e abroga quasi interamente la legge fascista: le compagnie americane si possono dire ampiamente soddisfatte.

Ma già pochi mesi dopo (10 dicembre 1945) una lettera, firmata da tutti i rappresentanti delle majors, denuncia che i film americani sono bloccati in dogana da un «tale» commendator Vincenzo Calvino, che afferma «di non poter permettere un'invasione di film americani» e chiede che venga fissata, per ogni compagnia, una quota d'importazione.[28] Inizia un carteggio tra il rappresentante americano Kirk (14 dicembre) e Alcide De Gasperi (20 dicembre), che si dichiara molto favorevole e disponibile a far di tutto per superare le difficoltà[29].

Da parte loro i produttori americani fanno sapere, in via confidenziale, di essere disposti a importare non più di 25 film a compagnia per anno. Si tratta di piccoli intoppi che frenano soltanto momentaneamente un'invasione di tale portata da non aver alcun termine di paragone con gli altri paesi europei. Per capire meglio in concreto di cosa si tratta ricorriamo ad alcune cifre: i film importati nel 1946 sono 296, nel 1948 sono 515, 406 nel 1949, 363 nel 1950. Nei primi cinque anni del dopoguerra il numero complessivo delle pellicole americane in circolazione è di 1.856; nel 1953 circolano 5.368 film americani. In alcuni casi, come nel 1948, il repêchage di film prodotti prima, durante e dopo la guerra fa sí che la cifra di film importati sia superiore di cento unità a quella di film prodotti dall'industria americana in tutto l'anno.

La strada è aperta. Il cinema americano non può percorrerla solo in virtú della qualità dei propri prodotti e della lunga fame accumulata, in quasi otto anni di astinenza, dal pubblico italiano: il favore del pubblico, la sua disponibilità a immergersi nuovamente nelle immagini del cinema americano sono ottenuti sommando una serie di fattori e forze, che cooperano tra loro strettamente: dai distributori agli esercenti, dalla Chiesa alla stampa di categoria, alle forze politiche. Per necessità il governo italiano ha dovuto fare del mercato cinematografico un terreno di libera caccia, in cui, con la copertura del liberismo economico, si costituiscono di fatto una colonizzazione e un rapporto di dipendenza quasi totale.

In un rapporto redatto da Gene Caprio dell'ambasciata

americana a Roma si commenta il decreto luogotenenziale, e si fa una precisa cronistoria della legislazione e delle istituzioni cinematografiche dal fascismo in poi[30]. Si nota anche, già all'indomani della approvazione del decreto luogotenenziale, come si siano creati scontri precisi sul piano politico. Da una parte la sinistra, che sostiene come il cinema italiano non possa vivere senza sussidi governativi (questo partito è guidato da Olindo Vernocchi, socialista), paradossalmente viene a trovarsi allineata con un'idea di protezione economica già concessa al cinema dal fascismo e che continua a riproporre anche in tempi piú vicini a noi. Dall'altra parte, a sostegno di una libera fluttuazione del mercato, sono i rappresentanti dei democristiani, guidati da Valentino Brosio, presidente di Cinecittà. Costui, oltre ad aver scritto una lunga serie di articoli, col nome di Allobrogo, sul *Secolo XX*, dimostra di preferire, come si è già visto in un altro capitolo, che il cinema vada in mano degli americani piuttosto che delle forze di sinistra per venire usato come strumento di propaganda.

Il gioco delle alleanze diventa determinante per il successo completo della produzione americana, tuttavia la gravità dei problemi dell'industria cinematografica italiana e la necessità di tenerne conto, come si tiene conto di tutta la ripresa economica dell'Italia, sono particolarmente avvertite dai diplomatici romani[31]. Non solo, ma gli ambienti ufficiali americani capiscono che l'azione indiscriminata a favore della propria industria cinematografica entra in conflitto con il piano di aiuti per il rafforzamento della lira e la ripresa dell'economia italiana.

Così il dipartimento di Stato decide di assumere una posizione di mediazione, che dia fiato maggiore all'industria italiana e non vi crei una fuga di capitali tale da indebolire, in modo irreparabile, la bilancia dei pagamenti[32]. Per il momento nessuna forza politica, comunisti compresi, si sforza di denunciare la circolazione dei film americani come strumento di propaganda e mezzo di controllo ideologico della popolazione italiana. Cominciano però a levarsi voci sempre piú preoccupate per i pericoli che si profilano sulla strada della ripresa dell'industria cinematografica: «Purtroppo oggi in Italia – scrive Tito Guerrini su *Vie Nuove* – si tenta in ogni modo, da parte delle forze del capitale nazionali ed estere, di togliere ogni possibilità di rinascita al cinema italiano: e questo è chiaro per difendere interessi stranieri a danno di interessi italiani... Il numero stragrande di film americani che invadono i nostri schermi impediscono la programmazione dei film italiani»[33].

L'accordo privato tra l'Anica e l'Agis per i sessanta giorni di programmazione obbligatoria da concedere alla produzione italiana resta in pratica (per mancanza dei prodotti) lettera morta. I diplomatici americani, intanto, hanno cercato di tenere a bada i produttori, che si oppongono a qualsiasi forma di restrizione e assumono, in data 19 febbraio '46, una posizione ufficiale nei confronti dell'intera materia: «Benché sia noto che l'industria cinematografica americana è fortemente ostile a questi accordi, il dipartimento non ritiene priva di ragione la proposta italiana che i profitti in lire dell'importazione di film siano depositati in un conto bloccato e a disposizione delle compagnie cinematografiche straniere affinché li usino d'accordo col governo italiano»[34].

Nei mesi successivi il movimento diplomatico e la pressione attorno all'ambasciata romana vedono farsi progressivamente strada la linea dei produttori, appoggiata dal ministero del commercio estero. In data 6 giugno il ministro Mario Bracci invia una lettera in cui conferma che non vi sarà, da parte italiana, alcuna limitazione all'accesso dei film americani. Al tempo stesso, allega un documento che contiene una serie di decisioni tra cui, di estrema importanza, il punto 2, dove si stabilisce che gli importi a favore del venditore estero siano versati in un conto intrasferibile in lire presso una banca autorizzata al commercio dei cambi scelta dall'importatore. Al punto 3 si dice che gli importi disponibili sui conti suddetti potranno essere utilizzati per:

a) impiego di stabilimenti e impianti in Italia;

b) compartecipazione alla produzione cinematografica italiana;

c) lavorazione «per conto» nel settore dell'industria cinematografica;

d) costruzione e affitto di sale cinematografiche[35].

Il governo italiano adotta una soluzione che cerca di tener conto di tutte le esigenze: degli americani, dei produttori italiani e dell'associazione distributori, l'Agis, che appoggia con forza i film americani, verso cui cresce rapidamente il favore del pubblico. I film americani garantiscono un rifornimento continuo ad un mercato in crescita, mentre nessun'altra produzione europea è in grado di fare altrettanto e soprattutto di riscuotere un analogo successo.

Il flusso ininterrotto di pellicole, grazie a questa decisione momentaneamente accettata anche dai produttori, appare come una variante anticipata del piano Marshall e i film che cosí generosamente vengono elargiti sembrano donati come pacchi Unrra.

Il fatto che le nostre esportazioni non bilancino mai le importazioni e non si persegua una politica d'esportazione (anche se, come si è detto, si fanno alcuni tentativi) accresce i nostri debiti valutari e fa sí che il cinema diventi un canale privilegiato di dipendenza economica. Il doppiaggio delle pellicole americane, che presto sostituisce i tentativi incomprensibili fatti dagli stessi americani, incrementa e dà lavoro a tutto un settore di tecnici, maestranze e impianti per il doppiaggio, ma aumenta la competitività rispetto ai film italiani e ne rafforza il potere a tutti i livelli; anche se il governo italiano, con l'applicazione della tassa del 30% sui diritti dei film, si sente protetto e si rende conto di erodere in maniera netta i profitti dell'industria americana. Proprio questo è il punto di cui piú i produttori americani si lamentano, con varie lettere, presso il dipartimento di Stato, fino a riceverne una cortese, ma ferma risposta: il problema è esclusivamente di pertinenza del governo italiano e se non comporta discriminazioni a favore di altri prodotti non è possibile farci niente[36].

La decisione del governo italiano di confermare, anche per il '47, le delibere dell'anno precedente, nonché di aumentare la

percentuale di tasse, trova pronti i produttori statunitensi ad
avanzare la richiesta di alcune modifiche: per lo meno di poter
convertire il paragrafo dell'articolo 3 sulle possibilità di produzione in Italia all'80% della spesa. I produttori chiedono di poter realizzare dei film sostenendo interamente i costi e servendosi solo delle maestranze italiane[37].

La revisione dell'accordo non si fa neppure qualche mese
dopo, per cui le compagnie americane decidono di non partecipare al Festival di Venezia[38]. Nel frattempo era passata la legge del 16 maggio 1947 sulla programmazione obbligatoria,
che, in un certo senso, segnava un ulteriore passo a difesa del
cinema italiano. È presto chiaro anche agli americani, come si
vede in un memorandum d'ambasciata, preparato a Roma da
William Gibson, che «l'industria cinematografica italiana, che
è stata praticamente lasciata senza controllo da parte della
commissione alleata, sta passando sempre di più sotto il controllo del governo»[39]. E il governo italiano decide, rendendo
ancor più furibondi gli importatori statunitensi, di elevare la
tassa d'importazione sui film, ereditata dal fascismo, dal 3 al
10%[40]. L'Ige rimane però sul 3% mentre iniziano, il 21 ottobre, trattative dirette, per il futuro anno, tra i rappresentanti
dell'Anica e dell'Agis e il rappresentante europeo dell'MPAA,
Frank McCarthy[41].

I produttori italiani chiedono una circolazione più favorevole per i loro film negli Stati Uniti, e affrontano, in modo
più concreto, la possibilità delle coproduzioni. La risposta è
immediata ed esclude una cospirazione contro il cinema italiano, ma sottolinea il fatto che: 1) i film prodotti in America sono più che sufficienti a coprire la domanda; 2) il pubblico americano vuole divertirsi e non sforzarsi a capire film in una lingua che non conosce; 3) il doppiaggio non ha fortuna negli
Stati Uniti. Una volta realizzati film in versione inglese non vi
saranno problemi. Il 23 ottobre è organizzato un nuovo mee-
ting alla presenza dei rappresentanti del commercio estero, del
ministero delle finanze e dell'Ufficio centrale della cinematografia. Il commendator Cossa definisce il problema dei fondi

bloccati un problema di dignità nazionale, ma la situazione è tutt'altro che vinta per gli americani[42].

Per convertire i fondi bloccati i produttori americani decidono di servirsene, in attesa di tempi migliori, per pagare gli impiegati delle filiali italiane delle varie compagnie, per sovvenzionare la costruzione di sale cinematografiche e dare contributi a organizzazioni scientifiche e religiose legalmente costituite[43].

Il tono delle richieste, i riferimenti alla crisi economica e politica dell'industria americana ci dicono che il clima politico sta mutando. Il cinema americano contribuisce, in misura ridotta, al successo elettorale del 18 aprile 1948[44], ma si può dire che, da questo momento, tutto il problema, sinora visto in termini economici, comincia ad apparire carico di implicazioni politiche. Ed è in pratica un viaggio politico quello che compie il nuovo presidente dell'associazione dei produttori americani nel 1948. Eric Johnston arriva in Italia, il 25 settembre, certamente per mettere un'ipoteca preliminare sulla nuova legge sul cinema, di cui si sta cominciando a discutere, e soprattutto per mostrare che a Roma, come ad Hollywood, va combattuta una battaglia contro l'infiltrazione comunista nel cinema e nella società. Johnston si incontra per discutere problemi politici ed economici con Cesare Merzagora, Carlo Sforza, col papa e soprattutto col ministro degli interni. Col ministro Scelba discute, in particolare, il problema del partito comunista, concordando con le soluzioni radicali da lui prospettate e, a sua volta, dichiarandosi convinto che la diffusione del comunismo dipenda soltanto dalla condizione economica degli individui. Eliminando la miseria non esisterebbe piú comunismo[45].

Per il momento il presidente dei produttori americani non ottiene altri risultati: le notizie che giungono dall'Italia nei mesi successivi sono però sempre piú allarmanti (tasse di doppiaggio, limitazione del numero di copie per importatore, tasse per ogni metro di pellicola importata, ecc.)[46]. Viene pertanto richiesto per la fine di novembre un incontro a Washington

con l'ambasciatore italiano e il produttore Gustavo Lombardo
(ritenuto filocomunista), incontro in cui gli americani, nell'affermare la loro forte opposizione alle intenzioni del governo
italiano, ricordano i meriti dei produttori cinematografici e i
loro concreti «aiuti nel periodo preelettorale»[47].

2. Dal piano Marshall alla guerra fredda

«Sarebbe interessante indagare sui legami che si sono stretti
in questi ultimi anni tra gruppi americani, sale di proiezione,
Vaticano e Democrazia cristiana»[48]. Così Emilio Sereni, nel
suo famoso discorso sul cinema del maggio 1949 al senato, indicava l'esistenza di una situazione di fatto creatasi nel cinema
italiano, di cui si potevano intuire le caratteristiche generali,
ma non si era mai studiata in concreto la morfologia. Sereni, e
con lui i critici cinematografici che avevano contribuito all'e-
laborazione del discorso, – che pure resta la prima analisi complessiva dello stato dell'industria cinematografica italiana del
dopoguerra nell'ambito delle sinistre, – denuncia, sul piano
parlamentare, che, con il pieno appoggio governativo, i giochi
sono ormai fatti a livello produttivo, distributivo e di esercizio. E che, se la Dc si è riservata, per le sue pratiche clientelari,
il terreno dei documentari, per il resto ha consegnato, quasi
per intero, produzione, distribuzione ed esercizio nelle mani
dei produttori americani.

L'Italia mantiene a lungo il primato, tra tutti i paesi europei, del maggior numero di film americani importati ogni anno. Il governo, che pure ha adottato misure protezionistiche,
non esercita, di fatto, alcun controllo reale e, come già si è visto, le denunce di trasgressione della legge per la programmazione obbligatoria del 1947 si accatastano in uno speciale ufficio istituito presso la presidenza del Consiglio dei ministri, restando lettera morta[49].

Questo cade in un momento in cui, anche negli Stati Uniti,
l'industria cinematografica è in crisi e le scorte di magazzino

sono pressoché esaurite. La pressione dei produttori americani tende di fatto a diminuire e le stesse forze politiche, oltre alla tradizionale autocensura, cominciano a discutere sull'opportunità di inviare in Italia determinati film che potrebbero offrire un'immagine negativa degli Stati Uniti[50].

Tra la legge del luglio e quella del dicembre 1949 c'è una nuova calata in Italia di Eric Johnston, questa volta per incontrare direttamente il sottosegretario Andreotti. Adducendo i troppi impegni e lo stato di salute non buono, Andreotti non si fa trovare, come non si era mai fatto trovare dai rappresentanti europei e italiani dell'industria statunitense. In rappresentanza del sottosegretario interviene all'incontro il commendatore Annibale Scicluna, a cui spetta il compito di spiegare il senso di alcuni provvedimenti della legge del luglio, primo fra tutti quello che consente a un produttore italiano di avere la licenza di importazione di un film straniero per ogni film doppiato. Per i produttori statunitensi è pacifico essere i padroni incontrastati del mercato. Essi non capiscono come mai si possa voler favorire l'apertura di eventuali scambi commerciali con altri paesi, di cui si importano film, e si discriminino soprattutto nei confronti dei produttori americani, che dovranno continuare a pagare i 2.500.000 di lire per le licenze di importazione per ogni film. Sarà soltanto l'accordo stipulato con l'Anica e l'Agis, due anni piú tardi (di cui si è parlato nel primo capitolo), a volgere a favore una situazione in apparenza molto dannosa.

Il 1949 vede i produttori americani inseguire e cercare di opporsi, come possono, tramite incontri periodici con Antonio Petrucci e con altri rappresentanti di Andreotti (il sottosegretario è inafferrabile come la Primula rossa), alla tassa sul doppiaggio. Ci vorrà qualche tempo prima che – con una tipica reazione di ritorno – capiscano come volgere a loro favore gli articoli 2 e 10 della legge[51].

Anche se il numero di film importati in Italia diminuisce, aumentano le opere di coproduzione.

Se l'anno 1950 resta ancora come uno dei piú fausti per l'azione di conquista del territorio italiano, con un'importazione di ben 406 film (pari al 94% della produzione Usa di quell'anno), dall'anno successivo il numero scende a 351 e quello dei film prodotti dall'industria italiana sale a 102. Per non far torto a nessuno, ed evitare accuse di ostracismo alla produzione dei paesi dell'est, viene concesso, nello stesso anno, il nulla osta a 9 film sovietici.

E le denunce moralistiche avanzate in parlamento sul tipo di ostruzione e sul funzionamento a senso unico della censura non modificano la situazione. Mentre per la produzione americana le tecniche dilatorie nel concedere il visto di censura sono uno dei tanti sistemi per limitarne il potere economico, colpendo i film dei paesi dell'est si intende eliminare ogni pericolo e anche il semplice sospetto di infezione ideologica. Si colpiscono alla cieca documentari e film dal soggetto e svolgimento assolutamente innocuo: in prima istanza viene bocciato *I cosacchi del Kuban*, film musicale sovietico, o il documentario polacco *Le acque zampillano per tutti*, sulle stazioni climatiche della Slesia. La ragione per cui viene negato il visto a questo documentario è che la pratica è smarrita. Per dimostrare di essere al di sopra delle parti, tra tutte le centinaia di film americani, la censura ne blocca una media dello 0,50%, se teniamo conto che, nel 1951, non concede in prima istanza il visto a *The Grapes of Wrath (Furore)* di John Ford e *All Quiet on the Western Front (All'ovest niente di nuovo)* di Lewis Milestone.

Il vero ostruzionismo doganale, la difesa delle frontiere, vengono attuati sia all'est che nei confronti della realtà interna, dove si comincia ad esercitare un vero e proprio sbarramento nei confronti di strutture e organismi che usino il cinema a scopi culturali e propagandistici, al di fuori dello spazio della Chiesa o degli usi che intendono farne gli americani.

Nessuna limitazione viene invece posta alla possibilità di far circolare, nel quadro del piano Marshall, una serie di documentari di propaganda che illustrano il grande sviluppo dell'Italia nel dopoguerra grazie agli aiuti americani (i titoli di alcuni di questi documentari sono *The Appian Way, Land Redee-*

med, The Miracle of Cassino, Village without Water, Adventure in Sardinia)[52]. Guardando un attimo all'indietro esiste un piccolo documento del 1949 che può richiamare la nostra attenzione. Si tratta di una lettera inviata il 15 agosto 1949 a Dean Acheson, del dipartimento di Stato, in cui si chiede perché gli americani non facciano opera di propaganda in Italia, tramite i documentari, come viene fatta dall'Inghilterra e dall'Unione Sovietica. La risposta, datata 9 settembre, contiene elementi di indubbio interesse. Si sostiene che in Italia tutti i media sono mobilitati costantemente e che, nel primo semestre dell'anno, piú di 800 proiezioni sono state organizzate in provincia di Milano, nelle fabbriche, chiese e comunità di vario tipo. Nello stesso tempo 16.822 proiezioni per un pubblico di 5 milioni di persone venivano organizzate in Italia dagli organismi d'informazione americani. Pur facendo la tara su questi dati, non si può non pensare che anche questa cinematografia sommersa, utilizzata come strumento di manipolazione del consenso, debba rientrare di diritto nella storia del cinema italiano[53].

L'esplorazione degli archivi americani si ferma al 1950. I documenti degli anni successivi non sono ancora accessibili agli studiosi. Il quadro che ne è risultato non sposta o capovolge l'asse interpretativo su cui si sono mossi autori italiani che hanno tenuto presenti questi problemi (Solaroli, e soprattutto Quaglietti), ma si è cercato di renderlo piú ricco di piste. Non esiste di fatto nessuna mossa americana di cui non si possa trovare una qualche traccia anche nella stampa o negli archivi italiani: l'elemento nuovo è quello giocato dagli ambienti diplomatici. Se da questi materiali appare evidente che gli uomini dell'ambasciata americana hanno un'esatta coscienza dei problemi e li seguono sempre tenendo presenti la specificità e il quadro piú ampio delle relazioni diplomatiche, non è possibile pensare a una ricerca analoga da condurre in parallelo sul ruolo delle rappresentanze diplomatiche italiane all'estero a favore del cinema italiano proprio per la modestia del profilo culturale di queste rappresentanze e la difficoltà politica ad acquisire il cinema neorealista come bandiera e simbolo della nuova identità nazionale.

Cosí come si è cercato di dare il giusto rilievo all'azione censoria in tutta la ricchezza della sua morfologia, non si può trascurare il fatto che, in questo quadro di interventi e di presenza di varie forze a garantire l'appoggio al cinema americano come strumento ideologico, non può mancare il ministero degli interni. Con una circolare del 22 dicembre 1952 si affronta il problema del controllo sulle forme di propaganda antiamericana a mezzo cinema. Lo si dice, naturalmente, con ampie perifrasi e in forma indiretta: «Viene da varie parti segnalato che, da qualche tempo, alcuni enti e organizzazioni politiche svolgono intense attività propagandistiche mediante la proiezione con lanterne magiche di "filmine", immagini-fisse, che a volte, con intenzione decisamente propagandistica (per esempio nella guerra batteriologica in Corea) hanno per argomento la vita, il lavoro, i fini degli istituti di Stati nei quali non è consentita la reciprocità di simili attività propagandistiche per enti e organizzazioni italiane. Le proiezioni, che avvengono in genere come accessorio di apposite conferenze, si svolgono in riunioni di caseggiato, di quartiere o presso altre sedi di partito e, allettate dalla possibilità di assistere gratuitamente ad uno spettacolo, vi intervengono numerose persone. Questo ministero ritiene che, al fine di disciplinare le accennate manifestazioni di propaganda, gli organi locali di Ps possano in generale avvalersi dell'art. 113 del testo unico della Ps e del 1663 del codice penale».

Per quanto riguarda esempi concreti di intervento, si può vedere, in una città come Padova, come si risponda, nel febbraio 1953, che nelle sedi di partito non sono state trovate né filmine, né macchine da proiezione. Questo telegramma non ha certo potere consolatorio: indica piuttosto, in un quadro in cui si è cercato di vedere l'estrema interconnessione nel lavoro delle varie forze, la totale assenza dei partiti di sinistra sul piano dell'uso dei mezzi audiovisivi di propaganda. Nonostante questo deserto d'iniziative, qualcosa deve muoversi, tanto che

il ministero insiste mediante l'invio di un secondo telegramma
(in data 22 ottobre) in cui si precisa che risulta che «dagli organi centrali del Pci le sezioni dipendenti vengano sollecitate a
costituire filmoteche per la raccolta di filmine edite a cura del
centro diffusione stampa del partito stesso. Viene in particolare segnalato il documentario *Cronache d'oggi*. Perciò si richiede – mensilmente – una relazione sui risultati dell'azione svolta dagli organi dipendenti. La relazione dovrà pervenire, anche
se negativa, entro il 10 di ogni mese». Nelle prime relazioni,
inviate dalla città dove mi è stato possibile avere accesso agli
archivi della questura (dove i documenti non sono catalogati),
si dice che non risulta che si siano costituite filmoteche, ma in
relazioni successive (7 febbraio) si viene a sapere che effettivamente circolano filmine messe a disposizione a lire 250-300
l'una. I titoli sono: 1) *Gli americani e l'Italia*; 2) *Questa è l'A-
merica*; 3) *La Rai strumento della guerra fredda*.

Qualche mese dopo c'è anche la possibilità di sorprendere
in flagrante una di queste proiezioni: «Si comunica – scrive la
prefettura di Padova il 5 luglio 1954 – che il 18 giugno, l'Arma
di Ponte di Brenta sorprendeva, nella trattoria Garibaldi, lo
studente universitario Tolin Francesco, fu Romano, mentre
proiettava, per conto del Psi, il film *Hanno assassinato i Rosenberg*. Il Tolin è stato denunciato, le macchine di proiezione e le
pellicole sono state sequestrate».

Indubbiamente, anche se di maggior pertinenza del capitolo
sulla censura, la microrealtà appare come l'ultimo anello della
catena che si stende con articolazioni imprevedibili, da prendere in seria considerazione anche se di fatto il peso tra le forze
cinematografiche contrapposte risulta, grazie a quest'ultimo
esempio, assolutamente incomparabile.

La foto di gruppo ormai ha raccolto quasi tutti i soggetti
che svolgono un ruolo importante per la trasmissione di un
prodotto: manca solo l'ambasciatrice Clara Boothe Luce, che
negli anni cinquanta avrà un'importanza decisiva nel manovrare la circolazione dei film americani e nell'influenzare il

controllo sulla produzione italiana. Ma siamo già ai margini del discorso.

Grazie a tutta questa serie di soggetti e di interventi combinati, distribuiti e organizzati con buona scelta di tempo, si ottiene che ogni forma di propaganda antiamericana sia bloccata sul nascere e favorita al contrario ogni forma di propaganda filoamericana, che, nel frattempo, si sia organizzata. Risaliamo alla fonte: molte cose si possono desumere dai verbali pubblici dei lavori delle commissioni e sottocommissioni del senato americano e, in particolare, da quelli del Subcommittee of Overseas Information Programs of the Committee on Foreign Relations, in cui si affronta il problema dell'uso dei media a scopo di propaganda e della questione Italia all'interno del programma internazionale[54].

Si possono riportare alcuni punti di un memorandum elaborato da Robert Johnson, amministratore dell'International Information Administration, nella seduta del 9 marzo 1953. Nel documento si afferma che lo scopo della ricerca è di elaborare un progetto completo, che copra tutti i media sia per le operazioni in America che per qualsiasi altro paese. La propaganda non intende essere né troppo ovvia, né troppo esaltante verso l'America, in quanto ciò creerebbe, anziché favore e simpatia, avversione e resistenza.

Si tratta di avere sempre presente, in questo programma, le caratteristiche unitarie dei cosiddetti «target groups». E, per quanto riguarda l'Italia, viene subito detto che le donne non si possono considerare dei «target groups» perché sono circa la metà della popolazione e sono cosí numerose ed eterogenee che un impatto ripetuto su di loro sarebbe impossibile. Inoltre anche un tentativo di penetrazione presso i lavoratori con libri sarebbe stupido, in quanto si è constatato che i libri raggiungerebbero un numero minimo di lavoratori (50.000 su 20 milioni) e che la lettura non è tra le occupazioni preferite del tempo libero dei lavoratori.

L'obiettivo principale è comunque quello di far convergere l'azione dei media per costruire una fiducia nella capacità degli

Stati Uniti di assumere una leadership mondiale. Altro obiettivo da raggiungere, di pari passo, è quello della vittoria sul comunismo. Per giungere a questo bisogna mobilitare una combinazione di conoscenza, intuizione, immaginazione, necessarie ad una vera offensiva psicologica. Il quarto obiettivo – siamo nel marzo 1953 – è quello di ottenere informazioni utili alla polizia degli Stati Uniti in tutti i paesi che si propongono il miglioramento delle condizioni materiali di vita e che accettano il duplice presupposto dell'appartenenza al mondo democratico e della lotta contro il comunismo. Oltre a questo memorandum interessa la testimonianza, nella medesima seduta, di un certo Mr. Free, che vive e lavora a Roma e spiega alla commissione le tecniche di intervento in Italia nel campo di tutti i mass-media.

«Il nostro obiettivo – esordisce Mr. Free – è quello di presentare al popolo italiano l'idea che il suo futuro migliore è legato alla democrazia... Si tratta di far passare gli ideali legati ai modelli americani e si tratta di dire agli italiani che starebbero assai peggio sotto un sistema comunista cercando di documentarlo nel modo piú adeguato».

Il programma è articolato su una mobilitazione totale dei media: si va dall'uso di una trasmissione radiofonica come *The Voice of America*, che comincia in quegli anni a perdere colpi, alla penetrazione nella radio italiana, dall'uso della stampa a quello del cinema.

Quando si tratta di entrare piú in dettaglio, precisando i nomi delle forze e delle persone che agiscono in Italia e a cui gli americani si appoggiano, il discorso di Free è ricco di omissis e di dichiarazioni non messe a verbale. In effetti queste dichiarazioni registrate ci informano comunque di come gli americani controllino un buon numero di programmi della radio italiana e soprattutto di come i programmi elaborati appositamente in Italia riscuotano il maggior successo.

E per il cinema? «Al momento – dichiara Free – stiamo producendo vari film. Alcuni trasmettono l'idea dell'anticomunismo, altri sono legati alla storia del progresso fatto dall'Italia dalla fine della guerra». «Avete unità mobili?» viene chiesto a Free. La risposta è affermativa, ma la difficoltà è che operano come unità degli Stati Uniti. La cosa migliore è riuscire a fare in modo che queste unità siano manovrate da organizzazioni locali di vario tipo. Anche in questo caso i nomi delle organizzazioni a cui ci si appoggia vengono lasciati fuori verbale.

Quanto ai contatti personali, Free parla del ruolo dei rapporti con i giornalisti, e dello sforzo di convincerli a scrivere cose favorevoli agli Stati Uniti. Il costo dell'intero programma è di 4 milioni di dollari[55].

Torniamo all'Italia: credo sia evidente che il discorso non intende, né può, stabilire una concatenazione perfetta tra tutti gli anelli, tanto piú che molta parte dei materiali dei vari ministeri italiani, dello Stato vaticano, degli archivi dei produttori o sono stati dispersi o risultano inaccessibili. Tuttavia è già possibile vedere come un grande disegno imperialistico, condotto dall'industria americana, è soltanto in parte in conflitto con gli interessi specifici dell'Italia. Non va certo contro gli interessi degli esercenti, né contro quelli del pubblico e delle forze cattoliche. Il conflitto con le forze politiche non nasconde l'evidenza di interessi comuni. Lo stesso si può dire nei confronti dei produttori. La cinefagia aggressiva dell'industria di Hollywood può trovare buoni motivi per stringere, a seconda delle circostanze, vari patti di alleanza separati.

Il cinema americano continua a entrare nelle coproduzioni, ad imporre alla produzione italiana e agli stessi registi neorealisti le regole di Hollywood, almeno fino al 1957. La crisi produttiva di questo anno segna una curiosa inversione di tendenza. I prodotti americani cominciano a ritirarsi gradualmente da un mercato che avevano continuato a dominare per i tre quarti degli incassi complessivi. L'organizzazione della riscossa pare guidata non tanto dagli uomini politici dell'opposizione, quanto dalla riscoperta casuale di un filone dimenticato, quello mitologico, alla cui testa si porrà *Le fatiche di Ercole* di Pietro Francisci.

Le stagioni dell'associazionismo

«Tutti imparavano l'inglese furiosamente e
tutti avevano due argomenti di cui erano
veramente interessati: il cinema e la politica»,
Erika e Klaus Mann, *Escape to life*, 1939.

1. Associazionismo e organizzazione della cultura

I primi a riunirsi in associazione e a pensare di dar vita a iniziative per la diffusione della cultura cinematografica sono gli stessi uomini di cinema, che, alla fine del 1944, creano a Roma l'Associazione culturale del cinema italiano (Acci), un organismo apolitico che vuole «contribuire alla diffusione di tutti i problemi artistici, tecnici e culturali riguardanti il cinematografo».

I padri fondatori decidono che l'organismo debba subito assumere funzioni di promozione, distribuzione, rappresentanza e presa di coscienza di tutti i problemi del cinema italiano.

Si stabilisce pertanto per gli uomini del cinema un tipo di intervento a largo raggio su un arco di fenomeni, che dal piano estetico giungono fino al piccolo cabotaggio dell'esercizio[1].

Le cariche sociali dell'Acci sono così distribuite: la presidenza va a Mario Camerini, la vice presidenza a Libero Solaroli, e, tra i consiglieri, troviamo Michelangelo Antonioni, Giuseppe De Santis, Vittorio De Sica, Gianni Puccini, Luchino Visconti, Cesare Zavattini. Nell'ambito di questo organismo sono varate due iniziative ancora prima della fine della guerra: si decide di proiettare, con l'aiuto del PWB, una serie di film sovietici, americani e inglesi[2] e di promuovere un incontro-processo sul cinema del passato, dal titolo «Atto d'accusa al cinema italiano», con Giuseppe De Santis in veste di pubblico ministero e Antonio Pietrangeli in quella di avvocato difensore. Interessa ricordare i termini del dibattito, tutto centrato sull'antifascismo (piú o meno cosciente) dei film dei primi anni quaranta. De Santis suddivide la storia del cinema italiano in due filoni fondamentali (l'uno di derivazione dannunziana e l'altro erede delle correnti realistiche e naturalistiche) e valorizza il primato del contenuto e dell'ideologia dichiarata e presupposta. Pietrangeli, ricordandosi della lezione crociana, sostiene che la posizione di un autore «deve diventare carne e sangue dell'opera, deve, calandosi nella forma, darle intensità, vibrazione, altezza di livello estetico»[3].

A un discorso critico, che muove, in maniera schematica, i suoi primi passi nei territori del marxismo, senza riuscire ad occultare la propria discendenza spuria dall'idealismo, fa riscontro un'altrettanto schematica ed elementare applicazione delle categorie idealistiche. Il leggero bagaglio culturale, estetico e filosofico è ampiamente sostituito dalla grande tensione morale e dal desiderio di rinnovamento. Nei due discorsi possiamo anche vedere delineati alcuni grandi «luoghi comuni» o punti obbligati del tracciato critico del dopoguerra, destinati poi a essere ripercorsi automaticamente quasi all'infinito.

A qualche mese di distanza, a guerra finita, tra il 22 settembre e il 5 ottobre 1945, sempre a Roma, si svolge un diverso tipo di iniziativa, che può rientrare nella logica evolutiva del quadro che intendiamo delineare. Al teatro Quirino si svolge il I Festival internazionale del cinematografo, seguito con grandissimo interesse dal pubblico e dalla stampa quotidiana di ogni tendenza. Sono in programma film francesi, sovietici, inglesi e italiani. Tra i titoli l'*Ivan Groznij (Ivan il terribile*, 1944) di Sergej Ejzenštejn, *Lenin v 1918 godu (Lenin nel 1918*, 1939) di Michail Romm, *Amanti perduti* e *L'amore e il diavolo* di Marcel Carné, *L'immortale leggenda* di Jean Delannoy, *Casa degli incubi* di Jacques Becker, *Spirito allegro* e *La famiglia Gibson* di David Lean, *Enrico V* di Laurence Olivier, *Lady Hamilton* di Alexander Korda, *Roma città aperta* di Roberto Rossellini, *Giorni di gloria* di Mario Serandrei.

Per il pubblico, e soprattutto per i critici, che da diversi anni hanno conosciuto soltanto i capolavori del cinema ungherese, tedesco, rumeno o cecoslovacco, la ripresa di contatto con i rappresentanti delle maggiori cinematografie ha un valore rivitalizzante e rimette in moto meccanismi di giudizio e tentativi di analisi di fenomeni da tempo abbandonati e repressi. Inoltre, questi titoli vengono a costituire quasi il nucleo ideale da cui, nel quindicennio successivo, si svilupperà l'associazionismo di base.

In queste iniziative possiamo cogliere delle spinte destinate a diffondersi, rimbalzare, trasformarsi e passare attraverso fasi differenti, tutte inserite, di fatto, in un identico processo di crescita spontanea di bisogni, avanzati da piú parti, nello stesso tempo e nello stesso modo. Grazie ad alcuni passaggi, piú facilmente isolabili, anche se molto rapidi, si vede come, dalla nascita di ristrette élites di uomini di cinema, si passi alle ipotesi, variamente perseguite, di dar vita a una cultura cinematografica il piú possibile decentrata, allargata e diffusa[4].

Nella vita associativa e nell'organizzazione della cultura del dopoguerra, le caratteristiche e lo sviluppo dei cineclub costituiscono, in tutta la loro morfologia e progressiva articolazione di scopi e caratteristiche, un fenomeno completamente inedito. Certo «i circoli del cinema erano i figli dei cineguf, la cui attività, nell'epoca prebellica, prevedeva proiezioni di film e riprese di pellicole amatoriali in formato ridotto»[5]; in questo caso, però, è bene chiarire che le parentele tra i due fenomeni non vanno oltre questa constatazione. Per tipo di progetto, durata, diffusione, ipotesi culturali, pubblico, i fenomeni non risultano comparabili.

Nel dopoguerra si andranno diffondendo sempre piú, al di fuori delle élites culturali, iniziative, prima spontanee e poi coordinate, di avviamento e promozione di cultura cinemato-grafica. Ovunque si costituiscono e raggruppano piccoli gruppi di spettatori, che riescono a mantenere a lungo la stessa sensazione di partecipare, come soggetti attivi, a una medesima grande battaglia culturale per l'affermazione di un ideale di cinema sciolto dalle ragioni commerciali[6].

Per anni gli organizzatori dei circoli del cinema pensano che sia a portata di mano «l'era dello spettatore padrone» di cui aveva parlato Léon Moussinac all'epoca del muto.

Nello spazio dei cineclub si tenta ciò che non si riesce a realizzare in modo continuativo in nessun altro campo della cultura: la storia dell'associazionismo – si badi bene – non è storia vittoriosa dell'affermazione di un'egemonia culturale, quanto dell'unico tentativo di costituzione, dopo i fallimenti dei «fronti della cultura» e delle «alleanze della cultura», di gruppi elementari di persone, fortemente omogenei nella loro motivazione e spinta conoscitiva. Grazie alla continua interrelazione tra i partecipanti, si stabilizzano presto, in tutta Italia, comportamenti, esperienze culturali e partecipative, di tipo assolutamente nuovo. In questa storia è inoltre possibile rintracciare l'unico tentativo di organizzare la cultura nell'ambito delle sinistre che abbia cercato di mettere in parte in pratica la lezione gramsciana. Una grande utopia, un forte senso di solidarietà unisce Trieste e Catania, Livorno e Monza e se le ipotesi di partenza (cinema d'arte vs cinema commerciale) sono ancora figlie dell'idealismo, la pratica reale favorisce il fenomeno di promozione, a livello di fruitori di esperienze privilegiate, di gruppi sociali da sempre estranei alle esperienze culturali.

Nel 1950 il sogno di trasformazione del paese, di rinnovamento politico-culturale, ormai naufragato in altri settori politico-economici, trova il proprio transfert nel terreno cinematografico.

Secondo una progressione su cui piú volte mi sono soffermato, il cinema diventa il luogo a cui si affida il compito di continuare battaglie ormai perse sul fronte governativo. Agli uomini di cinema, sia i critici che i politici chiedono di non arrendersi e combattere tutti uniti. Alle loro spalle i gruppi dei circoli del cinema vivono la loro esperienza con l'impressione di trovarsi in uno stato di mobilitazione costante: ogni proiezione è considerata sempre piú come una vittoria contro una serie di forze antagoniste: «Tutti schierati, tutti pronti ad affrontare censori, sottosegretari e capitalisti americani, in un'eccitante atmosfera di congiura e persecuzione che raddoppia il valore dell'esperienza schermica e che personalmente... ricordo con molta nostalgia»[7]. Nel ricordo di Guido Fink, emblematico rappresentante di una generazione di critici di provincia culturalmente svezzati dal cinema, c'è il senso della perdita di una grande stagione, potentemente esaltata dal conflitto e dalla confluenza di forze ed elementi che prima, durante e dopo, interferivano nell'esperienza, miscelando, in un cocktail irripetibile, piacere e impegno, ideologia e «specifico filmico».

Il disturbo messo in atto dalle forze politiche e dai distributori e la disgregazione del fronte unitario dell'associazionismo fanno sí che, poco per volta, si perda il contatto con la materialità del film e diventino primari obiettivi posti prima e oltre lo schermo. A ben guardare, gli organismi associativi sono assai vulnerabili e la guerriglia, escogitata nei loro confronti a livello politico, ne impedisce un'attività regolare, cosí come la non concessione di sovvenzioni governative ne limita al massimo le iniziative, quando non le fa cadere del tutto.

La cultura dei circoli non produce cultura di massa, anche se attira fenomeni inediti di acculturazione. In un certo senso i circoli rappresentano gli avamposti delle élites culturali popolari di neoformazione. E se negli anni sessanta si tenterà il ricupero di un rapporto con la totalità dell'esperienza schermica, resta comunque il senso di dilatazione del potere del cinema e attraverso una serie di appuntamenti «memorabili» e azioni «decisive» a favore del cinema italiano e della libertà della cultura, prodotte in occasione di ogni proiezione.

2. Uno, due, dieci, cento circoli...

A partire dal 1945, in forma sparsa, cominciano a costituirsi, in alcune città d'Italia, i circoli del cinema, anche se «il primo nucleo si forma invece nella primavera del 1946, quando la Cineteca italiana, organizzato il festival del cinquantenario del cinema a Milano, mette a disposizione, per piccole mostre nelle diverse città, una parte di quel programma... quella decina di film della Cineteca italiana sono stati il solido schema su cui ha potuto impiantarsi l'attività dei primi circoli»[8].

I film inseriti in questi primi programmi comprendono *La chienne* di Jean Renoir, *M* di Fritz Lang, *L'Atalante* e *Zéro de conduite* di Jean Vigo, *Vampyr* di Carl Theodor Dreyer e, a questo nucleo iniziale, si aggiungono, come già detto, i titoli del festival del Quirino, e quelli di alcuni classici del cinema americano.

Il primo momento di nascita e diffusione spontanea ha una durata molto breve e mette subito in luce difetti e impossibilità di elaborazione di progetti di piú lunga portata. L'esigenza di coordinamento delle iniziative per l'approvvigionamento piú regolare dei film rende inevitabile, a tutti i circoli sorti in varie città d'Italia, la necessità di riunirsi per dar vita a un organismo capace di rappresentare, con veste giuridica, un movimento in grado di diffondersi rapidamente su tutto il territorio nazionale.

Per iniziativa della Cineteca italiana e del Circolo genovese del cinema viene organizzata, nel luglio 1947, una conferenza preparatoria al I Convegno dei circoli, che si terrà a Venezia, nell'ambito della Mostra del cinema, il 7 settembre dello stesso anno. A questo convegno partecipano i rappresentanti dei circoli di Bergamo, Biella, Cremona, Firenze, Genova, Milano, Padova, Pavia, Roma, Torino, Treviso, Trieste, Varese, Venezia e Verona. A breve distanza (8 novembre) viene ufficialmente costituita la Ficc (Federazione italiana circoli del cinema). Si definiscono subito gli scopi dell'associazione, le modalità di lavoro e di intervento culturale. Dal punto di vista dello statuto, che avrà una sua veste definitiva soltanto dopo il congresso di Livorno del 1950, l'art. 2 stabilisce che «un circolo del cinema è un'associazione senza scopo di lucro e assolutamente apolitica; ha per fine essenziale lo sviluppo e la diffusione della cultura cinematografica, particolarmente attraverso la proiezione di film in forma privata. Vuol contribuire, con tutte le sue possibilità, al progresso della cultura cinematografica, degli studi storici, della tecnica dell'arte cinematografica, allo sviluppo degli scambi culturali cinematografici tra i popoli e all'incoraggiamento della cinematografia sperimentale».

I circoli del cinema sono strutture di base con scopi educativi e di promozione culturale: sono, in pratica, gli avamposti di un'azione capillare nel sociale, nelle scuole, negli altri organismi associativi, nei centri ricreativi. Il primo obiettivo è quello di organizzare il pubblico, sviluppare un atteggiamento differente nei confronti del cinema, attivarne le capacità – individuali e collettive – di interpretazione critica.

A pochi mesi dalla fondazione dell'organismo viene a trovarsi sul suo cammino un appuntamento extracinematografico, che impone delle scelte di politica complessiva da cui dipenderanno non poche conseguenze per l'attività successiva.

Le elezioni del 18 aprile 1948 sono viste come una grande occasione per portare in parlamento la voce di un rappresentante dello spettacolo e, al tempo stesso, un protagonista del nuovo cinema. Si tenta di appoggiare la candidatura di Antonio Pietrangeli, presidente dei circoli, pensando, ottimisticamente, di costituire un movimento d'opinione capace di divenire forza politica. Tra i critici delle nuove generazioni Pietrangeli è quello che ha saputo assumere un più accorto tentativo di mediazione con il passato, accettando e riconoscendo una linea di continuità a partire dai primi anni trenta. Pietrangeli non viene eletto; però, grazie ai suoi interventi, anche in sede di campagna elettorale, si comincia a guardare al cinema italiano nell'insieme di passato e presente, a stabilire relazioni di rottura e continuità, a riconoscere parentele sotterranee e affinità elettive e se ne promuovono, sul campo, i circoli del cinema a difensori privilegiati. La scadenza elettorale spacca i pubblici, fa mancare il consenso di una borghesia che sente come assai piú forti i richiami dell'ordine e vede «smascherato» – grazie ai molti organi di stampa, non ultimo *L'Osservatore romano*, impegnato fianco a fianco con la stampa parafascista – il volto comunista di un'associazione che continua a volersi dichiarare apolitica[9]. La sconfitta mette in crisi l'associazionismo, crea divisioni al suo interno, segna una momentanea battuta d'arresto. Una seconda difficoltà obiettiva giunge subito dopo, dal mancato accordo con la Cineteca italiana per la distribuzione dei film (va ricordato che la Cineteca italiana è ancora un'associazione non riconosciuta)[10].

In pratica la Ficc è rifondata nel 1949; comincia, da quell'anno, una fase di grande fervore d'iniziative e di grandi polemiche interne sfociate nella scissione di alcuni circoli, che andranno a costituire un nuovo organismo, l'Uicc (Unione italiana circoli del cinema).

I circoli del cinema nascono come strutture unitarie e, nei primi anni di vita, sono percorsi dal bisogno di ricuperare la conoscenza del passato: René Clair e Charlie Chaplin, G. Wilhelm Pabst, Eric von Stroheim, Robert Bresson, Marcel Carné, Robert Flaherty e John Ford, Giovanni Pastrone e John Grierson, Jean Renoir e Hans Richter, Victor Sjöström e i fratelli Vasil'ev entrano, con molti altri autori fondamentali, nel patrimonio elementare dei pubblici di tutti i circoli.

Il doppio processo di alfabetizzazione cinematografica e culturale passa attraverso l'incontro con copie di fortuna dei classici e si propone come obiettivo primario anche la crescita morale e ideologica dello spettatore.

Dopo il 1948 diventa sempre piú difficile proseguire una politica unitaria: in seno alla Ficc si sta affermando una tendenza che punta a un maggior coordinamento e a un controllo centralizzato delle iniziative e dei programmi. Le spinte scissionistiche nascono in conseguenza di vari fattori concorrenti: la presenza anzitutto di componenti cattoliche e anticomuniste, che vogliono sottrarsi al pericolo di egemonia culturale delle sinistre, l'esigenza di continuare a mantenere il cinema al di sopra delle parti e quella di accettare i programmi preconfezionati della Ficc, che non sembrano godere di grandi successi di pubblico.

L'Uicc, pur raccogliendo un numero più limitato di circoli (21 nel 1952), conta su città come Torino e Venezia, Napoli e Padova, Reggio Calabria e Savona, Reggio Emilia e Treviso[11].

Nella scissione, alla fine del 1951, si rileva un rispetto (si pensi al Veneto, dove nel 1953 tutti i capoluoghi di provincia aderiscono all'Uicc) di motivi geopolitici, ma non solo questo. L'Uicc riesce a far convivere l'esigenza di coltivare l'orto cinematografico senza mescolare motivi extracontestuali, accanto a evidenti spinte maccartiste.

È difficile stabilire oggi quanto la manovra fosse stata condotta dall'esterno per riproporre, nel piccolo, una specie di scissione di palazzo Barberini anche in ambito cinematografico. Certo non possiamo pensare che, in questi anni, anche la minima iniziativa culturale o associazionistica periferica potesse agire in una sua utopica autonomia culturale e ideologica e senza una preliminare scelta di campo. Così come non possiamo, in clima di diffusa paura anticomunista, neppure sottovalutare il restringimento di scelte che, per forza di cose, si viene a determinare all'interno della Ficc. L'Uicc rappresenta le forze di centro, cattoliche, socialdemocratiche e con qualche apporto socialista. Rispetto ai cineforum, che nascono in ambito confessionale e cattolico, l'Uicc, all'insegna del motto di un cinema al di sopra delle parti, raccoglie forze assai eterogenee.

I circoli che aderiscono all'Uicc, ponendosi di fronte a tutta la storia del cinema e godendo di maggiori appoggi e facilitazioni, offrono programmi ad ampio spettro, dal cinema americano a quello svedese o danese, a quello sovietico[12]. Per avere un'idea di questi programmi negli anni chiave della guerra fredda, basterà procedere a una serie di confronti comparativi, vedere la costruzione dei rituali di presentazione e discussione dei film, le scelte degli esperti e dei relatori, l'organizzazione di iniziative di sostegno (cicli di lezioni, ecc.), la formazione di una doppia idea di pianificazione e formazione della cultura cinematografica che vive per tutto il periodo, il tipo di sale in cui si effettuano le proiezioni e i pubblici a cui si rivolgono le diverse associazioni. In questo panorama l'Uicc punta a soddisfare le richieste di cultura cinematografica di base, avanzate, in ambito urbano, dalla «middle class», alla ricerca di quella promozione che il cinema offre a tutti.

Uno dei fondamentali motivi del dissenso nasce dal sistema di rappresentanza dei circoli in seno alla federazione. Questo motivo copre, opportunamente, la ragione reale di tipo politico, ma si basa su cause altrettanto reali: nel primo periodo, infatti, le votazioni premiano i circoli con un maggior numero di soci. La maggioranza e le direttive dell'associazione sono nelle mani di questi circoli, mentre i piccoli circoli non hanno alcuna rappresentatività. In fondo è un finto modo di dar ascolto alle associazioni di massa e comprimere quelle che possono apparire come l'espressione elitaria di piccoli gruppi intellettuali. Non è difficile pensare che si potesse ovviare a questi inconvenienti: di fatto la scissione è spinta, guardata in modo favorevole e benedetta ai vertici di governo.

Allo scadere del 1949 entra in vigore la legge che, all'articolo 30, prevede la creazione di un fondo costituito dall'1% dei contributi erariali riscossi dagli spettacoli cinematografici. Tale fondo dovrebbe andar distribuito – previo parere favorevole di un'apposita commissione – a istituzioni e manifestazioni di carattere culturale e cinematografico. Il primo anno del nuovo esercizio, la Ficc ottiene la sovvenzione di 1.250.000 lire come rimborso per il convegno veneziano del 1949. Nella gestione successiva, a chiusura della quale si presenta regolare domanda, non si ottiene risposta da parte del governo alla richiesta di un contributo di 7 milioni di lire per far fronte alle spese di coordinamento di un numero di circoli che ha ormai superato la cinquantina[13].

Nei confronti dell'Uicc, che, pur con le facilitazioni governative e le maggiori possibilità di accesso ai film, resta un movimento gregario e subalterno, non solo in termini numerici, la Ficc continua a svilupparsi e moltiplicare le sue iniziative. «All'inizio del decennio... del centinaio di cineclub esistenti quasi novanta sono federati, con circa 10.000 soci. Malgrado la successiva scissione... nel 1952 i circoli della Ficc avevano piú di 27.000 soci. L'anno dopo, riuniti per protestare contro interventi censori, i vari organismi che riuniscono cineclub dichiarano di rappresentare circa 185 circoli con piú di 50.000 soci»[14].

Virgilio Tosi, cui si devono questi dati, ha curato, per alcuni anni, dalle colonne di *Cinema* prima e *Cinema Nuovo* poi, una rubrica fissa di tipo informativo sull'attività dell'associazionismo. Il suo merito, derivato anche dal ruolo di segretario della Ficc (e di redattore del primo esemplare di statuto dei circoli e quindi di membro fondatore), è di aver lasciato una sorta di diario sull'attività dei singoli circoli e sui lavori svolti nei congressi regionali, interregionali e nazionali. Grazie a queste rubriche, possiamo avviare una prima ricognizione analitica sul tipo di scelte e parole d'ordine, che maturano di anno in anno nelle due associazioni, e sulla portata reale della loro azione culturale e politica. Quello che si perde è il senso di una grande stagione di passione e di entusiasmo e di assunzione di un ruolo guida nell'organizzazione culturale da parte del cinema.

Pur con tutti i suoi limiti e la povertà dei mezzi, questo tipo di lavoro culturale, ben diverso come ipotesi rispetto alle esperienze dei cineguf degli anni trenta, scopre le sue possibilità strada facendo. Negli anni che precedono la scissione, i responsabili dei vari circoli che elaborano i programmi guardano soprattutto alla *Storia del cinema* di Francesco Pasinetti, per cercare di stabilire le conoscenze elementari degli autori e delle cinematografie. Tre film sono già sufficienti a formare un ciclo rappresentativo di una cinematografia straniera, due opere di un autore costituiscono un «omaggio» e, qualche volta, si cerca di promuoverle a «retrospettiva». Sempre con un paio di film si è in grado di soddisfare la fame di un pubblico che vuole sapere le cose fondamentali, incontrare, prima di tutto, i grandi maestri e si può offrire al giovane critico di provincia l'occasione di scrivere il suo primo saggio generale sul regista. È un lavoro di alfabetizzazione per tutti entusiasmante e coinvolgente. Non mancano, nei programmi dei circoli che si rispettano, cauti omaggi ai primitivi, da Lumière a Méliès a Emile Cohl, o la soddisfazione delle curiosità sulla cinematografia d'avanguardia o d'animazione. Lo sguardo privilegiato, in ogni caso, è rivolto alla cinematografia americana e a quelle sovietica, francese e italiana. A spezzare il pane della scienza cinematografica nei cineclub della Ficc sono chiamati, per anni, registi e critici molto rappresentativi; si cerca di affiancare, al livello di acculturazione primaria, iniziative di formazione piú approfondita e rigorosa. Va registrata anche, da parte degli intellettuali, una disponibilità al contatto con il pubblico, una presenza nel sociale, che non ha precedenti. In ambito universitario nasce una sezione cinematografica dell'Unuri nei primi anni cinquanta e questo è un elemento di spinta importante verso livelli di maggiore qualificazione delle iniziative cinematografiche[15].

Da parte di alcuni circoli si promuovono corsi che hanno le caratteristiche di corsi liberi universitari. La scuola e l'università diventano, proprio in questi anni, i luoghi privilegiati verso cui una cultura cinematografica, alla ricerca di una propria legittimazione culturale e in possesso di una capacità di mobilitazione superiore a quella di qualsiasi altra forma di organizzazione, tende con insistenza[16].

Dapprima i circoli assomigliano alle biblioteche popolari, a cui contendono lo spazio, e dai primi anni cinquanta sembrano invece università popolari alla ricerca di consensi e crediti sempre maggiori.

Il lavoro dei circoli e della Ficc in particolare consisterà nel tentativo di raccogliere e far riconoscere, in un insieme di film, un sistema di valori in netta antitesi ideologica e morale rispetto alla produzione dei circuiti commerciali.

Nonostante la Ficc si dimostri ideologicamente piú caratterizzata, ciò non significa per tutto il dopoguerra dipendenza passiva o subordinazione alle parole d'ordine o alla politica culturale delle forze sindacali o dei partiti della sinistra. Il prevalere di preoccupazioni di vario ordine (politiche, morali ed estetiche), limita però le scelte complessive e particolari e, in un certo senso, omogenizza i programmi dei circoli secondo un'idea di cinema d'arte nettamente antagonista rispetto a quella del cinema commerciale.

D'altra parte il merito riconoscibile è quello di aver tentato di creare, soprattutto per la produzione italiana piú recente, un circuito e un canale alternativo, non di tipo commerciale, col proposito di salvare, o almeno far circolare, opere escluse e condannate per sempre a morte dai rappresentanti della distribuzione e dell'esercizio normale.

Questi tentativi empirici di opporsi ai meccanismi del mercato prescindono da qualsiasi analisi sulle caratteristiche dell'industria culturale e del pubblico, sia perché nella biblioteca alle spalle degli uomini del cinema entrano in maniera lenta nuovi testi, sia perché, oggettivamente, l'opera di bonifica culturale deve passare attraverso i testi capitali e una preliminare e necessaria azione di acculturazione di base e di definizione precisa dei punti cardinali[17].

Sorgono circoli a Città di Castello e a Ivrea, a Imola e a Como, a Carpi e Fidenza, a Marsala, Sassuolo e Suzzara, e in ognuna delle sedi sono chiamati a intervenire i protagonisti della battaglia per il neorealismo e per il cinema del secondo dopoguerra[18].

Da iniziative molto piú articolate di avviamento allo studio del cinema – come dal programma del 1951 del Circolo universitario cinematografico milanese – è già possibile vedere come il cinema entri, ospite occasionale, all'università[19].

Si cerca di razionalizzare il servizio offrendo ai soci schede informative e critiche (questo lavoro sarà curato da Callisto Cosulich e Virgilio Tosi) e si pubblicano quaderni con saggi d'insieme su un periodo storico o una cinematografia. Il primo, del 1950, sul *Cinema italiano sonoro*, pubblicato in occasione di una retrospettiva tenutasi a Livorno, non è che la versione italiana del saggio di Pietrangeli apparso sulla *Revue du cinéma*[20]. Successivamente escono quaderni sul cinema ungherese[21] e cecoslovacco[22].

Nel 1952, quando ormai la scissione è in atto, ed è evidente da che parte spira il vento politico, la possibilità di realizzare determinati programmi comincia a essere molto limitata. Con una nota verbale del ministero degli esteri si chiede alle rappresentanze diplomatiche di alcuni paesi (proprio l'Ungheria e la Cecoslovacchia in prima battuta) di vietare la concessione di film per qualsiasi tipo di manifestazione pubblica o privata. Inoltre, si preme nei confronti della Cineteca nazionale perché non vengano concessi i film alla Ficc, in deroga agli accordi internazionali stabiliti nel 1950 dalla Fiaf, mentre ampie facilitazioni sono concesse alla neonata Uicc.

Nel 1952 l'Uicc tiene a Roma il I Convegno nazionale ed elegge il consiglio direttivo: tra i nomi troviamo Guido Cincotti, Franco Venturini, Piero Barzisa e, tra i probiviri, Piero Tortolina. Nel settembre di quello stesso anno esce, a cura dell'Uicc, un «libro rosso» che riecheggia il blacklisting americano. Questo proprio mentre la Ficc produce il suo massimo sforzo di riunificazione. Le polemiche continuano per tutto l'anno successivo tra i due organismi: anche se, in seno alla Ficc, si riconoscono alcuni errori (è la mozione di Tosi e Schiavinotto al congresso di Orvieto del 1952) e qualche minimo segno di apertura viene anche dall'interno dell'Uicc, prevalgono le tendenze ispirate alle regole della guerra fredda[23].

Corre tuttavia, all'interno della violenza delle polemiche e degli scontri di vertice, la consapevolezza che una politica unitaria possa ancora contribuire al rafforzamento del movimento dei circoli: «Se devono esistere, come è giusto che esistano – scrive il presidente del Circolo del cinema di Trento – posizioni di sinistra, destra o centro, molto meglio che esistano all'interno di un organismo unico e unito e non che queste etichette vengano assegnate in blocco a questa o quella associazione»[24]. Qualche schiarita nei rapporti viene da iniziative isolate prese

negli anni successivi da alcuni circoli, e una parola d'ordine ricorrente è quella dell'invito al dialogo[25].

All'azione distensiva di Giulio Cesare Castello e altri soci si
oppone quella di altri, come Venturini, favorevole a una unificazione con i neonati organismi dei cineforum, per poter mettere subito in minoranza i circoli della Ficc[26]. Formalmente le
cose non cambiano neppure con la nascita dei cineforum, che
appaiono meno ossessionati dalle paure anticomuniste.

I cineforum si affacciano alla ribalta dell'associazionismo
nel 1953 e, rispetto agli organismi già costituiti, godono di un
potenziale numerico di sale molto alto, in quanto nascono nel-
l'ambito stesso delle sale parrocchiali, con funzioni primarie
di tipo morale e religioso e con l'intenzione di promuovere a
operatori di cultura cinematografica anzitutto gli stessi sacerdoti che gestiscono le sale.

Lo statuto del cineforum ne afferma prioritariamente la natura confessionale («Il movimento cineforum è cattolico, non
piú o meno, ma toto corde») e, nonostante nel suo comitato
centrale vengano eletti membri laici (Gian Luigi Rondi, Renato May, Gianfranco Galletti, Franco Tadini), i presupposti iniziali non lasciano dubbi sulle eventuali possibili aperture o
tendenze ideologiche, mentre sono un po' piú nebulosi per
quanto riguarda le ascendenze e i connubi filosofici[27].

I cineforum, partendo come strutture con dichiarate finalità religiose, compiranno un lungo cammino, modificandosi
profondamente e imprevedibilmente al loro interno, mentre
le associazioni laiche si verranno a trovare, anche a causa della
conflittualità interna (ma non solo per questo, com'è ovvio),
incapaci di superare una serie di prove, a partire dalla metà degli anni cinquanta.

Per capire come la temperatura dello scontro non accenni a
diminuire e per vedere come la caccia alle streghe si articoli su
tutti i piani, basterà guardare, a questo punto, alla mozione finale del convegno tenuto a Bergamo nel 1954 dall'Associazione italiana per la libertà della cultura e dall'Uicc, mozione

contro cui interviene duramente, dalle pagine di *Cinema Nuo-vo*, Luigi Chiarini[28].

Al di là degli errori, della guerra di posizione nata da cause endogene o manovrata dall'esterno, della divaricazione delle linee e delle tendenze, il significato complessivo dell'associazionismo e il suo ruolo non può non interessare in sede di bilancio sulla cultura del dopoguerra. Troppo limitato dal punto di vista numerico per costituire un mercato alternativo, spaccato al suo interno da posizioni che ne condizionano le scelte, incapace di tradursi in un movimento di massa, pure l'associazionismo intende promuovere il destinatario a soggetto di produzione culturale e a operatore culturale. Grazie a queste ipotesi diventa sempre più il luogo privilegiato di formazione di quadri di critici, storici del cinema, giornalisti, registi, ecc. Mentre la critica cinematografica è protesa, una volta raggiunta una piena legittimazione, ad assumere la leadership culturale su gruppi sociali precisi, i circoli del cinema intendono allargare al massimo il ventaglio dei propri obiettivi intermedi e funzionano, negli anni cinquanta, sia nell'ambito della Ficc, che dell'Unuri, del cineforum e dell'Uicc, come laboratori di gruppo, centri di formazione e piste di lancio a livello nazionale di molti giovani. L'attività organizzativa nei circoli di provincia diventa spesso titolo per iniziare la collaborazione a riviste specializzate o per assumere funzioni giornalistiche in quotidiani o settimanali. Callisto Cosulich, Virgilio Tosi, Vittorio Spinazzola, Lino Micciché, Tullio Kezich, Tino Ranieri, Giulio Cesare Castello, Mino Argentieri, Lino Del Fra, Cecilia Mangini, Ernesto Guido Laura, Claudio Zanchi, Giuseppe Ferrara, Giacomo Gambetti, Adelio Ferrero, Mario Orsoni, Piero Barzisa, Aldo Bernardini, Gianni Rondolino, Giorgio Tinazzi, Brunello Vigezzi, Guïdo Fink, solo per ricordare alcuni nomi, trovano, nello spazio dell'associazionismo laico, cattolico o universitario, il luogo da cui iniziare la loro formazione professionale.

Chi scriverà una storia dell'associazionismo senza nostalgici trionfalismi e senza voler rimuovere problemi, a cui pure si è accennato, e riuscirà a mostrare la ricchezza e la morfologia dei riti e dei processi di formazione culturale e di aggregazione sociale favoriti durante questi anni, dovrà saper bene equilibrare le note vittoriose con quelle che sottolineano il senso della sconfitta. E dovrà comunque mostrare la ben diversa qualità della sconfitta rispetto ad altri settori dell'organizzazione della cultura[29].

La fase eroica dell'associazionismo, il momento di selezione e competizione nei confronti della produzione commerciale entrano in crisi quando ci si comincia a interrogare sulla divaricazione tra ambizioni di dar vita a un progetto culturale di massa e realtà e quando si fanno i primi bilanci che mostrano come l'azione finora condotta sia stata elitaria, e dominata da una sospetta e neppure tanto nascosta componente idealistica[30].

Ci si comincia ad accorgere che, per compiere veramente un salto qualitativo, bisogna allargare in modo meno avventuroso e pionieristico l'area di intervento nelle scuole e nelle università, programmare un piano di educazione degli adulti e studiare il cinema in tutte le direzioni e non soltanto in funzione di battaglie privilegiate.

Le organizzazioni cattoliche, come ho già detto, hanno il merito di avvertire le aperture del campo verso direzioni finora mai praticate e alcune coordinano, dalla metà degli anni cinquanta, un piano di educazione degli adulti a largo raggio, coinvolgendo un'ampia serie di istituzioni, che vanno dal Centro italiano femminile (Cif), al Movimento della collaborazione civica (Mcc)[31]. Non trattandosi di sigle di comodo, destinate a durare lo spazio di un mattino, puntano sulla collaborazione con questo tipo di organizzazione, i cineforum, che iniziano a svilupparsi con caratteristiche interessanti proprio a partire dal momento in cui l'associazionismo lascia trasparire i primi segni di aver esaurito il proprio ciclo storico.

In questo quadro di crisi e di trasformazioni, il momento piú alto e conclusivo dell'attività associazionistica è rappresentato dalla I Conferenza economica del cinema italiano, promossa, per iniziativa di Zavattini e del Circolo romano del cinema, nel mese di marzo del 1957. Questa conferenza, di cui si è già parlato nel primo capitolo, vede la partecipazione di tutte le forze rappresentative del cinema italiano, dalle associazioni dei produttori e degli esercenti a quelle degli autori, ai rappresentanti del governo. Le analisi elaborate in quella sede sono da considerare come le piú complete e approfondite di tutto il periodo preso in considerazione. E l'iniziativa mostra come l'associazionismo non possa piú occuparsi solo di gestire un parco di spettatori e dar loro prodotti privilegiati, ma debba entrare nel vivo, come già si voleva all'inizio, di tutti i problemi del cinema italiano.

Il decennio si chiude su questa constatazione: sconfitti sul fronte della battaglia per il cinema realista, gli operatori culturali delle associazioni cominciano a prendere atto che il campo dei problemi, anche a causa dell'avvento della televisione, si è completamente trasformato, li ha riportati al punto di partenza, e impone loro tutto un diverso ordine di interventi.

Il bilancio di oltre un decennio di lavoro, a questo punto, non si può però considerare fallimentare: nella colonna del dare c'è una enorme profusione di energie, un senso di mobilitazione costante e di solidarietà di gruppo non riscontrabile altrove. Inoltre non tutte le forze vengono buttate al vento e disperse, come si è visto, in quanto avviene un'importante capitalizzazione di energie destinate a formare i quadri culturali e registici del cinema italiano degli anni sessanta.

Di questo lavoro è rimasto un patrimonio ideale che, per ampiezza e durata, non teme confronti con qualsiasi iniziativa analoga prodotta nel corso di questo secolo. È rimasto il senso di un'esperienza collettiva, di una passione che ha lasciato un segno profondo nella cultura di tutta una generazione. È rimasto il senso utopistico e missionario di portare la cultura cinematografica alle masse popolari. È rimasto – pur tra le molte difficoltà e delusioni – il senso di una stagione di piccole conquiste culturali ottenute giorno per giorno e sostenute e condivise da tutti i partecipanti. È rimasta anche l'esigenza sincera e continua di superare – nonostante le difficoltà di cui si è detto – le barriere ideologiche acute e approfondite dalla guerra fredda.

Aprendo un incontro dibattito al Circolo romano su *Estate violenta* di Valerio Zurlini[32], Carlo Lizzani, proprio alla fine del 1959 (il 10 dicembre), informa di parlare a nome di Cesare Zavattini, partito da qualche tempo per Cuba per fungere da balia a quella neonata cinematografia. Nonostante le delusioni, le sconfitte, il logoramento della lunga guerra di posizione, Zavattini riparte con lo stesso spirito missionario e lo stesso entusiasmo che lo aveva spinto a impegnarsi, per tutti i quindici anni precedenti, in centinaia e centinaia di iniziative dentro e fuori l'attività dell'associazionismo.

Il cerchio non si chiude, anzi si allarga, si riproduce e si moltiplica. La cesura non è testimonianza di morte, ma di ripresa di vitalità e di metamorfosi. L'applauso che parte dal primo circolo italiano è anche il segno orgoglioso di non aver del tutto gettato al vento i frutti di un lungo lavoro, ma di vedere come i semi possano attecchire anche in luoghi lontani, in quel momento però molto vicini, cosí vicini da poterli racchiudere in un lungo abbraccio ideale.

Il cinema a Valeggio sul Mincio

«They'll like it in Pomona», Joe Gillis a
Norma Desmond in *Sunset Boulevard.*

1. Il rito e la memoria[1]

«Un giorno si sparse la voce che a Melendugno si apriva un
cinema. La notizia ci colse di sorpresa. La prima reazione fu di
sarcasmo: un'iniziativa di un certo coraggio veniva sempre accolta con astio. Tuttavia la sera dell'inaugurazione una gran
folla faceva ressa al botteghino, premuta da quelli che erano rimasti senza biglietto. Il padrone era don Consolatino... che
aveva praticamente aperto il cinema a casa sua, in un androne
che, in passato, era servito per le carrozze, comunicante con
l'abitazione per mezzo di tre porticine segrete sulle quali erano stati applicati dei pannelli. Ogni volta che una delle porticine si apriva, il pannello cadeva sulla testa di uno spettatore...
Io fui una delle prime clienti del cinema, contro il parere di
mia madre, che non vedeva di buon occhio che una ragazza di
casa sua se ne andasse al cinema da sola, la sera. I signori non
andavano al cinema; l'arciprete non nascondeva la sua disap-
provazione; i ragazzini erano clienti che non rendevano... Per
cercare di cambiare la situazione, don Consolatino tentò la serie dei film sacri: *Santa Rita, La Passione...* ma il miracolo av-
venne con la *Vita di San Francesco.* Le monache, che apparte-
nevano all'ordine francescano, furono costrette a intervenire.

Resisteva ancora la classe dei signori, ma don Consolatino eb-
be un'idea: fece costruire una tribuna che i ragazzini battezza-
rono subito "l'intavolato". Il risultato fu ottimo: i signori si
decisero a varcare la soglia del cinema, anche se, ogni tanto, si
staccava uno scalino e l'intero tavolato scricchiolava paurosa-
mente»[2].

Cosí, nell'immediato dopoguerra, si assiste alla nascita e al-
l'irresistibile conquista del pubblico, da parte del cinema, in
un paesino del Salento. Il racconto potrebbe essere lo stesso
per migliaia di piccoli centri del nord e del sud: a Melendugno
o a Piovene Rocchette, a Valeggio sul Mincio o a Borgo San
Dalmazzo, a San Giorgio in Piano o a Casale di Scodosia, lungo tutto il territorio nazionale, si accendono, nell'arco di un
decennio, miriadi di insegne, che, grazie al potere radiante degli stessi nomi (Astra, Cristallo, Lux[3], Splendor, Smeraldo, Iri-
de, come in *Umberto D.*, Fulgor, come nei ricordi di Fellini,
che si guadagnava il biglietto d'ingresso disegnando caricature), vengono a costituire una sorta di via lattea che illumina la
notte e magnetizza lo sguardo di milioni di nuovi spettatori.
La febbre del cinema si diffonde, quasi per contagio, e la gigantesca luminaria che si stende, senza soluzioni di continuità, da
un capo all'altro della penisola, trasmette il senso della festa,
della capillare diffusione di un nuovo rito di massa, affascinante e temibile, portatore di civiltà e di corruzione al tempo stesso[4].

Andrea Zanzotto ha descritto questa situazione con una
bellissima serie di immagini: «La caverna donna-sogno si è esa-
lata in una cometa che, sfasciandosi, è ripiovuta sul vasto mondo. Ne sono nate le mille sale, buie, nel buio delle notti, ma
dall'occhio rutilante, sotto venti e piogge, in agglomerati urbani o in mezzo ai campi. Esse non sono che piccoli igloo, tre-
molanti e fibrillanti di sogni, in colore e in calore, sono atten-
damenti da circo, dove si celebra il rito della femminile creatività e seduttività del cinema»[5].

Da un certo momento in poi possedere una sala cinematografica diventerà un elemento discriminante di appartenenza

o esclusione dalla sfera del mondo civile: «Siamo in un piccolo paese – dice De Sica, di professione guaritore, nel *Medico e lo stregone* di Monicelli (1957) – non abbiamo cinematografo, non tutti conoscono la miseria e l'ignoranza di questa povera gente».

Se la storia del cinema è anche parte di una piú vasta storia della visione, di cui si stanno appena cominciando a studiare le caratteristiche generali[6], il decennio compreso tra la fine della guerra e l'avvento dell'era televisiva appare, nella storia del cinema italiano, come il punto di massima confluenza e metamorfosi nello spettacolo cinematografico di una serie di forme sparse di spettacolo popolare.

La sala cinematografica diventa, per tutto questo periodo, almeno fino al miracolo economico, il luogo di massima socializzazione collettiva, lo spazio entro cui si vengono a costituire forme assai eterogenee di raggruppamenti sociali e culturali[7]. Se dell'esperienza piú sofisticata e intellettuale dei cineclub esiste una memoria diffusa, mai peraltro fissata in maniera organica, piú difficile è tentare di ricostruire la memoria collettiva della visione popolare, che si diffonde, in modo omogeneo, nel paese[8].

Il fenomeno della diffusione dello spettacolo cinematografico, della trasformazione e della conquista di nuovi pubblici, dell'evolversi delle forme della visione popolare anteriore, è talmente macroscopico che vale la pena di rischiare di interpretarne alcuni aspetti alla luce di materiali disparati[9].

Nell'opera di alcuni narratori del dopoguerra, cosí come nelle memorie autobiografiche, in poesie, articoli, inchieste e fonti iconografiche molto diverse, si può reperire il senso dell'ingresso progressivo del consumo di cinema nella vita dei personaggi. La sala e lo spettacolo diventano luoghi quasi obbligati, dove si intreccia, in pari tempo, una rete di rapporti interpersonali, tra gli spettatori e i fantasmi dello schermo. Senza divenire mai oggetto privilegiato di racconto, il cinema è però un motivo ricorrente e diffuso. L'eterogeneità dei materiali non impedisce di assumerli come supporto per delineare una specie di sinopia su cui costruire, mediante ricerche piú rigorose, un lavoro analitico successivo. Le ipotesi di questo capitolo intendono dimostrare come, sulla base di una prima serie di prelievi, sia già possibile ordinare i materiali in modo da seguire la formazione di un nuovo rito, dalla costituzione della sala a tutte le pratiche di scelta e di ingresso e fruizione che trasformano, per via di selezioni progressive, gruppi sparsi in catecumeni prima e in fedeli di rigida osservanza poi.

Il Cristo, che si è fermato a Eboli nell'anteguerra, nel dopoguerra fa giungere a Eboli non una, ma ben due sale cinematografiche in concorrenza tra loro, verso le quali si registra una consistente migrazione di pubblico analfabeta[10].

Grazie all'incontro combinato di forze interne ed esterne, i luoghi, i tempi e i modi della visione mutano in misura direttamente proporzionale al mutamento dello standard di vita, proprio nel periodo preso in considerazione e nel giro di pochissimo tempo.

Come già si è visto nel primo capitolo, lo spettacolo cinematografico è un bene di consumo che incide sulla spesa in misura assai rilevante, con un incremento annuo superiore al 10%, mentre l'aumento del reddito nazionale lordo è assestato su una media del 6,8%; da un certo momento in poi, la domanda di spettacolo si stabilizza e non subisce variazioni nell'ambito dei consumi privati. In un primo tempo c'è una corsa allo spettacolo cinematografico da parte dei pubblici popolari: il movimento collettivo è sincronico al nord e al sud, nei centri urbani e in periferia, in città e in campagna, si innestano una spirale consumistica, una serie di reazioni a catena tra domanda e offerta di spettacolo che crescono di anno in anno e di cui è difficile prevedere il punto di saturazione[11].

Prima ancora di entrare nella società del benessere, e anzi quasi capovolgendo le classiche teorie economiche (che si erano sviluppate a partire da J.K. Galbraith), il consumo di cinema raggiunge livelli altissimi, avviando, al tempo stesso, nuovi fenomeni di distribuzione, circolazione e uso di prodotti identici da parte di nuove categorie di utenti. Nel medesimo spa-

zio, o in spazi diversi, spesso antagonisti (cinema a gestione laica vs cinema parrocchiale), gruppi sociali omogenei o compo-
siti cominciano ad avvicinarsi al cinema con regolarità, godendo del senso di promozione sociale, mentre altri gruppi (come
si è visto nel racconto della Durante) sono costretti ad accettare, assieme allo spettacolo, anche il senso della propria degradazione sociale[12].

Il cinema accoglie e cerca di assimilare i pubblici di tutte le
altre forme di spettacolo: un intero sistema, che per secoli era
stato in grado di tener uniti e far muovere, secondo la medesima logica e lungo determinati canali di trasmissione, un insieme di testi di varia natura entra in stato preagonico ed elegge,
all'unanimità, lo spettacolo cinematografico a proprio erede
universale. Il sistema era sempre stato legato ai luoghi, a certe
feste, a determinati rituali associativi del pubblico, a certe convenzioni narrative e spettacolari piú che alle personalità dei
singoli soggetti produttori. Le sale cinematografiche, i programmi offerti ai pubblici popolari, inevitabilmente, si presentano come forme piú ricche e sofisticate, ancora collegate da
evidenti caratteristiche di continuità, con i repertori, i luoghi e
le forme anteriori della cultura popolare. Il teatro dei burattini
o il teatro da stalla, le stampe popolari, i pianeti della fortuna,
le filodrammatiche di paese e le compagnie degli oratori, gli al-
manacchi e i lunari, le figurine delle lanterne magiche e i fogli
con le notizie mostruose, il circo, la pubblicità dei manifesti, il
carro di Tespi e le piú antiche cassette con le meraviglie del
«Mondo niovo», di cui si è già parlato a proposito della nascita
del cinema[13], spariscono nel giro di un tempo brevissimo per
far posto al cinema e ad altri prodotti come il foto e il cineromanzo, confezionati e distribuiti con criteri para-industriali[14].
È bene dire subito che piú e prima dei prodotti realizzati e
messi in circolazione, in base a una logica di colonizzazione
culturale e di controllo ideologico, i luoghi di consumo di questi prodotti, le sale, in molti casi sono in grado di unificare e
sostituire le esperienze anteriori, senza impoverirle dal punto
di vista ideologico, culturale e semiotico, anzi arricchendole da

quello della produzione del messaggio e della fruizione da parte del pubblico. I testi cinematografici, offerti ai pubblici popolari, appartengono a un sistema a sviluppo bipolare, in cui, accanto ai generi di una tradizione nazionale (il film storico, il feuilleton[15], l'opera filmata), si distribuiscono, con funzioni complementari, i film americani, favorendo processi di riconoscimento e continuità e attivando nel contempo fenomeni inediti nella competenza cognitiva, affettiva e immaginativa dello spettatore.

Da una parte, un patrimonio culturale già acquisito, che pur subendo un'ennesima metamorfosi, è ben controllabile dal pubblico e, dall'altra, il repertorio inedito dei film americani, che prospetta nuovi mondi possibili e favorisce la nascita di nuove mitologie. Trasmesso durante la guerra dalle truppe e dai servizi del PWB, e offerto come genere di conforto, il film americano schiude, sia pure in maniera edulcorata e fittizia, nuovi orizzonti a un immaginario collettivo alimentato, per quasi vent'anni, in modo dominante dai sogni di gloria autarchica.

Mentre per tutto il ventennio fascista il cinema era entrato in concorrenza con altre forme di spettacolo, ancora in grado, soprattutto nelle aree periferiche e nelle campagne, di creare forti fenomeni di aggregazione sociale e di riproporre strutture culturali e ideologiche rimaste immutate nel tempo, la costruzione di nuove sale cinematografiche ha il potere di far sparire, in tempi piú o meno brevi, gli spettacoli viaggianti e produrre i primi fenomeni di spostamenti di pubblico da un paese all'altro. Lo ricorda assai bene Dino Coltro, riferendosi all'esperienza prebellica e dei primi anni di guerra: «Arriva in paese ancora qualche compagnia di girovaghi a ripetere il rituale tradizionale degli spettacoli "religiosi" della tradizione popolare, ma già devono subire la concorrenza dei primi cinema ambulanti, ospitati nei teatrini parrocchiali e nelle scuole... Da Coriano tutti in bicicletta, qualcuno sulla "cana de la bicicleta da omo" del compagno, con l'ansia di vedere finalmente "el cine"... La pausa bellica, con qualche raro episodio di spettacolo fino al 1943, disperse molto dello spirito culturale di paese. Ricordo come non si riuscí piú a ricostruire le "bande" dei centri minori; i "reduci", con la nostalgia del tempo passato, tentarono di rimettere in piedi delle vecchie filodrammatiche... La cultura popolare iniziava il suo declino... la parrocchia trasforma i suoi teatri in cinema, le "compagnie" teatrali scompaiono definitivamente, i burattini diventano uno spettacolo da bambini, relegato nelle scuole, una curiosità da vedere di quando in quando»[16].

Prima di essere, a sua volta, soppiantato dalla televisione, il cinema afferma il suo potere egemonico sulla visione popolare, operando una sostituzione completa delle strutture preesistenti e, in molti casi, allargandone ulteriormente il ventaglio di possibilità. Se i modelli di trasformazione precedenti presupponevano un testo originale, che poteva passare direttamente da un sistema di segni a un altro (dalla letteratura al teatro, dalla fiaba al balletto, dalla tragedia all'opera lirica), secondo criteri subito avvertibili, il cinema diventa un collettore capace di ogni sorta di contaminazione e combinazione tra generi e livelli, e soprattutto di assolvere nuove funzioni nei confronti del pubblico.

Nella fase di passaggio dalle sale teatrali a quelle cinematografiche bisogna sottolineare sia i meccanismi relativi all'equivalenza delle strutture dei testi, che quelli relativi alle modificazioni delle funzioni, dei segni e del senso. Il problema delle equivalenze può riguardare in particolare la sceneggiata napoletana, la canzone, il romanzo popolare, l'opera e la sua trascrizione cinematografica. Quello delle differenze e innovazioni si può capire partendo, prima di tutto, dai fenomeni affluenti, con vocazioni imperialistiche, che entrano nella cultura popolare e producono trasformazioni nel comportamento collettivo. È il caso, com'è ovvio, del cinema americano.

La sala cinematografica, laica o parrocchiale, diventa il punto d'incontro di esperienze culturali piú vaste e varie: far nascere nuove sale, come vedremo in un altro capitolo, vuol dire allargare, oltre che lo spazio della visione, quello della parola, se è vero che i film parlati in lingua italiana, di nazionalità americana, avviano e accelerano processi di apprendimento linguistico anche per coloro che la scuola ha emarginato.

Il cinema può essere, nei casi di maggiore isolamento sociale, l'unica forma di legame con il mondo e i problemi della realtà che sta al di fuori del proprio cerchio vitale. Il cinema è vissuto come evasione e identificazione, come dimostrano i ricordi di Anna del Salento («a me mi piace le cose di amore che si baciano e mi sono sempre piaciute queste cose»)[17]. Importante e decisivo, per questa donna, è il ricordo della prima esperienza nella sala cinematografica: «Quando sono andata la prima volta al cinoma non sapeva proprio come era che non era data mai a nessuna parte e non sapeva come è allora quando andai la prime volte al cinoma vetti cose che non le creteva mai è ma quando lo coi miei occhi cose mai viste alla mia vita»[18].

C'è, in questo straordinario ricordo, il senso dello stupore, dell'emozione, dell'uscita da sé, del viaggio di conoscenza, della grande Esperienza, del Primo Amore: l'abitudine ad andare al cinema secondo una precisa scansione periodica non muta il valore di affascinamento, di viaggio iniziatico, di mantenimento di un cordone ombelicale con la cultura precedente. Il cinema laico viene a essere il sostituto tematico e associativo della vita d'osteria[19] e delle pratiche comunicative dei filò, quello parrocchiale si sostituisce al teatro degli oratori[20]: i legami non vengono mai recisi del tutto. Il cinema a passo ridotto prende il posto degli spettacoli dei teatrini parrocchiali. Lo stesso non avviene coi teatri che in misura assai piú modesta: piuttosto che riattare teatri abbandonati e cadenti si preferisce costruire nuove sale, in base alla precisa intenzione di richiamare e conquistare nuovi pubblici[21].

Il rito di massa, che si diffonde e si generalizza nelle abitudini degli italiani, identifica, sia per le classi popolari che piccolo-borghesi, lo spazio della visione con l'idea della festa. La cultura cinematografica sviluppata all'ombra del campanile vede nel cinema un esatto pendant pomeridiano e domenicale rispetto alla messa, mentre la visione cinematografica delle sale a gestione laica concepisce il cinema come punto d'incontro tra persone di età, sesso e ceto sociale diverso, tradizionalmente separate tra loro[22].

Prima che l'esperienza dei cineclub e dei cineforum selezioni i pubblici e proponga loro l'incontro con l'Opera e l'Autore, il cinema è il luogo di massima socializzazione. «Cinema – come osservava Italo Calvino – vuol dire sedersi in mezzo a una platea di gente che sbuffa, ansima, sghignazza, succhia caramelle, ti disturba, entra, esce, magari legge le didascalie forte, come ai tempi del muto; il cinema è questa gente, più una storia che succede sullo schermo. Il fatto caratteristico del cinema nella nostra società è il dover tener conto di questo pubblico incommensurabilmente più vasto ed eterogeneo di quello della letteratura: un pubblico di milioni in cui le benemerite migliaia di lettori di libri esistenti in Italia annegano come gocce d'acqua in mare»[23]. L'osservazione di Calvino si può applicare ed estendere a tutti i livelli di consumo dello spettacolo cinematografico: il cinema diventa sí lo spettacolo per eccellenza delle classi popolari, ma si viene formando, anche a livelli più alti, una generazione di giovani per i quali l'esperienza filmica diventa l'unico metro di giudizio, l'unica forma di conoscenza e l'unico campo di unificazione della cultura. Gli altri campi del sapere, dalla letteratura al teatro, alla filosofia e alle arti figurative, assumono un inedito e imprevedibile ruolo subalterno. Nel buio della sala operano contemporaneamente e si producono fenomeni diversi: il cinema forse succhia la vita, come vuole Zanzotto[24], ma segna e ha segnato, per più d'una generazione, l'ingresso collettivo sia ai paradisi proibiti dell'Eros (come ricorda Fellini nella scena della sala cinematografica della *Città delle donne*), sia ai domini privilegiati dell'arte e della cultura.

Lo spettatore popolare del centro di media grandezza – dove siano in concorrenza la sala parrocchiale e quella laica – saprà a priori quale esperienza gli offre lo spazio moralizzato della sala parrocchiale rispetto a quello non sottoposto (teoricamente) a nessun controllo della sala laica. Dato il dominio assoluto e incontrastato della produzione americana, si tratterà di vedere come, alle sale laiche, sia riservata la produzione piú impegnativa e a quelle parrocchiali la produzione di serie B e d'avventure.

Agli intellettuali, che partecipano direttamente o indirettamente alla vita dei cineclub, il cinema serve da cartina di tornasole per chiarirsi problemi d'altro ordine. Alle volte, il tuffo in una sala popolare di periferia può illuminare zone oscure della propria coscienza politica del presente[25], altre volte, il dibattito cinematografico, le parole d'ordine, i tic e gli stereotipi entrano nella quotidiana pratica di scambio linguistico, subordinando tutti gli altri motivi culturali[26]. L'avvento del cineforum e delle forme di associazionismo di provincia fa perdere allo spettatore popolare il senso di totale immersione nello schermo, cosí felicemente mostrato dal Nando Mericoni di Alberto Sordi in *Un americano a Roma*.

È possibile comunque pensare e ipotizzare, oltre che la formazione di pubblici in parte comuni e fluttuanti, anche quella di pubblici diversi, e constatare come, in moltissimi casi, le forze clericali contrastino, con tutti i sistemi di pressione disponibili, l'attività degli esercizi laici. La sala parrocchiale punta, prima di tutto, sul pubblico giovanile, e tenta anche di conquistare i genitori, di offrire film per famiglie: gli spettacoli consentiti sono soprattutto i generi americani (i western, i film di cappa e spada, quelli piú recenti sulla seconda guerra mondiale e sulla guerra di Corea), grazie ai quali l'immagine dell'America circolava nelle sue forme piú astratte e convenzionali[27].

Certo, è bene non pensare alle sale parrocchiali come a luoghi di buia penitenza e ottusa edificazione: espunti con attenzione gli elementi «moralmente» pericolosi, i film mantengono un forte potere di fascinazione, perché offrono avventura allo stato puro o per la mancanza di un contesto preciso e ben visibile in trasparenza oltre le gesta dei protagonisti del western, o del film comico. Non a caso i generi italiani, anche quelli piú inoffensivi, come certe commedie o farse, circolano in misura piú limitata in questi spazi, dove trionferà soltanto alla fine degli anni cinquanta il filone mitologico di Maciste e C. Limitare al massimo la visione di film italiani, di qualsiasi tipo, nelle sale cattoliche vuol dire preoccuparsi di non indurre lo spettatore in nessun tipo di tentazione e di raffronto con la realtà rappresentata e contigua.

Dal punto di vista della fruizione da parte del pubblico, è certo che il cinema americano produce dei meccanismi di identificazione individuale con questo o quel divo[28], e di distanza e di estraneità culturale che, come ha osservato Goffredo Fofi, bloccano il tentativo di colonizzazione culturale, facendo emergere, in maniera abbastanza netta nel pubblico, la coscienza delle differenze culturali e ideologiche tra i due sistemi di rappresentazione: «I film americani erano l'evasione, il mondo levigato dei sogni, l'esotico e magari "l'arte". I film italiani, pur con il loro carico di convenzioni, erano la realtà»[29].

Nella periferia urbana la scelta aumenta per lo spettatore popolare, che, in determinate occasioni, attua veri e propri movimenti migratori di massa, dopo aver constatato, goduto e litigato per la ricchezza delle sue possibilità: «Erano tutti contenti e scherzosi... Si comprarono *Paese sera*, per consultare la pagina degli spettacoli, e, litigando, lo strapparono perché ognuno voleva leggere lui: finalmente, incazzati, si misero d'accordo sul Sistina. "Quanto me piace de divertimme!" diceva il Caciotta, sortendo tutto allegrotto dal cinema, quattro ore dopo, ché s'erano visti il film due volte»[30].

Il cinema inoltre è anche associato all'idea del festeggiamento, del benessere sociale, del premio, indipendentemente dalla scelta possibile. Nel *Bidone* di Fellini, Picasso torna a casa dopo aver realizzato l'imbroglio del finto tesoro e diviso con i compari il denaro e chiama Silvana dalla scala: «Ciao. Vesti la bambina e venite giú... andiamo in trattoria e poi al cinema!». In *Buongiorno, elefante!* di Franciolini del 1950 il maestro Garetti (ancora Vittorio De Sica), per dimostrare la condizione di miseria in cui si trova la sua famiglia, dichiara: «Noi non ci permettiamo nessun lusso. Non andiamo neppure al cinema».

Nelle sale popolari laiche delle periferie e delle campagne, piú che in quelle cattoliche, dove, opportunisticamente, e con lucido e programmatico senso politico si è scelta, gia prima della fine della guerra, l'alleanza cinematografica con gli americani[31], il cinema popolare italiano mantiene il suo pubblico[32], e riesce progressivamente a unificarlo e ad allargarlo, cercando di ribattere, colpo su colpo nonostante gli evidenti handicap produttivi, all'attacco del cinema americano[33].

Il successo dei film popolari, da Totò a Matarazzo, è determinato dalla loro coerenza rispetto alla tradizione culturale a cui si riferiscono: coerenza significa anche, e soprattutto, capacità di implicazione e riconoscimento di tutto un sistema di enunciazioni anteriori in ogni nuovo atto comunicativo. I film che raggiungono i vertici di successo di pubblico rappresentano il tentativo di mantenere questa condizione di coerenza discorsiva e culturale rispetto a modelli di cui si è già riconosciuta l'efficacia e accettato il senso del messaggio.

Al di là di una precisa e programmatica politica di intervento censorio, che possiamo vedere nelle sale parrocchiali nei confronti del neorealismo, resta però da capire, anche ponendosi dal punto di vista delle possibilità di influenza del pubblico sulla circolazione del prodotto, il fatto del rifiuto del cinema neorealista da parte dei pubblici popolari.

In molti casi gli incassi ottenuti da determinati film ci dicono che al neorealismo non veniva neppure concesso il diritto di cittadinanza. Alle forze che, con ogni mezzo, si oppongono, fin dall'idea iniziale, ai film neorealisti, si aggiunge il rifiuto da parte del pubblico di alcune delle opere capitali del neorealismo (da *Paisà* a *Sciuscià*, dalla *Terra trema* a *Umberto D.*)[34].

Questo fenomeno è stato solo intuito dalla critica del dopoguerra a partire dai primi anni sessanta, e mai analizzato in maniera sistematica. «Con troppa disinvoltura – osservava Mino Argentieri nei primi anni sessanta – si ignora che gli spettatori italiani, nel 1945 e negli anni successivi, non erano pronti né preparati al salto qualitativo che richiedeva loro il neorealismo. Con imperdonabile faciloneria si sottovaluta la divisione esistente fra le punte avanzate di una cultura rivoluzionaria e il livello qualitativo raggiunto dai consumi culturali di massa. E, nel contempo, si dimentica che... il pubblico non si era emancipato dalla dittatura dei telefoni bianchi, dei film canori, delle commediole magiare, dei polpettoni pseudostorici. Nel 1951 i campioni d'incasso italiani si chiamano *Domani è un altro giorno, Tormento, Il brigante Musolino, Il ladro di Venezia, Totò sceicco, Il caimano del Piave, Napoli milionaria, I cadetti di Guascogna, 47 morto che parla, La portatrice di pane*»[35].

Lo spostamento dei consumi di massa di spettacolo sembra avvenire in modo molto rilevante, ma soltanto lungo alcuni assi di consumo: il nuovo, che impegna il pubblico anche dal punto di vista della conoscenza, della valutazione e del giudizio, è guardato con sospetto. «Il neorealismo – ricorda il gestore di una sala pubblica a Copertino, un paese del Salento – non fu mai accettato. Proiettammo con esito felice solamente *Ladri di biciclette* di De Sica. I film di Visconti e Rossellini non ebbero mai pubblico. E noi non ripetemmo l'errore... La gente aveva negli occhi ancora il cinema virile del fascismo. Voleva entusiasmarsi alle grandi gesta o alle complete frivolezze. Non percepiva il valore artistico del neorealismo... Il cinema americano, il western fu il nuovo campo di battaglia... La commedia strappalacrime... Anche Amedeo Nazzari e Yvonne Sanson furono adorati. La serie dei film di Matarazzo... fu addirittura amata e con l'amore ricevemmo strepitosi incassi»[36].

La cultura popolare e contadina, al nord e al sud, nelle sale di campagna, o in quelle della periferia urbana, che, dalla fine degli anni cinquanta, seguiranno i flussi di emigrazione interna e di urbanizzazione, proponendo gli stessi prodotti dei paesi d'origine, è perfettamente in grado di valutare e interpretare nella misura piú pertinente il melodramma, e di seguirne tutta la modulazione di sentimenti, di riconoscere e anticipare a memoria i testi cantati delle opere filmate. I fenomeni della omogeneità o eterogeneità dei pubblici, della composizione dei programmi da parte dei gestori delle sale di provincia o di periferia sono ancora da studiare in maniera sistematica: è legittimo ipotizzare, sulla base di prelievi anche minimi e casuali che siano assai simili nell'Italia settentrionale o meridionale[37].

In ogni caso bisognerà tener conto del fatto che il gestore laico deve superare difficoltà di scoperta del gusto del suo pubblico e formarlo, in molti casi, ex novo, mentre per il gestore del cinema parrocchiale il pubblico potenziale è già raggiungibile nel corso delle cerimonie religiose domenicali. Per il cinema di parrocchia si tratta semplicemente di gestire un parco di spettatori, mantenendo gli stessi spazi di divertimento già collaudati con diversi rituali associativi e puntando solo sulla novità del mezzo.

Non dimentichiamo che il teatro popolare cattolico aveva raggiunto, già agli inizi del novecento, uno sviluppo di massa e costituiva una delle forme partecipative alla vita sociale integrata e complementare a quella delle funzioni religiose[38]. Esattamente il ruolo destinato a essere assunto in seguito dal cinema. Ora non è difficile sottolineare, ancora una volta, il «monopolio culturale di massa» esercitato dal cattolicesimo su alcune strutture. Questo monopolio entrato in crisi soltanto in parte durante il fascismo, era stato rilanciato in tutto il paese con un grande sforzo congiunto alla fine della guerra. I cattolici potevano contare su un potenziale di forze ancora intatte e intendevano recuperare le forme di controllo entrate in crisi in seguito all'opposizione concorrenziale del fascismo alle organizzazioni cattoliche e sulla base di un confronto con il diverso fascino delle organizzazioni giovanili fasciste.

L'opzione dei cattolici a favore del cinema e l'avvio di un programma centralizzato di diffusione dei prodotti cinematografici vengono dunque fatti a scapito dei teatri e delle riviste organizzate nell'ambito dell'Azione cattolica. Il controllo è comunque capillare e, per un certo tempo, i giudizi del Ccc affissi sulla porta delle chiese, uniti all'autorità del parroco e alla forza di richiamo dei film stessi, fanno sí che i pubblici non soltanto non siano dispersi, ma crescano di numero.

I problemi nascono quando si vuole orientare il pubblico a consumare spettacoli edificanti, sia nelle sale religiose che in quelle laiche. Se si eccettua, forse, il caso di *Marcelino pan y vino*, i pubblici disertano le opere edificanti e di carattere religioso che avrebbero, in un certo senso, potuto costituire una continuazione del repertorio teatrale d'argomento religioso diffuso fino al periodo prebellico.

Il fatto, in alcuni casi, è cosí evidente, da richiamare persino l'attenzione del sottosegretario alla presidenza del Consiglio, Giulio Andreotti. Nel quadro di una serie di proposte e di inviti alla mobilitazione permanente e alla crociata a favore dei film moralmente positivi, Andreotti non può che rammaricarsi del fatto che, in una sala pubblica di Roma, il film sulla vita di Pio X, rispetto all'opera proiettata la settimana precedente *(Siamo tutti assassini)*, abbia incassato la domenica 379 mila lire contro 1.200.000 del film di Cayatte e, nel corso della settimana, una media giornaliera di 230.000 lire contro le 547.000 del film d'argomento drammatico. «So che altrove il film sta andando molto meglio – osserva l'onorevole Andreotti –... ma non crede lei [la persona a cui la lettera è indirizzata è don Albino Galletto, consulente ecclesiastico del Ccc] che nella nostra Roma città sacra per il sangue dei martiri, prima ancora che per il concordato del Laterano, molti buoni cattolici avrebbero dovuto fare migliore accoglienza a un film sano e nello stesso tempo ricreativo?»[39].

I cattolici costruiscono, in ogni caso, un esemplare apparato di controllo del prodotto cinematografico, dalla valutazione piú generale e ufficiale del Ccc fino all'intervento censorio affidato al potere discrezionale del singolo sacerdote, che poteva godere, in ultima battuta, di visioni personali prima della proiezione pubblica.

Il ricordo di questa fase ultima del rituale è ironicamente, e in modo fulmineo, rievocato nel romanzo *Libera nos a Malo* da Luigi Meneghello, accanto al senso di piccola distrazione, favorita dal buio compiacente della sala: «Don Giocondo faceva anche da censore e si faceva proiettare i film in prima visione personale. Gaetano e Totò salirono furtivamente le scale, entrarono a "gatto magnao" nella galleria buia, come solevano fare per vedere il film gratis e incensurato... ma per disgrazia stavolta il censore non era solo, c'era anche una co-spettatrice; anzi proprio sulla stessa poltrona, e insomma sulle ginocchia del prete. Gaetano e Totò, benché gli venisse da ridere, si spaventarono: sullo schermo si svolgevano scene bellissime, ma il rischio era troppo grande, perciò indietreggiarono a quattro zampe fino all'uscita, poi, con una sbirciatina di rimpianto allo schermo, dove le scene scandalose continuavano, tornarono fuori»[40].

2. La preparazione del rito

Quanto finora si è detto ci ha portato a lanciare sonde verso le zone oscure del ricordo della festa cinematografica vissuta da milioni di italiani e a ripescare, quasi in forma di relitti sparsi, testimonianze scritte che si è cercato, in qualche misura, di ricomporre. Restano ancora da osservare quei fenomeni collaterali che accompagnano la storia del consumo dello spettacolo cinematografico e contribuiscono alla diffusione del cinema attraverso canali paralleli allo spettacolo vero e proprio. Il pubblico viene certo orientato dal parroco mediante la predica domenicale, ma in maniera assai più efficace una corretta preparazione del rito è data dall'accostamento riverente e obbligato a manifesti, locandine e gruppi di foto esposti all'esterno o nell'atrio delle sale.

Nella memoria collettiva popolare, con ogni probabilità, è più facile che il ricordo dei film possa scattare ed essere stimolato dalla possibilità di rivedere certe foto o manifesti, piuttosto che da quella del film vero e proprio. L'insieme di questo enorme, e nello stesso tempo assai compatto sistema iconografico, fornisce automatici meccanismi associativi di produzione di una memoria perduta e soprattutto consente di riconsiderare tutto un patrimonio di racconti, discorsi, emozioni, suggestioni visive che, per un certo numero di anni, hanno il compito di agire da introduzione al film vero e proprio[41]. Occuparci, come ci siamo fino a questo punto occupati, di alcuni problemi relativi ai modi, ai luoghi e alla moltiplicazione quantitativa della visione ci porta, quasi naturalmente, a imbatterci in questo problema segnaletico, semiotico e narrativo, che ha il compito di far convergere riunire e smistare in piú direzioni le forze in campo.

I materiali distribuiti ai gestori delle sale dalle case di produzione (oltre a quelli della pubblicità a titolo privato, con i suggerimenti per le frasi di lancio e con una serie di immagini accattivanti per favorire la vendita del prodotto) consistevano in gruppi di foto di scena raccolte in apposite fotobuste, in locandine e manifesti di vario formato. I manifesti e le locandine per lo piú risultano disegnati e le foto inquadrate in apposite cornici contenenti il massimo di elementi informativi. Nell'immediato dopoguerra il numero di foto di una busta è ancora di ventiquattro; poi diventerà di sedici, dodici, dieci[42]. La diminuzione del numero di foto dipende dall'aumento del formato, che raddoppia per valorizzare l'idea del cinemascope, e accoglie, distruggendo le regole prospettiche, vari momenti successivi del film in una stessa immagine. Esaminare pertanto questi materiali vuol dire tener presente che la vita di un film, sia per quanto riguarda la produzione complessiva dei suoi messaggi, sia per quanto riguarda i problemi della visione, implica e coinvolge tutto un itinerario, che ne accompagna le diverse fasi dello sfruttamento commerciale, moltiplicandone le forme e i luoghi di coinvolgimento del pubblico.

Se si cercano di raggruppare, secondo determinate tipologie, i manifesti e le locandine affissi ai muri ed esposti negli atri delle sale o nelle bacheche esterne, si vede che questi materiali si dispongono secondo una precisa «ratio» retorica, secondo un racconto vero e proprio e non solo come semplici cartelli segnaletici, segni prolettici, o di pura deissi. Nella fase di consumo, quando lo spettatore è entrato nella sala, il racconto visivo nelle bacheche si può già considerare spettacolo[43]. È proprio la visione preliminare delle foto e locandine a consentire al pubblico di accedere allo spazio magico della sala sapendo molto bene che tipo di emozioni il film intende offrirgli.

Per comprendere la specificità di un sistema di comunicazione visiva e grafica che rispetta sue leggi, indipendenti dall'evolversi del sistema cinematografico vero e proprio, bisogna ricercare, negli elementi adottati, un insieme di comunicazione coerente, fondato su un'enorme accumulazione di figure che ripetono lo stesso repertorio gestuale, si dispongono secondo determinati canoni prospettici o spaziali, sono bloccate entro stereotipi e simboli figurativi, architettonici, spaziali, ecc. Il racconto offerto, in ogni caso, risponde a leggi che variano in misura pressoché nulla.

Simbolicamente, passando a un metasistema narrativo, o a una corrispondenza figurale tra le migliaia di singoli racconti e il «racconto» per eccellenza, si deve pensare che la maggior parte delle storie descritte rispettino, nella loro successione e costruzione iconografica, le regole della rappresentazione della vita del Cristo della pittura medievale, o delle tappe della Via Crucis.

I diversi momenti chiave dell'esistenza, nascita, innamoramento, matrimonio, figli, adulterio e altri tipi di «peccati capitali», prigione, tribunali, ospedali, cimiteri, fino ai possibili esiti tragici, melodrammatici, felici, ecc., sono tutti rigorosamente rappresentati secondo una strategia delle diverse evidenze spettacolari che il film prospetta e promette al suo pubblico. Una serie di topoi ricorrenti e interscambiabili, proveniente e interrelata con i codici e le forme letterarie e figurative della cultura anteriore, si dispone secondo un ordine che lo spettatore non ha difficoltà a identificare prima e dopo la visione del film, rispettando un preciso alternarsi di dramma, violenza, tenerezze, colpi di scena, ingiuste condanne, tradimenti, ecc.

Nel pieno rispetto di una dieta assai equilibrata, le foto dei film raccontano e sintetizzano la storia, mescolando motivi sacri e profani (basterà ricordare il materiale pubblicitario di *Anna* di Lattuada, di *Piccola Santa* di Roberto Bianchi Montero,

di *Fabiola* di Blasetti, di *Rita da Cascia* di Leonviola – del 1943
– per non citare i film della serie di *Pane, amore e...* o quelli di
Don Camillo). Pur nel ricorrere dei motivi religiosi questi funzionano da cornice di riferimento piuttosto che da strutture
dominanti del senso. Molto spesso le figure religiose o i motivi
o gli spazi religiosi sono accompagnati da connotazioni ironiche o negative (vedi *Tradita* di Mario Bonnard), o servono come alibi per suggerire o aprire uno sguardo trasgressivo verso
realtà proibite. In questo senso sono esemplari le foto di *Fabiola* di Blasetti, che rappresentano il corredo pubblicitario piú
«osé» del dopoguerra. Michèle Morgan vi appare in almeno
quattro immagini, al fianco, nella cornice, coperta solo da un
leggero peplo trasparente, che generosamente modella e mostra il seno, esaltandone la prominenza. Le comparse che appaiono nelle scene della crocifissione sono tutte a seno nudo e
in una foto i due protagonisti sono distesi, uno a fianco all'altro, dopo un'evidente maggiore conoscenza reciproca attuata
con piena soddisfazione di entrambi.

Raggruppare queste foto, secondo i capitoli di un racconto
nel quale idealmente confluiscano tutti i modelli narrativi in
una dimensione in apparenza metastorica, vuol dire sostenere
che il sistema figurativo, anche se non perfettamente omogeneo, tende ad omogeneizzare i diversi livelli di produzione secondo uno standard medio che rimane funzionale alle esigenze
e alla competenza visiva, emotiva e culturale di un pubblico
ancora stabilmente disposto all'interno del cerchio di una cultura contadina. Nonostante l'avvicendarsi e l'avvento di nuove forme di sapere, di nuovi meccanismi d'informazione e di
nuovi tipi di divertimento, i modelli iconografici dominanti si
rifanno a codici preesistenti e mutano nella misura in cui si avverte che il destinatario sta subendo un processo di trasformazione.

Il racconto visivo, oltre a comporsi di alcune obbligate tappe narrative, poggia su un numero abbastanza limitato di funzioni ed elementi attributivi: informazione, persuasione, deissi, disseminazione culturale, metacomunicazione, provocazio-

ne emotiva e gratificazione estetica sono le connotazioni e le funzioni che si cerca di produrre all'interno di un sistema regolato da princípi ad altissima frequenza, che rimbalzano e derivano in buona parte anche dalle regole codificate in parallelo dalla pubblicità americana.

Solo in misura ridotta, come ho detto, l'avvento del cinemascope modifica le regole, nel senso sia della riduzione del numero di unità narrative che della moltiplicazione dei centri d'interesse e di racconto, all'interno della singola immagine, che gode di uno spazio raddoppiato (lo si vede assai bene nelle foto di *Ursus* e del *Colosso di Rodi*, ma un'anticipazione di questo modello combinatorio si era già notata, verso la metà degli anni cinquanta, in *Attila* o *Ulisse*).

Per lo piú i protagonisti vengono isolati dal racconto e presentati in immagini di primi piani senza sfondo (ma vi sono frequenti eccezioni: per tutte Cosetta Greco e Amedeo Nazzari del *Brigante di Tacca del Lupo)*, in modo da trasmettere direttamente il loro fascino, rivolgendosi individualmente al pubblico. Senonché, quando le foto di Marcello Pagliero o Maria Michi di *L'altra*, Virna Lisi di *Piccola Santa*, Andrea Checchi di *Addio Napoli* si ispirano a modelli divistici americani, non sono mai circondate realmente da quell'aura che, contemporaneamente, sprigionano, in tutta la pubblicistica illustrata, le fotografie dei divi americani. I fotografi italiani puntano in prevalenza assoluta, nei generi alti come in quelli popolari, almeno fino all'avvento di Sophia Loren e Gina Lollobrigida e con l'unica eccezione precedente della Mangano, a presentare gli attori nella loro veste piú comune e facilmente identificabile dallo spettatore. È, con ogni probabilità, una scelta perseguita consapevolmente, anche in questa fase di realizzazione del materiale figurativo di supporto al film. Eva Nova, Milly Vitale, Vittorio Gassman, Umberto Spadaro, Walter Chiari, Anna Magnani, Aldo Sinimberghi, Claudio Villa, Gina Lollobrigida, Yvonne Sanson, Amedeo Nazzari, Gino Cervi, Alida Valli, Sophia Loren, Vittorio De Sica, Isa Barzizza, Gino Bechi, Luciano Tajoli, Teddy Reno, Renato Rascel, Totò, Carlo Campanini, Alberto Sordi, Franca Marzi, Marina Berti, Leonardo Cortese, Eleonora Rossi Drago, Giacomo Rondinella costituiscono solo alcuni dei volti piú familiari di protagonisti che interpretano le centinaia e centinaia di film popolari che alimentano i pubblici italiani. Questi film non sono prodotti esclusivamente dalla Titanus o dalla piú modesta Romana, quanto piuttosto da decine e decine di nomi e sigle, che spesso, durano lo spazio di un solo film: Asso, Fulgor, Diana, Flora, Refi, General, Union, Tespi, Pan, Manenti, Pax, Zeus, Aurea, Prora, Vi-Va, Ardea...

Come regola, il protagonista che ha diritto a una maggiore evidenza del suo nome sul cartellone gode anche di un'apparizione privilegiata e singola. Quando altri elementi narrativi gli si dispongono attorno, mentre la sua è una vera e propria epifania staccata dal racconto e l'immagine risulta cosí organizzarsi su piú piani, la fotografia adotta le regole classiche del capovolgimento prospettico dell'icona e punta a costruire un tipo di racconto sintetico che potrebbe avere come titolo *Tutta la vita in un'immagine*[44]. La contrazione narrativa vuole produrre il massimo di emozione e di suggerimenti allo spettatore e indicare, secondo la distribuzione a stella dei momenti drammatici piú rilevanti, quali siano le tappe fondamentali del film. La contrazione di questo microuniverso narrativo attorno all'immagine del protagonista viene a far parte di un insieme subito decifrabile, in cui la cultura visiva del ricevente è tutta già prevista e predisposta. Il destinatario riconosce le tappe del racconto, e ne riceve le informazioni indispensabili per la visione successiva[45].

Nel quadro del racconto le foto servono da prologo: la storia è poi raccontata attraverso un numero chiuso di immagini. La funzione di puro e semplice indice narrativo, che consenta allo spettatore di sapere cosa il film gli offre e di ripassarsi, dopo la visione, gli argomenti e i capitoli principali del racconto, non esaurisce, come ormai è chiaro, le funzioni di questo sistema parallelo e al tempo stesso profondamente integrato nella visione del film. Povero dal punto di vista dell'entropia del discorso, il sistema semiotico di questo tipo di pubblicità cinematografica è invece assai ricco nella sua capacità di produrre una rete di stimoli emotivi.

Posto di fronte alle foto degli attori a figura intera, che non rispettano le leggi della prospettiva o addirittura, come si è detto, le capovolgono, e successivamente portato a percorrere l'itinerario narrativo offerto dalle altre foto, lo spettatore sente in misura minima l'informazione, anche se ha una funzione indispensabile e cerca già di prevedere le emozioni, o compie la preparazione necessaria a riceverle. A maggior ragione se le foto del film sono offerte con una settimana di anticipo rispetto alla proiezione. Appesi alle pareti della sala e degli ingressi, i racconti funzionano secondo le regole degli ex voto: non hanno scritto in nessuna parte «per grazia ricevuta», ma producono gli stessi effetti e hanno gli stessi compiti per il destinatario.

Pur non contribuendo in misura definitiva a creare i fenomeni di culto verso alcuni divi italiani, le immagini di un discreto numero di cantanti, comici, soubrettes, attori di rivista e dell'avanspettacolo accompagnano il cammino del dopoguerra, facendosi amare e riconoscere per la loro assoluta immersione in una cultura figurativa e ideologica statica, ma con un movimento interno che non esclude l'accompagnamento e la registrazione di tutte le variazioni di vita e di abitudini da parte dell'italiano popolare[46]. Fino a che questo tipo di cinema ha funzione tranquillizzante per il destinatario, consente di sviluppare piccoli desideri trasgressivi, permettendogli di riconoscersi nel noto, il sistema si può analizzare soprattutto privilegiando la sua compattezza. Quando il cinema popolare comincia a disgregarsi, a porsi obiettivi piú ambiziosi e a voler essere piú sintonizzato con la dinamica dei fenomeni socio-economici, anche l'apparato iconografico si disgrega e impoverisce e il pubblico diserta il rito.

Immerse quasi a bagnomaria in un clima e in uno spazio laico, ma costruito e organizzato secondo ben precisi rituali, queste immagini mostrano come il cammino dell'uomo debba scegliere tra biforcazioni continue e come, molto piú spesso, le strade del male, delle trasgressioni, dei desideri proibiti siano piú affascinanti di quelle del bene. Tutto questo è raccontato mediante un sistema semiotico povero e che non intende assumersi rischi eccessivi, anche se la progressione, in direzione di una conquista dei centimetri di pelle delle protagoniste, è molto evidente. Il richiamarsi a vicende e valori metastorici non esclude che, di continuo, dal variare degli elementi dello sfondo, della scenografia, dell'arredamento, dei mezzi di locomozione, dell'abbigliamento (dalle divise militari di *Davanti a lui tremava tutta Roma* alle tute da meccanico di *Catene*) lo spettatore possa anche sentire l'ingresso, nelle astratte funzioni narrative dei segni, della storia del presente. A partire proprio dalle immagini dei rappresentanti alleati che osservano l'opera dal palco reale del San Carlo di Napoli in *Davanti a lui tremava tutta Roma*, passando attraverso le immagini dell'irruzione nazista dello *Sconosciuto di San Marino* nei camerini dove recita Anna Magnani, per giungere fino ai motivi elettorali dei film di *Don Camillo*, al ricordo delle inondazioni del Polesine, o alle immagini di contadini e operai in *Riso amaro, Caccia tragica, Fatalità*, tutto un mondo di segni oscilla tra una coerente rappresentazione dei sentimenti e un accoglimento delle immagini della realtà contigua a tutti i livelli dei generi, cercando di giungere ad una sorta di coinè figurativa, in cui il nuovo è comunque sistemato entro la cornice del dato. Questo tipo di iconografia non è mai rivoluzionario né intende rivoluzionare le proprie forme, anche se, tutto sommato, accompagna lo spettatore sia lungo i sentieri piú astratti di un cammino simbolico conosciuto, sia lungo quelli della trasformazione continua dei modelli antropologici e socio-economici di vita dell'italiano.

La sostituzione continua dei programmi ha prodotto un'ipertrofica circolazione di immagini e questa enorme quantità di stimoli visivi si è progressivamente sedimentata, seppellendo gli strati anteriori e andando alla ricerca di nuovi destinatari. Questo patrimonio visivo, sempre piú povero e sempre piú sganciato dal rito collettivo della visione cinematografica, è venuto isterilendosi e riducendosi a un numero di funzioni emotive pressoché di tipo binario, fondate su sesso e violenza. La sparizione del rito di formazione esterna dei catecumeni cinematografici nelle realtà popolari è uno dei primi sintomi importanti attraverso cui si può vedere inceppato il meccanismo di visione cinematografica che si era venuto dilatando e sembrava voler continuare ad allargarsi in maniera illimitata.

La carica dei seicento

1. La pioggia e l'alluvione

«Andate al cinema e lasciatevi guidare. Prima di accorgervi voi starete vivendo la storia... ridendo, amando, combattendo, vincendo. Tutta l'avventura, il romanzesco, l'eccitante che manca alla vostra vita quotidiana lo troverete nel film. Esso vi fa evadere completamente da voi stessi, portandovi in un nuovo meraviglioso mondo... uscite dalla mediocrità di tutti i giorni. Anche se soltanto per un pomeriggio o una sera... evadete»[1].

Questo manifesto pubblicitario, apparso su *Hollywood*, sembra la velina con l'elenco dei luoghi comuni per l'interpretazione piú corrente del cinema americano. Si può partire dal luogo comune, tenendolo come punto di riferimento, e vedere di servirsene, almeno per un primo sguardo panoramico sul campo da analizzare.

La scena a cui si assiste è quella della carica dei seicento. Una carica, in questo caso, vittoriosa e travolgente e non suicida e autodistruttiva come nell'omonimo film di Michael Curtiz.

«La parola d'ordine di Hollywood è stata: dare alla gente ciò di cui manca... si capisce che una simile divisa imponeva non già lo studio attento della realtà, bensí quello della psicologia del pubblico, al fine di stordirlo e sedurlo»[2]. La voce di Alberto Moravia si segnala per la sua attenzione immediata al rapporto tra messaggio e destinatario e agli effetti prodotti dal messaggio. Viene identificato o indicato un terreno di esplorazione, se ne segnalano le coordinate, anche se nessuno intenderà avventurarvisi negli anni successivi[3].

È curioso, d'altra parte, e certo ha a che vedere con i sensi di colpa generazionali per essersi lasciati andare ad amori ripetuti e di gruppo cosí bassamente mercenari (rispetto agli attuali piaceri solitari delle sale a luce rossa), che di tutta questa esperienza collettiva non sia stato tentato alcun recupero e restino tracce pressoché inavvertibili. I film americani sono il terreno e l'alimento indispensabile attorno a cui si sviluppa il fenomeno delle sale che prolifera su tutto il territorio, provocando quei processi di trasformazione della visione popolare di cui ci siamo occupati in precedenza. Ed anche quella modifica della competenza visiva media nei registi, di cui non va ignorata l'esistenza, e la industrializzazione piú razionale delle strutture produttive. La ricomposizione del pubblico è il frutto dell'azione combinata e concorrente di piú forze. Il pubblico, indifferente alla qualità dei singoli prodotti, prova un forte senso di piacere, sublima i propri desideri, trova dei sostituti ai propri bisogni limitati, con un modesto investimento di spesa. Fin dall'inizio è disposto a concedere crediti a vista al cinema americano.

Senza il riconoscimento di un'ampia convergenza d'interessi non si spiegherebbe la durata del suo successo e la capillarità interclassista della sua diffusione. Dopo la fase di entusiasmo unanime, gli spettatori piú acculturati si rendono tuttavia conto che il loro comportamento è sconveniente, dal punto di vista culturale. Il richiamo delle luci, dei manifesti, dei flani, delle foto, delle locandine, dei «prossimamente» è tuttavia troppo forte per interrompere il flusso che lega questa produzione al suo pubblico. L'incontro potrà essere insoddisfacente, ma buona parte del piacere è già assorbito dall'attesa periodica dell'evento, che assume, nelle abitudini individuali e di gruppo, in città e in provincia, il carattere di un rito. «Una volta che si sia usciti dal tempio – osserva Guido Fink – l'atteggiamento è diverso. Lo spettatore dimentica, getta via il prodotto, che pure gli è servito. Belli o brutti questi film, che hanno segnato un momento fondamentale della nostra crescita (e della nostra resa senza condizioni da un altro punto di vista), sono gettati nel dimenticatoio»[4].

I meccanismi di consenso sono – nel pubblico di massa – in parte naturali, in parte indotti dall'azione della stampa, e dalla categoria degli esercenti. Gli intellettuali mantengono, soprattutto coloro per cui il mito americano aveva già giocato un ruolo importante nel periodo dell'anteguerra, un atteggiamento di oscillazione pendolare tra l'amore e l'odio, senza giungere a rimuovere del tutto il senso di attrazione. In ogni caso, nel primo periodo, gli anni della ricostruzione, il prodotto sterilizzato, a qualità e caratteristiche costanti, privo di germi ideologici di sospetta o conclamata pericolosità, è ben accolto da tutti.

Precipitarsi in massa a rivedere il cinema hollywoodiano segna anche il tentativo di ricomporre l'esperienza attuale con quella prebellica, saldare la cesura, riscoprirsi capaci di ritrovare emozioni perdute, nonostante il mutamento profondo prodotto dalla guerra. Per il pubblico e gli intellettuali il tuffo nella cultura americana dovrebbe agire da bagno purificatore e allontanare in modo definitivo i ricordi del fascismo. Non è facile, tuttavia, cancellare dalla memoria e dalla realtà i segni e le ferite della guerra o il ricordo del passato. Il fascismo non aveva voluto ricorrere al cinema per trasmettere i suoi miti in forma privilegiata. Non sembra quindi che il pubblico provi, in egual misura, nostalgia per la produzione nazionale e per le diverse e modeste mitologie divistiche trasmesse fino ai primi anni quaranta.

L'azione del film non si rovescia solo sul pubblico, è corretto ritenere che il pubblico, nella sua eterogeneità di composizione, comprenda, oltre agli spettatori popolari e agli intellettuali, i produttori e i registi e che anche su di loro si debba prevedere un'influenza e la produzione di meccanismi imitativi e di moduli stilistici, ora da considerare come frutto di scelte consapevoli, ora da vedere come veri e propri riflessi automatici di tipo pavloviano. In questo modo si possono concepire, anche nel cerchio della cultura neorealista, nelle sue aree periferiche e nelle sue trasformazioni, la penetrazione e l'azione del cinema hollywoodiano. È come se, nel fondo retinico di molti autori e operatori, si depositino e persistano forme e moduli che si mescolano con un lessico figurativo e stilistico differente, ma non annullano del tutto la loro natura di figure di citazione, di prestito, di calco, di riferimento, di scrittura «come se».

Sono moduli deperibili, che i critici dell'epoca non mancavano di identificare, di film in film, di cui non è semplice raccogliere l'ordito di relazioni, tra miti, stile, consenso, assimilazione o semplice ingestione senza alcuna conseguenza[5].

I miti americani, circolanti in racconti a struttura lineare, si compongono, per accumulazione, in un disegno armonico in cui le parti, in ogni momento, rispondono al tutto. Gli usi della macchina da presa, nella loro semplicità, sono al servizio dell'azione e dei sentimenti. Lo spettatore comune, assoggettato al testo, non partecipa alla sua produzione a nessun titolo: ne subisce il richiamo, il fascino e il potere autoritario, si limita a rispondere emotivamente al film. Se ne libera subito, lo digerisce senza che vi siano conseguenze apparenti. Lo spettatore specializzato, l'uomo di cinema che vede il film americano è diversamente disponibile a subirne la violenza, e almeno una volta affronta l'avventura. La conseguenza piú importante, sul piano del consumo, è data dalla formazione e stabilizzazione di un'idea di cinema situata a un livello diametralmente opposto a quello neorealista, dal punto di vista della produzione dei significanti e dei significati; sul piano della produzione nazionale, la corrosione del mito unitario e di culture autoctone su cui si costruisce la poetica neorealista. Perfetto funzionamento dell'apparato industriale, resa ottimale della professionalità degli attori, costruzione degli intrecci, compattezza dei dialoghi, coerenza della regia, mancanza di forti scarti espressivi, costituiscono elementi fondamentali nella formazione del «gusto». Il pubblico dimostra di prediligere prodotti che esibiscano i miglioramenti apportati dall'evoluzione tecnologica del sistema hollywoodiano e si dimostra insofferente nei confronti di molti film nazionali. La ricchezza tecnologica diventa un momento importante di proiezione del desiderio collettivo.

Di fronte al fascino e alla pericolosità di questo cinema il pubblico manifesta un atteggiamento, studiato negli Stati Uniti già negli anni cinquanta: desidera cioè essere indotto in tentazione perché è sicuro di cedere[6]. E, per ottenere il miglior risultato in questo senso, le forze che si muovono in sintonia sono molte. La colonizzazione in Italia – come in gran parte dell'Europa del resto – avviene con l'assenso e la «la piena disponibilità dei colonizzati» anche e soprattutto perché questi ultimi sono, scrive Gianni Canova, «ben lieti di aver finalmente a disposizione una mitologia ben organizzata e a portata di mano, in cui proiettare e soddisfare i propri bisogni di *compensazione immaginaria del reale*». Ne consegue una domanda, dello stesso autore, a cui oggi non si può che dare una risposta affermativa: «Che il successo del cinema americano sia dovuto alla sua capacità di offrire un *immaginario moderno* a una cultura e a una collettività nazionale che ne avevano un bisogno urgente ed estremo?»[7]. E si potrebbe ancora aggiungere che il cinema italiano, nelle sue forme piú innovative e rivoluzionarie, cosí come nei prodotti di genere, non era in grado di capire – né tanto meno lo sarebbe stato in seguito, in quanto culturalmente e ideologicamente «inadeguato» e con strumenti insufficienti – e soprattutto di sposare la modernità.

Il cinema americano entra cosí in orbita: in un primo tempo è accolto da un consenso generale e, per unanime riconoscimento – salvo alcune voci che intendono da subito assumerlo come polo antagonista rispetto al cinema della realtà – ha caratteristiche positive e consolatorie; può essere un innocuo placebo che sostituisce e cura mali e mancanze assai gravi[8]. Nel giro di un paio d'anni la situazione cambia: nel secondo stadio continua a esibire un'immagine dell'America legata ai suoi aspetti positivi, però la non perfetta saldatura tra tutte le componenti provoca rotture solo in parte avvertite dagli spettatori. Con la guerra fredda le grida d'allarme si intensificano. Il pubblico di massa continua a consumare i propri prodotti preferiti, all'interno di gruppi e spaccature piú nette. Il desiderio imitativo intanto si è fatto piú forte nei produttori che, puntando la loro bussola verso Hollywood, sentono di poter effettuare una navigazione commerciale senza pericoli e per di piú scortata dal governo. A livello di élites non si cerca piú il piacere immediato: si intende fruire consapevolmente di un'immagine dell'America discutibile, in nome della libertà e della democrazia contro la barbarie del comunismo, o viceversa contro l'oppressione capitalistica. Il prodotto di pura evasione è divenuto una bandiera ideologica o, per contro, è visto nella sua natura di interprete conformista dell'ideologia dominante del mondo capitalistico americano.

Su questo piano, il consumo di massa di determinati prodotti diventa un fatto quasi trascurabile: non è piú la fruizione che si esaurisce nella durata del film, quanto piuttosto un tipo di esperienza collocata subito oltre lo schermo e, al limite, indifferente al testo. La perdita (parziale, mai completa) del rapporto con il cinema americano da parte della critica, impegnata nella battaglia per il neorealismo, è grave e lascia segni di lunga durata. Non vi sono, d'altra parte, altre possibilità: la scelta di campo impedisce qualsiasi forma di collusione con l'avversario.

2. Il mito e i suoi caratteri

Dopo un vuoto di quasi sette anni, la produzione americana dilaga come una slavina. Il pubblico accoglie i primi contingenti di film con lo stesso entusiasmo con cui si festeggia l'arrivo della pioggia, dopo una lunghissima siccità. Senonché la pioggia, che sembra al momento avere benefici effetti, assume, col passare del tempo, un carattere alluvionale. Questo cinema che viene da lontano succhia la vita al cinema nazionale. È l'invasione degli ultracorpi.

Anziché mettere in atto i dovuti sistemi di difesa, i pubblici si espongono al contagio e alla contaminazione senza troppo preoccuparsi degli effetti. Gli effetti, in parte, sono stati previsti da tempo dagli esperti dell'opinione pubblica americana[9]. Ma non ci si accontenta di aver raggiunto certi obiettivi: quello che si vuole è riuscire a imporre al pubblico italiano, grazie all'azione convergente di piú forze, un'immagine mentale dell'America e dei suoi valori marcata in modo positivo. Per una buona riuscita del programma è fondamentale che tutti i prodotti offrano un'immagine omogenea[10]. Le cose non vanno in modo del tutto pacifico in quanto, se la stabilizzazione è un obiettivo primario, dal 1945 in poi la produzione hollywoodiana va soggetta a una quantità di profonde tensioni interne. La purezza e autonomia del mito stesso si trova sottoposta a un violento sforzo per riconquistare un equilibrio che sta perdendo[11]. I film che offrono un'immagine stabile del mito sono quelli dell'America rooseveltiana, che fanno appello all'unità antifascista dei primi anni quaranta. Sugli schermi italiani, che si riaccendono tutti insieme, si trasmette, in contemporanea, una produzione disposta lungo un certo numero d'anni e pertanto portatrice di differenti programmi politici e ideologici. Il fenomeno provoca una distorsione dei messaggi, una perdita di funzioni dominanti del senso, per la non perfetta rispondenza a un'unica posizione ideologica di fondo.

Nella fase iniziale, e durante il corso della seconda guerra mondiale, il mito americano ritrova il massimo della sua coesione: il cinema hollywoodiano, partito per il fronte, riesce a riunificare tutte le forze sparse, a integrare il lavoro delle forze di sinistra nella politica di governo. Solo negli ultimi anni di guerra si può vedere, all'interno di tutto il vasto sistema narrativo, che il mito si inceppa, si ingolfa ed entra in corto circuito a tutti i livelli del racconto cinematografico[12]. L'incrinatura si allarga, di anno in anno, e la guerra fredda prima, quella di Corea poi, giocano un ruolo decisivo tra la fine degli anni quaranta e gli anni cinquanta, nel modificare gli elementi fondanti del mito stesso (l'eguaglianza, la frontiera come frontiera di libertà, il progresso, l'infallibilità dei capi, il carisma del loro potere, l'abbondanza, l'onestà, l'invincibilità)[13].

Un mito cosí forte si diffonde in modo massiccio al di fuori del confini nazionali proprio mentre forze endogene ed esterne lo attaccano dalle fondamenta. Giungendo tutta insieme in Italia, la produzione è percepita nella sua astratta omogeneità e contribuisce a formare, riformare e mantenere, un'immagine mentale dell'America, i cui modelli dominanti sono ancora quelli del periodo rooseveltiano.

Mentre negli Stati Uniti, dopo la parentesi bellica, si spezza definitivamente la collaborazione degli intellettuali comunisti con Hollywood, e si spezza anche la fiducia in una definizione unitaria delle caratteristiche di ciò che è «all american»[14]. Lo sforzo di controllo centralistico e di ricomposizione dell'opinione pubblica contro elementi che attentino all'integrità dei valori americani comincia a tener conto anche dell'opinione pubblica internazionale, secondo una logica e una «moralità» eguale e contraria a quella registrabile anche in Italia negli stessi anni[15]. Questo sforzo è coronato da successo solo all'interno di alcuni generi, mentre si aprono paurose falle in altri, dal noir, al western e, piú tardi, nello stesso film di propaganda di guerra. In Italia, tuttavia, il godimento indubbio, il fascino dei divi e dei film, l'impressione di allargare a dismisura la capacità di visione pongono in secondo piano i problemi dell'incidenza del mito nell'opinione pubblica. «Quello che accade al film americano si può forse riassumere nel passaggio dalla fase dello schermo gigante a quello del notes magico... Di schermo gigante... parla Cesare Pavese in un noto articolo (*Ieri e oggi*) apparso nell'agosto del 1947 sull'*Unità* e ne parla in modo retrospettivo»[16]. Pavese, come abbiamo visto nel secondo volume, e con lui Pintor, Vittorini, ecc., avevano tentato di proiettare sulla realtà americana (come su uno schermo gigante, appunto) i conflitti interni, i drammi nazionali e i problemi individuali di una generazione. La ricerca della propria identità, l'esigenza del ritorno alle radici della propria cultura spingevano masse di intellettuali, da una parte, in un viaggio «à rebours» verso la narrativa verista ottocentesca e, dall'altra, verso l'ovest, a percorrere i grandi spazi della cultura americana[17].

E a nome di chi parla ancora Pavese quando, nello stesso testo, gettando uno sguardo ormai retrospettivo sul mito americano, riconosce la propria estraneità e la distanza? («Una volta anche un libro minore che venisse di là, anche un povero film, ci commuoveva e poneva problemi vivaci, ci strappava un consenso. Siamo noi che invecchiamo o è bastata questa poca libertà per distaccarci?»)[18]. Parla, evidentemente, a nome di intellettuali che rifiutano anzitutto la socializzazione del mito, la sua circolazione eccessiva e la sua trivializzazione e che, per questo, si ritengono espropriati di un bene che considerano loro di diritto.

«Si potrebbe pensare – nota ancora Fink, che sia pure a volo d'uccello ha sorvolato tutto il terreno e individuato tutti i punti di maggior interesse – che l'americanofilia di Pavese e Vittorini mantenga, anche nel dopoguerra, una sua salutare dose di clandestinità»[19]. Si tratta, di fatto, di una clandestinità molto particolare, che si realizza in un contesto in cui il mito americano è una sorta di lingua franca, conosciuta e praticata da tutti.

Ben diverso il mito sovietico. Mito, dal punto di vista della fruizione dei testi, fondato sulla proiezione del desiderio e su una concezione politica, non sulle opere e sulla loro massima conoscibilità. Rispetto alle migliaia di film americani in continua circolazione, i film sovietici sono un numero limitatissimo, per lo più i classici del muto, e circolano quasi unicamente nell'ambito dell'associazionismo, per pubblici ristretti di poche migliaia di persone. Nel dopoguerra le due realtà non sono più commensurabili e confrontabili. Per la stampa comunista i film sovietici del periodo staliniano e quelli dei paesi dell'est costituiscono un punto di orientamento, un mondo

possibile in cui il visibile diventa il vero[20]. Il consenso ideologico, in base a una sorta di proprietà transitiva, può commutarsi
in automatico giudizio estetico[21]. Questo – si badi bene – non
avviene in modo unanime. Il limite dell'eredità idealistica assume qui un ruolo protettivo, che consente al critico un certo
margine di autonomia di giudizio.

La critica che sostiene il neorealismo come tendenza combatte la battaglia delle idee a favore del cinema sovietico nel
periodo della guerra fredda e, comunque, guarda sempre piú
con sospetto il cinema hollywoodiano, lo circonda di un cordone sanitario, rifiutandolo per la sua ideologia e per le caratteristiche di prodotto di serie, e non si spinge oltre l'adesione
al cinema del New Deal[22].

Molto, troppo a lungo, la situazione della battaglia politica
impone al critico di rimanere chiuso nelle proprie trincee, per
timore che l'incursione nel terreno avversario possa apparire
come una forma di fuga, di tradimento.

Bloccata per anni attorno alla discussione di alcune parole
d'ordine, la critica non intende esercitare un lavoro di mediazione: gli strumenti a disposizione sono, in ogni caso, troppo
limitati per consentire d'interrogarsi sui meccanismi dell'industria culturale, sulle tecniche di organizzazione del consenso,
sull'azione in profondità dei mass-media, sulla costruzione,
stabilizzazione e modificazione dell'immaginario collettivo[23].

Costretti ancora a coltivare in proprio il mito americano,
gli intellettuali di sinistra, presi nella logica della guerra fredda,
sono obbligati ad assumere una posizione antagonista e ad at-
taccare tutte le manifestazioni di consumo di massa del cinema
americano, non tanto e non solo perché gli strumenti e le categorie interpretative sono ancora in parte quelli idealistici, appena modificati, non tanto e non solo perché possono essere
accusati, dagli stessi compagni, di essere quinte colonne al servizio degli interessi capitalistici, quanto soprattutto perché si
trovano ad attraversare un momento di vuoto di modelli culturali ideologici e metodologici, che non riescono a colmare.

3. Il mito americano: apostoli, messaggeri, portavoce

Il cinema è il primo mezzo di comunicazione di massa a cui gli Stati Uniti affidano il compito di dissodare il terreno e far circolare comportamenti e modelli di vita utili a predisporre l'opinione pubblica in modo a loro favorevole. Nella preparazione iniziale della lista dei film da inviare in Italia l'MPAA, su consiglio di Will Hays, prevede il potenziale feed-back dei cattolici alla rappresentazione di certi argomenti e opera un primo tipo di selezione[24]. Non a caso, nel primo stock di film che giungono in Italia nel 1945, oltre il 40% è giudicato adatto per tutti e visibile in oratori e sale parrocchiali[25]. Nei cattolici italiani, come si è visto, la fobia anticomunista scatta subito, senza bisogno di essere attizzata, mentre, con un perfetto giro di valzer, si abbandona la causa nazifascista dal 1942 e ci si stringe al corpo del nuovo alleato, accettandone, senza riserve, l'ideologia[26].

Grazie a questo appoggio la rete di sale cattolica diventa una riserva di caccia, di entità modesta, in pratica data però in concessione privata alla produzione americana, per almeno una decina d'anni.

Per ricostruire i modi della penetrazione, piú che di una memoria della fruizione ci si può servire delle fonti giornalistiche, delle schede del Centro cattolico, delle riviste specializzate, che fioriscono ai margini e in parallelo alla diffusione del cinema americano. Tra i film da ricordare nel periodo a cavallo della fine della guerra: *Il sergente York* (*Sergeant York*, 1941) e *Arcipelago in fiamme* (*Air Force*, 1943) di H. Hawks, *Ho sposato una strega* (*I Married a Witch*, 1942) di René Clair, *Scrivimi fermo posta* (*The Shop Around the Corner*, 1940) e *Quell'incerto sentimento* (*That Uncertain Feeling*, 1941) di E. Lubitsch, *La porta d'oro* (*Hold Back the Down*, 1941) di M. Leisen, *La febbre dell'oro* (*The Gold Rush*, 1924), *Il dittatore* (*The Great Dictator*, 1940) di C. Chaplin, *Il lungo viaggio di ritorno* (*The Long Voyage Home*, 1940) di John Ford, *Ribalta di gloria* (*Yankee Doodle Dandy*, 1943) di M. Curtiz, *La famiglia Sullivan* (*The*

Sullivan's, 1944) di L. Bacon, *Il mistero del falco* (*The Maltese Falcon*, 1942), di John Huston, *La mia via* (*Going My Way*, 1944) di Leo McCarey, ecc.

Tra i registi dei film che giungono nel 1946 trovi, tra le personalità di rilievo, Ford, Welles, Huston, Cukor, Curtiz, Capra, Vidor, Walsh, Mamoulian, Milestone, mentre il grosso della truppa comprende nomi come Ray Enright, John Brahm, William Seiter, John Farrow, Norman Z. McLeod, André De Toth, William Keighley, Edmund Goulding, Norman Taurog, Richard Wallace, Allan Dwan, Kurt Newman, Walter Lang, Alexander Hall, Sidney Lanfield, Rowland Lee, Sam Newfield, Edward Ludwig, Frank Ryan... I titoli delle opere sono quasi sempre significanti allo stesso modo dei nomi dei registi: il fascino dominante proviene dalla presenza degli attori e dei luoghi dell'avventura. Di settimana in settimana, seguendo un programma di viaggi senza frontiere, lo spettatore medio è trascinato a incontrare Robin Hood o i suoi discendenti e tutta una quantità di altri personaggi, dall'Inghilterra al Marocco, dai mari del Sud al Texas, alle Montagne Rocciose. Sia che ci si interessi alla vita del figlio di Montecristo (*The Son of Monte Cristo*, di Rowland Lee, 1940) o che si vogliano seguire le peripezie di una famiglia di svizzeri che naufraga in Australia (*Swiss Family Robinson*, di Edward Ludwig, 1941) o la vita a bordo di una portaerei americana operante nel Pacifico (*Fighting Lady*, di William Wyler, 1944), o ci si sposti in India per vedere il terremoto e l'inondazione che distruggono Ranchipur (*The Rains Came*, di Clarence Brown, 1939), né le categorie del tempo e dello spazio, né quelle della realtà e verisimiglianza vengono piú avvertite[27]. Lo spettatore investe la partecipazione emotiva, come lo spettacolo richiede. L'azione in profondità dei messaggi e modelli soggiacenti può conseguire i suoi effetti soltanto grazie all'iterazione ipertrofica e iperbolica degli stessi atti e degli stessi comportamenti.

I quotidiani offrono un discreto supporto a questa produzione, senza tuttavia dimostrare apertamente di aver sposato, assieme alla causa cinematografica, anche una causa ideologica. Importante è invece vedere il tipo di appoggio subito decretato da determinati organi di stampa specializzata. Le fonti privilegiate da analizzare sono riviste come *Star, Hollywood, Fotogrammi, Novelle film, Bis*, ecc[28]. Anche se alcune tra queste riviste, come *Star* ad esempio, si propongono di appoggiare il cinema italiano, la tendenza generale è quella di farsi sostenitrici di una politica economica liberistica e dedicare il massimo di spazio a disposizione al cinema americano. Non essendo bollettini pubblicitari, hanno come destinatario naturale il grosso pubblico e fingono di assumere una posizione di equidistanza tra cinema italiano e americano. Che l'equidistanza sia solo apparente lo si vede non appena il livello dello scontro si alza, la temperatura della lotta politica sale e ci si avvicina a grandi passi verso la guerra fredda. I redattori mettono allora in modo piú esplicito sul tavolo le loro posizioni: «Dopo la guerra – scrive Italo Dragosei – l'accanimento contro il cinema americano si è fatto piú spietato perché col cinema è tornata la libertà. Gli americani sono liberali, forse troppo liberali ed è facile dir male di chi non adopera il frustino e il mitra»[29].

Il mito dell'America come simbolo di benessere e libertà è condiviso e fatto circolare in principio da quasi tutte le riviste ricordate, a partire da *Star*, che, anagraficamente, è la piú anziana. Antonio Pietrangeli si occupa a piú riprese del cinema americano, già dal 1946, parla, però in termini generali, della prevalenza delle ragioni di fabbrica e delle leggi economiche su quelle artistiche («Oggi esplorate e usurate tutte le possibili risorse del segno cinematografico [il cinema americano] ha stancamente ripiegato sulla fabbricazione in serie di "copie" e "repliche"»)[30].

Per un paio d'anni ci si muove in modo che le categorie del giudizio critico sembrino sganciate dai condizionamenti politici. Le riviste, pressoché in modo indiscriminato, traboccano di immagini di divi e di articoli sulla vita americana. Anche quelle, come *Film d'oggi*, che intendono porsi come punta ideologicamente avanzata della critica[31].

Nel primo numero di *Film d'oggi*, del 9 giugno 1945, troviamo 7 foto dedicate a divi italiani e 26 a divi americani e in
egual misura si distribuiscono gli articoli. I titoli sembrano
modellarsi su quelli della stampa americana (penso a *Photoplay*
o a *Modern Screen*) e introducono di preferenza il lettore nella
vita privata e quotidiana del divo. Vediamone alcuni, tratti da
Fotogrammi tra il 1947 e il 1948: *Paulette dalle belle gambe*; *In
casa Cooper sveglia alle 6*; *Myrna Loy non è una moglie perfetta*;
James Stewart è timido con le donne; *I divi nell'intimità sono
tutti maniaci*; *Errol Flynn peccatore o santo?*; *Vita coniugale dei
divi*; *Lana Turner ragazza di provincia*[32]. Molto spesso l'articolo è firmato dal divo in persona: sempre su *Fotogrammi* si possono leggere scritti di Tyrone Power, Gregory Peck, Clark
Gable, Adolphe Menjou, ecc.

In modo artificioso si cerca di far viaggiare il desiderio dello
spettatore per porlo a contatto con il divo, nella sua «apparizione» magica sotto le luci del riflettori e soprattutto spiarlo
nella sua privacy, nei suoi gesti più quotidiani egualmente arti-
ficiosi, in cucina, in camera da letto, in bagno, sotto la doccia.
Non si tratta di sicuro di una tecnica di osservazione, come
quella indicata dalla poetica zavattiniana. I racconti e le interviste ricostruiscono quelli che potremo chiamare «factoidi»,
fatti ad alto quoziente di probabilità e verosimiglianza, costruiti in base a degli schemi fissi, secondo un ordine e con
funzioni pressoché automatiche

Il pubblico popolare, raggiunto da un bombardamento costante di immagini e racconti, che mantengono vive la sua attrazione e il suo interesse, consuma questi prodotti avidamen-
te e, per molti anni, non trova alcun modo di sostituirli[33].

Tutta questa enorme produzione vive, comunque, su funzioni assai limitate che riescono ad avere un ruolo vincente
finché il senso della doppia parabola divistica (dall'uomo-mas-
sa, al divo o viceversa) resta staccato da altre implicazioni.
Quando si cerca di unirvene altre, più scopertamente ideologiche, l'aura divistica risulta compromessa.

L'idea di cinema che appoggiano queste riviste va, in ogni

caso, in direzione diametralmente opposta a quella del cinema italiano. Il neorealismo, a cui pure saranno riservati grandi successi dalla critica internazionale, dovrà accontentarsi per alcuni anni di essere considerato un ospite, su queste pagine. «Roma è diventata una succursale di Hollywood» sostiene il settimanale *L'Europeo* nel 1948[34]: in realtà, come abbiamo visto altrove, la presa di potere avviene fin dal 1945.

L'azione dei fiancheggiatori italiani, degli organi di stampa, prima reticente e non spudoratamente favorevole, diventa opera di valvassori e valvassini che si preoccupano di gestire, nel modo migliore, il feudo signorile. L'investitura è data dai privilegi economici, concessi, a vario titolo, a tutti coloro che si schierano e conducono campagne favorevoli al cinema americano.

Che Hollywood sia la cinematografia per eccellenza lo si sostiene in modo unanime, dagli editoriali fino alle lettere dei lettori: «A che cosa si ridurrebbe il cinematografo se non ci fosse Hollywood e la sua produzione, le quali, con tutti i loro difetti, sono sempre all'avanguardia?», si domanda un lettore della rivista omonima. In alcuni casi i direttori si dichiarano letteralmente schiavi dei loro lettori e attribuiscono alla loro pressione la costruzione e le caratteristiche degli articoli e della rivista[35].

L'ondata che viene dalla California avanza con una forza che sembra inarrestabile, e, mentre non trova resistenze sul fronte dell'esercizio, costringe alla resa quei giornali che tentano di difendere la causa del cinema italiano. *Star* cessa le pubblicazioni nel 1946 perché non è più in grado di sostenere l'urto. È vero che il grande successo internazionale di alcuni film riempie d'orgoglio anche le riviste più apertamente filoamericane e serve a mascherare il senso di colonizzazione e subalternità all'industria americana; ma si tratta di successi di breve durata. I discorsi sui desideri di evasione e di fuga dalla realtà acquistano sempre più valenza politica dopo il 1947 e, quando si vorrà cominciare a prendere le distanze ideologiche nei confronti del cinema nazionale, lo si farà usando come transfert la voce americana[36].

L'appoggio progressivo al cinema americano, contro l'emergente fenomeno del neorealismo, vuol dire sposare ufficialmente la causa dell'ottimismo e dell'evasione contro un cinema che richiama a una piú attenta interrogazione del presente: «Suvvia – invita Italo Dragosei – fate un piccolo esame di coscienza e confessate anche voi che quei filmetti con Deanna Durbin, dove tutti i protagonisti sono milionari, possiedono auto splendenti... non vi dispiacciono e vi aiutano a superare la triste monotonia di questo affamato dopoguerra». Giornali come *Hollywood*, che scoprono posizioni spesso in antitesi netta tra i collaboratori a proposito del cinema americano, dichiarano di non avere preconcetti e di lasciare «tutti liberi delle loro opinioni»[37].

Ciò che viene detto in modo aperto maschera, ma non nasconde fino in fondo, l'importanza del non detto, che costituisce, per la verità, il messaggio presupposto, ma sempre presente e sempre piú cogente. Tuttavia, si può pensare che il senso profondo, alla fine, sia destinato a svuotarsi, a perdere la sua positività di segno e a rimanere sullo sfondo, come rumore o con una pura funzione fatica.

Dopo il 1948 non sarà piú possibile una posizione neutra o un tentativo di mediazione. Gli americani assumono verso il neorealismo, e in senso piú lato verso ogni tipo di cinema in odore di comunismo, un atteggiamento simile a una campagna di bonifica, cercando di trattare le attività cinematografiche sospette di comunismo come germi patogeni in un corpo sano e mobilitandogli contro tutte le forze che sono in grado di reclutare. Le riviste vengono, in pratica, richiamate alle armi e prendono le posizioni che le esigenze strategiche assegnano loro. Quando vengono stipulati dai rappresentanti dei produttori accordi con l'MPAA, le sorti del nostro cinema appaiono in buone mani[38]. Alla condizione di colonizzazione completa si sostituisce, poco per volta, un regime di colonizzazione parziale. Si comprime il neorealismo, aumentano le coproduzioni e l'industria nazionale riprende fiato approfittando anche della crisi dell'industria hollywoodiana[39]. Hollywood entra, coi suoi attori e i metodi di lavoro, nella produzione italiana degli anni cinquanta.

La crisi, che colpisce la produzione americana e raggiunge l'apice nel 1949, non tocca subito i pubblici europei, che solo cinque anni dopo cominceranno a trasferire la loro attenzione verso lo spettacolo televisivo e a uniformare la propria cultura visiva su una scala piú vasta, omogenea, spostando modi e tempi del consumo, che viene ristretto a piccoli gruppi, quasi privatizzato.

Sul piano del tentativo di creare un consenso di massa ai modelli di vita americani il cinema ha esaurito la sua funzione nei primi anni cinquanta. Da allora si pensa di rivolgere l'azione in altre direzioni, per poter rendere piú produttivi e penetranti i meccanismi di interazione ideologica, finora attivati puntando su funzioni fondamentalmente emotive e servendosi del cinema in vasta misura. Dal momento in cui ci si rende conto che anche in Italia è in atto un processo di trasformazione tecnologica, si capisce che il cinema ha ormai compiuto onorevolmente la sua missione e si torna ad alleggerirne i compiti[40].

Il consenso alla società americana, negato dagli intellettuali di sinistra negli anni della guerra fredda, viene concesso da nuove fasce di intellettuali, che si formano in area laica e iniziano a studiare i modelli di una società tecnologicamente piú avanzata con l'aiuto della sociologia e delle scienze umane, spesso apprese in America grazie alle borse di studio Fullbright[41]. In base a una concezione della neutralità ideologica della scienza, avviene una diversa forma di interscambio e si formano nuovi canali di trasmissione di alcuni aspetti dell'ideologia americana, di notevole influenza in profondità. La penetrazione di questa ideologia in aree intellettuali, che sono state definite terzaforziste, consente un riaggancio e una circolazione operativa di idee e modelli non piú trasmissibili attraverso le pratiche basse del divismo cinematografico. Perché ormai, sulla fine degli anni cinquanta, le costellazioni divistiche, e i mondi che rivelavano, già offuscati nel loro habitat naturale, appaiono sempre piú lontani e indistinti, cosí indistinti da costituire quasi una nebulosa in cui volti e nomi si confondono e la cui radianza si affievolisce, per una forma di consunzione naturale.

4. Lo schermo contaminato

Volendo rimanere nel campo delle metafore astronomiche si osserva, fin dall'inizio, come le continue radiazioni luminose, che investono il pubblico di massa, non possono non produrre effetti di contaminazione anche su un'area piú vasta, che interessa, come già si è detto, i registi, gli operatori e tutti quei quadri professionali che si riaccostano al cinema americano e procedono, piú o meno consapevolmente, a un confronto.

Il ritorno dei film hollywoodiani e il loro successo di pubblico non possono di fatto essere senza conseguenze sulla produzione. Date due linee di sviluppo industriale parallele, di cui una è forte, capace di mantenere una direzione costante, e l'altra sembra muoversi senza controlli, non secondo uno svolgimento lineare, è legittimo ipotizzare un potere di attrazione esercitato dalla prima, quanto piú la produzione intende svilupparsi su un piano commercialmente competitivo e sulla base di una maggiore razionalizzazione dei prodotti.

Finora non si è tenuto conto del ruolo di questa attrazione esercitata dal cinema americano, sia perché un'influenza diretta ed evidente non è registrabile nelle opere piú «alte» del sistema, sia perché, pur riconoscendo, in molti casi, le figure retoriche di citazione di maggiore evidenza, non ci si preoccupava troppo di esaminare a che livelli avvenisse l'influenza complessiva del modello originario. La produzione nazionale, che sembra emarginare sempre piú dal suo orizzonte di riferimenti e di cultura cinematografica il cinema sovietico (il caso De Santis che attinge vigorosamente a entrambe le cinematografie diventa quasi un unicum, se non vogliamo considerare Genina di *Cielo sulla palude*), guarda con insistenza al cinema americano e mescola procedimenti elaborati dal sistema nazionale con altri d'importazione[42]. Obiettivi, uso delle luci, tagli dell'inquadratura, struttura del racconto, montaggio, recitazione, stile di regia, ritmo drammatico appaiono costruiti, in misura assai maggiore di quanto non si pensi, sugli esempi americani.

Il primato della spontaneità, dell'immediatezza, ha impedito alla critica neorealista di accettare, ad esempio, lo sforzo di Giuseppe De Santis di combinare, nei suoi film, i due filoni della grande tradizione figurativa del cinema americano e di quello sovietico con la letteratura di derivazione verista. De Santis, con *Caccia tragica* e soprattutto con *Riso amaro*, ha cercato di costruire dei film tenendo conto di queste tradizioni e dei modelli operanti nella cultura popolare. Ha affrontato la cinematografia americana sul suo stesso terreno, dimostrando di saper perfettamente dominare la contaminazione dei generi alla ricerca di una «Italian Way of Realism», che lo ha progressivamente allontanato dalla parallela ricerca del «passaggio dal neorealismo al realismo»[43].

Il cinema americano di Orson Welles, John Ford, Alfred Hitchcock, Fritz Lang, Josef von Sternberg è conosciuto e spesso perfettamente introiettato da registi che hanno esercitato per alcuni anni, come De Santis, anche la critica cinematografica. Oltre al suo caso, che costituisce un elemento anomalo all'interno della poetica neorealista, si può parlare di una influenza diffusa su tutto un gruppo di registi che occupano fasce medie della produzione (Comencini, Germi, Soldati, Monicelli, Steno) e si muovono ai margini del fenomeno neorealista, senza esserne al di fuori. E si può parlare anche di scelte produttive (Lux, Ponti-De Laurentiis, coproduzioni...).

Dalle forme piú elementari di citazione si può riconoscere tutta una morfologia che investe direttamente i diversi momenti realizzativi del film. Charlie Chaplin e il film comico americano offrono un repertorio a cui ci si rivolge in prima battuta: a Charlot guarda Aristide Tromboni (Totò) nel *Ratto delle Sabine*, (1945) quando, nel finale, parte con la sua compagna come in *Modern Times (Tempi moderni*, 1936). Ma Totò sa anche guardare a Keaton, e il finale di *Totò e le donne* di Steno (1953) è un perfetto rifacimento di *Seven Chances* (1925). Anche nei film di Macario, tipologicamente simile piú a Harry Langdon che a Chaplin, si ricorre a continue citazioni: nell'*Eroe della strada* (1948) alla fioraia cieca con mamma a carico, che vende fiori all'angolo della strada, è sostituita una venditrice di sigarette di contrabbando, con un neonato da mantenere e il marito disperso in guerra. In *Come scopersi l'America* (1949) c'è il ricordo esplicito di *Il dittatore* (l'apparizione di Hitler redivivo che viaggia su una nave diretta verso l'America del Sud) e di *Tempi moderni* (Macario che cerca di mangiare, una volta finito il lavoro in miniera, con mani e braccia che continuano a muoversi al ritmo del martello pneumatico). Curioso è anche il fatto che in uno dei primi film a colori, *Fermi tutti, arrivo io!* (1953), con Tino Scotti investigatore privato, l'attore cerchi di rifare, in versione assolutamente casalinga, il Groucho Marx di *Una notte sui tetti*, ricorrendo a una serie di calembours e di giochi di parole, inseguimenti, ecc., modellati sull'esempio del comico americano, anche se del tutto privi della sua ricchezza di senso e del suo spirito surreale.

Un livello piú sofisticato della citazione viene a costituire l'immaginario del protagonista e a trasformare visibilmente il suo modo di vivere. Tutta la struttura di *Un americano a Roma* di Steno (1954) nasce dalla mescolanza di materiali di provenienza americana, rivisti nell'ottica di Alberto Sordi-Nando Mericoni: il flash-back della prigionia e della guerra richiama *Stalag 17* di Billy Wilder (1953) e pensano ancora a Wilder Steno e i suoi sceneggiatori (a *L'asso nella manica*, evidentemente), quando Sordi conduce la coppia di americani con la loro automobile direttamente in un pantano. L'inizio e il finale con Sordi che minaccia di buttarsi dal Colosseo sono presi da *Fourteen Hours* (*Quattordicesima ora*, 1951) di Henry Hathaway. Parodia, capovolgimento del senso, commutazione, ossia trasferimento per via analogica – e con espliciti riferimenti –

di strutture narrative e moduli espressivi in contesti tipicamente italiani, ma anche piatta imitazione, riproduzione artigianale e con materiali poveri di film in cui la produzione
americana investiva capitali cospicui.

Nel film d'avventura, soprattutto nel filone di cappa e spada e d'ambientazione medievale (non nei mitologici che non
sembrano volersi rifare per nulla ai kolossal di De Mille), gli
ingredienti sono mescolati in funzione di un modello produttivo piú ricco. Nel *Diavolo bianco* (1948) di Malasomma i punti di riferimento principali sono *The Adventures of Robin Hood*
(*La leggenda Robin Hood*, 1938) di Curtiz, piú i film di cappa e
spada della Metro Goldwyn Mayer, per l'esempio narrativo
capace di unire in giuste dosi cavalcate, sparatorie, intrigo e
amore. E alla fine degli anni cinquanta, tra gli esempi di «come
se» della Romana film si può vedere *Il Cavaliere del castello
maledetto*, 1959, di Mario Costa che, dal soggetto fino ai costumi, si rifà a *King Richard and the Cruisaders* (*Riccardo Cuor di
Leone*, 1954) di David Butler. Fin dalla fine degli anni quaranta, osservando il lavoro preparatorio delle sceneggiature per i
film di genere, si può capire come negli stessi sceneggiatori
agisse una memoria viva del cinema americano dell'anteguerra
che si intendeva riattivare.

Quando, dopo gli accordi tra Anica e MPAA, i capitali
americani entrano in misura piú massiccia nella produzione, si
nota una modifica complessiva nello stile dei registi: ne risentono anche gli autori di punta del neorealismo, costretti certo
a dei compromessi (De Sica in *Stazione Termini*, Rossellini in
La paura, Castellani in *Giulietta e Romeo*, Camerini in *Ulisse*) e
soprattutto spinti in direzioni nuove, capaci di mutare profondamente tutto lo standard e la competenza registica, dalla concezione della storia all'uso della fotografia, alla direzione degli
attori. In alcuni casi è come se il margine di contributo individuale, la possibilità di firmare il prodotto, si restringa al massimo. È difficile, per De Sica, trovare un punto di saldatura o includere nel proprio orizzonte i moduli del cinema americano,
o riconoscere come scelta d'autore i motivi per cui Rossellini

in *La paura* si è rifatto all'atmosfera di *Gaslight* (*Angoscia*) di Cukor, o dei film di Hitchcock, piuttosto che per Germi o Monicelli, o Comencini, o Risi, per cui la scelta e la combinatoria di due diversi esempi di cinema è in un certo senso data a priori. Prendiamo i primi film di Comencini *(Proibito rubare,* 1948, *Persiane chiuse,* 1951, *La tratta delle bianche,* 1952) e vediamo subito come i soggetti e le sceneggiature siano partiti dall'idea di tradurre, in un contesto italiano, un soggetto americano. In *Proibito rubare* la storia del missionario, che parte da Sondrio per il Kenia e trova a Napoli la sua vera terra di missione, si rifà esplicitamente alla *Città dei ragazzi* (*Boys Town,* 1938) di Norman Taurog. «Conoscete padre Flanagan? Han fatto un film su di lui. Perché voi padre non andate a vederlo?», e punta anche l'attenzione sulle differenze, oltre che sulle somiglianze: «Sapete quanti ce ne sono di ragazzi come questi in Italia? Piú di duecentomila. Non c'è posto per una città dei ragazzi. Queste sono cose che accadono soltanto al cinema».

Nella *Tratta delle bianche,* o in *Persiane chiuse,* l'influenza del film noir, della letteratura poliziesca americana, si nota sia per quanto riguarda la costruzione dell'intreccio con la discesa nel mondo della malavita, vero e proprio viaggio infernale, sia soprattutto nell'ambientazione complessiva delle vicende. L'aspetto notturno, gli incubi dei protagonisti, le immagini della delinquenza sono raccontati con una scelta comune di riferimento al cinema americano. Curiosamente, sparisce l'esempio del contiguo cinema francese, la cui presenza aveva giocato un ruolo assai forte agli inizi degli anni quaranta. Il finale di *Amo un assassino* di Baccio Bandini (1952), poliziesco all'italiana, con un bonario commissario di polizia che conduce l'inchiesta nel condominio in cui abita, interrogando testimoni e sospetti nelle cucine e negli ingressi, adotta un crescendo di montaggio e tecniche di sovrapposizione di luci al neon, richiami di locali notturni, ampiamente diffusi nei polizieschi americani degli anni quaranta, fino alla *Città nuda* (*The naked City,* 1948) di Dassin. *Ombre sul canal grande,* giallo di Glauco Pellegrini, ambientato a Venezia, con il montaggio finale alla Hitchcock (la fuga e la morte a San Francesco del Deserto), è costruito tenendo ben presente come modello sottostante l'esempio hitchcockiano di *Io ti salverò* (1945) e *Notorious* (1946) in particolare.

L'influenza non è circoscritta alla sola componente della trama o al momento registico: si può notare come gli stessi operatori guardino agli esempi americani nel momento in cui decidono di abbandonare il rapporto orizzontale con l'oggetto e costruire l'immagine adottando tagli diversi nelle inquadrature, caricando di valori simbolici e connotativi gli oggetti, gli ambienti o certe figure. L'influenza di Gregg Toland, per esempio, si sente nelle scelte delle inquadrature dal basso, nella composizione delle figure umane come materiale plastico, nell'uso delle fonti luminose interne all'immagine. Un esempio si può vedere in *Fuga in Francia* (1948) di Mario Soldati: il film racconta di un criminale fascista, Riccardo Torre, che cerca di sfuggire alla giustizia, passando clandestinamente il confine francese. Riconosciuto dalla cameriera di una locanda, decide di ucciderla, facendo ricadere i sospetti su tre emigranti. Soldati, pur avendo una naturale tendenza, già rivelata fin dagli esordi, a valorizzare la componente luministica nel suo cinema, qui ha certamente guardato a *The Stranger* (*Lo straniero* 1946), di Orson Welles e alla sua capacità di caricare espressionisticamente i valori della fotografia. Recita nel film e partecipa alla sceneggiatura Pietro Germi, uno degli autori piú «americani» del cinema italiano del dopoguerra. È certo l'autore che si costruisce un proprio spazio, partendo da una cultura cinematografica dominata dall'influsso americano, esibito peraltro senza complessi di colpa.

Il testimone, Gioventú perduta, In nome della legge, Il cammino della speranza, Il brigante di Tacca del Lupo raccontano storie tipicamente italiane, calate in un paesaggio italiano, strutturate secondo un ritmo, uno svolgimento drammatico e una scelta iconografica, provenienti da una cultura figurativa tutta di derivazione cinematografica.

Germi cita il cinema americano nei momenti forti dei suoi

film quando il racconto raggiunge determinate scadenze drammatiche. Dalla rapina e uccisione iniziale di *Gioventú perduta*,
con l'attenzione per i dettagli e per l'ellissi, tipiche del film
noir di quegli anni, all'ampio respiro spettacolare del *Brigante
di Tacca del Lupo*, la ricerca è tutta proiettata a verificare la tenuta e la traducibilità nella realtà italiana di moduli classici del
cinema di Hollywood. Il western, e John Ford in particolare,
influenzano sia *In nome della legge* che *Il brigante di Tacca del
Lupo*. L'apparizione improvvisa e drammatica in cima alla col-
lina («La mafia!») di un gruppo di capi mafiosi a cavallo guidati
dal massaro Turi Passalacqua è del tutto identica, figurativa-
mente, all'apparizione dei pellirossa nel paesaggio della Monu-
ment Valley. A Ford di *Fort Apache* (*Il massacro di Fort Apache*, 1948) e di *Rio Grande* (*Rio Bravo*, 1950) si pensa esplicitamente in molte sequenze del *Brigante di Tacca del Lupo*, dalla
costruzione della figura del comandante allo svolgimento del
racconto della spedizione, fino all'attacco finale vittorioso. La
partenza dei due sposi, dopo che, con l'uccisione di Raffa Raffa, l'onore della ragazza è stato vendicato, ricorda *Que viva
Mexico!* (1931) di Ejzenštejn. Ancora a Ford di *Furore* si può
pensare per il parallelismo con il viaggio dei minatori nel
Cammino della speranza[44]. Un film che rivela un eguale tentativo di realizzare in Sardegna un western di grande respiro epico, non immemore del ricordo della *Croce di fuoco* (*The Fugitive*) è *Proibito* di Monicelli, 1954.

Anche Risi, per il suo film d'esordio *Vacanze col gangster*,
cerca di assemblare una storia all'americana, con sei ragazzi e
un cane che riproducono la tipologia e il comportamento del
gruppo del serial *Our Gang*, con elementi tipici del cinema italiano (a partire dal protagonista, che è Lamberto Maggiorani,
in una delle poche parti offertegli dopo *Ladri di biciclette*). Risi
è certamente l'autore che in misura piú continua, ma con corrente ideologica alternata, osserva gli effetti del processo di
americanizzazione diffusa dalla metà degli anni cinquanta e i
mutamenti progressivi negli individui, nei generi e nella specie

degli italiani, improvvisamente investiti dalla civiltà dei consumi.

Naturalmente c'è da considerare tutto il sistema delle coproduzioni e delle modificazioni forzate nello stile di molti registi (vedi De Sica di *Stazione Termini*) in seguito alla direzione di un film in cui intervengano capitali americani, e ancora il sistema dei generi subisce, in percentuale tutt'altro che marginale, un processo di americanizzazione. L'avvento del Cinemascope – infine – produce una modificazione dello sguardo negli operatori e un differente modo di guardare allo spazio, ai luoghi ai colori della realtà italiana che risente in modo sensibile del filtro hollywoodiano.

Non vi sono sensi di colpa, o particolari tabú, o pregiudiziali, in questi registi, per due motivi: sia perché si muovono in parte negli ambiti di una produzione che consente il pluralismo, sia perché, in modo sempre piú insistente, finita la fase spontaneista e la fiducia nell'autorappresentatività del reale, sia i produttori, che gli attori, gli sceneggiatori e i registi, tutti guardano al modello professionale del cinema americano. Il ricambio generazionale dei primi anni cinquanta vede dunque alcuni registi del gruppo milanese e del nord Italia, che giungono al cinema attraverso vie differenti da quelle del gruppo romano, e, in ogni caso, vede un discreto gruppo di neoregisti intrecciare un legame con il cinema americano, tutt'altro che negato o suggerito in trasparenza.

In pratica, soprattutto gli autori che diventeranno, negli anni sessanta, i rappresentanti piú significativi della commedia all'italiana si formano guardando con un occhio a Hollywood e uno a Cinecittà. Per loro Hollywood, anche nei prodotti piú recenti, è già un patrimonio di miti, modelli narrativi e lessico figurativo a cui si può attingere liberamente, sfidando le ire della critica delle sinistre, lavorando anche in funzione della conquista del pubblico e attuando una certa guerriglia ideologica sotto lo sguardo bonario e compiacente del potere politico. *Donatella* di Monicelli del 1956 vuole evidentemente ripetere, con Elsa Martinelli, la storia rovesciata ma singolarmente simile a quella di Audrey Hepburn in *Roman Holiday* (*Vacanze romane*, 1953).

Nei generi, e in alcuni autori che si stanno formando, il cinema americano entra dunque come componente importante: questo fatto in tempo di guerra fredda, non può essere né capito né apprezzato ma viene giudicato anzi come un tradimento dello spirito e della linea del neorealismo. Non è, da quanto si è detto o visto finora, che si possa constatare una modificazione profonda della cultura cinematografica del dopoguerra ad opera del cinema americano, ma non se ne può neppure ignorare l'esistenza. Soprattutto per quanto riguarda la progressiva crescita e valorizzazione delle prestazioni professionali, rispetto ai miti dell'improvvisazione neorealista. Se Cinecittà vuole complessivamente americanizzarsi, non si tratterà più di isolare i singoli atti e portare prove specifiche, quanto di cogliere una tendenza complessiva del sistema, che non intende abbandonare del tutto la lezione neorealista, semmai ridurne la potenziale carica di significati non conformisti. In questo senso della ricerca di una via tipicamente italiana per film che intendono competere o confrontarsi con esempi contigui americani, mi sembra si possa considerare *Carosello napoletano* (1954) di Giannini[45]. Giannini cerca di realizzare prima con lo spettacolo teatrale e poi con il film quell'idea di «spettacolo totale» a cui il teatro pensa da Wagner in poi. Di tutti i film musicali degli anni cinquanta è l'unico degno, per invenzione scenografica, legame con la tradizione nazionale, ricchezza dei costumi (di Maria De Matteis, grande presenza di costumista in cinquant'anni di storia dello spettacolo teatrale e cinematografico), consapevolezza delle possibilità complessive dello spettacolo a livello figurativo e recitativo, di confrontarsi, senza complessi di inferiorità, con il grande musical americano. Tutta la tradizione della canzone napoletana popolare è portata sullo schermo, ricorrendo a grandi effetti e mezzi spettacolari, in una sorta di «Songbook», che è anche la storia della città attraverso i secoli. Dalle invasioni medievali dei pirati saraceni (*Michelemmà* è la prima canzone), fino al dopoguerra, il film è rac-

contato attraverso le vicende di una povera famiglia di saltim-
banchi che rappresentano lo spirito del popolo napoletano, la
sua capacità di sopravvivenza, ecc. Al di là dei colori, delle
danze e delle canzoni, scorre, per tutto il film, il senso di un
cammino dolente, il racconto di una fame e di una miseria mai
superate e mai vinte, di un viaggio destinato a continuare. Viene citato Gene Kelly di *On the Town* (*Un giorno a New York*,
1948) nello sbarco a Napoli del marinaio americano, ma è la
tradizione di Pulcinella e del grande Antonio Petito che diventa il momento di scoperta profonda di una cultura dello spettacolo popolare, capace di trasmettersi anche al cinema.

Questo mi sembra, ripeto, il punto piú alto della metamorfosi in quel segmento particolare di pubblico, che guarda al-
l'America non in modo passivo ma sa modificare tutti gli elementi dedotti dall'esterno per rifunzionalizzarli, dando loro
un nuovo potere significante.

Attori e divi

Durante tutto il ventennio l'industria cinematografica italiana non riesce a far nascere, o meglio rinascere, un sistema divistico paragonabile, sia pure alla lontana, al contemporaneo divismo americano o a quello delle dive italiane del muto. L'egemonia del divismo mussoliniano impedisce, anche sul piano cinematografico, la nascita e il successo di massa di figure divistiche[1]. Almeno fino alla dichiarazione di guerra. Da questo momento, indipendentemente dall'inizio della parabola declinante del consenso, si cerca di riempire il vuoto lasciato dalla scomparsa dal mercato dei divi americani, potenziando per alcuni attori quel tanto di aureola necessaria a farne oggetti alla portata dei desideri possibili del pubblico[2].

L'impressione generale che si ricava da questo tentativo effettuato alla vigilia del neorealismo è quella della formazione di una compagnia di attori tuttofare, di un divismo povero e smesso, creato da una produzione improvvisata, valorizzato non dalle sue doti naturali, quanto dalle circostanze eccezionali del contesto storico. La messa a fuoco dei singoli attori, la loro caratterizzazione professionale, le loro epifanie, non possono più avvenire tra lo sfavillare delle luci e gli sfondi di luoghi o avventure eccezionali. Tutta la loro presenza sembra piuttosto concentrata nel raggio dei riflettori delle sale d'avanspettacolo di provincia, dove è previsto, in qualsiasi momento, un black-out completo. I registi degli anni quaranta cercano di valorizzare i ruoli (penso soprattutto alla centralità dell'attore nei cosiddetti telefoni bianchi o nell'opera dei «calligrafici»), all'interno di una professionalità abbastanza piatta. Data la carenza di quadri e la mobilità di cui si è detto, la produzione non riesce a far incarnare del tutto all'attore un ruolo o un modello e a creare nel pubblico il senso di identificazione tra vita e film. Questo divismo, che veste abiti rovesciati e d'occasione, per forza di cose è costretto a promuovere sul campo, a stelle della produzione media, attori che il cinema americano non avrebbe neppure arruolato come comparse per western di serie Z, e riesce, a suo modo, a creare una discreta unificazione del pubblico piccolo-borghese. Ad eccezione di Alida Valli, – dal portamento di reginetta fin dalle primissime apparizioni, in cui la grazia e la semplicità si mescolano all'intensità delle passioni e alla loro limpidezza, – Mariella Lotti, Loris Gizzi, Adriana Benetti, Maria Denis non producono forti ondate di passione, o profonde modifiche nel comportamento del pubblico. Tuttavia diventano punti di riferimento importanti per la possibilità offerta allo spettatore di ritagliarsi piccoli spazi entro cui difendere il proprio privato contro la pressione e il drammatico precipitare della situazione[3]. Anche attori piú rappresentativi si impongono non per doti carismatiche, ma per la loro medietà[4].

La distorsione, prodotta da questo gruppo di attori rispetto alla realtà, la loro assenza sul piano della propaganda di guerra, la modesta rappresentatività degli autentici problemi dell'italiano in quegli anni, non impediscono sia alla truppa dei caratteristi che al plotone di attori di maggior rilievo di godere della celebrità di qualche stagione. D'altra parte è impensabile, con un sistema produttivo come quello italiano, tendere in quel periodo a una politica divistica di ampio respiro[5].

Nel quadro professionale del cinema, che passa dal fascismo al dopoguerra, l'attore è il punto piú debole e vulnerabile. Mentre la ricostruzione cinematografica sembra non poter rinunciare a operatori, registi, scenografi del cinema precedente, dichiara invece la totale sostituibilità dell'attore. Quando però questo fatto, da tendenza e scelta di alcuni registi, diventerà affermazione di poetica, si renderà sempre piú netto il distacco dal pubblico, dai cui bisogni emerge una richiesta crescente di punti di riferimento e di modelli che possano agire da transfert per l'immaginario collettivo. La riconquista progressiva di un pubblico perduto, la sua ricomposizione sociale, la capacità di creare un sistema divistico non gregario o puramente surrogatorio rispetto a quello americano diventeranno gli elementi distintivi della costituzione del divismo italiano, fondato su caratteristiche specifiche, solo agli inizi degli anni cinquanta[6].

Per questo è necessario il recupero di un patrimonio professionale che comunque si rivela necessario come materiale di sostegno per la ripresa di una produzione commerciale.

In ogni caso, nel passaggio dalla guerra al dopoguerra, la compagnia di attori, che per anni aveva occupato la produzione media e non si era compromessa nei confronti del regime, non viene sciolta, se ne redistribuiscono in parte le funzioni, si allargano e diversificano i ruoli. Per alcuni interpreti il 1945 costituisce uno spartiacque, per altri, come ad esempio Aldo Fabrizi e Anna Magnani, il passaggio avviene in maniera assolutamente naturale, anche se i diversi panni indossati a partire da *Roma città aperta* ne modificano profondamente l'immagine, affidata fino ad allora al successo nella rivista o nell'avanspettacolo[7].

Dove e come avveniva la formazione degli attori e si producevano i criteri di selezione a maglie sempre piú strette, capaci di produrre alla fine il divo?[8] Il Centro sperimentale diploma degli attori, ma le sue carenze di fondo sono tali che non è possibile considerarlo – su questo piano – un luogo di formazione ad alto livello di professionalità. Tuttavia non è senza effetti l'azione teorica, nata nell'ambito del Centro stesso che, richiamandosi al pensiero dei maestri sovietici, chiede all'attore, fin dai primi anni quaranta, una recitazione naturalistica, una piena identificazione nel personaggio, l'abolizione delle differenze tra finzione e realtà[9]. Chiede un'autenticità che lo allontana dallo standard professionale di quegli anni.

Il neorealismo, in nome dell'utopia poetica di fare dello schermo il luogo della presenza e dell'identità e non della distanza e diversità, e quindi il punto di massima permeabilità tra scena e platea, cerca di far entrare in corto circuito le non poche convenzioni su cui si fondava il precedente tentativo di unificazione del pubblico.

Il cinema del primo dopoguerra si trova subito in un'impasse: deve proporre il ritratto dell'italiano nuovo, nato dalla guerra e dalla Resistenza, servendosi di quadri di attori che hanno rappresentato, in misura piú o meno larga, gli ideali dell'Italia e dell'italiano di Mussolini. In pratica, dalle macerie del cinema autarchico non nasce solo l'attore nuovo, ma riprende vita anche l'attore vecchio.

L'attore nuovo, potenzialmente, è dappertutto: la scena è vuota e siccome può rappresentare tutti i luoghi possibili (e il regista chiede di costruire il suo messaggio sperando in un largo margine di alea) lo schermo accoglie i personaggi, cercando di farli vivere entro la loro reale condizione. Ma questo schermo si popola di visi già noti: Amedeo Nazzari diventa reduce o partigiano (*Un giorno nella vita, Il bandito*), Elisa Cegani veste gli abiti monacali *(Un giorno nella vita)*, Fosco Giachetti reduce dalla prigionia, come racconta la scheda del Centro cattolico, mentre «sta per ricostruirsi faticosamente una posizione, viene a scoprire che la donna, durante la sua assenza, fu costretta a vendersi, per salvare il bambino da una grave malattia» (*La vita ricomincia*). La donna è Alida Valli, ex principessina del telefono bianco: l'uso che il cinema del dopoguerra farà di lei non ha nessun rapporto con la sua immagine precedente[10].

E nei venticinque film prodotti nel 1945 gli attori sono quasi tutti già conosciuti fin dagli anni trenta: Carlo Ninchi, Nino Besozzi, Gino Cervi, Carlo Campanini, Totò, Macario, Isa Miranda, Eduardo De Filippo, Dina Galli, Vittorio De Sica...

Le strade da percorrere sono due: da una parte, tentare di

riutilizzare i vecchi quadri in una macchina produttiva disponibile a riciclare tutto, dall'altra, procedere all'eliminazione di ogni forma di professionismo in nome di un'idea di cinema che possa essere il punto d'incontro di una serie di elementi spontanei. Non ultimo l'interprete. Riducendo al massimo il processo di costruzione e valorizzando il momento della ripresa, cercando di far liberare alla realtà energie impreviste, l'interprete «preso dalla strada» è chiamato a far corpo con questa fase ultima del processo: in pratica gli si chiede di essere semplicemente se stesso. Le strade non sono orientate in direzioni opposte: ora corrono in parallelo, ora le esperienze si mescolano (come in Rossellini), ma a questa operazione di freno nei confronti del rifiuto del professionismo sovrintende la produzione con una iniziale politica di «go and stop». I pochi attori presi dalla strada nei film di Rossellini, De Sica, Visconti, Genina, Castellani, Emmer, non possono divenire pratica corrente. Appaiono piuttosto come il frutto eccezionale di irripetibili, fortunate combinazioni.

L'interprete diventa il suo personaggio (Lamberto Maggiorani è l'operaio Ricci, Carlo Battisti è Umberto D., e, al limite del paradosso anche Ines Orsini è Maria Goretti); questa identificazione è una strada senza ritorno, che non consente la successiva assunzione di ruoli diversi.

Alla negazione dell'attore sono legati i momenti piú alti del cinema del dopoguerra. La scelta del protagonista (quante volte questi personaggi raccontano, come in base a un medesimo copione prestabilito, la casualità assoluta del loro incontro col regista: si pensi al professor Carlo Battisti) lo lega per sempre al personaggio a cui ha dato vita, anche se, in seguito, avrà altre occasioni di riapparire sullo schermo. Carmela Sazio, la ragazza dell'episodio siciliano di *Paisà*, Rinaldo Smordoni e Franco Interlenghi di *Sciuscià*, Enzo Staiola e Lamberto Maggiorani di *Ladri di biciclette*, Maria Pia Casilio e Carlo Battisti di *Umberto D.*, i ragazzi di *Sotto il sole di Roma*, i pescatori della *Terra trema*, Maria Fiore di *Due soldi di speranza*, mostrano come il non attore possa liberare enormi energie di fronte all'occhio maieutico della macchina da presa. Ma la fine del film è la fine della loro carriera.

Proprio nel momento in cui il punto d'incontro tra lo sguardo del regista, la scoperta della realtà e il corpo del non attore sembra aprirsi una grande strada, dove si realizzano le teorie pudovkiniane, ci si accorge di trovarsi in un vicolo cieco: il mito dell'autenticità e sia pure detto con affettuosa simpatia, del «buon selvaggio cinematografico» è applicabile solo in una struttura cinematografica improvvisata e preindustriale; appena si comincia a razionalizzare l'impianto produttivo, tutti gli elementi in gioco devono essere portati a un livello ottimale e al centro del prodotto industriale si deve reintegrare l'attore professionista. Solo cosí è possibile riconquistare quel pubblico che il neorealismo ha, poco per volta, perduto.

Il neorealismo, peraltro, in nessun periodo della sua storia successiva vuole mettere in pensione anticipata gli attori esistenti. Ipotizza una ristrutturazione dei processi produttivi, una specie di «turn over», per cui i vecchi quadri possono essere ancora usati nei generi, in operazioni marginali, in interpretazioni che richiedono la messa in opera di meccanismi ripetitivi e automatici, mentre ai personaggi appena assunti, senza alcuna esperienza, sono assegnati i compiti di maggiore responsabilità e creatività[11]. A differenza dell'assunzione in fabbrica, a questi «attori» non viene richiesto di sostenere la realizzazione del «capolavoro» (nel senso operaio di cui parla nei racconti dell'*Aria che respiri* Luigi Daví): una volta superata in modo positivo la prova, anziché garantire un posto di lavoro si procede a un immediato licenziamento. La tendenza comune al neorealismo e alla produzione, che si muove ai margini e in qualche misura ne è toccata, è quella di opporsi a tutti i processi di costruzione dell'attore attorno a cui si possa riverberare un alone divistico o si costruisca un'aura mitica. Questo non esclude, d'altra parte, che l'industria possa optare, nel suo percorso parallelo, per la costruzione di attori e personaggi antieroici e del tutto comuni, in base a stereotipi diametralmente opposti. Questo pericolo è avvertito da Umberto Barbaro alla

vigilia della guerra, in un importante articolo, in cui si sottolinea che, per far mutare realmente il sistema, bisogna mutare i
significanti e il significato, l'ideologia profonda e non le strutture di superficie e soprattutto non accontentarsi del capovolgimento di alcune funzioni, che non mutano il prodotto finale. In pratica si deve capire come si giochi, sul corpo dell'attore, una scelta decisiva: l'impressione di realtà non è realtà e
qualsiasi opzione per il racconto e la costruzione del personaggio rientra in una casistica già ampiamente praticata. Perché ci
sia rinnovamento dei codici recitativi dev'esserci una trasformazione profonda dei processi ideologici di produzione del
senso[12].

Cosí, tutto un gruppo d'attori piú legati alla recitazione
parlata viene spostato a un livello produttivo, in cui la sostanziale staticità della macchina da presa è funzionale a una recitazione rimasta ancora a metà strada tra teatro e cinema. Altri
vengono reclutati dal serbatoio dei palcoscenici di rivista e del-
l'avanspettacolo da una produzione che intende farne un uso
analogo. Esiste un piano diverso, una terza via, di mediazione,
in cui, confrontandosi con i risultati del neorealismo, diversi
attori sono spinti a una maggior naturalezza e immediatezza
recitativa, all'interno di stereotipi narrativi e convenzioni
drammatiche. È il caso di Vittorio Gassman, Silvana Mangano
e Raf Vallone, in *Riso amaro*, vero momento di confluenza e
incontro tra le due linee finora rimaste separate. La produttività di certi stereotipi è comunque precedente e coinvolge il sistema di recitazione e i rapporti tra attori, paesaggio e sceneggiatura nei film di Germi, Zampa, Soldati, Lattuada, Blasetti,
Camerini, ecc. Le esperienze di Rossellini, De Sica e Visconti,
scandiscono le fasi di enunciazione di un'ipotesi, di verifica e
di riprova, e mostrano come il lavoro dell'attore e sull'attore
possa arricchirsi, allargare i suoi orizzonti, le sue possibilità,
senza tradursi in una pratica corrente. Non a caso, nei primi
anni cinquanta, si apre, all'interno degli stessi soggetti dei film,
una meditazione metalinguistica, sul mondo cinematografico,

sul suo sogno e sulla illusorietà di questo sogno *(Luci del varie-tà, Bellissima, Siamo donne, La signora senza camelie).*

Ciò che è avvenuto, e lascia un segno profondo su tutto il sistema, è che – nel momento della conversione – non pochi professionisti del cinema precedente hanno accettato di rimet-tere in discussione il proprio modo di recitare e hanno matura-to, a contatto con l'esperienza neorealista, un diverso tipo di professionalità. Per alcuni il processo era già in atto (Girotti, Cervi, Magnani, Fabrizi), per altri si è trattato di una trasfor-mazione profonda di immagine e capacità professionali. Che le strade non si divarichino mai si può vedere dalla dissociazio-ne di personalità di De Sica attore e De Sica regista. Mentre il De Sica regista segue, asseconda e realizza, un processo simbio-tico con la poetica zavattiniana, il De Sica attore arricchisce la propria esperienza professionale e la viene specializzando nella interpretazione di una galleria di personaggi che esibiscono il peso della recitazione (basti pensare all'uso che di De Sica atto-re fa Alessandro Blasetti nell'episodio del *Processo a Frine*, di *Altri tempi*, o in *Peccato che sia una canaglia* e soprattutto in *Amore e chiacchiere).* Anche come attore De Sica diventa un modello e un maestro per la nuova generazione di interpreti che inizia la sua carriera nei primi anni cinquanta. Che l'ipote-si neorealistica tocchi e lasci i segni su tutta la produzione, si vede, del resto, nella recitazione di Totò, che dalla dimensione piú surreale dei primi anni quaranta giunge (con Monicelli, *Guardie e ladri*; Rossellini, *Dov'è la libertà*; Paolella, *Destina-zione Piovarolo)* a una trasformazione del proprio personaggio e dei messaggi di cui è portatore.

Tra tutti gli autori piú rappresentativi del neorealismo, il ri-schio piú alto e la sperimentazione piú radicale vengono assun-ti da Luchino Visconti nella *Terra trema*. Visconti aveva luci-damente elaborato il progetto di realizzazione del film già nel 1941[13], e sono i primi progetti di trascrizione di romanzi e rac-conti verghiani, stesi in collaborazione con Giuseppe De San-tis, Alicata, Gianni Puccini, ecc. a costituire un presupposto teorico e poetico fondamentale per la sua attività successiva.

Visconti gira *La terra trema* quando l'esperienza neorealista, nella sua carica spontanea piú vitale, sta subendo lo scontro piú duro con la realtà politica nazionale e internazionale. Ma, nel periodo tra il 1945 e 1948, egli svolge un'attività di regia teatrale che, per scelta di attori e di testi da mettere in scena, si muove contro l'esperienza neorealista di Rossellini e De Sica, valorizzando al massimo la professionalità di una recitazione naturalistica, memore della lezione di Stanislavskij e del Group Theatre americano degli anni trenta[14]. Sia rispetto a Rossellini e De Sica che all'idea di regia, a cui resterà poi fedele per tutta la vita, la scelta è cosí netta da produrre un rovesciamento profondo nella prassi registica. Visconti, regista di attori, cura tutti gli aspetti del processo realizzativo del film, rifiutando ogni nozione di alea e cercando la massima valorizzazione professionale dei suoi interpreti. *La terra trema* è da considerare un prodotto eccentrico nella sua carriera registica, un unicum tutto proiettato verso il momento della ripresa e del montaggio: un film sperimentale. Il regista non punta piú sulla messa in evidenza di questo o quel personaggio, quanto sull'accordo di tutto un coro che si muove assieme alle cose, secondo un ritmo interno. Il coro prevale sui singoli, usati molto spesso come materiale plastico.

L'esito commerciale del film e tutta la ristrutturazione ideologica e produttiva in atto impongono brutalmente l'abbandono dell'ipotesi antiprofessionistica. Intanto, in parallelo, iniziano a essere attivati i primi processi di selezione divistica mediante i concorsi di bellezza, dai quali si produce un ricambio generazionale di attrici con tutte le carte (fisiche) in regola per avere un forte impatto sui meccanismi del desiderio popolare. In pratica entrano nella miscela nuovi ingredienti a determinare il successo o l'esplosione di alcuni fenomeni. Come quello della coppia Nazzari-Sanson nei film di Matarazzo, perfetto esempio di coincidenza di moduli neorealistici degradati, recitazione professionale tutta puntata sulla produzione di forti valori simbolici e leggibilità del testo come espansione dinamica del foto e cineromanzo, che, nello stesso periodo, sta entrando in orbita nel mercato dell'editoria popolare[15]. La Sanson si può considerare il transfert piú alto del divismo del fotoromanzo non realizzato nel cinema.

«Il panorama – osserva ancora Guido Fink nella relazione già ricordata – è destinato a mutare radicalmente negli anni cinquanta quando il cinema della ricostruzione abbandona la ricerca polemica del "non professionista", e la riduce a termini esigui: si tende nuovamente al "personaggio"... e a una sorta di neoprofessionismo, sia pure in buona parte costituito da comici provenienti dalla rivista e da miss partecipanti a concorsi di bellezza».

Da questi concorsi emergono con prepotenza Silvana Pampanini, Lucia Bosè, Silvana Mangano e Gina Lollobrigida.

Il passaggio non è cosí radicale: il ponte tra il neorealismo e il divismo delle maggiorate, quello dei fotoromanzi e dei film americani è dato dalla prepotente apparizione di Silvana Mangano in *Riso amaro*. Anche qui si tratta di un film sperimentale, fatto da un regista che cerca di individuare il punto massimo di contatto con i codici alti di una tradizione cinematografica e culturale e i codici bassi popolari, e che riesce a esportare quest'immagine puntando subito su attributi propriamente divistici. Silvana Mangano può venire cosí presentata come il prodotto per metamorfosi o distillazione di questi attributi: «Anna Magnani con quindici anni di meno, Rita Hayworth con dieci chili di piú, Ingrid Bergman col temperamento latino, e con piú sex appeal di Mae West e Jane Russell insieme». Ciò secondo un enorme cartellone affisso sui muri di Parigi che annuncia *Il lupo della Sila*. L'America di Rita Hayworth «impazzí» per la giovanissima prorompente mondina[16].

Grazie alla scoperta della commerciabilità dell'immagine di una diva italiana all'estero (non dimentichiamo che *Riso amaro* è un fenomeno di enorme successo internazionale), il produttore cerca di seguire la strada aperta da questo film. Per tutto il dopoguerra, in mancanza di previsione e programmazione, ci si affida ai miracoli di mercato, all'intuito, o al successo di opere-civetta, grazie alle quali si sono intuite determinate caratteristiche impreviste della domanda. Il successo casuale, superiore alle aspettative, ha avuto comunque un effetto trainante di maggiore o minore durata sull'attore stesso, sul regista, sulla casa di produzione, sul genere o sistema produttivo.

Riso amaro, Catene, ecc., la serie di *Don Camillo,* quella di *Pane, amore e...* o dei *Poveri ma belli,* sono tutti anelli collegati da un identico principio genetico ed evolutivo, che continua a esibire i legami e i caratteri ereditati dal neorealismo[17].

Una produzione che si organizza e vive come può non è in grado di mettere in piedi una struttura divistica basata sulla distribuzione, sull'estrema parcellizzazione dei compiti, sulla specializzazione dei ruoli e costruzione su scala industriale del prodotto. Poche case di produzione e pochi produttori (i Lombardo, Rizzoli, Ponti, De Laurentiis) hanno il timing necessario per avvertire i sintomi di crisi nello «star system» americano e impostano una politica divistica basata sulla costruzione consapevole di una mitologia di grande impatto popolare. Quando si tenta il lancio di alcune dive e la valorizzazione delle loro capacità, non sono certo i mezzi professionali a essere marcati dall'obiettivo, né le capacità recitative a essere valorizzate da opportune sceneggiature. Il livello dei discorsi affidati a Gina Lollobrigida, Sophia Loren, Silvana Mangano, Silvana Pampanini, nei film di maggior successo popolare, dal punto di vista valutativo e cognitivo, rasenta lo zero. È un discorso fàtico. I messaggi autentici sono quelli del corpo. Lo capisce De Santis, ma lo capiscono anche Lattuada *(Anna),* Blasetti, e cosí via. I discorsi delle «maggiorate» hanno, come unico oggetto, implicito ed esplicito, il proprio corpo. Sulla base di questo tema le possibilità di variazione sono tutt'altro che modeste, anche se la macchina da presa non cerca ancora rapporti ravvicinati, da contatto fisico tra obiettivo e parti del corpo dell'attrice, come avverrà in maniera crescente dalla fine degli anni cinquanta (*I dolci inganni* di Lattuada inaugura una nuova fase in questo senso). Negli anni cinquanta la perlustrazione del corpo si mantiene a una distanza che consente di vederne la fisicità tridimensionale e percepirne la conquista e la libera espansione nello spazio circostante.

Il voyeurismo represso del feuilleton, il senso di peccato, passione e mortificazione della carne tipicamente cattolico (che ritroviamo, ad esempio, al massimo della sua tensione in *Anna*) sono compensati da una strategia, emblematica di nuove esigenze. Si manifesta come l'affermazione di una morale laica e, in parallelo, come il tentativo di ritrovare uno stato di natura in cui il corpo femminile sia il correlativo simbolico dell'idea di fecondità o, in una diversa organizzazione sociale, sia una possibile merce di scambio e serva da passaporto per la scalata o l'emancipazione (la morale della *Fortuna di essere donna* di Blasetti).

Dopo la spontanea affermazione di Silvana Mangano, si cerca di gestire il divismo di Gina Lollobrigida e Sophia Loren con maggiore intelligenza delle possibilità economiche di un fenomeno ancora sconosciuto. Nel giro di pochi anni, le due attrici cancellano il successo di Yvonne Sanson, stabiliscono una discreta distanza rispetto ad altre attrici, che pure emergono in quel periodo (da Silvana Pampanini a Eleonora Rossi Drago) e riescono a reggere da sole alla concorrenza straniera, distraendo in modo sensibile lo sguardo del pubblico rivolto fino ad allora verso le dive americane.

Un fenomeno simile non si verificava almeno dai tempi d'oro di Bertini e Borelli. Dopo vari decenni l'incontro sembra avvenire tra contendenti della stessa categoria e capaci di misurarsi sulla base di un'analoga potenza. Al peso, forse, le attrici nostrane denunciano qualche libbra in più. Le nuove dive vengono reclutate attraverso i concorsi di bellezza o incontrate casualmente per strada, ma da subito si cerca di esaltarne le doti di «naturalità», di mostrare come in loro si manifesti nella forma più appetibile la generosità e la fertilità della terra italiana. Gina Lollobrigida, prima autentica espressione dello «star system» del dopoguerra, fin dai primissimi passi assume il ruolo di ambasciatrice del cinema italiano proprio grazie ai doni di cui la natura l'ha così generosamente dotata. Così la presenta la pubblicità di *Fanfan la Tulipe* di Christian-Jacque: «L'ovale del viso rasenta la perfezione e sottolinea le guance alte e brillanti. La carnagione non ha eguali: un campo di rose e di gigli. Gina Lollobrigida, figlia del sole, è bellissima e piena di talento». Già a Locarno, nel 1949, Adriano Baracco, direttore di *Hollywood* e di *Cinema*, sente il dovere di parlare di questa giovane stella «talmente bella da suscitare indignazione». Nelle sue prove di «formazione» bisogna riconoscere che l'attrice sa affiancare alla bellezza (spesso dissimulata) anche notevoli qualità di adeguamento a ciò che il soggetto chiede («Brava nel senso di una naturale disponibilità ad essere guidata, soprattutto in un naturale, spontaneo, felice rapporto con la macchina da presa. Fra i registi del primo periodo forse Steno e Monicelli in *Vita da cani* ne compresero meglio il carattere, il tipo in embrione»)[18]. Il suo capolavoro interpretativo, il film che la impone definitivamente sul piano nazionale e internazionale e le apre le strade verso Hollywood è *Pane amore e fantasia*. Dentro ad un abituccio che richiama quello della monella Paulette Goddard di *Tempi moderni* di Chaplin, la Bersagliera racchiude e amministra con intelligenza parsimonia e maliziosa ingenuità il patrimonio fisico che la natura le ha donato, consentendole di guardare con ottimismo al suo futuro, nonostante la miseria in cui vive. Il film segna il decollo del suo astro nel firmamento cinematografico mondiale («Gina Lollobrigida, le sette sillabe piú famose d'Europa» scriverà *Time*), la sua chiamata ad Hollywood e il rapido smantellamento, da parte dell'industria hollywoodiana del suo mito attraverso una serie di film che ne esaltano certo gli attributi fisici, ma ne umiliano e snaturano quelli recitativi e divistici piú legati alla realtà mediterranea.

Mentre la parabola di Gina Lollobrigida tutto sommato si svolge nell'arco di un decennio per Sophia Loren gli anni cinquanta ne mostrano solo la linea ascendente che culminerà con il trionfale successo coronato dal premio Oscar della *Ciociara* agli inizi del decennio successivo. Se Blasetti è ancora una volta il mentore che la guida verso i primi successi,

De Sica sarà il regista che meglio la guiderà lungo il processo di individuazione delle proprie possibilità. Rispetto alla Lollobrigida Sophia Loren dimostra una maggiore duttilità e un ventaglio di possibilità assai piú ricco: De Sica, Pigmalione e artefice, ne sa esaltare le diverse componenti fisiche, gestuali ed espressive, ma cerca di accenderne anche la scintilla interiore. La metamorfosi che si compie in lei nel giro di alcuni anni – favorita nel suo caso dalla trasferta americana – è superiore a quella di qualsiasi altra diva nazionale e internazionale di quegli anni. Nel lungo periodo Sophia Loren saprà far fruttare al massimo il suo talento d'attrice e pur mantenendo tutte le qualità e il carisma della diva non ne resterà affatto prigioniera.

La rinascita del divismo punta tutte le sue carte su un numero di attori assai ristretto e ne accresce rapidamente il potere contrattuale. Interessante notare come, proprio in questo periodo, Roberto Rossellini tenta da solo un esperimento di laboratorio opposto sul corpo di Ingrid Bergman, per distruggere l'aura mitica creatale dal cinema americano, far emergere e portare sullo schermo, come in una sorta di psicodramma, gli aspetti piú autentici della sua personalità. Rossellini trascina, in questi anni, i suoi film e la Bergman in un baratro economico che tocca il fondo con *Giovanna d'Arco al rogo*, ma dimostra, con *Europa '51*, *Stromboli*, l'episodio di *Siamo donne* e *Viaggio in Italia*, come sia possibile un'azione di riumanizzazione del divo, consumato dallo stress industriale[19].

Nell'inseguire questo suo progetto Rossellini è ormai solo: alla coltivazione divistica e agli esperimenti di incroci tra professionisti e non professionisti si dedicano tutti gli altri registi operanti negli anni cinquanta, compresi gli esordienti, da Michelangelo Antonioni a Lizzani, da Fellini a Maselli a Pietrangeli, a Gianni Puccini.

La valorizzazione del divo ha, come effetto immediato, quello di far lievitare i costi del film. Verso la metà degli anni cinquanta, quando ancora il costo medio non supera i cento milioni, alcune attrici e alcuni attori percepiscono guadagni che variano dalla metà a un quarto o un terzo dell'intera spesa.

Le quotazioni di questo periodo vedono in testa Gina Lollo-brigida e Silvana Mangano a pari merito (60 milioni), De Sica e Totò (50 milioni), Nazzari (35), Sophia Loren (30), Silvana Pampanini e Alberto Sordi (30), Eleonora Rossi Drago (25). Da questa classifica Yvonne Sanson è ormai esclusa[20].

Proprio mentre si tenta di espandere l'azione divistica, si scopre anche la resa commerciale di attori di basso costo, che sappiano costruire una variante nostrana di fenomeni come quello emerso in Francia con Brigitte Bardot. Tutto il gruppo di attori e attrici, che il successo di *Poveri ma belli* catapulta al centro della produzione, non hanno la forza di uscire dai confini nazionali, ma fanno registrare incassi assai alti, invertendo quella tendenza economica appena registrata di lievitazione dei costi, causata dai divi, e divenendo il punto di massimo equilibrio e omogeneizzazione, da parte del sistema produtti-vo, delle forze fin qui osservate.

Come riprova, giunge poco dopo il successo clamoroso del-le *Fatiche di Ercole* di Pietro Francisci, a confermare come non sia l'elemento divistico la struttura portante e riequilibrante dell'apparato produttivo, ma lo possano diventare ora dei bici-piti o tricipiti ben oleati, ora una piú rigorosa e professionale miscela di tutti gli ingredienti.

D'altra parte, una politica divistica di grande respiro non sembra possibile e viene messa in crisi non tanto dai pericoli di lievitazione indiscriminata dei costi, quanto dalla concorrenza televisiva, proprio sul piano della capacità di creazione di nuo-vi modelli divistici. Le prime trasmissioni di grande successo popolare *(Il musichiere, Campanile sera, Lascia o raddoppia)* di-mostrano come sia possibile costruire e far circolare con suc-cesso il divismo della vicina di casa. Quasi senza accorgercene, e con ben diverse intenzioni, si valorizzano nella televisione democristiana, sul piano della costruzione di un divismo a conduzione familiare, le teorie zavattiniane[21].

La regressione del sistema televisivo e il suo diverso potere e concezione dello spettacolo riportano il discorso al punto da cui si era partiti nel dopoguerra, mentre, in parallelo, il tentativo di creazione stabile di un divismo all'italiana, per l'indubbia modestia della carica di energia degli attori attorno a cui si costruiscono le basi di lancio, non riesce a mettere in orbita con successo che pochi casi (il piú evidente è quello di Sophia Loren). In confronto alla professionalità degli attori americani, gli italiani si presentano come una squadretta di calcio di un girone di promozione rispetto alle squadre di serie A. Il dilettantismo di questi quadri, unito al prestigio culturale di cui sono ormai circondati alcuni registi e alla possibilità di produrre film a bassi costi, favorisce contatti ravvicinati, incroci e scambi di esperienze con il cinema americano, registrabili, in questo periodo, sotto forma di una massiccia e palese presenza di attori americani nei film italiani e in una presenza meno palese, ma non meno evidente, dei capitali americani nella realizzazione di molti film.

Scelte in apparenza separate sono inquadrabili nella medesima logica: i registi che affrontano soggetti di notevole ambizione ricorrono ad attori stranieri e la produzione arruola una serie di attori americani per motivi eguali e contrari a quelli che avevano spinto registi e produttori, negli anni del dopoguerra, a servirsi dei protagonisti scelti tra la folla. La tendenza in atto nel sistema produttivo, visto il successo della serie di *Poveri ma belli*, confina questi attori (che rimangono per lo piú allo stadio di dilettantismo assai promettente), con limitate capacità comiche e nessuna capacità drammatica, entro un certo livello produttivo in cui, a un modesto rischio, corrisponda un sicuro profitto. Per mantenere invece il fiore all'occhiello con una produzione di prestigio, i produttori italiani ingaggiano attori stranieri che offrono sicure garanzie di poter ricoprire con disinvoltura una vasta gamma di ruoli. Questo anche per dare alla produzione quella possibilità di uscita dai confini nazionali che il divismo strapaesano sembra in grado di garantire in misura molto modesta.

Visconti chiama Farley Granger per *Senso*, dopo aver tentato di avere Marlon Brando; De Sica utilizza Montgomery Clift e Jennifer Jones per *Stazione Termini*; Fellini affida la parte del protagonista, nella *Strada* e nel *Bidone*, rispettivamente ad Anthony Quinn e Broderick Crawford, dopo aver pensato, per quest'ultimo film, a Humphrey Bogart; Antonioni sceglie per *Il grido* Steve Cochran, e gli esempi possono continuare, seguendo la filmografia degli stessi e di altri registi.

Se, per il momento, non si vedono ancora emergere nel cinema italiano attori capaci di sostenere parti molto impegnative, si può notare come, grazie a un lungo apprendistato, si stia formando una schiera di interpreti che, per alcuni anni, continuano a rimanere allineati e a marciare in gruppo senza avere alcuna possibilità di affermare le loro capacità. La maturazione professionale di alcuni di questi attori (penso ad Alberto Sordi, che è il primo a manifestare già in maniera molto netta le sue capacità, ma anche a Marcello Mastroianni, Gabriele Ferzetti, Ugo Tognazzi, Nino Manfredi e Vittorio Gassman, che per tutto questo periodo vanno alla ricerca del proprio ruolo) è possibile, anche e soprattutto grazie al lavoro di bottega che si compie e passa quasi inosservato, nei generi, alla rifinitura e messa a punto di ampie gallerie di personaggi «recitati». La crescita professionale di questi attori è legata alla crescita generale delle strutture produttive, alla maturazione dei registi della commedia, all'arricchimento del lavoro degli sceneggiatori, alla ottimalizzazione di tutti i fattori in gioco.

Proprio alla fine degli anni cinquanta, nel finale del *Generale Della Rovere* di Rossellini e della *Grande guerra* di Monicelli, al falso generale e ai soldati semplici Jacovacci e Busacca, guitti nella vita, viene concessa la grande occasione di interpretare il loro primo ruolo drammatico e vestire i panni degli eroi. Se la recitazione di De Sica si può considerare una specie di testamento d'attore e protagonista neorealista, la recitazione di Gassman e Sordi (a cui va aggiunta quella del gruppo dei *Soliti ignoti*) è una chiara dichiarazione di guerra della commedia all'italiana ai livelli piú alti della produzione, ed è la prima concreta manifestazione di «prise de pouvoir» da parte della generazione di attori post-neorealisti, destinata a schiudere loro un periodo di lunga e pressoché incontrastata egemonia.

Il mestiere dello sceneggiatore

1. La selva degli sceneggiatori

Dovendomi addentrare nella selva oscura e poco studiata del lavoro degli sceneggiatori[1], sono subito ricorso, fin troppo prevedibilmente, a Cesare Zavattini, della cui opera e del cui contributo intendo servirmi come ideale guida e motivo conduttore per tutto il discorso che segue. Gli cedo subito la parola.

Sono passati poco piú di dieci anni dalla fine della guerra e Zavattini, guardandosi indietro, avverte la frattura e la distanza: «In quel tempo che sembra già remoto, scendevamo tutti come dal limbo e cominciavamo a guardarci intorno e avevamo dentro quella confusione, mista a dolcezza e perfino angoscia, di chi improvvisamente può far di tutto, dir tutto e si attarda un momento davanti alle meraviglie del possibile. Eravamo giovani, ma sono bastati pochi anni a farci diventare vecchi»[2].

Zavattini parla, al plurale, di un momento di purificazione, rigenerazione e rinascita, che coinvolge il lavoro di tutti gli uomini del cinema; parla del nuovo e non del vecchio, della rottura e non della continuità. Dal limbo escono i protagonisti degli anni trenta, produttori, attori, registi, scenografi, operatori, soggettisti e sceneggiatori e le sue parole, cariche di reminiscenze dantesche («uscimmo a riveder le stelle»), valorizzano il senso della catarsi, della palingenesi e rimuovono la considerazione del fatto che, per ricostituire le strutture di base, si debba ricorrere, per forza di cose, a uomini e quadri formatisi nel periodo fascista.

Il lavoro degli sceneggiatori si sviluppa in questi anni con caratteristiche assai diverse rispetto a quello dei registi e va analizzato in base a questa diversità. Mentre il lavoro di regia parte da presupposti ideali comuni e giunge a esiti altamente individualizzati, quello dei soggettisti e sceneggiatori si presta a essere analizzato in termini di concentrazione, contatto, contaminazione, interferenza e sviluppo correlato. L'invenzione dei soggetti e la fase di elaborazione delle sceneggiature costituiscono i momenti di massima inclusione di forze eterogenee nell'ambito del cinema e di fatto, molto a lungo, anche in piena guerra fredda, formano aree di coesistenza pacifica all'interno di un campo che risente, come si è detto piú volte, di tutte le tensioni della realtà esterna. Pur conservando, d'altra parte, una propria coerenza interna di trasformazione in base a leggi in apparenza endogene.

Gli sceneggiatori fanno la spola, a ritmo instancabile, lungo i diversi piani produttivi, scegliendo per lo piú il lavoro meno gratificante di portatori d'acqua e offrendosi, in pari tempo, con il loro pluralismo e la loro disponibilità come garanti della produzione. Il fatto che i medesimi nomi possano apparire, nello stesso periodo, in opere di grande innovazione espressiva, o a supporto di film a basso coefficiente stilistico, non deve portare a facili tentativi di unificazione del sistema e neppure a idealistiche fratture tra le poche opere circonfuse dall'«aura» dell'artisticità e la massa di quelle il cui fine piú immediato e dichiarato è il puro intrattenimento. Il lavoro degli sceneggiatori ora agisce da collante indispensabile, ora riesce a far in modo che piccoli atti innovativi, in partenza da singoli film piú avanzati, possano produrre una dinamizzazione in tutto il sistema. Vediamo, in concreto, una serie di esempi.

Prendiamo *Quarta pagina* di Nicola Manzari del 1947: gli sceneggiatori sono Edoardo Anton, Ugo Betti, Federico Fellini, Giuseppe Marotta, Gianni Puccini, Steno, Piero Tellini, Cesare Zavattini e lo stesso regista. O si può partire dall'inizio, da *Roma città aperta*: alla sceneggiatura collaborano, oltre a Rossellini, Alberto Consiglio, Sergio Amidei, Federico Fellini. Questi ultimi li ritroviamo al lavoro in *Paisà*.

Prendiamo *La fumeria d'oppio*, del 1947, di Raffaello Matarazzo: tra gli sceneggiatori Ettore Margadonna, Mario Monicelli, Tullio Pinelli e Federico Fellini, o *Biraghin*, di Carmine Gallone, del 1946, i cui sceneggiatori sono Armando Fraccaroli, Ugo Betti, Anton Giulio Maiano e Cesare Zavattini.

E ancora prendiamo *Fabiola*, di Blasetti, prodotto dall'Universalia nel 1948: dalla massa emergono Cesare Zavattini, Umberto Barbaro, Suso Cecchi d'Amico, Diego Fabbri.

Prendiamo il *Patto col diavolo* (1950) di Luigi Chiarini, vi ritroviamo Suso Cecchi d'Amico, accanto a Chiarini, Corrado Alvaro, Sergio Amidei, Mario Serandrei. E infine l'episodio di *Altri tempi* (1952) di Blasetti tratto dalla *Morsa* di Luigi Pirandello: vi collaborano Vitaliano Brancati, Oreste Biancoli, Suso Cecchi d'Amico, Sandro Continenza, Italo Dragosei, Brunello Rondi, Augusto Mazzetti, Vinicio Marinucci, Turi Vasile, Giuseppe Zucca.

Non si vuole per ora dimostrare che esiste un «effetto Zavattini» che illumina tutte (o quasi tutte, perché di fatto esistono su piani contigui anche un «effetto Amidei» o un «effetto De Concini» o un «effetto Flaiano») le strade della sceneggiatura del dopoguerra, quanto piuttosto, partendo da semplici constatazioni di fatto, soffermare l'attenzione sulle caratteristiche di trasformazione interna di mescolanze culturali e ideologiche in quell'autentico «melting pot» o «opus incertum» che è stato il lavoro sui testi letterari. E dimostrarne la centralità e la produttività delle contraddizioni, aperture e tensioni, derivazioni e formazioni culturali nel processo di sviluppo di questi anni[3].

La compresenza, in questo coro, di voci eterogenee, nella

maggior parte di formazione letteraria, pone interrogativi di difficile soluzione. Questi autori spesso hanno compiti di costruzione di singoli personaggi, su cui proiettano non tanto la loro cultura, quanto l'ombra delle loro concezioni ideologiche[4]. Lavorare alla costruzione di determinati personaggi vuol dire, a partire dal 1948, dar vita, nel pieno rispetto del pluralismo, ad una realtà ideologica sfaccettata, che in parte riesce a trasgredire le esigenze della produzione, e in parte attutisce lo scontro tra produttori e registi.

La poetica neorealista, fondata sul mito della spontaneità e dell'immediatezza e sulla celebrazione dell'Opera e dell'Autore, rimuove come fatto puramente accessorio il problema dello sceneggiatore. L'unico che si salva, perché funziona oggettivamente da ago della bilancia di una serie di momenti differenti, è ancora e sempre Cesare Zavattini, la cui figura però, per la sua presenza esuberante, può offuscare il ruolo di molti altri protagonisti all'interno del processo di realizzazione del film. Pur con le ingiuste dimenticanze e l'altrettanto ingiusta carrellata rapida sui nomi, non posso non affermare che è anche grazie alla truppa degli sceneggiatori e al loro lavoro ininterrotto, alla loro capacità di avvertire i mutamenti sociologici, antropologici e linguistici, alla ricchezza di invenzioni narrative, all'osservazione del presente, all'integrazione tra cultura letteraria e cinematografica, che tutta una struttura produttiva, scombinata e disgregata, può annodare determinati fili e sviluppare certe ipotesi oltre i confini dell'«hic et nunc».

Le linee di analisi e suddivisione del terreno possono articolarsi tenendo presente un ideale albero genealogico dello sceneggiatore, i rapporti con i modelli letterari anteriori e contemporanei, le caratteristiche del lavoro individuale e di gruppo, le relazioni con la produzione e infine il lavoro di sceneggiatura come apprendistato alla regia.

Volendo procedere con ordine ci si deve chiedere subito chi sono, da dove vengono e in che misura partecipano alla costruzione del sistema narrativo del cinema del dopoguerra gli sceneggiatori, di cui è possibile riconoscere un peso specifico importante. Se puntiamo l'attenzione solo sui «classici» e non sullo sviluppo generale della produzione, perdiamo di vista il fatto che proprio agli sceneggiatori è affidato il compito di costruire il nuovo ritratto dell'italiano, far emergere nuovi soggetti sociali, far nascere nuove storie e rinnovare i modelli letterari e ideologici. Operando come esercito di complemento, privo di responsabilità, gli sceneggiatori possono muoversi e far circolare le idee in misura assai superiore ai registi, con cui sono chiamati a collaborare. E, al loro livello, si forma una solidarietà di tipo parasindacale che non si ritrova, in cosí alto grado, in altre categorie. La caratteristica distintiva, rispetto al lavoro degli sceneggiatori del cinema americano, è che, mentre nella produzione hollywoodiana il triangolo sceneggiatore-produttore-regista vede il produttore come elemento di mediazione e controllo, in quello italiano lo sceneggiatore lavora sempre su un piano di discreta sintonia con il regista, quando non raggiunge, nei casi migliori, un rapporto simbiotico vero e proprio. Le possibilità sono, comunque, di due tipi: o gli sceneggiatori consegnano al regista un prodotto finito, cercando di salvare, il piú possibile, la propria identità attraverso l'anonimato o nel lavoro di gruppo, o firmano il prodotto e fanno sentire la propria presenza, spingendosi fino al set e cercando di guidare la mano e l'occhio del regista.

Le contraddizioni che, fin dal primo dopoguerra, si possono notare nella composizione delle équipes non diventano sempre un motivo di impoverimento, quanto un criterio di redistribuzione dei compiti, di specializzazione e tenuta autonoma di questo momento produttivo. In questi quindici anni gli sceneggiatori prendono, poco per volta, coscienza della loro identità, compiono tutto un cursus di maturazione professionale che contribuisce a migliorare il livello medio della produzione[5]. Essi costituiscono un insieme che procede per leggi proprie e, pur partecipando attivamente al neorealismo, non esclude comportamenti, alleanze e legami centrifughi.

Come principio generale non si nota, al momento della ripresa e negli anni successivi, frattura generazionale o ideologica tra veterani ed esordienti. Tutti sono accolti e si uniscono in un grande abbraccio ecumenico.

Sergio Amidei, Federico Fellini, Mario Monicelli, Suso Cecchi D'Amico, Diego Fabbri, Ettore Margadonna, Giuseppe Berto, Tullio Pinelli, Ivo Perilli, Ennio Flaiano, Vitaliano Brancati, Corrado Alvaro, Marcello Marchesi, Rodolfo Sonego, Ruggero Maccari, Steno, Metz, Furio Scarpelli, Pasquale Festa Campanile, Agenore Incrocci (Age), Leo Benvenuti, Ettore Scola, Piero De Bernardi, Pier Paolo Pasolini, Tonino Guerra, ecc. non avvertono le differenze e lavorano per anni, tentando di trovare dei minimi comuni denominatori all'interno dei vari gruppi che si formano e si sciolgono di continuo. La logica dei gruppi o delle famiglie consente a molti sceneggiatori di occupare stabilmente alcuni generi o livelli di produzione, determinandone caratteristiche e sviluppo. Su tutti mi sembra giusto riconoscere che risplende l'astro di Zavattini, padre carismatico e profeta, e subito, al suo lato destro, Sergio Amidei. Ai lati, e via via scendendo, una diramazione di figure, di intrecci, parentele sotterranee, paternità e discendenze, che formano un frondoso albero genealogico dallo sviluppo assai intricato, di cui dovrò semplicemente indicare alcuni rami maggiori.

2. L'«effetto Zavattini»

Grazie alla sua presenza costante e alla diffusione di energia intellettuale in tutte le direzioni, Cesare Zavattini funziona da punto di aggregazione, centrale di controllo e smistamento, padrino e infermiere, primo motore e cinghia di trasmissione: in lui la produzione delle idee si svolge in modo torrentizio e spesso senza filtri selezionatori. «Ho la facoltà di inventare un soggetto per sera – ama ripetere in più occasioni – e questo è il mio dramma»[6]. Molte volte il bisogno di fare annulla ogni preoccupazione sulle caratteristiche del committente e del prodotto a cui collabora.

Nel bene e nel male, in modo contraddittorio, generoso e appassionato, ora valorizzando il suo egocentrismo, ora il suo senso di altruismo e donazione, Zavattini ha regalato un'infinità di idee e disperso un'enorme quantità di forze, per riuscire a trovare e creare terreni di lavoro comune aperti il piú possibile a tutti i protagonisti del processo filmico, dai registi agli sceneggiatori, agli attori, al pubblico[7].

Zavattini – nel cinema del dopoguerra – ha assunto naturalmente il ruolo del cantore e depositario della voce collettiva, una sorta di Schéhérazade al maschile, il narratore e interprete privilegiato degli aspetti poliedrici e imprevedibili delle *Mille e una Italia*.

Il dopoguerra lo costringe comunque a comprimere l'aspetto piú surreale e fantastico della sua immaginazione, portando a puntare tutte le sue forze sulla «poetica del pedinamento», nella quale, per ragioni di comodo, la critica di quegli anni lo incasella. Eppure, dietro a tutto il suo universo narrativo e alla sua capacità di osservazione dei personaggi, al caotico sovrapporsi di esperienze e iniziative, esistono delle solide strutture tematiche e narrative che costituiscono l'asse portante di tutto il suo mondo poetico[8]. Egli cerca di potenziare al massimo una dote naturale di tesaurizzatore di ogni minima osservazione e gesto altrui. C'è in lui, rispetto agli altri sceneggiatori, il desiderio di procedere, per riduzioni successive, alla scoperta dei poteri assoluti della singola parola e del singolo gesto *(Stricarm'in d'na parola* è il titolo di una sua raccolta di poesie dei primi anni settanta)[9]. In questo senso la logica comunicativa si misura a partire dal gesto minimo, piú che dal discorso completo. La realtà osservata non risponde certamente a canoni di puro rispecchiamento: c'è sempre una tendenza a far scattare comportamenti, gesti, atti linguistici che non rispettino leggi prefissate. Anche se si parte da uno sguardo limitato, su realtà strapaesane, si notano partecipazione e straniamento, ironia e commozione, crudeltà e pathos[10]. Gli elementi paradossali sono uno dei caratteri distintivi o motivi-firma della sua presenza, anche all'interno delle sceneggiature piú affollate. In tutta la sua attività vengono rifiutati i meccanismi dell'ovvio, dell'alienazione creativa, e il lavoro, per quanto modesto e subalterno, non gli impedisce di riservarsi un nucleo minimo di creatività.

Pur divenendo col tempo il piú rappresentativo interprete della poetica neorealista lui non ha mai concepito quella esperienza come un obiettivo, ma come un punto di passaggio (ha chiarito nel 1974 in un'intervista sulla rivista *Arti* di maggio-giugno il senso della sua appartenenza al neorealismo: «Mi sembra che il neorealismo nella sua dimensione piú ampia sia stato e sia per me solo un momento di passaggio per affrontare rischi piú grandi»).

E tuttavia a piú riprese, attraverso documenti, testimonianze, dichiarazioni, proclami, manifestazioni, Zavattini riconosce al neorealismo il ruolo di valore guida («Il neorealismo è la nostra bandiera») e di presenza ideale necessaria per tutte le battaglie che il cinema intende condurre.

Pur ponendosi alla testa di un numero infinito di manifestazioni culturali, Zavattini non è mai stato animato da alcuno spirito di crociata, di lotta contro gli eretici e gli infedeli. Nella sua repubblica utopica tutte le idee e tutte le forme di lavoro avevano gli stessi diritti di libera cittadinanza.

A lui si applicano perfettamente le osservazioni di Roberto Longhi nel primo numero di *Paragone* del 1950 sull'opera d'arte come sistema di rapporti: «Un'opera non è mai sola, è sempre un sistema di rapporti. Per cominciare, almeno un rapporto con un'altra opera d'arte. Un'opera sola al mondo non sarebbe neppure intesa come una produzione umana, ma guardata con reverenza o con orrore, come magia, come tabú; come opera di Dio e dello stregone, non dell'uomo. E già si è troppo sofferto dei miti degli artisti divini e divinissimi, invece che semplicemente umani».

Per la sua energia, creatività («quasi indecente» come ha osservato Roberta Mazzoni) Zavattini non ci appare come un individuo, ma come un vero e proprio sistema, una classe di individui, capace da solo di modificare le caratteristiche del sistema stesso.

Zavattini è inoltre lo scrittore cinematografico piú consapevolmente lanciato verso i mondi possibili. Egli sa che il viaggio che sta per compiere alla fine della guerra, assieme a compagni di strada molto diversi, sarà tutt'altro che semplice; sa anche che è possibile trovare un denominatore comune, un punto in cui l'ottatività, il desiderio, la tensione collettiva, siano capaci di tradursi in una spinta a trasformare la situazione. Sembra quasi di avere sempre come motto una battuta di *I poveri sono matti*: «Sarebbe bello, almeno, per un giorno, avere tutti lo stesso pensiero: i sassi hanno un'anima».

Che questo principio di vita lo ritrovi fin dall'immediata ripresa e lo mantenga con coerenza si può vedere prendendo alcuni titoli della sua filmografia, e spiegando cosí la sua estrema disponibilità a lavorare nelle opere piú diverse. Nel 1945 le sceneggiature a cui collabora sono tre: *Canto ma sottovoce* di Guido Brignone, *Il marito povero* di Gaetano Amata, *Il testimone* di Pietro Germi. L'anno successivo, accanto a *Sciuscià*, vanno anche ricordate la sua presenza e la sua firma in *Guerra alla guerra* di Romolo Marcellini, *La porta del cielo* (girato durante la guerra) di De Sica, *Un giorno nella vita* di Blasetti, *L'angelo e il diavolo* di Camerini, *Il mondo vuole cosí* di Giorgio Bianchi, *Biraghin* di Carmine Gallone. Vi sono poi i capolavori di De Sica, il soggetto di *Bellissima* di Visconti, la collaborazione con De Santis, Blasetti, Lattuada, Castellani, Maselli; accanto a questi risultati piú evidenti, si devono ricercare e ricostruire i segni del suo tocco in film come *Lo sconosciuto di San Marino* (1948) di Cottafavi, *La grande aurora* (1948) di G.M. Scotese, *La roccia incantata* (1949) di G. Morelli, *Il cielo è rosso* (1949) di C. Gora, *Mamma mia che impressione* (1951) di R. Savarese, *Cinque poveri in automobile* di Mattoli, *Buongiorno, elefante!* (1952, variante scolastica di *Miracolo a Milano*) di Francolini, *Piovuto dal cielo* (1953) di L. De Mitri, *La cavallina storna* (1954) di G. Morelli, *Nel blu dipinto di blu* (1958) di Tellini.

Il mondo di Zavattini si espande a partire da alcuni dati e lungo direttrici costanti. Un motivo guida è quello del viaggio. Un viaggio anzitutto attorno al suo paese natale, Luzzara, di spaesamento e riappaesamento, di ritrovamento sul piano della realtà nazionale di quel microcosmo mitico ed esemplare in cui egli riconosce, al piú alto grado, le situazioni e modalità fondamentali della vita.

Nel viaggio zavattiniano (che inizia all'interno del proprio io fantastico per scoprirne tutti i luoghi fondamentali fin dal romanzo del 1933 *Parliamo tanto di me*) il segno mediatore, l'ippogrifo della sua fantasia ariostesca, è il treno. Il treno appare di continuo, fin dagli stessi titoli dei suoi soggetti (*Stazione Termini* di De Sica, *Treno senza orario*, 1959, di Veljko Bulajić).

L'idea del viaggio è già nel *Giornale Zavattini*, sorta di cinegiornale Luce, a rovescio, degli anni trenta, e si ripresenta alla vigilia della liberazione come motivo conduttore di un altro fondamentale progetto elaborato assieme ad Alberto Lattuada e mai realizzato: *Roma-Napoli andata e ritorno*.

Altro elemento ricorrente è dato dal ritrovamento della geografia ideale di Luzzara, che si dilata fino a identificarsi, per metonimia, con la realtà nazionale del secondo grande progetto non realizzato agli inizi degli anni cinquanta, *Italia mia*.

Ecco come il suo piccolo paese, non ancora conosciuto nella sua storia e nei suoi abitanti, diventa un modello di partenza per la comprensione della storia italiana delle classi subalterne di tutto il secolo. Il progetto di *Italia mia* è formulato nel momento di massima crisi del neorealismo e non a caso la realizzazione cade. Questo soggetto avrebbe dovuto costituire il punto culminante della sua poetica. Secondo le poche pagine, piú volte scritte e riscritte, *Italia mia* voleva «mostrare con sincerità, coraggio e affetto l'Italia nelle sue manifestazioni quotidiane piú vive e reali e perciò piú spettacolari. Si passerà da una città a un paese, da una montagna a un fiume, da una casa a una piazza, secondo il sentimento, piú che secondo la geografia, dovunque ci siano segni della vita pubblica e privata, o addirittura segreta, del nostro popolo, segni collettivi o individuali, festosi e dolorosi, tali insomma da contribuire a fare un ritratto dell'umile Italia»[11].

Se osserviamo bene la struttura di questa sceneggiatura vediamo che i legami col viaggio morale di *Paisà*, o del *Cammino della speranza*, sono meno diretti rispetto alla concezione del viaggio «folle» attraverso la penisola ideato da Aldo Palazzeschi nel suo romanzo del 1926 *La piramide*. Un viaggio senza meta, aperto agli incontri e agli itinerari piú imprevedibili, un viaggio capace di valorizzare, in concreto, la relazione tra i singoli elementi e la struttura complessiva.

La sua idea di nazione e di identità nazionale nasce in base alla fiducia di poter far coesistere e mettere in diretto contatto tra loro realtà tra le piú difformi dal punto di vista culturale, geografico, antropologico, sociale ed economico.

Zavattini cerca di dissolvere l'idea di struttura compatta di racconto, che risponda a precise scadenze, a favore di elementi ridotti o alla dilatazione estrema di frammenti minimi di realtà, senza alcun rispetto delle categorie spazio-temporali (*Il minuto di cinema* dei primi anni quaranta). La sua invenzione ha, di fronte, la totale apertura verso i mondi possibili e in pari tempo è portata a privilegiare il ripetersi unitario dei fenomeni.

Nonostante l'impossibilità di trovare un regista con cui realizzare *Italia mia* (in un primo tempo aveva pensato a Rossellini), Zavattini non si dà per vinto e, senza concedersi riposo, tenta l'esperienza di *Amore in città*, con l'episodio di *Storia di Caterina*, che costituisce un quasi unicum della sua carriera di regista almeno fino alla realizzazione della *Veritàaaa* nel 1982, opera girata con la curiosità, il divertimento e la libertà di un esordiente. Soprattutto ritorna alle madri e realizza, assieme al grande fotografo Paul Strand, il libro *Un paese*, sulla sua città natale, di cui scrive la prefazione. *Un paese*, questa splendida neo-*Antologia di Spoon River*, concepita sulle rive del Po a ricordo di una popolazione ben viva e vitale, gli consente di ripartire, elaborando l'utopico progetto di una grande collana di libri che raccolgano le testimonianze di molte città e paesi d'Italia.

Da una parte della sua opera c'è dunque Luzzara, dall'altra la tensione estrema verso la rottura dei particolarismi e campanilismi linguistici, culturali e ideologici; una bipolarità in continuo rapporto dialettico, che ripropone quelle esistenti tra strutture profonde delle relazioni tra il singolo e la collettività. Questa tensione interna riflette il senso della sua continua ricerca insoddisfatta, del tentativo di collegare modi assai diversi ma perfettamente integrati di comunicare.

La sua opera rappresenta uno dei casi piú straordinari di uso dei diversi sistemi significanti, per riproporre in maniera sostanzialmente unitaria un nucleo e un mondo di significati unitari.

Le sue sceneggiature gettano un ponte tra la letteratura, la poesia e la pittura e saldano la dimensione scritta con quella iconica. Fin dalle prime novelle degli anni trenta, ad esempio *I poveri sono matti*, si nota l'attenzione per l'urgere dei personaggi e dei gesti anonimi alle soglie della storia e fin dagli esordi narrativi surreali ha già fissato tipologie e situazioni chiave della sua futura attività[12].

Zavattini cerca – fin quando gli è possibile – con tutta l'energia e la passione di cui è capace, di stabilire una correlazione tra la vita personale di ciascuno e la storia collettiva, di evitare gli stereotipi e i quadri di genere e di pensare alla convergenza della «petite histoire» con la grande storia. Ma proprio negli anni in cui la tensione ideale è piú forte, la creatività sembra avere una capacità di espansione illimitata, i freni e gli ostacoli si moltiplicano e il percorso, pur difficile, diventa sempre piú impraticabile.

Dagli inizi degli anni cinquanta Zavattini sembra perdere il ruolo di pontefice massimo del neorealismo e diventare piuttosto uno dei responsabili – agli occhi della stessa critica di sinistra – dell'inaridimento ideologico dell'intero sistema cinematografico. Di colpo ha l'impressione di essere divenuto un estraneo e di muoversi in una sorta di terra di nessuno, avendo perduto le posizioni acquisite e nell'impossibilità di capire e prevedere da che parte vengano i colpi che gli vengono inferti.

Tra tutti gli sceneggiatori Zavattini è stato il piú capace di spingersi nel corpo stesso della regia, senza volersi mai decidere a trasformare direttamente in immagini le sue idee. In ogni caso non si può non riconoscere che la sua presenza costituisce, da sola, un diasistema nel sistema ed è una struttura portante di tutta la parabola neorealista. Mi sembra giusto leggere oggi il suo discorso al convegno di Parma del neorealismo come la prima orazione funebre e la prima commemorazione di un movimento di cui, in apparenza, si vuole continuare a sottolineare la vitalità[13].

Proprio in questo convegno una parte del suo intervento è costruita per rispondere e per difendersi dagli attacchi che gli giungono da piú parti e per riaffermare la sua fiducia nella capacità del cinema di spostarsi dal «microcosmo al macrocosmo e viceversa».

Zavattini non ha affatto intenzione di diventare la vittima sacrificale delle sconfitte e delle delusioni che si accumulano per gli uomini del cinema italiano: piuttosto che farsi imbrigliare dalle ferree teorizzazioni del nascente spirito lukacsiano lui cerca, con successo, di trovare, in una situazione sempre piú chiusa, un punto di fuga che gli consenta di dilatare al massimo lo spirito del cinema di cui si sente portavoce giungendo a formare un nuovo cerchio ideale che include molti altri paesi europei ed extraeuropei.

Oltre alla curiosità, mantiene sempre il senso di una frontiera da conquistare, di molti mondi possibili che si possono schiudere agli occhi di chi vuol vedere. «Ci siamo sempre arrestati ad un metro dalla realtà» dichiarerà molti anni dopo, con l'amara consapevolezza e con quel senso di insoddisfazione che lo ha accompagnato fino all'ultimo.

3. Le voci del coro

L'eccezionale curriculum zavattiniano non impedisce di considerare che, all'atto della ripresa, i film della svolta del cinema italiano sono il prodotto di una professionalità già formatasi negli anni trenta e quaranta.

Alberto Consiglio, co-sceneggiatore di *Roma città aperta*, ha collaborato, ad esempio, con Max Neufeld in *Cento lettere d'amore* e *Fortuna* (entrambi del 1940), con Alessandrini in *Giarabub* (1942), con Bonnard nella *Fanciulla dei portici* (1940).

Sergio Amidei, a cui vanno gran parte dei meriti dell'elaborazione delle storie dei film di Rossellini, ha cominciato a lavorare già negli anni venti ed ha alle spalle una consistente filmografia, che non presenta, per tutti gli anni del fascismo, titoli di spicco. Citando un po' alla rinfusa trovo il suo nome nel 1938 in *Lotte nell'ombra* di Domenico Gambino, nel 1940 nella *Notte delle beffe* di Campogalliani e in *Arditi civili* di Gambino, nel 1941 scrive *Cuori nella tempesta* di Campogalliani, *Gli ultimi filibustieri* di Elter, *L'ultimo ballo* di Mastrocinque, *Gioco pericoloso* di Malasomma e *Pietro Micca* di Vergano; *T'amerò sempre* di Camerini, remake del film omonimo di dieci anni prima, è scritto nel 1943. Negli ultimi anni di guerra incontra Poggioli per cui scrive le sceneggiature di *Gelosia* (1943) e del *Cappello del prete* (1944). L'esperienza e partecipazione diretta alla Resistenza gli forniscono il soggetto di *Roma città aperta*. Sergio Amidei lega il suo nome, come ho detto, soprattutto al cinema di Rossellini, di cui diventa uno dei collaboratori preferiti; non va però dimenticato che ha lavorato con Zampa, Castellani, Emmer, ecc. Egli assume un ruolo di protagonista e di figura leader nel dopoguerra: come Zavattini porta, nel suo lavoro, la passione di una personalità forte, la sua ideologia di comunista, la sua professionalità. Come Zavattini anche Amidei sa essere un maestro per le nuove generazioni di sceneggiatori, sa trasmettere loro la capacità di cogliere al volo le tipologie e le situazioni della realtà e di conferire a queste situazioni un valore rappresentativo[14].

Inoltre, grazie a lui, la comicità del cinema italiano del dopoguerra esibisce progressivamente un blasone culturale e una genealogia di tutto rispetto: si passa dalla narrativa boccaccesca al teatro del cinquecento, dalle opere di Beaumarchais e della letteratura galante del settecento ai testi del teatro dialettale. Grazie a lui il film comico comincia a mostrare spessori e profondità e a mescolarsi con il film drammatico provocando una continua ibridazione di piani e livelli stilistici.

Anche per lui il contatto con i livelli piú bassi della produzione non significa degradazione della prestazione professionale o sfruttamento della propria competenza a livello di pura routine: Amidei è anche uno dei padri fondatori della commedia all'italiana. Sua è la capacità di osservare e sbozzare figure molto tipiche del proletariato e della piccola borghesia del dopoguerra; suo è il merito, soprattutto assieme a Flaiano, di aver percepito con grande tempismo alcuni fenomeni di trasformazione del comportamento e dei modelli sociali dell'italiano popolare.

Amidei, forse in misura maggiore dello stesso Zavattini, vuole seguire – giorno per giorno – il cammino di alcuni personaggi popolari, registrandone e cantandone l'avventura di poche ore di vacanza sulla spiaggia di Ostia o celebrando, con grande simpatia e partecipazione, l'evento di un breve viaggio turistico a Parigi per seguire la partita della nazionale italiana di calcio. L'accelerazione dei movimenti sociali e delle forme di deambulazione lungo la penisola e oltre, determina un'accelerazione delle competenze linguistiche che una volta messe in moto non si fanno intimidire dagli ostacoli lessicali, sintattici e di pronuncia. Questo tipo di accelerazione linguistica fa sorridere, ma è la chiave vincente del decollo sociale dell'italiano popolare che passa con disinvoltura dalla bicicletta alla Vespa, alla Topolino per irrompere rombando su una Seicento nelle nuove autostrade agli inizi degli anni sessanta.

Nel suo moralismo Amidei sorride nel far muovere i suoi

personaggi che circonda di un'aura di grande simpatia, pur rivelandone vizi e manchevolezze. Rispetto ai soggetti degli sceneggiatori usciti dalla scuola del *Marc'Aurelio* Amidei preferisce non incidere i personaggi, facendone delle caricature, quanto piuttosto ama muoverli e farli muovere con il gusto di un puparo siciliano, di un costruttore di presepi moderno.

Grazie ad Amidei e all'«officina romana» degli sceneggiatori, si cerca di fare di Roma il cuore pulsante, l'anima dell'Italia che si rimette in cammino. Cuore e anima che si possono auscultare e radiografare nelle trattorie e nei tram, nei mercati e nelle piazze, nei quartieri periferici nati dai piani dell'Ina Case.

Amidei amava disegnare i personaggi a punta secca: schizzi rapidi, annotazioni, ma in cui fosse possibile cogliere, attraverso uno sguardo, un intero comportamento sociologico e soprattutto delle trasformazioni. Quello che ha insegnato praticamente alla commedia all'italiana è stata soprattutto la capacità di cogliere, con tempismo assoluto, le trasformazioni dell'italiano medio e popolare. Amidei cercava di interpretare il mutamento dei sogni e dei bisogni degli italiani, di dar loro un orizzonte molto modesto e di far sentire con forza il bisogno di rimanere se stessi, nonostante il progressivo dissolversi attorno a loro del sociale a cui appartengono.

Dalla sua scuola, dal suo modello di lavoro di bottega, che lui stesso paragonava a quello dei pittori rinascimentali, discendono direttamente Ruggero Maccari, Age, Scarpelli ed Ettore Scola. Autori che si fanno le ossa e lavorano per anni mettendo tutte le proprie capacità di invenzione in una sorta di servizio di *fast-script* per i film di Totò o per altri film comici i cui copioni andavano realizzati nel giro di pochissimi giorni. È naturale che questi autori, che lavorano perfettamente in gruppo, la cui creatività è valorizzata grazie alle sinergie linguistiche e culturali, e che per oltre un decennio operano in prevalenza ai piani bassi della produzione, facciano fatica a giungere a una piena individuazione delle proprie capacità. Ma uno studio analitico del loro lavoro è ormai in grado di definirne le peculiarità e le dinamiche fin dall'inizio.

All'indomani della liberazione lo sceneggiatore che per presenza lavorativa contende il primo posto a Zavattini è Aldo De Benedetti. In seguito alle leggi razziali il nome di De Benedetti scompare dai titoli di testa dei film, anche se di fatto la sua collaborazione a molte sceneggiature continua. Dal 1945 riprende a lavorare, richiamato in servizio a ricoprire il medesimo ruolo e le medesime funzioni degli anni trenta. Il suo nome è una garanzia per la costruzione di meccanismi di commedia brillante di sicuro effetto. Nel primo anno del dopoguerra lo troviamo in *Un americano in vacanza* di Zampa, *Pronto chi parla?* di Bragaglia, *La resa di Tití* di Bianchi, *Lo sbaglio di essere vivo* e *Torna a Sorrento* di Bragaglia, *La vita ricomincia* di Mattoli. Soprattutto i film di Bragaglia sono da considerare come fenomeni epigonici di telefono bianco, tentativi di mantenere in vita, sotto una tenda a ossigeno, un genere dalla formula collaudata, che non si intende contaminare a contatto con la realtà. I film di Zampa e di Mattoli fanno reagire le formule del dramma popolare e della commedia contro uno sfondo contiguo ben riconoscibile. L'incontro tra dato e nuovo si rivela, in questo ambito, assai piú produttivo. e dimostra ulteriori possibilità di contaminazione tra i generi.

Prima di contribuire, in misura determinante, alla miscelatura degli ingredienti di successo della serie dei film di Matarazzo, in cui prosciuga la frase attorno alle piú semplici componenti di sostantivo e verbo, riduce i campi semantici centrandoli su un numero ristrettissimo di termini, De Benedetti collabora con Soldati *(Daniele Cortis* ed *Eugenia Grandet)*, Giorgio Bianchi *(Il mondo vuole cosí*, *Che tempi* e *Vent'anni)*, Duilio Coletti *(Romanzo d'amore)*, Ignazio Ferronetti *(Ma chi te lo fa fare)*, Marcel L'Herbier *(Gli ultimi giorni di Pompei)*, Bonnard *(La città dolente)*, ecc. In questi film trova al suo fianco Zavattini o Fellini e dell'esperienza neorealista sa far tesoro, senza essere però mai chiamato a collaborare a sceneggiature piú impegnative.

In un certo senso egli rappresenta la personalità piú significativa e «colta» nell'ambito del cinema popolare. Dalla sua cucina esce, come discepolo che sa mettere a frutto le regole fondamentali di un buon ricettario, Ennio De Concini. La specializzazione di De Benedetti, oltre che la sua rappresentatività nel cinema degli anni trenta, non gli consente piú di varcare la soglia per accedere alla produzione superiore, come fanno altri sceneggiatori della sua generazione.

Tra questi da ricordare, in particolare, Corrado Alvaro che preferisce la direzione inversa, passando da un'attività letteraria alta a una collaborazione molto diseguale ed eterogenea, anche dal punto di vista ideologico, con la produzione popolare. Prima della fine della guerra ha lavorato per Strichewsky *(La carne e l'anima),* curato la versione italiana di *Casta diva* di Gallone, scritto la sceneggiatura di *Noi vivi* e *Addio Kira* di Alessandrini. Nel dopoguerra continua ad essere attirato dalla produzione popolare, e popolare è, nelle intenzioni di regista e sceneggiatori, *Riso amaro* di De Santis.

Altra figura, a cui va riconosciuto di aver impresso determinate svolte nel lavoro di stereotipizzazione dei linguaggi e di emergenza di determinate tipologie rispetto ad altre, è quella di Ettore Margadonna. Tra i collaboratori del *Bandito* e di *Senza pietà* di Lattuada, di *Sotto il sole di Roma* e *Due soldi di speranza* di Castellani, di *Pane, amore e fantasia* e *Pane, amore e gelosia* di Comencini, *Pane, amore e...* di Risi, Margadonna ricollega un tipo di produzione popolare con le fonti letterarie e teatrali della commedia settecentesca, aggiornandone le tipologie e le situazioni e mantenendone le regole della combinatoria narrativa e degli intrecci. Rispetto al conformismo cattolico e allo schematismo dei film di Matarazzo, le sue storie e i suoi personaggi hanno contorni piú elastici, colgono la crisi di un modello di moralità contadina, ne mostrano molti segni di emancipazione alla luce di una mentalità laica, per nulla odorante di incensi e di sagrestie[15].

Margadonna è uno degli autori piú incuriositi, piú coinvolti dal processo di esplosione dei linguaggi settoriali sullo schermo italiano del dopoguerra, è uno dei personaggi che aiuta a spostare il baricentro linguistico da Roma verso altre regioni, spingendosi verso Napoli o verso la Ciociaria e cercando di mostrare, con grande semplicità, le accelerazioni dello scambio linguistico, la ricchezza delle possibilità e capacità comunicative dei suoi personaggi, ma anche la forza con cui questi personaggi difendono i propri sentimenti in momenti in cui non era troppo popolare difendere i sentimenti. Si pensi a *Due soldi di speranza* al protagonista che «tiene 'o core in petto» e che pone tra i suoi obiettivi primari di vita la costruzione di una coppia a dispetto di tutte le forze contrarie. Questa attenzione al privato, al ruolo dei sentimenti come fatto importante, come fatto «politico», è uno dei meriti di Margadonna, per molti aspetti precorritore rispetto al cinema dei decenni successivi e per altri un po' decentrato rispetto alle tendenze dominanti del cinema del dopoguerra. La sua curiosità nei confronti del contatto tra elementi difformi, nell'osservare come anche nelle microrealtà in apparenza piú conservative e statiche possano irrompere fattori di modificazione e turbamento degli equilibri esistenti sono alcune delle caratteristiche interessanti del lavoro di Margadonna che agiscono come un enzima, o come un lievito che farà maturare, dandole un'identità molto piú marcata, la commedia della fine degli anni cinquanta.

Dalla sua scuola idealmente vedo discendere sceneggiatori come Massimo Franciosa e Pasquale Festa Campanile.

Si potrebbe dire che nel momento in cui Margadonna incontra Risi e Comencini e grazie anche al lavoro di altri, come Monicelli ad esempio, o di coppie che si formano in parallelo[16], il film comico subisce una vera e propria riforma (di tipo goldoniano) passando dalla farsa degli anni quaranta a una dimensione ben orchestrata, perfettamente competitiva anche nei confronti dei film drammatici. A partire dalla serie di *Pane, amore e...* si assiste all'irresistibile ascesa della commedia nell'ambito del sistema produttivo, alla sua conquista del pubblico, al suo continuo arricchimento degli standard formali e di significato.

Questi sceneggiatori – è bene ricordarlo – nel dopoguerra

esistono soprattutto come gruppo, proprio in quanto vogliono e sanno partire da presupposti comuni e si muovono nella stessa direzione: intendono seguire la vita di tutti, vedere quali sono gli elementi comuni a tutti, le forme di identità nazionale e quelle dei ritratti dell'italiano nei loro aspetti piú durevoli sia nel senso negativo (mammismo, vigliaccheria, opportunismo, trasformismo, predisposizione alla menzogna), ma anche positivi (il calore umano, la spinta vitale, il desiderio di cavalcare le trasformazioni). C'è una solidarietà iniziale che cementa il lavoro del gruppo e spiega l'interscambiabilità delle presenze e la mobilità di tutti all'interno del sistema.

Rodolfo Sonego, rispetto agli autori finora nominati, verrà ricordato, oltre che per alcune sue sceneggiature che colgono con estrema precisione i momenti in cui si crea un mutamento di stato, si produce un processo di trasformazione in profondità, un mutamento di valori e di sistemi di riferimento, soprattutto per il lungo sodalizio con Alberto Sordi. Sonego scende a Roma nell'immediato dopoguerra dalle montagne del bellunese, dove ha combattuto come capo partigiano: per qualche anno, come tutti, si esercita nell'osservazione delle tipologie e dei casi che la realtà romana gli consente di osservare quotidianamente. Ma è anche lo sceneggiatore che ha piú iscritto, nel proprio codice genetico-immaginario, lo spirito dell'emigrazione della sua terra. Fin dalle sue prime sceneggiature cerca di porre i suoi personaggi al di fuori del loro habitat, preferisce vederli in movimento e studiarne reazioni e comportamenti di fronte a situazioni impreviste e inedite. Sonego si muoverà lungo le rotte degli emigrati, ma anche degli italiani che cominciano ad abbandonare lo spazio materno della casa, del quartiere, della città per vivere un'avventura piú o meno breve in un altrove distante qualche decina o qualche migliaio di chilometri. A Sonego interessano i traumi e le reazioni di fronte al nuovo di un italiano che non sa rinunciare a tutto ciò che lo ha formato, ma che, lontano da casa, è costretto di continuo a compiere delle scelte inedite e subisce una serie di microtrau-

mi in cui tutto quello che pensa o tutti i modi in cui ha finora
vissuto possono essere messi in discussione.

L'attenzione alla rapidità dei processi di cambiamento e il
bisogno di osservare l'italiano in movimento entro scenari internazionali sono elementi portanti nell'opera di Sonego.

L'«effetto De Concini» non appare subito evidente anche
perché si situa ed esercita in una fascia di generi bassi che la critica del dopoguerra non prende in considerazione. La sua attività, per la specializzazione e la presenza dominante nei film
d'avventura, di guerra, mitologici, per la quantità di titoli e la
continuità delle prestazioni, si presenta con un carattere paraindustriale. Piú che il lavoro di una singola personalità assume
spesso il carattere di un marchio di fabbrica, capace di offrire
prodotti che avvertono le esigenze del pubblico, le assecondano ed anticipano, trasferendo tecniche narrative e moduli da
un genere all'altro e mescolando di continuo ingredienti e codici della letteratura popolare, del fotoromanzo, del fumetto
con i dati della cronaca e i modelli della storia romanzata. Letterato di formazione, De Concini ha nobili natali come sceneggiatore: il primo titolo della sua filmografia è *Sciuscià*, il secondo *Caccia tragica*. Poi negli anni cinquanta troviamo il suo
nome tra gli sceneggiatori di *Europa '51* di Rossellini, della *Lupa* di Lattuada, del *Ferroviere* di Germi, del *Grido* di Antonioni e della *Grande strada azzurra* di Pontecorvo; ma il livello
piú continuo della sua attività lo vede sfornare a catena storie
d'avventura, d'intrighi, di passioni morbose, di imprese eroiche per registi come Freda, Bandini, Fracassi, Manzari, Leonviola, ecc. Mettendo al servizio anche di prodotti molto poveri e scadenti la sua professionalità De Concini non si preoccupa troppo della perdita di immagine e dell'emarginazione rispetto al gruppo neorealista (con cui, tutto sommato, non
romperà mai i legami), perché, al tempo stesso, tenta di avere
un ruolo attivo esplorando nuove possibilità e nuove strade
dei generi.

Non sono molte le figure femminili di sceneggiatrici in tutta la storia del cinema italiano, e certo il ruolo di Suso Cecchi
D'Amico e l'importanza del suo lavoro ci appaiono come un

fenomeno eccezionale per qualità e continuità. Per oltre trent'anni ha lavorato ai livelli massimi della produzione, a fianco di tutti i maggiori registi italiani. Da Lattuada a De Sica, da Zampa a Genina, da Blasetti a Chiarini, da Pietrangeli ad Antonioni, Rosi, Monicelli e Comencini, per giungere a Visconti, con cui ha stabilito la collaborazione piú duratura e continua, a partire da *Bellissima*. Troviamo il suo nome in una serie di opere che scandiscono i momenti piú emblematici dello sviluppo della storia del cinema del dopoguerra: *Ladri di biciclette*, opera chiave nella sua crescita professionale, *Il delitto di Giovanni Episcopo, Vivere in pace, Proibito rubare, Fabiola, Cielo sulla palude, È primavera, Patto col diavolo, Prima comunione, Bellissima, Miracolo a Milano, Altri tempi, Processo alla città, Febbre di vivere, Il sole negli occhi, I vinti, Senso, Le amiche, Proibito, La finestra sul Luna Park, Le notti bianche, La sfida, I soliti ignoti, Estate violenta, I magliari*, ecc. Suso Cecchi D'Amico, con il suo lavoro, assume un ruolo determinante nella creazione di una grande galleria di ritratti femminili, puntando soprattutto l'attenzione su una tipologia di donna che, lentamente, si sta emancipando e paga – spesso in maniera dura – la sua lotta e la sua ricerca di un diverso ruolo sociale. È fin troppo facile vedere in lei – unica donna nella schiera degli sceneggiatori del dopoguerra – una sorta di Grande Madre di tutti, una vestale che ha saputo conservare meglio di chiunque altro i segreti e il fuoco di riti e saperi di una grande scuola in via di sparizione. Suso è venuta assumendo col tempo questa figura matriarcale e protettiva, ma i ricordi piú vivi e le mitologie che la riguardano la rappresentano come una presenza plurima, indispensabile e onnipresente: una sorta di angelo necessario, capace di portare a salvazione i compagni di viaggio anche dalle situazioni piú difficili, di infermiera in grado di accorrere al capezzale di una sceneggiatura in condizioni disperate, di levatrice e di aiutante magico capace di interpretare e tradurre con estrema semplicità le voci e le intenzioni collettive... In effetti senza la sua presenza e senza il suo modo di concepire il lavoro il cinema italiano non sarebbe stato lo stesso: Suso non solo ha nobilitato il lavoro degli sceneggiatori allargandone il sistema di riferimenti culturali ed elevandone gli standard linguistici e comunicativi, ma ha contribuito, con la stessa pazienza con cui lavorava all'uncinetto al piccolo punto, a creare una trama e un ordito molto fitti e oggi ben riconoscibili, a rinsaldare i vincoli tra personalità differenti creando sempre un'atmosfera e le condizioni operative e affettive di grande famiglia... Non è mai stata animata da spirito corporativo, ma si è battuta, specie negli ultimi anni, con la stessa passione di Amidei, per il riconoscimento e la piena individuazione del lavoro degli sceneggiatori. Nel gruppo degli sceneggiatori italiani ha rappresentato una delle voci piú alte e colte, ha saputo stimolare il bisogno di trovare ispirazione anche in biblioteca.

A lei si devono personaggi memorabili: da Angela Bianchi, l'onorevole Angelina, a Maddalena Cecconi di *Bellissima*, a Clara Manni della *Signora senza camelie*, alla contessa Serpieri di *Senso*, a Rosaria Parondi di *Rocco*, fino alla quasi perfetta società matriarcale di *Speriamo che sia femmina*.

Una galleria di personaggi femminili assai differenti, che affrontano tutti i problemi dell'esistenza e dell'amore, sono modellati e costruiti nel laboratorio della sceneggiatrice, accanto, ovviamente, ad altri personaggi maschili, alle storie, intrecci, ecc., in modo da far nascere una diversa concezione dei rapporti sociali, affettivi, interindividuali. Per una serie di eroine femminili non vi sono piú legami fittizi con la cultura romantica: piuttosto sono le ombre del decadentismo – potentemente esaltate nel corso del lungo sodalizio con Visconti – a costituire uno dei suoi punti privilegiati di riferimento. Su un altro piano piú modesto, ma egualmente da segnalare, l'attenzione costante verso il mondo delle anime semplici, degli «umiliati e offesi».

C'è dunque, nel lavoro di questa figura di punta, nel ritratto di famiglia degli sceneggiatori, che cerco di fissare, l'attenzione contemporanea e parallela per la cultura del decadentismo e per le nuove figure emergenti del sociale, di donne proiettate con forza ad assumere un ruolo nel presente. Mai ritratti di donne viste nella loro unidimensionalità, né tanto meno di manifestazioni e apparizioni femminili allo «stato di natura». Le sue protagoniste rivendicano i propri diritti, trasgredendo anche in modo violento e aggressivo le leggi della società in cui vivono. Tra i professionisti del lavoro di sceneggiatura, Suso Cecchi rappresenta il momento piú colto, la tensione a confrontarsi con i massimi autori della letteratura degli ultimi due secoli.

Tra il 1942 e i primi anni settanta, su una cinquantina di film, appare il nome di Ennio Flaiano: rispetto al gruppo di scrittori romani, che collaborano alle sceneggiature a partire dagli anni quaranta, Flaiano è la personalità che riesce a lasciare un segno continuo e marcato nelle opere in cui interviene e che, senza convertirsi in toto alla sceneggiatura, la pratica da subito con continuità professionale, riproponendo in modo personale una serie di situazioni, personaggi, battute e strutture narrative in opere di diversa fattura e qualità. Il mondo di Flaiano, cosí come quello di Zavattini per De Sica, è una componente fondamentale del cinema di Fellini, ma lo ritroveremo con analoghe caratteristiche in film di Emmer, Franciolini, Blasetti, Paolella. Flaiano ama la scomposizione narrativa, il racconto a struttura paratattica fondato su accumulazioni di osservazioni ironiche e affettuose di un mondo modesto, spesso umiliato, ma carico di sogni e di desideri. I suoi personaggi, i cui antenati sono forse i protagonisti del mondo di Gogol, conducono una vita picaresca, vivono piccole avventure inseguendo sogni illusori, fantasmi del desiderio; si mettono al volante di aerei dipinti di rosa, senza motore, immaginando di partire per luoghi lontani, come Giorgio, il protagonista della *Cagna* di Ferreri.

Flaiano – rispetto ai suoi compagni di viaggio – possiede, accanto alle caratteristiche di curiosità, capacità di osservare gli altri e captare i minimi segni e sintomi di trasformazione, anche un misto di stupore e incanto e di cinismo e feroce capacità di staccarsi di colpo dal proprio oggetto. Esordisce collaborando alla sceneggiatura di *Pastor Angelicus* di Marcellini; lavora poi con Simonelli, Lattuada, Pagliero *(Roma città libera)*, Soldati *(Fuga in Francia)*, Mastrocinque *(La cintura di castità)*. Nel 1950 ha l'incontro decisivo con Fellini, Pinelli e Lattuada: *Luci del varietà* è un film la cui paternità non è del tutto certa e a confondere ancora piú le acque si potrebbe aggiungere la paternità di Flaiano. In ogni caso, la sua presenza è decisiva, non tanto nei confronti della regia del film, quanto nei confronti di Fellini, con cui scrive l'anno successivo *Lo sceicco bianco*. Se si osservano bene i titoli delle opere degli anni cinquanta, si vede come non abbandoni mai il suo mondo di piccoli sognatori, di piccoli imbroglioni, di figure ai margini della società, colte nelle periferie romane o nel loro girare peripatetico, osservate con grande attenzione, affetto e ironia[17]. Pensiamo oltre che ai personaggi dei film di Fellini ai gruppetti di *Parigi è sempre Parigi* (1951) di Emmer, *Villa Borghese* (1953) o *Racconti d'estate* (1958) di Franciolini, alle figure disperate che rifiutano la vita del *Mondo le condanna* di Franciolini, di *Totò e Carolina*, *La romana* di Zampa o delle *Notti di Cabiria*. Il suicidio e la speranza, la disperazione e la solidarietà umana, la beffa, l'imbroglio, il cinismo e la generosità, sono tutti motivi che corrono ininterrotti nel mondo di Flaiano e accompagnano la vita dei suoi personaggi, che comprendono ancora, oltre ai protagonisti felliniani, tutta una folla di figure femminili come quelle interpretate da Sophia Loren in *Peccato che sia una canaglia* di Blasetti, *Il segno di Venere* di Risi e *La fortuna di essere donna*, ancora di Blasetti. Con grande intelligenza e sensibilità per le trasformazioni dei comportamenti di massa, Flaiano ha saputo non solo registrarli con esatta scelta di tempo, ma anche, senza volerlo o programmarlo, contribuire a produrre nuovi modelli di comportamento. Quanto alle strutture narrative del cinema, grazie anche al suo contributo, il racconto ha perso progressivamente il rispetto per una perfetta consequenzialità degli eventi in senso logico e temporale ed ha acquistato il piú limpido senso di flusso di fatti coinvolgenti soggetti sociali multipli e intercambiabili.

Anche Flaiano, come del resto Amidei e Zavattini, concor-

re ad accelerare la disgregazione dell'idea di linearità e coerenza del racconto cinematografico, insieme a quella di consequenzialità delle azioni e di intreccio con rigoroso rispetto di
determinate regole narrative. La nozione stessa di personaggio
viene progressivamente ad essere messa in crisi grazie a questi
sceneggiatori, che ne provocano la dissoluzione non solo nei
film di Fellini, ma anche in quelli di Emmer, Franciolini e nei
prodotti di piú bassa cucina cinematografica.

Flaiano piú di tutti è attirato oltre che dalla gente comune,
da persone dotate di una grande carica di drammaticità, piú
nettamente segnate da un destino drammatico (questo motivo
si trova in misura variabile sia in *La romana* che nelle *Notti di
Cabiria*, nel *Mondo le condanna* e in *Totò e Carolina*). Il tema
del suicidio nelle sceneggiature flaianee è un tema iterato, ossessivo. Ci sono molti personaggi che ricercano dei rapporti
d'amore e di solidarietà e cadono in grandi momenti di vuoto.
L'alternanza continua e pendolare di crisi e fiducia, il muoversi tra sentimenti e valori opposti appare una delle caratteristiche piú spiccate della personalità di Flaiano sceneggiatore.
Flaiano sa mostrare anche come l'itinerario del desiderio dei
suoi personaggi, un desiderio tutto sommato molto modesto,
valorizzi piú che l'uomo, la donna, soggetto che tenta di emergere con forza negli anni della ricostruzione, e che si mostra
sempre capace di cominciare da capo (*Le notti di Cabiria*).

Per lui i personaggi maschili e femminili sono costantemente presi da un senso di inquietudine linguistica, motoria, affettiva, professionale, da una costante crisi di identità. Questa inquietudine si accelera agli inizi degli anni sessanta quando si
scopre che le spinte verso nuove realtà, nuovi bisogni vengono
al tempo stesso dal basso e dall'alto.

Dagli anni sessanta collabora alla messa a fuoco dei linguaggi del sogno, alla specializzazione verso i linguaggi settoriali,
ma soprattutto affronta i linguaggi della crisi dei sentimenti e
della progressiva rottura della comunicazione interpersonale. I
personaggi colpiti da improvviso benessere lo interessano sempre meno.

Nella fascia medio-alta della produzione va ricordata la fi-gura di Diego Fabbri, drammaturgo e scrittore cattolico, la cui presenza è ricercata tanto da risultare pressoché indispensabi-le, sia nella fase in cui produttori e registi tentano di dar vita a una produzione caratterizzata in senso cattolico, sia per le ga-ranzie ideologiche offerte alla produzione dalla sua presenza. Tra i titoli a cui Fabbri ha collaborato troviamo *La porta del cielo* di De Sica, *Il testimone* di Germi, *Un giorno nella vita* di Blasetti, *Daniele Cortis* di Soldati, *Fabiola*, ancora di Blasetti, *È piú facile che un cammello* di Zampa, *Europa '51* di Rossellini, *Processo alla città* di Zampa, *Il mondo le condanna* di Francioli-ni, *La passeggiata* di Rascel.

Tra i giovani vediamo che – a parte il caso di De Santis – tutto il gruppo proveniente dalla redazione di *Cinema* affila le armi nella sceneggiatura, in attesa dell'occasione registica. Gianni Puccini, Antonio Pietrangeli, Michelangelo Antonio-ni, Massimo Mida e Carlo Lizzani partecipano come attori, sceneggiatori, aiuto registi, alla produzione di alcune opere: la loro, però, sarà la generazione piú duramente colpita nel cuore stesso dell'idea di cinema elaborata per anni. Accanto a questo gruppo acquista rilievo, per la quantità di lavoro svolto, la capacità di passare da un'attività giornalistica a quella di sog-gettisti e sceneggiatori e registi, un altro gruppo, la cui for-mazione e il cui apprendistato sono avvenuti in sedi meno nobili, come quelle delle testate umoristiche *(Il Marc'Aure-lio, Il Bertoldo)*, o hanno seguito tutti gli scalini all'interno del processo filmico: si tratta di Federico Fellini, Tullio Pi-nelli, Piero Tellini, Stefano Vanzina (Steno), Furio Scarpel-li, Agenore Incrocci (Age), Vittorio Metz e Marcello Mar-chesi, Ettore Scola, Ruggero Maccari, Mario Monicelli, Luigi Comencini, Dino Risi, ecc. Soprattutto questa generazione da-rà l'assalto ai livelli medi della produzione, riuscendo, nel cor-so di qualche anno, a impadronirsene e a tenere e conservare a lungo le posizioni conquistate. Agenore Incrocci e Furio Scar-pelli, entrambi classe 1921, si incontrano casualmente nelle re-dazioni dei giornali umoristici (come appunto il *Marc'Aurelio* o

Il Bertoldo) dove Scarpelli lavora come autore di vignette e Age come scrittore di testi. Il passaggio al cinema come anonimi ideatori di battute per sceneggiatori piú titolati segue lo stesso *cursus* già percorso da Federico Fellini. Dopo alcuni anni di apprendistato firmano insieme nel 1949 *Totò cerca casa.* Da questo momento si dedicheranno solo al cinema formando una delle coppie piú stabili e creative del cinema italiano del dopoguerra. All'inizio si tratta di lavorare e di accettare quasi esclusivamente lavori su commissione. Non importa che i soggetti siano d'avventura, comici, operistici o di cappa e spada.

Negli anni cinquanta la loro presenza creativa è quasi inavvertibile, dal momento che si muovono all'interno del sistema dei generi piú codificati, ma di fatto si tratta di una condizione ottimale per prendere contatto con le proprie capacità e possibilità. Per qualche anno lavorano con lo stesso impegno dell'operaio alla catena di montaggio. Eseguono con grande professionalità il lavoro, ma non si interrogano sul loro ruolo o peso nella riuscita complessiva del prodotto.

Già nel 1950 la loro partecipazione a ben 11 sceneggiature (da *Vivere a sbafo* di Ferroni ai *Cadetti di Guascogna* e *Totò Tarzan* di Mattoli) sia pure all'interno di una cordata le cui guide sono ancora Metz e Marchesi, e il cui ultimo portatore d'acqua può essere il giovanissimo Ettore Scola, rende bene l'idea dell'organizzazione paraindustriale del lavoro di sceneggiatura e del ruolo trainante di questa produzione medio-bassa per la ripresa della produzione e lo sforzo di conquista del mercato interno con prodotti italiani.

Mentre collaborano all'invenzione di prodotti dotati di una precisa riconoscibilità e identità nazionale, Age e Scarpelli cercano in coppia di trovare il punto di passaggio dallo stile basso-comico dell'avanspettacolo e della rivista a un livello piú alto e ambizioso che possa esibire uno stemma culturale dotato di qualche quarto di nobiltà. Il punto sarà trovato soltanto verso la fine del decennio con *I soliti ignoti.* Da questo momento la coppia, che è rimasta assieme al gruppo e non si è mai particolarmente segnalata, effettua il primo allungo e rie-

sce ad imprimere un ritmo diverso al sistema del cinema comico. Un ritmo che, grazie a loro, la commedia all'italiana riuscirà a mantenere lungo quasi tutto il ventennio successivo.

Grazie soprattutto all'intelligenza musicale con cui colgono
e orchestrano le mescolanze e le variazioni, le disarmonie dei
registri linguistici, Age e Scarpelli diventano naturalmente «i
piú costanti, perseveranti e quindi credibili, attendibili narratori della società italiana tra gli anni cinquanta e settanta... E
l'effetto dirompente della loro ricerca linguistica – vale la pena
ricordarlo – è soprattutto il prodotto dell'accostamento mali-
zioso tra registri contrastanti. Il vocabolo gergale in mezzo a
una conversazione seria, il modo di dire proletario o borgata-
ro che contamina e contraddice lo sforzo di parlare *pulito*»[18].
Ultimo e non minore tra i loro meriti è anche il prodotto di
questa «mescidanza linguistica» che risalendo nel tempo può
riportarci addirittura fino alle facezie del piovano Arlotto o
ancor piú lontano al linguaggio della palliata latina e del *Miles
gloriosus* di Plauto, è un misto di invenzione e mimesi cosí serrato da rendere i due momenti del tutto indistinguibili.

Dalla «bottega» del *Marc'Aurelio* esce anche Ruggero Maccari, che riceve il suo battesimo cinematografico assieme a Fellini scrivendo qualche gag per Fabrizi negli anni di guerra. Lí
nasce l'amicizia con Steno (assistente di Mattoli) che sfocerà
nella realizzazione di una prima importante sceneggiatura (*Vita da cani*). Fin da questo film, che ottiene un grande successo
di pubblico, Maccari cerca di riservarsi, all'interno di una
struttura narrativa che punta alla risata, un territorio d'osservazione di confine in cui il sorriso è quasi un mezzo di protezione e di autodifesa di fronte al male di vivere che si incontra
tutti i giorni. Aldo Fabrizi e Totò sono gli attori per cui scrive
nei primi anni cercando di svolgere, almeno fino alla metà degli anni cinquanta, un'osservazione sulle difficoltà nell'Italia
della ricostruzione a trovare una strada di dignitosa sopravvivenza riuscendo a conciliare morale, desideri e bisogni. *Guardie e ladri* (a cui pure partecipano lasciando un segno importante della loro presenza anche Brancati e Flaiano) è un altro

film dove si può già riconoscere l'imprinting della più matura e complessa commedia degli anni sessanta.

Dal 1954 si forma un sodalizio con Ettore Scola, che contribuisce a promuovere dalla zona anonima dei «negri» e della bassa manovalanza a quella di coautore a pieno titolo di soggetti e sceneggiature.

La filmografia successiva di Maccari e Scola quasi si confonde e passa attraverso alcune opere e alcuni incontri fondamentali.

In effetti non si spiega l'energia culturale, il perfetto equilibrio delle varie componenti in alcune opere dalla metà degli anni cinquanta, l'intelligenza e la capacità di guardare degli sceneggiatori, che determina la scrittura, senza riconoscere la strettissima e quasi simbiotica relazione tra sceneggiatori, attori e registi. Prima con Frabrizi e Steno-Monicelli, poi con Zampa, ma soprattutto con Pietrangeli, Maccari e Scola, trovano la misura per mettere a fuoco dei tipi di racconto e delle tipologie di personaggi e situazioni che raggiungeranno la piena maturità negli anni sessanta.

Come si può ormai capire dalla semplice osservazione di come si distribuiscono alcune figure nel paesaggio, il terreno della sceneggiatura resta, come negli anni trenta, una zona di portofranco ideologico, dove si mescolano le voci, e i singoli autori possono indifferentemente muoversi a tutto campo o specializzarsi nell'animazione di particolari personaggi o situazioni. I livelli, tutt'altro che impermeabili, consentono una continua emigrazione di sceneggiatori, chiamati a gruppi e richiesti per dare, con la loro firma, un marchio culturale al film.

Lo sceneggiatore italiano non prova alcun senso di inferiorità a contribuire al lavoro di un film con poche battute e, in alcuni casi, a rinunciare perfino alla propria presenza sui titoli di testa: rispetto a quello americano il suo è ancora un tipico esempio di lavoro nero, appaltato e subappaltato a intellettuali che rifiniscono il prodotto a domicilio.

La logica dell'ammucchiata (penso al caso di *Fabiola* come

punto limite) favorisce la possibilità di lavoro anonimo e la partecipazione imprevedibile e nuova di nomi prestigiosi di letterati a prodotti di livello piuttosto basso[19]. I destini della letteratura del dopoguerra corrono, per alcuni anni, paralleli a quelli cinematografici, senza incontrarsi, probabilmente anche per ragioni di pura distribuzione geografica: Roma, capitale del cinema, continua a rivolgersi alla società delle lettere che ha convissuto col fascismo, mentre al nord si forma la capitale letteraria lungo l'asse Milano-Torino. L'integrazione progressiva dei letterati nel cinema si verifica quando anche il centro della cultura letteraria comincia a spostarsi verso la capitale negli anni cinquanta. In un'industria culturale in cui lo scrittore non è in grado di vivere soltanto con i diritti d'autore, il cinema diventa un lavoro accessorio, al limite dell'anonimato, assai produttivo. Nel giro di pochi anni i produttori reclutano diversi letterati, di cui si servono come fiore all'occhiello, senza peraltro affidare loro compiti di particolare prestigio.

A parte il caso di Soldati, convertitosi interamente al cinema per quasi un ventennio, e disposto a dirigere qualsiasi opera pur di lavorare, è dagli inizi degli anni quaranta che il cinema ha già ripreso a chiedere aiuto ai letterati. Il fenomeno – tipicamente romano – fiorito ai margini di Cinecittà ha incrementato la diffusione del lavoro nero intellettuale, da una parte ricorrendo ai nomi piú prestigiosi del mondo delle lettere per nobilitare il prodotto, dall'altra cercando di far nascere gruppi di specialisti e fornitori d'opera legati essenzialmente all'industria cinematografica e senza alcun tipo di legame col mondo della letteratura[20].

I letterati che si impegnano nel lavoro di sceneggiatura devono fare i conti con moduli preesistenti del linguaggio colloquiale, battute canonizzate e personaggi già costruiti, abbandonando la propria competenza specifica. Scrittori come Moravia, Brancati, Palazzeschi, Calvino, Alvaro, Soldati, Berto, Pratolini, Bassani, Pasolini, che si prestano a collaborare a opere di qualità molto eterogenea, non si sentono coinvolti in prima persona come autori, né sentono degradata la propria immagine. La loro, nella maggior parte dei casi, vuole essere piú una consulenza che una prestazione d'opera, anche se il lavoro, poco per volta, può incidere in misura assai piú netta nella elaborazione di una lingua colloquiale di quanto non avvenisse negli anni quaranta, quando la consulenza di letterati andava solo in direzione di una maggiore nobilitazione letteraria del parlato[21].

Non deve stupire se troviamo Alberto Moravia tra gli sceneggiatori di *Perdizione* di Campogalliani, o il nome di Brancati in *Roma-Parigi-Roma*, di Diego Fabbri in *Verginità* di Leonardo De Mitri, di Vasco Pratolini e dell'avvocato Francesco Carnelutti in *Cronaca di un delitto* di Mario Sequi, e cosí via. La cancellazione della personalità, il reclutamento di forza-lavoro intellettuale per la confezione di prodotti destinati ai mercati popolari, diventa una pratica diffusa e favorisce, negli anni cinquanta, il ricrearsi di una legione straniera di intellettuali che accetta vari tipi di compromesso, e trova concreti punti di incontro e di collaborazione tra personalità che, in altri ambiti, la guerra fredda obbliga ad affrontarsi da frontiere contrapposte. È come se, all'interno del gruppo di sceneggiatori, continuasse ad operare una emanazione cinematografica del Cln.

Fin dai primi film neorealisti la sceneggiatura è il prodotto di un lavoro a strati contrapposti, di convergenza di varie posizioni ideologiche e culturali e di diverse competenze. Non essendo ancora un lavoro automatico o di alta specializzazione, non si è in grado di distinguere perfettamente il contributo e il tocco delle diverse mani. In generale quasi tutti, nel primo cinema del dopoguerra, sentono emergere nuovi soggetti e vogliono mostrare la compresenza di piú forze politiche e sociali, senza però giungere a convogliarle in un progetto politico. Gli obiettivi primari sono quelli della massima comprensibilità delle situazioni narrative, della massima apertura e disponibilità nei confronti delle esperienze di realtà presente, della massima verisimiglianza dei personaggi, pur operando il loro smistamento nelle gabbie collaudate degli intrecci drammatici e melodrammatici.

Il rifiuto di alcune convenzioni recitative, scenografiche, fotografiche e narrative non è immediato, fa parte di un processo di autocoscienza progressivo e mai portato a fondo: la figura che illustra meglio l'andamento del lavoro di sceneggiatura non segue una direttrice, quanto piuttosto ha un andamento oscillatorio e pendolare che modifica il proprio asse, seguendo il movimento rotatorio imposto dalla sfera politica.

4. I modelli narrativi

Nell'orizzonte letterario neorealista la bussola narrativa costituita dalla letteratura verista, che aveva orientato, agli inizi degli anni quaranta, tutta una generazione di giovani, alla testa della quale si era posto Visconti con *Ossessione*, permane piú come ipotesi che come pratica reale e diffusa. Bisogna attendere fino al 1948 perché lo stesso Visconti si confronti col Verga dei *Malavoglia*: nel frattempo le forze si sono disposte in campo in modo da far passare altri modelli narrativi e personaggi estranei alla poetica della continuità con la tradizione letteraria ottocentesca. Il mondo verghiano diventa uno dei tanti itinerari possibili: l'orizzonte, pur poco aperto in direzione delle avanguardie, si presenta morfologicamente variegato e intersecato da esempi del passato e, al tempo stesso, teso alla conquista di una propria dimensione autonoma. Lo sguardo non è proiettato verso una rivoluzione delle strutture formali, e neppure verso un'integrazione immediata con l'esperienza attuata in parallelo da letterati come Vittorini, Pavese, Calvino, ecc. Il neorealismo letterario e quello cinematografico procedono per strade parallele e non registrano scambi di testi né di protagonisti, salvo qualche sporadica eccezione[22]. Né Vittorini né altri sentono il richiamo del cinema, o sono direttamente chiamati dal cinema a collaborarvi. Gli scambi e le interferenze dei codici sono piú apparenti che sostanziali: o autonomia e parallelismo di marcia o recupero di modelli anteriori, non dunque integrazione immediata.

Quando poi, nei primi anni cinquanta, questo incontro si verifica, la riduzione imposta ai significanti e significati e alla profondità di indicazioni ideali e ideologiche mostra il malessere di un cinema che ha saputo raggiungere i risultati piú alti, proprio grazie a una totale emancipazione dai modelli letterari. Nel passaggio da un sistema di segni all'altro (mi riferisco indifferentemente alla libera traduzione di *Tre donne sole* di Pavese nelle *Amiche* di Antonioni o alla scelta di Franciolini dei *Racconti romani* di Moravia o al *Maledetto imbroglio* di Germi, tratto da *Quer pasticciaccio brutto de via Merulana* di Gadda) si registrano una perdita e una riduzione sul piano dello spessore drammatico e narrativo, linguistico, psicologico[23]. La scrittura si appiattisce e non è sostituita da una scrittura visiva altrettanto marcata: tutto è ridotto a un piano bidimensionale in cui ciò che si vede e il detto non comportano ulteriori produzioni di senso. Né la sceneggiatura, né tanto meno la regia si confrontano con la scrittura del testo originale. L'unico che si ponga questi problemi, facendone un punto fermo per il suo lavoro, è proprio Visconti, che sembra sempre voler eseguire il testo di partenza, cercando di esaltarne la produttività e rispettandone lettera e senso profondo.

Tra il 1946 e i primi anni cinquanta si tenta di riannodare i fili con la biblioteca popolare dell'italiano, che la guerra sembra avere spezzati. Sia da parte delle maggiori che delle piccolissime case di produzione si riprende il cammino puntando anche a ripercorrere i luoghi canonici della trascrizione cinematografica di opere letterarie e con la speranza di rinverdire i fasti di una tradizione interrotta solo per brevissimo tempo.

Il miglioramento dello standard produttivo rispetto al passato è garantito dall'azione combinata di sceneggiature piú accurate, scenografie provenienti dalla medesima matrice e formazione professionale che serve alle esigenze del neorealismo[24] e dal lavoro di operatori che vanno e vengono lungo tutti i livelli.

Una fascia di produzione assestata per decenni su un piano medio-alto degrada per conquistare di nuovo il pubblico popolare assieme al melodramma e alla cineopera. Su questa fascia si attestano i registi della vecchia guardia, i mestieranti tuttofare, che, pur non entrando nel cerchio neorealista, ne vengono in qualche misura lambiti e mettono a frutto alcune innovazioni all'interno di uno standard che passa quasi inosservato agli occhi della critica. Alla trascrizione di opere letterarie classiche o popolari del passato sono chiamati registi e attori legati a una concezione ancora teatrale del cinema, e a questi uomini viene garantita la possibilità di continuare il lavoro senza quasi mai incontrarsi né con i protagonisti, né con la critica neorealista. Sono per lo piú attori che declamano le battute, marcano la recitazione, e registi che usano una combinatoria elementare delle immagini, alternando i dominanti piani americani ai totali o ai primissimi piani solo nei momenti forti dell'azione.

I soggetti originali, dedicati alle storie del presente, che dominano nel 1945, sono già affiancati, nel '46, da una ripresa di trascrizioni di opere letterarie e teatrali, che partono dai classici dell'ottocento europeo. *Aquila nera* di Riccardo Freda è tratto da *Dubrovskij* di Puškin. Freda poi realizza, per la Lux, in due puntate, la trascrizione dei *Miserabili* di Victor Hugo. Camerini gira *La figlia del capitano*, ancora da Puškin e Franciolini *Amanti senza amore*, tratto dalla *Sonata a Kreutzer* di L. Tolstoj. La trascrizione dei classici rientra nel programma produttivo della Lux: il fatto nuovo, destinato ad accentuarsi progressivamente nella politica di riduzione cinematografica dei classici, è quello di recisione dei legami diretti con l'originale. Questa tecnica di riduzione e variazione spinge, per esempio, tutte le trascrizioni di film in costume verso l'avventura, la rappresentazione di grandi passioni, di conflitti violenti, in cui la ragion di Stato è assoggettata alle ragioni individuali. Il punto d'arrivo naturale di questa tendenza saranno i film storici e mitologici della fine degli anni cinquanta. Salvo alcune eccezioni i criteri di drammatizzazione, fondati sui medesimi princípi, mirano a sostituire, su un piano di confezione formale di maggior impegno produttivo, prodotti verso cui si comincia a sentire l'assuefazione da parte del pubblico e di cui si avverte l'obsolescenza dei meccanismi. Se la trascrizione cinematografica dei melodrammi intende offrire, nel giro di pochi anni, un repertorio pressoché completo delle opere liriche piú famose e dei grandi interpreti, i classici, o le grandi figure della letteratura e della storia, diventano un simbolo di prestigio nel catalogo di alcune case, che dimostrano una capacità di realizzazione della letteratura illustrata con mezzi tecnologicamente piú avanzati rispetto alle tecniche e ai risultati degli anni trenta.

Ad esempio, l'incremento produttivo del 1947 rimette in circolazione l'idea di ricorrere a soggetti letterari: Stendhal e Puškin, Hugo e Grazia Deledda, D'Annunzio e Xavier de Montepin, De Amicis e Ponson Du Terrail, Salvatore Di Giacomo e l'abate Schmid, il cardinale Wiseman e il futurista Corra vengono sfogliati, e in gran parte risfogliati, come se l'industria cinematografica intendesse offrire, in veste piú lussuosa e aggiornata, un'opera già ampiamente conosciuta e divulgata dall'industria letteraria[25].

Nel momento in cui tenta di darsi un'ossatura e vendere il proprio prodotto, l'industria cinematografica si muove nell'alveo di ciò che è noto, cercando di ridurre i margini di rischio e passando, con indifferenza, dall'agiografia alla storia. In un primo momento ci si appoggia alla tradizione figurativa e rappresentativa teatrale e si cerca di fissare figure e ambienti entro cornici quanto piú possibile realistiche e verisimili; poi si procederà, dalla metà degli anni cinquanta, verso un'invenzione piú libera, dominata dalle possibilità fantastiche del mitologico e da quelle spettacolari di determinati eventi storici.

Nel numero 36 dei *Cahiers du cinéma* (del giugno 1954) François Truffaut dopo aver premesso di non credere all'esistenza del cinema italiano (ad eccezione di Rossellini e Antonioni) dichiara di essere stato fortemente impressionato da *Traviata '53* di Cottafavi, versione moderna della *Dame aux camélias* di Dumas figlio, film che gli sembra di poter facilmente assimilare a *Cronaca di un amore* di Antonioni. Quella che poteva apparire come un'affermazione provocatoria al limite della blasfemia, oggi appare come plausibile e del tutto legittima. In effetti, se grazie alla cinefilia, la critica negli ultimi venticinque anni ha proceduto a un'attenta rivisitazione e a una sistematica «défense et illustration» di molti autori popolari, l'analisi delle qualità di questi autori – da Freda a Gentilomo, da Cottafavi a Bava, da Gallone a Genina – ne ha progressivamente valorizzato le qualità registiche e di esecutori di trame e partiture letterarie, teatrali, e melodrammatiche, un discreto lavoro resta da fare per capire quale sia l'effettivo sistema di rapporti, quali i punti e i momenti di assimilazione e di dissimilazione formale e stilistica oltre che tematica e ideologica tra autori ritenuti per decenni non comparabili. Rispetto ai creatori del nuovo cinema questi autori giocano piú un ruolo di direttori d'orchestra, di interpreti di una tradizione già nota, di traduttori e costruiscono la propria identità e la propria riconoscibilità puntando a una regia rigorosa che miri al massimo dei risultati stilistici, drammatici ed emotivi con il minimo dei mezzi a disposizione.

Proprio grazie allo sviluppo considerevole della produzione popolare che ripropone i classici del feuilleton o del melodramma rimane viva nel sistema fortemente orientato in direzione idealistica anche una via italiana alla fantasy, a un'invenzione meno preoccupata di rispettare i canoni della verisimiglianza e della realtà e piú aperta a esplorare i territori dell'immaginazione e dell'inconscio collettivo.

In questo senso la rivisitazione dell'opera di autori come Cottafavi, Freda o Gentilomo, diventa necessaria per riconoscere strutture e moduli del cinema italiano portanti e produttivi sul tempo medio e lungo anche al di fuori del sistema nazionale.

Per tutti gli anni cinquanta si possono riconoscere e raggruppare degli insiemi che mostrano la fiducia nella capacità della letteratura popolare di potenziare la vitalità del corpo produttivo. Basti solo pensare ai titoli realizzati a Torino dalla Venturini film nei primi anni cinquanta: *Il boia di Lilla* di

Cottafavi (da Dumas padre), *Il mercante di Venezia* di Pierre Billon da Shakespeare, *Il Cavaliere di Maison Rouge* di Cottafavi da Dumas, *I misteri della Jungla nera* e *La vendetta dei Thugs* di Giampaolo Callegari da Salgari, *Il prigioniero del re* di Giorgio Rivalta da Dumas, *L'orfana del ghetto* di Campogalliani da Carolina Invernizio e dalla stessa *La Trovatella di Milano* di Giorgio Capitani.

Giustamente Guido Bezzola, cercando di definire, negli anni cinquanta, lo sfondo culturale della produzione del dopoguerra e riferendosi anche alle opere maggiori del neorealismo, cercava di dimostrare come, per una gran parte di questa produzione, si potesse parlare piú che di trasformazione di una lenta ripresa di modelli collaudati[26]. Credo si possa sottoscrivere in pieno questa tesi, sottolineando che anche nel cinema del dopoguerra confluiscono rivoli molto eterogenei del sapere popolare, della cultura letteraria e storiografica e ricevono una trascrizione visiva che costituisce una sorta di approdo terminale di un lungo processo di transcodificazione, prima che il medesimo criterio venga ereditato dalla televisione che, con la sua fame di soggetti, riconquista il pubblico e ripercorre, a sua volta, sentieri collaudati.

Il sistema culturale che si vuole dunque mantenere in vita esibisce, senza complessi di colpa, la sua continuità con le regole del racconto e con quelle stabilite dal sistema produttivo degli anni trenta, e provoca un recupero ampio e inclusivo di testi letterari oltre che di attori, registi, tecnici e maestranze di cui il neorealismo sembrava volersi disfare.

In alcune di queste opere appaiono beniamini del pubblico degli anni trenta se non del muto, ormai inservibili per il neorealismo: Rina De Liguoro è protagonista di *Caterina da Siena*, Carlo Ninchi e Irasema Dilian del *Corriere del re*, Roldano Lupi del *Fiacre n. 13*. E accanto a loro Aldo Silvani, Elli Parvo, Mariella Lotti, Carlo Tamberlani, Paola Barbara, Marcello Giorda e decine di altri attori, che troveranno modo di conquistare ancora uno spazio nella neonata produzione televisiva. I classici della letteratura offrono gli archetipi e nobilitano

situazioni canoniche che circolano lungo tutto il sistema raggiungendo, grazie a metamorfosi successive, anche i terreni
contigui del foto e cineromanzo.

La letteratura, vista e usata nella sua morfologia piú ampia,
anche in ambito neorealista, funziona cosí come un immenso
giacimento di luoghi comuni, di idee ricevute, di situazioni e
sentimenti consacrati e canonizzati. Nelle singole battute, nei
gesti, nelle situazioni ripetute di film derivati da soggetti letterari, si ritrovano le regole che cerca di darsi e di rispettare un
sistema produttivo che vuole ricostituirsi.

5. Passaggi

Gli anni che ci interessano rivelano, proprio nell'ambito
della sceneggiatura, la coesistenza e la componibilità di contraddizioni e di contrasti altrove irrisolvibili. Lo spazio entro
il quale lavorano gli uomini di cui ci siamo occupati ha margini di tenuta ideologica piú ampi che altrove, mostra l'esistenza
di saldature e anelli di congiunzione che possono spiegarci l'e-
voluzione genetica di determinate morfologie di racconto, la
costituzione e lo sviluppo di una solida trama di tipologie e di
ritratti. La sceneggiatura di alcune delle personalità che funzionano da maestri diventa, per le sue caratteristiche di gruppo,
un'arte di bottega e un punto fondamentale di formazione
professionale e di possibilità d'accesso al lavoro cinematografico. Ci si accorge, scorrendo le filmografie, a partire da *Roma
città aperta*, che i sentieri delle nuove generazioni di sceneggiatori cinematografici a un certo punto si biforcano, lasciando
aperte due possibilità egualmente importanti: da una parte, di
approfondimento del proprio statuto professionale e di occupazione piú stabile di un ruolo riconosciuto e riconoscibile
per temi, stile, costruzione delle storie (nelle nuove generazioni Age-Scarpelli, Sonego, Scola e cosí via), dall'altra, di passaggio dal piano letterario a quello registico vero e proprio.

«Quella dello sceneggiatore – scrive Ennio Flaiano, rispondendo a un'inchiesta di *Cinema Nuovo* – non è una professione, ma uno stato transitorio. Molti sceneggiatori passeranno a dirigere film, altri li produrranno, altri ancora vorranno scrivere libri in pace, tra una sceneggiatura e l'altra». Proprio la centralità della sua posizione, unita alla relativa deresponsabilizzazione agli effetti del risultato finale, offre allo sceneggiatore una gamma di possibilità di trasformazione successiva.

Il ricambio generazionale, a cui assistiamo alla fine degli anni cinquanta, e l'emergere di tutto un gruppo di nuovi registi, dotati di forte personalità e di maturità professionale già acquisita, non si spiegano senza questa attività retrostante di laboratorio alle spalle del regista e con un occhio alla macchina da presa. Per molti esordienti nel corso degli anni sessanta, da Rosi a Bolognini, da Ferreri a Petri, Scola, Pasolini, il lavoro di sceneggiatura, spesso al fianco del regista, è il primo gradino di una carriera professionale di tipo tradizionale, che prevede poi una fase di lavoro come aiuto regista prima di giungere direttamente alla regia.

Questa competenza che si forma progressivamente, lungo un vero e proprio cursus, attraverso quasi tutte le fasi di realizzazione del film, consente alla generazione di registi esordienti a cavallo degli anni cinquanta e sessanta di congiungere il momento della sceneggiatura e della regia e di rendere unitario il processo di realizzazione del film dall'idea iniziale al montaggio finale.

Lingua, dialetto, modelli sociali, ideologia

1. La riscoperta dei linguaggi e l'alfabetizzazione linguistica

Nella sua *Storia linguistica dell'Italia unita*, Tullio De Mauro aveva cercato di mettere in evidenza il contributo del cinema del dopoguerra alla conoscenza della lingua nazionale[1]. E non si era limitato a questo. Oltre a ricordarne la forza di penetrazione nelle classi e regioni piú povere, intendeva dimostrare come l'apporto del cinema non si esaurisse su questo piano e andasse studiato sia sul versante delle innovazioni lessicali e sintattiche, che su quello della diffusione di un italiano popolare unitario e della consapevolezza del carattere regionale dei dialetti[2].

A quasi vent'anni di distanza il discorso non ha fatto sostanziali progressi, né per i linguisti, né in altri ambiti disciplinari. Sono mancate indagini complessive e settoriali e i pochi contributi sparsi ad eccezione di alcuni interventi di Sergio Raffaelli, ora raccolti in volume (*La lingua filmata*, Firenze, Le Lettere, 1992)[3], non hanno avuto, di fatto, alcun effetto trainante. Eppure i fenomeni linguistici attivati all'interno del film o prodotti sui destinatari sono di una tale ricchezza da costituire un campo di studio di enorme potenzialità[4]. Ancora una volta ci si imbatte, in via preliminare, nelle categorie della continuità e della rottura: nel caso dei modelli linguistici, molto significative per comprendere gli scarti e l'allargamento del sistema, in direzione sia di un ampliamento della competenza dei parlanti che di arricchimento di funzioni (come quelle valutative e cognitive) raramente attivate durante il ventennio.

Tutti i sistemi di racconto, che possiamo definire con Lotman come «sistemi modellizzanti secondari»[5], sono poi riportabili, in ultima analisi, alla lingua, come sistema che li spiega e li decodifica, e come sistema interno, che consente di inserire, nello stesso campo di analisi, i film italiani e quelli tradotti. Questi ultimi, per la loro maggiore circolazione, costituiscono il vero asse portante della comunicazione linguistica media: la lingua del doppiaggio dei film americani è, per molti anni, la lingua a maggior circolazione, dotata di piú comprensibilità e comunicatività. Si può oggi tranquillamente ipotizzare e dimostrare – prima dell'avvento della televisione – il ruolo di modello linguistico unitario di riferimento ritrovabile nei film doppiati consumati in tutto il territorio nazionale in misura superiore a quelli italiani[6]. I fenomeni dialettali di certi film neorealisti non hanno alcuna incidenza sulla conoscenza linguistica degli spettatori.

L'analisi di alcuni fenomeni linguistici ci consente di collegare e rendere piú espliciti i rapporti tra emittente, messaggio e destinatario, partendo dall'ipotesi che i modelli linguistici operino sul destinatario in misura assai piú forte sul piano del semplice apprendimento che su quello della trasmissione di messaggi e di senso.

L'italiano del primo cinema sonoro, lo si era già visto, non era un italiano politicizzato, di un parlante in orbace. Era un tentativo di trasferire e combinare una lingua del teatro popolare e dialettale con una lingua letteraria e di mescolarle a una piú diretta mimèsi del parlato comune dell'italiano proletario e piccolo-borghese. Accanto ai discorsi sintatticamente costruiti dei film in costume e tratti da opere letterarie, circolava ampiamente la lingua dell'italiano piccolo-borghese o proletario, il linguaggio informale delle commesse, delle dattilografe, delle cameriere, degli impiegati, dei maestri, degli artigiani, dei piccoli negozianti, un parlato quasi sempre giocato soltanto sulle funzioni emotive e mai su quelle ideologiche. La superiorità del buon senso e del senso comune nel giudicare la realtà veniva affermata da quasi tutta la produzione, a scapito di interventi piú fortemente ideologicizzati e legati al regime.

Uno degli ideali e fattori innovativi nel cinema del dopoguerra è dato invece dalla scoperta del pluralismo ideologico, religioso, culturale, dalla contemporanea circolazione di tutte le funzioni dei messaggi linguistici e dallo sforzo di massima pertinenza nel contesto sociale e storico entro cui si manifesta il discorso. Rispetto alla constatazione del pluralismo linguistico e della varietà dialettale, che pure avevano caratterizzato il cinema degli anni trenta, nel dopoguerra si assiste a una maggiore mobilità geografica dei dialetti e a un continuo contatto di modi differenti. La guerra promuove fenomeni di avvicinamento, inediti tentativi di comunicazione, di solidarietà, di comprensione tra parlanti diversi, mette in moto forze linguistiche, settoriali e marginali, dando loro nuovo valore.

Il neorealismo ha il merito di mettere in scena realtà nuove e soprattutto soggetti storici che portano al centro della scena problemi mai diventati oggetto di rappresentazione: proletari disoccupati *(Ladri di biciclette, Molti sogni per le strade)*, professori di liceo alle prese con problemi di corruzione *(Anni facili)*, pensionati che non riescono a sopravvivere *(Umberto D.)*, contadini che organizzano i primi scioperi ed entrano in contatto con i linguaggi del socialismo nascente *(Il mulino del Po)*. E ancora preti, donne del popolo, pescatori siciliani o delle valli di Comacchio, che si occupano di politica e parlano perché la loro parola possa tradursi in una diversa coscienza sociale e in azione politica[7].

Personaggi che diventano protagonisti di storia[8].

Sono fenomeni di breve durata e di enorme portata innovativa: i personaggi, spesso alle prese, in film dalle ambizioni assai diverse, con gli stessi problemi da risolvere, sono spinti a spostare i loro discorsi da un piano affettivo, e di generica comunicazione, a piani interpretativi e valutativi della realtà circostante. Sono spinti a esprimere, a parole, o con il comportamento, la loro visione del mondo, e a prendere posizione.

Negli anni trenta c'erano sí state rappresentazioni di angosce esistenziali, di crisi dell'individuo, di conflitti sentimentali; il personaggio però non sembrava autorizzato a farsi interprete (a nome di una classe, oltre che a livello individuale) del mondo e dei rapporti sociali esistenti in una data situazione storica.

Il primo scarto da sottolineare, nel lavoro degli sceneggiatori dell'immediato dopoguerra, è quello dell'allargamento delle possibilità d'uso del linguaggio come strumento di circolazione di idee e giudizi sul mondo. La comunicazione complessiva aumenta e la circolazione di nuovi moduli e funzioni linguistiche viene accresciuta grazie anche all'incontro tra personaggi in genere tenuti separati negli anni trenta. Non solo parlano tra loro, e cercano di trovare i piani piú utili di comunicazione, americani e italiani *(Paisà, Vivere in pace)*, ma anche persone di diverse ideologie, nazionalità e classi sociali: comunisti e cattolici, italiani e tedeschi, proletari e borghesi. Salvo poche eccezioni *(Il sole sorge ancora*, per esempio), il cinema del dopoguerra non mette però in scena alcun tipo di conflittualità di classe, mentre mostra, piuttosto, le possibilità che una nuova e diversa mobilità sociale offre ai rappresentanti di classi diverse.

In ogni caso tutte le parti del gioco sociale sono rimesse in discussione, anche se, dove manca una scelta ideologica complessiva, manca anche un tentativo di rispondere, in termini storici e di classe, alla nuova situazione.

Nei quindici anni successivi alla liberazione, si assiste a una continua trasformazione di fenomeni linguistici, che risentono, in maniera forte, a tutti i livelli della produzione, della situazione politica e sociale del paese. Negli anni quaranta si può seguire la parabola del tentativo di abbracciare la realtà geografica, ideologica, linguistica, sociale e politica italiana, rispettandone e scoprendone la pluralità e auspicando la possibilità di uno sforzo concorde tra le diverse forze politiche. Dopo la sconfitta elettorale del 1948, la regressione ideologica produce uno spostamento immediato dell'attenzione: dalla realtà complessiva del paese e dalle diverse realtà in contatto alle microstorie paesane e urbane, dominate da gruppi omogenei di parlanti – in un dialetto italianizzato nel lessico e nella sintassi e per lo piú evocato a livello fonetico – ritornati al primato del sentimento e della rassegnazione[9].

Il repertorio verbale circolante nel pubblico cinematografico nel primo decennio del dopoguerra fornisce una spinta decisiva alla formazione dell'italiano popolare unitario e si costituisce sulla base di alcuni registri, marcati in modo netto e differenziato[10]:

1) Un livello letterario aulico che tende a scomparire dalla produzione normale, e rimane come esempio di cultura alta ed estranea, che può al massimo entrare nel repertorio mnemonico, allo stesso modo in cui vengono memorizzate le preghiere in latino, le poesie, o i testi dell'opera lirica. Il linguaggio aulico è uno degli obiettivi primari della parodizzazione nella commedia: vengono messe in ridicolo le persone rappresentanti il potere delle istituzioni (professori, uomini politici, burocrati, magistrati, commissari di polizia, alte gerarchie ecclesiastiche, nobili). L'attacco antiautoritario e antistituzionale tende a colpire soprattutto quei domini in cui il linguaggio è uno strumento di potere e un elemento di discriminazione sociale inservibile.

2) Lo standard linguistico piú diffuso e generalizzato è quello della lingua parlata formale, costruita nel pieno rispetto delle regole sintattiche, morfologiche e fonologiche, che neutralizza le influenze dialettali, anche se i parlanti, verisimilmente, non conoscono l'italiano (è il caso del *Mulino del Po*, interamente parlato in italiano e con pochissime concessioni al dialetto). Questo livello costituisce anche la base di comunicazione che si può ritrovare nel doppiato dei film americani[11].

3) Un livello che unisce l'italiano informale e le diverse manifestazioni dialettali e trova il suo punto di coagulo nella lin-

gua dei film comici. In questa fascia di produzione forme dialettali e di lingua colloquiale italiana entrano in contatto: i personaggi mantengono i propri specifici moduli dialettali e l'area di competenza linguistica complessiva è allargata alla coesistenza pacifica di vari dialetti con la lingua.

Si potrebbero, in altri termini, distinguere quattro tipi di raggruppamento:

1) fenomeni di breve periodo, a forte carica ideologico-valutativa-conoscitiva;

2) fenomeni di medio periodo, di trasformazione dei linguaggi settoriali;

3) fenomeni di lungo periodo, di produzione di stereotipi e regressione ideologica;

4) fenomeni di spostamento e affermazione di tendenze egemonizzanti di alcune aree linguistiche rispetto ad altre.

Linguaggio ideologico, con funzioni valutative[12], significa che i personaggi parlano a nome di un gruppo, sono mediatori e tendono ad accentuare su di sé una serie di elementi qualificativi di carattere piú generale. Questo fenomeno dura, come si è detto, molto poco: il deciso intervento politico dall'esterno consiglia sceneggiatori e registi a neutralizzare, dagli inizi degli anni cinquanta, tutte le valenze ideologiche nel discorso dei loro personaggi.

Gli sceneggiatori del neorealismo marcano di segno positivo la reazione popolare di opposizione al fascismo e tuttavia non assumono mai, di fronte al fascismo, un atteggiamento di totale demonizzazione. Il fascismo può apparire nelle sue pratiche di repressione quotidiana *(Mio figlio professore)*, nel suo volto piú opportunistico *(Un eroe dei nostri tempi)*, o come squallida e patetica sopravvivenza di rituali e discorsi anacronistici e carichi di rimpianto *(Anni facili)*, e nella capacità di assicurarsi, nel regime democratico, una continuità di potere all'interno delle istituzioni (ancora *Anni facili*). Il cinema del dopoguerra denuncia il ritorno strisciante dei quadri fascisti (mai del resto epurati), ma partecipa altresí allo sforzo di giungere al piú presto ad una effettiva pacificazione del paese.

La tensione verso una nuova moralità dovrebbe essere garantita, almeno nei primi anni, dal sacrificio di alcune persone per un futuro migliore (è il messaggio di fondo di *Roma città aperta*); nel giro di pochissimo tempo il pessimismo e la disperazione prendono il posto della speranza. Già prima del 1948, favoriti dal grande successo dell'ideologia dell'Uomo qualunque, entrano in circolazione, nella produzione media e bassa, i linguaggi della rassegnazione, della rinuncia, il rientro nell'anonimato di personaggi che, per un attimo, sono stati promossi a protagonisti di storia.

Tra i fenomeni di breve periodo vanno registrate comunque l'apertura massima, la disponibilità assoluta, la mobilità totale dei linguaggi e dei soggetti: non è solo la circolazione incrociata dei vari fenomeni dialettali a essere rilevante, quanto la quantità di senso nuovo prodotto dall'incontro della parola del protagonista con la realtà che lo circonda. Tutti parlano e, prima che i personaggi vengano racchiusi nei bozzoli della stereotipia e del folklore, è evidente che la guerra ha allargato lo spazio della loro coscienza e fatto sí che la mobilità linguistica sia divenuta mobilità ideologica *(L'onorevole Angelina)*[13]. Tutti parlano e cercano di uscire dal gioco delle parti finora imposto loro dalla società. I bambini si comportano come adulti *(Roma città aperta, Sciuscià, Proibito rubare, Ladri di biciclette)*, le donne parlano e agiscono come uomini (nel *Mulino del Po* il fenomeno è colto allo stato nascente) e gli uomini che rappresentano la legge parlano la stessa lingua della fame dei ladri *(Guardie e ladri)*.

La lingua della fame e i gesti della fame circolano per alcuni anni e pongono i protagonisti alle prese soprattutto con gli antieroici problemi della sopravvivenza. Da una parte, ci sono i pacchi Unrra, gli americani che ci osservano come un paese del terzo mondo *(Proibito rubare)* e ci beneficano con il «pianoforte a coda Marshall», come lo definisce Macario nell'*Eroe della strada*, e, dall'altra, la lotta di ogni giorno per accordare il pranzo con la cena (come dice il refrain della canzone *È arrivato l'accordatore*, nel film omonimo).

I motivi ricorrenti riguardano soprattutto i costi della spesa, l'economia familiare tirata all'osso, le voci fisse e il bilancio quotidiano, che diventa una sorta di quadratura del cerchio (*L'onorevole Angelina, Anni facili*). Quando, alla fine degli anni cinquanta, Mario Soldati girerà *Policarpo ufficiale di scrittura*, si potrà interpretare la bonaria ironia con cui i problemi della fame sono affrontati come uno sguardo metaforico sul passato prossimo dell'Italia impiegatizia, appena lasciata dietro l'angolo («In una famiglia dove, per mangiare un piccione arrosto, è giocoforza stroncare la carriera di uno dei più valenti illusionisti del mondo, tu vuoi fare domande? Ma vogliamo uscire una buona volta da questo regime vegetariano?»).

In questi anni, pur in una situazione di massima varietà e interferenza di dialetti, si afferma una tendenza all'uniformità e all'omogeneizzazione dei modelli sociali. La predisposizione alla stereotipia è riscontrabile fin dai primi esempi del dopoguerra, anche se è proprio la ricchezza del senso, delle funzioni ideologiche e conoscitive, ad essere ridotta e progressivamente rimossa.

La lingua nazionale, attraverso i film, penetra contemporaneamente in diverse isole linguistiche e avvia forme di bilinguismo assai simili ai fenomeni che si possono osservare nella lingua degli emigrati[14]. In una prima fase, la lingua unitaria è ascoltata con l'atteggiamento riverente e passivo con cui si ascoltava la lingua dell'autorità politica durante il ventennio, o con cui si continua ad ascoltare la lingua della Chiesa. E, in un secondo tempo, entra come lingua del comportamento comune, propone modelli più forti di quelli esercitati dal dominio scolastico, in aree dove l'analfabetismo raggiunge percentuali assai alte[15]. La combinazione visivo-verbale aumenta il potere della comunicazione e produce un sistema che promuove, poco per volta, il destinatario al ruolo di interlocutore. Avvengono così i primi reali fenomeni di interferenza diffusa della lingua in aree linguistiche separate e si diffonde, con rapidità, un processo destinato ad accelerarsi in seguito, grazie all'apporto televisivo e ai mutati livelli di vita. In aree isolate e monolingui fa irruzione un repertorio linguistico nazionale portato, indifferentemente, dal cinema americano e dai film italiani, dove si tende a un'effettiva unificazione dei discorsi a livello di lingua colloquiale[16].

Questo fatto non impedisce fenomeni paralleli, egualmente rilevanti, dell'uscita del cinema dialettale dai propri circuiti naturali e del tentativo di comunicazione interdialettale destinato a mettere in circolazione dapprima singole espressioni e in seguito piú ampie forme sintattiche[17]. Aree linguistiche differenti sono attraversate, nello stesso tempo, da modelli di comunicazione formale e informale omogenei ed entrano in contatto sia con i linguaggi alti che con quelli bassi. La lingua piú formale e letteraria è parodizzata o relegata nei generi, con tutte le sue convenzioni, che le consentono di nobilitare solo la veste esterna del prodotto. La circolazione dei dialetti, pur nella derivazione letteraria, ha uno scopo anzitutto conoscitivo: si vorrebbe mostrare e sentire la voce degli italiani sparsi lungo tutta la penisola. Poi, con progressivi mutamenti di rotta, la parola viene censurata, gli ambiti di discorso circoscritti e si fissano rapidamente le forme dialettali dominanti e le stereotipie dei linguaggi di certi gruppi sociali. La lingua scelta è aperta, almeno a livello di ipotesi generale di poetica, a tutte le possibili interferenze, ed è mossa dall'intenzione di dare la parola a tutti, di predisporsi a raccontare (come tenterà di fare Zavattini con *Italia mia*) migliaia, milioni (!) di storie individuali, limitandosi a registrarle[18].

Al di là dell'utopia, e proprio nel momento in cui Cesare Zavattini punta tutte le sue forze su questa esigenza, si comincia a restringere l'area di rappresentazione e iniziano ad affermarsi forme di linguaggi marginali, e ad allargare il loro dominio, a spese del pluralismo totale delle possibilità, dell'entropia linguistica che caratterizzava il cinema di pochi anni prima.

Cosí, mentre fino ai primi anni cinquanta gli individui e i gruppi produttori di linguaggi sono disponibili a registrare la totalità dei linguaggi e delle forme dialettali e settoriali sparse lungo la penisola, da un certo momento alcuni gruppi e alcune forme si affermano a spese di altri. Spariscono i pescatori, i minatori o le mondine, o quando riappariranno parleranno puntando l'accento dei loro discorsi piú sulle funzioni espressive ed emotive (vedi *La grande strada azzurra*, 1957, e *La risaia*, 1956, rispetto alla *Terra trema*, 1948, o a *Riso amaro*, 1949). La stessa rappresentazione di questi gruppi sociali nei documentari contribuirà a ricondurli, in gran parte, al loro ruolo marginale e parafolkloristico e a togliere loro la parola. Questi personaggi non racconteranno piú storie, ma sarà il regista a mostrarli nella loro diversità e a raccontarli in termini visivi, seguendo moduli dati e quindi riappropriandosi sia dello sguardo che della parola.

2. I luoghi e le voci

Il cinema neorealista è un cinema di gesti e di silenzi, di percezioni emotive, di prese di coscienza, di collocazione dei personaggi in veste di destinatari, oltre che di emittenti dei messaggi. Il silenzio dei primi piani (si pensi all'intensità raggiunta da Aldo Fabrizi in *Mio figlio professore*, 1946, e *Vivere in pace*, 1947) è elemento fondamentale della comunicazione. Nel tentativo di riduzione del livello dei discorsi si opta a favore della forza significante del gesto: lo sforzo di azzeramento e affrancamento dalle convenzioni dura, in effetti, poco. La formazione di gruppi di sceneggiatori professionisti, fluttuanti e impegnati nella confezione a catena di personaggi e situazioni, determina, necessariamente, l'evoluzione secondo linee ben definibili.

Gli stereotipi linguistici sono quelli che accompagnano determinati tipi di personaggi e la loro rappresentatività in senso geografico oltre che sociale. Qui, molto spesso, la logica che guida gli sceneggiatori è quella di tener in vita comportamenti e tipologie di personaggi di contorno, lasciandoli, per decenni, sullo sfondo della narrazione, utilizzandoli come coro o forma del paesaggio, piú che come individualità nettamente marcate.

In un certo senso funziona prima la logica dell'avanspettacolo (in tutti i film di Totò, ad esempio) e solo in un secondo tempo una maggiore cura anche nella costruzione dei personaggi di contorno.

Vista la quantità di mani a cui è affidata la costruzione dei dialoghi, è legittimo pensare che i personaggi del coro e di contorno siano curati dalle truppe di rinforzo e dalla bassa cucina della sceneggiatura. In questa bassa cucina si possono rintracciare le forme più immediate ed espressive del linguaggio familiare, dove non c'è sintassi e la battuta carica l'espressività del gesto. Prima che l'industria, a partire dalla metà degli anni cinquanta, organizzi meglio le sue regole di costruzione delle tipologie degli interpreti secondari, il gesto fa corpo con la parola e aumenta la carica di verisimiglianza.

Nel momento di massima espansione quantitativa della produzione si assiste a una progressiva affermazione, quasi egemonica, del dialetto romanesco a spese di tutte le altre forme dialettali. Il predominio del romanesco privilegia, in un primo tempo, i domini linguistici burocratici e impiegatizi, quelli del terziario e quelli dei piccoli esercizi. Il vero successo però viene raggiunto quando entrano in scena nuovi soggetti: i bulletti di periferia, le prostitute, i gruppetti giovanili che contribuiscono, in maniera decisiva, a produrre vere e proprie forme di «pidginizzazione» del romanesco. I linguaggi di questi gruppi, assai marginali anche nella pratica corrente del mondo romano, si cristallizzano e si affermano, acquistando un valore quasi dominante. Per i destinatari, bombardati per una decina d'anni dalla varietà dei dialetti e dell'italiano, si tratta di entrare in contatto con linguaggi estremamente settorializzati che, però, data la loro forte carica espressiva, riusciranno ad affermarsi anche in ambito nazionale.

Non è impertinente osservare a questo punto che, fin dall'immediato dopoguerra (vedi l'episodio di *Paisà*), il cinema contribuisce al ridimensionamento dialettale del toscano e alla sua progressiva emarginazione. Il romanesco, rispetto a tutti gli altri dialetti, appare maggiormente in grado di rappresentare fenomeni di mobilità sociale, commutazione di valori, trasformazioni morali[19]. Attraverso le parole e i gesti di personaggi gravitanti nell'orbita della capitale passa, in effetti, la rappresentazione dei mutamenti dell'immagine dell'italiano dalla ricostruzione fino alle soglie del boom. Roma è concentrato esemplare, nel bene e nel male, di tutti i luoghi e tutte le tipologie possibili. È il luogo dove tutto accade, lo spazio privilegiato dove coesistono fenomeni di conservazione e trasformazione. La Roma popolare, i cui rappresentanti piú autorevoli sono Anna Magnani e Aldo Fabrizi, può convivere, senza traumi, con quella di Alberto Sordi, Maurizio Arena e Renato Salvatori. È un corpo sociale aperto a tutte le possibili interferenze e, al tempo stesso, dotato di fortissimi anticorpi per la conservazione dei caratteri originari.

La didascalia iniziale della *Terra trema* dice: «Tutti gli attori del film sono stati scelti tra gli abitanti del paese: pescatori, ragazze, braccianti, muratori, grossisti di pesce. Essi non conoscono lingua diversa dal siciliano per esprimere ribellioni, dolori, speranze. La lingua italiana non è, in Sicilia, la lingua dei poveri»[20].

Nonostante la dichiarata intenzione mimetica, il dialetto della *Terra trema* non è affidato alla libera invenzione dei parlanti: segue piuttosto un rigoroso tracciato di traduzione della lingua verghiana. È un dialetto letterario, quello che avrebbe auspicato anche Luigi Russo, quasi nello stesso periodo: un dialetto in cui il rifiuto della dimensione aulica non voleva dire abbandono di una tradizione letteraria e poetica, quanto, semplicemente, opzione a favore di una tradizione («La lingua a cui si aspira, nel cinema e nella letteratura è la lingua di un'Italia senza latino e greco e una poetica degli scrittori che hanno svegliato la poesia dei paesi umili, dalla Sicilia dei Verga, dei Capuana, alla Napoli del Di Giacomo e della Serao, agli Abruzzi del D'Annunzio, alla Toscana del Fucini, alla Romagna solatia dell'*Ora di Barga* del Pascoli, al Piemonte dei Calandra e del Bersezio, alla Lombardia dei De Marchi, al Veneto e al Friuli del Nievo, della Percoto, del Fogazzaro»)[21].

Il riaffiorare di tendenze culturali strapaesane e di modelli narrativi e intrecci, derivati dalla commedia goldoniana o napoletana, produce, dopo la prima fase di movimento lungo gli assi della penisola (come in una vera e propria anabasi o viaggio di scoperta di un'Italia perduta e dimenticata), una sorta di collegamento automatico delle immagini delle realtà periferiche e marginali con l'idea della festa, del trionfo della natura piú autentica e della riscoperta di cibi e sapori perduti.

Il successo di film con ambizioni e intenzioni diverse, girati tra il 1952-53, come *Due soldi di speranza*, o *Don Camillo*, o *Pane, amore e fantasia*, è anche dovuto al fatto che si offre agli italiani, ormai avviati in massa verso le città, un'immagine ideale di mondi appena lasciati alle spalle, e si consente un ritorno alle madri rimuovendo tutti (o quasi) gli aspetti piú dolorosi e spiacevoli. Brescello, Boscotrecase, Saliena sono nomi esemplari, metaforici, di realtà e di economie avviate sempre piú ai margini dei processi produttivi del paese, destinate a uscire presto, nella loro realtà di universi chiusi e autosufficienti, dalla memoria. Questi paesi sono il transfert di un desiderio di ritorno alle madri soltanto in veste turistica. Lo sguardo non viene ferito dagli abiti lacerati e dalla fame, semmai si compiace per la perfetta assimilazione con le bellezze del paesaggio delle forme di Gina Lollobrigida o Sophia Loren.

Lo sguardo al mondo contadino verso la metà degli anni cinquanta non è dunque in appoggio allo sviluppo di un'economia agricola. Il cinema sa bene quali sono le trasformazioni in atto nella società italiana e il guardare con occhio diverso da quelli del realismo socialista al mondo rurale vuol dire tirar fuori dal cassetto, per un'Italia appena assestata nelle periferie delle grandi città, le immagini piú belle di un mondo appena lasciato alle spalle. E cercare, al tempo stesso, di esportare le immagini di questo mondo. Da questa visione dominante la realtà industriale resta pressoché esclusa.

3. La scelta, i giudizi, i bisogni, il lavoro

Nel 1947, il regista americano Irving Pichel aveva detto che il cinema non parla per sé, ma «come un attore molto bravo che abbia imparato a memorizzare e ripeta parole che sono state già applaudite in altre forme artistiche, e che sono state precensurate, vagliate, filtrate e depurate di ogni deviazione dalle convenzioni sociali piú comunemente accettate»[22].

Quando Rossellini gira i suoi primi film del dopoguerra, *Roma città aperta* e *Paisà*, sembra situarsi in posizione diametralmente opposta rispetto a questa affermazione: il cinema, sia pure godendo di circostanze eccezionali, cessa di essere mezzo e diventa voce, voce collettiva, che mescola e accoglie toni, accenti, discorsi, giudizi, concezioni del mondo, divieti, prescrizioni e registra sovrapposizione e circolazione delle voci e punti di vista, tentando di interpretare, nel modo meno autoritario, l'incertezza, l'indeterminatezza politica e ideologica del momento.

I linguaggi della Resistenza, nelle opere di Rossellini, ma anche in Blasetti o Lattuada, piú che in De Santis, Vergano o Lizzani, non intendono trasmettere ideologia. Alla disumana enunciazione dei discorsi nazisti, mostruosi per la loro logica politica, i protagonisti di *Roma città aperta* rispondono facendo appello ai valori morali e religiosi piú comuni, a un'indignazione che giunge spontanea e irrefrenabile e travolge ogni controllo (la maledizione di don Pietro: «Maledetti!... Maledetti!... Sarete schiacciati!... nella polvere come vermi!»)[23].

Confrontiamo i discorsi di Bergman a don Pietro, o all'ingegner Manfredi, e vediamo il tenore di alcune risposte: «Allora ascoltatemi bene – dice Bergman a don Pietro – il vostro amico Episcopo è alla testa di un'organizzazione militare della quale anche voi avete perfetta conoscenza. Se voi parlerete o avrete convinto il vostro amico a fare altrettanto non avrete compiuto che il vostro dovere di prete e di cittadino. Vi spiego il perché. Questi uomini con attentati e sabotaggi contro le forze armate germaniche violano i diritti di una nazione occupante garantiti dai trattati internazionali. Sono perciò dei franchi tiratori e devono essere consegnati alla giustizia». La risposta di don Pietro, a questa e altre provocazioni, è questa: «Io personalmente non ho nulla da dire, perché non so nulla e quel poco che so l'ho appreso in confessione, e questi segreti devono morire con me». E poco dopo, quando l'ufficiale nazista gli ricorda che Manfredi è «un sovversivo e un senza Dio»: «Io sono un sacerdote cattolico e credo che chi combatte per la giustizia e la libertà cammini nelle vie del Signore». Il discorso fatto a Manfredi è ancora più stringente nella sua logica: «Sentite, signor Ferraris,... voi siete un comunista. Il vostro partito ha concluso un patto d'alleanza con le forze reazionarie. Voi ora marciate insieme contro di noi, ma domani, quando Roma sarà occupata, o... liberata, come dite voi, saranno ancora vostri alleati questi ufficiali monarchici? Io vi offro di risolvere questo problema. Datemi i nomi dei generali badogliani. Mettetemi in condizione di arrestarli. E io garantisco la libertà a voi e l'immunità agli uomini del vostro partito». La risposta di Manfredi è uno sputo in pieno volto.

I protagonisti e i soggetti che partecipano alla Resistenza appoggiano le loro certezze e fondano il loro comportamento su uno sforzo di eliminazione delle differenze ideologiche. «Quando finirà [la guerra]?» chiedono le suore ai partigiani in *Un giorno nella vita* (1946), di Blasetti: «Presto, se tiriamo tutti dalla stessa parte». Rispetto a registi come Vergano, o Blasetti, che affrontano, quasi nello stesso periodo, la tematica resistenziale, Rossellini, nel passaggio da *Roma città aperta* a *Paisà*, va alla riscoperta da zero dei livelli elementari della comunicazione (il dialogo tra Joe e Carmela nell'episodio siciliano).

Paisà è costruito come una «stationendrama» di scoperta e comunicazione progressiva e di progressiva integrazione linguistica, ideologica e spirituale. Anche qui si evita l'uso dei linguaggi ideologicamente orientati e dominanti. Ma anche nel *Sole sorge ancora*, dove i personaggi sono connotati in modo netto dal punto di vista sociale e di classe, non si opta mai per un discorso decisamente classista («Lei mi odia e mi disprezza», «Lei no, ma la gente come lei sí. Importa l'ingiustizia che lei rappresenta»). A caldo, nella rappresentazione della guerra appena finita e dei suoi effetti sulla popolazione, si mette in rilievo il senso di disperata rassegnazione («Eh, non ne posso proprio piú di questa porca guerra», *Due lettere anonime*) e di desiderio del perdono, anche se affiorano da subito prese di distanza nei confronti dell'ideologia («Si odia la gente perché non la pensa come noi, poi passano gli anni e la pensiamo come quelli che abbiamo ammazzato», *Un giorno nella vita*).

A ben guardare, la forte tensione morale, l'aspirazione a un mondo migliore, lo sguardo proiettato verso il futuro non implicano l'assunzione o la trasformazione profonda del lessico o la messa a fuoco di termini da usare in modo del tutto nuovo. Dopo Rossellini non accadrà che il sistema linguistico, semantico e ideologico punti a valorizzare e connotare, in senso positivo, i linguaggi della democrazia. Lo sguardo sul presente cercherà di cogliere le caratteristiche e i vizi dell'opportunismo e del trasformismo dell'italiano («Del resto se scappano il re e Badoglio perché non dovrei scappare io...», «Io sto alla finestra a guardare quel che succede, poi vedrò che fare a seconda delle circostanze», *Il sole sorge ancora*). C'è, nel film di Vergano, già nel 1946, uno straordinario tempismo nel denunciare i pericoli della continuità del potere; questo atteggiamento di condanna e di denuncia nasce dalla coscienza di una nuova situazione raggiunta comunque («il piú ora è di non farci tornare indietro») e slitta in opere successive, con grande rapidità, nello spazio piú acquiescente e limaccioso del qualunquismo[24]. Inscrivibile e cronologicamente sintonizzato con l'area del qualunquismo, nonostante la sua forte carica di denuncia delle condizioni di vita del sottoproletariato nella periferia di Roma, è *L'onorevole Angelina* (1947) per il diffuso senso di sfiducia nelle istituzioni e nel discorso politico («Io so' un anarchico de centro» si definisce un personaggio, mentre a piú riprese si ripete, in forma di augurio, «'A da vení Baffone!»). Angelina si costruisce un consenso popolare attuando una serie di raid punitivi e proteste violente, alla testa di gruppi di donne della borgata di Pietralata. La coscienza progressiva dell'inutilità dei suoi sforzi le viene prima dal capire che la situazione è irrisolvibile («Er ministero della fregatura dei poveracci ce fanno dà») e poi dal fatto di constatare che la politica sacrifica necessariamente il privato. Il ritorno in famiglia non fa che rafforzare il senso di sfiducia verso la sfera del politico, tipico prima che dell'ideologia dell'Uomo qualunque anche del fascismo: «Per quanto me riguarda me so' accorta che per fà la politica, la famija me annava pe' l'aria». La conclusione ovvia è quella del rientro di una vocazione e del ritorno alla famiglia: «Baccajeremo in famija cosí saremo tutti onorevoli, ma onorevoli sul serio, però».

Il luogo di massima circolazione del linguaggio e dell'ideologia qualunquista è quello del cinema comico: la parodia dei discorsi politici e del politico è costante, anche se viene enunciata con intenzioni diverse. L'ideale posizione ideologica può essere quella dichiarata da Alberto Sordi in *Un eroe dei nostri tempi* del 1955: «Io non ho idee politiche, non sono né di destra né di sinistra, ma non vorrei che si dicesse che sono di centro»; questo personaggio giunge ultimo in ordine di tempo, dopo che altri comici, da Totò a Macario, hanno fatto da tramite all'ideologia qualunquista. Con la differenza che Totò non si sente affatto schiacciato dalla sopraffazione della società, reagisce a ogni sopruso mutando le regole del gioco, mentre Macario vorrebbe essere l'interprete dell'uomo comune, incapace di trovare un proprio spazio per vivere. Le enunciazioni di moralità fatte nel corso delle avventure dell'*Eroe della strada* (1948) sono di questo genere: «Vuoi capirlo che il mondo è disonesto e tu sei l'unico a fare il fesso». «Qualcosa da fare c'è: c'è da prendere il mitra, scendere per le strade e mettersi a rapinare la gente». Il momento piú significativo delle equivalenze dell'ideologia è dato dalla possibilità di trasformazione di un messaggio che il protagonista deve scrivere sul muro per conto del partito comunista. Per via di aggiunte successive, a seconda del colore politico delle persone che si fermano a leggere il manifesto, la scritta «W Tito» diventa: «W il partito

Dc», «W il partito del re», «W il partito del reduce» e infine, per cancellazione di una larga parte interna, «W il... Duce». È l'arco completo di possibilità politiche da sinistra a destra. Cosí, di fronte allo sciopero (vengono però mostrate le camionette della polizia scelbiana che disperdono con violenza i dimostranti) la coscienza delle ragioni non è alta: «È un'indecenza! Vogliono impedire lo sciopero!», «Perché si sciopera?», «Non si sa». Nell'*Eroe della strada* Macario, memore di Chaplin di *Tempi moderni*, si trova al centro di un crocevia e vede avanzare, da tutte le parti, cortei di dimostranti che lo schiacciano materialmente e metaforicamente. Vi sono, a un livello piú alto, film come *Anni facili* (1953) e *In nome della legge* (1949), dove la logica della corruzione corre come forza e discorso antitetico rispetto alla morale e al comportamento del protagonista. Questi film mostrano la capacità d'indignazione, richiamano il senso dell'onestà, della correttezza amministrativa, della fiducia nella giustizia e nella legge. Nei finali i mondi possibili non sembrano pendere necessariamente dalla parte dei discorsi dei protagonisti. L'amarezza del destino parallelo del professore e dell'amministratore corrotto in *Anni facili* è, in fondo, simile alla sfiducia con cui il trionfo momentaneo della legge statale in *In nome della legge* lascia supporre, comunque, la vittoria di lungo periodo della legge mafiosa. L'incontro con la mafia siciliana pone il rappresentante della legge di fronte all'organizzazione di uno Stato nello Stato e al rifiuto piú totale della legge del governo democratico («Sono piú di cent'anni che le cose vanno cosí e tutti sono contenti», «Di che legge parla, pretore?», «La sola che io conosca», «La legge la facciamo noi con le nostre antiche usanze...», «Le sue erano leggi di natura, che massaro Turi applicava in buona fede come voscenza, in buona fede, applica le sue»). La stessa contrapposizione è affermata dal capo della camorra al giudice Spigacci, in *Processo alla città* del 1952: «Io la sua giustizia non la conosco. So solo che è molto piú complicata della mia».

Lo slittamento e svuotamento semantico del termine su cui si fonda il nuovo assetto politico è presto avvertibile: poche volte «democrazia» diventa fiducia nella possibilità per l'uomo comune di prendere la parola («È finito il tempo che non si poteva parlare, siamo in piena democrazia», in *Vita da cani* del 1950); è piú facile dimostrare una sfiducia totale nel termine e nel sistema: «È inutile che ci mettiamo a parlare di democrazia in questo paese» *(L'arte di arrangiarsi)*. In uno sforzo progressivo di marginalizzazione dell'italiano nuovo, portatore dei valori della Resistenza, e di amara constatazione della sconfitta dell'italiano onesto, anche se permane la speranza di una possibile trasformazione («Il nostro paese ha bisogno di una generazione di onesti dopo una generazione di furbi», dice Nino Taranto in *Anni facili*), lo spazio che resta non può essere che il dominio privilegiato dei furbi («Quello è un ladro e andrà in galera, ma quello è un furbo e probabilmente diventerà ministro», *I due orfanelli*, 1948), degli individui capaci di rimanere sempre a galla ai livelli massimi del potere («Questo Larina – del ministero dell'industria – era a Salò», *Anni facili*). L'autentica vocazione dell'italiano medio, soprattutto nel cinema degli anni cinquanta, sembra essere quella del trasformista, disposto a porsi sempre in linea con il vento politico piú favorevole: «Io ex sciarpa littorio, ex marcia su Roma, anche se falsificata... l'unica mia àncora di salvezza era quella di iscrivermi al partito comunista» e naturalmente dopo le elezioni del 1948 non resta che «inchinarsi al giudizio della maggioranza e considerare finita l'esperienza comunista» *(L'arte di arrangiarsi,* 1955).

Il fascismo non è una realtà rimossa o dimenticata: può ritornare, come riflesso condizionato (il direttore del carcere che assaggia il rancio in *Sciuscià*), o può considerarsi solo momentaneamente sconfitto e nutrire propositi di vendetta (il gerarca Torre in *Fuga in Francia* del 1948: «Adesso sono costretto ad andarmene, ma un giorno, molto meno lontano di quello che si pensi,... ritornerò»). I segni lasciati dal fascismo riaffiorano dovunque, perfino in una caserma tra le Alpi della Val d'Aosta, dove qualcuno ha scritto «W il Duccio», e continuano e ritornare in modo ossessivo, anche se appaiono sempre piú destituiti di pericolosità, per tutti gli anni cinquanta (mentre vengono rimossi la Resistenza e i suoi protagonisti).

Nonostante qualcuno dichiari di «aver buttato tutto: sciarpa orbace, sciabola e pistola» (*Mogli pericolose*), le memorie del fascismo riaffiorano in ordine sparso, attraverso una serie di segni che non si riescono a cancellare del tutto (l'organetto meccanico, che suona *Giovinezza* in *L'eroe della strada*) o attraverso i fantasmi di rituali scalcagnati, o i discorsi e le figure ectoplasmatiche di ex gerarchi: «Alle volte mi prende una tale nostalgia dei vecchi tempi» dice la moglie del commendator Larina, in *Anni facili*, rievocando le sue imprese di grande amatrice su ogni fronte di guerra.

Se Vitaliano Brancati, nelle sue sceneggiature, intende denunciare, senza perifrasi o eufemismi, il ritorno trionfante degli uomini del fascismo e la loro cooptazione ai vertici del potere, la nostalgia e il ricordo sono disseminati a tutti i livelli. Mussolini e il fascismo vengono evocati come facessero parte di una memoria collettiva, su cui si fosse steso una sorta di «pactum sceleris» del silenzio da parte della democrazia. «Per me – dice Alberto Sordi nel *Vedovo* del 1959 – i grandi uomini della storia sono stati tre: Dante, Napoleone e il terzo che, nonostante i suoi collaboratori, resta sempre un genio». «Chi è?» «Una volta lo si diceva, adesso non lo si può piú dire».

Una volta risolti i problemi fondamentali della sopravvivenza, tenuti a bada i morsi della fame e soddisfatti i bisogni elementari, cominciano ad affermarsi i nuovi domini linguistici, che portano ai margini della rappresentazione (fino a farli sparire del tutto) i personaggi e i discorsi al centro dello schermo nell'immediato dopoguerra; i domini sono quelli che eleggono a protagonisti rappresentanti dello Stato o della polizia, visti nel loro aspetto meno autoritario e repressivo e piú paternalistico. Quasi per unanime accettazione dei consigli ministeriali, i linguaggi che regolano i rapporti tra istituzioni e cittadini (scuola, università, giustizia, polizia, uffici comunali) tendono a connotarsi di segni positivi. Al di là del linguaggio burocratico, esiste la dimensione umana, il buon senso, che risolve le cose in deroga alle leggi, secondo giustizia. Si diffondono gli stereotipi di un mondo preindustriale, che continua ad evitare con cura la rappresentazione del lavoro nelle fabbriche e promuove la miseria contadina a tema di folklore cinematografico. Questi domini sono regolati dalle funzioni emotive dei linguaggi e puntano, soprattutto, sui meccanismi del desiderio, sulle aspirazioni e frustrazioni di un mondo proletario e piccolo-borghese, che si lancia, poco per volta, in una corsa ai consumi voluttuari, riempiendosi di debiti e facendo ancor piú emergere i problemi dei bassi salari, del continuo bisogno di denaro per vivere, della miseria degli stipendi dei dipendenti statali («Tu non sai che cosa significa andare a vivere a Roma con 46.000 lire al mese», *Anni facili*).

Il cinema cerca di presentare i giudici *(In nome della legge)*, i poliziotti *(Gioventú perduta)*, i professori *(Anni facili, Mio figlio professore)*, i pensionati statali *(Umberto D.)*, gli ispettori delle tasse *(I tartassati)*, i carabinieri *(Guardie e ladri)*, nella veste «eccezionale» di persone oneste, interamente dedite al loro lavoro, nonostante la miseria delle paghe e degli stipendi: «Sono un impiegato con la pistola in tasca che rischia la pelle per ventimila lire al mese», dice il commissario (Massimo Girotti) in *Gioventú perduta*. Siamo nell'immediato dopoguerra ed è pertanto facile che il denaro trasformi completamente le persone: il miraggio delle am-lire fa diventare Francesca prostituta in *Paisà* e trasforma in bandito e assassino il figlio di un professore universitario in *Gioventú perduta*: «È passato il tempo, c'è stata la guerra. Io non sono piú lo stesso». Ma per la massa delle persone che non intendono mettersi contro la legge la vita è molto dura: «Non vorrai mica rimproverarmi de vive' onestamente», dice il marito guardia comunale all'inizio dell'*Onorevole Angelina*; «È questione – gli risponde la moglie – che qui non se vive onestamente. Qui se more onestamente».

Una delle prospettive è quella di emigrare per trovare lavoro («In fondo noi vogliamo lavorare: è colpa nostra se in questo paese lavoro non se ne trova piú?», *Fuga in Francia*). La Francia, gli Stati Uniti, la Svizzera, la Germania, prima ancora che il nord dell'Italia, diventano le terre promesse per le popolazioni del sud, ma anche per proletari e sottoproletari che non trovano lavoro in Italia (*Fuga in Francia, Come scopersi l'America*, 1949, *Il cammino della speranza*, 1950, *La finestra sul Luna Park*, 1957. «Hanno bisogno di manodopera in Francia. Una famiglia, mettiamo, di quattro persone, due grandi e due bambini, i suoi 3.500 franchi al giorno, che sarebbero quasi cinquemila lire, li mette insieme come niente. Lavori facili, nelle *usine*, che sarebbero le fabbriche: incartare caramelle, piegare le scatole di cartone. Lavori facili, pagati bene...», *Il cammino della speranza*). La realtà economica è da subito identificata con maggiore chiarezza: si denuncia in modo ironico o drammatico lo sfruttamento del lavoro minorile («Quante volte ve lo devo dire che a sei anni i bambini non devono lavorare», *Arrivano i dollari*, 1957; «Beato te che lavori», «È una fortuna che ho dall'età di undici anni», *Racconti d'estate*, 1958), e si mostra il processo di violenta maturazione a cui sono sottoposti i bambini sfruttati dai grandi (i protagonisti di *Sciuscià*, gli aguzzini di *Proibito rubare*, Bruno in *Ladri di biciclette*).

La coscienza dello sfruttamento di classe matura nei protagonisti soltanto in pochi film (nel *Mulino del Po* è assai piú forte che in opere ambientate nel presente). Il caso di 'Ntoni Valastro, della *Terra trema*, segna certamente uno dei momenti piú alti a livello ideologico: «Sempre a 'n puntu semu: ca travagghiammu tutta a nuttata e 'i pisci nosci si l'hannu a pigghiari l'antri» («Siamo alle solite, lavoriamo tutta la notte e i nostri pesci se li prendono gli altri»). Rispetto al protagonista del romanzo verghiano, che attribuisce la miseria a forze oscure («Quando abbiamo messo assieme un po' di soldi, viene il diavolo e se li mangia»)[25], il protagonista del film viscontiano conosce le cause dello sfruttamento e ne individua gli agenti («Si nannu: diu n'a resi stu tanticchia di mari fora i faragghiuni... pero nannu u signuri non l'a imbintati sti riatteri, ca ni sfruttano sempri a nuantri piscaturi»).

La denuncia del lavoro nero, dello sfruttamento della manodopera femminile e minorile si accompagna anche con l'indicazione delle organizzazioni sindacali come momento di controllo e appoggio alle lotte e di regolarizzazione dei rapporti di lavoro: «Quest'anno possono lavorare soltanto quelle regolarmente sindacate... quelle assunte attraverso il collocamento» (*Riso amaro*)[26]. Il lavoro è anche occasione di riscatto sociale e morale: «Ho capito mi tocca di ricominciare... Mi ero decisa a lavorare, ho combinato un sacco di pasticci per riuscirci... E quante botte ho prese... si vede proprio che è destino, non posso fare che un mestiere» *(Riso amaro)*.

C'è, a tutti i livelli di generi e di ideologia, un rispetto dichiarato per il mondo del lavoro. Per questo giungono imprevisti, per il cinismo e la prima scoperta di un tipo di italiano a cui è insignificante ed estraneo il mondo del lavoro, la battuta e il gesto di Alberto Sordi dei *Vitelloni*: «Lavoratori! Lavoratori della mazza!...».

I vitelloni riminesi trovano, a partire dalla metà degli anni cinquanta, nei ragazzi di vita della periferia romana, dei racconti di Alberto Moravia, o di Pier Paolo Pasolini, i continuatori delle loro gesta. Il rifiuto del lavoro diventa una scelta di vita, proprio nel periodo del decollo economico e quando cominciano ad apparire, nelle case proletarie, o nella vita piccolo-borghese, i primi status-symbol della nascente società dei consumi (il televisore, la seicento). I motivi del rifiuto del lavoro rimbalzano, verso la fine degli anni cinquanta, da *Poveri ma belli* alla *Giornata balorda*, dai *Racconti romani* ai *Soliti ignoti*. Il mantenimento viene comunque garantito dall'organizzazione di piccole truffe, di furti, raggiri, ecc. Anche qui un importante antecedente è da vedere nel *Bidone* di Fellini[27]. Così, dopo aver fallito il colpo della loro vita, i protagonisti dei *Soliti ignoti* si trovano, alla fine del film, di fronte alla prospettiva di lavorare, e la fuga di Beppe è assai simile a quella di Alberto dei *Vitelloni*: «Eh, che danno er soccorso invernale?», «Lo sai benissimo che danno il lavoro», «Lavoro? Squagliamoci Capannelle. Ma guarda dove sono capitato. Tra i lavoratori...».

4. La fame e la ricchezza

Durante tutto il periodo della ricostruzione, uno dei campi semantici entro cui si è piú esercitata un'azione convergente da parte del sistema linguistico e visivo è quello della fame. Prima ancora che si ponga il problema del lavoro, e per diversi anni, al centro delle preoccupazioni dell'individuo e della famiglia c'è il mangiare. Non a caso, nell'ultimo episodio di *Paisà*, il senso della solidarietà umana e politica dei pescatori di Comacchio con i partigiani e i soldati alleati passa attraverso la naturale spartizione di ciò che si ha in una sequenza in cui il tradizionale senso di ospitalità del mondo dei vinti ritrova la sua forza sacrale: «No ghe xe niente che pode' darne da magnare?», «Quéo che gavémo, un poco de polenta e podemo cusinare do' bisati».

Per mangiare, chi ha ancora dei risparmi può ricorrere alla borsa nera: i fenomeni di imboscamento dei generi alimentari, di speculazione selvaggia, di canali di approvvigionamento particolari, vengono ricordati ogni volta che si rievocano gli ultimi anni di guerra e quelli dell'immediato dopoguerra (*L'onorevole Angelina, Sotto il sole di Roma*), fino a giungere a vederne gli aspetti meno drammatici (attraverso la parodia delle canzoni fasciste come: «Borsetta nera... Con la farina e gli spinaci e la caciotta pecorina...», *Sotto il sole di Roma*). L'italiano povero, il reduce di guerra, il guitto d'avanspettacolo, pone al vertice dei suoi desideri il mangiare: la cucina che desidera è estremamente povera di vitamine e di proteine («Gli voglio far mangiare spaghetti per una settimana sana», *Due lettere anonime*, 1946).

Cosí, in fondo, andare in galera, o in riformatorio minorile, o all'ospedale (come per *Umberto D.*) può voler dire risolvere, nell'immediato, tutti i problemi della sopravvivenza: «Ce danno da magnà, da dormí, ce fanno pure divertí. Che voi de piú. È 'na cuccagna» *(Sciuscià)*, «Mi basterebbe rimanere qui per una settimana per pagare tutti i miei debiti» *(Umberto D.)*.

La fame si esorcizza attraverso l'iperbole, il paradosso: sono per primi gli stessi protagonisti a riderne, accumulando però, con ordine, i loro mali: «I fiji so' pieni de croste e de pidocchi, so' sette in una stanza e, a merenda, se magneno le unghie dei piedi» *(L'onorevole Angelina)*. «Abbiamo lavorato tutta la vita! Anche i vecchi devono mangiare!» è scritto sui cartelli portati dai dimostranti nella prima scena di *Umberto D.*, e dal gruppo si leva un grido: «Moriamo di fame!». La protesta è cosí sommessa e cosí fievole, rispetto alle «baccajate» delle donne di Pietralata guidate da Anna Magnani, da risultare terribile... In nessun momento si potrà ridere dei problemi del pensionato che deve sopravvivere con 18.000 lire al mese agli inizi degli anni cinquanta. Mentre lo può fare l'avanspettacolo: «Papà, quando se mangia, ho fame! (e gli mangia una mano)», «Oggi è martedí. Noi mangiamo il sabato sera. Una volta la settimana» *(La bisarca*, 1950). In *Vita da cani* il cane mangia il cappello di paglia rivelando, per metonimia, la fame del suo padrone.

L'italiano affamato, lacero, sbrindellato («Ciavemo le croste, embé?», *L'onorevole Angelina*; «Le disgrazie e i guai non ci fanno paura. Quanto alla fame ci siamo abituati», *Napoletani a Milano*, di Eduardo De Filippo, del 1953, e Totò, in *Totò a Parigi* del 1958: «La mia è una fame atavica. Io discendo da una famiglia di morti di fame»), si affaccia per diversi anni sullo schermo, immettendo, nel quadro dei discorsi, una serie di motivi correlati e contigui, del tutto inediti rispetto al passato. La ricerca del cibo è collegata al tema del denaro, dell'occupazione e del salario. Anche in quest'ambito, grazie alla mobilità dei quadri di sceneggiatori, si allarga l'orizzonte sociologico dei motivi linguistici e si mette sempre in tensione la coscienza di questi motivi nei parlanti. «Vi siete montati la testa perché vi siete arricchiti con la guerra», dice uno dei personaggi di *È arrivato l'accordatore* (1952), e certo la guerra porta un terremoto monetario che trascina con sé una trasformazione di tutti i valori («Di biglietti da mille ce n'erano tanti... ma valevano poco», *Sotto il sole di Roma*). Ed è facile procurarsi questi biglietti da mille in modo disonesto («Chi ti ha dato le mille lire», chiede il prete a uno degli scugnizzi a cui ha dato ospitalità in

Proibito rubare. La risposta è: «A te che te frega. Sono mie»). «Senza quattrini la vita è inutile» dice Jacques Sernas in *Gioventú perduta*: è contro personaggi come il suo, frutti della guerra (contro cui però non ci si sente di emettere condanne radicali), che si cerca di ridare dignità a oneste figure impiegatizie, che intendono continuare a vivere senza facili miraggi. «Io non sono venuto a conquistare Roma – dice Nino Taranto, professore di liceo trasferito dalla Sicilia nella capitale – sono contento di riuscire a viverci onestamente e modestamente come ho sempre vissuto» *(Anni facili)*.

I conti in tasca all'impiegato, al magistrato, al maestro, al professore, alle categorie impiegatizie, e anche in parte a quelle operaie, il cinema li fa per diversi anni[28]. Certo, col passare del tempo, dai primi anni cinquanta, si cominceranno a profilare possibilità uniche di guadagni eccezionali (il contratto che Blasetti propone ad Anna Magnani per la scrittura di sua figlia «Sono due milioni che lei prende... Guardi lei non può dare un calcio alla fortuna. È una cosa che capita una volta sola nella vita. Mi faccia la cortesia, me la firmi...», *Bellissima*).

È possibile misurare – a parità di miseria – i guadagni ancora assai diversi tra i diversi tipi di lavoro. C'è assai spesso un momento in cui, in assenza del modulo Vanoni, i personaggi dichiarano i loro redditi: «Ho riscosso la prima paga. Pensa: seimila lire!», dice Maria, commessa in un grande magazzino in *Ti ho sempre amato* di Mario Costa, e il dottor Belmonte, funzionario di ministero: «Cinquantamila lire al mese non le guadagno neppure io, dopo 34 anni di lavoro» *(Anni facili)*.

Per un campione italiano di pugilato che, alla fine degli anni cinquanta, può anche guadagnare «otto-dieci milioni a incontro» *(Era lei che lo voleva*, 1953), ci sono ancora milioni di persone, di tutte le categorie, che cercano lavoro, o devono risolvere i problemi elementari del trovare una casa *(Il tetto* e *Totò cerca casa)*. E vi sono intere categorie di statali che sopravvivono sperando in futuri aumenti (il finale di *Buongiorno, elefante!*: «E cosí il maestro Garetti continua a sognare di aumenti e di arretrati»); Policarpo De Tappetti del film di Soldati del

1959, ufficiale di scrittura dell'Italia umbertina, che aspetta l'aumento di 9 lire da 18 anni, è – in realtà – la piú intensa, amara affettuosa e patetica metaforizzazione delle condizioni di vita dell'impiegato statale di una società che si avvia verso una profonda trasformazione industriale. Forse non è a caso che – come già nel cinema fascista degli anni trenta – la realtà piccolo-borghese di cui le forze governative cercano il consenso, diventi, poco per volta, protagonista indiscussa del cinema italiano. E non tanto perché la classe operaia si borghesizzi rapidamente, quanto perché è rapida l'uscita di scena di intere categorie di lavoratori e di personaggi. Il mondo borghese permette agli sceneggiatori il massimo di apertura nelle ricerche tipologiche e sociologiche e consente di registrare, all'interno di realtà piú note, tutte le trasformazioni dei modelli comportamentali e linguistici. Questo mondo estende il suo dominio costituendosi come l'orizzonte ideale a cui tendono anche le classi contadine e proletarie uscite dalle condizioni piú drammatiche degli anni del dopoguerra. Il mondo contadino e quello della fabbrica aspirerebbero a divenire il centro del neorealismo, e invece, assieme alla realtà partigiana, poco per volta, escono dalla rappresentazione. Non a caso, «i sogni nel cassetto», i soggetti non realizzati di quasi tutti i registi italiani, riguardano proprio questa realtà. L'operaio, meno ancora del contadino, entra con l'insieme dei suoi problemi: non viene rappresentato come l'esponente di una classe, né è sfruttato a sufficienza in termini di propaganda. Lo si vede al lavoro di fabbrica in film come *Napoletani a Milano*, piú che in *Achtung! Banditi!*, dove non basta certo una dichiarazione come «La fabbrica è la nostra vita», a farlo uscire da clichés verbali e iconografici.

Rossellini, sia pure in modo parziale, è il solo ad aver rappresentato la realtà composita della Resistenza e dei gruppi sociali che vi partecipano. Grazie a lui, in *Paisà*, nello spostamento geografico dalla Sicilia al nord (non dimentichiamo che era previsto un settimo episodio che doveva concludersi sulle Alpi, in Val d'Aosta) si ripercorrono e si incontrano Italie sconosciute. A queste mille e una Italia si tornerà ancora col *Cammino della speranza*, compiendo un analogo viaggio di risalita, e nel grande progetto incompiuto di Zavattini di *Italia mia*. Ma, per capire il funzionamento del sistema, bisognerà tornarvi soprattutto vedendo la disposizione dell'insieme dei film che tendono a un allargamento massimo dell'orizzonte sociologico e geografico. I dialetti sono incrociati tutti: dal piemontese («Munsú Travet la polizza l'hai daila mi», *Le miserie di Monsú Travet*, 1946; «Sai cos'ho pensato stasera: l'hai pensà che saria piasume d'passe' l'ultima noeit in Italia cun ti», «A l'ha vist i prezi ancoei madamin?», *Fuga in Francia*, 1948), al siciliano *(La terra trema* è, naturalmente, il caso piú macroscopico).

Dopo la fase di conversione cinematografica dell'avanspettacolo l'asse linguistico lungo cui si orienta e si stabilizza la produzione della commedia vede il predominio di forme centro-meridionali anche se, per buona parte degli anni cinquanta, si continua a preferire al dialetto la forma italianizzata (quasi una traduzione) di discorsi pensati in dialetto. In prospettiva si assiste, comunque, all'estensione del romanesco e all'affermazione di linguaggi gergali e marginali di piccoli gruppi. Sordi, e il gruppo di attori che danno vita alla serie dei *Poveri ma belli* ereditano il linguaggio di Fabrizi e della Magnani, mentre, in posizione gregaria, resiste il napoletano, grazie alla presenza di Totò, De Sica, De Filippo (piú Peppino che Eduardo). La trasformazione dello standard linguistico passa prima attraverso il corpo degli attori di maggior successo, per depositarsi e istituzionalizzarsi, in seguito, nelle forme piú stereotipe dei caratteristi e di tutti quei comici che operano in seconda linea (Nino Taranto, Tina Pica...). Una rottura abbastanza netta, rispetto alle forme tradizionali di comunicazione della commedia, viene attuata da Alberto Sordi. Il suo è un linguaggio tutto di riporto: mentre Totò stravolge, attacca, ridicolizza, mostra l'inconsistenza semantica e la perdita di rapporti con il significato, Sordi si muove nella costruzione di una serie di tipi di cui ricerca (caricandola in senso espressivo) il massimo di mimèsi linguistica, e il minimo di svelamento della personalità reale. La sua strategia linguistica è per lo piú quella del doppio binario, di un discorso pubblico e socializzato, che può praticare con facilità sia in canto che in controcanto: «Vuoi che esterni questo tuo sentimento alla fata bionda?», «Senti fata bionda c'è quello schifo di uomo che s'è invaghito di te» (*Il segno di Venere*, 1955). Rispetto a Totò e Peppino De Filippo, e anche a De Sica e Fabrizi, piú dentro ai loro personaggi, Sordi porta l'attenzione sui linguaggi popolari e soprattutto su quelli della piccola borghesia, lanciata in una faticosa arrampicata sociale con tutti i mezzi. Non rinnega mai le cadenze e le forme dialettali: ciò che lo caratterizza e caratterizza i suoi personaggi è la grande mobilità linguistica, lo sforzo di conquista dei linguaggi tecnologici e manageriali, il tentativo di mimetizzare e rimuovere il cordone ombelicale con il dialetto materno.

Sordi appare come una sorta di ambasciatore dell'italianità cinematografica e come l'attore dotato di maggiore mobilità. È lui a incarnare nei decenni successivi la figura dell'italiano all'estero per antonomasia. Per lo piú nei suoi personaggi vengono dati subito, in un concentrato esemplare, tutti i caratteri al negativo della superficialità, dell'eccessiva elasticità morale, del vittimismo, dell'ignoranza, dell'egoismo, della slealtà, del mammismo, della facilità con cui si possono cambiare bandiere politiche e opinioni. E al tempo stesso è la figura che cavalca il processo della modernizzazione e trasformazione della vita italiana dal punto di vista delle fascie medie e medio-alte della società. Di lui, per qualche tempo, si cercherà di parodiare la vocazione a incarnare il modello dell'amante latino. I suoi sceneggiatori ne mettono in scena soprattutto gli atti mancati, i fallimenti nelle avventure amorose, piuttosto che i successi.

Per via di inclusioni successive la fascia dei dialetti, e l'incontro dei personaggi provenienti da tutta Italia, non viene mai abbandonata, soprattutto nelle sceneggiature della coppia Age-Scarpelli. Nei *Soliti ignoti*, per esempio, il gruppo comprende un napoletano, un siciliano, un bolognese, una cameriera veneta, due romani. La mescolanza linguistica è il segno di una nuova mobilità sociale in atto alla fine degli anni cinquanta, registrata con il maggior tempismo possibile. È un'Italia, questa che si affaccia alle soglie del boom, non ancora unificata ed egemonizzata da quell'italiano nazionale creato e trasmesso dalla Rai-Tv, di cui Pasolini annuncerà ufficialmente la nascita alla fine del 1964[29].

Lavorando sul cinema del dopoguerra come su un macrotesto e su una fonte privilegiata per la ricostruzione della storia collettiva degli italiani si può vedere come sceneggiatori e registi usino la macchina da presa e lo schermo come una penna e una pagina su cui registrare il diario quotidiano della vita italiana, il bilancio della spesa familiare, il modificarsi nel modo di vestire, mangiare, parlare, il mutare dei rituali pubblici, delle relazioni affettive interprersonali, dei rapporti tra i privati e le istituzioni. Il cinema registra inoltre in quegli anni il disgregarsi o il modificarsi profondo di alcuni sistemi e punti cardinali della struttura sociale – primo fra tutti quello della famiglia – e di alcuni spazi topologici, dalla forma delle periferie alla struttura e arredamento della casa.

La registrazione disordinata di un nuovo modo di essere per tutti, a partire dalle donne, è un altro elemento portante del nuovo cinema del dopoguerra. Le donne, in misura maggiore degli uomini, grazie al loro prepotente uscire di casa alla ricerca di nuovi ruoli, consentono di seguire passo per passo, giorno dopo giorno, il mutamento. Anche il paesaggio muta a vista d'occhio anno dopo anno. Le periferie crescono («intorno alla campagna, verso la quale questi enormi palazzi sembra che avanzino come navi», Zavattini), le baracche delle borghate lasciano progressivamente il posto alla costruzione delle case popolari e la speculazione edilizia non risparmierà dalla fine degli anni cinquanta né le coste incontaminate, né i centri storici iperaffollati. I mutamenti linguistici sono dunque le chiavi d'accesso o i punti di raccordo per seguire nelle minime modificazioni tutta la meccanica caotica e in accelerazione progressiva della società italiana.

La frantumazione linguistica, che si cercherà nuovamente

di osservare, giocando sullo spezzettamento del racconto al limite dello sketch e della barzelletta, non avrà certo l'intenzione di ricomporre, in modo unitario, il quadro variegato delle
mille e una Italia. La molteplicità delle storie è anche apertura
a nuove figure di italiani e a nuove funzioni e ruoli sociali, al-
l'affermazione di linguaggi tecnocratici. Riappaiono, in misura
piú massiccia, i dialetti dell'alta Italia (gli stessi Sordi e Manfredi ne fanno le spese, facendosi interpreti di un veneziano popolare assolutamente improbabile in *Venezia la luna e tu*),
quelli del libero professionista, dell'intellettuale, del bancario,
dell'imprenditore. In questa trasformazione, che registra e parodizza i mutamenti linguistici in atto, avranno, soprattutto
negli anni sessanta, una presenza sempre piú massiccia i termini stranieri provenienti dai linguaggi industriali e dalla pubblicità.

5. Hallo girls... con rispetto siete un macello

«Vede – dice il prete, dei suoi scugnizzi napoletani, in *Proibito rubare* – non sanno leggere né scrivere, non sanno l'italiano, ma in compenso parlano l'americano», e subito un ragazzo
offre un saggio delle sue capacità: «Io spicco americano: Were
You from Joe?». La guerra segna la fine dell'autarchia linguistica e, oltre a legittimare l'importanza sociologica dei dialetti,
mette in contatto parlanti dialettali monolingui con i parlanti
di altri paesi, i tedeschi prima e gli americani poi. Il comandante delle SS, in *Roma città aperta*, parla un perfetto italiano, ma,
quando non vuol essere capito dal prefetto di Roma, si rivolge
in tedesco ai suoi ufficiali.

Paisà è, tra le tante cose, anche un film che dimostra l'artifi-
ciosità delle barriere linguistiche e la possibilità di trovare infiniti modi di comunicazione interpersonale. Il dialetto siciliano, o napoletano, o quello dei pescatori delle Valli di Comacchio, costituisce un ostacolo minimo: personaggi che non hanno mai abbandonato nella vita l'orizzonte del loro quartie-

re, o del loro podere (come in *Vivere in pace*), trovano infiniti modi di raccontarsi (Robert e Carmela, nel primo episodio di *Paisà*, o Joe e lo scugnizzo napoletano che si raccontano l'uno in stato di ubriachezza e l'altro portandolo semplicemente a vedere i tuguri miserabili in cui abita). C'è soprattutto l'episodio di Fred e Francesca, in cui si mostra come l'acquisizione della lingua inglese e la possibilità dei facili guadagni, da parte della ragazza romana che si prostituisce, costituiscano una tragica perdita di valori morali e umani originari.

L'effetto immediato dell'incontro tra i parlanti dialettali e le truppe d'occupazione può produrre una perdita di identità (è il caso di Francesca), ma anche, nel caso di una città come Napoli, fenomeni di vera e propria babelizzazione linguistica. Nella lettera da casa, che il prigioniero napoletano riceve nel campo di concentramento 119 *(Natale al campo 119)*, la madre gli dice: «Ti devo dire che Napule s'è fatta una babilonia: inglesi, russi, americani». Il campo 119 è un campo per prigionieri italiani in California: a tre anni dalla fine della guerra un gruppo di soldati, provenienti da tutte le parti d'Italia, non è ancora tornato a casa. Vi sono tra loro problemi d'incomprensione a causa del dialetto, ma le cose non migliorano molto nei confronti dei soldati americani: «Noi, we wish to ear... come si dice valvola in inglese?», «My family, molto milanès». Pur in queste condizioni di necessità di apprendimento, lo sforzo è di assumere il minimo lessico indispensabile per la sopravvivenza.

Nei primi anni cinquanta, superata la fase della miseria e della ricostruzione, si comincia a guardare oltre l'orizzonte del proprio orto e anche l'italiano popolare si affaccia oltre frontiera. È naturale che l'iniziazione al mondo, la grande esperienza di violazione dell'habitat naturale, debba avvenire in Francia, a Parigi. Il viaggio organizzato a Parigi, in occasione di un incontro di calcio della nazionale italiana (il tifo è una delle potenti molle per gli spostamenti interni di massa), rende obbligatoria la conoscenza della lingua per far fronte alle piú comuni esigenze quotidiane *(Parigi è sempre Parigi)*. La comu-

nicazione piú ovvia è quella, mai dimenticata, dei dialoghi tra
Tarzan e Jane, e cosí, entrando da un parrucchiere per signora,
Ave Ninchi viene accolta in questi termini: «Madame desidera
farsi cuaffare...», «Sedetevi, vengo tutto di seguito». A sua volta il marito, Aldo Fabrizi, si pone allo stesso livello, sforzandosi di tradurre, nei termini piú colloquiali e immediati, la sua
idea di francese: «L'unico che non bien compris è le mio
amic», e di convincere il capotreno a ritardare la partenza di
qualche minuto: «Messièr attendez la partanse». Parigi è il
punto di massima aspirazione per il desiderio di un'Italia popolare e povera; non ci sono vie di mezzo: da una parte, il proprio quartiere, il paese che ti circonda e continua a proteggerti
nel liquido amniotico del noto e della dimensione materna, e,
dall'altra, tutto il mondo, l'ignoto, la trasgressione, il peccato,
che si identificano con Parigi.

Il francese è una lingua «necessaria» anche dal punto di vista
professionale: un vigile urbano (Alberto Sordi) può ottenere
un avanzamento di carriera e un aumento di stipendio superando un esame di francese. La frase «Il giardino di mia zia è
pieno di fiori» è facilmente tradotta dal solerte vigile che, per
imparare la lingua, ha preso ripetizioni: «Le jardin de ma zii
est pien de fleurs» *(Guardia, guardia scelta, brigadiere, maresciallo)*. Ma anche nel suo lavoro le indicazioni per i turisti
francesi risultano di particolare efficacia: «Vous allez tout
droit jusqu'à l'angole où il y a le journalier».

Quello della Francia è un mito destinato a sopravvivere nella sua dimensione turistica, mentre il giovane italiano non può
sfuggire al mito dell'inglese e dell'americano. Ancora Alberto
Sordi, in *Un giorno in pretura* e in *Un americano a Roma*, mostra gli effetti di una totale colonizzazione linguistica e culturale. L'americano di Sordi è, in verità, una sorta di *grammelot*
in cui ritorna, in forma di leit-motiv, un sintagma del tipo
«auanaghenà...», che dovrebbe servire a stabilire un'immediata
comunicazione sia con gli italiani che con gli americani. Nando Mericoni, figlio di un postino, rifiuta la sua nazionalità italiana e si dichiara «americano di Kansas City» e in arte, per le

sue esibizioni di ballerino di tip-tap, si fa chiamare Santi Bailor (il Gene Kelly italiano). Quando va alla «marrana» a nuotare al ritmo di *Yankee Doodle Dandy* lo stile che adotta è il «cron». Altri suoi modi di parlare sono: «Hallo girls, con rispetto siete un macello», «Hallo pappy».

Il fenomeno dell'americanizzazione del ragazzo di Trastevere ha un ruolo molto importante nel quadro che si è cercato di delineare. In una realtà frantumata dalla difesa delle autonomie dialettali, e dove la rappresentazione delle classi popolari parlanti in italiano era dovuta a un compromesso produttivo e non certo a una scelta di mimèsi pertinente con la poetica generale del neorealismo, il bisogno della lingua inglese, quasi superiore a quello della lingua nazionale, è un segnale (che va ben oltre le intenzioni parodistiche del film) di raggiungimento dei propri obiettivi nell'immaginario popolare da parte della cultura di massa americana. E non soltanto popolare: parodiando discorsi piú sofisticati, Franca Valeri, che costruisce i suoi personaggi osservandoli dal vivo e isolandone con molta efficacia i tic, coniuga, in *Piccola posta*, coppie di sostantivi inglesi creando neoformazioni linguistiche: «A noi donne intellettuali piacciono questi Brando-Type, questi Muscle-Boys». I nuovi comici, Sordi, Chiari, Franca Valeri, fanno emergere il parlato di nuovi soggetti sociali, inventando una lingua che mescola liberamente il dialetto alle forme letterarie alte e interseca, in modo ostentato, i richiami alle terminologie straniere.

Proprio Sordi, verso la metà degli anni cinquanta, in *Bravissimo*, dà vita al personaggio del maestro Baldo Impallato, esemplare e inimitabile figura di poliglotta e autodidatta: «Io sono molto preparato... oltre all'italiano so anche il francese, l'albanese e il montenegrino» e non gli mancano occasioni di compiere rapide incursioni anche in altre lingue: «Factotum è spagnolo!», «Sai anche lo spagnolo?», «Non come il montenegrino, ma ho un'infarinatura di spagnolo». In questa fase le miserie e gli stracci della ricostruzione sono dimenticati del tutto. La commedia porta i protagonisti popolari dell'Italia del boom all'aria aperta, li fa muovere e incontrare entro nuovi scenari, li dota di nuove capacità linguistiche, di imprevedibili poteri economici, ne mostra un rapido adattamento alla nuova condizione di benessere.

I film comici in generale, e per tradizione, fanno ampio uso di espressioni straniere; non va dimenticato che, accanto ai nuovi comici, opera, per tutto il periodo, anche Totò, l'uomo di mondo per eccellenza del film italiano («Ho fatto tre anni di militare a Cuneo»), che non soffre di alcun complesso di inferiorità linguistica. Totò usa indifferentemente tutte le possibili lingue, dal latino all'inglese tutti i dialetti, ed ha anche l'accortezza di accompagnare le locuzioni o i sintagmi piú difficili con un'adeguata traduzione: l'allocuzione all'impresario teatrale nel *Ratto delle Sabine* (1945) può essere di questo tipo: «Mon cher impresuar, mio caro impresario». «Sursum corda», «Che significa? Io mica parlo il francese», «Animale questo è siciliano!» (*Signori si nasce*, 1960). Già per Totò lo spostamento a Milano fa saltare tutte le coordinate linguistiche e geografiche, tanto da far sí che, per rivolgersi a un vigile urbano, la lingua adottata sia questa: «Noio volevons savoir l'indiriss...» *(Totò, Peppino e la malafemmena)*. E il latino torna utile per spiegare, divenuto sceicco, la necessità di schiaffeggiare i soldati passando in rassegna le truppe: «Castigat ridendo mores: castiga ridendo i mori» *(Totò sceicco)*. Totò viaggia lungo l'Italia, va a Parigi, in Spagna, o in Africa e la sua parola non conosce ostacoli. E, quando non basta la parola, si comunica ufficialmente usando la lingua scritta con pieno rispetto delle regole sintattiche e ortografiche: «Questa moneta servono – è il testo della lettera che Totò e Peppino inviano alla "Malafemmena" del nord che cerca di insidiare la virtú del loro nipote – perché voi vi consolate del dispiacere che avrete perché dovete lasciare nostro nipote... Vi mandiamo questo perché il giovanotto è studente che studia e si deve prendere una Laura, e che si deve tenere la testa al solito posto, e cioè sulla testa. Punto e punto e virgola» (*Totò, Peppino e la malafemmena*, 1956)[30].

Film dopo film, in compagnia di Sordi e Totò, lo spettatore

italiano compie però, prima di tutto, una sorta di lungo viaggio di esplorazione delle popolazioni indigene che abitano lungo la penisola da Ischia a Capri, da Rimini a Portofino, dalla Sicilia a Milano, dei loro modi di vivere e comunicare («Scusi buon uomo. Lei è indigeno?» «Che si ditu? No, io songo italiano», *Il grande maestro*, sketch televisivo di Totò).

Si oscilla con egual disinvoltura, spostandosi di poche centinaia di chilometri, tra la regressione in realtà arcaiche e la proiezione verso civiltà avanzate dai comportamenti incomprensibili. Con Totò – «uomo di mondo» che viaggia con assoluta disinvoltura tra lingue classiche, lingue romanze e dialetti del profondo nord – si manifesta un maggior senso di spaesamento nei confronti dell'italiano, che il piú delle volte viene aggredito o accostato come una vera e propria lingua straniera. Totò, volendo modificare la sua famosa battuta («sono partenopeo e parte-napoletano»), è soprattutto «parte-nopeo e parte-europeo» e la sua componente di italianità è appena percepibile anche quando viene affermata dallo stesso protagonista: «Perché vuoi dirmi che non ci stanno donne?» «Ignorante impara l'italiano. Ce ne stanno è voce del verbo cenestare» (*Totò, Eva e il pannello proibito*). Totò si muove privo di alcun complesso di inferiorità culturale o linguistica come un elfo o un coboldo all'interno del lessico, distruggendone e reinventandone l'etimologia, la semantica, la grammatica, la sintassi, l'ortografia e coniando di continuo nuovi lemmi: «Quando qualcuno è in difficoltà, io cerco di disficoltarlo, lo disficòlto, chiaro?» (*Sua Eccellenza si fermò a mangiare*). «Ma questa è la necropoli!» «Speriamo di incontrare un necropolitano che ci dica dove dobbiamo andare» «Ma allora siamo nel deserto! Desertani! Desertani!» (*Totò sceicco*). «Gente di questo cortile... casigliani che casigliate in questa casa» (*San Giovanni decollato*). «Le consiglio una bella bottiglia di depurativo Giovannone... adatto specialmente per il mal di capua» «Come?» «Dolori capuali» (*Fifa e arena*). La «puerpera» diventa la signora «Porpora», un signore «magnanimo» «se magnava molte anime» (*Gambe d'oro*). Quanto alla figlia «ninfetta», Totò, ferito nell'orgoglio paterno, tiene a precisare che «non infetta nessuno, non infetta». «Stocio facendo la vita de lu signore...» «Stocio... io stocio, tu stoci... non esiste questo verbo» (*Miseria e nobiltà*). In *Totò è le donne* a proposito della moglie «illibata» sostiene che «se c'è qualcuno che deve "delibarla" questo sono io che sono il marito». «Fare irruzione» alla prima persona plurale del presente fa «noi irruziamo» (*I due colonnelli*), mentre al possessore di un panfilo chiede cosa aspetti a «panfilare»: «Mi darai una panfilàta fino a Napoli?» (*Totò le Moko*). «Ci siamo colluttati. C'è stato un vero e proprio colluttorio» (*Totò sceicco*). «Lo leghiamo vicino a un pietra... alla pietra emiliana» «Che so' ste pietre emiliane?» «Come che so'? Durante le strade ci sono quelle pietre emiliane» (*La banda degli onesti*). «Talis mater talis filia» viene tradotto: «Tale matrigna, tale filigna» (*Un turco napoletano*).

Impavidamente Totò si addentra nella «iungla» dell'italiano coniugando arbitrariamente i verbi e i sostantivi con intenti spesso puristici e ipercorrettivi e creando una sorta di universo linguistico parallelo, perfettamente plausibile e coerente, difeso con assoluta convinzione: «Signori si nasce e io lo nacqui, modestamente caro signore» (*Signori si nasce*). «Dichi a me?» «No», «Mi era parvo» «E ti era parvuto male» (*Il mostro della domenica* in *Capriccio all'italiana*). La parola «vita» si scrive come «uva, vitigne... waterloo» (*Il coraggio*). «Ottone con due t, come Torino, Domodossola» (*Signori si nasce*). «Ignorante, hai scritto rospi con una p. Una ce ne vuole! No rospi è plurale. Due p rospi, e una p un rospo solo» (*Operazione San Gennaro*). Se l'ortografia zoppica, l'ortofonia non è da meno: Totò pronuncia «atèi», «mormòrio», «occhio vitrèo», «debòsciati»... Anche all'inferno Totò chiede di essere posto nel girone dei lussuriosi che hanno fornicato: «Nella vita io ho formicato sempre. Mi chiamavano il formichiere!» (*Totò all'inferno*).

Il viaggio è al tempo stesso geografico, mentale, culturale, sentimentale e linguistico: in misura crescente e massiccia entrano nella lingua e nel lessico quotidiano di tutti i personaggi, vecchi e giovani, in maniera deformata, ma non sempre impertinente locuzioni e forme tratte dalle lingue straniere. Nel caso di Totò ogni singola parola genera una catena di equivoci, per assonanza, omofonia, ma non inibisce la comunicazione che spazia a tutto campo. Tuffato in acque linguistiche non sue Totò reagisce sorretto dallo spirito di sopravvivenza: in caso di necessità è in grado di parlare in veneto, fingendosi medico di Cavarzere («Niente paura, niente paura. Si lù sta un tantinello mal, ma mo' ci stongo 'ca io e lo metto a posto. Ciò, ostrega!» (*Sua eccellenza si fermò a mangiare*), in milanese («No ghe pensi mi» «Cosa?» «Ci penso io. A revoirs» (*I tartassati*), usa spesso locuzioni o particelle piemontesi come «cerèa» e il «neh!». In molti casi viene accentuata l'incomprensione al contatto con un parlante in siciliano, pugliese, o ligure. Piú facile per lui comunicare con gli arabi, che chiama «arabeschi» e con le svedesi che chiama «svezzate». Non ci sono confini, né forze che limitino l'escursione linguistica dal tedesco al francese, dall'inglese allo spagnolo, dal portoghese al latino.

In una scenetta televisiva (*Il tuttofare*) si propone addirittura come interprete di francese, forte della sua conoscenza, oltre che di questa lingua, del napoletano, siciliano, giapponese e cinese: «Parlez vous français? Oui. Vous avé azzeccato proprio. Io a Pariji vago spiss, oui, pasqué tengo una zia, zia Nicolé, zia Nicoletta, e l'è vedova pasqué le moro le marì... oui, le mari, le morò, oui... schioppò».

Le lingue straniere reinterpretate alimentano il parlato di Totò e come fosfeni, ne illuminano imprevedibilmente la struttura sintattica e lessicale. Richiesto se conosca il francese risponde «Oui, un petit puà», traduce «tricher» con «tricheco», lo spumante «Moet & Chandon» significa «mo' esce l'Antonio», «Breakfeast» con «braco festo», il «cochemar» è tradotto «con le coscie in mano», il tedesco «bitte» significa «siediti... assèttate» (*I due marescialli*) e Totò non si «chiude nel walter closed cosí per isfizio» (*Lo smemorato di Collegno*). Nel suo plurilinguismo appaiono di frequente «gubbai», «nespà», «okkey», mentre per fare un brindisi gli riesce piú naturale dire «Ciccillo» che «Cin cin».

L'ultimo elemento da registrare, prima che il boom rime-
scoli tutte le carte e faccia emergere linguaggi assai piú tecni-
cizzati, settoriali, plausibili di una serie di nuovi personaggi e
protagonisti della società italiana, è quello dell'incontro dell'i-
taliano con le turiste straniere, che, in gruppi sempre piú numerosi, giungono con tutti i mezzi di trasporto dalla Francia,
dalla Svezia, dall'Inghilterra. La fregola sessuale è tenuta sotto
controllo da una dose altissima di complessi, sensi di colpa,
frustrazioni, inibizioni, che fanno accumulare, in maniera
iperbolica, gli atti mancati e mettono a dura prova il mito della virilità. Cosí l'uomo italiano, l'«Italian lover», si tuffa nel-
l'avventura, ora col piglio eroicomico del «Miles gloriosus», o
dei protagonisti di un poema del Pulci (sono soprattutto i personaggi creati da Mario Carotenuto), ora, quando l'avventura
si risolve a suo favore, avendo come prospettiva immediata i
fiori d'arancio. Quanto a possibilità di comunicazione interpersonale, le strade sono sempre chiuse da circostanze di ogni
tipo. Il giovane bulletto non può trovare un capro espiatorio
per la propria sfortuna (dal momento che la sua virilità non si
mette in discussione): la colpa dei suoi atti mancati va naturalmente alle sue deficienze linguistiche. Una volta fatta la giusta
autodiagnosi, alla fine delle vacanze, giusto allo scadere degli
anni cinquanta, prende una solenne decisione: «Io, quando
torno a Roma, mi iscrivo alla Berlitz» *(Vacanze a Ischia,* 1957).

Lo sguardo del neorealismo

1. Il campo neorealista: coerenza e coesione

Si può ancora parlare, dopo che la critica, da molti anni, ha sottolineato le differenze, piuttosto che le identità, di una «coinè» neorealista, di una lingua comune accettata da vari utenti e realmente circolante all'interno del sistema cinematografico? E questa «coinè» su che piano va ricercata: di strutture di superficie o di strutture profonde, di significanti o di significati, di singoli atti linguistici, o di procedimenti generalizzati, di obiettivi raggiunti sul piano espressivo o di semplici enunciazioni di poetica, di poetica collettiva o individuale, di ritrovata capacità di guardare alle cose, o di forza autonoma delle cose stesse, che si impongono allo sguardo? Insomma unire o distinguere, privilegiare il senso di uno sforzo unitario o sottolineare le ambiguità delle singole partecipazioni e i limiti delle poetiche e della pratica registica? La coerenza o la coesione, l'«opus reticulatum» o l'«opus incertum»?

Per oltre trent'anni, il neorealismo ha visto il suo corpo devastato da battaglie di ogni tipo e percorso, in tutte le direzioni, da eserciti regolari, capitani di ventura, lanzichenecchi, turisti e semplici viaggiatori. In un primo tempo si trattava di salvaguardarne i limiti territoriali, poi di spartirne l'eredità e, a partire dagli anni sessanta, di riesumarne il cadavere per procedere a nuove forme di autopsia e metterne alla luce i vizi congeniti, le deformazioni e le malattie contratte nel corso dello sviluppo[1].

Una diagnosi ricorrente nel tempo, accreditata dalle voci degli stessi protagonisti, è giunta persino a negarne l'esistenza in quanto scuola, gruppo, movimento[2], o a considerarlo frutto di una combinatoria fortunata e irripetibile, come sostiene Alberto Asor Rosa[3], o una «corrente involontaria», come lo definisce Maria Corti[4].

Questo avviene dai primi anni cinquanta, da quando è necessario il ricovero in sala di rianimazione e i referti dei medici di fiducia appaiono sempre piú contraddittori («È morto!», «No, è vivo») e si praticano interventi per isolare parti sempre piú ristrette, che si pensa possano garantire la continuità della purezza della razza e del messaggio originario. Da quando i critici occupano stabilmente il terreno e si spartiscono l'eredità neorealista, gli autori e le opere passano decisamente in secondo piano[5].

Dopo la registrazione ufficiale del neorealismo cinematografico all'anagrafe della critica – all'indomani dell'uscita di *Ossessione*[6] – e dopo che l'avvento di una nuova era per il cinema italiano è stato preparato, annunciato per anni e preceduto da vari segni premonitori, al momento della nascita vera e propria, dell'emissione dei primi vagiti, la critica non accorre in massa a portare doni e a legittimarne l'identità. L'attesa messianica è stata indubbiamente lunga e non si può certo accusare di cecità chi non è in grado di riconoscere sotto le spoglie di Roberto Rossellini – che fino a poco prima ha indossato la divisa di uomo di regime – le fattezze di portatore di un nuovo verbo[7]. Né tanto meno sembra possibile accettare gli attributi apostolici di Blasetti, Camerini, De Sica o Zavattini.

Come tutti gli agenti profetici, il neorealismo non viene riconosciuto nelle sue manifestazioni iniziali (anche se ha dovuto, fin dai primi passi, subire attacchi e persecuzioni violente da parte cattolica), è stato rinnegato in patria e riconosciuto all'estero e ha continuato a offrirsi come corpo mistico e a far circolare il suo verbo ben oltre le date di morte presunta.

Le denunce dei crimini, dei limiti sul piano espressivo e delle colpe ideologiche sono cominciate agli inizi degli anni sessanta (l'avanguardia letteraria rappresentata dal Gruppo 63, da una parte, che ne ha dato una lettura formale e di ritardo rispetto all'avanguardia europea, e *Scrittori e popolo* di Alberto Asor Rosa, dall'altra, che ne privilegiava la lettura ideologica)[8].

In sostanza si osservano piú modi di intendere e usare il neorealismo, come vi sono piú poetiche e progetti che si muovono, per qualche tempo, entro lo stesso campo significante. Oggi sarebbe anacronistico e metodologicamente improduttivo aprire una ulteriore vertenza a favore o contro il neorealismo, cosí come negarne gli apporti tutt'altro che settoriali o provinciali accanto alla constatazione dei limiti sottolineati in coro da piú generazioni di critici. Quanto a negare l'esistenza di un campo culturale legittimamente iscrivibile nello spazio protettivo offerto dal termine, il rischio è quello di assomigliare al manzoniano don Ferrante che, nei *Promessi sposi*, negava alla peste natura di sostanza o di accidente.

Si tratta piuttosto di compiere un'opera di ridefinizione dei contorni, facendo anzitutto cadere, senza ascoltare gli inviti alla valutazione e discriminazione, le distinzioni tra produzione alta e popolare[9]. E questo non per il gusto del recupero – in base all'estetica del trovarobato – dei prodotti popolari per la loro qualità antagonistica, o in nome del primato dell'ideologia del pubblico, quanto piuttosto per riconoscere che i percorsi sono multipli e intrecciati e non ha ragione di esistere alcun «limes» e alcuna linea di demarcazione tra i livelli, tra i significanti e i significati, e che i tratti distintivi, oltre a qualificarne le differenze, ne possono anche segnalare le sotterranee analogie e parentele. Per capire le interrelazioni tra segni e senso, le contraddizioni e le ambiguità, il ripetersi periodico di certi fenomeni a tutti i livelli, va constatato che lungo la linea di confine tra la produzione alta e bassa si è registrata una continua circolazione di forze e che, tra le merci piú barattate, sono esistiti veri e propri repertori visivi e iconici, portati con spirito contrabbandiere, ma anche con animo missionario, da gruppi compatti di sceneggiatori, attori, scenografi e soprattutto operatori[10]. Questi gruppi hanno continuato per anni a muoversi lungo i versanti di un'apparentemente opposta civilizzazione culturale con assoluta disinvoltura, eludendo i controlli di frontiera della critica che non si interessava della loro attività. Tutto ciò senza entrare nel merito della qualità specifica delle singole opere e senza voler negare risultati critici ormai consolidati a livello alto della produzione, ma cercando di allargare lo sguardo dagli autori e opere al sistema e ai rapporti che lo creano. Alberto Farassino, che qualche anno fa ha riconsiderato il fenomeno nel suo insieme, ha puntualizzato come si possa oggi accostarlo con maggiore pertinenza e in maniera utilmente aggregante: «Il neorealismo come fenomeno aggregativo e eterogeneo è, in un certo senso, esterno ai film stessi, è un universo diffuso che può concentrarsi in alcune opere e costellazioni ad alta densità, ma può anche presentarsi come fenomeno vagante, trasversale, ramificato in molto cinema italiano dell'epoca. Ecco dunque, diversi dal comunque ristretto numero di opere neorealiste, i numerosissimi film "del" neorealismo, film infiltrati, attraversati o magari sporcati dal neorealismo. È su questi film che oggi è interessante riflettere e semmai praticare il discorso critico, piú che sulle opere, sui "classici" già circondati da grandi aureole di stima e di studi. E non per rivalutare questo o quel titolo in una chiave ancora autoristica o "operistica", né solo per vedere quanto il neorealismo sia stato presente o diffuso, al punto che... è praticamente impossibile trovare l'esatta linea di demarcazione tra questa area e quella dei film che certamente e in nessun modo e in nessun loro fotogramma neorealisti non sono. Si può dire che se sono pochi i film e gli autori che aderiscono con convinzione al progetto neorealista sono pochissimi quelli che non ne restano almeno occasionalmente, per lo spazio di un anno, di un film, di una sequenza, conquistati e influenzati»[11].

Il neorealismo ci appare sempre piú come un territorio o uno spazio in cui si sistemano molti piú elementi di quanto non si credesse in passato e in cui nessun elemento possiede per intero tutte le caratteristiche che lo fanno coincidere perfettamente col sistema o la classe di appartenenza.

La disomogeneità delle componenti, in un'analisi di tipo orizzontale e verticale lungo i diversi piani stilistici e produttivi, porta a rilevare la presenza di costanti ricorrenti nel tempo, moduli che vengono assorbiti e formano una competenza stilistica e linguistica generale e attraversano tutto il periodo che ci interessa. Piú di una generazione di intellettuali, la cui formazione è avvenuta tra gli anni venti e trenta, si trova, dopo aver attraversato l'esperienza della guerra e della Resistenza, allineata a una stessa linea di partenza[12]. Coloro che avevano coltivato le proprie utopie, e inseguito i propri miti in altre tradizioni culturali, cominciano a ritrovare la misura del proprio spazio vitale e a recuperare il senso della propria identità. Oggi non basta piú osservare questi intellettuali nel loro generoso e illusorio tentativo di uscire dalla «torre d'avorio» e di denunciarne i limiti culturali e ideologici, bisogna vedervi il recupero di un centro vitale ed esistenziale, premessa indispensabile per un viaggio aperto a tutte le possibili direzioni ideologiche. Le divaricazioni dei sentieri intellettuali sono imposte dalle profonde modificazioni del contesto politico nazionale e internazionale, tuttavia il mondo del cinema resiste, meglio di altri settori, alle spinte e agli attacchi. I diversi livelli di produzione servono alla neutralizzazione, alla momentanea mimetizzazione ideologica. Il neorealismo, per il fatto di essere, anzitutto, una sorta di riappaesamento per tutti, di riappropriazione dello sguardo e di riscoperta del «visibile», consente delle convergenze unitarie e la continuazione di un lavoro, sia pure in forma piú degradata, anche quando non sarà piú praticabile in altri settori della vita politica e sociale.

I singoli testi neorealisti si presentano pertanto come unità discrete, ben caratterizzate all'interno di un medesimo spazio culturale, sociale, morale e ideologico, che si vuole assai inclusivo, virtualmente aperto a tutte le forze antifasciste.

Rilanciare un discorso sul neorealismo, che punti a valorizzare il senso della tensione progettuale, a ricomporre, in una visione pluricomprensiva, varie realtà che il fascismo aveva tentato di distruggere, vuol dire rendere metodologicamente plausibili e produttive le categorie della coerenza dei testi e del campo[13]. A patto, naturalmente, di chiarire subito che *coerenza* non significa mancanza di voci antinomiche e non del tutto congruenti, ma integrazione, in un unico campo, assai aperto, di diverse enunciazioni effettuate sulla base di comuni presupposti e comuni esperienze di realtà[14]. Inoltre la coerenza dei testi neorealisti è data dall'enorme quantità di implicazioni riconoscibili «potenzialmente» da tutti i destinatari. Mai nessun messaggio del cinema e della cultura aveva saputo accogliere e proporsi un tale potere «virtuale» e raggiungere una tale gittata e azione modificatrice[15].

Si tratta dunque di riconoscerne e studiarne finalmente, come non si è fatto troppo a lungo, per il prevalere di una visione critica e storica di gittata troppo municipale, il suo ruolo di modificatore dei processi narrativi, recitativi, espressivi del cinema mondiale. Dopo l'«avvento» di film come *Roma città aperta, Paisà, Sciuscià* e *Ladri di biciclette*, ogni atto registico e recitativo non potrà piú essere lo stesso in Francia come a Hollywood, in India come in Spagna o in Brasile. Gli effetti non saranno immediati e non dipenderanno dalla qualità assoluta delle opere, ma dal mutamento totale dei sistemi di riferimento, dei procedimenti espressivi e rappresentativi.

La realtà profonda dei singoli enunciati si può cosí considerare isomorfa, non tanto rispetto alle poetiche dei singoli autori – o alla loro cultura anteriore, cinematografica e non – ma alla voce articolata di uno spirito collettivo nel suo momento di piú alta e drammatica consapevolezza.

Di questo isomorfismo si tratta di andare alla ricerca: in che misura c'è corrispondenza tra le intenzioni ideologiche comuni ai diversi testi e strutture di superficie dei singoli enunciati e fino a quando un determinato campo in tensione mantiene caratteristiche comuni?

Il neorealismo – se vogliamo circoscrivere l'arco di tempo che va dal 1945 al 1948 – si presenta come un luogo di momentanea convergenza e neutralizzazione delle scritture e ideologie individuali, di aspirazione reale a un ipotetico e utopico linguaggio collettivo, realizzato dall'incontro di tutti i modi linguistici situati al di sotto o al di fuori della tradizione letteraria.

I protagonisti del neorealismo, come ha detto Maria Corti per i letterati (ma il discorso per estensione vale anche per gli uomini di cinema), «hanno tutti coscienza di dover creare, per i contenuti nuovi, un mezzo espressivo nuovo: la collettività, il proletariato immessi nella narrativa non possono non esigere qualcosa di diverso dai mezzi tradizionali... L'idea di una virtualità narrativa nuova, suggerita dagli straordinari eventi, si accompagna dunque all'idea di una virtualità espressiva da attuare nei testi con mezzi rinnovati»[16].

Gli ultimi anni di guerra, lo si è già detto nel secondo volume, non avevano rivoluzionato la competenza linguistica ed espressiva dei registi; avevano rivelato piuttosto una serie profonda di fratture, di rifiuti del consenso e, al tempo stesso, un'apertura assai acuta e diffusa verso nuove realtà, mondi possibili non compresi e iscritti nell'ideologia, né nel progetto imperialistico del regime.

La dinamica di tutto il sistema testuale del cinema del dopoguerra sembra muoversi lungo queste linee dominanti e di maggiore evidenza:

1) Una linea di continuità e di conferma rispetto al sistema precedente, alla cultura che esprime e al livello tecnico e produttivo entro cui si manifesta[17]. La guerra non produce un ricambio dei quadri tecnici e artistici, ma soltanto un adeguamento collettivo, una conversione in massa e un'immediata acclimatazione alla democrazia di uomini che erano stati in rapporti piuttosto stretti col fascismo. Il non aver aderito alla repubblica di Salò e la dura esperienza della guerra sono ele-

menti sufficienti a favorire un clima di reciproco perdono. Gli uomini di cinema continuano a trovare, al di là delle differenze ideologiche, solidarietà umane, professionali (piú che corporative) e operative, che consentiranno (cosí come era già avvenuto) durante il periodo della guerra fredda, almeno sul piano della produzione, di attenuarne sensibilmente i rigori.

2) Una linea di soppressione momentanea di alcune tendenze dotate di una grande vitalità. I telefoni bianchi, per esempio. Quel tipo di commedia viene sostituita da una produzione molto piú popolare e corriva che, o si mette in concorrenza, o si dichiara erede della rivista, dell'avanspettacolo e della comicità di giornali umoristici come *Il Bertoldo* o il *Marc'Aurelio*: l'intera redazione di umoristi del *Marc'Aurelio* si converte in massa al cinema.

3) La nascita di nuovi modi di rappresentazione può riuscire perché, sia pure per breve tempo, si determina una sovrapposizione quasi perfetta tra l'ideologia e la conoscenza del mondo del regista, quella espressa dal film e quella del pubblico. Elementi del testo e del contesto interagiscono e interferiscono tra di loro, dando l'impressione di voler annullare i rispettivi confini.

Le basi ideologiche sembrano comuni nei registi e nel loro pubblico: i singoli enunciati qualificano i vari film, l'apertura e la disponibilità nei confronti del reale iscrivono, in modo naturale, il pubblico nello spazio della comunicazione[18]. In proporzione all'aumento di competenza comunicativa aumenterà anche il numero di modelli sociali e ideologici e la circolazione di comportamenti linguistici.

Va inoltre valutata, nei giusti termini, la forte e reciproca operatività tra testi filmici e contesto sociale, sia come forze interne al film, che come forze reagenti dialetticamente.

Pur riproponendo strutture del cinema anteriore, il sistema comunicativo è modificato dalla forza del contesto che trasforma senso e ideologia. Lo sforzo generalizzato, e piú originale, è di portare, nello spazio dello schermo, tutta la complessità del «visibile», avvicinare il contesto dello schermo e quello dello spettatore, nella speranza che, pur mescolando tra loro i vari elementi, la verità del reale abbia la forza di far precipitare tutti gli elementi di finzione, ivi compresa la parete schermica[19]. C'è, come denominatore comune, in tutte le forze che lavorano in questo primo periodo, la volontà di spingere di continuo lo sguardo oltre gli elementi di primo piano dell'intreccio, di capovolgere i rapporti tra intreccio e sfondo, di muovere l'occhio in tutte le direzioni e di tenerlo a lungo su realtà che possano fornire e, al tempo stesso, accrescere o mantenere viva la nuova coscienza civile e morale che si era manifestata nel popolo italiano. La durata di questi sguardi attiva funzioni affettive, ma può anche allargare l'area della coscienza del destinatario. Questo è un pericolo che alcune forze politiche e religiose avvertono e subito iniziano a combattere. Per questo, molto rapidamente, si attivano forme diverse parallele e concentrate, o distribuite, di disturbo della comunicazione. Si restringono le possibilità di circolazione, si mettono in atto meccanismi di giudizio negativo...

2. Poetiche e sguardi individuali e collettivi

Spingiamoci un passo indietro rispetto alla fine della guerra e consideriamo, come spartiacque o momento di frattura, la caduta del fascismo.

All'indomani del 25 luglio, senza piú macchinari, senza strutture produttive, senza un mercato, ed anche senza piú un controllo dall'alto, che imponga ai registi ciò che bisogna vedere o non vedere della realtà italiana, il cinema sembra ritornato all'anno zero della sua storia. Ripartire da zero vuol dire reinventare, anche materialmente, le condizioni produttive che consentano la realizzazione del film giorno per giorno, significa reinventarsi tutti i ruoli, riappropriarsi dello sguardo, della parola, del pensiero e di un lavoro che il ventennio fascista aveva cercato di sottrarre il piú possibile al controllo diretto dell'autore.

Lo sguardo del regista e della sua «ipotetica» macchina da presa riacquista, in queste condizioni, il suo potere virtuale (eccessivo ed esorbitante di funzioni) di rotazione circolare attorno al proprio asse e, grazie a ciò, rientrano nell'orizzonte visivo una serie di personaggi, cose e situazioni, occultati nel cinema precedente, o rimasti al margine della scena, quando non eliminati del tutto.

Il caso, l'improvvisazione, la costruzione quotidiana della sceneggiatura, il largo margine d'imprevisto, la recitazione non professionale, tutti elementi su cui a posteriori si è costruita la poetica neorealista e la sua mitologia, sono fattori collegati alle condizioni materiali di partenza, dati di fatto che imporranno ad alcuni registi di impostare il lavoro secondo un certo arco di possibilità rispetto a un altro[20].

In un certo senso il regista regredisce alle condizioni del cinema delle origini[21] e, al tempo stesso, ha di fronte a sé la possibilità di riscoprire, per intero, tutto il potere di rappresentazione della macchina da presa.

Il drastico risparmio su varie fasi del lavoro fa sí che venga soprattutto esaltato il momento di produzione dell'immagine, quando l'occhio della macchina da presa incontra la realtà. Si tratta di inventare un nuovo modo di guardare le cose e si giunge a pensare che l'occhio del soggetto posto dietro la macchina da presa non debba per forza coincidere con quello dell'autore, ma possa essere mobile e plurimo, capace di riflettere nel modo piú ampio possibile la complessità dell'esperienza dello spettatore. La produzione degli anni trenta e quella dei primi anni quaranta si rivolge allo spettatore come a un gruppo sociale da cui ottenere consenso, partecipazione e risposte omogenee, mettendo in opera meccanismi controllati e collaudati in precedenza: il cinema che nasce durante e dopo la guerra non ha alle spalle un'ideologia della produzione, né tanto meno un'ideologia del potere consolidato che dia al messaggio una direzione univoca. In un momento unico di vuoto di controllo il regista recupera la propria piena autonomia di espressione e pare rinunciare alla propria presenza individuale per tentare di mettere a contatto diretto i personaggi con lo spettatore. In questo caso, rispetto al cinema precedente, i personaggi riconquistano una rappresentatività e una complessità sconosciute e legittimamente diventano soggetti di una comunicazione diretta col pubblico. I processi di identificazione sociale potenzialmente si accelerano: ogni segno, ogni elemento che entra nell'immagine porta con sé la forza dolorosa e vera della realtà contigua.

In pratica non c'è piú bisogno di imporre in modo autoritario un'ideologia. In *Roma città aperta* si confrontano piú visioni del mondo, senza che l'una debba per necessità sopraffare l'altra. Il margine di tolleranza, la disponibilità politica, il senso di solidarietà e di sforzo comune nella lotta antifascista vengono prima delle differenze ideologiche e, in un certo senso, non le avvertono come elemento discriminante. Ora, mentre la produzione corrente, che a fatica si rimette in piedi nel 1945, cercherà di non mutare i modi di produzione e i modelli narrativi e realizzativi, per non far avvertire allo spettatore alcuno scarto nella visione, bastano pochi film (di Rossellini e De Sica) a produrre una rivoluzione profonda di stile e contenuti, in un sistema che avrebbe subito cercato di ricomporsi secondo metodi già collaudati[22].

Un cinema, che soprattutto nella sua produzione di successo subisce il colonialismo culturale e stilistico del cinema americano, ritrova, di colpo, un suo linguaggio, senza bisogno di forze e di contributi esterni. Non sembrano piú esistere i grandi punti di riferimento, il cinema americano, i maestri sovietici, le avanguardie, la costruzione dell'immagine... è come se tutto fosse assorbito e rifunzionalizzato. La scoperta rivoluzionaria non è tanto quella dell'affermazione di uno stile individuale, quanto una strada che pareva perduta. Si riscopre un rapporto tra regista, macchina da presa e realtà, generalizzabile ed esportabile oltre i confini angusti di una cultura nazionale, partendo dalle forme linguistiche ed espressive piú semplici ed elementari. Anche il filo rosso che lega il racconto cinematografico a una tradizione letteraria anteriore viene spezzato dai film di Rossellini: non ci sono testi letterari da trascrivere, interpretare o adattare, non c'è lavoro scenografico né di costume, non c'è ricerca figurativa o ricognizione preventiva dei luoghi alle spalle del lavoro registico di *Roma città aperta*. La contiguità col reale è cosí forte che «i segni e le ferite della guerra sono ancora visibili nelle strade e sui visi stessi degli interpreti»[23]. Rossellini, realizzando *Roma città aperta*, non compie soltanto un'opera di azzeramento dei codici cinematografici, ma, ideologicamente e moralmente, riparte egli stesso, con i suoi collaboratori, da zero[24].

Per molti autori, Rossellini compreso, non aver aderito all'ultima avventura del fascismo («Fummo invitati tutti, ma proprio tutti, a salire a Venezia al seguito delle attrezzature, quando c'era Salò. E siamo spariti tutti», ricorda un'attrice) significava già una netta presa di posizione, una dissociazione di responsabilità. Mentre però per altri uomini di cinema, critici, attori, sceneggiatori e maestranze, si poteva e si può facilmente dimostrare il progressivo distacco dal fascismo, attuato nel corso di alcuni anni, per Rossellini la trasformazione è piú netta. Il cammino percorso nel breve arco di tempo di un paio d'anni, dalla celebrazione della guerra all'esaltazione della sofferenza di una popolazione e della lotta di Resistenza, non è certo breve e di poco conto.

Rossellini non chiede di essere perdonato per i suoi film di propaganda girati nel periodo anteriore al 1943 (*La nave bianca*, 1941; *Un pilota ritorna*, 1942; *L'uomo della croce*, 1943). La sua adesione all'antifascismo non passa per le stesse strade di molti intellettuali suoi compagni di lavoro: è piú simile a quella dell'uomo della strada, che scopre il vero volto del fascismo solo quando si rende conto di persona e sulla sua pelle della realtà della guerra[25]. Lo spostamento improvviso dell'ideologia rosselliniana significa anche rifiuto della propria condizione di intellettuale e assunzione dell'esperienza popolare come propria.

Il contraddittorio sistema ideologico di Rossellini, la sua conversione cosí fulminea dal fascismo all'antifascismo non hanno, per la verità, nulla di opportunistico: è la trasformazione ideologica dell'italiano medio, naturalmente avverso alla violenza, passato in modo altrettanto naturale dal consenso al regime all'antifascismo, servendosi del proprio buon senso come bussola di orientamento morale e riuscendo a riscattarsi nei mesi di guerra della propria esperienza precedente.

Dal punto di vista umano, ideologico, morale, Rossellini non sempre risulta all'altezza delle sue grandi opere (del resto tutte le sue opere non si dispongono certo lungo uno stesso piano stilistico-espressivo), ma il livello del suo magistero e del suo modo di concepire il cinema sono cosí alti da costituire un punto di riferimento per registi di tutto il mondo nei decenni successivi.

Entrare nel merito dell'opera di Rossellini e cercare di definire alcuni momenti della sua poetica significa estendere l'attenzione, per forza di cose, al lavoro delle personalità a cui si deve riconoscere il ruolo di protagonisti all'interno del campo, ossia a De Sica, Visconti e De Santis. Rispetto al disegno complessivo e alle relazioni interne che si vogliono mostrare, si può dire che la loro idea di cinema li pone non al vertice di una parabola lungo un medesimo asse di contiguità, quanto piuttosto al centro del sistema, disposti agli angoli di un quadrilatero che coinvolge e interseca, al suo interno, una serie di tratti comuni. Se poetica e prassi registica hanno diversi esiti stilistici e ideologici, alla costituzione delle strutture fondanti della poetica generale del neorealismo si giunge grazie alla concomitanza di questi contributi e alla contemporanea operatività e spinta sul piano espressivo. Senza i raggiungimenti di alcune opere non si potrebbe pensare alla dinamizzazione complessiva linguistica e tematica.

La provenienza di questi autori è tutt'altro che omogenea: alle spalle di Visconti c'è l'esperienza di Renoir, la conoscenza della letteratura e del teatro americano, una vasta conoscenza delle arti figurative e della cultura europea del decadentismo. De Sica, con al suo fianco Zavattini, ha una grande esperienza d'attore e alcune regie con cui ha iniziato a esplorare le sue capacità. De Santis, critico militante passato alla regia, durante la guerra ha svolto un lavoro politico nelle file della Resistenza. Rossellini ha fatto film di propaganda fascista.

Il neorealismo ha la forza di attirare e far convergere l'azione di autori che partono dai presupposti piú diversi e hanno minimi punti di contatto tra di loro.

All'interno di questo campo di forza, che sprigiona la maggior parte dell'energia espressiva del neorealismo, Rossellini assume in prospettiva un ruolo di guida carismatica sovranazionale, per la verità da lui mai cercato né desiderato, e la sua opera ci appare oggi destinata a produrre ondate di superficie e in profondità nei confronti di tutto il cinema moderno, di cui non si è ancora analizzata la portata[26].

Rossellini è l'autore piú capace di osservare la compresenza di un'anima nazionale ed europea nelle azioni che descrive ed è il primo vero autore in possesso di uno sguardo stereoscopico capace di percepire e rappresentare la realtà, fin dalla fine della guerra, in chiave europea.

È tuttora indispensabile mantenere al centro del sistema cinematografico italiano del dopoguerra l'opera di Rossellini e sottoporla a nuove interrogazioni perché quest'opera rivela una capacità di rivoluzionare i codici della rappresentazione del cinema nazionale e internazionale e produce effetti sul medio e lungo periodo in piú direzioni.

Rossellini modifica le misure di scala della scena cinematografica e si pone per primo l'esigenza di totale reinvenzione delle forme piú semplici di comunicazione, dai silenzi al lessico, dai gesti alla rappresentazione dei discorsi e delle lacrime delle cose. Le macerie, oltre che unità di misura, come si è detto, sono metafora di ben piú profonde e in gran parte irreversibili distruzioni negli individui e nelle cellule sociali.

La sua non è una visione monocentrica e tendente verso un unico fuoco prospettico, come quella del fascismo, ma policentrica e lo stesso racconto tende a perdere la struttura lineare. La poetica rosselliniana, mai formulata, si può dedurre da una pratica di sperimentazione continua, da una disponibilità e uno sguardo sempre vergini nei confronti dei mondi del presente o del passato, di cui andava alla scoperta o riscoperta.

Lo stile, tutt'altro che unitario, spesso nato dal caso, si è sviluppato tra contraddizioni di vario tipo e ha accettato compromessi che gli hanno alienato il favore di una parte della critica e suscitato, all'opposto, entusiasmi per il loro carattere avanzato di sperimentazione delle possibilità linguistiche del mezzo.

Nel giro di pochi anni la critica neorealista non lo considera piú un maestro o un autore militante sotto le proprie bandiere, anche se ne attende con ansia i segni di un possibile ritorno. Rossellini diventa in pratica una sorta di cadavere nell'armadio e l'impressione piú netta che si ha, ripercorrendo i giudizi pressoché unanimi degli anni cinquanta, è quella di una critica che si trova a giocare col morto e non sa in che modo liberarsene senza troppi danni.

Ancora oggi, che un maggior equilibrio di valutazione complessiva della sua opera gli ha restituito non pochi dei meriti che gli competono, il lavoro è tutt'altro che concluso. Ripartire dalla specificità del suo sguardo, per capire la cultura del neorealismo cinematografico, vuol dire porre al centro del riflettore l'autore piú ricco di contraddizioni, ed anche piú aperto verso la complessità del reale e delle sue manifestazioni, riconducibili o meno sotto il controllo della ragione.

Assecondando anzitutto la sua vocazione di farsi portatore della visione dell'italiano medio e piccolo-borghese, Rossellini ha vissuto la realtà circostante senza rapporti di falsa coscienza con il suo mondo borghese, la cultura cattolica, le vicissitudini ideologiche attraversate: né ha chiesto, o voluto trasformare, la realtà circostante, quanto piuttosto ha cercato di capirla e di captarne anche i minimi sintomi di trasformazione, riuscendo a registrarli ora con scelta di tempo felicemente sincronica, ora cedendo visibilmente a mediazioni e compromessi.

Ha saputo comunque seguire il flusso delle cose, i problemi del vivere, comunicare, essere e dover essere, senza voler puntare su immagini prevedibili o tesi preconfezionate.

Il suo mondo cerca di neutralizzarsi, fin dalle immagini d'apertura dei film (al contrario di Visconti che, fin dalla prima inquadratura del suo primo film, effettua una mossa d'attacco nei confronti dello spettatore), quasi che per lui il problema maggiore sia quello della massima comunicabilità e decifrabilità del messaggio, non quello della presenza marcata di un emittente.

Senza presupposti teorici e basandosi spesso su un empirismo filosofico e culturale molto elementare, riuscendo a combinare sperimentazione e comunicazione, innovazione e riutilizzazione di moduli comuni, rigore e improvvisazione, ordine e caos, Rossellini dimostra come, per il cinema, sia possibile produrre il massimo di significati e liberare energie impreviste e imprevedibili anche ricorrendo a mezzi minimi e con un numero limitato di segni e codici.

Se esistono legami evidenti tra il cinema di propaganda fascista e quello del dopoguerra, da tempo indicati dalla critica, quello che interessa rilevare è, sul piano culturale e ideologico, il senso emblematizzato dell'opera del regista, di un viaggio della cultura cattolica moderata, che attraversa il fascismo e approda all'antifascismo in modo spontaneo, ribellandosi alla violenza e alla negazione di tutti i valori umani da parte del nazifascismo. Questo asse entro cui si colloca lo «sguardo» di Rossellini è lo stesso verso cui converge e si riconosce la presenza della cultura cattolica in campo neorealista al suo livello piú alto. L'opera di Rossellini aiuta a capire come la cultura cattolica non sia un fatto marginale o un epifenomeno rispetto al cuore della cultura neorealista, ma ne costituisca un elemento formante, una componente necessaria e presente in percentuale piú alta di quanto non si fosse molto a lungo ipotizzato.

Quanto alla specificità di questo sguardo, va detto che il regista sposta tutta la sua azione e la sua energia verso il momento finale della ripresa, cercando di ridurre le fasi di elaborazione del soggetto, della sceneggiatura e della costruzione dei personaggi. Il momento della massima creatività e di «verità» è cercato nell'incontro della macchina da presa con la realtà, che entra come materia viva a formare l'immagine. Cosí, anche le fasi di selezione delle inquadrature e di combinazione per il montaggio risultano, almeno per i primi film, assai poco importanti, quasi si intendesse negare tutto l'apparato che nel cinema esalta il momento della finzione e dello spettacolo e sostituirlo con quello della scoperta della verità implicita nelle cose. Tuttavia il sistema stilistico evolve[27]: il mito del rapporto ingenuo e diretto tra cinema e mondo lascia il posto, già alla fine degli anni quaranta, a un rapporto piú sofisticato tra gli elementi, alla valorizzazione di aspetti inediti, al tentativo di sperimentare nuove strade, deludere attese, esplorare, in direzione ora psicologica ora mistica, il senso di presenze e di realtà al di là dei fatti fenomenici.

Il processo formante di Visconti segue un itinerario ben diverso: in lui la distanza tra il momento dell'«inventio» o idea iniziale e quello conclusivo è molto ampia e si potrebbe paragonare – fatte salve le ovvie differenze – a quella di pochissimi altri registi contemporanei (da Erich von Stroheim, a Josef von Sternberg, a Orson Welles, a Joseph Losey)[28]. Tutto il materiale destinato all'immagine è sottoposto a un preventivo processo di selezione ed entra con funzioni di necessità assoluta. In Visconti la comprensione delle scelte, delle inclusioni ed esclusioni, degli atti formanti è fondamentale lungo tutti i momenti del lavoro e lo è soprattutto nella *Terra trema*, dove il rapporto coi pescatori siciliani è frutto del processo di accostamento forse piú lungo e complesso di tutta la sua carriera[29].

L'immagine viscontiana è il prodotto di una selezione e accumulazione di segni che, al di là della loro individualità, si dispongono in insiemi significanti omogenei. Ogni immagine, prima di entrare in un rapporto sintattico nella scena e nella sequenza, appare come un universo di rapporti intenzionalmente predisposti. Si può subito rilevare la sproporzione tra quantità di segni di ogni singola unità significante e il loro potere informativo. Ogni film presenta serie di oggetti combinati in modo da produrre messaggi omogenei: questo fatto si giustifica per la lunga fase di elaborazione che unisce il momento della sceneggiatura con quello della ripresa. Il processo di visualizzazione del discorso verbale e quindi il parallelismo e la cosciente «traduzione» di segni verbali in segni audiovisivi è evidente: gli oggetti che entrano nell'immagine sono il contesto letterario che dilata e fissa il senso della parola scritta. La parola, universo di segni, già in partenza tende a espandersi nelle immagini, secondo il massimo di pertinenza, la molteplicità delle sue connotazioni. La sceneggiatura è molto precisa in questo senso e descrive ogni elemento destinato alla scena.

All'interno della partitura narrativa la disposizione dell'azione coordina i dati in modo che i dialoghi restino come termini invarianti e le indicazioni di regia e di situazione diventino il contesto visivo-spazio-temporale dell'azione stessa.

Fin dal primo confronto dei materiali della sceneggiatura con quelli dell'opera cinematografica si vede come la conversione di segni verbali in segni visivi tenda a eliminare ogni margine di imprevisto, facendo in modo che ogni segno di partenza sia accolto nella visualizzazione finale. Il regista fa affiorare dal tessuto complessivo della sua opera temi e forme come segni evidenti di una perfetta concatenazione della microstruttura con l'insieme, in una ricerca teleologica proiettata a cogliere il punto d'incontro perfetto tra una propria verità personale, un proprio mondo e le radici storico-culturali di questo mondo. Per far questo Visconti parte da lontano e segue un itinerario tutt'altro che lineare: come già aveva fatto Wagner con la poesia epico-cavalleresca e Thomas Mann con la Bibbia, egli parte dal presente per una ricerca all'indietro dei propri contenuti[30].

Della specificità del suo lavoro sull'immagine va messa in rilievo la creazione di un lessico figurativo come definizione di una serie di possibilità sinonimiche, in ognuna delle quali alcuni tratti risultino piú marcati rispetto ad altri. Visconti non solo riprende piú volte la stessa scena, ma, da un certo momento, la riprende nello stesso tempo e da piú punti di vista, in modo da poter disporre, per la fase finale del montaggio, di una serie di «varianti» lessicali e semantiche anche minime. Il procedimento, presente fin da *Ossessione*, si dilata e arricchisce nel corso degli anni cinquanta. Visconti non opera sostituzioni metaforiche, in quanto per lui il luogo dell'azione è sempre presente e può produrre al massimo dei valori simbolici. Lo spazio che il suo sguardo fissa è il luogo della presenza multipla di forme e segni accordati a un medesimo ritmo compositivo e concorrenti alla produzione di un significato omogeneo e ricco di valenze.

La poetica viscontiana – già formulata nei primi anni quaranta – e la pratica registica di teatro e cinema, viste nella loro integrazione e non come momenti separati e indipendenti, si sviluppano aspirando a un massimo di inclusività, guardando soprattutto alla letteratura e cultura ottocentesche, come grande punto di riferimento[31]. Il regista ideologicamente piú avanzato della pattuglia neorealista si serve, in fondo, dei moduli stilistici e narrativi piú tradizionali[32].

Rispetto a Visconti, Giuseppe De Santis è interessato in egual misura sia al momento di produzione del messaggio che a quello del coinvolgimento del destinatario: lo sguardo del pubblico è, in un certo senso, una funzione primaria della sua poetica: «Sull'onda della liberazione – ha notato Spinazzola – De Santis cercava di costruire un cinema per il popolo che avesse come protagonisti figure di reduci, mondine, contadini uniti in cooperative e fosse capace di appassionare alle storie avventurose quelle stesse platee popolari che nel frattempo disertavano le proiezioni di *Germania anno zero* e *Umberto D.*, per accorrere in folla ad assistere ai film di Matarazzo o di Carmine Gallone»[33].

Rispetto a Rossellini e De Sica, che vedo collocati simmetricamente ai lati opposti del quadrilatero, De Santis, non a caso stretto collaboratore del primo Visconti, occupa una posizione simmetrica lungo lo stesso asse. Anche lui è per una rigorosa organizzazione e ottimalizzazione dei momenti del processo realizzativo. Come Visconti è attirato dai motivi del melodramma, anche se sa mescolarli in modo piú libero con altre forme della cultura di massa, quali il foto e il cineromanzo.

Cerca di adattare strutture assai semplificate (in genere usate dalle pratiche basse dei messaggi piú conservatori) a una
ideologia progressista. Se da una parte egli guarda, come molti
altri intellettuali comunisti di quegli anni, al realismo socialista, dall'altra c'è una eterogenea combinazione di materiali il
cui collante è ancora del tipo idealistico: «La mia posizione sul
realismo – dichiara nel 1947 – implica una trasfigurazione della realtà. L'arte non è riproduzione di semplici documenti. Ac-
contentandoci di piazzare la macchina da presa nelle strade o
fra i muri non si può pervenire che a un realismo del tutto
esteriore. Secondo me il realismo non esclude affatto una finzione né tutti i mezzi classicamente cinematografici».

I suoi temi De Santis li pesca nella cultura contadina, combinandoli in varia misura con la letteratura, il cinema e le arti
figurative, spesso senza che si verifichi una perfetta miscelazio-
ne di tutti gli ingredienti. De Santis ha preso contatto con la
realtà materiale del cinema, come abbiamo visto nel secondo
volume, attraverso la lezione di Barbaro, la pratica critica sulla
rivista *Cinema*, le sceneggiature e il lavoro a fianco di Visconti, le esperienze dei cineclub. Dei quattro registi di cui ci occupiamo è quello che possiede una maggiore cultura cinematografica, intesa anche come patrimonio di forme lessicali, sintattiche e iconografiche e come competenza visiva[34]. E questa
cultura è avvertibile fin dalle prime inquadrature di *Caccia tragica*, cosí come si sente nel suo lavoro in tutte le fasi realizzative del film. De Santis non intende azzerare il linguaggio cinematografico: semmai esplorarne ulteriori possibilità combina-
torie, puntando a modificare il segno ideologico dei moduli
del cinema americano.

In modo piú aggressivo di Visconti egli fa sentire la macchina da presa e la sua presenza di autore, muovendo subito lo
sguardo mediante ampie panoramiche e carrellate, dislocando
il punto di vista rispetto all'asse orizzontale, avvicinandolo e
allontanandolo e ricorrendo a una dialettica costante tra campi
totali e primi piani.

Per primo De Santis si serve della tecnologia cinematografica per allinearsi alla contemporanea ricerca figurativa e pittorica, proiettata alla riscoperta e rappresentazione del mondo contadino; per primo fa entrare nel suo cinema forme di sapere e di memoria orale, pescate nel proprio vissuto individuale e rappresentate nella loro ricchezza di manifestazioni. Il sapere contadino, la memoria di gesti e tradizioni di un mondo che si sta trasformando sono da lui osservati senza nostalgia, per accoglierne piuttosto i messaggi vitali e vederne la possibilità di costruire la materia fondante dell'immaginario popolare socialista.

Su una civiltà contadina, fondata su eventi ripetuti e sempre eguali, l'introduzione di corpi estranei e provenienti da civiltà differenti (come in *Riso amaro* il chewing-gum, o il boogie-woogie) ha un effetto dirompente in quanto innesca reazioni a catena incontrollabili. Usando schemi melodrammatici De Santis si ripropone di raccontare, all'interno di una trasformazione della civiltà contadina, il ruolo innovativo esercitato ad esempio dai mass-media.

Per raggiungere il suo scopo, egli usa immagini che sono il prodotto compositivo di codici molto convenzionali e già assimilati nel sistema, rifunzionalizzati da una diversa distribuzione degli elementi. I gesti, i rapporti spaziali, l'uso dei corpi come materiale plastico presuppongono codici e segni di ampia circolazione e immediata decifrabilità. I gesti, ad esempio, sostituiscono il parlato, diventando un autonomo sistema significante. Il corpo femminile, con la sua carica vitale, che sprigiona ad ogni minimo movimento, offre, a sua volta, un sistema di significazione molto compatto. De Santis costruisce il suo discorso per accumulazione, puntando a ricomporre una realtà parcellizzata e ad abbracciarla in un unico sguardo finale, che innesti le funzioni valutative e conoscitive spesso mancanti lungo l'arco del racconto.

Al quarto vertice del quadrilatero si collocano non una, ma due figure, assai spesso unite da un perfetto rapporto simbiotico: Cesare Zavattini e Vittorio De Sica. Rispetto alle altre personalità di cui abbiamo parlato, questa coppia si fa portatrice di un'idea di cinema che, per via di inclusioni successive, viene, poco per volta, identificata col neorealismo tout court.

Il momento di trapasso e di salto di qualità avviene con *Sciuscià*, anche se la collaborazione è già passata attraverso esperienze precedenti ben note. Proprio da questa collaborazione possiamo capire come nel sistema in tensione vengano a coesistere elementi innovativi, conservazione di forme e princípi anteriori. L'uso della macchina da presa, il montaggio, la costruzione dell'immagine, la grammatica e la sintassi sembrano ereditate dalla commedia cameriniana o dal cinema dei primi anni quaranta. L'innovazione riguarda la struttura narrativa che, poco per volta e in misura assai piú netta rispetto a Rossellini (che, col passare degli anni, torna al racconto), tende a rifiutare la costruzione dell'intreccio, a valorizzare i tempi morti, e a inserire in una dimensione epicizzante anche la piú comune e normale serie di gesti quotidiani. Pur facendo della sua presenza un elemento indispensabile, Zavattini teorizza la necessità di scomparsa dello sceneggiatore e la creazione dell'autore unico del film, responsabile in toto di tutte le fasi creative dal soggetto iniziale alla regia[35]. È questo un punto della poetica neorealista di vasta produttività, destinato a non realizzarsi nell'immediato e ad agire su tempi lunghi, come per Rossellini, in una prospettiva e verso orizzonti ben piú ampi di quelli nazionali.

La novità dello sguardo e della conoscenza di Zavattini-De Sica fa sentire lungo tutto l'arco della loro collaborazione il rapporto relazionale del singolo protagonista con la storia collettiva. Le tecniche del «pedinamento», nelle ipotesi zavattiniane, non si riducono alla meccanica registrazione dell'esistente, in quanto vogliono far nascere e progredire la conoscenza di migliaia e milioni di universi sconosciuti, eppure a portata di mano. Cinema rigorosamente antropocentrico quello sviluppato da Zavattini e De Sica, che mette in contatto forme del fantastico e dell'immaginario di una cultura che risente di echi surrealisti, con l'esigenza di fondare un'idea di cinema aperto a documentare e raccogliere una testimonianza su ciò che esiste nella realtà o sulle realtà del desiderio (dal cavallo di *Sciuscià* al mondo verso cui volano i barboni di *Miracolo a Milano*, dove «buongiorno voglia dire veramente buongiorno»).

Zavattini, come il pifferaio di Hameln, cerca di far muovere sulla sua scia tante forze del cinema italiano spinte da intenti comuni ed è al vertice del suo angolo che si irradiano in numero maggiore messaggi verso tutte le direzioni. Egli prevede che in ogni momento, partendo dalla piú semplice realtà microcellulare, si possano raggiungere e scoprire universi infiniti di racconto; e questi universi accolgano e consentano un riappaesamento per tutti i neorealisti: «Partiamo tutti insieme per esempio – propone ancora nel 1954 – accordandoci sulle esigenze fondamentali del neorealismo, mettiamo "Vista di un paesucolo". Partiamo in venti, tutti insieme, ma dopo il primo metro anche prima, ciascuno prende la direzione che crede e che può e ciascuno penetrerà la vita del paesucolo a seconda della forza dei suoi occhi e delle sue orecchie... la partenza è comune, ma non si pongono limiti al neorealista, se non quelli che non deve appartarsi di fronte alla realtà»[36].

Correlando ora queste voci e questi sguardi, che occupano il centro del campo e sono un punto costante di riferimento e di smistamento con il gioco di squadra, e riassumendo quanto finora osservato, si può parlare di presupposti e di temi comuni e di varianti tattiche e strategiche individualizzate. Di una dinamica iniziale unitaria e di una serie di aperture differenti. Il riconoscere e riaffermare l'esistenza di questi presupposti comuni non contraddice la constatazione delle azioni individuali su linee parallele, o che si aprono poco per volta, a ventaglio[37].

I dati e gli elementi costitutivi possono dunque considerarsi i seguenti:

1) Un tentativo di controllo materiale del film e di invenzione di tutte le condizioni produttive – addirittura giorno per giorno – capace di rendere il piú possibile diretta sia la scrittura cinematografica che la comunicazione tra opera e spettatore. Nel momento in cui vengono a mancare i processi di finzione e di mediazione tra il lavoro della macchina da presa e la

realtà, è la realtà stessa a riaffermare potenzialmente il proprio potere sull'immagine.

2) Rientra nel campo visivo della macchina da presa tutto ciò che il fascismo aveva tentato di occultare.

3) Sono promossi a soggetti centrali della narrazione personaggi e ambienti finora esclusi dalla scena cinematografica.

4) Si rinuncia in parte alle regole della sintassi narrativa tradizionale e si lascia che la narrazione proceda per via di una drammaticità naturale, altamente probabile e verisimile, e d'altra parte ci si richiama alla tradizione narrativa del romanzo ottocentesco, senza voler del tutto recidere il cordone ombelicale con questa tradizione («La *trasgressione neorealista* non elimina completamente la *norma*, ma le si oppone all'interno di una coesistenza irrisolta»[38], è stato giustamente osservato).

5) Si stabilisce una comunicazione diretta e interpersonale tra i protagonisti e il pubblico, sia descrivendo situazioni comuni, sia ricorrendo a moduli linguistici e gestuali iscritti nel piú corrente sistema di comunicazione.

6) Si ritrova un rapporto visivo con la realtà, di pieno rispetto per ambienti, cose e personaggi: al centro della visione non ci sono piú personaggi convenzionali, ma, in molti casi, sono le cose stesse, gli ambienti tradizionalmente facenti parte dello sfondo, a essere promossi a testimoni, protagonisti di storia, soggetti della narrazione. Non esiste piú sfondo: tutto ciò che entra nell'immagine è in grado di raccontare e di trasmettere una quantità di informazioni impensabile nella produzione cinematografica precedente.

7) Ci si fa interpreti della nascita di un italiano nuovo, prodotto di molte contraddizioni, senza verità o certezze, che guarda al futuro in modo tutt'altro che sicuro, e che per il momento ha saputo riscattarsi dalla sua adesione al fascismo attraverso la sofferenza della guerra.

8) Non si vuole, in fondo, offrire alcun messaggio troppo facile né servirsi del cinema per saldare immediatamente i conti col passato (solo in un secondo tempo si comincia ad assoggettare il materiale visivo a un messaggio precostituito). Ci si

rende conto che il discorso sul fascismo è tutt'altro che semplice e si decide, almeno per il momento, di accantonarlo, nel quadro della politica di pacificazione nazionale perseguita da tutte le forze del Comitato di liberazione nazionale.

Le immagini del cinema del dopoguerra, parlo di quelle di registrazione a caldo, pur nella loro carica di denuncia, scelgono la strada non della rappresentazione mostruosa, teratologica, della guerra, del fascismo, del nazismo, quanto una rappresentazione in cui il sacrificio possa essere interpretato con un ruolo catartico.

Gli orizzonti ideologici e culturali del primo neorealismo sono limitati; predominano le componenti umanistiche rispetto a quelle piú propriamente politiche: i punti di forza però sono costituiti da opere con un tale coefficiente di comunicabilità e rappresentatività storica da rendere puramente strumentale ogni obiezione o processo a posteriori su questi limiti.

Non è vero, come è stato detto, che il neorealismo sia in ritardo sul resto della cultura europea. In realtà è vero il contrario: il neorealismo crea un nuovo tempo per il cinema di tutto il mondo, crea un nuovo lessico visivo, una nuova metrica, una nuova ritmica, una nuova sintassi[39]. Il neorealismo copre di colpo questo ritardo, grazie ai pochi esempi alti (cinematografici, prima che letterari o pittorici) che lo costituiranno ufficialmente come scuola. E non solo copre, ma anche supera, per la sua portata storica, per la caratterizzazione espressiva, per la modificazione profonda del modo di fare cinema, per l'influenza di lungo periodo, per la portata dei suoi messaggi, l'orizzonte tematico e ideologico nazionale tutto sommato abbastanza provinciale. In effetti non c'è alcun altro momento della cultura e dell'arte italiana del novecento (neppure quello del futurismo) che abbia agito da modificatore di un sistema su scala mondiale con un'eguale gittata ed un'eguale durata. Grazie all'allargamento della nostra capacità di osservare la storia del cinema nella sua complessità di interazioni internazionali, in questo momento il fenomeno neorealista continua a interessare per la sua capacità di regolare il tempo del cinema mondiale sul meridiano che per alcuni anni passa per Roma.

Lo sviluppo del sistema espressivo, le sue acquisizioni piú alte non dipendono necessariamente dagli scarti effettuati in direzione delle avanguardie. Vi sono momenti in cui, pur rimanendo entro i comuni binari, vengono attivate nuove funzioni e le forme piú usate, le parole piú ovvie e banali acquistano nuove profondità di senso, scoprono nuovi orizzonti, permettono al parlante di riconsiderarne il valore e la dignità.

Partendo quasi sempre dai princípi piú semplici della comunicazione (la forma del dialogo io-tu), il cinema neorealista consente all'Italia, piú di qualsiasi azione diplomatica e politica, di riprendere, non da paese vinto e subalterno, un dialogo con il resto del mondo, presentandosi con tutte le carte in regola a favore del riscatto del suo popolo.

3. Uno spazio sconvolto

La macchina da presa si ritrova al centro di uno spazio sconvolto, in cui sono stati distrutti tutti i rapporti e dove *le unità di misura sono date dalle macerie*: si tratta di muoversi lungo questo spazio, di ricomporlo con la stessa «pietas» con cui si ricompongono i corpi dilaniati dalla guerra, di ridefinirne tutte le dimensioni, di abbracciarne la totalità e salvarne ancora il senso di vitalità palpitante. Ogni minimo frammento di realtà che entra nel campo dello sguardo ritrova la sua capacità di produzione simbolica e metaforica, riacquista immediata rappresentatività della realtà complessiva.

Ricomporre lo spazio per il neorealismo significa, prima di tutto, far parlare le cose ma anche percepire, allo stato nascente, rapporti di solidarietà e immediata comprensione umana che si consideravano perduti: le relazioni interindividuali diventano nuovamente possibili su basi orizzontali e non gerarchiche o di classe.

La riscoperta della dimensione quotidiana esige, pertanto,

un rapporto normalizzato tra macchina da presa e spazio circostante e programmatica rinuncia, da parte del regista, a marcare, in modo netto, la sua presenza. Lo spazio del neorealismo è uno spazio pubblico, in cui accadono e si possono riconoscere i drammi di tutti e dove non esiste piú un occhio privilegiato che assoggetti tutti gli elementi della realtà a un programma visivo precostituito.

Il formato dello schermo esalta la ricerca di una nuova prospettiva, in cui uomini e cose ritrovino un rapporto razionale, e la direzione della dolente ripresa del cammino (dei ragazzi in *Roma città aperta*) non sia ancora verso una linea di fuga, ma verso un orizzonte nuovamente umanizzato. Nel cinema di Rossellini si coglie soprattutto questa ricerca programmatica di una nuova armonia entro lo spazio storico: se, a distanza di pochi anni dalla fine della guerra, il suicidio di Edmund in *Germania anno zero* vuole significare denuncia del fallimento di questa speranza, constatazione che i danni prodotti dal conflitto mondiale hanno sconvolto talmente i rapporti da non poter piú scorgere alcuna luce di speranza nel futuro, il messaggio di *Francesco giullare di Dio* sembra essere una risposta immediata e positiva al pessimismo del film precedente.

Nel giro di pochi anni, comunque, il sistema visivo e la spinta ideologica che aveva tentato di ricomporne le coordinate vengono rimessi in discussione.

Al momento della ripresa, i registi intendono portare la loro scrittura visiva al «livello zero» e rinunciare a ogni ambizione di canto e di sovrapposizione della loro voce («E come potevamo noi cantare» scriveva nello stesso periodo Salvatore Quasimodo), per far passare spontaneamente il reale, in tutta la sua varietà di manifestazioni, davanti al loro sguardo, con tutti i segni della storia profondamente impressi nei volti, nei gesti e sulle cose. Nel giro di breve tempo però la diaspora ideologica mette in crisi anche la capacità di guardare alla realtà con quella verginità e disponibilità di cui si è detto.

La ricomparsa del protagonista, la costruzione della storia, fa sí che, assai rapidamente, lo spazio si torni a misurare a partire dai personaggi di finzione. Visconti, De Santis, Germi, Lattuada, Camerini, De Sica, Castellani e lo stesso Rossellini affidano di nuovo un ruolo marcato ai protagonisti e, in misura sempre piú avvertibile, cominciano ad alterare il senso di proporzioni e di armonia ricercati inizialmente. Poco per volta uomini e cose non fanno piú parte dello stesso spazio umanizzato: sono messi in tensione contrastiva e lo spazio, nella sua doppia accezione di natura e di società, diventa sempre piú forza antagonista. La macchina da presa abbandona la sua relazione orizzontale con gli oggetti e la sua dislocazione, il moltiplicarsi dei punti di vista, il caricare il reale di connotazioni simboliche, accresce il senso di un giudizio sempre piú netto, che restituisce al regista la sua presenza ordinatrice dei segni e del senso.

Soldati delle *Miserie di Monsú Travet*, Lattuada del *Delitto di Giovanni Episcopo*, De Santis di *Caccia tragica* e *Riso amaro* puntano su un massimo di intensificazione espressiva dell'ambiente per sottolineare, in modo quasi deterministico, il comportamento dei personaggi.

Il personaggio, sia che si muova entro le convenzioni scenografiche, di tipo teatrale, sia che venga collocato al centro di una realtà autentica, sia che si trovi al punto d'incrocio tra due sistemi ormai convenzionalizzati (come nei film di Matarazzo), è rappresentato in modo da far corpo con le cose che lo circondano e la definizione spaziale è, al tempo stesso, morale, sociale e ideologica. Eppure, anche in questo senso, l'ipotesi comune trova poi usi linguistici e ideologici differenziati.

Poco alla volta muta la capacità di percezione spaziale della città; dalle piazze o dai quartieri centrali si passa alle periferie: lo spazio topologico subisce una espansione progressiva e il cinema riesce a misurare la crescita a vista delle periferie urbane[40].

Poco per volta, in maniera quasi inavvertibile, passando attraverso varie fasi contraddittorie e drammatiche, avviene una divaricazione del testo rispetto al contesto e una divaricazione, all'interno del testo stesso, tra intreccio e sfondo. Tutto ciò che all'inizio sembrava sovrapporsi, in maniera perfettamente congruente, riacquista il senso della distanza, dell'estraneità. Testo e contesto – grazie all'evoluzione tecnologica e al miglioramento dello standard industriale – vengono riproposti recuperando i valori e le funzioni specifiche dello spettacolo. Lo sfondo riacquista il suo valore scenografico e l'intreccio si richiama in modo piú generalizzato e continuo ai modelli narrativi, teatrali e cinematografici. Il sistema risulta piú strettamente interrelato da nuove funzioni espressive e da un piú alto senso dei procedimenti linguistici e spettacolari, dalla valorizzazione di tutte le fasi di costruzione del film, ma anche sganciato dalle determinazioni storiche del contesto. Si riconquista il pubblico perché si alza nuovamente lo schermo e si riporta lo spettatore al suo posto naturale, in platea.

L'arricchimento tecnologico e delle funzioni spettacolari, delle funzioni dello schermo, va a spese di un impoverimento del potere dello sguardo di spingersi oltre le semplici apparenze e le convenzioni e della sua capacità di scoprire nessi di causalità e di specularità tra il reale rappresentato sullo schermo e il reale vissuto dallo spettatore.

Vengono emergendo, assieme alle proprietà specifiche del mondo di ogni autore, linee di divaricazione visiva del tutto omologhe alla frantumazione ideologica che si attua in modo progressivo. Da una parte le cause sono da ricercare nel prevalere delle esigenze individuali, dall'altra nell'aumentata pressione di forze esterne, che restringe quasi a imbuto il percorso visivo. Dal punto di vista del senso i film dell'immediato dopoguerra si caratterizzano sí per la loro «indeterminatezza» ideologica, ma anche per l'invito al destinatario a saper guardare in avanti, oltre la semplice informazione offerta dal testo. Pur non offrendo risposte, risultano carichi di interrogativi, di spinte interne, di bisogno di rinnovamento, di speranza: partecipano, nella misura in cui possono e in rapporto alle capacità ideologiche degli autori, all'ideologia della ricostruzione. Sono il contributo spontaneo di compagni di strada, che si sforzano di documentare l'esistente e di spingere anche il proprio sguardo verso i mondi possibili del futuro. Quanto piú questa tensione proiettiva comincia a essere frenata dalla constatazione che la realtà è destinata a mutare radicalmente, ma riproponendo gli stessi vizi e mali del passato, tanto piú si spezza il fronte unitario e si accentua il senso di inarrestabile diaspora ideologica ed espressiva.

Il lavoro critico e teorico

1. Ripartire dalle basi

«Il 12 novembre 1944, da un campo d'internamento nazista, Casiraghi mi scriveva: "Ho provato a rileggere oggi il *Duvivier, Interpretazioni di Rebecca*, dopo tanto tempo, ma è materia ferma, passata, non suscettibile di sviluppo. Sono frasi cristallizzate. Pare impossibile cambiare una virgola. Irrimediabilmente legate a un tempo che non può tornare"»[1]. Con queste parole inizia l'introduzione di Glauco Viazzi a *Umanità di Stroheim* di Ugo Casiraghi. Il libro, che inaugura un ambizioso progetto di biblioteca cinematografica della casa milanese Il Poligono[2], porta la data del 16 giugno 1945. L'autore, liberato da poco dal lager nazista di Wietzendorf, non è ancora rientrato in Italia; durante i diciotto mesi di prigionia ha mantenuto una corrispondenza continua con l'amico Viazzi, pensando al lavoro del dopoguerra e trovando nell'amore per il cinema una delle ragioni non secondarie di sopravvivenza.

Anche a voler soltanto tracciare, a grandi linee, lo sviluppo della critica nel dopoguerra non credo si possa dimenticare la componente della passione, già osservata del resto a piú riprese, che ha unito, sorretto e guidato un largo fronte di intellettuali, portando non pochi correttivi al progressivo irrigidimento delle categorie estetiche e delle posizioni ideologiche.

Senza voler disperdere il patrimonio acquisito, i critici piú giovani lo rimettono in gioco, sforzandosi di dilatare – in senso spazio-temporale – le coordinate del proprio sguardo. Formatasi al Centro sperimentale, nella redazione e nei paraggi della rivista *Cinema*, nelle riviste dei Guf, o nel lavoro di routine dei giornali di provincia[3], un'intera generazione di critici raggiunge un'identità collettiva grazie all'estendersi di una fitta rete di relazioni e scambi[4] e ad un programma comune di letture ed esperienze culturali.

Il retroterra di formazione idealistica si assimila alle teorie e poetiche dei registi sovietici: la generazione che usa come «livres de chevet» i saggi di Pudovkin ed Ejzenštejn e gli scritti di Barbaro e Chiarini compie un percorso culturale piú ampio e complesso di quello degli intellettuali operanti in altri settori. Dall'acculturazione teorica si passa alla trasformazione del lavoro critico in prassi registica, secondo un programma ben visibile.

La guerra modifica il processo e attiva nuove regole: mentre per anni si cerca di giungere alla coscienza dell'autonomia del linguaggio cinematografico, nel dopoguerra le ipotesi sono rovesciate. L'obiettivo piú importante diventa quello dell'integrazione del fenomeno cinematografico in un quadro piú vasto di relazioni estetiche e culturali. L'acculturazione coinvolge un confronto continuo e serrato con i risultati raggiunti in ambito letterario, artistico, filosofico.

Tra il 1944-45 le energie bloccate e accumulate quasi per implosione tornano a circolare – sia pure in modo confuso – e ad espandersi in piú direzioni. La prima parola d'ordine è promuovere forme diffuse e popolari di sapere cinematografico. Nel giro d'un paio d'anni nascono trentun riviste di cinema[5] e, solo nel 1945, si registra la pubblicazione di sedici monografie di vario livello[6].

Un ulteriore salto di qualità si registra dopo il 1948, quando l'editoria cinematografica riceve una spinta meno improvvisata da una critica che si riconosce nella battaglia per il neorealismo e intende contribuire alla diffusione di una piú matura coscienza cinematografica. Da questo momento si moltiplicano le iniziative editoriali per la traduzione e pubblicazione di tutti i classici di teoria e di storia del cinema, indispensabili nella biblioteca del nuovo spettatore ideale a cui ci si intende rivolgere.

L'antologia curata da Guido Aristarco, *L'arte del film*, nel 1950, e, a breve distanza, la pubblicazione della *Storia delle teoriche del film*[7] imprimono una spinta decisiva all'esigenza di conoscere le opere di teorici rappresentativi di varie scuole e tendenze[8]. Nel 1947 si ristampa *l'Attore nel film* di Vsevolod Pudovkin[9] e poi, con regolarità, si traducono, antologizzano e pubblicano testi di Ejzenštejn, Sadoul, Grierson, Lawson, Balázs, Jacobs, Kracauer, Eisner, Mercillon, Stanislavskij, Bächlin, ecc.[10]. Nessuna di queste opere trova una immediata utilizzazione in appoggio al cinema italiano e, nella maggior parte, questi testi hanno una relativa incidenza sul piano teorico, legati come sono al dibattito sviluppatosi a cavallo dell'invenzione del sonoro. Gli scritti di Ejzenštejn, Balázs, Pudovkin fanno ormai parte di una memoria e di un modello di cinema che il neorealismo si è lasciato alle spalle e non offrono risposte agli interrogativi del presente. Piuttosto si assumono come pilastri e strutture fondanti di una nuova civiltà cinematografica da edificare.

In pratica non esiste piú un luogo privilegiato di produzione di cultura cinematografica: a Milano, Torino, Firenze, Venezia, Trieste, Parma si pubblicano libri e riviste di cinema e, attorno ad alcune di queste iniziative editoriali, si formano nuovi gruppi di critici, in grado di elaborare ipotesi e progetti differenti e complementari. Come si è già visto, in quegli anni il cinema costituisce solo un momento di una piú vasta dinamica culturale[11].

Lo scollamento tra critica e pratica registica è un primo momento di novità: la critica accoglie tiepidamente *Roma città aperta* e dedica ampio spazio al dibattito sulla «terza via», che il cinema sonoro starebbe percorrendo proprio in quel periodo[12]. Gli esempi di questa nuova via verrebbero da tre film giunti proprio nel 1945 in Italia: *Ivan il terribile* di Sergej Ejzenštejn, *Amanti perduti* di Marcel Carné e *Enrico V* di Laurence Olivier.

Privi delle guide teoriche che avevano contribuito in passato a formare le competenze di base, critici dell'intelligenza di Glauco Viazzi, Antonio Pietrangeli, Gianni Puccini[13] si trovano a battere il sentiero della «terza via», che parrebbe portare all'emancipazione dallo stato d'inferiorità del cinema dalla letteratura e dal teatro, senza quasi accorgersi della grande strada che passa sotto il portone di casa. Quella trama e quei fili di cui si è parlato sono ancora spezzati e non si può ricucirli a caldo sull'opera di Rossellini. Sarà indispensabile un certo periodo di decantazione perché ciò possa avvenire.

Né diverse prospettive schiude, a un paio d'anni di distanza, il pur importante saggio di Umberto Barbaro, che inaugura la nuova serie di *Bianco e Nero*, ancora profondamente legata al discorso teorico degli anni trenta[14]. Eppure, nello stesso numero, Barbaro avverte la frattura e il ritardo della critica cinematografica rispetto agli esiti registici[15]. Questa pausa, o fase «riflessiva», conseguente alla ridistribuzione di tutte le forze, rinvia l'aggancio tra critica e lavoro registico e fa muovere i due settori in orbite sfasate e mai del tutto coincidenti.

Oltre che in ritardo l'accettazione del neorealismo non avviene neppure all'unanimità (già nel 1948-49 si levano voci che mettono in dubbio l'omogeneità del fenomeno), pur producendo una convergenza del fuoco critico su obiettivi comuni e una omogeneizzazione linguistica e di metodo d'approccio. Poco dopo inizia, grazie alla diffusione degli scritti di Gramsci, la ricerca di una *via italiana al realismo*: il critico, inoltre, non si accontenta piú del ruolo di mediatore e si dimostra capace di divenire promotore di movimenti di opinione e intervenire anche nei programmi culturali di diverse forze politiche[16].

L'estenuante vita di trincea, il defatigante corpo a corpo per la conquista di obiettivi spesso di importanza strategica non decisiva mostrano come la tattica politico-culturale sia tutt'altro che adeguata ad arginare e controbattere la trasformazione nel mercato delle lettere e delle comunicazioni di massa[17]. In pratica quell'area della critica, che pure esercita un ruolo di forza egemone e trainante, non è dotata di armi, mezzi, conoscenze richieste dal tipo di guerra in atto. Sociologia, psicanalisi, economia, linguistica, antropologia culturale entrano in misura irrilevante nella dotazione di base. Questa critica parte comunque armata di molto coraggio e generosità, nonostante l'equipaggiamento simile a quello del corpo di spedizione alpina nella campagna di Russia. Nel bagaglio non vi sono strumenti idonei alle analisi settoriali del terreno, né mezzi ideologici per un'opportuna protezione dai rigori della guerra fredda. Le stesse lenti, mediante cui il terreno viene pure perlustrato, non paiono di grande profondità focale. Preoccupati piú di verificare se il messaggio di un film corrisponde alle parole d'ordine in loro possesso e di vedere – in molti casi – come vada a finire il film, i critici che hanno imboccato la strada per il realismo si lasciano sfuggire molti fatti culturali che considerano irrilevanti. Questa tendenza teleologica emerge fino verso la metà degli anni cinquanta, diffondendosi e contagiando interi gruppi e portando in secondo piano tutte le voci non allineate lungo questa linea.

L'accentuarsi del tasso di ideologia, l'irrigidirsi della valutazione estetica, il diffondersi del movimento «pro-realismo» fanno sí che si venga perdendo anche un rapporto dialettico rispetto alle forze di produzione culturale e ai processi di trasformazione ideologica e produttiva. Col passare del tempo i bollettini del neorealismo si trasformano in mezzi di occultamento, di rimozione della realtà e su quotidiani e riviste si celebrano processi sommari contro opere e registi, considerando interi gruppi accusati di diserzione come degni del plotone d'esecuzione. Non bastano le inchieste avviate verso la metà degli anni cinquanta sul cinema popolare[18], o sulla crisi del neorealismo, per comprendere la nuova disarticolazione del fenomeno cinematografico in termini di strutture produttive, sociolinguistiche, intermediologiche e di ristrutturazione dell'immaginario collettivo. Come nei due famosi tipi di afasia, magistralmente descritti da Roman Jakobson, quella parte della critica piú prigioniera di un sistema retorico e argomentativo prevedibile in tutti gli sviluppi, basato su moduli ristretti, si muove sull'asse della contiguità e della metonimia, mai su quello della similarità e della metafora[19]. Le opere, i personaggi, le situazioni devono rispondere ai canoni della tipicità, risultare rappresentativi di una realtà, categoria, classe. L'individualismo, l'analisi psicologica, l'allegoria, la dimensione onirica, non hanno diritto di cittadinanza. Date certe premesse, i risultati ottenuti grazie alla generosità e coraggio civile e culturale di molti critici – in un coro, va detto, tutt'altro che omogeneo – si possono però considerare di assoluto rilievo, anche sul piano internazionale. I limiti finora rilevati non ci impediscono di capire come le strade o le mosse possibili per la critica fossero estremamente limitate e che l'aver puntato, da parte di alcuni, tutte le risorse disponibili su un unico «en plein» appare tuttora una macroscopica manifestazione d'amore e di investimento affettivo, difficilmente riscontrabile in misura analoga per tutti gli anni che giungono fino ad oggi.

2. Guide teoriche, progetti, esperienze collettive e pratiche quotidiane

Nel periodo 1945-48 i critici piú giovani, alla ricerca del soddisfacimento di bisogni lungamente repressi, si riossigenano a contatto con un quadro che si ripresenta aperto e tutto da conoscere in senso sincronico e diacronico, latitudinale e longitudinale. Basta rileggere la prefazione di Glauco Viazzi a *Entr'acte* di René Clair, col discorso sulle avanguardie e l'imprevedibile intrecciarsi di riferimenti interdisciplinari, per rendersi conto dell'apertura verso orizzonti finora rimasti praticamente sconosciuti[20]. Purtroppo, proprio sul tema dell'interpretazione ideologica delle avanguardie i critici trovano da subito ostacoli tutt'altro che indifferenti e sono costretti a compiere una rapida azione di ripiegamento[21].

L'esigenza di rinnovamento di una strumentazione critica ormai inservibile si avverte da piú parti: per un certo periodo, però, il lavoro di ricomposizione culturale e metodologica assomiglia molto a una sorta di bricolage estetico-filosofico-ideologico di cui non si possiedono le coordinate, né le regole per tracciare in maniera certa un punto trigonometrico. Oppure il sistema di marcia alterna freno e acceleratore con avanzate imprevedibili e vistosi arretramenti.

Tipico, in questo senso, mi sembra il caso di Umberto Barbaro, che riprende la sua attività di critico quotidianista dell'*Unità* e tenta di mettere in opera strumenti non ortodossi come la psicanalisi, le suggestioni antropologiche o quelle artistiche suggeritegli dall'amicizia con Roberto Longhi, con ampi recuperi delle teorie purovisibiliste da Hildebrand a Wölfflin[22]. Nel giro di poco tempo le esigenze politiche gli impongono però di accantonare determinati strumenti e di servirsi di altri, assai piú pungenti ed efficaci sul piano dello scontro e della polemica frontale, assai meno su quello della costruzione di un nuovo progetto di respiro piú ampio. Per la sua rappresentatività, per la sua sferzante vis polemica, per il vero e proprio accecamento critico nei confronti di alcuni oggetti d'amore (non pochi film sovietici anche del dopoguerra) Barbaro verrà assumendo il ruolo di responsabile di non pochi mali della critica di sinistra del dopoguerra. Per molti anni ha combattuto molte battaglie colpendo di punta e di taglio quasi fosse affetto dalla sindrome di Orlando a Roncisvalle. Purtroppo la violenza della battaglia gli ha annebbiato il giudizio critico in svariate occasioni.

Il programma di apertura e sintesi ecumenica di culture (dal marxismo alla psicanalisi, al positivismo e all'esistenzialismo) che troviamo nel *Politecnico* è ignorato dalla critica cinematografica, o destinato a rimanere ai margini di un dibattito che, in sostanza, si muove lungo un asse Croce-Gramsci-Lukács[23].

Del resto neppure l'acquisizione della lezione gramsciana prima e di quella lukácsiana poi, pur contribuendo ad allargare e rinnovare gli strumenti, produce una rivoluzione nelle pratiche di analisi legate alla lezione idealistica. Ha, in effetti, buon gioco Galvano della Volpe quando sostiene, nel 1954, che «chi volesse fare il punto, come si dice, della complessiva situazione della coscienza estetica marxista attuale in Italia e fuori dovrebbe imparzialmente concludere che questa coscienza si trova ancora in una fase laboriosa di ricerca e ancor lontana da una sistemazione teorica vera e propria»[24]. In questo momento ci si rende conto che la notevole spinta del pensiero gramsciano non ha prodotto un rinnovamento profondo in una critica ancora in gran parte figlia legittima dell'idealismo. Né tanto meno è riuscito in tal senso – per della Volpe – il pensiero di Lukács, anche se la sua mancata penetrazione – secondo Franco Fortini – fu un'occasione perduta per il marxismo italiano[25].

Volendosi servire dell'affermazione dellavolpiana come autorevole pezza d'appoggio, per un bilancio anticipato sulla produzione teorica cinematografica di quegli anni, non si può non riconoscerne la modestia dei risultati. Alle voci di esponenti della vecchia generazione come Barbaro e Chiarini, e in parte anche Ragghianti, maestri e padri piú o meno riconosciuti di gran parte della nuova critica, si affiancano, con ruolo di protagonisti, Guido Aristarco e, con una funzione diversa, Galvano della Volpe[26]. Alle loro spalle si dispone un coro con molte voci degne di essere riconsiderate separatamente. Per alcuni anni, rispetto a tutto l'insieme dell'orchestrazione di strumenti spesso dissonanti, soprattutto Aristarco viene a esercitare, in base a una naturale legge di ricambio generazionale, il ruolo di direttore d'orchestra e di leader culturale capace di promuovere vasti movimenti d'opinione attorno ad alcuni motivi dominanti piú volte eseguiti e variati.

A favorire la ripresa della considerazione per la teoria ed estetica del cinema giunge, nel 1948, una lettera di Croce a *Bianco e Nero*: piú che inserirsi nel dibattito iniziato da due interventi successivi di Chiarini e Ragghianti[27], lo scritto pare il suggello di un processo critico giunto alla sua fase terminale e la risposta, con tredici anni di ritardo, all'intervento gentiliano in *Cinematografo* di Chiarini.

In poche righe Croce sistema i problemi della distinzione tra le arti («le distinzioni... non valgono di fronte alla semplice realtà che ogni opera d'arte ha la sua propria fisionomia e tutte la stessa natura»), quello della traduzione intersemiotica, e conclude affermando che «la diffidenza degli uomini di cultura per il cinema è dovuta al prevalere dei pervertimenti che l'intervento degli interessi industriali favorisce per soddisfare le richieste extraestetiche del pubblico»[28].

Con il saggio già ricordato *(Ancora della terza fase ovverosia del film)* con cui si apre la nuova serie di *Bianco e Nero*, anche Barbaro, come del resto Chiarini, aveva mostrato di voler stabilire un evidente nesso di continuità con la propria attività degli anni trenta. Su un impianto teorico già fortemente strutturato, Barbaro introduce gli innesti di alcuni pensatori marxisti, senza alterare le strutture fondanti del suo pensiero. Però è costretto il piú delle volte a lasciarsi alle spalle il bagaglio teorico per svolgere un lavoro di critico militante polemicamente attestato sulla linea di fuoco a controbattere gli attacchi degli avversari del neorealismo. Nel dopoguerra egli crede che la richiesta di impegno civile e sociale, per cui si era battuto per oltre quindici anni durante il fascismo, debba convertirsi anche in una spinta piú organica all'«ipotesi rivoluzionaria».

Venuta meno questa ipotesi, si trova spiazzato dal campo in cui aveva lavorato finora col ruolo di maestro indiscusso. I suoi interventi, poco alla volta, sembrano cosí estremistici, a chi non sa leggervi il gusto dell'ironia e del paradosso, da divenire scomodi per tutti. Quando poi, per volontà di Andreotti, avviene la sua destituzione da commissario del Centro sperimentale, il fatto che accetti di andare a insegnare nella scuola di cinema polacca di Lodz contribuisce ad allontanarlo ancora di piú dal vivo della lotta politico-culturale. Per tutti gli anni cinquanta Barbaro rimane legato al suo «sentimento Russia» e a un'idea di socialismo realizzato coltivata fin dagli anni venti[29]. Egli continua a difendere questa idea adeguandosi tuttavia disciplinatamente alle necessità tattiche e strategiche di partito. Le sue stroncature e il suo appoggio a film e teorici sovietici e dei paesi socialisti, quasi ne fosse divenuto il difensore d'ufficio (la cui topica è diffusa senza essere criticamente rivisitata da oltre trent'anni), lo identificano sempre piú con le posizioni ufficiali del partito comunista e gli alienano le simpatie di critici di varie tendenze, che lo considerano come uno dei maggiori responsabili dei guasti prodotti negli anni cinquanta.

A Lodz scrive una dispensa di teoria del cinema in cui rielabora una parte di *Film, soggetto* e *sceneggiatura*, adeguandola a un piú aggiornato quadro di riferimenti all'estetica marxista. Il testo rimane inedito, anche se una parte costituisce il nucleo centrale da cui elaborerà, in seguito, lo schema di *Film e risarcimento marxista dell'arte*[30].

Rientrato in Italia dopo aver organizzato il convegno di Perugia del 1949, dedicato ai problemi del realismo, Barbaro si trova, per la prima volta, a dover prendere atto della perdita di ruolo di guida teorica.

La recensione eccessivamente dura all'antologia di Aristarco è una chiara reazione verso una critica maggiorenne, da cui si pretenderebbero piú palesi attestati di riconoscenza e atti di omaggio[31]. L'attività successiva di critico su *Rinascita, Vie Nuove* e altre riviste di cinema, italiane e straniere, ne vede il campo d'azione e d'interventi specializzarsi e restringersi, anche se, soprattutto sulle pagine di *Filmcritica*, pubblica alcuni dei suoi contributi storici e teorici di maggior impegno. Fino alla morte, nel 1959, egli alterna l'attività di critico cinematografico a quella di critico d'arte, che sembrerebbe dargli maggiori gratificazioni e consentirgli un costante lavoro di apprendistato e di allargamento dei propri orizzonti culturali. In questi anni dimostra di aver fatto propria la lezione di Roberto Longhi, dichiarandosi scopertamente suo allievo non accademico e rivelando una passione e un coinvolgimento che il cinema ormai gli suscita in misura molto inferiore[32].

Luigi Chiarini, suo compagno di viaggio e costante interlocutore, riesce invece a occupare il ruolo militante e di organizzatore di cultura già avuto negli anni trenta[33]. Dopo un breve
periodo di quarantena ideologica, Chiarini passa sotto le fila
del partito socialista e riprende, con grande energia, il lavoro
di promotore di iniziative e di osservatore e interprete di tutti
i fenomeni cinematografici. La lettura delle opere di Gramsci,
in cui trova forti concordanze con idee e princípi che avevano
guidato la sua attività anche durante il fascismo, lo risospinge
nel vivo della mischia. Dalle prime avvisaglie della guerra fredda tenta di riunire attorno a *Bianco e Nero*, di cui nel frattempo gli è stata riaffidata la direzione, intellettuali di varia provenienza, cattolici, laici e marxisti. E, dai primi numeri, recupera
gli stessi atteggiamenti estetici degli ultimi anni del regime, op-
ponendosi apertamente alle opere di propaganda.

Tra le molte polemiche contro il contenutismo di marca
zdanoviana la breve nota *Un'estetica marxista?*, apparsa su
Bianco e Nero, chiarisce, senza possibilità di equivoco, le sue
intenzioni[34]. Il breve periodo della sua gestione di *Bianco e Nero* è indubbiamente il piú duro per il cinema italiano e tanto
piú significativo resta il suo sforzo di rilanciare la rivista, ri-
conquistandole da una parte il prestigio d'un tempo e dall'altra cercando di farne il campo d'Agramante delle varie tendenze, nel pieno rispetto del pluralismo delle posizioni. Come in
passato, Chiarini pone sotto uno stesso sguardo i problemi del
cinema e quelli del film, rimanendo fedele ai princípi dell'estetica gentiliana, nonostante la discreta sciacquatura dei panni
critici nelle acque del pensiero gramsciano. Il linguaggio, quando si avventura in direzione estetica si serve, nel pieno degli
anni cinquanta, di non pochi strumenti dell'armamentario linguistico e interpretativo gentiliano[35]. Nonostante questo residuo, l'attività chiariniana dà l'impressione di essere costantemente proiettata in avanti a cogliere la dinamica dei fenomeni
nel cinema, nei nuovi media, e nell'industria culturale. Verso
la metà degli anni cinquanta (in concomitanza con la pubblicazione da Laterza della *Critica stilistica* di Spitzer) entrano inol-

tre nel suo lessico termini e suggestioni apertamente derivati dalla critica stilistica[36].

Gli anni dal 1949 al 1957 segnano il periodo di massima maturità del suo pensiero: *Il film nei problemi dell'arte*[37], del 1949, porta a una sistemazione organica le linee del suo credo estetico sviluppate nelle opere precedenti; *Il film nella battaglia delle idee*[38] e *Cinema quinto potere* proiettano un'immagine di intellettuale calato nel vivo di un lavoro che vuole riuscire a collegare, in ogni momento e con rinnovata strumentazione critica e passione civile, e sotto un unico sguardo, problemi produttivi, politici, economici, sociologici ed estetici del film.

In più egli osserva con attenzione i fenomeni del film popolare e della costituzione del pubblico. Ultimo e non minore tra i suoi meriti quello di essere riuscito a far ottenere al cinema quel riconoscimento accademico realmente indispensabile a far uscire il lavoro critico e teorico dalla condizione di subalternità culturale rispetto ad altre discipline[39]. Oltre a tenere i primi corsi di *Storia e critica del cinema* all'università di Roma, si batte a lungo affinché il cinema entri come materia di studio nell'università e nelle scuole superiori. Grazie al suo sforzo (e a quello condotto in parallelo da Carlo Ludovico Ragghianti negli stessi anni) il cinema rompe quel muro di insofferenza e sospetto che il mondo accademico aveva eretto in modo compatto e avrebbe peraltro continuato a mantenere in pratica per buona parte degli anni sessanta.

Galvano della Volpe è il primo pensatore italiano che, richiamandosi a Marx, sia, nello stesso tempo, attento alle indicazioni provenienti da metodologie critiche europee e americane (i formalisti russi, lo strutturalismo, la semantica, la stilistica)[40]. Egli sollecita un dibattito sull'opera che sappia coglierne la ricchezza polisemica, senza snaturarne la specificità linguistica ed espressiva.

I suoi contributi cinematografici non sono molti. Dopo alcune testimonianze pubblicate su *Bianco e Nero*, agli inizi degli anni quaranta, il nucleo più importante di scritti è racchiuso in alcuni articoli e note pubblicati sulla *Rivista del cinema ita-*

liano e su *Filmcritica*[41]. In questi saggi la tensione si concentra nella dimostrazione dell'autonomia e specificità del linguaggio filmico e della sua intrinseca razionalità dei procedimenti costruttivo-espressivi, rispetto all'indefinitezza dell'intuizione dell'estetica idealista[42]. Distaccandosi nettamente dall'intuizionismo negli anni quaranta egli approda alla scoperta della linguistica, di Humboldt e di Ferdinand de Saussure, delle diverse manifestazioni della socialità del linguaggio[43].

È questo uno scarto talmente forte e anomalo, rispetto ai livelli di competenza di quegli anni, da non trovare immediati consensi (salvo forse in Barbaro) né adeguate attenzioni.

Nel saggio sul *Verosimile filmico* della Volpe espone i punti chiave del suo pensiero svolti poi in una piú ampia trattazione estetica generale nella *Poetica del cinquecento* e nella *Critica del gusto*. Anche per il film egli stabilisce l'esigenza di una coerenza interna e approfondisce il concetto di metafora come processo di costruzione di un discorso e quindi accostamento razionale di immagini e oggetti del reale. La singola forma ed espressione artistica (la metafora del leone di pietra nella *Corazzata Potëmkin*, ad esempio) diventa però difficilmente traducibile in altro linguaggio, a meno di riconoscerne una forte perdita semantica. A qualche anno di distanza, nelle pagine finali della *Critica del gusto*, giunge a definire la specificità del linguaggio cinematografico consistente in «*immagini-idee fotodinamiche montate*»[44].

Il discorso concettuale che il cinema svolge a partire dal molteplice si specifica poi mediante il montaggio, che non è altro che un processo di selezione e combinazione razionale di singole unità che assumono un valore polisemico. Nel corso di vari interventi viene poi ribadito che, preliminarmente a ogni tipo di analisi, per evitare pericolose tentazioni schematizzanti, va sempre compresa e ripercorsa la costruzione razionale e formale dell'oggetto artistico.

Della Volpe non cerca di elaborare teorie onnicomprensive, quanto piuttosto si preoccupa di cogliere, all'interno di ogni singolo oggetto artistico, le caratteristiche specifiche che lo distinguono dagli altri e gli scarti che si manifestano all'interno della sua struttura.

La sua voce, isolata negli anni cinquanta, si presenta come una di quelle piú destinate a precorrere alcune tendenze della critica del decennio successivo.

Nell'ottobre del 1950 esce, su *Cinema*, un articolo di Guido Aristarco che suscita una vasta eco e pone con forza l'esigenza di una svolta nella metodologia critica[45]. In questo articolo l'autore, ricollegandosi al dibattito sulla «terza via», rilancia l'esigenza di considerare il cinema come fenomeno centrale dell'arte e della cultura contemporanea. Per rispondere alle caratteristiche della nuova realtà il critico deve saper «carpire le ragioni intime», cogliere «gli elementi necessari» dell'opera che analizza.

Il criterio di valutazione estetica deve valere pertanto per il cinema, come per tutte le altre arti. Si risente, in modo preciso, la lezione crociana (si parla di «bellezza», di «elevazione di mezzi tecnici a mezzi espressivi per l'opera che voglia essere arte»): si tratta di un residuo di cui gran parte della critica marxista non riuscirà a liberarsi neppure in seguito.

L'articolo, in prospettiva, diventa un vero e proprio manifesto per la formazione di un vasto fronte della cultura cinematografica. Il discorso esprime, per il momento, l'esigenza di iniziare un lavoro di ricerca e di riproblematizzazione dell'estetica cinematografica[46].

La lezione chiariniana, in questa prospettiva, si allarga e rilancia nel vivo di una battaglia che impegna costantemente il critico sul piano civile, oltre che culturale[47].

Negli anni in cui è redattore capo di *Cinema*, Aristarco attraversa un periodo assai creativo e impegna le sue forze migliori per rompere la condizione di separatezza culturale dell'intellettuale cinematografico. La sua tensione intellettuale è forte e proiettata verso il futuro; le recensioni ai film italiani sono quasi sempre in sintonia con l'opera e ne sanno cogliere e sondare in profondità molti echi. Il critico sa muoversi sulla stessa lunghezza d'onda delle opere e, a cavallo degli anni cinquanta, si vede che egli ama, ricambiato, molti registi del cinema italiano. Il suo prestigio cresce per alcuni anni: si può dire che nessun altro critico e nessuna rivista godano dello stesso carisma di *Cinema Nuovo* e del suo direttore. Anche nei momenti di maggiore polemica la sua autorità viene consolidandosi, grazie alla continuità della presenza e alla coerenza del discorso.

Ogni recensione presenta una struttura complessa di argomentazioni e tenta di determinare una collocazione culturale dell'opera e di vagliarne i possibili e probabili sviluppi. Le citazioni di supporto iniziali spesso ruotano attorno ad una serie finita e ricorrente di testi: Pavese, Russo, De Sanctis, Gramsci e poi, dai primi anni cinquanta, l'incontro decisivo con Lukács. In *Marxismo e la critica letteraria* Aristarco trova una serie di risposte e indicazioni per interrogativi che andava accumulando dal momento in cui il neorealismo sembrava entrato nella parabola discendente.

Tra la prefazione all'*Arte del film* del 1950 e quella alla *Storia delle teoriche* (prima e seconda edizione del 1951 e del 1960) si nota l'allargamento dell'orizzonte filosofico e l'abbandono del confronto privilegiato con la critica idealista (da Croce a Ragghianti, da Brandi a Flora, a Emilio Cecchi). L'introduzione del 1950 riprende, senza che si avverta quasi soluzione di continuità, il tipo di discorso teorico degli anni trenta. Nel decennio successivo, oltre all'incontro con Lukács (la cui autorità non è peraltro ancora evocata nella prima edizione della *Storia delle teoriche)* va sottolineata la produttività dell'incontro e amicizia con Giacomo Debenedetti[48] – di grande importanza per l'impostazione della collana di testi cinematografici della casa editrice Il Saggiatore – e la lettura della *Storia sociale dell'arte* di Arnold Hauser, testo piú volte utilizzato fino alla soglia degli anni sessanta.

Col passare degli anni il critico, proprio per la sua rappresentatività, comincia ad attirare dissensi, oltre che allargare l'area dei consensi e a trasformare la propria strategia.

Una prima svolta emblematica si avverte quando, già nei

primi anni di vita di *Cinema Nuovo*, egli sente il bisogno di smentire le accuse di rigidità di posizioni e parla della propria ricerca come di un sistema e di un metodo ancora «in progress»[49].

In realtà, qualcosa è cambiato (anche perché è cambiato il quadro produttivo e ideologico) e, poco per volta, in omaggio alla strada imboccata, si procede a una rescissione dei legami con autori e critici non allineati nella prospettiva neorealista e realista. Ogni scheda del *Mestiere del critico* diventa occasione per un bilancio sul realismo e sulle sue deviazioni. Uscire dai binari del realismo appare come una colpa simile a un tradimento, che va denunciata e combattuta senza incertezze.

Nel momento in cui si dedica un intero numero della rivista in appoggio anticipato di *Senso*, si opera una netta spaccatura tra le forze in campo registico, evidenziando le analogie tra i primi anni quaranta e il presente.

In un periodo e in un clima di delusioni, frustrazioni, spaccature verticali tra le varie forze, il rischio di puntare tutto su Visconti («per il solo Visconti – o quasi – non si può parlare di involuzione»)[50] è alto. Chiarini attacca le posizioni di Aristarco, definendolo «trombettiere della sinistra che celebri la morte del neorealismo suonando come spalla di Carlo Salinari»[51]. Aristarco, a sua volta, risponde in modo risentito, mettendo in campo per la prima volta l'autorità lukácsiana e l'influenza del pensiero del filosofo ungherese sul suo piú recente orientamento metodologico[52].

Questa polemica e questa fase critica segnano uno dei momenti piú emblematici e forti, come piú volte si è ormai detto, del dibattito cinematografico del dopoguerra. Il dibattito aperto in seguito da Renzi *(Sciolti dal giuramento)* non coinvolge in prima persona Aristarco, che sembrerebbe assumere questa volta il ruolo di spettatore, piú che quello di direttore d'orchestra. In realtà, forse piú di altri critici, egli deve fare i conti con un cinema e con delle tendenze che si sviluppano in direzione assai divergente rispetto alle attese e previsioni. Le nuove letture e ipotesi teoriche, elaborate a sostegno della propria linea di tendenza, appaiono inadeguate a cogliere la dinamica tecnologica, sociologica ed espressiva del cinema che nasce alle soglie del nuovo decennio. Anche se i contributi interdisciplinari ospitati dalla rivista diventeranno assai qualificanti, e Aristarco, con un breve saggio di particolare tempestività sul cinema italiano del 1960[53], evidenzierà il proprio sforzo di rinnovamento e la volontà di dominare e includere, in un solo sguardo, tutta questa nuova realtà in movimento, si ha l'impressione che le nuove fasi di lavoro del critico e della rivista si aprano e sviluppino all'insegna di una progressiva perdita di ruolo e di obiettivi verso cui orientarsi in modo sicuro.

Oltre agli apporti delle singole personalità la freccia teorica si muove lungo una direzione che identifica nel realismo l'unico oggetto e l'unica estetica legittima. Questa specie di gabbia, ai cui margini si svolge egualmente un'attività differenziata, è iscritta nello stesso spazio della produzione del lavoro politico-culturale.

Il riconoscimento della dominante non esclude, ovviamente, il recupero e la riconsiderazione di voci isolate, centrifughe, prive di un'immediata operatività, il cui lavoro, su tempi brevi, non attua modifiche di prospettiva generale, né fratture nella trama del tessuto critico.

In questa occasione bisogna notare che nel dopoguerra non c'è intellettuale che non sia chiamato a esprimere il proprio parere sul cinema. Le voci, per un'ideale antologia dell'interventismo cinematografico, sono moltissime e vanno dal parere occasionale e unico a un'attenzione piú ravvicinata e costante che porta alcuni letterati (come Moravia, Marotta, Alvaro, Berto) ad assumere un vero e proprio ruolo professionale di critici cinematografici. Senza bisogno di esatte indicazioni bibliografiche basterà scorrere le pagine di *Bianco e Nero*, *Cinema*, *Cinema Nuovo*, *Rivista del cinema italiano*, *Filmcritica*, *Rassegna del film*, *Sipario*, *Teatro*, *Scenario*, di riviste letterarie e politico-culturali come *Società*, *Paragone*, *Il Ponte*, oltre naturalmente ai quotidiani (*l'Unità* e l'*Avanti!* anzitutto) e ai settimanali come *Il Mondo* o *Vie Nuove*, per scoprire come sotto il segno del cinema si raccolgano a piú riprese le forze piú rappresentative della vita culturale italiana[54].

Scorrendo gli indici delle riviste politiche, letterarie e cinematografiche di quegli anni, si incontrano i nomi di Luigi Russo, Mario Fubini, Elio Vittorini, Italo Calvino, Anna Banti, Carlo Bernari, Franco Fortini, Renato Guttuso, Alberto Moravia, Giacomo Debenedetti, Francesco Flora, Eugenio Montale, Vittorio Sereni, Emilio Cecchi, Cesare Musatti, Francesco Carnelutti, Domenico Purificato, Elio Chinol, Beniamino Joppolo, Ennio Flaiano, Carlo Ludovico Ragghianti, Claudio Varese, Vitaliano Brancati, Emilio Servadio, Carlo Battisti, Sergio Bettini, oltre, naturalmente, agli interventi di uomini politici come Togliatti, Alicata, ecc.

Nonostante l'improvvisazione e l'occasionalità della maggior parte di questi interventi, il cinema appare come patrimonio culturale comune e costituisce l'unico terreno artistico in cui le piú diverse specializzazioni possano incrociarsi e procedere a un produttivo scambio. I sociologi, gli psicanalisti, gli storici dell'arte e i linguisti portano, sia pure in modo isolato, un contributo per un effettivo allargamento delle prospettive interdisciplinari. Il dibattito sui rapporti tra cinema e letteratura, pur risultando ancora vincente, in prospettiva è il meno produttivo[55].

Accanto a questo movimento centripeto di voci autorevoli e rappresentative di una tendenza allo sviluppo unitario, si possono anche recuperare atti centrifughi, culturalmente anomali e destinati a non avere effetti immediati sul sistema. Piuttosto a metterne subito indirettamente in luce inadeguatezze e inadempienze.

Le aperture in direzione psicanalitica di alcuni scritti di Cesare Musatti o Emilio Servadio ed Enrico Fulchignoni[56], le note linguistiche già ricordate altrove di Carlo Battisti, i saggi sparsi di filosofi o storici dell'arte, o italianisti, come Claudio Varese[57], dilatano di colpo il campo, mostrando non poche nuove direzioni di marcia possibili e alternative.

Per esempio, in un saggio di Sergio Bettini, storico dell'arte medievale e intellettuale tra i piú dotati di apertura culturale europea, il cinema è collocato in una prospettiva fenomenologica molto vicina a quella lezione di Merleau-Ponty, che vedremo operante nella poetica dell'«école du regard» di molto cinema degli anni sessanta[58]. In ordine sparso, si cominciano a prospettare nuovi orizzonti e avviene una disseminazione di dubbi, anche dove il fronte delle certezze appare piú compatto. In una realtà in cui aumenta l'irrigidimento delle posizioni, queste voci isolate esercitano una funzione di positivo innesto di fattori di disordine. Tra i critici militanti questa funzione si può considerare svolta da personalità come Fernaldo Di Giammatteo, Tino Ranieri, Tullio Kezich, Callisto Cosulich, Oreste Del Buono e da molti altri. Una particolare attenzione, per il ruolo giocato, per oltre vent'anni, all'interno di *Cinema Nuovo*, va riservata a Renzo Renzi. Tra le persone che piú a lungo sono state accanto al direttore della rivista Renzi è certo il meno conformista e quello piú capace di compiere un'autoanalisi e autocritiche approfondite ed efficaci. Già nel maggio 1955 egli avverte i pericoli e le strettoie della strada appena imboccata. Contro la tendenza di estrema selettività in atto egli sostiene che «bisogna stare in sala, divertirsi e commuoversi, sentire l'infinita varietà della rappresentazione e non elaborare freddi teoremi che funzionano solo a tavolino. Ma è una critica, quest'ultima, che, riconosciuta la grandezza rivoluzionaria di un autore, ad ogni opera successiva deve parlare di una grandezza sempre maggiore, di una continua rivoluzione nella rivoluzione, poiché il suo unico metro è il concetto di una deterministica evoluzione: mentre il ciclo di un artista non è quello di una macchina, le cui tappe, già segnate in partenza, bisogna solo riconoscere... Di fronte a una realtà complessa bisogna usare una complessità di strumenti»[59].

Senza queste voci il cammino della critica risulterebbe assai piú lineare e anche, tutto sommato, piú povero e prevedibile.

Tra il 1945 e il 1960, accanto all'importazione di idee, apporti e suggestioni da parte di altri ambiti disciplinari, va sottolineata la diffusione della critica cinematografica a tutti i livelli della stampa nazionale[60]. Dagli organi di partito ai giornali locali, dai settimanali d'attualità alle riviste specializzate, si nota un processo di crescita quantitativa e qualitativa di critici cinematografici. Negli anni trenta (si pensi a *Cinematografo* di Blasetti e alla prima serie di *Cinema*), l'attività del critico era concepita come momento di passaggio obbligato per la regia. Nel dopoguerra le strade restano distinte: le riviste servono da palestra per operatori dell'associazionismo e sono scuola di rigorosa formazione professionale. I quotidiani riservano alla critica uno spazio fisso destinato col tempo ad allargarsi.

Lavorando su una realtà sfuggente il critico di quotidiano – salvo pochi casi – non sente il bisogno di affrontare problemi di carattere generale rispetto alla semplice recensione. L'alibi di lavorare su realtà effimere dà copertura ideologica per chi intende occuparsi soltanto dello spettacolo: ci si rifugia nella routine coltivando il proprio spazio come un oasi privata.

Per quanto asettica e metastorica anche questa scelta non può non risentire del clima di censura, anticomunismo, atlantismo imperante nella gran parte delle testate[61]. L'analisi non offre grandi sorprese; le fisionomie dei critici, nella massa delle recensioni, si unificano, portando a una progressiva sparizione delle punte individuali. La *Rassegna del film* effettua a puntate, dal n. 8 del novembre 1952, un ampio censimento delle voci della critica cinematografica dei maggiori quotidiani italiani; grazie a questa inchiesta, si giunge a osservare una grande fioritura di specialisti nelle testate nazionali come in quelle locali. *L'Unità* ha un critico cinematografico responsabile delle diverse edizioni regionali: Paolo Gobetti a Torino, Ugo Casiraghi a Milano, Tommaso Chiaretti a Roma, Kino Marzullo nell'edizione di Genova, Costanzo Baffetti in quella di Bologna. In questo caso, per quanto si possa pensare al prevalere della logica di partito, le voci restano distinte e spesso in netta opposizione. Questo sposta tuttavia di poco i valori dell'indice generale. Tra i quotidianisti, Casiraghi dell'*Unità* appare come uno dei piú dotati di rigore professionale e di volontà di difendere una battaglia, senza precludersi la possibilità di comprensione di ciò che la realtà offre e uno dei pochi degni di essere ricordati con una selezione antologica di critiche, assieme al cattolico Giovan Battista Cavallaro dell'*Avvenire d'Italia*. Credo giusto però ricordare, anche solo a puro titolo d'inventario, altri nomi di critici che andrebbero riesaminati nel quadro complessivo del discorso: Renzo Renzi scrive per *Il progresso d'Italia*, Enzo Biagi per il *Giornale dell'Emilia*, Pietro Bianchi scrive sul *Tempo* di Milano, dopo aver collaborato a *Candido*[62], Achille Valdata sul *Popolo Nuovo*, Claudio Bertieri sul *Corriere Mercantile* di Genova, Tullio Cicciarelli sul *Lavoro nuovo* di Genova; Ugo Zatterin scrive sul *Giornale d'Italia*, Alfredo Orecchio su *Paese Sera*; Gaetano Carancini è il critico della *Voce repubblicana*, Antonio Bartolini del *Gazzettino* di Venezia, Antonio Gambino del *Globo*, Luigi Fossati e Mario Gallo dell'*Avanti!*, Toni Pezzato della *Gazzetta del Veneto* di Padova, Gian Luigi Rondi del *Tempo* di Roma, Ermanno Contini del *Messaggero*. Mario Gromo rimane anche nel dopoguerra critico della *Stampa*, mentre Filippo Sacchi, passato dal *Corriere della Sera* a *Epoca*, è sostituito da Arturo Lanocita. *Il Corriere della Sera*, negli anni cinquanta, dal punto di vista della critica cinematografica manca di storia: il grigiore della rubrica è omologo a quello della testata, che attraversa uno dei suoi periodi meno brillanti.

Un buon materiale di supporto è costituito dagli scritti sui periodici non specializzati[63]: qui funziona spesso un meccanismo che promuove a esperto di cinema un letterato che senza assumere una vera veste professionale, per la continuità e l'intelligenza dei contributi, lascia alcune tracce memorabili. Il discorso vale per Moravia critico all'*Europeo* e all'*Espresso* dalla sua nascita, per Corrado Alvaro al *Mondo*, per Giuseppe Marotta all'*Europeo*, ma anche per Michelangelo Antonioni, critico della *Nuova Europa*.

Infine il fronte piú vasto e piú esplorato negli ultimi anni è quello delle riviste: *Film d'oggi*, *Bianco e Nero*, *Cinema*, *Filmcritica*, *La rivista del cinema italiano*, *La rassegna del film*, *La critica cinematografica*, *Sequenze*, *Cronache del cinema e della te-*

levisione, Inquadrature, Il nuovo spettatore cinematografico, Cinema sovietico, Film, Ferrania, ecc. A queste riviste sono stati dedicati saggi e studi monografici variamente approfonditi e sono uscite raccolte antologiche. Non trascurabile, in questo settore, l'ampia fioritura di tesi di laurea discusse nell'ambito dei vari insegnamenti di storia del cinema delle università negli anni piú recenti.

È possibile constatare, a una prima esplorazione, una doppia linea di tendenza: da una parte, l'adeguamento al gioco politico di squadra, l'accettazione delle parole d'ordine via via elaborate; dall'altra, una grande mobilità e intreccio di contributi. In pratica si nota una continua circolarità di presenze da una testata all'altra. Sulla base del programma di difesa del cinema italiano si assiste all'irradiazione delle collaborazioni e all'ininterrotto rimescolarsi delle voci e dei gruppi. Operando tagli in verticale emerge uno spaccato in cui il dibattito e la dialettica interna prevalgono in piú occasioni su chiusure e contrapposizioni frontali. Tutto questo si verifica tra il 1950 e il 1955, anni in cui nascono e si affermano le testate piú importanti.

Spesso insieme, appassionatamente, critici di varie tendenze procedono quasi di pari passo in difesa della causa ormai perduta del cinema neorealista; dagli anni ottanta è forse opportuno lavorare alla ricomposizione di un quadro mosso, ma non costituito solo da figure distinte, gruppi e riviste separate e in costante stato di contrapposizione reciproca[64].

Bianco e Nero, la testata piú prestigiosa, rinasce nell'ottobre 1947 dichiarando di «riprendere le pubblicazioni... con l'intento di riprendere la via già battuta, sgombra degli ostacoli di carattere extra-artistico che gravavano "allora" sulla rivista come su tutta la stampa italiana»[65]. Umberto Barbaro ne dirige solo un numero: quanto basta per pubblicare uno scritto su *Psicanalisi e cinema* di Roberto Secondari, un saggio di Sergej Gerasimov e uno di Lev Kulešov *(Princípi della regia cinematografica: il lavoro con l'attore)* e una serie di documenti e di brevi brani di sceneggiature di film di Rossellini, Vergano, De Santis. Dal marzo 1948 al dicembre 1951 la direzione torna a Luigi Chiarini, dal 1952 al 1956 a Giuseppe Sala e dal 1956 al 1959 a Michele Lacalamita[66].

Sono fasi distinte, storie differenti, di profondi rovesciamenti dissociazione e ricomposizione. Nel primo periodo Chiarini, coadiuvato da Pasinetti, allarga la rete dei collaboratori e degli interessi, alternando il dibattito teorico a quello storiografico, commissionando profili d'autore e revisioni di cinematografie e di momenti chiave di storia del cinema. La sua gestione punta alla continuità col passato e alla diversificazione dei contributi.

La rivista apre alla critica cattolica, riuscendo a temperare il tono di attacco a testa bassa contro il neorealismo di altri organi di stampa.

Padre Morlion, Nazzareno Taddei, Antonio Covi offrono impegnativi contributi teorici e critici. Collaborano inoltre, in questo periodo, Carl Vincent, Roger Manvell, Michelangelo Antonioni, Umberto Barbaro, Glauco Viazzi, Mario Verdone, Giulio Cesare Castello, Lorenzo Quaglietti, ecc.

La successiva direzione si ricorda solo per aver spazzato il terreno da ogni possibile presenza di individui portatori dichiarati o sospetti di germi marxisti. Nel quinquennio di gestione Sala (sostenuta da un comitato di redazione costituito da Alessandro Blasetti, Virgilio Marchi, Renato May, Mario Verdone) «la rivista si distinse per lo sforzo di contrapporre al vecchio idealismo non meno che al marxismo una diversa base filosofica, con larghi richiami, anche nel terreno specifico del cinema, alla cultura francese»[67]. In un bilancio d'insieme, necessariamente schematico, è però opportuno ricordare la caduta verticale del livello teorico e critico. Gli scritti di Sala sul piano cinematografico rasentano lo zero assoluto, nonostante le suggestioni della filosofia francese contemporanea. Né, in modo diverso, si qualifica la presenza di Nino Ghelli, il critico a cui sono affidate le recensioni piú impegnative. Sono anni in cui una delle piú prestigiose fonti di cultura cinematografica sul piano internazionale degrada a livello di bollettino parrocchiale o di rivistina dopolavoristica. Non un'idea, non una pagina, si salva tra le decine e decine di articoli in cui personaggi di varia provenienza offrono saggi teorici e contribuiscono a mandare *Bianco e Nero* alla piú totale deriva culturale. Meno negativo il bilancio critico in quanto il rigido integralismo lascia ogni tanto spazio a voci attestate su posizioni differenti.

Dal 1956, quando il clima della guerra fredda è finito, a Sala subentra Michele Lacalamita; fin dal primo numero della nuova direzione si avverte una netta inversione di rotta. Al suo fianco Lacalamita chiama a collaborare Di Giammatteo, Castello e Cavallaro.

Nel triennio di questa direzione la rivista si riallaccia alla gestione chiariniana e apre le proprie pagine alle nuove leve cattoliche e marxiste (Ernesto Guido Laura, Lino Miccichè, Morando Morandini, Leonardo Autera, Francesco Bolzoni, Alberto Pesce, Claudio Bertieri). Gli interessi si dilatano e la rivista recupera sia il proprio ruolo di servizio e di informazione che quello di promozione, di ricerca e di studio. L'inchiesta sociologica di Luca Pinna sul pubblico cinematografico di un paesino della Sardegna, già citata altrove, ne è una testimonianza esemplare[68].

Un curioso rovesciamento di itinerario, rispetto a *Bianco e Nero*, si ritrova nell'*Eco del cinema e dello spettacolo*, nata il 15 ottobre 1950 e diretta da Piero Regnoli. Rivista cattolica, si apre, col passare del tempo, a contributi della critica marxista fino a capovolgere i rapporti e a dare l'impressione che i cattolici diventino ospiti di una redazione orientata a sinistra. I nomi dei collaboratori confermano il senso della fluttuazione di quadri da una testata all'altra: Cosulich, Chiarini, Chiaretti, Mida, Marinucci, Bolzoni, Scagnetti, Venturini dibattono problemi del cinema italiano ed estendono i loro interessi anche agli aspetti piú propriamente storiografici, che occupano un ruolo rilevante nella politica della rivista, il cui ultimo numero esce nel 1955.

Su questa linea si colloca *Cronache del cinema e della televisione*, diretta da Renato Ghiotto, rivista cattolica nata nel

1955, ottima fonte di documentazione economica e legislativa. Le voci cattoliche occupano uno spazio prevalente, ma l'area della critica laica è rappresentata in modo autorevole da Di Giammatteo, Bertieri, Ferrara, Castello. La rivista, per lo spazio che dedica ai problemi della televisione, è una delle prime fonti di analisi ed elaborazione teorica su questo nuovo fronte delle comunicazioni di massa.

Cinema riappare nelle edicole il 25 ottobre 1948: l'editore è Vitagliano, lo stesso che pubblica *Hollywood*, il direttore Adriano Baracco. Fino al n. 134, del 31 maggio 1954, la rivista è pubblicata dallo stesso editore, poi, fino al n. 169 del 1° luglio 1956, viene pubblicata senza una sigla editoriale e vede succedersi tre direttori; Egidio Ariosto, Giulio Cesare Castello e Pasquale Ojetti. Aristarco rimane in redazione fino al settembre 1952 e, nell'ultimo anno, diventa redattore capo. Gli succede, dal n. 96 al n. 134, Davide Turconi.

La rivista conserva l'impostazione di *Cinema* prima serie, ne riprende le rubriche, aggiungendovene altre (come quella dedicata ai circoli del cinema, o quella alle analisi di vecchi film). Nell'ultima serie, si potenzia l'apparato pubblicitario e di presentazione dei film a scapito dell'analisi e del ruolo critico di punta.

Aristarco cura la rubrica di recensioni dei film, Osvaldo Campassi si occupa delle retrospettive, Chiarini è titolare di una rubrica *(Pane al pane)* in cui spazia da problemi economico-politici a problemi estetici, Virgilio Tosi informa sulle attività dei circoli del cinema, Viazzi si occupa di *inediti, riprese, anteprime, retroprime,* Corrado Terzi è il titolare della rubrica *Biblioteca.* Tra i numerosissimi collaboratori ricordo Di Giammatteo, Roberto Chiti, Mario Quargnolo, Ermanno Comuzio, Callisto Cosulich, Roberto Paolella, Roger Manvell, Ettore Lo Duca, Renzo Renzi, Giorgio N. Fenin, Carlo Lizzani, Giuseppe De Santis. Nell'ultimo periodo, a partire da quando Davide Turconi diventa capo redattore, troviamo tra i collaboratori i nomi di Castello, Mida, Fausto Montesanti, Sergio Sollima, Carl Vincent, Mario Verdone, Riccardo Redi.

In questa sua seconda fase *Cinema* non riesce a produrre un gruppo omogeneo, anche se la presenza di Aristarco, il suo tipo di recensioni, il discorso sulla «revisione critica» diventano un punto di riferimento obbligato. La rivista rinasce nel momento in cui inizia la crisi del neorealismo: nel primo periodo il nuovo cinema italiano è al centro del suo programma e della linea politico-culturale[69]. L'interpretazione generale è di Adriano Baracco che, puntualmente, negli editoriali, affronta le cause delle difficoltà che si vengono prospettando. Baracco non dà l'impressione di sposare in pieno la causa del nuovo cinema, anche se dimostra di saper intervenire, con un discreto tempismo, nell'analisi della situazione e dei fattori di crisi.

Il senso della parabola e della caduta del livello lo si ha tenendo presente che, nei primi anni, si interpreta una situazione fluida e vitale, negli ultimi numeri il contributo teorico piú alto è quello che si interroga sulle possibilità del «film ideale» di papa Pio XII[70].

Nell'insieme la rivista non presenta interesse teorico; decisamente piú importante per le analisi storiografiche e filologiche e il recupero sistematico della storia del cinema dalle origini. Questa linea di tendenza, che si afferma soprattutto nel periodo in cui Davide Turconi è redattore capo, la si può notare fin dai primi numeri in cui intervengono Francesco Pasinetti, Giulio Cesare Castello, Giovan Maria Guglielmino, ecc.

In questo panorama, «un posto particolare spetta alla *Rassegna del film*, fondata da Fernaldo Di Giammatteo nel febbraio 1952, che concluse la sua attività nel maggio 1954 con il fascicolo n. 24»[71].

In apparenza schiacciata o decentrata rispetto al dibattito critico e teorico in corso nel periodo, di fatto la *Rassegna del film* è l'unica rivista che tenti di operare uno sforzo di rinnovamento e adeguamento ai problemi posti dal cinema post-neorealista. Da subito si affronta l'insieme del panorama cinematografico senza distinzioni idealistiche tra produzione alta e bassa, mitologie precostituite o parole d'ordine cogenti. Tra i principali obiettivi emerge un interesse di tipo sociologico per il pubblico, la sua composizione sociale, l'articolazione del gusto e dei modelli culturali, il consenso decretato a un tipo di produzione e cosí via. «Un primo elemento di novità – come osserva Vito Attolini – è nella dichiarata attenzione al film medio che nella critica cinematografica risultava sacrificata... e nell'insistere sulla necessità di cogliere nel concreto della produzione cinematografica – e quindi anche nel film medio – le idee, il mondo che in essa si esprime»[72].

Lontana da tentazioni di normativismo e da dogmatiche imposizioni di linea di tendenza l'attività della *Rassegna del film* costituisce, in molti casi (penso alla lunga inchiesta sull'esercizio in provincia o a quella sulla critica cinematografica dei quotidiani), un tipo di esplorazione sul campo le cui ipotesi si vengono chiarendo nel corso stesso del lavoro. Sul piano critico, si cerca di mantenere una netta equidistanza sia dalla critica impressionistica che da quella piú legata a un discorso politico che ne condizioni le scelte e ne limiti le articolazioni di giudizio[73].

Ciò che interessa alla redazione è la capacità di elaborare un programma sul cinema italiano dotato della massima inclusività e capacità di sistemazione complessiva di opere e ruoli. Nell'ultima fase si cerca pertanto di avviare un bilancio non trionfalistico né conformistico sul cinema italiano del dopoguerra. La chiusura anticipata della rivista non consente di vederne liberata in pieno la potenzialità.

Nel dicembre del 1950, diretta da Edoardo Bruno, nasce *Filmcritica*, una delle riviste piú longeve del dopoguerra. Aperta ai contributi internazionali (nei primi numeri troviamo articoli firmati da Georges Sadoul, Joris Ivens, Paul Strand, Ejzenštejn, Balázs), la rivista riunisce spregiudicatamente personalità rappresentative di un ampio spettro di tendenze critiche e politiche di destra e di sinistra, come Vinicio Marinucci, Pietro Bianchi, Nino Ghelli, Gian Luigi Rondi, Luigi Chiarini, Giovanni Calendoli, Glauco Viazzi, Lorenzo Quaglietti, Giuseppe De Santis, Vito Pandolfi, Callisto Cosulich, Virgilio Tosi, Carlo Lizzani[74].

I temi sono quelli all'ordine del giorno per tutti: la crisi del neorealismo, la politica dell'associazionismo (la rivista dei primi numeri è organo della Federazione dei circoli del cinema, poi se ne stacca in un modo piuttosto burrascoso), il lavoro di recupero storico, le proposte teoriche[75]. Una presenza importante è quella di Umberto Barbaro, che ha collaborato con alcuni saggi di grande impegno teorico e storiografico[76]. Non sono da dimenticare anche le note di della Volpe e gli scritti di Libero Solaroli. Rispetto ad altre testate, *Filmcritica* non vuole offrire sicuri punti di riferimento, risposte chiare e sicurezze durevoli. La sua caratteristica, anche successiva, consiste proprio nella fluidità teorica e ideologica, nello sforzo di muoversi in piú direzioni, avvertendo con discreto tempismo i mutamenti, senza identificare la linea di tendenza nelle posizioni di un singolo redattore o dello stesso direttore.

L'estromissione da *Bianco e Nero* di Chiarini è del novembre 1951: nel settembre 1952 esce il primo numero della *Rivista del cinema italiano*, edita dai Fratelli Bocca, che, fin dalla grafica, riprende esplicitamente la veste di *Bianco e Nero*[77]. Chiarini chiama in redazione il gruppo di collaboratori che già aveva avuto al suo fianco al Centro sperimentale: Di Giammatteo, Vito Pandolfi, Vittorio Stella, Viazzi. Senza rivendicare alcun diritto di paternità, il direttore dichiara programmaticamente: «Largo spazio sarà dato alle ricerche e agli studi nel campo psicologico, pedagogico, medico, sociologico, scientifico, giuridico ed economico e particolare rilievo ai rapporti tra il cinema e le altre arti». Inoltre la rivista si batte autorevolmente per un'idea di cinema italiano che diventi strumento di realizzazione di una società piú libera e democratica.

Basta osservare il sommario del primo numero per capire l'ampiezza del progetto: vi appare un saggio di della Volpe sul *Verosimile filmico*, un ampio *Ritratto di Rossellini* scritto da Di Giammatteo, un articolo di Luigi Russo, dal titolo *Il cinematografo come fenomeno di cultura*, uno di Ugo Spirito e uno di Thomas Mann, un profilo dell'estetica cinematografica di Carlo Ludovico Ragghianti e ultimi, e non certo di minore interesse, due interventi di Solaroli e Aristarco. Il secondo numero (dicembre 1952) è tutto dedicato a *Umberto D.*

Alla rivista, che rimane in vita fino al dicembre del 1955, collaborano, oltre ai nomi già ricordati, Barbaro, Pandolfi, Rudolf Arnheim, Luigi VoIpicelli, Pio Baldelli, Claudio Varese, Armando Borrelli, Giorgio Pullini, Lizzani, Pier Maria Pasinetti, Jay Leyda, Giuseppe Ferrara, Claudio Gorlier, Francesco Bolzoni, Giacomo Gambetti, John Francis Lane, Brunello Rondi, Gian Piero Dall'Acqua, ecc. La *Rivista del cinema italiano* occupa un ruolo centrale nel campo osservato: nelle sue pagine si realizza un incontro operativo di voci e tendenze, al livello teorico e di pratica critica piú alto.

Dal primo numero l'analisi di Di Giammatteo dell'opera di Rossellini propone la revisione del neorealismo, individuandone, fin dalla nascita, zone d'ombra, incertezze e contraddizioni. Ogni contributo, per quanto polemico, sollecita il confronto e l'intervento di altre voci. Il fuoco puntato sul cinema italiano riflette sempre punti di vista non allineati su un'unica direttrice e posizioni antitetiche. Poco per volta emerge e prevale la tendenza a storicizzare anche le realtà contigue e al tempo stesso a non disperdere quanto si ritiene ancora valido del patrimonio neorealista.

Dopo Chiarini, anche Aristarco, costretto a lasciare *Cinema*, fonda *Cinema Nuovo*, che verrà pubblicato, fino al numero 27, dalla scuola di Arzignano di Vicenza. Il primo numero è del 15 dicembre 1953: Tom Granich è redattore capo, Tullio Kezich e Renzo Renzi hanno il ruolo di consiglieri redazionali. Il primo editoriale si intitola *Continuare il discorso*. Continuare il discorso vuol dire «da un lato individuare e denunciare le cause che hanno determinato l'odierna situazione; dall'altro... sostenere le correnti e gli uomini piú vitali con proposte concrete e sul piano della critica nei suoi vari aspetti sia metodologici e di revisione sia di lotta per una nuova cultura... In questo noi non ci consideriamo fuori dalla mischia, ma dentro la mischia: non saremo cioè "obiettivi" nel senso classico e comodo del termine, ma sempre legati alle passioni nostre e del nostro tempo»[78].

Il parco di collaboratori e il panorama di interessi è ampio e vale la pena sottolineare che anche *Cinema Nuovo*, per quanto piú compatta e unitaria nel suo progetto politico-culturale, presenta stratificazioni e intrecci e interessi che dilatano il campo in direzioni spesso assai diverse rispetto alle direttrici privilegiate[79]. La stessa storia raccontata da Aristarco non rende giustizia dell'incrociarsi di questi interessi e dello sforzo di perseguire una linea di continuità e rottura rispetto al modello di *Cinema*, conservandone la struttura grafica e i richiami fotografici e procedendo verso un discorso interno piú definito e con un alzo culturale piú elevato.

Già nell'incipit della recensione a *Luci della ribalta* di Chaplin, nel terzo numero, Aristarco si serve di una citazione promossa in seguito a categoria critica e a chiave interpretativa e metodologica: «Ci sono artisti che si amano, altri che si ammirano. Scriveva Gramsci dal carcere: "Si ama il proprio poeta, si ammira l'artista in genere". Charles Spencer Chaplin lo si ama e lo si ammira nello stesso tempo»[80]. Il linguaggio della passione entra in modo aperto e discriminatorio nella pratica critica della rivista e, se, in non pochi casi, ottunde la limpidezza della visione, non la rende mai aseticamente neutra o indifferente all'oggetto. Aristarco ha cercato in tempi piú recenti, nell'introduzione all'antologia della rivista, di documentare come tutti i problemi fondamentali relativi al cinema italiano del fascismo e del dopoguerra siano stati esaminati e abbiano goduto della continuità della trattazione al di là della diversità degli apporti critici, e siano diventati – consapevolmente o inconsapevolmente – patrimonio della critica contemporanea e di quella degli anni successivi. Non gli si può dare torto. Il lettore attuale di *Cinema Nuovo* può ritrovarvi non pochi materiali di fondamentale importanza per la ricostruzione di alcuni periodi del cinema italiano, a partire dalla serie di articoli di Libero Solaroli, apparsi nei primi numeri col titolo *Da Rotaie a Ossessione*[81].

A costruire le tessere di un mosaico storiografico di vaste proporzioni e ambizioni collaborano Blasetti, Zavattini, Chiarini, Barbaro, Cosulich, Spinazzola, Kezich, Ferretti, Puccini, Bazin, Bezzola, Antonioni, Calvino, Del Buono, Lizzani, Carpi. Molte delle personalità che abbiamo trovato a operare come battitori liberi in altre testate entrano a far parte di un disegno unitario e dell'unico progetto sviluppato in questi anni in maniera conseguente.

Pur raccogliendo progressivi consensi e raggiungendo, nel giro di un paio d'anni, un ruolo di guida e di polemico punto di riferimento per tutte le altre testate, *Cinema Nuovo* non esercita mai un'egemonia assoluta. Da quando la linea della rivista sembra sempre piú far corpo e identificarsi col direttore e il gruppo si stringe compatto al suo fianco a invocare, in una specie di attesa messianica, l'avvento del realismo, cadono i valori legati a questo o a quell'autore, il campo si restringe, il giudizio si irrigidisce in una sterile serie di negazioni e condanne. Fellini, Antonioni, Lizzani, De Santis, Rossellini, Lattuada, Zampa, Pietrangeli, Zavattini, De Sica fanno le spese inesorabilmente di un giudizio che ammette una mitigazione di pena a patto solo che si abbandonino le strade dell'individualismo, della cronaca, della solitudine esistenziale «per calarsi nel reale»[82].

È chiaro che, dai tempi di *Cinema*, non esiste alcun esempio, in tutto il dopoguerra, di cosí forte e compatta pratica critica di gruppo disposta a riconoscersi in una tendenza unitaria.

Nessun'altra rivista è mai stata capace di mettere in campo un progetto tanto definito e di dare alla propria battaglia una eguale continuità. Non c'è spazio o problema del cinema italiano contemporaneo di cui non si intenda farsi carico e rispetto al quale non si avanzi una proposta di intervento. Non si ha mai l'impressione che un qualsiasi contributo intenda limitarsi a constatare la fenomenologia dell'esistente. Dalla teoria, agli interventi di letterati o di registi, alla critica, fino alle lettere al direttore, la rivista difende a oltranza il proprio ruolo.

Mentre i *per* si riducono i *contro* si allargano, producendo

una estromissione progressiva dal gotha dei registi amati e am-
mirati di gran parte dei maestri del cinema straniero, da John
Ford a Fritz Lang, a Jean Renoir, René Clair, Luis Buñuel,
King Vidor, Orson Welles, Alfred Hitchcock, ecc.

Verso la fine degli anni cinquanta, *Cinema Nuovo* appare come
una rivista orfana di autori e di film da amare e per cui lottare, una
rivista in cui l'apporto esterno autorevole di intellettuali non toglie il senso di perdita inesorabile della capacità di costituirsi come
punta avanzata e organica di una tendenza cinematografica.

Senza volersi arrendere all'evidenza della sconfitta, una critica, giunta non senza difficoltà, ad acquisire il senso della propria identità e ad affermare in pieno la sua maturità ed efficienza, si trova di colpo ad accusare una netta perdita di potenza e
a dover celebrare i propri meriti passati. È la fine di un'epoca.

Volendo difendere, nella lunga introduzione all'antologia
di *Cinema Nuovo*, la giustezza della linea di tendenza, Aristarco rimette impietosamente a nudo i limiti ideali, politici e intellettuali comuni a un'area culturale che abbraccia tutta la critica laica e di sinistra. Ci fa però anche capire che quel tipo di
critica ha saputo battersi gloriosamente senza abbandonare o
arretrare di un sol metro dalle posizioni conquistate, anche
molto tempo dopo la fine della guerra, per non volersi rassegnare ad accettare la condizione di reduci carichi di memorie,
di nostalgie, delusioni e frustrazioni e di spirito revanscistico.

Il lavoro critico procede, da un certo momento in poi, per
accumulazione e ripetizione, senza il gusto delle scoperte e il
piacere della creatività. Il cinema parla sempre meno ai critici
e non solo a quelli *di Cinema Nuovo*: la perdita di contatto con
la realtà materiale del film, negli anni in cui si è preferita la
caccia nei terreni della grande cultura, è netta e irreversibile.
«Se c'è una linea che esce sconfitta al termine dei dieci inverni
– scrive Guido Fink – è proprio quella che tende a inserire la
problematica dei film in ambiti piú vasti, l'estetica valida, la
società, la lotta per il comunismo. Di queste tensioni e di altre
in genere, la parcellizzazione voluta dal capitalismo avanzato... farà rapidamente giustizia»[83].

La generazione del neorealismo:
autori e opere

1. Ai nastri di partenza

«Non è che un giorno ci siamo seduti a un tavolino di via Veneto, Rossellini, Visconti, io e gli altri e ci siamo detti: adesso facciamo il neorealismo. Addirittura ci si conosceva appena. Un giorno mi dissero che Rossellini aveva ricominciato a lavorare. "Un film su un prete" dissero, e basta. Un altro giorno vidi lui e Amidei seduti sul gradino d'ingresso di un palazzo in via Bissolati. "Che fate?" domandai. Si strinsero nelle spalle: "Cerchiamo soldi. Non abbiamo soldi per tirare avanti il film...". "Che film?" "La storia di un prete. Sai, don Morosini, quello che i tedeschi hanno fucilato"»[1].

Anche nella cronaca piú spoglia e dimessa, come in questo ricordo di Vittorio De Sica, *Roma città aperta* è iscritto nel mito prima ancora di essere terminato: l'incertezza degli autori, unita alla volontà di ripresa, è da vedere come il momento piú rappresentativo del passaggio dal vecchio al nuovo. Accanto a Rossellini e Amidei, Zavattini e De Sica, il cinema, che non aveva seguito il fascismo a Salò, dimostra di voler riprendere il suo cammino.

Lo si vede bene in un rapporto del luglio del 1945, che Antonio Pietrangeli dedica su *Star* a questo fenomeno: «Il cinema italiano rinasce... tutta Roma del cinema è immersa nel suo lavoro... e non soltanto antichi registi, ma anche i novissimi sono all'opera»[2]. L'attività è però, agli occhi di Pietrangeli, fin troppo esuberante: «Idee su idee... Quanta buona volontà, quanti santi proponimenti... e almeno un successo statistico potrà coronare questa foga iniziale da velocista... L'impressione generale è che, se di rinascita si vuol parlare, essa avviene in un terreno di confusa, euforica *ordinaria amministrazione*... Invece di rinascita dovremmo parlare di ginnastica: il film italiano bisogna che ne faccia di molta, se vuole liberarsi della sua incertezza passiva e letteraria»[3].

Ai nastri di partenza, per la nuova avventura, si ripresentano compatti, come si vede, tutti – o quasi tutti – i campioni del passato, piú la truppa dei gregari. Rossellini e De Sica, Blasetti, Camerini, Genina, Soldati e Lattuada ripartono con entusiasmo, affiancati da altri registi vecchi e nuovi: ognuno si muove in base al proprio stile e ai propri mezzi, senza incontrare difficoltà di reinserimento nel gruppo. Manca solo Visconti, che lavora a tempo pieno nel teatro. L'esigenza di riprendere a lavorare, oltre che per i registi anche per i tecnici e le maestranze specializzate, rende assai facile il reinserimento di tutti ai livelli professionali dell'anteguerra, con promozioni e abbassamenti minimi di qualifica.

Al tempo stesso, la comunicazione con le grandi correnti della cultura europea, oltre a risultare interrotta, non è facilmente riattivabile su tempi brevi: alle spalle del regista esiste la Waste Land della cultura fascista e intorno, oltre a una cultura imbevuta di idealismo, un orizzonte povero di esperienze e di scambi, costituito da pochi testi e pochi punti di riferimento, per lo piú situati all'indietro nel tempo[4]. La riscoperta del primato dei valori morali di solidarietà, tolleranza e fiducia è, in questo momento, quasi una scelta obbligata e primaria.

E si manifesta per tutti, come un bisogno di rinnovamento profondo[5], di rigenerazione, una sorta di carta di doveri professionali non scritta, idealmente approvata e firmata almeno da quelli che si possono considerare i padri fondatori del nuovo cinema. Alberto Asor Rosa, osservando nell'insieme il fenomeno neorealista, vi distingue due fasi: «Dagli anni di guerra al 1947, in cui c'è una piú intensa collaborazione tra scrittori, artisti e politici e una piú intensa fioritura del fenomeno neorealista; dopo il 1948 il quadro si irrigidisce e il rapporto di collaborazione tende a trasformarsi in rapporto di direzione dei poli culturali sugli artisti e sugli scrittori»[6]. In realtà la periodizzazione, per quanto riguarda il cinema, si può vedere articolata in maniera diversa.

Le date a cui si deve far riferimento, e rispetto alle quali il sistema risente di cambiamenti interni, solo in parte coincidono con la periodizzazione racchiusa tra la fase iniziale 1945-1948 e la seconda del 1949-1956. Se il 1948 produce una svolta nel sistema, negli anni cinquanta hanno un ruolo piú importante l'avvento del colore e del cinemascope o il ricambio generazionale sul piano registico.

Il 1948 resta comunque un punto di riferimento cardinale di tutto il periodo e l'unica data in cui i diversi fenomeni risultano sovrapposti. Lo aveva osservato bene Luigi Chiarini: «*Roma città aperta* è del 1945, *La terra trema* del 1948: due date entro le quali si chiude il principio e la fine di un periodo in cui sembrava davvero che la terra tremasse e che la struttura della società italiana stesse per subire radicali cambiamenti»[7].

L'idea di un breve ciclo storico (per il cinema come per la storia sociale e politica del paese) è utile a patto di introdurre una variante che consideri, oltre il momento irripetibile di esplosione di un fenomeno, anche l'idea di trasformazione lenta e di piú lungo periodo, che parte da prima della fine della guerra e si spinge ben dentro gli anni cinquanta, ricollegandosi poi, alla fine del decennio, alla nuova spinta impressa da un vero e proprio ricambio professionale e produttivo.

A partire dal 1948, salvo forse che per Fellini, Antonioni e Visconti (ma per quest'ultimo a prezzo di grandi rinunce e di un lavoro alterno con il teatro, mentre per i primi due a prezzo di esiti commerciali spesso bassissimi), a nessun regista sarà possibile sviluppare con coerenza la propria poetica e realizzare, in prima battuta, i soggetti desiderati. Questo fatto riguarda, in diversa misura, Rossellini e De Sica, Soldati e Lattuada, Castellani, Zampa, Blasetti, Camerini, De Santis, Germi e, dai primi anni cinquanta, Risi, Comencini, Pietrangeli, Bolognini...

Le accuse di involuzione, di cui traboccano le critiche dei quotidiani, riviste e saggi che cominciano a vedere la luce, separano, al momento della valutazione, l'analisi delle condizioni produttive dal momento espressivo. Eppure è proprio in questa varietà di linee di fuga, in questo arretramento strategico del fronte neorealista, uno degli aspetti che blocca lo slancio degli uomini di punta e consente il progressivo avanzamento dei quadri intermedi. Il risultato è che il livello produttivo medio viene rafforzato, spezzando definitivamente la partecipazione a un progetto unitario.

Cosí, oltre al 1948 e al 1956, si introducono due date ulteriori, il 1953 e il 1959, che costituiscono punti di crisi e trasformazione generale. Di fronte all'articolazione dei fenomeni e alle differenze interne di sviluppo, si è creduto piú funzionale tentare di distinguere l'attività della singola individualità registica e separarla rispetto al genere, nel caso che quest'ultimo prevalesse, con le sue leggi, fino a condizionare la figura del regista.

A sua volta lo sviluppo tematico e ideologico degli autori, di cui ci si occupa in questo capitolo, non è omogeneo: per ognuno si tratta di procedere a un diverso tipo di periodizzazione interna. Per Rossellini *Germania anno zero* costituisce una vera e propria cesura, per Visconti, invece, *La terra trema* è realizzato come film di appartenenza a un movimento proprio quando dall'interno di questo movimento si registrano i primi segni di rotture e di tendenze centrifughe. Ci si vuole pertanto muovere seguendo l'andamento pendolare finora adottato e raccordando autori, opere, temi, nel tentativo di salvaguardare, dentro al quadro complessivo, sia le caratteristiche stilistiche dei singoli autori, sia il senso della rete complessa di rapporti che si è cercato di delineare attraverso tutti i capitoli che precedono.

2. Lo sguardo neorealista: il gioco d'attacco.
Roberto Rossellini

«Finalmente abbiamo visto un film italiano! Intendiamo per film italiano un film che racconti cose nostre, esperienze del nostro paese, che ci riguardano. Rossellini, con *Roma città aperta*, ha portato sullo schermo, in immagini vive di cronaca, i giorni di oppressione e di morte che la capitale visse durante l'occupazione tedesca»[8]. Non sono molti i giudizi della critica contemporanea – come questo di Carlo Lizzani – che abbiano subito colto l'importanza di *Roma città aperta*[9]: com'è noto, ci sarebbe voluto il grande successo internazionale degli anni successivi a consacrarne l'importanza[10]. Né bisogna dimenticare che *Paisà*, presentato alla Mostra del cinema di Venezia del 1946, si era dovuto accontentare del quinto posto in ordine di segnalazione da parte della giuria.

L'osservazione è ancora valida: i due lavori di Rossellini, oltre ad essere due momenti tra i piú alti del patrimonio artistico e culturale del novecento italiano, offrono una insostituibile documentazione storiografica, in cui si possono riconoscere le forze politiche e il popolo italiano per la prima volta autentici soggetti di storia[11]. Le immagini dei due film sono diventate le fonti per eccellenza di un periodo determinante della storia nazionale: la forza della loro testimonianza le rende assai piú rappresentative di qualsiasi altra fonte documentaria diretta[12]. In entrambi i film i segni della storia, anche se non sottolineati, si impongono allo spettatore per la loro forza ed evidenza autosignificante (sono le «lacrimae rerum» di cui aveva parlato Francesco De Sanctis nella *Storia della letteratura italiana*, piú volte evocate nella critica)[13].

Di colpo sparisce qualsiasi mediazione letteraria e il cinema rivela il potere di raccogliere metonimicamente, in ogni inquadratura, il senso della storia collettiva, la capacità di divenire fonte storica primaria.

In effetti sempre piú capita di pensare che in futuro sarà possibile riconoscere, studiare e capire il senso della lotta di Resistenza italiana ed europea grazie ad una sola sequenza di *Roma città aperta* (quella ad esempio della morte della sora Pina) piú che mediante la consultazione di decine di libri di storia e migliaia di pagine di documenti.

L'Italia, che entra, come si è detto, nelle immagini del cinema del ventennio fascista, è vista in una scomposizione a frammenti tale che la somma dei singoli documenti non concede mai di conoscere il tutto. Al contrario, anche solo poche immagini di *Paisà* (quella ad esempio del corpo del partigiano trascinato dalla corrente del Po) hanno il potere di significare una condizione nazionale, di racchiudere, al livello espressivo e morale piú alto, il senso della lotta e del riscatto di un intero popolo.

Non si era mai visto con tale evidenza nel cinema del passato la congruenza perfetta del tempo della grande storia con quello delle vicende individuali di persone comuni. Non si era mai visto – se non nei film con esplicite intenzioni documentarie – nascere un film nel momento in cui la macchina da presa incontrava la realtà e i personaggi.

I film risultano strettamente complementari, anche se, dal punto di vista stilistico e narrativo, è fin troppo facile coglierne le differenze: in *Roma città aperta* si cerca di definire l'orizzonte ideologico e umano in cui nasce la Resistenza, nella sua forma organizzata (l'ingegner Manfredi e Francesco, don Pietro) e spontanea (la Pina). Il sacrificio eroico dei personaggi viene visto cercando di ridurre al massimo l'enfasi e portando l'attenzione oltre il pathos della vicenda, verso la rappresentazione degli intenti ideologici unitari che avevano rappresentato nella lotta antinazista forze diverse, dai cattolici ai comunisti. Con *Paisà* Rossellini rappresenta lo spirito della Resistenza nella sua piú ampia e inclusiva geografia umana. Servendosi di un itinerario esemplare, conduce, attraverso tappe successive, due popoli diversi al riconoscimento di una comune identità, di comuni ragioni di vita e di lotta, fino all'esperienza piú alta della morte, fianco a fianco, per i medesimi ideali[14]. Sono soprattutto le ragioni umane a costituire la forza di verità, in quanto il regista non va alla ricerca delle motivazioni politiche che determinano il comportamento dei suoi personaggi: le loro sofferenze, la passione e il rispetto reciproco ne unificano i piani e i presupposti ideologici differenti[15].

Nel momento in cui Rossellini scopre il volto collettivo e non organizzato dell'antifascismo è come se avesse capito che la storia d'Italia, che continuava a vivere tra le macerie e guardava alla ricostruzione, poteva, sulla base di una scelta politica generale, considerarsi riscattata dalla sua sofferenza e rimuovere, al piú presto, il ricordo del fascismo per guardare al futuro. Anche se, per il momento, non si era certo in grado né di prevederlo, né di ipotecarlo.

Con *Roma città aperta* regista e collaboratori tentano di mostrare l'esistenza, nella popolazione romana, di un compatto e diffuso antifascismo a tutti i livelli di classe. Gli autori della sceneggiatura sembrano, in effetti, indifferenti al discorso dell'organizzazione delle forze politiche e a un'analisi piú diretta del tipo di lotta e di lavoro condotto dalle forze organizzate della Resistenza. La maggior parte dell'azione del film sottolinea la partecipazione spontanea della popolazione: l'unico collaborazionista e fascista pare il prefetto di Roma, che agisce come puro e semplice servo dei nazisti. Altri casi di collaborazione con il nemico sono sporadici e condannati piú per la loro irresponsabilità che per il fatto di essere frutto di una scelta di campo consapevole[16].

Ciò che interessa nel film è sia la logica di rimozione del fascismo (o la sua sopravvivenza in singoli e isolati fenomeni), sia la capacità di guardare al futuro come al prodotto di uno sforzo e di un sacrificio e di una volontà di piú forze. Il senso del messaggio è questo: dopo un ventennio di primato della politica, dopo aver decretato in modo passivo e conformistico il proprio consenso al fascismo nei primi anni di guerra, il popolo italiano rifiuta in modo unanime il fascismo e il nazismo, compiendo prima di tutto una scelta morale.

Le parole dei protagonisti in *Roma città aperta* non sono portatrici di un'ideologia storica, fanno piuttosto parte di discorsi che potrebbero essere assolutamente intercambiabili: il senso comune acquista in alcuni momenti, come nel finale del film, una propria valenza morale assoluta e appare come tratto unificante le diverse ideologie. Rossellini riesce a non scegliere né imporre una verità, né un'interpretazione vincente dei fatti che rappresenta: non esiste un punto di vista privilegiato, quanto diversi punti di vista egualmente portatori di verità, cosí come portatore di verità è il giudizio del comandante tedesco ubriaco, durante la festa degli ufficiali che precede il finale[17].

Il cinema di Rossellini non entra in contatto con i quadri dirigenti della Resistenza perché al regista interessa la gente comune e i luoghi della lotta per lui sono le strade, le chiese, i casamenti popolari, i tetti, tutti quegli spazi vitali che l'individuo è chiamato a difendere. La maturazione della coscienza dell'uomo comune avviene nel momento in cui la violenza nazista e fascista entra nel suo orizzonte vitale, lo tocca in una dignità che pareva addormentata.

In *Roma città aperta* e in misura maggiore in *Paisà*, la macchina da presa fa corpo con le cose, le persone e il dramma collettivo: è un occhio che «respira» il senso di tragedia collettiva, ma anche la forza della speranza, la scoperta delle ragioni del vivere e del morire. È un occhio equidistante che sa giungere subito al cuore delle cose, comunica il dramma collettivo con una sola inquadratura. «Rossellini – ha scritto Ugo Pirro – anticipava il domani, ma senza saltare il presente»[18].

Paisà sacrifica la rappresentazione individuale al quadro d'insieme: la somma di esperienze, la loro disposizione, il senso di un itinerario geografico diventano vera e propria risalita morale, testimonianza di un riscatto collettivo. La pluralità degli episodi e degli sguardi (che in questo caso sono quelli dei soldati americani) è pluralità di giudizi, progressiva messa a fuoco di una realtà sconosciuta, distante e indistinta.

Il film si regge sul principio di un tentativo di comunicazione tra due popoli: partendo dai messaggi piú elementari (addirittura dalla scoperta delle singole parole nell'episodio siciliano), arriva alla morte comune nell'ultimo episodio. Con *Paisà* il regista riesce a racchiudere il senso dell'incontro di due popoli con la storia, una storia che attraversa esistenze tranquille, trasforma modi di vivere e comportamenti, unisce e separa, e impone di guardare oltre l'egoistico orizzonte di interessi immediati[19].

Di episodio in episodio, *Paisà* si carica di intensità drammatica e nelle immagini del recupero del corpo del partigiano fucilato, che il Po trascina e che i pescatori osservano in silenzio, legittima, nel modo piú naturale e diretto, l'incontro tra lotta armata e partecipazione popolare alla lotta antinazista. Non c'è alcun grido di protesta o violenza nella denuncia (neppure nelle scene agghiaccianti dell'inferno napoletano). Piuttosto il senso di un pianto sommesso e composto, una commozione ferma anche nei momenti di piú alta intensificazione drammatica, come nell'ultimo episodio, quando la macchina da presa segue il bambino piangente aggirarsi al di fuori della baracca di pescatori, tra i corpi senza vita contro cui si è abbattuto il furore della rappresaglia nazista[20].

L'apertura della parentesi nel convento dell'Appennino romagnolo scarica le tensioni drammatiche dei due episodi contigui e apre al caleidoscopio della realtà una sfaccettatura imprevedibile e, in apparenza, poco pertinente. Assai produttiva però per il futuro itinerario del regista.

Lo sguardo di Rossellini neorealista, da *Roma città aperta* a *Germania anno zero*, si viene restringendo e vede chiudersi, in maniera inesorabile, le speranze di trasformazione. Anche se in seguito dichiarerà che con il suo gesto Edmund si lascia alle spalle l'orrore nella speranza che dalla sua morte nasca «un nuovo modo di vedere, l'accento di fede e di speranza nel futuro, nell'avvenire e negli uomini», l'affermazione trova un difficile riscontro reale nel film e sembra piuttosto un significato aggiunto opportunisticamente a posteriori. Come tante volte è avvenuto nella sua attività successiva. Se il guardare di don Pietro, prima della morte, è anche un modo di trasmettere agli altri un messaggio di continuità e di speranza (don Pietro sente il fischio dei ragazzi oltre la rete, e si sforza anche di vederli, di comunicare con loro), per il protagonista di *Germania anno zero* non sembra esistere piú alcun futuro.

Il film, che conclude la «trilogia della guerra»[21], riesce a far coincidere, in una perfetta rete di scambi e di interrelazioni, un dramma autobiografico (la morte del figlio del regista Marco Romano) con un dramma nazionale (la caduta dello spirito ciellenistico e l'uscita dei comunisti dal governo) e internazionale (l'inizio della guerra fredda). È un film disperato, uno sguardo al tempo stesso coinvolto e distante, la constatazione di una serie di sintomi clinici e un referto che non lascia alcuna speranza di ridar vita a un corpo individuale e sociale distrutto[22].

Attraverso Edmund, Rossellini presagisce il senso della caduta di ogni speranza nella ricostruzione nazionale e internazionale: il nazismo sconfitto non è morto, continua a sopravvivere in modo diffuso, sia pure nelle forme degradate («prima ci chiamavano nazionalsocialisti, ora siamo i nazi»). La voce di Hitler, incisa nel disco che Edmund mette in funzione sotto le volte del palazzo della Cancelleria, si estende in modo inquietante, rimbalza per i corridoi vuoti e dilaga nella città. Gli inglesi che scattano foto visitando quei luoghi, come se si trattasse di una meta turistica, sono emblematicamente il mondo esterno, che ha rimosso in fretta la memoria del nazismo e non si rende conto che il fascismo continua a produrre i suoi mostri. Edmund chiede aiuto per il padre malato al suo maestro e l'insegnamento che ne riceve è questo: «Hai paura che papà muoia? I deboli sono sempre sopraffatti dai forti. Quello che conta, in una disfatta come questa, è sopravvivere».

Sulle macerie è impossibile ricostruire e tra le macerie non sembra piú nascere alcuna forma di solidarietà umana, di amore, né di speranza. Vigono, come si è visto, le leggi della pura sopravvivenza. Né basta la coscienza retrospettiva del padre di Edmund a modificare la realtà, in cui le parole del nazismo, ancora circolanti, riescono a produrre fatti («Tutto mi è stato tolto: il mio denaro dall'inflazione, i miei figli da Hitler. Tutti paghiamo i nostri errori. Solo dobbiamo essere coscienti delle nostre colpe... Non mi si può accusare di non essere stato un buon tedesco. Malgrado ciò ho sperato in un crollo del III Reich e in una sconfitta. Non voglio neppure pensare che cosa sarebbe successo in caso di vittoria»).

Il film tocca, negli ultimi dieci minuti, il climax del suo messaggio di disperazione: la macchina da presa segue il ragazzo e ne assume il punto di vista in un girovagare senza senso, alla ricerca – dopo l'assassinio del padre – di un conforto e di una comprensione da parte di un mondo che lo ha materialmente spinto a quel gesto. Lo segue, lo lascia camminare, giocare (la sua finzione può ormai produrre solo l'idea di uccidere o di essere ucciso), osservare figure immobili di un paesaggio urbano spettrale, fortemente sovraesposto. Lo sguardo di Edmund, prima di precipitarsi nel vuoto, cerca un appiglio nella realtà che ha di fronte. Per quanto si sposti, non c'è un solo segno di vita che giustifichi la necessità della sopravvivenza. Secondo le dichiarazioni fatte in seguito dallo stesso regista il film è costruito in funzione di questo momento culminante in cui Edmund assume la coscienza, la statura e i connotati dell'eroe tragico.

Con questo film Rossellini, pur negandolo, ha realizzato il finale piú disperato di tutto il cinema del dopoguerra[23] ed ha, al tempo stesso, attuato una violenta rottura di tendenza, in un momento in cui la pressione ideologica esterna chiedeva una sempre piú netta scelta di campo. Sulla Germania il regista realizza un transfert del senso di un'angoscia generalizzata e priva di appigli e di speranze[24].

«*Germania anno zero* – scriverà a qualche anno di distanza – potei girarlo esattamente come volevo e oggi, quando rivedo questo film, sono sconvolto dallo spettacolo: mi sembra che il mio giudizio sulla Germania fosse giusto, incompleto, ma giusto»[25].

Nella «trilogia della guerra» Rossellini costruisce un vero e proprio monumento storiografico la cui tensione interna e carica di energia morale e ideale non ha eguali in tutto il sistema narrativo e documentario del dopoguerra.

La critica comincia ad accusare di pessimismo l'opera del regista e lo rimprovera di non saper trovare, sul piano concreto della storia, delle condizioni per il superamento della denuncia della tragedia del vivere umano[26].

Dal punto di vista stilistico emerge anche una forte e inedita componente espressionistica che verrà ripresa anche in seguito, nel *Miracolo* e nella *Voce umana* e soprattutto nella *Paura*.

Nel 1948 Rossellini gira i due episodi di *Amore* (*La voce umana*, tratta dall'atto unico di Jean Cocteau, e *Il miracolo*, su soggetto di Federico Fellini): nel primo si serve della macchina da presa per analizzare «quasi al microscopio» il volto di Anna Magnani per quaranta minuti. «Questa esperienza – dirà ancora lo stesso regista – mi serví piú tardi in tutti gli altri film, perché in un momento qualsiasi della realizzazione io sento il bisogno di lasciar da parte la sceneggiatura per seguire il personaggio nei suoi piú segreti pensieri, quelli di cui forse non ha neppure coscienza»[27].

Le parti che compongono entrambi gli episodi (come poi in modo piú rigoroso sarà in *Francesco giullare di Dio*) vengono costruite, a contraddire i discorsi della improvvisazione e collazione casuale dei materiali, secondo leggi quasi geometriche. La macchina acquista maggiore elasticità di movimento e aumenta la sua capacità di assumere il punto di vista dei personaggi. Rossellini spiega cosí il suo nuovo modo di accostarsi alla realtà: «D'abitudine, nel cinema tradizionale si taglia una sola scena in questo modo: piano totale, si precisa l'ambiente, si scopre un individuo, ci si avvicina ad esso; piano medio piano americano, primo piano, e si comincia a raccontare la sua storia. Io procedo alla maniera esattamente opposta: un uomo si sposta e, grazie al suo spostamento, si scopre l'ambiente in cui si trova. Comincio sempre con un primo piano, poi il movimento di macchina che accompagna l'attore scopre l'ambiente. Il problema è allora di non abbandonare l'attore che esegue degli spostamenti complessivi»[28].

Nell'immagine iniziale della *Voce umana* – primo piano della Magnani, che si guarda allo specchio e scopre, forse per la prima volta nella vita (dopo essere stata appena abbandonata dall'uomo che ama), il proprio volto devastato dall'età – è dimostrata, in maniera esemplare, la qualità del rapporto tra l'occhio del regista e della macchina da presa e il personaggio. Lentamente la macchina indietreggia e l'ambiente messo a fuoco è omologo al volto appena osservato: lo stesso senso di sfacelo, di abbandono. Rossellini modula la distanza della macchina a seconda della variazione della curva drammatica e riesce a dare all'asse visivo il valore di contrappunto di verità rispetto alla finzione e menzogna del discorso verbale. Lo sguardo dei suoi personaggi, inoltre, comincia a posarsi su singoli oggetti, che acquistano una valenza emblematica sconosciuta alla produzione precedente (si potrebbe pensare al primo piano del cesto di mele visto da Anna Magnani nell'episodio del *Miracolo*, oppure ricordare gli sguardi di Ingrid Bergman in *Viaggio in Italia* durante la visita agli scavi di Pompei, dove i corpi fermati nella loro vita dall'eruzione diventano esatte epifanie della propria vicenda personale).

Col *Miracolo* viene posto esplicitamente il problema della fede nel mondo contemporaneo, e l'autore colloca al centro del suo cinema la tematica religiosa e la militanza cattolica[29]: c'è, in questo episodio, il senso di un piccolo calvario vissuto da un'anima semplice (la parabola dell'*alter Christus*, che nel mondo contemporaneo può solo essere vissuta dal folle, verrà poi ripresa in modo molto piú ampio nel *Francesco*).

Nannina, la povera donna messa incinta da un viandante, scambiato per san Giuseppe, trova la forza di continuare a vivere e di dare la vita grazie alla fede che la sostiene. La salita delle ripide scale del paese è fatta da Nannina tra gli insulti, il dileggio generale, e nella piú assoluta solitudine: la macchina da presa sceglie delle posizioni anomale e assai distanti dalle ipotesi neorealiste, per sottolineare le tappe di questo «Stationendrama», ingenuo come un ex-voto, carico di una partecipazione emotiva finora mai manifestata con eguale intensità. Nannina sale verso l'eremo per partorire e, alle sue grida, risponde solo il belato delle capre. La musica scandisce il crescendo del dramma, mentre le parole pronunciate nel momento culminante della nascita («sangue mio, creatura mia») e i primi vagiti del bambino restituiscono, a questo episodio, la forza di una natività e riscoprono il valore della vita come valore assoluto e unico messaggio positivo da trasmettere. A questo punto comincia una nuova fase di ricerca: gli anni successivi al 1948, che la critica del periodo ha giudicato di involuzione e impoverimento espressivo, sono anni in cui il regista rimette in discussione la propria concezione cinematografica e verifica nuove modalità di rappresentazione del rapporto tra individuo, realtà e storia, scienza, fede e religiosità.

Avvertiti i pericoli del populismo, egli preferisce ascoltare i richiami dello spiritualismo francese e, con tutta probabilità, è il pensiero di Maritain che provoca in lui la svolta piú profonda anche se non sono poi da sottovalutare le influenze contigue e molto concrete di padre Felix Morlion[30].

A partire da *Francesco giullare di Dio* diventa evidente che, per Rossellini, «essere nel mondo» vuol dire non accettazione di un'unica via maestra, quanto invenzione e scoperta continua di modalità sempre diverse dell'esistenza. Conflittualità del «privato» e del «politico», movimento a spoletta tra i due poli della chiusura e della «fuga» dal mondo (l'itinerario mistico verso la conoscenza assoluta) e della partecipazione piú totale al mondo, della donazione di se stessi (l'itinerario verso una conoscenza relativa) compromettendosi con le cose, riuscendo a produrre storia e a lasciare una piccola traccia di sé a favore degli altri. Ancorandosi a un dato costante della sua visione del mondo (che chiunque è soggetto di storia e che le vie di partecipazione e di costruzione della storia sono infinite),

Rossellini mette in situazione, da questo momento e soprattutto in seguito, nella produzione televisiva, i suoi soggetti importanti e anonimi, rappresentando l'evento nel momento del suo accadere naturale, del suo essere frutto non di un disegno deterministico, quanto di un incontro tra scelte e decisioni razionali e spinte e adesioni fideistiche. La storia rosselliniana è anche ricostruzione antropologica di gesti e situazioni, promozione del quotidiano a livello di storia alta. Non esiste per lui differenza tra macro e microstoria. I grandi avvenimenti e i protagonisti sono colti non tanto nella loro dimensione pubblica e ufficiale, separati dalla immagine piú comune e riconoscibile, quanto proprio nel comportamento piú ripetibile. Rossellini, partendo da *Francesco giullare di Dio*, si spinge alla ricerca di un'altra storia non scritta, non promossa ai fasti ufficiali e monumentali: la registrazione degli avvenimenti verrebbe ad essere il corrispettivo di una specie di oralità immediata. Storia, per il regista, è un patrimonio di fatti del passato che sono ripetibili e riconoscibili anche per l'uomo del presente. Per lui, come ha scritto Guido Fink, «nella storia vi sono almeno due elementi differenziati, quella storia che è realtà morta, gelida, spettrale, inorganica, come le parole di Hitler nelle rovine di Berlino e le ossa e le reliquie dei musei di *Viaggio in Italia*, e dall'altra la storia che è doloroso cammino degli uomini»[31]. L'idea di cominciare a riscrivere questa seconda storia, allontanandosi dal presente, viene messa a fuoco a partire dalla trascrizione dei *Fioretti di san Francesco*.

Sceneggiato con Federico Fellini, suo abituale collaboratore e aiuto regista fin da *Roma città aperta*, *Francesco*, realizzato nella primavera del '50, si ispira liberamente ai *Fioretti di san Francesco* e alla *Vita di frate Ginepro*, due tra i massimi testi della letteratura religiosa del trecento. Dei testi originali sono ridistribuiti i *segni*, le *circostanze* e il *contesto* di ogni fioretto, per cui il rapporto che si può individuare è un rapporto di alterazione e spostamento del racconto, sia sul piano letterale, che su quello del senso profondo, privato delle sue implicazioni mistiche a favore del concreto agire umano. Sono soppresse

pertanto le dimensioni mistica e magico-fantastica con le apparizioni di angeli e demoni, le meraviglie e i miracoli, a favore
di una rappresentazione di una vita comunitaria in cui dominano il sacrificio, l'altruismo, la carità, la rinuncia ai beni, l'a-
more, la condanna della violenza. A Rossellini interessa l'acca-
dimento, non il valore simbolico attribuitogli dalla tradizione.
Senza alterare l'uso tradizionale della macchina da presa, egli
giunge a fornirci un modo di rappresentare lo spazio come
luogo di incontro razionale tra macchina da presa e oggetto, in
cui ogni movimento si inserisce in una struttura armonica.
Servendosi di uno spazio naturalistico e stilizzato al tempo
stesso, egli non vuole rappresentare delle «tranches de vie»,
colte quasi all'insaputa degli stessi attori, quanto subordinare
ogni elemento a un preciso piano compositivo. Lo spazio è il
punto d'incrocio tra un'azione indicata nella sua nudità di
evento, un pensiero e una concezione di vita che costituisce il
presupposto di ogni azione. L'azione è vista in relazione allo
spazio in cui si evolve, e appare come sospesa tra una spinta
centrifuga ed una reazione che la contiene. Il gruppo di frati si
irradia dalla Porziuncola a predicare in tutte le direzioni e, anche se il mondo li respinge, loro tornano nel mondo: lo spazio
significa infinità di direzioni e di luoghi. I dieci episodi sono
disposti come dieci quadri animati, racchiusi in una cornice di
eventi definiti, non collegati tra loro secondo uno sviluppo
cronologico, quanto piuttosto in senso ideale, come nascita,
sviluppo e maturazione di un'esperienza comunitaria ma anche, paradossalmente, perdita di bussole ideologiche e religiose
precise, accettazione del caso e abbandono delle certezze. A
Rossellini importa raccogliere, in ognuno dei singoli quadri,
una serie di elementi che connotino la stessa idea d'insieme.
Colpiscono, nelle varie sequenze, l'organizzazione simmetrica
delle parti, la ripresa di situazioni e motivi identici, l'uso omogeneo e coerente di tutti i movimenti di macchina. In piú episodi si alternano due motivi, quello elevato e spirituale della
preghiera e quello semplice e comico delle azioni di alcuni frati (Giovanni e Ginepro, ad esempio).

Francesco è un'opera che cresce su se stessa in prospettiva temporale, provoca grandi spinte su molti registi contemporanei, suscita dibattiti[32] e costituisce, nel sistema rosselliniano, il primo atto di quell'idea di cinema didattico la cui massima produttività si sviluppa nel lavoro televisivo degli anni sessanta e settanta.

Diventa piú evidente da questo momento – ed è un tratto caratterizzante l'opera del regista – che, nell'arco teso tra il significante e il significato, la povertà dei significanti diventa progressivamente produttiva e si dilata in varie direzioni, mentre di fatto il significato resta, per quanto si cerchi di esplorarne la capacità e profondità, sostanzialmente modesto.

La struttura narrativa del film, inoltre, non fa che sistemare, al livello piú compatto e coerente, una tendenza del modo di raccontare di Rossellini: per lui la crisi ideologica e morale ha immediate ripercussioni sull'intero impianto delle strutture narrative e formali. A una narrazione articolata per concatenazioni e rapporti di causa ed effetto, si oppone una struttura costruita per paratassi, dove i segmenti narrativi sono intercambiabili e l'attenzione dello spettatore è riportata al punto di partenza e legata a personaggi che gestiscono le proprie storie, indipendenti dal contesto immediato in cui si trovano. Si tratta, in pratica, di una nuova distribuzione dei rapporti: il paesaggio neorealista viene riportato sullo sfondo o diventa proiezione e metafora della situazione personale dei personaggi. E questo accade sia nei brevi episodi dell'*Invidia* o di *Siamo donne*, sia negli apologhi della *Macchina ammazzacattivi* o di *Dov'è la libertà*, e soprattutto in opere come *Europa '51, Stromboli* e *Viaggio in Italia*, definite da Gianni Rondolino «trilogia della solitudine»[33] e dai primi anni cinquanta esaltate dalla critica francese guidata da André Bazin. Tre ritratti diversi di donna, tre modi di esaminare la condizione dell'individuo in rapporto a se stesso, nel rapporto di coppia o in relazione all'ambiente. «Se i tre film – nota Rondolino – possono, a buon diritto, costituire una trilogia, non è che ciascuno di essi sia stato concepito e realizzato in questa prospettiva unitaria e nemmeno che il discorso rosselliniano progredisca, di film in film, secondo un tracciato prestabilito... Anche i risultati artistici sono differenti, come differenti sono certe questioni d'ordine linguistico che Rossellini ha affrontato in maniera diversa, seppure in una direzione di sviluppo sostanzialmente unitaria. Alludo in particolare all'uso del piano-sequenza, all'accentuazione dei tempi morti, alla strutturazione aperta del racconto»[34]. Nella sua appassionata difesa di Rossellini, e in una serie di interventi poi raccolti nel quarto volume di *Qu'est-ce que le cinéma*, André Bazin raccordava anche questi film alla tradizione neorealista, ribadendo la capacità del regista di «mettere in scena soltanto fatti», di costruire «un universo di atti puri, insignificanti in se stessi, ma preparatori di un'improvvisa rivelazione sconvolgente del loro senso»[35]. Nei tre film si può ancora una volta parlare di una ricerca e di un itinerario individuale, dove l'insieme di gesti e comportamenti rappresentati dimostra la perdita di rapporto con l'ambiente, l'estraneità alle cose, alle persone e a se stessi. Il cammino dei personaggi va verso il recupero di questo rapporto, il riconoscimento di un senso nelle cose, di cui si colgono tracce e sintomi, senza riuscire a riunirli in un quadro d'insieme. Esemplare il modo in cui è visto l'attraversamento della realtà italiana da parte dei due protagonisti di *Viaggio in Italia*. Lungo tutta la durata del film fino alla sequenza finale la coppia Bergman-Sanders ha modo di entrare in contatto con realtà differenti, ma non riesce mai a «vederle», a vivere in prima persona l'esperienza. La realtà è opaca o invisibile ai loro occhi o si manifesta come dimensione «altra». Con Rossellini, osservava ancora Bazin nella sua *Difesa* pubblicata da *Cinema Nuovo*, «il neorealismo ritrova in modo naturale lo stile e le risorse dell'astrazione»: questo enunciato va ancor oggi approfondito e sviluppato. In effetti, dopo aver fatto sentire le lacrime e il sangue nelle cose, sembra che in questa fase Rossellini cerchi di dare concretezza alle impercettibili variazioni dell'anima dei personaggi e delle cose. Le cose parlano e diventano chiavi d'accesso a verità piú generali. È aumentato il senso di incertezza dei percorsi possibili, il senso di perdita per tutti della nozione di appartenenza. Il percorso esistenziale è segnato da continue fratture, da interruzioni della comunicazione sempre piú forti, ma anche disseminato da sintomi, indizi, segni, segnali, che possono aumentare lo stato confusionale o servire da aiutanti magici e da indicatori del cammino da percorrere. Non c'è piú senso di appartenenza nelle singole storie ad una realtà nazionale; lo sguardo rosselliniano, proprio a partire da *Francesco*, sembra aver acquisito una portata ecumenica. *Europa '51* e *Viaggio in Italia* costituiscono quasi delle opere in controparte rispetto alla parabola francescana e segnano il culmine del viaggio nei territori della solitudine. Irene, la protagonista di *Europa '51*, è una reincarnazione moderna della «follia» francescana. Nel momento in cui, al bivio della crisi del neorealismo, Rossellini non ha scelto la strada del «realismo socialista», né quella del «realismo», i suoi punti di riferimento sono diventati molti, filosofici, artistici, religiosi e culturali: senza recidere i legami con la materialità dello sguardo sul reale, il cinema rosselliniano ha cercato di percorrere alcune strade dell'astrazione e di una militanza cattolica che respirasse un clima meno intossicato ideologicamente da quello in cui si muoveranno chiesa e cattolici in quegli anni. «L'antistoricismo di Rossellini – ha detto Vittorio Spinazzola – è la posizione di un intellettuale che rifiuta le scelte totalizzanti cui il suo tempo lo invita, e intraprende con le sue sole forze una ricerca d'assoluto, quasi in figura di profeta»[36]. Nei film della «trilogia» egli giunge forse al punto massimo di coinvolgimento e di proiezione-identificazione della propria concezione del mondo e delle proprie esigenze. Ingrid Bergman, in questo processo, gioca un ruolo fondamentale: all'inizio è usata come alter-ego e, poco per volta, si distacca fino a divenire un personaggio antagonista, sia nei confronti della situazione narrativa, che del regista[37]. Anche professionalmente il rapporto con l'attrice e moglie conosce fasi successive: ora il regista le chiede una recitazione quasi straniata e impersonale, ora ne saggia le possibilità neorealistiche, ora la pone di fronte all'obiettivo per verificare, come nell'episodio di *Siamo donne*, la tenuta delle indicazioni zavattiniane, ora la sceglie come protagonista della trascrizione cinematografica dell'opera di Paul Claudel e Arthur Honegger *Giovanna d'arco al rogo* e, infine, nel momento di massima crisi del rapporto personale, la riporta, con *La paura*, ai ruoli americani, anteriori al loro incontro. Girato nel 1954, ignorato del tutto dal pubblico e dalla critica, *La paura* è un film costruito e realizzato secondo una struttura classica americana nel senso che sceneggiatura intreccio, recitazione, fotografia non sembrano appartenere alla tradizione cinematografica entro la quale Rossellini si era collocato e si riconosceva. Il film interessa per il tentativo di combinare piú livelli: la Bergman è usata secondo modelli ben riconoscibili, che vanno da George Cukor *(Angoscia)* a Alfred Hitchcock *(Notorious* e *Io ti salverò)*, la struttura narrativa è quella del melodramma, con ricatti, colpi di scena, tentativi di suicidio, riconciliazione finale in nome dei figli; i codici iconici, sempre molto marcati, con un'ossessiva presenza delle ombre notturne, dei volti in penombra, riecheggiano moduli espressionisti. Il film conclude il capitolo Bergman nella vita di Rossellini e ne mostra lo stato di spaesamento, il momento di crisi profonda, la regressione verso moduli narrativi e registici cosí tradizionali e classici da rendere la sua presenza difficilmente avvertibile.

Andando in India a realizzare il suo nuovo film il regista sembra ricuperare per intero la fiducia nelle proprie possibilità espressive: *India* non è un'inchiesta sociologica, né un documentario, né un film a soggetto. Attraverso quattro storie si compie un viaggio emblematico lungo quattro modi di vivere di una civiltà lontana e complessa, da cui è possibile comunque trarre esemplari indicazioni di vita. Trovandosi di fronte a una infinita varietà di comportamenti, di caste, di popolazioni, di linguaggi («indostani, bengali, tanarisi, gerachi, maharachi, assamiti, telegú, bugiachi, pungiabi, ragiastani»), Rossellini ne coglie subito un comune atteggiamento di rispetto e tolleranza reciproca. Sulla base di questo dato, egli cerca di unificare questa realtà molteplice e sfaccettata. «L'intolleranza è come la peste» farà poi dire a Cartesio, uno dei suoi personaggi della produzione televisiva; e, ai suoi occhi di occidentale, l'India si presenta come un mondo in cui sembrano assenti i conflitti sociali e la logica dei blocchi separati in cui il resto del mondo è immerso da un decennio. Uomini e animali vivono in simbiosi e i loro ritmi, oltre a dipendere reciprocamente, sono condizionati dai ritmi della natura. Il regista riacquista una verginità di visione che gli consente di seguire in modo disteso il volo del falco o dell'avvoltoio, gli elefanti al bagno o al lavoro, o di inseguire l'arrampicarsi delle scimmie sugli alberi. E ancora l'acqua, le nevi, le montagne, i fiumi («dalle acque sgorga la calma bellezza dei fiori di loto»)... Rossellini coglie o cerca un'India metastorica in cui si manifestano forme di pace e fratellanza e dove la distanza rispetto al resto del mondo è addirittura di ere, ma vede anche il momento di trasformazione economica e sociale, un'India che si affaccia al mondo moderno, adottando ad esempio tecnologie avanzate per la costruzione di dighe e strade. Egli registra questo momento e cerca di dare la parola, di interpretare il pensiero dei suoi personaggi (in questo senso si vedano gli sguardi in soggettiva dell'operaio che segue tutte le fasi di lavoro della diga), soprattutto mantiene ferma la propria presenza, coinvolge il proprio vissuto, trovando nella realtà indiana non poche risposte agli interrogativi che si era già posto ripetutamente e in modo ossessivo negli anni precedenti.

Realizzato già tenendo presenti le esigenze televisive, sospeso tra finzione e documentario, *India* segna un ulteriore passo in avanti nel processo di liberazione dai legami con un cinema narrativo e di finzione che il regista pensa ormai estraneo ai suoi interessi. Tuttavia il ritorno in Italia e la realizzazione, a cavallo del decennio, del dittico resistenziale *Il generale Della Rovere* ed *Era notte a Roma* gli consentono di riguadagnare crediti perduti sia verso il pubblico che verso la critica e di provocare un'accelerazione e una ripresa di temi che la produzione aveva eliminato. Qualcuno – come Massimo Mida, autore della prima monografia su Rossellini – parla di «nuova ondata» del cinema italiano e vede ancora una volta Rossellini come padre del nuovo movimento («Gli autori e i registi che sono in grado di contribuire a questa "nuova ondata" italiana sentono che Rossellini è alla testa del nuovo movimento, ed è a lui che guardano ancora una volta come all'anziano, ma sempre coraggioso e spregiudicato maestro»)[38]. In realtà se i due film trascinano il sistema e sembrano generare per contatto opere come *Estate violenta* di Zurlini, *Kapò* di Pontecorvo e successivamente i film di Lizzani, De Bosio, ecc., per Rossellini segnano un momento di stasi e di regressione. Si tratta di opere realizzate su commissione, che risultano, come ha osservato Gianni Rondolino, «sostanzialmente estranee al discorso critico sulle nuove possibilità dello spettacolo cinematografico»[39]. *Il generale Della Rovere* segna, comunque, una data importante nel nostro cinema, in quanto, oltre a favorire una svolta nei temi produttivi, provoca il riaccostamento delle classi medie al motivo della Resistenza in momenti di indubbia crescita democratica del paese. Il fatto che la sceneggiatura sia scritta, oltre che da Sergio Amidei, anche da Diego Fabbri e Indro Montanelli (un suo racconto è alla base del soggetto), ha certamente una funzione tranquillizzante per i produttori e contribuisce a sdrammatizzare la demonizzazione della Resistenza in quanto patrimonio esclusivo delle sinistre nel periodo della guerra fredda[40]. Grazie a questo film, prima ancora che sul piano storiografico, i cattolici iniziano a recuperare la memoria del loro contributo alla Resistenza. Come farà del resto in seguito, Rossellini pone la propria militanza di intellettuale al servizio di esigenze di una committenza politica che vuole mutare la propria immagine.

L'opera è ambientata in quel momento della storia della liberazione in cui i comandi partigiani dell'Italia del nord restano isolati e decapitati dei quadri dirigenti. La storia del piccolo imbroglione, spia al servizio dei tedeschi, che, per un processo di identificazione con il personaggio di cui prende il posto, riacquista una sua dignità, riscattandosi con la morte, è abbastanza prevedibile e giocata non secondo l'ottica di un diverso sguardo critico nei confronti della Resistenza, bensí riproponendo i medesimi valori umani della produzione neorealista. Mentre, per il rispetto di questi valori umani, il film coglie, secondo logica, tutte le fasi di trasformazione del personaggio da Bertone a Della Rovere, dal punto di vista stilistico e ideologico esso riporta l'attenzione verso il regista proprio in uno dei suoi momenti di minore creatività. *Il generale Della Rovere* è un film ben girato, ben scritto e ben recitato. Gli manca – forse – quel senso di sperimentazione del nuovo, quella sensazione di stupore e di scoperta che accompagna i grandi momenti del cinema di Rossellini. Tuttavia, ancora una volta, come si è detto, grazie a Rossellini, tutto un processo si rimette in moto, coinvolgendo forze vecchie e nuove del cinema italiano.

3. De Sica e Zavattini

Tornando al punto di partenza, si vede come la spinta impressa da *Roma città aperta* si rifletta, in varia misura, sui registi che si rimettono al lavoro nello stesso periodo. Per ritrovare un'eguale disponibilità nei confronti della realtà e un eguale amore per il proprio oggetto, unito all'esigenza primaria di annullarsi come autori, bisogna parlare di Vittorio De Sica e Cesare Zavattini[41]. E anche se, per loro, come per le altre figure trainanti, la resistenza crescente del sistema e del contesto impedirà la continuità del progetto e lo sviluppo fino alle estreme conseguenze, la materia, fino ai primi anni cinquanta, risulta di estrema malleabilità e risponde perfettamente alle ipotesi e agli enunciati di poetica.

Il cinema di De Sica e Zavattini si sviluppa, rispetto a Rossellini, secondo una parabola tematica che si dispone quasi in figura di chiasmo. Partendo dai motivi religiosi della *Porta del cielo* (1944), l'itinerario scelto è quello di riportare i personaggi entro una cornice e una visione laica dell'esistenza, evitando qualsiasi suggestione mistica o richiamo trascendentale. Dei due, a cambiare maggiormente, sarà per primo il regista, la cui sensibilità e capacità di osservazione produrranno una spinta decisiva per la trasformazione di Zavattini, in quegli anni ancora disposto a disperdere in piú direzioni la sua attività.

La guerra lascia un segno profondo sulla personalità di De Sica, accentuando la sua disposizione naturale a osservare il comportamento umano e la realtà con lucidità e commossa partecipazione. Oltre alle proprie, De Sica riesce a imbrigliare le energie e le capacità zavattiniane di operare a getto continuo sui meccanismi narrativi e significanti, e lo costringe a riempire questi meccanismi di significati che la nuova situazione impone con tutta la sua forza.

«Sorprendente è in De Sica la semplicità dello stile registico – ha scritto Argentieri nel volume collettivo su De Sica del 1992 – se per tale si ritiene l'assenza di preziosismi formali, la mancanza di riferimenti pittorici e figurativi e culturali marcatamente esibiti, l'impiego parco e funzionale dei movimenti della *camera*, l'indifferenza verso un cinema decorativo e scenografico. Si direbbe che il modello che piú abbia influito su di lui sia quello dei film americani anni trenta in cui hanno primeggiato i Ford, i Capra, gli Hawks, i Vidor: montaggio misurato, chiarezza espositiva nello sviluppo delle linee narrative, preminenza dell'attore... variabilità delle inquadrature ridotta all'essenziale, plasticità dell'immagine...».

De Sica non costruisce l'immagine guidando – come farà Visconti – lo spettatore alla scoperta della necessità di ogni singolo elemento e della rappresentatività degli oggetti all'interno di un sistema culturale-ideologico caricato intenzionalmente del massimo di senso. De Sica, come Rossellini, ha una concezione antropocentrica del cinema: per lui il senso si va costruendo anche grazie all'incontro casuale dei personaggi con elementi dello spazio che acquistano agli occhi dello spettatore significati multipli e aperti. L'alea, il caso, l'imprevisto, giocano un ruolo fondamentale nel suo lavoro registico, peraltro rigoroso e rispettoso delle regole del racconto.

Sciuscià, uscito nel 1946, riprende l'osservazione del mondo infantile iniziata con *I bambini ci guardano*[42]. Con un mutamento di segno per cui il moralismo e la connotazione psicologica lasciano il posto alla denuncia sociale e civile[43]. Lo sguardo sul mondo dei ragazzi precocemente divenuti uomini è mantenuto a una distanza tale da avere sempre a fuoco l'agglomerato umano e sociale di miseria e disperazione entro cui si svolge la vicenda di Pasquale e Giuseppe. Questo sguardo non è mai neutro e il regista cede di continuo ai personaggi la possibilità di diventare i soggetti dell'emissione visiva. Cosí, per esempio, nell'allontanarsi del cellulare, con Pasquale e Giuseppe, il regista sceglie prima il punto di vista della piccola Nannarella e poi alterna quello dei due protagonisti, ora sui loro coetanei che corrono liberamente, ora sul palazzo della prigione che si avvicina. Riprendendo lo schema dei *Bambini ci guardano*, e conferendogli una ben piú penetrante intenzione conoscitiva, gli autori mostrano il mondo dei ragazzi come riproduzione speculare di quello degli adulti, e come mondo antagonista, che vive secondo regole differenti, in una situazione di disadattamento e di incomprensione per entrambi.

La prigione moltiplica i meccanismi di violenza e sopraffazione diffusi nella società e diventa un microuniverso emblematico entro cui si ritrovano, al massimo grado di concentrazione, i traumi prodotti nel tessuto sociale[44]. Dal momento in cui varcano la soglia del riformatorio i ragazzi diventano cose da stivare e per di piú ingombranti («Buongiorno, comandante. Vi ho portato dell'altra merce», «Se andremo avanti di questo passo li metteremo a dormire in cortile»). Nel carcere i segni del passato non sono cancellati (il direttore, che va a sentire la bontà del rancio, esegue meccanicamente il saluto romano) e, in un certo senso, se ne rimpiange l'ordine («Rispetto al 1936 i reati sono aumentati del sessanta per cento»).

Nello sviluppare la sua denuncia, De Sica ricorre a una fotografia sgranata, sovraesposta e in controluce, senza particolari preoccupazioni di pulizia formale e rispetto delle regole della grammatica e sintassi cinematografica. *Sciuscià* mantiene ancora una certa preoccupazione narrativa e mostra, da parte del regista e dello sceneggiatore, anche un grande investimento ideale in motivi simbolici (il cavallo anzitutto). Proprio questo motivo risulta un po' anomalo e di difficile comprensione per una critica che già fatica a misurarsi con il massimo di referenzialità e verisimiglianza.

Altro motivo caratterizzante in misura analoga, se non superiore, a quella dello stesso Rossellini è il fatto che De Sica sia regista della realtà urbana, osservata in tutti i suoi possibili sviluppi direzionali, in senso orizzontale e verticale, nei suoi intrecci di itinerari obbligati di tram e autobus, nei suoi luoghi d'incontro (gli stadi, le chiese, le osterie, gli ospedali, gli uffici, le piazze, i mercati rionali), nella sua drammatica capacità di accentuazione della solitudine dell'individuo anche quando si muove con alle spalle una folla, e nella sua ricerca costante di comunicazione e di integrazione.

Sempre confrontato a Rossellini, De Sica compie un passo piú netto e meno compromesso in direzione del significato: De Sica e Zavattini sono gli autori piú liberi da condizionamenti ideologici e religiosi in questo periodo e, al tempo stesso, appaiono come i piú preoccupati di trovare l'equilibrio perfetto tra messaggio e livello espressivo La trasformazione interna e la perdita, in prospettiva generale, della carica dei messaggi, la concessione manieristica alle ragioni di mercato e a quelle industriali avvengono secondo uno slittamento semantico che, senza voler essere una resa senza condizioni all'avversario, si manifesta anche per loro come un'accettazione inevitabile delle nuove regole del gioco. È un gioco che per loro si svolge tutto in perdita.

De Sica e Zavattini accettano non pochi compromessi perché non intendono comunque perdere il contatto con il pubblico, quel contatto che il cinema neorealista ha perso in modo definitivo agli inizi degli anni cinquanta.

Il colloquio con la storia però, unito all'esatta capacità di definizione sociologica di personaggi e comportamenti, non viene abbandonato da De Sica neppure quando imbocca la strada della favola, o cede ai richiami dell'industria americana.

Nella filmografia desichiana *Ladri di biciclette* è stato, quasi all'unanimità, posto dalla critica al vertice della parabola espressiva e, in effetti, ancor oggi appare come una delle opere (personalmente iscrivo nello stesso livello anche *Miracolo a Milano* e *Umberto D.*) piú alte e rappresentative della storia del cinema mondiale del dopoguerra.

Operata una riduzione dei coefficienti emotivi, si punta l'attenzione su una serie di diversi meccanismi e comportamenti sociali. I personaggi si muovono ancora, come del resto fino a *Umberto D.*, al limite della possibilità di sopravvivenza, in una realtà sociale dove già cominciano a riapparire piccoli simboli di benessere e dove ognuno ha ripreso il proprio posto all'interno delle diverse classi sociali. In *Ladri di biciclette* lo sguardo degli autori si è, in un certo senso, integrato, consentendo di non aver quasi piú perdite e di rendere produttivo al massimo ogni piccolo gesto, ogni particolare, ogni ambiente toccato dal pellegrinaggio di Ricci e Bruno lungo la città. La distensione narrativa mette sempre piú in evidenza l'importanza della dimensione temporale. Una dimensione che da una parte sembra portare alla coincidenza con il tempo reale, come notava Chiarini, e dall'altra «a rendere drammatico il tempo della vita», come ha osservato Bazin[45].

Il racconto procede per associazioni, senza alcuna necessità di dover rispettare le scadenze drammatiche: il dramma è tutto interiorizzato e chiuso nel linguaggio di sguardi e gesti che si scambiano Ricci e il figlio ed è tenuto in tensione, non tanto perché si avverte che la ricerca possa condurre a una soluzione positiva, quanto per la presenza di vuoti continui, di perdita dello scopo, di apertura di parentesi interne che innescano false piste e fanno perdere i protagonisti nel labirinto urbano.

Esemplari, in questo senso, sia l'esplorazione compiuta da padre e figlio, guidati dallo spazzino Bagonghi nella foresta delle migliaia di biciclette del mercato di Porta Portese, sia la parentesi della messa del povero, o la scena nell'appartamento della santona, che culmina nella profezia erede piú della logica lapalissiana che sibillina («O la trovi subito o non la trovi piú»). Seguendo i due personaggi nel loro vagabondare, e insinuando poco per volta la sensazione della impossibilità di trovare la bicicletta rubata, De Sica e Zavattini smontano la macchina-uomo Antonio e ne mostrano la fragilità dei meccanismi interni, anche nei confronti dello stesso figlio. De Sica e Zavattini rimisurano lo spazio della città, ne dilatano le funzioni, ma soprattutto riscoprono la complessità dei rapporti possibili tra padre e figlio, tra adulto e bambino. De Sica sa collocare con estremo pudore e con grande senso di coinvolgimento la macchina da presa all'altezza dei suoi personaggi. Sa vedere e spingere lo sguardo in profondità, ma sa anche neutralizzare la sua presenza. Nel gioco dei rapporti tra padre e figlio il racconto alterna ruoli e funzioni mostrando ora un rapporto da uomo a uomo, ora da uomo a bambino, ora da bambino divenuto uomo e da uomo divenuto bambino. Gli insuccessi svuotano l'operaio, ne accecano la razionalità e i sentimenti e ne fanno una specie di cavia, che reagisce in maniera sempre meno controllata a una serie di scariche negative di intensità crescente. Il caso di Antonio, pur circoscritto con pertinenza nell'ambito di una psicologia individuale, è fondato su un'osservazione tutt'altro che trionfalistica o con facili chiavi di risoluzione per il futuro. Antonio vive ancora una realtà sottoproletaria e lotta per la soddisfazione dei bisogni minimi. Il suo isolamento, la sua fragilità hanno però una valenza che va ben oltre il solo piano psicologico[46].

L'anomalia di questo discorso, rispetto alle richieste ideologiche che cominciano ad affiorare nella critica, vede emergere le prime denunce di pericoli di sentimentalismo, che poi diventeranno uno stereotipo critico costante[47].

Dopo Napoli e Roma l'obiettivo si sposta a Milano, quasi naturalmente, assecondando il sogno zavattiniano di avere come teatro della sua narrazione l'Italia, per poter promuovere ad attori tutti gli italiani con le loro storie individuali. Con *Miracolo a Milano*, attraverso il tono e la struttura della favola, si riesce a dilatare lo sguardo fino ad abbracciare le facce di una medesima realtà, comprese tra delusione e speranza.

Opera cerniera tra *Ladri di biciclette* e *Umberto D., Miraco-*

lo a Milano è il commento a margine del primo film e una sorta di prefazione psicologica al secondo»[48], in cui sono riassunti i motivi passati e messi in tensione quelli di un progetto poetico ancora aperto, nonostante la crisi e il senso di disorientamento in atto. Il vero disorientamento, tuttavia, va rintracciato nella critica: da Chiarini ad Aristarco, da Fernaldo Di Giammatteo ad Aldo Paladini, c'è un fronte compatto di prese di distanza e di richieste di revisione di giudizio[49].

Gli anni successivi vedranno l'accentuarsi di questa tendenza critica, che giungerà all'apice verso la metà degli anni cinquanta[50].

Come ogni favola, *Miracolo a Milano* inizia con «C'era una volta»; poi mostra il ritrovamento del protagonista in un cavolo e, per via di ellissi narrative, lo fa crescere portandolo in progressione a contatto con una società reale. Dalla morte della maestra – angelo custode e buona fatina – l'affabulazione mescola in proporzioni sempre piú alte gli ingredienti realistici, i segni indici e caratterizzanti della realtà. La solitudine del feretro che attraversa la città, seguito dal piccolo orfano, intersecata da immagini pubblicitarie con slogan del tipo «Camminate felici: Scarpe Fata», è già un'unità semantica o un elemento chiave di questa combinazione mantenuta nel corso di tutto il film. Il capovolgimento della struttura narrativa nei confronti di quella che sarà poi la poetica del pedinamento, l'alterazione della dimensione del tempo reale, a favore di una forte concentrazione ellittica del racconto (che si espande quindi secondo moduli metonimici anomali rispetto allo standard del sistema contiguo), mostrano nei due autori (in questo caso prevale Zavattini) ancora una piena disponibilità di sperimentazione e il rifiuto dell'iscrizione in una poetica eterodiretta e già denunciante sintomi di sclerosi.

La favola zavattiniana rivela anche la modestia del sogno di trasformazione: i desideri e i bisogni di cui parla il film tutti racchiusi in quattro strofe di una canzonetta: un po' di terra per vivere e morire, un paio di scarpe, una capanna e a queste condizioni sarà possibile credere nel domani.

L'apologo, per vie non ricercate esplicitamente dagli autori, assume curiose consonanze con la poetica brechtiana, in quel momento ancora al di fuori della competenza della critica[51]. Ci sono però altri riferimenti piú legittimi: il primo interno all'opera dello stesso Zavattini, che riprende e ridistribuisce motivi dei suoi racconti precedenti (in particolare dei *Poveri sono matti* o il soggetto di *Darò un milione*), conservandone intere unità di narrazione e altri di tipo iconografico, che traducono, in termini cinematografici, sia elementi della pittura zavattiniana, che piú aperti richiami alla pittura di Georg Grosz o al cinema di René Clair.

Il racconto si sviluppa sulla base di una serie di opposizioni: a partire dal piú elementare scontro linguistico, che scatta nel momento in cui «Totò il buono» rivolge il saluto alla prima persona che incontra («Buongiorno», «Che cusa te voeli dí?», «Voglio dire veramente buongiorno», «Ma vara ti se te capita di incuntrà un bamba la matina»), fino al piú vasto conflitto sociale tra «ricchi» e «poveri», l'affabulazione sviluppa tutti gli esiti possibili di questa conflittualità. La decisione finale, con la partenza dei barboni a cavallo verso «un mondo dove buongiorno significa veramente buongiorno», è la constatazione di una condizione sociale di fatto immodificabile nel periodo in cui il film è realizzato. È anche la denuncia di una sconfitta, senza essere peraltro dichiarazione di resa. *Miracolo a Milano* rivendica il potere dell'immaginario e dell'utopia, e per quegli anni grigi e duri in cui tutte le speranze di profondo rinnovamente sono cadute, il discorso ha il valore eccezionale di un unicum.

Con *Umberto D.* De Sica torna a realizzare le ipotesi della poetica zavattiniana piú direttamente coinvolte nella esplorazione del reale quotidiano[52]. Il risultato, ancor oggi, conferma l'impressione di perfetta integrazione tra poetica ed esito espressivo[53]. Di *Miracolo a Milano* è conservato il motivo dell'impossibilità dell'uomo di comunicare con il proprio prossimo, ma quelle che nella favola divenivano categorie morali astratte acquistano, in questo caso, una determinazione cosí precisa e inedita da produrre effetti ben piú sconvolgenti e spiazzanti nei destinatari.

A Umberto Domenico Ferrari sono sottratte le condizioni minime di sopravvivenza, ma ciò non gli impedisce di manifestare, fino all'ultimo, fino al tentativo estremo del suicidio, il suo amore per la vita. Umberto D. cerca come può di lottare contro il determinismo delle leggi economiche e giuridiche, di inventare delle soluzioni individuali o collettive per far girare a suo favore la ruota della fortuna. Lo vediamo dapprima inserito in un gruppo di manifestanti e poi da solo in un alterno movimento di mosse e contromosse, di proteste e di cadute di energia. Gli basterebbe pochissimo per sopravvivere, assieme al proprio cane, con dignità. Lo si vede dopo la permanenza di una settimana in ospedale: il suo passo per le strade è baldanzoso e non decelera neppure in prossimità di una leggera salita. Sa far vedere, nel modo in cui si presenta, si leva il cappello, si siede, si rivolge agli altri, quei valori di *humanitas*, di *virtus*, di integrità (peraltro orami inutili e inefficaci), di rispetto degli altri, di onestà, di onorabilità, di dignità che nella realtà che lo circonda non sono piú valori.

Quando appare – assieme agli altri pensionati – sembra di assistere all'invasione degli ultracorpi. Il vecchio non è una specie prevista dal cinema («Che cos'è un vecchio? – si chiede Zavattini. – I vecchi puzzano disse una volta un ragazzo») e la sua apparizione assume quasi le caratteristiche del «perturbante» freudiano (la lettera di Andreotti in effetti è leggibile in questo senso).

A ben guardare però mentre Umberto D. lotta per vivere in una società che mantenga un volto umano, la maggior parte delle persone con cui entra in contatto ha già superato la soglia dell'umanità, vive in una dimensione postumana.

La vicenda di Umberto D. Ferrari, costretto alla sopravvivenza con le diciottomila lire al mese di pensione, per la sua assoluta normalità e probabilità, e per l'accumulazione di azioni, incontri, situazioni, luoghi, comportamenti, riconoscibili e reali, provoca dunque una reazione di rigetto su uno spettro molto ampio di soggetti[54]. L'ipotesi di esplorare il grado zero della realtà mette drammaticamente in luce, nel suo estremismo, la divaricazione ormai insanabile tra alcuni autori e un pubblico, ormai orientato a decretare il proprio consenso ad altri modelli cinematografici di ben diverso coefficiente spettacolare.

Il dramma individuale si consuma attraverso una narrazione lineare, nella quale le situazioni sono analiticamente scomposte fino all'osservazione straniante degli automatismi dei gesti piú elementari (la famosa scena della preparazione del caffè). Lo sguardo sembra giungere a una soglia di osservazione analitica oltre la quale è impossibile spingersi, dove ogni unità di osservazione si combina con le altre, secondo una perfetta calibratura[55], e dove scompare interamente quella componente sentimentale rimproverata da piú parti al regista[56]. Per la verità – come osservava lo stesso interprete – al film «manca anche il riso. Tutto è amaro, in un grigiore che alle volte contrasta energicamente cogli sfondi luminosi di albe e tramonti»[57]. Eliminata ogni concessione sentimentale e spettacolare, il film dilata nel tempo il senso della sua denuncia e del suo rigore morale e linguistico.

La *fame di realtà*, che si avverte dalla prima all'ultima immagine, mostra come la tensione progettuale del neorealismo sia insoddisfatta, nonostante la crisi in atto. Fallito il progetto di *Italia mia*, lo scrittore stesso ritenta una breve avventura di verifica di ipotesi di poetica, che è venuto elaborando nel frattempo, proponendosi come autore e promotore di due esperimenti registici collettivi, realizzati nel 1953, *Siamo donne* e *Amore in città*.

Senza passare direttamente alla regia (l'episodio di *Storia di Caterina* è diretto assieme a Francesco Maselli), Zavattini, dopo aver enunciato al convegno di Parma i punti del suo credo poetico, portato ormai a forme estreme[58], unisce attorno a sé tutti i protagonisti del neorealismo, per dimostrarne la traducibilità operativa.

Film-lampo, come li definiva lo scrittore, film-inchiesta,

film-saggio, esempi di cinema-verità avant lettre[59], queste due opere anticipavano, nel loro tentativo di mettere in scena delle storie in cui i protagonisti dell'azione fossero al tempo stesso i soggetti autentici del racconto, quello che di lí a poco sarebbe divenuto uno dei punti di forza del linguaggio e dell'inchiesta televisiva[60]. Con tutti i limiti puntualmente messi in luce dalla critica, che rifiutava una tendenza alla identificazione del cinema con la vita, i film ci appaiono oggi come staffette, mandate in avanscoperta in terreni destinati a essere esplorati piú a lungo e piú a fondo con gli strumenti delle scienze umane, per il momento estranei alla cultura del neorealismo[61].

Come si era già osservato con Rossellini, la progettualità poetica non si esaurisce nelle specificità di una o piú opere; alcune opere, considerate al momento marginali o fallite, producono ondate a largo raggio e consentono attraversamenti multipli del corpo degli stessi autori in periodi successivi e con esiti molto vasti.

Il fatto che nel 1953 Zavattini fosse riuscito a porsi al comando di due squadre, composte da registi come Lizzani, Risi, Fellini, Antonioni, Maselli, Lattuada, per *Amore in città*, Guarini, Franciolini, Rossellini, Zampa, Visconti, per *Siamo donne*, è un'ultima e non minore conferma dello sforzo dello scrittore di annodare e ritessere una tela e un terreno operativo comune per gli autori del cinema italiano, rispettandone però le capacità individuali, per salvare un'unità ideale dalle forze che quotidianamente tentavano di distruggerla[62].

Dopo queste esperienze Zavattini sembra voler definitivamente rinunciare al passaggio dietro la macchina da presa (anche se proprio in questi ultimi anni ha piú volte annunciato l'intenzione di dirigere un film), e l'accumularsi ormai abbastanza cospicuo di sconfitte lo spinge di nuovo accanto a De Sica con un atteggiamento di diversa disponibilità nei confronti della produzione.

Al di là di qualsiasi intenzione di unificare l'opera che stiamo esaminando, resta, come dato preliminare a qualsiasi discorso su *Stazione Termini*, il fatto che il film nasce da un compromesso commerciale di De Sica con la produzione americana, che si rivela determinante sull'esito espressivo finale. Nel momento in cui il regista accetta di realizzare un film per David O. Selznick, accetta anche un tipo diverso di controllo della produzione sul processo realizzativo dell'opera. Il soggetto ricorda il *Breve incontro* di David Lean, in versione banalizzata e piú carica di effetti spettacolari. Un largo fronte della critica parla, quasi unanimemente, di «frattura stilistica»[63]. Il legame con il suo cinema precedente è in fondo solo esteriore e riguarda la figura del professore italiano, decentemente povero, capace di attirare l'attenzione di una ricca americana, che, dopo la breve parentesi sentimentale decide di tornare tra le piú sicure mura familiari.

Non è improbabile che la forte presenza di strutture professionali abbia posto il regista in una condizione cosí inedita, e di tale espropriazione del proprio lavoro intellettuale, da rendere tanto poco firmata e riconoscibile quest'opera nella sua filmografia complessiva. Certo, si tratta di rendere atto – per De Sica come per tutti i protagonisti del cinema di quegli anni – che la ristrutturazione produttiva in atto, fatte salve le differenze, non viene soltanto dall'esterno e che questa ristrutturazione produttiva impone, visti gli investimenti nel colore e nel cinemascope, la massima valorizzazione dei meccanismi narrativi, divistici e spettacolari.

Se Zavattini aveva cercato, con i suoi due film-inchiesta, di rompere un rapporto simbiotico, *L'oro di Napoli* viene a ricomporre la personalità del regista e dell'attore, sotto il segno evidente della svolta imposta dalle circostanze esterne. Si apre con questo film un nuovo capitolo nella carriera di De Sica. Tornando a Napoli, egli sceglie il suo soggetto da alcuni racconti del libro omonimo di Giuseppe Marotta (*Il guappo, Pizze a credito, I giocatori, Il professore* e *Il funeralino*, episodio poi eliminato nella versione definitiva perché non ritenuto sufficientemente spettacolare).

L'opera non soddisfa nessuno, anche se dimostra una straordinaria energia creativa e una fermezza di sguardo d'ambiente che il colore e il piacere di raccontare non offuscano o deviano[64]. La frantumazione dei racconti in tanti bozzetti, dotati di una propria autonomia, frena solo in parte la capacità del regista e attore di reinvestire tutta una serie di vecchi motivi con una nuova carica di partecipazione.

Il film è caldo, ricco di umori, calibra in modo giusto gli effetti comici e drammatici, ma è evidente che lo sguardo dell'autore tiene contemporaneamente presente l'opera, il pubblico e le richieste governative. L'alta professionalità è al servizio dell'esecuzione di materiali di repertorio perfettamente introiettati. Il discorso vale in parallelo per quanto riguarda la contemporanea ripresa dell'attività di attore da parte del regista[65].

Ultimo titolo della filmografia desichiana degli anni cinquanta, *Il tetto* riporta al regista il consenso della critica da qualche tempo perduto. Dopo gli indubbi compromessi commerciali, De Sica tenta un ritorno alle fonti della sua ispirazione, producendo direttamente il film e assumendosi quindi tutti i rischi economici e artistici. *Il tetto* ripropone luoghi e personaggi della produzione neorealista e, anche dal punto di vista stilistico, riannoda i fili con *Umberto D.*, se non addirittura con *Sciuscià* e *Ladri di biciclette*[66]. Soprattutto cerca di collegare i fili della componente favolistica di *Miracolo a Milano* con quella realistica delle altre opere, quasi a voler dimostrare, a una critica che non aveva saputo guardare bene, la coerenza dell'opera precedente. La storia ha struttura e moralità dell'apologo e della favola. Alla periferia milanese si sostituisce quella romana delle borgate e delle baracche, e in questa periferia due giovani sposi, che non riescono a trovare casa, decidono di costruirla abusivamente su un terreno di proprietà comunale. A loro favore gioca una sola possibilità, quella di riuscire a terminare la costruzione nel corso di una sola notte, in modo da sfruttare un articolo di legge che impedisce di abbattere una costruzione, una volta che l'edificio risulta completo nelle sue strutture fondamentali. La componente favolistica del racconto questa volta vuole il lieto fine. Qualcosa però è profondamente mutato, nella rappresentazione. Attorno alla lotta dei due protagonisti contro il tempo si sviluppa una feroce lotta di sopraffazione: il paesaggio umano è desolato quanto quello naturale. I personaggi ora sono due (anzi tre, se comprendiamo anche il bambino) e ben determinati a usare la molla del loro amore come arma di difesa, anzitutto dei loro sentimenti, contro gli attacchi e la violenza di coloro che li circondano. Lizzani nota come il film non «suscita l'eco che si sarebbe meritato, per la grande delicatezza con la quale venivano toccati certi sentimenti elementari dell'uomo»[67]: di fatto, sia pure frutto ritardato della stagione neorealista, *Il tetto* racchiude – soprattutto nei momenti di intimità dei personaggi – tutta la capacità del regista di toccare aspetti della personalità umana con una autenticità ineguagliata.

4. Visconti

Dopo Rossellini e De Sica, è il turno di Visconti. Inseriti dapprima in una dimensione oleografica di tipo risorgimentale, poi violentemente fatti cavalcare ognuno per conto suo, mi sembra oggi opportuno e legittimo continuare a vedere i tre massimi protagonisti del cinema del dopoguerra muoversi sullo sfondo del medesimo quadro, con ritmi e sguardi rivolti in direzioni differenti. In ogni caso Visconti è l'unico regista che non si presenti ai nastri di partenza del 1945[68].

Questo è uno dei motivi non secondari di spiazzamento della critica di sinistra, che aveva giocato anni prima le proprie carte su Visconti e deve attendere alcuni anni perché si assista a una ripresa di ipotesi poetiche, che non sembravano affatto essere entrate nell'orizzonte di Rossellini e De Sica.

In effetti, tra la realizzazione di *Ossessione* e di *La terra trema* passano circa sei anni[69]: in questo periodo Visconti si stacca dal gruppo di *Cinema* e dedica una grande quantità di energia al lavoro teatrale, nel tentativo di mettere a punto la propria competenza registica e di aprire al massimo i suoi interessi. Le sue regie spaziano dal teatro shakespeariano a quello americano contemporaneo, da Jean Cocteau ad Anton Čechov, cercando di soddisfare una serie di emozioni negate dalla cultura fascista, recuperando i tempi perduti e aprendo, senza pregiudizi e complessi, alle esperienze piú diverse della tradizione e dell'avanguardia. Il progetto è cosí ampio che, al suo interno, la realizzazione della *Terra trema* verrà a costituire un momento di deviazione, di confluenza di esperienze distinte e separate ed anche di allineamento su un diverso fronte di lotta[70]. La cultura di Visconti, la sua ricchezza di riferimenti eccedono, anche nel periodo neorealista, gli orizzonti entro cui egli colloca il suo oggetto. Tuttavia, rispetto agli altri registi, Visconti, anche nell'attività cinematografica, guarda al tipo di spettacolo dei grandi teatralizzatori dal naturalismo ai primi del novecento. La sua competenza giunge fino al limite delle avanguardie, ma non intende confrontarvisi. Nelle regie teatrali Visconti mette in atto tecniche da direttore d'orchestra: esegue dei testi confrontandosi con un repertorio eterogeneo, mantenendo ben salda la sua vocazione naturalistica e l'esigenza di controllo dello spettacolo. Nelle regie di drammi di autori contemporanei come Sartre di *A porte chiuse*, o Tennessee Williams di *Zoo di vetro* Visconti riesce a coniugare il tempo del mito con quello del presente e sa servirsi di attori capaci di divenire, sotto la sua guida, sacerdoti e propagatori di una mitologia profana onnipresente nella realtà. Proprio nel lavoro teatrale sviluppa, in direzione del tutto divergente rispetto a quella rosselliniana, un tipo di costruzione dello spettacolo e un tipo di regia che punta a lasciare al caso il minimo di possibilità e di probabilità di modificare in modo imprevisto o imprevedibile l'evento scenico. Nella *Terra trema*, film in cui gli stessi autentici pescatori di Aci Trezza avrebbero dovuto produrre lo spettacolo, ogni elemento è egualmente organizzato e costruito secondo una precisa partitura sinfonica. Visconti si accosta a questo mondo, culturalmente e sociologicamente distante ed estraneo alla sua cultura, con occhio vergine e con la ferma determinazione di dare alla sua esecuzione un andamento epico

di vasto respiro. L'ipotesi di traduzione del romanzo verghiano, già presa in considerazione nel 1941, viene collocata ora in
una prospettiva molto piú ampia. Il dialetto siciliano, pressoché incomprensibile, riempie le immagini, ne modula l'andamento drammatico, organizzandosi ora in sintonia, ora in antitesi con la partitura visiva, dove l'immagine, grazie alla fotografia di G.R. Aldo (non immemore di Robert Flaherty e Joris
Ivens), ha la capacità di far sentire la violenza delle forze naturali e dello sfruttamento di classe sul povero mondo dei pescatori[71].

Anche il montaggio è in funzione del ritmo musicale delle
frasi. Il dialogo si sviluppa con un andamento continuo: si passa progressivamente dalle voci singole alle voci di gruppo con
il senso che, poco per volta, viene annullato. Nella prima parte – che funziona da ouverture – il ritmo sonoro organizza
quello visivo e l'immagine è sempre riempita dal segno sonoro; oltre alle voci dei singoli, interessa soprattutto il loro accordo sinfonico. A un «horror vacui», di tipo sonoro, fa riscontro una pluralità di punti di vista, di mutamenti di angolazione della macchina da presa, di sforzo di accordare la visione
individuale con la sofferenza collettiva. Il numero molto alto
delle inquadrature (527 secondo i calcoli di Micciché che vi ha
condotto l'analisi stilistico-formale piú convincente e capace
di esplorare la struttura in profondità) rivela una forte presenza di movimenti di macchina che rendono straordinariamente
fluida la struttura ed esaltano la ieraticità e la potenza di singoli piani in cui l'energia è tutta compressa. Rispetto al fatalismo
diffuso del romanzo verghiano Visconti dà ai suoi protagonisti, e in particolare al giovane 'Ntoni Valastro, la coscienza
dello sfruttamento e la capacità di maturare l'esigenza di ribel-
larsi per cambiare lo stato di cose[72]. I gesti di 'Ntoni, i suoi discorsi acquistano una evidenza marcata, pur facendo corpo col
mondo dei pescatori.

Esclusa la diretta comunicazione verbale, il film affida il
suo messaggio alla componente visiva, mostrando la capacità
del regista di coordinare gli elementi presi direttamente dalla

realtà. Oltre al rispetto per una lettura in chiave nazional-popolare dei *Malavoglia* di Verga, Visconti ha aggiunto, o meglio, dato ai suoi personaggi una piú moderna consapevolezza
sottraendoli alle leggi immutabili e imperscrutabili del destino
e facendo vedere come il destino possa dipendere direttamente
dalla capacità collettiva di diventare protagonisti e attori della
propria storia[73].

Sempre Lino Micchiché – dopo aver condotto una serrata
analisi comparata tra testo verghiano e film – mette in rilievo
come la guerra e la Resistenza abbiano mutato il rapporto di
Visconti rispetto al romanzo di Verga già accostato nei primi
anni quaranta: «È una distinzione che si rende necessaria per
Visconti, dopo *Ossessione*, e la Resistenza, e le giornate a Villa
Trieste, e la liberazione e l'epurazione, e le speranze-illusioni
immediatamente postbelliche, e la lotta "fronte contro fronte"
cui il paese si prepara nel 1947 dopo la rottura dell'unità antifascista: lo spostamento d'asse dall'antropologia *storica* della
vicenda dei Malavoglia all'antropologia *ideologica* della vicenda dei Valastro».

L'opera, come già si è detto, non trova un'adeguata possibilità di circolazione e incassa, alla fine dello sfruttamento commerciale, poche decine di milioni. La versione originale è sostituita da una piú breve, con una didascalia sonora all'inizio
di ogni sequenza, in cui una voce fuori campo spiega il senso
dell'azione e ne offre la chiave interpretativa. *La terra trema*,
nelle intenzioni iniziali, avrebbe dovuto far parte di una trilogia: «Gli altri due film, il film sulla zolfara e il film sull'occupazione delle terre, non verranno mai girati. Non soltanto per
ragioni economiche, ma perché si è affievolito, spento il respiro, sia pure contrastato, sia pure complesso da cui un film come *La terra trema* era potuto nascere. C'è stata una caduta di
tensione non piú ritrovabile; comincia il lungo viaggio di Visconti a ritroso nella memoria e nella cultura, il ritrovamento
delle radici, la rivisitazione delle fonti, attraverso le strutture
del melodramma e del romanzo ottocentesco»[74].

Tra *La terra trema* e *Bellissima* passano altri tre anni: l'avventura dell'«improvvisazione» lascia nuovamente il posto all'esaltazione della professionalità, alla valorizzazione dei personaggi, allo studio delle relazioni tra personaggi e ambiente. I rapporti con il neorealismo sono subordinati alla messa in evidenza di un ritmo interno della storia, che sottolinea le componenti ritmiche delle battute e mantiene i personaggi come immersi in un sogno donizettiano[75]. È questa una dominante messa opportunamente in luce da Aristarco fin dall'uscita del film e tuttora rimane una chiave d'interpretazione assai pertinente e produttiva[76].

Il sogno cinematografico di Maddalena è dunque una variante moderna del sogno donizettiano, il punto di fuga piú alto verso cui possa convogliarsi il desiderio dell'italiano popolare agli inizi degli anni cinquanta. Maddalena (Visconti ha modo di incontrare finalmente Anna Magnani, che non aveva potuto avere come interprete nel suo primo film) lancia da sola una sfida, per vedere realizzati nella figlia i suoi desideri frustrati[77]. La sua superbia, la sua trasgressione, non porta il dramma a convertirsi in tragedia, come accadrà alla famiglia di Rosa Parondi in *Rocco e i suoi fratelli*. Giunta in vista del traguardo, con la prospettiva di una vittoria assoluta, abbandona la lotta, già soddisfatta del risultato ottenuto. Rosaria Parondi, invece, vorrà varcare la propria soglia sociale, per vedere i figli realizzarsi, e pagherà duramente questa trasgressione. Maddalena, al contrario, decide di non salire sulla ruota della fortuna, che la porta inaspettatamente in alto («Due milioni è una cosa che capita una volta sola nella vita – le spiega Glori – lei non può dare un calcio alla fortuna») e accetta di rimanere nella sua condizione perché solo a quel livello è in grado di recuperare il proprio rapporto positivo con la realtà[78]. Nel momento in cui rifiuta il contratto di protagonista per la figlia, selezionata tra le tante bambine, Maddalena imbocca la strada della sconfitta e tuttavia la sua sconfitta ha portato il personaggio al piú alto grado di coscienza della propria condizione sociale e di madre.

Alle spalle della Magnani il regista dispone un coro di voci popolari, che si muovono e intrecciano consentendo di allar-

gare lo sguardo sulle condizioni di miseria e arretratezza economica di un'Italia appena uscita dalla ricostruzione e già
proiettata a guardare oltre l'orizzonte del soddisfacimento dei
bisogni immediati[79]. A questo tipo di italiano il cinema si offre
– come del resto il cineromanzo o il fotoromanzo – in tutta la
sua capacità fascinatrice di fabbrica di sogni e di luogo privilegiato, attraverso cui realizzare il desiderio di mutamento di
status sociale. Visconti smonta con crudeltà, e al tempo stesso
con ironia e affettuosità, la macchina cinematografica, e spinge
il suo sguardo alle spalle della macchina da presa, rivelando
l'assoluta inconsistenza ideale e morale del mondo del cinema.
Indirettamente parla anche dell'inconsistenza dell'utopia rivoluzionaria del neorealismo: il cinema non modifica la realtà; si
tratta di avere il coraggio di rifiutarne il ricatto.

Prima di girare *Senso*, chiave di volta della sua produzione,
Visconti, nel 1951, porta a termine un breve documentario
(Appunti per un fatto di cronaca) e l'anno successivo partecipa
al film a episodi *Siamo donne*, filmando il quinto episodio, interpretato ancora da Anna Magnani. Questo episodio lo vede
ancora sintonizzato con la poetica zavattiniana e incuriosito
soprattutto dall'idea di diario, di confessione pubblica.

«Tra *Bellissima* e *Senso*, tra l'altro, – come osservano Nuccio Lodato e Giuliana Callegari, – si situa quello che è riconosciuto unanimemente il culmine della carriera teatrale viscontiana. A differenza di quanto accadeva ai tempi di *Rosalinda* e
della *Terra trema*, con *Tre sorelle* (o *La locandiera*) e *Senso* non
vi è piú contrapposizione di tendenza, né teorica né operativa,
fra cinema e teatro: entrambi gli spettacoli fanno parte, come
fu rilevato, di un'unica lezione, ormai apertamente polemica
nei confronti di certo sciatto cronachismo di seconda mano
del neorealismo degli epigoni»[80].

In rapporto a tutta la tensione del regista in quel periodo in
direzione del teatro, e soprattutto agli sviluppi successivi della
sua attività cinematografica, l'episodio di *Siamo donne* costi-
tuirà pertanto una specie di congedo.

La memorabile scena d'inizio di *Senso*, con il palcoscenico del teatro La Fenice di Venezia, dove si rappresenta *Il trovatore*[81], marca una svolta nei confronti della poetica neorealista e di fatto riannoda i fili del melodramma, circolanti nei film precedenti, a partire da *Ossessione*, e ora giunti al loro grado di massima maturazione, grazie anche alle esperienze in parallelo di alcune grandi messe in scena teatrali per opere verdiane alla Scala o al Maggio fiorentino. Questo aspetto, in ogni caso, è stato ampiamente esplorato dalla critica viscontiana, con risultati convergenti, nonostante le premesse metodologiche e ideologiche spesso molto diverse.

L'inizio di *Senso* diventa anche il momento di saldatura tra la ricerca di collegamento alla tradizione nazional-popolare (è un omaggio del regista all'interpretazione gramsciana del Risorgimento) e l'intenzione di portare alla luce il nucleo centrale del proprio mondo espressivo, cercando di farlo rifulgere al massimo del suo splendore, della sua ricchezza e profondità di richiami e suggestioni culturali[82].

Su *Senso* esiste una letteratura critica enorme: il film è divenuto quasi un passaggio obbligato, un momento di verifica per piú generazioni di critici, almeno fino ai primi anni settanta. Dalla interpretazione di Aristarco, ormai piú volte ricordata, all'analisi di Bazin, alle successive letture di Baldelli e al suo partito preso di capovolgere le posizioni critiche anteriori, fino alle voci piú recenti di Micciché, o Ferrero, o Nowell-Smith e Di Giammatteo, molto lontane dal fuoco delle battaglie e polemiche degli anni cinquanta[83], il discorso procede per accumulazioni e antitesi. Il contributo piú utile si deve a M. Lagny che ha condotto sul testo e sul contesto dell'opera un'analisi che si può prendere a modello di ulteriori esplorazioni di singoli testi e della loro complessità[84].

I piani interpretativi del film restano molti, anche se sembrano prevalere quelli d'ordine tematico: dalla lettura del Risorgimento in chiave gramsciana, con l'assenza di partecipazione del mondo contadino e popolare alla lotta, alla struttura melodrammatica, dalla traduzione e libera trascrizione cinematografica della novella di Boito, alla costruzione a tutto tondo dei personaggi, ai problemi del colore e del rapporto con la tradizione pittorica ottocentesca (i macchiaioli in particolare), ecc. E, oltre a questo, la prima vera reimmersione cinematografica del regista nel suo mondo culturale e sociale, il suo primo collocarsi al livello della sua cultura piú autentica. L'anima populista, a cui pure Visconti aveva dato ascolto, tace per lasciar posto alla rappresentazione di un mondo nei confronti del quale egli prova, nello stesso tempo, un doppio sentimento-movimento di attrazione e repulsione.

Piú che dalla prospettiva positiva indicata dal marchese Ussoni e dai suoi ideali di unità nazionale, messa come una concessione al superego della critica di sinistra, a Visconti interessa il processo di degradazione che colpisce in egual misura l'ufficiale austriaco Franz Malher e la contessa italiana Livia Serpieri, trascinati, da un amore torbido e autodistruttivo, fino a un punto di rottura costituito dalla coscienza della fine del mondo a cui appartengono[85]. *Senso* rappresenta, per il regista, una forma di riappaesamento, di sutura tra i fili di una trama e di un ordito culturali che l'esperienza cinematografica neorealista aveva, in un certo senso, tenuto separati.

A partire da *Senso*, Visconti libera il proprio gusto scenografico e, senza modificare le proprie concezioni in fatto di montaggio, aumenta la mobilità della macchina da presa, la sua capacità di qualificare il dramma, facendo sentire in parallelo l'intervento significativo degli oggetti.

La letteratura ottocentesca tra romanticismo e decadentismo, cosí come il teatro o la tradizione dell'opera lirica, rimangono come scena culturale privilegiata contro la quale il regista amerà muoversi e con cui amerà dialogare e confrontarsi. Boito e la sua novella sconosciuta costituiscono, in un certo senso, un'eccezione anche se, come è stato notato dai *Cahiers du cinéma*, il vero referente culturale del film è Stendhal, e la sua *Certosa di Parma*[86]. In seguito egli punterà sempre piú in alto: Dostoevskij, Mann, D'Annunzio, Proust... Dostoevskij offre il soggetto per il successivo *Le notti bianche*, del 1957; quello che interessa il regista è la ricerca di un ulteriore punto di interazione e integrazione tra cinema e teatro. Immerso in una dimensione onirica, priva di punti di riferimento con la realtà, girato in studio e ruotante attorno al movimento dei protagonisti, il film racconta, ancora una volta, una storia di sconfitti mediante un'atmosfera rarefatta, in cui il detto e il mostrato dovrebbero essere semplici segni allusivi, indizi, metafore di una condizione collocata fuori e oltre la scena. Anche qui la creazione di un desiderio fantasmatico e la sua materializzazione momentanea, anche qui il ripiegamento e l'accettazione della sconfitta.

Il testo originale è rispettato, e, come già per Verga, il sistema di variazioni e concentrazioni sottolinea il ruolo critico dell'esecuzione: una maggiore unità spazio-temporale, la riduzione del numero di notti da quattro a tre, l'ambientazione in una ideale città italiana di cui il ponte, la calle, le strade con i negozi sono un concentrato di piú luoghi possibili. Nella scelta complessiva di regia si cerca di valorizzare in termini cinematografici un numero veramente esiguo di luoghi, cose e situazioni. Dalle variazioni di atmosfere, mediante la nebbia e la pioggia, la penombra e le luci al neon, il gioco degli specchi delle vetrine e dell'acqua nei canali, con movimenti di macchina ariosi, che accompagnano i personaggi, li uniscono e separano, attraverso l'uso di flash-back carichi di magia, con una costante assunzione del punto di vista dei personaggi, la regia carica dei significati poveri di ampie modulazioni. L'erotismo che si libera nel ballo e la repressione del desiderio, il senso di trasgressione collegato all'uscita da una condizione esistenziale opprimente per entrambi i protagonisti, introducono aperture importanti per il futuro dell'opera viscontiana. E, al tempo stesso, producono i primi scioglimenti dal giuramento, nei suoi confronti, da parte di una critica che per lunghi anni aveva trasferito in lui i momenti piú intensi della propria passione. Di fronte al palese tradimento di determinate attese, pur senza volersi rassegnare ad accettare un processo involutivo simile a quello da anni denunciato in altri registi, la critica che piú lo aveva amato e sostenuto viene a trovarsi in un vuoto difficilmente colmabile su tempi brevi.

5. Il centrocampo e le ali

Cosí come, durante gli ultimi anni del fascismo, l'industria cinematografica partecipa in misura marginale alla rappresentazione propagandistica delle imprese belliche, altrettanto sembra fare il cinema dell'immediato dopoguerra: la guerra e la Resistenza entrano, a parte il caso dei film di Rossellini, Vergano e Blasetti, come oggetti di racconto, senza divenirne il nucleo privilegiato. Il fatto che alcune opere siano documenti fondamentali per capire lo spirito della Resistenza, non esclude l'osservazione che la guerra si presenti assai spesso solo come sfondo ad un numero consistente di opere di autori tradizionalmente preoccupati dello spettacolo[87]. Il 1945, in questo senso, è l'unico anno in cui almeno metà della produzione si sente in dovere di inserire, in soggetti dall'intreccio tradizionale, la variante bellica come causa di disagio e turbamento dei rapporti tra i protagonisti. La storia entra nelle vicende private, le sconvolge, senza alterarne la prevedibile soluzione a lieto fine. Zavattini, Ivo Perilli, Aldo De Benedetti alla macchina da scrivere, e Massimo Terzano, Ubaldo Arata e Aldo Tonti alla macchina da presa, costituiscono una specie di trust per la realizzazione dei soggetti e delle riprese. In *Abbasso la miseria* di Gennaro Righelli, *Un americano in vacanza* di Zampa, *Il canto della vita* di Carmine Gallone, *Canto ma sottovoce* di Guido Brignone, *O' sole mio* di Giacomo Gentilomo, *La vita ricomincia* di Mario Mattoli, agli sfondi scenografici di cartapesta dell'opera lirica o dell'avanspettacolo e ai meccanismi narrativi del tutto astratti del cinema di consumo, si sostituiscono riprese in «plein air» e si pone la guerra non come elemento centrale dell'azione, quanto piuttosto come fondale accidentale, che modifica comunque alcune strutture narrative. Questo vale anche per film come *Un giorno nella vita* di Blasetti.

In pratica manca, o almeno è troppo dispersa e frammenta-
ria, una letteratura cinematografica sulla Resistenza che racconti e documenti dal vivo, in forma diaristica, sia il senso
quotidiano della lotta che quello dei grandi appuntamenti con
la storia. Dai pochi materiali documentari recuperati all'epoca
non si può certo dire che ne emerga lo spirito in modo rappresentativo[88]. La Resistenza non ha avuto la possibilità e i mezzi
di raccogliere a caldo una memoria visiva autentica della lotta,
dei luoghi e delle persone.

Roma città aperta prima e *Paisà* poi (piú che *Giorni di gloria*) hanno assolto a questa funzione sostitutiva: combinandosi
come un dittico hanno saputo mettere in scena figure rappresentative e anonime e porre sullo stesso piano vicende individuali e collettive.

Gli altri film che affrontano argomenti resistenziali non
vengono neppure presi in considerazione dalla critica e non si
cerca neppure di valutare nella giusta luce il fatto che a ex registi di Salò (come Giorgio Ferroni) si cerchi di affidare uno dei
primi film d'argomento resistenziale, su un soggetto di Indro
Montanelli[89].

I film che affrontano, con ottiche diverse, la tematica resistenziale nel dopoguerra risentono, inoltre, di vari condizionamenti: il tipo di rapporti degli autori con il regime, le intenzioni ideologiche del gruppo e gli equilibri interni nel lavoro
di sceneggiatura, l'esperienza reale della lotta di Resistenza e
cosí via[90]. Se *Roma città aperta* esprime il contatto di un uomo
che non ha partecipato direttamente alla lotta armata e che
vuole raccogliere e registrare una pluralità di posizioni, *Il sole
sorge ancora* esprime il punto di vista di chi ha fatto la lotta armata e, all'indomani della guerra, vuole avanzare un giudizio
in termini di classe. Quanto ai documentari come *Giorni di
gloria* di Serandrei, la storiografia, a partire dagli anni sessanta,
ha sottolineato concorde «la retorica del commento parlato»[91],
gli eccessi e le falsificazioni delle riprese.

Giorni di gloria, a cui collaborano Luchino Visconti, Marcello Pagliero (che avrebbe esordito come regista di *Desiderio*,

di lí a poco), Giuseppe De Santis e Mario Serandrei, è, al tempo stesso, una documentazione a caldo di alcune immagini della lotta di liberazione e un tentativo di raccontare la Resistenza come progressiva riscossa nazionale. Dalle singole azioni di sabotaggio lo sguardo si dilata secondo una intenzione epica, che trova i due momenti piú alti nella documentazione del processo Caruso e soprattutto nelle lunghe sequenze della scoperta dei cadaveri alle fosse Ardeatine. Qui i difetti strutturali del film non scalfiscono la pietas e la verità del narrato, che riesce a dilatare il suo senso, a far capire metonimicamente in che cosa sia consistita la ferocia e la violenza nazista e a identificare, in questo episodio, il significato di una tragedia nazionale.

Il film, come del resto anche gli altri documentari prodotti nello stesso periodo (*La nostra guerra* di Alberto Lattuada, *Aldo dice 26x1* di Fernando Cerchio, regista reduce da Salò, *L'Italia s'è desta* di Domenico Paolella)[92], usa procedimenti linguistici del cinema precedente e cerca di rappresentare la guerra come un lungo incubo, attraverso cui il popolo italiano è riuscito a riscattarsi dalle colpe passate. Dunque un discorso di passione e resurrezione e la rappresentazione di uno sforzo unitario si accompagnano alle immagini dei primi incerti passi di speranza verso il futuro[93].

Il sole sorge ancora di Aldo Vergano testimonia il senso di un'esperienza ideologica e di uno sguardo in prospettiva assai diverso. Vergano e i suoi collaboratori, che provengono in blocco dal gruppo di punta di *Cinema*, intendono imprimere all'opera un taglio interpretativo piú nettamente caratterizzato sul piano della classe. Nonostante il manicheismo programmatico (alla Resistenza partecipano le classi popolari, mentre l'alta borghesia collabora col nazismo), gli autori colgono, con singolare tempismo, il senso di scricchiolio della macchina politica ciellenista e le contraddizioni entro cui si muove, fin dai suoi primi momenti, la ricostruzione. E denunciano la capacità di trasformismo delle classi al potere, per nulla disposte a perdere i propri privilegi. Se Vergano, con Giuseppe De Santis al suo fianco, non rinuncia – nella scena giustamente divenuta classica della fucilazione del prete – a far sentire anche la sua cultura cinematografica (un omaggio a *1860* di Blasetti e uno al montaggio del cinema sovietico), le intenzioni reali si costruiscono attraverso una triplice accumulazione di evidenze ideologiche. Oggetti, frasi, comportamenti. Basta considerare la scena dello sgombero e dell'imballaggio degli oggetti in cui sono messi in ordine i simboli piú significativi (nella loro ovvietà) della ricchezza e cultura padronale: il vaso cinese, la statuetta di Sèvres, i dischi di Duke Ellington, i vestiti d'alta moda («certe toilettes dovresti metterle in baule e dimenticartele... non bisogna provocare»). Vergano rovescia sui protagonisti, assieme all'interpretazione e al giudizio, anche un profondo senso di rifiuto[94]. E insieme avverte che la vittoria momentanea non deve significare poi preparazione del campo per un ritorno del nemico di classe, ancora in veste di padrone e vincitore[95].

Come si vede, si tratta di uno spazio circoscritto e di una prospettiva ideologica che, con molta tolleranza e ambiguità, consente di testimoniare sul passato prossimo alle personalità piú disparate. Affermatasi e riconosciuta come egemone questa prospettiva moderata di amnistia generale, è possibile allargare lo sguardo a tutti gli altri autori che si aggregano alla macchina cinematografica, giocando anzitutto la carta della professionalità.

Su questo piano diventano operative le categorie della continuità per gli autori di varie generazioni. Ma non è da sottovalutare troppo il fatto che pur attraversando il terreno neorealista e venendone variamente influenzati e contaminati gli autori di cui ci occuperemo pensano anzitutto al cinema come spettacolo, rivendicano il primato della lingua del cinema sulla lingua della realtà e sanno mettere la propria competenza al servizio di storie assai differenti.

Per il prestigio goduto nell'anteguerra, e per il fatto che la nuova generazione di registi sente di essergli debitrice della propria formazione, Alessandro Blasetti è il primo regista rappresentativo del passato di cui si attua un immediato recupero. Egli stesso risponde a questo gesto di stima proiettandosi con giovanile baldanza verso il nuovo, cercando di rimettersi in discussione, esplorando diverse possibilità narrative e rivelando nel suo lavoro, per tutti gli anni cinquanta, il piacere continuamente rinnovato dell'esordiente.

Ancora a lungo riesce a mantenere, agli occhi della critica e degli uomini del cinema, quella figura di maestro carismatico a cui, con affettuosa e rispettosa ironia, Visconti rende omaggio in *Bellissima*. Finita la guerra, gira per la Orbis *Un giorno nella vita*, su soggetto di Cesare Zavattini e con Diego Fabbri tra gli sceneggiatori. Con quest'opera riprende il tema del richiamo alla pace e alla concordia, già enunciato fin dalla *Corona di ferro*. Questo film, dal punto di vista narrativo, offre subito un'immagine romanzata della Resistenza: i meccanismi del racconto prevalgono sull'autentica capacità di rappresentare eventi storici appena trascorsi. Però, come osserva Barbaro, recensendo il film per *l'Unità*: «Al di là dell'inverosimiglianza, al di là della macchinosità della vicenda, al di là soprattutto delle tesi reazionarie... *Un giorno nella vita* è un film che documenta anzitutto la felicità quasi costante dell'ispirazione figurativa: in tagli, angolazioni e inquadrature personalissime, in cui la luce, coll'accentuazione giusta, dà rilievo a particolari che, nell'irreversibile istanza formale, traggono allusività e significazioni impensate. Film bellissimo dunque»[96].

In una fase in cui Rossellini e De Sica rinunciano all'idea di spettacolo e a tutti i poteri che la macchina da presa e il racconto concendono loro, Blasetti desidera ancora far sentire la potenza drammatica del montaggio delle inquadrature, degli effetti luminosi, dei meccanismi narrativi e cerca di forzare tutti gli elementi cinematografici.

Il tema della pace si carica di intenzioni nuove in *Fabiola*, primo kolossal di produzione nazionale, primo grande successo popolare e primo film che cerca di continuare a riunire, nonostante l'avanzare della guerra fredda e le elezioni del 18 aprile 1948, collaboratori che rappresentino tutte le posizioni dell'arco costituzionale. La preoccupazione ideologica, di far sentire in trasparenza la situazione dei cristiani dei primi secoli come simile a quella del comunismo presente, subordina la ricerca figurativa e l'invenzione narrativa all'evidenza anticonformistica del discorso.

Perdendo in seguito di forza il referente storico immediato, emergono le doti di ricerca figurativa, la complessità dei movimenti di macchina, l'invenzione dei costumi di fantasia (che ricordano, anche se in maniera meno delirante, scenografie e costumi della *Corona di ferro*), la capacità di dosare le emozioni; Blasetti alterna momenti di distensione a crescendo drammatici, che raggiungono livelli di violenza inedita nelle scene delle torture e in quelle delle crocifissioni nel circo. Il senso finale della grande sollevazione popolare è quasi il transfert delle aspirazioni, di alcuni sceneggiatori, ad una trasformazione del presente, che in realtà si dimostra impraticabile.

Per l'Universalia Blasetti gira ancora, nel 1950, *Prima comunione*, in cui la mano e la presenza di Zavattini, suo collaboratore anche nelle opere precedenti, si avvertono in modo piú diretto. La storia si svolge quasi in tempo reale: nel tempo cioè che intercorre tra il risveglio del commendator Carlo Carloni alle otto di mattina del giorno di Pasqua e l'inizio della cerimonia della comunione di sua figlia. L'osservazione è frantumata e il regista esegue la storia di una tragedia familiare a lieto fine come se si trattasse di un balletto; il tempo scandisce piú vicende, le separa, le isola come singole note, le accorda in parallelo (vedi la vestizione di Fabrizi e della vicina di casa, Gaby Morlay).

Prese nell'insieme alcune figure del coro sono stilizzate e al limite dell'astrazione (lo zoppo che riporta il vestito, il povero che cambia la banconota da mille lire, il cliente insoddisfatto della sorpresa nell'uovo di Pasqua), mentre di altre i tratti sono ora marcati fino a essere deformati, ora osservati di scorcio, ora sfiorati appena quasi con pudore (la bambina, soprattutto). Nelle mani di Blasetti le figurine zavattiniane prendono corpo e sangue, scolpite a tutto tondo o appena sbozzate con pochi tratti. Tutte hanno la capacità di tendersi la mano e di unirsi, come in un girotondo, che si snoda senza mai fermarsi, fino all'happy end della corsa in extremis di padre, madre, figlia, parenti e invitati.

Questo film segna la completa riassimilazione di Blasetti non piú come padre e maestro, ma come fratello maggiore, compagno di strada nel nuovo habitat del cinema italiano. Prima che inizi una diaspora progressiva e irreversibile film come questo mostrano una situazione di equilibrio e di perfetta interrelazione tra le varie forze di un sistema che desidera rimanere coeso.

Inizia poi per il regista un periodo all'insegna della sperimentazione: *Altri tempi* (1952) e *Tempi nostri* (1953) tentano la strada del film a episodi, mostrando la possibilità di valorizzare e ottenere il massimo di effetti col minimo di mezzi a disposizione. I due film sono anche una doppia carrellata attraverso racconti di autori dell'ottocento e contemporanei, da De Amicis, Boito e Fucini fino a Moravia, Pratolini, Patti, Marotta e allo splendido episodio tratto dalla novella *Casa d'altri* di Silvio d'Arzo. Di episodio in episodio, Blasetti dimostra la ricchezza dei suoi numeri di regia, valorizzando ora il racconto, ora il gioco degli attori, ora la ricostruzione dell'ambiente e dei costumi, ora il ritmo narrativo e il montaggio. Ora commuovendosi, dietro all'ironia con cui manovra il racconto del tamburino sardo, ora fermandosi quasi impietrito di fronte alla bellezza di Gina Lollobrigida nel *Processo a Frine*[97].

Un omaggio alla bellezza femminile sono inoltre *Peccato che sia una canaglia* (1954) e *La fortuna di essere donna* (1955), che rivelano inedite doti e mostrano, in parallelo all'esperienza di Luigi Comencini, come sia possibile arricchire il modello e le intenzioni del genere comico. Quasi per farsi perdonare la «fisicità» di questi due film, realizza *Amore e chiacchiere*, dove racconta, nello stile di René Clair, una lieve e ironica storia d'amore tra due ragazzi, contrapposta a un'amara rappresentazione di malcostume e malgoverno politico.

E infine, deludendo ancora una volta le attese, gira *Europa di notte* (1959), costituito dal montaggio di spettacoli ripresi dal vivo. È un ritorno al *Nerone* petroliniano, con l'aggiunta dell'idea del viaggio nei maggiori locali notturni europei. Blasetti entra nel mondo proibito del Moulin Rouge, ma riprende anche il balletto di Igor Moisseev, il coro dell'Armata rossa, i burattini di Obrazov.

Accoppiato tradizionalmente a Blasetti, piú per ragioni anagrafiche che tematiche, Mario Camerini pare invece obbligato a mutare profondamente temi e stile per adeguarsi alla nuova realtà. Mette sí a disposizione la sua professionalità per girare film all'americana (come l'*Ulisse*) o d'avventura nei primi anni sessanta, e perde quel tocco e quello stile che ne avevano fatto, per tutti gli anni trenta, il Clair o il Lubitsch italiano. Nel 1946 gira *Due lettere anonime*, in cui ricorre a immagini documentarie della lotta di Resistenza per rendere verosimile una vicenda d'amore, gelosia, delazione e vendetta. Il passaggio dalla commedia sofisticata e brillante a un'opera drammatica di ben diversa ambizione ideologica avviene solo superficialmente[98]. Camerini della Resistenza e dei suoi protagonisti ricostruisce un'immagine già tutta fondata su stereotipi.

«Il merito di Camerini – scrive Alberto Moravia – è stato quello di essere consapevole dei suoi limiti e di non aver quasi mai cercato di uscirne. Ne è una riprova quest'opera, in cui la Resistenza ai tedeschi è trattata negli stessi modi ed espressa nello stesso genere di personaggi dei piccoli intrighi amorosi di *Gli uomini che mascalzoni...* e altri suoi film passati»[99].

Il suo mondo proletario o piccolo-borghese, con i suoi modesti sogni di ascesa sociale, non gli sembra piú riconoscibile negli anni della ricostruzione. Se ne sente deprivato e non riesce a trovare la sua strada nella nuova situazione. «Momentaneamente neorealista come tutti per necessità, o per rispettare lo "spirito dell'epoca", non per convinzione profonda – ha scritto Farassino – ... Camerini gira contemporaneamente dei film non neorealisti che riprendono dei soggetti o dei generi appartenenti al passato recente col quale non vuole rompere». La sua lezione però agirà ancora, nei primi anni cinquanta, quando torneranno in scena personaggi del mondo impiegatizio e delle attività terziarie e verrà data la parola a commesse, telefoniste, sarte, dattilografe che non erano parse soggetti importanti per il primo neorealismo, anche se i suoi film sullo stesso argomento non si porranno alla testa dei nuovi filoni, ma assumeranno un ruolo gregario. Dopo due film in cui riscopre il piacere di lavorare sul set, come *L'angelo e il diavolo* (1946) e *La figlia del capitano* (1947), sembra trovare, con *Molti sogni per le strade* (un soggetto di Piero Tellini), una storia che gli consente di integrare il suo mondo nello spazio della cultura neorealista. Il film affronta il dopoguerra osservandolo ancora con lo sguardo degli anni trenta, abituandosi cioè a sfocare o a distanziare, rispetto all'intreccio, i drammi sociali, le loro cause e conseguenze. Mentre, nello stesso anno, il furto di una bicicletta per De Sica si dilata, fino a rappresentare la condizione di una società, il furto di un'automobile, da parte di un reduce disoccupato ed esasperato, resta una storia privata, appena sfiorata dalla tragedia della guerra e assai poco riconoscibile per un pubblico che si identificava nei feuilletons. Camerini accetta ciò che la produzione gli offre e la sua attività per tutti gli anni cinquanta è continua e alterna nei risultati[100]. Da ricordare almeno quattro titoli, in cui il regista domina commedia e farsa, dramma ed epica, storia e avventura fantastico-mitologica. *Il brigante Musolino* del 1950, *Ulisse*, 1954, *La bella mugnaia*, 1955, e *Suor Letizia*, 1957, valorizzano al massimo i mezzi che la produzione mette a disposizione. In *Ulisse* o nella *Bella mugnaia* Camerini dimostra di volersi confrontare con i registi americani, cercando di mantenerne lo stesso standard. Spiazzato nell'immediato dopoguerra, quando gli chiedono il minimo di professionalità e il massimo di capacità di penetrazione oltre l'apparenza della scena, si ritrova in pieno quando si tratta di lavorare sulla costruzione dello spettacolo e del film d'azione, di dirigere gli attori, di raccontare una storia. Negli anni cinquanta il regista intende dare ancora prova della sua vitalità, esplorando le sue capacità registiche fino a territori e a temi lontani e finora rimasti estranei. È quando ritorna nei paraggi del già noto, degli intrecci e delle commedie che non aggiunge piú nulla di nuovo alla sua filmografia.

Alberto Lattuada, tra il gruppo di registi e intellettuali che compongono la «linea lombarda» ed esprimono la cultura della Padania, sente subito il bisogno di aderire alla realtà, di guardarla in profondità, come non gli era stato consentito finora.

Nel giugno del 1945 scrive su *Film d'oggi* un appello ai produttori: «Siamo stracciati? Mostriamo i nostri stracci. Siamo sconfitti? Guardiamo i nostri disastri... Paghiamo a tutti i nostri debiti con feroce amore di onestà e il mondo parteciperà commosso a questa grande partita con la verità»[101]. E, a qualche giorno di distanza, ha modo di precisare meglio le sue intenzioni, in poche righe, che risentono del ricordo dell'*Occhio quadrato* e sono un'esplicita dichiarazione di poetica: «È necessario trivellare il nostro suolo, sprofondare fino alle radici della nostra terra, cercare nel fondo delle nostre memorie poetiche, dei sentimenti piú segreti»[102].

Lattuada è una delle prime vittime di un sistema produttivo che, senza fisionomia e senza strutture, decide fin dalla ripresa di non dare spazio a determinati temi. Cadono due progetti: *Il ferroviere*, scritto nell'aprile del 1944[103], e *Angeli neri*, dello stesso anno, scritto in collaborazione con Monicelli e Zavattini[104].

Sono due soggetti calati nel vivo della guerra e della Resistenza: il secondo ha come protagonista un sacerdote, che combatte a fianco dei partigiani e depone la sua veste «per continuare ancora piú libero e deciso la sua opera, a qualunque costo, con il rischio, minuto per minuto».

Con un commento di Antonio Pietrangeli, Lattuada gira, per conto dell'esercito, un documentario (*La nostra guerra*) sul contributo del Cln e dell'esercito alla guerra di liberazione.

Il suo primo lungometraggio del dopoguerra, *Il bandito* (1946), affronta il problema dei reduci e del loro difficile reinserimento in una società ancora sconvolta. «*Il bandito* nacque dai dialoghi ascoltati all'angolo della strada» racconterà poi lo stesso regista, ribadendo la sua esigenza di partire dalle cose[105].

Nel film si mescolano temi e aspetti stilistici, tipici del mondo del regista, e l'autentica esigenza di capire il senso della realtà circostante. I segni della guerra sono profondi e Lattuada sa guardare alle macerie esteriori, ma anche alle distruzioni interiori. C'è il senso di speranza iniziale nei reduci («qui c'è da lavorare fino al 3000») e l'immediata percezione di caduta di bussole e valori morali di qualsiasi tipo. Dal punto di vista stilistico il film è molto piú influenzato dall'opera di Carné e Duvivier o dal cinema americano e dall'espressionismo che dal cinema italiano contemporaneo. Lattuada costruisce il personaggio e la vicenda in base al moralismo che gli viene dalla componente cattolica della sua cultura (Ernesto, il reduce, che diventa assassino e capo di una banda di delinquenti, è spinto a questo dalla pressione sociale, non ha praticamente scelta), e mescola i piani di documentazione diretta della realtà con l'intreccio del film poliziesco o del melodramma. In questo senso *Il bandito* risente di una non perfetta combinazione tra le parti; lo stesso sguardo del regista muta nel corso della vicenda, portando l'opera verso un finale senza speranza, che la spiazza rispetto alle opere di Rossellini e De Sica. Come Soldati, Castellani, Zampa... Lattuada guarda al presente, ma non intende rinunciare ad alcuni punti fermi della sua poetica già definiti nei primi anni quaranta e lagati all'idea di cinema come linguaggio di tutti i linguaggi, dotato di una tradizione, di un lessico e di una sintassi che non si potevano azzerare. Fin dal suo primo film del dopoguerra il suo sguardo rende manifeste le influenze del grande cinema del passato.

Lattuada cerca da subito di trovare il punto di mediazione tra le sue esigenze e le ipotesi neorealiste, di avvicinarsi alla «realtà obiettiva... senza filtri, pregiudizi o schemi»[106]. In seguito dà voce a due aspetti diversi – e in apparenza antitetici – della sua personalità: la componente «solare», che lo porta a distendere il suo racconto e a raggiungere col *Mulino del Po* del 1948 un respiro epico, capace di coniugare ricostruzione del passato e allusione al presente, di costruire personaggi a tutto tondo, e la componente «notturna», messa in luce nel *Delitto di Giovanni Episcopo* (1947), liberata nel corso dell'attività successiva. Il fatto di scegliere, dopo *Il bandito*, un soggetto tratto da Gabriele D'Annunzio, fa scattare automaticamente, nella critica, le accuse di «calligrafismo» e di «involuzione». Il film è un atto di autocoscienza da parte del regista e segna una tappa importante nel suo processo di maturazione stilistica e tematica[107]. Dando la parola al suo protagonista, fin dalle prime immagini, Lattuada cerca di assumerne il punto di vista, immergendolo in un'atmosfera progressiva di incubo, circondandolo di ombre ossessive e mostrandolo dibattersi disperato e impotente al centro di una ragnatela da cui sembra impossibile liberarsi. Egli «traduce» il romanzo dannunziano spostandone il senso e allargando al massimo la sua cultura visiva. È facile ritrovare, nella parabola di Episcopo, un doppio riferimento a *L'angelo azzurro* di von Sternberg e a *La chienne* di Renoir, ma anche risentire echi di riferimenti piú lontani (all'espressionismo) e piú vicini (a *Ossessione*). La macchina da presa ora carrella a lungo e con movimenti ininterrotti nel luogo di lavoro di Episcopo, ora lo segue e ne mostra, con inquadrature sghembe, la perdita del centro morale e affettivo. La fotografia dà ancora in pieno la misura delle possibilità cromatiche del bianco e nero usato in modo nettamente difforme rispetto al neorealismo. Spesso entra nell'azione assumendo il punto di vista dei protagonisti, mostrandone la lotta disperata attraverso un numero crescente di primi piani e controcampi, che comunicano. anche fisicamente, il senso di uno scontro quasi biologico per la sopravvivenza.

Senza pietà (1948) e *Il mulino del Po* (1949), prodotti da Ponti, rappresentano il momento della maturità espressiva del regista e segnano il punto di confluenza e irradiazione delle linee di tensione dello sviluppo successivo. Con *Senza pietà* vengono ripresi i temi del *Bandito*; con maggiore coerenza espressiva si fonde documento e dramma, introspezione psicologica e intreccio melodrammatico, protesta per l'ingiustizia razziale e richiamo alla solidarietà, pessimismo e speranza (anche se la prospettiva della rigenerazione con la fuga e con il viaggio ol-

tre oceano di Marcella è un motivo destinato a divenire un topos della poetica felliniana)[108]. Nel *Mulino del Po*, tratto dalla
seconda parte del romanzo omonimo di Riccardo Bacchelli,
Lattuada vuole «cercare nel fondo delle proprie memorie poetiche», recuperare, rispettando la lettera del testo letterario, il
senso di una memoria perduta e leggerlo in una chiave di forte
attualizzazione. In effetti nel film «la storia e la letteratura, il
moralismo e la spinta umanitaria, il personaggio e gli ambienti
divengono materia reale di un autore che ha trovato una misura alle proprie inclinazioni e alla propria personalità»[109].

Già nelle prime inquadrature, con la lunga carrellata che segue lo scorrere maestoso del Po, il regista dimostra di aver
scelto un diverso e piú disteso ritmo narrativo. Il film è assai
ricco di primi piani, di grandi totali, e l'atmosfera morbosa
delle opere precedenti lascia il posto a una rappresentazione di
sentimenti allo stato puro, colti e vissuti nella loro immediatezza e violenza e nel loro modularsi secondo i movimenti del
fiume. I primi piani si alternano ai totali, nello stesso modo in
cui il regista alterna un atteggiamento di distacco a uno di profonda partecipazione affettiva al mondo dei suoi protagonisti
(in particolare Orbino e Berta), quasi che l'opera segnasse per
lui una fase di ritorno alle madri, un'operazione di riappaesamento culturale. Non ideologico, perché i problemi messi sul
tappeto e le forze che li rappresentano rimangono in una posizione di equilibri contrapposti, senza che l'autore dimostri di
voler compiere quella scelta di campo precisa che i tempi im-
ponevano a qualsiasi prodotto del lavoro intellettuale[110].

Luci del varietà (1951) è in pratica un film girato a quattro
mani: la presenza felliniana è cosí forte che continua a essere
un tipico esempio di doppia paternità cinematografica. Felliniani sono il personaggio di Liliana, la rappresentazione del
mondo dell'avanspettacolo e singoli frammenti visivi (l'apparizione del negro che suona la tromba), felliniano è il senso della
scomposizione del racconto, rispetto al gusto lattuadiano per
la storia costruita nel pieno rispetto delle regole del romanzo
ottocentesco. Infine felliniano mi sembra l'uso della macchina

da presa, che tende ad andare oltre la maschera del personaggio, per coglierne le reazioni e i drammi profondi[111].

Negli anni cinquanta le ragioni di mercato e le leggi di produzione non risparmiano Lattuada, anzi, in un certo senso, favoriscono l'emergenza progressiva di quella componente erotica che finora egli aveva sublimato o represso, e che, fin da *Anna* (1952), comincia a marciare di pari passo con la componente moralistica, fino a distaccarla in maniera piú netta.

Anna ha in comune con *Riso amaro* l'interprete femminile, la contiguità coi codici del foto e cineromanzo, e la mescolanza libera di elementi in conflitto, di pratiche religiose e di sessualità ora liberata nel sogno e nel ricordo e ora repressa nel presente. Realizzato in un momento in cui la censura incrudelisce, il film imprevedibilmente passa senza troppi fastidi e ottiene un grande successo di pubblico in Italia e all'estero[112].

Se, in un certo senso, da questo momento si apre una nuova fase del cinema di Lattuada (di compromessi, di liberazione di curiosità represse e di esaltazione della propria vocazione voyeuristica), già manifestata peraltro nei racconti e nell'attività letteraria dei primi anni quaranta, *Il cappotto* (1953) chiude e sintetizza la fase di accostamento a figure di «umiliati e offesi». Grazie ad una eccezionale performance drammatica di Renato Rascel (e al contributo di Zavattini alla sceneggiatura), il film traduce lo spirito del testo gogoliano, allargando la competenza espressiva del regista, arricchendola sul piano del fantastico, del grottesco, e di una maggiore attenzione al dettaglio psicologico.

Se proprio non ha voluto parlare di sé, il regista, come qualche critico aveva visto, certo col *Cappotto* ha anche tentato di denunciare la condizione di sfruttamento e di espropriazione del lavoro intellettuale e lo stato di frustrazione individuale nella situazione politica contemporanea. «Le cose che ci preme di dire – scrive su *Cinema Nuovo* – e che escono dalla convenzione dello spettacolo e degli interessi di "circuito" spaventano tutti, insospettiscono la censura... i produttori sono preoccupati. I loro slanci verso il "nostro cinema" sono sempre piú spezzati dagli ostacoli che ogni giorno si alzano contro di loro»[113].

La componente erotica viene incoraggiata e cosí il regista realizza *La lupa*, un episodio dell'*Amore in città* (*Gli italiani si voltano*) e *La spiaggia*. È come una suonata di un tema su tre registri diversi, un alternarsi del desiderio e della frustrazione, del piacere dell'occhio e dell'intervento moralistico che lo reprime. Con ogni probabilità Lattuada è il regista che avverte con maggiore libertà le esigenze del mutamento del mondo femminile e il costo molto alto che le donne di varie generazioni devono pagare sia per il pieno possesso e la libera possibilità d'uso del proprio corpo che per la propria crescita all'interno della società. Quando gira *Guendalina*, nel 1957, si accosta, con rispetto e con curiosità, al mondo giovanile, per cogliere sul nascere i sentimenti e lo svilupparsi di una breve storia d'amore in una ragazza quindicenne. Sullo sfondo di una Versilia autunnale, battuta dalla pioggia e dal vento, egli vuole rappresentare sia il dramma della solitudine, che tentare di cogliere un sentimento allo stato nascente. *Guendalina* intende accostare l'universo sconosciuto degli adolescenti che, proprio in quegli anni, si stava modificando profondamente. Non ancora toccata dal modello di Brigitte Bardot, Guendalina scopre la propria femminilità e l'amore, ma lo fa senza alcuna possibilità di comunicazione con il mondo delle persone che le stanno attorno. Il regista accarezza con lo sguardo e con leggeri movimenti di macchina il corpo della ragazza, come se si trattasse di una perlustrazione in una terra sconosciuta.

Lattuada rimane fedele, anche in seguito, ai propri temi e all'esigenza di confrontarsi con testi letterari, di cui cura un'esecuzione visiva spesso impeccabile, e di seguire la propria curiosità erotica. Il filtro letterario e figurativo e, in senso piú lato, il bagaglio culturale gli consentono di accostare, capire, interpretare la realtà e a questo bagaglio non rinuncia mai neppure nei momenti in cui il suo sguardo sembra fermarsi ammirato a contemplare la perfezione della natura, la grazia dei movimenti e il senso della bellezza racchiusi nel corpo di una giovane fanciulla in fiore.

Anche Mario Soldati possiede una cultura letteraria figurativa che ne guida il percorso in modo dominante ed è tra tutti i registi di cui ci stiamo occupando quello che manifesta nel modo piú esplicito la propria estraneità e il proprio disinteresse nei confronti del neorealismo, ma che non riesce a sua volta a sottrarvisi: la sua formazione nei primi anni quaranta viene dapprima travasata tale e quale, senza che si avvertano forti scarti apparenti in *Le miserie di Monsú Travet, Eugenia Grandet* e in *Daniele Cortis*, che, concludendo la trilogia fogazzariana, segna anche la conclusione del ciclo «calligrafico» dell'opera del regista. Nelle *Miserie di Monsú Travet* del 1945 Soldati non guarda tanto al cinema contiguo, quanto piuttosto si ricollega «alle origini, agli anni torinesi, alla frequentazione del gruppo di intellettuali che si raccoglievano attorno a Piero Gobetti, a *Rivoluzione liberale*, e al *Baretti*, alle discussioni sul destino della piccola borghesia: in qualche modo [fa] un film gobettiano, estremamente consapevole della fine di una classe, dello spirito dei tempi nuovi»[114].

A questo clima della sua cultura delle origini farà ritorno, alla fine degli anni cinquanta, con *Policarpo ufficiale di scrittura* (1959), opera ancora piú ricca di ironia e di coinvolgimento affettivo, oltre che di umori culturali.

A partire da *Fuga in Francia* del 1948, per tutti gli anni cinquanta, nel cinema di Soldati il movimento all'interno dei generi, dei temi e delle scelte sembra dominato dal caso, anche se di fatto oscilla tra il richiamo della lezione neorealista e una forte influenza espressionistica. I rapporti visivi, a partire dalle singole inquadrature, sono decisamente irregolari: i primi piani incombono sull'immagine, l'atmosfera è spesso piú carica di tensione drammatica dell'azione rappresentata, le inquadrature non sono quasi mai orizzontali, il montaggio è sincopato. Cosí a una scena di impianto neorealista, come quella del treno, si oppongono atmosfere da cinema francese degli anni trenta (*Il porto delle nebbie* di Carné per l'ambientazione dell'osteria di Susa), o americano (Orson Welles di *Lo straniero* per l'uccisione di Pierina) e il senso di una esasperata curva di tensione drammatica e di suspence, che si scioglie soltanto nell'ultima inquadratura con l'assunzione della paternità, da parte dell'ex reduce ed emigrante Tembien (uno splendido Pietro Germi), di Fabrizio, figlio del delinquente fascista.

Anche nei film successivi, piú vicini al neorealismo (*La provinciale* del 1952 dal romanzo di Moravia, *Era di venerdí 17* del 1957), colpisce la ricerca programmatica delle atmosfere, la capacità di comunicare, in termini visivi, i rapporti tra i personaggi, giocando con le luci, le ombre e il taglio delle inquadrature. L'ambientazione notturna della *Provinciale*, gli interni, i mobili e gli oggetti (la presenza dominante dei letti), che entrano come soggetti dell'azione, avvolgono la protagonista in una sorta di incubo da cui esce solo nell'ultima inquadratura, spalancando le finestre, tentando finalmente di iniziare una nuova vita accanto al marito e di respirare un'aria moralmente meno malsana.

Sono gli altri titoli della filmografia di Soldati a richiamarci il senso dei suoi compromessi e della espropriazione subita e accettata da parte della produzione: *Quel bandito sono io* del 1949, *Botta e risposta, Eroi e briganti* del 1950, *È l'amor che mi rovina* e *OK Nerone* del 1951, un tris di film d'avventura realizzati nel 1952 *(Le avventure di Mandrin, I tre corsari* e *Jolanda la figlia del Corsaro Nero)*, un film tratto da Graham Greene e sceneggiato da Giorgio Bassani (*La mano dello straniero* del 1953). Nella *Donna del fiume* del 1954, egli riesce a raccogliere un cast eccezionale di soggettisti e sceneggiatori: Ennio Flaiano, Alberto Moravia, Giorgio Bassani, Pier Paolo Pasolini, Florestano Vancini, ed è proprio lo squilibrio tra le potenzialità delle forze e i risultati la prova piú evidente ed emblematica, per estensione, della vittoria della volontà produttiva sull'autore.

Il caso di Soldati è però quello di tutto il sistema e non soltanto di un gruppo di registi. Gli sceneggiatori, meno esposti, hanno accettato per primi l'espropriazione del loro lavoro intellettuale, e cosí gli attori, gli operatori, gli scenografi, ecc.

Anche se la discontinuità e l'alternanza di opere di forte impegno stilistico e morale a quelle con ambizioni piú modeste, e con scoperte intenzioni spettacolari, hanno posto il nome di Luigi Zampa un po' in ombra rispetto all'interesse sollevato da altri autori, oggi è opportuno vedere nella sua opera uno dei piú rappresentativi trait-d'union tra il cinema dei primi anni quaranta e quello del dopoguerra[115]. Formatosi dirigendo alcune commedie durante la guerra, che gli hanno consentito di sviluppare le proprie doti di osservazione ironica dei personaggi e le proprie capacità di deformazione caricaturale, Zampa torna a lavorare con *Un americano in vacanza* del 1945, opera in cui, se non fosse per il tema d'attualità, non si avvertirebbe la cesura stilistica e dei meccanismi narrativi. *Vivere in pace*, del 1946, si distacca dal gruppo di opere sulla Resistenza per la sua capacità di porre una distanza netta, di tipo emotivo e ideologico, rispetto alla guerra appena finita e di avanzare un messaggio di generale pacificazione. Il film riscuote i consensi della critica moderata e rivela l'intenzione di servirsi di una storia e di un personaggio (in questo caso lo zio Tigna, interpretato da Aldo Fabrizi) come portavoce o riflesso di quella parte d'italiani che hanno attraversato la guerra, rifiutandosi di prendere parte alla lotta, nella condizione di spettatori e vittime. Al contrario *L'onorevole Angelina*, del 1947, mostra cosa possa succedere a un personaggio dalle caratteristiche complementari, una volta che decida di far valere le proprie ragioni e di dichiarare la propria presenza nella società.

In entrambi i casi Zampa pare volersi tuffare nelle acque neorealiste: di fatto si limita a immergervi le estremità. Il suo stile (simile del resto a quello di Soldati, Camerini, Lattuada) carica l'immagine e fa sentire costantemente la presenza dell'autore o del personaggio in veste di io narrante; il racconto cede alle regole piú convenzionali; l'ideologia, come si è detto altrove, è senza dubbio piú vicina agli umori e al senso di sfiducia totale nelle istituzioni circolante nelle parole d'ordine del partito creato da Guglielmo Giannini, piuttosto che allo sforzo di organizzazione della protesta e delle lotte promosso dai partiti e dalle forze sindacali della sinistra. Si mescolano però in questi film quei motivi di amara comicità e di dolente protesta che troveranno una distribuzione piú equilibrata e omogenea nelle opere tratte da soggetti di Vitaliano Brancati. *Anni difficili* (1948), *È piú facile che un cammello* (1949), *Anni facili* (1953), *Questa è la vita* (1953), *L'arte di arrangiarsi* (1955) costituiscono altrettanti apologhi morali sul trasformismo, sul malcostume dilagante a tutti i livelli del sociale e sulla impossibilità di vivere, per l'uomo comune, attenendosi a regole di onestà e coscienza civile[116]. Col passare del tempo, questo gruppo di film diventa una radiografia spietata, o meglio un contributo alla costruzione del ritratto dell'italiano, molto utile per capire il senso di tutto lo sviluppo storico e sociale del dopoguerra in una direzione piuttosto che in un'altra.

Opportunismo, clientelismo, corruzione, mancanza d'ideali, sono i connotati piú tipici di una serie di ritratti d'italiani, che, con rapido escamotage, rimuovono i segni del loro passato politico e vestono nuove divise per continuare, a ogni costo, a godere dei medesimi privilegi. Brancati e Zampa descrivono il ritorno del fascismo prima in forma strisciante, poi sempre più diffusa, quasi che un tipo di comportamento si imponesse con funzione metastorica.

Nel 1952 Zampa gira *Processo alla città*, una delle sue opere piú mature e complesse: fin dalle immagini d'apertura, con la carrellata iniziale che segue i bambini per le scale, con il tipo di ripresa che alternativamente passa dall'alto in basso e viceversa, si avverte che non vi sono piú rapporti con l'immagine neorealista. L'inchiesta del giudice Spigacci parte dal semplice fatto di cronaca e si allarga a macchia d'olio, coinvolgendo e scoprendo i legami, entro una stessa trama, di personaggi appartenenti a tutte le fasce sociali. Molto emblematica la riunione per il pranzo di Pozzuoli: il fatto che siano assenti quarantadue persone rivela metonimicamente la presenza della camorra a tutti i livelli delle istituzioni e del potere. Film di forte struttura drammatica, *Processo alla città*, pur ambientato agli inizi del novecento, fa sentire tutta la carica di indignazione civile che pervade il regista in quegli anni e trova il modo piú diretto per rendere, grazie a una meticolosa ricostruzione del passato, una limpida visione in trasparenza del presente. *La romana* (1954), tratto dal romanzo omonimo di Moravia, non offre al regista la stessa quantità di stimoli e di umori che gli davano i testi di Brancati. Quanto poi ai film realizzati nella seconda metà degli anni cinquanta, la fine del sodalizio con Brancati, dovuta alla morte dello scrittore, sembra riportarlo ai livelli della sua attività iniziale. *Tempo di villeggiatura* (1956), *Ladro lui, ladra lei* (1957), *La ragazza del Palio* (1957), *Il magistrato* (1959) sono opere in cui prevale la mano degli sceneggiatori e si impone la strategia di una produzione che vuole lo sfruttamento intensivo di alcuni filoni di successo e non offre la possibilità di scelta alternativa a chi intenda continuare a lavorare rispettando le nuove regole.

Tra i registi che avevano esordito nei primi anni quaranta Renato Castellani compie il passaggio verso il neorealismo, tentando di combinare un controllo di tutto il processo realizzativo, simile a quello viscontiano, e la capacità di usare materiali e temi del neorealismo, adattandoli alla propria poetica.

Castellani – come tutti gli altri registi della sua generazione che avevano dato vita al cosiddetto movimento dei «calligrafici» – non viene chiamato per acclamazione dalla critica a far parte del gioco di squadra del neorealismo. È una riserva di lusso, che per alcune stagioni gioca come titolare e indossa i colori del neorealismo, salvo poi diventare uno dei maggiori capri espiatori del processo di discesa della parabola neorealista[117].

Come i suoi ex compagni di viaggio Lattuada e Soldati, anche Castellani lavora per la Lux e usa gli stessi quadri tecnici, gli stessi sceneggiatori (Suso Cecchi D'Amico, Tullio Pinelli, Aldo De Benedetti), per gettare uno sguardo verso il passato (un passato piú vicino, rispetto alla letteratura ottocentesca), cercando di mantenere un rapporto di continuità con la sua cultura anteriore. Lo si vede bene in *Mio figlio professore* (1946), dove fa emergere, nella ricostruzione della figura del bidello che alleva da solo e fa studiare il figlio e lo porta a insegnare nella stessa scuola in cui lavora, il senso di una grande attenzione per gli affetti privati, vissuti come donazione e sacrificio e, nello stesso tempo, collocati al centro di tensioni e condizionamenti sociali e di classe. Anche Castellani affronta la figura dell'«umiliato e offeso» che attraversa e subisce la storia cercando di mantenere una propria coerenza morale, una fedeltà a determinati presupposti. Ponendo sotto lo stesso sguardo *Il delitto di Giovanni Episcopo*, *Mio figlio professore* e *Le miserie di Monsú Travet*, non può sfuggire (oltre alla comune logica produttiva) lo sforzo, trasparente e metaforico, di interpretare la voce della piccola borghesia, di mostrarne la sostanziale estraneità al fascismo, e di giustificarla e assolverla in quanto storicamente vinta e senza prospettiva futura. La parabola di Aldo Fabrizi in *Mio figlio professore* è data anche simbolicamente dal suo scendere e salire le scale, tra fascismo e dopoguerra. Il punto piú basso è toccato nell'ultima scena dell'abbandono della scuola dove ha trascorso una vita, dopo che ha raggiunto la consapevolezza definitiva che i codici sociali richiedono il sacrificio di quelli affettivi, anche nella nuova situazione storica[118].

La regia, non tanto da questo film, quanto piuttosto dai successivi *Sotto il sole di Roma* del 1948 e *È primavera* del 1950 (seguendo lo stesso processo di Lattuada e Soldati), muta in maniera evidente e si muove piú in sintonia con il movimento neorealista. Castellani però punta decisamente sul ritmo e su un racconto tutto spezzato nervosamente al suo interno da continue variazioni di punto di vista, di cambio di scena, distribuzione delle parti sonore musicali, di illuminazione e cambio della durata delle inquadrature. Da questi film egli riconosce il suo mondo e comincia a osservare dei personaggi, a usare la macchina da presa in un modo altamente caratterizzato all'interno del quadro che riscuote nuove adesioni.

La macchina da presa è in continuo movimento: segue i

personaggi in tutte le direzioni, dichiarando la propria presenza con carrellate e panoramiche e un numero elevato di primi piani, che contrastano con le ipotesi neorealiste di equidistanza e obiettività. A ben guardare però l'aggressività non è tanto nello sguardo del regista, quanto nella vitalità che si sprigiona dai personaggi. Il suo è uno sguardo carico di affettività e di amore per i suoi protagonisti, e la macchina da presa comunica in maniera netta questa attrazione. Come frate Lorenzo di *Giulietta e Romeo*, che afferma che l'amore dei giovani non è nel cuore, ma negli occhi, Castellani riesce a far sentire a lungo, fino ai primi anni sessanta, questo rapporto che lo lega alla magica condizione giovanile dei suoi personaggi.

Centrale agli effetti dello sviluppo della sua personalità resta tuttora *Due soldi di speranza*, film considerato dalla critica neorealista come il capostipite della involuzione ideologica, l'iniziatore del cosiddetto *neorealismo rosa*. Sia a voler puntare piú l'attenzione sui personaggi e in particolare sulla protagonista Carmela[119], sia a voler slargare lo sguardo sul coro e sull'ambiente, il film mostra ancora intatta la forza del rapporto tra il regista e i suoi interpreti, la sincerità di un'esperienza dove non sono ancora operanti condizionamenti e pressioni. Analizzando il film sul *Mondo*, in una delle sue piú penetranti recensioni, Corrado Alvaro poneva l'accento sulla sua rappresentatività culturale e sociale per i legami con la tradizione della commedia dell'arte e per la partecipazione corale di tutti gli interpreti presi dalla vita: «Se molti capiranno la forza di questa spontanea rappresentazione in cui tutti diventano attori di se stessi, se gli spettatori stranieri riusciranno a penetrarla, capiranno piú cose dell'Italia assai piú che in molta storia del film neorealista, pur con tutte le sue trovate e intelligenza. Piú oltre il film popolare non può andare»[120].

Nel suo cinema, in modo certamente anacronistico, letterario e ideologicamente «sospetto» ad una critica sempre piú incapace di vedere con occhi propri, Castellani sostiene, senza preoccuparsi troppo delle affermazioni di Paul Nizan, che i vent'anni sono la piú bella età della vita, uno stato di precoscienza, di enorme e generosa dispersione di forze, che consente di scavalcare d'un balzo, o comunque di affrontarli senza troppe preoccupazioni, tutti gli ostacoli che la società e la storia pongono sul cammino dell'individuo. L'unico patrimonio dei suoi personaggi, in *Sotto il sole di Roma*, *È primavera*, *Due soldi di speranza*, *Giulietta e Romeo* e *I sogni nel cassetto*, è quello di «tenere il core in petto», come dice Carmela in *Due soldi di speranza* e di essere mossi quasi da una forza di natura, l'uno contro l'altro, senza alcuna capacità di interrogarsi sul futuro. La tensione ideologica subisce un rallentamento, mentre rimane immutata per tutti gli anni cinquanta la tensione emotiva e visiva, che lega personaggi e autore al momento della ripresa. «La gioventú senza pensieri era finita. Ora toccava a me pagare»: sono queste le ultime parole del protagonista di *Sotto il sole di Roma* e sono anche un motivo firma, una chiave di lettura generale. La magica condizione della giovinezza dura (come la rosa per i poeti della Pléiade) «l'espace d'un matin», poi viene la sopravvivenza; la morte non è tutto sommato una tragedia, se il giovane ha saputo godere fino in fondo il suo momento piú felice.

Castellani esegue da virtuoso questo tema centrale della sua poetica su registri diversi: cosí *Due soldi di speranza* è la variante, in forma di favola sociale, della successiva tragedia shakespeariana. La frantumazione del racconto in tanti episodi minimi nulla toglie alla dimensione del tragico.

Giulietta e Romeo è dunque, nel suo itinerario, una tappa obbligata[121]. Grazie alla fotografia di Robert Krasker (l'operatore che completa le riprese di *Senso* dopo la morte di G.R. Aldo), la cultura figurativa del regista libera inedite energie[122]. Le fonti pittoriche sono varie: l'apparizione dello stesso Shakespeare nel prologo sembra tratta di peso da un quadro di Jan Van Eyck; mentre per la luce degli interni il debito maggiore è forse con Vermeer, per i colori si rifà alla tradizione figurativa italiana (i verdi sono quelli di Lorenzo Lotto). Castellani dà ai colori un valore simbolico, costruendo campi semantici compatti che seguono e connotano tutta l'azione. Il bianco e il rosso sono i colori dell'amore, il nero e il giallo quelli della morte... Le riprese sono dal vero, anche se la geografia veronese è il prodotto ideale della combinazione di varie città medievali. E questa geografia ideale, pur nella sua ricerca di verosimiglianza, rappresenta in modo significativo lo sforzo di raggiungere un momento di rappresentazione in cui lo sfondo reale si risciolga e restino in scena i personaggi, o meglio i loro sentimenti. Questo avviene nel primo incontro notturno tra Giulietta e Romeo. Non esiste più la storia, né la realtà; esistono soltanto parole e figure dai contorni incerti che trasmettono sentimenti come valori assoluti.

La giovane coppia di studenti e l'atmosfera dei *Sogni nel cassetto* non può non ricordare *Addio giovinezza* di Poggioli, almeno come omaggio esplicito nella prima parte. Lo sviluppo narrativo tiene conto del romanzo di Cronin *La cittadella* e della sua versione cinematografica. Di suo Castellani mette la cura nella ricostruzione ambientale (una Pavia nebbiosa e grigia, dalle squallide stanze d'affitto, riempite e riscaldate dal calore affettivo di Mario e Lucia), e riesce a stabilire di nuovo un forte, e al tempo stesso disteso, contatto con la protagonista. La macchina da presa nel cinema di Castellani appare come legata al ritmo biologico del regista; la carica vitale rallenta dopo *Giulietta e Romeo*; i tempi e i ritmi diventano più distesi, quasi a dichiarare che non è possibile rubare la giovinezza dagli occhi dei suoi interpreti.

Tra gli esordienti del gruppo di diplomati dal Centro sperimentale, Pietro Germi è – dal punto di vista stilistico – il più americano. Anche per lui i quindici anni che prendiamo in considerazione offrono titoli ed esperienze eterogenee. Dopo il film d'esordio del 1945 *(Il testimone)*, prodotto dalla Orbis, passa alla squadra della Lux e, come Soldati, Lattuada, Castellani, Zampa, usa gli stessi quadri tecnici, gli stessi sceneggiatori (Fellini e Pinelli fanno quasi coppia fissa tra gli sceneggiatori dei suoi film, realizzati per la casa di Gualino, fino al *Brigante di Tacca del Lupo*), e attori. Germi è il regista più privo di cultura letteraria e più portato a seguire il racconto rifacendosi alle convenzioni interne della cultura e del linguaggio cinema-tografico[123]. Iniziando la sua attività nel dopoguerra, parte da zero, guardando la realtà attraverso il filtro del cinema ame-ricano.

Già nel suo secondo film, *Gioventú perduta* (1948), dove racconta i disastri provocati dalla guerra sulle nuove genera-zioni, applica al racconto le regole del film noir americano e una sintassi rispettosa di tutte le regole di montaggio e movi-menti di macchina.

In nome della legge del 1948 dimostra come il processo di adattamento e di trasformazione di codici cinematografici sia dominato in pieno dal regista[124]. Il paesaggio siciliano gli con-sente di incidere in modo netto i personaggi e di usarli in un rapporto di integrazione o di conflittualità rispetto all'ambien-te. Si tenga presente come viene seguito e rappresentato il pre-tore: spesso in primo piano, al di fuori dello spazio che tenta di invischiarlo, solo, al centro di una strada, contro i muri di tufo. Il film dà un'immagine della mafia agricola siciliana, del-la sua onnipotenza, dei riti, dei gesti, deformati da un occhio che ne sottolinea sí la dimensione romantica dei «codici d'ono-re», ma è anche un sincero tentativo antropologico di viaggia-re in un mondo sconosciuto e di parlarne[125].

Col *Cammino della speranza* (sceneggiato ancora una volta da Fellini e Tullio Pinelli) si parte dal sud, e si percorre l'Italia longitudinalmente fino alla frontiera francese. La risalita di ri-scatto morale di *Paisà* è qui, invece, viaggio lungo un binario di incomprensioni, di incomunicabilità, una vera e propria fu-ga da un'Italia, dove ogni luogo appare devastato e lacerato dai conflitti sociali.

In tutti i rappresentanti della cultura cinematografica catto-lica (Rossellini, Lattuada, Germi, Soldati, Comencini, Moni-celli, Zavattini, Fabbri, Fellini, ecc.) si nota una crisi di identi-tà e, al tempo stesso, il rifiuto di adeguarsi alla logica della guerra fredda e dei fronti contrapposti. Meglio assumere atteg-giamenti distaccati, mistici, al di fuori delle parti, o accreditare quel senso di impotenza, di oppressione ingiusta, quel desiderio di protesta antistatale che sembra sconfinare con l'ideologia dell'Uomo qualunque. La componente qualunquistica, su cui tornerò piú volte in seguito, a cui viene data ampia cittadinanza dopo il 1948 (e che in Germi riesce a esprimersi in modo molto rappresentativo nella *Città si difende* del 1951), è certo un'eredità della cultura dei giornali umoristici (in primis del *Marc'Aurelio*, che aveva fornito i quadri piú attivi degli sceneggiatori del dopoguerra), ed è anche un tentativo di mantenere un dialogo e una comunicazione con il pubblico da parte di un gruppo di registi che intendono rimanere quasi in terra di nessuno.

Che Germi sia un regista che ama l'azione e costruisce i suoi personaggi con pochi tratti secchi e nervosi lo si può vedere dal confronto tra *Il brigante di Tacca del Lupo* (1952) e il lattuadiano *Mulino del Po*, entrambi tratti da romanzi di Riccardo Bacchelli. Egli prosciuga il racconto, ne lascia in piedi lo scheletro narrativo e su questo costruisce, con uno stile ellittico, lo sviluppo drammatico. La sua partecipazione è denunciata soltanto in momenti e luoghi privilegiati (l'amicizia virile, l'osteria, le riunioni di famiglia, il canto). La donna è tenuta a distanza, guardata da un punto di vista fortemente maschilista (e questo fatto è abbastanza eccezionale in un cinema che si accosta e scopre, quasi all'unanimità, l'universo femminile). Al limite della misoginia, il cinema di Germi è comunque costruito sul non detto, sulla rappresentatività dei silenzi e di certi gesti, sull'idea della ripetizione come segno di normalità. *Il ferroviere* e *L'uomo di paglia* segnano la crisi del riferimento al cinema americano e il tentativo di guardare piú da vicino, secondo codici piú pertinenti (melodramma popolare, cinema francese), la crisi individuale e i problemi del privato, nel mondo proletario. È quanto cerca di fare, nello stesso periodo, Michelangelo Antonioni con *Il grido*. Germi è l'autore che pone al centro della sua poetica istanze regressive e una specie di nostalgia per figure e valori perduti e anacronistici. Il fatto che entri come attore in alcuni film segnala il grado di coinvolgimento e l'incrocio quasi autobiografico con la vicenda[126]. Nel

1959 gira *Un maledetto imbroglio* tratto dal *Quer pasticciaccio
brutto de via Merulana* di Carlo Emilio Gadda, senza eccessivi
scrupoli di fedeltà. Mentre Gadda dispone tutto il suo racconto in una direzione orizzontale, dando l'impressione, come è
stato osservato, che «nessun itinerario o nessuna legge ammi-
nistri la costruzione del libro; [e che] le proporzioni sono fra-
nate, l'ordine del mondo è capovolto»[127], Germi punta decisamente sull'azione e dispone il racconto secondo le regole classiche del giallo. Depaupera il fenomeno abnorme della mimesi
linguistica del romanesco gaddiano e fa parlare in forma italianizzata i personaggi[128]. Osserva soprattutto il verminaio morale che Ingravallo scopre procedendo nella sua inchiesta, e avverte, in tutta la loro drammaticità, i problemi del sottoproletariato delle fasce extraurbane. Ciò che in Pasolini è già oggetto privilegiato di racconto qui è solo motivo sfiorato o osservato di scorcio, ma in modo sufficiente per suggerirne la portata. I personaggi di Assunta e Diomede sono visti ancora come indiani delle riserve, a cui è concesso di accedere alla città,
in attesa di possibili benefici futuri («Vi ha detto Diomede dove stavamo? Lui sta quasi sempre a Roma. Gli hanno promesso un posto»).

Nel panorama che si è cercato di definire, senza preoccu-
parci troppo di delineare una serie di ritratti registici a tutto
tondo, alcune figure rimaste in ombra meritano una maggiore
attenzione e una collocazione che ponga in rilievo l'importanza del ruolo che hanno esercitato. Di fatto il tempo gioca a favore di vari autori osservati distrattamente, sottovalutati o
schiacciati dal peso delle figure che hanno polarizzato per anni
l'attenzione critica. Uno di questi è Luciano Emmer[129]. Formatosi nel documentario lungo gli anni quaranta, Emmer
esordisce con *Domenica d'agosto* alla fine degli anni quaranta e
nell'arco di un solo decennio gira otto lungometraggi a soggetto prima di passare alla produzione di documentari pubblicitari per la televisione. Il suo cinema si muove entro l'orizzonte
del quotidiano piú minuto, ma ha il merito di inserirsi nel
punto in cui si possono misurare le accelerazioni di velocità di

forze eterogenee che si muovono entro piani comuni ed hanno lo stesso andamento vettoriale. Lontano da ogni intenzione pedagogico-moraleggiante, da qualsiasi concessione stilistica non necessaria alle esigenze narrative, Emmer, dal suo primo film, cerca di registrare e comporre, soprattutto nel loro stato nascente, le emozioni semplici di giovani, di donne e di uomini che sentono irrompere nella routine del quotidiano la forza di sentimenti e di emozioni inedite. Il senso della loro esistenza ne viene mutato e sconvolto. Ma sono i sentimenti che nella maggior parte dei film spingono i personaggi a compiere scelte decisive per la conquista della coscienza della propria identità. I suoi personaggi e i suoi ambienti sono gli stessi che quarant'anni dopo un sociologo parigino, Pierre Sansot, ha magistralmente descritto in un libro intitolato *Gens de peu*. Non vi sono mai grandi passioni, né meccanismi narrativi che mostrino eroi in cui dalla prima apparizione viene definito il destino tragico. Il caso piú totale sembra presiedere alla scelta dei suoi personaggi, che hanno nomi del tutto comuni (Marisa, Augusto, Mario, Carlo, Giulia, Elena, Lucia), volti, storie facilmente confondibili e dimenticabili.

Lo stile di Emmer è stato definito molto felicemente da Sonego come «provvisorio»: la presenza della macchina da presa è quasi inavvertibile, l'intreccio tra le varie storie non punta a raggiungere precise scadenze e al tempo stesso è arioso e aperto alla imprevedibilità e complessità del possibile.

I suoi film, da *Una domenica d'agosto* a *Parigi è sempre Parigi*, dalle *Ragazze di Piazza di Spagna* a *Terza liceo*, da *Camilla* a *Il momento piú bello* si svolgono come un racconto ininterrotto. Non esistono protagonisti assoluti, i soggetti storici che lo interessano sono le commesse, le infermiere, gli studenti, le donne di servizio, gli artigiani, i negozianti, gli impiegati, tutto quel vasto spazio sociale in cui il proletariato si confonde con la piccola borghesia, ne condivide i bisogni, le attese, i comportamenti, la mentalità, i sogni, la percezione del tempo, le reazioni antinomiche di fronte al nuovo.

I film di Emmer, oggi, ci appaiono tutt'altro che «modesti e spesso evasivi, superficiali», né tanto meno «cascami di neorealismo», come li ha definiti Aristarco.

Nel loro programmatico mutamento di misura di scala nei confronti della rappresentazione di alcuni personaggi, delle loro passioni e soprattutto del loro destino, nel loro sforzo programmatico di evitare qualsiasi elemento deterministico e di mantenere un costante senso di alea nei confronti degli sviluppi possibili degli intrecci, i film di Emmer nascono anzitutto da una serie consapevole di rinunce e al tempo stesso dalla capacità di trasmettere nel modo piú semplice il senso della complessità. In uno dei giudizi piú generosi e intelligenti da parte della critica del dopoguerra, quello di Pietro Bianchi, è proprio la semplicità delle scoperte filmiche «ad apparire poco meno che scandalosa sia agli scassati esteti dello specifico filmico, come ai piccoli Sartre della "revisione critica". Emmer dice che il pane non è altro che pane; un adolescente un ragazzo; un viaggio in treno una faccenda emozionante per un sedentario».

Il valore aggiunto all'apparente semplicità di questo messaggio (in apparenza solo deittico e denotativo) è dato dalla continua e straordinaria capacità di percepire e registrare le variazioni anche impercettibili nel microclima sentimentale, economico, culturale, nel comportamento di un individuo, di una coppia, di una famiglia, di un gruppo, di una comunità... Emmer è un misuratore di movimenti e di variazioni di comportamenti e mentalità di gruppi in apparenza dotati di stabilità. Non gli interessano gli stati di equilibrio, né le dinamiche inerziali, quanto piuttosto le misurazioni delle forze che possono arrestare, frenare o impedire un movimento. Si potrebbe dire che, grazie al sodalizio con Amidei prima o con Sonego poi, Emmer è l'autore che piú ha cercato di tracciare un algoritmo risolutivo all'interno del sistema di rappresentazione di una realtà caotica e difficilmente unificabile all'interno di strutture narrative lineari.

Della generazione di critici di *Cinema*, che avevano considerato il giornalismo come momento propedeutico alla regia,

Giuseppe De Santis è certo la personalità piú rappresentativa.
L'incontro con Visconti e la collaborazione a *Ossessione* gli
consentono di compiere una prima verifica di una serie di ipotesi maturate negli anni precedenti[130]. C'è poi il momento della partecipazione alla Resistenza e alla lotta armata, infine la ricerca, fin dal suo film d'esordio, di una committenza che lo lasci libero di raccontare[131]. A *Caccia tragica*, tratto da un fatto
di cronaca, collaborano Michelangelo Antonioni, Cesare Zavattini, Umberto Barbaro, Carlo Lizzani e Lamberto Rem
Picci (a cui si aggiungono, per la supervisione, Corrado Alvaro, Gianni Puccini ed Ennio De Concini).

Carlo Lizzani, a distanza di molti anni, riconosce che dalla
collaborazione di personalità cosí diverse non poteva nascere
un'opera unitaria[132]. Tuttavia sottolinea che, fin dalla sua prima inquadratura, dalla prima sequenza, De Santis fa scattare
un modulo sintattico destinato a costituire il suo motivo firma. «L'effetto – scrive Lizzani – è ottenuto attraverso una concatenazione sintattica che, legando a "crescendo" una serie di
inquadrature contenenti un numero sempre piú grande di individui e di voci e segnali sonori, innesca, a un certo punto, un
tipo di immagine che non è piú la somma delle precedenti, ma
un *evento nuovo*, di carattere totalmente corale e che porta a
momenti di catastrofe e di salvazione dello stesso coro o del
personaggio che di quella reazione a catena è stato il movente
primo... il nucleo base, l'unità sintagmatica di questo discorso
narrativo... si ritroverà in nuce in molti piani sequenza che co-
stellano tutto il discorso visuale di De Santis e che... legano e
connettono con un unico movimento di macchina la figura
umana singola, la singola esistenza, con l'esistente collettivo. È
la "frase" che aprirà *Caccia tragica*. Due volti in primo piano.
Un uomo e una ragazza che si baciano. La gru, su cui è montata la macchina da presa, si alza e scopre, poco a poco, che i due
sono distesi sul fondo di un camion in movimento. Il camion
fa parte di un convoglio di automezzi che portano i contadini
al lavoro. La stessa gru è montata su un camion che segue quello dove sono coricati i due attori. La gru si alza ancora e sco-

pre che, nella campagna circostante, si muovono altre centinaia di contadini a piedi, in bicicletta. Questa è la prima immagine di Giuseppe De Santis regista»[133].

Al di là dell'inedito uso della gru, e di movimenti di macchina di cosí ampio respiro, non si può non sentire, nel tono fotografico di *Caccia tragica* e nei tagli di inquadratura, un legame diretto con *Paisà*. L'operatore è, in entrambi i film, Otello Martelli, che accompagnerà in varie altre occasioni l'opera di De Santis. Egli ci fa sentire, in maniera marcata, la sua presenza, la secchezza del suo stile, la capacità di ritagliare in modo netto i personaggi, facendo cadere la luce direttamente sui volti e sui corpi, senza giocare con sfumature e effetti luminosi. Come Visconti, De Santis accosta la realtà con una forte partecipazione autobiografica. In una sua recensione dei primi anni quaranta, appare il nome di Kafka, in apparenza imprevedibile, e a ben vedere assai significativo del tipo di accostamento all'uomo che egli intende perseguire. È evidente che la cifra simbolica kafkiana non sarà piú utile nel dopoguerra, quando si tratterà di fare appello e indagare le forme possibili di solidarietà storica, ma non sarà neppure del tutto eliminata[134].

Maggior regista corale del cinema del primo dopoguerra, De Santis è attento anche alle vicende individuali, al senso di disperazione e di solitudine del singolo. E questa dialettica tra solitudine e solidarietà, questa obiettiva difficoltà di inserimento dell'individuo nel gruppo è costantemente seguita[135]. Tra tutti i registi del periodo è quello che piú sente l'influenza del cinema sovietico e con piú adesione ideologica e affettiva tenta di interpretare il realismo socialista, pur raccontando storie alla Huston[136].

Dal suo primo film dimostra la preferenza per un mondo affollato di persone che lottano per la sopravvivenza. Gli ambienti che costituiscono il teatro dell'azione fanno corpo con la vicenda e ne diventano i veri soggetti; possono essere la pianura padana devastata dalle mine in *Caccia tragica*, le risaie del Vercellese in *Riso amaro*, i paesi della Ciociaria in *Non c'è pace tra gli ulivi* e *Giorni d'amore*, l'Abruzzo in *Uomini e lupi*. A parte *Roma ore 11*, De Santis – come del resto la quasi totalità dei registi italiani del dopoguerra – ignora la geografia urbana: la sua andata verso il popolo non è solo una conformistica accettazione del populismo quanto una ricerca di identità, un viaggio che, attraverso la cultura letteraria, lo porta alla riscoperta autobiografica.

Il secondo film, *Riso amaro*, segna nella sua carriera il massimo successo di pubblico sul piano nazionale e internazionale. Egli riesce sia ad avvicinarsi in misura maggiore al suo mondo contadino sia a interrogarsi sulla possibilità di trovare una comunicazione diretta con i pubblici popolari, giocando su una scoperta interrelazione di codici riconoscibili dal destinatario di massa. La costruzione delle sequenze e l'iscrizione delle parti nel tutto, secondo il principio delle scatole cinesi, la dinamica dei rapporti narrativi con il gioco di relazioni a incastro, l'oscillazione tra pubblico e privato, sono ormai resi con una completa padronanza stilistica[137].

Punto d'incrocio tra i modelli del cinema americano e sovietico, *Riso amaro* guarda al foto e cineromanzo e ingloba i codici della cultura popolare che stanno rilanciandosi con nuove formule; piú di ogni altro film attraversa diagonalmente tutti i livelli e gli stili del nostro cinema del dopoguerra. La preoccupazione del regista per la piena leggibilità del messaggio lo porta a fissare le linee di comunicazione lungo moduli visivi e gestuali fortemente convenzionalizzati (i tic di Gassman, lo sguardo fisso in avanti da eroi del realismo socialista della coppia Doris Dowling-Raf Vallone). I gesti provengono, in egual misura, da codici alti come da quelli piú bassi della editoria popolare illustrata. Attraverso la rappresentazione di Silvana Mangano, che si muove di continuo al ritmo del boogie-woogie, viaggia con *Grand Hôtel* e un grammofono come unici bagagli[138], il regista pone l'accento sulle trasformazioni indotte dalla diversa circolazione e utilizzazione dei media nelle classi popolari. L'elemento di maggiore innovazione consiste però nel fatto che *Riso amaro* fa esplodere il linguaggio del corpo in modo aggressivo e perfino «eccessivo» rispetto alla contemporanea moralità del neorealismo[139]. Il linguaggio del corpo domina, nello stesso tempo, struttura narrativa e impianto visivo.

De Santis impone il corpo femminile non accostandolo con alcun compiacimento voyeuristico; non c'è alcun senso del peccato in lui, il rapporto fisico è una naturale e prepotente spinta fisiologica che attira i personaggi in modo irresistibile. Basterà confrontare le protagoniste dei suoi film con quelle di Comencini o Lattuada per capire il tipo di integrazione del corpo nel suo paesaggio naturale e il contatto diretto tra lo sguardo del regista e quello delle protagoniste. Quando poi lo sguardo si slarga dal personaggio ai grandi totali in *Non c'è pace tra gli ulivi, Giorni d'amore, Uomini e lupi, La strada lunga un anno*, si sente egualmente una forza inedita di visione. Niente sentimentalismi bucolici, neppure quando torna alla sua terra, niente nostalgie per una civiltà perduta o gesti che scompaiono, ma coscienza e tentativo di rappresentazione dei rapporti tra uomini e cose, tra sentimento e spazio, tra dimensione del privato e lotta di classe. Grazie alla collaborazione del pittore Domenico Purificato, egli riesce ad acquisire, in *Giorni d'amore*, un immediato senso del valore simbolico dei colori in modo diverso rispetto a *Senso* e a *Giulietta e Romeo*, che usano tutto sommato la pittura del museo come sfondo e riferimento per le loro opere. Al contrario, egli cerca di realizzare una possibile integrazione con la pittura contemporanea facendola divenire materia viva del suo film.

In *Non c'è pace tra gli ulivi* compare per la prima volta la terra del regista, la Ciociaria, e vengono affrontati i problemi centrali del mondo desantisiano: le condizioni di vita dei pastori, i conflitti sociali, il ruolo delle figure femminili, l'incidenza di una terra aspra e povera sul comportamento dei personaggi. Lo squilibrio tra una prima parte descrittiva, e la seconda sovrabbondante di elementi, fa sí che il film non riscuota un consenso immediato di critica, anche se contiene, in forma matura, tutte le caratteristiche del mondo del regista.

Con *Roma ore 11* è abbandonata la descrizione del mondo

contadino, per seguire un fatto di cronaca avvenuto nella capitale. Al centro dell'attenzione sono sempre donne rappresentanti di un mondo contadino che tenta di inurbarsi, che offrono una tipologia sociale abbastanza articolata[140].

Il film è dominato dalla presenza zavattiniana e, se questa presenza ha il merito di frenare l'esuberanza stilistica del regista, costituisce anche uno scarto netto rispetto all'evoluzione di un sistema tematico ed espressivo che entra in crisi in modo piú violento, rispetto a quello di quasi tutti gli altri registi italiani del periodo. Come nota Alberto Farassino «tra *Roma ore 11* e *Un marito per Anna Zaccheo* si apre nella filmografia di De Santis una frattura che non verrà piú richiusa. Egli esce definitivamente, agli occhi della critica, dalla schiera dei registi "importanti" del cinema italiano... Con *Anna Zaccheo* film di serie B, il marchio del mestierantismo, in un cinema di genere, ripetitivo e compromesso, viene indelebilmente apposto sul lavoro di De Santis... agli inizi degli anni cinquanta De Santis è già considerato un autore finito, un ex protagonista decaduto a comparsa»[141]. *Un marito per Anna Zaccheo* ha come sfondo il paesaggio urbano di Napoli, abbastanza estraneo alla cultura del regista; la storia, con tutti gli ingredienti melodrammatici e il ritratto della protagonista sono però interamente suoi.

Per ritrovare se stesso e sottrarsi all'eccesso di dirigismo della critica cinematografica, De Santis pensa di tornare nel 1955 a Fondi, suo paese di nascita, per girare *Giorni d'amore*. Il film, come si è detto integra il colore della Ferraniacolor con una realtà in cui i rapporti di colore sono stati filtrati dallo sguardo di Domenico Purificato. Il racconto è disposto come in una serie di quadri animati dalla voce del cantastorie; il cromatismo violento e privo di semitoni è funzionale a una vicenda costruita sulla finzione e sulla recita, e su sentimenti immediati e diretti, su un calore di partecipazione che, questa volta, coinvolge anche affettivamente il regista nello sguardo che abbraccia tutti i personaggi. Le figurine si muovono individualmente, all'interno di uno sguardo che intende tenerle presenti nei loro rapporti complessivi. Il tono, dirà lo stesso regista liberamente, è quello della favola e segna un tentativo di aprirsi a nuove esperienze di racconto popolare[142].

Giorni d'amore viene accostato a *Due soldi di speranza* e *Pane amore e fantasia*: l'accostamento non è «impertinente»[143], se teniamo conto che alle ragioni produttive si debbono piegare tutti i registi in questo periodo, adattandosi alla medesima logica; lo è nel momento in cui non tiene conto della novità del tentativo, nella manifestazione di una vocazione autentica, che nessuno intende prendere troppo sul serio.

Con *Uomini e lupi* del 1957 tuttavia il regista riprende un altro tema drammatico legato al suo mondo: il mestiere del luparo ha un suo fascino epico proprio perché sta per sparire assieme ai lupi. I protagonisti sono in pratica dei sopravvissuti, anche se dichiarano di preferire la loro vita libera a qualsiasi integrazione sociale[144]. E nel sogno del protagonista appare evidente la perfetta identità tra la sua vita di personaggio emarginato e braccato e la vicenda del lupo. Il film è anche la storia di un viaggio attraverso paesi deserti; la storia di un duello preparato secondo le regole classiche del western e della novella, con tanto di prove qualificanti e prove glorificanti del finale. Il grande assalto dei lupi al paese, con la frantumazione del racconto, l'aumento della violenza secondo un preciso climax drammatico, porta alla strage degli animali, allo scontro diretto, faccia a faccia, corpo a corpo, dell'uomo con i lupi. *La strada lunga un anno*, ultimo film girato negli anni cinquanta, è realizzato interamente in Jugoslavia, quasi con l'intenzione di riprendere in un paese socialista un'ipotesi di cinema, che si dimostrava improponibile in Italia. È una sorta di ritorno alle origini, la dimostrazione di un teorema ideologico sulla possibilità di costituirsi, a partire dall'individuo, di una solidarietà sociale che vede un paese di disoccupati inventarsi un lavoro (la costruzione appunto della strada che dà il titolo al film).

Di fatto, tra tutti i registi, De Santis è quello di cui il sistema produttivo e critico, per ragioni diverse ma concorrenti, decreta l'espulsione piú netta.

6. Il gioco delle riserve: il documentario

Ai margini dell'esperienza del lungometraggio fluttua tutto un lavoro dai contorni sfuggenti sia per gli storici che per i critici: quello compiuto nell'ambito del documentarismo. Anche a volerci limitare a scandagli minimi in questo mondo, finora appena esplorato da ricercatori isolati, non si può non partire dal dato della riproduzione speculare (con una maggiore coerenza interna) del sistema del lungometraggio.

Nel 1945 e nei primi anni del dopoguerra il percorso è addirittura convergente verso il medesimo punto focale; poi avvengono significative sfasature e una progressiva occupazione di percorsi paralleli, alternativi, secondo una tecnica di sperimentazione preliminare di procedimenti (il colore, ad esempio, largamente usato dalla fine degli anni quaranta), o di prosecuzione lungo strade aperte dal lungometraggio e abbandonate agli inizi degli anni cinquanta[145]. Indagare il microuniverso produttivo e inventivo del documentario vuol dire anzitutto misurarsi con un'economia e un lavoro sommerso, entro cui si esercita, in maniera ancora piú radicale, la possibilità di controllo e manipolazione da parte del potere politico[146]. Ma anche incontrare uno spazio entro cui si continuano a proporre discorsi ed esplorare realtà, godendo di margini di libertà impossibili per un lungometraggio.

Oggi sono maturate le condizioni e le possibilità – grazie anche alla creazione di alcuni archivi (come quello di Torino dedicato alla Resistenza o l'Archivio audiovisivo del movimento operaio di Roma) – per uno studio sistematico dei documentari come fonti di rappresentazione dei mutamenti materiali e di mentalità delle strategie della comunicazione istituzionale, dei sistemi di valori, ecc.

Il documentario è una doppia palestra e il riflesso di una doppia realtà: da una parte, luogo del conformismo e dell'idea piú elementare di diffusione di temi culturali e di spezzettamento del pane della scienza a uso dei pubblici di massa, di trasmissione di temi cari all'ideologia governativa, di rassicuranti

immagini turistiche, di esaltazione del lavoro e delle prospettive di sviluppo economico (specie nel sud); d'altra parte, punto
debole del sistema produttivo, che consente ancora esperienze,
discorsi e incursioni in terreni considerati tabú. Su questo terreno comunque lo Stato si dimostra di una prodigalità tale
che, dal punto di vista dello spreco, ha pochi corrispettivi in
altri settori della vita pubblica del dopoguerra, pur cosí costel-
lati di scandali di regime. In un periodo in cui *La terra trema*
di Visconti o film di Rossellini e De Sica incassano a malapena
qualche decina di milioni, cortometraggi come *Il lago della seta*
o *Terrecotte*, prodotti dalla Documento film, ne ottengono il
doppio dallo Stato[147].

In Italia, rispetto all'Inghilterra o agli Stati Uniti, non c'è
un programma o una scuola di documentarismo – alla Grierson – che si proponga di esplorare la realtà del paese; non ci sono gruppi, teorici, o manifesti. Soprattutto il documentario
non vuole essere (nelle intenzioni del governo, che farà cadere
a pioggia i milioni di beneficenza sul settore) un servizio di
promozione della coscienza civile e culturale. Il modello va-
gheggiato dalle forze politiche e governative, vincente sul piano della produttività economica, è di opere ben infiocchettate
e vuote come un uovo di Pasqua, che abbiano come corrispondente sul piano giornalistico l'elzeviro, la voce di divulgazione
scientifica da enciclopedia popolare, il tema in classe o la trascrizione del libro di testo per la scuola elementare o media[148].
Il massimo di conformismo ideologico ed espressivo rende anche il massimo di profitto economico grazie alla accorta politica di manipolazione degli abbinamenti.

In ogni caso un'analisi sistematica di documentari realizzati
da Giorgio Ferroni, Primo Zeglio, Giovanni Pieri, Vittorio
Sala, Pino Mercanti, Vittorio Gallo, Andrea Pittiruti, Ubaldo
Magnaghi, Italo Soncini, Giorgio Moser, Pietro Benedetti,
mostra come le forze governative si servano in modo sistematico del documentario per raccontare la ricostruzione dell'Italia, la ripresa delle opere pubbliche, il ritorno al lavoro nei
campi grazie ai massicci interventi governativi, la ripresa della

produttività nelle fabbriche e nei cantieri navali. Punto d'incontro tra il documentario governativo e il cinema di finzione si può considerare *Le case degli italiani*, diretto da Vittorio Sala per l'Istituto Luce, in cui, attraverso le avventure di due fidanzati in cerca di casa, si celebrano le imprese del piano Fanfani che tramite l'Ina Case ha portato dal 1949 al 1956 alla costruzione di circa 150.000 alloggi popolari.

Nella quasi totalità dei casi i documentaristi sono i commessi viaggiatori piú docili ed efficienti della volontà governativa. In un quadro stilistico e ideologico dominato da un piatto conformismo tuttavia si possono isolare sintomi e scarti significativi. Mi sembra importante sottolineare come, per tutta una fascia della produzione ideologicamente piú motivata, lo spazio del documentario consenta la difesa e il mantenimento di caratteristiche che si stanno ormai perdendo al piano nobile della produzione. La repressione si attua escludendo i documentari piú pericolosi dal beneficio dei premi, ma non viene tolta la parola e non si può impedire di varcare zone ideologicamente circondate da cartelli di divieto di transito. In pratica, nella produzione documentaristica prendono la parola, si esercitano, e compiono i loro primi esperimenti autori che si sentono a lungo gli eredi piú legittimi della parola neorealista. E ciò che non sarà piú possibile affrontare, nell'ambito della produzione maggiore, si continuerà a far circolare – come possibile – nel documentario.

In tutto il periodo considerato non vengono inseguite particolari avventure rivoluzionarie sul piano dei significati e lo sforzo di ricerca visiva, che pure esiste, è umiliato in genere dalla piattezza discorsiva piú assoluta dell'asse verbale. Anche se le esigenze del documentarismo scientifico consentono di sperimentare possibilità di riprese al microscopio, o con velocità particolari, e di lavorare soprattutto sul colore, la concezione e la struttura del documentario nell'immediato dopoguerra sono particolarmente conservatrici. Ci si rivolge a uno spettatore di cui si presuppone un'alfabetizzazione modesta, anche sul piano visivo. Restano invece aperti e praticabili temi e significati, destinati a diventare le prime manifestazioni e i primi luoghi entro cui si esprime la poetica d'autore[149].

Questo è vero in particolare per Antonioni (*Gente del Po* 1943-47, *Nettezza Urbana*, 1948, *L'amorosa menzogna*, 1949, *Superstizione*, 1949), Vittorio De Seta (*Lu tempu de li pisci spada*, 1954, *Isole di fuoco*, 1954, *Sulfatara*, 1955, e soprattutto *Pastori a Orgosolo* e *Un giorno in Barbagia* del 1958, che costituiscono quasi gli appunti e i sopralluoghi preliminari per il suo primo lungometraggio), Dino Risi (*Barboni*, 1946 e *Cortili*, 1946), Luigi Comencini (*Bambini in città*, 1946), Francesco Maselli (*Bagnaia paese italiano*, 1949, *Ombrellari*, 1951, *Stracciaroli* e *Fiorai*, 1952), Ermanno Olmi (*La pattuglia del passo San Giacomo*, 1953, *Tre fili fino a Milano*, 1958, *Un metro lungo cinque*, 1959). Per tutti costoro il documentario è l'anticamera della regia del lungometraggio, e il momento in cui già si fissano temi-chiave o cifre statistiche.

A temi artistici sono dedicati anche diversi documentari di Massimo Mida (*Mafai*, 1952, *La Versilia di Carrà*, 1958, *Emilio Greco*, 1958, *La città di Vespignani*, 1959), e di Glauco Pellegrini (*L'esperienza del cubismo*, 1949, *Lo scultore Manzú*, 1949). Negli ultimi anni della sua vita Francesco Pasinetti realizza una serie di documentari in cui il motivo artistico, particolarmente centrato su Venezia, segna una ripresa di temi già eseguiti agli inizi degli anni quaranta, in cui si continua ad approfondire, con il gusto della cultura figurativa di famiglia[150] e quello della propria cultura universitaria, l'immagine della forma vivente dell'opera d'arte nello spazio dell'uomo o la sua capacità di determinarne i percorsi e i riti sociali (*Venezia in festa*, 1947, *Piazza San Marco*, 1947, *Il palazzo dei Dogi*, *Il giorno della Salute*, 1948).

Nelle riserve indiane del documentarismo, escluso in maggioranza dalla beneficiata dei premi, alcune opere continuano con coraggio a riproporre il tema dell'antifascismo e della Resistenza, altre intendono continuare in profondità l'esplorazione delle aree piú sconosciute e depresse del paese. Alle spalle di questi documentaristi si comincia a intravedere il formarsi di una biblioteca nuova, che prevede i testi antropologici, una piú accurata documentazione sociologica ed un piú esplicito riferimento all'esperienza di grandi modelli documentaristici (come Joris Ivens, ad esempio, tenuto certamente presente da Carlo Lizzani per *La muraglia cinese* del 1958, già citato implicitamente in *Nel Mezzogiorno qualcosa è cambiato*). Il percorso culturale di scoperta del sud si muove anche con il viatico dell'opera di Carlo Levi e della pittura, per approdare a *Sud e magia* di Ernesto De Martino e alle prime inchieste sociologiche.

Quanto alla Resistenza e alla lotta antifascista, i titoli da registrare sono comunque pochi: *L'Italia s'è desta* di Domenico Paolella e *Lettere dei condannati a morte della Resistenza italiana* di Fausto Fornari e Gianni Carli, del 1953, a cui spetta il merito «di inaugurare la scuola del cortometraggio antifascista e tracciare indirettamente lo schema di rievocazione, ricostruzione e sintesi narrativa che avrà un'influenza decisiva nelle opere che verranno»[151].

Le funzioni del cortometraggio e del documentario risultano cosí arricchirsi dall'intreccio di esperienze, dalla possibilità di operare su entrambi i piani e di raggiungere la durata del lungometraggio (in questo eccellerà soprattutto Folco Quilici, che realizza *Sesto continente* nel 1954).

Nella massa di documentari a carattere artistico, scientifico, divulgativo, storiografico o sociologico, da segnalare almeno i nomi di Luciano Emmer, Francesco Pasinetti, Guido Guerrasio, Virgilio Tosi, Alberto Ancillotto, Virgilio Sabel, Massimo Mida.

Emmer alterna documentari di viaggio e scoperte d'ambiente con opere di soggetto artistico (come *La leggenda di Sant'Orsola*, 1948, *Leonardo da Vinci*, 1952, *Picasso*, 1954), in un periodo in cui molti autori si avvicinano all'arte ponendosi anche problemi di carattere teorico generale sulle possibilità del documentario nel campo dell'arte. È quanto fanno, per esempio, Umberto Barbaro e Roberto Longhi, collaborando alla realizzazione di *Carpaccio*, del 1948[152], e *Caravaggio*, del 1949, due opere in cui si tenta di far compiere alla macchina da presa un percorso omologo a quello dello storico e critico dell'arte, che parte dall'analisi del vicino per giungere alla massima inclusione dell'opera nel suo tempo e nel suo giusto spazio socio-culturale.

Il terreno del documentario è, oltre che il punto di congiunzione piú emblematico tra diverse generazioni di autori, anche un passaggio tra i diversi periodi del dopoguerra. La continuità della lezione neorealista e la sua capacità di trasmettersi fino agli anni sessanta si spiegano oggi anche grazie alla messa a coltura di alcuni generi vitali, proprio su questo terreno.

Dal 1949 al 1959: una generazione in trincea

1. Rinnovamento dei quadri e continuità

La legge del 1949 produce un contraccolpo immediato e dal 1950 si scatena la corsa all'oro del cinema. Il numero dei film realizzati aumenta e si registra un massiccio fenomeno di esordi registici. I giovani critici, che avevano fatto il loro apprendistato come sceneggiatori, aiuto registi, o che, come Michelangelo Antonioni, Dino Risi, Luciano Emmer, si erano fatti la mano realizzando qualche documentario, ma anche tecnici, operatori, attori e scrittori come Curzio Malaparte, senza alcuna esperienza cinematografica, hanno la possibilità di girare il loro primo film.

Mentre negli anni della ricostruzione si assiste al tentativo di mantenimento e riaggregazione delle forze disperse e gli esordi sono relativamente pochi, gli anni cinquanta sono attraversati da una forte esigenza di allargare i quadri, di attuare un doppio rischio, sul piano produttivo e registico.

Sono ancora possibili tutti i tipi di combinazioni produttive e, con un mercato in piena espansione, sembra che ci sia posto per tutti: dalla Sicilia al Piemonte, e alla Lombardia, si punta su un investimento e su un nome con la stessa logica con cui si giocano i numeri del lotto. Tra i novanta e piú film prodotti in un anno si spera che la fortuna faccia girare la ruota a favore dell'esordiente e del produttore sconosciuto. Non sfugge dunque il fatto che, tra tutti coloro che corrono nelle nuove batterie registiche, molti esordienti si presentano già in perfetta forma per una corsa sulla lunga distanza e altri hanno il fiato e la preparazione appena sufficienti a portare a termine il loro primo giro completo e unico di pista. Vediamone i nomi, distinguendo tra autori che rivelano una fisionomia ben delineata, gregari che faranno la loro gara mantenendo un passo costante, semplici portatori d'acqua e comparse.

Tra il 1950 e il 1951 esordiscono Michelangelo Antonioni, Carlo Lizzani, Federico Fellini, sia pure in veste di coregista, e Curzio Malaparte (autore di un solo film, *Cristo proibito*, e di molti soggetti non realizzati). Negli anni successivi vanno registrati i nomi di Pietro Nelli *(La pattuglia sperduta)* e Dino Risi *(Vacanze col gangster)* nel 1952, Antonio Pietrangeli e Mauro Bolognini (1953), Gianni Puccini (1954), Valerio Zurlini (1955), Francesco Maselli (1956), Gillo Pontecorvo (1957), Francesco Rosi e Franco Zeffirelli (1958). A parte Antonioni e Fellini, che riusciranno a difendere e a sviluppare, pur tra molte difficoltà, la propria poetica di autori, per tutti gli altri il sistema produttivo si presenterà come un percorso obbligato, con possibilità di prosecuzione solo a patto di accettare determinate condizioni e di accantonare, in attesa di tempi migliori, l'esordio vero e proprio.

Lucilla Albano, che per prima ha documentato il fenomeno, ha osservato come non si possa parlare di vero e proprio ricambio generazionale (che si registrerà invece in maniera consistente agli inizi del decennio successivo) e che, contro i pochi nomi di registi destinati ad affermarsi, «molti saranno spazzati e moltissimi quelli relegati nel ruolo di generi e sottogeneri»[1]. Anche a voler aggiungere, a titolo di pura curiosità, i nomi di Leonardo De Mitri (*Angelo tra la folla*, 1950), Claudio Gora (*Il cielo è rosso*, 1950), Vittorio Metz e Marcello Marchesi (*Era lui ...sí! sí!*, 1951), Renato Rascel (*La passeggiata*, 1953), Piero Tellini (*Prima di sera*, 1954), Luigi Malerba e Antonio

Marchi (*Donne e soldati*, 1955), Vittorio Gassman (*Kean, genio e sregolatezza*, 1957), Elio Ruffo (*Tempo d'amarsi*, 1957), Leopoldo Trieste (*Città di notte*, 1958, tra gli esordi piú notevoli del decennio)[2] e quelli di Sergio Corbucci (*Salvate mia figlia*, 1951) e Sergio Leone (*Gli ultimi giorni di Pompei*, 1959), come autori di genere che hanno puntato da subito al successo commerciale, la quasi totalità dei nomi restanti rimane sconosciuta e con un ruolo assai modesto, anche ai livelli piú bassi dei sottogeneri. Accanto a Mario Amendola, Enzo Di Gianni, Mario Landi, Edoardo Anton, Glauco Pellegrini, Giorgio Capitani, Gianfranco Parolini, Turi Vasile, Paolo Heusch, Silvio Amadio, Lucio Fulci, Giulio Petroni, che vedremo riaffiorare ogni tanto nel magma dinamico dei generi e in alcuni casi realizzare opere di tutto rispetto, vi sono altri nomi che, nonostante la buona disposizione a effettuare un supplemento d'indagine, rimangono sconosciuti assieme alle loro introvabili opere.

Adriano Zancanella, Gianni Pons, Armando Zorri, Giuliano Biagetti, Gaetano Petrosemolo, Sasy Rolvy, Giorgio Ansoldi, Giorgio Baldaccini, Riccardo Moschino, Gino Rippo, Sante Chimirri, Antero Morroni, Aldo Crudo, Enzo Della Santa, Carlo Sandri sono soltanto alcuni nomi, ma si potrebbe continuare a estrarne a lungo, come dal cappello dell'illusionista. La loro presenza è cosí evanescente da rappresentare, emblematicamente, il segno di un investimento finanziario fantasma, in autori che, pur materializzandosi per un momento, sono di fatto inesistenti come il sogno che li sostiene.

D'altra parte, l'osservazione sulla ricchezza degli esordi non implica constatare fenomeni di grande trasformazione interna del livello narrativo e stilistico. Prevalgono i motivi della continuità, che uniscono veterani ed esordienti entro lo stesso cerchio. La continuità si può notare, per esempio, in una serie di opere calate in situazioni verisimili, quotidiane e capaci di sviluppare vicende prive di particolari punte drammatiche. Il termine di riferimento dell'anteguerra è dato da film come *Avanti c'è posto*, *L'ultima carrozzella*, *Campo de' Fiori* (in cui già entra la mano di Fellini come sceneggiatore), che uniscono in un tracciato continuo l'opera di Aldo Fabrizi, Luciano Emmer, Gianni Franciolini e, in parte, anche di Eduardo De Filippo. Siamo nei paraggi dell'orbita zavattiniana e possiamo cogliere – anche per la presenza dello scrittore in varie sceneggiature – la perdita del centro narrativo e di una funzione dominante, la ricerca di una comunicazione con lo spettatore meno ricca di ambizioni culturali e ideologiche.

I racconti dei film di Emmer, come *Una domenica di agosto* (1950), *Parigi è sempre Parigi* (1951), *Le ragazze di Piazza di Spagna* (1952), *Terza liceo* (1953), di Franciolini, *Villa Borghese* e *Le signorine dello 04* (1954), *Racconti romani* (1955) e *Racconti d'estate* (1959), di Fabrizi, *Emigrantes* (1949), *La famiglia Passaguai* (1951), *La famiglia Passaguai fa fortuna* (1952) di alcuni film di Eduardo, anche tratti dalle sue opere teatrali, come *Napoli milionaria* (1950), o *Marito e moglie* (1952), *Ragazze da marito* (1952), *Napoletani a Milano* (1953), di Lattuada, *Scuola elementare* (1954), sono legati alla rappresentazione dell'esistenza, nel tentativo di cantare la fenomenologia dell'epica quotidiana. Disponendo i racconti su un piano sincronico, si potrebbero vedere le decine di episodi e di personaggi, di cui si compongono, come vere e proprie lasse cinematografiche di un cantare di gesta dell'epica piccolo-borghese che affronta, con forza, coraggio e ottimismo, i rigori del clima degli anni cinquanta. Anche in questo caso non sottovalutiamo semplicisticamente la qualità dei risultati confondendoli con i capolavori del primo neorealismo. Questi film, hanno tutti un apparente stile interscambiabile, nel senso che non si avverte quasi la presenza registica e della macchina da presa, mentre propongono, nel loro insieme, un messaggio e un richiamo alla solidarietà, al rispetto umano, alla tolleranza, alla coscienza sociale, che per i tempi non era poca cosa. Basti, come primo esempio minimo, ricordare in *Parigi è sempre Parigi* lo sguardo di Aldo Fabrizi quando scopre, dopo aver visto la sua stanza d'albergo, che l'emigrato, che gli ha fatto da guida turistica, per vivere lavora come uomo sandwich, camminando di notte all'interno di una gigantesca bottiglia di cartone.

C'è poi *Napoletani a Milano*, l'opera che rappresenta il momento piú lucido e avanzato del gruppo. Eduardo De Filippo vi pone il problema della partecipazione del meridione e in particolare di Napoli alla ricostruzione. E lo fa per capovolgere gli stereotipi piú diffusi del razzismo antimeridionalistico. Il racconto, tutto fatto di osservazioni minute, è la storia di un accostamento e di una progressiva integrazione tra due universi umani e sociali assai distanti tra loro. Tanto che alla fine, sembra avverarsi (quasi in risposta al finale di *Miracolo a Milano)* la possibilità non di fuga in un mondo migliore, quanto di eliminazione della distanza geografica e sociale e la possibilità di sostituire al treno Napoli-Milano un tram direttissimo piazza del Duomo-Posillipo, grazie al quale milanesi e napoletani sarebbero vicinissimi tra loro, «quasi a un palmo di naso».

2. Michelangelo Antonioni

Rispetto agli autori della sua generazione Michelangelo Antonioni giunge a dirigere il primo lungometraggio in leggero ritardo, a quasi quarant'anni, quando la grande stagione neorealista volge al termine, ed è in atto una diaspora delle voci piú rappresentative e una ricomposizione produttiva che punta al rinnovamento dei quadri registici.

Partito dalla critica giornalistica su un quotidiano di provincia *(Il Corriere padano)*, dopo aver frequentato il Centro sperimentale, collaborato alla rivista *Cinema*, fatto esperienza di aiuto regia con Rossellini *(Un pilota ritorna)* e Fulchignoni *(I due Foscari)*, Antonioni va in Francia e lavora come aiuto regista di Carné in *L'amore e il diavolo*. Senza giungere a dire che Renoir sta a Visconti come Carné sta a Antonioni, è pur sempre necessario riconoscere l'importanza di questo incontro, dal punto di vista professionale (Antonioni, in realtà, ne minimizza gli effetti), soprattutto per quanto riguarda la direzione degli attori, che, per l'occasione, erano quanto di meglio si potesse desiderare (Jules Berry e Arletty).

Tornato in Italia, non potendo ancora girare un lungometraggio, il regista inizia le riprese di un documentario sul fiume Po[3]: è una precisa esigenza di partire dalle proprie radici,
senza coinvolgere il dato autobiografico, per identificare il senso della propria cultura. Con *Gente del Po* egli vuole parlare
del mondo in cui è vissuto e fissare alcuni princípi di rappresentazione[4]. «Un om, una dona, una putina» sono i soggetti
del racconto che il regista costruisce nel breve arco di tempo
concessogli. L'influenza della cultura francese si può forse ipotizzare ricordando anzitutto *L'Atalante* di Jean Vigo. Di suo
Antonioni riesce già a far sentire come, nell'organizzazione
della vita di tre personaggi che vivono nella barca, in una superficie di pochi metri o nei casoni lungo le rive del fiume,
prevalgano gli elementi di distanza su quelli di congiunzione.
A questo proposito si è osservato che «il pessimismo di Antonioni, la sua inguaribile solitudine, si affacciano già abbastanza
chiaramente in queste sue prime esperienze cinematografiche»[5].

Nel dopoguerra riprende i contatti col gruppo di *Cinema*,
collaborando prima saltuariamente a *Film d'oggi* e poi lavorando come sceneggiatore in *Caccia tragica* di De Santis. Poi ancora documentari: *N.U. (Nettezza urbana)* del 1948, *L'amorosa
menzogna* del 1949 sulla nascita del divismo a fumetti e poi *Superstizione*, *La funivia del Faloria*, *Sette canne al vento* e *La villa
dei mostri*. *N.U.* va soprattutto osservato per l'identificazione
dei moduli visivi che si ritrovano nel primo lungometraggio,
Cronaca di un amore, del 1950[6].

La biblioteca, che il regista idealmente ha alle spalle, ha pochi punti in comune con quella neorealista[7]. E tanto meno ne
avrà in seguito. Per nessun regista italiano, e per pochi autori
sul piano internazionale, il discorso critico, piú che puntare alla definizione delle caratteristiche stilistiche, ha giocato sul terreno dell'influenza filosofica e ha mobilitato una massa di
punti di riferimento tanto ampia[8].

A differenza di Visconti o di Fellini, Antonioni ha poche
nostalgie e sente, in misura tutto sommato minima, il richia-

mo autobiografico. È piuttosto un uomo di frontiera, che vuole usare la macchina da presa per tradurre o captare i sintomi
di trasformazione profonda nei processi sociali contemporanei. Non è difficile trovare nella critica, citate a proposito del
suo cinema, le fonti culturali piú eterogenee, dalla filosofia esistenzialista a Pavese, dal comportamentismo americano a Robert Bresson; la sensazione unanime è che egli cerchi di mutare rotta nei confronti di modelli letterari, figurativi, filosofici e
musicali ottocenteschi e si accosti alle forme dell'arte, scienza
e pensiero contemporanei, cercando di tradurle e interpretarle
in termini cinematografici[9]. Il cinema di Antonioni non è un
terreno di esercitazione di un epistemologo dilettante; con pieno diritto si pone come punto di confluenza di tendenze culturali del dopoguerra, operanti in settori assai diversi.

Rispetto al programma neorealista egli sceglie a soggetto del
film d'esordio la storia di un adulterio, ambientata nel mondo
dell'alta borghesia industriale lombarda. È un evidente prendere le distanze dagli allettamenti populisti e cercare un accostamento piú ravvicinato con un mondo rimasto al di fuori del-
l'obiettivo cinematografico degli anni quaranta. Inoltre, con
un'altra presa di distanza nei confronti delle parole d'ordine
della critica contemporanea, oltre ad aver circoscritto un tema
in odore di eresia, egli dichiara di volersi soprattutto interessare dei sentimenti dei suoi personaggi e della crisi dei loro sentimenti. Eppure – è bene dirlo fin d'ora – nonostante la miopia
successiva di molta critica nei suoi confronti, Antonioni, pur
privilegiando l'attenzione per i sentimenti, «non ha mai ignorato il postulato marxiano per cui l'essere umano non è un'a-
strazione immanente all'individuo singolo, ma nella sua realtà
è l'insieme dei rapporti sociali... non ha mai colto l'uomo nel-
l'accezione individualistica di homo agens, di individuo isolato, ma sempre inteso... come prodotto di vita sociale»[10].

Cronaca di un amore racconta la storia di un adulterio, introdotta da un'inchiesta poliziesca e sviluppata secondo regole
classiche, già in parte percorse da Visconti in *Ossessione*[11]. Antonioni divarica il lavoro, lasciando che la storia rispetti e di-

pani i meccanismi, e porta l'attenzione ai rapporti tra personaggi e ambienti, ai gesti, agli sguardi, ai silenzi, ai discorsi che
si caricano, nell'apparente banalità, di tutta la violenza di classe («Ho rivisto Matilde... Era noiosa, vestita male, non ci si ca-
piva piú»).

Fin dalle immagini introduttive sull'inchiesta di polizia, ci
si accorge che non interessa tanto la storia quanto i fulminei
squarci nel mondo dei personaggi che si intravedono a ogni incontro dell'ispettore. Costui si muove in una città spettrale, alla De Chirico, e ad ogni inquadratura si avverte lo stato di tensione tra gli elementi dell'ambiente. Qualcuno ha parlato di
coesistenza di cose e persone e di inquietante presenza totemi-
ca di oggetti nello spazio[12].

Roland Barthes ha cercato di indicare i suoi rapporti con
l'arte orientale per la sua capacità di lavorare sul vuoto, sulla
«sottigliezza del senso», sull'interstizio[13].

Bazin ha usato l'espressione di «vero gioco di scacchi della
realtà», che definisce perfettamente i ruoli e la distribuzione
delle parti. Antonioni privilegia un punto di vista a media o
lunga distanza rispetto ai suoi personaggi, rifiuta i primi piani
e cerca di avere sempre a fuoco tutti i punti dell'immagine. A
differenza dei registi che pensano di varcare la soglia tra l'apparenza e l'autenticità del personaggio spingendosi con la macchina da presa a sondarne le impercettibili mutazioni della mi-
crofisionomia, egli cerca una misura di sguardo esterna alla vicenda, che sappia raccogliere sintomi e segni complessivi di un
comportamento e di una situazione e riesca, al tempo stesso, a
consentire un giudizio analitico. Per ottenere questo risultato,
dilata la durata delle inquadrature, rifiutando le regole sintattiche del montaggio, in buona parte adottate anche dai registi
neorealisti. Il film risulta cosí composto «di circa 160 piani au-
tonomi contro la media di 600 che Bazin indica come quella
caratteristica del film a soggetto alla fine del periodo di assestamento fra il 1930 e 1940»[14]. A questo proposito, ricorda Lorenzo Cuccu, a cui si deve una delle monografie piú penetranti
sull'opera del regista, è quasi d'obbligo citare «la sequenza del

ponte, quando i due amanti progettano l'assassinio del marito, costruita in una sola inquadratura lunga 129 metri, nella quale la camera segue implacabilmente i due che si spostano di continuo, ora avvicinandosi ora allontanandosi, disponendosi affiancati contro la grigia monotonia della campagna o su profili sfuggenti»[15].

A una ulteriore analisi la costruzione quasi spiraliforme del movimento della sequenza getta un ponte stilistico su procedimenti analoghi, che troveranno una macroscopica applicazione, a oltre vent'anni di distanza, in *Professione: reporter*[16].

Questo tipo di sguardo appare eccentrico e spiazzato, rispetto al progetto culturale neorealista di cui si stavano discutendo, proprio in quel periodo, possibili modi evolutivi; al tempo stesso, appare come un modello stilistico tangibile del superamento dei limiti del cosiddetto specifico filmico, a cui parte della critica continuava a far riferimento[17]. Un doppio atteggiamento di attrazione e rispetto, sospetto e presa di distanza, permane e aumenta nella misura in cui il regista esporta la crisi dei sentimenti dallo spazio del mondo borghese a quello proletario, che si vorrebbe incontaminato da questo ordine di problemi.

Antonioni cerca di compiere da solo un viaggio non alla scoperta del sud o delle mille e una Italia, ma delle mille e una facce che compongono l'individuo, del caleidoscopio delle apparenze, delle illusioni, della fragilità, delle distanze. Alla misurazione delle distanze reali ha cercato di sostituire la misurazione delle distanze interiori.

Nel 1952 Antonioni gira *I vinti*, un film in tre episodi di cronaca nera ambientati in Francia, Inghilterra e Italia. L'intenzione è di offrire uno spaccato dei problemi della gioventú del dopoguerra, costruito secondo la tecnica chirurgica dell'autopsia. A tutti i casi esaminati si può applicare la famosa frase gidiana «è un delitto perfetto, non ci sono tracce né movente», e, in tutti gli episodi, l'esecuzione materiale del delitto trova le sue cause non nella momentanea esplosione di una follia individuale, quanto nella diffusione di un senso di follia collettiva ereditata dal passato e trasformatasi in apparenza in comportamento spregiudicato, cinico e aggressivo. Per i tagli imposti dalla censura francese e italiana i primi episodi risultano diversi, rispetto alle intenzioni originali, mentre l'episodio inglese è in sostanza quello previsto. «L'aspetto a suo tempo piú apprezzato fu quello della riproduzione, in tre modi stilistici diversi, dei tre ambienti nazionali in cui si svolgono i fatti. Tuttavia – nota Giorgio Tinazzi – la novità non si esaurisce qui, va anche considerato lo sforzo di rendere sintomatici gli spaccati parziali che vengono presentati»[18].

Lo stile cronachistico adottato non è sufficiente a far in modo che i pochi tratti di qualificazione dell'ambiente e dei personaggi assumano il valore esemplare di una condizione esistenziale. Piú coerente e compiuta la rappresentazione del caso inglese, dove la patologia dell'assassino è ritagliata dall'ambiente e inserita piuttosto in una grande tradizione letteraria e cinematografica. Il senso di «understatement», adottato nei confronti della lucida paranoia dell'assassino, la rottura del racconto lineare e l'alternanza dei punti di vista, l'esatta misura nell'ambientazione, anziché mostrare il senso di spaesamento, valorizzano al massimo le caratteristiche stilistiche e tematiche del regista.

Anche con *I vinti* il regista costruisce una doppia pista narrativa. Una, evidente, disseminata di segni fuorvianti, facili e ovvi e una piú profonda, raggiungibile solo mediante uno sguardo piú ravvicinato, un'attenzione ai dettagli, ai sintomi impercettibili, al valore significante del contrappunto musicale. Antonioni – almeno fino a *Blow-up*, in cui scioglierà non pochi degli enigmi narrativi e tematici della sua opera – chiede allo spettatore di ripercorrere la catena degli avvenimenti cercando di non perdere nulla, di moltiplicare la sua attenzione verso tutti gli elementi in gioco nell'immagine.

La signora senza camelie, girato nel 1953, si muove in uno spazio contiguo a quello di *Bellissima*, dello *Sceicco bianco* (non a caso il film di Fellini deriva da un'idea dello stesso Antonioni), di *Luci del varietà*. È la storia di un sogno che si materializza e poi lentamente svanisce e segna, per la protagonista, uno scacco, ben piú drammatico di quello del rifiuto di Maddalena Cecconi in *Bellissima*. Una commessa di negozio, scoperta per caso, come molte famose dive del cinema italiano di quegli anni (e come la stessa protagonista Lucia Bosè), raggiunge, in poco tempo, un'effimera notorietà. Vuole però puntare piú in alto, cercando di essere acclamata anche come attrice, e fallisce miseramente.

La critica, paralizzata dalle categorie della tipicità, reagisce dichiarando che se si voleva fare un ritratto del cinema italiano quello non era tutto il cinema italiano; che esistevano fenomeni ben piú seri, ecc. Il regista, in realtà, non intende raggiungere effetti totalizzanti, quanto piuttosto cogliere fenomeni diffusi. Per quanto semplificato il quadro di mercificazione del lavoro cinematografico è ricondotto a una pragmatica filosofia produttiva («per me la sola formula è: sesso, politica, religione»), mostra una capacità di sondare in profondità i comportamenti con una ricchezza di sfumature che, ad esempio, non ha la sbozzatura a tutto tondo dei protagonisti di *Bellissima*. Il ritratto di Clara Manni, rispetto alla ricostruzione del cinema italiano (quello che resta fuori è però la parte piú significativa e Antonioni si sente in obbligo di dirlo, a un certo punto, con la battuta di Lodi: «In fondo lei non ha mai conosciuto la parte migliore del cinema italiano»), è l'aspetto che piú interessa al regista, che anche in seguito costruirà alcuni dei piú intensi personaggi femminili del cinema del dopoguerra.

Sembra – a questo punto – quasi naturale l'incontro col mondo di Cesare Pavese, che i neorealisti non avevano incrociato negli anni precedenti. In tutte le sue dichiarazioni a proposito delle *Amiche*, Antonioni ha tentato di sottolineare le differenze, piú che le analogie e identità, e su questo piano si è mossa anche la critica, in modo sostanzialmente corretto[19]. Il romanzo di Pavese, *Tre donne sole*, è liberamente usato dal regista e dalle sceneggiatrici (Alba de Cespedes e Suso Cecchi D'Amico). Il problema dei rapporti con Pavese cosí diventa piú produttivo se, attraverso il confronto diretto dei meccanismi di traduzione dal romanzo al film, porta anche a estendere l'influenza pavesiana in termini piú vasti sull'opera del regista[20].

Antonioni e i suoi collaboratori hanno tratto dal romanzo alcuni motivi narrativi dal I capitolo (arrivo di Clelia, suicidio di Rosetta), dal IV (arrivo all'atelier), dall'XI (mostra di Nene), dal XII-XIV-XXI-XXII (gita al mare, che fonde piú gite del romanzo), dal XIX (visita agli antiquari), XXIX (via Calandra con la casa di tolleranza, che corrisponde alla scena dell'osteria), e dal XXX (fine dei lavori, morte di Rosetta, congedo). Restringendo i motivi, Antonioni mette in moto l'osservazione piú diretta delle relazioni sociali e affettive tra i personaggi[21]. Piú di Pavese, che proietta un rapporto e un coinvolgimento diretto con i personaggi, il regista, grazie all'uso dei piani americani e medi, mantiene la già osservata misura di equidistanza nei confronti della storia. Nel porre a conclusione del racconto la morte di Rosetta, anche egli sembra accettare la concezione deterministica pavesiana del destino individuale.

Eliminando i motivi che possano disperdere l'attenzione, si conferisce pertanto a ogni sequenza (25 in tutto il film) un carattere di necessità agli effetti dello sviluppo del racconto. Tutta la prima parte è costruita in funzione della gita al mare, punto di confluenza di varie linee dell'intreccio narrativo e di integrazione simbolica tra ambiente e personaggi[22].

Piú che in questo momento la divaricazione dei due testi si nota nel finale quando, rispetto all'identificazione pavesiana del dramma di Rosetta, Antonioni, pur facendo sentire attraverso la durata delle inquadrature il dolore del distacco tra Clelia e Carlo, fa maturare nei suoi personaggi la coscienza che «il mondo non finisce in un addio». Nel film si perde il mito pavesiano del ritorno alle madri, e il senso di profanazione di questo mito: la Torino dello schermo fa scattare pochi ricordi nella mente della protagonista e, piú che il senso dell'itinerario all'indietro nel mondo in cui è fuggita, Antonioni privilegia il rapporto con la società borghese di Torino, con determinati riti, intrecci di vicende amorose, gelosie, rivalità, pettegolezzi, che rivelano il vuoto affettivo, ideale e morale di questo mondo. Il coro prevale rispetto alla singola vicenda, e unifica tutte le storie entro una medesima logica. Antonioni cerca la giusta unità d'atmosfera per far sentire, con ambizioni piú vaste, il senso di crisi dei sentimenti, la difficoltà della comunicazione interpersonale, la crudeltà dei rapporti. Opera di transizione, *Le amiche* è il punto di passaggio fondamentale e piú maturo della fase iniziale della carriera del regista[23].

Con *Il grido* si apre un prologo dei film degli anni sessanta: basterà pensare all'immagine della torre, che campeggia, totem simbolico, in apertura e chiusura del film, per capire come alcuni moduli significativi vengano a occupare in modo deciso il centro dell'immagine. L'autore definisce, dalla immediata dichiarazione di crisi dei rapporti tra i protagonisti, quel senso di impossibilità di comunicazione e di vuoto che sarà il tema dominante, a partire dall'*Avventura*. In pratica comincia in questo momento uno studio, in termini visivi e di rappresentazione, dei rapporti spaziali che marchino la distanza e l'estraneità tra i personaggi. L'atmosfera nebbiosa, già vista nelle opere precedenti, accresce il senso di isolamento degli individui dal contesto, ponendoli drammaticamente uno di fronte all'altro per esasperarne il senso delle rispettive solitudini. Lo spazio, sempre piú rarefatto, è come sottratto alla visione e non rappresenta piú un termine di riferimento per nessuno. Aldo fugge dalla fabbrica e inizia un percorso labirintico senza idee sulla meta («ma da qualche parte ci fermeremo») e senza la forza di ancorarsi da qualsiasi parte. È un uomo alla deriva, che si imbatte in altri esseri nelle stesse condizioni. Nel suo viaggio trascina la sua bambina, proiezione e riproduzione perfetta delle sue nevrosi.

Di tutti i personaggi incontrati il regista mette in rilievo soprattutto i momenti di vuoto, di rinuncia, di resa sentimentale ed esistenziale, o, al massimo, di tentativo di salvataggio dopo il grido del *si salvi chi può* («io non bado a mio padre, figurati se bado a tua figlia»). Il vagabondare del protagonista lo riporta, alla fine del film, al punto di partenza: solo che il paesaggio ormai si è fatto assolutamente desertico e le figure che si possono incontrare nel villaggio si muovono in direzione esattamente opposta (i contadini che protestano, incrociati da Aldo, rappresentano il momento della lotta e dell'impegno sociale). Il film si conclude con il grido lanciato da Aldo, prima di buttarsi dalla torre: è un grido che non cerca risposte storiche né trascendenti. È un modo di lanciare un messaggio senza destinatario, prima di giungere all'afasia piú completa, al buio, alla pagina bianca[24].

Sul filo conduttore dell'emblematico vagabondare di Aldo si innestano i temi dell'individualismo antonioniani: «il "disancoraggio", il crollo delle sicurezze, l'inquietudine, l'indifferenza, il sesso... Il tempo individuale rompe col tempo storico e questo è il nucleo drammatico»[25].

Era difficile, allora, per la critica, accettare un personaggio proletario incapace di stabilire un giusto rapporto con la vita, sopraffatto dai sentimenti e senza alcun tipo di integrazione né sociale, né con l'ambiente naturale. Manca ad Aldo una capacità progettuale, gli manca qualsiasi speranza, oltre che qualsiasi certezza. Tutto il racconto del film è dunque distribuito in due momenti posti in tensione: un lungo girare a vuoto e senza senso, una manifestazione di assenza costante e una breve affermazione di presenza, attraverso il grido. In questa scelta Antonioni carica l'ultima immagine di quella violenza e di quella drammatica intenzione significante che pochi anni prima venivano manifestando, ad esempio, i maestri della pittura astratta. Nel segno sonoro conclusivo è da riconoscere uno dei piú drammatici ed emblematici gesti di rottura con una tradizione cinematografica, che ancora gravava su tutte le scelte ideologiche ed espressive.

«Le premesse dell'Antonioni maggiore degli anni sessanta sono in questo "primo Antonioni" che riunisce "vincitori" e "vinti" nell'amarezza di una identica sconfitta»[26].

3. Federico Fellini

«Nel nostro cinema del dopoguerra Federico Fellini costituisce un fenomeno particolare, importante a suo modo, e significativo, che va studiato e approfondito nelle sue varie componenti... Perché, ad esempio, i suoi film, a cominciare dagli stessi titoli, hanno tanto successo? Perché alcuni di questi titoli – dai *Vitelloni* all'annunciato *Il bidone* – entrano o sono destinati a entrare nel parlare comune, nel nostro vocabolario corrente?... Perché i personaggi o le figure, gli ambienti, gli abbozzi di Fellini sono diventati cosí popolari, di cosí facile presa?... Ci sembra che il fenomeno Fellini riguardi piú il costume, piú la psicologia e la sociologia che non l'arte del film; esso va comunque ricollegato a tutto un modo di concepire e intendere l'arte, di assumere verso questa e verso la vita un atteggiamento simile a quello preso dalla nostra letteratura d'anteguerra... In questo senso Fellini appare come un regista anacronistico... e in *La strada* in misura maggiore rispetto ai suoi precedenti film, tanto esso è fuori del tempo, chiuso in una sorta di leggenda»[27].

Con l'autorità e la sicurezza che contraddistinguevano il suo *mestiere di critico* in quegli anni, Guido Aristarco accompagnava i maggiori registi nel loro non facile cammino, riuscendo ad assegnare, senza incertezze, il posto di un film nella loro opera all'interno della cinematografia nazionale, a valutarne l'appartenenza o meno all'arte del film, i coefficienti di neorealismo o di realismo, e cosí via. La valutazione a cui film e autori erano sottoposti diventava, vista la parziale egemonia culturale esercitata dalla rivista da lui diretta, ora un vero e proprio esame di Stato, ora un esame di idoneità, e qualche volta di semplice riparazione.

Il direttore di *Cinema Nuovo* non si limitava ad analizzare i film; interveniva per correggerne gli errori, suggerire dei miglioramenti, spianare delle strade, mostrare i pericoli di determinate tendenze. Aristarco mirava a raggiungere un'integrazione tra i diversi lavori del campo cinematografico, a unire e guidare le forze comuni per raggiungere la terra promessa del realismo.

Tra tutta la classe di registi il cui lavoro coinvolgeva indubbiamente la passione, oltre che il mestiere del critico, Fellini appariva (e non solo ad Aristarco)[28] come lo studente piú indisciplinato e riottoso, dotato di grandi doti e al tempo stesso portato a sprecare nel modo piú futile il suo talento. E sicuramente assai poco portato a seguire la strada del realismo.

Le categorie del realismo in effetti erano insufficienti a spiegare un'opera in cui si mescolavano suggestioni eterogenee. Le radici culturali di Fellini (come del resto quelle di Antonioni) non erano trasparenti come quelle di De Santis, Visconti, o dello stesso Rossellini. Al di là della immediata riconoscibilità di alcune fonti, ci si imbatteva subito, nel lavoro felliniano, in una vasta zona d'ombra in cui venivano a intrecciarsi, con l'ingenuità dell'autodidatta e lo sforzo di percorrere e studiare autori differenti, echi della filosofia bergsoniana o degli scritti di Emmanuel Mounier e Albert Béguin, con influenze surrealiste o psicanalitiche mutate ora da Freud, ora, in modo piú produttivo, da Jung. E inoltre una memoria personale e una competenza professionale costruite, piú che attraverso la frequentazione dei grandi maestri della storia del cinema, attraverso una visibile esperienza di forme di spettacolo popolare (dal circo, al varietà, all'avanspettacolo) vissute come fonti inesauribili di emozioni collettive e individuali.

Inoltre Fellini mescola la sua partecipazione in qualità di sceneggiatore al momento piú importante del neorealismo, con la sua cultura di umorista e vignettista del *Marc'Aurelio* e, in modo abbastanza marcato, fin dal suo film d'esordio, *Lo sceicco bianco*, compie una mossa anomala, rispetto al sistema entro cui pure aveva operato fino ad allora, facendo pesare la propria presenza e assumendo, con decisione, il punto di vista dei personaggi[29]. Piú di qualsiasi altro regista del periodo, e certo nel modo piú riconoscibile, Fellini usa la macchina da presa in prima persona, la promuove a personaggio. I suoi personaggi non sono cercati o trovati a caso nelle strade, quanto piuttosto sono il frutto di un patrimonio di esperienze anteriori. Lo schermo diventa per lui il luogo privilegiato per convogliare e liberare un flusso ininterrotto e coerente di immagini destinate a espandersi in modo iperbolico e ipertrofico. È un fluire lutulento, non limpido, e questo complica ulteriormente il giudizio.

Ogni tema, ogni figura, personaggio, motivo-firma, rimbalzando da un film all'altro, lievita nell'immaginazione felliniana, per compiere tutto un tragitto da sintomo a segno, a valore simbolico. Per alcuni anni il cordone ombelicale che lo lega alla cultura del neorealismo, e di cui è uno dei soggetti determinanti, viene solo in parte reciso e tutto l'itinerario iniziale non sembra altro che un tentativo di riportare alla luce e valorizzare il senso dell'esperienza culturale neorealista.

Alle analogie col neorealismo corrisponde però un tipo di lavoro che ne modifica profondamente le condizioni. L'esperienza di sceneggiatore – per esempio – spinge il regista ad una unificazione di ruoli finora mai tentata da altri. Fellini è il primo regista che riesce a far propria la filosofia di Frank Capra («one man, one film») e rifiuta il senso di una poetica di collaborazione per esaltare l'individualità del processo ideativo e realizzativo del film. La compressione del ruolo dello sceneggiatore impone una diversa poetica e pratica d'autore e favorisce una maggiore capacità di imporre alla produzione i propri temi. Fellini contribuisce a mutare molte regole del gioco produttivo e il suo esempio, oltre al suo successo, ha conseguenze decisive sulla svolta cinematografica del 1960.

Grazie a Fellini il cinema, con estrema semplicità, riesce a muoversi e a viaggiare dalla realtà al sogno e all'immaginario e viceversa senza mostrarne le differenze. Fellini dilata le dimensioni del visibile e apre con sicurezza non solo al cinema italiano, ma a tutto il cinema del dopoguerra, delle strade che sembravano inaccessibili e proibite. L'aver cercato di andare oltre la soglia della realtà ha significato, agli occhi di gran parte della critica, aver infranto un tabú.

I primi dieci anni della sua attività, prima che cominci a

proiettare sulla sua opera anche un'immagine monumentale di sé, ci permettono di fissare e raccogliere una topografia e delle tipologie ideali anche per il lavoro successivo. Bisogna comunque partire da alcuni dati: Fellini tende a far coincidere memoria culturale con memoria autobiografica. Seguendo dei movimenti oscillatori, la sua memoria si muove alternativamente lungo un tragitto obbligato: l'asse Rimini-Roma e ritorno. Il suo sforzo maggiore è quello di riannodare gli anelli mancanti in una catena di associazioni e ricordi, compresi nel cerchio della sua esistenza, e di farli muovere entro un più vasto quadro della condizione umana contemporanea.

Nel suo racconto Fellini mescola inoltre l'esperienza autobiografica[30] con la capacità di deformazione caricaturale e grottesca acquisita nella redazione del *Marc'Aurelio*, alternando il distacco ironico al coinvolgimento. Egli tenta di produrre, o meglio di riprodurre, attraverso lo schermo, una serie di sensazioni che colpiscano contemporaneamente i cinque sensi. L'immagine, con la fisicità potenziata dal prevalere di un punto di vista soggettivo, vuole coinvolgere, oltre che l'esperienza audiovisiva, anche quelle tattile, olfattiva e gustativa dello spettatore. La figura dominante dell'immaginario cinematografico felliniano è, senza dubbio, la sinestesia. E la produttività di questa figura compensa la modestia di funzioni e valori simbolici dei suoi messaggi più ambiziosi di carattere filosofico. Nello *Sceicco bianco* e nei *Vitelloni*, l'intenzione significante profonda è pertinente in quanto circoscritta al mondo dei suoi personaggi. A partire dalla *Strada*, il messaggio è portato a eccedere lo spazio della vicenda e ad assumere una portata più vasta.

La struttura del racconto felliniano, l'avventura, non ha nulla di grandioso: è la storia del tentativo di materializzazione di un fantasma, di un sogno, di un desiderio, perennemente frustrato e risorgente. Questa «quête», in cui non esiste una molla economica e non è previsto alcun compenso, non ha ambizioni epicizzanti, né i personaggi felliniani combattono in nome della morale. Il capovolgimento delle categorie mora-

li, l'elogio della pazzia delle anime semplici, unito al rifiuto di
una costruzione e di una progressione drammatica, portano
l'«eroe», attraverso una serie di incontri picareschi, a percorrere un labirinto di situazioni esemplari, al cui termine si apre in
genere uno spiraglio o è prevista una palingenesi.

Manca, come è stato notato, il mondo degli uomini comuni[31], nell'universo felliniano, o forse sarebbe meglio dire che il
regista cerca di mettere a reagire i personaggi comuni in situazioni d'emergenza, di immetterli in una condizione carnevalesca momentanea, facendoci però capire e presupporre lo squallore della loro condizione esistenziale.

Seguire lo sviluppo del cinema di Fellini vuol dire registrare, da subito, alcune dominanti, o *concordanze*, che caratterizzano tutto il suo lessico figurativo e si ripropongono mediante
procedimenti ora di tipo anaforico, ora di metamorfosi vera e
propria.

Tutto questo cercando di far muovere i film lungo i sentieri
della favola, o immergendoli in dimensioni oniriche e surreali,
o dando loro cadenze decisamente ludiche, o riportandoli entro i binari piú riconoscibili dell'osservazione realistica. Il racconto, rispettato, si frantuma e tende a coagularsi in unità indipendenti e interscambiabili. La ricerca felliniana è volta alla
conquista di ogni singola unità di visione e a un tipo di rappresentazione in cui ogni figura assuma il carattere di una vera e
propria apparizione e sia quasi la materializzazione di un'immagine onirica[32].

Ha effettuato con rigore una precisa ricerca su vari tipi di
fonti (soggetti, sceneggiature originali, interviste, documenti
inediti, analisi in profondità dei singoli testi e dell'intero sistema felliniano) Peter Bondanella, realizzando con *The Cinema
of Federico Fellini* uno dei lavori piú intelligenti e capaci di
muoversi e proporre ipotesi interpretative nuove rispetto a
quelle in genere molto deludenti di molta critica italiana[33].

Nei primi due film (non dimentichiamoci che lo *Sceicco
bianco* nasce da un'idea di Antonioni) Fellini inizia a muovere
e a ritagliare le figure partendo quasi dalle dimensioni di un

presepe casalingo, identificando e circoscrivendo ruoli, gesti e funzioni di ogni personaggio. Ivan e Wanda, la coppia di sposi dello *Sceicco bianco*, sono le due facce complementari di un medesimo immaginario ottuso e limitato, squallido e prevedibile in tutti i suoi sviluppi[34]. Sono la tipica avanguardia di una società che si sta muovendo verso nuovi modelli culturali e valori, e lo fa senza un minimo di autonomia e capacità decisionale. Wanda, piú che Ivan, attende l'incontro con Fernando Rivoli e va a riceverne l'immagine e il corpo come in un rito sacramentale. L'apparizione sull'altalena del divo del fotoromanzo (Alberto Sordi) è il punto culminante di questo rito ed anche il momento in cui il regista rivela la natura reale dell'essere divinizzato[35]. La produttività dell'alternanza dei punti di vista del protagonista e dell'autore giunge, nei due primi film, a un equilibrio quasi perfetto, anche perché tutti quei moduli, che marcheranno, in maniera inequivocabile, il cinema successivo, qui sono contenuti e quasi compressi. C'è già, nel piccolo dramma di Ivan e Wanda, la logica carnevalesca che guida il mondo felliniano: il senso del capovolgimento dei rapporti, il gusto per il travestimento (in questo senso va visto anche lo pseudonimo di «Bambola appassionata», assunto da Wanda Cavalli), il movimento frenetico e a ritmo di balletto di tutti i personaggi e, nel fondo, la consapevolezza dell'unicità dell'occasione rispetto a un grigiore di esistenza passata e futura.

Lo sviluppo su piani paralleli del racconto dello *Sceicco bianco* lascia il posto, nei *Vitelloni*, a una ulteriore scomposizione. In pratica, da cinque sviluppi contemporanei di storie di un gruppo di amici, che vivono nella stessa condizione di Wanda, inseguendo ognuno una diversa realtà fantasmatica, e ritrovandosi sempre allo stesso punto di partenza, agli stessi discorsi, agli stessi incontri. *I vitelloni* segna la prima rimpatriata di Fellini nella realtà placentare di Rimini, tra personaggi e situazioni perfettamente conosciuti, prima di tentare una esplorazione piú ambiziosa e nuova con i protagonisti della *Strada*[36].

Fausto, Alberto, Riccardo, Leopoldo e Moraldo coltivano,

ognuno per proprio conto, diversi progetti di fuga: accettano
le regole del gioco del gruppo e, in controcampo, difendono
uno spazio di privacy in cui, buttati la maschera e il travestimento, si pongono di fronte a se stessi e cercano di realizzare
quello che credono l'aspetto piú autentico della loro personalità. Fausto insegue le sue occasionali avventure, Leopoldo la
sua vocazione di scrittore, Moraldo i suoi sogni di fuga dalla
città. Uno solo, Moraldo, alter ego del regista, ha la forza di
andarsene realmente[37]. La falsa coesione del gruppo è data, emblematicamente, dalla scena sulla spiaggia, dove ogni personaggio, per un momento, è isolato in una solitudine ancor piú accentuata dalla funzione fatica dei discorsi. Il mondo della lontana Rimini, teatro delle gesta notturne dei protagonisti, e i
pochi luoghi d'incontro, il bar, la sala del biliardo, le strade
della notte, la spiaggia, il cinema costituiscono un nucleo genetico che il regista ritroverà dilatato anche in seguito.

Il lasciarsi vivere da parte dei personaggi fa sí che il gruppo,
nell'insieme, non voglia mai mettersi in discussione: non a caso, nel momento finale della festa carnevalesca, quando il gioco di travestimenti e di liberazioni del represso è concluso, Alberto, nella sua ubriachezza, ha un lampo di lucidità: «Chi
sei... non sei nessuno. Non siete nessuno tutti... Tutti quanti.
Tutti. Che vi siete messi in testa? Che vi siete... E lasciami, mi
fate schifo». Muovendosi entro situazioni note, grigie e al limite dell'anonimato, Fellini riesce a cogliere, piú e meglio di
quando giocherà carte piú ambiziose, il senso di una condizione sociologica diffusa e dotata di quei connotati di tipicità che
la critica neorealista inseguiva, per altri sentieri, proprio negli
stessi anni[38].

I vitelloni è il film piú «normalizzato», dal punto di vista
stilistico, della prima fase dell'opera felliniana, quello in cui la
dimensione onirica resta sul piano dei mondi possibili, al di
fuori dell'immagine e non trova una materializzazione visiva.
Fellini, per una sorta di «pudore» stilistico, cerca di mantenere
un atteggiamento di equidistanza rispetto ai personaggi e soltanto la voce dell'io narrante ha la funzione di segnalare il

coinvolgimento affettivo temperato da un'ironia e da un gusto sornione di «understatement», che si perderà a partire dalla *Strada*.

Tra *I vitelloni* e *La strada* il regista gira un breve episodio (dal titolo *Agenzia matrimoniale*) per *Amore in città*. Si tratta del racconto di un'inchiesta giornalistica su una delle tante agenzie che promettono l'incontro con l'anima gemella. La protagonista, Rossana, è uno dei personaggi piú semplici e rassegnati del mondo felliniano, e certamente un passo in avanti nella definizione della protagonista del suo film successivo[39].

La strada segna una svolta nell'opera felliniana: se in precedenza egli aveva constatato e privilegiato il senso della solitudine, dell'aridità e del vuoto esistenziale, con Gelsomina, Zampanò e il Matto, riparte da zero, dalle forme piú elementari di comunicazione, per «scoprire il legame profondo che lega una persona all'altra», e, al tempo stesso, per cogliere i rapporti tra l'individuo e la natura, sentendo echi misteriosi di forze sovrannaturali, collegando ogni elemento a un piú ampio disegno provvidenziale[40]. Non è però seguendolo nel tentativo di interpretazione religiosa e filosofica della vita che si potranno raggiungere risultati critici rilevanti. Tuttavia il processo di sviluppo tematico vede dilatarsi, a partire dalla *Strada*, quei temi in precedenza soltanto intravisti attraverso l'immaginario di alcuni personaggi. Abdicando – almeno in apparenza – all'autobiografia, Fellini libera il secondo stadio della propria invenzione, dando vita a figure provenienti da un livello piú profondo del suo immaginario. La resistenza del materiale realistico si fa minore e il porre al centro dell'azione un caso patologico consente la trasformazione interna della sua visione cinematografica[41]. Nei tempi piú recenti l'interpretazione della *Strada* è anche legata al motivo autobiografico, a una vera e propria crisi scatenatagli da una anomala e istantanea terapia psicanalitica (durata non piú di una ventina di giorni), che il regista ha definito come una «Chernobyl della sua psiche» e che con ogni probabilità lo ha spinto a proiettare sui due protagonisti la storia del suo rapporto con la moglie. Bondanella ha anche richiamato il motivo della Bella e della Bestia e della progressiva umanizzazione della seconda ad opera della Bella. *La strada*, come è stato osservato «è un super-mito e il materiale di base non è la vita stessa di Fellini, ma la rappresentazione di essa elaborata nella mente, nell'anima e nella memoria fin dai tempi della fanciullezza... [i personaggi sono] figure mimetiche di un'esistenza mitica»[42]. Anziché sciogliere i legami col proprio io, Fellini procede a un diverso tipo di scavo, a una diversa costituzione e percezione di uno spazio e di un mondo onirico. L'assunzione del punto di vista della protagonista non produce piú una sola visione: in un certo senso, a ogni incontro, Gelsomina vede il reale nella sua forma di spettacolo magico, misterioso e affascinante, fino a che «lo spettacolo del mondo si confonde col mondo dello spettacolo». Si accentua, in parallelo, lo sforzo di riflessione del regista su mondi e forme dello spettacolo, e si esplicita ulteriormente il suo progetto di messa in scena della finzione[43]. Se il senso del messaggio di interpretazione della vita è modesto e trova con tutta probabilità il suo nucleo privilegiato nella «rivelazione» del Matto a Gelsomina («Tu non ci crederai, ma tutto quello che c'è a questo mondo serve a qualcosa... Ecco, prendi quel sasso lí, per esempio... anche questo serve a qualcosa, questo sassetto... non so a cosa serve questo sassolino, ma a qualcosa deve servire... perché se questo è inutile, allora è inutile tutto... anche le stelle»), l'attenzione per le forme di costruzione dello spettacolo popolare si dilata. Il mondo dello spettacolo, poco per volta, diventa piú reale del reale. In questo senso non sono impertinenti le accuse che la critica marxista lancia al regista di aver tradito il neorealismo. Di fatto proprio un'antologia della critica della *Strada* potrebbe costituire un ottimo test del punto di incapacità e di vera e propria «ottusità» visiva raggiunta dalla critica di sinistra verso la metà degli anni cinquanta. Sinteticamente, nella biografia felliniana, Kezich ricorda che nelle stroncature uscite dall'indomani della prima veneziana gli aggettivi piú ricorrenti sono «vecchio, falso, insincero, letterario, irreale, patologico, velleitario, bamboleggiante. Al film si rimproverano in maniera contraddittoria un eccesso di ingenuità e troppa furberia, una mancanza di stile e un'esuberanza di calligrafismo»[44].

Delle critiche Fellini deve comunque aver tenuto conto per *Il bidone*. Come nei *Vitelloni* dà corpo a personaggi che altro non sono se non le sfaccettature di una medesima personalità e prosegue nella messa in scena di un racconto picaresco di piccoli imbrogli realizzati alle porte di Roma. Un film ancora costruito sulla base di unità mobili e interscambiabili, dove lo sforzo realistico non è compensato da una rappresentatività sociologica dello stesso livello di quella raggiunta nei *Vitelloni*. Il piccolo mondo sordido e abietto dei bidonisti lo attrae per quel tanto di gioco, mascheramento, recita, piú o meno riuscita, che la compagnia riesce a realizzare. Nel mettere in scena un raggiro ai danni di povera gente il regista prima simula il divertimento, poi, poco alla volta, si lascia prendere dagli scrupoli moralistici: porta cosí Augusto a conquistare una diversa, anche se tardiva, coscienza di ciò che sta facendo, e Picasso a rientrare in famiglia. Il solo Roberto, piú cinico e disumano, non sembra toccato da nulla e rimane fino alla fine fedele alle proprie caratteristiche.

Piú modesto, dal punto di vista dell'invenzione figurativa e narrativa, rispetto alle opere che lo precedono, *Il bidone* costituisce, comunque, una verifica e un'ulteriore avanzata verso gli affreschi piú grandiosi della *Dolce vita* e di *Otto e mezzo*[45] e mostra, rendendolo piú plausibile, il legame tra i personaggi e l'ambiente, facendo anche scattare delle risonanze piú colte e sofisticate[46]. Qualche critico, fin da allora, faceva, non a caso, il nome di Kafka, soprattutto riferendosi alla parte finale dell'itinerario con il processo e la condanna di Augusto[47].

I motivi del *Bidone* e della *Strada* confluiscono in varia misura nelle *Notti di Cabiria* a dimostrazione che l'universo felliniano si allarga, libera un'energia creativa crescente, cercando di non perdere o distruggere mai l'esperienza anteriore. Cabiria è una prostituta semplice e candida, nata da una costola di Gelsomina e trasportata in una realtà sociologicamente – se

cosí si può dire – «normalizzata», rispetto a quella della vita
nomade dei personaggi della *Strada*. Cabiria, a differenza di
Gelsomina, non viene venduta come una merce, vende il proprio corpo per raggiungere l'emancipazione dal mondo in cui
vive[48]. Anche Cabiria, come Gelsomina, è pronta a offrirsi come vittima e viene brutalmente sacrificata dalla malvagità altrui. Nel momento finale, in cui si concede a un ennesimo sacrificio, Cabiria scopre anche il senso e i limiti della condizione umana e ritrova misure di rapporti che considerava perdute[49].

Al ritorno sulla strada la natura che le sta intorno registra e
accoglie rispettosamente i suoi ultimi singhiozzi, il placarsi del
suo respiro, il battito del suo cuore. Nel finale, Fellini mette in
scena una condizione complessiva, riuscendo a far vibrare al-
l'unisono l'esperienza interna del personaggio e quella della
natura circostante. In questo film, come aveva acutamente
messo in luce Tullio Kezich, «le albe, le notti, la strada, l'acqua, l'alone fiabesco o quello piú cupo, la natura che partecipa
alla vita dei personaggi, diventano oltre che lo stimolo a una
religiosità primitiva anche i tratti piú caratteristici che prelu-
dono alle future e piú grandiose rappresentazioni»[50].

Fellini continua a muovere i personaggi con la cura e la me-
ticolosità di un burattinaio, aumentando la quantità di implicazioni oniriche, filosofiche, esistenziali[51]. Parte da rappresentazioni marginali e punta, con progressive correzioni di rotta,
verso una rappresentazione piú vasta dell'esistenza, tentando
di reimmettersi nel racconto, sia in forma di soggetto dell'e-
missione, sia come soggetto dell'azione e della finzione.

La dolce vita, terminato alla fine del 1959, segna in modo
piú netto questa entrata del regista nella sua opera. Se, negli
anni precedenti, le regole del racconto, la critica, l'eredità del
neorealismo lo avevano frenato, dalla *Dolce vita* in poi compie, nei confronti delle sue immagini, un'operazione per molti
versi simile a quella fatta in pittura dai maestri dell'action
painting americana, Pollock, Rothko e soprattutto Tobey.
Una specie di action-filming. Molto opportunamente Peter

Bondanella richiama le suggestioni della pittura di Picasso nelle scelte figurative generali del film, e nella struttura narrativa e ritmica del racconto. Senza distruggere il proprio oggetto narrativo il regista vi si immette quasi fisicamente, lascia che le proprie energie vitali passino nelle immagini, concepisce il film come un flusso di coscienza e un flusso di immagini che si accavallano, senza preoccuparsi del perfetto equilibrio dei rispettivi rapporti. L'immagine acquista una forza quasi sinestetica e lo schermo pare contenere a fatica l'energia che i singoli personaggi o i gruppi emettono e attraverso cui passa Marcello dando l'impressione di non esserne contaminato. Grande affresco cinematografico, proiezione di una realtà tutta interiore, *La dolce vita* chiude e apre una nuova stagione del cinema italiano, abbracciando e precorrendo non poche linee di sviluppo futuro. E soprattutto condizionando in modo decisivo l'attività futura del regista stesso.

Se le strutture soggiacenti dei racconti precedenti erano legate a un'affabulazione modesta, a una tradizione di racconto orale dei filò, alla favola, al racconto picaresco, al «conte moral», alla barzelletta, la dimensione e la struttura della *Dolce vita* hanno qualcosa in comune con la prima cantica del poema dantesco. Il viaggio di Marcello nella città, i luoghi a cui accede sono altrettante tappe, disposte secondo una precisa linea di degradazione, gironi di una moderna rappresentazione di una realtà infernale, senza peraltro che sia abbandonato del tutto il ricordo della realtà dei *Vitelloni*[52]. Per la prima volta la critica evoca (ed è Alberto Moravia a farlo) il nome di Petronio, e il blasone culturale felliniano viene dilatato in modo ipertrofico, quasi capovolgendo tutti i discorsi fatti in precedenza a proposito della mancanza di spessore culturale della sua opera.

Fellini proietta, come in una gigantografia, i temi sviluppati finora e ne tenta un accordo complessivo, combinandoli con temi ulteriori. Il suo progetto cinematografico culmina in quest'opera: la sua stessa visione muta, anche in rapporto all'uso del cinemascope e alla adozione di una serie di obiettivi a grande profondità focale, che gli consentono di valorizzare le mi-

516 Storia del cinema italiano 1945-1959

crofisionomie dei volti, perdendo, al tempo stesso, il rapporto focale con lo spazio circostante.

Film ampiamente analizzato, *La dolce vita* va oggi osservato sia in quanto crea forti spinte nel sistema espressivo, sia perché apre a realtà come quella della psicanalisi, e al tempo stesso registra, con perfetta scelta di tempo, i fasti e la fine di un mondo e di alcuni rituali tipici della società romana di quegli anni. La mimesi felliniana, che sposta la sua messa a fuoco da un mondo di emarginati a quello dei nobili, degli intellettuali e degli alto-borghesi, occupa in questo periodo uno spazio complementare rispetto all'opera letteraria di Pasolini, che, non a caso, aveva collaborato con lui nelle *Notti di Cabiria*. Tuttavia, rispetto al passato e alla stessa opera di Pasolini, Fellini, con un gusto quasi lombrosiano, comincia a raccogliere un'ampia galleria di mostri, di personaggi che sembrano giungere direttamente dall'inconscio e non avere piú alcun rapporto normale con la realtà. E Marcello, con lo stesso stupore di Gelsomina, appena protetto da una maggiore cultura, vede sfilare uno dopo l'altro questi personaggi come altrettante epifanie di uno spettacolo esistenziale malato, come la parata finale di una società in putrefazione. Marcello non ha la forza di sottrarsi a questo mondo e seguire, nelle ultime immagini, il richiamo e la possibile salvezza rappresentata da Paola. È risucchiato dai mostri che cerca di esorcizzare e non riesce a dominare. È il pesce misterioso e, a sua volta, mostruoso disteso sulla sabbia che esercita su di lui il richiamo piú forte e gli consente di poter continuare a vivere osservando il prodursi di altre scene, favorendo la materializzazione di sempre nuovi mostri.

4. La dissoluzione del corpo neorealista

Come si è visto, la dissoluzione del corpo neorealista fa sí che l'energia si disperda in varie direzioni. Non deve stupirci troppo che giunga a interessare, oltre a un gruppo di esordienti di buon livello, anche l'opera di personalità diversissime: da una parte un vecchio mestierante sulla breccia fin dagli anni dieci, come Augusto Genina, e dall'altra un intellettuale rotto a tutte le esperienze, come Curzio Malaparte.

Dell'attività di Genina del dopoguerra[53] va soprattutto ricordato *Cielo sulla palude* del 1949, un'opera che la critica cattolica riconosce come una sorta di bandiera alternativa al neorealismo e, al tempo stesso, come un'evoluzione piú matura in direzione di una cultura regionalistica. «Restando rigidamente legato a una tradizione che ricomprendeva, nell'ambito della sua cultura, anche la realtà quotidiana di cosí umili personaggi, il regista si affidò a uno stile sorretto da preziosi riferimenti pittorici e plastici e i suoi contadini, espressi da uno stile aderente ai loro limiti regionali, rimasero radicati nei loro orizzonti, alle loro paludi»[54].

Al di là delle belle immagini di G.R. Aldo, il film non si ricorda tanto per l'attenzione al mondo contadino, quanto per la combinazione di morbosità, violenza e ingenua rappresentazione catechistica del martirio di Maria Goretti.

Cristo proibito è il primo e unico soggetto cinematografico che Malaparte riesce a portare sullo schermo nel 1950[55]. Malaparte pensa a Malraux dell'*Espoir*, a Hemingway, a Jean Cocteau e al neorealismo, e sente che il passaggio dalla letteratura al cinema è possibile a patto di riuscire a essere interamente responsabile di tutto il processo espressivo, dall'idea iniziale fino alla regia. «Lo spirito, l'accento di questo racconto – annuncia alla vigilia dell'inizio delle riprese – è lo stesso dei miei ultimi libri che hanno già una cadenza e un taglio cinematografici come la critica straniera ha già osservato, specie a proposito di *Kaputt*. Sarà il *Cristo proibito* un film neorealista? Come potrebbe non esserlo? La critica straniera, unanime, quando apparvero *Roma città aperta* e *Paisà* notò che quei film venivano dopo il mio *Kaputt*... il mio film vuole essere un omaggio a Rossellini, a De Sica, al Blasetti di *Quattro passi tra le nuvole*. Ma è naturale che io cerchi di mettere nel film neorealista ciò di cui, a mio parere, esso manca»[56]. I rapporti con il neorealismo restano sul piano delle dichiarazioni di principio: nei fatti il film è carico di intenzioni simboliche, di una manifesta intenzionalità pittorica, di una deformazione espressionistica dei rapporti tra uomini e spazio circostante. La parola è prosciugata, i personaggi enunciano sentenze attorno a campi semantici molto limitati, in cui ricorrono ovvie analogie tra il sacrificio del protagonista Bruno e il sacrificio di Cristo. Mura coperte di lapidi, cimiteri, crocefissi, feste religiose e riti pagani, colline nude come calvari, cose o animali (come una testa di vitello sul banco del macellaio) o persone (tutto il parallelismo tra la madre di Bruno e la Madonna) sono lo sfondo che produce il senso e la connotazione costante dell'azione del protagonista. I referenti figurativi non sono dunque piú quelli del neorealismo, quanto il cinema di Ejzenštejn *(Lampi sul Messico)*, la pittura barocca per gli interni e quella di Masaccio e Piero della Francesca per gli esterni. L'ambizione visiva è esibita a ogni inquadratura (le scenografie sono di Orfeo Tamburi), viene però a mancare a Malaparte la capacità di conferire ritmo e coordinazione a tutti gli elementi. Il testo verbale non scende mai dal suo registro letterario, dalla sua costruzione apodittica, non riesce a far corpo con l'immagine[57].

Nel momento in cui Malaparte tenta di farsi interprete di un motivo di religiosità profonda, di senso di sacrificio comune a tutto un popolo, la sua parola, riportata nelle battute dei personaggi, rimane vuota di senso, pura funzione fatica, e nella sua trascrizione in immagini accumula, in modo abnorme, una quantità di convenzioni simboliche, contro cui proprio il cinema neorealista si era battuto.

Achtung! Banditi!, pur nel suo sguardo retrospettivo, segna il primo vero accostamento del cinema del dopoguerra alla fabbrica e alla realtà operaia, luogo e specie che molto a lungo non sembrano aver diritto di cittadinanza nell'immaginario cinematografico, cosí prodigo di attenzioni invece per le realtà rurali e il terziario.

Achtung! Banditi! è, da molti punti di vista, un esordio importante. Oltre a costituire anzitutto la forma piú radicale e irripetibile di esperienza produttiva, è uno degli ultimi tentativi di rappresentazione della Resistenza fatti nel corso del decennio. Lizzani e i suoi collaboratori (Ugo Pirro, Rodolfo Sonego, Massimo Mida, Gaetano Giuliani De Negri) scelgono un tipo di racconto che mescoli il privato con l'epica e documenti lo spirito della lotta nel suo aspetto piú spontaneo; in quello organizzato nelle grandi fabbriche e in quello della lotta armata vera e propria[58]. Ne risulta un'opera composta di piú parti, con un nucleo centrale non immemore del *Potëmkin*, espressivamente forte, di sguardo corale sulla fabbrica, sugli scioperi, sul ruolo di appoggio delle donne alla lotta operaia. Molte parti sono ricche di effetti spettacolari (lo scontro tra i tedeschi e gli operai piú che il finale con il meccanismo parallelo e l'arrivo degli alpini nel momento culminante del combattimento) e già l'attacco narrativo è marcato da movimenti di macchina e ellissi. Meno rilevanti altri momenti connettivi dove l'immagine della Resistenza risulta invece stereotipa, improbabile (tutte le scene della villa, in particolare). Lizzani, soprattutto nella parte finale, in apparenza piú debole, ha modo di mostrare la vocazione di regista portato a rappresentare l'azione piuttosto che le psicologie e le atmosfere. Sembrerebbe confermarlo anche il film successivo che, pur tra molte difficoltà produttive e censorie, introduce un ulteriore elemento che chiarisce il tipo di manipolazione e di elaborazione dei materiali da parte del regista.

A differenza delle ipotesi zavattiniane, Lizzani parte da un dato minimo di cronaca per procedere a un allargamento e definizione del campo con strumenti antropologici, sociologici e ideologici. Nel corpo stesso di un film egli tende a integrare il fatto nel contesto, a indagarne le cause profonde e quelle di superficie, a lanciare il suo grido d'accusa. Nel caso di *Ai margini della metropoli*, l'idea di partenza è data dalla cronaca (il caso di Lionello Egidi), poi, per via di allargamenti e incastri, egli intende «spingere il suo sguardo comprensivo e socialmente accusatore verso l'umanità che popola le misere borgate di Roma, dove la corruzione e la criminalità sono spesso figlie del bisogno e della disperazione»[59].

Nel 1953, oltre alla partecipazione a *Amore in città* (episodio *L'amore che si paga*), Lizzani gira *Cronache di poveri amanti*, tratto dal romanzo omonimo di Vasco Pratolini, il suo film
piú compatto del decennio. L'operazione di trascrizione e riduzione del romanzo è fatta con coerenza e senza vistose perdite; nel lavoro registico già emerge, in maniera piú netta, la
capacità di distribuire l'attenzione sui personaggi di contorno,
marcandone le caratteristiche, legandoli tutti insieme all'azione e al senso ideologico che si intende far scaturire dall'azione
stessa.

Lo svitato, con Dario Fo, il documentario sulla *Muraglia cinese* ed *Esterina* sono opere centrifughe, che manifestano come
all'arco delle capacità registiche di Lizzani vi siano potenzialità
– come quelle del comico – appena esplorate, e piuttosto interessanti. Però queste opere lo portano ad accettare le stesse leggi di mercato e a ritrovarsi, fianco a fianco, nello stesso carroz-
zone produttivo con i suoi ex compagni della critica Antonio
Pietrangeli e Gianni Puccini.

Se *Lo svitato* oggi ci appare come uno degli elementi importanti per capire il processo di accelerazione e il livello di complessità a cui aspira il cinema comico degli anni cinquanta,
Esterina è uno dei primi *road movies* che accosta l'Italia nel
momento esatto in cui si affaccia alle soglie dell'industrializzazione. Grazie a Lizzani, e naturalmente a Visconti, si cominciano a percepire i processi di assimilazione tra le diverse Italie
e le distanze cominciano a ridursi. Agli occhi di *Esterina* (che è
una variante della Gelsomina felliniana con un Q.I. piú elevato) si dischiude nella sua novità un paese che si lascia alle spalle
la civiltà contadina.

Pietrangeli è uno degli ultimi critici della generazione di *Cinema* a esordire nella regia cinematografica. Il suo primo film,
Il sole negli occhi (o *Celestina*), esce nel 1953, a dodici anni dalla
collaborazione alla sceneggiatura di *Ossessione*. In questo arco
di tempo egli svolge un'intensa attività in diverse direzioni.
Critico, organizzatore culturale, traduttore[60], tenta anche di

presentarsi come candidato del partito comunista alle elezioni del 1948 e soprattutto collabora a molte sceneggiature[61].

Tra i registi e gli intellettuali dell'area neorealista Pietrangeli è tra i piú anomali, in quanto sceglie volontariamente di tenersi in una posizione di confine. È il primo critico, a cui si debba un bilancio del cinema italiano del dopoguerra, che mette in luce la continuità del lavoro e l'importanza della formazione professionale negli anni trenta e nei primi anni quaranta. Ancor oggi mi sembra che la sua *Panoramique du cinéma italien*, apparsa tra il 1948 e 1949 sulla *Revue du cinéma*, sia il testo da cui è partita tutta la critica e storiografia successiva sul cinema italiano ed a cui si sono rifatti, quasi per forza d'inerzia, gran parte dei discorsi sul neorealismo degli anni cinquanta e sessanta[62]. E molte «scoperte» della critica piú recente sono già perfettamente previste in questo saggio.

Per il suo film d'esordio sceglie un tema che, da una parte, vuol essere un omaggio, sia pure epigonico, al neorealismo, dall'altra, pone al centro della scena un tipo di personaggio femminile «umiliato e offeso», che contrasta stranamente con la prepotente e irresistibile ascesa contemporanea delle «maggiorate». *Celestina* è il ritratto dolente, ma fermo, di una ragazza di campagna, che giunge in città a servizio di una famiglia borghese, si innamora, viene messa incinta, rifiuta il matrimonio riparatore e affronta con le sue sole forze le difficoltà del futuro. Come farà poi con Adriana di *Io la conoscevo bene* del 1965, Pietrangeli costruisce un ritratto di donna che la società «usa come si usa una macchina»[63], e che trova ancora dentro di sé la forza di reagire e di lottare. Ben diversa la «moralità» di questo film da quella del sistema complessivo del melodramma di Matarazzo & C., cosí profondamente immerso nella morale cattolica piú conservatrice di una società ancora agricola. Celestina, con un solo gesto, spazza via ed esce di colpo e razionalmente da quella logica e da quel mondo del melodramma, di cui pure si adottano strutture e moduli di superficie.

Come farà anche in seguito Pietrangeli costruisce le sue storie per accumulazione di unità paratattiche. Le sue protagoniste affrontano la vita come un pugile affronta un incontro sul ring e a ogni round perdono regolarmente ai punti a favore di uno o piú avversari. Grazie anche all'apporto di Scola e Maccari come sceneggiatori le sue storie assumono caratteristiche che via via si differenziano rispetto ai modelli contigui e concorrenti.

In seguito, da sottolineare non tanto particolari risultati espressivi quanto il formarsi di un sodalizio operativo con gli sceneggiatori Scola e Maccari. Con *Nata di marzo*, del 1957, Pietrangeli costruisce il suo secondo ritratto di donna, questa volta osservando il nascere di meccanismi di logorio psicologico in una sposa-bambina, dove il problema reale non è tanto la distanza generazionale rispetto al marito, quanto il vuoto esistenziale e il senso di frustrazione che la vita della casalinga produce automaticamente[64].

In questi anni Pietrangeli firma, come autore, le sue storie, mentre, come regista, cerca di rendere inavvertibile la sua presenza, quasi che intendesse mantenere un atteggiamento di rispettosa equidistanza sia dallo spettatore che dai personaggi[65].

Gianni Puccini, una delle piú brillanti voci della rivista *Cinema* dell'anteguerra, nel passaggio alla regia, rispetto al gruppo della sua generazione, appare come la personalità meno in grado di conquistarsi il proprio spazio e di affermare in modo marcato una presenza. Il film d'esordio, *Il capitano di Venezia*, del 1952, non può evidentemente neppure attirare quel successo di stima che ricevono altri autori che hanno seguito lo stesso suo itinerario. Molto piú interessante *Parola di ladro* (codiretto da Nanni Loy), del 1957, in cui il regista, pur obbligato a muoversi entro le convenzioni del genere, ha modo di rivelare buone capacità di tocco e di orchestrazione narrativa, ironia, doti di costruzione del racconto e di conduzione di attori. Sarà evidente nei film successivi che Puccini preferisce mettere le sue capacità professionali al servizio ora dei suoi interpreti ora del soggetto o della sceneggiatura. I risultati migliori si vedono nel *Marito* (1958), sceneggiato da Rodolfo Sonego su misura per Alberto Sordi, piú che in *Carmela è una bambola* dello stesso anno, e nell'*Impiegato* del 1959, sceneggiato con Elio Petri e Tommaso Chiaretti, piú che nel *Nemico di mia moglie*, sceneggiato con Castellano e Pipolo.

L'impiegato, nel suo esplicito ricordo di *Sogni proibiti* di Norman Z. McLeod (*The Secret Life of Walter Mitty*, 1947), intende mostrare un mutamento in atto nei sistemi di lavoro burocratico a cui corrisponde però un identico processo schizoide di dissociazione del lavoratore rispetto al passato. Sono questi i primi tentativi importanti di dare alla commedia una valenza sociologica assai piú netta e di osservare in maniera non qualunquistica fenomeni di netta trasformazione nel sociale.

Mauro Bolognini esordisce nella regia a trent'anni con *Ci troviamo in Galleria* del 1953, dopo essere stato aiuto regista di Claude Autant-Lara e Jean Delannoy. La sua formazione attraversa tutto il decennio, mentre la maturazione espressiva e stilistica verrà raggiunta solo nel decennio successivo[66]. Tra il 1953 e il 1959 gira nove film, in prevalenza commedie (da *La vena d'oro* a *Gli innamorati* del 1955, a *Guardia, guardia scelta, brigadiere e maresciallo*, *Marisa la civetta* a *Giovani mariti* del 1956-57, a *Arrangiatevi* del 1959). Questi film, pur rispettando le regole del genere stabilite a partire da *Pane, amore e fantasia* e *Poveri ma belli*, cercano di mostrare, con una maggiore carica polemica, quei fenomeni di trasformazione e crisi nella società (penso a *Marisa la civetta* e a *Giovani mariti*, che si avvalgono entrambi della collaborazione di Pier Paolo Pasolini alla sceneggiatura) di cui si è parlato. Non bisogna dimenticare che tra gli sceneggiatori Bolognini ha Ettore Scola, Maccari, Franciosa, Festa Campanile, Ennio De Concini. Anche in questo caso si conferma il ruolo importante di aggregazione attorno al lavoro nei generi di alcuni giovani della generazione postneorealista che, senza tagliare il cordone ombelicale con il cinema precedente, cercano di battere strade piú modeste e in direzione del pubblico, senza abdicare peraltro alla propria presenza critica. È ovvio vedere, specie negli ultimi film del decennio e in particolare nella *Notte brava*, il peso del soggetto pasoliniano e della presenza dello stesso scrittore alle spalle del regista, quasi in un processo di accostamento lento e irreversibile alla macchina da presa. In questo modo, però, si perde di vista l'aspetto piú caratteristico della personalità di Bolognini che, al di là del soggetto, ha come punti di riferimento film come *Rebel Without a Cause* (*Gioventú bruciata*, di Nicholas Ray) e *Les tricheurs* (*Peccatori in blue-jeans*, di Marcel Carné). Si direbbe che il film voglia proprio essere una risposta italiana al fenomeno osservato e denunciato dal cinema americano e francese. Il mondo pasoliniano è già tutto presente, con le sue situazioni emblematiche, con la sua capacità di muoversi solo in base agli stimoli del denaro, del sesso e della fame. Di questo mondo Bolognini dà un'immagine meno violenta, piú morbida, in cui giovano le mediazioni spettacolari e soprattutto una serie di scelte figurative, un'attenzione per i valori tonali dell'illuminazione, una ricerca del taglio dell'inquadratura, elemento qualificante del suo lavoro di costruzione dell'immagine. Bolognini predilige un tipo d'inquadratura non orizzontale, che privilegia gli scorci, i valori prospettici, il movimento del personaggio lungo la profondità di campo o le riprese dal basso in alto e viceversa (il topos per eccellenza di questo tipo di riprese sono le scale in tutte le forme e accezioni, dai grandi scaloni dei palazzi pubblici alle strette buie e tortuose scale dei caseggiati popolari). Quanto ai personaggi, Scintillone, Bella Bella e Ruggero, sono «ragazzi di vita» ripuliti e tirati a lustro, rispetto alla forza e immediatezza frontale con cui Pasolini riprenderà, l'anno successivo, i suoi «ragazzi di vita» in *Accattone*. Al regista nuoce, in un certo senso, il confronto con Pasolini, ma è comunque da questo film che si avvia il suo processo di trasformazione e di maturazione decisiva.

Gli sbandati, 1955, film d'esordio di Francesco Maselli, è una delle poche opere degli anni cinquanta che dimostri di non voler interrompere il filo con la tradizione neorealista e, al tempo stesso, di volerla adattare a uno sguardo piú comprensivo della storia. *Enfant prodige* del cinema italiano, Maselli a quindici anni, alla fine della guerra, si trova tra le mani una macchina da presa da 8 mm. grazie alla quale scopre la sua vocazione. Il suo apprendistato dura una decina d'anni e gli consente di far emergere la sua vena poetica che affina sotto il magistero di Zavattini e Antonioni. Dalle prime parole e dalla scelta del punto di vista soggettivo del protagonista io-narrante («Fu un'estate calda quella del 1943... Avevo portato da Milano tutti i miei libri, i dischi di jazz e le riproduzioni d'arte moderna che mi piacevano tanto»), Maselli accumula e trasmette una quantità d'informazioni che qualificano il personaggio e la sua *differenza* rispetto al contesto ideologico e culturale in cui è immerso. Ricollegandosi idealmente al *Sole sorge ancora*, regista e sceneggiatori tentano, al tempo stesso, di radiografare un comportamento di classe (l'alta borghesia mantiene il suo ruolo di comando, collaborando indifferentemente con i nazifascisti e le forze della lotta di liberazione) e di isolare una storia d'amore che, sia pure per un attimo, riesca a espellere la presenza del contesto storico. Tuttavia, questa presenza pesa in maniera cosí ossessiva sul comportamento quotidiano dei protagonisti da condizionarne i sentimenti e far maturare, oltre alla coscienza del presente, anche quella del futuro («Non c'è rimasto piú niente. Tutto da rifare e toccherà proprio a noi, che abbiamo questa età». «È un bene che sia rimasto, perché ho capito molte cose, sono cambiato»).

Progressivamente Maselli mostra però come la volontà individuale del protagonista non sia sufficiente a fargli rompere la solidarietà di classe e a fargli abbracciare la causa resistenziale. E questo non solo a causa dei vincoli materni, quanto proprio per la forza profonda dei vincoli di classe. La madre confessa ad Andrea, nel finale melodrammatico, di aver tradito i suoi compagni per salvarlo («Sí, va bene, ti ho denunciato perché avevi dato asilo a degli incoscienti, vigliacchi, traditori». «Sono una donna sola, non ho che te nella vita»), ma non è la logica del privato a trionfare nel senso conclusivo del film, anche se il privato riceve una maggiore e diversa attenzione.

La scrittura visiva di questo film è già quella di una personalità matura e di fatto *Gli sbandati* resta uno dei risultati piú convincenti della carriera di Maselli (almeno fino agli anni settanta, perché la sua filmografia piú recente lo restituisce a una nuova fase della sua maturità visiva e narrativa)[67]. Quanto all'argomento, per gli anni in cui è realizzato, rimane, nel mare della produzione orientata in ben altre direzioni, come un relitto vagante, destinato a essere ripreso solo alla fine del decennio.

Non a caso, idealmente, mi sembra che un legame lo possa trovare soltanto con *Estate violenta* di Zurlini del 1959. Anche Zurlini guarda al neorealismo come a un patrimonio culturale vivo, capace di guidare lo sguardo sul passato per una migliore comprensione del presente. Anche Zurlini colloca la sua vicenda entro una cornice di classe medio-alto borghese, facendo del giovane protagonista il figlio di un gerarca fascista. Nell'*Estate violenta*, come poi nella *Lunga notte del '43* di Vancini, la cui vicenda è ricostruita sulla base di un avvenimento reale, e come già nel film di Maselli, il problema è trovare il punto di saldatura tra la storia individuale e il quadro storico rappresentato proprio nel suo momento di maggiore drammaticità (i giorni a cavallo dell'8 settembre). «La cronaca di quell'amore – ha osservato Adelio Ferrero – viene ad acquistare una funzione e un rilievo essenziali, quasi esclusivi, nell'economia del racconto... Sullo sfondo e nell'animo dei protagonisti agisce la presenza della guerra e della crisi, ora in forma indiretta, di inquietanti richiami alla realtà (le parole di un bollettino radiofonico, l'apparizione di un razzo luminoso in una tenera notte estiva), ora attraverso riverberi piú crudi e dolorosi (oltre alle sequenze già ricordate, si vedano la sommossa del 25 luglio, l'arrivo degli sfollati nella villa di Carlo, e altre ancora). Tuttavia il nesso e la saldatura tra la vicenda individuale e quella storica non si verificano, o almeno avvengono in una direzione particolare»[68].

Zurlini dichiara, fin dall'indomani dell'uscita del film, di aver voluto fare soprattutto un'opera della memoria, piú che un lavoro di ricostruzione storica, e di aver mostrato come la crisi del suo protagonista non maturi in rapporto alla caduta del fascismo: «La rottura del cordone ombelicale non è stato il

25 luglio. I giovani crescono quando vedono la morte, questo è il perché anche nella scena del 25 luglio non c'è rottura. La rottura è solo nel finale»[69]. In effetti l'oscillazione irrisolta tra individui e storia pone, forse per la prima volta nel dopoguerra, il senso della distanza e l'esigenza di ritornare al passato prossimo servendosi di altri strumenti critici e interpretativi[70]. Per il momento però gli strumenti sono ancora tutti da scoprire.

Anche Rosi, con *La sfida*, film d'esordio del 1958, intende collocarsi nell'alveo della cultura neorealista e dimostrarne la vitalità e produttività a molti anni di distanza[71]. E già da questo film «mette in pratica i primi elementi di una metodologia che consiste nel partire, se non da un avvenimento storico, da un fatto diverso per scoprirvi tutto il mondo culturale che vi sta dietro»[72]. Il suo cinema per oltre trent'anni si svolge come una veduta continua in cui alcuni aspetti della realtà e della storia italiana vengono ripetutamente e periodicamente posti al centro del fuoco prospettico. In nessun momento l'autore rinuncia a far sentire la propria presenza. Rosi è uno dei pochi registi del dopoguerra dotato di uno sguardo panoramico e con una capacità di messa a fuoco variabile del vicino e del lontano che gli consente di abbracciare piú fenomeni e di osservarne recursività e metamorfosi spazio-temporali, di ipotizzarne cause e conseguenze. Sa osservare l'atemporalità e il valore simbolico di certi atti e rituali, ma anche i mutamenti e soprattutto le intenzioni, le dinamiche inerziali, le accelerazioni e le resistenze tra diverse forze e meccaniche pubbliche e private, politiche, sociali, economiche e ideologiche.

Affascinato dall'affabulazione, capace di far lievitare i dati del reale, dai meccanismi e dalle architetture narrative, del tutto estraneo allo stile basso-comico, Rosi affronta di petto la sua materia narrativa ed espressiva e, per quanto gli è possibile, cerca di nobilitarla sia dal punto di vista stilistico che per la forte componente ideale e morale che la sostiene.

Passa, nel corso del tempo, da uno stile eccessivo e fortemente espressionista a una progressiva riduzione degli effetti, a una ricerca di semplicità e necessità assoluta di ogni elemento. Il suo percorso naturale oscilla tra melodramma ed epos, ma include la favola, la tragedia, il mito. I suoi toni sono in prevalenza alti, nobili: le strutture dei generi, a cui pure fa riferimento e costituiscono, in un certo senso, la «langue» dell'autore, non ne impoveriscono né abbassano i registri espressivi. La tragedia del vivere quotidiano si mescola col livello epico-lirico.

Il punto di partenza della *Sfida* è un episodio di cronaca della malavita napoletana: la moglie di un piccolo guappo napoletano si vendica per l'uccisione del marito nel giorno delle nozze, uccidendo a sua volta l'assassino. La realtà microcellulare di partenza è solo l'occasione per compiere un lavoro di esplorazione e ricostruzione del contesto retrostante. Come riuscirà a fare, in modo molto piú rigoroso, a partire da *Salvatore Giuliano* del 1960, Rosi vuole mostrare «il mondo napoletano nei suoi elementi costitutivi di tragedia culturale, sollevare il drappo del pittoresco per vedere che cosa ci stia sotto»[73]. È una dichiarazione di poetica a cui il regista è rimasto fedele fino a oggi.

Rosi ottiene ciò, riuscendo a saldare, come non erano stati capaci né Maselli, né Zurlini, la vicenda individuale e l'ambiente: il regista possiede una diversa qualità di sguardo, che gli permette di tradurre in termini ideologici e sociologici generali ogni minimo gesto individuale dei personaggi. Dal rito iniziale del risveglio e della vestizione di Vito (la camicia perfettamente stirata e inamidata, la tazza del caffè) al gioco di sguardi e di messaggi che, col corpo, Assunta invia in maniera prepotente, attirando Vito sulla terrazza, il regista riesce a far sí che i personaggi risultino perfettamente calati nell'ambiente, ne raccontino la storia complessiva. Quello che caratterizza da subito il lavoro del regista è inoltre l'attenzione per i meccanismi di funzionamento di determinati processi economici. Partendo dalla vicenda del camorrista, che cerca di introdurre nuove regole del gioco, Rosi mostra il cammino dello sfruttamento di un prodotto agricolo seguendolo nei vari passaggi di mano, dal contadino produttore alla vendita all'ingrosso nei mercati generali, o al dettaglio nei mercati rionali, spiegando le regole di crescita di valore di una merce e la costruzione di un profitto non legato al valore reale della merce stessa o a una logica di costi di gestione. La critica aveva colto nel film sia la componente stilistica italiana, sia l'influenza del cinema americano, dal classico *Scarface* di Hawks (la cui struttura sembrava correre in trasparenza) fino ai film noir a cavallo tra gli anni quaranta e cinquanta. E ne aveva messo in luce anche altre componenti, come quella della cultura teatrale napoletana degli inizi del novecento[74].

La sfida, dal punto di vista narrativo, presenta una struttura lineare con un climax drammatico, di cui si rispettano tutte le regole e tutti i meccanismi. Entro queste regole e questi meccanismi, che il regista dimostrerà in seguito di non amare, preferendo un altro tipo di struttura piú simile all'inchiesta giudiziaria o giornalistica, i tratti marcanti sono legati a scelte stilistiche generali, come quella dell'uso di una fotografia sovraesposta, spesso di una luminosità accecante, che risulti, con la sua violenza, una sorta di omologo naturale alla violenza delle passioni e dei conflitti mostrati.

I magliari (1959), girato e ambientato in Germania, conferma l'importanza delle scelte unitarie d'atmosfera. Le vicende sono calate in un ambiente grigio, costantemente immerso nella nebbia e nel freddo.

Anche qui si tenta di spiegare il funzionamento del meccanismo di un commercio abusivo e sotterraneo controllato dalla camorra napoletana. Come già per *La sfida* siamo nell'ambito di organizzazioni modeste, di interessi e di strutture organizzative molto semplici, destinate, nel decennio successivo, a essere travolte dall'avvento di una nuova delinquenza, interessata a traffici ben altrimenti redditizi. Tuttavia *I magliari* non vuole parlarci solo della camorra; allarga lo sguardo su un altro fenomeno sociale di proporzioni ben piú drammatiche: il fenomeno dell'emigrazione italiana in Germania, che raggiunge, proprio in quegli anni, punte assai alte. Rosi, come afferma

Gili, «ci offre due immagini dell'emigrato, l'operaio che guadagna difficilmente la propria vita e il trafficante che si arricchisce in attività disoneste»[75].

La figura del magliaro nasce dal rifiuto del lavoro alienante nella fabbrica tedesca e al tempo stesso dalla coscienza che, comunque, lo sfruttamento della strada non sia meno umiliante[76].

Le condizioni di vita degli operai napoletani costretti in baracche o in stanze, veri e propri lager, accentuano il senso di drammaticità della storia e mantengono costantemente a fuoco i problemi dell'ambiente rispetto a quelli dell'intreccio. La vicenda si svolge ad Hannover e ad Amburgo. Il regista mostra, con lo sguardo fermo portato entro ogni ambiente, dalle case lussuose dei magliari e dai simboli di prestigio di cui si circondano alle stazioni ferroviarie, ai bar, ai nights, alle ragazze in vetrina, alle strade prive quasi di illuminazione e di vita, dove avvengono i regolamenti di conti, di aver saputo mettere ancora una volta a frutto la lezione del film nero americano combinandola con una marcata capacità di caratterizzazione d'ambiente. Soprattutto i personaggi di contorno, Ciro 'O Curto, 'O boxer, Rodolfovalentino «il sud se lo portano dietro non come una patina di colore... bensí come arretratezza sociale; l'ambiente tedesco al quale si raffrontano li rivela nella loro unica realtà: prodotti di un paese sottosviluppato»[77]. Sotto lo sguardo del regista non finiscono solo gli emigrati poveri, finisce anche la realtà tedesca del miracolo economico, una realtà che egli osserva non immemore della lezione rosselliniana, piú volte da lui stesso ricordata come punto di riferimento fondamentale[78].

Sul finire del decennio esordisce, con La grande strada azzurra, anche Gillo Pontecorvo, che riprende il soggetto da un romanzo di Franco Solinas, Squarciò. Nonostante il ricordo della Terra trema (la vendita del pesce ai grossisti, la pesca, il discorso di Salvatore, che invita a formare una cooperativa; «con le nostre reti potremo chiudere dieci miglia di mare. E abbiamo braccia forti»), il film mette in funzione una serie di meccanismi narrativi e melodrammatici elementari, senza riuscire a raggiungere quella immediatezza di contatti con l'ambiente e quella forma di rappresentazione tipiche dei film di De Santis. Le preoccupazioni per il montaggio, la prevedibilità dello sviluppo drammatico, soprattutto per quanto riguarda il finale, gli stereotipi sul mondo dei pescatori fanno sí che questo esordio raccolga qualche consenso senza produrre particolari entusiasmi.

«Gli anni cinquanta – ha detto Luigi Comencini – sono stati per me un periodo durante il quale ho cercato con tutti i mezzi, talvolta anche contraddittori, di crearmi uno spazio e di essere ascoltato»[79].

Oltre che per lui il discorso vale anche per Mario Monicelli e Dino Risi, i registi che imprimeranno una svolta alla commedia all'italiana degli anni sessanta. Tutti e tre hanno una biografia professionale assai simile: critica cinematografica, sceneggiature, documentario e regia. Tutti e tre, in partenza, guardano al cinema americano come a un modello e hanno rapporti non troppo stretti con il neorealismo. Tutti e tre ricevono un *imprinting* culturale fondamentale dai gruppi di intellettuali milanesi legati a *Camminare* e *Corrente*. La scelta della commedia presuppone per tutti un blasone culturale di tutto rispetto. Come altri autori che appartengono alla *linea lombarda* del cinema italiano del dopoguerra tutti e tre si muovono senza troppe preoccupazioni di appartenenza e di identificazione nel gruppo e nel movimento neorealista. A parte Comencini, che, con *Proibito rubare* del 1948, circoscrive un terreno che intenderà arare a fondo fino agli anni piú recenti, la loro fisionomia di autori non è immediatamente definibile. Molte opere sono prodotte su commissione, accettate (secondo la lezione di De Sica) in attesa di occasioni piú propizie. Risi, dopo un'intensa attività di documentarista, esordisce nel 1952 con *Vacanze col gangster*, prodotto dalla Mambretti film. Nella sua filmografia non sono tanto importanti i film immediatamente successivi (*Viale della speranza* e la partecipazione all'esperimento zavattiniano di *Amore in città*, con un episodio dal titolo *Paradiso per quattro ore*), quanto *Il segno di Venere* e *Pane, amore e...*, girati rispettivamente «à la maniere de» Blasetti e Comencini.

In pratica, egli raggiunge presto il livello che gli è piú congeniale e, grazie al sodalizio con Massimo Franciosa e Pasquale Festa Campanile, e al successo di *Poveri ma belli*, scopre le possibilità di allargare l'orizzonte della commedia, di popolarlo di soggetti nùovi e di approfondire la sua capacità di osservazione. *Poveri ma belli*, una volta osservata la possibilità di rivestimento della commedia goldoniana e del teatro di Beaumarchais a misura di personaggi popolari come quelli della serie di *Pane, amore e...*, perfeziona la formula, elimina la centralità della commedia di carattere e verifica la tenuta e la trasferibilità della commedia sofisticata in ambienti popolari. Gli equivoci, le entrate e le uscite di scena dei personaggi, i doppi sensi, i bisticci, le gelosie, le separazioni e i congiungimenti sono però spogliati da qualsiasi significato intellettualistico. I personaggi giocano le loro schermaglie amorose non nel boudoir, o nei grandi alberghi, ma in uno spazio che va da piazza Navona al Tevere e vede liti, baci, scene di gelosia e di riappacificazione, tutto alla luce del sole.

Non è subito chiara, lo diventerà in seguito, la capacità del regista di mettere a contatto e in conflitto, in base a un piú stretto rapporto di integrazione tra valori affettivi e valori economici, il senso inesorabile e amaro della mercificazione dei rapporti interpersonali. L'esperienza dei *Poveri ma belli*, il loro spreco gratuito di energie sentimentali sono, in un certo modo, eccezionali: i personaggi dei film successivi *(Poveri milionari* e *Il vedovo)* agiscono quasi essenzialmente spinti da ragioni economiche. Risi scopre la «naturalità» del mondo proletario romano e, contemporaneamente, avverte che la società emergente è quella della mentalità industriale; quella, per capirci, del capitano d'industria Elvira Nardi che, nel *Vedovo*, amministra i suoi affetti verso il marito nello stesso modo in cui amministra il patrimonio.

Risi è il primo a osservare la diffusione del processo di americanizzazione, il mutamento in atto del sistema di valori, di modi di comportarsi, parlare, comunicare col corpo della società italiana proiettata irreversibilmente verso il miracolo economico. Pur ridendo e registrando il fenomeno nel suo aspetto di vero e proprio mutamento antropologico, Risi non ne è il cantore eponimo.

Dei tre autori che contribuiscono alla messa in orbita della commedia all'italiana, Risi è il piú capace di prendere le distanze rispetto ai personaggi, il piú portato alla deformazione caricaturale, al grottesco e alla loro definizione fulminea. Quello forse piú privo di speranza e di ottimismo. Aldo Viganò, il primo che ne ha tracciato un profilo d'autore, lo ha felicemente definito «un moralista che osserva la società con l'occhio partecipe e distaccato dell'antropologo»[80].

Al contrario, la ricerca piú autentica di Comencini aspira a mettere in luce, al di là dei condizionamenti sociali, il momento disinteressato dell'incontro interpersonale, dell'amore e dell'affetto. Comencini è convinto, fin dal suo esordio, che non vi sia molto spazio per questo, ma mostra i suoi protagonisti, da *Proibito rubare* almeno fino al *Pinocchio* del 1971, inseguire spesso un'unica possibilità a loro disposizione. Pur raggiungendo il successo personale con *Pane, amore e fantasia* nella prima metà degli anni cinquanta, Comencini giudica il periodo come una fase di ricerca in cui l'unico film sentito come interamente suo è *La finestra sul Luna Park* del 1956[81].

Il paesaggio proletario delle borgate e delle periferie rimane come sfondo anche dei suoi film all'americana come *Persiane chiuse* (1950) e *La tratta delle bianche* (1952); per capire veramente come il suo sguardo si carichi di vibrazione e partecipazione affettiva, bisogna partire da alcune immagini del suo film d'esordio, quelle in cui si sottolinea il doppio sguardo degli americani che fotografano la miseria dei bassi napoletani per pura curiosità turistica e facendo anche la morale («Per noi americani la civiltà è fatta prima di tutto di acqua, di pulizia») e quello del regista sull'ammucchiata di scugnizzi, che dormono stretti uno all'altro per terra. Non c'è, nonostante il rischio sia sempre presente, concessione al facile sentimentalismo nel cinema di Comencini: il suo sguardo cerca di rimanere il piú possibile asciutto, di conquistare un punto di vista interno al mondo infantile, per accostare e capire meglio il mondo degli adulti, non per giudicarlo. Il problema dell'incomprensione è per lui sempre qualcosa che riguarda solo il mondo dei grandi: il bambino mantiene intatta, nonostante tutto, la sua disponibilità. Nella *Finestra sul Luna Park*, dopo la parentesi e il successo del dittico *Pane, amore e fantasia* e *Pane, amore e gelosia*, Comencini pare voler ritornare a guardare la realtà con gli occhi del neorealismo. Il film, idealmente collegabile a *Ladri di biciclette*, è la storia di una conoscenza progressiva tra due estranei, un padre emigrato, e rimasto improvvisamente vedovo, e un bambino introverso, cresciuto senza guida e senza affetti nella periferia della grande città. L'incontro è traumatico per entrambi. Il bambino, per buona parte del film, non vede il padre ma, poco per volta, ne scopre le parti, alzando timidamente il suo sguardo: alla fine riesce a ricomporle in un tutto che accetta. Il padre, a sua volta, sembra voler rifiutare la paternità, che costituisce per lui un ostacolo alla sua realizzazione piena di uomo nel lavoro. La novità, rispetto allo sguardo del neorealismo, consiste proprio in questa continua dialettica assunzione di punti di vista dei personaggi.

Sullo sfondo il problema dell'emigrazione di massa, la cui drammaticità è rafforzata, per antitesi, dalla retorica dei discorsi ufficiali («Non esiste piú l'emigrante italiano, esiste il lavoratore italiano, consapevole di essere un ambasciatore del lavoro») e dalle conseguenze reali che produce nella disgregazione del tessuto sociale.

Pane, amore e fantasia e *Pane, amore e gelosia*, ingiustamente visti come opere che contribuiscono allo sfaldamento del neorealismo (quando di fatto la diaspora si era già verificata da tempo), sono, prima di tutto, una verifica di possibilità di messa in scena cinematografica delle strutture del teatro goldoniano. C'era stata, negli anni precedenti, una memorabile regia di Visconti della *Locandiera*, e, proprio in quegli anni, era stata messa in luce, a partire dalla critica sovietica, la modernità del mondo goldoniano. Comencini afferma di aver letto soprattutto Beaumarchais, prima di affrontare la regia del film; le affinità tra Mirandolina e la Bersagliera sono però di evidenza immediata.

Definendo i due film come «la tomba del neorealismo» la critica, in quegli anni, sembrava trovare un bersaglio e una valvola di scarico per le frustrazioni accumulate in tante battaglie perdenti. In realtà, a guardare bene, come osserva Jean Gili, «questi "paneamore" sono piú amari di quanto non sembra a prima vista»[82], e i problemi della miseria e del sottosviluppo, pur addolciti dallo splendore dei colori e pur non posti al centro della scena, non scompaiono del tutto alla vista e, soprattutto, vengono vissuti progressivamente dal maresciallo, che, preoccupato, prima di tutto, di soddisfare i suoi bisogni fisiologici piú elementari, si deve continuamente imbattere, suo malgrado, nei bisogni degli altri.

Questi elementi, destinati a essere compressi ulteriormente negli anni successivi, vengono in un certo modo ripresi e portati in primo piano, diventando il soggetto reale della vicenda del *Medico e lo stregone* di Mario Monicelli, che racconta, adottando lo schema della commedia, uno scontro all'ultimo sangue tra uno stregone di paese e un giovane medico al suo primo lavoro in condotta, in un paesino del sud. Alla fine però la partita si chiude alla pari.

Monicelli lavora moltissimo nel cinema del dopoguerra, firmando assieme a Steno regie di molti film di Totò *(Totò cerca casa, Guardie e ladri, Totò e i re di Roma)*, partecipando a molte sceneggiature a fianco di Flaiano, Maccari, Amidei, Brancati, Perilli, Fellini, Metz, Marchesi, prima di dirigere *Totò e Carolina*, primo film che porta soltanto la sua firma come regista.

Il punto di partenza è il livello piú basso dello spettacolo, ossia il punto di confluenza e di transcodificazione dell'avanspettacolo nel cinema. Ma lo sforzo di far crescere il genere arricchendolo di intenzioni e di toni amari è immediato. *Vita da cani* ne è il primo esempio e *Guardie e ladri* il secondo. *Totò e*

Carolina mostra poi in maniera piú netta, rispetto a Steno, l'esigenza di far sentire la propria mano di regista. È questo il periodo in cui si cerca di utilizzare Totò in maniera piú drammatica, indirizzandone a scopi precisi il lavoro di attore. Si avverte, se confrontiamo i film realizzati a fianco di Steno, l'assenza della piú facile vena qualunquistica del suo compagno di lavoro, e il prevalere della componente drammatica, che non abbandona mai l'evolversi del comico. La presenza di Sonego tra gli sceneggiatori di *Totò e Carolina* colora il film di un umorismo nero, tanto che i sali del comico sospesi in superficie sono sempre sul punto di precipitare. Monicelli si rivela come il regista che intende liberarsi al piú presto dei meccanismi piú facili della commedia per una satira di costume piú incisiva. Determinante è, in questo senso, l'incontro con Sonego anche per *Un eroe dei nostri tempi*, che traccia una storia esemplare (alla Brancati) di un personaggio che attraversa cinquant'anni di storia dell'Italia ponendosi sempre, con perfetto tempismo, dalla parte dei vincitori e del potere. Rispetto a Comencini e Risi, che nella maggior parte dei loro film di questi anni riescono solo a dimostrare buone doti professionali, Monicelli gira dei film di cui può assumersi la paternità senza eccessivi complessi di colpa. È l'unico regista che faccia lievitare il senso dei suoi film, che tenti di rivolgere un discorso esplicito agli spettatori fin dalla metà degli anni cinquanta. Suoi sono anche due tentativi di film all'americana, *Proibito* (1954) e *Donatella* (1957), che ne confermano le doti di regista spettacolare e al tempo stesso di preciso osservatore.

I soliti ignoti e La grande guerra sono per lui un logico punto d'arrivo e per tutto questo gruppetto di autori un punto di partenza. Della *Grande guerra* si parla piú diffusamente in un altro capitolo, mentre *I soliti ignoti*, grazie al nuovo incontro con Age e Scarpelli, segna un'ulteriore evoluzione e maggiore razionalizzazione del racconto della commedia. Dopo l'estrema frantumazione del racconto in tante scenette separate e in numeri d'avanspettacolo, dopo la ricomposizione secondo il modello della commedia goldoniana, si scopre e si inaugura l'era del racconto picaresco, della «chanson de geste» del mondo sottoproletario. L'idea eroicomica di un gruppo, costituito in apparenza secondo le leggi del racconto cavalleresco e fatto muovere lungo una serie di prove e di imprese che portano non alla conquista del Santo Graal, ma a un piú modesto piatto di pasta e ceci, viene rubata alla letteratura tardo cavalleresca ed eroicomica. E non rimane isolata, ma si sviluppa dalla *Grande guerra* all'*Armata Brancaleone* (1 e 2) e alla sua variante piú moderna di *Vogliamo i colonnelli* (1973).

Monicelli si pone sul fronte piú avanzato della commedia e dinamizza il sistema, consentendo anche agli altri suoi compagni di viaggio un aumento del potere contrattuale, della capacità di alzare il tiro e accostarsi al nuovo decennio con ben diverse ambizioni e possibilità di costruire un progetto reale di conquista e occupazione del livello medio della produzione.

I generi: autori, meccanismi, ideologia

1. I generi e la critica

Verso la metà degli anni settanta, c'è stato un gran risveglio di interesse, specie nei critici delle nuove generazioni e nell'attività dei cineclub, per il film popolare. La spinta iniziale è venuta, ancora una volta, quasi in base a leggi di inesorabile ciclicità, da retrospettive e riscoperte straniere[1], e poi si è radicata in un comportamento diffuso, di cui forse troppo semplicisticamente è stato valutato solo l'aspetto ludico e carnevalesco. Quello, per capirci, in base al quale, per comunicare l'intensità del piacere della scoperta e la forte attrazione per il proprio oggetto in cui, di volta in volta, immergersi del tutto, i giovani critici, dopo il tuffo e l'immersione nelle acque lutulente della produzione popolare, riemergevano gridando come Gurdulú, il personaggio del *Cavaliere inesistente* di Italo Calvino – che viveva solo allo stato di puri istinti animali – «tutto mélo, tutto popolare!». Nonostante i loro sforzi generosi e il moltiplicarsi delle retrospettive e degli omaggi, i film di Matarazzo, Gallone, Cottafavi, Freda, Costa non sono diventati dei cult-movies da sottoporre all'adorazione perenne dei cinéphiles e del pubblico. Sono stati però visti, si è ristabilito un contatto materiale con questo tipo di produzione, anche se raramente

lo sguardo ha saputo allargarsi dalla singola individualità registica recuperata alle caratteristiche complessive del genere.

Al di là dell'eccessiva e ingenua passione, della scoperta volontà di farne un processo alla critica dei padri, rea di essersi
troppo occupata di Visconti (e di non aver saputo eccessivamente godere e apprezzare i valori delle opere di Freda, Cottafavi, Bava, Mastrocinque, Francisci, ecc.), alcuni di questi critici cominciavano a giocare delle carte capaci di andare oltre il
piacere del testo e di ricollegarsi a una prospettiva di revisione
del cinema italiano, preoccupata anche di ricostituire gli anelli
mancanti del sistema, per tentare di saldarli alla catena complessiva. L'ipotesi guida era – in alcuni casi – legittimata dalla
proposta di partire da una elementare filologia descrittiva con
cui ridisegnare le mappe di un mondo cinematografico che,
come la mitica Atlantide, sembrava essere scomparso e aver lasciati, come unici segni vaganti, i testi e le grandi opere salvate
miracolosamente e ancora piú miracolosamente conservate
nelle cineteche pubbliche[2].

Nei limiti vistosi di un lavoro critico, fatto in un'ottica
pressoché indifferente al recupero delle coordinate storiche del
contesto (disposto però a recuperare tutti gli esponenti di un
sistema produttivo legato in sostanza al mondo cattolico, ai
suoi aspetti ideologici piú conservativi), si poteva constatare e
toccare con mano, grazie ad alcune di queste proposte, che i
giochi critici e le possibilità di arricchimento della conoscenza
del cinema italiano del passato erano ancora aperti e ricchi di
possibilità. Rivedere criticamente il cinema popolare italiano
significava porsi il problema di ridefinire la trama e l'ordito di
tutto il sistema narrativo-stilistico-tematico, della sua suddivisione in insiemi e delle relazioni intertestuali tra gli insiemi e i
vari livelli, delle dinamiche e della differente vitalità degli insiemi stessi, dei modelli ideologici e culturali soggiacenti, della
differente aggregazione e disaggregazione dei pubblici. Il recupero massiccio e l'offerta ininterrotta di prodotti popolari nelle reti televisive pubbliche e private consente e consentirà di
riscrivere la storia di questa produzione lavorando sui testi

con una precisione negata ai critici e ricercatori di soltanto pochi anni fa. Se per la critica dell'immediato dopoguerra il sistema di valori era un presupposto irrinunciabile per orientarsi e
dare un senso complessivo al lavoro culturale sia dalla parte
degli autori che degli interpreti e del grande pubblico, la possibilità di collocare tutti i testi in una prospettiva dilatata al massimo consente di considerare meno influenti le funzioni estetiche e di recuperare tutti i testi esaltandone anzitutto il valore
di documento, di fonte storica che racchiude quantità di informazioni comunque significative.

Tra i limiti di cui ho parlato c'era anche quello di credersi
gli scopritori unici e privilegiati di fenomeni ignorati dalla critica del dopoguerra. In pratica, il non aver voluto accettare il
confronto con i discorsi dei padri, che pure ci sono stati e non
hanno, per la verità, trascurato o perduto alcun fenomeno[3].
Lo hanno piuttosto osservato all'interno di un quadro di riferimenti e in un'ottica di tipo valutativo-ideologico, frutto di
una mentalità diffusa non soltanto nella critica di sinistra, che
portava inevitabilmente a certi risultati. Basterebbe però pensare ad alcune inchieste sull'*Avanti!*, a quella promossa da Ugo
Casiraghi sull'*Unità* a partire dal 27 novembre del 1955, con
una lettera articolo, *Il cinema: vediamolo insieme*, in cui venivano posti una serie di interrogativi, agli articoli di Chiarini
(una netta presa di posizione favorevole, fin dal suo primo articolo sul primo numero del *Contemporaneo*), Cosulich, Vecchietti, Cacia, e ripercorrere sistematicamente le annate delle
riviste cinematografiche piú autorevoli, per vedere come il cinema popolare fosse tutt'altro che un fenomeno isolato e marginale[4]. Volendo concorrere alla nascita di una nuova cultura,
non si poteva però – al tempo stesso – sposare la battaglia in
un periodo in cui la critica, automaticamente, doveva essere
pro o contro, e non aveva il privilegio di posizioni neutre, e
dichiararsi a favore di modelli narrativi che sembravano confermare trionfalmente i princípi del conformismo ideologico
voluto dal governo.

Una produzione grigia per lo piú, e non certo «fiammeg-

giante», come qualche posizione ingenua ha tentato di definirla, dove rispuntavano in maniera iperbolica le categorie secolari di colpa, destino, perdono, conflitti tra giustizia umana e divina, stendeva il suo potere in maniera egemone sul pubblico
tra la fine degli anni quaranta e i primi anni cinquanta. Una
produzione che, con i suoi successi, sarebbe riuscita a omogeneizzare i pubblici popolari, riconquistando alla produzione
americana i mercati perduti, e dimostrando di saper unificare e
mantenere in vita, per piú di una decina d'anni, una serie di filoni della cultura, letteratura e spettacolo popolari, altrimenti
destinati a scomparire[5].

Di fronte a certi fenomeni del cinema popolare, che acquistano, per il loro successo, una rilevanza sociologica, la critica
dell'epoca sente l'esigenza di non rimanere indifferente. La lezione gramsciana di *Letteratura e vita nazionale* incide poi quel
tanto che basta a creare, in alcuni critici, un'attenzione tutt'altro che superficiale, casuale e impostata partendo da punti di
vista non pertinenti. A occuparsi di cinema popolare, in effetti, non sono pochi critici, né coloro che lo fanno con una certa
continuità si possono considerare solo come rappresentanti
della bassa forza della critica. Nel giro di qualche anno, a partire soprattutto dai successi dei film di Matarazzo, l'attenzione
cresce e si diffonde sia nella critica specializzata che in quella
dei quotidiani e settimanali. *Cinema, Cinema Nuovo,* la *Rivista
del cinema italiano,* la *Rassegna del film, Filmcritica, l'Unità,*
l'*Avanti!, La Fiera del cinema*[6], *Cronache del cinema e della televisione, Vie Nuove, Il Contemporaneo, Il mondo, l'Espresso,* si
occupano di cinema popolare in modo diffuso e regolare con
recensioni, inchieste, interviste, dibattiti, ecc. Inoltre oggi è facile pensare di raccogliere antologie di scritti sul cinema popolare di letterati come Corrado Alvaro, Alberto Moravia, Giuseppe Marotta, che, molto spesso, in questo ambito sono riusciti a dare il meglio della loro attività di critici cinematografici. I discorsi sul cinema popolare consentono al critico la messa in opera di categorie interpretative diverse, e spesso originali, da quelle comunemente adottate dalla critica neorealista.

Viaggiare verso il cinema popolare era per qualche critico – penso a un letterato come Vittorio Spinazzola, o a Gian Carlo Ferretti – compiere, sulla scia delle indicazioni gramsciane, un'esperienza analoga a quella che si stava conducendo in pittura e letteratura. Ossia andare alla scoperta o riscoperta della cultura meridionale, andare verso il sud: il cinema popolare era il sud della nostra cultura cinematografica. Oppure era l'ovest, l'America: al critico si potevano suggerire le parole di Horace Greeley («Go West, young man») e concedergli il libero accesso a terreni poco amati e considerati pericolosi e compromettenti, ma liberi e dalle dimensioni vastissime. Terreni dotati di una terra fertile, ancora da arare con buoni strumenti, e in grado di dare buoni frutti, una terra tutta da esplorare con vari strumenti antropologici, sociologici, ecc. Il lavoro fatto negli anni cinquanta può essere ancora utile, in quanto ha lasciato tracce e segni degni di essere considerati, tentando di adattare l'uso di arnesi sociologici, economici e statistici alle pratiche marxiste.

Non si intende quindi istituire un nuovo procedimento giudiziario a carico della critica neorealista, accusandola di aver idealisticamente privilegiato la cultura alta e occultato e seppellito, considerandoli esseri mostruosi e abortivi, i film popolari. Anzi, si vuol cercare di vedere quali siano i tratti distintivi, oppositivi, di sovrapposizione, convergenza, tra i vari livelli e soprattutto quelli, per usare le parole di Goffredo Fofi, che «attraversano verticalmente tutti i livelli della produzione». Si cercherà di tener presenti – nel discorso che segue – i testi nella loro individualità, e la loro connessione e coesione interna al sistema di appartenenza. Non il metro estetico o qualitativo è pertanto l'unità di misura piú adatta, mentre vanno resi operativi quei procedimenti e categorie che privilegiano i modelli culturali e ideologici, che identificano fenomeni di persistenza e di variazione all'interno dell'immaginario popolare, ecc.

Mentre la politica culturale neorealista, «pur nella volontà di cercare un dialogo nuovo con gli spettatori» (Spinazzola), non riesce a conquistare e mantenere un pubblico popolare e, in alcuni casi, neppure a raggiungerlo, i film popolari hanno il loro punto di forza proprio nella produttività del tratto opera-pubblico. Il neorealismo esalta il momento espressivo e il segmento che lega l'autore alla realizzazione del testo, i film popolari annullano la nozione di autore e spingono tutta la loro azione in direzione del pubblico. Il successo di alcuni film consente di illuminare anche la figura dell'autore, con un effetto di ritorno. I film popolari dell'immediato dopoguerra si rivolgono a un pubblico a cui propongono modelli, forme e valori ben radicati nella cultura e memoria collettiva, confezionati in vesti e formati assai piú adeguati ai tempi e con poche e significative variazioni. Le variazioni riguardano, piú che gli intrecci, la diversa produttività semiotica degli spazi e degli oggetti. L'intreccio neutralizza lo sfondo, senza riuscire ad annullarlo del tutto. Gli elementi variabili, che compongono gli ambienti, scandiscono, in maniera continua, anche se in apparenza non subito percepibile, le variazioni anche minime nei modi di vita, nel miglioramento sociale, culturale ed economico delle classi popolari, nella diffusione dei mass-media, e cosí via.

Questi film, anche se si allontanano nello spazio e nel tempo dal presente, parlano sempre in modo diretto e allusivo di problemi di tutti. L'immaginario cinematografico dei generi è tagliato su misura, nel primo decennio, sull'immaginario popolare.

Inoltre il cinema dei generi non si muove mai su sentieri privi di comunicazione con il livello del neorealismo. In molti casi si colloca ai margini del fenomeno, ne rasenta i bordi, giunge ad attraversarne il territorio, dimostrandosi, a sua volta, come un terreno aperto, capace di accogliere e riciclare materiali di varia provenienza. La stessa ideologia e il senso dominante possono essere capovolti e usati a fini del tutto opposti a quelli neorealisti, senza che si debbano, per questo, considerare del tutto recisi i legami.

L'analisi che segue cerca pertanto di seguire la rete di legami e relazioni tra i generi e la produzione maggiore e privilegiare lo sforzo di giungere a uno sguardo quanto piú possibile unificato su tutto il sistema produttivo, sulla ricchezza delle sue sfaccettature e sulla capacità dei generi popolari di mescolare e incrociare i propri geni con quelli del neorealismo, della produzione popolare americana, del feuilleton, dell'avanspettacolo, della commedia dell'arte, del foto e cineromanzo[7], per dar vita, dalla seconda metà degli anni cinquanta. a generi dotati di caratteristiche inedite e capaci di modificare le regole e i rapporti finora mantenuti e rispettati all'interno di tutta la produzione[8].

2. I fasti della cineopera

Il primo genere che acquista una propria fisionomia, identifica un pubblico stabile, elabora dei moduli e si collega ad una tradizione anteriore, rispetto alla quale si trasforma in rapporto alle evoluzioni tecnologiche, è quello del film musicale o delle «cineopere».

In modo molto felice Spinazzola osserva che «dopo il 25 aprile buona parte degli spettatori italiani si riaccostò agli schermi cantando: si abbandonò al canto, compianse le proprie miserie, consolò le amarezze, ravvivò le speranze»[9]. Accanto alla Magnani e Fabrizi, i primi divi italiani di sicuro successo del dopoguerra furono i baritoni Tito Gobbi e Gino Bechi che, in quegli anni, moltiplicarono la loro presenza sullo schermo, apparendo in gran parte del repertorio classico dell'opera lirica italiana. Nel 1946-47 vengono girati ben cinque film tra cineopere o soggetti con una parte dedicata alla registrazione di brani classici del repertorio lirico: *Il barbiere di Siviglia* (Mario Costa), *Lucia di Lammermoor* (Piero Ballerini), *Rigoletto* (Carmine Gallone), *Avanti a lui tremava tutta Roma* (Carmine Gallone) e *Il cavaliere del sogno* (Camillo Mastrocinque). Poi, nel giro di soli cinque anni, si pensa a portare sullo schermo tutti i classici della tradizione operistica italiana.

La formula del film operistico in Italia e all'estero[10] si spiega con un doppio tipo di impatto col pubblico. Da una parte copre, al livello piú alto, grazie alle grandi passioni, alla nobiltà dei sentimenti, tutto il campo della produzione drammatica piú ricca di tradizioni culturali nazionali, dall'altra ha un'immediata forza di produzione simbolica nell'immaginario popolare, che, pur partendo e muovendosi entro binari e tracciati conosciuti, può ritrovare nuovi piú o meno mistificanti legami col presente, può stabilire inoltre combinazioni impreviste e suggerire inedite trasparenze. Si veda il caso di *Senso* di Visconti, che parte dalla rappresentazione del *Trovatore* alla Fenice di Venezia per offrire, in forma di prologo, una chiave di lettura del film; o il legame del mondo del cinema con quello dell'*Elisir d'amore* di Donizetti in *Bellissima*, assai ben posto in luce da Aristarco, ma prima si può notare, in forme piú immediate, in *Avanti a lui tremava tutta Roma* di Gallone e nel metaforico *Cavaliere del sogno*. Gallone, sposando l'opera lirica con i dati della guerra e della Resistenza nello stesso tempo, cercava una riabilitazione ideologica dopo la breve e formale epurazione da cui era stato colpito, e contribuiva, da subito, a mostrare come fosse possibile stemperare e allontanare la tensione resistenziale, senza disperderla del tutto, e riconquistarsi il pubblico fin dalla sua prima rentrée. Si trattava, da parte sua, anche di una scelta opportunistica e del tutto funzionale alle esigenze del momento. Nel suo lavoro successivo l'obiettivo sarà quello di riuscire a realizzare una regia e una messa in scena cinematografica dell'opera lirica che guardassero al teatro con il minor numero possibile di complessi di inferiorità.

L'incontro del cinema con l'opera lirica e col melodramma significa dunque scoperta o riscoperta di un enorme pubblico potenziale: non un pubblico di specialisti e cultori del bel canto, quanto un pubblico che aveva l'impressione di acquisire, con minima spesa, la conoscenza di tutte le opere fondamentali. Va salutato dunque questo esperimento, condotto in particolare da alcune case (in primis la Titanus), come un tentativo di divulgazione popolare, di realizzazione di un programma di paraeditoria musicale-economica assai ben confezionato. Da una parte si intende effettuare un'opera di alfabetizzazione, dall'altra si vuol tener viva una memoria esistente nei pubblici popolari, e infine si pensa anche a realizzare dei prodotti capaci di esportare un'immagine stabile, tipica ed alta della tradizione culturale nazionale.

Non bisogna inoltre dimenticare che, al di là della musica, esiste la struttura melodrammatica che è l'altro polo magnetico (congruente in questo caso) verso cui il cinema popolare del dopoguerra si indirizza, registrando un significativo passaggio di registi e maestranze da un terreno all'altro[11].

Alla trascrizione cinematografica delle opere si dedicano non solo registi come Gallone (dominatore incontrastato del genere), Gentilomo o Costa, ma anche Visconti, in maniera piú indiretta, Matarazzo con *Giuseppe Verdi*, Rossellini con la ripresa della *Giovanna d'Arco*, e un corpo di tecnici e maestranze che riserva non poche sorprese. Tra gli attori troviamo Anna Magnani *(Avanti a lui tremava tutta Roma)*, Gina Lollobrigida *(Enrico Caruso: leggenda di una voce)*, Amedeo Nazzari nella parte di Donizetti *(Il cavaliere del sogno)*, Ingrid Bergman *(Giovanna d'Arco al rogo)*, Lucia Bosè *(Sinfonia d'amore)*, Sophia Loren nella parte di Aida. Tra gli operatori Mario Bava *(Il barbiere di Siviglia, Elisir d'amore, Pagliacci)* o Massimo Terzano *(Il barbiere di Siviglia)*. Tra gli sceneggiatori Ivo Perilli *(Melodie immortali)*, Mario Monicelli *(Giuseppe Verdi)*, Age e Scarpelli *(Casta Diva* e *Casa Ricordi)*. Tra i realizzatori dei costumi ricordo ancora l'opera di Maria De Matteis, da porre al centro della storia dell'evoluzione del lavoro sulla scenografia e costume del cinema italiano sonoro[12].

La reazione della critica dell'epoca, sia sulle riviste musicali che cinematografiche, è solo in parte di rifiuto: dal connubio tra cinema e melodramma sembra nato un essere che, fin dal titolo, ha caratteristiche mostruose: «Il filmelodramma *Aida* – scrive Beniamino Del Fabbro – (chiediamo una generosa assoluzione per il neologismo che del resto è assai meno spurio e composto dell'oggetto di cui si parla) ben si offre a pretesto esemplare per una considerazione dei principali guasti che la faciloneria di produttori e di registi può arrecare a un'opera lirica trasformata in spettacolo cinematografico»[13]. Nel caso del film di Clemente Fracassi, del 1952, il critico non aveva tutti i torti; certo il rifiuto era totale, in quanto si respingeva un tipo di profanazione fatta entrando con tanta disinvoltura nel sacro tempio della musica e disperdendone o ignorandone la componente rituale.

La critica musicale, che riprendeva, con cinquant'anni di ritardo, il discorso della critica letteraria e teatrale di fronte ai primi tentativi fragili e altrettanto mostruosi di portare sullo schermo classici del teatro e della letteratura, doveva prendere atto, sia pure «obtorto collo», che il fenomeno, per quanto avventuroso nei suoi primi prodotti, faceva salire ovunque il termometro degli incassi e trovava dei pubblici che il melodramma teatrale, in forte crisi, non poteva neppure lontanamente immaginare.

Per questo, accanto al rifiuto, i critici musicali scelgono la strada dell'interpretazione e dell'analisi e, al di là degli esiti artistici, osservano le caratteristiche strutturali con maggiore attenzione, e cominciano a intonare qualche epicedio per l'opera lirica sugli schermi[14].

A seconda dei mezzi investiti (questo tipo di produzione è il piú ricco, quello in cui sono piú evidenti gli investimenti economici), le trascrizioni optano decisamente per una valorizzazione cinematografica degli elementi dell'opera lirica, arricchendoli e dilatandoli (è il caso del *Trovatore* del 1949 di Gallone), o vogliono essere una semplice registrazione di una messa in scena teatrale (è il caso di *Rigoletto* del 1947). In entrambi i casi il lavoro della macchina da presa e del montaggio sono fondamentali, mentre diventano meno importanti il tipo di riprese in interni con scenografie teatrali e le riprese dal vero. Non si può dire che, nella costruzione dello spettacolo, una linea venga preferita all'altra: lo stesso Gallone le alterna adattandosi a esigenze produttive, cercando di raggiungere livelli ottimali in entrambi i casi. Una comune caratteristica è riscontrabile nell'adattamento della macchina da presa ai movimenti drammatici. Il punto di partenza è quello di uno

sguardo d'insieme sulla scena e poi, con movimenti progressivi, ci si avvicina agli interpreti, se ne seguono gli spostamenti e
si cerca di trovare una misura della distanza proporzionale al-
l'intensità drammatica dei sentimenti e della vicenda.

La durata delle riprese varia: è normale trovare movimenti
continui di macchina della durata di vari minuti (i teorici del
pianosequenza non l'hanno mai rilevato) e un'accelerazione
del montaggio in sintonia con l'accelerazione del ritmo musicale. I primi piani esaltano la recitazione e la mimica va tutta
adattata a uno sguardo ravvicinato, a un contatto fisico con il
corpo del cantante e con la sua voce.

I film d'opera sono testi esemplari del rispetto sia della
grammatica e della sintassi cinematografica (l'applicazione delle regole del montaggio è da manuale) che della interpretazione piú conformistica e tradizionale delle opere liriche. Rappresentano uno dei punti piú avanzati di controllo e costruzione
di un prodotto cinematografico popolare, anche se non producono spinte sensibili su fenomeni collaterali del sistema.

La regia può potenziare il contenuto drammatico del libret-
to e della storia (con l'uso delle luci e delle ombre, col taglio
delle inquadrature, le variazioni di angolazione rispetto ai personaggi) senza entrare nel merito della sacralità del testo musicale. Si tratta quindi di trascrizioni ovvie di una tradizione
«vulgata», che si intende far circolare sotto altra veste. Le modificazioni tecnologiche, l'uso del colore (Technicolor, Ferraniacolor, Gevacolor, Eastmancolor), il cinemascope consentono di arricchire la connotazione di ulteriori sfumature espressive, senza cambiare la sostanza di quanto detto sinora. Il film
musicale non interviene sul sistema linguistico, evolve lentamente accogliendone e assimilandone le trasformazioni.
Quando poi si cerca di allargare lo sguardo e interpretare biografie (il *Verdi* di Matarazzo) o raccontare storie di una casa
musicale come la Ricordi, non si sfugge alla tentazione di costruire gli avvenimenti secondo le regole del melodramma e
unire oleografia e grossolana falsificazione storica senza troppe
preoccupazioni (per esempio, in *Casa Ricordi* Rossini scrive *Il*

barbiere di Siviglia quindici anni dopo la data effettiva di composizione).

Film testamentari per tutto il genere, queste due ultime opere racchiudono il senso e i limiti della concezione della «musica illustrata al popolo» e ne sono la cornice piú giusta. Nel momento in cui il pubblico comincia a far mancare il proprio consenso la produzione si ritira in buon ordine, richiamando truppa e ufficiali. Carmine Gallone abbandona per ultimo la nave che affonda e accorre, anche lui, verso nuovi lidi (verso *Cartagine in fiamme*, del 1959), a inventare nuove macchine, a muovere nuove folle.

3. Il pianeta Totò

I film di Totò, nella loro estrema povertà produttiva, nell'adozione delle piú ovvie convenzioni e stereotipi, si collocano di sicuro a uno dei livelli economicamente piú bassi, seguiti forse soltanto dalle produzioni napoletane[15]. Il risparmio sulla spesa viene però compensato dall'enorme produzione di energia, che il corpo, il gesto e la parola di Totò scatenano, e di senso, che si è venuto accumulando col tempo[16].

Soggetti occasionali, minima elaborazione dell'intreccio, rapporto della macchina da presa con la scena di passività quasi completa, questi i dati di partenza, mentre la sceneggiatura è piú accurata, sufficientemente ricca di gags, costruita su misura per il personaggio. Fin dalla sua apparizione egli introduce, nel mondo ordinato e prevedibile dei meccanismi narrativi, elementi di disordine comunicativo, comportamentale, affettivo del tutto imprevedibili e fuori da ogni regola, norma o principio. Totò appare quasi come l'incarnazione piú macroscopica del secondo principio della termodinamica: il mondo in cui entra procede da uno stato ordinato verso il massimo di caos. Non va confuso, ovviamente, il disordine dei suoi film con i meccanismi di progressione catastrofica delle comiche del primo cinema muto: si tratta di un disordine, il suo, ben diverso, che parodizza i Valori, le Istituzioni e non rispetta nulla e nessuno («Ma lo vuol capire? Lei è un cretino. Si specchi e si convinca», *Totò le Mokò*).

Totò con il suo corpo forma il ponte piú solido con la grande tradizione della commedia dell'arte. «Considero Totò il grande Arlecchino del novecento – ha scritto Dario Fo in uno dei piú penetranti e coinvolti omaggi al grande comico napoletano – e dell'Arlecchino delle origini egli ha saputo ripetere la versatilità, la disponibilità a far tutto, diventare tutto. Era appunto un mamo, cioé una seconda maschera, d'appoggio: quella di chi ha certamente le qualità per diventare "primo attore" maschera di forte consistenza, ma che frattanto consuma il suo tirocinio, esercita la propria abilità sul filo della macchietta leggera, di passaggio, quella che "sballa tutto": una maschera di contrappunto»[17].

Il suo cinema è un esempio chiarissimo di produzione del senso per cui l'attore, come nell'ottocento, diventa l'autore materiale del testo. Come per il famoso personaggio di Calvino, e diversamente dai comici che lo hanno seguito, Totò nelle mani del regista (penso a Rossellini o anche soltanto a Carlo Ludovico Bragaglia) è stato un principe dimezzato, un sovrano della scena realizzato al cinquanta per cento delle sue possibilità. Quando i registi si chiamano Mattoli, Mastrocinque, Paolella, e si adattano con umiltà al ruolo di spettatori, Totò riesce a dare il meglio di sé.

La struttura piú tipica è quella della catena di gags autonome e interscambiabili, tenute insieme da un motivo occasionale. Non esiste montaggio delle sequenze e la macchina da presa, raggiunta una distanza aurea dal soggetto, la mantiene il piú possibile. I soggetti vengono presi con indifferenza dalla realtà e dalla cronaca, dalla letteratura, o sono parodie di film di successo[18]. Tra i registi preferiti, o che hanno lavorato con Totò, si può dire che Mattoli lo lascia del tutto libero sulla scena, mentre Bragaglia o Steno cercano di far sentire la regia, per cui si riservano delle parti in cui sia possibile far emergere la loro competenza cinematografica. Si può ricordare in *Totò cerca moglie* il motivo finale dell'inseguimento a Trinità dei Monti da parte di un gruppo di donne in abito da sposa, con una soluzione metalinguistica abbastanza sofisticata (Totò e la moglie vanno a vedere al cinema il finale della loro storia), che richiama il finale di *Seven Chances*, di Buster Keaton.

Nella produzione complessiva di discorsi, battute, situazioni e costruzioni di personaggi vanno distinti vari livelli di presenza sia degli sceneggiatori che dell'attore, e di maggiore o minore identificazione con il personaggio o con le possibilità di recitazione pura che il personaggio gli offre. Totò non perde di vista il proprio repertorio teatrale degli anni trenta e quaranta, l'esperienza delle commedie di Michele Galdieri e, non appena gli sia possibile, li ripropone in qualsiasi film (*Totò a colori* di Steno, 1952, costituisce, in questo senso, la summa e il riepilogo delle sue piú celebri gags teatrali[19]).

In una struttura narrativa in cui tutto è scontato e prevedibile giunge Totò che, semplicemente per il fatto di entrare in scena, libera un senso che procede per conto suo. I registi, come Mattoli e Mastrocinque, sanno che l'attore è autosufficiente e che il repertorio di gags offerto dalle onnipresenti e indispensabili manifatture Metz e soci offre una sufficiente garanzia. Lavorare per Totò costituisce, per questo gruppo di sceneggiatori, che ne accompagnano pressoché tutta la carriera del dopoguerra, il modo migliore per approfondire ed esplorare tutte le possibilità del comico, partendo dai livelli di piú immediata trascrizione della comicità della rivista o del *Marc'Aurelio* (*I due orfanelli* di Mattoli). Rispetto alla galleria di ritratti dell'italiano di Alberto Sordi, che si trasformano a ogni minimo mutare dei venti politici, sentono i cambiamenti dei modelli degli status symbols, dei linguaggi informali, esprimono la morale della Roma impiegatizia e burocratica, i ritratti di Totò ci pongono a contatto con comportamenti anomali. Figure di perdenti che non intendono mutare le proprie caratteristiche, di personaggi che non si integrano, italiani che combattono tutta una serie di meccanismi burocratici, senza mai darsi per vinti.

Mentre Sordi tenta di nascondere la propria identità dialettale (*Un americano a Roma* è l'esempio estremo), Totò difende le caratteristiche della sua napoletanità e italianizza a fatica il suo dialetto, conservandone per intero strutture, sistema gestuale, intonazione (tanto che i tratti sovrasegmentali del suo linguaggio costituiscono un sistema di appartenenza e identificazione ancora tutto da studiare).

Dal punto di vista del senso, del discorso ideologico, che regista e sceneggiatore fanno trasmettere all'attore, si può dire che si carichi al massimo, grazie alla sua aggressività, il senso di rifiuto e di protesta antistituzionale. Totò non è portatore di una coscienza di classe (vedi Fofi in questo senso): tutta la molla che lo spinge è quella di un individualismo ad oltranza, che esprime una protesta profonda, quella, in genere, a cui non viene data voce. L'attore procede tallonando cronaca e storia, stravolgendone i rapporti, assumendo il punto di vista spiazzato di chi vede passare la storia sul proprio corpo, senza essere in grado di controllarla (la teorizzazione della divisione dell'umanità in due categorie di sfruttatori e sfruttati è esposta con estrema lucidità da Totò allo psichiatra in *Siamo uomini o caporali?*). Anche la sua disarticolazione corporea, ereditata dall'esperienza della rivista (con il braccio che si muove a elica e il movimento della supermarionetta), è una forma di difesa e di attacco verso una società rifiutata e da cui si è rifiutati.

In genere gli viene offerta una totale libertà di improvvisazione e di intervento gestuale e verbale. Se il suo sistema prossemico, il suo dominio del corpo, lo può far andare verso l'assoluta astrazione e una completa indipendenza rispetto al senso dell'azione, i piani del linguaggio sono soggetti a regole piú facilmente scomponibili e classificabili. Prendiamo i giochi di parole che si sviluppano a catena, per associazioni, dentro e fuori del campo semantico di partenza (penso a tutta la catena prodotta dall'equivoco uso della parola «banda» musicale e di ladri in *Totò le Mokò*, e alla breve serie nominale dello stesso film «Toscanini, toscanelli, toscanucci?»), o alla stessa idea di concepire come molla iniziale del racconto il fatto che il nome del gangster francese Pepé le Mokò non sia altro che un allo-tropo del napoletano Peppino Lumaconi.

Alle volte il bersaglio della battuta – secondo la buona tra-dizione dell'avanspettacolo – è piú definito e di preferenza ne fa le spese il partito di governo: «Questa è una Casbah di tolle-ranza. Con quest'aria che tira va a finire che la chiuderanno», dice in *Totò le Mokò* e in *Fifa e arena* si domanda, infastidito da un pesce in un acquario, che col suo movimento gli impedisce di vedere una donna nuda nell'altra stanza: «Che sia un pesce democristiano?».

Prendiamo un altro aspetto a sviluppo coerente che è quel-lo dell'attenzione per i linguaggi settoriali. Totò parodizza tut-ti i linguaggi, in particolare quelli burocratici e delle istituzio-ni, per cercare di smascherare i meccanismi di potere, e mo-strarli nella loro autentica natura di strumenti di classe. Un universo linguistico ormai morto viene del tutto svuotato del-la sua credibilità e messo a nudo nella sua essenziale e anacro-nistica natura di comportamento autoritario e repressivo («Io sono un uomo d'ordine. Sono un uomo tutto d'un pezzo. Co-s'è questo disordine? Cosa significa questo lapis storto – dice Totò, rispettabile sindaco in *Totò terzo uomo* – dovreste sape-re, dopo venticinque anni, che un lapis storto mi turba!»).

Gli sceneggiatori e i registi di Totò riescono a mostrare, at-traverso tutta la galleria di personaggi, un tipo di italiano alle prese con i problemi della ricostruzione e della lotta quotidia-na per la sopravvivenza. Totò crea personaggi disoccupati, sot-toproletari o con un modesto impiego, capaci di sviluppare un'altissima specializzazione e un alto grado di etica professio-nale: il ladro di *Guardie e ladri*, o il maestro di ladri dei *Soliti ignoti*, il suonatore della banda di *Totò le Mokò*, il «professore» che scrive lettere per estorcere cospicue elemosine nei *Racconti romani*, il capostazione di Piovarolo che conosce perfettamen-te tutto il regolamento ferroviario *(Destinazione Piovarolo)*, il compositore in *Totò a colori*, il truffatore che vende la fontana di Trevi perché, con tutta quell'acqua, gli sono venuti i reumatismi («Permette? Cavalier ufficiale Antonio Trevi», *Tototruffa '62* di Camillo Mastrocinque).

I suoi personaggi hanno alle spalle, dietro a ogni loro gesto, ben riconoscibile, la storia di secoli di invenzioni di un mestiere in grado di garantire la sopravvivenza[20].

Quando riappare, nel cinema del 1945, nelle vesti di Aristide Tromboni, direttore dell'omonima compagnia di guitti nel *Ratto delle sabine*, Totò vuole fare un omaggio ai comici dell'arte, con un occhio guarda Charlie Chaplin e con l'altro tiene però presenti tutti i problemi che la guerra ha prodotto e le conseguenze nella vita e nella scena («Le nostre donne vanno con gli stranieri – viene detto nel testo che si preparano a recitare e che dà il titolo al film – e noi gli tagliamo i capelli. Le sabine saranno tutte rapate». L'allusione alle punizioni per le donne che avevano collaborato con i nazifascisti è facilmente percepibile). Il comico riprende dunque il cammino ripercorrendo i sentieri secolari della commedia dell'arte e portando subito al centro della doppia finzione i problemi sociali e politici. Anzitutto quello della fame. Poi quello della conquista di una diversa coscienza ancora peraltro nebulosa, della nuova condizione politica («Siamo tutti proletari e abbiamo tutti gli stessi diritti» e «Oggi chi piú strilla ha ragione»).

Piuttosto diventa interessante, come si è già visto in un capitolo precedente, il passaggio diretto dal dialetto alle espressioni in lingua straniera e la continua ibridazione di forestierismi deformati, di forme gergali, di ipercorrettismi...: si potrebbe dire che non c'è lingua morta o vivente di tipo indoeuropeo, né dialetto italiano che Totò non faccia proprio senza alcun complesso di precisione grammaticale, sintattica, morfologica o fonetica.

Il personaggio si arricchisce di sfumature ed esplora inedite possibilità non soltanto vocali (il punto piú alto è senz'altro quando affronta le due «romanze» in *Totò al giro d'Italia*), ma anche drammatiche. Parte dalla tradizione della maschera di Pulcinella, usa le smorfie e lo sberleffo e approda alla dolente umanità del mondo pirandelliano. E non solo perché interpre-

ta due testi tratti da Pirandello sceneggiati da Vitaliano Brancati (*L'uomo la bestia e la virtú*, 1953, di Steno e *La patente* di
Zampa, 1954), quanto perché fin da *Guardie e ladri* e *Totò e
Carolina*, entrambi di Monicelli, *Dov'è la libertà* di Rossellini,
Destinazione Piovarolo e *Il coraggio* di Domenico Paolella i
suoi piú impegnativi ruoli sono tutti in stretto rapporto di parentela col mondo di Pirandello. Verso la metà degli anni cinquanta la crescita delle ambizioni drammatiche serve anche a
orientare, in modo piú preciso, la sua bussola conoscitiva e va-
lutativa che, in precedenza, era allegramente impazzita sotto
l'influsso qualunquistico, tanto da portarlo perfino a confondere «la tosse monarchica con la tosse repubblicana» in *Totò
terzo uomo*, o a usare il termine democrazia in questo modo:
«Ognuno rapisce come vuole, siamo in democrazia», in *Totò,
Peppino e i fuorilegge*.

Alla logica distruttiva che svuotava di senso l'ideologia, a
partire dagli stessi nomi che la rappresentavano («Eh? Chi le
ha telefonato? Scelba? Salmatti? Togliatti? Garibaldi? Nenni?»,
Totò e le donne), segue un piú attento criterio di giudizio e un
allargamento della coscienza. La crescita dell'impegno degli
sceneggiatori va di pari passo con l'arricchimento dell'attore
che domina la scena fino alla metà degli anni cinquanta, quando inizia una progressiva parabola discendente, parallela all'a-
scesa di nuovi comici e di nuovi modelli per il genere (il fatto
che sempre piú gli si affianchi una spalla, Nino Taranto, Fabrizi, e soprattutto Peppino De Filippo, è un segno della sfiducia
nella sua capacità di tenuta del pubblico).

4. Il trionfo del melodramma

Facendo un bilancio dell'andamento della produzione nei
primi anni del dopoguerra, Callisto Cosulich osservava nel
1957: «La chiave di volta del nostro cinema mi sembra si possa
trovare non tanto nei dieci o quindici film di Visconti, De Sica
e Rossellini, che ormai conosciamo a memoria, quanto nei

film popolari, dai napoletani ai veneziani, da quelli di Matarazzo a quelli di Brignone e di Mario Costa»[21].

A sua volta, a quasi vent'anni di distanza, uno storico e critico attendibile e attento come Jean Gili poneva l'accento sui legami dell'opera di Matarazzo con la tradizione italiana del melodramma e dell'opera lirica ottocentesca[22]. In effetti, l'opera di Matarazzo e i film drammatici e melodrammatici nel sistema del cinema popolare del primo dopoguerra sono il punto di raccordo tra piú fili e tendenze dei generi. Dall'opera lirica questi film derivano la nettezza della rappresentazione delle passioni, dal neorealismo la cura per la verisimiglianza ambientale, dalla letteratura popolare la complicazione degli intrecci, dai fenomeni contigui del cine e fotoromanzo la capacità di condensazione del racconto e valorizzazione dei momenti alti del dramma.

I personaggi recitano le loro battute interrompendo spesso il continuum musicale e nulla vieterebbe che le cantassero. La diversa durata delle scene, la sottolineatura da parte della musica di certi gesti, il crescendo drammatico sono solo alcuni dei fili che fanno del genere una variante del melodramma musicale. D'altra parte, le vicende ancorate ai sentimenti privati rispondono perfettamente ai bisogni di un pubblico che, dopo il 1948, va alla riscoperta del privato[23].

L'accumulazione ipertrofica di figure e moduli perfettamente conosciuti, di colpi di scena prevedibili, di situazioni preconosciute, serve ad attivare costantemente nel destinatario la memoria retrostante del melodramma musicale e a nobilitare la vicenda. Se la recitazione porta – come ho detto – la parola in posizione di canto, gli elementi cinematografici, fotografia, montaggio, scenografia, collaborano a caricare il tono drammatico[24].

In pratica, ogni scena presenta un nucleo drammatico concluso: la concatenazione rigorosa precipita i personaggi in una specie di imbuto drammatico in cui le forze individuali non possono opporsi a quelle del destino[25]. La sfida al destino e la vittoria possono comunque condurre a conquiste assai modeste: un matrimonio regolarizzato, la rimozione di un ricordo angoscioso del passato, la nascita di un figlio, il ricongiungimento con l'essere amato. I processi di identificazione nascono comunque dall'alto grado di probabilità e verosimiglianza della situazione iniziale e dall'assoluta riconoscibilità degli ambienti. Matarazzo e i suoi sceneggiatori chiudono in un cerchio omogeneo le ideologie dei protagonisti e dei destinatari, ben sapendo che alla piú perfetta riuscita della comunicazione debbono concorrere in egual misura emittenti e destinatario[26].

I temi sono quelli di amore e morte, violenza e sangue, uniti a grandi paure per colpe ancestrali, peccati originali, aborti, violenze, stupri, incesti, traumi incancellabili; temi ossessivi del mondo popolare, soprattutto contadino. Il sesso è sdoppiato di continuo nella sua immagine piú pura e sublimata (e pertanto oggetto di un desiderio impossibile), e rappresentato al contrario nella sua realtà di brutalità e di sangue, di violenza subita, di incubo indimenticabile. In questo universo il passato ritorna, i fantasmi si materializzano in piú forme, senza mai avere la possibilità di dar vita a una speranza storica. La speranza può essere di tipo ultraterreno (la pace dopo la morte), di rinuncia al mondo (clausura, ecc.), e può anche portare a una momentanea risoluzione dell'incubo. Matarazzo e i suoi seguaci compiono – consapevolmente – un viaggio para-analitico: senza aver il coraggio di stendere i propri personaggi sul lettino dello psicanalista, preferiscono, in ultima istanza, farli rifugiare tra le braccia del confessore, assai piú tranquillizzanti e conosciute. L'odore di sacrestia, che circola in non pochi finali, non deve però impedirci di capire come vengono attivati e toccati meccanismi profondi dell'inconscio collettivo e rappresentati in modo continuo e ossessivo[27].

La passione, in tutti questi film, ha per soggetto le protagoniste femminili, viste non come nuovi soggetti sociali, ma nella loro veste piú tradizionale, nei loro atteggiamenti piú remissivi, nei loro desideri piú modesti e circoscritti.

Il sistema Matarazzo e i pianeti e satelliti che gli ruotano attorno pongono al centro della sua attenzione il problema della dissociazione schizoide della personalità femminile. Mentre l'uomo difende il suo ruolo, i suoi privilegi, le sue certezze acquisite, e in base a questi procede senza dubbi, anche quando affronta l'emigrazione e la prigione, la donna percorre la sua parabola di degradazione che ha ai poli estremi la madre pura, alter ego della Madonna (come vediamo nella prima immagine di *Ti ho sempre amato* di Costa), e la peccatrice, degradata e mortificata agli occhi del mondo fino al marchio infamante di «puttana».

A parità di comune «innocenza», c'è dunque tra i personaggi una diversa capacità e predisposizione a percorrere fino in fondo il proprio «calvario», il giudizio del mondo che, in minima parte, può comprendere sul piano umano, e che con i propri meccanismi di giustizia condanna senza possibilità di appello. Opere come *Guai ai vinti*, *Vortice* di Matarazzo, *Ti ho sempre amato* di Mario Costa, *Pietà per chi cade*, oltre ai «classici» *Catene*, *Tormento*, cercano di compiere un'operazione di santificazione della donna condannata dalla giustizia civile e dalle stesse persone che ama. Questa donna che ha dovuto reprimere il suo desiderio (nell'attesa durata oltre dieci anni del ritorno del marito, dato per disperso in Russia in *Pietà per chi cade*, nel sacrificio di sé, per salvare il padre dalla prigione per debiti in *Vortice*, ecc.) ignora, in pratica, l'amore e una normale sessualità. Il sesso per lei è solo violenza, brutalità e lascia sempre come ricordo un «figlio della colpa». Entro una logica che sfrutta le contraddizioni della repressività cattolica, Matarazzo esplora le frontiere del peccato e della redenzione, muovendosi in ambienti quotidiani, di immediata riconoscibilità e modestia.

Mi riferisco non tanto ai film in cui i protagonisti esibiscono la loro ricchezza (ma Nazzari, in *Ti ho sempre amato*, pur possedendo allevamenti di cavalli e una grande tenuta, dice di essere una persona alla buona come suo padre)[28], quanto agli ambienti proletari e piccolo-borghesi di *Catene* e *Tormento*, agli arredamenti piú modesti dei salotti buoni, con le poltrone di velluto a fiorami, i buffet, le persiane abbassate perché la luce non scolori le tende. E il *telefono nero* sempre campeggiante al centro o ai bordi della scena, oggetto di grande importanza semiotica, vero e proprio punto nevralgico della comunicazione drammatica.

L'ambientazione, partendo da questa realtà, ha tutte le carte in regola sul piano della verosimiglianza. Quanto ai luoghi dell'azione, i personaggi sono costretti a percorrerli nel loro succedersi obbligato di tappe dello «stationendrama»: la chiesa, gli orfanotrofi, gli ospedali, le prigioni, i conventi e i monasteri, i tribunali... luoghi protettivi o di possibile degradazione, punti d'approdo e di partenza, ecc. Data questa topologia fissa, negli spazi residui i registi attingono alla lezione del neorealismo per avvicinare e identificare la vicenda nel presente, anche se tutti gli ambienti vengono egualmente inseriti in un preciso sistema di simbolizzazione. Inoltre regole comuni di ripetizione e variazione sembrano collegare la topologia e l'onomastica di questi film: sia che si tratti di nobili o di proletari i nomi dei personaggi sono comuni e ricorrenti. Pietro, Guido, Carlo, Luisa, Elena, Maria, Anna, Giorgio, con i loro cognomi fortemente omofoni (Elena Fanti in *Vortice*, Elena Forti nella *Risaia*, Guido Canali nei *Figli di nessuno*, Guido Carani in *Angelo bianco*) se non identici in film totalmente diversi (Elena Carani in *Angelo bianco* e Anna Carani in *Ultima violenza*), vogliono ancorare lo spettatore a un universo omogeneo di sempre facile decifrabilità.

Gli intrecci, a loro volta, sono costruiti in base a un massimo di sincretismo; non vi sono preamboli o vuoti negli sviluppi drammatici: nel giro dei primi venti minuti di *Vortice* assistiamo al tentativo di suicidio del padre, alla rottura di un fidanzamento, al matrimonio estorto col ricatto, all'incidente grave al marito mentre la donna si concede un comprensibile adulterio, all'operazione che lo salva fatta da un chirurgo, che altri non è che l'ex fidanzato della protagonista.

Il lessico, privo di inflessioni dialettali, è altrettanto sincretico. Le parole non trasmettono idee ma sentimenti, non sono giudizi, ma reazioni emotive. Le frasi ignorano l'aggettivazione, i periodi sono brevi, scanditi da sostantivi, verbi e avverbi sono intensificati da un numero enorme di segni d'interpunzione di tipo esclamativo e interrogativo. I campi semantici sono limitati e ruotano attorno a parole come papà, mamma, figlio, amore, vita, tempo, felicità, colpa, sacrificio, odio, pietà, e a verbi come dovere, potere e soprattutto non potere, amare, partire, sposare, aiutare, guarire, mescolati ad avverbi come mai, sempre...

Da questa miscelatura vengono fuori moduli interscambiabili, che si ritrovano nel parallelo fotoromanzo a un livello ulteriormente semplificato e di cui fornisco solo alcuni esempi: «Il tempo non può distruggere l'amore. Io ti amo adesso come ti amavo prima e come ti amerò sempre» *(Vortice).* «Carlo, guardati intorno. Nulla è cambiato. Ti amo come prima e piú di prima» *(Pietà per chi cade).* «Io sono qui da poco, ma ho l'impressione di conoscerla da tanto tempo» *(L'ultima violenza).* «Chi ama veramente non è capace di ingannare, anche se è figlia di nessuno» *(Ti ho sempre amato).* «Io non penso a me, penso soltanto al mio dovere di madre» *(Vortice).* «Non hai capito che qualche volta l'odio è il modo piú disperato di amare?» *(Pietà per chi cade).*

Il successo di questo genere di film è legato alla stabilità dei pubblici popolari e alla tenuta di una cultura che riesce a giocare a tutto campo, sul piano dei vari media, creando fenomeni macroscopici di confluenza e mobilità parallela di codici e ideologia. Vi sono poi – ai margini del genere – opere che pur ripercorrendo stereotipi e moduli conosciuti vedono crescere nel tempo la loro capacità significante grazie al rigore stilistico, alla modulazione degli elementi drammatici, alla mescolanza dei codici e dei livelli e alla potenza emotiva ottenuta grazie alla regia o alla recitazione. Il lavoro di Cottafavi di riduzione di effetti che giunge quasi all'astrazione in *Traviata '53* rende questo film piú assimilabile alla *Signora senza camelie* di Antonioni che alle opere di Matarazzo. E dello stesso Cottafavi non va dimenticato il memorabile *Una donna ha ucciso.* Analogo discorso si può fare per *Maddalena* di Genina. Di colpo con la trasformazione economica e industriale, questo tipo di cultura viene cancellato e sparisce dal ricordo, o rimane soltanto come espressione, quasi mistica, del cinema popolare per antonomasia. Certo che i personaggi emergenti nella commedia, o in altri generi, allontanano gli eroi del melodramma, nonostante l'ambientazione moderna delle vicende, e ne fanno dei rappresentanti emblematici di altre ere, altre storie, altre culture, altre civiltà della società italiana.

5. Don Camillo e Peppone tra guerra fredda e disgelo

Negli anni cinquanta Vasco Pratolini si vantava di non aver mai letto un solo rigo dell'opera di Giovanni Guareschi. Non c'è da stupirsene: la paura del contagio ideologico e culturale era tale che ognuno viveva nella propria cittadella fortificata e di rado aveva il coraggio anticonformista di compiere qualche sortita extra moenia. Eppure Guareschi non è stato solo un fenomeno nazionale (con le trentun edizioni di *Mondo piccolo* in meno di otto anni e le centomila copie di vendita di *Don Camillo*): il suo successo è stato a lungo enorme anche all'estero. Primo fra tutti gli scrittori del dopoguerra, Guareschi era riuscito a rivolgersi a quel pubblico piccolo-borghese trascurato dai politici, deluso nei suoi ideali dalla guerra e incapace di assumere un ruolo preciso nella società della ricostruzione. Nei suoi racconti aveva guardato alle cose della politica dal punto di vista di un mondo piccolo-borghese ancora in cerca della propria identità. Sospettoso nei confronti del comunismo, con minimi rimpianti anche verso il ventennio, questo mondo aspirava soprattutto alla pace, riconosceva la possibilità di esistenza del pluralismo ideologico e pensava che le differenze potessero trovare un punto di composizione nei valori dell'umanità. «Senza accorgersene e senza averne l'intenzione Guareschi – sostiene Vené – trovò la chiave giusta per stabilire un contatto tra i ceti medi e le sinistre»[29].

Questi film sono, tra le altre cose, nel periodo in cui ap-

paiono sugli schermi, un efficace strumento per la continuazione degli ideali qualunquisti sconfitti sul piano politico, e
per il tentativo di allontanare, anche secondo le indicazioni del
fascismo, le masse popolari dalla vita politica, per mostrare gli
aspetti piú falsi del comportamento politico, metterne in luce
le contraddizioni, ecc.[30]. Tuttavia, al di là della falsificazione,
dei fronti contrapposti, della lotta senza esclusione di colpi,
esiste anche, rispetto all'ideologia del qualunquismo, il riconoscimento di un'innegabile solidarietà nazionale che continua e
rende necessaria l'esistenza delle diverse forze in campo. Da
questo punto di vista i film sembrano aprire – anche agli stessi
uomini politici della sinistra – la possibilità di un dialogo tra
comunisti e cattolici negli intervalli dello scontro e hanno il
merito di umanizzare l'immagine dei comunisti, rispetto a
quella che la propaganda americana faceva circolare, con ben
altra aura negativa, negli stessi anni[31].

Il dato dell'anticomunismo è soltanto un dato iniziale per
lo scrittore: è una realtà di fatto, che non dobbiamo rimuovere, su cui costruisce tutta la sua attività giornalistica e di dise-
gnatore umoristico, che tuttavia trova nei racconti e nella trascrizione cinematografica una specie di momento di tregua e
di variazione. Lo scontro tra i due protagonisti vede sí, per la
maggior parte delle riprese, un leggero prevalere di Don Camillo su Peppone, tuttavia, in ogni situazione, la polemica si
stempera in un discorso pieno di bonomia e di coinvolgimento affettivo.

I film seguono la trasformazione della vita sociale e politica
dell'immediato dopoguerra, adottando la tecnica del cannoc-
chiale rovesciato: lo spettatore non si identifica piú nelle vicende dei personaggi, anzi mantiene nei loro confronti una
specie di rapporto equidistante. Se la bilancia, in partenza,
sembra prevalere a favore dell'anticomunismo dell'autore, le
contraddizioni e il continuo rovesciamento dei rapporti consentono anche un altrettanto continuo mutamento dei processi di identificazione. Racconti e film propongono i loro protagonisti come facce complementari e indispensabili della stessa

realtà e ne prospettano l'assoluta possibilità di scambio dei ruoli. Peppone non è che la faccia laica di Don Camillo. Il meccanismo politico, il discorso, le intenzioni, i programmi, le ideologie, la grande politica astratta, che non tiene conto dell'uomo di tutti i giorni, sono svuotati in tutti i film della serie di qualsiasi credibilità. In Russia Peppone e Don Camillo troveranno, a vent'anni di distanza, nel 1965, una realtà speculare a quella di Brescello (vedi *Il compagno Don Camillo* di Luigi Comencini). I film devono gran parte del loro successo a questa terza via, concessa allo spettatore, che gli consente di osservare lo scontro ponendosi da una posizione al di fuori della mischia, facendogli toccare con mano problemi della politica nazionale calati in dimensioni quotidiane e familiari[32].

La struttura narrativa adottata di costruzione del racconto mediante tanti piccoli frammenti, che nella commedia come nel genere comico e in opere diverse degli anni cinquanta è destinata ad avere un ruolo vincente, nei film della serie riesce a spezzettare il racconto e a ricomporlo entro lo sguardo piú ampio del fluire della storia e delle vicende umane. La dimensione del borgo, dello strapaese, della microstoria riveste un carattere esemplare, grazie alla proiezione delle vicende sul quadro della vita politica nazionale e, in senso piú lato, dell'esistenza tout-court. Le grandi leggi dell'esistenza, che consentono di assumere uno sguardo distaccato, favoriscono anche un'operazione di sdrammatizzazione del clima instaurato nel paese dalla guerra fredda.

Quanto alla geografia, è tutta racchiusa in un orizzonte molto circoscritto: la piazza, la canonica, la casa del sindaco, la chiesa, l'osteria. Il film racconta le sue vicende seguendo uno scadenzario di feste e avvenimenti sociali e religiosi di importanza collettiva: inaugurazioni di case del popolo e comunioni, morti e scioperi, apertura delle case del fanciullo e incontri sportivi, messa domenicale e comizi politici nel periodo elettorale. Un continuo sistema di equivalenze riesce a smontare il senso di una preferenza netta a una linea politica rispetto all'altra. La grossa novità rispetto al feuilleton e al melodramma, o alla commedia degli stessi anni, è dato dalla *mobilità degli stereotipi*. Si dimostra spesso – sia pure in chiave ironica e paradossale – che non è necessario rimanere fedeli a se stessi e ai propri presupposti politici e che le leggi di natura possono avere il sopravvento su quelle politiche (vedi nel *Ritorno di Don Camillo* l'episodio dello sciopero). Al di là del distintivo, della maschera e del gioco delle parti, Guareschi e i film tratti dalla sua opera fanno credere che vi siano valori eterni di fronte ai quali i fattori contingenti si piegano. Gli eroi del mondo piccolo, pur tributari di alcune strutture epiche (o per altro verso eroicomiche), affondano i loro comportamenti quotidiani in una serie di eventi minimi, dotati però di una importanza costitutiva per il mondo entro cui avvengono. Prendiamo, per esempio, il motivo patriottico e nazionalista, cosí come viene rielaborato in *Don Camillo e l'onorevole Peppone*: nel comizio di chiusura della sua campagna elettorale Peppone parla ai giovani in partenza per il servizio militare. E, tra le altre cose, dice loro: «Non vogliamo cannoni, vogliamo lavoro e case. Non vogliamo bombardieri: vogliamo scuole, strade, acqua e giustizia. Non vi lasciate ingannare da coloro che quando arriverete nelle caserme vi parleranno della patria e di altre balle. La patria siamo noi! La patria siamo i lavoratori che soffrono». A questo punto Don Camillo fa entrare in funzione un altoparlante mediante il quale trasmette le note del *Piave mormorò*... e Peppone prosegue il suo discorso abbracciando, in modo netto, la causa patriottica e nazionalista e la memoria della prima guerra mondiale secondo l'interpretazione piú divulgata: «Dite a coloro che tentano di ingannare il popolo, a coloro che diffamano il popolo, che i nostri padri hanno difeso la patria e noi siamo pronti oggi a tornare sul Carso e sul Monte Grappa dove abbiamo lasciato la meglio gioventú italiana. Dovunque è Italia, dappertutto è Monte Grappa, quando il nemico si affaccia ai confini sacri della patria! Dite agli affamatori del popolo italiano che, se la patria chiamasse, i nostri padri, ai quali brillano sul petto le medaglie al valore conquistate nelle pietraie insanguinate, giovani e vecchi, si ritroveranno, fianco a fianco dovunque e contro qualunque nemico per l'indipendenza d'Italia e al solo scopo del bene inseparabile del re e della patria». La partita tra questi due rappresentanti delle grandi masse popolari e delle loro culture si gioca con tutti i mezzi a disposizione («à la guerre comme à la guerre»), con una doppia moralità («la gente apprezza molto i comunisti che si svegliano di notte per andare in chiesa»), e anche con un notevole rispetto per l'avversario con cui ci si ricorda di avere almeno partecipato alla lotta antifascista e alla Resistenza. Don Camillo vince spesso ai punti contro Peppone, che usa tattiche piú rozze e non ha neppure un titolo di studio («vuoi risolvere il problema del Mezzogiorno e non sei nemmeno capace di risolvere un problema di quinta elementare»), tuttavia non sempre la morale e l'ideologia cattoliche si impongono. Nella serie dei film la partecipazione sociale alla vita di un microcosmo destinato a sparire rapidamente, ancora dotato di una forte spina dorsale e ancora dunque struttura portante nella vita della nazione, è completa. E altrettanto forte è il mantenimento di complessi legami antagonistici e di solidarietà tra tutti i componenti la comunità rurale, iscritti nello stesso cerchio vitale e partecipanti, in ultima analisi, alla stessa cultura. In modo metaforico e abbastanza emblematico, da queste serie di film e dall'insieme della commedia dei secondi anni cinquanta, la rappresentazione dell'Italia come piccolo borgo chiuso e compatto lascia, poco per volta, il posto a una realtà che inizia a guardare lentamente oltre l'orizzonte e il panorama visibile dalla cima del campanile del proprio paese.

6. La memoria storica: stereotipi e ideologia

Quando il pericolo di una vittoria elettorale delle sinistre è ormai lontano, rispunta, in triplice veste, un filone nazionalista e patriottico che, pur senza raggiungere un successo travolgente di pubblico, dura qualche anno, riproponendo un'immagine della guerra e della storia che intende sostituire il ricordo della Resistenza, o rimuoverlo o sublimarlo in un modo quasi inavvertibile. Pur in apparenza partecipi di una medesima tendenza, in quanto partono da un sostanziale e progressivo consenso di tutte le forze, questi film seguono, a ben guardare, direzioni fortemente divaricate. La visualizzazione parte – soprattutto per il Risorgimento – dalla memoria esistente e dall'oleografia, e si viene svolgendo sulla base di nuovi elementi di discussione, di nuove acquisizioni ideologiche che, a tutta prima, non vengono del tutto capite, disperse come sono ambiguamente in opere di autori assai diversi. «Abbiamo firmato un "gentlemen's agreement" che ci impegna a non conoscere, divulgare, discutere la nostra storia, pena l'accusa di disfattismo, o peggio di sovversivismo» scrive Francesco Calderoni in un saggio sulla grande guerra[33]. È vero che col filone che parla delle guerre piú recenti si tenta soprattutto di risvegliare la fiamma di un nazionalismo affievolito, ma l'idea e l'immagine di patria e la nostalgia della guerra non sembrano piú rientrare nell'orizzonte dei bisogni immediati e futuri degli italiani. L'immaginario collettivo è piú stimolato dalle battaglie degli americani nelle Filippine, o sui ponti di Toko-ri, piuttosto che dal ripasso di una memoria imposta dagli alti quadri di comando dell'esercito o trasmessa dai testi scolastici delle elementari.

Senza raggiungere in profondità i pubblici popolari[34] – anche se i film di De Robertis hanno come destinatari ideali i pubblici delle caserme e delle scuole elementari – si cerca di ricostruire un'immagine della guerra in un'ottica militarista, capace di tener conto anche delle ragioni del privato (lo aveva fatto anche il cinema fascista), senza perdere di vista la logica del comando. Basterà che Renzo Renzi pubblichi il soggetto dell'*Armata s'agapò*, in cui gli stereotipi sono modificati e rimessi in discussione, per attirarsi assieme a Guido Aristarco (come abbiamo visto) una denuncia, una condanna e un periodo di carcerazione.

Si cerca – per i film sulla prima e seconda guerra mondiale – di stabilire una continuità di tipo stilistico, narrativo e ideologico, rispetto al cinema degli anni trenta, e di ignorare automaticamente la parallela produzione americana. I punti cinematografici di riferimento sono *1860, Scarpe al sole* e *Uomini sul fondo*; la letteratura prende ancora come modello Edmondo De Amicis (ma Blasetti lo fa con affettuosa ironia nell'episodio del *Tamburino sardo* di *Altri tempi*) e la memorialistica di guerra, che fiorisce proprio in quegli anni. Per quanto riguarda i film del Risorgimento è avvenuto un fatto nuovo di cui, per contatto e tensioni comunicanti, il sistema tiene conto: la pubblicazione dell'interpretazione gramsciana ha rilanciato il dibattito storiografico. E a questo dibattito guardano, in misura e nei modi piú differenti, non solo Visconti di *Senso*, ma anche Mario Costa di *Cavalcata d'eroi* (1951), Alessandrini di *Camicie rosse* (1952) e Piero Nelli della *Pattuglia sperduta* (1952). Le date sono importanti in quanto si capisce come, nel breve volgere di pochi anni, la concentrazione tematica voglia essere tutt'altro che casuale ed esprima un orientamento di gruppi ideologici e tendenze differenti che trovano difficoltà a parlare del passato prossimo della storia nazionale.

L'epopea garibaldina è disposta cosí, in apparenza, secondo l'ottica tranquillante e nota dell'iconografia ottocentesca e del cinema degli anni trenta: oltre ad aumentarne il coefficiente spettacolare si introduce, nel disegno unitario ed eroico, il senso concreto e drammatico della sconfitta comune. Vista indifferentemente nella vicenda di Pisacane nella caduta della Repubblica romana, nella fuga di Garibaldi con tremila uomini da Roma fino alla pineta di Ravenna, dove muore Anita e le forze si disperdono, nella disfatta di Novara e in quella di Custoza nella terza guerra d'indipendenza.

Da *Cavalcata d'eroi*, film di produzione povera e di interpretazione tradizionale, a *Camicie rosse*, piú ricco di umori ideologici (la sceneggiatura è di Renzo Renzi ed Enzo Biagi), alla *Pattuglia sperduta*, dove viene mostrato il distacco tra forze popolari e quadri militari e si entra in contatto con una realtà minuta e quotidiana di una guerra in cui non c'è piú spazio per alcun tipo di retorica, appare evidente l'intenzione di tenere conto e di spezzare, senza dichiararlo, il pane del pensiero gramsciano per i pubblici popolari.

Non è con questo che si vuole promuovere Mario Costa a un livello maggiore di coscienza storiografica o assegnargli un riconoscimento per meriti progressisti; si osserva però, come dato di fatto, che, in coincidenza con la pubblicazione degli scritti di Gramsci, l'ottica interpretativa sembra toccare tutti i livelli produttivi del genere[35]. Il Risorgimento, non piú visto frontalmente, è come traguardato di scorcio, e lo stesso spettatore è costretto ad assumere una posizione diversa. Solo il primo film della serie, *Romanticismo*, opera non ignobile, per la cura formale e per il buon livello recitativo, di Clemente Fracassi del 1950, è ancora tutto carico di umori nazionalistici e ricordi dell'interpretazione piú scolastica del Risorgimento.

Il film di Alessandrini, con il suo notevole cast di attori (Raf Vallone, Anna Magnani, Serge Reggiani, Alain Cuny, Jacques Sernas), il solido impianto spettacolare, dimostra di non essersi dimenticato la lezione di *1860*, e di averla messa a cottura con ingredienti di tipo nuovo. Si cerca di mostrare come il disegno garibaldino sia l'unico di tipo nazional-popolare: «Offro fame, sete, marce forzate e morte: chi ha il nome dell'Italia nel cuore mi segua» dice Garibaldi alla fine di *Cavalcata d'eroi* e con le stesse parole inizia *Camicie rosse*. Contadini e popolani lo seguono fino alla morte. Il suo disegno è troppo volontaristico e prematuro: le forze irregolari, che sperano in una rivoluzione, devono arrendersi. In trasparenza come non leggervi un transfert del senso di fallimento delle speranze resistenziali, nascosto sotto la patina ancora evidente della retorica nazionalista? Lo sguardo di scorcio e la diversa prospettiva, l'effettiva riduzione in briciole dell'interpretazione gramsciana sono fatti sintomatici di una lenta reazione che investe tutto il sistema, partendo dalla storia piú lontana[36]. Tuttavia, accanto al momento perdente, cammina l'immagine eroica del combattente garibaldino, capace di condurre le imprese al limite di ogni possibilità umana e di capovolgere le sorti della guerra lottando sempre in condizioni di manifesta inferiorità numerica. Esaltando l'immagine della guerriglia, di eserciti non regolari, si evoca in vario modo il ricordo della Resistenza. Dal punto di vista ideologico il senso di solidarietà nazionale e di richiamo a valori nazionalistici di questi film vuole rivolgersi a tutte le forze politiche.

L'idea di patria può dare invincibilità a uomini per lo piú privi di mezzi, armi e direzione strategica. Il nazionalismo risorgimentale, eroico e positivo, viene trasferito, quasi per proprietà commutativa, al soldato della prima e seconda guerra mondiale, con intenzioni diverse. *Il caimano del Piave* (1950) di Giorgio Bianchi, *Carica eroica* (1952) e *Mizar* (1953) di De Robertis, *La pattuglia dell'Amba Alagi* di Flavio Calzavara (1954) e *I cinque dell'Adamello* (1955) di Pino Mercanti, *I sette dell'Orsa Maggiore* e *Divisione Folgore* di Duilio Coletti, *Uomini ombra* (1954) ancora di De Robertis, *Siluri umani* di Antonio Leonviola, *Ciao País* (1956) di Osvaldo Langini, sono alcuni dei titoli a cui è affidato il compito di riattivare l'immaginario popolare verso le eroiche imprese dell'esercito italiano.

Questi film sostengono, in modo piú scoperto, un programma di appoggio all'ideologia nazionalista, anche in funzione anticomunista e antisocialista: nello stesso arco di tempo dei film garibaldini, e in una fase importante della guerra fredda, tentano di giocare alcune carte in appoggio alle forze di destra, per ridare credibilità e prestigio all'esercito e ai valori legati al mondo militare, e nella speranza di rafforzare il consenso politico del blocco anticomunista. Interessante è, in ogni caso, osservare come l'ideologia socialista o le prese di posizione antimilitaristiche siano sempre, nel corso dello sviluppo dell'azione, destinate a cadere e a venir riassorbite in funzione dei superiori interessi patriottici. I personaggi di sinistra sono le pecore nere dei diversi gruppi e pertanto il loro salvataggio e la loro purificazione sono tanto piú meritevoli in quanto molto difficili. Tuttavia – a mio parere – gli stereotipi mediante i quali la maggior parte di questi film è costruita li rende inefficaci e distanti, quasi che si trattasse per i personaggi di figure di presepe e per il racconto di un'affabulazione relativa ad avvenimenti iscritti nello spazio delle favole e delle leggende e non in quello della storia presente e appena trascorsa. Vediamo qualche esempio: per la prima guerra mondiale *I cinque dell'Adamello* di Pino Mercanti, e per la seconda *I sette dell'Orsa Maggiore* di Coletti. Il film di Mercanti cerca di comporre – nel ricordo di *Scarpe al sole* di Elter – cinque storie di alpini. La guerra funziona, nei loro confronti, come collante ideologico, luogo nel quale cadono, di fronte ai valori profondi riconosciuti da tutti, le differenze politiche e di classe. I cinque uomini, sepolti per sempre in una tomba di ghiaccio da una valanga, dopo un'impresa eroica, vengono ancora assunti – tutti insieme – come padri della patria. Anche dal figlio del socialista Leonida, socialista lui pure, a cui il padre sperava di consegnare, quasi per via genetica ed ereditaria, il senso della coscienza di classe: «Lui deve studiare, non fare lo spaccapietre come suo padre. Deve fare la rivoluzione sociale». La prima guerra mondiale è il punto di maggior richiamo all'unità nazionale contro eventuali pericoli di invasione esterna. La vicenda ripercorre, passo per passo, gli schemi messi in atto dai documentari della grande guerra e si conclude con vera intenzione che guarda al presente: a trent'anni di distanza la commemorazione dei cinque eroici soldati richiama al senso patriottico anche il socialista (a cui il vento e una nuova slavina fanno giungere fino ai piedi il cappello del padre) e unifica tutti in un nuovo spirito di vigile allarme e difesa per il presente: «Potente Iddio... se un giorno un'ingiusta minaccia s'affaccia a questi monti, tremende come la folgore rendi le nostre armi... fa' che i fanti e le penne nere siano presidio invincibile per le nostre armi».

Le armi offerte dall'esercito italiano sono comunque e sempre insufficienti, né piú, né meno di quelle delle truppe garibaldine. Come si può vedere nei *Sette dell'Orsa Maggiore*, che ricostruisce, con alcuni autentici protagonisti, le gesta degli equipaggi dei «maiali» contro la marina inglese nel Mediterraneo. Pur dedicato al «Marinaio d'Italia», con autentici protagonisti e ricostruzione di avvenimenti reali, nei momenti piú forti sembra una involontaria, tragica parodia. Gli alti comandi affidano a singoli uomini il compito di colpire e distruggere i gangli piú importanti della marina inglese. I mezzi in dotazione pervengono agli equipaggi ancora in scatola di montaggio e sempre con qualche pezzo mancante. La voce fuori campo cosí commenta l'inizio dell'avventura piú drammatica: «La grande impresa era cominciata: sei italiani si accingevano ad assaltare uno dei piú potenti complessi della marina britannica». E infine si assiste al disperato e sovrumano sforzo di trascinare sul fondo del mare, per alcune centinaia di metri, un «maiale» in avaria pesante alcuni quintali per portarlo a scoppiare sotto la corazzata.

Il successo della guerra qui sembra dipendere dalle capacità di bricolage, da una vocazione naturale, e quasi genetica, per il «fatelo da voi». È però interessante notare che, dietro a questi uomini, rispetto ai film risorgimentali, non c'è piú un esercito, un consenso rappresentativo. Sono – nelle intenzioni dei registi – l'incarnazione piú perfetta dell'idea di soldato, ma, per la distorsione ottica di cui si diceva, le loro immagini risultano assai piú lontane di quelle, tutto sommato ancora familiari e paterne, di Garibaldi e delle camicie rosse.

C'è poi un'ulteriore variante, piú tarda, della fine degli anni cinquanta, che sposta l'attenzione dagli eroi alle madri degli eroi, cercando di creare una forma di nostalgia dimessa e patetica per il buon tempo antico e i sani valori nazionali. Qui la sfocatura storica è ormai totale. È quanto si può vedere in *Peppino e la vecchia signora* di Piero Ballerini, regista sopravvissuto a Salò, che mostra Emma Gramatica in un suo ennesimo ritratto di vedova e madre di un eroico alpino caduto in guerra, nobile anziana e decaduta, costretta a vendere caldarroste di fronte a una locanda equivoca. La vecchia contessa Riccardi, che i soldati della compagnia del figlio vanno a trovare cantando «Quel mazzolin di fiori», è lontana anni luce dal supporre che, tra i compagni del figlio, possano esserci due soldati vili e imboscati come i Giovanni Busacca e Oreste Giacomazzi della *Grande guerra* di Monicelli. Si può misurare la differenza dei livelli e il capovolgimento totale del senso e dell'interpretazione confrontando il povero film di Ballerini, fatto coi cascami di una letteratura tardo deamicisiana, e il film di Monicelli, che mette in scena, in modo inedito e oltraggioso per una tradizione consolidata e servendosi di moduli della commedia come punto d'appoggio, un'immagine della guerra che, per oltre quarant'anni, si era cercato accuratamente di occultare. Il film appartiene di diritto al genere della commedia, a cui fa compiere un deciso salto di livello, e fa assumere responsabilità finora impensabili; tuttavia ci sembra opportuno farlo reagire contro un filone produttivo che è rimasto eguale a se stesso e non ha quasi avvertito – se non nei prodotti che parlavano della storia italiana piú lontana nel tempo – il passaggio dal fascismo alla democrazia. *La grande guerra* presenta due personaggi assolutamente antieroici, anche se capaci, nel finale, di riscattare con un gesto di dignità la loro vigliaccheria costituzionale, e soprattutto porta l'attenzione su una storia di vinti, di disertori, che apre una cesura netta rispetto all'idea egemone della guerra partecipata dal popolo, secondo l'ottica trasmessa da tutta una tradizione propagandistica e letteraria. «L'ottica – osserva Mario Isnenghi – qui non è piú quella dell'apolitico che ubbidisce, ma dell'apolitico che rifiuta, recalcitra, bara. Siamo fuori dell'aura e fuori dei valori, anche quelli dell'opposizione. Per il ladruncolo milanese e il camorrista romano, che fungono da portatori di un punto di vista incredulo e riottoso, non c'è ancora solidarietà nazionale di classe, e non c'è piú traccia d'una identificazione nella piccola patria rurale cara all'ideologia alpina. È solo l'ottica del lavativo senza spazio né tempo»[37].

A parte il riscatto finale, che introduce la dimensione tragica, il film si tiene tutto ai livelli di uno stile basso-comico privo di alcun rapporto con le immagini della «guerra dal volto umano» care alla propaganda patriottica fascista. La fame e la sete, la sporcizia, i rigori dell'inverno, le malattie, la mancanza di armi, di equipaggiamento, non fanno parte dell'armamentario retorico e glorioso della tradizione garibaldina; sono comunicate, fisicamente, con violenza e senza alcun tentativo di abbellimento. La macchina da presa, in continuo movimento, mostra l'anomalia del comportamento dei due protagonisti, e fa anche vedere come le loro condizioni siano comuni alla massa dei combattenti.

Il merito di questo film è di aver rotto decisamente con una doppia tradizione storiografica e cinematografica e di aver prodotto delle modifiche, nei confronti della possibilità di aprire una fase di visione cinematografica della storia passata, in cui all'ottica di scorcio si sostituisce un'ottica rovesciata, un punto di vista sulla storia che intende essere realmente diverso.

Nonostante le furibonde polemiche sollevate, fin dall'indomani dell'annuncio della sua realizzazione, da Paolo Monelli e portate, grazie all'appoggio di vari organi di stampa, fino in parlamento, il film viene realizzato anche grazie all'intervento risolutore dell'allora ministro della difesa Andreotti («Mi pare che si possa escludere in senso assoluto che vi siano vilipendi o manifestazioni di ostilità all'esercito»)[38].

È anche questo un segno del disgelo ideologico che al vertice del partito di governo e in prossimità di nuove esperienze politiche si manifesta e i cui effetti si potranno vedere nell'immediata attenzione da parte del cinema di genere verso gli argomenti della storia piú recente, considerati tabú per tutti gli anni cinquanta.

Il nulla osta automaticamente riapre le porte alla possibilità di muoversi di nuovo senza tabú e limitazioni lungo la storia e di renderla oggetto o sfondo di racconto. Giovanni Busacca e Oreste Giacomazzi sono le avanguardie di un vero esercito di «diversi», di sbandati, vagabondi, reduci, fuggiaschi, imboscati, traditori, gaglioffi, imbroglioni, pavidi, disertori, voltagabbana, parassiti, che si muovono in tutte le direzioni della storia, spingendosi avanti e indietro tra le due guerre varcandone anche i limiti, in molti casi, alla ricerca di un'occasione di riscatto, di un momento di dignità capace di attenuare il senso storico della loro sconfitta, il fatto di essere sempre stati calpestati e attraversati dalla storia degli altri.

7. Hollywood sul Tevere: il ritorno di Maciste

L'afflusso dei capitali americani e l'americanizzazione dei produttori italiani, il tentativo di far respirare a Cinecittà, nella fase di espansione produttiva, l'aria californiana, il privilegio unico di allevare e nutrire come polli in batteria masse di comparse tuttofare, riportano, nel giro di poco tempo, al centro della politica produttiva film d'argomento storico o pseudostorico prima e mitologico-fantastico poi. I due filoni sono distinti: è possibile però tentarne un'unificazione, o almeno vederli nel loro stretto rapporto consecutivo[39].

Sembra che, sulla base di un andamento periodico, il ritorno di alcuni generi classici del cinema italiano nasca dalla constatazione di una relativa stabilità di composizione sociale dei pubblici. Non è cosí: la produzione storica e mitologica, che esaltava i fasti nazionalisti e imperiali negli anni d'oro del muto, aveva, come diretto e privilegiato interlocutore, un pubblico borghese che si spingeva al cinema a patto di averne un'impressione di promozione culturale. Il cinema storico o mitologico degli anni cinquanta si rivolge in prima battuta sostanzialmente a un destinatario proletario e contadino, semi o del tutto analfabeta; ma conquista poi i favori del pubblico di tutto il mondo[40].

I generi, come si era già visto nel volume precedente, non hanno mai uno sviluppo autonomo e indipendente da altri piani del racconto e altri modelli narrativi e spettacolari. Un repertorio di base, perfettamente conosciuto, circola per i vari media e viene ciclicamente riproposto secondo un corpus di figure, racconti e momenti storici, limitato ed esemplare[41]. *Fabiola* di Blasetti del 1949, *Teodora imperatrice di Bisanzio* di Riccardo Freda del 1953, *Messalina* di Carmine Gallone del 1951, *Gli ultimi giorni di Pompei* di Marcel L'Herbier del 1950, *Spartaco* di Freda del 1953, *La regina di Saba* di Francisci del 1952, non fanno che riprendere titoli e figure già piú volte apparsi sullo schermo fin dai primi anni del cinema muto. La continuità con il cinema del passato, il recupero della storia, favoriti dal successo del *Quo vadis?* americano, sono anche un modo di tentare di aggirare con l'alibi culturale alcuni limiti imposti dalla censura. La copertura offerta dai temi classici è l'elemento riequilibrante la progressiva conquista di centimetri di pelle scoperta del corpo delle protagoniste. L'elemento piú vistoso mi sembra dato dal fatto che i nuovi mezzi espressivi e le nuove tecnologie siano sperimentati per affermare la continuità di un'idea di spettacolo e per rilanciare un progetto industriale. Il colore, ad esempio, è esaltato da questo tipo di pellicole; ma non è soltanto il livello tecnologico a destare l'interesse per il genere e a metterne in evidenza i tratti distintivi. Oltre le strutture di superficie è possibile esplorare il senso, vedendone la produttività, soprattutto nella variante mitologica[42].

Mentre Hollywood dà vita sullo schermo alle grandi paure collettive, creando mostri, immaginando invasioni da altri pianeti, ventilando ipotesi di distruzioni planetarie, Cinecittà esorcizza i ricordi di un recente cattivo governo con punizioni esemplari per tutti i cattivi e ricorre a sistemi molto elementari per sconfiggere le forze del male.

Per quanto elementare nei meccanismi narrativi nella semplificazione del mondo e delle forze che lo governano, il genere mostra nel suo insieme un livello di competenza registica e di soluzioni visive, espressive, sintattiche, metriche e ritmiche di tutto rispetto. La superficie lascia trasparire – in alcuni casi in maniera rilevante – l'intelligenza delle soluzioni cinematografiche e una non trascurabile profondità di livelli di senso e di intenzioni significanti. Il genere nella sua *anacronia* apparente è organizzato in modo che il tempo del mito non venga affatto visto nella sua circolarità ma venga orientato vettorialmente verso la percezione e interpretazione del presente. Le storie parlano di sistemi politici caotici o portati a ordinarsi in modo arbitrario e perverso entro cui vengono immessi elementi con il compito di riportare ordine e ristabilire equilibri perduti. Mentre il cinema americano è tutto proiettato verso la percezione e l'esigenza di dominare il futuro, il cinema ita-

liano effettua, con alcuni generi, un'operazione di analessi con
la precisa intenzione di esplorare il corpo del mito per trarne
gli auspici per il presente e il futuro. Grazie a questo genere
l'ordine temporale si scompone e si presenta nelle sue valenze
plurime, l'unità di misura – o la *costanza di velocità* – non è
piú scandita dai secondi necessari a portare l'acqua di un caffé
a ebollizione, come in *Umberto D.*, ma dalla possibilità di passare senza problemi e far coesistere le misure diverse dei minuti, dei giorni, degli anni, dei decenni e dei secoli. Il narratore
onnipotente immette lo spettatore in una temporalità che non
ha piú alcun rispetto della verisimiglianza.

Come la forza allo stato puro, l'agire in nome del bene collettivo, ecc., le catastrofi sono sempre di tipo naturale (inondazioni, maremoti, terremoti, eruzioni vulcaniche) ed hanno per
lo piú un valore catartico; le battaglie invece si combattono
con mezzi tradizionali in cui il ruolo dell'uomo è ancora della
massima importanza. L'idea della guerra si è arrestata alla soglia dei conflitti mondiali anche se il fungo di Hiroshima traspare da molti finali. Gli ultracorpi, i marziani, i mostri prei-
storici che invadono la terra americana in parallelo rappresentano pericoli sentiti come possibili, sia pure sotto altre forme
(il comunismo in primis), e soprattutto vicini[43]. Il film mitologico non provoca nessun fenomeno di identificazione o di riconoscimento, presenta una minima metaforizzazione dell'esistente, eppure ricorre, a sua volta, ad alcuni miti dell'inconscio
collettivo. Gli archetipi ideali su cui si fonda, la contrapposizione netta delle forze in campo, la forte ed elementare connotazione simbolica, la recursività in forma di saga di vicende,
personaggi e imprese pongono lo spettatore in condizione di
totale libertà e sempre piú lo esonerano dalla finzione pedago-
gica dei film di tipo storico. Pur nelle loro diversità strutturali,
i due generi si danno il cambio come in una staffetta abbastanza ben sincronizzata.

Le fortune del film storico-mitologico scattano fin dall'immediato dopoguerra (*Apocalisse* di Giuseppe Maria Scotese è
del 1945-46); per anni appaiono come tentativi isolati, visti

con un certo sospetto dai produttori per la forte presenza di elementi confessionali ed edificanti che ne limitano potenzialmente il mercato. Le martiri o i martiri cristiani di *Fabiola* di Blasetti, per quanto esportati con successo in tutto il mondo, potevano essere un exploit eccezionale e comunque comportavano rischi produttivi assai elevati[44]. Il fatto che al tavolo della sceneggiatura – nel 1948 – avessero potuto sedersi rappresentanti di tutte le forze politiche e si fossero spartiti le zone di influenza come a Yalta, faceva di questo film un'esperienza irripetibile e, come già per la *Corona di ferro* del 1940, non in sintonia con i tempi.

La spinta a questo tipo di produzione viene solo a qualche anno di distanza: nel 1953, ricorda Lorenzo Pellizzari, «il Pubblico registro cinematografico esistente presso la Siae accoglie l'iscrizione dei seguenti film: *L'amante di Paride* (con Hedy Lamarr), *Frine cortigiana d'oriente* (con Elena Kleus e Pierre Cressoy), *Teodora l'imperatrice di Bisanzio* (George Marchal e Irene Papas), *Ulisse* (con Kirk Douglas), soltanto per limitarci al mondo antico»[45].

L'anno prima Riccardo Freda aveva girato, con Massimo Girotti, Ludmilla Tcherina, Carlo Ninchi, Gianna Maria Canale, *Spartaco*, un film che incassa 500 milioni al termine del suo giro di sfruttamento. *Ulisse* di Mario Camerini esce sugli schermi quasi in coppia con *Attila* di Pietro Francisci. La strada di una produzione piú impegnativa, con grandi nomi di attori americani e maggiori investimenti produttivi, viene tentata da Ponti-De Laurentiis.

Puntando sui nomi di interpreti stranieri e sullo spettacolo, si tenta di attuare la medesima politica di rilancio del calcio nazionale attraverso l'ingaggio di giocatori stranieri. Non si capisce subito che gli stessi effetti si raggiungono riducendo la spesa nelle sue voci piú pesanti e mantenendo egualmente al prodotto le caratteristiche di avventura spettacolare.

Per attuare un'efficace opera di sbarramento nei confronti del film d'avventura straniero e riuscire, con i mezzi a disposizione, a ottenere dei risultati positivi, bisogna fare un gioco di squadra, valorizzare al massimo i brocchi di provincia, marcare in modo più stretto l'avversario e affidarsi all'invenzione del contropiede[46].

Il tipo di investimento produttivo, narrativo, culturale e semiotico è distribuito a tutti i livelli. Rispetto alla produzione popolare piú povera, dove la concentrazione dell'investimento era tutta puntata sul nome dell'attore o del cantante, qui viene esaltata la funzionalità e il gioco di squadra di tutti i momenti produttivi e di tutta la troupe anonima. La divisione del lavoro e la realizzazione del prodotto con criteri ancora artigianali non impediscono di capire che il destinatario non è piú soltanto un tipo di pubblico nazionale molto ristretto. Nel giro di poco tempo i film mitologici di Maciste ed Ercole, «eroi per il terzo mondo» – come li ha definiti Fofi – andranno alla conquista degli schermi di tutto il mondo con un impeto travolgente[47].

Oscar, Italgamma, Majestic, Diamante sono i nomi non certo brillanti delle case di produzione che reinventano le regole del genere e le rilanciano con successo superiore alle previsioni piú rosee.

Nel 1956, l'anno di piú forte crisi per il mercato nazionale, che risente per la prima volta della nascita della concorrenza televisiva e registra un calo di ventinove milioni di presenze, Pietro Francisci gira, con una spesa minima (circa ottanta milioni), *Orlando e i paladini di Francia*. Alla fine del suo sfruttamento commerciale (marzo 1964), il film ha incassato quasi quattrocentocinquanta milioni (secondo i dati del Catalogo Bolaffi). Rispetto ai film americani con cui si confronta, in coppia col quasi contemporaneo *Le fatiche di Ercole* dello stesso Francisci, che incassa una cifra pressoché doppia, il film ridistribuisce tutte le voci di spesa. Inventa i suoi attori pressoché dal nulla (Rick Battaglia, Lorella De Luca, Sylva Koscina, lo stesso attore americano Steve Reeves non viene dalla palestra di talenti dell'Actors' Studio, ma dalle palestre del culturismo), punta tutte le sue carte sugli effetti spettacolari dei duel-

li, delle scene di battaglia di massa, sulle ricostruzioni scenografiche, libere da ogni rispetto della verisimiglianza.

Un tentativo simile, sia pure con minor successo, lo fa Mario Costa col *Cavaliere del castello maledetto*, rifacimento con
qualche variante del classico *La leggenda di Robin Hood* di
Curtiz e del piú recente *Riccardo Cuor di Leone* (nel film di
Costa gli attori sono Irene Tunc, Massimo Serato, Luisella Boni).

La possibilità di risparmio sui costi dei protagonisti e di investimento in effetti spettacolari, in numero di comparse, invenzioni scenografiche spesso grandiose («in alcuni casi piú au-
daci – osserva Fofi – si troveranno anche civiltà scomparse,
che non hanno nulla da invidiare alle Metropolis langhiane o
alle galassie di Asimov»)[48]. Anche se spesso si affermano alcuni
divi, il film mitologico punta alla esaltazione di elementi narrativi e spettacolari. Il lavoro anteriore alle riprese (soggetto e
sceneggiatura) è relativamente importante, mentre acquistano
maggior rilievo le figure degli scenografi, inventori di trucchi e
costumisti, idealmente messe in pensione dal neorealismo e co-
stituenti invece un potenziale di energie altamente specializzato rimasto improduttivo per alcuni anni.

Il montaggio dei film mitologici, ad esempio, è spesso sofisticato ed esalta una tecnica di contrappunto nella distribuzione delle figure e delle scenografie nello spazio. Alle opposizioni totali fra vuoti e pieni (grandi pianure desertiche e grandi
scene di massa dove scompaiono i soggetti) fa riscontro un altrettanto accurato gioco dei soggetti: l'enorme quantità di primi piani ha una determinante funzione di antitesi.

I personaggi parlano e sono portatori di sentimenti assoluti,
la storia è disgregata e quasi disintegrata. Non c'è piú alcuna
intenzione educativa o promozionale: storia e leggenda diventano occasioni per lasciar libero corso all'avventura. C'è nel
film mitologico una tendenza a raccontare secondo ritmi epicizzanti, esaltata dal montaggio: il neorealismo si era poco
preoccupato delle regole metriche e ritmiche del montaggio, i
film mitologici impostano una sorta di programma comune di
ritmi narrativi e regole strutturate secondo cadenze formaliz-

zabili. Grazie all'uso di obiettivi diversi con piú ampie possibilità focali, ai costi ancora bassi della manodopera, alla capacità di valorizzare gli spazi naturali e le scenografie artificiali, il genere raggiunge abbastanza presto i suoi livelli ottimali.

L'armamentario mitologico è sempre miscelato in modo da sovrapporre motivi, miti, leggende, storie, racconti di tradizioni diverse: il vello d'oro e Moloch, gli argonauti e il colosso di Rodi, il Minotauro e il regno di Atlantide, Troia e Babilonia, l'Egitto dei faraoni, la fondazione di Roma e la distruzione di civiltà leggendarie, il ratto delle sabine; dei, semidei, eroi, entrano ed escono di scena, giungono, vedono e vincono e partono con ritmo frenetico e senza alcuna preoccupazione di incongruenze storiche o spazio-temporali. Pur presenti in versioni degradate, i riferimenti culturali delle strutture portanti sono tutt'altro che modesti: il viaggio dell'eroe è quello dell'ulisside dantesco, ha un valore iniziatico, mentre per il ritorno si tiene presente il nostòs omerico. Questo tipo di film ha successo perché, anziché cercare la ricostruzione di fatti e figure nello spirito dei manuali di storia, punta direttamente l'attenzione sui valori profondi e primari del mito, sulla sua capacità di agire ancora in una società in via di trasformazione.

Maciste e gli altri eroi (Ercole, Thaur, Goliath, Ursus), che vivono per alcuni anni decine e decine di avventure, diventano portavoce di desideri, bisogni e aspirazioni di masse sfiduciate, nella realtà, dalla cattiva conduzione politica del paese.

Ovunque esista un regime tirannico da abbattere l'eroe mitico si muove a favore del popolo oppresso. Diventa guida momentanea di una rivolta che parte dal basso, sempre legittima in quanto popolare, che non intende però sovvertire dal profondo i rapporti sociali. Il mondo prospettato è solo in misura minima quello dell'utopia egualitaria, del rovesciamento delle relazioni di classe: nella maggior parte dei casi si scalza un potere assoluto per sostituirlo con quello di una monarchia illuminata.

Nel giro di pochi anni la pattuglia dei forzuti dilaga sugli schermi nazionali, raggiungendo i vertici delle classifiche degli incassi: tra i film del 1959 al terzo posto troviamo *Ercole e la regina di Lidia* di Francisci con Steve Reeves e Sylva Koscina con 900 milioni, al quarto *Gli ultimi giorni di Pompei* di Bonnard, al quinto *Il terrore dei barbari* di Campogalliani, tutti con incassi superiori agli ottocento milioni. Seguono, a breve distanza, *Nel segno di Roma* di Guido Brignone, *La battaglia di Maratona* di Bruno Vailati e Jacques Tourneur, *Annibale* di Carlo Ludovico Bragaglia, *Cartagine in fiamme* di Carmine Gallone, *Agi Murad il diavolo bianco*, di Riccardo Freda, tutti film che non scendono al di sotto dei cinquecento milioni di incasso.

Nel loro insieme i due generi celebrano l'immagine di una civiltà che si spinge fino alla soglia del cristianesimo: la distruzione finale dei mondi rappresentati ha la funzione di mostrare la fine di una civiltà e l'avvento di una nuova era. La religiosità di questi film è abbastanza particolare: si esaltano i mezzi e la forza dell'uomo e si combatte un'idea di religione e di superstizione come puro strumento repressivo e di potere. La religiosità ha valore positivo solo se intesa come rispetto delle divinità familiari, tipiche della civiltà contadina. Si combatte invece contro le divinità degli inferi, che sono quasi la materializzazione del subconscio. Quanto agli dei olimpici, quando appaiono in carne e ossa, hanno l'aspetto rassicurante di vecchi zii di famiglia.

Gli eroi della forza, questi paladini della libertà e della giustizia, risultano praticamente invincibili in questi anni: saranno destinati a soccombere soltanto di fronte all'avanzata degli eroi del western all'italiana di alcuni anni dopo. Prodotti da una società che ha lasciato spazio al nascere di nuove tecnologie e all'emergere di nuove figure professionali e dove si è sviluppata una corsa frenetica ai consumi, i western pongono di fronte al pubblico personaggi che non hanno più alcuna motivazione ideale a spingerli nella loro «quête» e che, come unico e solo dio, a cui riconoscono l'onore del culto, hanno il denaro. Stanchi e in attesa di essere inghiottiti in uno dei tanti disastri naturali, gli eroi dell'avventura mitologica lanciano alcuni messaggi verso il cinema destinati a vagare a lungo come relitti del tutto inosservati dal pubblico e dalla critica. In questi ultimi anni questi messaggi sono stati raccolti negli spazi megagalattici dagli eroi delle *Guerre stellari* di George Lucas e, ancora una volta, a loro è affidato il compito di risollevare le sorti del regno del cinema, oppresso e sempre piú schiacciato dal dominio televisivo. Gli eroi mitologici, dalla pensione sulle pendici del Citerone e dall'Olimpo, possono guardare con benevolenza le gesta dei loro discendenti e riposare tranquilli perché i nuovi eroi li rappresentano e sostituiscono nel modo piú degno.

8. Piccole zone oscure, ai margini della realtà

Pur nelle sue «involuzioni» e «degenerazioni» il neorealismo lascia poco spazio al fantastico. Anche le pratiche basse, o si limitano a fissare lo sguardo sui dati di superficie della realtà, o cercano di conferire il massimo di verisimiglianza (è il caso di Matarazzo) a funzioni e figure metastoriche. La biblioteca popolare a cui ci si ispira potrà essere nobilitata dalla presenza di Victor Hugo o Stendhal, si potrà anche «ben trovare qualche passaggio che rivela le influenze di Walpole o della Radcliffe (come per esempio nel romanzo storico di Guerrazzi *Beatrice Cenci*), ma si cercherebbero invano le esasperazioni romantiche degli *homuncoli*, dei mostri, dei fantasmi e dei vecchi castelli abbandonati»[49].

I fantasmi, per la verità, fanno qualche apparizione nel comico (*Quel fantasma di mio marito* di Mastrocinque o *La paura fa novanta* di Simonelli) e solo in un caso (*Questi fantasmi*) acquistano una funzione drammatica di schermo protettivo per il protagonista, che vuole ignorare l'evidenza del tradimento della moglie. Neppure il senso e il gusto della favola (penso alla *Macchina ammazzacattivi* e al *Francesco* di Rossellini o al *Miracolo a Milano* di De Sica) hanno seguito ed ottengono il diritto di cittadinanza da parte della critica. Eppure, negli stessi anni, Italo Calvino imbocca decisamente questa strada con la sua narrativa. Le apparizioni, di cui sono ricchissimi i film felliniani, a partire da quella in altalena di Fernando Rivoli, il divo del cineromanzo nello *Sceicco bianco*, presuppongono l'esigenza di andare oltre i dati fenomenici della realtà. Su un piano parallelo, piú fortemente finalizzato e meno carico di motivi onirici è il periodo mistico di Rossellini. Ma nel cinema di questi autori non c'è alcun dato, né alcun codice, filosofico, culturale, iconografico, visivo, che possa rivendicare qualche ascendenza sul filone fantastico. Per la verità questo filone, negli anni quaranta e per quasi tutti gli anni cinquanta, non dà quasi segno di vita[50]. Si possono comunque vedere sintomi sparsi lungo un tracciato coerente: una compatta ambientazione da romanzo gotico è ideata per il prologo del *Trovatore*, quando la zingara, bruciata sul rogo come strega, lancia la maledizione che la figlia Azucena raccoglie. I meccanismi del sangue, delle torture, della magia, e tutta la topologia classica del romanzo gotico si trovano nel *Conte Ugolino* di Freda o in *Paolo e Francesca* di Matarazzo, uniti a una forte presenza di sadismo e violenza. Tutto il finale del *Conte Ugolino* e soprattutto il primo piano urlante della figlia, che comunica metonimicamente e in maniera omologa, sul piano visivo, il senso del verso dantesco «poi piú che l'amor poté il digiuno», può già essere un segno prolettico di un orrore destinato in futuro a una diretta rappresentazione schermica.

La dimensione del fantastico e dell'immaginario e tutta la componente onirica ed erotica, spesso veri e propri trattati popolari di psicopatologia sessuale[51], rimangono tuttavia, nei primi anni cinquanta, in una fase di latenza.

L'immaginario del neorealismo e dintorni è sempre portato a essere la proiezione di modesti bisogni (quasi che anche l'inconscio lavorasse esclusivamente come dépendance di un ufficio di collocamento): il posto fisso di lavoro, l'avventura con un vicino di casa (*Prima comunione, Piccola posta*), il corpo prosperoso delle maggiorate dalle dimensioni sempre piú aggressive e debordanti a esprimere in Fellini il desiderio di re-

gressione al seno materno, nei film con Sophia Loren, Gina
Lollobrigida, Silvana Pampanini, Marisa Allasio, la proiezione
del desiderio e il senso di raggiunta soddisfazione del bisogno
elementare della fame. Agli spettatori sembrano bastare, come
ai barboni zavattiniani, pochi centimetri in piú di pelle per assicurarsi il piacere e il godimento e la soddisfazione di una libi-
do infantile e colpevole.

Bastava spingere lo sguardo al cinema della fine degli anni
trenta e dei primi anni quaranta per scorgere come l'atmosfera
malsana, carica di erotismo e di vizio e perversioni di alcuni
film (per tutti cito soltanto *La cena delle beffe*), fosse un contatto tutt'altro che casuale con motivi erotico-onirici. Il neorealismo rimuove i fantasmi dell'inconscio perché deve e vuole far
fronte, razionalmente, a ben altri incubi e paure con un volto
storico: la fame, la disoccupazione, la miseria. Ma una volta
che – per volontà governativa – si imporrà di allontanare dallo
schermo gli aspetti piú mostruosi della realtà italiana e che, al
tempo stesso, il livello medio di vita avrà raggiunto standard
piú alti, apparirà senz'altro lecito iniziare dei viaggi nel fantastico, ricorrendo a modelli letterari e figurativi, piú che a quelli psicanalitici.

È possibile, comunque, interpretare il fenomeno di sviluppo improvviso e progressivo e di conquista di un proprio spazio ben caratterizzato all'interno della produzione mondiale
del fantastico anche per motivi specifici di storiografia comparata[52]. Non a caso, negli stessi anni, scattava in Inghilterra, grazie alla casa produttrice Hammer, il fenomeno di Dracula[53].
L'inizio stentato del genere in Italia e la diffusione successiva
degli anni sessanta, con gli autori obbligati a nascondersi sotto
pseudonimi inglesi, potrebbero far pensare che – rispetto al filone mitologico – il fantastico sia, oltre che un genere d'importazione, anche l'unica forma di colonizzazione cinematografica subita dal cinema italiano del dopoguerra, alternativa
alla colonizzazione americana[54]. Di fronte a queste spiegazioni
i motivi sociologici possono apparire come assai meno perti-

nenti e piú banali, anche se non direi che vadano esclusi del tutto.

Freda, Margheriti e Bava, e in misura minore Cottafavi e Francisci, approdano al cinema fantastico perché il genere consente di realizzare al meglio la loro competenza letteraria e visiva e di introdurre alcune varianti rispetto ai modelli originali[55]. Sugli sfondi di scenari inglesi immersi nelle nebbie, tra cimiteri, boschi, paludi, castelli, cripte, luci evanescenti, rumori, scheletri, morti viventi, torture, violenze di una crudeltà che, secondo una curva ascendente, non conosce limiti (se non nell'involontaria comicità che viene prodotta oltre una certa soglia), lo spettatore viene iniziato a una visione e a una letteratura totalmente estranee alla realtà e alla cultura dominante del cinema del dopoguerra.

Rispetto ai modelli originali (che optano decisamente per il colore), il gotico made in Italy cerca di esplorare, fino alle estreme possibilità, l'uso del bianco e nero. Ma anche di lavorare su alcune variazioni di senso.

La mostruosità ha, come caratteristica comune, il fatto di essere il prodotto di degenerazioni umane: per quanto entreranno pratiche magiche, misteriche, parapsicologiche, la diagnosi è riconducibile alla psiche dei protagonisti, o a cause storicamente determinate. Il viaggio, inoltre, vorrà infrangere argomenti considerati tabú: primo di tutti la necrofilia, tema corrente in gran parte della produzione degli anni sessanta.

Come per il mitologico, il cui successo si sviluppa in parallelo e con cui vi sono frequenti punti di contatto (la catastrofe atomica di *Ercole alla conquista di Atlantide* è simile al terrore di distruzione della terra di *Space men*) e scambi di quadri tecnici e registici, il fantastico raccoglie consensi piú immediati all'estero, mentre resta pressoché estraneo all'orizzonte della critica italiana. Goffredo Fofi, a cui spetta il merito di aver per primo segnalato alcuni motivi di interesse del genere, ha ragione quando osserva che «i film dell'orrore usciti in Italia prima del 1960 sono delle pallide copie dei film inglesi e americani e che tuttavia cominciano a far sentire la propria voce due registi, con due film minori... Freda con i *Vampiri* e Bava con *La maschera del demonio*»[56]. A costoro va aggiunto Antonio Margheriti, che realizza nel 1959 *Space men*, un film di fantascienza ancora oggi da mettere in rapporto, per la produttività della sua ricerca visiva e per l'ambizione del suo significato, con lo sviluppo della fantascienza contemporanea americana, che parte da *2001: Odissea nello spazio* di Stanley Kubrick.

9. La commedia e il ritratto dell'italiano dalla ricostruzione al boom

1. Abbandoniamo ora questo viaggio centrifugo verso il fantastico, la libera invenzione storica, il mitologico, la dimensione onirica, i fantasmi dell'inconscio, per ritornare alla produzione di un immaginario racchiuso entro i bordi della realtà, o di desideri molto piú semplici dell'italiano medio, di cui lo schermo restituisce un'immagine speculare abbastanza fedele[57]. Quello del film comico, – in cui rientra anche Totò, che si è creduto giusto trattare anche come fenomeno a parte, – della commedia e del loro sviluppo e trasformazioni morfologiche e ideologiche.

La commedia e il cinema comico rivelano, a uno sguardo d'insieme, uno sviluppo in tre stadi, con caratteristiche distinte e modifiche del ritratto dell'italiano altrettanto marcate. La prima fase, che dall'indomani della liberazione va all'incirca fino ai primi anni cinquanta, si potrebbe definire dei vasi comunicanti, in quanto privilegia la messa in scena di commedie e farse provenienti direttamente dal teatro, dall'avanspettacolo, dalla radio e dalle situazioni dei giornali umoristici[58]. Una massa di persone, attori, sceneggiatori, gagmen, scenografi, costumisti e registi fluttua indifferentemente da una scena all'altra. Il cinema accoglie e sistema quelle compagnie di attori che il teatro ha messo, in pratica, in cassa integrazione. In alcuni casi le vicende narrate sono meditazioni di tipo metalinguistico su questo fenomeno in atto, sulla crisi di un tipo di spettacolo popolare viaggiante (vedi *Il ratto delle sabine*, *Vita da cani*,

Luci del varietà, La strada). Il cinema si presenta come un miraggio piú che come un reale luogo di salvezza. In gran parte di questi film, lo sfondo è la scena teatrale, i personaggi interpretano se stessi e si sdoppiano. Il lavoro degli sceneggiatori, ancora cosí frantumato, può continuare a servire, nello stesso tempo, il cinema e il teatro. Il cinema mostra – soprattutto attraverso i suoi interpreti – di staccarsi dal teatro, o da quelle forme di spettacolo incapaci di trovare un pubblico, e lo fa con grande dignità e nostalgia e tributando loro tutti gli onori (*Il ratto delle sabine, I pompieri di Viggiú, I cadetti di Guascogna, Gran Varietà, Cinema d'altri tempi, Carosello napoletano, La paura fa novanta*).

Oltre all'evidente trasferimento di tutto il corpo della rivista e dell'avanspettacolo sulla scena cinematografica, con il complesso degli attori, delle soubrettes, delle canzoni e delle battute[59], colpiscono anche altri tratti distintivi, come la scomposizione delle unità narrative, la fissità del punto di vista, la riduzione dei movimenti di macchina, funzionale al tipo di rapporto tra attore e pubblico, che si vuole identico a quello dello spettacolo sostituito.

Come a teatro, l'attore recita verso il pubblico e mette in gioco tutte le sue capacità per strappare l'applauso a scena aperta. Il regista non è necessario. La valorizzazione di una cultura orale, circolante sotto forma di barzelletta, battuta, giochi di parole, giudizi su vari aspetti della realtà politica e sociale contigua, trova nel cinema un ottimo veicolo di trasmissione. Come poi per i primi spettacoli televisivi, ciò che interessa, soprattutto, non è la bontà della regia e della messa in scena, quanto la tenuta in scena di alcuni comici, l'immediatezza delle loro battute, spesso fatte di un umorismo povero, basato su semplici giochi di parole[60].

Tutte queste opere, prodotte in base a un'identica logica (i film di Totò, quelli di Macario, quelli dei comici dell'avanspettacolo) sono inoltre costruite secondo strutture ripetitive, moduli comuni, che non escludono a priori alcun aspetto minore dell'esistenza e lo percorrono secondo itinerari significativi e regole assai diversi da quelli del racconto unitario di tipo drammatico.

In ogni caso, per tutto il filone medio-basso comico, si punta a una sorta di deambulazione del racconto non legata o articolata per concatenazione e rapporti di causalità, calata in situazioni verisimili e altamente probabili e ad altissimo indice di accettabilità.

La progressiva disarticolazione del racconto porta a segmenti legati per paratassi, che consentono allo spettatore un'attenzione indipendente verso le varie parti e un continuo ritorno al punto di partenza, in quanto ognuno dei soggetti dell'azione gestisce, in proprio, la sua storia senza grandi relazioni con gli altri[61]. Prima ancora che nasca il film a episodi, la struttura dei film comici, alla fine degli anni quaranta, è fatta dalla concatenazione di piú parti indipendenti tra di loro. Questa logica valorizza le battute, le barzellette, la creazione di una galleria ricchissima di macchiette e di personaggi che si specializzano nell'interpretazione di certi tipi e figure.

Seppellite poi, nei primi anni cinquanta, le forme di spettacolo sullo spettacolo (la parodia può essere quella di film famosi come *Totò le Mokò, Totò terzo uomo*), si cerca di mettere in orbita un prodotto di caratteristiche e livello assai piú ricchi. Siamo nel secondo stadio di sviluppo, in cui la trasformazione in atto si coglie sia per il fatto che molti film vengono realizzati a colori, che per il maggior impegno di lavorazione, la maggior cura nelle rifiniture... Pur restando nei limiti della commedia strapaesana, il genere passa, in questa fase, attraverso un tipo di riforma paragonabile a quella goldoniana. Dai canovacci si passa alla scrittura completa dei testi, elaborata su misura per gli attori, da Age, Scarpelli, Metz, Marchesi, Sonego, Scola, ecc., e a una maggiore complessità delle intenzioni significanti.

Nella terza fase si registra l'incontro della commedia con la storia e con un'ideologia piú avanzata. Nel giro di qualche tempo, grazie al successo dei film del secondo periodo e al rilancio produttivo, il genere ha elevato tutto insieme il suo standard, raggiungendo un assetto e una fisionomia abbastanza stabili; in poco meno di un decennio, si registra una continua crescita delle commedie con la messa a fuoco di obiettivi sempre piú ambiziosi. In pratica, la possibilità concreta che si prospetta, di occupare il livello centrale della produzione media, e l'occasione di muoversi, diramando i propri tentacoli in varie direzioni, consentono di avviare un processo di nobilitazione culturale che si svolge in modo ininterrotto. Si identifica meglio il pubblico, c'è un maggior impegno produttivo, si creano nuovi attori che possano cogliere elementi vecchi e nuovi nel ritratto dell'italiano.

In questa fase, quasi tutti i maggiori interpreti del comico portano sulla scena una diversa esperienza e coscienza della realtà. La scena diventa speculare rispetto alla realtà e i problemi collettivi dell'esistenza quotidiana sono tutti accolti nella recita, anche se il tipo di partecipazione è ancora superficiale e continua a dar voce alle posizioni dell'Uomo qualunque[62].

Il filone si trasforma pertanto in un grande container per il trasporto di tutti i tipi di materiali e per l'assemblaggio di codici e problemi sempre piú vasti: in questo piano di allargamento e trasgressione sistematica dei propri limiti e stereotipi si ottiene un effetto di sovrapposizione di forme e modi diversi di interpretazione del reale. I livelli espressivi medi del prodotto non possono che seguire questa tendenza generale: evolvono e maturano complessivamente, evitando rotture linguistiche, accogliendo modifiche date dalle diverse possibilità degli obiettivi, del cinemascope, ecc.

La commedia non diventa mai un progetto del tutto unitario di spinta in avanti, un punto di osservazione avanzata verso mondi possibili, come voleva essere il neorealismo. Sceglie piuttosto la strada di uno sguardo circolare e all'indietro per registrare fenomenologicamente i segni e le caratteristiche della trasformazione in atto e rappresentarne, nella loro fase nascente, le cause. Il genere cresce attraverso una fiducia nelle proprie possibilità, che aumenta quasi incessantemente, e una continua verifica dei limiti di tolleranza del sistema nei confronti di una critica che non voglia piú limitarsi alla punzecchiatura della battuta o del doppio senso ma voglia essere una denuncia piú argomentata.

Una volta perduto, da parte dei registi neorealisti, il potere di osservare il reale e la fiducia di potervi agire attraverso il cinema, la commedia è il genere dotato dello sguardo piú stereoscopico, delle capacità di attraversamento di tutti i problemi e di registrazione di ogni microfenomeno e microtrasformazione. La crescita della commedia si misurerà nella sua crescita di poteri e capacità di far capire la catena di cause e conseguenze che un evento presente attiva rispetto al passato e al futuro. Per alcuni anni la commedia si distingue, nel panorama dei generi, perché il suo tempo si misura in base alla *costanza di velocità*: ogni mutamento non modifica la struttura del racconto sempre temporalmente molto definita e limitata. Poi si assiste a una sorta di esplosione del tempo, a un bisogno di muoversi in senso antiorario e di dilatare lo sguardo seguendo gli eroi o gli antieroi nelle loro imprese misurabili sulla media e lunga durata.

I punti attraverso cui l'analisi può giungere a dei risultati d'insieme di un certo rilievo possono essere i seguenti: 1) allargamento del ritratto dell'italiano fino a raggiungere i vertici delle istituzioni e delle strutture culturali e produttive, combinato al tentativo di conservazione di un'immagine dell'Italia strapaesana che resiste alla dinamica della ricostruzione; 2) la progressiva e sempre piú matura implicazione e coinvolgimento di discorsi e problemi politici e sociali di interesse generale e immediata riconoscibilità; 3) la graduale decomposizione di alcuni istituti, prima di tutto quello familiare, e la nascita di nuovi riti e nuovi miti di massa; 4) l'evoluzione espressiva di tutte le componenti del genere e il raggiungimento di un livello ottimale agli inizi degli anni sessanta; 5) la riconquista del pubblico borghese.

La costruzione del ritratto dell'italiano all'inizio partecipa solo in parte della poetica neorealista: la moralità neorealista, l'ottimismo, l'orizzonte umanistico, prima che ideologico, della rappresentazione, lasciano posto alla mescolanza di umori qualunquisti, con una visione piú cinica e piú interessata all'«hic et nunc», che alla *prospettiva*. Il film comico osserva l'ideologia della ricostruzione dalla parte dell'uomo qualunque. Ciò che mostra è un mondo dove il trasformismo e l'opportunismo trionfano, dove il piccolo «eroe della strada», l'uomo comune, che aspira alla pace, al lavoro, si trova, come il don Abbondio manzoniano, a viaggiare, vaso di coccio, con una partita di vasi di ferro («Cosí tra scioperi, disoccupazione, rosso, nero, non si può piú vivere», *Come scopersi l'America*)[63].

È il tema di *Come persi la guerra*, *L'eroe della strada*, *Il monello della strada*, *Come scopersi l'America*, e di molti film di Totò, che, grazie alla progressiva sostituzione del qualunquismo piú corrivo con una meditazione piú attenta e una partecipazione piú sofferta alla vita dei personaggi, porta ai protagonisti di *Anni facili* e di *Destinazione Piovarolo*. Gli antecedenti di queste figure vanno certamente rintracciati nei film di Soldati, Lattuada e Castellani dell'immediato dopoguerra (*Mio figlio professore*, *Il delitto di Giovanni Episcopo* e *Le miserie di Monsú Travet*): l'arricchimento e la crescita del genere si misurano dalla capacità di caricare i protagonisti, in un contesto comico, di sfaccettature e risvolti drammatici e fortemente rappresentativi.

La dimensione quotidiana e familiare in cui avvengono gli incontri tra i personaggi negli anni della ricostruzione su sfondi poveri e popolari, dove il possesso della casa è ancora un traguardo di importanza primaria («Sono case popolari, non c'è neanche il bagno», *Le ragazze di Piazza di Spagna*), rende sociologicamente rilevante anche lo sfondo della commedia, prima che, con una sorta di cambio della distanza focale, si riportino in primo piano i personaggi e le vicende. Il racconto resta tuttavia scomposto in storie parallele e intersecantisi: dagli incontri obbligati sul posto di lavoro (vedi anche *Le signorine dello 04*) si dipartono poi vicende individuali, con aggrovigliamento dei fili, fino a una soluzione piú o meno felice per tutti.

Attraverso centinaia di figure femminili la commedia, in particolare, fa muovere pendolarmente tra casa e posto di lavoro, accanto agli attori dai ruoli già ben identificati sul piano sociale, una donna alla ricerca di nuovi ruoli.

È soprattutto la donna il soggetto emergente degli anni cinquanta: grazie alle sue doti fisiche e all'emancipazione del lavoro, parte alla conquista del sociale, forte dell'appoggio di alcuni miti diffusi dai massmedia e di altri che cerca di vivere e riprodurre in forme piú ridotte. In alcuni casi la «fortuna di essere donna» può farla entrare direttamente, come Cenerentola (vedi *Donatella* di Mario Monicelli), nel mondo dei ricchi, o farla incontrare con il principe azzurro (l'avvocato, il professionista). La donna esce dagli spazi tradizionali della casa con tutti i mezzi a sua disposizione: il lavoro, ma anche il proprio corpo. Quanto piú si moltiplicano le manifestazioni di maschilismo («Il giornale è qualcosa che voi donne non lo dovete toccare. Intanto non capite niente», *La fortuna di essere donna*), tanto piú appaiono spiazzate rispetto all'irresistibile ascesa femminile, alla sua vera e propria presa di potere e soprattutto alla maturazione di coscienza dello scontro in atto tra privato e sociale («Quelli parlano sempre de' rivoluzione e in casa so' peggio de li turchi», *Le ragazze di Piazza di Spagna*). Esemplare, proprio nel film appena citato di Emmer, lo scarto di giudizio sulle possibilità di Marisa, avviata a fare l'indossatrice, giudicata alternativamente dalla madre, che vede realizzato nella figlia un transfert alle proprie frustrazioni («diventerà una gran signora»), e dal padre, che decide in modo piú perentorio sull'esito della carriera della figlia («'Na zoccola diventerà»).

L'indossatrice (piú familiarmente *a' maniken* o *manichèn*: «Te piacerebbe fare la manichèn da Fontana?») o l'attrice sono gli obiettivi massimi possibili dell'avventura fantastica piccoloborghese femminile degli anni cinquanta. Al sesso viene riconosciuto il valore di bene patrimoniale («Avessi io la fortuna che hai te... Ia fortuna di essere donna», dice Mastroianni fotografo a Sophia Loren aspirante cover-girl nel film di Blasetti, che prende il titolo da questa battuta, e aggiunge, in modo da non essere equivoco: «Se una ragazza si presenta per dire eccomi, ci sono anch'io, deve presentarsi con tutti gli argomenti. E di argomenti tu ne hai da vendere»). La libertà sessuale, rispetto alla ventata di spregiudicatezza introdotta in parallelo dai film di Brigitte Bardot, è ancora una conquista lontana. Siamo ai primi passi, per cui Marisa Allasio, in *Poveri ma belli*, può sí cercare di scegliersi il ragazzo dopo una serie di prove sul campo («Mi piace dare i baci ai ragazzi»), però deve ancora dare in famiglia le opportune garanzie di moralità e illibatezza («Buonanotte, papà, e stai tranquillo, non faccio niente di male»).

La coabitazione di due moralità non viene sbloccata neppure nei primi anni sessanta, anche se, accanto al personaggio della donna di derivazione goldoniana, che usa la sua bellezza per giocare con gli uomini, senza trasgredire, in fondo, le regole della morale piú conservatrice, si cominciano a muovere ragazze assai meno inibite e molto piú libere nel comportamento, nei rapporti affettivi e sessuali, e ormai lontanissime dal cupo senso del peccato che circonda le eroine dei film di Matarazzo.

In ogni caso dopo la rappresentazione del potente ingresso della donna sulla scena della storia nazionale dato dalla Magnani da *Roma città aperta* nel decennio successivo bisogna osservare i giovani per vedere un'accelerazione e una progressiva modificazione di rapporti, poteri e coscienza di nuovi ruoli da conquistare. C'è un dialogo in *Terza liceo* di Luciano Emmer che mostra assai bene il mutamento in atto e le difficoltà per ottenerlo: «La mia relazione già battuta a macchina, ma lo sai che sei brava Giulia? A volte penso che dovresti studiare architettura» «Perché so battere a macchina una relazione? Ma vuoi prendermi in giro?» «No, no, parlo sul serio sai, dimostri sempre tanto interesse per i miei lavori, i miei progetti, a meno che tu, finito il liceo, non abbia qualcosa di meglio da fare?» «Che cosa?» «Non so, sposarti» «Ci mancherebbe altro».

I ruoli femminili cominciano ad articolarsi, rivelano una crescente mobilità: gli stessi punti di riferimento familiari, i modelli morali vengono a cadere.

2. «Tra noi e le nuove generazioni c'è un abisso», dichiara in *Amore e chiacchiere* Vittorio De Sica, sindaco di un paesino

laziale, a proposito di suo figlio, che si è innamorato della figlia dello spazzino: uno dei tanti segni emblematici della diversità dei linguaggi e dei modi di non-comunicazione tra le generazioni è dato dal fatto che, per una sorta di legge del contrappasso, proprio il figlio del sindaco, che deve tutto il suo successo nella vita al potere della parola («Io lo sentii parlare e nacque Paolo», ricorda la moglie), è affetto da una leggera forma di balbuzie. I ragazzi, per comunicare tra loro, possono anche fare a meno della parola («da quando ci conosciamo ci siamo detti sí e no mille parole»), tuttavia un film, in cui la risoluzione dei conflitti è quanto mai prevedibile e tradizionale, lascia trasparire la novità di alcuni fenomeni, sullo sfondo di un'Italia dove la dimensione del borgo è sconvolta dall'avvento dei mass-media e dal potere della televisione, che si sposa trionfalmente con quello economico e politico. La serie, che si inaugura con *Poveri ma belli*, presenta su questo piano caratteristiche ulteriori, destinate a diffondersi lungo tutto il sistema narrativo: viene sottolineata in maniera decisiva e posta come dato di fatto l'esistenza di due mondi, quello dei padri e quello dei figli, assolutamente privi di comunicazione tra loro. I conflitti generazionali che entreranno, di lí a poco, in tutta la produzione piú alta, a cavallo degli anni cinquanta e sessanta *(I dolci inganni, Guendalina, La voglia matta, Il tigre)*, e serviranno soprattutto come reagenti emblematici per rappresentare la crisi del quarantenne, si manifestano in alcune situazioni chiave ricorrenti. Anzitutto nel ballo, vero luogo privilegiato del racconto della commedia degli anni sessanta, dove lo sguardo del regista, o quello del personaggio, comincia a scomporre la realtà e i corpi e a comunicare le sensazioni fisiche prodotte da contatti visivi sempre piú ravvicinati e provocanti.

In *Poveri ma belli* il ballo è ancora a gestione casalinga, sulla terrazza, col gioco della scopa (e a ballare a casa si invita anche la straniera in *Souvenir d'Italie*) e la tavola dei genitori con i volti fissi nel vuoto, inebetiti dal fiasco del vino rapidamente vuotato e trascinati in un loro «trip» assai povero, osservato con bonaria affettività. Anche in questo film il limite massimo del desiderio può spingersi non oltre la ragazza della porta accanto o della dirimpettaia. La morale conclusiva e consolatoria («Voler bene significa aver qualcosa dentro, magari essere poveri di fuori, ma essere ricchi dentro») è funzionale alla logica di tutta la serie che condanna, nel fondo, l'aspirazione a un miglioramento dello status sociale.

Per chiarire meglio le intenzioni, la serie deve anche mostrare e cogliere la dinamica sociale dei personaggi. In *Poveri milionari* le due coppie di giovani appena sposati sono promosse dalla condizione di proletari a livelli piccolo-borghesi e si lascia loro intravedere la possibilità che la fortuna schiuda le porte per un'ulteriore ascesa. In realtà i personaggi stanno ancora benissimo nel loro status sociale e, una volta usciti, desiderano rientrarvi al più presto[64]. Renato Salvatori, che ha perso la memoria in seguito a una poderosa botta in testa, torna a innamorarsi di sua moglie, catapultato e promosso dal caso alle gioie del mondo alto-borghese, l'ideale femminile definitivo per questo tipo di film («Mi piacciono le donne di casa, brave e ordinate come lei... Adesso mi piacerebbe fare una vita molto più modesta, avendo una ragazza come lei, semplice, carina, senza tanti grilli per la testa»). La morale è ancora, in buona parte, quella della ricomposizione di tutti i desideri nei binari più conformisti; ciò che interessa non è tanto la trasgressione progressiva e inesorabile del tabú, quanto la serie impressionante di atti mancati registrati ai danni di una società maschilista. Appaiono, in un discreto numero di film, ma con ruoli ancora ereditati dalla pochade e dal vaudeville, con una più precisa attenzione sintomatica al presente, personaggi e situazioni che colgono movimenti e scricchiolii sempre più netti nell'ambito dell'istituzione matrimoniale borghese. La società di maschi-padroni, che vanno a caccia, alla partita, affittano il monolocale in periferia per concedersi delle evasioni, risparmiando al massimo sui conti di condominio (mentre le donne sono ancora in parte relegate nello spazio della casa), una volta aggredita, perde la fiducia nella propria supremazia sessuale (vedi

Mogli pericolose di Comencini del 1958 o *Psicanalista per signora* di Jean Boyer del 1959). La donna, che ha cominciato la sua riscossa partecipando ai concorsi di bellezza, comincia ad apparire a tutti i livelli di lavoro. Nel *Vedovo* è dirigente d'azienda e amministratrice di un cospicuo patrimonio familiare (lo stesso in *Poveri milionari*). In *Totò, Vittorio e la dottoressa*, De Sica deve subire l'imprevedibile umiliazione di essere visitato da una dottoressa che si chiama Bellomo, e che, per essere interpretata da Abbe Lane, «è soprattutto una bella donna».

Al punto di perfetta equidistanza dall'italiano medio alle prese con i problemi del dopoguerra e dall'italiano del boom è il ritratto di Sordi nell'*Arte di arrangiarsi* di Zampa. La presenza di Brancati e l'ossessiva e moralistica denuncia dei mali del trasformismo e dell'opportunismo riportano di continuo, in antitesi alle figure di «uomini», figure caporalesche di individui che riescono a navigare con tutti i venti politici e, mutando semplicemente abiti e distintivi, rimangono fedeli alla morale più opportunistica. Il «sistema della moda» del protagonista dell'*Arte di arrangiarsi* rientra nella logica carnevalesca e del travestimento, più che in quella della rappresentazione della dinamica di una società. Ogni giorno si deve inventare l'arte di arrangiarsi: pirandellianamente, i personaggi della commedia sono in cerca di una nuova moralità («Il nostro paese ha bisogno di una generazione di onesti dopo una generazione di furbi», *Anni facili*). Questo tipo di moralità, già diffusa fin dal dopoguerra, orienta una parte della commedia. È più facile, intanto, che cambino e si trasformino le caratteristiche del paesaggio e dell'ambiente e in sintonia a queste modifiche si accordino e si muovano, in maniera omogenea, i simboli di prestigio e gli orizzonti del desiderio collettivi. L'edilizia popolare, la bicicletta prima *(Bellezze in bicicletta)*, la Vespa e la Lambretta poi *(Bellezze in motoscooter)*, l'utilitaria alla fine del tragitto, la ricerca e la conquista di un posto di lavoro *(Il monello della strada)* – l'impiego di dattilografa è il vertice delle aspirazioni femminili agli inizi degli anni cinquanta (segno che non sono del tutto rescissi i legami col cordone ombelicale della commedia degli anni trenta) – costituiscono i limiti oggettivi e invalicabili entro cui si può muovere, o a cui può aspirare il desiderio popolare, e soprattutto piccolo-borghese.

Il mito americano di Alberto Sordi in *Un americano a Roma* di Steno è un mito schizofrenico, prodotto da una perfetta identificazione tra cinema e vita. In realtà, l'Italia che sta dietro l'angolo del proprio quartiere è ancora un'Italia sconosciuta e una volta che i personaggi piccolo-borghesi, o popolari, grazie ai loro posti di lavoro sono in grado di abbandonare le biciclette e montare a cavallo degli scooter, o delle prime utilitarie, si cominciano a muovere come veri pionieri su strade non ancora asfaltate e verso spiagge deserte alla conquista di realtà sconosciute, esplorate con circospezione e in ordine sparso. È la logica dei cercatori d'oro, dei trappers, dei conquistatori e dei boys scouts a far muovere i primi passi al di fuori del proprio habitat, alla scoperta del mare *(Una domenica d'agosto, La fortuna di essere donna)*, o della città *(Amore e chiacchiere, o Lo sceicco bianco)* e di tutta una serie di luoghi sconosciuti. La topologia oscilla tra esplorazione del nuovo e chiusura entro l'orizzonte familiare di ambienti e figure che vengono a costituire un punto di passaggio obbligato. Entrano spesso in scena, raggiungendo l'apice del proprio splendore e del proprio successo di pubblico nella serie di *Pane, amore e....* un commissariato di polizia o dei rappresentanti della polizia, della giustizia o dei carabinieri. Topologia obbligata e personaggi rappresentativi del volto piú umano delle istituzioni, del rapporto quotidiano tra governo e cittadini si prestano, meglio di ogni altra realtà, a offrire un'immagine di disfunzione, di paternalismo, di bonomia, di gestione familiare.

Questa immagine strapaesana ha caratteristiche costanti, sia che appaia in piccoli paesetti o nei quartieri delle grandi città (piazza Navona e il barcone del Ciriola sul Tevere hanno la stessa funzione topologica del paesetto del meridione che fa da sfondo alla serie di *Pane, amore e...*).

È ancora un'Italia agricola, guardata con simpatia e nostalgia, con gli occhi di chi se ne sente staccato (in questo senso la serie di *Pane, amore e...*, come quella di *Don Camillo*, raggiunge, prima di tutto, lo spettatore proletario e piccolo-borghese da poco inurbato). I personaggi, per tutti gli anni cinquanta, non sono in grado di abbandonare la realtà placentare del proprio spazio (si vedano le disgrazie di Renato Salvatori in *Poveri milionari* e delle due coppie di sposi che hanno abbandonato piazza Navona per andare a vivere in nuovi condomini periferici) e di muoversi dal noto verso l'ignoto («Quando si ha moglie e figlio – dice don Camillo a Peppone in *Don Camillo e l'onorevole Peppone*, mentre il suo avversario è in partenza per Roma dopo la vittoria elettorale – non si va in giro a fare il deputato... tu hai perduto la moglie che ti ha votato contro, hai perduto il paese dov'eri qualcuno, per cosa?»).

Nonostante queste resistenze il destino si compie (e nella dimensione alta della tragedia Visconti interpreterà il fenomeno dell'emigrazione di massa interna al paese nel 1960 con *Rocco e i suoi fratelli*) e se alcuni personaggi si arrestano alle soglie del paese e preferiscono rimanere dove lo spazio è noto, i loro figli si muovono con maggiore spregiudicatezza, anche se, alla fine, ritornano anche loro, spaventati, tra le mura amiche della casa (penso tra gli altri ad *Amore e chiacchiere* di Blasetti, alla fuga da Roma dei due innamorati, al loro amore «impossibile» – la ragazza è figlia dello spazzino comunale, il ragazzo figlio del sindaco – e alla loro incertezza se risolvere i loro problemi con il suicidio comune o andando all'Olimpico a vedere la partita).

Il marito di Gianni Puccini, uno dei film del periodo meno ricordati, mi sembra segnare, in maniera netta, il senso di crisi di un personaggio alla fine degli anni cinquanta, con il capovolgimento dei valori e la fuga dallo spazio infernale della casa dove trionfano moglie, suocera e cognata (Sordi che sceglie come proprio inno finale la canzonetta «Bongo, bongo, bongo / io sto bene solo al Congo... / non rimango qui» e va al nord a fare il commesso viaggiatore di caramelle e a vivere le sue avventure tra Modena, Piacenza e Reggio Emilia). L'incatenamento dell'ex vitellone, mai entrato del tutto nella fase della

sua maturità, entro le mura familiari, a contatto con una logo-
rante guerriglia con moglie, suocera, cognati, problemi di lavoro, impossibilità di mantenere i propri privilegi e le proprie
piccole evasioni (la partita di calcio all'Olimpico è anche per
lui il top dei desideri), segnala, per estensione, anche la crisi di
un intero modello, all'inizio di un ciclo di trasformazione profonda, sociale e antropologica, della famiglia italiana.

Sordi riesce a cogliere, prima degli attori che negli anni sessanta lo accompagnano alla guida della commedia all'italiana,
il senso della lotta per la sopravvivenza dell'italiano medio, la
sua astuzia, il suo qualunquismo, se non le sue nostalgie per il
ventennio *(Il vedovo)*, la sua mancanza assoluta di indicazioni e
princípi morali (vedi *Fortunella* di Eduardo De Filippo, e Fellini). La figura del protagonista di *Fortunella*, non appartenendo
del tutto al genere, costituisce uno dei ritratti piú ripugnanti
ed emblematici, a livello popolare, del tipo di italiano che Sordi conosce (si veda anche il ritratto del finto conte e benefatto-
re di vecchiette in *Piccola posta*: «Stanotte ò creato tuta 'na co-
rente che a sta' pochi momenti accanto de la porta morivo»).
Questo personaggio entra in crisi a partire dal momento in cui
gli viene offerta la possibilità di maturare un processo di conoscenza e di autocoscienza. Il cinema di Sordi (visto che come
Totò si può promuoverlo negli anni cinquanta ad attore-auto-
re), acquista un ruolo chiave in quanto, attraverso il suo corpo, passano le piú diverse e complesse operazioni di costruire
dei ritratti dell'italiano che possano liberamente muoversi a
tutti i livelli sociali. L'immissione di nuovi contenuti, l'ambizione di scendere in profondità nella denuncia di mali vecchi e
nuovi hanno precise ripercussioni sia nei modi di recitazione
che in quelli registici. All'attore e al comico si chiede una modulazione nuova del proprio ruolo, una maggiore e piú vasta
capacità di mimèsi e, al tempo stesso, di straniamento, un'e-
spansione della sua competenza, che gli consenta di attivare
una serie di registri, che dal piano della comicità di gesto o di
parola giungano fino alle note di piú alta drammaticità.

La grande guerra segna la svolta piú impegnativa in questa direzione e, grazie a quest'opera, la commedia entra di forza in terreni riservati per tradizione alla produzione alta. Il processo di conquista di una coscienza morale visto come soluzione di un intreccio, come molla di tensione di tutto un genere, diventa una delle manifestazioni piú evidenti della crescita morale e ideologica del genere stesso. Il protagonista può essere costretto a delle scelte suo malgrado, però, in molti casi, vi giunge con lucida determinazione, si gioca la vita (vedi proprio *La grande guerra*), e tuttavia decide di compiere un taglio netto rispetto al passato, per separarsi per sempre dall'italiano sopravvissuto al fascismo e per nulla cambiato nei suoi vizi costituzionali dagli eventi bellici o del dopoguerra. Verso la fine degli anni cinquanta le sceneggiature non intendono piú dare possibilità di fuga ai personaggi nei confronti della storia. Le guerre mondiali, il fascismo e la Resistenza li vedono a lungo tentare di assumere posizioni defilate e centrifughe, e i loro itinerari picareschi portano ad una scadenza che impone un'assunzione precisa di responsabilità.

Prima di ridisegnare la storia del paese si cerca, su un piano piú modesto, e in forme meno ambiziose, di ridisegnare la geografia. I due fenomeni sono differenti, ma non del tutto estranei l'uno all'altro.

Via le miserie e gli stracci della ricostruzione. La miseria dei protagonisti è ormai «colore locale». La commedia porta i loro stracci «en plein air», apre ai loro occhi paesaggi inediti e fino a qualche tempo prima proibiti. Si tratta di un'Italia da cartolina, dove la folla di tipi e macchiette si muove, quasi all'unisono, percorsa da desideri comuni, dal rapido adattamento a nuove forme di socializzazione. Non ci si limita a registrare i dati: si mostra piuttosto come il fascino della danza, rock, cha-cha-cha, trascini anche maturi padri di famiglia e investa, per la prima volta, un rapporto diverso con il proprio corpo, una diversa esibizione e un diverso uso. Le donne, a cui la moralità democristiana sembra concedere qualche tregua, allargano generosamente la superficie del loro corpo da esporre ai benefici del sole e, nelle spiagge, si assiste all'incontro impietoso, per la disparità delle forze in campo, di giovani in provocanti bikini e madri di famiglia che coprono, come possono, vene varicose, grasso, cellulite e smagliature. In mezzo rimbalza lo sguardo del desiderio maschile, che subisce il gioco senza riuscire piú a dominarlo. Le donne, piú che essere l'oggetto di un voyeurismo di marca paragoliardica, diventano soprattutto i veri soggetti dell'iniziativa sessuale e sentimentale.

Nel giro di un paio d'anni i film comico-turistici, cosparsi del pepe di un erotismo casalingo, si moltiplicano: *Souvenir d'Italie* di Antonio Pietrangeli, *Venezia, la luna e tu* di Dino Risi, *Vacanze a Ischia* di Camerini, *Vacanze a Portofino* di Hans Deppe, *Camping* di Franco Zeffirelli, *Avventura a Capri* di Giuseppe Lipartiti, *Costa Azzurra* di Vittorio Sala, *Tre straniere a Roma* di Claudio Gora, *Roulotte e roulette* di Turi Vasile...

La diffusione di questo sottogenere deriva nettamente dal successo di film stranieri come *Tempo d'estate (Summertime)* o *Vacanze romane*, e le possibilità di maggiore utilizzazione del colore valorizzano e pubblicizzano, in questo periodo, in Italia e all'estero, i luoghi piú famosi del paese per il turismo internazionale.

Il paesaggio messo a fuoco, dopo i primi tentativi di contemplazione delle bellezze della natura e dell'arte, è ben presto di due tipi. Da una parte, quello turistico, con ampi usi di panoramiche e totali di luoghi e monumenti molto noti, che servono a confermarne la bellezza, e, dall'altra, un paesaggio umano, osservato senza l'aiuto delle guide turistiche, dominato soprattutto dai corpi delle visitatrici che, a loro volta, contemplano le bellezze naturali. È come se fossero in funzione, nello stesso tempo, due cannocchiali: i corpi delle visitatrici straniere sono l'oggetto di visione ad uso nazionale («Gli italiani: ti senti quegli occhi addosso che ti toccano», *Souvenir d'Italie*) e i loro sguardi vergini diventano soggetto di visione per tutti gli stranieri che cominciano ad affollare le frontiere.

Per tenere sotto controllo i pruriti dell'avventura alternativa e i pericoli di contagio a contatto con i germi di una morale diversa e piú libera, si muovono, per qualche tempo, attorno ai gruppi di uomini che cacciano sempre in branco, gruppi di rincalzo, compagne di lavoro, sorelle, madri, mogli, che hanno il ruolo di infermiere della Croce rossa, pronte a venire in soccorso e a medicare le ferite di uomini, di cui quasi sempre è messo a dura prova il mito della virilità.

Il racconto – come si e visto – ha spesso una sua unità topologica, si svolge seguendo le tappe di un romantico itinerario turistico e soprattutto mette insieme personaggi di diversa provenienza sociale. Accanto ai poveri ma belli, che lentamente tornano a far parte del coro, agli impiegati e alla piccola borghesia, alle figure dei parassiti e degli italian lovers, appaiono industriali, uomini politici, professionisti, capitalisti con tanto di yacht e maggiordomo[65]. Per tutti, italiani e stranieri, la vacanza si trasforma, o comunque costituisce un miraggio, per la ricerca dell'Evento decisivo. Alcuni personaggi troveranno l'anima gemella, capace di buoni sentimenti; per tutti, anche se la vita continua, la parentesi ha comunque avuto un ruolo di potente trasformatore.

Il genere cresce negli anni cinquanta non in modo subito evidente: cresce soprattutto per la quantità di esperienze di registi e sceneggiatori come Comencini o Monicelli o Risi, che si formano attraverso un lungo lavoro di apprendistato, prima facendosi la mano col documentarismo poi verificando le proprie capacità anche in film drammatici; ma anche per la maturazione di altri autori che emergeranno a loro volta negli anni sessanta.

Cresce nonostante l'indifferenza della critica, che continua ingiustamente a sottolineare i legami con il cinema dei telefoni bianchi, anche quando le differenze si fanno molto marcate.

Cresce grazie all'arricchimento culturale e professionale degli interpreti, alla capacità mimetica, alla disponibilità degli attori a vestire abiti di personaggi sempre diversi e impegnativi.

Cresce grazie all'intelligenza degli sceneggiatori e dei produttori che, all'improvviso, si accorgono di poter investire forze molto maggiori che nel passato.

La commedia – in pratica – è il genere piú sintonizzato con la trasformazione del paese: in meno di quindici anni il genere, da un ruolo subalterno, riesce a pieno titolo a conquistarsi un ruolo di primo piano all'interno delle strutture produttive[66].

Note

L'economia cinematografica tra produzione e consumo

1   Il rapporto, scritto il 13 maggio 1944, è nei National Archives di Washington (d'ora in poi *NAW*), in RG (*Records of the Office of Strategic Service*), n. 76686. Per un quadro quasi in presa diretta sulla vita degli italiani tra fine della guerra e dopoguerra cfr. E. Di Nolfo, *Le paure e le speranze degli italiani*, Milano, Mondadori, 1986.

2   La prima importante relazione generale elaborata dal PWB è di John Rayner (1 novembre 1944), *ACC* 10.000, 136-527, CC 527. Rinvio a un capitolo successivo l'analisi specifica dell'intervento americano a livello diplomatico ed economico.

3   È bene osservare che, fin dai primi improvvisati tentativi e sintomi di ripresa, la diplomazia americana a Roma invia note e rapporti informativi al dipartimento di Stato americano: «Il giornale italiano *Star* – riferisce in una sua lettera del 3 febbraio '45 al segretario di Stato l'ambasciatore Alexander Kirk – afferma che il primo film prodotto dalla liberazione di Roma sarà proiettato tra poco col titolo *Città aperta*. L'articolo parla di crisi: in ogni caso gli italiani continuano a far progetti e sono annunciati ben altri tre film», *NAW*, 585, 4061/MP. 2-2645. In precedenza, ad opera dello stesso Kirk, era stato redatto un promemoria (in data 19 gennaio) abbastanza dettagliato sulla situazione generale dell'industria cinematografica, *NAW*, 840, 6. Italy. Di lí a poco sul primo numero della rivista illustrata *Nuovo Mondo*, vol. I, n. 1, 19 marzo 1945, esce un articolo interamente dedicato all'illustrazione del film di Rossellini dal titolo *Cinema italiano. Manca tutto ma si lavora lo stesso*.

4   Il programma di sovvenzioni e aiuti, che precede il piano Marshall, nonché la raccolta completa dei rapporti sulle industrie italiane e sui piani di derequisizione sono raccolti e documentati presso il Records Center dei National Archives di Suit-

land, Maryland. Vedi *ACC* 10.000, 161, Box n. 28, AC 5615, 371. Per una interpretazione piú generale della politica americana nel periodo a cavallo della guerra da consultare almeno le seguenti fonti: D.W. Ellwood, *L'alleato nemico. La politica di occupazione anglo-americana in Italia 1943-1946*, Milano, Feltrinelli, 1977 e J.E. Miller, *The Search for Stability: an Interpretation of American Policy in Italy, 1943-1946*, in *The Journal of Italian History*, a. I, n. 2, autumn 1978, pp. 246-286. Il lavoro piú ricco e documentato sull'atteggiamento alleato nei confronti dell'Italia è di D. Ellwood, *Italy, 1943-45*, Leicester, 1985. Vedi anche J. Harper, *L'America e la ricostruzione dell'Italia*, Bologna, Il Mulino, 1987.

5   La richiesta ufficiale di derequisizione degli stabilimenti Pisorno è avanzata, in maniera piuttosto autorevole e ferma, dal ministro dell'industria e commercio fin dal maggio 1946. Il testo dice tra l'altro: «Sono state rinnovate vivissime premure per la derequisizione di detto stabilimento dalla società suddetta ed è stato fatto presente che l'attuale occupazione dello stabilimento da parte dei pochi militari alleati costringe alla inattività lo stabilimento stesso e alla disoccupazione circa 500 lavoratori», *ACC* 10.000, 161, Box 28, AC 1225. La risposta da parte americana è negativa e continua a esserlo per anni di fronte a tutte le sollecitazioni successive. Una storia degli stabilimenti di Tirrenia dalla fondazione fino agli anni sessanta è stata tracciata nella tesi di laurea di P. Batignani, *Una pagina di storia dell'industria cinematografica: gli studi di Tirrenia dall'appoggio contributivo del fascismo a Carlo Ponti*, Università di Firenze, 1979.

6   Come possiamo ben vedere nelle parole che fanno da occhiello all'apertura di una sottoscrizione promossa dalla rivista *Film d'oggi* per i bambini ricoverati nei capannoni di Cinecittà: «Cinecittà non è piú il facile regno del cinema fascista. Cinecittà ospita oggi, da un anno circa, i profughi delle città distrutte: famiglie intere con profughi sofferenti e intristiti. Il cinema fascista aveva fatto di tutto per vietare l'accesso degli stabilimenti di Cinecittà alle vere ansie e sofferenze del nostro popolo. Chi avesse un tempo osato mostrare, tra un'inquadratura e l'altra, un bambino scalzo e lacero, o una madre costretta a chiedere l'elemosina, sarebbe stato fulminato come reprobo dal Minculpop. Eccoli ora, quei bambini scalzi d'un tempo, resi piú laceri dalle miserie causate dalla guerra, eccole quelle madri; sono stati costretti a dare l'assalto ai capannoni di Cinecittà perché non hanno piú case... Oggi la realtà, che i dignitari del cinema di ieri avevano tenuta lontana con tutti i mezzi, irrompe violenta nell'antica sede fastosa», ***, *Sottoscrivete per i bambini di Cinecittà*, in *Film d'oggi*. a. I, n. 2, 16 giugno 1945, p. 6. La sottoscrizione è aperta da Cesare Zavattini, che offre un chilo di zucchero. Assai ricco di materiali e di documenti su tutta la storia di Cinecittà, dalla fondazione fino alla crisi degli anni settanta, è l'*Almanacco Bompiani*, curato da O. Del Buono e L. Tornabuoni, *Era Cinecittà*, Milano, Bompiani, 1979. Vi si trovano i fatti, i personaggi, i luoghi e se ne segue la parabola in tutte le fasi.

7   In *Film d'oggi*, cit., p. 2.

8   L'osservazione di questo fenomeno è sviluppata in un'ottica piú ampia di trasformazione dell'industria culturale da A. Abruzzese e G. Fabre, *L'industria culturale tra cinema e televisione*, in *La città del cinema*, Roma, Napoleone, 1979, in particolare da p. 29 («Il nucleo genetico dei valori spettacolari del neorealismo proviene

dall'impatto tra risorse umane e tecnica cinematografica, grosso modo in analogia con le origini del cinema muto...».).

9 G. Luzzatto, *Per una rinascita dell'industria cinematografica*, in *Il Secolo XX*, 18 marzo 1945. Nell'articolo si affrontano anche i temi da seguire secondo una linea italiana: «È necessario non copiare gli stranieri, ma orientarsi su soggetti italiani... I soggetti saranno presi dalla nostra migliore tradizione artistica, storica e musicale, ma anche le nostre recenti sofferenze, le nostre aspirazioni a una migliore condizione sociale, gli atti eroici dei nostri partigiani, i magnifici episodi della Resistenza, non devono mancare di ispirare i poeti dello schermo».

10 Tra tutti i rapporti reperibili nel fascicolo citato al Records Center di Suitland redatti dall'ACC (Allied Control Commission) ne esiste uno, molto importante, sulle condizioni delle industrie Ferrania di Savona. L'interesse di questo documento consiste nel fatto che getta uno sguardo sul contributo partigiano al salvataggio dei materiali cinematografici. Mentre i nazisti pensano di convertire gli impianti, il sabotaggio di alcuni tronchi ferroviari rende impossibile trasportare altrove i macchinari esistenti. In pratica il controllo di tutte le vie di comunicazione non consente di smantellare la fabbrica.

11 Il terreno cinematografico è quello dove più rapidamente i princípi generali della teoria economica americana nei confronti dell'Italia nel dopoguerra saranno contraddetti. Gli Stati Uniti negano, negli ultimi mesi di guerra, di volersi fare portatori di una politica imperialistica: «L'obiettivo della politica americana consiste nell'auspicare e favorire l'indipendenza politica delle altre nazioni. Noi non crediamo che si possa creare un mondo pacifico e ordinato sulle fondamenta di una società internazionale in cui alcuni Stati siano sottoposti ai loro più potenti vicini... La politica americana si basa sulla premessa che il benessere economico di un paese costituisce un fattore di primaria importanza per la sua stabilità interna e per i rapporti pacifici con gli altri Stati. Crediamo che la dipendenza economica di uno Stato da un altro non contribuisca a tale benessere e possa in definitiva comportare serie implicazioni politiche». La citazione è ripresa da D.W. Ellwood, *L'alleato nemico*, cit., pp. 91-92.

12 Una storia dell'industria cinematografica italiana non è finora stata scritta; i punti di riferimento – pur importanti – sentono il tempo e vanno sottoposti a una rigorosa revisione metodologica, anche se restano indispensabili per qualsiasi ricerca ulteriore. In particolare si veda: L. Solaroli e L. Bizzarri, *L'industria cinematografica italiana*, Firenze, Parenti, 1958, e L. Quaglietti, *Il cinema italiano del dopoguerra. Leggi, produzione, distribuzione, esercizio*, Mostra internazionale del Nuovo Cinema, *Quaderno* n. 58, 1974. L'autore, in questo lavoro, riprende materiali già ampiamente elaborati alla fine degli anni cinquanta e successivamente ha raccolto in maniera più organica sia questi materiali che altri, usciti in occasioni diverse, offrendo, in forma di cronaca molto accurata, il racconto delle vicissitudini dell'economia cinematografica italiana: cfr. *Storia economico-politica del cinema italiano*, Roma, Editori Riuniti, 1980. A questo saggio, a cui ho attinto per molti dati che ritengo attendibili, rinvio, implicitamente, per un completamento d'informazione. Per gli anni a cavallo della guerra segnalo, perché degna d'attenzione, la tesi di laurea di Barbara Corsi, *Scelte produttive dell'industria cinematografica fra la legge Alfieri (1938) e la legge Andreotti (1949)*, Università di Pisa, 1986-1987.

13 C. Zanchi, *L'industria cinematografica italiana del primo dopoguerra*, in *Il neorealismo cinematografico italiano*, a cura di L. Micciché, Venezia, Marsilio, 1975, p. 85.

14 La commissione per l'epurazione delle categorie registi, aiuto registi e sceneggiatori del cinema, i cui membri sono Barbaro, Camerini, Mario Chiari, Luchino Visconti, Alfredo Guarini e Mario Soldati, segnala i nomi dei registi compromessi, ma alla fine vengono colpiti con una sospensione di sei mesi solo Goffredo Alessandrini, Carmine Gallone e Augusto Genina. Cfr. C. Cosulich, *Neorealismo e associazionismo, 1944-1953: cronaca di dieci anni*, in *Neorealismo cinematografico italiano*, cit., pp. 90-91. Il testo del verbale della commissione si apre con queste parole: «Implacabile severità in alto, indulgenza e perdono in basso...». Tra gli altri nomi, ricordati per aver a vario titolo aderito alla repubblica di Salò, vi sono Marcello Albani, Mario Baffico, Piero Ballerini, Flavio Calzavara, Fernando Cerchio, Jacopo Comin, Alessandro De Stefani, Mino Doletti, Giorgio Ferroni, Gioacchino Forzano, Piero Tellini, Giorgio Simonelli... Vedi il verbale della prima riunione della commissione, riportato in *Visconti: il teatro*, Modena-Reggio Emilia, 1977, p. 83. Nel citato *Almanacco Bompiani (Era Cinecittà)*, curato da Del Buono e Tornabuoni (p. 109), sono riportati integralmente gli atti relativi alle varie categorie e appaiono, oltre ai nomi citati, anche quelli di Luigi Chiarini, Anton Giulio Bragaglia, Romolo Marcellini e Roberto Rossellini. Una sola rivista, *Film d'oggi*, nel secondo, quarto e quinto numero del 1945, affronta il problema del cinema di Salò e degli uomini che vi hanno aderito, pubblicando un'inchiesta dettagliata con nomi, aneddoti e responsabilità specifiche. Tutta la storia anteriore e la partecipazione, a vario titolo, alle vicende del fascismo viene rimossa in base a una scelta politica, ma anche per altri motivi. Da subito si capisce che la generazione che ha effettuato il suo «lungo viaggio attraverso il fascismo», per dirla con Zangrandi, non ha intenzione di raccontare la propria storia.

15 «Dall'alto della sua cattedra pontificia papa Pio XII attirava l'attenzione dell'emissario personale di Roosevelt in Vaticano, l'ex presidente dell'US Steel Co. Myron Taylor, sulla "possibilità che si diffondesse il comunismo in Europa e sul pericolo, molto reale, che si sviluppasse molto notevolmente in Italia, soprattutto nel periodo della ricostruzione politica e sociale". In diverse occasioni – affermò Taylor – il papa aveva espresso il desiderio che gli eserciti alleati non lasciassero l'Italia per un lungo periodo di tempo. La loro presenza avrebbe esercitato un'influenza stabilizzatrice sul popolo e sui politici». In D.W. Ellwood, *L'alleato nemico*, cit., pp. 92-93. Vedi anche E. Di Nolfo, *Vaticano e Stati Uniti 1939-1952, Dalle carte di Myron Taylor*, Milano, Angeli, 1978.

16 «Gli altri gruppi, – riferisce David McKay, autore del rapporto, – la maggior parte dei quali sono membri del partito liberale o democratico cristiano, sono ben contenti di lasciare la produzione alle compagnie straniere per dedicarsi di nuovo alle loro attività di un tempo, ossia distribuzione ed esercizio, nei quali i profitti sono assicurati e il rischio trascurabile. Il portavoce di questo gruppo è Valentino Brosio, presidente di Cinecittà... Nella mente di Brosio e dei suoi amici c'è la preoccupazione che la propaganda politica delle sinistre diventi abbastanza potente nel governo da dettare gli indirizzi del Luce, Cinecittà ed Enic. Gli interessi cattolici stanno dalla parte di Brosio. Un documento di un rappresentante dell'Orbis afferma che i fascisti da una parte e i comunisti dall'altra cercano di ottenere il controllo dell'industria cinematografica». Il testo è in *NAW*, 865, 406/MP. 11-

1645 ed è riportato da E. Di Nolfo, *Documenti sul ritorno del cinema americano in Italia nell'immediato dopoguerra*, in *Gli intellettuali in trincea*, Padova, Cleup, 1977, p. 141.

17 Lionel Fielden, della commissione alleata di controllo, avverte da osservatore esterno, in maniera netta, la continuità di comando al vertice dell'industria cinematografica da parte degli stessi uomini che avevano avuto ruoli direttivi durante il fascismo e lo scrive in una relazione del 28 novembre 1944, valutando anche il significato della costituzione dell'Anica (*Italian Film Industry*, in *ACC* 10.000, 135-527).

18 Solaroli e Bizzarri, analizzando, in un'inchiesta su *Cinema Nuovo*, la struttura produttiva, i costi e i profitti, sostengono, fin dalla metà degli anni cinquanta, che la produzione italiana «è realizzata non da industriali, ma da imprenditori (imprenditore è colui il quale riunisce, nel luogo e nel tempo opportuno, il finanziamento, i mezzi tecnici, la manodopera necessaria per la fabbricazione di un determinato prodotto)». L'inchiesta si intitola *Economia del cinema italiano*, la citazione è tratta dalla quinta puntata, *Quanto costa un film*, a. IV, n. 64, 10 agosto 1955, p. 110. Le puntate precedenti sono nei numeri 59-62.

19 Per questo problema generale, e soprattutto per i dati su cui si fonda l'economia del dopoguerra, vedi CIR, *Lo sviluppo dell'economia italiana nel quadro della ricostruzione europea*, Roma, Poligrafico dello Stato, 1952.

20 A. Vecchietti, *Cinematografo senza cinematografi*, in *Avanti!*, 7 luglio 1946.

21 L. Micciché, *Dal neorealismo al cinema del centrismo*, in *Cinema italiano degli anni cinquanta*, a cura di G. Tinazzi, Venezia, Marsilio, 1979, p. 31.

22 L. Bizzarri, *L'economia cinematografica*, in *La città del cinema*, cit., p. 41. Per un panorama ampio e attendibile dei dati di esportazione del film americano in tutti i mercati internazionali (con particolare attenzione a quelli europei e italiani) fondamentale il lavoro di T.H. Guback, *The International Film Industry*, London-Bloomington, Indiana University Press, 1969.

23 I dati – a seconda delle diverse fonti – non risultano mai omogenei, sia perché alcuni tengono conto delle coproduzioni, altri dei film alla data di produzione, altri a quella di uscita, altri infine a quella di approvazione e iscrizione nei registri Siae. Con qualche correzione ho soprattutto tenuta presente la tavola, a p. 389, del citato *La città del cinema*. Per una spiegazione delle differenze cfr. L. Quaglietti, *Il cinema italiano del dopoguerra*, cit., p. 48.

24 Analizzando l'andamento del mercato nei primi dieci anni del dopoguerra, Callisto Cosulich notava che, nel primo anno, in testa alle classifiche si trovavano film legati a temi della guerra e dell'immediato dopoguerra e che questi film, pur avendo raccolto buoni incassi, si dovevano accontentare delle briciole degli incassi globali: «Il pubblico accorre in massa... spinto soprattutto dal quinquennale forzato distacco dai film americani e dai beniamini di Hollywood. Al cinema italiano non vanno che le briciole di questo pantagruelico pasto, ed è sulle briciole che si eserciterà la effimera prevalenza del neorealismo», C. Cosulich, *La battaglia delle cifre*, in *Cinema Nuovo*, a. VI, n. 98, 15 gennaio 1957, p. 18.

25 La costituzione ufficiale dell'Agis avviene il 7 dicembre dell'anno precedente.

[26] «A decorrere dal 1° maggio 1947 – dice il testo – gli esercenti di sale cinematografiche devono riservare 20 giorni per ciascun trimestre alle proiezioni di tutti gli
spettacoli giornalieri di film riconosciuti nazionali e di lunghezza superiore ai
2.000 metri. Detto periodo deve prendere due domeniche». Lorenzo Quaglietti dimostra come, fin dal primo anno, nelle sale di prima visione delle maggiori città la
legge sia completamente disattesa: *Il cinema italiano del dopoguerra*, cit., p. 14.

[27] Dopo il '48 cominciano a levarsi inviti alla concentrazione industriale: cfr. D.
Meccoli, *Garanzia dell'industria*, in *Cinema*, n.s., a. I, n. 8, 15 febbraio 1948,
p. 229.

[28] «In un anno – scrive Adriano Baracco su *Cinema* – abbiamo prodotto circa novanta film: orbene le case produttrici, che in tale anno svolsero qualche attività, erano
settantaquattro. Un frazionamento insensato e rovinoso. Settantaquattro produttori non esistono in tutta Europa, figuratevi se è possibile raggrupparli da noi...
Su settantaquattro forse cinque e forse meno sono le ditte a carattere permanente che
hanno una produzione continuativa; una sola è in grado di fare ciò che dà forza a
una casa cinematografica, cioè tenere sotto contratto produttori, registi, artisti e
tecnici», B. (Baracco), *Due per due quattro*, in *Cinema*, n.s., a. VI, n. 56, 1 febbraio
1951, p. 3. Per avere un'idea generale dei rapporti tra strutture produttive e organizzazione sindacale si veda O. Angeli, *Strutture produttive, contratti, organizzazione sindacale*, in *La città del cinema*, cit.

[29] L. Quaglietti, *Cifre commentate di sette anni di cinema italiano*, in *Materiali sul cinema italiano degli anni cinquanta. Quaderni informativi della Mostra di Pesaro*, n.
74, 1978, pp. 15-38. Si tratta del contributo piú approfondito sulla produzione e
l'esercizio di cui possa disporre chi intende lavorare in questa direzione.

[30] Cfr. *Annuario del cinema italiano*, a. 1949-50, Roma, Agis, 1950, p. 20.

[31] Basta scorrere l'elenco dei nomi per rendersi conto che si tratta solo di un'impressione: Furlan, Prestifilippo, Volpe, Zancanella, Greco, Leonardo De Mitri, Gora.
L'unico esordio «reale» è quello di Antonioni, e non ha tutti i torti Adriano Baracco a osservare, su *Cinema*, che dagli altri non viene «un metro di pellicola promettente», A. Baracco, *Due per due quattro*, cit.

[32] I testi sono pubblicati interamente in appendice a L. Bizzarri e L. Solaroli, *L'industria cinematografica italiana*, cit., p. 225 e sgg.

[33] «È mai stato fatto? E con quali risultati?», ivi, p. 228.

[34] L. Bizzarri e L. Solaroli, *Quanto costa un film*, cit., p. 112.

[35] In *Annuario del cinema italiano*, sez. II, a. 1949-50, cit., p. 7. Barbara Corsi ha studiato a fondo i problemi delle coproduzioni e del tentativo di costituire un fronte
europeo contro la produzione americana. Per il momento vedi *Le coproduzioni europee del primo dopoguerra: l'utopia del fronte unico di cinematografia*, in G.P. Brunetta e D. Ellwood, *Hollywood in Europa*, Firenze, La Casa Usher, 1991, pp. 88-
95.

[36] U. Lisi traccia, su *Cinema Nuovo*, una cronistoria degli avvenimenti del 1954, anno chiave per l'economia cinematografica e periodo in cui gli sforzi dell'Anica,
pur confusi, vanno in molte direzioni. U. Lisi, *È accaduto nel 1954*, in *Cinema
Nuovo*, a. IV, n. 50, 10 gennaio 1955, p. 9.

[37] P. Faggioni, *Auspica l'UEO*, in *Cinema Nuovo*, a. IV, n. 59, 25 maggio 1955,

p. 375. Come si vede, alla direzione dell'Anica si tenta una politica autonoma che sopravanza, assai spesso di gran lunga, le capacità reali dei produttori, cui manca, in effetti, un qualsiasi senso di politica comune di investimenti e programmazione.

[38] In un'intervista fatta nel giugno 1945 da *Film d'oggi* ad alcuni produttori e uomini di cinema, il coro di voci unanime si schiera a favore del decentramento: Valentino Brosio, commissario a Cinecittà, riconosce che il centro di produzione romano «non potrà piú avere la posizione che ha avuto durante il fascismo»; Carlo Ponti, giovane produttore, si dichiara favorevole «al maggior decentramento possibile» e ritiene Roma «la città meno adatta per fare del cinematografo»; Alfredo Guarini crede nel decentramento perché «soltanto dalla competizione potrà nascere un vero e autentico cinema italiano e non un cinema ristretto e provinciale, come è stato finora il cinema romano fascista». Il solo Guido Gatti, direttore artistico della Lux, in teoria favorevole, in pratica ritiene che, per ridurre la spesa, «si debbano concentrare gli sforzi produttivi, anche se la nuova situazione fa cadere il regime monopolistico», ***, *Tre domande*, in *Film d'oggi*, a. I, n. 4, 30 giugno 1945, p. 2.

[39] Come viatico per tutta questa parte del discorso ho piú volte fatto ricorso all'*Avventurosa storia del cinema italiano* di F. Faldini e G. Fofi, Milano, Feltrinelli, 1979 e in particolare ai materiali riportati nell'ottavo capitolo. Nella pubblicistica del cinema italiano la presenza dei produttori passa quasi inavvertita e per ricostruirne le figure è necessario ricorrere soprattutto a fonti orali. Per un quadro informativo dei nomi dei produttori e delle case e del numero di film prodotti, oltre a una delle tante appendici della *Città del cinema*, cit., vedi anche a pp. 46-48, *Storia economico-politica del cinema italiano* di L. Quaglietti, già citata. Tra i lavori piú recenti, oltre alla monografia di Bernardini e Martinelli sulla Titanus, e al catalogo di Farassino e Sanguineti sulla Lux (già ricordati nel secondo volume), i due volumi collettivi *Sull'industria cinematografica italiana* e *Dietro lo schermo* editi a Venezia da Marsilio nel 1986 e 1988 e curati rispettivamente da Enrico Magrelli e Vito Zagarrio.

[40] G. Cereda, *Materiali per un discorso autocritico*, in *Cinema e cattolici in Italia*, Milano, Massimo, 1974, p. 143.

[41] Sulla rivista *Fotogrammi*, diretta da Ermanno Contini, fin dal primo numero, Italo Dragosei inizia una serie di articoli sulla produzione popolare, cominciando proprio dagli stabilimenti Titanus: I. Dragosei, *Forse vivrà*, in *Fotogrammi*, a. I, n. 1, 10 luglio 1946. Per una storia della casa, molto documentata dal punto di vista iconografico e filmografico, rinvio al già citato volume di A. Bernardini e V. Martinelli, *Titanus*, Milano, Coliseum, 1986, inoltre vedi anche Aa. Vv., *Modi di produzione del cinema italiano. La Titanus*, Roma, Di Giacomo, 1986.

[42] Il collegamento tra questo filone di cinema popolare e la nascente industria del foto e cineromanzo è stabilito nelle sue linee piú evidenti da C. Carabba nel saggio *Brutti e cattivi* del volumetto scritto in collaborazione con A. Aprà, *Neorealismo d'appendice*, Firenze, Guaraldi, 1976.

[43] *Catene*, film a basso costo, fin dal primo anno incassa oltre 700 milioni e segna l'ingresso ufficiale nella produzione da parte di Goffredo Lombardo. Nell'anno successivo a *Catene*, Lombardo produce sei film a basso costo, raggiungendo una media d'incasso di 235 milioni, che conferma la validità della formula e la pos-

sibilità di variazioni. Le classifiche generali vedono, tra il '51 e il '54, tra i titoli di testa *I figli di nessuno* (1.275.160.000), seguito da *Pane amore e gelosia* (1.267.300.000), *Tormento* (1.105.000.000) e *Catene* (1.050.000.000). Una descrizione celebrativa, ma utile per il quadro complessivo offerto, è data dalla pubblicazione della Titanus stessa, *Settant'anni di cinema*, Roma, 1974.

⁴⁴ Questo testo è pubblicato in appendice a *Frammenti di vita e pagine inedite*, Roma, Famija piemontèisa, 1966 e ripreso in *Riccardo Gualino scrittore*, a cura di G. Tesio, Torino, Famija turinèisa, 1979, p. XXI. Per un profilo complessivo di Gualino si veda la bella introduzione di Giovanni Tesio. Alla Lux è dedicato il catalogo di una retrospettiva del Festival di Locarno curata da A. Farassino e T. Sanguineti, *Lux film. Esthétique et système d'un studio italien*, Locarno, Ed. du Festival, 1984.

⁴⁵ Per una parte della sua produzione la Lux si serve degli stabilimenti Fert di Torino, rimasti pressoché intatti. Cfr. S. Valerio, *Cinema torinese, la Fert*, in *Cinemasessanta*, a. XXI, n. 132, marzo-aprile 1980.

⁴⁶ «La Lux era la sola casa italiana in grado di poter distribuire, per tramite di una propria organizzazione, i suoi prodotti, che, d'altra parte, usufruivano del vantaggio di un noleggio abbinato a film stranieri di cui la stessa Lux aveva l'esclusività», L. Quaglietti, *Il cinema italiano del dopoguerra*, cit., p. 31.

⁴⁷ I film realizzati quest'anno, oltre a quello di De Santis, sono: *Campane a martello* di Zampa, *Il cavaliere misterioso* di Freda, *L'eroe della strada* di Borghesio, *Fuga in Francia* di Soldati, *Il grido della terra* di Coletti, *In nome della legge* di Germi, *Molti sogni per le strade* di Camerini, *Il mulino del Po* di Lattuada, *Proibito rubare* di Comencini, *Ti ritroverò* di Gentilomo.

⁴⁸ Vedi l'affettuosa rievocazione della figura di Rizzoli fatta da Leo Benvenuti in M.P. Fusco, *Tante giornate di fiaba col vecchio commendatore*, in *La Repubblica*, 1 aprile 1981, p. 20.

⁴⁹ Molto schematiche le poche righe sul dopoguerra nel volumetto realizzato dalla Cines per il cinquantenario, *1906-1956, Cines. Mezzo secolo di cinema*, Roma, 1956, pp. 37-38.

⁵⁰ V. Paliotti, E. Grano, *Napoli nel cinema*, Napoli, Azienda soggiorno, 1969, pp. 177-186. La pubblicazione curata dalla Cineteca Altro, *Cinema popolare napoletano*, nel settembre del 1976, offre profili piú dettagliati dei produttori ed è il catalogo di una retrospettiva realizzata nell'ambito del festival nazionale dell'*Unità*.

⁵¹ *Cinema popolare napoletano*, cit., p. 25. Una intelligente *Intervista ad Amoroso* è stata fatta da G. Migliaccio in *Il nuovo spettatore*, a.VI, n. 10, dicembre 1985, pp. 49-70.

⁵² Alla Romana film è dedicato un interessante opuscolo, curato da Stefano Della Casa, *La Romana Film*, Torino, Movie club, 1980.

⁵³ Senza successo viene tentato un film dell'orrore con Boris Karloff, *Il mostro dell'isola*, ivi, p. 12.

⁵⁴ Rispondendo a un'inchiesta sui produttori, curata da Braccio Angioletti, Fortunato Misiano racconta e parla dei suoi rapporti con la critica e il pubblico e della sua

filosofia: *Anche i produttori hanno una testa*, in *Cinema*, n.s., a. V, n. 86, 15 maggio 1952, pp. 262 e 281.

55   Per qualche notizia molto generale (e superficiale) si veda***, *Il cinema a Milano*, Milano, Ufficio stampa del Comune, 1966.

56   Il film di Vergano, prodotto dall'Anpi, cosí come qualche anno dopo *Achtung! Banditi!* di Lizzani, prodotto a Genova da una cooperativa di spettatori, restano due importanti e, purtroppo, isolati momenti di tentativi di realizzazione di sistemi di produzione alternativa.

57   Alla storia della Venturini film a Torino ha dedicato uno studio accurato e appassionato Lorenzo Ventavoli, *Pochi maledetti e subito*, Torino, Museo del cinema, 1992.

58   L. Romeo, *Il cinema siciliano gallina dalle uova d'oro*, in *Cinema*, n.s., a. VII, n. 142, 10 ottobre 1954, pp. 574-578.

59   S. Filippelli, *Tirrenia seconda città del cinema*, in *Rivista di Livorno*, a. IV, n. 4, 1956, pp. 1-9.

60   La richiesta è avanzata tramite l'ambasciatore Kirk, il 19 dicembre 1945. Nella risposta, che giunge nel giro di tre giorni, si disapprova l'uso di contingenti militari statunitensi, salvo eccezioni, a discrezione degli ufficiali locali, per brevi periodi e piccoli contingenti, *NAW*, 860, 6/MP, Foreign Film Production. Può essere interessante sapere che il primo titolo che Rossellini consegna agli americani è *Seven from the US*.

61   Esiste una copia del progetto dettagliato, con le piante degli stabilimenti, la distribuzione delle costruzioni ecc.: la costruzione centrale doveva constare di un palazzo a sei piani, polifunzionale, comprendente, oltre agli studi, anche una serie di servizi accessori, dalla nursery al ristorante sulla terrazza. L'elaborazione del progetto era stata affidata all'architetto italiano Italo Gamberini. Intervenendo con discreto tempismo si potevano ottenere alcuni vantaggi immediati, tenendo conto che Sant'Angelo distava 9 km da Firenze. Il paesaggio naturale circostante consentiva di passare dalle colline ai boschi, alla pianura, al mare, con minimi spostamenti. Le condizioni climatiche, durante tutto l'anno, erano in genere eccellenti. Firenze si poteva considerare la capitale italiana dell'artigianato. Anche agli attori si era pensato (da Rossano Brazzi a Paola Barbara, a Renzo Ricci e Clara Calamai). Oltre ai vantaggi di tipo naturale, esistevano vantaggi di tipo economico che andavano sfruttati. I costi di produzione medi italiani erano in genere inferiori dell'85% a quelli americani e oltre al terreno promesso dal governo italiano si potevano ottenere finanziamenti dal piano Marshall, tenendo presente che il preventivo dell'intera operazione non avrebbe superato il miliardo e mezzo. La notizia rimbalza anche in Italia: il 20 marzo del 1949 *La Nazione* di Firenze compie un sopralluogo a Sant'Angelo e scopre che non esiste neppure l'ombra di un progetto.

62   I produttori della Mgm avviano la produzione di *Quo vadis?* sia per ricuperare i guadagni bloccati, che per far rientrare il film nella produzione italiana ed erodere ulteriormente gli ottanta giorni riservati alla produzione nazionale. All'inizio si verificano problemi di tipo sindacale; si teme soprattutto che il contratto stipulato con il rappresentante della Cgil crei immediate conseguenze nell'opinione pubblica americana, terrorizzata dal pericolo comunista. Si veda, in questo senso, una

lettera dell'ambasciata americana di Roma al segretario di Stato, in data 11 giugno 1949, *NAW*, 865, 4061/MP, 6-1149. Vedi anche *Era Cinecittà*, cit., p. 23.

[63] In un primo tempo il film avrebbe dovuto essere diretto da John Huston come lui stesso racconta nell'autobiografia: *An Open Book*, New York, Knopf, 1980, p. 174 e sgg.; trad. it. *Cinque mogli e sessanta film*, Roma, Editori Riuniti, 1982, pp. 216-218.

[64] «Dopo *Quo vadis?* si determinò la prima rottura della struttura artigianale, vennero sconvolti gli equilibri insiti nella struttura stessa, generando un mercato del lavoro fittizio, aleatorio e un ampliamento incontrollato delle stesse aziende di servizio e un aumento generalizzato dei costi... Il cinema italiano si ritrovò con un numero di disoccupati largamente superiore, di fatto, a quello registrato nel 1949, mentre le retribuzioni percepite dalla categoria nella produzione americana (si parla di compensi di 50.000 lire alla settimana per le maestranze) ebbero ripercussioni nella stessa produzione italiana (la tariffa contrattuale prevista era di lire 9.000 la settimana). Alcuni mesi dopo la fine delle riprese del film si svilupparono infatti le prime lotte di difesa dell'occupazione che approdarono alla stipula dell'accordo per il minimo di troupe», O. Angeli, *Strutture produttive contratti, organizzazione sindacale*, in *La città del cinema*, cit., p. 52.

[65] Per un'analisi dei temi e delle strutture ideologiche generali della Incom negli anni quarantanove e cinquanta, vedi G.P. Bernagozzi, *Le «settimane» del terrore*, in *Cinema italiano degli anni cinquanta*, cit., pp. 210-234. Un'importante analisi settoriale della rappresentazione europea e del rapporto con la politica italiana nei settimanali Incom è stata condotta da M.A. Frabotta, *L'Italia e il mondo nella dimensione degli anni cinquanta: i cinegiornali Incom*, in E. Di Nolfo, R. Rainero, B. Vigezzi, *L'Italia e la politica di potenza in Europa (1950-1960)*, Milano, Marzorati, 1992, pp. 371-387.

[66] La lettera sottolinea soprattutto il fatto che per tutto il periodo elettorale Pallavicini ha seguito le direttive dell'ambasciata, enfatizzando il ruolo degli aiuti americani nella ricostruzione, e degli appoggi degli italo-americani, ecc. «Bisogna – suggerisce lo scrivente – offrire al signor Pallavicini dei soggetti sulla vita americana che non ne sottolineino soltanto gli aspetti da circo, ma contribuiscano a presentarla nella sua luce migliore», *NAW*, 840, 6/MP, 702.

[67] Per il confronto con il quadro piú generale della ricostruzione, vedi C. Daneo, *La politica economica della ricostruzione*, Torino, Einaudi, 1975; C. Napoleoni, *Il pensiero economico del novecento*, Torino, Einaudi, 1963, e i capitoli di G. Santomassimo e M. Salviati in *Il dopoguerra italiano, 1945-1948*, Milano, Feltrinelli, 1975, oltre alla ricca bibliografia. Un aggiornamento bibliografico e una sintesi dei problemi sono anche nel volume *L'Italia negli ultimi trent'anni*, Bologna, Il Mulino, 1978. Per un quadro piú generale sulla storia dell'Italia del dopoguerra i due lavori piú recenti e importanti sono: P. Ginzborg, *Storia d'Italia dal dopoguerra a oggi*, Torino, Einaudi, 1989 e S. Lanaro, *Storia dell'Italia repubblicana*, Venezia, Marsilio, 1992. In entrambi questi lavori il cinema è assunto come fonte importante se non privilegiata per cogliere il sottosviluppo e il mutamento nelle forme di vita, nella mentalità, nella geografia e storia collettiva.

[68] Cfr. C. Daneo, *La politica economica della ricostruzione*, cit., p. 36.

[69] Assai interessante, come vero e proprio «cahier de doléance», la relazione economica di Gino Visentini, fatta per conto dell'Anac (l'Associazione degli autori cinematografici) alla I Conferenza economica del cinema italiano del 1957, a cui piú
volte si fa riferimento in questo capitolo (la copia della relazione è ciclostilata).

[70] C. Cosulich, *La battaglia delle cifre*, cit.

[71] V. Spinazzola, *Ercole alla conquista degli schermi*, in *Film 1963*, Milano, Feltrinelli,
1963, p. 78. Spinazzola cura, verso la fine degli anni cinquanta, una rubrica fissa su
Cinema Nuovo dal titolo *Termometro degli incassi*, che dal n. 99 del 1957 giunge fino al numero 128 successivo. In questa rubrica egli non si limita a osservare il successo popolare decretato ai diversi film, ma inizia un'interrogazione metodologica
piú ampia sul concetto di cinema popolare e sul ruolo del pubblico, che sarà poi
sviluppato in articoli piú ricchi di elementi e in un'inchiesta su *Ferrania* negli anni
sessanta. Quest'ultima serie di articoli è raccolta in *Cinema e pubblico*, Milano,
Bompiani, 1975.

[72] V. Spinazzola, *Ercole alla conquista degli schermi*, cit.

[73] Gli fa eco, qualche tempo dopo, sia l'Anica che *L'Araldo dello spettacolo*: «È del
tutto arbitrario attribuire la causa della battuta d'arresto al governo, è assurdo parlare di crisi, di restrizioni, di censura, di attentato alla libertà. Mai come oggi il nostro cinema affronta nuovi cimenti dopo tutte le previsioni delle Cassandre da
strapazzo», U. Lisi, *È accaduto nel '54*, cit., p. 10.

[74] E. Monaco, *La situazione dell'industria cinematografica*, relazione svolta il 26 maggio 1955 presso l'Istituto di studi parlamentari, e pubblicata nel n. 2 del 1955 della
rivista *Diritto cinematografico*, p. 17. Nello stesso anno Monaco presenta altre due
importanti relazioni che ribadiscono le linee della sua interpretazione della situazione generale e prevedono – una volta risolto il problema legislativo – l'inizio di
una congiuntura favorevole, cfr. *L'industria cinematografica in Italia*, Milano,
Università cattolica, 1955, e *Prospettive economiche della cinematografia italiana*,
Bologna, Facoltà di economia e commercio, 1955.

[75] Vedi la *Documentazione stampa sulla serrata delle sale cinematografiche*, Roma,
Agis, 1958.

[76] Se prendiamo come base una tabella di dati degli *Annuari statistici* della Siae vediamo l'aumento della spesa per il cinema, a partire dal 1945 fino al 1955, e il successivo assestamento, mentre assai modesto risulta l'aumento di spesa per altre manifestazioni sportive e teatrali nello stesso periodo (vedi *Lo spettacolo in Italia, 1970*,
Roma, Siae, 1971, pp. 10-11). Se, in parallelo, consultiamo gli annuari statistici del-
l'Istat con gli indici generali sul costo della vita, vediamo che, nel primo decennio
del dopoguerra, l'incremento di spesa e il numero di biglietti è di natura reale e supera quello del costo della vita, mentre, a partire dal 1956, l'aumento della spesa è
solo di natura monetaria, in quanto il numero di biglietti venduti comincia a cala-
re, anche se si registra un forte aumento dei costi.

[77] Per tutti i dati relativi alla seconda metà degli anni cinquanta rinvio a L. Quaglet-
ti, *Cifre commentate di sette anni di cinema italiano*, cit. La piú recente e documentata ricerca sul consumo cinematografico del dopoguerra è nel volume a piú mani
curato da M. Livolsi, *Schermi e ombre*, Firenze, La Nuova Italia, 1988.

[78] Per l'interpretazione della domanda mi sono servito dei consigli di Maria Teresa

618   Note

De Pellegrini e della sua tesi di statistica, *L'industria cinematografica italiana, produzione, distribuzione e struttura del mercato*, Università di Padova, 1972.

[79] G. Gavosto, *Il cinematografo. L'amministrazione economica delle imprese di proiezione*, Torino, Giappichelli, 1949. Dagli indici regionali percentuali di questo lavoro risulta che gli incassi per gli spettacoli cinematografici vedono in testa la Lombardia, seguita dal Lazio, e, a distanza grandissima, si trovano il Trentino e la Venezia Giulia assestati su indici addirittura inferiori alle Puglie e alla Sicilia e Sardegna e superiori alla Lucania e Calabria. L'autore insiste sui fattori climatici, mentre è evidente che si tratta di fattori a indice assai basso di incidenza, rispetto alla distribuzione del reddito.

[80] Tutti questi dati sono reperibili in qualsiasi *Annuario* della Siae.

[81] Nel 1950 un decreto del presidente del Consiglio fissa un rapporto percentuale tra posti cinema e abitanti; per la concessione del nulla osta si richiede come minimo un rapporto 1:12. Nel 1952 si stabilisce una deroga a questo decreto quando ci si trovi di fronte a località di particolare importanza climatica o termale o con notevole movimento turistico (subordinatamente all'unanime parere favorevole della commissione ministeriale).

[82] Ancora nel 1952 il senatore Egisto Cappellini propone, nel corso di un lungo intervento, di prevedere una rete circolante di cinema ambulanti per raggiungere tutti quei comuni che risultavano ancora privi di una sala regolare: «Attualmente circa duemilaottocento comuni sono sprovvisti di cinema. Con ciò diciamo solamente una cifra, perché ogni comune ha un certo numero di frazioni anche abbastanza popolate e quindi non sono solo duemilaottocento centri abitati ad aspirare al cinema, sono indubbiamente molti e molti di piú. Allora cosa si può fare per andare incontro a questa esigenza. Facilitare la diffusione del cinema a passo ridotto ambulante, i cosiddetti auto-cinema. Ogni società, ogni ente, dovrebbe avere il diritto di portare il cinematografo con automezzi laddove vuole... Tutti sappiamo che la pellicola a passo ridotto non è infiammabile, che la proiezione può essere effettuata nelle aie, nei cortili, nelle sale, senza tante esigenze... Non lo chiedo per il mio partito lo chiedo per tutti... affinché sia possibile portare il cinema dove non c'è», E. Cappellini, *Il cinema in Italia*, discorso pronunciato al senato il 2 giugno 1952, Roma, p. 33.

[83] Vedi *Lo spettacolo in Italia, Annuario statistico, 1949*, Roma, Siae, 1950, p. IV.

[84] *Lo spettacolo in Italia, Annuario statistico, 1950*, Roma, Siae, 1951, p. 126.

[85] Per un'analisi delle trasformazioni dei consumi si veda Th. Veblen, *Teoria della classe agiata*, Torino, Einaudi, 1949, e F. Alberoni, *Consumi e società*, Bologna, Il Mulino, 1964. Nel saggio *Chi va al cinema* dal libro citato *Schermi e ombre*, Marino Livolsi effettua, per la prima volta, delle considerazioni analitiche sull'identità dello spettatore dagli anni cinquanta e sul suo mutamento di gusti e di modi di consumo.

[86] P. Saraceno, *La produzione industriale*, V, Venezia, Lib. Univ., 1967, p. 283. La spiegazione la offre lo stesso Saraceno, riprendendo tesi enunciate da J.K. Galbraith in *Economia e benessere* («Nella società del benessere i bisogni vengono a un certo punto a dipendere dallo stesso processo di produzione che è destinato a soddisfarli») e correlando la domanda alle spinte del mondo imprenditoriale: «Mano a

mano che aumenta il reddito di una società le scelte fatte dai singoli sono determinate, in proporzioni crescenti, dalle sollecitazioni provenienti, nelle forme piú varie, dal mondo degli imprenditori presenti sul mercato... Si potrebbe dire che la
scala dei bisogni, storicamente avvertiti dall'uomo, è determinata, come altri fenomeni del mondo moderno, da una coazione unilaterale degli interessi dei produttori», P. Saraceno, *Fini e obiettivi dell'azione economica*, in *Esperienze amministrative*, n. 2, 1962, p. 66.

[87]   Vale la pena di ricordare che molto raramente appare, anche nella critica specializzata delle riviste, un'analisi dei fattori economici nella determinazione del mercato cinematografico: è molto piú semplice e sbrigativo, per i critici, i distributori e
gli esercenti, identificare tutto l'andamento del mercato con i «gusti» del pubblico.
«Il fattore gusto» è una delle categorie piú evanescenti e indeterminate che ricorra-
no nel sistema critico e linguistico del cinema. Attribuendo a questa causa l'insuccesso di mercato di molti importanti film dell'immediato dopoguerra, Adriano
Baracco, direttore di *Cinema* nuova serie, sosteneva: «Non sappiamo se esiste un
rimedio a simile situazione; su un miglioramento del gusto del pubblico è insensato sperare, dato che, da quattro anni a questa parte, tale gusto è piuttosto peggiora-
to che migliorato, malgrado siano apparsi sugli schermi ottimi film italiani. Forse
i nostri cinematografi sono veramente la repubblica di Carlo Mazza e gli uomini
d'ingegno non potranno mai averne la cittadinanza», A. Baracco, *La repubblica di
Carlo Mazza*, in *Cinema*, n.s., a. I, n. 5, 30 dicembre 1948. Per definire il ruolo del
pubblico Guidarino Guidi e Luigi Malerba avviano su *Cinema* un'inchiesta interrogando i registi (Lattuada, Camerini, Blasetti, Antonioni, Zampa, Castellani,
ecc.) nei nn. 63-68, 72-74, 78, dal giugno 1951 al gennaio 1952. Piú originali le inchieste condotte sulla *Rassegna del film*, nei nn. 22-23, luglio e settembre 1954, sul-
l'esercizio cinematografico nei piccoli centri e nelle città. Vedi per questo aspetto
il capitolo sulla visione cinematografica in provincia.

[88]   «I nulla osta concessi per l'apertura di nuove sale cinematografiche dal 1950 al
1955 sono stati complessivamente 6.629, con una media annuale di circa 1.100» si
trova scritto in un *Promemoria sull'attrezzatura cinematografica* redatto per la I
Conferenza economica del cinema italiano, promossa, nel marzo 1957, dal Circolo romano del cinema. «Con tali iniziative – prosegue il testo del promemoria – il
cui ritmo ha di gran lunga superato quello di qualsiasi altro paese (in Francia dal
1951 al '53 si sono aperti 323 cinema, in Germania 200, in Austria, dal '52 al '54,
27...) l'Italia ha raggiunto, per numero di cinema, il secondo posto del mondo, seguendo immediatamente gli Stati Uniti... In Italia esiste un cinema ogni 3.366 abitanti e un posto cinema ogni 9 abitanti. L'Italia, in rapporto alla popolazione, ha,
eccettuando la Svezia, piú cinema di ogni altro paese», ivi, pp. 1-3. I documenti
preparatori di questa conferenza non sono stati mai pubblicati; esistono nella loro
forma dattiloscritta e sono una delle fonti piú attendibili sulla situazione complessiva di tutte le branche dell'industria cinematografica nel primo decennio del dopoguerra.

[89]   ***, *L'attrezzatura cinematografica italiana. Promemoria per la I Conferenza economica del cinema italiano*, Roma, 1957, p. 15.

[90]   ***, *Appunti per la relazione dell'Agis alla Conferenza economica sul cinema italiano*, dattiloscritto, p. 17. Una identica diagnosi della situazione italiana in rapporto

al piú ampio contesto internazionale viene fatta da E. Monaco, *La situazione del cinema italiano nell'attuale congiuntura del cinema mondiale*, relazione al convegno *Cinema e scrittori*, Roma, 1958.

[91] Sull'inizio della crisi si possono tenere presenti i seguenti articoli: E. Rossetti, *Paura tra gli esercenti*, in *Cinema Nuovo*, a. VI, n. 103, 15 marzo 1957, p. 166; E. Rossetti, *È cominciata per il cinema una morte lenta*, in *Cinema Nuovo*, a. VI, n. 110, 1 luglio 1957, p. 6; ***, *Flessione degli incassi in Italia*, in *Bianco e Nero*, a. XVIII, n. 9, settembre 1957, p. 11; E. Rossetti, *La resa degli esercenti*, in *Cinema Nuovo*, a. VII, n. 123, 15 gennaio 1958, pp. 40-41; E. Rossetti, *Dopo l'idillio la guerra*, in *Cinema Nuovo*, a. VII, n. 125, 15 febbraio 1958, pp. 102-103; E. Monaco, *Le prospettive economiche*, ivi, p. 111; C. Cosulich, *Le cifre della crisi*, in *Cinema Nuovo*, a. VII, n. 127, 15 marzo 1958, pp. 182-184.

Istituzioni e potere

[1] È quanto racconta Chiarini stesso in una testimonianza rilasciata a Jean Gili in *Nuovi materiali sul cinema italiano, 1929-1943*, v. II, *Quaderno* n. 72, Pesaro, 1976, p. 116.

[2] G. Aristarco, *Gli oppositori del neorealismo*, in *Dall'Arcadia a Peschiera*, Bari, Laterza, 1954, p. 141.

[3] «L'operazione avrebbe un significato economico perché comincia a essere una cosa ultra-umoristica che si sovvenzionino nei modi che tutti sanno le industrie cinematografiche... Del resto, se ci sarà bisogno di dare agevolazioni, si diano pure con criteri produttivi, cioè economici, del ministero dell'industria e dell'agricoltura competente: non si diano con altri criteri, per quanto alti e nobili possano essere». La proposta di Fanfani è riportata in *Occhio magico*, a. I, dicembre 1950-gennaio 1951.

[4] Il decreto è pubblicato sulla *Gazzetta Ufficiale* n. 132 del 3 novembre 1945.

[5] L. Quaglietti, *Il cinema italiano del dopoguerra*, cit., p. 9.

[6] La legge è pubblicata sulla *Gazzetta Ufficiale* n. 122 del 30 maggio 1947.

[7] L. Quaglietti, *Il cinema italiano del dopoguerra*, cit., p. 12.

[8] L. Quaglietti, ivi. Questo saggio di Quaglietti è stato poi ripreso senza variazioni sostanziali in *Storia economico-politica del cinema italiano*, cit., p. 50.

[9] Nel corso dell'anno sono comunque da registrare la stipulazione del primo contratto di lavoro delle maestranze cinematografiche e le disposizioni per la costituzione dell'Enpals, Ente nazionale di previdenza e assistenza per i lavoratori dello spettacolo. Si veda, a questo proposito, O. Angeli, *Strutture produttive, contratti, organizzazione sindacale*, cit.

[10] Sull'accentramento dei poteri reali nelle mani del sottosegretario alla presidenza, L. Chiarini, *Cinema quinto potere*, cit., p. 46.

[11] Per un primo approccio alla storia della Dc, cfr. G. Chiarante, *La Democrazia cri-*

stiana, Roma, Editori Riuniti, 1980. Nella pubblicistica dedicata al partito di governo e ai suoi rapporti con il quadro politico generale è possibile vedere riflesse tutte le interpretazioni politiche lungo l'arco costituzionale. Da consultare, comunque, G. Galli, *Storia della Dc*, Bari, Laterza, 1978; A. Gambino, *Storia del dopoguerra: dalla liberazione al potere Dc*, Bari, Laterza, 1978; Aa. Vv., *Il mondo cattolico e la Democrazia cristiana*, in *Cultura politica e partiti nell'età della Costituente*, a cura di R. Ruffilli, 2 voll., Bologna, Il Mulino, 1979.

¹² Si tengano presenti, per alcuni aspetti specifici della trasformazione della politica americana verso l'Italia, J. Miller, *Carlo Sforza e l'evoluzione della politica americana verso l'Italia*, in *Storia contemporanea*, dicembre 1976, pp. 825-853, e dello stesso il già citato *The Search for Stability: an Interpretation of American Policy in Italy, 1943-1946*, in *The Journal of Italian History*, pp. 264-286. Per l'atteggiamento specifico degli Stati Uniti verso il comunismo italiano negli anni compresi tra la guerra e l'inizio della guerra fredda, cfr. E. Di Nolfo, *The United States and Italian Communism 1942-1946: World War II to the Cold War*, in *The Journal of Italian History*, v. I, n. 1, spring, 1978, pp. 74-94. Tra i contributi più recenti per il quadro generale vedi P. Pastorelli, *La politica estera italiana del dopoguerra*, Bologna, Il Mulino, 1987; Aa. Vv., *L'Italia e la politica di potenza in Europa*, Milano, Marzorati, 1988.

¹³ V.E. Cheli, *Il sistema costituzionale e la società italiana*, in *L'Italia negli ultimi trent'anni*, Bologna, Il Mulino, 1979, p. 147.

¹⁴ A. Abruzzese e G. Fabre, *L'industria culturale tra cinema e televisione*, in *La città del cinema*, cit., p. 30.

¹⁵ I successori di Andreotti, da Scalfaro a Ermini, a Brusasca non lasciano tracce sensibili della loro presenza, se ne può registrare comunque l'esistenza anagrafica e, volendo, rintracciare il credo e le dichiarazioni programmatiche sparse, mentre il loro operato è quasi senza storia. Vedi i passi dal discorso di G. Brusasca, *Le responsabilità del governo e i problemi culturali e sociali del cinema*, in *La Rivista del cinematografo*, a. XXIX, n. 8, agosto 1956, pp. 5-6.

¹⁶ La legge n. 958 del 29 dicembre 1949 è pubblicata sulla *Gazzetta Ufficiale* n. 301 del 31 dicembre 1947.

¹⁷ La situazione abnorme che si viene a creare nell'ambito del documentario è subito denunciata dalla critica specializzata: vedi G. Guerrasio, *Lo scandalo dei documentari*, in *Cinema*, n.s., a. IV, n. 53, 1 gennaio 1951, pp. 358-360; M. Gandin, *La legge sul documentario verrà modificata*, in *Cinema*, n.s., a. IV, n. 74, 15 novembre 1951, p. 262, e dello stesso Gandin, *Lettera aperta all'on. Andreotti*, in *Cinema Nuovo*, a. I, n. 1, 15 dicembre 1952, p. 20. Ne parla anche a lungo L. Chiarini, *Cinema quinto potere*, cit., pp. 110-118.

¹⁸ Libero Bizzarri non vede nella legge del 1949 la causa prima della ripresa produttiva: a suo parere la ripresa avviene «perché si stanno aprendo al nostro cinema alcuni mercati in Europa, in Africa e nel Medio Oriente e perché, con la vicina Francia, inizia un rapporto di coproduzione che, unendo gli sforzi produttivi unisce anche gli spazi disponibili del mercato», L. Bizzarri, *L'economia cinematografica*, in *La città del cinema*, cit., p. 43.

¹⁹ Cfr. L. Quaglietti, *Storia economico-politica del cinema italiano*, cit., p. 73.

[20] Il problema del rapporto tra Stato e cinema, inteso come attività industriale da parte dello Stato, è esaminato nel suo complesso da vari autori: in particolare, L. Chiarini, *Cinema quinto potere*, cit., pp. 38-64, il settimo capitolo *(Lo Stato e il cinema)* di L. Bizzarri e L. Solaroli, *L'industria cinematografica italiana*, cit., pp. 195-216; E. Stringa, *L'industria cinematografica italiana*, in *Cinema italiano*, cit., pp. 233-236.

[21] La trattazione più organica e dettagliata di questa materia è nel VI capitolo della *Storia economico-politica del cinema italiano* di L. Quaglietti, pp. 143-204.

[22] Ivi, pp. 147-148. Un intero capitolo è poi dedicato ai legami stabiliti con le varie testate dei cinegiornali.

[23] Per avere dati più completi sulle erogazioni, a fondo perduto, a favore dell'istituto Luce vedi G.S. (Gaetano Strazzulla), *Rapporto sull'Istituto Luce*, in *Film selezione*, a. I, n. 7, marzo 1961, pp. 33-45. Per l'Enic si veda U. Lisi, *Inchiesta Enic*, in *Cinema Nuovo*, a. IV, n. 51, 25 gennaio 1955, pp. 47-48, e E. Rossetti, *Salvare l'Enic per il cinema italiano*, in *Cinema Nuovo*, a. VI, n. 101-102, 1 marzo 1957, p. 107. Per i dati della fase fallimentare, cfr. E. Rossetti, *Tre enti in liquidazione*, in *Cinema Nuovo*, a. VII, n. 126, 1 marzo 1958, pp. 134-135.

[24] Nell'immediato dopoguerra, come osservano Bizzarri e Solaroli, «lo Stato possedeva un apparato industriale che presentava il più alto grado d'integrazione allora esistente in Italia, dalla produzione al consumo, alla fine del detto periodo quell'apparato era in pieno sfacelo. Non c'è ragione di tacere che questa dilapidazione d'un pubblico patrimonio è avvenuta mentre la stessa persona politica era prima sottosegretario allo spettacolo e poi ministro al dicastero delle finanze... Lo Stato possedeva gli strumenti per controllare l'intero ciclo di lavorazione e del consumo del prodotto cinematografico dalla lavorazione della materia prima alla presentazione al consumatore. Bisogna dire che questo apparato se esisteva non era molto efficiente... Bisogna dire che lo Stato non aveva voluto creare tale apparato, ma lo aveva dovuto passivamente subire come eredità del periodo precedente: perciò il suo controllo e la sua direzione non erano né organici né razionali... per antica tradizione il cinema italiano veniva considerato dalle autorità dello Stato come un... male inevitabile da sopportare con il minor disturbo possibile, senza fede e senza una vera volontà di risanamento e potenziamento», L. Bizzarri e L. Solaroli, *L'industria cinematografica italiana*, cit., p. 186.

[25] Il dato è riportato da E. Stringa, *op. cit.*, p. 237.

[26] Il verbale della riunione e il testo del regolamento sono conservati presso l'Archivio storico delle arti contemporanee della Biennale di Venezia. Tra i partecipanti alla riunione ricordo il sottosegretario Vincenzo Calvino, per i lavoratori dello spettacolo Umberto Barbaro, per gli industriali Francesco Penotti, per il Luce Olindo Vernocchi, per la pubblica istruzione Giulio Lo Savio, più Francesco Pasinetti, Massimo Bontempelli e Filippo Sacchi in qualità di esperti. Questi documenti sono stati tenuti presenti da Flavia Paulon, che ha saputo mescolarli con la sua diretta esperienza dall'interno della mostra in una serie di scritti, apparsi in varie pubblicazioni della mostra stessa e poi rielaborati e raccolti in un libro autonomo, di tipo cronachistico, *La Dogaressa contestata*, Venezia, 1971.

[27] I tre punti più importanti dell'accordo stabilivano: *a)* a Venezia la prima manife-

stazione del 1946 si sarebbe svolta in forma ridotta, mentre quella di Cannes avrebbe avuto un appoggio ufficiale da parte del governo; *b)* dall'anno successivo la manifestazione francese si sarebbe svolta in primavera e quella veneziana tra la fine dell'estate e l'inizio dell'autunno; *c)* i comitati organizzatori delle due manifestazioni avrebbero lavorato alla redazione di regolamenti che non favorissero forme di danneggiamento reciproco.

[28] Per il governo sono presenti, la sera dell'inaugurazione, il sottosegretario per la stampa on. Paolo Cappa, il ministro della pubblica istruzione Guido Gonella; vi sono inoltre i maggiori rappresentanti dell'amministrazione alleata di Venezia. I testi dei discorsi pronunciati dall'on. Ponti e dall'on. Cappa sono conservati all'archivio della Biennale. Una cronaca dettagliata della vicenda è in F. Paulon, *Cronaca dei dieci anni dopo (1945-1956)*, Roma, Ateneo, 1956, pp. 13-16. Inoltre vedi il libro curato da E. G. Laura, *Tutti i film di Venezia, 1932-1984*, Venezia, La Biennale, 1985 e il mio *Scene di Safariland cinematografico sulla Laguna*, in *Vincitori e vinti*, Taranto, Consorzio cooperativo per lo spettacolo, 1988.

[29] I titoli e le filmografie complete sono riportati in appendice a *Vent'anni di cinema a Venezia*, curato da vari autori, Roma, Ateneo, 1952, pp. 531-536, e anche in *Il cinema dopo la guerra a Venezia*, a cura di F. Paulon, Roma, Ateneo, 1956.

[30] Flavia Paulon rievoca (ivi, pp. 16-18), di tutto il primo decennio del dopoguerra, soprattutto il 1947, come anno di attese, di entusiasmi, di vibranti emozioni.

[31] L'elenco dei film premiati, con le motivazioni, nei primi anni del dopoguerra è in appendice al citato volume *Vent'anni di cinema a Venezia*.

[32] Un racconto della sua esperienza di deportazione in Germania è in G. Vento e M. Mida, *Cinema e Resistenza*, Firenze, Landi, 1959, pp. 139-146.

[33] E cioè: *Senso* di Luchino Visconti, *Giulietta e Romeo* di Renato Castellani, *La strada* di Federico Fellini, *Fronte del porto* di Elia Kazan, *I sette samurai* di Akira Kurosawa e *Sansho dayu* di Kenji Mizoguchi.

[34] *Le notti bianche* ottiene il Leone d'argento dopo il film di Satyajit Ray, *L'invitto*.

[35] C. Palleschi, *Si riapre il Centro sperimentale*, in *Fotogrammi*, a. II, n. 2, 25 gennaio 1947, p. 2.

[36] Cfr. E.G. Laura, *Il Csc tra tradizione e riforma*, in *Bianco e Nero*, a. XXXVII, n. 5-6, maggio-giugno 1976, p. 20.

[37] Tra i registi che si diplomano tra il 1948 e il 1949 ricordo: Guido Cincotti, Nanni Loy, Francesco Maselli, mentre nel 1950-1952 si possono ricordare nomi come Daniele G. Luisi, Dino Partesano, Antonio Racioppi, Franco Venturini. Per un bilancio della loro attività iniziale e di quella di tutti i diplomati del Centro vedi A.G., *Vita del Csc*, in *Bianco e Nero*, a. XIII, n. 3, marzo 1952, pp. 95-96. Un volume celebrativo è stato edito in occasione dei cinquant'anni del Centro. Tra i vari contributi e la documentazione segnalo il saggio di P. Pintus, *Il Csc e il cinema del neorealismo*, in *Vivere il cinema, 50 anni del Centro sperimentale di cinematografia*, Roma, Presidenza del consiglio, Dir. gen. delle informazioni, 1986.

[38] U. Barbaro, *Che succede al Centro sperimentale di cinematografia*, in *Rinascita*, n. 1, gennaio 1951, ora anche in *Neorealismo e realismo*, vol. II, Roma, Editori Riuniti, 1976, p. 588.

[39] Basterà qui sottolineare, piú che qualsiasi recensione ai film (ma non c'è che l'imbarazzo della scelta), alcuni frammenti della sua recensione al *Marxismo e la critica letteraria di Lukács*: «Abbiamo piú volte avuto occasione di sottolineare la confusione di idee e la notevole approssimazione che regnano nel campo dell'estetica marxista... Nonostante gli squarci tribuneschi, la scarsa documentazione culturale, la manifesta inesattezza di interpretazione di molte posizioni filosofiche, la poca coerenza nelle idee fondamentali dell'estetica ispirata al materialismo storico, l'arbitrarietà di interpretazione e valutazione di molti testi, l'opera di L. è comunque un documento e una testimonianza importante. Di come, nell'asservirsi all'ideologia politica, la cultura sia costretta a forzature e compromessi», N. Ghelli, *I libri*, in *Bianco e Nero*, a. XIV, n. 11, novembre 1953, pp. 66-71 passim.

[40] Vedi ancora E.G. Laura che, dopo aver sorvolato il periodo Sala, dedica maggiore attenzione ai meriti della gestione successiva e alle diverse aperture ideologiche e metodologiche. In appendice a questo numero della rivista è riportato il testo del nuovo statuto del Csc.

[41] Come il *Filmlexicon degli autori e delle opere* ideato da Fernaldo Di Giammatteo, o la realizzazione dell'*Antologia del cinema italiano muto*, che sarà seguita da quella sul cinema sonoro.

[42] Ho tratto alcune delle informazioni dal volume edito in occasione del trentennale della Cineteca: ***, *Attività culturale anno 1977*, Milano, 1977, e da E. Pavesi, *Storia e problemi della Cineteca italiana*, in *Cinema*, n.s., a. IV, n. 55, febbraio 1951, p. 51.

[43] Vedi l'introduzione di M.A. Prolo *(Cinema: storia e museo)* a *Il museo nazionale del cinema*, Torino, Cassa di risparmio, 1978.

[44] Il *Cinema muto italiano* è pubblicato dalle edizioni del Poligono di Milano.

La censura

[1] Con feroce e lucida intelligenza, Vitaliano Brancati, che per primo affronta il problema del ritorno della censura travestita con abiti clericali, dopo aver abbandonato la divisa e l'orbace, cosí ne bolla la sopravvivenza e il trasformismo: «Tutta una letteratura teatrale viene decapitata disinvoltamente da alcuni impiegati che sarebbero disposti a recitare loro stessi, coi campanelli al piede, la commedia che oggi proibiscono, se una dittatura di tipo anticlericale glielo imponesse con quegli stessi metodi che, in altri tempi, li convinsero a portare un'aquila dorata sulla testa, a camminare con gli stivali, a dire "L'Eccellenza", invece di "Sua Eccellenza", a cercarsi una fidanzata, a sposarla, togliersi i baffi, raparsi la testa, fare molti figli», V. Brancati, *Ritorno alla censura*, Bari, Laterza, 1952 p. 39.

[2] Era un fenomeno che il giovane Marx aveva descritto e interpretato in questi termini: «Il censore non ha altra legge che i suoi superiori; il giudice non ha altri superiori che la legge... La censura non m'accusa d'infrazione a una legge esistente, condanna la mia opinione perché non è quella del censore e dei suoi superiori», K. Marx, *Opere*, vol. I, Roma, Editori Riuniti, 1980, pp. 165-166.

³ La logica è subito chiara. Se ne accorge e la denuncia tra i primi A. Baracco su *Cinema*, con un articolo intitolato *Diamo un cervello alle forbici*, a. I, n. 3, 25 novembre 1948, p. 69.

⁴ In questo senso vedi la comunicazione di Oskar Negt alla terza sessione del tribunale Russell nel 1978, ripresa in *Alfabeta, La censura è un'idra, tagli una testa e ne crescono due*, a. I, settembre 1979, pp. 8-10. Nel suo discorso Negt distingue la censura come mezzo di legittimazione supplementare, come interdizione di realtà, come interdizione al linguaggio e al simbolo. Tutte queste funzioni sono pertinenti al discorso che intendo sviluppare.

⁵ I cui nomi sono riportati sul fascicolo monografico del *Ponte* dedicato a *Censura e spettacolo in Italia*, a. XVII, n. 11, novembre 1961, p. 1677. In questo numero si vedano in particolare V. Caldiron, *La censura in Italia dagli inizi del secolo al dopoguerra* e M. Argentieri e I. Cipriani, *Quindici anni di «vigilanza»*. Altre voci, oltre al volume di Argentieri del 1974, che avrò piú volte modo di ricordare, sono le seguenti: *La censura cinematografica*, a cura di E.G. Laura, Roma, Ed. Bianco e Nero, 1961; Aa. Vv., *Cinema e censura*, in *Centrofilm*, a. VI, n. 32, autunno 1963; G. Gambetti, *Cinema e censura in Italia*, Roma, Ed. Bianco e Nero, 1972 (il saggio è corredato da una ricca bibliografia). Una bibliografia con ulteriori integrazioni è stata redatta da Cristina Bragaglia per il convegno su *Cinema e potere*, che si è svolto a Ferrara nel settembre 1979.

⁶ Basterà, come esempio, vedere quanto scrivono Pietro Trombi, un magistrato destinato ad avere il suo quarto d'ora di celebrità nei primi anni sessanta, sul concetto di osceno (*Nozioni di oscenità*, in *Rivista penale*, a. I, n. 2, 1949, p. 505) e N. Ghelli (*Censura*, in *Rivista penale*, a. II, n. 7, marzo 1950). Sui fasti della crociata moralizzatrice promossa agli inizi del '60 dal procuratore Trombi, vedi G. Moscon, *La grande offensiva*, in *Il Ponte*, a. XVI, n. 11, novembre 1960.

⁷ Questo aspetto particolare dell'intervento statale va inquadrato nel contesto piú preciso del controllo da parte della Dc di tutti gli apparati dello Stato. Per capire come il partito di governo, mediante una serie di leggi e provvedimenti, attui nei confronti delle sinistre quella «epurazione a rovescio» non praticata verso gli ex fascisti ed instauri un regime di «democrazia protetta», modello esemplare di Stato autoritario, si veda G. Scarpari, *Democrazia cristiana e leggi eccezionali, 1950-1953*, Milano, Feltrinelli, 1977.

⁸ Per un'interpretazione del fenomeno in termini non soltanto di pratica repressiva, vedi la voce *Censura* scritta da A. Fontana in *Enciclopedia*, vol. II, Torino, Einaudi, 1977, pp. 868-893. Vedi anche in questo senso interpretativo (la censura come costruzione di discorso, come pratica affermativa) O. Calabrese, *La grande censura*, in *Alfabeta*, a. II, n. 19, novembre-dicembre 1980, p. 5. In questo saggio Calabrese giunge a sostenere che, in molti casi, per la censura diventa piú importante intervenire per legittimarsi che per reprimere e prevenire e che questa condizione di priorità emerge con forza nei momenti di crisi.

⁹ La lettera aperta a De Sica è pubblicata per la prima volta su *Libertas*, n. 7, 2-8 febbraio 1952 e poi ripresa in varie sedi. Anche se citatissime le parole di Andreotti, almeno nel loro nucleo centrale, vanno ricordate: «De Sica ha voluto dipingere una piaga sociale e l'ha fatto con valente maestria, ma nulla ci mostra nel film che dia quel minimo di insegnamento... E se è vero che il male si può combattere an-

che mettendone a nudo gli aspetti piú crudi, è pur vero che se nel mondo si sarà indotti – erroneamente – a ritenere che quella di De Sica è l'Italia del ventesimo secolo, De Sica avrà reso un pessimo servigio alla sua patria».

[10] U. Casiraghi, *Cadono le foglie di fico davanti al pericolo realista*, in *l'Unità*, 14 dicembre 1952.

[11] In questo senso mi sembra opportuno ricordare uno scritto di G. Ferrata su *l'Unità*, all'indomani della liberazione: «Poteva l'arte cinematografica sovietica svilupparsi infinitamente senza crisi? Una crisi rischiava effettivamente di presentarsi in questo secondo senso. Qualche regista, idolatrando la propria abilità, tentò degli arabeschi, degli intrecci geometrico-musicali, dove non scorreva piú il sangue e Ejzenštejn il piú grande di tutti, Sua Maestà Ejženštejn per i raffinati specialisti, impiegò piú di un anno e spese non so quanti milioni per raccogliere il materiale, poi non composto, di *Lampi sul Messico*. Intervenne il partito. *Non poteva e certo non voleva imporre un nuovo gusto cinematografico* [sottolineatura dell'A.]. Ma il gusto esisteva già, era quello naturale del popolo che al film sovietico chiedeva di riprendere il contatto con la vita. *In molti modi il partito mortificò* [sottolineatura dell'A.] i registi che tendevano a ridurre il cinema nel proprio cervello. Li definí come erano in quel momento, dei falsi rivoluzionari in preda a isterismi da superare. Gradatamente i registi migliori tornarono a lavorare d'accordo con l'istinto popolare... E dalla produzione artisticamente debole, che non avrebbe convinto a lungo nessuno, sorse il nuovo cinema sovietico, capace di parlare agli uomini del mondo: *Il compagno P.*, *Arcobaleno*, dati in questi giorni a Milano, ne sono gli esempi, certo non splendidi ma efficaci», G. Ferrata, *Il cinema del popolo*, in *l'Unità*, 27 maggio 1945.

[12] Gli esempi non mancano certo: basta scorrere *l'Unità*, *Vie Nuove*, *Rinascita*, *Il Contemporaneo*, ma anche gli organi di stampa socialista non ne sono immuni. Umberto Barbaro, per luogo comune della critica delle generazioni piú recenti e per merito della sua autorità intellettuale, ne ha fatto le spese ed è apparso l'unico sostenitore d'ufficio e ad oltranza della cinematografia sovietica. Dell'atteggiamento e della sua coerenza ideologica ho parlato nell'introduzione ai due volumi di scritti sparsi (*Neorealismo e realismo*, cit.), ma per un quadro complessivo è bene vedere anche la bibliografia specifica da me raccolta nel primo dei due volumi. In questa sede mi limito a riportare due esempi significativi: il primo tratto da un articolo di Glauco Viazzi sul cinema sovietico apparso su *l'Unità* del 31 gennaio 1951 e il secondo da uno scritto di Antonello Trombadori su *Vie Nuove* del 1952. «Una situazione del genere – scrive Viazzi a proposito delle condizioni di lavoro dei registi sovietici – l'unica che dia agli artisti l'effettiva libertà di creare, in armonia con gli interessi del popolo, permette ai registi del cinema sovietico di trovare gli argomenti piú importanti della vita e della storia del loro paese e di contribuire, in tal modo, con la forza della verità artistica delle loro opere, al progresso della società». Piú forte la tensione iperbolica del discorso di Trombadori: «Quando l'arte riesce a rompere i limiti dello schematismo e ad affrontare spregiudicatamente le piú contraddittorie e diverse situazioni umane... quell'arte ha un valore universale, è l'arte alla quale tutta l'umanità progressiva può rivolgersi senza tema di esserne delusa... In ogni sua proiezione, nei documentari come nei film a soggetto, nei cortometraggi di attualità e perfino nei cartoni animati e nei film per bambini, il festival di Karlovy Vary ha confermato che la cinematografia dei paesi libe-

ri è in grande sviluppo e che il suo progresso, lungi dall'essere messo in forse dagli alti e bassi della speculazione capitalistica e della censura fascista... è assicurato da tutto un popolo che ha compreso come non si costruisca una società nuova senza l'aiuto potente della piú importante delle arti», A. Trombadori, *Conclusioni al festival cecoslovacco. Un panorama aperto sul mondo*, in *Vie Nuove*, a. VII. n. 33, 24 agosto 1952. Un'ampia antologia di scritti cinematografici di Viazzi e una completa nota bibliografica sono nel volume *Scritti di cinema 1940-1958*, a cura di Cristina Bragaglia, Milano, Longanesi, 1979.

[13]   Uno dei primi interventi in cui si dichiara esplicitamente che la censura non va riformata, ma abolita, è di U. Barbaro, *Riforma della censura*, in *Filmcritica*, a. III, n. 32, gennaio 1954.

[14]   Non sono moltissimi i critici e gli intellettuali delle sinistre con palesi vocazioni autoritarie, ma non sono neppure pochi. Mentre l'azione repressiva di Andreotti è mascherata da un tono paternalistico, la polemica contro i registi e i film e le deviazioni da certi ideali ha non di rado un tono aspro di tipo inquisitorio e processuale, piú che semplicemente valutativo. «*Europa '51* – scrive ad esempio A. Trombadori – non danneggia questo o quello degli ideali posti a conflitto e tanto meno il comunismo, anche se presentato in edizione ad usum delphini: *Europa '51* danneggia soltanto la verità tutta intera e quindi il cinema italiano e la sua lotta per progredire come arte», A. Trombadori, *Troppi conflitti senza un'idea*, in *Vie Nuove*, a. VIII, n. 3, 18 gennaio 1953. E Pietro Ingrao a proposito di *Umberto D.*: «Altre volte abbiamo parlato della concezione del mondo ingenua, spaventata e mitica che si ritrova anche nelle opere piú efficaci del cinema realistico italiano. *Umberto D.* conferma questa osservazione», P. Ingrao, *Cinema realistico*, in *Rinascita*, a. IX, n. 2, febbraio 1952.
Una testimonianza, che ci comunica con una forte tensione drammatica il senso di questa lunga pressione ideologica sui registi, è di Giuseppe De Santis nel 1954: «Contro i miei compagni di sinistra, contro gli estremisti di vario genere avrei voglia di gridare. E dire: lasciateci liberare nei pregi come nei difetti, lasciateci essere noi stessi, fateci serenamente raccontare le nostre storie d'amore private come i nostri drammi collettivi, sollecitateci nelle nostre responsabilità di artisti ma fateci anche divertire col nostro lavoro e abbiate fiducia che non ci saremo divertiti mai abbastanza quando saremo arrivati alla fine della nostra vita di artisti», G. De Santis, *De Santis ci scrive*, in *Cinema Nuovo*, a. III, n. 49, 25 dicembre 1954, p. 429.

[15]   M. Argentieri, *La censura nel cinema italiano*, Roma, Editori Riuniti, 1974, p. 64.

[16]   Per questo aspetto dell'opera di Visconti cfr. *Visconti: il teatro*, a cura di Caterina d'Amico, Reggio Emilia-Modena, 1977-1978 e i due volumi *Il teatro di Visconti*, sempre a cura di Caterina d'Amico, Bologna, Cappelli, 1979.

[17]   M. Argentieri, *La censura nel cinema italiano*, cit., p. 66.

[18]   Ivi.

[19]   Vedi la discussione delle scelte complessive – operate consapevolmente dalla coalizione antifascista – per trasformare dall'interno le strutture di potere, in G. Zagrebelsky, *Coalizione di governo e regime transitorio*, in *Democrazia e diritto*, n. 4, 1973, e C. Pavone, *La continuità dello stato. Istituzioni e uomini in Italia, 1945-48. Le origini della Repubblica*, Torino, 1974.

[20] U. Barbaro, *Risanare la cinematografia*, in *l'Unità*, 4 agosto 1945, ora in *Neorealismo e realismo*, cit., pp. 525, 526.

[21] Non bisogna comunque dimenticare che una maggiore libertà sessuale è tutt'altro che malvista, come dimostra questa specie di «laude dell'ombelico»: «Noi seguitiamo a parlare di partiti e ad occuparci di epurazione senza renderci conto che i giorni che stiamo vivendo passeranno alla storia come "il periodo dell'ombelico" . La libertà ha riportato alla ribalta gli ombelichi, quegli ombelichi che erano stati severamente proibiti dal fascismo assieme alla stretta di mano e alla celebrazione del 1° maggio... Dopo la tisi della Traviata, le gambe della Dietrich, il corpo di Clara Calamai e il seno di Rita Hayworth, è l'ombelico di Lea Padovani che turba il sonno dei giovani e la veglia dei vecchi», R. Maccari, *Intervalli*, in *Star*, a. II, n. 19, 2 giugno 1945, p. 8.

[22] M. Argentieri, *La censura nel cinema italiano*, cit., p. 70. Non a caso la lettera è ospitata integralmente nella *Rivista del cinematografo*, a. XIX, nn. 7-8, ottobre 1946.

[23] M. Argentieri, *La censura nel cinema italiano*, cit., p. 71. Il libro di Argentieri segue con molta attenzione le pratiche concrete dell'azione censoria e a lui rinvio per una piú completa integrazione dei dati.

[24] G. Branca, *La censura cinematografica: storia antica e esigenze*, Atti del convegno su *Cinema e potere; la censura cinematografica in Italia: 1945-1962*, Ferrara, 1979 (il testo è xerografato). La Costituzione, al primo comma, dice però che «tutti hanno il diritto di manifestare liberamente il proprio pensiero con la parola, lo scritto e ogni altro mezzo di diffusione». È giusto inoltre richiamare l'art. 73, che afferma: «L'arte e la scienza sono libere e libero ne è l'insegnamento».

[25] Il testo della lettera datata 10 dicembre 1947 è riportato nel citato numero del *Ponte*, p. 1581, e in M. Argentieri, *La censura nel cinema italiano*, cit., p. 71. Tra i firmatari Antonioni, De Sica, Fellini, Lattuada, Germi, Blasetti, Soldati e Visconti.

[26] G. Andreotti, *I film italiani nella polemica parlamentare*, in *Bianco e Nero*, a. IX, n. 10, dicembre 1948, pp. 62-63.

[27] Ivi, p. 64.

[28] Ivi, p 73.

[29] *NAW*, 865, 5061/MP. 2-2745. Solo qualche mese prima F.L. Haley, vice presidente della 20th Century Fox, aveva scritto a Dunn, in data 17 novembre 1948, ringraziandolo dell'intervento decisivo presso il governo italiano per far passare al film, senza problemi, gli ostacoli della censura e dicendosi sicuro che *The Iron Courtain* avrebbe dato un enorme contributo ai leaders politici italiani, cosí come avrebbe avuto un enorme impatto sul pubblico. *NAW*, RC. 840, 6/MP., Box 207.

[30] L'intervento dell'avvocato Graziadei è la risposta all'inchiesta sulla censura nel numero piú volte citato del *Ponte*, p. 1604.

[31] Lo aveva capito e descritto con acume e la sua migliore vena polemica Luigi Chiarini, quando, nel capitolo sulla censura di *Cinema quinto potere*, cosí scriveva: «Andreotti, al quale resterà meritoriamente il nome di "civile" in questa materia, nei confronti dei suoi successori, che mancano della sua abile diplomazia, ha saputo sfruttare la coda di paglia dei suoi impiegati nel lungo periodo in cui è stato sot-

tosegretario alla presidenza, paralizzandone ogni autonoma iniziativa, ma poi lasciandoli spesso allo sbaraglio di fronte a qualsiasi responsabilità», L. Chiarini, *Cinema quinto potere*, cit., p. 80.

[32] Nel piú volte ricordato numero del *Ponte* il lavoro di M. Argentieri e I. Cipriani, *Quindici anni di «vigilanza»*, analizza il tipo di interventi e le motivazioni delle commissioni di censura. Una discreta casistica è raccolta da I. Cipriani, *Cronache della censura*, in *Il contemporaneo*, n. 7, 8 maggio 1954. Piú di recente, per il convegno ferrarese su *Cinema e potere*, Enrico Magrelli e Andrea Bettini hanno redatto un elenco completo dei film vietati e censurati dalla commissione dal 1947 al 1962 (Ferrara, 1979).

[33] Per lo stesso convegno Alfredo Baldi ha anticipato i dati di una sua ricerca sugli interventi materiali e sulle caratteristiche di questi interventi lungo lo stesso periodo in una comunicazione dal titolo *I tagli del periodo 1947-1962*. Il numero di tagli preso in esame è 1.842, suddivisi per argomento, lunghezza e descrizione analitica del tipo di intervento.

[34] M. Argentieri, *Resistenza proibita*, in *Società*, a. XI, n. 4, aprile 1955, p. 749.

[35] «Il governo concede premi e li concederà anche con larghezza, abbandonando fin dagli inizi il giudizio della qualità, ma esigerà il diritto ad un controllo sempre piú pesante sulla produzione, controllo esercitato con il sistema della valutazione del soggetto, o con quello della concessione dei crediti attraverso il monopolio detenutone dalla Banca nazionale del lavoro o con consigli nel corso di lavorazione e, ma solo in ultima istanza, con i provvedimenti delle commissioni di vigilanza», M. Argentieri e I. Cipriani, *Quindici anni di «vigilanza»*, cit., p. 1531.

[36] A. Benedetti, *Risposta all'inchiesta sulla censura* nel citato numero del *Ponte*, p. 1569.

[37] La maggior parte di questi soggetti non realizzati è ricordata e illustrata da M. Mida e G. Vento in un articolo intitolato *Storie italiane*, pubblicato su *Cinema Nuovo*, n. 74, 10 gennaio 1956. A questo articolo, senza sostanziali variazioni, fa riferimento la comunicazione di Massimo Mida (*I sogni nel cassetto*) al già citato convegno di Ferrara. Da lui traggo la maggior parte delle informazioni che seguono. Inoltre ricordo che molti soggetti non realizzati sono nel lavoro già citato su *Cinema e Resistenza* degli stessi Mida e Vento, molti altri sono raccolti in un'appendice intitolata ancora *I sogni nel cassetto*, in F. Carpi, *Cinema italiano del dopoguerra*, Milano, Schwarz, 1958.

[38] M. Mida, *I sogni nel cassetto*, cit. (Il testo è ciclostilato a cura del comune di Ferrara).

[39] R. Renzi, *L'armata s'agapò*, in *Cinema Nuovo*, a. II, n. 4, 1 febbraio 1953, pp. 73-75.

[40] P. Calamandrei, R. Renzi e G. Aristarco, *Dall'Arcadia a Peschiera*, Bari, Laterza, 1954.

[41] Vedi, come vero e proprio codice di autocensura da parte dell'Anica, *La disciplina giuridica della cinematografia*, Firenze, Carlo Cya, v. II, 1953, pp. 671-673.

[42] M. Soldati, *L'incubo della censura*, in *Vie Nuove*, a. V, n. 13, 26 marzo 1950.

[43] La risposta di Visconti appare sul n. 16 della stessa rivista (16 aprile 1950).

⁴⁴ M. Argentieri e I. Cipriani, *Quindici anni di «vigilanza»*, cit., p. 1542.

⁴⁵ G. Andreotti, *Censura e censure*, in *La Rivista del cinematografo*, a. XXV, n. 12, dicembre 1952, p. 4.

⁴⁶ I documenti sono stati reperiti nell'Archivio di Massima della questura di Padova.

⁴⁷ La lettera appare in *Libertas*, cit.

⁴⁸ G. Tomasi di Lampedusa, *Il gattopardo*, Milano, Feltrinelli, 1958, p. 219.

⁴⁹ J. Busoni, *Responsabile il governo della crisi del teatro e del cinema*, Roma, Tipografia del Senato, 1955, p. 26.

⁵⁰ La lettera e la risposta sono nella rubrica «Posta aperta» di *Concretezza*, a. III, n. 6, 15 marzo 1957, p. 1.

⁵¹ Dopo la vittoria al festival di Venezia con *Il generale Della Rovere*, Roberto Rossellini, riscopertosi padre del cinema italiano, scrive una lettera al neo ministro Tupini, facendosi interprete delle esigenze dei registi e degli uomini di cinema: «La Direzione generale dello spettacolo si è preoccupata di rispettare le leggi vigenti, oppure si è servita di queste per svolgere un'attività paternalistica e discriminatoria, che ha turbato le iniziative piú meritevoli nel campo del cinema e ha provocato una generale sfiducia sia verso le disposizioni che regolano la vita democratica del paese, sia verso coloro che avrebbero dovuto farle rispettare... Sono stati proprio gli strumenti di disciplina a creare, nel settore, la piú pericolosa delle anarchie, dove tutto e niente è permesso a seconda dei favori e delle entrature di cui ciascuno può godere per motivi ora economici ora politici, ora addirittura personali, dove le responsabilità, palleggiate da un ufficio all'altro, sono identificabili e perseguibili», R. Rossellini, *Lettera aperta a Tupini*, in *L'Italia domani*, a. II, n. 37, 13 settembre 1958, p. 2, ripresa in *Schermi*, a. II, n. 17, ottobre 1959 e in M. Mida, *Roberto Rossellini*, Parma, Guanda, 1961, p. 136. Da un'analisi comparata del dattiloscritto originale e del testo giornalistico, e da alcune correzioni significative appare evidente che l'estensore materiale della lettera in realtà è Callisto Cosulich, redattore di *L'Italia domani*.

⁵² Il resoconto testuale di questa riunione mi è pervenuto in forma dattiloscritta e non ritengo sia mai stato dato alle stampe.

⁵³ Per i testi delle diverse proposte di legge vedi il citato lavoro di E.G. Laura.

La politica cinematografica dei cattolici

¹ Vedi la prefazione al v. XIX delle *Segnalazioni cinematografiche*, Roma, Centro cattolico cinematografico, 1946, pp. 2-3. Per questo problema vedi anche il capitolo sui cattolici, nel secondo volume di questa *Storia*, soprattutto pp. 73-75.

² Per questo aspetto riprendo, in parte, quanto già scritto in *Mondo cattolico e organizzazione del consenso*, in *La Democrazia cristiana dal fascismo al 18 aprile*, a cura di M. Isnenghi e S. Lanaro, Venezia, Marsilio, 1978, pp. 425-434. In senso piú generale questo capitolo rielabora il saggio *Cattolici e cinema*, in *Cinema italiano de-*

gli anni cinquanta, cit., pp. 305-321. Si veda inoltre il mio *Un cinema per ogni campanile*, in Aa. Vv., *Gli anni del cinema di parrocchia*, Rimini, Maggioli, 1981.

3   «Il dopoguerra – scrive Giuseppe Cereda, in uno dei piú significativi tentativi di parte cattolica di tracciare le linee di sviluppo dominanti del lavoro cinematografico – è un momento fervido di opere e di iniziative sulla spinta delle libertà riconquistate», G. Cereda, *Materiali per un discorso autocritico*, in *Cinema e cattolici in Italia*, Milano, Massimo, 1974, p. 142. Piú datato e agiografico, anche se con qualche discreto contributo, il volume collettivo *Cinema e cattolici*, Padova, Lice, 1962. Vedi anche *Cinema e parrocchia*, a cura di G. Gori, Rimini, 1980. Per un quadro recente sulle diverse strategie cattoliche e comuniste dopo la sconfitta elettorale del 1948 vedi A. Bonazza, *Cattolici e comunisti di fronte al neorealismo*, in *Neorealismo, cinema italiano, 1945-1949*, a cura di A. Farassino, cit., pp. 79-88.

4   Riporto ampi brani del foglio inviato assieme ad un ricco materiale pubblicitario: «Essendo prossima la programmazione nella vostra sala del film *Pastor Angelicus* riteniamo doverosa da parte nostra, e gradita da parte vostra, la ricapitolazione di quelle *norme* che devono essere realizzate onde assicurare a questo eccezionale film un clima spirituale consentaneo. Una vasta opera di propaganda viene da noi sviluppata per interessare il mondo cattolico a questa visione... perché tale opera possa riuscire... si tenga presente: 1) La presentazione del film nei giorni antecedenti alla visione non dev'essere accompagnata da nessun'altra presentazione di qualsivoglia film e durante la proiezione non si devono effettuare proiezioni di altri film; 2) dove verranno esposti, nelle sale cinematografiche, nell'ingresso o nelle adiacenze, i manifesti e le fotografie del film, ogni altro manifesto o fotografia dev'essere rimosso; 3) l'avanspettacolo e il varietà di qualsiasi tipo deve essere rigorosamente escluso; 4) il cortometraggio, che per abbinamento stabilito dalla Direzione generale della cinematografia deve accompagnare *Pastor Angelicus*, è *Canti sui monti* (ed. Ccc), perciò ogni altro cortometraggio è da escludersi; 5) sarà bene prendere contatti con le autorità religiose del luogo, dimostrando premurosa comprensione e mettendo a loro disposizione del materiale relativo a *Pastor Angelicus* (per esempio i manifesti con la scritta *avviso sacro*, che saranno utilizzati o meno a seconda delle disposizioni delle medesime autorità ecclesiastiche); 6) se la vostra sala risiede in una località dove esiste una sede vescovile e dove non esista un'agenzia dell'Enic, siete pregato di presentarvi all'Ecc. Vescovo, mettendovi a sua disposizione per una "visione privata" da tenersi in un periodo nel quale non vi sia programmazione per il pubblico». La chiusa del documento non manca di sottolineare l'eccezionalità dell'iniziativa: «Siamo sicuri della vostra comprensione per la buona riuscita dell'impresa, la quale tende ad onorare il Pontefice, la Patria, la sede del Vicario di Cristo e lo stesso cinematografo che per la prima volta viene assunto ufficialmente dalla Chiesa come strumento di espressione spirituale». La lettera, che ha l'intestazione dell'Enic, è datata 9 dicembre 1942.

5   «Con *Pastor Angelicus* il prof. Gedda e il Centro cattolico... tentarono di sostituire al mito del duce quello sorgente del pontefice... *Pastor Angelicus* era il primo film della cinematografia cattolica che prendesse posizione nei riguardi della realtà storica», C. Falconi, *Battono il mea culpa sul petto degli altri*, in *Cinema Nuovo*, a. III, n. 45, 25 ottobre 1954, p. 250. Assai bene inquadrato il tentativo dell'Azione cattolica e di altre forze religiose di costruire una forte immagine politica del pontefi-

ce a partire dal 1942, in S. Magister, *La politica vaticana e l'Italia*, Roma, Editori Riuniti, 1979, pp. 18 e sgg.

[6] La foto è riportata a p. 24 di un fascicolo pubblicitario intitolato *Pastor Angelicus*, con la trama dettagliata del film. L'Enic, inoltre, dedica al film il suo bollettino n. 251 e il n. 146-147 della sua rivista (15 luglio 1942), *Enic: I nostri film*.

[7] I documenti della Santa Sede in materia di cinema sono stati tutti raccolti in due volumi fondamentali da E. Baragli, *Cinema cattolico*, Roma, Città Nuova, 1965. Piú di recente i testi papali e i vari interventi non solo cinematografici si possono consultare in V. Jannuzzi, *I papa e i mass media*, Roma, Ente dello spettacolo, 1987.

[8] Per sentire come il tono da guerra fredda non venga abbandonato neppure quando da tempo è in atto il disgelo, basterà leggere gli interventi sul cinema di padre Enrico Baragli alla fine degli anni cinquanta su *La Civiltà cattolica*, e due articoli del 1962 dello stesso Baragli, peraltro rigoroso ed equilibrato, intitolati *Marxisti e cinema in Italia*, in *La Civiltà cattolica*, quaderno 2681 e quaderno 2682, pp. 452-462 e 547-555.

[9] Dal punto di vista produttivo non bisogna dimenticare che l'Orbis, la prima casa che nasce per iniziativa del Centro cattolico cinematografico, è costituita da capitali interamente cattolici e si pone dei progetti ambiziosi, per niente inferiori a quelli delle altre case operanti al momento. A partire dalla *Porta del cielo* di De Sica per passare al *Testimone* di Germi, a *Guerra alla guerra* di Marcellini, o a *Un giorno nella vita* di Blasetti (tutti film che vedono Zavattini in veste di sceneggiatore), i film prodotti dall'Orbis si dimostrano capaci di sintonizzarsi con i problemi dell'immediato dopoguerra pur cercando di mediare il conflitto in modo non sempre limpido. Vedi C. Falconi, *Battono il mea culpa sul petto degli altri*, cit., p. 251. Le iniziative produttive sono accolte con grande plauso dallo stesso pontefice, come si può notare in un discorso ai parroci del 10 marzo 1948 («Tanto piú noi approviamo e lodiamo i coraggiosi sforzi per la produzione di film religiosi e al tempo stesso di reale valore artistico», in E. Baragli, *Cinema cattolico*, cit., p. 117), ma risultano sempre abbastanza fallimentari sul piano della risposta del pubblico. Ho sviluppato in modo piú argomentato e con una documentazione nuova il rapporto tra cattolici e neorealismo in *La cultura cattolica di fronte alla cinematografia sulla Resistenza*, in Aa. Vv., *Cinema, storia, Resistenza*, Milano, Angeli, 1987, pp. 74-88.

[10] La San Paolo è la prima casa di distribuzione di film a passo ridotto che i cattolici creano nel dopoguerra: già nel 1948 dispone di un catalogo di 112 film. Accanto alla San Paolo sorge l'Angelicum, con lo scopo di favorire e aiutare i parroci nella creazione delle sale e realizzazione dei programmi. ***, *L'Angelicum film*, in *L'Osservatore romano*, 1 gennaio 1949.

[11] D'altra parte, già all'indomani del 25 luglio, Gedda aveva scritto a Badoglio offrendogli l'appoggio dei suoi due milioni di iscritti all'Azione cattolica: «Gedda candida il personale dell'Ac all'occupazione di posti direttivi non nell'apparato di governo, ma degli enti ritenuti connettivo imperituro dello Stato al di sopra del fluttuare dei regimi: dall'Eiar all'Onmi... L'ipotesi che ha sorretto l'attività dell'Azione cattolica nel ventennio non è insomma mutata: anche adesso la preoccupazione dominante resta quella di collocare i propri uomini nei posti chiave della so-

cietà nella piú sovrana indifferenza al concreto assetto politico assunto nella società stessa», S. Magister, *La politica vaticana e l'Italia*, cit., pp. 25-26. Per un'analisi piú generale del quadro dei rapporti tra Gedda, l'Azione cattolica e il Vaticano, vedi C. Falconi, *Gedda e l'Azione cattolica*, Firenze, Parenti, 1958 e il saggio di G. Miccoli, *Chiesa, partito cattolico e società civile* (con una bibliografia ragionata), in *L'Italia contemporanea, 1945-1975*, a cura di V. Castronovo, Torino, Einaudi, 1976. Vedi anche S. Galante, *Difendere e conquistare, appunti sul tema dell'educazione dei giovani nella Dc e nel Pci negli anni della guerra fredda*, in *Materiali di storia*, a. II, n. 2, primavera-estate 1988, pp. 121-132.

[12] *Suggello alle celebrazioni per il Quarantennio della Unione donne italiane e comunione con la sede apostolica*, in *Discorsi e radiomessaggi di sua santità Pio XII (XI)*, Città del Vaticano, 1961, pp. 157-163. Si veda anche nel vol. VIII dei *Discorsi e radiomessaggi, Una triplice fedeltà illustrata agli iscritti nelle Acli* (29 settembre 1946), pp. 251-253. Per un'interpretazione complessiva di questo aspetto della politica pontificia e dei rapporti tra Chiesa e mondo cattolico, cfr. S. Lanaro, *Società civile mondo cattolico e Democrazia cristiana nel Veneto tra fascismo e postfascismo*, in *La Democrazia cristiana dal fascismo al 18 aprile*, cit., pp. 3-71.

[13] «Ai cattolici – scrive mons. Luigi Civardi nell'introduzione alla terza edizione di *Cinema e morale*, Roma, Ave, 1944, p. 8 – si presentano oggi non solo dei problemi di coscienza circa l'uso del cinematografo come divertimento, ma anche problemi di apostolato che hanno come obiettivo la restaurazione morale del cinema medesimo».

[14] «La famiglia cristiana si sente minacciata, insidiata nella sua vita piú profonda... Le sue classiche virtú, la sanità morale, l'indissolubilità del matrimonio, il diritto all'educazione dei figli e alla libertà d'insegnamento, la sua unità disciplinare ed economica, il rispetto dei princípi dell'etica tradizionalmente ed efficacemente cristiani sono in pericolo... il fronte della famiglia chiederà di essere difeso dallo Stato dall'insidia del divorzio, dalla stampa corruttrice, dagli spettacoli immorali, dalle rivendicazioni economiche a quelle sociali e politiche», ***, *Settimana della donna a Roma*, in *L'Osservatore romano*, 10 giugno 1946.

[15] «Lo Stato si preoccupi di formare gli artefici del cinema in modo che alla comunità nazionale sia proposta un'istanza economica e spirituale che inderogabilmente postuli e imponga il fondamento fermo dello jus dello Stato. Stato dunque con compito preventivo», P. Salviucci, *Il cinema alla Costituente*, in *La Rivista del cinematografo*, a. XIX, n. 3, giugno 1946.

[16] M. Milani, *Licenze e reazioni*, in *L'Osservatore romano*, 12 gennaio 1946. Nel 1952 viene pubblicata dalle edizioni Abes di Bologna la *Guida libraria* a cura di padre Sebastiano Pezzini, che raccoglie i giudizi morali su 30.000 libri, 1.100 pubblicazioni periodiche, 7.000 film, una miniera di informazioni assolutamente fondamentale per capire le strategie complessive nei confronti di tutti i fenomeni culturali.

[17] La frase è tratta dall'*Osservatore romano*, 5 aprile 1946.

[18] Piesse (Paolo Salviucci), *Rassegna mensile*, in *La Rivista del cinematografo*, a. XIX, n. 3, giugno 1946.

[19] M. Milani, *Libertà*, in *L'Osservatore romano*, 2 novembre 1946.

[20]   M. Vazio, *Venezia ogni giorno*, in *La Rivista del cinematografo*, a. XIX, n. 3, giugno 1946.

[21]   G..L.F., *Neorealismo ricetta per infingardi*, in *La Rivista del cinematografo*, a. XXI, n. 10, ottobre 1948.

[22]   Riporto alcuni passi da tre significative recensioni: «*Uomini e no* di Vittorini col suo succedersi di odi e congiure, di vendette e violenze, di amori e omicidi, farà gelare lo spirito dinnanzi alla bancarotta della bontà e della virtú, cui sono contrapposti i programmi e il beneaugurante garrire della bandiera comunista». Il mondo di Pavese «è un mondo senza Dio, che non ha senso, come non ha piú senso la vita... e tutto si riduce alla lotta di nullità contro altre nullità». Infine *Letteratura e vita nazionale* di Antonio Gramsci viene giudicato come «un insieme di pagine buttate giú in fretta e senza ingegno». I tre articoli (*I giovani e la letteratura narrativa; Sguardo su Cesare Pavese; Letteratura e vita nazionale di Gramsci*) sono tutti firmati da Domenico Mondrone e appaiono rispettivamente nel vol. IV del 1949 (p. 460), nel vol. I del 1953 (p. 185) e nel vol. II del 1951 (p. 172).

[23]   E. Baragli, *Valori artistici e morali alla XV Mostra cinematografica*, in *La Civiltà cattolica*, vol. IV, 1954, p. 60.

[24]   «Carlo Lizzani non è uno sconosciuto nel mondo del cinema... scrive anche chiaro e liscio e circa l'arte cinematografica non ragiona tanto malaccio... Avrebbe quindi molti numeri per riuscire. Peccato che sia marxista. Direte che le idee politiche non hanno niente a che fare con l'arte e il cinema in particolare. Niente, se restassero al loro posto come i capelli rossi e l'essere mancino, che non giovano né nuocciono alla saggistica. Ma se un critico... vedesse tutto e scrivesse in funzione dei suoi capelli rossi e della sua perizia sinistrorsa? Farebbe comizi e non storia e critica. E questo fa Lizzani», E. Baragli, *Cinema italiano*, in *La Civiltà cattolica*, vol. II, 1955.

[25]   L'autocritica da parte cattolica sul terreno del neorealismo è comunque cominciata da tempo, anche se si è fermata, per lo piú, alla constatazione dei dati generali e non è scesa in analisi in profondità; cfr. F. Vergerio, *Cinema cattolico, una presenza contraddittoria*, in *La Rivista del cinematografo*, a. XLVII, n. 9, settembre 1974, e il saggio di A. Bonetti, *Cattolici e cinema*, in *Cinema e parrocchia*, cit., p. 28: «Nei confronti del cinema che avrebbero dovuto appoggiare e sostenere i cattolici italiani commisero un errore di eccezionale gravità, errore di cui, a tutt'oggi, si scontano le conseguenze. Dubbi e paure ebbero ragione del piú elementare buon senso e il neorealismo, un cinema cioè fondamentalmente cristiano, fu avversato e talvolta perfino condannato. Al movimento antineorealistico non furono certo estranee pressioni e prese di posizioni politiche».

[26]   Vedi *Atmosfera cattolica*, in *L'Osservatore romano*, 11 gennaio 1947.

[27]   «Purtroppo è risaputo – si nota su *L'Osservatore romano* del 6 marzo 1946, dove si parla di un gruppo di fascisti delatori e assassini rappresentato in *O' sole mio* di Giacomo Gentilomo – che avidità e spirito di parte hanno offuscato la sensibilità di taluni nostri conterranei: ciò però non giustifica che vengano illustrate sullo schermo queste macchie di miseria morale».

[28]   Per questi dati si può vedere L. Bizzarri e L. Solaroli, *L'industria cinematografica italiana*, cit., e i piú recenti lavori, piú volte ricordati, di L. Quaglietti. Lo stesso

Quaglietti ha elaborato un capitolo specifico sulla diffusione delle sale cattoliche che non è entrato nella redazione finale della sua *Storia economico-politica*. Il capitolo è stato pubblicato in Aa. Vv., *Bianco e Nero. Gli anni del cinema di parrocchia*, Rimini, Maggioli, 1981.

[29]   R. Branca, *Il passo ridotto*, in *La Rivista del cinematografo*, n.s., a. XIX, n. 4, luglio 1946. In questo articolo, in cui Branca sostiene che il passo ridotto oltre a ridurre le spese migliora anche la qualità del cinema, l'autore afferma anche di aver proposto, fin dal 1943, la produzione diretta e a passo ridotto del cinecatechismo.

[30]   È bene riportare alcuni altri passi di questo progetto per capirne tutta la portata: «Bisogna che i cristiani scandalizzati dai mali che produce il cattivo film – afferma Branca – si rendano conto che questa è la formula da adottare: bisogna risolvere i problemi religiosi ed educativi del cinema sul terreno economico. Se i vescovi di tutto il mondo considerano l'opportunità che ogni parrocchia, oratorio, istituto, dovunque sia possibile, abbia un cinema a passo ridotto, noi vedremo il prodigio del capitale e del diavolo stesso mettersi al servizio di Dio e della Chiesa... bisogna instaurare una disciplina piú rigida e piú estesa del comportamento dei cattolici di tutto il mondo nei riguardi dei film esclusi dagli Uffici permanenti nazionali di revisione istituiti dalla *Vigilanti cura*. Non bisogna trascurare la produzione dei film allo scopo di addestrare i cattolici alla complessa tecnica della produzione e del commercio cinematografico. Bandire dalla nostra organizzazione il concetto di capitale a fondo perduto o della beneficenza. È un errore che non ci permette di sostenere la propaganda e la concorrenza avversarie. Ovunque sia possibile bisogna impadronirsi con capitali onesti e cristiani – per cosí dire – dei circuiti e delle sale esistenti», R. Branca, *Nuovi orientamenti dei cattolici di fronte al cinematografo*, in *L'Osservatore romano*, 21 aprile 1946.

[31]   Il motivo viene ripreso con forza proprio in questi termini dall'onorevole Giulio Andreotti, non piú sottosegretario, quando ormai il piano di diffusione è quasi giunto alla fase di massima saturazione: «Il tempo stringe e chi arriverà per primo a costruire il cinematografo in parecchie centinaia di piccoli comuni, particolarmente del Sud, avrà certamente in mano un mezzo decisivo per l'orientamento delle nuove generazioni. Questa non è sotterranea strategia clericale, ma attuazione di apostolato in regime di effettiva democrazia... Uno schermo cattolico in ogni paese, soprattutto là dove non è ancora giunto; una presenza costante, operante nell'orientamento morale della produzione; un nuovo passo verso quelle mete che la veneranda memoria di Pio XI ha additato», G. Andreotti, *Secondo tempo*, in *La Rivista del cinematografo*, a. XXIX, n. 7-8, luglio 1956, pp. 7-8.

[32]   «La chiesa – si sostiene – non chiede film che si potrebbero definire prediche in bobina, ma semplicemente opere che offrano un divertimento umano il quale rispetti la natura spirituale dell'uomo», R. Di Graziano, *Campane sul cinema*, in *La Rivista del cinematografo*, a. XX, n. 9, settembre 1947.

[33]   «Il cineforum è un mezzo d'intendimento e di difesa cattolica, uno stimolo delle capacità intellettive dello spettatore, una protesta contro il film cattivo e un controllo, un monito alla produzione a migliorarsi se non vorrà essere abbandonata da gran parte della sua clientela», M. Verdone, *Nasce il Cineforum*, in *La Rivista del cinematografo*, a. XX, n. 6, giugno 1947 .

[34]   «L'Italia non ha per noi una sua cinematografia, e benché i critici stranieri parlino

di una nuova scuola, quella per intenderci del documento romanzato [si noti come
il termine *neorealismo* sia ancora considerato tabú e quindi rimosso dal lessico],
non ci pare che essa esista sostanzialmente, ma solo in alcune facili apparenze», T.
Vasile, *Cinema italiano*, in *La Rivista del cinematografo*, a. XX, n. 10-11, ottobre
1947.

35 M. Verdone, *Per un cinema realista cristiano*, in *La Rivista del cinematografo*, a.
XX, n. 12, dicembre 1947.

36 A. Ruszowski, *I film italiani del festival del 1947 veduti da uno straniero*, in *La Rivista del cinematografo*, a. XXI, n. 1, gennaio 1948.

37 Sono le voci di «cattolici non inquadrati» di cui si è occupata la relazione di Aldo
Bernardini al convegno di Rimini su *Cinema e parrocchia* del novembre 1980, cercando di riannodare i fili di un'azione sparsa e non capace di produrre frutti immediati, ma produttiva di modifiche profonde su tempi lunghi, ora in Aa. Vv.,
Bianco e Nero.., cit.

38 ***, *Un manifesto giusto, ma tendenzioso*, in *La Rivista del cinematografo*, a. XXI,
n. 3, marzo 1948, p. 5.

39 Le notizie anticomuniste vengono allineate in un'aneddotica inserita perfettamente nella tradizione del martirio e delle sante crociate, che unifica e dispone, su uno
sfondo uniforme, tutti i fatti come se fossero prodotti da un'unica matrice. Cosí la
notizia che «i russi hanno rapito 79.000 bimbi tedeschi», apparsa il 7 novembre
1948 sulla padovana *Difesa del popolo*, equivale alla notizia riportata dalla veneziana *Voce di San Marco*, il 28 giugno 1948, che dice che «a Reggio Emilia l'operatore
cinematografico Mario Chiodoni è stato assalito da elementi di sinistra e derubato
della pellicola *Noi vivi* successivamente data alle fiamme. Il fatto è comprensibilis-
simo – spiega l'articolista – i seguaci di Baffone parteggiano per il film che si
proietta in questi ultimi tempi su tutti gli schermi cecoslovacchi, *Noi morti*, e vorrebbero che si facesse lo stesso anche in Italia».

40 «Per ottenere la mobilitazione generale dei cattolici ci vuole l'esame dei bisogni di
oggi, poi il censimento delle forze disponibili – scrive padre Riccardo Lombardi
su *La Civiltà cattolica* ai primi segnali d'inizio della crociata – ed ora aggiungiamo
un piano organico che coordini il lavoro di tutti... Censimento quindi apertissi-
mo: clero secolare e regolare. Ordini e congregazioni religiose, suore di tutte le
specie: Azione cattolica e associazioni diverse. Congregazioni mariane, oratori e
ricreatori, apostolato delle preghiere e conferenze di San Vincenzo, confraternite
e terz'ordini. Gruppi di ogni qualità, purché buoni e sinceri, banche cattoliche e
case editrici; giornali e riviste e opere di carità... di piú tante e tante energie individuali che vorrebbero rendersi utili, che sono disposte a presentarsi in qualche forma che appaia proficua ma che stentano a irreggimentarsi», R. Lombardi, *Il censimento delle forze disponibili*, in *La Civiltà cattolica*, settembre 1947. Vedi inoltre
C. Falconi, *Gedda e l'Azione cattolica*, Firenze, Parenti, 1958. Per un'analisi di alcuni modi specifici di intervento e di organizzazione del lavoro pastorale in funzione della scadenza elettorale, cfr. M. Isnenghi, *Alle origini del 18 aprile*, in *La Democrazia cristiana*, cit., pp. 227-344. Per un'analisi specifica del lavoro dei comitati
civici, vedi il contributo di L. Urettini, *I comitati civici nel Trevigiano e la loro funzione nelle elezioni del 1948*, in *La Democrazia cristiana*, cit., pp. 475-484. Un documento importante di parte americana, sul ruolo dei comitati civici di Gedda e

sul lavoro svolto nei mesi che precedono le elezioni, è riportato in R. Faenza e M. Fini, *Gli americani in Italia*, cit., pp. 276-278.

[41]   «Il cinematografo è diventato oggi il primo degli spettacoli e le sale da cinema sono i luoghi piú frequentati. Anche questo divertimento ha, e può avere, il lato buono, ma oggi si proiettano film che, per un complesso di cose (intreccio, scene, atteggiamento di persone, nudità, ecc.), sono in maggioranza da biasimarsi e da sconsigliarsi... Non quindi a torto il cinema è chiamato la *luce che uccide*», ***, *Occhi aperti: cattive compagnie*, in *La Difesa del popolo*, 7 luglio 1946.

[42]   «I giovani corrono il pericolo di essere suggestionati dai particolari... eccitati nella parte piú sensibile del loro essere: pellicole siffatte sono stimoli deplorevoli e scuole di corruzione. Disco rosso», E. Prosperini, *Disco rosso*, in *La Rivista del cinematografo*, a. XIX, n. 2, maggio 1946, p. 2. Per avere un'idea del livello a cui si giunge nello scontro per il controllo della gioventú nel dopoguerra si può pescare a caso tra le decine di pubblicazioni dell'Abes di Bologna e tra tutte leggersi il pamphlet di L. Bedeschi, *Dissacrano l'infanzia! I Pionieri d'Italia*, Bologna, Abes, 1952, contro le organizzazioni giovanili comuniste.

[43]   Esemplare, per la sua violenza polemica, l'intervento di Girolamo Bortignon, vescovo di Padova, sul *Bollettino diocesano*, nel 1949: «A buon diritto qualcuno ha chiamato il cinematografo il galeotto moderno, un focolaio epidemico, un pubblico immondezzaio, il pozzo nero dove sfogna tutta la fangosa colluvie della malavita. Di fronte a questi pericoli, di fronte ai pericoli dei cartelloni réclams *(sic)* appiccicati su tutti gli angoli, coi quadri piú provocanti, i titoli piú voluttuosi, il soggetto attinto ai piú luridi romanzi dei bassifondi sociali "bisogna lottare" attenendosi rigorosamente alle regole impartite dall'alto».

[44]   Il supporto scientifico è ampiamente usato e si ricorre di continuo a pareri di scienziati stranieri di ogni paese sugli effetti devastanti della visione cinematografica. L'esotico diventa la garanzia piú degna di autenticità: «Un gruppo di psichiatri americani rivolge un appello a Truman: quasi tutti gli alienati mentali sono degli assidui frequentatori di cinematografo», ***, *Gli ammalati di mente e il cinematografo*, in *L'operaio cattolico*, n. 43, 2 novembre 1947.

[45]   L'articolo, apparso nel n. 20 del 17 maggio 1953, riporta i dati di un'indagine statistica condotta in Francia per dimostrare i rapporti tra visione cinematografica e delinquenza giovanile: «Nello spazio di due o tre mesi questi ragazzi hanno assistito a 110 pellicole che offrivano scene di suicidi, omicidi, violenze, atti di brigantaggio, furti, rapimenti, adulteri, baci passionali, danze discinte... Su 299 scolari 271 erano stati al cinema in un mese dalle 6 alle 18 volte, altri 24 tutti i giorni. Questi scolari hanno visto, in un mese, 914 risse, 360 spettacoli di ubriacatura, 164 rapine, 120 adulteri, 224 omicidi, 654 atti di brigantaggio, 179 incendi, 65 suicidi...».

[46]   Il testo si poteva leggere nelle chiese e veniva distribuito ai ragazzi dell'Azione cattolica: «In nome del Padre, del Figliolo e dello Spirito Santo. Cosí sia. Consapevole della mia nobiltà e dei miei doveri cristiani, io riprovo le pellicole che rappresentano scene o affermano princípi contrastanti alla morale purissima del Vangelo e perciò costituiscono un pericolo per la virtú e la vita cristiana. Prometto di non assistere e di procurare che altri non assistano (specie se miei dipendenti) a spettacoli dove tali pellicole siano proiettate e comunque di non frequentare sale cine-

matografiche dove vi siano spettacoli di varietà. Contribuirò inoltre, con la preghiera e l'opera, a formare la coscienza nel pubblico del pericolo morale e sociale che gli spettacoli suddetti rappresentano, allo scopo di ottenere che non siano promossi, o comunque frequentati, per il rispetto di Dio e la tutela delle anime, ricomperate dal sangue di Cristo e per la sanità morale e spirituale del popolo italiano. Mi aiuti Dio e la Vergine Santa a mantenere questa mia promessa», P. Severini, *Ancora sul cinema*, in *La rivista del clero italiano*, a. XXII, n. 10, 1949, pp. 403-405. Delle varianti saranno realizzate e distribuite fino agli anni sessanta.

⁴⁷ Per un'analisi complessiva delle caratteristiche e della interferenza tra ordine politico e ordine ecclesiastico nella stampa di parrocchia, in una regione esemplare come quella veneta, si veda il lavoro di M. Isnenghi, *Stampa di parrocchia nel Veneto*, Venezia, Marsilio, 1973.

⁴⁸ Si veda al riguardo la nota 37 di questo capitolo.

⁴⁹ Il socialismo cristiano si oppone al socialismo marxista, secondo la concezione di Giovanni Spadolini nasce *Il papato socialista*, Milano, Longanesi, 1950. Tuttavia il potere reale del paese, al di là dei successi parziali della sinistra cattolica, è saldamente in mano dell'anima neoguelfa della Democrazia cristiana.

⁵⁰ Secondo il citato saggio di Bernardini, la definizione «strumenti di comunicazione sociale» è usata nel 1955 in una lettera inviata da mons. Dall'Acqua a Charles Florit.

⁵¹ Importante come svolta, pur nel rispetto della tradizione, è l'articolo di A. Galletto, *Moralità e spettacolo*, in *La Rivista del cinematografo*, a. XXII, n. 1, gennaio 1949.

⁵² F. Morlion, *Le basi filosofiche del neorealismo cinematografico italiano*, in *Bianco e Nero*, a. IX, n. 2, aprile 1948.

⁵³ G. Flores D'Arcais, *Note per una critica cattolica del cinema*, in *La Rivista del cinematografo*, a. XXV, n. 11, novembre 1952, p. 2.

⁵⁴ U. Sciascia, *Direttrici di azione*, in *L'Osservatore romano*, 29-30 ottobre 1951.

⁵⁵ ***, *Semaforo*, in *Verona fedele*, 6 febbraio 1949.

⁵⁶ U. Sciascia, *Nasce l'Acec*, in *La Rivista del cinematografo*, a. XXII, n. 6, 1949, p. 7.

⁵⁷ Nel capitolo sull'esercizio cattolico, in Aa. Vv., *Bianco e Nero...*, cit., di L. Quaglietti si seguono le vicende delle sale parrocchiali fino alle discussioni parlamentari della legge del 1956 in cui i rappresentanti di governo ribadiscono il trattamento di favore che intendono riservare alle sale parrocchiali.

⁵⁸ Cfr. il citato *Cinema e cattolici in Italia*, p. 143.

⁵⁹ «Perché prima di fare un film, o prima di doppiarlo, se è da distribuire, non interpellate il Ccc? Nessuno vi negherà mai dei consigli che vi permetterebbero di modificare quelle scene e quei dialoghi che potrebbero dar fastidio a un pubblico di giovani», A. Galletto, *I giudizi morali sul film*, in *La Rivista del cinematografo*, a. XXIII, n. 2, febbraio 1950, p. 5. Il credo di don Galletto, consulente ecclesiastico dell'Ente dello spettacolo, è raccolto in un opuscolo edito dal Centro cattolico cinematografico nel 1955 con il titolo *La Chiesa e il cinema*. Si veda soprattutto il paragrafo intitolato *Quid agendum*.

⁶⁰ G. Andreotti, *Censura e cinema*, in *La Rivista del cinematografo*, a. XXV, n. 12, dicembre 1952, p. 2.

⁶¹ La prima analisi della strategia generale dei giudizi del Ccc nel dopoguerra è in L. Chiarini, *Cinema quinto potere*, cit., pp 142 e sgg.

⁶² *Ladri di biciclette*: «Dal punto di vista morale... il film è ispirato a un pessimismo eccessivo. Manca qualsiasi accenno e conforto alla fede; mentre la descrizione satirica della "messa del povero" appare del tutto inopportuna e non rispondente a verità», *Segnalazioni cinematografiche*, vol. XXIV, 1948, p 175.

La terra trema: «La descrizione della vita misera dei pescatori e dei loro inutili sforzi per uscirne appare, malgrado l'ostentato verismo, tendenziosa e sembra atta a destare non sensi di cristiana pietà, ma sentimenti di odio. Accanto allo spirito di violenza e ribellione che anima spesso il lavoro, notiamo l'assenza di ogni idea religiosa, di ogni accenno a virtú cristiana», ivi, vol. XXIV, 1948, p. 119.

Non c'è pace tra gli ulivi: «La vicenda presenta uno scatenarsi violento di passioni selvagge e delittuose, di fronte alle quali la giustizia umana appare impotente e la religione è assente o assume i caratteri di fanatismo superstizioso», ivi, vol. XXVII, 1950, p. 176.

⁶³ «Se nel finale si sostituisce al divorzio l'annullamento del matrimonio, il film può essere classificato per tutti», ivi, vol. XXVII, 1950, p. 166.

⁶⁴ *La storia del generale Custer*, di R. Walsh, viene considerato fondamentalmente positivo in quanto «esalta la generosità, l'onestà, il patriottismo», *Segnalazioni cinematografiche*, vol. XXVI, 1949, p. 115.

⁶⁵ Ivi, vol. XXVII, 1950, p. 284.

⁶⁶ Ivi, vol. XXVI, 1949, p. 90.

⁶⁷ Ivi, vol. XXVI, 1949, p. 56.

⁶⁸ In un bilancio del lavoro fatto nel giro di appena due anni da parte della commissione di revisione di Treviso si trovano questi dati: «Un'ordinanza di S. Eccellenza mons. Vescovo dava vita a norme pratiche di azione a questo ente, completando e riorganizzando tentativi di indirizzi precedenti dell'Azione cattolica locale. I risultati conseguiti dal segretariato in due anni sono in gran parte riassunti in alcuni dati statistici. Le sale dipendenti dal segretariato e da esso assistite sono 51 e di queste 44 con programmazione fissa (11 anche feriale). Il segretariato dal 22-10-1949, quando ha iniziato il suo lavoro, a tutto il 31-12-1951, ha corretto per le sale assistite 2.420 film, revisionato 493 nuovi film dei quali ha giudicato che 77 non sono ammissibili nelle nostre sale. Né meno interessanti sono state le sue relazioni con le agenzie cinematografiche. Alcune hanno lavorato subito e ben volentieri con il segretariato. Oggi è in relazione con 33 case di noleggi. Qualche altro, che pure si mostra riluttante a trattare con il nostro cinema, dovrà pur piegarsi, se vuole collocare i suoi programmi presso le nostre sale cinematografiche che sono modeste, ma costituiscono un numero rilevante». Questo testo appare sul n. 10 del 1952 della *Vita del popolo di Treviso*.

⁶⁹ Qualche esempio tratto a caso: *Odio mortale*: «Colloquio tra una ragazza molto scollata e un giovane sotto un'arcata. Levare il breve colloquio» (pizza n. 4). *La battaglia di Maratona*: «Ragazze in costume succinto (gambe scoperte) che giocano a palla in un prato e successivo colloquio con un giovane. Levare tutta la scena.

Danza di una ballerina: da quando si apre il velario e appare la ballerina, fino a quando appare un cortile di notte ed alcune ragazze entrano nel cortile» (p. 1). *Ercole al centro della terra*: «Alla fine: bacio. Accorciarlo» (p. 3), «A un quinto: due baci successivi: accorciarli tutti e due. Giudizio: uno dei soliti film di Ercole» (p. 4). *La saetta nera*: «A metà: ragazza nera che canta» (p. 1), «A un quarto: ragazza nera che canta e donne scollate» (p. 3). *Il boia*: «Poco dopo la metà: ragazza che si lava e si veste: da quando si vede la ragazza nella vasca da bagno (lasciarla vedere un istante) fino a quando si vedono un uomo e una donna davanti a una porta» (p. 2). *Geronimo*: «Poco dopo l'inizio: abbraccio e bacio tra Geronimo e la ragazza indiana... A metà: levare il momento in cui Geronimo mette una mano sul ventre della ragazza. A tre quarti circa: levare il momento in cui la ragazza distesa si dimena e urla per le doglie del parto» (p. 5).

[70]   Se ne accorge, forse per primo, l'istituto di pedagogia dell'università di Roma (vedi F. Casetti, *L'istituzione teorica*, in *Cinema italiano degli anni cinquanta*, cit., p. 79), poi il problema viene avvertito da una casa editrice cattolica, come La Scuola di Brescia, che fonda un centro per la produzione dei sussidi audiovisivi. Nel 1954 pubblica anche una rivista, *Lumen*, diretta da Giuseppe Flores D'Arcais, che nei suoi sei anni di vita e trentina di numeri affronta una serie di problemi lasciati ai margini dalla stampa cinematografica della sinistra: i rapporti tra cinema e scienza, cinema e scuola, cinema e didattica, cinema e architettura, cinema e arti figurative, cinema e lingua e cosí via...

[71]   Il primo articolo dello statuto dei cineforum dice: «Il cineforum italiano promosso dall'Istituto internazionale di cinematografia dell'università di studi Pro Deo, ha lo scopo di promuovere un movimento culturale cinematografico che operi in profondità nell'opinione pubblica italiana».

[72]   Riportate nel libro citato di Baragli, *Cinema cattolico*. La lettera, del 9 luglio, è a p. 128.

[73]   «Le direttive dottrinali e pratiche della Chiesa sono fuori discussione. Le tentazioni di indipendenza sono sempre indice di scarsa fede e sovente di povertà e disorientamento mentale», A. Galletto, *L'azione dei cattolici*, in *La Rivista del cinematografo*, a. XXVI, n. 7-8, luglio-agosto 1953.

[74]   ***, *Corso nazionale del clero sui problemi dello spettacolo*, in *La Rivista del cinematografo*, a. XXVII, n. 11, novembre 1954. «È necessario fare piú spesso possibile i cineforum: il *cineforum ordinario* è uno dei mezzi di attrazione che unisce facilmente uomini e donne di tutte le classi... Il *cineforum popolare* si sposta nelle borgate degli operai anche nei paesi con proiezioni all'aperto... Il *cineforum giovanile* è importantissimo con un intervento piú deciso di un sacerdote o professore per plasmare la sensibilità cristiana delle nuove generazioni: il *cineforum specializzato*, soprattutto per gli intellettuali...». La citazione è tratta da un testo ciclostilato della relazione.

[75]   Ricorda ancora Fabbri che «da società cattoliche sono stati tenuti a battesimo i primi film neorealisti prima che questa etichetta fosse scoperta... [e] c'è tutto un movimento culturale, in seno ai cattolici propenso a trovare pezze d'appoggio teoriche per dimostrare che questa forma di rappresentazione... risponde proprio alla tradizione del "realismo cattolico"», D. Fabbri, *Crisi del neorealismo*, in *La Rivista del cinematografo*, a. XXIII, n. 7-8, luglio-agosto 1950, p. 10.

76 G.L. Rondi, *Cinema italiano 1945-1951*, in *Il neorealismo italiano*, Venezia, Quaderni della mostra del cinema, 1951, p. 9. Senza giungere ad un articolo dello stesso Rondi apparso sul n. 8 della *Fiera letteraria* del 1951, riportato su *Bianco e Nero*, aprile-maggio 1951, è opportuno ricordare che in questa azione di recupero si mobilita anche Remo Branca, che su *La Civiltà cattolica*, nel 1956, oltre a riconoscere nel «neorealismo uno degli aspetti permanenti dell'arte italiana», lo fa risalire addirittura al IV secolo avanti Cristo, nell'evidente tentativo di dirimere cosí tutte le polemiche di appartenenza e di genealogia ideologica.

77 Da una parte Nino Ghelli, sul numero di agosto 1954 di *Bianco e Nero*, giudica il film di «mediocrissima fattura», e Enrico Baragli, nel *Bilancio d'insieme della mostra di Venezia* sulla *Civiltà cattolica* (vol. IV del 1954) lo ritiene «ricco senza dubbio di cornice pittorica, degna del migliore Ottocento, ma ahimé quanta insincerità di storia e personaggi», mentre dall'altra Alberto Pesce, sul n. 9 di *Humanitas* (1954), definisce *Senso* «una pietra miliare nell'evoluzione del realismo cinematografico, ben lungi dall'essere soltanto un ripiego forzato ed una protesta simbolica».

78 Decisivo e autorevole è il giudizio della *Civiltà cattolica*: La televisione «non presenta le suggestioni e i pericoli specie per i ragazzi e gli adolescenti, delle visioni del cinematografo in sale pubbliche... La televisione sarà per la famiglia raccolta qualcosa come il focolare di una volta», E. Valentini, *La TV è giunta in Italia*, in *La Civiltà cattolica*, vol. I, 1954, p. 287.

79 Ivi.

80 Da ricordare che nel dicembre del 1954 è istituita la Pontificia commissione per la cinematografia, la radio e la televisione; lo statuto è riportato da E. Baragli, *Cinema cattolico*, cit., pp. 171-173.

81 I discorsi sul film ideale sono rispettivamente pronunciati il 21 giugno e 28 ottobre 1953. Nel volume di Baragli sono riportati da p. 180 a p. 207.

82 Il giorno dopo che il papa ha pronunciato il secondo discorso gli viene consegnata, come riferisce *L'Osservatore romano* del 29 ottobre, una pergamena con il seguente testo: «Beatissimo padre: i dirigenti delle organizzazioni nazionali del cinema italiano, prostrati ai piedi della Santità Vostra, esprimono la loro filiale gratitudine per l'altissimo insegnamento... Tutti ricordavano il provvido insegnamento di Sua Santità nello scorso giugno, oggi si è rinnovato, con ancor piú esplicita devozione, il gaudio di poter ascoltare, dalla voce del vicario di Gesú Cristo, indicazioni illuminate, atte a conferire un carattere di vera missione benefica e di ispirata arte ad una attività che sí ingente sviluppo ha acquistato ai giorni nostri».

83 La rivista *Cinema* raccoglie una serie di opinioni di registi e di uomini di varia cultura e politici, all'indomani dei due discorsi (si va da Andreotti a Paolo Stoppa, da Egidio Ariosto a Umberto Terracini, Mario Gallo, Alessandro Blasetti, Carlo Lizzani e Mario Alicata). Tra tutte le risposte, in genere di plauso e di accettazione incondizionata, va riportata, in parte, quella di Alicata: «Personalmente sono tra coloro che non riescono a spiegarsi perché il papa si ostini a voler intervenire con giudizi e suggerimenti su tutte le piú svariate questioni di vita economica, sociale, politica, culturale e neppure, in senso generale, ma addentrandosi addirittura nei particolari piú tecnici... col risultato di dar spesso tono solenne a osservazioni ovvie e banali. Da questo punto di vista i due discorsi sul film ideale offrono, a mio

642   Note

avviso, scarsa materia di riflessione e discussione, in quanto si pongono al di fuori
dei problemi dell'arte... Altra cosa è invece se i due discorsi si considerano sotto il
profilo dei limiti che la Chiesa cattolica cerca di imporre in diverso modo nei diversi paesi, a seconda delle forze delle quali può disporre, alla libertà d'espressione
del cinematografo».

[84] E. Baragli, *Vent'anni dopo la «Vigilanti cura»*, in *La Civiltà cattolica*, vol. IV, 1956,
p. 520.

[85] Ivi, p. 521.

[86] Ivi, p. 522.

[87] Pio XII, *Miranda prorsus*, Roma, Ente dello spettacolo, 1957; E. Baragli, *Cinema cattolico*, cit., pp. 239-283.

[88] F. Pinto, *Progetto neorealista e politica culturale cattolica*, in *Storia del Cinema (II)*, Venezia, Marsilio, 1978, p. 149.

La battaglia delle idee: il fronte della sinistra

[1] La lettera è del 28 novembre 1943. G. Pintor, *Il sangue d'Europa*, Torino, Einaudi, 1975³, pp. 186-187.

[2] «Non siamo capaci – scrive P. Togliatti nell'articolo di apertura del primo numero di *Rinascita* – di elevare barriere artificiose e ipocrite tra le sfere diverse – nel-
l'attività economica, politica, intellettuale – di una nazione. Non separiamo e non
possiamo separare le idee dai fatti, il corso del pensiero dallo sviluppo dei rapporti
di forze reali, la politica dall'economia, la cultura dalla politica, i singoli dalla società, l'arte dalla vita reale», P. Togliatti, *Programma*, in *Rinascita*, a. I, n. 1, giugno 1944, ora in *Opere scelte*, Roma, Editori Riuniti, 1974, p. 335.

[3] Per quanto riguarda il discorso più ampio di unità nazionale nella politica togliattiana si veda *Partito nuovo*, in *Rinascita*, a. I, n. 4, ottobre-dicembre 1944, ora in
Opere scelte, cit., pp. 370-373 e L. Gruppi, *Togliatti e la via italiana al socialismo*,
Roma, Editori Riuniti, 1974. Si tenga presente anche, nella vasta letteratura sul-
l'argomento, L. Cortesi, *Palmiro Togliatti, la «svolta di Salerno» e l'eredità gramsciana*, in *Belfagor*, n. l, gennaio 1975, pp. 1-44. Un'ampia, importante e documentata analisi, non di parte comunista, sui rapporti del partito comunista con gli intellettuali, è condotta da N. Ajello, *Intellettuali e Pci, 1944-1958*, Bari, Laterza,
1979. In questo libro, a cui rinvio per molte parti da me solo toccate, il problema
del cinema è trattato in maniera abbastanza approfondita e inserito nel quadro più
generale della politica culturale, riuscendo a coglierne e metterne in luce il ruolo
giocato per alcuni anni. Da tenere anche presente, per quanto riguarda la politica
culturale nel settore delle arti figurative, N. Misler, *La via italiana al realismo*, in
La politica culturale artistica del Pci dal 1944 al 1956, Milano, Mazzotta, 1973. Per
un'interpretazione e un quadro d'insieme del gruppo dirigente del Pci a cavallo
della guerra vedi S. Bertelli, *Il gruppo*, Milano, Rizzoli, 1980.

[4] Coloro che hanno esercitato un ruolo importante nella loro formazione profes-

sionale, a parte Barbaro (penso a Chiarini e Blasetti), sono troppo compromessi per mantenere la stessa autorità del passato; i maestri del cinema verso cui ci si orientava (Pudovkin, Renoir, Ejzenštejn, Vidor) appaiono, per un verso o per l'altro, distanti e inutilizzabili e gli stessi modelli teorici sono obsoleti rispetto ai fenomeni in atto.

5   T. Guerrini, *Lotta per l'esistenza del cinema italiano*, in *Vie Nuove*, a. I, n. 8, 10 novembre 1946.

6   A. Vecchietti, *Cinema italiano niente di nuovo*, in *Avanti!*, 18 settembre 1945 e *Cinematografo senza cinematografi*, in *Avanti!*, 1 luglio l946. Per il ruolo della stampa e del lavoro culturale del partito socialista vedi il saggio di I. Ierace, *La politica cinematografica dei socialisti nel dopoguerra*, in *Cinemasessanta*, a. XIX, n. 124, novembre-dicembre 1978, pp. 45-51. Questo saggio rielabora un capitolo di un ben più ampio lavoro di tesi di laurea discussa a Padova nel 1977.

7   «Quanto più la società italiana era gravida di contraddizioni e di lotte, quanto più gli uomini di cultura rimanevano sordi e ciechi, impassibili, estranei a queste lotte... tanto più la cultura e l'arte si ponevano fuori dalla realtà... l'arte e la cultura, la letteratura italiana non hanno fatto nulla per opporsi al fascismo... Oggi sentiamo chiaramente che, anche volendo, non si può impugnare il pennello, lo scalpello, la penna come prima, come una volta», F. Onofri, *Irresponsabilità dell'arte sotto il fascismo*, in *Rinascita*, a. I, n. l, agosto 1944.

8   Ricordando come anche durante il fascismo la parola d'ordine «andare verso il popolo» aveva ampiamente circolato, Cesare Pavese dice: «Eppure si può affermare che i migliori di noi, ombrosi e disperati com'erano, si sono sovente sorpresi, negli anni andati, che solo una cosa avrebbe potuto salvarli: un tuffo nella folla, un febbrone improvviso di interessi proletari e contadini... Qualcosa come andare verso il popolo... e non eravamo anche noi popolo? Hanno mai avuto di queste ubbie i popolani veri... Se la nostra è davvero una realtà proletaria e contadina non dovremo ostentarla come un problema e una distinzione. Basterà viverla», C. Pavese, *Il fascismo e la cultura*, in *La letteratura americana e altri saggi*, Torino, Einaudi, 1951, ristampato a Milano dal Saggiatore, 1971, pp. 220-221.

9   «Noi oggi chiediamo agli uomini di cultura – scrive Ranuccio Bianchi Bandinelli – non solo di aprire la finestra della loro turris eburnea, ma anche di essere disposti a discendere e a mescolarsi con il popolo», *Cultura e popolo*, in *Rinascita*, a. II, n. 2, febbraio 1945. Sulle pagine di *Società* si afferma, in parallelo, che l'attività degli intellettuali è «elemento essenziale e capitale, essi sono il sale della terra. Tuttavia non costituiscono una classe a sé. E guai per loro, per la loro vocazione, se tendono a costituire casta o categoria», ***, *Situazione*, in *Società*, a. I, n. 1-2, gennaio-giugno 1945. Il tema è ripreso anche sull'*Avanti!*: «Gli artisti temono di perdere nel socialismo la loro indipendenza d'ispirazione e di esecuzione, la loro libertà di scuola e di tendenza. Non vediamo perché gli artisti, che mai furono liberi, debbano paventare la perdita della loro individualità in un ordinamento sociale come quello socialista, nel quale, per dirla con Marx, il libero sviluppo di ciascuno è condizione del libero sviluppo di tutti», ***, *Parole agli artisti*, in *Avanti!*, 18 aprile 1945.

10   «Gli uomini di cultura hanno tre compiti dinanzi a loro. Uno è quello di impedire la formazione di una cultura reazionaria. Gli altri due, positivi entrambi, sono:

immedesimarsi nella vita del popolo e dare tutti i mezzi di conoscenza possibili a tutto il popolo. A risolvere questi ultimi compiti occorrerà un continuo contatto con le masse che avvenga direttamente e non attraverso la mediazione dei partiti politici», E. Vittorini, *Lotta culturale e lotta politica*, in *l'Unità*, 12 maggio 1945.

[11]   «Io credo – afferma ancora Vittorini a proposito della lotta culturale – che impostarla sullo stesso piano della lotta politica sarebbe estremamente pericoloso... Difficilmente i partiti saprebbero anteporre l'interesse culturale all'interesse politico di partito.. Bisogna che la lotta culturale sia combattuta dagli uomini stessi della cultura», ivi.

[12]   «Incorporati e costretti... nell'organizzazione unitaria del partito... gli intellettuali politicanti e dottrinari o idealisti non diventano che funzionari al servizio del partito, rappresentanti o delegati, rigidamente controllati dalla struttura democratica del movimento socialista che dev'essere il più perfetto degli indirizzi democratici», M.N. Benazzi, *Intellettuali e partito*, in *Quarto Stato*, n. 8-9, 31 maggio 1946. Si tenga presente che al dibattito sui compiti del lavoro intellettuale nella stampa socialista partecipano, a partire dal 1946, Ugoberto Alfassio Grimaldi, Enzo Forcella, Gianni Bosio, Raniero Panzieri, ecc.

[13]   «Oggi il fronte è ufficialmente costituito tra i vari gruppi di lavoro e nei vari ceti è entrato in relazione con le associazioni di cultura che hanno indirizzo progressivo... Ha accolto, diretto e studiato iniziative culturali che si annunciano radicalmente rinnovatrici. Ha costruito sezioni: per lo spettacolo, la musica, la cultura scientifica, la ricerca economico-sociale, il cinema... Chiede ai lavoratori tutti... agli intellettuali, collaborazione viva e comprensione... offre agli uni e agli altri un'opera comune: la creazione di una cultura che sia cultura di tutto il popolo italiano», A. Banfi, *Realtà della cultura*, in *l'Unità*, 15 agosto 1945.

[14]   È in questo «quasi» che differisce la mia interpretazione da quella di Romano Luperini per cui «il blocco» assume di fatto l'egemonia culturale: «Per la prima volta, nella storia del nostro paese, una cultura che voleva essere nuova, una cultura d'opposizione, non solo imponeva le proprie scelte e le proprie poetiche nel campo delle arti, ma cominciava a conquistarsi le università, annoverava nelle proprie file gli intellettuali più famosi e popolari, diffondeva le riviste più serie e autorevoli, sia militanti che scientifiche: diventava insomma la cultura», R. Luperini, *Gli intellettuali di sinistra e l'ideologia della ricostruzione*, Roma, Ed. di Ideologie, 1970, p. 45.

[15]   Pavese, già nel 1946, fa sentire ufficialmente il suo stato di malessere e sottolinea la necessità contingente del lavoro culturale: «Oggi va prendendo voga la teoria, naturalmente giusta, che all'intellettuale, e specie al narratore, tocca rompere l'isolamento, prendere parte alla vita attiva, trattare il reale. Ma è appunto una teoria. E un dovere che ci si impone per "necessità storica". E nessuno fa all'amore per teoria o per dovere», *Di una nuova letteratura*, in *Rinascita*, a. III, n. 5-6, maggio-giugno 1946 (il manoscritto è del gennaio 1946), ora anche in *La letteratura americana e altri saggi*, cit., p. 238. Ed Elio Vittorini si chiede, fin dal primo numero del *Politecnico*: «Potremo mai avere una cultura che sappia proteggere l'uomo dalle sofferenze... Una cultura che le impedisca, che le scongiuri, che aiuti a eliminare lo sfruttamento e la schiavitù, e a vincere il bisogno?», *Una nuova cultura*, in *Il Politecnico*, a. I, n. 1, 29 settembre 1945.

[16]   La storia del *Politecnico* è stata scritta piú volte e le polemiche appaiono oggi come la punta di un iceberg di portata ben piú ampia che, come effetto di breve termine, chiude non poche strade alla ricerca degli intellettuali. Della vasta bibliografia disponibile ricordo soprattutto F. Fortini, *Dieci inverni, 1947-1957*, Milano, Feltrinelli, 1957, e in particolare pp. 39-58. Dello stesso Fortini si veda anche il piú recente ripensamento *Dal Politecnico a Ragionamenti*, in *Gli intellettuali in trincea*, cit., pp. 13-18. L'intervento di Alicata *(La corrente Politecnico*, in *Rinascita*, a. III, n. 5-6, maggio-giugno 1946) è ristampato in *Scritti letterari*, Milano, Il Saggiatore, 1968, pp. 243 e sgg. Vedi anche E. Vittorini, *Gli anni del Politecnico*, in *Lettere 1945-1951*, Torino, Einaudi, 1977, pp. 189, 228, 266.

[17]   G.C. Ferretti, *Gli astratti furori del Politecnico*, in *Rinascita*, a. XXXII, n. 40, 10 ottobre 1975, p. 22. Da consultare inoltre Aa. Vv., *La polemica Vittorini-Togliatti*, Milano, Lavoro liberato, 1974. Del *Politecnico* è uscita un'antologia a cura di M. Forti e S. Pautasso, Milano, Rizzoli, 1975. Vedi anche, piú di recente, le pagine dedicate alla politica culturale di Togliatti in S. Lanaro, *Storia dell'Italia repubblicana*, cit., in part. pp. 67-79.

[18]   Lo farà poi a partire dalla guerra fredda (il volume di A. Ždanov, *Politica e ideologia*, esce nelle edizioni Rinascita del 1949), cercando peraltro di mediare il più possibile, trovando e rispettando una via italiana alla cultura, secondo la prospettiva aperta dalle opere di Antonio Gramsci: si veda L. Gruppi, Introduzione a P. Togliatti, *La politica culturale*, Roma, Editori Riuniti, 1975, pp. 26-30 e G. Vacca, Introduzione a P. Togliatti, *I corsivi di Roderigo*, Bari, De Donato, 1976 (particolarmente pp. 26 e sg).

[19]   La ristrettezza della politica culturale organizzata e dei suoi orizzonti viene denunciata da A. Pianelli, *I gruppi Rinascita per la cultura del popolo*, in *Vie Nuove*, a. II, n. 6, 9 febbraio 1947.

[20]   C. Lizzani, *L'Italia deve avere il suo cinema*, in *Il Politecnico*, a. I, n. 3, 13 ottobre 1945. Vi sono un paio di altri articoli di importanza irrilevante.

[21]   Dario Puccini osserva, per esempio, che, sia pure rapsodicamente, il cinema con grande immediatezza ha saputo cogliere lo spirito popolare della Resistenza: «La morte della donna in *Roma città aperta*, o la fucilazione del prete e del partigiano in *Il sole sorge ancora* sono due brani di vita colti nel suo senso di verità nuda: non c'è bisogno di commenti, non c'è bisogno di approfondire quell'emozione e quei personaggi. La loro logica è nell'evidenza della storia umana», D. Puccini, *C'è già un'arte della Resistenza*, in *Vie Nuove*, a. I, n. 6, 27 ottobre 1946.

[22]   È un motivo dell'articolo di Puccini ripreso ancora su *Vie Nuove* da T. Guerrini, *Lotta per l'esistenza del cinema italiano*, a. I, n. 8, 10 novembre 1946. («Si è andata lentamente formando, o è in via di formazione, una rinnovata coscienza democratica tra gli spettatori: e questo grazie al cinematografo»).

[23]   Tutto l'articolo appena citato di Guerrini è centrato su questo tema dei pericoli e delle proposte avanzate dal Pci secondo una prospettiva di economia protetta e assistita: «Il Pci ben rendendosi conto dell'importanza della cinematografia nella vita del paese, ha posto come programma immediato i seguenti obiettivi: istituzione di un organo pubblico competente a trattare i problemi del cinema... consolidamento e coordinamento di tutti gli enti pubblici cinematografici che già da oggi

costituiscono un circuito filmistico completo... assicurazione al film italiano di almeno 84 giorni di programmazione annua nelle pubbliche sale, libera costituzione
di cooperative e concessione di agevolazioni fiscali e creditizie, stipulazione di
nuovi contratti nazionali di lavoro per tutte le categorie... istituzione di uffici di
collocamento», ivi.

[24] «Oggi il cinema italiano ha trovato finalmente la sua strada e piú che di rinascita
bisognerebbe parlare di nascita che coincide con la liberazione. Oggi, il nuovo cinema italiano, che in soli due anni può già vantare tre opere mature e profondamente umane, si orienta verso un realismo etico che corrisponde alla rinascita spirituale e culturale del nostro popolo», F. Carpi, *Il cinema italiano ha solo due anni*,
in *l'Unità*, 30 marzo 1947.

[25] N. Ajello, *Intellettuali e Pci*, cit., p. 65.

[26] Due momenti sono da sottolineare, in questo quadro della politica di Togliatti:
l'intervento alla conferenza di organizzazione del gennaio 1947, in cui mette l'accento sulla via italiana al socialismo, e il rapporto al VI Congresso del Pci del gennaio 1948, in cui denuncia le *Tre minacce alla democrazia italiana* (alla pace, all'indipendenza nazionale dovuta al piano Marshall, alla libertà democratica, dovuta
alla rottura del fronte dell'unità antifascista), L. Gruppi, *op. cit.*, p. 116.

[27] Ripensando amaramente al senso di tutta l'esperienza Franco Fortini cosí ne scriveva: «Tutti gli sforzi compiuti in questi anni, ininterrottamente, per sollecitare
intellettuali e uomini di sinistra a una qualche organizzazione culturale, alla creazione di gruppi di studio... rimasero senza effetto, eccettuate quelle istituzioni (case della cultura, centro del libro popolare e simili) che consentivano, di diritto e di
fatto, uno stretto controllo ideologico di partito», F. Fortini, *Dieci inverni*, cit.,
p. 18.

[28] «È dunque gran ventura che l'anno nuovo nasca liberando il cinema italiano dal-
l'incubo che sembrava pesare sulle sue sorti: non artistiche soltanto, ma industriali... La vena continuerà a ispirarsi allo spirito del popolo, al rinnovamento irresistibile prodottosi dal basso, al sommovimento umano e sociale che la politica ufficiale non potrà mai dominare coi manganelli di Scelba», G. Puccini, *Il '48 del cinema italiano*, in *Vie Nuove*, a. III, n. 2, 11 gennaio 1948.

[29] A. Pietrangeli, *L'avvenire del cinema italiano*, in *Vie Nuove*, a. III, n. 15, 11 aprile
1948.

[30] «Oggi infatti scendono in campo, con gli squilli sfiatati di un proclama sgrammati-
cato, i "cinquecentomila iscritti all'Azione cattolica" e ci dichiarano che "per il fatto di rappresentare la vita nei suoi aspetti piú realistici il cinema espone già una
concezione piú immorale della morale stessa". E annunciano una grande manifestazione nazionale, che avrà luogo nel prossimo febbraio e sarà l'inizio della Grande Campagna... (naturalmente) contro i migliori film italiani, contro i migliori
film della scuola neorealista, come *Paisà*...», U. Barbaro, *L'Azione cattolica lavora
per Hollywood*, in *l'Unità*, 18 gennaio 1948.

[31] È questo il titolo di un appassionato articolo di Carlo Lizzani in *Vie Nuove* (a. III,
n. 47, 28 novembre 1948) che riprende, punto per punto, fin dall'enunciazione
iniziale, quanto lo stesso Barbaro aveva scritto alla vigilia delle elezioni: «La crisi è
alle porte... La cinematografia italiana mentre ha vittoriosamente conquistato i

mercati mondiali suscitando entusiastici consensi e approvazioni del pubblico e della critica internazionale, oggi sta per morire», U. Barbaro, *Difesa del nostro cinema*, in *Vie Nuove*, a. III, n. 10, 7 marzo 1948.

[32] C. Lizzani, *Difendere il cinema italiano*, cit.

[33] Bisogna naturalmente ribadire che l'azione controriformistica governativa e cattolica in ambito cinematografico non mira a spazzar via i germi comunisti (e nemmeno lo potrebbe): punta a creare piuttosto una condizione di calma piatta, di bonaccia entro la quale, pur spiegando tutte le velature e mettendo gli equipaggi al completo ai remi, sia difficilissimo muoversi e trovare anche un minimo refolo di vento favorevole.

[34] «Erano giorni d'innocenza – scrive Alfonso Gatto – e a ricordarli oggi, che si vuole corrompere anche l'ultima speranza di pace che è rimasta agli uomini, il cuore non s'arrende», A. Gatto, *Il nostro cuore non s'arrende*, in *l'Unità*, 25 aprile 1950.

[35] C. Lizzani, *Per una difesa attiva del cinema popolare*, in *Rinascita*, a. VI, n. 2, febbraio 1949.

[36] Dopo che, solo qualche mese prima, alcuni registi e uomini di cinema avevano inviato a tutta la stampa una lettera aperta in seguito alla censura a *Gioventú perduta* di Germi, in cui si denunciava la manovra repressiva in atto.

[37] *Difendiamo il nostro cinema*, in *l'Unità*, 22 febbraio 1948. Il manifesto raccoglie un ampio ventaglio di firme non solo del mondo del cinema. Tra i nomi Corrado Alvaro, Gaetano Amata, Sergio Amidei, Guido Aristarco, Umberto Barbaro, Ugo Casiraghi, Gino Cervi, Mario Camerini, Luigi Chiarini, Luigi Comencini, Giuseppe De Santis, Vittorio De Sica, Alberto Lattuada, Carlo Lizzani, Francesco Pasinetti, Glauco Viazzi, Cesare Zavattini, Vinicio Marinucci, Aldo De Benedetti, Domenico Meccoli, e il sindacato dei lavoratori del cinema.

[38] Ivi.

[39] Com'è noto, i partecipanti a questo convegno furono definiti, dall'allora ministro degli interni Mario Scelba, «quattro cialtroni del piú vieto anticlericalismo». Si ricordi anche la civile risposta di G. Petronio, *I quattro cialtroni*, in *Avanti!*, 28 maggio 1948. Per una cronaca del convegno si veda G. De Chiara, *Diagnosi preoccupante per la nostra cultura*, in *Avanti!*, 4 aprile 1948.

[40] M. Rago, *Il congresso degli intellettuali italiani a palazzo Strozzi e i suoi lavori*, in *l'Unità*, 4 aprile 1948.

[41] Fanno, in ogni caso, in questo periodo, apparizione le prime voci che richiamano al dirigismo culturale, come si vedrà assai bene in questa risoluzione del VII Congresso del partito comunista, in seguito alla quale nasce la commissione culturale del partito: «Il compito fondamentale che i comunisti oggi debbono affrontare nel loro lavoro culturale è il compito di organizzare un largo fronte democratico e nazionale della cultura, che raggruppi tutte le forze vive della cultura, le faccia uscire dal loro isolamento, assicuri loro l'appoggio attivo delle piú larghe masse popolari, ne garantisca l'efficacia rinnovatrice per la salvezza e la rinascita della cultura italiana... Al fronte della cultura le organizzazioni del partito comunista assicureranno, oltre alla partecipazione dei compagni intellettuali... quella degli organismi di partito o di massa che svolgono un'attività a carattere cultural-popolare (sinda-

cati, corali, filodrammatiche, scuole partigiane, comitati per le celebrazioni del 1948, patronati scolastici, comitati per la lotta contro l'analfabetismo, ecc.) ... Tesi di laurea o conferenze, o addirittura la fondazione di riviste e la pubblicazione di opere a carattere culturale sono sovente preparate da compagni senza che queste importanti attività vengano coordinate e, se necessario, orientate dal partito... Nella produzione culturale dei popoli sovietici e in quella dei paesi di nuova democrazia, i nostri compagni possono trovare degli apporti inestimabili alla nostra lotta per una soluzione progressiva ai problemi della cultura italiana», *Per la salvezza della cultura italiana*, 1 marzo 1948, in *VII Congresso del Partito comunista italiano*, Roma, 1951.

[42] Si veda, ad esempio, G. Berti, *Carattere di partito della nostra cultura*, in *Vie Nuove*, a. III, n. 6, 8 febbraio 1948 o *Libertà artistica e coscienza della necessità*, in *Vie Nuove*, a. IV, n. 2, 9 gennaio 1949.

[43] G. De Santis, *Piazza del Popolo, prima e dopo*, in *Cinema*, n.s., a. II, n. 9, 2 febbraio 1949, p. 261.

[44] L. Quaglietti, *Storia economico-politica del cinema italiano*, cit., p. 60. Prende avvio, proprio dal 1948, una lunga campagna politico-culturale contro il cinema americano condotta dal partito comunista attraverso i suoi rappresentanti in Parlamento e su vari organi di stampa quotidiana e specializzata. Si è occupato di questo problema S. Gundle, *Il Pci e la campagna contro Hollywood (1948-1958)*, in G.P. Brunetta, D. Ellwood, a cura di, *Hollywood in Europa*, cit., pp. 113-130.

[45] Cfr. G. Aristarco, *Sciolti dal giuramento. Il dibattito critico ideologico degli anni cinquanta*, Bari, Dedalo, 1981.

[46] Viazzi è stato una delle voci critiche del dopoguerra di maggiore apertura e intelligenza, di portata non solo nazionale; nella sua critica il rapporto tra ampiezza di interessi ed esigenze politiche contingenti e la consapevolezza critica di aver sacrificato i primi alle seconde hanno assunto un carattere drammatico, tanto da spingerlo, dopo il 1956, ad abbandonare per sempre il suo lavoro nel campo cinematografico.

[47] Si veda l'Introduzione all'antologia di scritti di Barbaro, a cura di chi scrive *(Neorealismo e realismo*, cit., pp. 11-39).

[48] «Abbiamo bisogno – scriveva Ždanov – che la nostra letteratura, le nostre riviste, non restino estranee ai compiti del momento attuale, ma aiutino il partito e il popolo a educare la gioventú nello spirito di una illimitata fedeltà nel servire gli interessi del popolo», A. Ždanov, *Politica e ideologia*, Roma, Edizioni Rinascita, 1949.

[49] E. Sereni, *Per la difesa del cinema italiano*, Roma, Uesisa, 1949.

[50] Gli atti del convegno sono stati curati da Umberto Barbaro, che ha scritto anche l'Introduzione: *Il cinema e l'uomo moderno*, Milano, Ed. di cultura sociale, 1950.

[51] G. Viazzi, *Cinema sovietico del dopoguerra*, in *Bianco e Nero*, a. X, n. 7, luglio 1949, p. 20.

[52] Provocando, con il suo atteggiamento e le sue prese di posizione non allineate con la politica culturale del partito, non pochi imbarazzi e la tendenza a usarlo solo in certe occasioni. Non a caso la rubrica cinematografica del *Contemporaneo* sarà affi-

data a Luigi Chiarini, entrato nell'area socialista e considerato piú aperto di Barbaro e piú capace di mediare sul piano del giudizio critico.

[53] Mi limiterò a ricordare la recensione alla *Caduta di Berlino* di Antonello Trombadori su *Rinascita*, a. VIII, n. 1, gennaio 1951, p. 46: «Bisognerebbe inventare un altro termine per definire uno spettacolo come *La caduta di Berlino*, tanto nuovo da superare tutte le convenzioni, i modi formali tradizionali... La verità è che qui siamo di fronte a un autentico prodotto della cinematografia sovietica, nato dalla linea della sua piú pura tradizione, che è quella epico-teorica, ispirata allo sviluppo ideologico-politico della società socialista... Un film di questo tipo non poteva non aver altra patria che l'Unione Sovietica... Al regista sovietico il socialismo fornisce oggi la possibilità di essere una figura assolutamente nuova: un grande attivista sociale, un agitatore collettivo, un ingegnere delle anime, come ha detto Stalin».

[54] È quanto hanno fatto Ruggero Guarini e Giuseppe Saltini con *I primi della classe* (Milano, Sugarco, 1978), un florilegio di mostruosità critiche della stampa comunista su vari argomenti di carattere culturale e politico. Questo tipo di operazione, fatta con esplicita volontà di ferire, mescolando moralismo, ironia e polemica ai livelli piú facili (una sorta di revival sofisticato dello stile del *Borghese* primi anni sessanta), va comunque affrontata e presa in considerazione, anzitutto per il fatto che bisogna saper scrivere e studiare per primi la propria storia, incidendo il bisturi proprio là dove il corpo storico è piú dolente, senza temere troppo il dolore che l'operazione comporta. Operazioni di bassa macelleria critica del tipo di quella di Guarini e Saltini vanno anche viste come spinte a una revisione della «storia sacra» della cultura del dopoguerra.

[55] Per quest'ultimo i disegni sui contadini siciliani del 1951 sono anche il recupero di una identità culturale dimenticata, una discesa ai padri e madri, il ricongiungimento con le proprie radici e la scoperta del potenziale rivoluzionario di un mondo ancora intatto.

[56] ***, *Crisi del cinema italiano*, in *Vie Nuove*, a. VI, n. 38, 30 settembre 1951. Del clima di questi anni offre un quadro molto ricco di capi d'accusa a carico del potere democristiano G. Aristarco in *Del senno di poi son piene le fosse*, Prefazione a *Dalla critica cinematografica alla dialettica culturale* (antologia di *Cinema Nuovo*), Firenze, Guaraldi, 1975.

[57] ***, *Crisi del cinema italiano*, in *Vie Nuove*, a. VI, n. 38, 30 settembre 1951.

[58] Su *Vie Nuove*, a. VI, n. 43, 4 novembre 1951, con il titolo *Crisi di film o crisi di produzione*.

[59] G. Puccini, *Giusta la diagnosi, ma qual è la cura*, in *Vie Nuove*, a. VI, n. 42, 28 ottobre 1951.

[60] In un'intervista al settimanale *Oggi* nel 1952 Andreotti chiarisce una volta per sempre gli obiettivi della sua linea vincente: «Macché film realisti – egli dice – facciamo film sulle virtú teologali e cardinali». «Secondo lui non deve esistere altra politica sul cinema che non quella di stretta osservanza democristiana e clericale», U. Casiraghi, *Il nostro cinema è in pericolo*, in *l'Unità*, 24 ottobre 1952. Vedi anche due interventi di C. Lizzani su *Vie Nuove*: *Crisi attuale e insegnamento del passato*, a. VII, n. 23, 8 giugno 1952 e *La via maestra per il futuro*, a. VII, n. 32, 10 agosto 1952.

[61] C. Zavattini, *Si presentano vestiti in tuta e decretano che il neorealismo è morto*, in *Vie Nuove*, a. VIII, n. 5, 1 febbraio 1953.

[62] Ivi.

[63] Dopo il convegno di Parma sul neorealismo la diagnosi che la crisi esista è accettata da tutti, anche se ancora una volta si ripete, fin dai titoli di una cronaca non firmata su *l'Unità* del 5 dicembre 1953, che *La crisi del neorealismo è crisi di libertà*.

[64] L. Visconti, *Un punto fermo dal quale non è possibile arretrare*, in *Vie Nuove*, a. VIII, n. 6, 8 febbraio 1953.

[65] Si veda tutta la polemica contro il neorealismo, e quello che viene considerato controrealismo, che si sviluppa tra il 1954 e il 1955 su *Società* e *Il Contemporaneo*: I. Pizzetti, *Neorealismo cinematografico e crisi di coscienza*, in *Società*, a. X, n. 1, gennaio-febbraio 1954; C. Muscetta, *Cinema controrealista*, in *Società*, a. X, n. 3, maggio-giugno 1954, ora in *Neorealismo, realismo e controrealismo*, Milano, Garzanti, 1976; e soprattutto L. Chiarini, *Ritratto di un'epoca*, in *Il Contemporaneo*, a. II, n. 6, 5 febbraio 1955. Per Chiarini il film di Visconti tenta una strada per far uscire il «neorealismo dal vicolo cieco in cui è venuto a trovarsi... ma un attributo come quello neorealista non gli si può dare».

[66] Ho cercato di analizzare la contraddizione tra gli appelli all'unità e la progressiva frantumazione critica nei confronti del cinema italiano da parte di *Cinema Nuovo* negli anni cinquanta in *Mito dell'unità e fratture generazionali*, in *La scena e lo schermo*, a. II, n. 3-4, dicembre 1989-giugno 1990, pp. 58-70.

[67] Farei rientrare in questo spazio di rappresentazione della crisi solo alcuni articoli che mi paiono, nella massa, piú significativi, oltre a quelli già citati di Pizzetti e Muscetta: G. Puccini, *Il neorealismo cinematografico nella cultura italiana*, in *Rinascita*, a. XI, n. 4, aprile 1954; ***, *Cinema italiano*, in *Il Contemporaneo*, a. I, n. 3, 10 aprile 1954; ***, *La legge*, in *Il Contemporaneo*, a. I, n. 4, 17 aprile 1954; ***, *I sovversivi del cinema*, in *Il Contemporaneo*, a. I, n. 37, 11 dicembre 1954.

[68] F. Fellini, *Neo-realismo*, in *Il Contemporaneo*, a. II, n. 15, 9 aprile 1955.

[69] A. Trombadori, *Padre Barry e Zampanò*, in *Il Contemporaneo*, a. I, n. 28, 16 ottobre 1954.

[70] M. Mida, *Lettera aperta a Federico Fellini*, in *Il Contemporaneo*, a. II, n. 12, 19 marzo 1955.

[71] ***, *Il Contemporaneo risponde*, in *Il Contemporaneo*, a. II, n. 15, 9 aprile 1955; P. Michel Lang, *La solitudine forte e buona*, in *Il Contemporaneo*, a. II, n. 17, 23 aprile 1955; C Lizzani, *L'evangelo dell'idiota*, in *Il Contemporaneo*, a. II, n. 18, 30 aprile 1955.

[72] F. Fellini, *L'uomo pubblico*, in *Il Contemporaneo*, a. II, n. 22, 28 maggio 1955; ***, *L'uomo sociale*, in *Il Contemporaneo*, a. II, n. 22, 28 maggio 1955.

[73] Il dibattito è integralmente riportato (a cura di S. Piscicelli) in *Materiali sul cinema italiano degli anni cinquanta*, n. 74 bis, cit., pp. 107-135: vi partecipano Filippo Maria De Sanctis, Libero Bizzarri, Saverio Vollaro, Corrado Terzi, Libero Solaroli, Umberto Barbaro.

[74] E. Cappellini, *Il cinema in Italia*, Roma, 10 giugno 1952; E. Cappellini, *La coperti-*

na di celluloide, Roma, 23 marzo 1953; M. Alicata, *Contro l'attacco americano alla cinematografia italiana*, Roma, 2 aprile 1954; E. Cappellini, *La verità sul cinema in Italia*, Roma, 8 luglio 1954; J. Busoni, *Responsabile il governo della crisi per il teatro e il cinema*, Roma, Tipografia del Senato, 20 aprile 1955; *Per la salvezza del cinema italiano* (si tratta di un progetto di legge presentato unitariamente alla Camera dei deputati da Alicata, Basso, Melloni, Berti, Corbi, Ingrao, Lombardi, Mazzali e Vecchietti), Roma, Associazione amici del cinema, 1955; M. Alicata, *Cinema e teatro vittime di 12 anni di monopolio clericale*, Roma, 21 giugno 1960.

[75] R. Renzi, *Sciolti dal giuramento*, in *Cinema Nuovo*, a. V, n. 84, 10 giugno 1956, pp. 340-342.

[76] Ivi.

[77] Le voci, nell'ordine, sono di Paolo Gobetti, *Confessioni di un critico comunista*, n. 95; C. Cosulich, *Il rapporto G*, n. 100; P. Gobetti, *Ragioni di una confessione*, ivi; R. Redi, *Attualità di Lukács*, n. 101; M. Mida, *Perché sono morte le cooperative*, ivi; L. Chiarini, *I grimaldelli e gli pseudocritici*, n. 107; G. Vento, *Il colloquio con la realtà*, n. 111; C. Mangini, *False interpretazioni del realismo*, n. 112; V. Caldiron, *Lettera al direttore*, n. 113; U. Barbaro, *Zero in condotta e zero in profitto*, n. 117; F. Bolzoni, *I nemici della cultura*, n. 118; I. Calvino, G. Visentini, L. Solaroli, *Tre interventi nel dibattito*, nn. 120-121; F. Valobra, *Pifferi e torri d'avorio*, n. 122; G.C. Castello, *Un bersaglio di comodo*, n. 122; G. Viazzi, *Risultato di una posizione affettiva*, n. 125; P. Gobetti, *Per riconquistare la sufficienza*; e l'intervento conclusivo di Renzi sul n. 129: *Un mito: epifania e quaresima*. Il dibattito è stato ripubblicato per intero nei quaderni della Mostra del cinema di Pesaro, n. 74 bis *(Materiali sul cinema italiano degli anni cinquanta*, 1978, pp. 136-202) e di recente da Guido Aristarco, come si è già detto, che vi ha premesso un'ampia introduzione: *Sciolti dal giuramento. Il dibattito critico-ideologico sul cinema degli anni cinquanta*, cit.

[78] Tutto il dibattito è stato raccolto in un'edizione fuori commercio da Giuseppe Vacca (Roma, Rinascita-Editori Riuniti, 1978) dal titolo *Gli intellettuali di sinistra e la crisi del 1956*.

[79] P. Gobetti, *Confessioni di un critico comunista*, in *Cinema Nuovo*, a. V, n. 95, 1° dicembre 1956.

[80] In questo senso la lettura che ne dà oggi Aristarco centra gli elementi più incandescenti del dibattito e li dispone in un quadro di rapporti storicamente pertinente.

[81] Si veda l'interpretazione politica data da Pietro Ingrao nel saggio *L'indimenticabile 1956*, ora in *Masse e potere*, Roma, Editori Riuniti, 1977, pp. 101-154.

[82] Per i comunisti si vedano gli orientamenti e le interpretazioni dati da P. Togliatti, ora raccolti in *Problemi del movimento operaio internazionale*, 1956-1961, Roma, Editori Riuniti, 1962, e per i socialisti P. Nenni, *Le prospettive del socialismo dopo la destalinizzazione*, Torino, Einaudi, 1962.

652   Note

Stati Uniti e Italia: uno sguardo telescopico

¹ Ho ulteriormente approfondito in questi ultimi anni il tema dell'americanizzazione cinematografica del dopoguerra nel saggio *La lunga marcia del cinema americano in Italia tra fascismo e guerra fredda*, in *La scena e lo schermo*, a. I, n. 1-2, 1988-1989, pp. 29-48 ora ripreso in *Hollywood in Europa*, a cura di G.P. Brunetta e D. Ellwood, cit.

² Si tratta di una lettera conservata ai National Archives nella sede di Suitland, Maryland, d'ora in poi *NAS, Records of the Historian Records of the OWI*; area I – Italy, Box n. 208.

³ Per un'interpretazione generale di questo problema e soprattutto per una documentazione della trasformazione della politica alleata e americana nei confronti dell'Italia, cfr. D.W. Ellwood, *L'alleato nemico*, cit., e la ricca bibliografia (pp. 15-25). Dello stesso Ellwood *Nuovi documenti sulla politica istituzionale in Italia*, in *Italia contemporanea*, a. XVI, n. 119, 1975. Inoltre A. Rossi, *La politica degli alleati verso l'Italia*, in *Storia contemporanea*, a. III, n. 4, 1972, ripreso in *L'Italia tra tedeschi e alleati: la politica estera fascista e la seconda guerra mondiale*, a cura di R. De Felice, Bologna, Il Mulino, 1973. Importante infine il saggio di J.E. Miller, *Carlo Sforza e l'evoluzione della politica americana verso l'Italia 1940-1943*, in *Storia contemporanea*, a. VII, n. 4, 1976, pp. 825-843.

⁴ E. Di Nolfo, *Documenti sul ritorno americano in Italia nell'immediato dopoguerra*, in *Gli intellettuali in trincea*, cit., p. 133. Dello stesso autore un contributo più ampio in cui la strategia politico-economica americana è osservata sul piano europeo: *La diplomazia del cinema americano in Europa nel secondo dopoguerra*, in *Hollywood in Europa*, cit., pp. 29-39.

⁵ A questo proposito, nello stesso gruppo di documenti degli archivi di Suitland vedi i due piani datati 23 ottobre 1944 e 6 marzo 1945, con analisi delle condizioni di vita materiale del paese e piani molto articolati per l'uso dei media.

⁶ Per le caratteristiche e la discussione di questi limiti dell'OWI si veda A. Winkler, *The Politics of Propaganda*, in *The Office of War Information, 1942-45*, Yale, New Haven, 1978, e anche il saggio di Clayton Koppes e Gregory Black, *What to show the World: the OWI and Hollywood*, in *Social Science Working Paper*, California Institute of Technology, n. 114, March 1976, pp. 1-44.

⁷ Un ottimo lavoro americano sulla conquista da parte dell'industria hollywoodiana dei mercati europei è di T.H. Guback, *The International Film Industry, Western Europe and America, since 1945*, cit. Il contributo più recente sulle strategie europee dell'industria hollywoodiana è di I. Jarvie, *The Postwar Economic Foreign Policy of the American Film Industry, Europe 1945-1950*, in *Film History*, a.IV, n. 4, 1990, pp. 277-288.

⁸ Avevo già anticipato in parte questo capitolo nella relazione al convegno sul cinema degli anni cinquanta, dal titolo *Stati Uniti e Italia: uno sguardo telescopico*, raccolta in *Cinema italiano degli anni cinquanta*, cit., pp. 65-74.

⁹ Per un'analisi comparata delle strutture produttive e narrative italiane e americane

vedi R. Campari, *Hollywood-Cinecittà il racconto che cambia*, Milano, Feltrinelli, 1980.

[10]   Cfr. il II volume, pp. 334-345. Segnalo – anche se tuttora inedito – l'importante contributo ricco di ulteriori indicazioni e fonti documentarie (tra cui l'indicazione dei documenti sui rapporti tra padre Morlion e i servizi segreti americani) di E. Di Nolfo, *La storia del dopoguerra italiano e il cinema neorealista: intersezioni* (negli atti ciclostilati di un convegno sul neorealismo promosso nel 1989 dalla Fondazione Agnelli di Torino).

[11]   *NAS*, RG84, File n. 824, Box n. 113, vol. XXV, lettera di J. Rives Childs del 17 agosto 1944.

[12]   Questo è anche il succo di un rapporto sul tentativo di far rinascere l'industria cinematografica italiana, redatto, per l'esercito, dal capitano George Boyce: «Benché tutti desiderino la rinascita dell'industria cinematografica italiana (con la sola eccezione di pochi che vedono maggiori possibilità di guadagno nell'importare film americani), non c'è unità d'intenti sui modi con cui attuare questa riorganizzazione», J.G. Boyce, *Declining Popularity of US Films and Italian Film Industry*, 22 dicembre 1944, *NAS*, RG, 226, Records of the Office of Strategic Services, n. 108.084.

[13]   La lettera di Spataro è datata 24 settembre 1944. *NAS*, CC – 527 –10.000 136-527.

[14]   I sovietici chiedono agli americani di potersi servire dei loro canali per la distribuzione di film di propaganda. Gli americani prendono tempo, visibilmente in imbarazzo, fino a che decidono di concedere l'uso di due automobili (tramite un italiano, Giovanni De Berardinis). La lettera definitiva viene firmata il 18 ottobre 1944 da M.S. Lush della Commissione alleata di controllo.

[15]   In *NAS*, RG, File n. 824, 840.6, Box n. 113.

[16]   La lettera, datata 6 novembre 1944, è scritta da F.W. Allport dell'MPAA all'attaché commerciale Charles Livingwood. Fa parte del gruppo dei documenti catalogati RG84... ed è raccolta nel vol. XXV, come tutti i documenti del 1944.

[17]   La lettera di Bonomi è citata, in modo piú ampio, anche da E. Di Nolfo in *Documenti sul ritorno del cinema americano in Italia nell'immediato dopoguerra*, cit., p. 135.

[18]   In una lettera del 3 febbraio 1945, come si è già ricordato nel primo capitolo, indirizzata al segretario di Stato americano da parte di Kirk, si riporta la notizia del giornale italiano *Star*, secondo cui il primo film prodotto dalla liberazione di Roma si chiamerà *Città aperta* e si annunciano i lavori in corso di altri tre film. E a ruota segue il telegramma del PWB, in data 16 febbraio, in cui, sempre partendo dalla medesima fonte, si parla dei tre film in corso di lavorazione.

[19]   Pp. 40-45. Negli archivi di Washington non vi sono materiali ulteriori che si riferiscano a un'azione dall'esterno per manovrare i lavori della commissione.

[20]   Cfr. E. Di Nolfo, *Documenti sul ritorno del cinema americano in Italia nell'immediato dopoguerra*, cit., p. 140.

[21]   Ivi.

[22]   Il primo programma comprende, dopo la partenza dagli Stati Uniti, tappe in In-

ghilterra, Francia, Belgio, Germania. L'Italia non è prevista, ma la variazione del programma risulta la vera mossa vincente. Il testo è tradotto interamente nel numero di settembre 1980 della rivista *Mezzosecolo* e in parte nel n. 2, ottobre 1980, del *Nuovo spettatore*.

[23] Sono Barney Balaban per la Paramount, Sidney Buchman e Harry Cohn per la Columbia, Lester Cowan per la produzione omonima, B.J. Mannix per la Mgm, Clifford Peter Work per l'Universal, Darryl F. Zanuck per la Twentieth Century Fox, J.L. Warner per la Warner Bros, e altri rappresentanti dell'esercito (OWI, ecc.), che si sono occupati della propaganda attraverso lo spettacolo.

[24] Già nel citato rapporto dell'OWI del 23 ottobre 1944 si tentava di osservare globalmente il problema economico e di aver presenti le difficoltà maggiori per la popolazione.

[25] Per il ruolo di M. Taylor nella politica vaticana a cavallo della seconda guerra, si veda la documentazione a cura di E. Di Nolfo, *Vaticano e Stati Uniti (1939-1952)*, Milano, Angeli, 1978.

[26] Il testo è riportato anche in E. Baragli, *Cinema cattolico*, cit., pp. 102-104. Ne ho accettato la traduzione con qualche variante.

[27] Già in settembre sono nominati i rappresentanti per l'Italia di tutte le majors: Armando Massimelli per la Mgm, Emanuele Zama per l'Universal, Mario Luporini per la Twentieth Century, Bruno Fuks per la Rko, Pilade Levi per la Paramount, Mario Zama per la Warner, Fred Muller per la United Artists, Michele Lauria per la Columbia.

[28] Daterebbe ai primi di dicembre del 1945, secondo questo documento, e non al febbraio '46, come indica Quaglietti *(Storia economico-politica del cinema italiano*, cit., p. 45), questo primo tentativo da parte italiana di attirare l'attenzione governativa creando una sorta di incidente doganale.

[29] E. Di Nolfo, *Documenti sul ritorno del cinema americano in Italia nell'immediato dopoguerra*, cit., p. 142, cita anche un dispaccio di Kirk a Washington, del 13 dicembre, in cui si lamenta il blocco delle casse in dogana e si parla di problemi piú generali.

[30] *NAW*, 865, 4061/MP.11-1645 ed è datato 3 novembre 1945.

[31] La richiesta non ufficiale di congelamento dei profitti, avanzata dal governo (preoccupato da possibili squilibri per la lira) a difesa della bilancia dei pagamenti, viene accolta dal dipartimento di Stato senza sollevare obiezioni di fondo.

[32] «L'Italia – ricorda Di Nolfo *(Documenti sul ritorno del cinema americano in Italia nell'immediato dopoguerra*, cit., p. 142) – aveva problemi drammatici di importazione dall'estero di merci ben piú importanti dei film; doveva importare carbone, farina e generi alimentari che permettessero la ripresa industriale. In questi termini la situazione della bilancia dei pagamenti era in una situazione drammatica, che veniva compensata da un certo tipo di aiuto finanziario concesso attraverso canali internazionali dagli Stati Uniti. Come disfare con una mano ciò che si faceva con l'altra?». Per questi aspetti vedi anche Aa. Vv., *Italia e Stati Uniti durante l'amministrazione Truman*, Milano, Angeli, 1976.

[33] T. Guerrini, *Lotta per l'esistenza del cinema italiano*, in *Vie Nuove*, a. I, n. 8, 10 novembre 1946.

[34] E. Di Nolfo, *Documenti sul ritorno del cinema americano in Italia nell'immediato dopoguerra*, cit., p. 143. Mi sono servito, a piú riprese, per tutta questa parte di documenti, del tipo di lettura già fatta da Di Nolfo, a cui devo la segnalazione di questi materiali. Benché in seguito abbia potuto reperire e consultare una quantità assai piú ampia di documenti, credo che la linea di lettura, la scelta critica e l'attenzione verso certi documenti siano da condividere pressoché del tutto. In questi ultimi anni attraverso una serie di convegni e di ricerche estese a tutto il territorio europeo si sta lavorando, da parte di un gruppo di storici, ad un progetto di confronto e analisi comparata tra le diverse reazioni da parte dei paesi europei vincitori e vinti all'americanizzazione cinematografica. Oltre al citato volume *Hollywood in Europa* segnalo almeno P. Sorlin, *European Cinemas European Societies*, London, Routledge, 1991; R. Willett, *The Americanisation of Germany*, London, Routledge, 1989; P. Swann, *The Hollywood Feature Film in Postwar Britain*, London, Routledge, 1987; B. White, *Britain Detente and Changing East-West Relations*, London, Routledge, 1992.

[35] *NAW*, 865, 4061/MP.6-846, CS/RH.

[36] Gerald Mayer, per la MPAA, scrive a George Canby, della Division of Communication del dipartimento di Stato, due lettere (27 febbraio e 27 marzo). La risposta di Canby è dell'8 aprile. *NAW*, 865, 4061/MP.1-2747.

[37] Si veda la lettera del dipartimento di Stato all'ambasciata di Roma del 5 giugno 1947, *NAW*, 865, 4061/MP.5-747.

[38] Le motivazioni sono ampiamente discusse in due lettere: una circolare del rappresentante europeo dell'MPAA, in cui è riportato il testo della lettera inviata al conte Zorzi, e una lettera al segretario di Stato, del 18 luglio, in cui si chiariscono i reali motivi economici e diplomatici. *NAW*, 865, 4061/MP.7-1847.

[39] *NAW*, 865, 4061/MP.9-847.

[40] Vedi il telegramma d'ambasciata n. 1941 del 12 luglio e successiva smentita, in una lettera del 6 agosto, in cui si dice che il governo italiano ha deciso di alleggerire le tasse, *NAW*, 865, 4061/MP.8-647.

[41] Tra i rappresentanti italiani Italo Gemini, Proia e Monaco per l'Anica, Cossa e Dainelli per l'ufficio del ministero degli esteri, Vincenzo Calvino, Annibale Sicluna e Orta.

[42] *RCS*, 840-6 MP., Box n. 207.

[43] È questo il sunto di una lettera indirizzata da F. McCarthy dell'MPAA al segretario di Stato. RG. 840.6, Italy MP., Box n. 200.

[44] Per questo vedi R. Faenza, M. Fini, *Gli americani in Italia*, cit., pp. 288-293.

[45] RG, 840.6, Italy MP., Box n. 200, n. 1457.

[46] A conclusione del viaggio, Frank McCarthy, che ha accompagnato Johnston, invia al ministro italiano degli affari esteri e al sottosegretario alla presidenza del consiglio una lettera in cui si propongono modifiche e emendamenti per l'anno successivo, in previsione della nuova legge. Anzitutto si chiede lo sblocco dei capi-

tali e in secondo luogo la liberalizzazione completa delle lire a disposizione nei conti italiani, *NAW*, 865, 4061/MP.11-248.

[47] La lettera confidenziale è inviata all'ambasciata di Roma da Lovett del dipartimento di Stato il 3 dicembre (*NAW*, 865, 4061/MP.11-248).

[48] E. Sereni, *Per la difesa del cinema italiano*, cit., p. 9.

[49] Copie relative alle singole città si possono trovare negli archivi di massima delle prefetture e questure locali.

[50] «Troppo favore – si trova scritto in una lettera da Roma al segretario di Stato dell'8 settembre 1949 – è stato incontrato per l'annunciata distribuzione del film *La via del tabacco*. Meglio impedirne l'importazione in Italia perché il film può avere un ruolo sfavorevole nella propaganda anticomunista». In questo caso i diritti del film erano già stati ceduti a un distributore svizzero, Robert Weil.

[51] Ne discute ampiamente Quaglietti nella citata *Storia economico-politica del cinema italiano*, cap. IV, Gli *accordi italo-americani*, pp. 95 e sgg.

[52] Già nel 1948, comunque, era stata diffusa una nota verbale del ministero degli esteri in cui si parlava di regole di restrizione per le proiezioni private, ma si allegava una precisazione, da parte del dottor De Tommasi della Direzione generale dello spettacolo, che diceva non esservi problemi di alcun tipo.

[53] *NAW*, 865, 4061/MP.8-1549.

[54] *Overseas Information Programs ot the United States*, part 2, Committee on Foreign Relations, United States Senate, Washington. Government Printing Office, 1953, pp. 213 e sgg.

[55] La testimonianza di Free va da p. 457 a p. 467 dell'opera citata.

Le stagioni dell'associazionismo

[1] «L'Acci – scrive *Film d'oggi* – a sette mesi dalla fondazione dell'associazione ha davanti a sé un duro e fattivo lavoro. È previsto un vivace scambio con paesi stranieri e l'irraggiamento di sedi periferiche in altre città d'Italia. E non è detto che all'Acci non debbano aprirsi, in futuro, campi piú vasti, per legare in modo concreto e durevole il cinema al popolo, per far sí che fra gli piú stretti legami si stabiliscano tra gli spettatori e gli autori del film», *Si riparla dell'Acci*, in *Film d'oggi*, a. I, n. 2, 16 giugno 1945, p. 2. Dell'Acci e della sua evoluzione successiva in Circolo romano del cinema, parla Callisto Cosulich, *Il Circolo romano del cinema nel quadro del cinema degli anni cinquanta*, in *Cinema italiano degli anni cinquanta*, cit., part. pp. 335-336. Dello stesso Cosulich vedi il piú recente e dettagliato contributo per la voce *Associazionismo*, in *Lessico zavattiniano*, Venezia, Marsilio, 1992, pp. 3-30.

[2] L'inaugurazione cade il 24 dicembre 1944 con il film *Cirk* di Grigorij Aleksandrov, proiettato al cinema Attualità, in via Borgognona.

[3] Il dibattito si svolge il 7 gennaio 1945 al cinema Attualità di Roma. I testi sono riportati integralmente sul secondo numero del settimanale *Star* del 1945.

⁴ I piú recenti saggi che tentano di dar ordine a una materia ricca di dati ancora confusi e dispersi e mai studiati in maniera organica sono C. Cosulich, *Neorealismo e associazionismo: 1944-1953: cronaca di dieci anni*, in *Il neorealismo cinematografico italiano*, cit., pp. 90-97; V. Tosi, *I circoli del cinema e l'organizzazione del pubblico* e il citato lavoro di Cosulich sul Circolo romano del cinema, entrambi in *Cinema italiano degli anni cinquanta*, cit., pp. 322-340. Del significato culturale del fenomeno uno dei primi ad accorgersi è Luigi Chiarini: cfr. *Cinema quinto potere*, cit., pp. 182-190.

⁵ C. Cosulich, *Neorealismo e associazionismo*, cit., p. 93.

⁶ «Ho visto coi miei occhi – ricorda Cesare Zavattini – cambiare la faccia di un paese con la nascita di un circolo del cinema, giovani e anziani si animavano improvvisamente e cominciavano a discutere. Ho visto aspettare con ansia l'arrivo di un nuovo film e il nuovo film lasciare dietro di sé un'idea, un sentimento, qualche cosa che prima non c'era, e centinaia di abitanti di quel piccolo paese, che prima andavano a vedere i film con il bisogno di entrare nel giro dei giudizi del mondo di sentirsi membri di una collettività dove chi fa qualche cosa la fa sempre come in rapporto agli altri», cit. da Filippo Maria De Sanctis, *Il ventennale della Ficc*, in *Occhio critico*, a. II, n. 4, luglio-agosto 1967, p. 7. Sulla costituzione dei gruppi culturali vedi M.S. Olmsted, *I gruppi sociali elementari*, Bologna, Il Mulino, 1963. Il fenomeno e al suo *epos*, alle sue speranze e alla sua diffusione ho dedicato un capitolo dalla parte dello spettatore in *Buio in sala*, Venezia, 1989 (*Chanson des cinéclub*, pp. 265-284).

⁷ G. Fink, *Il cerchio e la cesura*, in *Il cinema italiano degli anni cinquanta*, cit., p. 244.

⁸ E. Rossetti, *I circoli del cinema*, in *Filmcritica*, a. I, n. 1, dicembre 1950, p. 24.

⁹ ***, *Il cinema italiano si difende con la dittatura?*, in *Intermezzo*, 15 marzo 1948, p. 3.

¹⁰ E. Rossetti, *I circoli del cinema*, cit., p. 23.

¹¹ La cifra è offerta dal *Bollettino dell'Uicc*, pubblicato in *Cinema*, a. V, n. 81, 1 marzo 1952, p. 118.

¹² Nel primo numero del *Notiziario* del Circolo del cinema di Verona aderente all'Uicc, oltre a una significativa premessa in cui si sostiene l'autonomia dell'iniziativa dalla sfera politica, va segnalato il bilancio del programma dei primi sette anni di vita del circolo stesso con i titoli di tutti i film presentati. Il *Notiziario* è pubblicato nel 1954. I registi spaziano da Aleksandrov, Alessandrini, Allegret, Antonioni e Autant-Lara, fino a Zecca, Zeman, Zguridi (Aleksandr) e Zurlini e, negli oltre trecento titoli, si nota un largo spazio concesso al documentario.

¹³ La lettera, firmata dal presidente Franco Antonicelli, è del 22 marzo 1951.

¹⁴ V. Tosi, *I circoli del cinema e l'organizzazione del pubblico*, cit., pp. 322-323.

¹⁵ La prima chiamata a raccolta si può considerare l'articolo di V. Spinazzola e B. Vigezzi, *Necessità di un collegamento tra i cineclub universitari*, in *Cinema*, a. IV, n. 65, giugno 1951, p. 358, e il primo convegno nazionale dei centri universitari aderenti all'Unuri si tiene a Genova dal 26 al 29 luglio 1953. I testi dei lavori sono in *Cinema e università. Primo convegno nazionale dei Cuc*, Roma, Unuri, 1963.

¹⁶ Il problema subisce spinte successive, anche se, per quanto riguarda l'università, è

rinviato in toto alla fine del decennio successivo. Si veda, in questo contesto, l'editoriale di *Cinema Nuovo, Cinema e università,* a. II, n. 25, 15 dicembre 1953, p. 359.

[17]   Sui limiti piú generali del lavoro culturale di questi anni e sulla incapacità di collegare l'analisi generale dei testi con i contesti piú pertinenti, si veda soprattutto G.C. Ferretti, *Il mercato delle lettere,* Torino, Einaudi, 1979, in cui si parla anche della critica cinematografica e dei ritardi degli strumenti di analisi di fronte all'evolversi delle caratteristiche dei mass-media.

[18]   V. Tosi, *Dalla Puglia all'Emilia,* in *Cinema,* a. V, n. 80, 15 febbraio 1952, p. 86.

[19]   «Il programma del secondo periodo di attività del circolo comprende: 1) Corso su l'*Evoluzione della teorica del film* tenuto da Guido Aristarco in 8 lezioni presso la facoltà di lettere dell'università... Corso su *Breve panorama storico del film* tenuto da Glauco Viazzi in 10 lezioni... Discussioni su *I film del mese,* tenute presso l'università Bocconi... Serie di *Capolavori della storia del cinema,* proiettati in passo ridotto presso l'università Bocconi». Il programma è riportato per intero in *Cinema,* a. IV, n. 59, 1 aprile 1951, p. 183.

[20]   Non ho difficoltà a concordare con Tosi (*I circoli del cinema e l'organizzazione del pubblico,* cit., p. 325): per ampiezza dell'iniziativa, per partecipazione di pubblico e numero di film proiettati, la rassegna di Livorno può considerarsi ancor oggi come il primo tentativo di revisione del cinema italiano dall'invenzione del sonoro alla nascita del neorealismo. Il saggio originale di Pietrangeli, *Panoramique sur le cinéma italien,* esce nei nn. 13-20 della *Revue du cinéma,* 1948-49, pp. 10-53. E l'impostazione di questo sguardo sul cinema italiano, e sul filo rosso che ne congiunge la storia dal muto al neorealismo, viene mantenuta e riproposta in tutti i cicli simili organizzati, anche su scala minore, in altre città d'Italia. Vale la pena ricordare, anche a titolo d'esempio, il programma annuale del Circolo del cinema di Genova del 1954, in cui si ripercorre quasi passo per passo l'impostazione data da Pietrangeli. I film presentati da marzo a giugno sono: *Assunta Spina* di Serena, *Petrolineide* (con brani del *Nerone* di Blasetti e del *Medico per forza* di Campogalliani), *Gli uomini che mascalzoni* di Camerini, *1860* di Blasetti, *Uomini sul fondo* di De Robertis, *La peccatrice* di Palermi, *I bambini ci guardano* di De Sica, *Quattro passi fra le nuvole* e *Giorni di gloria* di Serandrei, *Roma città aperta* e *Paisà* di Rossellini, *Caccia tragica* di De Santis, *Sciuscià* e *Ladri di biciclette* di De Sica e *La terra trema* di Visconti. I film saranno presentati da Giulio Cesare Castello, Callisto Cosulich, Tullio Cicciarelli, che collaborano con saggi e articoli alla redazione di un opuscolo *(Rassegna del realismo italiano),* in cui appaiono anche articoli di Aristarco e Kino Marzullo, critico cinematografico delle pagine genovesi dell'*Unità.*

[21]   ***, *Cinema ungherese ieri e oggi,* in *Quaderni della Ficc,* n. 2, 1951.

[22]   U. Casiraghi, *Cinema cecoslovacco ieri e oggi,* in *Quaderni della Ficc,* n. 3, 1951.

[23]   Vedi l'editoriale *La politica dei Borboni* e l'articolo di C. Bertieri, *Non ancora matura l'unificazione,* in *Cinema,* a. VI, n. 118, 30 settembre 1953, pp. 157-159.

[24]   La lettera è pubblicata in *Cinema,* a. VI, n. 122, 30 novembre 1953, p. 280.

[25]   *La rivolta contro i Borboni,* in *Cinema,* n.s., a. VII, n. 131, 15 aprile 1954, p. 189.

[26]   Nel 1953 la Ficc aveva avviato tentativi di coordinamenti di lavoro con l'Unuri:

vedi il comunicato stampa sul numero 106 di *Cinema*, a. VI, marzo 1953, p. 106, o l'articolo di G. Tesi, *Invito al dialogo*, in *Cinema*, a. VII, n. 141, 10-25 settembre 1954, p. 562. L'ultimo tentativo di riallacciare i rapporti tra le diverse organizzazioni (Ficc, Unuri e gli stessi cineforum) e l'Uicc viene fatto nei primi mesi del 1954. Le fasi di questi tentativi e l'irrigidimento dell'Uicc, in base a motivi che appaiono chiaramente pretestuosi, sono documentati nel *Notiziario mensile dei circoli del cinema*, n. 1, maggio 1954.

[27] In generale lo statuto si richiama «alla concezione del mondo nata dalla conoscenza intima dell'uomo e di Dio, dalle rivelazioni dell'antico e del nuovo testamento, con le evidenze perenni della filosofia realista, che appartiene all'essenza della cultura greca e latina», *I cineforum e la cultura*, in *Cinema*, a. VI, n. 121, 15 novembre 1953, p. 275.

[28] Il testo dice tra l'altro: «L'assemblea denuncia le sistematiche inframettenze politiche, che vengono esercitate contro una cultura cinematografica libera, sia dall'esterno ad opera della burocrazia statale... sia dall'interno, per effetto di una massiccia opera di propaganda promossa dal partito comunista, mediante un sistema di clientele e favoritismi personali, a cui purtroppo partecipano e comunque sottostanno numerosissimi esponenti della produzione e della critica cinematografica e che tende a indirizzare l'attività critica e informativa verso una mitologia chiaramente ispirata alle direttive della politica culturale del Pci». Il testo è riportato sulla *Fiera letteraria* del 21 novembre 1954 e ripreso da Luigi Chiarini in Il *terrorismo ideologico*, in *Cinema Nuovo*, a. III, n 48, 10 dicembre 1954, p. 367.

[29] Penso a quanto scriveva nella prefazione a *Dieci inverni*, cit., p. 18, Franco Fortini, a proposito di tutta la prima stagione dell'engagement letterario del dopoguerra: «Quanti inutili carteggi, e conversazioni e conferenze, quanti inutili incontri e viaggi, quanti scoraggiamenti».

[30] Un primo bilancio importante viene fatto nel 1954 da Vittorio Spinazzola: «Il cineclub si propone normalmente l'obiettivo di proiettare e discutere i film migliori, i film d'arte del presente e del passato... cosí come è stato concepito oggi esso non può non essere fatto di élites: élites larghe fin che si vuole, data l'immensa popolarità del cinema, ma sempre minoranze, – incapaci di una seria influenza sulla preparazione ideologica e culturale delle masse di spettatori, sia sulla produzione di film... Non si fa opera culturalmente valida badando solo al film d'arte e comunque ignorando completamente l'esistenza di una sterminata serie di film i quali costituiscono il principale alimento intellettuale per migliaia e migliaia di persone. Film come *Catene* e *Il bacio di una morta* hanno un'importanza enorme per il mondo culturale e morale di grandi masse di spettatori... non basta liberarsene con ironia e sovrano disprezzo», V. Spinazzola, *Circoli del cinema e organizzazione della cultura*, in *Cinema Nuovo*, a. III, n. 44, 10 ottobre 1954, pp. 208-209.

[31] Cfr. M. Melino, *Educazione degli adulti e circoli del cinema nella situazione storica italiana e nella pedagogia moderna*, in *La cultura popolare*, giugno 1959 e F.M. De Sanctis, *Organizzazioni di attività cinematografiche a scopi di cultura popolare*, ivi.

[32] Il dibattito è interamente ciclostilato e contiene importanti ricordi autobiografici da parte di registi e intellettuali ed è un'esemplare testimonianza di come potesse esser condotto, al piú alto livello, un dibattito cinematografico in quegli anni (mi riferisco a tutto il dialogo, che si sviluppa a partire dalla richiesta, avanzata da

Tommaso Chiaretti, di sapere dove va il protagonista del film all'indomani del 25 luglio, e dalla domanda che a sua volta Zurlini pone a Chiaretti per sapere da lui dove fosse andato dopo quella data...)

Il cinema a Valeggio sul Mincio

[1] Da questo capitolo ha preso avvio la ricerca sullo spettatore che ha prodotto *Buio in sala*, Venezia, Marsilio, 1989 a cui rinvio per una piú ampia documentazione e trattazione dell'argomento.

[2] R. Durante, *Tutto il teatro a Malandrino*, Roma, Bulzoni, 1977, pp. 44-45.

[3] «Al Lux c'era un film con Totò, e Tommaso e Irene andarono a farsi quattro risate. Ci stettero per piú di due orette, perché si vollero rivedere un'altra volta il primo tempo», P.P. Pasolini, *Una vita violenta*, Milano, Garzanti, 1959, p. 238.

[4] In *Natale al campo 119* di Pietro Francisci (1949) la madre del prigioniero siciliano gli scrive una lettera in cui gli racconta che la sua fidanzata Nunziatina è *morta* (almeno per lui): «Fu veduta, con le sue disgraziatissime sorelle al cinematografo... Ti saluta, mio disgraziatissimo e cornutissimo, la tua madre». Molto intensi, in questo senso di affascinazione e peccaminosità, i ricordi delle esperienze cinematografiche nell'anteguerra a Rimini di Federico Fellini: «In quella calda cloaca di ogni vizio che era il cinema di allora, c'era la maschera Madonna (da noi si dice Madonnaccia al posto di Cristianaccio, per dire un omaccione grande e grosso). L'aria veniva ammorbata da una sostanza dolciastra e fetida, spruzzata da quella maschera. Sotto lo schermo c'erano le pancacce. Poi, uno steccato, come nelle stalle divideva i "popolari" dai "distinti". Nel buio, noi tentavamo di entrare nei "distinti" perché là c'erano le belle donne, si diceva. Ma venivamo agguantati dalla maschera che stava nell'ombra e spiava da una tenda: sempre tradita, tuttavia, dalla brace della sua sigaretta, che si vedeva nel buio», F. Fellini, *Fare un film*, Torino, Einaudi, 1980, p. 31. Il cinema per lui è ancora parte della civiltà del buio. Nel 1967, Fellini ritorna a Rimini e si accorge dell'avvento di una nuova civiltà portata dalla diffusione della luce: «Questa che vedo è una Rimini che non finisce piú. Prima, intorno alla città, c'erano molti chilometri di buio... ora il buio non c'è piú. Ci sono invece quindici chilometri di locali, di insegne luminose: e questo corteo interminabile di macchine scintillanti, una specie di via lattea disegnata con i fari delle automobili. Luce, dovunque: la notte è sparita, si è allontanata nel cielo e nel mare», ivi, p. 36. Per quanto riguarda il senso di modificazione di una cultura, alcune delle righe piú pregnanti sono state scritte da Giaime Pintor: «Il cinema entrò nella nostra vita come una presenza insostituibile; cresciuto con la nostra stessa giovinezza ci insegnò a vedere e a comporre secondo nuove misure, modificò la storia e la geografia dei nostri cervelli, fu insieme scuola e polemica, divertimento e mitologia. In questo sforzo di espansione la sua importanza era soprattutto sociale», G. Pintor, *Il sangue d'Europa*, Torino, Einaudi, 1975, pp. 156-157.

[5] A. Zanzotto, *Ipotesi intorno alla Città delle donne*, in F. Fellini, *La città delle donne*, Milano, Garzanti, 1980, p. 26.

[6]   Si veda in particolare la voce curata da A. Costa e M. Brusatin per il XIV volume dell'*Enciclopedia*, Torino, Einaudi, 1982, e i due volumi di J. Baltrusaitis, *Anamorfosi*, Milano, Adelphi, 1978, nonché *Le miroir*, Paris, Elmayan, 1978.

[7]   A quanto mi risulta, esiste una sola ricerca sistematica, condotta con criteri sociologici e con l'aiuto di un elaboratore, per l'interpretazione dei dati raccolti nel periodo preso in considerazione e questa ricerca non ha poi avuto ulteriori sviluppi. Si tratta dell'inchiesta, realizzata in due anni di ricerche prima in un paese della Sardegna (Thiesi) e poi a Scarperia, un paese della provincia di Firenze, sul comportamento del pubblico cinematografico: L. Pinna, M. McLean, M. Guidacci, *Due anni col pubblico cinematografico*, Roma, Ed. Bianco e Nero, 1958. L'inchiesta è stata pubblicata in precedenza su *Bianco e Nero*, tra la fine del 1956 e il 1958.

[8]   Per un maggiore approfondimento rinvio, oltre che a *Buio in sala*, al capitolo del citato *Schermi e ombre*, a cura di M. Livolsi, pp. 195-212.

[9]   Le fonti d'epoca sono poche: esistono negli anni cinquanta, come vedremo, alcuni tentativi di inchieste giornalistiche sui pubblici popolari, che possono costituire una base o un punto di riferimento. Il lavoro si può ancora condurre con i metodi piú aggiornati della storia orale (cfr. *Storia orale,* a cura di L. Passerini, Torino, Rosenberg & Sellier, 1978). Nella redazione di questo capitolo e nella collazione di fonti eterogenee che lo compongono, senza ambizioni sistematiche, mi è stato di indubbia utilità il saggio di Carlo Ginzburg, *Spie. Radici di un paradigma indiziario*, in *Crisi della ragione*, a cura di A. Gargani, Torino, Einaudi 1978, pp. 57-106. È appena il caso di segnalare l'eco di suggestioni della storiografia francese delle Annales. Infine, di grande aiuto i lavori di J.M. Lotman, a cui ho fatto riferimento altrove, *La cultura come mente collettiva e i problemi dell'intelligenza artificiale*, Documenti di lavoro del centro di semiotica di Urbino, n. 66, settembre 1977, nonché il saggio collettivo dei semiologi sovietici *Tesi sullo studio semiotico della cultura*, Parma, Pratiche, 1980.

[10] Questa è l'esperienza di Cosimo Montefusco, aiuto bufalaro della piana di Eboli: «Non sono mai andato a Salerno, come andavo a Napoli? Sono andato solo a Battipaglia e a Eboli, qualche volta per il cinema, e ho visto cinema di guerra e cinema d'amore... Il primo cinema a Eboli fu costruito subito dopo i bombardamenti lo chiamarono Supercinema e lo fece fare Pezzullo, il padrone del piú grande mulino e pastificio. Poi Cosimo Nigro, che tiene tutte le esattorie dei paesi e un grande palazzo, costruí un altro cinema che si chiama Italia. Si misero in attrito e Nigro faceva due film al posto di uno con lo stesso biglietto. Il Supercinema, che tiene il palcoscenico, fece venire le compagnie e allora Nigro, che non ha il palcoscenico, ribassava il prezzo del biglietto per spopolare il Supercinema e da 100 a 60 a 50 a 30 lire, arrivammo a pagare il biglietto a 5 lire e, per ogni biglietto, ci davano anche il buono per ritirare al caffè o un caffè o un gelato. Si facevano i biglietti pure i bambini e le mamme scendevano in piazza, facevano il biglietto a tutti per il buono del gelato e ci volevano i carabinieri tanta era la folla per regolare l'entrata. Allora andai al cinema la prima volta tre anni fa. Poi i due cinema si sono messi d'accordo», R. Scotellaro, *L'uva puttanella. Contadini del Sud*, Bari, Laterza, 1964, p. 250.

[11] Nel 1954, *La rassegna del film*, in tre numeri consecutivi (dal 21 al 23), conduce un'inchiesta sull'esercizio cinematografico e sul tipo di film che si vedono in gran-

di e piccoli centri: le città e i paesi analizzati sono Bergamo, Treviso, Imola, Livorno, Messina, Reggio Calabria, Erba, Proserpio, Moncalvo, San Giovanni in Persiceto. Ci si accorge, tra l'altro, che Erba, paese di 11.000 abitanti, ha tre sale cinematografiche attive.

[12] Esistono, come si è già detto, diversi articoli sulla composizione dei pubblici popolari sulla visione cinematografica in determinate aree, sulla diffusione urbana dello spettacolo cinematografico. Da consultare: E. Gonfalonieri, *Tutto il divertimento nel film della domenica*, in *Cinema Nuovo*, a. II, n. 5, 15 febbraio 1953, p. 120; Pitta e Capriolo, *Nella periferia l'ultima tappa*, in *Cinema Nuovo*, a. II, n. 2, 1 gennaio 1953, pp. 10-12 (degli stessi era apparso in precedenza su *Cinema* un articolo sulle risposte dei pubblici di prima visione ai film neorealisti, che ricorderemo più avanti); P. Laurito, *Cinema in provincia*, in *Filmcritica*, a. V, nn. 50-51, luglio-agosto 1955, p. 20. Al pubblico popolare dedica un discreto numero di articoli Mimmina Quirico, *Per i ragazzi della Gabelli i film sono cannonate o bufale*, in *Cinema*, a. IX, n. 159, 1 febbraio 1956, pp. 114-116; *Pericolosi i film passionali sulle carceri femminili*, in *Cinema*, a. IX, n. 161, 1 marzo 1956, pp. 18-20; *Nelle caserme il cinema è di casa*, in *Cinema*, a. IX, n. 162, 15 marzo 1956, pp. 52-54; *Ma è una cosa seria!*, in *Cinema*, a. IX, n. 168, 15 giugno 1956, pp. 294-297; *Torino, cinematografi e pubblico*, in *Cronache del cinema e della televisione*, a. II, n. 18-19, novembre-dicembre 1956. pp. 20-21; *Roma cinematografi e pubblico*, in *Cronache del cinema e della televisione*, a. III, n. 20, primavera 1957, pp. 100-103.

[13] Oltre che il primo capitolo del primo volume di questa *Storia*, si veda il bel volume *Espressioni sociali e luoghi d'incontro* (curato dalla Federazione delle casse di risparmio dell'Emilia-Romagna), *Cultura popolare e mondo contadino*, 1978, e in particolare i saggi di Franco Bisi *(Lunari strenne e fogli volanti)*, Stefano Cammelli *(Canti e musiche popolari)*, Remo Melloni *(Il teatro popolare)*. Inoltre gli scritti di M.A. Prolo e tutto il materiale iconografico di *Museo nazionale del cinema*, Torino, Cassa di risparmio, 1978.

[14] Le integrazioni dei codici di questi diversi sistemi di comunicazione sono collegate tra loro, in modo generale, da C. Carabba nel saggio *Brutti e cattivi*, cit. Si veda anche tutto il materiale in appendice al volumetto.

[15] In *Giorni d'amore* di Giuseppe De Santis, Angela, la protagonista, vuole andare a vedere *La sepolta viva* nella sala di Fondi.

[16] D. Coltro, *Stalle e piazze*, Verona, Bertani, 1980, pp. 66-68.

[17] Questi ricordi di una «tarantata» del Salento si riferiscono a una visione molto anteriore rispetto al periodo esaminato, ma ci sembrano egualmente significativi. Vedi A. Rossi, *Lettera da una tarantata*, Bari, De Donato, 1970, e l'interpretazione che ne fa Tullio De Mauro nel saggio introduttivo, *Per lo studio dell'italiano popolare unitario*, e soprattutto per l'analisi che viene fatta dal confronto tra esperienza cinematografica e televisiva.

[18] A. Rossi. *Lettera da una tarantata*, cit., p. 45.

[19] Il nuovo rito nella vita di paese e di famiglia è registrato in testi narrativi degli anni cinquanta e sessanta: «È arrivato venerdí. Lo detesto questo giorno, anzi detesto la sera del venerdí. Ogni sera mi vado a intrattenere un'ora al caffè, gioco a scopa con gli amici. Al venerdí non posso andarci. Ada vuole andare al cinema e devo

accompagnarla», L. Mastronardi, *Il maestro di Vigevano*, Milano, Mondadori, 1969, p. 17.

[20] S. Pivato, *Il teatro di parrocchia*, Quaderni della Fiap, n. 33, 1980, p. 55.

[21] La ricostruzione forse piú carica di ironia e di affetto del ruolo del cinema nella vita di provincia è stata fatta da Luciano Bianciardi: «Finita la guerra molte cose erano cambiate, anche nella nostra città, ma il film nel pomeriggio c'era ancora... solo che noi eravamo cresciuti e non poteva sfuggirci cosa significasse il cinema della nostra provincia aperta, capace cioè di accogliere, senza sciocca e retriva resistenza, questa nuova forma d'arte», L. Bianciardi, *Il lavoro culturale*, Milano, Feltrinelli, 1964[2] p. 69. «Noi non avevamo un teatro degno del nome, nella nostra città. Il vecchio... era ormai una cadente topaia, abitata da sorci, pipistrelli e gechi. Nessuna compagnia, se non di guitti e ballerinacce, avrebbe mai accettato di parteciparvi. Ma il cinema invece... Il cinema era lo stesso dappertutto», ivi, p. 50.

[22] Un articolo che coglie assai bene tutti i motivi fin qui delineati appare nei primi numeri di *Cinema Nuovo*, raccogliendo delle osservazioni sul pubblico domenicale di alcune sale di campagna: «L'inesperienza dello spettatore di campagna è sfruttata al massimo... qui non si tratta di scegliere tra un divertimento e l'altro: il film della domenica pomeriggio è "il divertimento", tutto il divertimento. È ciò che si attende con ansia, di settimana in settimana e specie, nei giovani, con un tantino di emozione... Non appena si spengono le luci e l'avventura di attori e spettatori ha inizio, subito si nota che non c'è in sala una massa di individui isolati dai temperamenti e dalle reazioni diverse, ma un pubblico *vero* nel *vero* senso della parola omogeneo e compatto. L'azione non è seguita, è vissuta col fiato sospeso, dal principio alla fine, perché nessuno degli spettatori sa o prevede "come andrà a finire"», E. Gonfalonieri, *Tutto il divertimento nel film della domenica*, cit., p. 120.

[23] I. Calvino, *Il realismo italiano nel cinema e nella narrativa*, in *Cinema Nuovo*, a. II, n. 10, 1 maggio 1953, p. 262. Vedi ancora la continuazione del capitolo citato nel racconto di Bianciardi con la storia eroicomica e amara al tempo stesso della nascita del cineclub in provincia («un circolo del cinema – aggiunse un critico venuto apposta da Roma – ha come scopo fondamentale la difesa del cinema neorealista e in generale del cinema di denuncia. Nell'Unione Sovietica...»).

[24] «...ne ciùcia, 'l cine, 'lne fa a tòch, / co la so forfese 'l ne reimpéta inte le so moviole 'l ne straòlta, / al ghe roba 'l so proprio DNA / al grop che é pi scondést de noaltri stessi / do inte 'l pos senzha fondi. / Ma qualche òlta 'l cine arzh brusa e fa ciaro... / e 'l cine – squasi – 'l par lu la poesia» (ci succhia, il cinema, ci fa a pezzi, / con la sua forbice ci sforma, ci riattacca, / dentro le sue moviole ci stravolge / ruba il suo proprio DNA / al grumo piú nascosto di noi stessi / giú nel pozzo senza fondo. / Ma qualche volta il cinema arde e illumina... / e il cinema quasi sembra essere lui la poesia), A. Zanzotto, *Filò*, Venezia, Ed. del Ruzante, 1976, p. 61.

[25] Tipico, in questo senso, è il discorso di Franco Fortini, occasionato da una visione di un film in una sala popolare: «Mi trovavo, qualche sera fa, in un cinema di estrema periferia, in mezzo a un pubblico operaio. Vi si dava un film di guerra americano; le attualità facevano vedere le solite cose, i ministri, le sfilate di moda, il papa. Non c'erano dubbi sulle reazioni del pubblico; eppure gli abitanti di quelle case popolari, battuti e divisi nelle fabbriche, già forse gli uni contro gli altri per

il posto di lavoro o nella tensione al soddisfacimento dei bisogni... avevano già da tempo disertato le sezioni e le cellule», F. Fortini, *Dieci inverni*, cit.

[26] Come esempi suggerirei ancora il capitolo del *Lavoro culturale* di Bianciardi, già ricordato, e alcune pagine di parodizzazione del motivo del «passaggio dal neorealismo al realismo» di un altro romanzo dello stesso Bianciardi, *La vita agra*, Milano, Rizzoli, 1962 pp. 50-51.

[27] Anche una semplice osservazione quantitativa sul numero di film recensiti (indipendentemente dal giudizio morale) da *L'Osservatore romano* negli anni tra il 1947 e il 1952 ci mostra una sproporzione che forse eccede il rapporto tra i film immessi dalle varie cinematografie sul mercato. Nel 1947 sono recensiti 74 film americani, 13 italiani, 1 sovietico, nel 1948 144 americani, 26 italiani, 1 sovietico, nel 1949 124 americani, 14 italiani, nel 1950 295 americani, 76 italiani, 1 sovietico, nel 1951 142 americani, 42 italiani, 1 sovietico.

[28] Segnalo due esempi: uno preso dalla didascalia iniziale delle *Ragazze di San Frediano* (1955) di Valerio Zurlini (che arricchisce il riferimento cinematografico rispetto al testo di Pratolini) e l'altro tratto ancora dal *Maestro di Vigevano* di Mastronardi. «A Firenze – dice la voce fuoricampo che introduce la figura del protagonista – fin dai tempi in cui Robert Taylor appare sugli schermi, quei giovanotti belli, fisicamente dotati, spesso coi baffini, sempre con gli occhi di velluto, quelli insomma che piacciono tanto alle donne, sono chiamati col nome generico e spregiativo di "Bob"». E nel libro di Mastronardi, il film appena visto produce questi effetti sulla moglie del protagonista: «Nella camera da letto Ada indugiava a guardarsi nello specchio. "Non trovi che abbia qualcosa della Ingrid Bergman?", mi domandò. "Una certa aria di somiglianza c'è davvero!", le risposi», ivi, p. 21.

[29] G. Fofi, *Erano tempi bui*, in L. Pellizzari, *Cineromanzo. Il cinema italiano 1945-1953*, Milano, Longanesi, 1978, p. 2. Tuttavia non trascurerei anche l'effetto di coinvolgimento emotivo, l'opzione a favore del film americano, come orientamento del pubblico popolare. Tipico in questo senso il breve dialogo tra Mara e Stefano nella *Ragazza di Bube:* «L'inizio del film venne a interrompere la conversazione... "L'ha visto *Il ponte di Waterloo?*" gli domandò Mara. "Ah, quello sí che era un bel lavoro". "A me piacciono cosí le pellicole; non m'importa se vanno a finir male". "Anch'io la penso allo stesso modo"», C. Cassola, *La ragazza di Bube*, Torino, Einaudi, 1960, p. 146.

[30] P.P. Pasolini, *Ragazzi di vita*, Milano, Garzanti, 1955, p. 71.

[31] Per questo argomento vedi, oltre al precedente capitolo sui cattolici, anche quello del secondo volume di questa *Storia*.

[32] «Per me esistevano film feriali e film festivi. Con scarse eccezioni, i feriali erano film americani e i festivi film italiani. Cambiava il nome e la composizione di classe degli spettatori, e cambiavano anche i film. Buoni per tutti i giorni e per il ristretto pubblico piccolo-borghese o artigiano erano i film americani di genere... mentre per la domenica erano o i grandi spettacoli o i film italiani... I film che facevano ridere o facevano piangere», G. Fofi, *Erano tempi bui*, cit.

[33] La ricerca che empiricamente emerge da una visione generale degli Annuari statistici della Siae, dall'aumento del numero di film prodotti e dalla pro-

gressiva riconquista del mercato, andrebbe condotta sui borderò delle sale, isolando alcune zone campione nelle diverse aree geografiche italiane.

[34] Molte le denunce, poche le analisi, su questo terreno. Vedi Pitta e Capriolo, *Esercenti: il neorealismo non si addice ai locali di prima visione*, in *Cinema*, a. V, n. 93, 31 agosto 1952, pp. 100-102.

[35] M. Argentieri, *Pubblico e industria cinematografica*, in *Il Contemporaneo*, a. V, n. 49, giugno 1962, p. 90.

[36] V. Camerino, *La vita del cinema in un piccolo-medio centro del territorio salentino: Copertino*, in *Il Protagora*, III serie, n. 115, I semestre 1978, p. 38.

[37] Si veda il n. 23 della *Rassegna del film* già citato. A Padova e in altre università italiane, sono state discusse diverse tesi di laurea su questo argomento.

[38] S. Pivato, *Il teatro di parrocchia*, cit.

[39] G. Andreotti, *Censura e censure*, in *La Rivista del cinematografo*, a. XXV, n. 12, dicembre 1952, p. 4 (il film sulla vita di Pio X è *Gli uomini non guardano il cielo*, di Umberto Scarpelli, con Isa Miranda e Enrico Widon).

[40] L. Meneghello, *Libera nos a malo*, Milano, Feltrinelli, 1963, p. 279.

[41] In questo senso mi servo di un esempio tratto da un'esperienza descritta in una poesia di Pier Paolo Pasolini, per cui la sala cinematografica è uno dei punti di passaggio obbligato dei personaggi dei suoi film. Egli si sente spinto a parlare in prima persona con la lingua della poesia di fronte all'emozione riprovata vedendo, al Nuovo di Roma, *Roma città aperta*, e ne racconta tutta la curva emotiva, dall'incontro con i manifesti all'esterno della sala, alla vibrante intensità delle ultime immagini di Anna Magnani: «Ma che colpo al cuore, quando, su un liso / cartellone... Mi avvicino, guardo il colore / già d'un altro tempo, che ha il caldo viso / ovale dell'eroina, lo squallore / eroico del povero, opaco manifesto. / Subito entro: scosso da un interno clamore, / deciso a tremare nel ricordo, / a consumare la gloria del mio testo... / Subito, alle prime inquadrature, / mi travolge e rapisce... l'intermittance / du coeur. Mi trovo nelle scure / vie della memoria nelle stanze / misteriose dove l'uomo fisicamente è altro / e il passato lo bagna col suo pianto... ecco l'epico paesaggio neorealista, / coi fili del telegrafo, i pini / i muretti scrostati, la mistica / folla perduta nel daffare quotidiano, / le tetre forme della dominazione nazista... / Quasi emblema ormai, l'urlo della Magnani, / sotto le ciocche disordinatamente assolute, / risuona nelle disperate panoramiche, / e nelle sue occhiate vive e mute si addensa il senso della tragedia», P.P. Pasolini, *La religione del mio tempo*, Milano, Garzanti, 1962, pp. 53-54.

[42] Le caratteristiche generali di un corredo pubblicitario sono descritte in L. Della Fornace, *Il film in Italia dalla ideazione alla proiezione*, cit., p. 31.

[43] Vedi anche i miei *Grammatica della visione popolare* nel cit. *La Titanus. Modi di produzione del cinema italiano*, pp. 130-134 e *Fari e fosfeni della memoria cinematografica*, in *L'Italia che cambia*, a cura di P. Sparti, Firenze, Artificio, 1989.

[44] Per quanto riguarda il discorso del capovolgimento della prospettiva, sviluppato in particolare dalla semiotica sovietica, si veda B.A. Uspenskij, *Ricerche semiotiche*, Torino, Einaudi, 1973. Da tenere anche presenti alcuni saggi contenuti nell'antologia curata da U. Eco e R. Faccani, *I sistemi di segni e lo strutturalismo sovietico*,

Milano, Bompiani, 1969 (soprattutto il saggio di L.F. Zegin, *Le montagne delle icone: unità spazio temporale dell'opera pittorica).* Per un'informazione piú generale sulle ricerche semiotiche e sull'iconismo consultare la *Bibliographia semiotica,* in *VS,* n. 8-9, maggio-dicembre 1974, e gli aggiornamenti della rivista *Strumenti critici.*

[45] Per una ricerca ulteriore da tener presente il saggio di C. Segre, *La descrizione al futuro: Leonardo da Vinci,* in *Semiotica filologica,* Torino, Einaudi, 1979, pp. 131-160. Datato, ma ancora utile per qualche saggio, il n. 15 di *Communications.* Da usare anche i saggi di D. Dallenave, *La traversée de l'image,* in *Semiotica,* vol. V, 1972, pp. 184-204; L. Marin, *Etudes sémiologiques,* Paris, 1971; A.M. Bassy, *Du texte à l'illustration: pour une sémiologie des étapes,* in *Semiotica,* vol. IV, 1974, pp. 297-334.

[46] I divi italiani non hanno mai – per la verità – avuto bisogno di essere ricondotti dai racconti giornalistici a una dimensione quotidiana dell'esistenza, per il semplice fatto che non hanno mai preteso di raggiungere spazi olimpici, né hanno prodotto fulgori astrali. Tutti gli attori e divi del dopoguerra, volenti o nolenti, hanno dovuto bagnarsi nelle acque del neorealismo e accettarne alcuni moduli fondamentali.

La carica dei seicento

[1] L.C.R., *Il Quinto potere,* in *Hollywood,* a. V, n. 209, 17 settembre 1949, p 3.

[2] A. Moravia, *Freud a Hollywood,* in *Fotogrammi,* a. III, n. 17, 4 maggio 1948, p. 5.

[3] Piú facile, per la critica di sinistra, limitarsi ad assimilare il film americano a un prodotto allucinogeno; non è necessario compiere ricerche sistematiche in questa direzione. Basta partire dal 1947. Prendo una citazione, tra le molte possibili: «Il film americano è uno stupefacente per addormentare le masse, per imporre loro le regole di vita delle classi dominanti e per dimenticare i problemi quotidiani», d.p. (Dario Puccini), *Cultura e popolo: perché si legge all'americana?,* in *Vie Nuove,* a. 1, n 3, 6 ottobre 1946.

[4] G. Fink, *La porta era proprio d'oro?,* in *America 1930-1955,* Firenze, Centro studi Consorzio toscano per le attività cinematografiche, 1976, p. 11.

[5] Il tema è affrontato da R. Campari in *America, cinema* e *mass-media nel neorealismo italiano,* in *Cinema & cinema,* a. IV, n 10, gennaio-marzo 1977, e poi portato a livello di analisi comparata tra le due produzioni degli anni quaranta e degli anni settanta dallo stesso Campari nel volume *Hollywood-Cinecittà. Il racconto che cambia,* cit. Campari ha ulteriormente sviluppato questo tipo di analisi in un saggio di prossima pubblicazione nel lavoro collettivo su *Identità italiana e identità europea nel cinema italiano del dopoguerra* (Fondazione Agnelli).

[6] Tra i tanti testi americani utili in questo ambito, segnalo soprattutto E. Katz, P. Lazarsfeld, *Personal Influence: the Part Played by People in Film and Mass Communication,* New York, Free Press, 1955; E. Larrabee, R. Meyersohn, *Mass Leisure,*

Glencoe, Free Press, 1958. Ottimo il saggio di V. De Grazia, *La sfida dello «Star System»*. *L'americanismo nella formazione della cultura di massa in Europa* (1920-1965), in *Quaderni storici*, n. 58, 1985, pp. 95-133. Il numero è interamente dedicato all'americanizzazione italiana attraverso i mass media (*L'America arriva in Italia*).

⁷ G. Canova, *Profumo d'America*, in M. Livolsi, *Schermi e ombre*, cit., p. 216.

⁸ Molto significativa la nota di plauso di M. Milani sull'*Osservatore romano*, del 30 marzo 1946: «La concordata intesa, la prima in Europa, dopo una serie di laboriose trattative, definisce che le otto maggiori case d'oltreoceano importeranno nella penisola un massimo di 128 pellicole... le altre minori completeranno il quantitativo fissato in 140. Il patto oggi definito è di buon augurio e anzi lascia sperare rappresenti il primo passo di un prossimo accordo».

⁹ Basti pensare che *Public Opinion* di Walter Lippmann è del 1922.

¹⁰ Il programma, naturalmente, guarda la possibile diffusione mondiale del cinema americano. Oltre ai segni dettagliati che si possono cogliere nel materiale d'archivio, appaiono anche, prima della fine della guerra, le prime dichiarazioni pubbliche di questa politica elaborata, in particolare, nell'ambito dell'Office of War Information. Vedi un articolo di F. Stanley, che appare su *Times* il 17 settembre 1944, col titolo *Hollywood Looks Overseas*.

¹¹ Per un'analisi di testi filmici che tenga conto dei rapporti tra l'ideologia del testo e il contesto storico in cui opera, vedi il volume collettivo curato da J.O. Connor e M.A. Jackson, *American History-American Film*, New York, Ungar, 1979.

¹² Cfr. il mio *Parabola del mito americano: Hollywood 1930-1960*, in *Il mito americano. Origine e crisi di un modello culturale*, Padova, Cleup, 1980, pp. 19-34.

¹³ Per il momento terminale di questo processo, negli anni sessanta-settanta, cfr. M. Teodori, *La fine del mito americano*, Milano, Feltrinelli, 1975. Vedi anche il recente volume a piú mani *Nemici per la pelle. Sogno americano e mito sovietico nell'Italia contemporanea*, a cura di P.P. D'Attorre, Milano, Angeli, 1991.

¹⁴ Si veda S. Englund, L. Ceplair, *The Inquisition in Hollywood*, New York, Doubleday & Company, 1980 (trad. it. *Inquisizione a Hollywood*, Roma, Editori Riuniti, 1981).

¹⁵ Per la diffusione dell'ideologia dei film americani (oltre al già citato libro di Thomas Guback, che si occupa dei problemi economici), G. Jowett, *Film: The Democratic Art*, Boston, Little Brown, 1976.

¹⁶ G. Fink, *Uno schermo gigante: il cinema americano in Italia nel secondo dopoguerra*, in *Il mito americano*, cit., p. 61.

¹⁷ Ma ancora nell'immediato dopoguerra il mito è operativo positivamente in Vittorini: si pensi ai suoi interventi apparsi a piú riprese sul *Politecnico* e oggi raccolti in *Diario in pubblico*, Milano, Bompiani, 1957. (Basterà citare solo un passo come questo del n. 33-34 del *Politecnico*: «La letteratura americana è l'unica che coincida, dalla sua nascita, con l'età moderna e possa chiamarsi completamente moderna».) Per vedere come il «mito americano» abbia diversamente operato su piú generazioni dagli anni trenta agli anni ottanta, rinvio alla serie di interviste raccolte da U. Rubeo, *Mal d'America*, Roma, Editori Riuniti, 1987.

[18]   In *Letteratura americana e altri saggi*, Torino, Einaudi, 1951.

[19]   In *Il mito americano*, cit., p. 62. Dello stesso Fink vedi anche *All American Boys*, nel cit. *Hollywood in Europa*, pp. 149-158.

[20]   Tra il 1953 e il 1955 appare la rivista *Cinema sovietico*, diretta da Ignazio Ambrogio. Pur occupandosi anche di cinema contemporaneo, offre i suoi contributi piú importanti per l'analisi dei classici degli anni venti e trenta.

[21]   I sintomi di crisi dell'industria hollywoodiana e la sua modestia sul piano estetico vengono presto sottolineati anche da fonti insospettabili: cfr. A. Baracco, *C'è posto anche per noi*, in *Hollywood*, a. I, n. 8, 6 novembre 1945, p. 5, e dello stesso *Bianco e... nero*, in *Hollywood*, a. II, n. 25, 17 giugno 1946, p. 7; G. Viazzi, *Sta morendo il cinema*, in *Cinetempo*, a. I, n. 25, ottobre 1945, p. 10; A. Pietrangeli, *Miserie del cinema americano*, in *Bianco e Nero*, a. VIII, n. 1, ottobre 1947, p. 39; C. Lizzani, *Il cinema non è in crisi*, ivi, p. 35.

[22]   Parlando di *The Grapes of Wrath (Furore)* di John Ford, Guido Aristarco, ricordandosi di Pavese, dichiara la propria presa di distanza: «Neppure il digiuno del dopoguerra basta a farci amare d'amore quel che di nuovo ci viene di laggiú anche in campo cinematografico. E succede che talvolta vediamo un film vivo che ci scuote la fantasia e fa appello alla nostra coscienza, poi guardiamo la data: anteguerra (o anni della guerra)», G. Aristarco, *Furore*, in *Cinema*, a. V, n. 15, giugno 1952, p. 338.

[23]   A cura del Consorzio toscano per le attività cinematografiche è stata condotta una ricerca, nel 1976, a cui hanno collaborato Lucilla Albano, Sandro Bernardi, Paolo Baroncini, Claudio Battistini e Mariuma Milani, dal titolo *Azioni e reazioni della critica italiana al cinema americano 1945-54*. Di questa ricerca è stato diffuso uno schema ciclostilato in occasione del convegno sul «Cinema americano in Italia, 1945-1954» (Firenze, ottobre 1976), ma i risultati definitivi non sono stati mai pubblicati.

[24]   L'attenzione di Hays verso i pubblici stranieri, e pertanto anche verso l'Italia, è documentata nel suo volume di memorie: W.H. Hays, *The Memoirs of W.H. Hays*, New York, Doubleday, 1955; in particolare si veda il capitolo dedicato alla guerra.

[25]   Vedi l'editoriale al primo volume del Cc del 1945: ***, *Segnalazioni cinematografiche*, Roma, Ed. del Ccc, 1945, pp. 3-4.

[26]   Basterà scegliere, tra tutte le pellicole di guerra e di propaganda, la valutazione data ad *Air Force*: «Pellicola di propaganda di buona fattura, che accoppia a una tecnica perfetta una interpretazione sentita e priva di retorica», ivi, p. 23.

[27]   «Questi film dipingono una vita libera e spensierata con qualche amore idillico e a lieto fine sullo sfondo di magnifici paesaggi. Al pubblico piacciono perché fanno dimenticare i guai quotidiani e si ammirano le romantiche gesta di una principessa della Jungla e del suo bel cavaliere», D. Lamour, *Sarong e non Sarong*, in *Hollywood*, a. V, n. 199, 9 luglio 1949, p. 5.

[28]   *Star*, diretta da Ercole Patti, nasce nel 1944 e termina nel 1946. Tra il 1945 e il 1946, nel risveglio editoriale che accompagna il travolgente successo popolare del cinema, escono almeno quattro pubblicazioni riccamente illustrate: *Hollywood ci-*

nepanorama, Tutta Hollywood e *Ancora Hollywood* dell'editore Vitagliano e *Hollywood 1945*, Autofoto. *Hollywood* inizia le sue pubblicazioni nel settembre 1945 e le finisce nel dicembre 1952. La dirige Adriano Baracco, futuro direttore di *Cinema* seconda serie e ne è l'editore Vitagliano, che pubblicherà anche *Novelle film*, a partire dal 1917. *Fotogrammi*, edita da Tumminelli, fondata nel luglio 1946 è diretta da Ermanno Contini; *Bis*, nata nel 1948, è diretta da Salvato Cappelli e Giuseppe Marotta. Una prima analisi su *Hollywood* è stata condotta da G. Muscio, *L'immagine popolare del cinema americano in Italia attraverso le pagine di Hollywood* (1945-1952) nel cit. *Hollywood in Europa*, pp. 102-112. Vedi anche R. De Berti e M. Rossi, *Cinema e cultura popolare: i rotocalchi illustrati*, in F. Casetti e R. De Berti (a cura di), *Il cinema a Milano tra le due guerre*, Milano, Vita e Pensiero, 1988; R. De Berti, *I rotocalchi cinematografici e la casa editrice Vitagliano*, in F. Casetti e R. De Berti (a cura di), *Il cinema a Milano dal secondo dopoguerra ai primi anni sessanta*, Milano, Vita e Pensiero, 1991, pp. 231-246; R. Eugeni e R. De Berti, *La statura orizzontale. Il caso di Novelle film*, in *La scena e lo schermo*, n.s., a. IV, n. 1, gennaio-giugno 1992, pp. 82-103.

[29]   I. Dragosei, *Io li difendo*, in *Hollywood*, a. III, n. 36, 6 settembre 1947, p. 3.

[30]   A. Pietrangeli, *Sala di proiezione*, in *Star*, a. III, n. 19, 11 maggio 1946, p 6.

[31]   Bisognerà studiare l'importanza determinante dell'illustrazione in tutta la pubblicistica del primo decennio del dopoguerra. Anche *Cinema Nuovo*, per tutta la sua prima serie, non rinuncerà a un rapporto tra parte illustrata e parte stampata che, pur rispettoso del sistema iconografico complessivo, intende modificarlo operando dall'interno di lente progressive trasformazioni.

[32]   Nella logica statunitense questo fatto si spiega col tentativo di servirsi del cinema per riportare la donna al suo tradizionale ruolo di casalinga. Anche le dive più famose diventano tutte casa, marito, figli e fornelli. «Vi prego, guardatemi – dice Rita Hayworth (il corpo) – non sono che una ragazza qualsiasi, a cui piace ballare, andare a spasso... mi chiamo Margherita Cansino e sono una brava mamma. E per quanto sia divorziata amo ancora quell'uomo presuntuoso che è stato mio marito»., H. Gris, *Rita è stanca del mito*, in *Fotogrammi*, a. III, n. 21, 1 giugno 1948, p. 8. Altre dive vengono sorprese mentre sfornano la torta di mele o preparano la tavola: ***, *La cucina della diva, ultima moda di Hollywood*, in *Oggi*, a. V, n. 43-44, 27 ottobre 1949, pp. 12-13. «La donna che lavora – si osserva su *Hollywood* – finisce per diventar sorda alle voci della sua natura femminile», R. Vick, *Quando le donne sognano*, in *Hollywood*, a. VI, n. 235, 18 marzo 1950, p 13. È chiaro che il tentativo di affidare al cinema il compito di arrestare un processo di trasformazione in atto negli Stati Uniti si rivela illusorio. In Italia, dove in pratica il processo di emancipazione non è ancora cominciato, con questi discorsi non si fa che portare vasi a Samo.

[33]   Assai emblematici i dati raccolti da un'indagine condotta da Gino Visentini: «Non uno dei dieci film preferiti dal pubblico nel 1948 è di nazionalità italiana. Il primo è *Per chi suona la campana*, il secondo *I migliori anni della nostra vita*. E tra i dieci attori preferiti vi sono Ingrid Bergman, Gary Cooper, Spencer Tracy, Tyrone Power, Clark Gable, e solo da ultimi Amedeo Nazzari e Rossano Brazzi», G. Visentini, *Gli italiani preferiscono I. Bergman e G. Cooper*, in *L'Europeo*, a. V, n. 7, 13 febbraio 1949, p. 10. Nella sterminata bibliografia indico alcuni articoli che pro-

spettano linee di sviluppo diverse del problema: Y. De Carlo, *Vita difficile della glamour girl*, in *Fotogrammi*, a. III, n. 11, 16 marzo 1948, p. 13; R. Tarantola, *Al di là dello schermo*, in *Hollywood*, a. III, n. 46, 15 novembre 1947, p. 8; J. Rolland, *Anche a Hollywood si può rimanere normali*, in *Hollywood*, a. VI, n. 237, 1 aprile 1950, p. 3.

[34]   T. Troilo, *La legione straniera sbarca in Italia*, in *L'Europeo*, a. IV, n. 3, 18 gennaio 1948, p. 10.

[35]   A. Baracco, *Bianco e... nero*, cit., p. 7.

[36]   Uno dei primi a prendere una posizione ufficiale contro il neorealismo è il produttore Samuel Goldwyn, che parla in astratto, in America, perché orecchie attente in Italia capiscano: «Molti spettatori avveduti hanno già manifestato le loro preoccupazioni di fronte alla crescente ondata di film realistici. Ogni nuovo film di questo genere sembra che faccia tutto il possibile per superare il precedente in brutalità. Al pubblico questa esibizione di violenza dà noia», S. Goldwyn, *Cercasi grandi amanti*, in *Hollywood*, a. IV, n. 160, 9 ottobre 1948, p. 9. Ricordo, a questo proposito, che *Roma città aperta*, che pure riscuote un grande successo negli Stati Uniti, è pubblicizzato col sottotitolo *Sesso, vita, morte!*

[37]   I. Dragosei, *Io li difendo*, cit.

[38]   I. Dragosei, *In buone mani le sorti del nostro cinema*, in *Hollywood*, a. VI, n. 234, 11 marzo 1950, p. 22.

[39]   Dalla crisi generale sembrano non essere toccati solo i western, che raggiungono nel 1950 il 38% della produzione totale degli studi californiani (cfr. H. Gris, *Rita si ribella a Hollywood*, in *Fotogrammi*, a. IV, n. 2, 11 gennaio 1949, p. 8).

[40]   Per la diffusione e l'uso diverso dell'ideologia americana verso la fine degli anni cinquanta, cfr. A. Donno, *La cultura americana nelle riviste italiane del dopoguerra*, Lecce, Milella, 1978.

[41]   Per questo aspetto vedi, nel libro appena citato, la Prefazione di Loretta Waltz Mannucci.

[42]   Questo senza voler affatto mettere in dubbio l'importanza teorica e l'incidenza del cinema sovietico nella formazione della poetica neorealista. Si tratta di uno dei cavalli di battaglia della critica del dopoguerra, e anche uno dei topoi accreditabile oggi solo per quanto riguarda i grandi maestri del muto, piú che il successivo cinema staliniano. Vedi, nell'ampia bibliografia, almeno gli scritti di U. Barbaro e in particolare *La cinematografia sovietica e il film italiano*, in *Bianco e Nero*, a. XIII, n. 12, dicembre 1952, e alcuni scritti sul cinema sovietico raccolti in *Neorealismo e realismo*, cit.

[43]   Vedi R. Campari, *America, cinema e mass-media*, cit., part. p. 65. Per una piú attenta interpretazione in questo senso rinvio alla monografia di Alberto Farassino, *Giuseppe De Santis*, Milano, Moizzi, 1978.

[44]   L'osservazione è sviluppata da Roy Armes, *Pattern of Realism*, London, Tantivy, 1971, p. 140. Armes individua pure, tra le altre fonti, *Toni* di Renoir per la parte iniziale del film (p. 139). Cfr. anche Campari, *America, cinema e mass-media*, cit., p. 64. È bene comunque ricordare che questi elementi di stile individuale venivano sottolineati e messi in luce dalle critiche del periodo.

[45] Purtroppo questo film resta un exploit eccezionale nella carriera di un regista teatrale a cui forse tuttora non è andato il riconoscimento che si merita. Alla fine degli anni trenta Giannini inizia giovanissimo a lavorare su testi goldoniani e pirandelliani prima di diventare direttore di una compagnia e direttore del teatro Eliseo negli anni di guerra. Le sue regie teatrali suscitano un'ammirazione unanime di pubblico e critica per la capacità di mostrare, negli anni in cui cerca di imporsi lo spirito autarchico, un'idea di regia teatrale che ha perfettamente assimilato e metabolizzato la lezione di Copeau, di Reinhardt e di Pirandello. Grande regista teatrale la cui opera nel dopoguerra è messa in ombra dalla presenza dominante di Visconti, Giannini riesce con *Carosello napoletano* a dare comunque una misura della propria capacità di dominio dello spettacolo e dell'ampiezza della sua cultura scenografica, spettacolare e figurativa.

Attori e divi

[1] Per una elaborazione piú ampia di questo discorso rinvio al mio *Intellettuali, cinema e propaganda tra le due guerre*, Bologna, Pàtron, 1972, pp. 91-102.

[2] Per l'impostazione e l'informazione di questo capitolo mi sono servito, piú che dei contributi di interpretazione sociologica del fenomeno divistico, spesso costruiti su categorie «ovvie» e poco funzionali, del lavoro di Giulio Cesare Castello, *Il divismo*, Torino, Eri, 1957 (il capitolo *Il neodivismo delle maggiorate*, ancor oggi molto utile), della massa di materiali sparsi lungo tutta *L'avventurosa storia del cinema italiano*, di Goffredo Fofi, cit., e del saggio di G. Fink, *Il divismo*, in *Cinema italiano*, a cura di G. Strazzulla, Lugano, Cenobio, 1963, pp. 141-173.

[3] Il divismo dei primi anni quaranta sembra collocarsi appena un gradino al di sopra delle aspirazioni piccolo-borghesi ed entro una sfera in cui si potessero prendere in considerazione solo i sentimenti privati, chiusi in uno spazio pneumatico.

[4] Questo mi sembra valere per Vittorio De Sica, unico «divo» del cinema degli anni trenta con cui ci si possa identificare completamente, come per Amedeo Nazzari, Gino Cervi, Osvaldo Valenti, Luisa Ferida, Clara Calamai, Massimo Girotti, Andrea Checchi, ecc.

[5] L'unico tentativo di creare una diva all'americana viene fatto con Isa Miranda, dopo la sua infelice esperienza americana. Vedi O. Caldiron, M. Hochkofler, *Isa Miranda*, Roma, Gremese, 1978.

[6] Su questo tema ha scritto un saggio di notevole interesse F. Pinto, *Lo star-system italiano degli anni cinquanta*, in *Sociologia della letteratura*, a. I, nn. 1-2, 1980, pp. 61-76.

[7] Il passaggio di Anna Magnani dall'avanspettacolo al cinema coglie impreparata la critica, che tuttavia ne avverte le straordinarie doti naturali, come si può leggere in questa recensione di Michelangelo Antonioni: «È un bell'animale Anna Magnani, un animale stupendo, pantera o cavalla in libertà. Caracolla traverso gli aridi copioni col sesso in faccia, poi si scatena, poi alza le gambe anteriori e si scopre per il gusto di scoprirsi. Perché lo fa, Anna? Poi modula, col naso, gli stornelli alle *regazzette*, ai capi partito, ai re senza corona, all'Italia umbertina, a quella fascista, a

quella sedicente democratica. Perché lo fa Anna?... Chiedete ad Anna perché lo fa. Non saprà rispondere. Perché è pantera o cavalla senza briglie. A lei certo è sufficiente... ma noi vorremmo che il suo formidabile istinto assimilasse aspirazioni piú alte, vorremmo che uscisse dal comodo provincialismo... per entrare in un ordine in cui la satira diventasse, in lei cosí prepotentemente popolana, genuina leggenda popolaresca», M. Antonioni, *Magnani & C.*, in *Film d'oggi*, a. I, n. 1, 9 giugno 1945, p. 6. D'altra parte, questo tipo di «sguardo» da parte di critici e aspiranti registi ha già costituito i suoi moduli su *Cinema* fin dai primi anni quaranta. Vedi il profilo di Clara Calamai fatto da Puck (Gianni Puccini nel n. 128 del 25 ottobre 1941) e quello di Giuseppe De Santis di Carla del Poggio *(C'e sempre un ma)* nel n. 169 del 10 luglio 1943.

8   In molti punti di questo discorso mi rifaccio o mi confronto con l'impostazione della relazione di Guido Fink al convegno di Arezzo del 21-22 ottobre 1977 sull'attore nel cinema italiano. La relazione ciclostilata si intitola *Ideologia e mestiere: trent'anni alla ricerca di un'identità*. Di questo convegno vedi anche la relazione introduttiva di Tullio Kezich.

9   Per il passaggio dalle teorie pudovkiniane sull'attore neorealista alla pratica recitativa degli anni quaranta e cinquanta, ancora da consultare utilmente il saggio di Giuseppe Ferrara, *L'attore neorealista*, in *Cinema italiano*, cit., pp. 123-140. Per il ruolo centrale di Umberto Barbaro nella maturazione di questa tendenza rinvio al capitolo sull'attore nel mio *Umberto Barbaro e l'idea di neorealismo*, Padova, Liviana, 1969. pp. 101-111.

10 Dopo Isa Miranda, Alida Valli è la prima attrice italiana che Hollywood chiama e trasforma in senso fortemente professionistico. Negli archivi americani esiste un ampio materiale informativo sull'attività politica della Valli, sulla sua collaborazione alla lotta di liberazione, richiesto dai produttori hollywoodiani.

11 «La nostra polemica – sosteneva Cesare Zavattini – era tesa a distruggere finalmente l'attore di corte, l'attore con i suoi schemi falsi, l'attore buffone. Purtroppo ancor oggi sussistono attori di corte, ma per il neorealismo, anche lui, l'attore assumeva un ruolo ben diverso, un ruolo di partecipazione». Intervista a Zavattini fatta da G. Ferrara e ripresa nel saggio citato *L'attore neorealista*, p. 135.

12 La casistica prevista da Barbaro considera assai importanti anche le costruzioni «di gente del tutto antieroica, gente minuta, di tutti i giorni, non bella né particolarmente attraente, dotata delle piú comuni debolezze... poveri esseri di scarto che, per tutta la durata del film, il soffribile espiando chissà quali colpe non loro, finché non giunge, improvvisa e felice, la conclusione assurda e riparatrice di un lungo bacio a francobollo che riscatta ogni passato dolore. Ben diverso il destino della donna fatale e dell'eroe: qui siamo di fronte a leggendarie bellezze e virtú; qui riesce impossibile allo spettatore inserirsi negli intrighi delle trame romanzesche... Impossibile identificarsi nelle ombre maliose di quelle enormi personalità. Umile e mortificato lo spettatore si trova ora dinanzi al protagonista come dinanzi a un re, lontanissimo, altissimo, inattingibile... Il pubblico non chiede che non esistano questi aspetti di vita superiore, anzi è lieto di bearsene, purché le trame ci mostrino come operino fatalità tragiche e disperate. Chiede il pubblico, insomma, che l'eroe muoia. Per lo stesso motivo per cui, presso tutti i popoli primitivi si è sempre praticata l'uccisione rituale del re. Oggi non si sbranano piú, né si fanno a

pezzi, i semidei come Osiride o Seth, ma si fa morire negli ultimi quadri del film Greta Garbo o Marlene. Per la commiserazione sincera e le lacrime dolci e felici del pubblico placato dal sacrificio incruento. E quale piú consolante votarsi del pianto sull'ecatombe dei Nibelunghi?», *L'uccisione rituale del re al cinema*, in *La settimana*, a. II, n. 5 febbraio 1945, ora in *Neorealismo e realismo*, vol. II, cit., p. 520. Si avverte, nell'interpretazione di Barbaro, l'operatività, eccezionalmente produttiva, della lettura del *Ramo d'oro* di Frazer, testo del tutto anomalo e imprevedibile per la critica cinematografica del periodo, ma non presente per caso nella biblioteca del critico, in quegli anni impegnato nella traduzione di testi di Freud e di Wölfflin e in un ampio lavoro di letture e traduzioni dei grandi testi della scuola purovisibilista (oltre a Wölfflin anche Hildebrand, ecc.).

[13] L. Visconti, *Tradizione e invenzione*, in *Stile italiano nel cinema*, Milano, Daria Guarnati, 1941.

[14] I testi messi in scena in questi anni sono: *I parenti terribili* di Jean Cocteau, *Quinta colonna* di Ernest Hemingway, *La macchina da scrivere* ancora di Cocteau, *Antigone* di Jean Anouilh, *A porte chiuse* di Jean-Paul Sartre, *Adamo* di Marcel Achard, *La via del tabacco* di Erskine Caldwell, tutti nel 1945. Nei due anni seguenti troviamo opere di Beaumarchais, Dostoevskij, Tennessee Williams *(Zoo di vetro, Un tram che si chiama desiderio)*, Shakespeare e Alfieri (l'*Oreste* con Vittorio Gassman). Vedi, per l'attività teatrale di Visconti, *Visconti il teatro*, a cura di Caterina d'Amico, Reggio Emilia-Modena, 1977. Sull'attività del Group Theatre e di Lee Strasberg si veda di D. Garfield, *A Players Place. The Story of Actors' Studio*, New York, Macmillan, 1980.

[15] «La Sanson con la sua celebrità occupa anche lo spazio dei mancati divi del fotoromanzo, i quali raramente riescono a saltare il fosso passando dalle immagini stampate al cinema in movimento», C. Carabba, *Brutti e cattivi*, cit., p. 53. Quanto a Nazzari, da tener presenti le pagine di V. Spinazzola, *Cinema e pubblico*, Milano, Bompiani, 1974, particolarmente pp. 79-81.

[16] G.C. Castello, *Il divismo*, cit., p. 422.

[17] Assai pertinenti, in questo senso, le considerazioni fatte da F. Pinto, nel saggio citato, sull'organizzazione semiotica degli oggetti che vanno a costituire l'appartamento all'italiana, verso la metà degli anni cinquanta, e connotano una scena nettamente distinta rispetto a quella americana.

[18] M. Ponzi, *Gina Lollobrigida*, Napoli, Gremese, 1982, p. 9.

[19] Nel n. 225 del *Bollettino dello spettacolo*, del 17 febbraio 1955, Alessandro Ferraú, commentando la catastrofe completa, dal punto di vista economico, di *Giovanna d'Arco al rogo* (7 milioni d'incasso) e di *Viaggio in Italia* (14 milioni) si chiedeva: «È ancora recuperabile Ingrid Bergman come star?».

[20] «Una mezza dozzina di attori – nota Domenico Forges Davanzati nella sua inchiesta sulle quotazioni di mercato degli attori – incidono fino al 50-55% sul costo totale di un film medio... La corsa agli alti prezzi porta come conseguenza che il produttore, per poter far quadrare le varie voci di bilancio preventivo del film, abbassi le voci tecniche (tempo di lavorazione, ecc.) con il risultato che il pubblico vede spesso attori di grande richiamo in film di scarso interesse e mediocre fattura», D.

Forges Davanzati, *Le paghe degli attori*, in *Cinema Nuovo*, a. IV, n. 54, 10 marzo 1955, p. 179.

[21] Per queste storie e per gli sviluppi concorrenti e intrecciati con quelli del cinema vedi i due pregevoli e complementari lavori di A. Grasso, *Storia della televisione italiana*, Milano, Garzanti, 1992 e F. Monteleone, *Storia della radio e della televisione in Italia*, Venezia, Marsilio, 1992. Cfr. anche W. Veltroni, *I programmi che hanno cambiato l'Italia*, Milano, Feltrinelli, 1992.

Il mestiere dello sceneggiatore

[1] Un apprezzabile sforzo, di offrire uno sguardo d'insieme ed esaminare la morfologia degli apporti e delle relazioni degli sceneggiatori con i vari processi realizzativi dei film, è fatto da G. Muscio, *Scrivere il film*, Roma, Savelli, 1981 (ristampato nel 1993). Il piú significativo lavoro d'insieme sugli sceneggiatori italiani in forma di interviste e di apparato filmografico è stato pubblicato in Francia da M.C. Questerbert, *Les scénaristes italiens*, Paris, Hatier, 1988.

[2] C. Zavattini, *Addio al cinema*, in *Cinema d'oggi*, Firenze, Vallecchi, 1958, p. 80.

[3] Assai importante il ripensamento di Carlo Lizzani, anche su questo aspetto dell'esperienza neorealista: «Scorrendo i titoli di testa dei nostri classici... vediamo affiancati autori delle generazioni piú diverse: Adolfo Franci assieme a Gerardo Guerrieri, Corrado Alvaro assieme a Carlo Lizzani; insomma i quarantenni De Sica-Zavattini-Amidei-Rossellini, attestati al centro di un vortice che vede ruotare all'estrema periferia alcuni astri sessantenni e nel nucleo interno non pochi venti-trentenni. Ma l'ecumenismo generazionale è niente di fronte all'ampiezza del registro linguistico e poetico dal quale provengono i vari autori del periodo che abbiamo preso in esame... Intorno ai capolavori del neorealismo lavorano crepuscolari e verghiani, proustiani raffinatissimi e surrealisti marxisti e idealisti, partigiani di De Sanctis e di Sainte-Beuve, apostoli del decadentismo e neoveristi rigorosi, riscopritori del Belli e del Porta, come appassionati lettori di Ungaretti e Cardarelli, joyciani e steinbeckiani, seguaci di Hemingway, James e Kafka», C. Lizzani, Prefazione a *Riso amaro*, Roma, Officina, 1978, p. 11.

[4] Bisogna però dire che il respiro culturale europeo e internazionale della formazione di alcuni sceneggiatori raramente viene avvertito, mentre si sente invece nei testi letterari coevi di Pavese, Vittorini, Fenoglio, ecc. Il lavoro degli sceneggiatori è, al contrario, concepito in modo da deprivarli subito di questo ampio bagaglio culturale e porli risolutamente di fronte a problemi di elementare competenza linguistica e trivializzazione narrativa.

[5] «La moderna professione, di gente che vende idee, trovate, intrighi a prezzo mai praticato prima e che è diventato un lavoro non dei piú facili, meriterebbe essa stessa il suo dramma e la sua commedia. Nel gruppo di fabbricanti d'intrecci si trova abbastanza spesso un individuo che non sa niente di letteratura, che ha le sue trovate allo stato bruto, ricavate dalla cronaca e da un'esperienza istintiva. Forse è l'uomo di domani senza pregiudizi culturali. È un mestiere che rischia di mettere in crisi la letteratura d'invenzione come è stata concepita fino ad oggi... è una nuo-

va forma di letteratura per cui d'un grande libro non resta che il meccanismo del suo intreccio, come una lisca di pesce», C. Alvaro, citato da R. Redi, *Scrittori e crisi del cinema*, in *Cinema*, a. IX, n. 164, 15 aprile 1956, pp. 123-124. Nella stessa inchiesta molto lucido e pertinente è anche l'intervento di Pasolini, che distingue nettamente il momento di produzione letteraria della sceneggiatura da quello della sua conversione cinematografica: «Il regista è effettivamente l'unico autore del film, ma non è affatto l'autore del copione che viene prima del film. Ci sono ottimi film con cattivi copioni e viceversa. In altri termini il regista è autore della traduzione figurativa di quel lavoro letterario che è il copione. Quanto alla sua industrializzazione, al commercio delle idee, il lavoro su ordinazione non è affatto un difetto del cinema. Su ordinazione si possono scrivere o dipingere capolavori, ne fa fede la storia dell'arte... Per riassumere, esiste un autore del copione e un autore del film... Vorrei che si conoscessero le sceneggiature perché si potesse giudicare il lavoro degli autori», ivi, p. 126. Nel 1954 *Cinema Nuovo* aveva condotto un'inchiesta tra gli sceneggiatori, a cui avevano risposto in pratica tutti gli autori piú significativi: vedi i nn. 33. 34, 37, 39, 40.

[6]   «Gli è stato chiesto un film sui riformatori e ha scritto *Sciuscià*, uno con le suore e ha inventato *Un giorno nella vita*, uno su Lourdes e ha scritto *La porta del cielo*, uno sul teatro di guerra attorno a San Marino e ha scritto *Lo sconosciuto di San Marino*», M. Verdone, *Il contributo di Zavattini*, in *Cinema*, a. II, n. 27, novembre 1949, p. 284.

[7]   Sulla vitale contraddittorietà del mondo zavattiniano ha scritto un'ottima introduzione, al numero monografico dedicatogli dalla rivista *Cinema & cinema*, G. Fofi, *Il Signor Zavattini uno e due*, a. VI, n. 20, luglio-settembre 1979.

[8]   L'editore Bompiani ha raccolto nel 1979, in tre volumi, gli scritti sparsi di Zavattini riguardanti il cinema (soggetti non realizzati, interviste, dichiarazioni e il suo diario cinematografico). Integrati con gli scritti letterari e poetici, questi materiali costituiscono un supporto indispensabile per definire alcune direttrici di guida nel mondo zavattiniano: *Neorealismo ecc.* è curato da Mino Argentieri, *Basta con i soggetti*, da Roberta Mazzoni e il *Diario cinematografico* da Valentina Fortichiari. Il contributo piú ampio e documentato e l'omaggio piú completo all'opera di Zavattini si devono a J. Gili e Aldo Bernardini che hanno organizzato a Parigi una grande retrospettiva nel 1990 al Centre Pompidou e coordinato un catalogo ricco di interventi originali, *Cesare Zavattini*, Paris, Centre Pompidou, 1990.

[9]   Edita nel 1973, a Milano, da Scheiwiller.

[10]   È quanto osserva A. Paladini, *Flusso di sentimenti in Zavattini il buono*, in *Cinema*, a. IV, n. 63, 1 giugno 1951, p. 292.

[11]   Un soggetto appare sul n. 13 della *Rassegna del film*, a. II, aprile 1955, p. 21, ed è ripreso in *Basta con i soggetti!*, cit., p. 175.

[12]   «Nessuno saprà mai di questa corsa», troviamo in *I poveri sono matti* e ancora nello stesso libro: «Un giorno si farà un giornale meraviglioso e leggeremo immensi titoli sotto la testata: Leo si è fatto un abito nuovo; Raoul compra oggi, per la prima volta, un paio di scarpe di camoscio». I moduli della futura poetica neorealista sono già disposti. A questo Zavattini, che si ritrova in *Miracolo a Milano*, farà omaggio in *Uccellacci e uccellini* Pier Paolo Pasolini, quando intitolerà i nomi delle

strade a personaggi come «Lillo Strappalenzuola, fuggito di casa a 12 anni». Zavattini non perde nulla del suo mondo precedente, anzi lo recupera il piú possibile, lo salva e lo mette costantemente in circolazione. Una lettura attenta di *Parliamo tanto di me, I poveri sono matti, Io sono il diavolo*, rivela battute e situazioni a partire dallo stesso *ritratto* iniziale dell'autore di *Parliamo tanto di me*, che rispuntano in tutta l'attività di sceneggiatore del dopoguerra.

[13] C. Zavattini, *Il neorealismo secondo me*, in *Rivista del cinema italiano*, a. III, n. 3, marzo 1954, p. 18.

[14] Anche se manca per ora un lavoro sistematico sull'opera di Amidei, molte indicazioni sono venute dalla commemorazione fatta da amici e collaboratori nel corso di un convegno a Gorizia, nell'agosto 1981. Il comune di Gorizia, nell'occasione, ha pubblicato un quaderno a cura di D. Bratina e L. Codelli dal titolo *Sergio Amidei 55 anni di cinema*, e due anni dopo ha pubblicato gli Atti del convegno citato. Nel numero di aprile 1982 la rivista *Positif* ha dedicato un dossier ad Amidei.

[15] Su Margadonna vedi il mio *Ettore Margadonna critico e storico del cinema*, in *Oggi e domani*, a. XVII, n. 6, giugno 1989, pp. 3-6 e le interviste agli amici e collaboratori curate nello stesso numero da P. Smoglica. Vedi anche il convegno *Ettore Margadonna, una penna per il cinema*, in *Oggi e domani*, a. XVII, n. 9-10, settembre-ottobre 1989, pp. 30-37.

[16] È quanto osserva opportunamente Sergio G. Germani: «È probabilmente nella nascente e poi dilagante commedia all'italiana che si costituisce una terza via, poi egemone nel cinema italiano degli anni sessanta. Non a caso è qui che si formano dei tandem professionali, come quelli di Age e Scarpelli e poi Maccari e Scola, Benvenuti-De Bernardi, Amendola-Maccari, Festa Campanile-Franciosa, ecc. Lo stesso Sonego ha, a suo modo, un doppio in Sordi. La sceneggiatura di gruppo è in realtà una somma di coppie che d'altronde ereditano solo in parte il funzionamento della fabbrica delle gag per i film di Mattoli e della coppia Metz-Marchesi, questa semmai prosegue a livello di professionalità bassa nelle nuove coppie cinetelevisive dei Castellano-Pipolo, Scarnicci-Tarabusi, ecc., che verso la fine degli anni cinquanta esordiscono nel cinema», S. Germani, *Il lavoro di sceneggiatura*, in *Cinema italiano degli anni cinquanta*, cit., p. 199.

[17] Ai rapporti tra Flaiano e il cinema è stata dedicata un'ampia sezione della rivista *Oggi e domani*, a. VI, n. 7-8, luglio-agosto 1978 il coordinamento dei testi è di Renato Minore. A cura di L. Sergiacomo vedi *La critica e Flaiano*, Pescara, Associazione Ennio Flaiano, 1992.

[18] P. D'Agostini, *Romanzo popolare. Il cinema di Age e Scarpelli*, Napoli, Edizioni Scientifiche Italiane, 1991.

[19] Moravia parla in questi termini nel *Disprezzo* del lavoro dello sceneggiatore: «In verità la maniera meccanica e abitudinaria con la quale si fabbrica una sceneggiatura rassomiglia forte a una specie di stupro dell'ingegno; originato piuttosto dalla volontà e dall'interesse che da qualsivoglia ispirazione o simpatia», *Il disprezzo*, Milano, Bompiani, 1954, pp. 53-54. Molto interessante è anche la descrizione di un gruppo di sceneggiatori al lavoro.

[20] Del diverso statuto professionale dello sceneggiatore rispetto allo scrittore e della

sua emergenza come figura dotata di caratteristiche specifiche marcate, parla Corrado Alvaro nei primi anni cinquanta (vedi la nota 5 in questo capitolo).

21   Penso soprattutto al caso di Vincenzo Cardarelli, a cui viene chiesto di revisionare linguisticamente la sceneggiatura della *Primadonna*, romanzo di Filippo Sacchi che Ivo Perilli intende realizzare nel 1942 per Carlo Ponti. La sua revisione aveva puntato a rendere «linguisticamente» piú colorite le battute di certi personaggi: «Vi ho messo *mira* invece che *guarda*, un *venerande* invece che *vecchie*. Il frasario potrebbe essere modificato in questo senso. Nel primo ottocento una certa società milanese doveva parlare un linguaggio press'a poco pariniano, almeno quando non si esprimeva in dialetto», V. Cardarelli, *Lettere inedite per la Primadonna*, in *L'Europa letteraria*, a. II, n. 9-10, giugno-agosto 1961, pp. 344. Vedi anche, nello stesso numero, la testimonianza esemplare di Ennio Flaiano: «Verso il 1940 i letterati romani cominciarono a occuparsi di cinema, dovrei dire timidamente e con sospetto. Davano consigli, facevano revisioni sommarie, pulivano i dialoghi, ma senza grande impegno e quasi vergognandosene, sapendo che il loro lavoro, anche se sollecitato, veniva poi tenuto in poco conto. Troppo diverso era allora il linguaggio dei letterati da quello del cinema corrente», p. 240. Su Berto sceneggiatore vedi il mio *Un doppio stato transitorio*, in *Giuseppe Berto*, a cura di E. Artico e L. Lepri, Venezia, Olschki, Marsilio, 1989. Nello stesso volume vedi anche i saggi di D. Zanelli e C. Bragaglia su *Berto critico cinematografico* e *Berto e il cinema*.

22   Nei primi numeri di *Cinema Nuovo* si sviluppa un'ampia e importante inchiesta sul *Realismo italiano nel cinema e nella narrativa*. Vi rispondono in molti, da Corrado Alvaro a Libero Bigiaretti, Romano Bilenchi, Carlo Bo, Italo Calvino, Vittorio Sereni, Claudio Varese, Elio Vittorini, G. Titta Rosa e Franco Fortini e tutti sottolineano, quasi all'unanimità, che tra cinema e narrativa nel dopoguerra il minimo comune denominatore è dato dal parallelismo delle esperienze e non dall'identità e congruenza. Al massimo si potrà riconoscere, con Sereni, che dal dopoguerra si guarda al cinema da parte dei letterati come si guarda alla letteratura. Altri tipi di incontro immediato non sembrano possibili.

23   Vedi per la serie di riferimenti alle trascrizioni di opere di Bacchelli, Deledda, Capuana, Verga, Gogol, Brancati, Moravia, ecc. da parte di Lattuada, Chiarini, Germi, Zampa, e cosí via, il capitolo *Fra letteratura e storia negli anni cinquanta*, in E. Guidorizzi, *La narrativa italiana e il cinema*, Firenze, Sansoni, 1973, pp. 55-68; per la trascrizione cinematografica di *Tre donne sole* nelle *Amiche* di Antonioni, il mio saggio *Pavese e Antonioni, dal romanzo al film*, in *Forma e parola nel cinema*, Padova, Liviana, 1970, pp. 122-158.

24   Tra le molte gravi mancanze di questa mia ricerca (l'evoluzione tecnologica, la musica, il ruolo degli operatori, quello degli illustratori dei manifesti) il lavoro degli scenografi e dei costumisti è totalmente trascurato: segnalo almeno *La scenografia cinematografica in Italia*, Roma, Ed. Bianco e Nero, 1955, a cura di V. Marchi, G. Cincotti e F. Montesanti e il catalogo della mostra dedicata a Maria De Matteis, *Quarant'anni di spettacolo in Italia attraverso l'opera di M. De Matteis*, Firenze, Vallecchi, 1979, in particolare il saggio di G. Fink, *Una parte per il tutto: Maria De Matteis e il cinema italiano*, pp. 95-105.

25   Ricordo a caso alcuni titoli: *Il corriere del re* di Righelli viene da *Rouge et noir* di Stendhal, *Il tiranno di Padova* da Victor Hugo, *Il delitto di Giovanni Episcopo*, di

Lattuada, da D'Annunzio, *Genoveffa di Brabante* dall'abate Schmid, *Il passatore* da Bruno Corra, *Il Fiacre n. 13* da Xavier de Montepin, *Fabiola*, di Blasetti, dal romanzo omonimo del cardinale Wiseman, *Karamazov* da Dostoevskij, *Il fabbro del convento* da Ponson du Terrail, *Le vie del peccato* da G. Deledda, *Cuore* dal libro omonimo di De Amicis, *La sepolta viva*, di G. Brignone, da Mastriani, *Il bacio di una morta*, di G. Brignone, e *La mano della morta*, di Campogalliani, da Carolina Invernizio, *Il voto*, di Bonnard, da Salvatore Di Giacomo, e ancora film ispirati a figure della *Commedia* dantesca, come *Il conte Ugolino* di Freda e *Paolo e Francesca* di Matarazzo.

26   G. Bezzola, *Lo sfondo culturale del cinema italiano*, in *Cinema*, a. IV, n. 63, 1 giugno 1951, pp. 285-287 e n. 64, 15 giugno 1951, pp. 318-320.

Lingua, dialetto, modelli sociali, ideologia

1   T. De Mauro, *Storia linguistica dell'Italia unita*, Bari, Laterza, 1965, pp. 96-103.

2   Ivi, p. 101.

3   Per un primo orientamento si veda M. Medici, *Comunicazione linguistica di massa*, in *Bibliografia italiana*, Roma, Bulzoni, 1975, pp. 31-39. Le poche voci bibliografiche che si possono aggiungere, e che segnalerò nel corso del capitolo, non spostano sostanzialmente la situazione di fatto. Tra i contributi di maggior interesse dei primi anni cinquanta vedi C. Battisti, *La lingua e il cinema: impressioni*, in *Lingua nostra*, n. 2, 1952, pp. 29-34 e, dello stesso, *Il linguaggio del cinema*, che rielabora osservazioni fatte in altre sedi *(Cineclub, Lumen)*, *Atti dell'Accademia toscana di scienze e lettere, La colombaria*, Firenze, 1955, pp. 255-280. La ricerca di maggior impegno, dal punto di vista della collazione e descrizione linguistica dei fenomeni, resta tuttora quella di A. Menarini, *Il cinema nella lingua, la lingua nel cinema*, Milano, Bocca, 1955. Qualche osservazione interessante in M. Cortellazzo, *Avviamento critico allo studio della dialettologia italiana. III. Lineamenti di italiano popolare*, Pisa, Pacini, 1972, pp. 48-49. Segnalo anche due miei contributi, *La parola nel cinema di Pasolini*, in *Forma e parola del cinema*, Padova, Liviana, 1970, pp. 35-82 e *Lingua, letteratura e cinema*, in Aa. Vv., *Lingua sistemi letterari, comunicazione sociale*, Padova, Cleup, 1976 pp. 331-355. In *Forma e parola nel cinema* si veda la prefazione puntualizzante di Gianfranco Folena. Tra i contributi piú recenti vedi in particolare E. Cresti, *La lingua del cinema come fattore della trasformazione linguistica nazionale*, in Aa.Vv., *L'italiano in movimento*, Firenze, Accademia della Crusca, 1983, pp. 277-319; A. Maraschio, *L'italiano del doppiaggio*, ivi, pp. 135-158; D. Carpitella, T. De Mauro, S. Raffaelli, *La lingua e i dialetti della commedia italiana*, in R. Napolitano (a cura di), *Commedia all'italiana*, Roma-Reggio Calabria, Gangemi, 1986, pp. 161-179.

4   Osservazioni sparse, in questo senso, si trovano in vari scritti di Jakobson, Eco, Dorfles, Lotman, Garroni, ecc., senza diventare peraltro mai oggetto di analisi autonoma. Per l'aspetto riguardante la morfologia dei rapporti tra opera e destinatario, vedi il capitolo *Destinatario*, in M. Corti, *Princípi della comunicazione lettera-*

ria, Milano, Bompiani, 1976, pp. 53-71. Per una serie di problemi teorici e analitici, sui rapporti tra lingua parlata, scritta e recitata, vedi l'importante saggio di G. Nencioni, *Parlato-parlato parlato-scritto, parlato-recitato*, in *Strumenti critici*, a. X, n. 29, febbraio 1976, pp. 1-56.

5   Ju. M. Lotman e B. Uspenskij, *Tipologia della cultura*, Milano, Bompiani, 1975; *Semiotica e cultura*, Milano, Ricciardi, 1975.

6   Cfr. anche S. Raffaelli, *Italiano filtrato*, in G.P. Brunetta, D. Ellwood, *Hollywood in Europa*, cit., pp. 96-101.

7   Cfr. il mio *Lingua, letteratura, cinema*, cit., pp. 349-350. Per un'interpretazione piú generale da tener presenti, per la loro attualità metodologica, anche se scritti negli anni venti, i saggi di V.N. Volosinov (Michail Bachtin), *Il linguaggio come pratica sociale*, Bari, Dedalo, 1980.

8   Ho sviluppato questo tipo di analisi in un capitolo di *Cent'anni di cinema italiano*, Bari, Laterza, 1991, pp. 309-314. Per il conflitto-contatto di culture e linguaggi, da tener presente A.M. Cirese, *Cultura egemone e culture subalterne*, Palermo, Palumbo, 1973.

9   Il processo viene subito avvertito dalla critica contemporanea come fenomeno di trivializzazione linguistica e ideologica e di progressiva degradazione rispetto ai modelli neorealisti. Vedi, in questo senso, la recensione a *Pane, amore e fantasia* di G. Aristarco («La traduzione del dialetto in italiano non raggiunge, come in *Due soldi di speranza*, una piena maturità espressiva. Piú o meno chiuse negativamente nei limiti geografici di una provincia, le espressioni volgari, le costruzioni, i modi di intercalare, le sgrammaticature rafforzative, non portano in sé il forte e sanguigno della parlata popolare»), in *Cinema Nuovo*, a. III, n. 29, 15 febbraio 1954, p. 90. Vedi anche C. Muscetta, *Cinema controrealista*, in *Società*, aprile 1954, ristampato in *Realismo, neorealismo, controrealismo*, Milano, Garzanti, pp. 251-265.

10   Nella definizione di livelli, come per l'impostazione di alcuni aspetti di questa ricerca, ho tenuto presente il lavoro di J.A. Fishman, *La sociologia del linguaggio*, Roma, Officina, 1975, e l'Introduzione di A.M. Mioni, *Per una sociolinguistica italiana, note di un non sociologo*.

11   Tuttora di grande interesse, per la quantità di fenomeni lessicali e sintattici esaminati (piú che per l'impianto metodologico), il citato lavoro di Alberto Menarini. Vedi anche la recensione di B. Migliorini, in *Lingua nostra*, n. 4, 1956, pp. 130-131.

12   Per le funzioni linguistiche mi servo del classico saggio di R. Jakobson, *Linguistica e poetica*, in *Saggi di linguistica generale*, Milano, Feltrinelli, 1966, pp. 181-218.

13   Sul significato sociolinguistico e ideologico del «silenzio dei poveri», vedi la puntualizzazione di A.M. Mioni nella citata Introduzione al lavoro di Fishman.

14   La lingua degli emigrati è al centro dell'analisi del citato e fondamentale lavoro di Fishman.

15   Ricorrente il motivo dell'analfabetismo nella citata *Storia linguistica dell'Italia unita* di Tullio De Mauro, che riporta dati statistici e tabelle di percentuali (dal 1861 al 1961) a pp. 80-84.

16   Da tener presente che alcuni gruppi di sceneggiatori curano la traduzione e l'adat-

680   Note

tamento in italiano di dialoghi di film americani comici. Si tratta del gruppo del *Marc'Aurelio*, che estende la sua influenza in diversi ambiti, giungendo a esercitare un ruolo rilevante nelle diverse manifestazioni della produzione comica del dopoguerra.

[17] Per il problema della comprensione dell'italiano vedi G. Berruto, *L'italiano impopolare*, Napoli, Liguori, 1978.

[18] È il progetto zavattiniano della collana di *Italia mia* da realizzare con Einaudi di cui resta solo il libro su Luzzara, in collaborazione con Paul Strand, intitolato *Un paese*, Torino, Einaudi, 1955 (e ristampato da Scheiwiller, Milano, 1974).

[19] V. Spinazzola, *Lingua e film dal romanesco al neoitaliano*, in *Il Contemporaneo*, n.s., n. 1, gennaio 1966, pp. 13-14.

[20] *La terra trema*, in *Bianco e Nero*, a. XII, n. 2-3, febbraio-marzo 1951, pubblicato, nello stesso anno, in un volume autonomo a cura di F. Montesanti. Nel 1977 è uscita, a cura di E. Ungari, una trascrizione alla moviola assai accurata (ma senza i tempi delle singole inquadrature) del film, presso l'editrice bolognese Cappelli.

[21] L. Russo, *Problemi di metodo critico*, Bari, Laterza, 1950.

[22] In L. Ceplair e S. Englund, *Inquisizione a Hollywood*, cit., p. 321.

[23] R. Rossellini, *Roma città aperta*, in *La trilogia della guerra*, a cura di S. Roncoroni, Bologna, Cappelli, 1972, p. 108.

[24] Per il senso generale dell'ideologia e della storia dell'Uomo qualunque, vedi S. Setta, *L'Uomo qualunque, 1944-1948*, Bari, Laterza, 1975.

[25] G. Verga, *I Malavoglia*, Roma, Editori Riuniti, 1981, p. 58.

[26] Il testo di *Riso amaro*, accompagnato da un'importante prefazione di Carlo Lizzani, è stato pubblicato dall'editrice romana Officina nel 1978.

[27] Augusto: «Io ho sempre lavorato in grande stile. Ho girato il mondo e ho sempre fregato tutti. Perché il mondo è pieno di fessi. Io so' capace di vendere il ghiaccio agli esquimesi anche. Ma mi tocca lavorare con questi dilettanti», *Il primo Fellini*, a cura di R. Renzi, Bologna, Cappelli, 1969, p. 263.

[28] «La vendita dell'elefante Sabú al giardino zoologico ha permesso al maestro Garetti di comprare vestiti per tutti e sei paia di scarpe», ci racconta la voce fuori campo di un film *(Buongiorno, elefante!)* in cui l'elefante, come il cavallo di *Sciuscià*, diventa un oggetto di trasferimento di tutti i desideri. Vedi anche *La vita quotidiana nell'età neorealista*, in A. Farassino (a cura di), *Neorealismo. Cinema italiano 1945-1949*, Torino, Edt, 1989, pp. 115-120.

[29] P.P. Pasolini, *Nuove questioni linguistiche*, in *Rinascita*, a. XXI, 26 dicembre 1964, pp. 19-22.

[30] Di Totò i linguisti si sono occupati negli anni cinquanta: M. Fittoni, con una breve nota, *Totò e la lingua*, in *Lingua nostra*, n. 3, 1953, p. 91, e A. Menarini, *Totò e la lingua*, in *Lingua nostra*, n. 4, 1953, pp. 117-118.

Lo sguardo del neorealismo

¹ Per una bibliografia sul neorealismo letterario e culturale, che comprenda le fasi e posizioni piú rilevanti nel corso dei diversi periodi del dopoguerra, si vedano almeno i seguenti lavori: per gli anni cinquanta N. Gallo, *La narrativa italiana del dopoguerra*, in *Società*, a. VI, n. 2, giugno 1950; S. Guarnieri, *Cinquant'anni di narrativa in Italia*, Firenze, Parenti 1955; C. Salinari, *La questione del realismo*, Firenze, Parenti, 1960 (ristampato in *Preludio e fine del realismo in Italia*, Napoli, Morano, 1967); G. Scalia, *Critica, letteratura, ideologia*, Padova, Marsilio, 1968. L'attacco antirealista parte, da versanti differenti, agli inizi degli anni sessanta. Si tengano presenti: R. Barilli, *La barriera del naturalismo*, Milano, Mursia, 1964; A. Asor Rosa, *Scrittori e popolo*, Roma, Samonà e Savelli, 1965; A. Guglielmi, Introduzione a *Vent'anni di impazienza*, Milano, Feltrinelli, 1965. Vedi inoltre G.C. Ferretti, *La letteratura del rifiuto*, Milano, Mursia, 1968, e *Introduzione al neorealismo*, Roma, Editori Riuniti, 1974; C. Milanini, *Neorealismo poetiche e polemiche*, Milano, Il Saggiatore, 1978; C. De Michelis, *Alle origini del neorealismo*, Cosenza, Lerici, 1980.

² Elio Vittorini, rispondendo alla famosa inchiesta di Carlo Bo sul neorealismo *(Inchiesta sul neorealismo*, Torino, Eri, 1951), sosteneva questa tesi: «In sostanza tu hai tanti neorealismi quanti sono i principali narratori mentre l'inclinazione innegabile dei piú giovani a farne una cosa sola non ha ancora dato frutti tali da considerare l'opera dei primi alla luce di quella dei secondi». E Italo Calvino, molti anni dopo, nella Prefazione alla nuova edizione del *Sentiero dei nidi di ragno* del 1964 (Torino, Einaudi) pare fargli eco: «Il neorealismo non fu una scuola... fu un insieme di voci, in gran parte periferiche, una molteplice scoperta delle diverse Italie, anche, o specialmente, delle Italie fino allora piú inedite per la letteratura. Senza la varietà di Italie sconosciute l'una all'altra... senza la varietà dei dialetti e dei gerghi da far lievitare e impastare nella lingua letteraria, non ci sarebbe stato neorealismo». Rispetto agli uomini di cinema gli scrittori neorealisti non amano il riconoscimento di legami di sangue e di parentele tra di loro e cercano tutti, in misura maggiore o minore, di sottolineare i tratti distintivi della loro personalità piú che quelli comuni: si vedano in questo senso i non pochi risvolti di copertina scritti da Vittorini nella collana einaudiana dei Gettoni.

³ A. Asor Rosa, *La cultura*, in *Storia d'Italia*, vol. IV, 2, Torino, Einaudi, 1975, p. 1613.

⁴ M. Corti, *Il viaggio testuale*, Torino, Einaudi, 1978, p. 66.

⁵ Questo conflitto è stato già da tempo opportunamente rilevato da A. Abruzzese, che ha parlato di «opposizione oggettiva tra la pratica neorealista, lo sviluppo della sua produzione e del suo mercato, e la teoria neorealista o dei critici neorealisti», *Per una nuova definizione del rapporto politica-cultura*, in *Il neorealismo cinematografico italiano*, cit., p. 40.

⁶ Si veda, nel secondo volume di questa *Storia*, il capitolo *Il cammino della critica verso il neorealismo*.

[7]   La reazione ritardata è ammessa da alcuni critici, e motivata in base a considerazioni legittime, a partire dalla metà degli anni cinquanta. Vedi quanto scrive Callisto Cosulich in una scheda di *Roma città aperta*, per una *Rassegna sul realismo italiano* curata dal Circolo del cinema di Genova, nel 1954: «Rossellini si era man mano screditato con film di guerra sempre peggiori. Ci volle l'enorme successo americano per convincerci che *Roma città aperta* era una sorpresa non perché stava a significare la mancata morte del cinema italiano, ma perché segnava la nascita di un nuovo e piú autentico cinema italiano» (p. 28).

[8]   Tuttavia sia Asor Rosa che gli esponenti della neoavanguardia negli anni successivi hanno preferito abbandonare le iniziali posizioni antagonistiche e muoversi verso il neorealismo, distinguendovi le tendenze vitali e quelle destinate a rapida consunzione. In questo senso assai importante quanto scrive Renato Barilli nell'Introduzione alle *Opere* di Cesare Zavattini: «Di lí a poco... la nuova avanguardia italiana avrebbe esordito con una fiera ripulsa del "tipico" lukacsiano, e con una scelta perentoria a favore della complessità fenomenica della vita. Allora non venne operata una saldatura con la presenza zavattiniana. Queste brevi osservazioni dovrebbero valere a compierla una tale saldatura, seppure in ritardo, e a discriminare quanto, dell'esperienza complessiva del neorealismo cinematografico italiano, appare ancora oggi vitale, propulsivo, in anticipo su tanti sviluppi attuali della ricerca filmica e quanto appare irrimediabilmente datato, chiuso in cedimenti naturalistici, in assurde restaurazioni del "tipico" ottocentesco», *Opere di Cesare Zavattini*, Milano, Bompiani, 1974, pp. 35-36.

[9]   I risultati piú rigorosi e convincenti di un'analisi delle figure retoriche in un terreno contiguo e finora poco esaminato come quello della poesia neorealista sono raggiunti da W. Siti, *Il neorealismo nella poesia italiana*, Torino, Einaudi, 1980. Nel lavoro di Siti il centro dell'analisi è un livello di produzione poetica mediobassa, praticamente dimenticata o sconosciuta, che rivela una straordinaria compattezza e condensazione di figure di discorso, di nuclei semantici e di significanti sottoposti alle medesime regole di trasformazione.

[10]   È questa un'ipotesi che ha guidato il provocatorio lavoro di accostamenti fotografici fatto da L. Pellizzari, *Cineromanzo*, in *Il cinema italiano 1945-1953*, cit. Per il contributo degli scenografi, si veda Aa. Vv., *La scenografia cinematografica in Italia*, Roma, Ed. Bianco e Nero, 1956.

[11]   A. Farassino, *Neorealismo, storia e geografia*, in A. Farassino (a cura di), *Neorealismo. Cinema italiano 1945-1949*, cit., p. 29.

[12]   G.C. Ferretti, *Introduzione al neorealismo*, cit., p. 15.

[13]   Uso la nozione di coerenza anzitutto nel senso della linguistica testuale: cfr. Irina Bellert, *Una condizione per la coerenza dei testi*, in M.E. Conte, *La linguistica testuale*, Milano, Feltrinelli, 1977.

[14]   «Guardiamoci intorno, – troviamo scritto in un numero di *Film d'oggi* del settembre del 1945, – non è questione di scuole o di tendenze, di verismo o di altre cose. Bisogna essere ciechi, oggi, per non accorgersi che la realtà ha lievitato, è salita oltre i confini abituali della fantasia», ***, *Invito a documentare*, in *Film d'oggi*, a. I, n. 12, 8 settembre 1945, p. 2.

[15]   M. Corti, *Neorealismo*, in *Il viaggio testuale*, cit., pp. 33-34.

[16] Ivi, p. 73.

[17] Assai lucida in questo senso, e comprensiva di tutto l'arco dei problemi aperti, l'Introduzione di L. Micché a *Il neorealismo cinematografico italiano*, cit., pp. 7-28. Vedi inoltre le osservazioni pertinenti, nel citato saggio di Abruzzese e Fabre in *La città del cinema*, e tutta l'impostazione interpretativa del saggio del gruppo Cinegramma, *Neorealismo e cinema italiano negli anni trenta*, in *Il neorealismo cinematografico italiano*, cit., pp. 331-385.

[18] In questo senso da tener presenti le pagine dedicate al neorealismo nel discorso teorico di G. Bettetini *Realtà realismo, neorealismo. Linguaggio e discorso: appunti per un approccio teorico*, in *Il neorealismo cinematografico italiano*, cit., pp. 136-140. Bettetini accentua tuttavia il senso del distacco del messaggio dal destinatario.

[19] Sul ruolo del «visibile» nel cinema neorealista ha scritto pagine penetranti P. Sorlin, *Sociologia del cinema*, Milano, Garzanti, 1979, pp. 68 e sgg.

[20] Fondamentale, a questo proposito, il senso del progetto che nel suo diario del 1944 descriveva Cesare Zavattini: «Con Lattuada, Fabbri e Monicelli decidiamo di parlarne a Ponti, basta poco denaro, un camion con gli strumenti indispensabili, macchine da presa, rotoli di pellicole, qualche lampada, si partirà da Roma con pochissime pagine, ho chiara l'idea fondamentale. Lo svolgimento del film è affidato alle occasioni che incontreremo... il progetto mi è nato mesi fa dal convincimento che *solo in questo momento gli uomini hanno una forza di sincerità che perderanno di nuovo prestissimo*... Il cinema ha i mezzi specifici per spostarsi nello spazio e nel tempo, raccogliere dentro la pupilla dello spettatore il molteplice e il diverso, purché abbandoni i consueti modi narrativi e il suo linguaggio si adegui ai contenuti», C. Zavattini, *Straparole*, Milano, Bompiani, 1967, ora in *Opere di Cesare Zavattini*, cit., p. 519.

[21] Vedi ancora A. Abruzzese e G. Fabre, in *La città del cinema*, cit., p. 29.

[22] «In un mondo ancora e già ossessionato dal terrore e dall'odio, in cui la realtà non è piú quasi mai amata per se stessa, il cinema italiano è il solo a salvare, nel seno stesso dell'epoca che dipinge, un umanesimo rivoluzionario». Non a caso queste parole sono state scritte da A. Bazin, la voce piú avanzata della critica cattolica nei confronti del neorealismo, e non a caso si sottolinea il carattere dell'umanesimo come elemento comune alle varie voci. Vedi A. Bazin, *Che cosa è il cinema*, Milano, Garzanti, 1973, p. 280. Il testo originale è raccolto nel quarto volume di *Qu'est-ce que le cinéma*, Paris, Ed. du Cerf, 1962, p. 162.

[23] G. Fink, *«Etre» ou «avoir été»: le film italien, le temps et l'histoire*, in *Cultures*, vol. II, n. 1, 1974, p. 133.

[24] L'interpretazione piú pertinente, sul piano di un'analisi dei rapporti fra film e storia in *Roma città aperta*, mi pare sia data da P. Sorlin, *Histoire et cinema. Rossellini témoin de la Resistance italienne*, mélanges André Latreille, Lyon, Audin, 1972, pp. 393-407. Ugo Pirro ha ricostruito – in forma di romanzo – la storia del film e della nascita e sviluppo del neorealismo: *Celluloide*, Milano, Rizzoli, 1983. Intelligente l'analisi di M. Markus in *Italian Film in the Light of Neorealism*, Princeton, Princeton University Press, 1986, pp. 33-53.

[25] È quanto ha osservato molto bene Massimo Mida: «Rossellini captò con acutezza i sentimenti che la popolazione aveva soffocato e covato durante l'occupazione te-

desca, giacché lui stesso aveva sofferto quelle vicende e quel triste periodo. E seppe
tradurre questi sentimenti sullo schermo senza infingimenti e con una sorta di
candore naturale, di forza vergine esplosiva», M. Mida, *Roberto Rossellini*, Parma,
Guanda, 1961², pp. 30-31.

[26]   Alcuni anni fa Adriano Aprà indicava in che direzione il lavoro di riesame critico
dell'opera rosselliniana fosse ancora aperto, sottolineando come l'incidenza del
suo insegnamento non andasse valutata in termini di stile, ma di metodo: «Proposta di nuovi metodi di produzione, modernità del discorso d'autore (sua incidenza
sulla vita moderna, piuttosto che sulla cultura; cinema d'esperienza per lo spettatore, oltre che di sperimentazione espressiva)», A. Aprà, *Rossellini oltre il neorealismo*, in *Il neorealismo cinematografico italiano*, cit., p. 289. Con una felice definizione di recente Alain Bergala ha collocato Rossellini tra i registi della «modernità
necessaria», ossia tra i registi che non hanno programmato la rottura con il cinema
anteriore, ma sono stati spinti ad un certo momento a modificare radicalmente il
sistema della pressione delle circostanze. Vedi A. Bergala, *Rossellini, ou la modernité nécessaire*, in Aa. Vv., *Conférences du collège d'Histoire de l'art cinématographique*, Paris, Cinémathèque française, 1992, pp. 47-65.

[27]   Preferisco parlare di evoluzione e non di «involuzione», secondo la vulgata della
critica a partire dagli anni cinquanta.

[28]   Vedi le osservazioni in questa direzione di G. Perrella, *Il qui e il subito del cinema
italiano*, in *Fiction*, a. I, n. 1, estate 1977.

[29]   Osserva, in uno dei piú importanti contributi recenti sull'opera di Visconti all'interno di una sterminata bibliografia, Carlo Alberto Madrignani: «Per questo film
Visconti si rifà a Verga con un oltranzismo documentario che va al di là delle intenzioni dello scrittore. Al posto dell'impasto linguistico verghiano troviamo un
documentarismo verbale, che è la ripresa del dialetto nudo e crudo, ma ancora piú
significativo è l'accostamento che gli si accompagna di un indugio estetizzante,
realizzato con una fotografia di grande purezza che riesuma gli archetipi flahertiani», C. A. Madrignani, *Realismo e classicismo in Luchino Visconti*, in *Visconti: il cinema*, Modena, 1977, p. 103. Vedi l'analisi di L. Miccichè in *Visconti e il neorealismo*, Venezia, Marsilio, 1990, che affronta problemi specifici di rapporti tra congruenza dei testi e delle poetiche.

[30]   «È evidente che Visconti, già a livello dell'impianto visivo e pittorico vuole trasferire sullo schermo il pieno di una tradizione che gli è familiare, che è familiare alla
sua gente», C.A. Madrignani, ivi, p. 101.

[31]   «Io non credo che le mie due attività, quella teatrale e quella cinematografica, rappresentino fatti diversi, due momenti della mia vita: mi pare anzi di condurre un
discorso che non ha soluzioni di continuità», M. Rusconi, *Il leone d'oro al microfono*, in *Sipario*, a. XX, n. 234, ottobre 1965, pp. 11-13.

[32]   Oltre al saggio di Madrignani già ricordato, nello stesso libro segnalo l'intervento
di A. Abruzzese, che nella sua «discutibilità» e aperta intenzione provocatoria pone sul tappeto una serie di problemi di grande importanza: *Luchino Visconti e l'industria culturale: spunti tematici per una ricerca da fare*, in *Visconti: il cinema*, cit.,
pp. 116-128.

[33]   V. Spinazzola, *Cinema e pubblico*, Milano, Bompiani, 1965.

[34] «Nelle sue opere – ha scritto Aristarco – si agita il fantasma di Verga e l'entusiasmo di Renoir, l'omaggio al western americano e al cinema russo di Ejzenštejn e Pudovkin. Amori di un letterato che cercano di fondersi e risolversi in due tendenze: quella del western come azione e movimento di fatti e quella del realismo sociale sovietico», G. Aristarco, *Film di questi giorni*, in *Cinema*, a. II, n. 24, 15 ottobre 1949. Su De Santis, sulla sua poetica e sulla sua opera, esiste una discreta letteratura critica che, se non si è mai spinta realmente in profondità, ha raggiunto risultati abbastanza nuovi negli ultimi anni: vedi il numero di *Cinema & Cinema* (n. 30 del gennaio-marzo 1982) dedicato all'avventura neorealista di De Santis; il volume collettivo curato da V. Camerino, *Il cinema di G. De Santis*, Lecce, Elle edizioni, 1982; la monografia di Stefano Masi per il Castoro cinema (Firenze, La Nuova Italia, 1982); il volume che raccoglie gli scritti critici (*Verso il neorealismo*), a cura di C. Cosulich, Roma, Bulzoni, 1982; la monografia di A. Parisi, *Il cinema di G. De Santis tra passione e ideologia*, Cadmo, 1983; il *Quaderno di Cinecittà*, edito da Cinecittà International nel 1991, curato da Valerio Caprara.

[34] «Lo sceneggiatore e il soggettista – scrive Zavattini – dovrebbero scomparire: si dovrebbe arrivare all'autore unico. Il regista che finalmente non può avere niente piú in comune col regista di teatro... Il termine neorealismo, inteso in senso latissimo, implica anche l'eliminazione della collaborazione tecnico-professionale, compresa quella dello sceneggiatore». Nella miriade di testi che costituiscono le costellazioni dell'opera zavattiniana va tenuto presente come assolutamente necessario per un orientamento nella sua poetica, guidato dall'autore stesso, G. Gambetti, *Zavattini mago e teorico*, Roma, Ente dello spettacolo, 1986.

[36] Il testo della citazione è tratto dalla relazione al convegno di Parma sul neorealismo, che costituisce un po' la summa della poetica zavattiniana: cfr. *Il neorealismo secondo me*, in *La Rivista del cinema italiano*, a. II, n. 3, marzo 1954. Per una interpretazione generale della poetica e pratica intellettuale zavattiniana, rinvio alla bella Introduzione di M. Argentieri a *Neorealismo ecc.*, Milano, Bompiani, 1979, pp. 1-27.

[37] Vedi anche le indicazioni di lavoro suggerite da G. Tinazzi, *Stile e stili del neorealismo*, in *Il neorealismo cinematografico italiano*, cit., pp. 250-261.

[38] G. Cremonini, *Zavattini teorico e l'impossibilità del realismo*, in *Cinema & cinema*, a. VI, n. 20, luglio-settembre 1979, p. 8.

[39] In questo senso vedi le ottime indicazioni di Lino Miccichè: «Il neorealismo cinematografico non fu realtà brevemente felice del cinema italiano postbellico... il neorealismo cinematografico italiano fu invece, fin dall'inizio, un episodio ricco di trasgressività rispetto alle tendenze dell'offerta e della domanda cinematografica dell'epoca», *Il contesto culturale e politico del neorealismo*, in *Il neorealismo cinematografico italiano*, cit., p. 23.

[40] Su questo motivo vedi in particolare il bel saggio di F. Ferzetti, *Città e cinema. La periferia urbana nella filmografia italiana*, in F. Fiorentini (a cura di), *Città come*, Roma, Argos, 1988, pp. 21-40.

Il lavoro critico e teorico

[1] G. Viazzi, Prefazione a U. Casiraghi, *Umanità di Stroheim e altri saggi*, Milano, Il Poligono, 1945, p. 5.

[2] La biblioteca cinematografica del Poligono era articolata in tre sezioni: Saggi, Sceneggiature, Documenti, e, nel giro di pochi anni, avrebbe pubblicato alcuni testi ancor oggi di importanza fondamentale. Ricordo che la linea grafica della collana è di Luigi Veronesi e già questa scelta dà la misura dell'apertura culturale del progetto.

[3] Penso a Michelangelo Antonioni, critico del *Corriere Padano*, a Guido Aristarco che scrive sulla *Gazzetta di Mantova*, e a tutti quei giovani che si formano sulle riviste dei Guf, a cui ho dedicato nel volume precedente un ampio capitolo.

[4] Non a caso Viazzi, nella citata Prefazione al libro di Casiraghi, parla di «fili di una suggestiva trama che si andava tessendo da piú parti» (p. 6).

[5] Il titolo piú importante del 1944 è *Star*, la rivista diretta da Ercole Patti a cui Antonio Pietrangeli ha impresso un'impronta assai netta. Tra gli altri titoli, da ricordare soprattutto *Film d'oggi*, diretta da Gianni Puccini, a cui collaborano Lizzani, De Santis, Mida, Antonioni, ecc. Tra le fonti a cui attingere per un'informazione e un orientamento generale, la piú completa è *Riviste italiane di cinema, 1930-1955* a cura di Davide Turconi, Pavia, Amministrazione provinciale, 1980. Un'analisi più articolata delle maggiori riviste è stata condotta da Cristina Bragaglia, in collaborazione con Andrea Morini, Daniela Ragazzoni, Tiziana Prediani, *Le riviste di cinema (1944-1978)*, Ferrara, 1979 (testo ciclostilato).

[6] Vedi il *Catalogo dei libri italiani di cinema*, a cura di D. Turconi, Pavia, Amministrazione provinciale, 1979; per gli anni cinquanta vedi anche la bibliografia curata da L. Albano, in *Materiali sul cinema italiano degli anni cinquanta*, n. 74, cit., pp. 185-199. Vedi anche l'ottimo quadro editoriale e di riferimenti culturali delineato da L. Pellizzari, *La biblioteca del neorealista. Libri e riviste di cinema apparsi in Italia* dal 1945 al 1950, in A. Farassino, *Neorealismo 1945-1949*, cit., pp. 97-111.

[7] G. Aristarco, *L'arte del film*, Milano, Bompiani, 1950, e *Storia delle teoriche del film*, Torino, Einaudi, 1951.

[8] Il panorama offerto da Aristarco è certo parziale, alla luce delle conoscenze attuali, ma bisogna riconoscere che il lavoro «a tutt'oggi costituisce il quadro forse piú completo del dibattito dalle origini alla fine degli anni quaranta e il cui merito maggiore sta nella sua capacità di allestire una galleria unitaria in cui far rientrare tutti quegli autori che hanno affrontato il cinema da una prospettiva piú ampia che non la semplice recensione di questa o di quell'opera», F. Casetti, *Teorie del cinema dal dopoguerra ad oggi*, Roma, L'Espresso, 1978, pp. 19-20.

[9] V. Pudovkin, *L'attore nel film*, Roma, Ateneo, 1947.

[10] S.M. Ejzenštejn, *Tecnica del cinema*, Torino, Einaudi, 1950, *La corazzata Potëmkin*, Milano, Bocca, 1954; G. Sadoul, *Il cinema*, Torino, Einaudi, 1949; J. Grier-

son, *Documentario e realtà*, Roma, Bianco e Nero, 1950; L. Jacobs, *L'avventurosa storia del cinema americano*, Torino, Einaudi, 1952; B. Balázs, *Il film. Evoluzione ed essenza di un'arte nuova*, Torino, Einaudi, 1952, *Estetica del film*, Roma, Editori Riuniti, 1975²; S. Kracauer, *Cinema tedesco. Dal Gabinetto del dottor Caligari a Hitler, 1918-1937*, Milano, Mondadori, 1954; L. Eisner, *Lo schermo demoniaco*, Roma, Ed. Bianco e Nero, 1955, ora Roma, Editori Riuniti, 1991; J.H. Lawson, *Teoria e tecnica della sceneggiatura*, Roma, Ed. Bianco e Nero, 1951, *Il film nella battaglia delle idee*, Milano, Feltrinelli, 1955; H. Mercillon, *Cinema e monopoli*, Milano-Roma, Bocca, 1956; K.S. Stanislavskij, *Il lavoro dell'attore*, Bari, Laterza, 1956; P. Bächlin, *Il cinema come industria*, Milano, Feltrinelli, 1958.

[11] Sul n. 7 di *Nuovi argomenti*, Norberto Bobbio, analizzando la fioritura di iniziative editoriali, di pubblicazioni di riviste, di produzione di una cultura militante *(Intellettuali e vita politica in Italia)*, dichiara di non sapere se vi sia un altro paese in Europa come l'Italia «in cui, dopo la liberazione siano nate cosí numerose riviste politiche e politico-letterarie... moderne, spregiudicate, piene di serietà e di audacia, di impegno critico e morale». Bobbio inoltre sostiene un'altra tesi, meno condivisibile, ma non trascurabile: quella della «repubblica dei dotti», cioè che l'opposizione intellettuale non abbia nulla da spartire con l'opposizione partitica.

[12] Le voci piú rappresentative di questo dibattito sono riunite in una rassegna della stampa nel primo numero della nuova serie di *Bianco e Nero*, dell'ottobre 1947.

[13] Gli articoli di Pietrangeli, Viazzi e Puccini sono riportati nel primo numero di *Bianco e Nero* e appaiono rispettivamente su *Fotogrammi*, 1945, *Cinetempo*, a. I, n. 13, 6 dicembre 1945, *Film d'oggi*, a. I, n. 22, 1945.

[14] U. Barbaro, *Ancora della terza fase ovverosia del film*, in *Bianco e Nero*, a. VIII, n. 1, ottobre 1947, pp. 9-17.

[15] «Nel primo biennio del nostro dopoguerra, mentre la nuova cinematografia creava opere di alto valore artistico, gli studi cinematografici in Italia, che pure, negli anni precedenti, erano stati i piú ricchi di indirizzi e raggiungimenti sul piano dell'estetica, non hanno generalmente superato il livello degli ebdomadari a rotocalco, dove, nel migliore dei casi e con maggiore o minore fatica, si sono noiosamente divulgati per il piú vasto pubblico quei concetti ormai pacifici e indiscussi presso gli intenditori», ***, *Ripresa*, in *Bianco e Nero*, a. VIII, n. 1, ottobre 1947, p. 5.

[16] In un saggio discutibile e schematico, ma ricco al tempo stesso di indicazioni, Alberto Abruzzese ha indicato come un discorso sulla critica debba necessariamente essere fatto assieme a un discorso sulla politica culturale del movimento operaio: «Per quanto il lavoro intellettuale – sostiene Abruzzese – operante negli spazi istituzionali della critica sia cosa diversa e spesso opposta dal lavoro intellettuale svolto all'interno delle organizzazioni politiche della sinistra, è storicamente provabile la frequenza con cui alcuni "quadri" della critica hanno pesato, direttamente o indirettamente, nelle scelte politico-culturali», A. Abruzzese, *Per una nuova definizione del rapporto politica-cultura*, in *Neorealismo cinematografico italiano*, cit., p. 58. Una significativa antologia di scritti che accompagnano tutta la parabola neorealista è raccolta in *Sul neorealismo. Testi e documenti (1939-1955)*, nel quaderno della Mostra di Pesaro n. 59, 1974. Nella stessa occasione, nel quaderno n. 57, S. Petraglia e S. Rulli scrivono un saggio dal titolo ambizioso e promettente *(La critica cinematografica neorealista: ideologia e storia)*, ma di modesta gittata.

[17]   Per un quadro generale di questi problemi vedi soprattutto G.C. Ferretti, *Il mercato delle lettere*, cit., e A. Cadioli, *L'industria del romanzo*, Roma, Editori Riuniti, 1981.

[18]   Vedi, a questo proposito, i testi antologizzati in *Materiali sul cinema italiano degli anni cinquanta*, n. 74 bis, cit.

[19]   R. Jakobson, *Due aspetti del linguaggio e due tipi di afasia*, in *Saggi di linguistica generale*, Milano, Feltrinelli, 1966, pp. 22-45.

[20]   G. Viazzi, Prefazione a *Entr'acte*, Milano, Il Poligono, 1945, pp. 5-13.

[21]   Lo stesso Viazzi scrive nella Prefazione appena citata: «Infatti l'avanguardia non è stata soltanto una tendenza al film sperimentalmente puro... è stata un fenomeno tipicamente piccolo-borghese se non proprio reazionario» (p. 12). Viazzi è stato uno dei critici piú interessanti e dotati di maggiore spessore culturale del dopoguerra. Per la sua attività cinematografica vedi la bella antologia curata da Cristina Bragaglia, *Scritti di cinema, 1940-1958*, Milano, Longanesi, 1979.

[22]   Per questo aspetto particolare delle fonti culturali di Barbaro e per quello piú generale di una interpretazione della continuità e trasformazione del suo pensiero tra l'anteguerra e il dopoguerra, rinvio alla mia Introduzione all'antologia di scritti *Neorealismo e realismo* già citata.

[23]   Gli scritti di Gramsci cominciano a essere pubblicati dal 1947, *Saggi sul realismo* di Lukács esce da Einaudi nel 1950 e *Il marxismo e la critica letteraria* nel 1953. Su questo argomento segnalo: V. Gerratana, *De Sanctis-Croce o De Sanctis-Gramsci*, in *Società*, a. VIII, n. 3, settembre 1952, e R. Musolino, *Marxismo ed estetica in Italia*, Roma, Editori Riuniti, 1963. Da segnalare anche il saggio di S. Chemotti, *La problematica gramsciana e la questione del realismo*, in *Il neorealismo cinematografico*, cit., pp. 61-66. Una vasta e aggiornata bibliografia generale è in R. Luperini, *Il Novecento*. Firenze, Loescher, 1981.

[24]   G. della Volpe, *Il problema della tipicità artistica*, in *Il verosimile filmico e altri scritti di estetica*, in *Opere*, a cura di Ignazio Ambrogio, Roma, Editori Riuniti, vol. V, 1973, p. 79.

[25]   Su questo argomento da tener presenti anche le pagine della Prefazione di Guido Aristarco all'antologia di *Cinema Nuovo, Dalla critica cinematografica alla dialettica culturale*, Firenze, Guaraldi, 1975, pp. 84 e sgg. In una prospettiva piú generale si veda anche R. Merolla, *Lukács e la cultura marxista*, in *Angelus Novus*, a. V, n. 15-18, 1969.

[26]   Il primo tentativo di bilancio dell'attività teorica nel dopoguerra di Barbaro, Chiarini, della Volpe e Aristarco è stato fatto da Guido Oldrini nel saggio *Problemi di teoria generale del neorealismo*, in *Da Roma città aperta alla Ragazza di Bube*, Milano, Ed. di Cinema Nuovo, 1965, pp. 15-16, ristampato poi in *Problemi di teoria e storia del cinema*, Napoli, Guida, 1976, pp. 69-97. In questo volume sono raccolti altri saggi generali di interpretazione teorica e critica del neorealismo. Oldrini segue lo sviluppo teorico del dopoguerra collocando Aristarco al punto di superamento delle diverse posizioni precedenti. Un altro contributo collocato lungo la stessa linea interpretativa è di U. Finetti, *Cenni sulla critica marxista e il neorealismo*, in *Il neorealismo cinematografico italiano*, cit., pp. 262-273.

[27] B. Croce, *Una lettera*, in *Bianco e Nero*, a. IX, n. 10, dicembre 1948, pp. 3-4; L. Chiarini, *L'immagine filmica*, in *Bianco e Nero*, a. IX, n. 6, agosto 1948; C.L. Ragghianti, *Croce e il cinema come arte*, in *Bianco e Nero*, a. IX, n. 8, ottobre i948.

[28] B. Croce, *Una lettera*, cit., p. 4.

[29] Su questo tema rinvio ai miei diversi interventi, da *Umberto Barbaro e l'idea del neorealismo*, Padova, Liviana, 1969 (e alla bibliografia qui contenuta), alla citata antologia *Neorealismo e realismo*, ai capitoli del secondo volume di questa *Storia* dedicati alla diffusione del mito sovietico negli anni venti e trenta. Si veda inoltre l'indagine condotta da Umberto Carpi sull'attività del futurismo di sinistra negli anni venti: *Bolscevismo immaginista*, Napoli, Liguori, 1981.

[30] Il libro esce postumo nel 1960, a cura di L. Quaglietti, presso gli Editori Riuniti. Un capitolo delle dispense di Lodz è stato da me pubblicato col titolo *Contenuto e forma*, in *Neorealismo e realismo*, II, cit., pp. 530-553.

[31] U. Barbaro, *L'arte del film*, in *Filmcritica*, a. II, n. 3, febbraio 1951, pp. 82-84. Si veda però anche la risposta di G. Aristarco, *A proposito dell'Arte del film*, ivi, a. II, n 4, marzo-aprile 1951, pp. 132-135.

[32] Per questo vedi la mia relazione al convegno fiorentino su Roberto Longhi del 1980: *Longhi e l'Officina cinematografica*, in *L'arte di scrivere sull'arte*, a cura di Giovanni Previtali, Roma, Editori Riuniti, 1982, pp. 47-55.

[33] Riprendo in queste pagine quanto scritto in modo piú ampio in *L. Chiarini, un intellettuale alla ricerca del nuovo*, in *Cinemasessanta*, a. XV, n. 106, novembre-dicembre 1975, pp. 40-45 e nel capitolo finale di *Umberto Barbaro e l'idea del neorealismo*, cit. In generale il pensiero di Chiarini non ha goduto di grandi attenzioni. Per una lettura del suo contributo in chiave gentiliana vedi A. Negri, *Barbaro e Chiarini tra attualismo e dialetticità del reale*, in *Filmcritica*, a. XVII, n. 168, luglio 1966, pp. 328-354.

[34] L. Chiarini, *Un'estetica marxista?*, in *Bianco e Nero*, a. IX, n. 2, aprile 1948.

[35] In *Cinema quinto potere*, cit., si parla a varie riprese di «trasfigurazione attraverso il linguaggio filmico» o di «espressione artistica che è sempre presenza di sentimento e di un'idea di fronte alla realtà».

[36] «Un'analisi stilistica dei film neorealisti... potrebbe portare a valutare con maggiore approfondimento le personalità dei singoli artisti che sono, come nel caso appunto dei due registi nominati, assai piú complesse, colle loro aspirazioni e i loro errori, di quello a cui voglia ridurle una critica schematica e classificatrice», L. Chiarini, *Realismo e stile*, in *Cinema Nuovo*, a. IV, n. 61, 25 giugno 1955, p. 465.

[37] L. Chiarini, *Il film nei problemi dell'arte*, Roma, Ateneo, 1949.

[38] *Il film nella battaglia delle idee*, cit.

[39] Il tema è affrontato fin dai primi numeri della nuova serie di *Bianco e Nero*, vedi *Cinema e cultura accademica*, a. IX, n. 9, novembre 1948, pp. 3-6.

[40] Le opere di della Volpe sono state edite in sei volumi, a cura di Ignazio Ambrogio, dagli Editori Riuniti, 1972-1973. Per una interpretazione del metodo di della Volpe, vedi F. Bettini, *L'alternativa dell'approccio teorico metodologico di Galvano del-*

la Volpe, in *Marxismo e strutturalismo nella critica letteraria italiana,* Roma, Savelli, 1974.

41 Vedi la nota puntualizzante nel quinto volume delle *Opere,* pp. 453-454.

42 Tra gli interventi piú significativi sul contributo cinematografico del pensiero di della Volpe segnalo: R. Alemanno, *Teoria e critica del film in Galvano della Volpe,* in *Filmcritica,* a. XX, nn. 196-197, marzo-aprile 1969, e M. Rossi, *Galvano della Volpe e il problema della storicizzazione dell'estetica,* in *Filmcritica,* ivi.

43 Questa scoperta, come sostiene Mario Rossi, rappresenta «una vera svolta (o un fattore di svolta) di tutto un settore di ricerche logico-estetiche, che della Volpe comincerà ad affrontare dalla *Poetica del Cinquecento* in poi», M. Rossi, *Dalla gnoseologia critica alla logica storica,* in *Critica marxista,* n. 4-5, aprile-maggio 1968, p. 98.

44 G. della Volpe, *Critica del gusto* (1960), in *Opere,* cit., vol. VI, pp. 177-179.

45 G. Aristarco, *Urgenza di una revisione nell'attuale indagine critica,* in *Cinema,* a. III, n. 48, ottobre 1950, p. 217.

46 Se si eccettuano le pagine «partigiane» di Oldrini, il contributo di Aristarco finora non è stato fatto oggetto di una trattazione analitica soddisfacente. Una sintetica messa a punto del suo pensiero teorico è nel citato F. Casetti, *Teoria del cinema nel dopoguerra,* pp. 40-42.

47 Per la verità, Chiarini prende le distanze da molte affermazioni del saggio di Aristarco rielaborate nella *Storia delle teoriche del film.* Vedi il cit. *Film nella battaglia delle idee,* pp. 43-47.

48 I *Saggi critici* di Debenedetti sono stati pubblicati nel 1952 da Mondadori.

49 Vedi l'editoriale intitolato *Piú che una bandiera,* in *Cinema Nuovo,* a. II, n. 26, 31 dicembre 1953, p. 391, e soprattutto quello del n. 46, *Sviluppare la revisione,* seguito da un articolo firmato in risposta a una polemica aperta da Fernaldo Di Giammatteo; difendendo la propria linea Aristarco giunge a queste conclusioni aperte: «Io non so ancora con precisione quale sia questa estetica valida, intendo dire che non ho approfondito scientificamente il problema, del resto ancora aperto presso persone ben piú qualificate di me. Sto lavorando in una certa direzione, che si identifica con la mia posizione politica, non ancora ben precisata», G. Aristarco, *Esame di coscienza,* in *Cinema Nuovo,* a. III, n. 46, 10 novembre 1954 p. 290. Vedi per un'analisi delle posizioni di Aristarco e della rivista da lui diretta il mio *Miti dell'unità e fratture generazionali,* in *La scena e lo schermo,* a. II, n. 3-4, dicembre 1989-giugno 1990, pp. 58-70.

50 La recensione al film è nel n. 52 del 10 febbraio 1955 ed è, per l'impegno culturale e metodologico, una delle piú rappresentative del lavoro di Aristarco.

51 L. Chiarini, *Tradisce il neorealismo,* in *Cinema Nuovo,* a. IV, n. 55, 25 marzo 1955, pp. 225-226.

52 La risposta *È realismo* appare sullo stesso numero, pp. 226-228.

53 G. Aristarco, *Cinema italiano 1960. Romanzo e antiromanzo,* Milano, Il Saggiatore, 1961.

54 Non a caso Aristarco, a dimostrazione della coerenza della sua linea, raccoglie nel-

la citata antologia di *Cinema Nuovo (Dalla critica cinematografica alla dialettica culturale)* un'ampia documentazione di questa continuità della presenza dei letterati.

[55]   Vedi a questo proposito l'inchiesta, che si apre fin dal primo numero di *Cinema Nuovo*, su *Il realismo italiano nel cinema e nella narrativa*, a cui rispondono Corrado Alvaro, Arrigo Cajumi, Giovanni Titta Rosa, Carlo Bo, Elio Vittorini, Libero Bigiaretti, Claudio Varese, Giorgio Soavi, Vittorio Sereni, Italo Calvino, Romano Bilenchi, Franco Fortini, Rosario Assunto, Carlo L. Ragghianti, Carlo Bernari. L'inchiesta è riportata per intero nell'antologia di *Cinema Nuovo*, pp. 259-286.

[56]   Su Musatti, Servadio e Fulchignoni, e sulla diversa importanza dei loro contributi sul cinema, rinvio alle pagine e alla bibliografia di M. David, *La psicoanalisi nella cultura italiana*, Torino, Boringhieri, 1966, particolarmente pp. 275-287.

[57]   Poi raccolti in volume col titolo *Cinema, arte, cultura*, Padova, Marsilio, 1963.

[58]   Mi sembra opportuno riportare alcuni passi del saggio, per dare una misura del diverso tipo di prospettiva metodologica: «Nel cinema non esiste, come nel teatro, una scatola scenica, né esistono luoghi deputati all'azione rappresentata. Lo schermo non è un palcoscenico, una cornice che isoli il campo del nostro vivere in atto: lo schermo è soltanto il nostro angolo visivo. I suoi limiti sono solo i limiti di quel che noi vediamo in uno spazio entro il quale ci troviamo. Quando il quadro cambia, è come se noi girassimo gli occhi in un'altra direzione. In realtà l'immagine in sé del film è del tutto "aperta", non ha limiti spaziali (è, come nella vita, un'esperienza temporale, un evento). La macchina da presa, avvicinandosi, allontanandosi, ponendosi da punti di vista perpetuamente mutevoli, frantuma la scatola scenica, crea una infinità di spazi, i quali non sono relativi che al tempo (ogni momento, ogni punto del tempo crea il suo spazio). E la macchina da presa siamo noi: i nostri occhi, i nostri orecchi, che non sono al di fuori, ma immediatamente al centro dello spazio e del tempo dell'opera: i personaggi stessi si pongono simultaneamente come immagini figurative e come dati dell'esperienza: analogamente a quel che avviene nell'architettura di oggi, il cui spazio è insieme il luogo del nostro esistere e la forma dell'opera d'arte», S. Bettini, *Storicità del linguaggio cinematografico*, in *Lumen*, a. I, n. 1, novembre 1954, p. 9.

[59]   R. Renzi, *La costruzione dell'orologio*, in *Cinema Nuovo*, a. IV, n. 58, 10 maggio 1955, pp. 345-347

[60]   Manca finora un'analisi del lavoro cinematografico all'interno delle diverse testate. Un primo tentativo di esplorazione del terreno è stato fatto nel numero 74 dei *Materiali del cinema italiano degli anni cinquanta*, della Mostra del cinema di Pesaro in particolare da Emanuela Martini, Roberto Escobar, Natalino Bruzzone, Giovanni M. Rossi. Di quest'ultimo si veda anche *Cinema e stampa d'informazione*, in *Cinema italiano degli anni cinquanta*, cit., pp. 295-304.

[61]   Ho tenuto presente in queste pagine l'intervento di Mario Isnenghi al convegno veneziano sul cinema degli anni cinquanta, *La stampa quotidiana in Italia nei primi anni cinquanta*. Per un quadro generale si veda P. Murialdi, *La stampa italiana del dopoguerra. 1943-1972*, Bari, Laterza, 1974 (e la bibliografia in questo volume).

[62]   Dell'attività di critico di Pietro Bianchi, negli anni tra il 1945-50, in particolare sul *Candido* di Guareschi e *Oggi*, ha curato una ricca antologia e premesso una Intro-

duzione Oreste Del Buono: P. Bianchi, *L'occhio di vetro*, in *Il cinema degli anni 1945-50*, Milano, Il Formichiere, 1979.

[63]   Vedi nel citato n. 74 dei *Materiali sul cinema italiano degli anni cinquanta*, A. Martini, *Il cinema nelle riviste culturali degli anni cinquanta*, pp. 141-154 e *Il cinema nei rotocalchi* di P. Pistagnesi, pp. 155-159.

[64]   In questo senso, uno dei primi saggi che ha tentato di imprimere una svolta critica osservando i tratti comuni in diverse riviste e puntualizzando, in modo nuovo, momenti forti del dibattito di quegli anni è quello di G. Fink, *Il cerchio e la cesura*, in *Cinema italiano degli anni cinquanta*, cit., pp. 235-252.

[65]   ***, *Ripresa*, cit., p. 3.

[66]   Un rapido e bonario profilo della rivista in questo periodo è stato tracciato da E.G. Laura, *Bianco e Nero negli anni cinquanta dopo Chiarini (e Barbaro)*, in *Cinema italiano degli anni cinquanta*, cit., pp. 275-285. Vedi anche il piú recente ricordo di M. Verdone, *Il ruolo di Bianco e Nero negli anni cinquanta*, in *La scena e lo schermo*, a. II, n. 34, cit., pp. 240-244.

[67]   Ivi, p. 277.

[68]   L. Pinna, M. McLean, Margherita Guidacci, *Due anni col pubblico cinematografico. Ricerche ed esperienze*, cit.

[69]   L'editoriale del primo numero del 25 ottobre inizia con queste parole: «Questo è un momento assai importante e forse decisivo per il cinema italiano che venne considerato sciocco prima della guerra, sbalorditivo nell'immediato dopoguerra e ora deve affermarsi definitivamente nella considerazione generale, oppure tornare all'inconsistenza di dieci anni fa. Intendiamo occuparci con amore della nostra cinematografia... ci batteremo per tutti i film italiani che lo meritano e ci auguriamo di poter contribuire alla fortuna di uomini e opere che abbiano veramente qualcosa da dire e sappiano dirlo bene», p. 3.

[70]   «Vedere in che cosa consiste per il pontefice il film ideale, cercare di trarne utili insegnamenti ci appare oggi del massimo interesse», E. Troisi, *Si faranno mai film ideali?*, in *Cinema*, a. VIII, n. 148, agosto 1955, p. 752. Il dibattito continua anche nei numeri successivi.

[71]   V. Attolini, *L'esperienza critica di La rassegna del film*, in *Cinemasessanta*, a. XVI, n. 105, settembre-ottobre 1975, p. 35. Sulla rivista vedi la nota autobiografica di F. Di Giammatteo, *Rassegna del film*, in *La scena e lo schermo*, a. II, n. 3-4, cit., pp. 251-256.

[72]   Ivi p. 36.

[73]   Vedi l'articolo di F. Di Giammatteo, *Riflessioni sul conformismo*, pubblicato nel n. 8, del novembre 1952.

[74]   Nel 1963 *Filmcritica* ha pubblicato in un volumetto un *Indice generale per autori, argomenti e opere*, nn. 1-127-128.

[75]   Un tentativo di tracciare il filo rosso teorico della rivista è stato fatto da Edoardo Bruno nell'antologia *Teoria e prassi del cinema in Italia*, Milano, Mazzotta, 1972.

[76]   Ricordo in particolare *Servitú e grandezza del cinema*, n. 1, dicembre 1950; *Ricordo di S.A. Luciani*, n. 2, gennaio 1951; *Ricordo di Bela Balázs*, n. 8, settembre 1951;

Gli anni della formazione, n. 26-27, luglio-agosto 1953; *La camera oscura*, n. 36, maggio 1954. Alcuni di questi saggi sono raccolti in *Poesia del film*, Roma, Ed. Filmcritica, 1955. Vedi, per una bibliografia piú completa, il citato *Neorealismo e realismo*.

[77] Sergio Micheli ha scritto l'unico saggio di una certa consistenza su questa rivista nel piú volte citato volume sul *Cinema italiano degli anni cinquanta*, pp. 286-294.

[78] *Continuare il discorso*, in *Cinema Nuovo*, a. I, n. 1, 15 dicembre 1952, p. 7.

[79] Alla fine degli anni settanta sono usciti due saggi d'insieme sulla rivista: il piú schematico è di N. Fressura, *Cinema Nuovo: un esempio paradigmatico dell'evoluzione storico-critica della riflessione in campo cinematografico*, in *Ikon*, a. XXX, n. 101-102-103, aprile-dicembre 1977, pp. 59-136. Il secondo, piú articolato e meno ingenuamente polemico, è di G. De Vincenti, *Per una critica politica della proposta culturale di Cinema Nuovo quindicinale*, in *Cinema italiano degli anni cinquanta*, cit., pp. 253-274. Un contributo recente, a carattere descrittivo, è di B. Torri, *Cinema Nuovo quindicinale*, in *La scena e lo schermo*, a. II, n. 3-4, cit., pp. 230-239.

[80] G. Aristarco, *Luci della ribalta*, in *Cinema Nuovo*, a. II, n. 3, 15 gennaio 1953, p. 58.

[81] Gli articoli sono apparsi a numeri alterni, dal secondo al quattordicesimo numero.

[82] Vedi, a questo proposito, l'esemplare recensione alla *Strada* di Fellini, nel n. 46 del 10 novembre 1954, p. 312. Di notevole interesse anche l'intervento di Aristarco (*G. Aristarco Answears Fellini*) in *Film Culture*, vol. 4, n. 2, 1958, pp. 20-21, riportato assieme ad altri testi connessi (di Fellini e G. Bluestone) in P. Bondanella (a cura di), *Essays on Criticism*, New York, Oxford University Press, 1978, pp. 63-66.

[83] G. Fink, *Il cerchio e la cesura*, cit., p. 251.

La generazione del neorealismo: autori e opere

[1] Vittorio De Sica, in *Tempo illustrato*, 16 dicembre 1954, citato in G. Fofi, *L'avventurosa storia del cinema italiano*, cit., p. 90.

[2] «Lattuada, che aveva pensato ad un *Adamo n. 2*, pare che stia resuscitando un precedente progetto: *Gli indifferenti*... Rossellini riprende il film *Rinuncia*, mentre *Città aperta* è ormai pronto per il lancio, questo mese comincia Franciolini col suo *Pescatori*... Castellani farà *Avatar*, su una sceneggiatura di Alberto Moravia ed Ennio Flaiano... Scotese anche lui prepara un film... uno ne prepara Brignone, uno il produttore Giuseppe Amato, fattosi improvvisamente regista... uno Mattoli, che sta girando un film che parla al vostro cuore... Soldati, ultimato *Monsú Travet*, esita tra *Fontamara*, la cui sceneggiatura è pronta, e *Vigilia di nozze*, un film d'ambiente piemontese moderno. Giorgio Bianchi, finita *La resa di Tití*, quasi finito *Il mondo vuole così*, deve mettere in cantiere altri due soggetti. Genina e Blasetti sono pronti a dare il primo giro di manovella per settembre: Genina ha girato i provini del suo monumentale *San Francesco* col giovane De Lullo; Blasetti avrà

modo di sollecitare le sue grandi qualità con un film su monache e partigiani dal titolo *1944*. E tutto questo a Roma. Ma anche a Milano...», A. Pietrangeli, *Cinema e solleone*, in *Star*, a. II, n. 2, 28 luglio 1945, p. 3.

[3]   Ivi.

[4]   G.C. Ferretti, *Introduzione al neorealismo*, cit., p. 19.

[5]   «Il presente è ancora oscuro per me – dirà De Sica in uno dei primi incontri pubblici dell'Acci nel 1945 – ma, quando sarà passato il ciclone che tutto ha devastato, io metterò al servizio del nostro cinema... il mio entusiasmo e la mia volontà, divenuta ferrea per le amarezze e delusioni subite. L'attore ha ormai 43 anni e si ritira in buon ordine per lasciar posto al regista».

[6]   A. Asor Rosa, *La cultura*, cit., p. 1612.

[7]   L. Chiarini, *Il film nella battaglia delle idee*, Milano, Bocca, 1954, p. 131.

[8]   C. Lizzani, *Roma città aperta*, in *Film d'oggi*, a. I, n. 20, 3 novembre 1945, riportato in *La Resistenza nel cinema italiano del dopoguerra*, a cura di Nedo Ivaldi, Venezia, ed. della Biennale, 1970.

[9]   Nel libro appena ricordato è raccolta un'ampia antologia della critica dell'epoca dai quotidiani alle riviste specializzate. Tutto il discorso che segue riprende in parte il mio *Roberto Rossellini: una lezione socratica di cinema*, Roma, Ministero degli esteri, 1980. In questi ultimi anni la letteratura su Rossellini ha goduto di una serie di contributi italiani e internazionali che consentono un rapporto con l'insieme della sua opera e della sua personalità a tutto tondo e senza eccessivi rapporti di soggezione rispetto alla critica francese o alle mitologie costruite su di lui nel dopoguerra. Oltre alla fondamentale e accuratissima biografia di Gianni Rondolino già ricordata nel secondo volume (*Rossellini*, Torino, Utet, 1989), si veda la bibliografia curata da A. Aprà, *Rosselliniana*, Roma, Di Giacomo, 1987, la raccolta di scritti e interviste, sempre curata da Aprà, *Il mio metodo*, Venezia, Marsilio, 1987, e il *Roberto Rossellini* di Peter Brunette, New York-Oxford, Oxford University Press, 1987, per molti aspetti il contributo più nuovo e originale sull'opera rosselliniana degli ultimi anni. Da molto tempo Tag Gallagher sta a sua volta preparando una monografia su Rossellini, di cui ha offerto qualche anticipazione in riviste italiane e americane.

[10]   All'indifferenza della critica italiana aveva invece fatto da contrappeso la critica francese: «Merita ricordare i titoli dell'epoca... – scrive G. Lisi – *Gavroche* scriveva a caratteri di scatola *Le miracle latin!* e la sua corrispondenza al festival di Cannes non esitava a esclamare: "Dans l'histoire du cinéma une nouvelle periode va commencer". *Carrefour* andava più in là: "L'Italie devra plus à M. Rossellini qu'à De Gasperi ou à M. Togliatti"», G. Lisi, *La critica allora*, in *Cinema Nuovo*, a. IV, n. 57, 25 aprile 1955, p. 307. Più di tutto valga comunque il ricordo di quanto ne aveva scritto Georges Sadoul, sulle *Lettres françaises*: «Non sono il solo ad aver provato, dinanzi a *Paisà*, il brivido provato un tempo davanti al *Dottor Caligari*, alla *Corazzata Potëmkin*... Siamo in parecchi ad aver sentito quel fremito che non si sente che al cinema e che si sente tanto di rado... È un film di qualità eccezionale che si mette all'avanguardia del cinema contemporaneo... Perché non dirlo? Rossellini non è il solo in Italia... Un nuovo cinema sta nascendo». Il testo è riportato in *Fotogrammi*, a. II, n. 2, 25 febbraio 1947.

[11]   Vedi quanto scrive a questo proposito Ferruccio Parri, *Non siamo soli*, in *Cinema Nuovo*, a. III, n. 42, 25 aprile 1954, p. 195.

[12]   Per questi problemi visti nell'ottica degli storici, D.W. Ellwood, *I film come fonti storiche*, in *Mezzosecolo*, a. I, annali 1975, pp. 456-463.

[13]   È il caso di Guido Aristarco, che lo ricorda a varie riprese, usandolo come pertinente punto di riferimento ideale per il periodo dell'immediato dopoguerra: l'Introduzione a A. Ferrero e G. Oldrini, *Da Roma città aperta alla Ragazza di Bube*, cit., pp. 7-14.

[14]   Sul rapporto piú generale dei film d'argomento resistenziale con la lotta di liberazione vedi anzitutto G. Vento e M. Mida, *Cinema e Resistenza*, Firenze, Landi, 1959, e il numero 82-83 di *Études cinématographiques*, curato da Jean Gili, *Fascisme et résistence dans le cinéma italien*, 1970.

[15]   Per un'ampia analisi (che oggi peraltro appare come molto datata) condotta con procedimento da giudice istruttore sui blocchi narrativi e ideologici del cinema di Rossellini, vedi P. Baldelli, *Cinema dell'ambiguità*, Roma, Savelli, 1971, in particolare pp. 44-117. Ragguardevoli ancora per la loro precisione analitica e per il taglio interpretativo le analisi dei film di Rossellini contenute nel libro di G. Ferrara, *Il nuovo cinema italiano*, Firenze, Le Monnier, 1957.

[16]   Tutto questo è accuratamente analizzato nel saggio di Pierre Sorlin, *Histoire et cinéma, Rossellini témoin de la Résistance italienne*, cit., pp. 393-407. Per un profilo generale di Rossellini è opportuno ancora partire dalla monografia di Massimo Mida, *Rossellini*, Parma, Guanda, 1961[2], che costituisce a tutt'oggi uno dei contributi critici piú lucidi. Inoltre ancora fondamentale il discorso già citato di André Bazin, la voce piú avanzata della critica cattolica internazionale e quella che, da subito, è stata in grado di cogliere il senso della produttività del cinema di Rossellini al di fuori dei confini italiani.

[17]   «Noi tedeschi non vogliamo capire una cosa: che i popoli vogliono vivere liberi... Non facciamo altro che uccidere, uccidere, uccidere! Tutta l'Europa è piena di cadaveri. E da queste guerre cresce irresistibile l'odio, l'odio, dappertutto l'odio! Saremo sterminati dall'odio, senza speranza!», R. Rossellini, *La trilogia della guerra*, Bologna, Cappelli, 1972, pp. 102-103.

[18]   Pirro ha ricostruito con grande cura in forma di romanzo il clima e le «circostanze» della realizzazione di *Roma città aperta*, U. Pirro, *Celluloide*, cit., p. 15.

[19]   Con una bella metafora, nel suo appassionato e ricco intervento su Rossellini al convegno di Pesaro sul neorealismo, Adriano Aprà vedeva nell'analisi rosselliniana delle condizioni dell'uomo moderno come il regista stesso fosse già «oltre l'Italia». Il discorso di Aprà contiene inoltre alcune delle piú illuminanti indicazioni per uno studio ulteriore dell'opera del regista, anche se evita con cura di vedere le implicazioni ideologiche dell'itinerario rosselliniano: A. Aprà, *Rossellini oltre il neorealismo*, in *Il neorealismo cinematografico italiano*, cit., pp. 288-299.

[20]   André Bazin osserva, magistralmente, che l'unità del racconto cinematografico in *Paisà* non è data dalle inquadrature, quanto dai fatti, dai frammenti di realtà bruta che il regista giustappone progressivamente gli uni agli altri. Vedi *Qu'est-ce que le cinéma*, cit., p. 33.

[21] Le sceneggiature dedotte dalla moviola di *Roma città aperta, Paisà* e *Germania anno zero* sono state pubblicate, a cura di Stefano Roncoroni, nel volume *La trilogia della guerra,* cit.

[22] Rinvio all'analisi del testo e del contesto critico che fa G. Ferrara in *Il nuovo cinema italiano,* cit., pp. 162-171.

[23] Vedi anche quanto ne scrive Lizzani, *Il cinema italiano, dalle origini agli anni ottanta,* Roma, Editori Riuniti, 1982², p. 127.

[24] Vedi le considerazioni in A. Aprà, *Rossellini oltre il neorealismo,* cit., p. 294.

[25] R. Rossellini, *Il mio dopoguerra,* in *Cinema Nuovo,* a. IV, n. 72, 10 dicembre 1955, p. 425. Altri due articoli-testimonianza sono pubblicati sui numeri 70 e 77 della rivista.

[26] *Germania anno zero* sconcerta la critica cattolica. Tra i giudizi che piú hanno cercato di cogliere lo spirito profondo del film, vedi A. Ayfre, *Problemi estetici del cinema religioso,* Roma, Ed. Bianco e Nero, 1953, p. 171.

[27] R. Rossellini, *Il mio dopoguerra,* in *Cinema Nuovo,* n. 72, cit.

[28] R. Rossellini, *Il mio dopoguerra,* in *Cinema Nuovo,* a. IV,.n. 70, 10 novembre 1955, p. 346.

[29] «Secondo me, *Il miracolo* è un'opera assolutamente cattolica: ho pensato a un sermone di san Bernardino da Siena», R. Rossellini, *Il mio dopoguerra,* in *Cinema Nuovo,* n. 72, cit., p. 426.

[30] Ha parlato di questo nesso Giuseppe Ferrara, *L'opera di Roberto Rossellini,* Venezia, Marsilio, 1973, p. 36.

[31] G. Fink, *«Etre» ou «avoir été»: le film italien, le temps et l'histoire,* in *Cultures,* cit., p. 131.

[32] Tra le analisi piú approfondite e condotte in base a ipotesi contrapposte, cfr. P. Baldelli, *Dibattito per Francesco di Rossellini,* in *La Rivista del cinema italiano,* a. III, n. 11-12, novembre-dicembre 1954, pp. 55-70, e B. Rondi, *Per un riesame del Francesco di Rossellini,* in *Rivista del cinema italiano,* a. IV, n. 1, gennaio-marzo 1955, pp. 88-95.

[33] G. Rondolino, *Roberto Rossellini,* Firenze, La Nuova Italia, 1974, p. 76. Di *Europa '51* segnalo soprattutto l'analisi che ne fa P. Sorlin in *Sociologia del cinema,* cit., pp. 142-152.

[34] G. Rondolino, *Roberto Rossellini,* cit., p. 80. Per un'analisi di questi film di Rossellini, che si propone di rompere con la tradizione degli anni cinquanta, si vedano i vari contributi nel secondo numero di *Cinema & film,* a. I, n. 2, primavera 1967, e in particolare A. Aprà e L. Martelli, *Premesse sintagmatiche ad un'analisi di Viaggio in Italia,* pp. 198-208.

[35] A. Bazin, *Difesa di Rossellini,* in *Cinema Nuovo,* a. IV, n. 65, 25 agosto 1955, p. 148.

[36] V. Spinazzola, *Cinema e pubblico,* cit., pp. 26-27.

[37] Dei rapporti con Ingrid Bergman, in particolare a proposito di *Stromboli,* Rosselli-

ni parla nella terza puntata del citato *Il mio dopoguerra*, in *Cinema Nuovo*, a. V, n. 77, 25 febbraio 1956, pp. 117-118.

[38] M. Mida, *Roberto Rossellini*, cit., p. 82.

[39] G. Rondolino, *Roberto Rossellini*, cit., p. 96.

[40] Una presa di distanza ideologica e critica da tener presente è quella di G. Aristarco in *Cinema italiano 1960. Romanzo e antiromanzo*, cit., pp. 12-17.

[41] Pur avendo goduto di una grande quantità di saggi, articoli e importanti monografie, soprattutto negli anni cinquanta, l'opera di De Sica non è stata finora affrontata globalmente in modo soddisfacente, neppure negli anni piú recenti di grande fervore di studi e di revisioni. In sostanza, gli unici contributi di una certa ampiezza si trovano nelle pagine del citato lavoro di G. Ferrara, *Il nuovo cinema italiano*, in una monografia di H. Agel, *Vittorio De Sica*, Paris, Ed. Universitaires, 1955, e in quella di A. Bazin per le edizioni Guanda (Parma, 1955), ristampata nel IV volume di *Qu'est-ce que le cinéma*, cit., nell'ampio secondo capitolo di *Cinema dell'ambiguità* di P. Baldelli (I), cit., e nel numero monografico di *Bianco e Nero*, curato da O. Caldiron nel 1977. Un primo e meritevole tentativo di risarcimento critico complessivo è stato fatto solo agli inizi degli anni novanta con retrospettive organizzate all'estero e con un volume collettivo ricco di osservazioni nuove e di ipotesi produttive per possibili studi ulteriori. Vedi L. Miccichè (a cura di), *De Sica*, Venezia, Marsilio, 1992.

[42] Di *Sciuscià*, e in genere di tutta l'opera di De Sica e Zavattini, offre una bella analisi G. Ferrara, in *Il nuovo cinema italiano*, cit., pp. 153-161.

[43] «De Sica – osservava Pietrangeli nel corso di una presentazione del film nel 1946 – ha messo nelle mani degli spettatori una bomba. E non già, si badi, una bomba carica di gas lacrimogeni, ma di esplosivi ad alto potenziale», A. Pietrangeli, *Un film esplosivo di Vittorio De Sica*, in *Star*, a. III, 27 aprile 1946, p. 3.

[44] Al termine di un'analisi centrata sui modi in cui si attua il processo di disgregazione affettiva tra i due ragazzi, Pio Baldelli osserva: «Lo sfiorire della loro amicizia appare terribile, quasi contro natura: ci riporta alla colpa degli adulti e al dissesto dell'organismo sociale... Ogni quadro viene subordinato a questa pietà razionale, una ribellione antispettacolare, rappresentata senza lamentele e ridicolizzazioni, senza nebulosi sviluppi, con tenera e insieme virile esattezza», P. Baldelli, *Cinema dell'ambiguità*, cit., p. 206.

[45] Citato in G. Ferrara, *Il nuovo cinema italiano*, cit., p. 218. Il saggio di Bazin su *Ladri di biciclette* appare nel numero di novembre 1949 di *Esprit* ed è ripreso nel citato IV volume di *Qu'est-ce que le cinéma*, pp. 45-59. Si tratta di uno dei saggi piú penetranti dell'intera bibliografia desichiana. In seguito un'analisi del film condotta in relazione ai sistemi semiotici e all'informazione sociologica di altre opere neorealiste è stata fatta da P. Sorlin, *Sociologia del cinema*, cit., pp. 156-159 e 224-229. Vedi anche l'accurata analisi di G. Moneti nel cit. *De Sica*, curato da L. Miccichè, pp. 247-275.

[46] «Il quadro che viene fuori da *Ladri di biciclette* – osserva Lizzani – non è piú quello della disgregazione o delle grandi speranze del dopoguerra; piú che una società in sfacelo o in ebollizione c'è in questo film una società stanca, che mostra la corda, e proprio per questo, piú crudele e disperata, travagliata dalla ricerca di nuove

forme di solidarietà e convivenza civile», C. Lizzani, *Il cinema italiano*, cit., p. 129.

[47] Vedi la recensione del film fatta da Guido Aristarco, nel n. 7 della nuova serie di *Cinema*, a. II, gennaio 1949, che all'interno di un giudizio positivo sottolinea, in forma parentetica, il pericolo che alle volte «l'emozione sentimentale prende il posto dell'emozione artistica».

[48] G.P. Dall'Acqua, *La borghesia nel cinema del dopoguerra*, in *Rivista del cinema italiano*, a. IV, n. 1, gennaio-marzo 1955, p. 41.

[49] L. Chiarini, *Pane al pane: dialogo tra l'ottimista e l'ingenuo*, in *Cinema*, a. V, n. 81, marzo 1952, pp. 98-99. «Questo film – scrive Aristarco – è anche la conseguenza dei miti che noi abbiamo creato intorno a Vittorio De Sica e Zavattini e che loro stessi di riflesso si sono creati», G. Aristarco, *Film di questi giorni*, in *Cinema*, a. IV, n. 57, marzo 1951, p. 117; F. Di Giammatteo, *I film. Miracolo a Milano*, in *Bianco e Nero*, a. XII, n. 4, aprile 1951, p. 66; A. Paladini, *Flusso di sentimenti in Zavattini il buono*, in *Cinema*, a. IV, n. 63, giugno 1951, p. 355.

[50] Prendo solo un paio di voci levatesi dopo il convegno di Parma del 1953. Ippolito Pizzetti, nel primo numero di *Società* del 1954 *(Neorealismo cinematografico e crisi di coscienza)*, accusa Zavattini di «destoricizzazione del personaggio e di involuzione della coscienza sentimentalizzata», dello stesso tono è il discorso di Pietro Bonfiglioli: «Usciva Zavattini a teorizzare, col gusto del funambolo e coi meccanismi di una stravagante e favolosa innocenza, il rifiuto della storia, dell'intreccio, del personaggio, della grammatica, di tutto ciò, insomma, che pretendesse dar corpo alle cose entro un meditato ritmo dialettico... Zavattini non si accorgeva di una sua involontaria complicità con una involuzione culturale che poteva facilmente banalizzare e rendere innocua l'osservazione di un momento isolato della realtà che non l'organizzazione storica della realtà nelle sue direzioni di sviluppo», P. Bonfiglioli, *Nebbie e orizzonti del cinema realista italiano*, in *Emilia*, a III, n. 30, agosto 1954, p 241. Dello stesso livello è anche la critica di P. Baldelli.

[51] Il primo ad accorgersi e a rischiare questo possibile riferimento è stato C. Lizzani in *Il cinema italiano*, cit., p. 131.

[52] Il soggetto e la sceneggiatura del film, preceduti da *Alcune idee sul cinema* dello stesso Zavattini, sono pubblicati nel secondo numero del dicembre 1952 della *Rivista del cinema italiano*.

[53] «Di tutti i film che ho girato – dichiarerà De Sica sul *New York Times* del 30 ottobre 1955 – preferisco *Umberto D.* perché ho cercato, con quest'opera, di non subire alcun compromesso nel rappresentare caratteri e fatti autentici».

[54] In fondo, si è sempre ricordata la reazione di Andreotti, ma non si sono mai studiate a fondo le cause del rifiuto del pubblico, che avrebbe avuto in quegli anni non pochi motivi per manifestare il suo consenso all'impegno civile di questo film.

[55] È quanto osserva Giovanni Calendoli: «*Umberto D.* è l'opera piú controllata del regista, tenuta sul filo del rasoio, calcolata con la bilancia del farmacista», G. Calendoli, *Film 1952*, Roma, Ed. Filmcritica, 1952, p. 35.

[56] Ivi. In questo saggio Calendoli definisce il film anche come «l'unico serio attentato

contro il comune desiderio di celebrare un felice matrimonio tra l'arte e l'industria», p. 38.

[57] C. Battisti, *Il professor Battisti presenta Umberto D.*, in *Cinema*, a. IV, n. 72, 15 ottobre 1951, p. 201.

[58] I testi delle piú importanti relazioni del convegno di Parma sono pubblicati nella *Rivista del cinema italiano*, a. III, n. 3, marzo 1954. L'intervento di Zavattini, intitolato *Il neorealismo secondo me*, è alle pp. 18-26.

[59] Vedi G. Rondolino, *Storia del cinema*, Torino, Utet, 1977, p. 400.

[60] Già Bazin, recensendo il film nel 1957, ne metteva in luce la produttività televisiva, in *Qu'est-ce que le cinéma*, IV, cit., p. 147.

[61] Basterà vedere le obiezioni estetiche avanzate da Luigi Chiarini, con i suoi richiami a Diderot e a Humboldt, per capire il senso della completa asintonia culturale della critica in quegli anni: *Il film nella battaglia delle idee*, cit., p. 176.

[62] Assai opportunamente Barthélémy Amengual, sottolineando la pluralità delle voci e degli esiti espressivi di ogni singolo episodio, ha mostrato l'inconsistenza delle critiche mosse a Zavattini di voler credere semplicisticamente e soltanto nel realismo del puro documento. L'intervento di Amengual è riportato in *Le néorealisme italien, bilan de la critique*, in *Ètudes cinématographiques*, n. 32-35, été 1964, pp. 171-174.

[63] Vedi, tra tutte le voci, quella di T. Kezich, che pure cerca di guardare con interesse al tentativo di collaborazione produttiva: T. Kezich, *Stazione Termini*, in *Sipario*, a. VIII, n. 85, maggio 1953, p. 32. Su una posizione simile anche G.C. Castello, *Film di questi giorni: Stazione Termini*, in *Cinema*, VI, n. 105, marzo 1953, pp. 147-149. Piú duro il giudizio di Aristarco, che si limita a salvare «l'alto artigianato», G. Aristarco, *Il mestiere del critico*, in *Cinema Nuovo*, a. II, n. 9, 15 aprile 1953, pp. 249-250.

[64] «*L'oro di Napoli*, – osservava con la sua solita lucida intelligenza Bazin – è un film crudele... e questa crudeltà appartiene piú a De Sica che a Zavattini», *Qu'est-ce que le cinéma*, IV, cit., p. 111.

[65] Sulle caratteristiche di De Sica attore cinematografico in quegli anni, e sulle sue relazioni con l'attività registica, vedi G. Calendoli, *Vittorio De Sica attore cinematografico*, in *Bianco e Nero*, a. XIV, n. 11, novembre 1953, ripreso in *Materiali per una storia del cinema italiano*, Parma, Maccari, 1967, pp. 165-173.

[66] Non a caso Lizzani si chiede: «Ma *Il tetto* è veramente un film del 1955? o non dovrebbe figurare, se fosse possibile far violenza in questo modo alla cronaca, contemporaneo o addirittura precedente a *Umberto D.*?», C. Lizzani, *Il cinema italiano*, cit., p. 157.

[67] Ivi, p. 158.

[68] La bibliografia dedicata all'attività cinematografica di Visconti è imponente e intendo darla come acquisita, o comunque piú facilmente acquisibile rispetto a quelle dedicate ad altri autori. L'opera di Visconti è stata la palestra piú impegnativa per la critica del dopoguerra, che, non di rado, vi ha dedicato le migliori energie e ha dispiegato al massimo di potenza e di gittata le proprie batterie estetiche culturali e ideologiche. Rinvio, per un quadro che si completa vicendevolmente, alla bi-

bliografia finale di *La controversia Visconti*, a cura di F. Di Giammatteo, in *Bianco e Nero*, a. XXXVII, nn. 9-12, settembre-dicembre 1976, e all'ottimo lavoro bibliografico compiuto da G. Callegari e N. Lodato in *Leggere Visconti*, Pavia, Amministrazione provinciale, 1976. La bibliografia su Visconti negli anni ottanta è cresciuta in modo considerevole e con contributi importanti: per quanto riguarda gli strumenti bibliografici il piú aggiornato sul piano internazionale è il lavoro di E. Mancini, *Luchino Visconti: A Guide to References and Resources*, Boston, G.K. Hall, 1986. La biografia piú completa, rigorosa e documentata – come si è già detto nel secondo volume – è quella di G. Rondolino, *Visconti*, Torino, Utet, 1981. Inoltre per uno sguardo d'insieme vedi L. De Giusti, *I film di Luchino Visconti*, Roma, Gremese, 1985; G. Servadio, *Luchino Visconti. A Biography*, New York, Franklin Watts, 1983; C. Tonetti, *Luchino Visconti*, Boston, Twayne, 1983. Tra i saggi critici da segnalare almeno M. Sterling, *A Screen of Time; A Study of Luchino Visconti*, New York, Harcourt Brace Jovanovic, 1979; Youssef Ishaghpour, *Visconti: le sens et l'image*, Paris, Editions de la Difference, 1984. Nel 1986 G. Aristarco ha raccolto in volume i suoi scritti piú impegnativi sul regista che piú ha amato e ammirato: *Su Visconti*, Roma, La Zattera di Babele.

[69]   Una bella testimonianza autobiografica è quella che Francesco Rosi, allora aiuto regista di Visconti, ha scritto ad introduzione della sceneggiatura dedotta alla moviola da Enzo Ungari, *La terra trema*, Bologna, Cappelli, 1977. La prima sceneggiatura del film era stata pubblicata su *Bianco e Nero*, a. XII, n. 2-3, febbraio-marzo 1951, e, nello stesso anno, in volume autonomo a cura di F. Montesanti.

[70]   Osservava assai bene Michelangelo Antonioni, in una recensione al film: «Non bisogna dimenticare che alla causa poetica di *La terra trema* Visconti ha sacrificato tanta parte di se stesso. Il Visconti cosmopolita, mitteleuropeo», in *Bianco e Nero*, a. X, n. 7, luglio 1949.

[71]   L. Micciché, *Visconti e il neorealismo*, Venezia, Marsilio, 1990. André Bazin ricorda, nella sua recensione al film, anche l'antecedente di *Farrebique* di Rouquier, *Qu'est-ce que le cinéma*, IV, cit., pp. 38-39.

[72]   Un ampio confronto (per molti versi originale per altri debitore di alcune posizioni ad Asor Rosa) tra la posizione verghiana e quella del regista è sviluppato da F. Di Giammatteo, *Il primo Visconti. La storia e gli eroi del male*, in *La controversia Visconti*, cit., pp. 19-26. L'analisi porta a concludere che il regista, per il rispetto e la fedeltà al neorealismo e alla poetica elaborata nei primi anni quaranta, tradisce la sua vera natura.

[73]   Vedi in particolare, nella sceneggiatura citata, a pp. 62-139 e 141, i discorsi di 'Ntoni.

[74]   A. Ferrero, *La parabola di Visconti*, in *Storia del cinema*, cit., p. 182.

[75]   Per un'interpretazione complessiva dell'influenza dell'opera lirica nel cinema di Visconti, si veda soprattutto G. Fink, *Conosca il sacrifizio... Visconti fra il cinema e il melodramma*, in *Visconti: il cinema*, cit., pp. 84-97.

[76]   I temi tratti dall'*Elisir d'amore* diventano filo conduttore del film, proiezione della protagonista: «È quasi un monologo interiore di Maddalena estrinsecato musicalmente... altre fasi musicali: nelle vesti di un moderno Dulcamara è visto Blasetti, nelle vesti cioè di un venditore d'illusioni che spaccia un farmaco (il cinema) dalle

virtú portentose. L'elisir d'amore, nel nostro caso, è quello che infiamma le speranze di tutte quelle madri... Le trombe che introducono Dulcamara in Donizetti diventano in *Bellissima* un leit-motiv», G. Aristarco, *Bellissima*, in *Cinema*, a. V, n. 78, gennaio 1952, p. 17.

[77] Parlando in termini entusiastici di questa figura femminile, Corrado Alvaro diceva: «Finora non era accaduto nella nostra letteratura di vedere cosí chiaramente il rapporto tra genitori e bambini, i figli come pegno di un avvenire migliore, come rivincita di una condizione sociale indistinta. Non c'è un istante di questo film in cui le parole, gli sguardi, le premure, le tenere antipatie e i furibondi trasporti della madre cessino di creare questo personaggio infantile», C. Alvaro, *Ritratto di donna*, in *Il Mondo*, a. IV, n. 2, 12 gennaio 1952.

[78] La sceneggiatura di *Bellissima* è stata pubblicata per la prima volta, a cura di E. Ungari, dalla Cappelli di Bologna (1978), preceduta da un'Introduzione di Cesare Zavattini.

[79] Una notevole analisi di *Bellissima* è nella monografia di G. Nowell-Smith, *Visconti*, Londra, Secher & Warburg, 1967, pp. 55-68.

[80] *Leggere Visconti*, a cura di N. Lodato e G. Callegari, cit., pp. 11-12.

[81] «Ricordiamo tutti – ha scritto Luigi Pestalozza – il celebre, vigoroso e trascinante avvio di *Senso*, con Manrico che canta, a tu per tu con la platea, il piede spavaldamente calcato sulla conchiglia del suggeritore, "Di quella pira". Se mai è stata data una definizione sintetica, un'immagine immediatamente pregnante, del rapporto sociale, di quello verdiano romanticamente nazional-popolare in particolare, allora quella definizione è lí in quel felice prologo al film risorgimentale di Visconti», L. Pestalozza, *Luchino Visconti e il melodramma*, in *Cinema Nuovo*, a. VIII, n. 137, gennaio-febbraio 1959, p. 28.

[82] Non è dello stesso avviso Di Giammatteo che, pur partendo dalla constatazione dell'incontro felice tra esigenze della produzione ed esigenze del regista, smonta poi progressivamente il film mostrandone una serie di zeppe narrative, stilistiche e interpretative, riconoscendo però alla fine che Visconti, grazie a questo film, si libera del tutto dai legami residui del neorealismo. Vedi il saggio già citato nella *Controversia Visconti*, pp. 27-34.

[83] Piú volte, in queste pagine, faccio espliciti riferimenti di tipo quantitativo alla tradizione critica dell'opera di Visconti, mentre non intendo entrare nel merito di questa critica, per molti aspetti compatta e per altri disgregata lungo un trentennio. Tuttavia rinvio, per quanto riguarda la debolezza dell'impianto teorico della critica, di cui pure Visconti ha fatto le spese assai a lungo, al discorso provocatorio di A. Abruzzese, *Luchino Visconti e l'industria culturale in Italia: spunti tematici per una ricerca da fare*, in *Visconti e il cinema*, cit., pp. 116-128.

[84] M. Lagny, *Senso*, Paris, Nathan, 1992.

[85] È appena il caso di ricordare le parole del discorso finale, fatto da Franz a Livia, a Verona: «Cosa m'importa se i miei compatrioti abbiano vinto oggi una battaglia in un posto chiamato Custoza... quando so che perderanno la guerra... e non solo la guerra. E l'Austria fra pochi anni sarà finita. E un intero mondo sparirà. Quello a cui apparteniamo tu e io. E il nuovo mondo di cui parla tuo cugino non ha nessun interesse per me», L. Visconti, *Senso*, Bologna, Cappelli, 1977[2], pp. 190-191.

[86] Vedi, in questo senso, le puntuali osservazioni di Lino Micciché, *Visconti e il mito del personaggio positivo*, in *L'opera di Luchino Visconti*, Firenze, Festival di Fiesole, 1969, pp. 131-132.

[87] Vedi V. Spinazzola, *La Resistenza dall'epica al romanzo storico*, in *Film 1962*, Milano, Feltrinelli, 1962, pp. 43-76

[88] Ci vorranno quasi trent'anni perché l'Istituto storico della Resistenza di Torino raggiunga una documentazione di fonti autentiche ben piú ricca e significativa, recuperando pazientemente tutta una quantità di materiali sparsi. Il materiale in ogni caso è modesto dal punto di vista quantitativo e qualitativo. Si veda il catalogo curato dall'Archivio cinematografico della Resistenza per la retrospettiva *Folies 1945*, Torino, 1985.

[89] Il fatto viene sottolineato nel già citato n. 57 di *Cinema Nuovo*, dedicato in gran parte ai rapporti fra cinema e Resistenza, da C. Jubanico, *La critica allora*, p. 310. Vedi anche l'ampio sguardo sui film resistenziali di G. Cattivelli, *Il sole sorge ancora*, ivi, pp. 308-310.

[90] Per una bibliografia dettagliata dei film di carattere resistenziale, vedi il citato *Cinema e Resistenza*.

[91] Il commento è di Umberto Barbaro e Umberto Calosso.

[92] Per un quadro critico su questo tipo di materiale, vedi G. Bernagozzi, *Il cinema corto*, Firenze, La Casa Usher, 1980, pp. 63 e sgg. Un'antologia delle critiche del tempo ai film e documentari sulla Resistenza è in N. Ivaldi, *La Resistenza nel cinema italiano del dopoguerra*, cit.

[93] Cfr. P. Sorlin, *The Film in History*, cit., p. 193.

[94] Vedi la recensione al film di M. Mida, in *La critica cinematografica*, a. I, n. 3-4, settembre 1946.

[95] La successiva attività registica di Vergano non offre titoli memorabili: si va dal *Passo del diavolo*, girato in Polonia nel 1949, a *I fuorilegge* del 1950 (sulla figura del bandito Giuliano), a *Santa Lucia lontana*, 1951, *La grande rinuncia*, 1952, *Amore rosso*, 1953... Su Vergano vedi la monografia dedicatagli da J. Gili, *Vergano*, in *Antologie du cinéma*, n. 55, mai 1970.

[96] U. Barbaro, *Un giorno nella vita*, in *l'Unità*, 18 aprile 1946.

[97] «Nella perorazione finale dell'avvocato difensore, interpretato da Vittorio De Sica («Si assolvono i minorati psichici, perché non dovremmo assolvere le maggiorate fisiche!»), viene usato, per la prima volta, il sintagma «maggiorata fisica», destinato a una larga diffusione negli anni cinquanta.

[98] La critica dell'epoca sottolinea che i protagonisti sono «ridotti alle proporzioni di personaggi da operetta» (A. Pietrangeli, in *Star*, a. II, n 46, 8 dicembre 1945) o «i tipografi e le donne del popolo [sono] rivoluzionari da vaudeville» (U. Barbaro, *l'Unità*, 1 dicembre 1945).

[99] La recensione è in *La nuova Europa*, a. II, n. 49, 9 dicembre 1945.

[100] Un bilancio critico dell'attività di Camerini fino ai primi anni cinquanta è in M. Mida, *Punto fermo su Camerini e Soldati*, in *Ferrania*, a. VI, n. 8, settembre 1952, pp. 30-33. Anche nel piú recente lavoro su Camerini edito in occasione della re-

trospettiva di Locarno del 1992 l'attenzione è tutta rivolta all'attività fino al 1945: si vedano però le considerazioni di A. Farassino e il saggio di B. Eisenchitz, *Ulysse: Homère, pas Joyce*, in A. Farassino (a cura di), *Camerini*, Locarno, Yellow Now, 1992, pp. 77-82.

[101]   A. Lattuada, *Paghiamo i nostri debiti*, in *Film d'oggi*, a. I, n. 4, 30 giugno 1945, e C. Lizzani, *Storia del cinema italiano*, Firenze, Parenti, 1961, pp. 391-393.

[102]   Riportato in F.M. De Sanctis, *Alberto Lattuada*, Milano, Guanda, 1961, p. 80.

[103]   Il soggetto del *Ferroviere* è pubblicato in *Cinema Nuovo*, a. II, n. 8, aprile 1953, pp. 205-206.

[104]   Del trattamento di *Angeli neri*, inedito, sono riportati alcuni passi in A. Zanellato, *L'uomo (cattiva sorte): il cinema di Lattuada*, Padova, Liviana, 1973, pp. 62-63, la monografia piú completa e ricca che finora sia stata scritta sul regista.

[105]   *Intervista con Alberto Lattuada*, in *Filmcritica*, a. XVI, n. 158, giugno 1965, p. 338.

[106]   R. Rossellini, *Prefazione* a B. Rondi, *Cinema della realtà*, Parma, Guanda, 1957, p. 9.

[107]   Cfr. A. Zanellato, *L'uomo (cattiva sorte): il cinema di Lattuada*, cit., p. 74.

[108]   Fellini lavora alle sceneggiature di quattro film di Lattuada: *Il delitto di Giovanni Episcopo*, *Senza pietà*, *Il mulino del Po* e *Luci del varietà*, dove si avverte piú decisa la sua mano anche nella regia.

[109]   F.M. De Sanctis, *Alberto Lattuada*, cit., pp. 44-45.

[110]   Non a caso le parole finali sono: «Cosí passa il bene e il male degli uomini e il tempo è simile al correre del fiume».

[111]   Si veda M. Mida, *Lattuada e Fellini tra le luci del varietà*, in *Cinema*, a. III, n. 47, ottobre 1950, p. 173. Una convincente e argomentata analisi del film, che restituisce a Fellini e Lattuada ciò che a loro spetta (a Fellini soprattutto il soggetto, poi destinato ad essere al centro del suo cinema successivo, a Lattuada la regia), è in P. Bondanella, *The Cinema of Federico Fellini*, Princeton, Princeton University Press, 1992. In particolare si veda come viene messa a fuoco la componente pirandelliana nei soggetti del primo Fellini (pp. 73-79).

[112]   Per il successo del film negli Stati Uniti vedi R. Kass, *La rinascita del film italiano*, da *Films in Review*, riportato in *Ferrania*, a. VII, n. 12, dicembre 1953, pp. 21-23.

[113]   A. Lattuada, *Ho lasciato Matera senza Matera*, in *Cinema Nuovo*, a. II, n. 5, febbraio 1953, pp. 107-109.

[114]   O. Caldiron, *Letterato al cinema: Mario Soldati anni quaranta*, Quaderni della Cineteca nazionale, n. 7, 1979, p. 17. Mentre ha goduto di rivisitazioni abbastanza attente per quanto riguarda l'attività nell'anteguerra, l'analisi dei venti film da lui realizzati tra il 1945 e il '59 e di tutta la sua attività televisiva successiva non è mai stata fatta. Oltre ai volumi già citati nel secondo volume di quest'opera ricordo le testimonianze sul cinema raccolte da D. Lajolo, *Conversazione in una stanza chiusa con Mario Soldati*, Milano, Frassenelli, 1983 e J. Gili (a cura di), *Mario Soldati*, in *I Quaderni di Cinecittà*, n. 8, Roma, Cinecittà International, 1992.

[115]   A Zampa ha dedicato una breve monografia Domenico Meccoli (Roma, Cinque

Lune, 1956): gli articoli che si possono ritrovare sparsi nelle riviste non presentano particolare interesse.

[116] Si veda, a questo proposito, S. Gesú (a cura di), *Vitaliano Brancati*, Acicatena, Incontri con il cinema, 1989 e in particolare il saggio di M. Patané, *Polemiche facili in Anni difficili*, pp. 48-57.

[117] Sull'opera di Castellani è da segnalare l'intervento di G. Menon, *Renato Castellani in periodo neorealista*, in *Il neorealismo cinematografico italiano*, cit., pp. 318-327. Per un orientamento sulla critica dei primi anni cinquanta cfr. G. Turroni, *Tre tempi di Renato Castellani*, in *Ferrania*, a. IX, n. 10, ottobre-novembre 1955, pp. 26-28, e il saggio di G. Ferrara, *Renato Castellani*, in *Bianco e Nero*, a. XVI, n. 12, dicembre 1955, che offre anche una buona bibliografia.

[118] «Non ti scordà che tu sei bidello e lui professore... Cosí è fatto il mondo, È fatto male ma è cosí... Allora se gli vuoi fare il regalo piú grande, l'ultimo sacrificio, è de no fatte vede piú».

[119] Nella sua intensa recensione al film Guido Aristarco, su *Cinema*, aveva puntato l'attenzione sul personaggio di Carmela, cogliendone la forza dell'istintiva e infuocata personalità: *Due soldi di speranza*, in *Cinema*, a. V, n. 84, aprile 1952, p. 211.

[120] C. Alvaro, *Boscotrecase*, in *Il Mondo*, 26 aprile 1952, p. 11.

[121] La sceneggiatura del film è pubblicata, a cura di S. Martini, da Cappelli, Bologna, 1956.

[122] Un intero numero di *Cinema*, il 143 del 25 ottobre 1954, è dedicato al film.

[123] Per un esame dei primi film di Germi, si tenga presente F. Di Giammatteo, *Pietro Germi*, in *Sequenze*, a. I, n. 4, dicembre 1949, p. 24.

[124] Il soggetto è tratto dal romanzo di G.C. Lo Schiavo, *Piccola pretura*.

[125] Per questo film lo stesso regista dichiara esplicitamente di dissociarsi dal neorealismo: P. Germi, *Forse non esiste il neorealismo*, in *Secolo Nuovo*, a. XXVIII, n. 14, 10 aprile 1949, p. 21.

[126] Lo dichiara lo stesso Germi: cfr. M. D'Avack, *Cinema e letteratura*, Roma, Canesi, 1964, pp. 93-94.

[127] P. Citati, *Il male invisibile*, in *Menabò*, a. III, n 6, 1963, p. 34.

[128] L'ideologia linguistica gaddiana viene del tutto rovesciata («La mia penna è al servizio della mia anima e non è fante o domestica alla signora Cesira o al signor Zebedia, che vogliono suggere dal loro breviario "la lingua dell'uso"», *Lingua letteraria e lingua dell'uso*, in *I viaggi e la morte*, Milano, Garzanti, 1958, p. 99), cosí come si riduce quella stratificazione di piani che rendono babelica e maccheronica la struttura stessa del romanzo (vedi in questo senso G.C. Roscioni, *La disarmonia prestabilita*, Torino, Einaudi, 1969).

[129] Su Emmer sono usciti solo negli ultimi anni i primi contributi di un certo interesse: tra tutti segnalo F. Bo (a cura di), *Personale Luciano Emmer*, Roma, I Festival del cinema italiano, 1988; G. Moneti, *Luciano Emmer, un autore populista atipico*, in *La scena e lo schermo*, a. I, n. 3-4, dicembre 1989-giugno 1990, pp. 109-116, e la monografia dello stesso Moneti edita nel 1992 per la collana della Nuova Italia Il Castoro cinema.

[130] Rinvio, per questa parte del discorso, al secondo volume di questa *Storia*, in particolare alle pp. 226-228.

[131] *Caccia tragica* è prodotto dall'Anpi.

[132] C. Lizzani, Prefazione a *Riso amaro*, cit., pp. 9-10.

[133] Ivi, p. 19.

[134] «Vorremmo che nelle opere di Kafka si sapessero scrutare gli illuminati orizzonti di una fantasia che non sa mai dimenticare, lo stato d'animo sofferente dell'uomo sulla terra, le sue difficoltà di evasione e nell'evasione stessa la grandiosa potenza dei reciproci scambi umani». G.D.S., *Film di questi giorni*, in *Cinema*, p.s., a. VII, n. 155, 10 ottobre 1942.

[135] In senso cinematografico De Santis sembra voler applicare in tutto il suo cinema la teoria eizensteiniana del cinema inteso come conflitto di un'idea.

[136] Ancora da consultare la monografia dedicata al regista da A. Farassino, *Giuseppe De Santis*, Milano, Moizzi, 1978. In precedenza da segnalare, dopo un silenzio di critica durato quasi vent'anni, il saggio *De Santis* di A. Martini e M. Melani, in *Neorealismo cinematografico italiano*, cit., pp. 307-317.

[137] Per l'analisi dettagliata del film, della sua storia e delle caratteristiche espressive, rinvio al citato lavoro di Lizzani, che costituisce una delle testimonianze piú ricche e sinceramente autocritiche sull'esperienza di una generazione che i protagonisti del neorealismo abbiano saputo scrivere nel dopoguerra.

[138] Il ruolo dei dettagli è sottolineato anche da Aristarco, attento e severo critico dell'opera di De Santis: «Si veda come è arredato il suo posto nella camerata, con quello specchio sul muro, il cappello di Walter, le calze nere per la monda, il ferro di cavallo e quel grammofono che si è portato insieme col materasso di lana», G. Aristarco, *Film di questi giorni*, in *Cinema*, a. II, n. 24, 15 ottobre 1949. Il piú recente profilo di De Santis è di V. Caprara nel n. 7 dei *Quaderni di Cinecittà*, Roma, Cinecittà International, 1991.

[139] Il senso plastico della visione del regista è sottolineato in un articolo molto bello di Corrado Alvaro: «De Santis sa come questa plastica sia uno dei temi ricorrenti della nostra vita quotidiana e cosí la condizione povera che egli ci descrive è sempre in qualche modo arricchita da quel certo lusso naturale che è la bellezza femminile», C. Alvaro, *Piú che neorealismo*, in *Il Mondo*, 15 maggio 1952, p. 11.

[140] «La ragazza timida che non ha le poche lire per comprare venti caldarroste, quella che viene dalla provincia e mastica gomma americana, la moglie del tranviere e quella dell'operaio, la figlia del vetturino e quella dell'impiegato e del generale in pensione, la peripatetica e la serva che i padroni vorrebbero prostituire, la ragazza che si innamora del marinaio e Simona che ha lasciato la ricca famiglia e ha sposato un pittore», G. Aristarco, *Film di questi giorni*, in *Cinema*, a. V, n. 82, 15 marzo 1952.

[141] A. Farassino, *Giuseppe De Santis*, cit., p. 35.

[142] Vedi G. De Santis, *La parola agli autori del film Giorni d'amore*, in *l'Unità*, 19 dicembre 1954.

[143] Lo fa Guido Aristarco, questa volta cercando però di inserire De Santis, strumentalmente, nel discorso che stava elaborando sulla scia degli scritti di Lukács.

[144] «Il mio mestiere ha una sola cosa bella: mio padre diceva, io ho un solo padrone. La natura. Non voglio padroni».

[145] Il primo libro che abbia tentato una sistemazione generale del documentario del dopoguerra è quello di G. Bernagozzi, *Il cinema corto. Il documentario nella vita italiana, 1945-1980*, Firenze, La Casa Usher, 1979, che contiene una bibliografia e una biofilmografia degli autori. Dello stesso Bernagozzi vedi anche *Il cinema allo specchio*, Bologna, Pàtron, 1985. Si tratta di un'antologia di materiali critici raccolti in funzione di una storia del documentario.

[146] Un ulteriore lavoro di esplorazione sistematica, per capire i temi e le caratteristiche del documentario negli anni cinquanta, è possibile – dal punto di vista bibliografico – soprattutto partendo dalla rubrica che, fin dal primo numero, *Cinema Nuovo* dedica al cortometraggio e che già dal secondo numero sarà firmata da Oreste Del Buono.

[147] «Basandoci sui dati dell'Anica (538 cortometraggi in media ogni anno, in sei anni e mezzo 3.500) e del ministero del tesoro (13 miliardi 490 milioni di premi), risulta che ogni cortometraggio ha ottenuto in media 3,850 milioni dallo Stato: va rilevato però che non tutti i cortometraggi ottenevano la programmazione obbligatoria, dalla quale anzi furono esclusi molti dei migliori documentari realizzati dai migliori registi, colpiti e discriminati innanzitutto per ragioni scopertamente politiche, il che spiega il fenomeno abnorme per il quale certi lungometraggi abbinati a film di grande successo incassavano contributi nella misura di 20-30-40 milioni ciascuno... Un cartello di case (Edelweiss, Documento, Gamma, Astra, Sedi) non lascia smagliature nella sua organizzazione e i miliardi dello Stato passano direttamente nei meandri di certe industrie private. Un lungo e facile itinerario di alleanze e di intrighi che filano sulla lama del codice penale lungo il tortuoso cammino di piratesche alleanze... In questa corsa ai miliardi il termometro degli incassi registra queste punte: 1) *Il lago della seta* della Documento con 46.333.397, 2) *Terrecotte* della Documento con 38.602.482, 3) *Navi in cantiere* della Documento con 22.684.467», G. Bernagozzi, *Il documentario fra industria e repressione*, in *Materiali sul cinema italiano degli anni cinquanta*, n. 74, cit., p. 40.

[148] Questo tipo di documentario è conformisticamente letto in maniera positiva nel saggio di Ermanno Contini, in *Neorealismo italiano*, Venezia, Mostra del cinema, 1951, pp. 27-40, mentre è guardata con sospetto, dimenticata o rimossa qualsiasi voce che possa costituire un minimo di pericolo ideologico.

[149] Per i dati completi di tutti gli autori, cfr. G. Bernagozzi, *Il cinema corto*, cit.

[150] Non si dimentichi che da parte materna Pasinetti era imparentato con i Ciardi, che la sua cultura figurativa si era formata all'università di Padova e non doveva essere rimasta estranea all'influenza e al fascino delle ricerche e delle interpretazioni di Sergio Bettini sui segni e le forme della cultura veneziana, che proprio nei primi anni quaranta sembravano essere il supporto culturale di tutta l'attività documentaristica di Pasinetti.

[151] C. Di Carlo, *Il cortometraggio italiano antifascista*, in *Centrofilm*, a. III, n. 24-26, agosto-ottobre 1961, p. 16.

[152] Il documentario *Carpaccio* è stato ritrovato di recente da P. Scremin che ne ha pubblicato la sceneggiatura premettendovi una intelligente analisi e allegandovi il documentario stesso. P. Scremin (a cura di), *Carpaccio, vita di un documentario d'arte*, Torino, Allemandi, 1991.

Dal 1949 al 1959: una generazione in trincea

[1]   L. Albano, *Gli esordi alla regia*, in *Materiali sul cinema italiano degli anni cinquanta*, cit., pp. 221-231.

[2]   Dello stesso Trieste vedi *Un intruso a Cinecittà*, Torino, Eri, 1985. Il libro si segnala oltre che per la ricchezza e intelligenza della testimonianza autobiografica per gli interventi di T. Kezich e F. Fellini.

[3]   Già nel 1940 Antonioni aveva pubblicato su *Cinema* un progetto, intitolato *Per un film sul fiume Po*.

[4]   «Eravamo nel 1943. Visconti girava *Ossessione* sulle rive del Po, a pochi chilometri di distanza, io giravo il mio primo documentario. Il Po di Volano appartiene al paesaggio della mia infanzia. Il Po a quello della mia giovinezza. Appena mi fu possibile ritornai in quei luoghi con la macchina da presa. Cosí è nato *Gente del Po*. Tutto quello che ho fatto dopo, buono o cattivo che sia, parte di lí», M. Antonioni, Prefazione a *Sei film*, Torino, Einaudi, 1964, p. XVI.

[5]   F. Carpi, *Michelangelo Antonioni*, Milano, Guanda, 1958, p. 7.

[6]   Film di gesti, di tempi morti, di lettura analitica del paesaggio umano e di scomposizione dei suoi elementi, *N.U.* è stato unanimemente visto dalla critica come un elemento fondamentale della formazione visiva del regista. Vedi F. Debreczeni, *N.U.*, in *Michelangelo Antonioni: l'homme et l'objet*, in *Études cinématographiques*, n. 36-37, 1964, pp. 110-111.

[7]   Vedi a questo proposito il mio *La formazione della poetica di Antonioni e il neorealismo*, in Aa. Vv., *Michelangelo Antonioni. Identificazione di un autore*, Parma, Pratiche, 1983, pp. 31-38.

[8]   Il punto piú recente e piú completo sulla poetica di Antonioni è di G. Tinazzi, *Michelangelo Antonioni de la critique à la poétique* in G. Tinazzi (a cura di), *Ecrits, 1936-1985*, Roma, Cinecittà International, 1992.

[9]   La selezione piú significativa degli scritti su Antonioni dal 1942 al 1965 è stata curata da Carlo Di Carlo, responsabile del Progetto Antonioni: *Michelangelo Antonioni 1942-1965*, Roma, Cinecittà International, 1986.

[10]   C. Di Carlo, *Michelangelo Antonioni*, Roma, Ed. Bianco e Nero, 1964, pp. 11-12.

[11]   «Le strade, le piazze, la campagna grigia, le automobili, gli oggetti determinano in parte e comunque non raffigurano il comportamento dei personaggi o almeno coesistono con esso e con la loro presenza ossessiva reclamano un'attenzione paritaria da parte dello spettatore: il comportamento degli uomini si attua in uno spazio preciso e in relazione ad esso... Basti ricordare l'attacco della sequenza dell'au-

tostrada: un campo lunghissimo della macchina da presa in mezzo all'aperta campagna e, senza alcun'altra ragione che quella della sua esistenza, un grande cartellone pubblicitario della marca di un liquore, che diventa una presenza del tutto verosimile, ma al tempo stesso misteriosa e inquietante», L. Cuccu, *La visione come problema*, Roma, Bulzoni, 1973, p. 36.

[12] Un confronto con *Ossessione* è stato fatto da Tino Ranieri, durante un breve ciclo di lezioni tenute all'università di Trieste e poi raccolte in un volumetto: T. Ranieri, *Michelangelo Antonioni*, Trieste, Cuc, 1957-58. Questo lavoro, oltre ad essere il primo tentativo di inquadramento organico, è tuttora, nella pur enorme bibliografia disponibile, uno dei piú utili e intelligenti strumenti interpretativi della prima parte della carriera del regista.

[13] R. Barthes, *Cher Antonioni*, in *Cahiers du cinéma*, n. 311, mai 1980.

[14] L. Cuccu, *La visione come problema*, cit., p. 37.

[15] Ivi.

[16] Per un'analisi di questa sequenza, vedi il saggio monografico di F. Trebbi, *Il testo e lo sguardo*, Bologna, Pàtron, 1976.

[17] Vedi, a questo proposito, la recensione di Aristarco in *Cinema*, a. III, n. 50, novembre 1950, poi ripresa anche nella *Storia delle teoriche del film*.

[18] G. Tinazzi, *Michelangelo Antonioni*, Firenze, La Nuova Italia, 1974, p. 66.

[19] «Non ho mai avuto preoccupazione della fedeltà a Pavese», M.A., *Fedeltà a Pavese*, in *Cinema Nuovo*, a. V, n. 76, 10 febbraio 1956, p. 89. In un'altra occasione il regista ha dichiarato: «Io volevo fare una cosa diversa da Pavese», e in un dibattito a Bologna ha voluto sottolineare: «La sua conoscenza degli uomini e delle cose, piú che una conoscenza reale, era astratta, poetica. Le mie impressioni vengono sempre dai fatti, dai dati precisi della realtà», in C. Di Carlo, *Michelangelo Antonioni*, cit., p. 19.

[20] L'articolo che piú si è soffermato su differenze e analogie è di F. Barzan, *Le amiche e La bella estate*, in *Ferrania*, a. XI, n. 2, febbraio 1957. Anche Baldelli ha lavorato su questo problema, giungendo però a un drastico giudizio negativo: «Siamo nel fumetto di lusso, nella riduzione convenzionale cinematografica», in *Cinema dell'ambiguità* (II), Roma, Samonà e Savelli, 1969, p. 181.

[21] Riassumo nelle righe che seguono alcune osservazioni dell'analisi da me fatta sui rapporti tra il romanzo e il film, nel saggio *Le amiche: Pavese e Antonioni, dal romanzo al film*, in *Forma e parola nel cinema*, Padova, Liviana, 1970, pp. 125-158.

[22] Il motivo dell'acqua, metafora del liquido amniotico, momento di purificazione, specchio rivelatore di una situazione individuale e collettiva, ritorna come tema-chiave di tutta l'opera del regista

[23] Vedi, in questo senso, J. Cameron e R. Wood, *Antonioni*, London, Studio vista, 1968, p. 65.

[24] In modo molto pertinente Bernard Dort (in *Méditations*, n. 2, del maggio 1961) aveva parlato di «passione laica, di discesa agli inferi del protagonista».

[25] G. Tinazzi, *Michelangelo Antonioni*, cit., p. 79.

[26] L. Miccichè, *La ragione e lo sguardo*, Roma, Lerici, 1978, p. 218.

[27] G. Aristarco, *La strada*, in *Cinema Nuovo*, a. III, n. 46, 10 novembre 1954.

[28] Tuttavia, dopo la recensione alla *Strada* su *Cinema Nuovo* appaiono, a dimostrazione delle tensioni interne alla rivista, due importanti interventi, rispettivamente di Renzo Renzi e Georges Sadoul, nettamente distanti dalla posizione di Aristarco: R. Renzi, *I problemi dell'indecisione*, a. IV, n. 71, 25 novembre 1955, e G. Sadoul, *La mia posizione di fronte a Fellini*, ivi.

[29] Un bel profilo di Fellini, ironicamente mescolato al ricordo autobiografico, è tracciato da C.G. Fava, *La solitudine del felliniano di fondo*, in *I film di Federico Fellini*, Roma, Gremese, 1981, pp. 7-24. T. Kezich ha tracciato una magistrale biografia di Fellini in cui è analizzato il ruolo fondamentale dell'avanspettacolo e della rivista per la formazione del regista, *Fellini*, Milano, Rizzoli, 1987.

[30] R. Renzi, *Federico Fellini*, Parma, Guanda, 1956, p. 27, e vedi anche p. 43 e sgg.

[31] F. Di Giammatteo, *Federico Fellini, il regista della giungla*, in *Ferrania*, n. 9, 1961, p. 17. Lo stesso Di Giammatteo offre un profilo di Fellini su *Comunità*, a. IX, dicembre 1955, p. 62 e sgg.

[32] Ottimo, in questo senso, il saggio di A. Costa, *L'apparizione come metafora del cinema: materiali per un'iconologia felliniana*, in *Annali dello IULM*, Feltre, Castaldi, 1975, pp. 1-22.

[33] P. Bondanella, *The Cinema of Federico Fellini*, Princeton, Princeton University Press, 1992; dello stesso Bondanella, lo studioso americano che ha affrontato il cinema italiano sia nei suoi aspetti generali che in aspetti specifici e che ha fatto conoscere negli Stati Uniti il cinema italiano del dopoguerra realizzando la prima vera sintesi storica, *Italian Cinema, From Neorealism to the Present*, New York, Ungar, 1991 (si tratta di una nuova edizione che integra la prima del 1983).

[34] Il mondo di Ivan è già tutto compreso in questo discorso: «Io non sapevo come giustificarmi con lo zio... È una persona abituata a una certa deferenza... È un'alta personalità del Vaticano... Può molto. Con chi credi di trattare tu? Può molto. Basta che lui da Roma faccia cosí (schiocca le dita) e tutta Altavilla Marittima balla sulle corde. Io voglio diventare segretario comunale in due mesi, sai?», F. Fellini, *Il primo Fellini*, a cura di R. Renzi, Bologna, Cappelli, 1969, p. 21. E il mondo di Wanda: «*L'abisso stellato, Anime in tormento, Cuori nella bufera, Nel vortice dell'amore*... Tutte le settimane aspetto soltanto il sabato che mi porti il mio giornaletto... vado a prenderlo alla stazione... poi corro a casa... mi chiudo nella mia stanzetta... e lí comincia la mia vera vita... leggo tutta la notte», ivi, p. 31.

[35] Anche G. Fink vede, in questa apparizione mitico-fiabesca e al tempo stesso realistica, l'esempio supremo della capacità felliniana di far coesistere piú dimensioni e piú sguardi. G. Fink, *Fellini: al pavon d'alcônt*, in *Cinema & cinema*, a. I, n. 1, ottobre-dicembre 1974, p. 89.

[36] «Mentre ascolto i discorsi dei miei *Vitelloni* – racconta lo stesso regista – (''Ma tu, se venisse adesso Jane Russell e ti dicesse: dài, pianta tutto e vieni con me, ci andresti?'' ''Ostia se ci andrei!'') comincio a pensare con una punta di tristezza che, se vorrò continuare il mio lavoro, sarò costretto ancora una volta a tradirli, come ho fatto da ragazzo quella volta che una bella mattina ho preso il treno e me ne sono andato in città», F. Fellini, *Strada sbarrata via libera ai vitelloni*, in *Cinema Nuovo*, a. II, n. 2, 1 gennaio 1953.

[37] Ma, come osserva assai bene Renzo Renzi, c'è, al momento della fuga di Moraldo, una specie di sdoppiamento, «e il ragazzino che si è trovato a salutarlo alla stazione, anch'egli un'incarnazione dell'autore, ritorna verso il paese, camminando sopra una rotaia, come per una strada che lo costringa a quel percorso», R. Renzi, *Fellini che va, Fellini che viene*, in *Il primo Fellini*, cit., p. 13.

[38] «Inutilmente – osserva Brunello Rondi – si cercherebbe nei *Vitelloni* l'analisi delle cause storiche che hanno cristallizzato quella vita... [il regista esprime] il sentimento del vegetare, dell'inerzia, del sonnolento svanire della gioventú», B. Rondi, *Cinema e realtà*, Roma, Cinque Lune, 1955, p. 209.

[39] Una buona analisi di questo episodio è in F. Pecori, *Federico Fellini*, Firenze, La Nuova Italia, 1974.

[40] Come racconta lui stesso nella polemica già ricordata sul *Contemporaneo* del 9 aprile 1955.

[41] In questo la mia è una posizione nettamente antitetica, rispetto a quanto sosteneva A. Bazin nel n. 5 di *Esprit* del maggio 1955, citato nella monografia di Pecori a p. 63. Segnalo per la loro pregnanza sia il capitolo del citato libro di Bondanella dedicato alla *Strada* sia l'analisi di Millicent Markus in *Italian Film in the Light of Neorealism*, Princeton, Princeton University Press, 1986, pp. 144-163. Ancora Bondanella ha curato assieme a M. Gieri la pubblicazione della sceneggiatura del film in inglese a cui ha premesso un'accurata introduzione e aggiunto una ricca appendice di documentazione critica: *La strada*, New Brunswick, Rutgers University Press, 1987.

[42] F. Pecori, *Federico Fellini*, cit.

[43] A. Costa, *L'apparizione come metafora*, cit., pp. 14-15.

[44] Umberto Barbaro, tra i tanti critici che si affrettano a prendere moralisticamente le distanze dal film, lo considera una delle opere piú sgradevoli della storia della cinematografia. La recensione è riportata in *Servitú e grandezza del cinema*, cit., p. 236.

[45] «Dal *Bidone* in poi la drammaturgia felliniana sboccherà in prospettive piú ampie del mondo umano e racconterà storie di piú complesso imprigionamento interiore in personaggi eroi che largamente attingono a prospettive di contemporaneità piena», B. Rondi, *Il cinema di Fellini*, Roma, Ed. Bianco e Nero, 1965.

[46] Di questo maggiore rischio e investimento di se stesso, sia pure con esiti espressivi modesti, parla Carlo Lizzani: «Fellini, in *Il bidone*, ha tentato... di mettere allo scoperto gli elementi meccanici che compongono l'unità piú intima della sua personalità. Il personaggio chiave è debole perché Fellini ha voluto dargli tutto se stesso; non ha saputo alienarlo, farlo vivere di vita autonoma, dargli il riscatto o la coscienza al momento in cui lui, col suo destino di personaggio, se la sarebbe trovata», C. Lizzani, *Il cinema italiano*, cit., p. 194.

[47] Vedi la recensione di T. Kezich in *Sipario*, a. X, n. 115, 1955, p. 29.

[48] A questo fine tutti i mezzi sono buoni, evidentemente: nella processione al santuario del Divino Amore, Cabiria chiede la grazia di poter cambiare vita e dopo poco incontra Oscar, il distinto ragioniere che le chiederà di sposarla.

[49] Nella scena conclusiva «Cabiria torna all'infanzia e in lei si attua cosí quel miraco-

lo chiesto al santuario», G. Aristarco, *Le notti di Cabiria*, in *Cinema Nuovo*, a. VI, n. 118, 15 novembre 1957.

50 La recensione del film è in *Sipario*, a. XII, n. 139, 1957, p. 32.

51 Non è a mio parere con una mobilitazione di tutta una batteria di riferimenti filosofici, facilmente ignoti al regista, che la critica, pur compiendo un indubbio sforzo di sintonizzazione con il film, ne aveva colto le caratteristiche specifiche. Cfr. F. Di Giammatteo, *Federico Fellini, il mago*, in *Il Ponte*, n. 3, marzo 1960.

52 Non a caso il soggetto prende lo spunto da uno precedente, non realizzato dal regista e di importanza fondamentale, *Moraldo va in città*, pubblicato su *Cinema* a partire dal n. 139. L'importanza di questo soggetto è messa in luce nel saggio di F. Pecori, *Federico Fellini*, cit., pp. 57-62. La sceneggiatura della *Dolce vita* è pubblicata, a cura di T. Kezich, dall'editore Cappelli nel 1960.

53 Nel 1946 Genina è in Francia e propone a Jean-Paul Sartre una riduzione cinematografica di *Huis clos*, di fatto poi non realizzata. Ne dà notizia A. Pietrangeli, *Sartre si dà al cinema*, in *Fotogrammi*, a. II, n. 46, 25 ottobre 1946. Per una documentazione più accurata dell'opera di Genina si rinvia al lavoro di V. Martinelli e S. Germani, *Il cinema di Augusto Genina*, Pordenone, Biblioteca dell'immagine, 1990.

54 G. L. Rondi, *Cinema italiano 1945-1951*, in *Il neorealismo italiano*, Venezia, Quaderni della Mostra del cinema, 1951, p. 18.

55 «Negli anni successivi Malaparte elabora vari altri soggetti, che restano incompiuti: *Colpo mancino*, sul dramma di un sottomarino inglese, *Il grande Ming... L'oro del Reno*: su una piazzetta un banditore, un accalappiacani e un brulichio di gobbetti che difendono le loro bestiole... e quello con un titolo provvisorio *Feuchtes Feuer (Fuoco umido)*... A un altro soggetto, da girarsi in Sicilia, egli accenna in una lettera ad Aldo Borelli del 19 aprile 1954. *La carne umana* della Unica film di Roma fu addirittura annunciato dalla stampa», M. Adriana Prolo, *Curzio Malaparte e il cinema*, Museo nazionale del cinema, a. II, n. 5, maggio-agosto 1967, p. 4. Per una biografia di Malaparte, cfr. G. Bruno Guerri, *Malaparte l'arcitaliano*, Milano, Bompiani, 1980.

56 C. Malaparte, *Appunti per un'intervista*, ivi, p. 5.

57 Eccone soltanto alcuni esempi: «È più facile perdonare che dimenticare»; «No, non l'hanno ammazzato come un cane, l'hanno ammazzato come un uomo»; «Se noi non diventeremo un popolo di canaglie è stato perché i nostri soldati sono morti per noi»; «Solo le lacrime lavano il sangue»; «Perché il mondo possa salvarsi ha bisogno del sangue degli innocenti»; «Perché la libertà e la giustizia non possono nascere che dal sangue degli innocenti?».

58 Vedi, dello stesso Lizzani, *Achtung! Banditi!*, in *l'Unità*, 7 gennaio 1950, e l'intervista rilasciata a F. Di Giammatteo su *Cinema*, a. XIV, n. 63, 1 giugno 1961, pp. 296-298.

59 G.C. Castello, *Ai margini della metropoli*, in *Cinema*, n.s., a. VI, n. 112, giugno 1953, p. 371.

60 Oltre a collaborare a riviste non cinematografiche (come *Mercurio*, *Cosmopolita*, *La città*), nel dopoguerra, Pietrangeli fonda la casa editrice Contemporanea e pub-

blica, curandoli personalmente, testi di Stendhal, Merimée, Daphne du Maurier, Sartre, Cocteau. Collabora con Barbaro al volume *Appunti sulla regia cinematografica* e traduce, per Einaudi, *The Film Sense* di Ejzenštejn.

61 *La nostra guerra* di Lattuada del 1945, *Amanti senza amore* di Franciolini e *Gioventú perduta* di Germi del 1947, *Fabiola* di Blasetti del 1948, *Quel fantasma di mio marito* di Mastrocinque e *Due mogli sono troppe* di Camerini del 1950, *Europa '51* e *Dov'è la libertà* di Rossellini del 1952, e *La lupa* di Lattuada nell'anno del suo esordio.

62 Il testo è pubblicato in una versione italiana, col titolo *Cinema italiano sonoro*, Livorno, Ficc, 1950.

63 A. Pietrangeli, *Il sole negli occhi*, in *Cinema Nuovo*, a. II, n. 18, 1953, p. 143.

64 Affrontano questo aspetto T. Masoni e P. Vecchi nel saggio piú acuto finora scritto sul regista: vedi *Il realismo difficile di A.P.*, in P. Detassis, T. Masoni, P. Vecchi, *Il cinema di Antonio Pietrangeli*, Venezia, Marsilio, 1987, pp. 9-38.
Nello stesso libro P. Detassis analizza il difficile cammino dei personaggi femminili verso l'identificazione del sé e la loro rappresentatività nell'Italia che cambia: *A Castelluccio non ci torno piú... Storie di donne nell'Italia che cambia*, ivi., pp. 39-52.

65 Un profilo accurato del regista condotto anche su materiali di prima mano è stato scritto da A. Maraldi, *Pietrangeli*, Firenze, La Nuova Italia, 1992.

66 Riprendo un discorso sviluppato in modo molto piú ampio in *Bolognini*, Roma, Ministero degli affari esteri, 1977. Si veda in questa pubblicazione l'ampia intervista al regista curata da Jean A. Gili.

67 Un attento profilo generale del regista è stato tracciato da S. Parigi, *Maselli*, Firenze, La Nuova Italia, 1991.

68 A. Ferrero, *Ripensamenti e restaurazione*, in A. Ferrero e G. Oldrini, *Da Roma città aperta alla Ragazza di Bube*, cit., p. 74.

69 Dichiarazione ciclostilata in occasione della presentazione del film al Circolo romano del cinema il 10 dicembre 1959, cit.

70 P. Pintus, *Storia e film*, Roma, Bulzoni, 1980, p. 67. Vedi anche l'intelligente analisi del film fatta da A. Cattini, *Fenomenologia dell'infelicità*, in Aa. Vv., *Valerio Zurlini*, Mantova, Casa del Mantegna, 1991, pp. 25-33.

71 Per la carriera di Rosi, il suo tirocinio accanto a Visconti, Emmer, Antonioni, Matarazzo, Zampa, Alessandrini vedi G. Ferrara, *Francesco Rosi*, Roma, Canesi, 1975, pp. 45-50.

72 J.A. Gili, *Francesco Rosi, Cinéma et pouvoir*, Paris, Ed. Du Cerf, 1976, p. 26.

73 Ivi, p. 154.

74 Per quanto riguarda questa componente va notato come alcuni critici avessero voluto ricordare anche la tradizione teatrale napoletana, rifacendosi ad *Assunta Spina* ecc. Rosi «non ha dimenticato Di Giacomo drammatico: il suo fotografismo non ha escluso quello che di essenziale poteva dargli la preziosa esperienza veristica e tipologica dei Russo e addirittura dei Viviani», E. Petri, *La sfida*, in *Mondo operaio*, n. 9, settembre 1958, pp. 22-23.

75 J.A. Gili, *Francesco Rosi*, cit., p. 31.

[76] È la conclusione a cui giunge uno dei personaggi, Vincenzo: «Io non ne posso piú di vivere cosí, sempre in giro, sempre con la paura. Fatti i conti alla fine della vita, credi che avremo guadagnato di piú di un operaio che ha lavorato poco, ma regolarmente sempre?», G. Ferrara, *Francesco Rosi*, cit., p. 65.

[77] Ivi, p. 66

[78] Ancora nell'intervista del libro di Gili, p. 153.

[79] *Intervista a L. Comencini*, in *Materiali sul cinema italiano degli anni cinquanta*, n. 74, cit., p. 249.

[80] A. Viganò, *Risi*, Milano, Moizzi, 1977.

[81] «È sintomatico che l'unico film degli anni cinquanta che ritengo corrispondente alle mie intenzioni sia stato un totale insuccesso e abbia messo seriamente in crisi la mia possibilità di continuare a fare del cinema», *Intervista a L. Comencini*, cit., p. 249.

[82] J.A. Gili, *Arrivano i mostri*, Bologna, Cappelli, 1980, p. 174.

I generi: autori, meccanismi, ideologia

[1] Ad Avignone una vasta retrospettiva su Matarazzo e sul film popolare, curata da Simon Mizrahj nel 1974, aveva avuto l'onore di cronaca di ben due articoli di Jacques Siclier su *Le Monde*.

[2] Molto lucido, in questo senso, e da sottoscrivere, il testo introduttivo di Adriano Aprà ai due volumi di *Materiali su Raffaello Matarazzo*, Torino, Quaderni del Movie Club, 1976.

[3] Di queste trappole ha già parlato C. Carabba nel saggio *Brutti e cattivi*, in *Neorealismo d'appendice*, cit., p. 44.

[4] Ottimi materiali sono antologicizzati e raccolti nel piú volte ricordato Quaderno n. 74 (bis) di *Materiali sul cinema italiano degli anni cinquanta*.

[5] Vedi l'interpretazione ideologica di questo processo di riconquista del pubblico fatta da P. Bertetto, *La costruzione del cinema di regime: omogeneizzazione del pubblico e rimozione del negativo*, in *Cinema italiano degli anni cinquanta*, cit., pp. 132-147.

[6] Tra tutta la produzione critica ricordo, per ampiezza di documentazione e novità di indicazioni, l'inchiesta sul film popolare fatta da O. Gavioli, *41° parallelo e Miliardi per i poveri*, in *La Fiera del cinema*, a. II, nn. 3 e 4, marzo e aprile 1960, rispettivamente pp. 10-17 e 13-17.

[7] In questo senso vedi l'operazione dimostrativa effettuata da Lorenzo Pellizzari in *Cineromanzo*, cit., e anche il tentativo di critica comparata cinema americano-cinema italiano, negli anni quaranta e settanta, in R. Campari, *Hollywood-Cinecittà il racconto che cambia*, cit.

[8] Anche se il tipo di interpretazione delle pagine che seguono si serve di strumenti

differenti e punta a dimostrare altre ipotesi, devo molto alle indicazioni degli scritti di Spinazzola e Goffredo Fofi, e, in pratica, non c'è sezione di questo capitolo in cui non abbia esplicitamente e implicitamente tenuto conto delle loro indicazioni.

[9]   V. Spinazzola, *Cinema e pubblico*, cit., p. 56 e C. Carabba, *Brutti e cattivi*, cit., p. 42, ritengono che quello del cinema cantato (lirica e canzonette) sia forse il genere piú originale e da ristudiare con attenzione.

[10] Ne parla C. Gallone in *Valore della musica nel film e l'evoluzione dello spettacolo lirico sullo schermo*, in *Musica e film*, a cura di S.G. Biamonte, Roma, Ateneo, 1959.

[11] Il pubblico si rende ben conto che si tratta di forme che surrogano il teatro, però ritrova e può sentire, con spesa modesta, alcuni dei maggiori cantanti del momento da Fedora Barbieri a Nelly Corradi, da Gianna Pederzini a Mario Del Monaco, Beniamino Gigli, Ferruccio Tagliavini, Gino Mattera, Gino Sinimberghi, ecc.

[12] Cfr. *Quarant'anni di spettacolo in Italia attraverso l'opera di Maria De Matteis*, cit.

[13] B. Del Fabbro, *Una celeste Aida di tutti i colori*, in *Melodramma*, 15 febbraio 1954, citato in S. Toffetti e S. Della Casa, *L'opera lirica nel cinema italiano*, Torino, 1977, p. 17.

[14] «La battaglia col teatro lirico è ineguale. Il cinematografo oggi è il piú accessibile degli spettacoli, nelle grandi città come in provincia e nei paesi sperduti. La maggior parte della gente ha disimparato a distinguere tra musica ascoltata "dal vero" coi suoi intatti valori di volume e di timbro e la musica riprodotta. Il cinematografo può disporre di una "colonna sonora" ricavata dalle registrazioni grammofoniche dei maggiori artisti di canto e della bacchetta direttoriale e di una colonna visiva in cui possono far bella mostra di sé le piú belle attrici e i piú amati attori; quanto al lato spettacolare l'inesauribile "palcoscenico" del cinematografo la vince agevolmente sopra ogni magia e sopra ogni sfarzo di folle, costumi e architetture del palcoscenico lirico», B. Del Fabbro, *L'opera in Technicolor*, in *Melodramma*, 1 febbraio 1954, riportato in *L'opera lirica nel cinema italiano*, cit., pp. 19-20.

[15] *Cinema popolare napoletano*, cit., pp. 21-23.

[16] La bibliografia di Totò si è notevolmente arricchita, grazie soprattutto al lavoro di paziente ricostruzione fatto da Goffredo Fofi: in particolare vedi *Totò*, Roma, Savelli, 1972; *Il teatro di Totò*, Milano, Piú libri, 1976.

[17] D. Fo, *Manuale dell'attor comico*, Torino, Aleph, 1991, p. 23.

[18] Steno, Metz, Marchesi, Age, Scarpelli accompagnano tutto il lavoro di Totò fino alla fine degli anni cinquanta. Una filmografia con i nomi degli sceneggiatori è nel *Totò* di Fofi, cit., p. 175 e sgg.

[19] Vedi il citato lavoro di Fofi, *Il teatro di Totò*, che raccoglie molti dei testi creati in particolare per lui da Galdieri e poi ripresi dall'attore nel suo cinema degli anni cinquanta.

[20] È quanto osserva anche Spinazzola in *Cinema e pubblico*, cit., p. 88, parlando di Totò «divo dei poveri», capace inoltre d'incarnare le aspirazioni e le frustrazioni delle plebi del sud e di tutta l'Italia culturalmente e socialmente depressa.

[21] C. Cosulich, *La battaglia delle cifre*, cit., pp. 18-21.

[22] J.A. Gili, *Avignon 1974: Raffaello Matarazzo*, in *Ècran 74*, n. 30, novembre 1974.

²³ V, Spinazzola, *Cinema e pubblico*, cit., p. 73.

²⁴ Da non dimenticare che il montaggio dei film di Matarazzo è di Mario Serandrei, montatore di tutti i film di Visconti e di gran parte del cinema del dopoguerra, e tra gli operatori troviamo Tonino Delli Colli. Il montaggio e la fotografia fanno in modo di rispettare la cadenza ritmica e le modificazioni nel passaggio dal momento di media drammaticità dominato dal recitativo, a quello per cosí dire «cantato» di alta drammaticità, che richiede la massima produttività del senso da parte di tutti gli elementi in gioco.

²⁵ Sarebbe oggi opportuno condurre un'analisi sui film piú famosi della «trilogia» di Matarazzo *(Catene, Tormento, I figli di nessuno)*: mi limito a ricordare le analisi di Spinazzola e Baldelli.

²⁶ Anzi Matarazzo sposta tutta la sua attenzione sul destinatario, per difendersi dagli attacchi della critica e confermare la giustezza della sua linea; vedi la sua lettera all'*Unità* del 18 dicembre 1955, in risposta all'inchiesta sul film popolare, piú volte riportata nelle pubblicazioni a lui dedicate.

²⁷ Pio Baldelli è uno dei primi critici ad avere affrontato in modo analitico i film di Matarazzo, cercando di smontarne i meccanismi narrativi per mostrarvi quelli ideologici soggiacenti. Cfr. *Il cinema popolare degli anni cinquanta*, in *Catalogo Bolaffi del cinema italiano*, Torino, Bolaffi, 1967, e *Politica culturale e comunicazioni di massa*, Pisa, Nistri-Lischi, 1968. Vedi anche il saggio di Teo Mora, *Il melodramma di Matarazzo: meccanismi di funzionamento*, in *Filmcritica*, a. XXXII, n. 312, febbraio 1981, pp. 71-78. Naturalmente non vanno dimenticati i due volumi di *Materiali* editi dal Movie Club di Torino nel 1976 e soprattutto il saggio di A. Aprà, *Capolavori di massa*, nel cit. *Neorealismo d'appendice*, pp. 8-57.

²⁸ O al palazzo dei *Figli di nessuno*, o ai grandi saloni, auto sportive, mobili antichi del palazzo veneziano di *Pietà per chi cade*.

²⁹ G.F. Vené, *Peppone, Don Camillo e il compromesso storico*, Milano, Sugarco, 1977. Dello stesso Vené vedi *L'ideologia piccolo borghese. Riformismo e tentazioni conservatrici di una non classe dell'Italia repubblicana*, Venezia, Marsilio, 1980, pp. 27-98. Inoltre vedi le pagine di S. Lanaro, nel cit. *Storia dell'Italia repubblicana*, pp. 112-117.

³⁰ Nella prefazione al *Mondo piccolo* del 1948 Guareschi condensa il senso della sua visione del mondo in questo modo: «Queste storie vivono in un determinato clima e in un determinato ambiente. Il clima politico italiano dal dicembre 1946 al dicembre 1947. La storia insomma di un anno di politica. L'ambiente è un pezzo di pianura padana... non si può fare un paragone tra un fiume e una strada perché le strade appartengono alla storia e i fiumi alla geografia. E con questo? La storia la fanno gli uomini: gli uomini subiscono la storia come subiscono la geografia. Gli uomini cercano di correggere la geografia bucando le montagne e deviando i fiumi e cosí facendo si illudono di dare un corso diverso alla storia, ma non modificano un bel niente, perché un bel giorno, tutto andrà a catafascio» (p. X). Una puntuale considerazione sull'ideologia guareschiana è fatta da Renzo Renzi, *Un ambiguo eroe dell'infinitamente piccolo*, in *Cinema Nuovo*, a. XXX, n. 270, aprile 1981, pp. 12-13.

³¹ Mario Alicata, commentando il successo di pubblico di *Don Camillo*, in un discor-

so alla Camera del 1954, afferma: «Questo film ha incassato oltre un miliardo perché, nonostante tutto, non è il film che era forse nelle intenzioni di chi lo ha prodotto, vale a dire un film faziosamente, stupidamente anticomunista, era insomma
un film dove circolava una certa aria che faceva pensare a una possibilità di pacificazione, di distensione», M. Alicata, *Contro l'attacco americano alla cinematografia
italiana*, discorso al parlamento del 2 aprile 1954, Roma, p. 30.

[32] «*Don Camillo* ha un miliardo e mezzo d'incasso e il primo posto assoluto nella
graduatoria generale per il 1951-52, con un distacco di 500 milioni dal secondo
classificato, *Anna* di Lattuada. Quale inatteso meccanismo di massa era scattato?
Semplicemente era accaduto che in uno dei paesi piú politicizzati del mondo il
pubblico si trovasse di fronte a un film che parlava di politica e ne parlava in termini di attualità, chiamando in causa direttamente i grandi protagonisti della vita
collettiva, cattolici e comunisti», V. Spinazzola, *Cinema e pubblico*, cit., p. 199.

[33] F. Calderoni, *Il cinema e la grande guerra*, in *La grande guerra*, Bologna, Cappelli,
1959, p. 35.

[34] Con qualche eccezione: I *sette dell'Orsa Maggiore* supera il mezzo miliardo.

[35] Per un quadro piú generale delle diverse interpretazioni, si può tener presente W.
Maturi, *Interpretazioni del Risorgimento*, Torino, Einaudi, 1962.

[36] Una bella e argomentata interpretazione unitaria dei film risorgimentali è in P.
Sorlin, *The Film in History*, London, Blackwell, 1980. Ricco anche di materiali critici è *Momenti di storia italiana nel cinema*, in *Quaderno n. 5*, Siena, Assessorato alla cultura, 1979.

[37] M. Isnenghi, *L'immagine cinematografica della grande guerra*, in *Rivista di storia
contemporanea*, n. 3, 1978, p. 349.

[38] Tutto lo sviluppo della polemica è accuratamente documentato nella sceneggiatura citata.

[39] G. Fofi, *Maciste sugli schermi*, in *Catalogo Bolaffi del cinema italiano, 1945 -1965*,
Torino, Bolaffi, 1967, pp. 254-260.

[40] Cfr. L. Locatelli, *Come ai tempi di Cabiria*, in *La fiera del cinema*, a. II, n. 2, febbraio 1960, pp. 10-17, e *La cartapesta e la crisi*, a. II, n. 3, marzo 1960, pp. 32-36.

[41] Vedi V. Spinazzola, *Ercole alla conquista degli schermi*, in *Film 1963*, cit., pp. 82-
91, e G. Ghigi, *Come si spiegano le fortune dei pepla su cui sembra si ritorni a puntare*, in *Cineforurm*, a. XVII, n. 12, dicembre 1977, pp. 733-746.

[42] Uno dei primi interventi notevoli sul fenomeno è fatto dai *Cahiers du cinéma*, n.
131, mai 1962, con ben tre articoli (Jacques Siclier, Luc Moullet e Michel Mardo-
re) e un dizionario dei registi. Tra il 1961 e il 1965 si trovano articoli sui film mitologici in *Positif*, n. 50-52, *Fiction*, nn. 112, 124, 127, *Midi-minuit fantastique*, n. 6,
Movie, n. 12, *Monthly Film Bulletin*, n. 382, *Cinéma 64*, n. 85, *Motion*, n. 4-6, *Film
and Filming*, n. 6, *Filmkunst*, n. 45.

[43] Le forze oscure del male, rappresentate dai mostri del cinema americano, qui sono
egualmente sentite: «Dimmi Tiresia, che cosa ci minaccia?» viene chiesto all'inizio
di *Ercole alla conquista di Atlantide* di Cottafavi: «Ci minacciano le forze del male.
Le forze terribili che vengono dall'occidente, oltre il mare, da cui nessuna nave è
uscita». Su Cottafavi si veda il n. 9 di *Présence du cinéma*, décembre 1961, e la mo-

nografia curata da G. Rondolino, *Vittorio Cottafavi, cinema e televisione*, Bologna, Cappelli, 1980. Piú di recente, sempre a cura di Rondolino, il *Quaderno* n. 4 di Cinecittà International, Roma, 1991.

[44] Secondo la testimonianza di Blasetti, il film era costato 700 milioni, due anni di lavoro, 16 sceneggiatori, ecc.: *Blasetti e i pregiudizi*, in *Cinema*, n.s., a. II, n. 30, 30 agosto 1949.

[45] L. Pellizzari, *Cineromanzo, Il cinema italiano 1945-53*, cit., p. 76.

[46] È quello che faceva, per continuare ad usare un confronto col calcio, negli stessi anni, l'allenatore Nereo Rocco che aveva portato il Padova quasi in testa alle classifiche di serie A, inventando il gioco del «catenaccio» e riciclando completamente nel gioco di squadra un gruppo di giocatori vecchi, sconosciuti, senza classe, né talento individuale.

[47] Vedi la provocatoria e divertente proposta di Fofi, *Tredici ragioni per apprezzare Maciste*, in *12 x 23*, n. 7, maggio 1966 (si tratta del dépliant con il programma mensile del Cuc di Torino).

[48] G. Fofi, *Maciste sugli schermi*, cit., p. 256.

[49] G. Fofi, *Terreur en Italie*, in *Midi-minuit fantastique*, n. 7, settembre 1973, ora anche in *Fant'Italia*, a cura di L. Codelli e G. Lippi, Trieste, 1976, p. 139.

[50] Cfr. S. Zanotto, *Il film terrorifico e galattico*; in *Centrofilm*, a. III, n. 27-28, 1961, pp. 55-57.

[51] Al libro di Krafft-Ebing *Psychopathia Sexualis* fa esplicito riferimento Riccardo Freda, in un'intervista apparsa sul numero citato di *Midi-minuit fantastique* e riportata in *Fant'Italia*, cit., p. 146.

[52] Questo tentativo di sguardo generale è stato fatto dal convegno internazionale tenutosi a Trieste nel luglio 1977, dedicato alla «Fantascena».

[53] Per questo aspetto della produzione dell'orrore vedi l'ottavo capitolo del primo volume di *Storia del cinema dell'orrore* di Teo Mora, Roma, Fanucci, 1978. Il secondo volume contiene due ampi capitoli dedicati all'horror italiano.

[54] Sulle ragioni della nascita del genere vedi le note di T. Mora, *Il cinema fantastico italiano: un fenomeno produttivo marginale*, in E. Magrelli, *Sull'industria cinematografica italiana*, cit., pp. 193-199.

[55] Vedi T. Mora, *Storia del cinema dell'orrore*, cit., pp. 287-334, e inoltre tutto il già citato catalogo triestino *Fant'Italia*.

[56] G. Fofi, *Terreur en Italie*, in *Fant'Italia*, cit., p. 144.

[57] La parte che segue rielabora quanto ho già scritto nel saggio I *mostri e altri animali*, che introduce il volume *Arrivano i mostri*, cit. In appendice a questo volume si veda l'ampio saggio dello stesso Gili.

[58] «Il genere commedia nasce dalla confusione e dall'intersecazione di diverse forme di spettacolo (la rivista, il teatro dialettale, l'avanspettacolo) mediante un unico *medium*, il cinema, che si afferma in quegli anni, come il fulcro di una società italiana dello spettacolo... La commedia si configura come un vero e proprio "metagenere" quasi un "contenitore" in cui si raccoglie ogni modalità di espressione culturale definibile "popolare"», F. Casetti, E. Ghezzi, E. Magrelli, *Appunti sulla com-*

media italiana degli anni cinquanta, in *Cinema italiano degli anni cinquanta*, cit., p. 179.

[59] Ottimi per la documentazione del fenomeno del travaso dalla scena allo schermo, *Le follie del varietà*, a cura di Stefano De Matteis, Martina Lombardi, Marilena Somaré, Milano, Feltrinelli, 1980, e M. Quargnolo, *Dal tramonto dell'operetta al tramonto della rivista*, Milano, Pan, 1980. Da consultare anche M. Morandini, *Sessappiglio*, Milano, Il Formichiere, 1977.

[60] Ad esempio, posso ricordare qualche battuta di Carlo Campanini nei *Cadetti di Guascogna*: «Muoversi, sennò andiamo alle candele greche», «Mi fate venir fuori dai gamberi»; «L'uno e l'altro per me è indisponente»; «La bomba anatomica»; «Il vostro albero ginecologico»...

[61] Da tener presente su questo tema l'ampio saggio di Maurizio Grande, *Bozzetti e opere*, in *Cinema italiano degli anni cinquanta*, cit., pp. 148-177. In questo saggio si studiano i meccanismi del comico all'interno delle strutture narrative dei film degli anni cinquanta, mostrandone la molteplicità di fili e interrelazioni tra i livelli. La commedia all'italiana ha goduto in questo decennio di una consistente rivisitazione e rivalutazione sia come genere che nelle sue specie e sottospecie fino alla riconsiderazione dei singoli individui (attori, sceneggiatori, registi). Segnalo nella vasta bibliografia disponibile J. Gili, *La comédie italienne*, Paris, Veyrier, 1983; M. D'Amico, *La commedia all'italiana*, Milano, Mondadori, 1985; P. Pintus (a cura di), *La commedia all'italiana. Parlano i protagonisti*, Roma, Gangemi, 1985; R. Napolitano, *Commedia all'italiana. Angolazioni e controcampi*, Roma, Gangemi, 1986; M. Grande, *Abiti nuziali e biglietti di banca*, Roma, Bulzoni, 1986; M. Serceau, *La comédie italienne de Don Camillo à Berlusconi*, in *Cinémaction*, n. 42, 1987; E. Giacovelli, *La commedia all'italiana*, Roma, Gremese, 1990.

[62] Lo aveva osservato all'epoca, con indubbia efficacia, C. Cosulich: «Dalla fine della guerra in poi, comici, soubrettes, macchiettisti di ogni levatura non hanno mai cessato di portare alla ribalta i problemi quotidiani che via via si sono affacciati, le barzellette sul fascismo, le contraddizioni dell'antifascismo, immergendo il tutto in una melma amorfa di verità spicciola, dalla "borsa nera" alla prostituzione. Dietro alla critica, che sotto certi aspetti poteva ritenersi necessaria, si sono fatte purtroppo largo la sfiducia verso i partiti, l'ironia, talvolta velenosa, verso le istituzioni democratiche, tutto quello cioè che passò dietro lo scudo protettore del fenomeno qualunquista, il qualunquismo rivistaiolo si è spostato coi suoi comici sullo schermo», *Gli anni difficili del cinema italiano*, in *Cinema*, a. IV, n. 67, agosto 1951, p. 33.

[63] E all'Uomo qualunque fa esplicito riferimento Totò quando, in *Siamo uomini o caporali*, espone la sua teoria sulla divisione dell'umanità: «L'umanità io l'ho divisa in due categorie di persone: uomini e caporali. I caporali sono coloro che sfruttano, tiranneggiano, umiliano... pronti a vessare in ogni momento il povero "uomo qualunque"».

[64] La punizione per questo eccessivo peccato di desiderio viene sotto forma di una serie di contrattempi e atti mancati: il viaggio di nozze non viene fatto, la casa non è pronta, Renato Salvatori perde la memoria, gli acquisti di mobili sono sbagliati...

[65] Esiste ancora la logica del gruppo: in vacanza, nella pensione familiare si cerca di

riprodurre il luogo di lavoro, con il vantaggio, se non altro, di far cadere le barrie-re gerarchiche, le incomprensioni, far nascere qualche amore, mettere nella loro vera luce personaggi abituati a mantenere rapporti formali.

[66]   Senza il lungo lavoro di bottega, senza questa concezione del lavoro cinematogra-fico come prodotto artigianale nel quale si riconosce la possibilità di ottimizzare i contributi di tutti i collaboratori, senza la formazione professionale nella grande scuola dei generi che insegna la pertinenza e adeguatezza di ogni scelta stilistica al sistema linguistico-narrativo di riferimento, non si può capire il passaggio di fase (accelerato ovviamente dal mutamento delle condizioni politiche).

Filmografia

I titoli dei documentari sono seguiti da un asterisco.

Abbasso la miseria, di Gennaro Righelli, con Anna Magnani, Nino Besozzi, Lux Film, 1945, p. 22, 449.
Accattone, di Pier Paolo Pasolini, con Franco Citti, Mario Cipriani, Franca Pasut, Arco Film-Cino Del Duca, 1961, p. 524.
L'acciaio al servizio dell'uomo*, Usa, 1942, p. 155.
Achtung! Banditi!, di Carlo Lizzani, con Gina Lollobrigida, Andrea Checchi, Cooperativa Spettatori Produttori Cinematografici, 1951, p. 143, 330, 518, 615, 711.
Le acque zampillano per tutti*, Polski Film, 1950, p. 86, 170.
Adamo ed Eva, di Mario Mattoli, con Erminio Macario, Isa Barzizza, Lux Film, 1950, p. 90.
Addio figlio mio, di Giuseppe Guarino, con Rossana Podestà, Marco Vicario, Circe, 1952, p. 32.
Addio giovinezza, di Ferdinando Maria Poggioli, con Maria Denis, Adriano Rimoldi, Ici, 1940, p. 472.
Addio Kira, di Goffredo Alessandrini, con Alida Valli, Fosco Giachetti, Rossano Brazzi, Scalera, 1942, p. 281.
Addio Napoli, di Roberto Bianchi, con Andrea Checchi, Tamara Lees, Aeffe, 1954, p. 215.
Adventure in Sardinia*, Economic Cooperation Administration, 1947, p. 171.
Agenzia matrimoniale, vedi *Amore in città*.
Agi Murad il diavolo bianco, di Riccardo Freda, con Steve Reeves, Georgia Moll, Majestic Film-Lovcen Film, 1959, p. 581.
Aida, di Clemente Fracassi, con Sophia Loren, Steve Barklay, Titanus Phoenix, 1953, p. 546.

Ai margini della metropoli, di Carlo Lizzani, con Massimo Girotti, Marina Berti, Giulietta Masina, Elios Film, 1953, p. 91, 519.

Air Force, vedi *Arcipelago in fiamme*.

Aldo dice 26 x 1*, di Fernando Cerchio, 1945, p. 451.

Aleksandr Nevskij, di Sergej M. Ejzenštejn, con Nikolaj Čerkasov, Nikolaj Ochlopkov, Mosfil'm, 1938, p. 86.

All'ovest niente di nuovo (*All Quiet on the Western Front*), di Lewis Milestone, con Lew Ayres, Louis Wolheim, Universal, 1931, p. 170.

L'altra, di Carlo Ludovico Bragaglia, con Marcello Pagliero, Maria Michi, Fosco Giachetti, Excelsa Film, 1947, p. 215.

Altri tempi (*Zibaldone n. 1*), film a episodi, di Alessandro Blasetti, con Gina Lollobrigida, Vittorio De Sica, Amedeo Nazzari, Cines, 1952, p. 26, 254, 266, 285, 455, 567.

Alvaro piuttosto corsaro, di Camillo Mastrocinque, con Renato Rascel, Tina De Mola, Titanus, 1954, p. 22.

L'amante di Paride, di Marc Allegret, con Hedy Lamarr, Massimo Serato, Cino Del Duca, 1955, p. 577.

Amanti perduti (*Les enfants du paradis*), di Marcel Carné, con Jean-Louis Barrault, Arletty, Scalera-Pathé, 1945, p. 178, 376.

Amanti senza amore, di Gianni Franciolini, con Clara Calamai, Roldano Lupi, Jean Servais, Lux Film, 1947, p. 298, 712.

Gli americani e l'Italia*, 1953, p. 173.

Un americano a Roma, di Steno, con Alberto Sordi, Maria Pia Casilio, Excelsa Film, 1954, p. 205, 239, 336, 552, 597.

Un americano in vacanza, di Luigi Zampa, con Valentina Cortese, Paolo Stoppa, Lux Film, 1946, p. 22, 280, 449, 466.

Le amiche, di Michelangelo Antonioni, con Valentina Cortese, Yvonne Fourneaux, Franco Fabrizi, Trionfalcine, 1955, p. 285, 297, 500, 502, 677.

Amleto (*Hamlet*), di Laurence Olivier, con Laurence Olivier, Jean Simmons, Two Cities, 1948, p. 61.

Amore. film a episodi, di Roberto Rossellini, con Anna Magnani, Federico Fellini, Tevere Film, 1948, p. 416, 417, 696.

Amore che si paga, vedi *Amore in città*.

Amore e chiacchiere, di Alessandro Blasetti, con Vittorio De Sica, Gino Cervi, Elisa Cegani, Electra, 1957, p. 254, 455, 593, 598.

L'amore e il diavolo (*Les visiteurs du soir*), di Marcel Carné, con Jules Berry, Arletty, Discina, 1942, p. 178, 494.

Amore in città. Rivista cinematografica n. 1, film a episodi, da un'idea di Cesare Zavattini, di Michelangelo Antonioni, Federico Fellini, Alberto Lattuada, Carlo Lizzani, Francesco Maselli e Cesare Zavattini, Dino Risi, Faro Film, 1953, p. 274, 436, 437, 463, 511, 520, 531.

Amore rosso, di Aldo Vergano, con Marina Berti, Massimo Serato, Arnoldo Foà, Colamonici-Montesi, 1953, p. 702.

L'amorosa menzogna*, di Michelangelo Antonioni, Films Associata Fortuna, 1948, p. 487, 495.

Amo un assassino, di Baccio Bandini, con Umberto Spadaro, Delia Scala, Lux Film, 1952, p. 241.

Anche i boia muoiono (*Hangmen Also Die*), di Fritz Lang, con Brian Donle-
wy, Walter Brennan, United Artists, 1942, p. 31.

Angeli neri, di Alberto Lattuada, p. 703.

L'angelo azzurro (*Der Blaue Engel*), di Joseph von Sternberg, con Marlene
Dietrich, Emil Jennings, Ufa, 1930, 460.

Angelo bianco, di Raffaello Matarazzo, con Yvonne Sanson, Amedeo Nazzari, Titanus, 1955, p. 559.

L'angelo e il diavolo, di Mario Camerini, con Gino Cervi, Carla Del Poggio,
Lore, 1947, p. 272, 457.

Angelo tra la folla, di Leonardo De Mitri, con Umberto Spadaro, Isa Pola,
Dante Maggio, Incine, 1950, p. 491.

Angoscia (*Gaslight*), di George Cukor, con Ingrid Bergman, Charles Boyer,
Mgm, 1944, p. 241, 424.

Anna, di Alberto Lattuada, con Silvana Mangano, Raf Vallone, Vittorio
Gassman, Lux Film-Ponti-De Laurentiis, 1952, p. 213, 257, 258, 462,
716.

Annibale, di Carlo Ludovico Bragaglia, con Victor Mature, Rita Gam, Gabriele Ferzetti, Liber Film, 1959, p. 581.

Anni difficili, di Luigi Zampa, con Umberto Spadaro, Massimo Girotti, Delia Scala, Briguglio Film, 1948, p. 83, 467.

Anni facili, di Luigi Zampa, con Nino Taranto, Clelia Matania, Giovanna
Ralli, Ponti-De Laurentiis, 1953, p. 306, 309, 311, 321-324, 329, 467, 591,
596.

Apocalisse, di G. Maria Scotese, con Alfredo Varelli, Tullio Carminati, Silvana Pampanini, Exceptional, 1947, p. 576.

*The Appian Way**, Economic Cooperation Administration, 1947, p. 171.

*Appunti per un fatto di cronaca**, di Luchino Visconti, Marco Ferreri, Riccardo Ghione, 1951, 445.

Aquila nera, di Riccardo Freda, con Irasema Dilian, Rossano Brazzi, Cdi,
1946, p. 39, 298.

Arcipelago in fiamme (*Air Force*), di Howard Hawks, con John Garfield, Gig
Young, Warner Bros, 1943, p. 230, 668.

Arcobaleno (*Raduga*), di Mark Donskoj, con Natal'ija Užvij, Nina Alisova,
Studio di Kiev, 1944, p. 626.

Arditi civili, di Domenico Gambino, con Elli Parvo, Guido Celano, Icar,
1940, p. 277.

L'armata Brancaleone, di Mario Monicelli, con Vittorio Gassman, Catherine
Spaak, Fair Film, 1966, p. 537.

Arrangiatevi, di Mauro Bolognini, con Totò, Peppino De Filippo, Laura
Adani, Cineriz, 1959, p. 523.

Arrivano i dollari, di Mario Costa, con Alberto Sordi, Isa Miranda, Nino
Taranto, Fortunia Film, 1957, p. 325.

L'arte di arrangiarsi, di Luigi Zampa, con Alberto Sordi, Armenia Balducci,
Elli Parvo, Documento Film, 1955, p. 322, 467, 596.

*Arturo Toscanini**, Owi, 1944, p. 156.

L'asso nella manica (*Big Carnival*), di Billy Wilder, con Kirk Douglas, Jan
Sterling, Paramount, 1951, p. 239.

Assunta Spina, di Gustavo Serena, con Francesca Bertini, Gustavo Serena, Caesar, 1915, p. 658, 712.

L'Atalante, di Jean Vigo, con Michel Simon, Jean Dasté, J.L. Nounez, 1934, p. 182, 495.

Attanasio cavallo vanesio, di Camillo Mastrocinque, con Renato Rascel, Tina Di Mola, Titanus, 1953, p. 22.

Attila, di Pietro Francisci, con Anthony Quinn, Sophia Loren, Henry Vidal, Lux Film-Ponti-De Laurentiis-Lux France, 1955, p. 25, 215, 577.

Autobiography of a Jeep*, di Joseph Krunmgold, Owi, 1943, p. 156.

Avanti a lui tremava tutta Roma, di Carmine Gallone, con Anna Magnani, Tito Gobbi, Gino Sinimberghi, Excelsa, 1946, p. 544-546.

Avanti c'è posto, di Mario Bonnard, con Aldo Fabrizi, Adriana Benetti, Andrea Checchi, Cines, 1942, p. 492.

L'avventura, di Michelangelo Antonioni, con Gabriele Ferzetti, Lea Massari, Monica Vitti, Cino Del Duca-Produzioni Cinematografiche Europee-Société Cinématographique Lyre, 1960, p. 502.

Avventura a Capri, di Giuseppe Lipartiti, con Maurizio Arena, Alessandra Panaro, Nino Taranto, Grilli Film, 1959, p. 601.

Le avventure di Mandrin, di Mario Soldati, con Raf Vallone, Silvana Pampanini, Gualtiero Tumiati, ICS-Cormoran Film, 1952, p. 465.

Le avventure di Pinocchio, di Luigi Comencini, con Nino Manfredi, Gina Lollobrigida, Rai, 1971, p. 533.

Il bacio di una morta, di Guido Brignone, con Virginia Belmont, Gianna Maria Canale, Flora Film, 1949, p. 659, 678.

Bagnaia paese italiano*, di Francesco Maselli, 1949, p. 487.

Balocchi e profumi, di Natale Montillo, con Diana D'Orsini, Cesare Danova, Sap, 1953, p. 27.

I bambini ci guardano, di Vittorio De Sica, con Luciano De Ambrosis, Isa Pola, Scalera-Invicta, 1942, p. 428, 429, 658.

Bambini in città*, di Luigi Comencini, Luigi Martello, 1946, p. 487.

La banda degli onesti, di Camillo Mastrocinque, con Totò, Peppino De Filippo, Ddl, 1956, p. 340.

Il bandito, di Alberto Lattuada, con Amedeo Nazzari, Anna Magnani, Lux, 1946, p. 135, 250, 281, 458-460.

Il barbiere di Siviglia, di Mario Costa, con Tito Gobbi, Nelly Corradi, Ferruccio Tagliavini, Tespi, 1946, p. 544, 546.

Barboni*, di Dino Risi, Società Cortometraggi, 1946, p. 487.

La battaglia di Maratona, di Bruno Vailati, Jacques Tourneur, con Steve Reeves, Mylène Demongeot, Galatea-Titanus, 1959, p. 581, 639.

La beauté du diable (La bellezza del diavolo), di René Clair, con Michel Simon, Gérard Philippe, Universalia, 1950, p. 16.

La bella mugnaia, di Mario Camerini, con Vittorio De Sica, Sophia Loren, Marcello Mastroianni, Titanus-Ponti-De Laurentiis, 1955, p. 457.

Le belle di notte (Les belles de nuit), di René Clair, con Gérard Philippe, Martine Carol, Rizzoli, 1952, p. 25.

Bellezze in bicicletta, di Carlo Campogalliani, con Silvana Pampanini, Delia Scala, Franca Marzi, Enic, 1951, p. 596.

Bellezze in motoscooter, di Carlo Campogalliani, con Isa Barzizza, Virginia Belmont, Riccardo Billi, Safa, 1953, p. 596.

Bellissima, di Luchino Visconti, con Anna Magnani, Walter Chiari, Film Bellissima, 1951, p. 119; 254, 272, 285, 286, 329, 443, 445, 453, 499, 500, 545, 701.

Il bidone, di Federico Fellini, con Broderick Crawford, Giulietta Masina, Richard Basehart, Titanus-Sgc,1955, p. 22, 206, 263, 326, 504, 513, 710.

Biraghin, di Carmine Gallone, con Lilia Silvi, Andrea Checchi, Excelsa, 1946, p. 267, 272.

La bisarca, di Giorgio C. Simonelli, con Peppino De Filippo, Silvana Pampanini, Aroldo Tieri, Colamonici-Montesi, 1950, p. 328.

Il bivio, di Fernando Cerchio, con Raf Vallone, Claudine Dupuis, Charles Vanel, Soc. Epica Film, 1952, p. 91.

Blow-up, di Michelangelo Antonioni, con David Hemmings, Vanessa Redgrave, Sarah Miles, Mgm, 1967, p. 499.

Il boia (*The Hangman*), di Michael Curtiz, con Robert Taylor, Tina Louise, Paramount, 1959, p. 640.

Il boia di Lilla, di Vittorio Cottafavi, con Rossano Brazzi, Yvette Lebon, Venturini, 1952, p. 300.

Botta e risposta, di Mario Soldati, con Nino Taranto, Irasema Dilian, Fernandel, Teatri della Farnesina, 1950, p. 465.

Bravissimo, di Luigi Filippo D'Amico, con Alberto Sordi, Giancarlo Zarfati, Patrizia Della Rovere, Documento Film, 1955, p. 337.

Breve incontro (*Brief Encounter*), di David Lean, con Clelia Johnson, Trevor Howard, Cineguild, 1945, p. 438.

Il brigante di Tacca del Lupo, di Pietro Germi, con Amedeo Nazzari, Cosetta Greco, Saro Urzí, Cines-Lux Film, 1952, p. 215, 242, 243, 472, 474.

Il brigante Musolino, di Mario Camerini, con Silvana Mangano, Amedeo Nazzari, Ponti-De Laurentiis, 1950, p. 208, 457.

La brigata della speranza*, 1952, p. 32.

Buongiorno, elefante!, di Gianni Franciolini, con Vittorio De Sica, Maria Mercader, Rizzoli-De Sica, 1950, p. 206, 272, 329, 680.

Caccia tragica, di Giuseppe De Santis, con Andrea Checchi, Vivi Gioi, Massimo Girotti, Carla Del Poggio, Anpi, 1948, p. 24, 106, 135, 218, 238, 284, 362, 370, 478, 479, 494, 658, 705.

I cadetti di Guascogna, di Mario Mattoli, con Walter Chiari, Mario Riva, Riccardo Billi, Sai-Excelsa Film, 1950, p. 208, 291, 587, 718.

La caduta di Berlino (*Padenie Berlina*), di Michail Ediserovič Čaureli, Urss, 1949, p. 86, 140, 149, 649.

Cagliostro, di Gregory Ratoff, con Orson Welles, Akim Tamiroff, Scalera, 1949, p. 34.

La cagna, di Marco Ferreri, con Marcello Mastroianni, Catherine Deneuve, Michel Piccoli, Pegaso Film (Roma)-Lyre Film (Parigi), 1972, p. 287.

Il caimano del Piave, di Giorgio Bianchi, con Milly Vitale, Frank Latimore, Gino Cervi, Flora Film, 1950, p. 208, 569.

Calamita d'oro, di Armando Fizzarotti, con Franca Marzi, Piero Palermini, Beniamino Maggio, Natale Montillo, 1949, p. 27.

Camicie rosse, di Goffredo Alessandrini, con Raf Vallone, Anna Magnani, Serge Reggiani, prod. italo-francese Pgf, 1952, p. 566, 568.

Il cammino della speranza, di Pietro Germi, con Raf Vallone, Elena Varzi, Saro Urzí, Lux, 1950, p. 119, 242, 243, 273, 325, 331, 473.

La campana di San Giusto, di Mario Amendola, Ruggero Maccari, con Gaby André, Andrea Checchi, Roldano Lupi, Glomer, 1953, p. 32.

Campane a martello, di Luigi Zampa, con Eduardo De Filippo, Gina Lollobrigida, Lux Film, 1949, p. 614.

Camping, di Franco Zeffirelli, con Marisa Allasio, Nino Manfredi, Carlo Ponti, 1958, p. 601.

Campo de' Fiori, di Mario Bonnard, con Aldo Fabrizi, Anna Magnani, Cines, 1943, p. 492.

Canti sui monti *, Ccc, 1942, p. 631.

Il canto della vita, di Carmine Gallone, con Alida Valli, Carlo Ninchi, Excelsa, 1945, p. 449.

Canto ma sottovoce, di Guido Brignone, con Mariella Lotti, Francesco Albanese, Excelsa, 1946, p. 272, 449.

Il capitano di Venezia, di Gianni Puccini, con Leonardo Cortese, Mariella Lotti, Andrea Checchi, Italica Film, 1952, p. 522.

Il cappello del prete, di Ferdinando M. Poggioli, con Roldano Lupi, Lydia Baarowa, Universal-Cines, 1943, p. 277.

Il cappotto, di Alberto Lattuada, con Renato Rascel, Yvonne Sanson, Giulio Stival, Faro Film, 1952, p. 119, 462.

Capriccio all'italiana, film a episodi, di Pier Paolo Pasolini, Steno, Mauro Bolognini, Mario Monicelli, Pino Zac, con Totò, Franco Franchi, Ciccio Ingrassia, Silvana Mangano, Walter Chiari, De Laurentiis, 1968, p. 340.

Caravaggio*, di Umberto Barbaro, Roberto Longhi, 1949, p. 488.

La carica dei seicento (*The Charge of the Light Brigade*), di Michael Curtiz, con Errol Flynn, Olivia De Havilland, Warner Bros, 1936, p. 220.

Carica eroica, di Francesco De Robertis, con Mario Michaelis, Tania Weber, Franco Fabrizi, Mambretti-Lux Film, 1952, p. 569.

Carmela è una bambola, di Gianni Puccini, con Marisa Allasio, Nino Manfredi, Agliani-Mordini, 1958, p. 522.

La carne e il diavolo (*Flesh and the Devil*), di Clarence Brown, con Greta Garbo, John Gilbert, Mgm, 1927, p. 91.

La carne e l'anima, di W. Strichewsky, con Isa Miranda, Massimo Girotti, Titanus, 1943, p. 281.

Carosello napoletano, di Ettore Giannini, con Paolo Stoppa, Clelia Matania, Sophia Loren, Lux Film, 1952, p. 245, 587, 671.

Carpaccio*, di Umberto Barbaro, Roberto Longhi, 1948, p. 488.

La carrozza d'oro (*La carrosse d'or*), di Jean Renoir, con Anna Magnani, Duncan Lamont, Panaria Film, 1952, p. 31.

Cartagine in fiamme, di Carmine Gallone, con Anne Heywood, José Suarez, Pierre Brasseur, Lux-Gallone, 1959, p. 549, 581.

La casa degli incubi (*Goupi-mains-rouges*), di Jacques Becker, con Fernand Ledoux, Georges Rollin, Minerva, 1943, p. 178, 179.

Casa Ricordi, di Carmine Gallone, con Paolo Stoppa, Roldano Lupi, Marta Toren, Documento Film-Franco London, 1954, p. 546, 549.

Le case degli italiani*, di Vittorio Sala, Documento Film, p. 486.

Casello n. 3, di Giorgio Ferroni, con Emilio Baldanello, Carlo Micheluzzi, Scalera, 1945, p. 29.

Casta Diva, di Carmine Gallone, con Martha Eggert, Sandro Palmieri, Alleanza Cinematografica, 1935, p. 281, 546.

Catene, di Raffaello Matarazzo, con Amedeo Nazzari, Yvonne Sanson, Labor, 1950, p. 39, 218, 257, 558, 613, 614, 659, 715.

Caterina da Siena, di Oreste Palella, con Rina De Liguoro, Ugo Sasso, Cigno, 1948, p. 301.

Cavalcata d'eroi, di Mario Costa, con Cesare Danova, Carla Del Poggio, Camillo Pilotto, Vulcania, 1951, p. 567, 568.

Il cavaliere del castello maledetto, di Mario Costa, con Massimo Serato, Irene Tunc, Luisella Boni, Romana Film, 1959, p. 29, 240, 579.

Il cavaliere della spada nera, di Ladislao Kish, con Steve Barklay, Marina Berti, Otello Toso, Fortunato Misiano, 1958, p. 29.

Cavaliere della stella d'oro*, Sovetsport, 1952, p. 86.

Il cavaliere del sogno, di Camillo Mastrocinque, con Amedeo Nazzari, Mariella Lotti, Tito Schipa, G.B. Seyta, 1946, p. 544-546.

Il cavaliere di Maison Rouge, di Vittorio Cottafavi, con Yvette Lebon, Vittorio Sanipoli, Venturini, 1953, p. 301.

Il cavaliere misterioso, di Riccardo Freda, con Vittorio Gassman, Maria Mercader, Lux Film, 1948, p. 614.

La cavallina storna, di Giulio Morelli, con Gino Cervi, Franca Marzi, Sciac, 1954, p. 272.

Celestina, vedi *Il sole negli occhi*.

La cena delle beffe, di Alessandro Blasetti, con Amedeo Nazzari, Osvaldo Valenti, Clara Calamai, Cines, 1941, p. 584.

Cento lettere d'amore, di Max Neufeld, con Armando Falconi, Vivi Gioi, Giuseppe Porelli, Cinematografica Tirrenia, 1940, p. 277.

Che cosa sono le nuvole, vedi *Capriccio all'italiana*.

Che tempi, di Giorgio Bianchi, con Gilberto Govi, Lea Padovani, Walter Chiari, Taurus Film, 1948, p. 280.

La chienne (*La cagna*), di Jean Renoir, con Michel Simon, Lanie Marèze, Braumbergher-Richebé, 1931, p. 182, 460.

Ciao País, di Osvaldo Langini, con Leonora Ruffo, Lyla Rocco, Leda Gloria, Philippe Hersent, Astoria Film, 1956, p. 569.

Il cielo è rosso, di Claudio Gora, con Marina Berti, Misha Auer Jr., Anna Maria Ferrero, Acta Film, 1950, p. 272, 491.

Cielo sulla palude, di Augusto Genina, con Ines Orsini, Mauro Matteucci, Giovanni Martella, Arx Film, 1949, p. 238, 285, 517.

La Cina libera*, 1951, p. 86.

Cinema d'altri tempi, di Steno, con Lea Padovani, Walter Chiari, Jolly Film-Cormoran, 1953, p. 587.

I cinque dell'Adamello, di Pino Mercanti, con Nadia Gray, Fausto Tozzi, Saro Urzí, Cinemontaggio, 1955, p. 569, 570.

Cinque poveri in automobile, di Mario Mattoli, con Aldo Fabrizi, Eduardo De Filippo, Titina De Filippo, Documento Film, 1952, p. 272.

La cintura di castità, di Camillo Mastrocinque, con Nino Taranto, Yvonne Sanson, Hidalgo Film, 1950, p. 288.

La ciociara, di Vittorio De Sica, con Sophia Loren, Jean-Paul Belmondo, Carlo Ponti-Titanus, 1960, p. 259.

Cirk (Il circo), di Grigorij Vasil'evic Aleksandrov, con Ljubov Orlova, Vladimir Volodin, Mosfilm, 1936, p. 656.

Ci troviamo in Galleria, di Mauro Bolognini, con Carlo Dapporto, Sophia Loren, Nilla Pizzi, Athena-Enic, 1953, p. 523.

Città canora, di Mario Costa, con Nadia Gray, Maria Fiore, Giacomo Rondinella, Sud Film, 1952, p. 27.

La città dei ragazzi (Boys Town), di Norman Taurog, con Spencer Tracy, Mickey Rooney, Mgm, 1938, p. 241.

La cittadella (The Citadel), di King Vidor, con Robert Donat, Rosalind Russell, Mgm, 1938, p. 472.

La città delle donne, di Federico Fellini, con Marcello Mastroianni, Anna Prucual, Ettore Manni, Gaumont, 1980, p. 204.

Città di notte, di Leopoldo Trieste, con Henry Wilbert, Antonio De Teffé, Rina Morelli, Trionfal Cine, 1958, p. 492.

La città di Vespignani*, di Massimo Mida Puccini, 1959, p. 487.

La città dolente, di Mario Bonnard, con Luigi Tosi, Barbara Costanova, Elio Steiner, Istria-Scalera, 1949, p. 280.

La città nuda (The Naked City), di Jules Dassin, con Barry Fitzgerald, Howard Duff, Universal, 1948, p. 242.

La città si difende, di Pietro Germi, con Gina Lollobrigida, Renato Baldini, Paul Muller, Cines, 1951, p. 474.

Clandestino a Trieste, di Guido Salvini, con Jacques Sernas, Doris Duranti, Astor Film, 1952, p. 32.

Colcos moderno*, Sovetsport Film, 1951, p. 86.

Il colosso di Rodi, di Sergio Leone, con Rory Calhoun, Lea Massari, George Marchal, Filmar, 1961, p. 215.

Come persi la guerra, di Carlo Borghesio, con Erminio Macario, Vera Carmi, Lux Film, 1947, p. 591.

Come scopersi l'America, di Carlo Borghesio, con Erminio Macario, Delia Scala, Carlo Ninchi, Lux Film, 1949, p. 239, 325, 591.

Il compagno Don Camillo, di Luigi Comencini, con Fernandel, Gino Cervi, Rizzoli, 1965, p. 563.

Il compagno P. (Ona zasciscaet rodinu), di Friedrich Markovič Ermler, con Vera Mareckaja, Nikolaj Bogoljubov, Soyuzintorgkino, 1943, p. 626.

Il conte Ugolino, di Riccardo Freda, con Carlo Ninchi, Gianna Maria Canale, Forum Film, 1958, p. 583, 678.

Il coraggio, di Domenico Paolella, con Totò, Gino Cervi, Gianna Maria Canale, Ddl, 1955, p. 340, 555.

La corazzata Potëmkin (Bronenosec Potëmkin), di Sergej M. Ejzenštejn, con

A. Antonov, Grigorij Aleksandrov e marinai sovietici della flotta del Mar Nero, Goskino, 1925, p. 385, 519, 694.

Core furastiero, di Armando Fizzarotti, con Piero Lulli, Maria Piazzai, Af Cinematografica, 1953, p. 27.

La corona di ferro, di Alessandro Blasetti, con Gino Cervi, Luisa Ferida, Elisa Cegani, Epic-Lux, 1941, p. 453, 454, 577.

Il corriere del re, di Gennaro Righelli, con Irasema Dilian, Carlo Ninchi, 1947, p. 301, 677.

Cortili*, di Dino Risi, Società Cortometraggi, 1946, p. 487.

I cosacchi del Kuban (*Kubanskie kazakie*), di Ivan Aleksandrovic Pyr'ev, con V. Luchianov, K. Lucico, Mosfilm, 1950, p. 170.

Costa Azzurra, di Vittorio Sala, con Alberto Sordi, Elsa Martinelli, Glomer Film, 1959, p. 601.

Cowboy, di Delmer Daves, con Glenn Ford, Jack Lemmon, Phoenix, 1958, p. 156.

Cristo proibito, di Curzio Malaparte, con Raf Vallone, Elena Varzi, Alain Cuny, Excelsa Film, 1951, p. 491, 517.

La croce di fuoco (*The Fugitive*), di John Ford, con Henry Fonda, Dolores Del Rio, Rko, 1947, p. 61, 243.

Cronaca di un amore, di Michelangelo Antonioni, con Lucia Bosè, Massimo Girotti, Villani Film, 1950, p. 30, 299, 405.

Cronaca di un delitto, di Mario Sequi, con Gianni Santuccio, Linda Sini, Saro Urzí, Cine-Vis, 1953, p. 295.

Cronache d'oggi*, 1953, p. 173.

Cronache di poveri amanti, di Carlo Lizzani, con Anna Maria Ferrero, Cosetta Greco, Marcello Mastroianni, Cooperativa Spettacoli Produttori Cinematografici, 1953, p. 520.

Cuore, di Duilio Coletti, con Vittorio De Sica, Maria Mercader, Safir, 1948, p. 678.

Cuori nella tempesta, di Carlo Campogalliani, con Silvia Manto, Camillo Pilotto, Dria Paola, Atesia, 1941, p. 277.

Daniele Cortis, di Mario Soldati, con Sarah Churchill, Gino Cervi, Vittorio Gassman, Univèrsalia, 1947, p. 118, 280, 290, 464.

Darò un milione, di Mario Camerini, con Vittorio De Sica, Assia Noris, Novella Film, 1935, p. 434.

Davanti a lui tremava tutta Roma, di Carmine Gallone, con Anna Magnani, Tito Gobbi, Excelsa, p. 218.

Il delitto di Giovanni Episcopo, di Alberto Lattuada, con Aldo Fabrizi, Yvonne Sanson, Roldano Lupi, Lux, 1947, p. 285, 370, 459, 460, 469, 591, 677, 703.

Democracy in Action*, Usa, 1947, p. 156.

Desiderio, di Marcello Pagliero, con Elli Parvo, Roswita Smith, Massimo Girotti, Sovrania-Safir, 1946, p. 450.

Destinazione Piovarolo, di Domenico Paolella, con Totò, Marisa Merlini, Irene Cefaro, Lux Film, 1955, p. 254, 553, 555, 591.

Diavolo bianco, di Nunzio Malasomma, con Rossano Brazzi, Annette Bach, Roldano Lupi, Manenti, 1948, p. 240.

Dies Irae (*Vredens Dag*), di Carl T. Dreyer, con Thorkild Roose, Lisbeth Movin, Palladium, 1943, p. 93.

La diga sul Pacifico, di René Clement, con Silvana Mangano, Anthony Perkins, Alida Valli, De Laurentiis, 1957, p. 25.

Il dittatore (*The Great Dictator*), di Charles Chaplin, con Charles Chaplin, Paulette Goddard, Jack Oakie, United Artists, 1940, p. 230, 239.

Divisione Folgore, di Duilio Coletti, con Ettore Manni, Fausto Tozzi, Lea Padovani, Esedra, 1955, p. 569.

La dolce vita, di Federico Fellini, con Marcello Mastroianni, Anita Ekberg, Anouk Aimée, Riama Film-Gray Films-Pathé Cinéma, 1960, p. 90, 513-516.

I dolci inganni, di Alberto Lattuada, con Catherine Spaak, Milly Christian, Christian Marquand, Ponti-Titanus, 1960, p. 257, 594.

Domani è un altro giorno, di Léonide Moguy, con Anna Maria Pierangeli, Gino Leurini, Carlo Romano, Amato, 1950, p. 208.

Una domenica di agosto, di Luciano Emmer, con Anna Baldini, Vera Carmi, Emilio Cigoli, Colonna Film, 1950, p. 475, 476, 493, 597.

Donatella, di Mario Monicelli, con Elsa Martinelli, Gabriele Ferzetti, Walter Chiari, Sud Film, 1956, p. 245, 536, 592.

Don Camillo, di Julien Duvivier, con Fernandel, Gino Cervi, Rizzoli-Amato, 1952, p. 39, 218, 316.

Don Camillo e l'onorevole Peppone, di Carmine Gallone, con Fernandel, Gino Cervi, Leda Gloria, Rizzoli Film, 1955, p. 564, 598.

La donna del fiume, di Mario Soldati, con Sophia Loren, Gérard Oury, Lise Bourdin, Excelsa-Carlo Ponti, 1954, p. 465.

Una donna ha ucciso, di Vittorio Cottafavi, con Frank Latimore, Lianell Carrell, Novissima, 1951, p. 558.

Donna nuda, (*La famme nue*), di Jean-Paul Paulin, con Odette Florelle, 1932, p. 91.

Donne e soldati, di Luigi Malerba, Antonio Marchi, con Sandro Somarè, Marco Ferreri, Gaja Servadio, Società Italiana Cinematografia, 1955, p. 492.

Dov'è la libertà, di Roberto Rossellini, con Totò, Nyta Dover, Ponti-De Laurentiis, 1954, p. 254, 555, 712.

I due colonnelli, di Steno, con Totò, Walter Pidgeon, Titanus, 1962, p. 340.

I due Foscari, di Enrico Fulchignoni, con Carlo Ninchi, Rossano Brazzi, Scalera, 1942, p. 494.

Due lettere anonime, di Mario Camerini, con Clara Calamai, Andrea Checchi, Lux-Ninfa, 1946, p. 319, 327, 456.

I due marescialli, di Sergio Corbucci, con Totò, Vittorio De Sica, Cineriz, 1962, p. 341.

2001: Odissea nello spazio (*2001: a Space Odissey*), di Stanley Kubrick, con Gary Lockwood, Mgm, 1968, p. 586.

Due mogli sono troppe, di Mario Camerini, con Griffith Jones, Ann Howes, Lea Padovani, Cines-Vic Film, 1950, p. 712.

I due orfanelli, di Mario Mattoli, con Totò, Carlo Campanini, Isa Barzizza, Excelsa, 1948, p. 322, 551.
Due soldi di speranza, di Renato Castellani, con Maria Fiore, Vincenzo Musolino, Gina Mascetti, Universal-Cine, 1952, p. 91, 251, 281, 282, 316, 470, 471, 483, 679.

È arrivato l'accordatore, di Duilio Coletti, con Nino Taranto, Alberto Sordi, Tamara Lees, Itala Film-Titanus, 1952, p. 22, 310, 328.
È l'amor che mi rovina, di Mario Soldati, con Walter Chiari, Lucia Bosè, Aroldo Tieri, Ics, 1951, p. 465.
L'elisir d'amore, di Mario Costa, con Nelly Corradi, Loretta Di Lelio, Italo Tajo, Prora, 1947, p. 546.
Emigrantes (Gli emigranti), di Aldo Fabrizi, con Aldo Fabrizi, Ave Ninchi, Guaranted, 1949, p. 493.
*Emilio Greco**, di Massimo Mida Puccini, 1958, p. 487.
Enrico Caruso (la leggenda di una voce), di Giacomo Gentilomo, con Ermanno Rondi, Gina Lollobrigida, Asso, 1951, p. 32, 546.
Enrico V (Henry V), di Laurence Olivier, con Laurence Olivier, Renée Asherson, Two Cities, 1944, p. 61, 179, 376.
Entr'acte, di René Clair, con Jean Borlin, Francis Picabia, Rolf De Maré, 1924, p. 378.
È piú facile che un cammello, di Luigi Zampa, con Jean Gabin, Antonella Lualdi, Paola Borboni, Cines-Pathé, 1950, p. 290, 467.
È primavera, di Renato Castellani, con Mario Angelotti, Elena Varzi, Donato Donati, Universalcine, 1950, p. 285, 469, 471.
Era di venerdí 17, di Mario Soldati, con Fernandel, Fosco Giachetti, Giuseppe Amato, 1957, p. 465.
Era lei che lo voleva, di Marino Girolami, con Walter Chiari, Lucia Bosè, Excelsa Film, 1953, p. 329.
Era lui... sí! sí!, di Metz, Marchesi, Girolami, con Walter Chiari, Isa Barzizza, Silvana Pampanini, Giuseppe Amato, 1951, p. 491.
Era notte a Roma, di Roberto Rossellini, con Leo Genn, Sergej Bondarčuk, Hannes Messner, International Golden Star-Film Dismage, 1960, p. 425.
Ercole al centro della terra, di Mario Bava, con Reg Park, Christopher Lee, Leonora Ruffo, Spa Cinematografica, 1961, p. 640.
Ercole alla conquista di Atlantide, di Vittorio Cottafavi, Giorgio Cristallini, con Reg Park, Fay Spain, Ettore Manni, Spa Cinematografica-Comptoir Français du Film, 1961, p. 585.
Ercole e la regina di Lidia, di Pietro Francisci, con Steve Reeves, Sylva Koscina, Primo Carnera, Lux Film-Compagnie Cinématographique de France, 1959, p. 581.
Un eroe dei nostri tempi, di Mario Monicelli, con Alberto Sordi, Franca Valeri, Giovanna Ralli, Titanus-Vides, 1955, p. 309, 320, 536.
L'eroe della strada, di Carlo Borghesio, con Erminio Macario, Delia Scala, Carlo Ninchi, Lux Film, 1948, p. 91, 239, 310, 320-322, 591.
Eroi e briganti, di Mario Soldati, con Amedeo Nazzari, Maria Mauban, Lux, 1950, p. 465.

L'esperienza del cubismo*, di Glauco Pellegrini, 1949, p. 487.

Estate violenta, di Valerio Zurlini, con Eleonora Rossi Drago, Jean-Louis Trintignant, Lilla Brignone, Titanus, 1959, p. 195, 285, 426, 526.

Esterina, di Carlo Lizzani, con Carla Gravina, Geoffrey Horne, Domenico Modugno, Italia Film, 1959, p. 520.

Eugenia Grandet, di Mario Soldati, con Alida Valli, Gualtiero Tumiati, Excelsa, 1947, p. 280, p. 464.

Europa '51, di Roberto Rossellini, con Ingrid Bergman, Alexander Knox, Ponti-De Laurentiis, 1952, p. 260, 284, 290, 421, 423, 627, 712.

Europa di notte, di Alessandro Blasetti, con Domenico Modugno, Henry Salvador, artisti e complessi internazionali, Avers Film, 1959, p. 455, 456.

Il fabbro del convento, di Max Calandri, con Vera Bergman, Claudio Gora, Proto, 1947, p. 678.

Fabiola, di Alessandro Blasetti, con Michèle Morgan, Henry Vidal, Elisa Cegani, Universalia, 1948, p. 20, 39, 118, 214, 266, 285, 290, 293, 453, 574, 577, 678, 712.

La famiglia Gibson (*This Happy Breed*), di David Lean, con Robert Newton, Clelia Johnson, Two Cities, 1943, p. 179.

La famiglia Passaguai, di Aldo Fabrizi, con Aldo Fabrizi, Peppino De Filippo, Ave Ninchi, Alfa Film, 1951, p. 493.

La famiglia Passaguai fa fortuna, di Aldo Fabrizi, con Aldo Fabrizi, Erminio Macario, Marisa Merlini, Alfa Film, 1952, p. 493.

La famiglia Sullyvan (*The Sullyvan's*), di Lloyd Bacon, con Anne Baxter, Thomas Mitchell, Fox, 1944, p. 230.

La fanciulla dei portici, di Mario Bonnard, con Luisa Ferida, Carlo Ninchi, Giuditta Rissone, Artisti Associati, 1940, p. 277.

Fascicolo nero (*Dossier noir*), di André Cayatte, con Antoine Balpetré, Bernard Blier, Lea Padovani, Rizzoli-Speva Film, 1955, p. 25.

Fatalità, di Giorgio Bianchi, con Amedeo Nazzari, Maria Ninchi, Universalcine, 1946, p. 218.

Le fatiche di Ercole, di Pietro Francisci, con Steve Reeves, Sylva Koscina, Oscar Film, 1958, p. 41, 176, 260, 578.

La febbre dell'oro (*The Gold Rush*), di Charles Chaplin, con Charles Chaplin, Georgia Hale, Mack Swain, United Artists, 1942, p. 230.

Febbre di vivere, di Claudio Gora, con Massimo Serato, Marina Berti, Anna Maria Ferrero, Pac Film, 1953, p. 285.

Femmina senza cuore, di Renato Borracetti, con Maria Grazia Francia, Guido Celano, Melody Film, 1953, p. 27

Fermi tutti arrivo io!, di Sergio Grieco, con Tino Scotti, Franca Marzi, Momi-Caiano, 1953, p. 27, 239.

Il ferroviere, di Pietro Germi, con Pietro Germi, Luisa Della Noce, Ponti-Enic, 1956, p. 284, 474, 703.

Il fiacre n. 13, di Mario Mattoli, con Roldano Lupi, Marcel Herrand, Ginette Leclerc, Excelsa, 1948, p. 301, 678.

Fifa e arena, di Mario Mattoli, con Totò, Isa Barsizza, Cdi, 1949, p. 339, 553.

Fighting Lady*, di William Wyler, Louis De Rochemont, 1944, p. 231.

La figlia del capitano, di Mario Camerini, con Amedeo Nazzari, Irasema Dilian, Vittorio Gassman, Lux Film, 1947, p. 298, 457.

La figlia della Madonna, di Roberto Bianchi, con Edmea Lari, Aldo Bufi Landi, Sud Film, 1949, p. 27.

I figli della laguna, di Francesco De Robertis, con Carlo Micheluzzi, Anna Bianchi, Scalera, 1945, p. 29.

I figli di nessuno, di Raffaello Matarazzo, con Amedeo Nazzari, Yvonne Sanson, Labor-Titanus, 1951, p. 559, 614, 715.

La finestra sul Luna Park, di Luigi Comencini, con Giulia Rubini, Gastone Renzelli, Giancarlo Damiani, Noria Film, 1957, p. 285, 325, 533, 534.

Fiorai*, di Francesco Maselli, 1952, p. 487.

Fortuna, di Max Neufeld, con Maria Denis, Ugo Ceseri, Tony d'Algy, Stella, 1940, p. 277.

La fortuna di essere donna, di Alessandro Blasetti, con Sophia Loren, Marcello Mastroianni, Charles Boyer, Documento Film-Le Louvre Film, 1956, p. 258, 288, 455, 592, 597.

Fortunella, di Eduardo De Filippo, con Giulietta Masina, Alberto Sordi, De Laurentiis Cinematografica, 1958, p. 599.

Francesco giullare di Dio, di Roberto Rossellini, con Aldo Fabrizi, Arabella Lemaître, Rizzoli-Amato, 1950, p. 26, 39, 119, 369, 416-419, 421, 423, 582.

Frine cortigiana d'oriente, di Mario Bonnard, con Elena Kleus, Pierre Cressoy, Pam, 1953, p. 577.

Fronte del porto (*On the Waterfront*), di Elia Kazan, con Marlon Brando, Eva Marie Saint, Sam Spiegel-Horizon, 1954, p. 107, 623.

Fuga in Francia, di Mario Soldati, con Folco Lulli, Rosi Mirafiore, Pietro Germi, Lux, 1948, p. 242, 288, 322, 324, 325, 331, 464, 614.

La fumeria d'oppio (*Ritorna Za-la-Mort*), di Raffaello Matarazzo, con Emilio Ghione Jr., Mariella Lotti, Labor-Netropa, 1947, p. 266.

La funivia del Faloria*, di Michelangelo Antonioni, T. Usuelli, 1950, p. 495.

I fuorilegge, di Aldo Vergano, con Vittorio Gassman, Maria Grazia Francia, Umberto Spadaro, Roma Film, 1950, p. 702.

Furore (*The Grapes of Wrath*), di John Ford, con Henry Fonda, Jane Darwell, Fox, 1940, p. 170, 243, 668.

Il gabinetto del dottor Caligari (*Das Kabinett des Doktor Caligari*), di Robert Wiene, con Werner Krauss, Conrad Veidt, Decla-Ufa, 1919, p. 694.

Gelosia, di Ferdinando M. Poggioli, con Luisa Ferida, Roldano Lupi, Universal-Cines, p. 277.

Gambe d'oro, di Turi Vasile, con Totò, Scilla Gabel, 1958, p. 334.

Il generale Della Rovere, di Roberto Rossellini, con Vittorio De Sica, Hannes Messemer, Sandra Milo, Zebra Film-Gaumont, 1959, p. 64, 263, 425-427, 630.

Genoveffa di Brabante, di Primo Zeglio, con Harriet Withe, Gaar Moore, Oretta Fiume, Vi-Va Film, 1947, p. 30, 39, 678.

*Gente del Po**, di Michelangelo Antonioni, Artisti Associati, 1943-47, p. 487, 495, 707.

Germania anno zero, di Roberto Rossellini, con Edmund Moeschke, Franz Kruger, Tevere Film-Sadfi, 1948, p. 361, 369, 408, 413-415, 696.

Geronimo, di Arnold Laven, con Chuck Connors, Kamala Devi, Laven-Gardner-Levy-Bedford, 1962, p. 640.

Giarabub, di Goffredo Alessandrini, con Carlo Ninchi, Doris Duranti, Scalera-Era, 1942, p. 277.

Gioco pericoloso, di Nunzio Malasomma, con Elsa Merlini, Renato Cialente, Elisa Cegani, Cines-Juventus, 1942, p. 277.

Gioielli di Madame de..., di Max Ophüls, con Vittorio De Sica, Danielle Darrieux, Charles Boyer, Franco London Film-Rizzoli Film, 1953, p. 25.

Giorni d'amore, di Giuseppe De Santis, con Marina Vlady, Marcello Mastroianni, Excelsa-Minerva Film, 1955, p. 26, 91, 479, 481-483, 662.

*Giorni di gloria**, di Mario Serandrei, Titanus-Anpi, 1945, p. 21, 179, 450, 658.

Un giorno a New York (On the Town), di Stanley Donen, Gene Kelly, con Gene Kelly, Frank Sinatra, 1952, p. 246.

*Il giorno della Salute**, di Francesco Pasinetti, 1948, p. 487.

*Un giorno in Barbagia**, di Vittorio De Seta, 1958, p. 487.

Un giorno in pretura, di Steno, con Alberto Sordi, Peppino De Filippo, Walter Chiari, Excelsa, 1953, p. 336.

Un giorno nella vita, di Alessandro Blasetti, con Elisa Cegani, Amedeo Nazzari, Massimo Girotti, Orbis Film, 1946, p. 20, 135, 250, 272, 290, 318, 319, 449, 453, 632, 675.

Giovani mariti, di Mauro Bolognini, con Isabelle Corey, Antonio Cifariello, Franco Interlenghi, Nepi Film, 1958, p. 523.

Giovanna d'Arco al rogo, di Roberto Rossellini, con Ingrid Bergman, Tullio Carminati, Produzioni Cinematografiche Associate, 1954, p. 39, 260, 427, 546, 673.

Gioventú bruciata (Rebel without a Cause), di Nicholas Ray, con James Dean, Natalie Wood, Warner Bros, 1955, p. 524.

*Gioventú contadina**, Polski Film, 1952, p. 86.

Gioventú perduta, di Pietro Germi, con Jacques Sernas, Carla Del Poggio, Massimo Girotti, Lux Film, 1948, p. 90, 242, 243, 324, 329, 473, 647, 712.

Giulietta e Romeo, di Renato Castellani, con Laurence Harvey, Susan Shentall, Universalcine, 1954, p. 240, 470-472, 481, 623.

Giuramento (Kljatva), di Michail Ediserovič Čaureli, con Michail Gelovani, Tamara Makarova, 1946, p. 140, 149.

Giuseppe Verdi, di Raffaello Matarazzo, con Pierre Cressoy, Mario Del Monaco, Anna Maria Ferrero, Consorzio Verdi, 1953, p. 546, 548.

La grande aurora, di G.M. Scotese, con Renée Faure, Rossano Brazzi, Scalera Film, 1948, p. 272.

Il grande gioco, di Robert Siodmak, con Gina Lollobrigida, Jean-Paul Pascal, Excelsa Film, 1954, p. 25.

La grande guerra, di Mario Monicelli, con Vittorio Gassman, Alberto Sordi, De Laurentiis-Gray Film, 1959, p. 25, 263, 536, 537, 571, 572, 599.

La grande rinuncia, di Aldo Vergano, con Lea Padovani, Luigi Tosi, Film Cm, 1952, p. 702.

La grande strada azzurra, di Gillo Pontecorvo, con Yves Montand, Alida Valli, Umberto Spadaro, Gesi Malenotti-Play Art-Triglav Film, 1957, p. 284, 313, 530.

Le grandi manovre (*Les grandes manoeuvres*), di René Clair, con Michèle Morgan, Gérard Philippe, Brigitte Bardot, Filmsonor-Rizzoli, 1956, p. 25.

Gran Varietà, di Domenico Paolella, con Renato Rascel, Vittorio De Sica, Walter Chiari, Excelsa-Roma Film, 1954, p. 73, 587.

Il grido, di Michelangelo Antonioni, con Steve Cochran, Alida Valli, Dorian Gray, Franco Cancellieri (Spa Cinematografica), 1957, p. 91, 263, 284, 474, 502.

Il grido della terra, di Duilio Coletti, con Marina Berti, Vivi Gioi, Andrea Checchi, Lux Film, 1949, p. 614.

Guai ai vinti, di Raffaello Matarazzo, con Lea Padovani, Anna Maria Ferrero, Pierre Cressoy, Gesi Cinematografica, 1955, p. 558.

Guarany, di Riccardo Freda, con Antonio Vilar, Mariella Lotti, Universalia, 1950, p. 118.

Guardia, guardia scelta, brigadiere, maresciallo, di Mauro Bolognini, con Aldo Fabrizi, Alberto Sordi, Peppino De Filippo, Enic-Imperial Film, 1956, p. 336, 523.

Guardie e ladri, di Mario Monicelli, Steno, con Totò, Aldo Fabrizi, Ave Ninchi, Ponti-De Laurentiis-Golden Film, 1951, p. 254, 292, 310, 324, 535, 553, 555.

Guendalina, di Alberto Lattuada, con Jacqueline Sassard, Raffaele Mattioli, Raf Vallone, Carlo Ponti-Les Films Marceau, 1957, p. 463, 594.

Guerra alla guerra, di Romolo Marcellini, Orbis, 1946, p. 20, 272, 632.

Guerra e pace, di King Vidor, Mario Soldati, con Audrey Hepburn, Mel Ferrer, Henry Fonda, Ponti-De Laurentiis, 1956, p. 25.

Guerre stellari (*Star Wars*), di George Lucas, con Mark Hamill, Harrison Ford, Fox, 1977, p. 582.

Hanno assassinato i Rosenberg*, 1953, p. 173.

Ho sposato una strega (*I Married a Witch*), di René Clair, con Veronica Lake, Fredric March, United Artists, 1942, p. 230.

Imbarco a mezzanotte (*Encounter* o *Stranger on the Prowl*), di Joseph Losey, Andrea Forzano, con Paul Muni, Luisa Rossi, Joan Lorring, Consorzio Tirrenia, 1951, p. 32.

L'immortale leggenda (*L'eternel retour*), di Jean Delannoy, con Jean Marais, Madeleine Sologne, Paulwé, 1943, p. 178.

L'impiegato, di Gianni Puccini, con Nino Manfredi, Eleonora Rossi Drago, Anna Maria Ferrero, Ajace Film, 1959, p. 523.

India, di Roberto Rossellini, con attori non professionisti, Aniem Film-Union Générale Cinématographique, 1960, p. 424, 425.

738   Filmografia

Gli indomiti (*Nepokorennye*), di Mark Donskoj, con Amvrosij Bucma, Ljdia Kartasova, Sovetsport Film, 1945, p. 61.
Gli innamorati, di Mauro Bolognini, con Antonella Lualdi, Franco Interlenghi, Gino Cervi, Alessandro Jacovoni, 1955, p. 523.
In nome della legge, di Pietro Germi, con Massimo Girotti, Charles Vanel, Saro Urzí, Lux Film, 1948, p. 242, 243, 321, 324, 473, 614.
In nome della vita*, Sovetsport Film, 1948, p. 86.
L'invidia, di Roberto Rossellini, episodio di *I sette peccati capitali*, con Andrée Debar, Orfeo Tamburi, Franco London-Costellazione, 1952, p. 421.
L'invitto (*Aparajito*), di Satyajit Ray, con Kanu Bannerjee, Karuna Bannerjee, Epic Films, 1956, p. 623.
Io la conoscevo bene, di Antonio Pietrangeli, con Nino Manfredi, Stefania Sandrelli, Ugo Tognazzi, Ultra Film, 1965, 521.
Io mammeta e tu, di Carlo Ludovico Bragaglia, con Marisa Merlini, Renato Salvatori, Rossella Como, Titanus, 1958, p. 22.
Io ti salverò (*Spellbound*), di Alfred Hitchcock, con Ingrid Bergman, Gregory Peck, Rko, 1945, p. 242, 424.
Isole di fuoco*, di Vittorio De Seta, 1954, p. 487.
Italian Prisoners in Usa*, Usa, 1945, p. 156.
Gli italiani si voltano, vedi *Amore in città*.
L'Italia s'è desta*, di Domenico Paolella, Incom, 1946, p. 451, 488.
Ivan il Terribile (*Ivan Groznyj*), di Sergej M. Ejzenštejn, con Nikolaj Čerkasov, Ludmila Čelichobskaja, Studio cinema centrale di Alma Ata-Mosfil'm, 1944, p. 178, 376.

Jolanda la figlia del Corsaro Nero, di Mario Soldati, con Marc Lawrence, Barbara Florian, Umberto Spadaro, Ponti-De Laurentiis, 1953, p. 465.
Jovanka e le altre, di Martin Ritt, con Silvana Mangano, Jeanne Moreau, Carla Gravina, Dino De Laurentiis, 1960, p. 25.
Jutro (*Mattino*), di Purisa Djordjevic, con Milena Dravic, Ljubisa Samardzic, 1970, p. 88.

Kapò, di Gillo Pontecorvo, con Susan Strasberg, Laurent Terzieff, Emmanuelle Riva, Vides-Zebra Film-Cineriz, 1960, p. 426.
I Karamazov, di Richard Brooks, con Yul Brinner, Maria Schell, Mgm, 1957, p. 678.
Kean, genio e sregolatezza, di Vittorio Gassman, con Vittorio Gassman, Anna Maria Ferrero, Eleonora Rossi Drago, Lux-Vides, 1957, p. 492.

Ladri di biciclette, di Vittorio De Sica, con Enzo Staiola, Lamberto Maggiorani, Pds, 1948, p. 61, 119, 150, 208, 243, 251, 285, 306, 310, 325, 348, 430-432, 439, 534, 639, 658, 697.
Il ladro di Venezia, di John Brahm, con Maria Montez, Massimo Serato, Compagnia Generale Editrice Film, 1950, p. 208.
Ladro lui, ladra lei, di Luigi Zampa, con Alberto Sordi, Sylva Koscina, Maxima Film-Montflour Film, 1957, p. 468.

Lady Hamilton (That Hamilton Woman), di Alexander Korda, con Vivien Leigh, Laurence Olivier, London, 1941, p. 179.

Il lago della seta*, Documento Film, 1952, p. 485, 706.

Lampi sul Messico (Thunder over Mexico), vedi *Que viva Mexico!*

Land Redeemed*, Economic Cooperation Administration, 1947, p. 171.

La leggenda di Robin Hood (The Adventures of Robin Hood), di Michael Curtiz, con Errol Flynn, Olivia De Havilland, Warner Bros, 1938, p. 240, 579.

La leggenda di Sant'Orsola*, di Luciano Emmer, 1948, p. 488.

Lenin v 1918 godu (Lenin nel 1918), di Michail Romm, con Nikolaj Cerkasov, Urss, 1939, p. 178.

Leonardo da Vinci*, di Luciano Emmer, 1952, p. 488.

Lettere dei condannati a morte della Resistenza italiana*, di Fausto Fornari, Gianni Carli, 1953, p. 488.

Lotte nell'ombra, di Domenico Gambino, con Antonio Centa, Dria Paola, Paola Barbara, Diana, 1939, p. 277.

Louisiana Story, di Robert Flaherty, con Joseph Boudreaux, Lionel Le Blanc, Standard Oil Company, 1948, p. 61.

Lucia di Lammermoor, di Piero Ballerini, con Nelly Corradi, Loretta Di Lelio, Tito Gobbi, Opera Film, 1948, p. 544.

Luci della ribalta (Limelight), di Charles Chaplin, con Charles Chaplin, Claire Bloom, United Artists, 1952, p. 402.

Luci del varietà, di Alberto Lattuada, Federico Fellini, con Peppino De Filippo, Carla Del Poggio, Giulietta Masina, Capitolium Film, 1951, p. 254, 288, 461, 499, 587, 703.

Lucrezia Borgia, di Christian-Jaque, con Martine Carol, Pedro Armendáriz, Massimo Serato, Rizzoli-Film Ariane, 1953, p. 25.

Luna rossa, di Armando Zorri, con Barbara Florian, Leda Gloria, Maria Frau, Sap, 1951, p. 27.

La lunga notte del '43, di Florestano Vancini, con Belinda Lee, Gabriele Ferzetti, Enrico Maria Salerno, Ajace Films-Euro International Films, 1960, p. 526.

Il lungo viaggio di ritorno (The Long Voyage Home), di John Ford, con John Wayne, Thomas Mitchell, United Artists, 1940, p. 230.

La lupa, di Alberto Lattuada, con Kerima, May Britt, Ettore Manni, Ponti-De Laurentiis, 1953, p. 284, 463, 712.

Il lupo della Sila, di Duilio Coletti, con Silvana Mangano, Amedeo Nazzari, Jacques Sernas, Lux Film, 1949, p. 256.

M, di Fritz Lang, con Peter Lorre, Rudolf Blommer, Nero, 1931, p. 182.

La macchina ammazzacattivi, di Roberto Rossellini, con Giovanni Amato, Marylin Buferd, Tevere Film, 1952, p. 39, 421, 582.

Ma chi te lo fa fare, di Ignazio Ferronetti, con Fanny Marchiò, Irene Genna, Di Pea, 1948, p. 280.

Maddalena, di Augusto Genina, con Marta Toren, Gino Cervi, Titanus, p. 560.

Mademoiselle strip-tease, di Pierre Focaud, con Agnès Laurent, Philippe Micaud, Brigitte Bardot, Contact, 1957, p. 94.

Madonna delle rose, di Enzo Di Gianni, con Eva Nova, Marco Vicario, Ave Ninchi, Eva Film, 1954, p. 27.

Madunnella, di Ernesto Grassi, con Edmea Lari, Aldo Bufi Landi, Rino Genovese, Roberto Amoroso, 1948, p. 27.

Mafai*, di Massimo Mida Puccini, 1952, p. 487.

Il magistrato, di Luigi Zampa, con José Suarez, François Périer, Jacqueline Sassard, Titanus-Hispanex, 1959, p. 468.

I magliari, di Francesco Rosi, con Alberto Sordi, Belinda Lee, Renato Salvatori, Vides-Titanus, 1959, p. 285, 529.

Malaspina, di Armando Fizzarotti, con Vera Rol, Aldo Rufi Landi, Roberto Amoroso, 1947, p. 27, 28.

Malavita, di Rate Furlan, con Jacqueline Pierreux, Angelo Dessy, Aldo Nicodemi, Melody Film, 1951, p. 27.

Un maledetto imbroglio, di Pietro Germi, con Pietro Germi, Eleonora Rossi Drago, Claudio Gora, Riama Cinematografica, 1959, p. 297, 475.

Malia, di Peppino Amato, con Anna Proclemer, Rossano Brazzi, Titanus, 1945, p. 21.

Mambo, di Robert Rossen, con Silvana Mangano, Michael Rennie, Vittorio Gassman, Ponti-De Laurentiis, 1954, p. 25.

Mamma mia che impressione!, di Roberto Savarese, con Alberto Sordi, Giovanna Pala, Pfc, 1951, p. 272.

La mano della morta, di Carlo Campogalliani, con Mary Martin, Adriano Rimoldi, Carlo Ninchi, Icet Film, 1949, p. 678.

La mano dello straniero, di Mario Soldati, con Alida Valli, Trevor Howard, Eduardo Ciannelli, Rizzoli-London Film, 1953, p. 465.

Marcelino pan y vino, di Ladislao Vayda, con Pablito Calvo, Rafael Rivelles, Faro-Chamartin, 1955, p. 210.

Marisa la civetta, di Mauro Bolognini, con Marisa Allasio, Renato Salvatori, Francisco Rabal, Carlo Ponti Cinematografica-Balcazar,1957, p. 523.

Il marito, di Nanni Loy, Gianni Puccini, con Alberto Sordi, Aurora Batista, Fortunia Film-Chamartin, 1958, p. 459, 522, 598.

Marito e moglie, di Eduardo De Filippo, con Eduardo e Titina De Filippo, Tina Pica, Film Costellazione, 1952, p. 493.

Un marito per Anna Zaccheo, di Giuseppe De Santis, con Silvana Pampanini, Amedeo Nazzari, Massimo Girotti, Domenico Forges Davanzati, 1953, p. 482.

Il marito povero, di Gaetano Amata, con Vivi Gioi, Leonardo Cortese, Clelia Matania, Acif, 1947, p. 272.

La maschera del demonio, di Mario Bava, con Barbara Steele, John Richardson, Andrea Checchi, Galatea Jolly Film, 1960, p. 586.

Il massacro di Fort Apache (*Fort Apache*), di John Ford, con Henry Fonda, John Wayne, Rko, 1947, p. 243.

Mater Dei, di Emilio Cordero, con Claudio Costantini, Myriam De Mayo, Incar-Parva, 1951, p. 118.

Il medico e lo stregone, di Mario Monicelli, con Vittorio De Sica, Marcello Mastroianni, Marisa Merlini, Royal Film-Francinex, 1959, p. 198, 535.

Il medico per forza, di Carlo Campogalliani, con Ettore Petrolini, Letizia Quaranta, Cines, 1931, p. 658.

Melodie immortali, di Giacomo Gentilomo, con Carla Del Poggio, Pierre Cressoy, Mario Del Monaco, Gei-Lux, 1953, p. 546.

Il mercante di Venezia, di Pierre Billon, con Michel Simon, Massimo Serato, Venturini, p. 301.

Messalina, di Carmine Gallone, con Maria Felix, Georges Marchal, Delia Scala, Gallone, 1951, p. 574.

Un metro lungo cinque*, di Ermanno Olmi, Edison Volta, 1959, p. 487.

La mia via (*Going My Way*), di Leo McCarey, con Bing Crosby, Barry Fitzgerald, Paramount, 1944, p. 231.

I migliori anni della nostra vita (*The Best Years of Our Life*), di William Wyler, con Fredric March, Myrna Loy, Samuel Goldwyn, 1946, p. 669.

Milanesi a Napoli, di Enzo Di Gianni, con Eva Nova, Ugo Tognazzi, Carlo Campanini, Eva Film, 1954, p. 27.

1860, di Alessandro Blasetti, con Giuseppe Gulino, Aida Bellia, Cines 1933, p. 462, 567, 568.

Mio figlio professore, di Renato Castellani, con Aldo Fabrizi, le sorelle Nava, Lux Film, 1946, p. 309, 313, 324, 469, 591.

The Miracle of Cassino*, Usa, 1945, p. 171.

Il miracolo, vedi *Amore*.

Miracolo a Milano, di Vittorio De Sica, con Francesco Golisano, Emma Gramatica, Paolo Stoppa, Vittorio De Sica-Enic, 1951, p. 30, 119, 150, 272, 285, 365, 431-434, 439, 494, 582, 675.

I miserabili (*Caccia all'uomo, Tempesta su Parigi*), di Riccardo Freda, con Gino Cervi, Valentina Cortese, Lux, 1947, p. 298.

Miseria e nobiltà, di Mario Mattoli, con Totò, Dolores Palumbo, Rosa, 1954, p. 340.

Le miserie di Monsú Travet, di Mario Soldati, con Carlo Campanini, Gino Cervi, Vera Carmi, Lux Film, 1946, p. 22, 331, 370, 464, 469, 591, 693.

I misteri della jungla nera, di Giampaolo Callegari, con Lex Barker, Fiorella Mari, Venturini, 1953, p. 301.

Il mistero del falco (*The Maltese Falcon*), di John Huston, con Humphrey Bogart, Mary Astor, Warner Bros, 1942, p. 231.

Mizar, di Francesco De Robertis, con Dawn Adams, Franco Silva, Paolo Stoppa, Film Costellazione, 1953, p. 569.

Mogli pericolose, di Luigi Comencini, con Sylva Koscina, Renato Salvatori, Dorian Gray, Morino-Tempo Film, 1958, p. 323, 596.

Molti sogni per le strade, di Mario Camerini, con Anna Magnani, Massimo Girotti, Enrico Glori, Lux Film, 1948, p. 106, 306, 457, 614.

Il momento piú bello, di Luciano Emmer, con Marcello Mastroianni, Giovanna Ralli, Illiria, 1956, p. 476.

Il mondo le condanna, di Gianni Franciolini, con Alida Valli, Amedeo Nazzari, Serge Reggiani, Film Costellazione-Lux Film, 1953, p. 288-290.

Il mondo vuole cosí, di Giorgio Bianchi, con Clara Calamai, Vittorio De Sica, Massimo Serato, Aurea, 1946, p. 272, 280, 693.

Il monello della strada, di Carlo Borghesio, con Erminio Macario, Luisa Rossi, Saro Urzí, Lux Film, 1951, p. 591, 596.

Montecassino, di Arturo Gemmiti, con Zora Piazza, Piero Bigerna, Pietro Germi, Pastor, 1947, p. 60, 61.

Il moralista, di Giorgio Bianchi, con Alberto Sordi, Franca Valeri, Vittorio De Sica, Aves Film, 1959, p. 91.

Il mostro della domenica, p. 340.

Il mostro dell'isola, di Roberto Bianchi Montero, con Boris Karloff, Franca Marzi, Renato Vicario, Romana Film, 1954, p. 614.

Il mulino del Po, di Alberto Lattuada, con Carla Del Poggio, Jacques Sernas, Leda Gloria, Lux Film, 1949, p. 306, 308, 310, 325, 459-461, 474, 614, 703.

*La muraglia cinese**, di Carlo Lizzani, Astra, 1958, p. 488, 520.

Napoletani a Milano, di Eduardo De Filippo, con Eduardo De Filippo, Anna Maria Ferrero, Frank Latimore, Virtus Film Volonteri, 1953, p. 30, 328, 330, 493, 494.

Napoli milionaria, di Eduardo De Filippo, con Eduardo De Filippo, Leda Gloria, Delia Scala, Teatri della Farnesina-Eduardo De Filippo, 1950, p. 208, 493.

Napoli piange e ride, di Flavio Calzavara, con Luciano Tajoli, Jula Dè Palma, Diva Film-Leo Film, 1954, p. 32.

Nata di marzo, di Antonio Pietrangeli, con Jacqueline Sassard, Gabriele Ferzetti, Mario Valdemarin, Ponti-Les Films Marceau, 1957, p. 522.

Natale al campo 119, di Pietro Francisci, con Aldo Fabrizi, Vittorio De Sica, Peppino De Filippo, Excelsa, 1949, p. 335, 660.

La nave bianca, di Roberto Rossellini, con equipaggi della Marina militare italiana, Scalera, 1941, p. 354.

*Navi in cantiere**, Documento Film, 1952, p. 706.

Nel blu dipinto di blu, di Piero Tellini, con Domenico Modugno, Giovanna Ralli, Vittorio De Sica, Cn-Ddl, 1958, p. 272.

*Nel Mezzogiorno qualcosa è cambiato**, di Carlo Lizzani, 1947, p. 488.

Nel segno di Roma, di Guido Brignone, con Anita Ekberg, Georges Marchal, Folco Lulli, Glomer Film-Société Cinématographique Lyre-Tele Film GMBH, 1959, p. 581.

Il nemico di mia moglie, di Gianni Puccini, con Marcello Mastroianni, Vittorio De Sica, Giovanna Ralli, Ddl, 1959, p. 523.

Nennella, di Renato May, con Luisella Beghi, Vera Rol, Roberto Amoroso, 1949, p. 27.

Nerone, di Alessandro Blasetti, con Ettore Petrolini, Grazia Del Rio, Cines, 1930, p. 456, 658.

Noi vivi, di Goffredo Alessandrini, con Alida Valli, Rossano Brazzi, Fosco Giachetti, Scalera, 1942, p. 120n. 281, 636.

Non c'è pace tra gli ulivi, di Giuseppe De Santis, con Raf Vallone, Lucia Bosè, Folco Lulli, Lux Film, 1950, p. 119, 479, 481, 639.

*La nostra guerra**, di Alberto Lattuada, Sezione cinematografica Stato maggiore esercito, 1945, p. 451, 458, 712.

Notorious. L'amante perduta (*Notorious*), di Alfred Hitchcock, con Ingrid Bergman, Cary Grant, Rko, 1946, p. 242, 424.

La notte brava, di Mauro Bolognini, con Rosanna Schiaffino, Elsa Martinelli, Laurent Terzieff, Ajace Film-Franco London Film, 1959, p. 523.
La notte delle beffe, di Carlo Campogalliani, con Amedeo Nazzari, Dria Paola, Maurizio D'Ancora, Iris, 1940, p. 277.
Notte di tempesta, di Carlo Franciolini, con Marina Berti, Fosco Giachetti, Pan, 1946, p. 22.
Una notte sui tetti (*A Night in Casablanca*), di Archie Mayo, con i fratelli Marx, United Artists, 1946, p. 239.
Le notti bianche, di Luchino Visconti, con Marcello Mastroianni, Maria Schell, Jean Marais, Vides-Intermonda Film, 1957, p. 285, 447, 623.
Le notti di Cabiria, di Federico Fellini, con Giulietta Masina, Amedeo Nazzari, François Perier, Dino De Laurentiis-Les Films Marceau, 1957, p. 288, 289, 513, 516.
N.U. (*Nettezza urbana*)*, di Michelangelo Antonioni, Icet, 1948, p. 487, 495.

Odio mortale, di Francesco Montemurro, con Amedeo Nazzari, Danielle De Metz, Renato Baldini, Morino Film, 1963, p. 639.
OK Nerone, di Mario Soldati, con Gino Cervi, Silvana Pampanini, Walter Chiari, Ics, 1951, p. 465.
*Ombrellari**, di Francesco Maselli, 1951, p. 487.
Ombre sul Canal Grande, di Glauco Pellegrini, con Isa Pola, Antonio Centa, Elena Zareschi, Rovere Film, 1952, p. 242.
L'onorevole Angelina, di Luigi Zampa, con Anna Magnani, Nando Bruno, Ave Ninchi, Lux Film, 1947, p. 91, 310, 311, 319, 324, 327, 328, 466.
Operazione San Gennaro, di Dino Risi, con Totò, Nino Manfredi, Ultra, 1966, p. 340.
Ordet (*La parola*), di Carl T. Dreyer, con Henrik Molberg, Birgitte Federspiel, Palladium, 1954, p. 63.
L'orfana del ghetto, di Carlo Campogalliani, con Franca Marzi, Renato Baldini, Ambra Film, 1954, p. 301.
Orlando e i paladini di Francia, di Pietro Francisci, con Rick Battaglia, Rosanna Schiaffino, Italgamma Film, 1956, p. 39, 578.
L'oro di Napoli, di Vittorio De Sica, con Totò, Sophia Loren, Vittorio De Sica, Eduardo De Filippo, Ponti-De Laurentiis, 1954, p. 438, 699.
O' sole mio, di Giacomo Gentilomo, con Tito Gobbi, Adriana Benetti, Vera Carmi, Rinascimento, 1946, p. 449, 634.
Ossessione, di Luchino Visconti, con Clara Calamai, Massimo Girotti, Ici, 1943, p. 104, 296, 344, 361, 440, 443, 446, 460, 478, 496, 520, 707, 708.
Otto e mezzo, di Federico Fellini, con Marcello Mastroianni, Anouk Aimée, Sandra Milo, Cineriz, 1963, p. 513.
Our Gang, di vari registi, Mgm, 1920-44, p. 243.

Pagliacci, di Mario Costa, con Gina Lollobrigida, Tito Gobbi, Afro Poli, Itala Film, 1949, p. 546.
Paisà, di Roberto Rossellini, con Carmela Sazio, Robert Van Loon, Ofi-Foreign Film Productions Incorporation, 1947, p. 33, 38, 60, 61, 106, 135,

744   Filmografia

207, 251, 267, 274, 307, 314, 317, 318, 324, 327, 330, 335, 348, 409, 410, 412, 413, 450, 479, 517, 646, 658, 694-696.
Il palazzo dei Dogi*, di Francesco Pasinetti, 1948, p. 487.
Un palmo di terra (*Talpalatnyi fold*), di Frigyes Bàn, con Agi Mészaros, Adam Szirtes, Magiar, 1948, p. 86.
Pane, amore e..., di Dino Risi, con Sophia Loren, Vittorio De Sica, Lea Padovani, Titanus, 1955, p. 281, 532.
Pane, amore e fantasia, di Luigi Comencini, con Gina Lollobrigida, Vittorio De Sica, Roberto Risso, Titanus-Girosi, 1953, p. 39, 259, 281, 316, 483, 523, 533, 534, 679.
Pane, amore e gelosia, di Luigi Comencini, con Gina Lollobrigida, Vittorio De Sica, Roberto Risso, Titanus, 1954, p. 281, 534, 614.
Paolo e Francesca, di Raffaello Matarazzo, con Odile Versois, Armando Francioli, Andrea Checchi, Lux, 1950, p. 583, 678.
Paradiso per quattro ore, vedi *Amore in città*.
Parigi è sempre Parigi, di Luciano Emmer, con Aldo Fabrizi, Ave Ninchi, Lucia Bosè, Fortezza Film, 1951, p. 288, 335, 476, 493.
Parola di ladro, di Gianni Puccini, Nanni Loy, con Gabriele Ferzetti, Abbe Lane, Nadia Gray, Panal Film, 1957, p. 522.
Partenza ore 7, di Mario Mattoli, con Claretta Gelli, Carlo Campanini, Alberto Rabagliati, Lux Film, 1947, p. 22.
Il passatore, di Duilio Coletti, con Rossano Brazzi, Valentina Cortese, Carlo Ninchi, Lux Film, 1947, p. 678.
La passeggiata, di Renato Rascel, con Renato Rascel, Valentina Cortese, Paolo Stoppa, Film Costellazione, 1953, p. 290, 491.
La Passione, p. 196.
Passo del diavolo, di Aldo Vergano, con Tadeusz Schmidt, Alina Janowska, Witw Filmow, 1949, p. 702.
Pastor Angelicus, di Romolo Marcellini, Centro Cattolico Cinematografico, 1942, p. 20, 98, 99, 287, 631.
Pastori a Orgosolo*, di Vittorio De Seta, 1958, p. 487.
La patente, vedi *Questa è la vita!*
Patto col diavolo, di Luigi Chiarini, con Isa Miranda, Eduardo Ciannelli, Jacques Sernas, Enic, 1950, p. 266, 285.
La pattuglia dell'Amba Alagi, di Flavio Calzavara, con Luciano Tajoli, Dante Maggio, Milly Vitale, Diva Film, 1954, p. 569.
La pattuglia del passo San Giacomo, di Ermanno Olmi, Edison Volta, 1953, p. 487.
Pattuglia sperduta, di Piero Nelli, con Sandro Isola, Oscar Navarro, Giuseppe Aprà, Vides Film-Diana Cinematografica, 1952, p. 491, 567.
La paura, di Roberto Rossellini, con Ingrid Bergman, Mathias Wieman, Aniene Film-Ariston Film, 1954, p. 39, 240, 241, 416, 424.
La paura fa novanta, di Giorgio Simonelli, con Ugo Tognazzi, Franca Marzi, Carlo Croccolo, Enic, 1951, p. 582, 587.
Peccato che sia una canaglia, di Alessandro Blasetti, con Sophia Loren, Vittorio De Sica, Marcello Mastroianni, Documento Film, 1955, p. 254, 288, 455.

Peccatori in blue jeans (*Les tricheurs*), di Marcel Carné, con Pascale Petit, Laurent Terzieff, Zebra-Silver-Cinetel-Corona, 1958, p. 524.

La peccatrice, di Amleto Palermi, con Paola Barbara, Gino Cervi, Manenti, 1940, p. 658.

Pellegrini d'amore, di Andrea Forzano, con Sophia Loren, Enrico Viarisio, Pisorno, 1953, p. 32.

Pentimento, di Enzo Di Gianni, con Eva Nova, Cesare Danova, Myta Dover, Eva Film, 1954, p. 27.

Peppino e la vecchia signora, di Piero Ballerini, con Emma Gramatica, Peppino De Filippo, Camillo Pilotto, Barattolo, 1959, p. 571.

Per chi suona la campana (*For Whom the Bell Tolls*), di Sam Wood, con Ingrid Bergman, Gary Cooper, Paramount, 1943, p. 669.

Perdizione, di Carlo Campogalliani, con Dina Sassoli, Adriano Rimoldi, Scalera, 1942, p. 295.

Persiane chiuse, di Luigi Comencini, con Massimo Girotti, Eleonora Rossi Drago, Giulietta Masina, Rovere Film, 1950, p. 241, 533.

Pian delle stelle, di Giorgio Ferroni, con Dina Sassoli, Roldano Lupi, Cvl, 1947, p. 60.

Piazza San Marco*, di Francesco Pasinetti, 1947, p. 487.

Picasso*, di Luciano Emmer, 1954, p. 488.

Piccola posta, di Steno, con Alberto Sordi, Franca Valeri, Peppino De Filippo, Incom, 1955, p. 337, 583, 599.

Piccola santa, di Roberto Bianchi Montero, con Virna Lisi, Rosario Borelli, Tina Lattanzi, Ferrigno, 1954, p. 27, 213, 215.

Piccolo vetraio, di Giorgio Capitani, con Massimo Serato, Lianella Carrel, 1955, Filmex, p. 30.

Pietà per chi cade, di Mario Costa, con Amedeo Nazzari, Antonella Lualdi, Nadia Gray, Rizzoli-Royal Film, 1954, p. 558, 560, 715.

Pietro Micca, di Aldo Vergano, con Guido Celano, Renato Cialente, Mino Doro, Taurinia, 1938, p. 277.

Pinocchio, vedi *Le avventure di Pinocchio*.

Un pilota ritorna, di Roberto Rossellini, con Massimo Girotti, Michele Belmonte, Aci, 1942, p. 354, 494.

Piovuto dal cielo, di Leonardo De Mitri, con Renato Rascel, Cécile Aubry, Record Variety-Sigma-Vog, 1953, p. 272.

Policarpo ufficiale di scrittura, di Mario Soldati, con Renato Rascel, Carla Gravina, Romolo Valli, Titanus-Sgs-Hispamex, 1956, p. 311, 464.

I pompieri di Viggiù, di Mario Mattoli, con Carlo Campanini, Silvana Pampanini, Isa Barzizza, Lux Film, 1949, p. 587.

Il ponte di Waterloo (*Waterloo Bridge*), di Mervyn Le Roy, con Vivien Leigh, Robert Taylor, 1940, p. 664.

La porta del cielo, di Vittorio De Sica, con Marina Berti, Massimo Girotti, Maria Mercader, Orbis, 1946, p. 20, 272, 290, 427, 632, 675.

La porta d'oro (*Hold Back the Down*), di Mitchell Leisen, con Paulette Goddard, Charles Boyer, Paramount, 1941, p. 230.

La portatrice di pane, di Maurice Cloche, con Vivi Gioi, Carlo Ninchi, Jean Tissier, Excelsa Film, 1951, p. 208.

Il porto delle nebbie (*Quai des brumes*), di Marcel Carné, con Michèle Morgan, Jean Gabin, Victoria, 1938, p. 464.
Poveri ma belli, di Dino Risi, con Renato Salvatori, Maurizio Arena, Marisa Allasio, Titanus, 1956, p. 260, 326, 523, 532, 593.
Poveri milionari, di Dino Risi, con Renato Salvatori, Maurizio Arena, Lorella De Luca, Titanus, 1958, p. 532, 596, 598.
Il prigioniero del re, di Giorgio Rivalta, con Pierre Cressoy, Andrée Debar, Venturini, 1954, p. 301.
Prima comunione, di Alessandro Blasetti, con Aldo Fabrizi, Gaby Morlay, Enrico Viarisio, Universalia, 1950, p. 20, 118, 285, 454, 583.
Prima di sera, di Piero Tellini, con Paolo Stoppa, Gaby André, Lila Rocco, Imperial Film-Rizzoli Film, 1954, p. 491.
Processo alla città, di Luigi Zampa, con Amedeo Nazzari, Paolo Stoppa, Silvana Pampanini, Film Costellazione, 1952, p. 119, 285, 290, 321, 467, 468.
Processo di Frine, vedi *Altri tempi*.
Professione: reporter, di Michelangelo Antonioni, con Jack Nicholson, Maria Schneider, Compagnia Cinematografica Champion (Roma)-Les Films Concordia (Parigi)-Cipi Cinematografica (Madrid), 1975, p. 498.
Proibito, di Mario Monicelli, con Mel Ferrer, Amedeo Nazzari, Lea Massari, Documento Film-Ugc-Cormoran Film, 1955, p. 243, 285, 536.
Proibito rubare, di Luigi Comencini, con Adolfo Celi, Tina Pica, Lux Film, 1948, p. 241, 285, 310, 325, 329, 334, 531, 533, 614.
Pronto chi parla?, di Carlo Montuori, con Annette Bach, Gino Bechi, Carlo Campanini, Manenti, 1945, p. 280.
La provinciale, di Mario Soldati, con Gina Lollobrigida, Gabriele Ferzetti, Electa Compagnia Cinematografica, 1952, p. 465.
Psicanalista per signora, di Jean Boyer, con Fernandel, Ugo Tognazzi, Sylva Koscina, Dama Cinematografica-Les Films du Cyclope, 1959, p. 596.
Puccini, di Carmine Gallone, con Marta Toren, Gabriele Ferzetti, Nadia Gray, Rizzoli-Rovere, 1953, p. 39.

47 morto che parla, di Carlo Ludovico Bragaglia, con Totò, Silvana Pampanini, Film Costellazione, 1950, p. 208.
Quarta pagina, di Nicola Manzari, con Paola Barbara, Memo Benassi, Gino Cervi, Inac-Cervinia, 1943, p. 266.
Quattordicesima ora (*Fourteen Hours*), di Henry Hathaway, con Richard Basehart, Grace Kelly, Fox, 1951, p. 239.
Quattro passi tra le nuvole, di Alessandro Blasetti, con Gino Cervi, Adriana Benetti, Cines, 1942, p. 517, 658.
Quel bandito sono io, di Mario Soldati, con Jean Kent, Tamara Lees, Robert Beatty, Lux Film, 1950, p. 465.
Quel fantasma di mio marito, di Camillo Mastrocinque, con Walter Chiari, Jole Fierro, Briguglio Film, 1950, p. 582, 712.
Quell'incerto sentimento (*That Uncertain Feeling*), di Ernst Lubitsch, con Merle Oberon, Melvyn Douglas, United Artists, 1941, p. 230.
*Questa è l'America**, 1953, p. 173.

Questa è la vita!, film a episodi, di Giorgio Pastina, Mario Soldati, Luigi Zampa, Aldo Fabrizi, con Totò, Aldo Fabrizi, Lucia Bosè, Titanus, 1954, p. 467, 555.
Questi fantasmi, di Eduardo De Filippo, con Renato Rascel, Erno Crisa, Franca Valeri, San Ferdinando Film, 1954, p. 582.
Que viva Mexico!, di Sergej M. Ejzenštejn, con attori non professionali, Upton Sinclair-Sol Leser, 1933, p. 243, 518, 626.
Quo vadis?, di Mervyn Le Roy, con Robert Taylor, Deborah Kerr, Mgm, 1951, p. 33, 34, 575, 615, 616.

Racconti d'estate, di Gianni Franciolini, con Michèle Morgan, Sylva Koscina, Dorian Gray, Maxima-Montflour-Gallus, 1958, p. 288, 325, 493.
Racconti romani, di Gianni Franciolini, con Totò, Silvana Pampanini, Vittorio De Sica, Ics, 1955, p. 297, 326, 493, 553.
La ragazza del Palio, di Luigi Zampa, con Diana Dors, Vittorio Gassman, Franca Valeri, Gesi Cinematografica, 1957, p. 468.
Ragazze da marito, di Eduardo De Filippo, con Eduardo, Peppino e Titina De Filippo, Forges Davanzati, 1952, p. 493.
Le ragazze di Piazza di Spagna, di Luciano Emmer, con Cosetta Greco, Lucia Bosè, Eduardo De Filippo, Astoria Film, 1952, p. 476, 493, 591, 592.
Le ragazze di San Frediano, di Valerio Zurlini, con Antonio Cifariello, Corinne Calvet, Rossana Podestà, Lux, 1955, p. 664.
The Rains Came (*La grande pioggia*), di Clarence Brown, con Myrna Loy, Tyrone Power, Fox, 1939, p. 231.
La RAI strumento della guerra fredda*, 1953, p. 173.
Il ratto delle Sabine, di Mario Bonnard, con Totò, Clelia Matania, Carlo Campanini, Capitani Film, 1945, p. 238, 239, 338, 554, 586, 587.
The Red Danube (*Danubio rosso*), di George Sidney, con Walter Pidgeon, Ethel Barrymore, Mgm, 1949, p. 120.
La regina di Saba, di Pietro Francisci, con Marina Berti, Eleonora Ruffo, Gino Lenzini, Oro Film, 1952, p. 574.
La resa di Titi, di Giorgio Bianchi, con Clara Calamai, Nino Besozzi, Rossano Brazzi, Excelsa, 1946, p. 280, 693.
Ribalta di gloria (*Yankee Doodle Dandy*), di Michael Curtiz, con James Cagney, Joan Leslie, Warner Bros, 1943, p. 230.
Riccardo Cuor di Leone (*King Richards and the Cruisaders*), di David Butler, con Rex Harrison, George Sanders, Warner Bros, 1954, p. 240, 579.
Rififi (*Du rififi chez les hommes*), di Jules Dassin, con Carl Mohner, Jean Servais, Indusfilm-Pathé Cinéma-Prima Film, 1955, p. 94.
Rigoletto, di Carmine Gallone, con Tito Gobbi, Mario Filippeschi, Marcella Govoni, Excelsa, 1947, p. 38, 544, 547.
Rio Grande (*Rio Bravo*), di John Ford, con John Wayne, Maureen O'Hara, Republic, 1950, p. 243.
La risaia, di Raffaello Matarazzo, con Elsa Martinelli, Folco Lulli, Michel Auclair, Carlo Ponti-Excelsa Film, 1956, p. 313, 559.
Riso amaro, di Giuseppe De Santis, con Silvana Mangano, Raf Vallone, Vit-

torio Gassman, Lux Film, 1949, p. 23, 24, 107, 218, 238, 253, 256, 257, 281, 313, 326, 363, 370, 462, 479, 480, 680.

Rita da Cascia, di Leon Viola (Antonio Leonviola), con Elena Zareschi, Ugo Sasso, Marcello Giorda, Artisti Associati, 1943, p. 214.

Il ritorno di Don Camillo, di Julien Duvivier, con Fernandel, Gino Cervi, Rizzoli-Francinex, 1953, p. 564.

La roccia incantata, di Giulio Morelli, con Dina Sassoli, Irene Genna, Roio, 1949, p. 272.

Rocco e i suoi fratelli, di Luchino Visconti, con Alain Delon, Annie Girardot, Renato Salvatori, Titanus, 1960, p. 90, 286, 445, 598.

Roma città aperta, di Roberto Rossellini, con Anna Magnani, Aldo Fabrizi, Marcello Pagliero, Excelsa Film, 1945, p. 38, 90, 108, 135, 147, 179, 249, 266, 277, 302, 310, 317, 318, 334, 348, 353, 354, 369, 375, 405, 407, 409-413, 419, 427, 450, 517, 593, 607, 645, 658, 665, 670, 682, 683, 693, 695, 696.

Roma città libera, di Marcello Pagliero, con Andrea Checchi, Valentina Cortese, Vittorio De Sica, Pao Film, 1948, 288.

La romana, di Luigi Zampa, con Gina Lollobrigida, Daniel Gelin, Franco Fabrizi, Ponti-De Laurentiis-Excelsa, 1954, p. 288, 289, 468.

Romanticismo, di Clemente Fracassi, con Amedeo Nazzari, Tamara Lees, Fosco Giachetti, Ponti-De Laurentiis-Golden Film, 1950, p. 568.

Romanzo d'amore, di Duilio Coletti, con Danielle Darrieux, Rossano Brazzi, Lux Film, 1950, p. 280.

Roma ore 11, di Giuseppe De Santis, con Lucia Bosè, Carla Del Poggio, Lea Padovani, Transcontinental-Titanus, 1952, p. 22, 480, 482.

Rosso il cielo dei Balcani, di John Reinhardt, con Gene Raymond, Patricia Morrison, Arpi Film Classic Inc., 1949, p. 120.

Roulotte e roulette, di Turi Vasile, con Abbe Lane, Antonio Cifariello, Tiberia Film, 1960, p. 601.

La saetta nera, di Hans Grimm, con Toni Sailer, Oliver Grimm, Bavaria, 1958, p. 640.

Salvate mia figlia, di Sergio Corbucci, con Ermanno Randi, Franca Marzi, Linda Sini, Lauro, 1951, p. 492.

Salvatore Giuliano, di Francesco Rosi, con Frank Wolff, Salvo Randone, Federico Zardi, Lux Vides-Galatea, 1960, p. 528.

Sansho dayu (*L'intendente Sansho*), di Kenji Mizoguchi, con Kinuyo Tanaka, Yoshiaki Hanayagi, Daiei-Kyoto, 1954, p. 623.

Santa Lucia luntana, di Aldo Vergano, con Ermanno Rondi, Maria Grazia Francia, Franca Marzi, Circe Film, 1951, p. 702.

Santa Rita, p. 196.

San Giovanni decollato, di Amleto Palermi, con Totò e Titina De Filippo, Capitani, 1946, p. 339.

Lo sbaglio di essere vivo, di Carlo Ludovico Bragaglia, con Isa Miranda, Vittorio De Sica, Gino Cervi, Fauno Film, 1945, p. 280.

Gli sbandati, di Francesco Maselli, con Jean-Pierre Mocky, Lucia Bosè, Isa Miranda, Cvc, 1955, p. 524, 525.

Scarface o *Lo sfregiato* (*Scarface*), di Howard Hawks, con Paul Muni, George Raft, United Artists, 1931, p. 529.

Le scarpe al sole, di Marco Elter, con Camillo Pilotto, Cesco Baseggio, Fci-Artisti Associati, 1935, p. 567, 570.

Lo sceicco bianco, di Federico Fellini, con Alberto Sordi, Brunella Bovo, Leopoldo Trieste, Pdc, 1952, p. 31, 39, 288, 499, 505, 507-509, 583, 597.

La scimitarra del saraceno, di Pietro Pierotti, con Lex Baxter, Chelo Alonzo, Massimo Serato, Romana Film, 1959, p. 29.

Sciuscià, di Vittorio De Sica, con Rinaldo Smordoni, Franco Interlenghi, Alfa Cinematografica, 1946, p. 61, 81, 135, 207, 251, 272, 322, 325, 327, 348, 364, 365, 428, 429, 439, 658, 675, 680.

Lo sconosciuto di San Marino, di Vittorio Cottafavi, con Anna Magnani, Vittorio De Sica, Aurell Milloss, Gamma, 1948, p. 218, 272.

Scrivimi fermo posta (*The Shop Around the Corner*), di Ernst Lubitsch, con Margaret Sullivan, James Stewart, Mgm, 1940, p. 230.

Scultore Manzú*, di Glauco Pellegrini, 1949, p. 487.

Scuola elementare, di Alberto Lattuada, con Riccardo Billi, Mario Riva, Lise Bourdin, Titanus-Société Générale de Cinématographie, 1954, p. 493.

Il segno di Venere, di Dino Risi, con Sophia Loren, Vittorio De Sica, Franca Valeri, Titanus, 1955, p. 288, 332, 532.

Senso, di Luchino Visconti, con Alida Valli, Farley Granger, Massimo Girotti, Lux Film, 1954, p. 24, 63, 146, 147, 262, 285, 286, 445-448, 471, 481, 545, 567, 623, 641, 701.

Senza pietà, di Alberto Lattuada, con Carla Del Poggio, John Kitzmiller, Pierre Claudé, Lux Film, 1948, p. 106, 281, 460, 703.

Il sepolcro indiano (*Das Indische Grabmal*), di Fritz Lang, con Debra Paget, Paul Hubschmid, Walter Reyer, Rizzoli-Ccc-Gloria Film, 1959, p. 25.

La sepolta viva, di Guido Brignone, con Milly Vitale, Evi Maltagliati, Paul Muller, Flora Film, 1949, p. 662, 678.

Il sergente York (*Sergeant York*), di Howard Hawks, con Gary Cooper, Walter Brennan, Warner Bros, 1941, p. 230.

Sesto continente*, di Folco Quilici, Delphinus, 1954, p. 488.

Sette canne al vento*, di Michelangelo Antonioni, Icet, 1949, p. 495.

I sette dell'Orsa Maggiore, di Duilio Coletti, con Eleonora Rossi Drago, Pierre Cressoy, Valentia-Ponti-De Laurentiis, 1953, p. 90, 569, 570, 716.

I sette samurai (*Schichinin no samurai*), di Akira Kurosawa, con Toshiro Mifune, Takashi Shimura, Toho, 1954, p. 623.

Seven Chances (*Le sette possibilità*), di Buster Keaton, con Buster Keaton, Ruth Dwyer, United Artists, 1925, p. 239, 551.

La sfida, di Francesco Rosi, con José Suarez, Rosanna Schiaffino, Lux-Vides-Suevia Film, 1958, p. 285, 527-529.

Siamo donne, film a episodi, di Roberto Rossellini, Luigi Zampa, Luchino Visconti e altri, da un'idea di Cesare Zavattini, con Ingrid Bergman, Alida Valli, Anna Magnani, Isa Miranda, Costellazione-Titanus-Guarini, 1953, p. 254, 260, 421, 424, 436, 437, 445.

Siamo tutti assassini (*Nous sommes tous des assassins*), di André Cayatte, con Marcel Moloudij, Yvonne Sanson, Ugc-Jolly Labor, 1952, p. 210.

La spiaggia, di Alberto Lattuada, con Martine Carol, Raf Vallone, Carlo Bianco, Titanus, 1954, p. 22, 31, 463.

Spirito allegro (Blithe Spirit), di David Lean, con Rex Harrison, Kay Hammond, Two Cities, 1944, p. 179.

Stalag 17, di Billy Wilder, con William Holden, Don Taylor, Paramount, 1953, p. 239.

Stazione Termini, di Vittorio De Sica, con Jennifer Jones, Montgomery Clift, Films Vittorio De Sica, 1953, p. 240, 244, 273, 437.

La storia del generale Custer (They Died with Their Boots On), di Raoul Walsh, con Errol Flynn, 1942, p. 639.

Storia di Caterina, vedi *Amore in città.*

Storia di una capinera, di Germano Righelli, con Marina Berti, Claudio Gora, Titanus, 1943, p. 21.

Stracciaroli*, di Francesco Maselli, 1952, p. 487.

La strada, di Federico Fellini, con Giulietta Masina, Anthony Quinn, Ponti-De Laurentiis, 1954, p. 147, 263, 504, 505, 509, 511-514, 587, 623, 693.

La strada lunga un anno, di Giuseppe De Santis, con Silvana Pampanini, Eleonora Rossi Drago, Massimo Girotti, Jodran Film, 1959, p. 481, 483.

Lo straniero (The Stranger), di Orson Welles, con Orson Welles, Loretta Young, 1946, p. 242, 465.

Stromboli terra di Dio, di Roberto Rossellini, con Ingrid Bergman, Mario Vitale, Renzo Cegana, Be.Ro Film, 1951, p. 119, 260, 421, 696.

Sua eccellenza si fermò a mangiare, di Mario Mattoli, con Totò, Ugo Tognazzi, Ddl, 1961, p. 339, 341.

Sulfatara*, di Vittorio De Seta, 1955, p. 487.

Suor Letizia, di Mario Camerini, con Anna Magnani, Antonio Cifariello, Eleonora Rossi Drago, Rizzoli, 1956, p. 457.

Superstizione*, di Michelangelo Antonioni, Icet, 1949, p. 487, 495.

Lo svitato, di Carlo Lizzani, con Dario Fo, Franca Rame, Giorgia Moll, Galatea-Enic, 1956, p. 520.

Swiss Family Robinson, di Edward Ludwig, con Thomas Mitchell, Edna Best, Rko, 1941, p. 231.

Tamburino sardo, vedi *Altri tempi.*

T'amerò sempre, di Mario Camerini, con Elsa De Giorgi, Nino Besozzi, Pittaluga, 1933, p. 277.

T'amerò sempre, di Mario Camerini, con Gino Cervi, Alida Valli, 1943, p. 277.

Tarantella napoletana, di Camillo Mastrocinque, con gli attori e il corpo di ballo della rivista «Tarantella napoletana», Titanus, 1953, p. 22.

I tartassati, di Steno, con Totò, Aldo Fabrizi, Louis de Funès, Maxima Film-Cei-Incom, 1959, p. 324, 341.

La tempesta, di Alberto Lattuada, con Silvana Mangano, Van Heflin, Viveca Lindfors, Dino De Laurentiis-Bosna Film, 1958, p. 25.

Tempi moderni (Modern Times), di Charlie Chaplin, con Charlie Chaplin, Paulette Goddard, United Artists, 1936, p. 239, 259, 321.

Tempi nostri, film a episodi, di Alessandro Blasetti, con Vittorio De Sica,

Totò, Lea Padovani, Marcello Mastroianni, Cines-Lux Film, 1954, p. 26, 455.

Tempo d'amarsi, di Elio Ruffo, con Loretta Capitoli, Sandro Moretti, Ciccio Pelle, Elio Ruffo, 1957, p. 492.

Tempo d'estate (*Summertime*), di David Lean, con Katharine Hepburn, Rossano Brazzi, United Artists, 1955, p. 601.

Tempo di villeggiatura, di Luigi Zampa, con Vittorio De Sica, Giovanna Ralli, Abbe Lane, Stella Film, 1956, p. 468.

*Lu tempu de li pisci spada**, di Vittorio De Seta, 1954, p. 487.

Teodora imperatrice di Bisanzio, di Riccardo Freda, con George Marchal, Irene Papas, Lux Film, 1953, p. 574, 577.

La terra trema, di Luchino Visconti, con i pescatori di Aci Trezza, Universalia, 1948, p. 20, 39, 61, 90, 118, 119, 207, 251, 254, 255, 313, 315, 325, 331, 359, 407, 408, 440, 441, 443, 445, 485, 530, 639, 658, 700.

*Terrecotte**, Documento Film, 1952, p. 485, 706.

Il terrore dei barbari, di Carlo Campogalliani, con Steve Reeves, Chelo Alonzo, Bruce Cabot, Standard Film, 1959, p. 581.

Terza liceo, di Luciano Emmer, con Ilaria Occhini, Anna Maria Sandri, Giulia Rubini, Incom, 1954, p. 476, 493, 593.

Il tesoro dell'Africa (*Beat the Devil*), di John Huston, con Humphrey Bogart, Jennifer Jones, Indipendent, 1953, p. 25.

Il testimone, di Pietro Germi, con Marina Berti, Roldano Lupi, Orbis, 1945, p. 20, 242, 272, 290, 472, 632.

Il tetto, di Vittorio De Sica, con Gabriella Pallotta, Giorgio Listuzzi, Gastone Renzelli, Films Vittorio De Sica-Girosi, 1956, p. 329, 439, 440, 699.

Il tigre, di Dino Risi, con Vittorio Gassman, Ann Margret, Antonella Steni, Fair Film, 1967, 599.

La tigre di Eschnapur (*Der Tiger von Eschnapur*), di Fritz Lang, con Debra Paget, Paul Hubschmid, Walter Reyer, Cineriz, 1959, p. 25.

Ti ho sempre amato, di Mario Costa, con Amedeo Nazzari, Miriam Bru, Jacques Sernas, Rizzoli-Royal Film, 1954, p. 329, 558, 560.

Il tiranno di Padova, di Max Neufeld, con Clara Calamai, Elsa De Giorgi, Carlo Lombardi, Scalera, 1947, p. 677.

Ti ritroverò, di Giacomo Gentilomo, con Enrico Viarisio, Delia Scala, Val Dubois, Lux Film, 1949, p. 614.

Toni, di Jean Renoir, con Charles Blavette, Jenny Helia, Films d'aujourd-hui, 1934, p. 670.

Tormento, di Raffaello Matarazzo, con Amedeo Nazzari, Yvonne Sanson, Labor-Titanus, 1951, p. 208, 558, 614, 715.

Torna a casa Lassie (*Lassie Come Home*), di Fred Macleod Wilcox, con Liz Taylor, Donald Crisp, Mgm, 1943, 91.

Torna a Sorrento, di Carlo Ludovico Bragaglia, con Gino Bechi, Adriana Benetti, Aroldo Tieri, Manenti Film, 1946, p. 280.

Totò a colori, di Steno, con Totò, Isa Barzizza, Rocco d'Assunta, Ponti-De Laurentiis-Lux Film, 1952, p. 551, 553.

Totò al Giro d'Italia, di Mario Mattoli, con Totò, Isa Barzizza, Walter Chiari, Enic-Pegoraro, 1948, p. 554.

Totò all'inferno, di Camillo Mastrocinque, con Totò, Franca Faldini, Excelsa-Ponti, 1955, p. 340.

Totò a Parigi, di Camillo Mastrocinque, con Totò, Sylva Koscina, Lauretta Masiero, Jolly Film-Gallus, 1958, p. 328.

Totò cerca casa, di Steno, Mario Monicelli, con Totò, Alda Mangili, Aroldo Tieri, Ata, 1949, p. 291, 329, 535.

Totò cerca moglie, di Carlo Ludovico Bragaglia, con Totò, Mario Castellani, Marisa Merlini, Forum, 1950, p. 550, 551.

Totò e Carolina, di Mario Monicelli, con Totò, Anna Maria Ferrero, Arnoldo Foà, Rosa Film, 1955, p. 91, 288, 289, 535, 536, 555.

Totò, Eva e il pennello proibito, di Steno, con Totò, Abbe Lane, Jolly Film, 1959, p. 339.

Totò e i re di Roma, di Steno, Mario Monicelli, con Totò, Anna Carena, Alberto Sordi, Golden Film-Humanitas Film, 1952, p. 535.

Totò e le donne, di Steno, Mario Monicelli, con Totò, Peppino De Filippo, Lea Padovani, Rosa Film, 1953, p. 239, 340, 555.

Totò le Mokò, di Carlo Ludovico Bragaglia, con Totò, Carla Calò, Gianna Maria Canale, Forum Film, 1949, p. 340, 550, 552, 553, 588.

Totò Peppino e i fuorilegge, di Camillo Mastrocinque, con Totò, Peppino e Titina De Filippo, Ddl-Manenti Film, 1956, p. 555.

Totò Peppino e la malafemmina, di Camillo Mastrocinque, con Totò, Peppino De Filippo, Dorian Gray, Ddl, 1956, p. 338.

Totò sceicco, di Mario Mattoli, con Totò, Tamara Lees, Aroldo Tieri, Manenti Film, 1950, p. 208, 338-340.

Totò Tarzan, di Mario Mattoli, con Totò, Bianca Fusaro, Cdi, 1951, p. 291.

Totò terzo uomo, di Mario Mattoli, con Totò, Aroldo Tieri, Diana Dei, Ponti-De Laurentiis, 1951, p. 553, 588.

Tototruffa '62, di Camillo Mastrocinque, con Totò, Nino Taranto, Estella Blain, Ddl Cinematografica, 1961, p. 554.

Totò, Vittorio e la dottoressa, di Camillo Mastrocinque, con Totò, Vittorio De Sica, Abbe Lane, Titina De Filippo, Jolly Film, 1957, p. 596.

The Town*, di Joseph von Sternberg, Owi, 1943, p. 156.

Tradita, di Mario Bonnard, con Lucia Bosè, Pierre Cressoy, Giorgio Albertazzi, Flora Film, 1954, p. 214.

La tratta delle bianche, di Luigi Comencini, con Eleonora Rossi Drago, Silvana Pampanini, Vittorio Gassman, Excelsa-Ponti-De Laurentiis, 1952, p. 241, 533.

Traviata '53, di Vittorio Cottafavi, con Barbara Laage, Armando Francioli, Eduardo De Filippo, Venturini-Synimex, 1953, p. 30, 32, 299, 560.

Tre corsari, di Mario Soldati, con Ettore Manni, Barbara Florian, Ponti-De Laurentiis, 1952, p. 465.

Tre fili a Milano*, di Ermanno Olmi, Edison Volta, 1958, p. 487.

Treno senza orario (*Vlaz bez voznog reda*), di Veljko Bulajic, 1959, p. 273.

Tre straniere a Roma, di Claudio Gora, con Yvonne Maulaur, Ray Ciccolini, Claudia Cardinale, Laika Cinematografica, 1959, p. 601.

La trovatella di Milano, di Giorgio Capitani, con Massimo Serato, Luisella Boni, Filmex, 1956, p. 30, 301.

Il trovatore, di Carmine Gallone, con Gianna Pederzini, Gino Sinimberghi, Enzo Mascherini, Continental Cine-Gallone, 1949, p. 547, 583.

Un turco napoletano, di Mario Mattoli, con Totò, Isa Barziza, Lux, 1953, p. 340.

Uccellacci e uccellini, di Pier Paolo Pasolini, con Totò, Ninetto Davoli, Femi Benussi, Arco Film, 1966, p. 125, 675.

Ulisse, di Mario Camerini, con Kirk Douglas, Silvana Mangano, Anthony Quinn, Ponti-De Laurentiis-Lux Film, 1954, p. 25, 39, 215, 240, 456, 457, 577.

L'ultima carrozzella, di Mario Mattoli, con Aldo Fabrizi, Anita Durante, Anna Magnani, Artisti Associati, 1943, p. 492.

L'ultima tappa, di Wanda Jakubowska, con Barbara Drapinska e attori non professionisti, 1948, p. 86.

L'ultima violenza, di Raffaello Matarazzo, con Yvonne Sanson, Dario Michelis, Lorella De Luca, Par Film, 1957, p. 559, 560.

Gli ultimi filibustieri, di Marco Elter, con Loredana, Vittorio Sanni, Osvaldo Valenti, Bc, 1941, p. 277.

Gli ultimi giorni di Pompei, di Mario Bonnard, terminato da Sergio Leone, con Steve Reeves, Christine Kaufmann, Tony Richards, Cineproduzioni Associate-Procusa, 1959, p. 492, 581.

Gli ultimi giorni di Pompei, di Paolo Moffa, Marcel L'Herbier, con Micheline Presle, Adriana Benetti, Georges Marchal, Universalia, 1950, p. 118, 280, 574.

L'ultimo ballo, di Camillo Mastrocinque, con Elsa Merlini, Amedeo Nazzari, Renato Cialente, Juventus, 1941, p. 277.

Umberto D., di Vittorio De Sica, con Carlo Battisti, Maria Pia Casilio, Rizzoli-De Sica-Amato, 1952, p. 26, 39, 93, 119, 197, 207, 251, 306, 324, 327, 328, 361, 401, 431, 432, 434, 439, 576, 627, 698, 699.

Gli uomini che mascalzoni..., di Mario Camerini, con Vittorio De Sica, Lia Franca, Cines, 1932, p. 456, 658.

Uomini e lupi, di Giuseppe De Santis, con Silvana Mangano, Pedro Armendáriz, Yves Montand, Titanus, 1957, p. 22, 479, 481, 483.

Gli uomini non guardano il cielo, di Umberto Scarpelli, con Isa Miranda, Enrico Widon, 1952, p. 665.

Uomini ombra, di Francesco De Robertis, con Mara Lane, Paolo Stoppa, Giorgio Albertazzi, Film Costellazione, 1954, p. 569.

Uomini sul fondo, di Francesco De Robertis, Giorgio Bianchi, con equipaggi della Marina militare, Scalera, 1941, p. 567, 658.

L'uomo della croce, di Roberto Rossellini, con Alberto Tavazzi, Roswita Schmidt, Continentalcine, 1942, p. 354.

L'uomo del sud (*The Southerner*), di Jean Renoir, con Betty Field, Zachary Scott, Renoir, 1945, p. 61.

L'uomo di paglia, di Pietro Germi, con Pietro Germi, Luisa Della Noce, Franca Bettoja, Lux-Vides, 1958, p. 474.

L'uomo, la bestia e la virtú, di Steno, con Totò, Vittoria Romance, Orson Welles, Rosa Film, 1953, p. 555.

Illustrazioni

SOTTOSCRIVETE PER I BAMBINI DI CINECITTÀ

Cinecittà non è più il facile regno del cinema fascista. Cinecittà ospita oggi, da un anno circa, i profughi delle città distrutte, famiglie intere con bambini sofferenti e intristiti.

Il cinema fascista aveva fatto di tutto per vietare l'accesso degli stabilimenti di Cinecittà alle cure ansie e alle vere sofferenze del nostro popolo. Chi avesse osato, un tempo, mostrare tra un'inquadratura e l'altra un bambino scalzo e lacero, o una madre costretta a chiedere l'elemosina, sarebbe stato fulminato come reprobo dal Minculpop.

Eccoli, ora, quei bambini scalzi d'un tempo, resi più laceri dalle miserie causate dalla guerra fascista, eccole quelle madri; sono stati costretti a dare l'assalto ai capannoni di Cinecittà perché non hanno più case, perché i loro paesi sono stati distrutti, perché la guerra di Mussolini ha fatto perdere loro ogni più piccolo bene.

Oggi la realtà, che i dignitari del cinema di ieri avevano tenuto lontana con tutti i mezzi, irrompe violenta nell'antica sede fastosa. Oggi la dura realtà dei nostri giorni ha travolto il mondo corrotto di ieri: vi è entrata imperiosamente e dolorosamente, col suo corteggio di fame, di miseria e di avvilimento.

Una seria lezione per il nostro cinema; di cui esso dovrà tener conto nella fase della ricostruzione. È questo l'impegno che il cinema italiano deve assumersi di fronte al Paese.

Intanto, a Cinecittà non ancora ridonata agli artisti, ai tecnici e alle maestranze del cinema italiano, ci sono dei bambini che hanno fame. Perciò «Film d'oggi» ha preso l'iniziativa di una sottoscrizione, il cui importo, in denaro o in generi, sarà versato all'on. Zaniboni, Alto Commissario per i Profughi. Vi può contribuire chiunque.

Nel desolato paesaggio di Cinecittà, una madre allatta il suo piccino.

ECCO IL PRIMO ELENCO

Zavattini: 1 kg. di zucchero; red. Film d'oggi L. 500; Associaz. Culturale Cinematograf. Italiana (residuo sottoscrizione per i funerali di Poggioli) L. 14.870. A mezzo Vera Carmi: Noci Carmine L. 1000; P. Cerato L. 1000; Mara Landi L. 50; Giorgio Rivella L. 50; Sergio Ferseguti L. 100; Vera Carmi L. 500; Franca Cervero L. 100; Maria Oria L. 200; Margherita Cusinelli L. 100; Marini L. 100; Tugnoli L. 50; Spadaro-Galli L. 150; Tefani Luigi L. 50; Di Giacinto Augusto L. 50; Matlack Crane L. 25; Manol Deubuer L. 50; Angelo Fumarola L. 100; Montenine L. 50; N. N. L. 100; Dannoni L. 50; Cantini L. 100; Gasperini L. 50; Gagliani L. 50; Colonnello Fhem Ricci L. 100; Piero Finschi L. 100. TOTALE L. 20.545.

...to. Si riparte da zero. Cinecittà è utilizzata come campo profughi.

...asso. Si gira per le strade con mezzi di fortuna: Roberto Amoroso a Napoli dopo la liberazione della città.

In alto. Con *Roma città aperta* (1945) Roberto Rossellini ritrova quelle misure di scala tra i personaggi e la real
che si ritenevano perdute. Nella foto Anna Magnani e Francesco Grandjacquet.

In basso. Prodotto dall'Associazione nazionale partigiani italiani, *Il sole sorge ancora* (1946) di Aldo Vergano of
le prime immagini della lotta partigiana al nord.

In alto. Rinaldo Smordoni e Franco Interlenghi in *Sciuscià* (1946) di Vittorio De Sica. Gli incassi del film indicano che al neorealismo non veniva concesso diritto di cittadinanza.

In basso. Nel gesto della deposizione di un partigiano ucciso, nell'ultimo episodio di *Paisà* (1947), Rossellini esprime al livello piú alto il senso della pietà, del dramma collettivo e della partecipazione popolare.

FATALITÀ

AMEDEO NAZZARI · MARIA MICHI · MASSIMO GIROTTI

Regia: GIORGIO BIANCHI

Produzione UNIVERSALCINE
Realizzata da SANDRO GHENZI

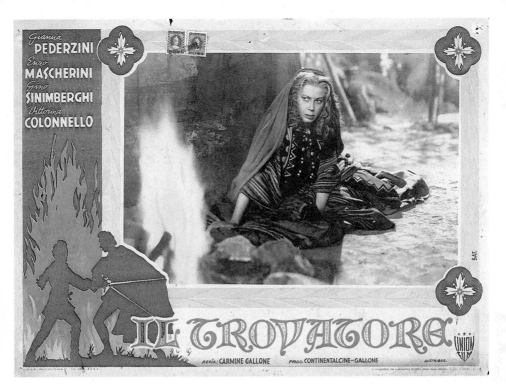

A sinistra, in alto. I moduli stilistici e visivi del neorealismo entrano subito a far parte del patrimonio del cinema popolare come si vede bene in *Fatalità* diretto da Giorgio Bianchi nel 1946.

La trascrizione cinematografica del repertorio del melodramma e le biografie dei grandi musicisti costituiscono una delle strutture portanti del cinema popolare del dopoguerra, di cui Carmine Gallone è il massimo interprete e profeta. A sinistra, in basso. *Il cavaliere del sogno*, biografia di Donizetti di Camillo Mastrocinque, è del 1946. Sopra. *Il trovatore* è del 1949. A destra. *Tosca* del 1956.

71

A sinistra, in alto. *Caccia tragica* (1948), film d'esordio di Giuseppe De Santis.

In basso. Pur sposando la morale dell'«uomo qualunque», Luigi Zampa offre con *L'onorevole Angelina* (1947) uno dei quadri piú drammatici del permanere delle condizioni di miseria, disoccupazione e fame nel cuore stesso di Roma. Protagonista del film è Anna Magnani.

Sopra. Al suo secondo film, *Gioventú perduta* (1947), Pietro Germi affronta il tema dello sbandamento e della perdita dei valori morali nei primi difficili anni del dopoguerra.

A sinistra, in alto. Lamberto Maggiorani e Enzo Staiola in *Ladri di biciclette* (1948) di Vittorio De Sica.
In basso. John Kitzmiller e Carla Del Poggio in *Senza pietà* (1948) di Alberto Lattuada.

A destra. Edmund Moeschke in *Germania anno zero* (1948) di Roberto Rossellini.

A sinistra. Il bozzetto del manifesto di Manno per *Molti sogni per le strade* (1948) di Mario Camerini.

In basso. Questa apparizione di Silvana Mangano al centro in una risaia in *Riso amaro* (1949) di Giuseppe De Santis promuove l'esordiente giovane attrice a prima diva internazionale del cinema italiano del dopoguerra.

A destra, in alto. Francesco Golisano e Oscar Blando in *Sotto il sole di Roma* (1949) di Renato Castellani.

In basso. La scena iniziale di *Francesco giullare di Dio* (1950) di Roberto Rossellini.

In alto. *La terra trema* (1950) di Luchino Visconti.

In basso. Una scena corale del *Mulino del Po* (1949) di Alberto Lattuada. Arch. Cineteca Bologna.

nmagini dell'emigrazione. In alto. Folco Lulli in *Fuga in Francia* (1948) di Mario Soldati. In basso Raf Vallone e
lena Varzi in *Il cammino della speranza* (1950) di Pietro Germi.

A sinistra, in alto. L'on. Giulio Andreotti, sottosegretario alla presidenza del Consiglio per la stampa e lo spettacolo, in visita nel 1949 alla Mostra del cinema di Venezia.
In basso. Il cinema italiano si mobilita nella grande manifestazione di piazza del Popolo a Roma del 20 febbraio
1949.

Sopra Roberto Rossellini torna, nel 1952, a Scardovari, dove aveva già girato un episodio di *Paisà*, per i sopralluoghi di *Italia mia*, un progetto di Cesare Zavattini (seduto in barca nella foto) mai realizzato.

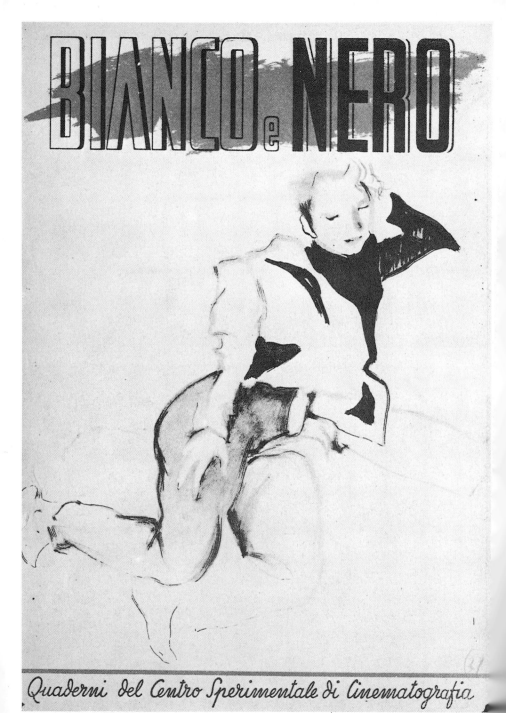

BIANCO e NERO

Quaderni del Centro Sperimentale di Cinematografia

Nel 1947 il Centro sperimentale riprende la sua attività sotto la gestione commissariale di Umberto Barbaro.
primo numero della nuova serie di *Bianco e Nero* dell'ottobre. Il disegno della copertina è di Anna Salvadore.

alto «Ci basta un po' di terra per vivere e morire» è la modesta richiesta dei barboni, guidati da Totò il buono (Francesco Golisano), in *Miracolo a Milano* (1951) di Vittorio De Sica.

basso *Cielo sulla palude* (1949) di Augusto Genina.

In alto. Aldo Fabrizi in una scena di *Prima comunione* (1950) di Alessandro Blasetti (soggetto e sceneggiatura Cesare Zavattini).

A destra, in alto. Locandina di *Umberto D.* (1952) di Vittorio De Sica (soggetto di Cesare Zavattini).
In basso. Yvonne Sanson e Amedeo Nazzari sono i protagonisti di *Catene* di Raffaello Matarazzo (1950) il prin grande successo del cinema popolare del dopoguerra.

un film di VITTORIO DE SICA

UMBERTO D.

Soggetto di Cesare Zavattini
INTERPRETI
CARLO BATTISTI
MARIA PIA CASILIO
LINA GENNARI
Produzione Rizzoli-De Sica-Amato

- Rivivono in lei dolci e tormentosi ricordi.

CATENE

AMEDEO NAZZARI   YVONNE SANSON
PROD. LABOR-TITANUS   REGIA: R. MATARAZZO

In alto. Vittorio De Sica gira le scene finali di *Miracolo a Milano* (1951).

A destra, in alto. Amedeo Nazzari è il protagonista di *Il brigante di Tacca del Lupo* (1952) di Pietro Germi.
In basso. Totò e Aldo Fabrizi in *Guardie e ladri* di Steno e Monicelli (1951).

Produzione CINES - LUX FILM - ROVERE FILM

Amedeo
NAZZARI
COSETTA GRECO
SARO URZÌ
FAUSTO TOZZI
Regia di
PIETRO GERMI

DISTRIBUZIONE
Lux Film

il brigante
di
TACCA
del LUPO

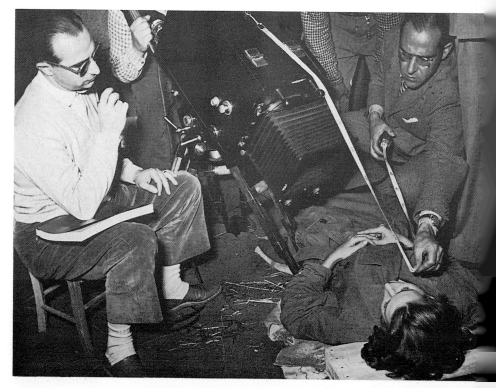

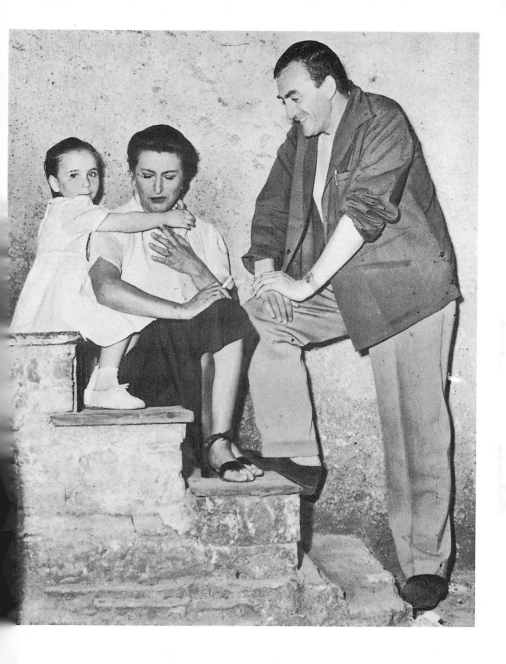

sinistra, in alto. Curzio Malaparte dispone le comparse per la scena della processione del *Cristo proibito* (1951).
basso. Alberto Lattuada controlla una scena di ripresa ravvicinata di Silvana Mangano per il film *Anna* (1952);
peratore è Otello Martelli. Arch. Cineteca Bologna.

ora. Luchino Visconti con Anna Magnani e Tina Apicella, in una pausa di lavorazione del film *Bellissima*
51).

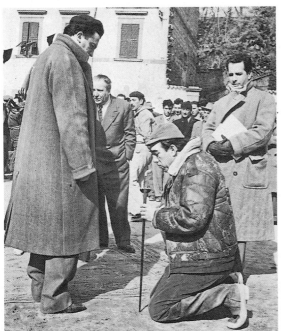

In alto. Vittorio De Sica dirige Totò in *L'o[...]
di Napoli* (1954). Arch. Cineteca Bologna.
In basso. Anthony Quinn con Federico F[...]
lini sul set di *La strada* (1954).

A destra, in alto. Il lungo viaggio del cine[...]
popolare e dei generi: un'audace foto di s[...]
na di *Fabiola* (1948) di Alessandro Blase[...]
film che rilancia le ambizioni dei produtt[...]
italiani. Arch. Agnolin.
In basso. *Il ritorno di Don Camillo* (1953)
Julien Duvivier è il secondo film della fo[...]
nata serie tratta dalle opere di Giova[...]
Guareschi.

SILVANA   KIRK
MANGANO · DOUGLAS

IN

VLISSE

CON

ANTHONY QUINN

E

ROSSANA PODESTÀ

FRANCO INTERLENGHI · ELENA ZARESCHI
EVI MALTAGLIATI · LUDMILLA DUDAROVA
TERESA PELLATI

E CON

JACQUES   DANIEL
DUMESNIL · IVERNEL · SYLVIE

regia di

MARIO CAMERINI

TECNICOLOR

un film lux

DI PRODUZIONE

LUX FILM · PONTI DE LAURENTIIS

REALIZZATO DA

DINO DE LAURENTIIS · CARLO PONTI

CAROSELLO
NAPOLETANO

pathecolor

(in ordine alfabetico)

ALBERTO BONUCCI
VITTORIO CAPRIOLI
YVETTE CHAUVIRE
MARIA FIORE
NADIA GRAY
SOPHIA LOREN
FOLCO LULLI
CLELIA MATANIA
DOLORES PALUMBO
GIACOMO RONDINELLA

con la partecipazione di

PAOLO STOPPA

e

ANTONIO

e con il

GRAND BALLET DU MARQUIS DE CUEVAS

il «BALLET AFRICAIN»   ROSITA   il «FRENCH CAN CAN»
di KETTA FODEBA   SEGOVIA   di Miss STAR BAROU

e la partecipazione vocale di

BENIAMINO GIGLI   GIACOMO RONDINELLA
CARLO TAGLIABUE   CLELIA MATANIA

Soggetto e Regia di

ETTORE GIANNINI

un film lux

PREMIO INTERNAZIONALE
AL «VII» FESTIVAL DI CANNES

sinistra, in alto. *Ulisse*, diretto da Mario Camerini nel 1954, interpretato da Anthony Quinn, Silvana Mangano
Rosanna Podestà, prodotto da Dino De Laurentis e Carlo Ponti per la Lux Film è la prima grande produzione
ernazionale italiana del dopoguerra.
basso. Una foto del *Carosello napoletano* (1954), capolavoro di Ettore Giannini.

ora. Marta Toren è la protagonista di *Maddalena* di Augusto Genina (1953).

inistra, in alto. Alla forza di Ercole, Maciste e Sansone il cinema italiano affida il compito di portare in salvo cor fragile barca produttiva. Nella foto, Ercole (Reg Park) in un film tardo della serie: *Ercole alla conquista di ntide* (1961) di Vittorio Cottafavi. Arch. Cineteca Bologna.

asso. Belinda Lee e Jacques Sernas in *La Venere di Cheronea* (1957) di Fernando Cerchio.

ra. Il mito dell'attore preso dalla strada funziona fino agli inizi degli anni cinquanta. Maria Fiore in *Due soldi peranza* (1952) di Renato Castellani.

In alto. Silvana Pampanini, la prima diva dei generi popolari, in *Vortice* (1954) di Raffaello Matarazzo.

In basso. Vittorio De Sica e Gina Lollobrigida in *Processo a Frine*, episodio di *Altri tempi* (1952) di Alessandro ▶ setti.

In alto. Gina Lollobrigida in *Pane, amore e fantasia* (1953) di Luigi Comencini.

In basso. Dalla metà degli anni cinquanta il cammino divistico di Sophia Loren si fa più spedito. Nella foto il maifesto di *Peccato che sia una canaglia* (1955) di Alessandro Blasetti, con Marcello Mastroianni.

Sopra. Marisa Allasio vive una breve stagione divistica, grazie soprattutto a *Poveri ma belli* (1956) di Dino Risi.

A destra, in alto. La scoperta dei consumi voluttuari e la scoperta del mondo: prima tappa obbligata Parigi. Ave
Ninchi e Aldo Fabrizi in *Parigi è sempre Parigi* (1951) di Luciano Emmer. Arch. Cineteca Bologna.
In basso. Carlo Battisti, professore di glottologia all'università di Firenze, indimenticabile interprete di *Umberto
D.* (1952) di Vittorio De Sica. Arch. Cineteca Bologna.

In alto. Renato Rascel in una scena del *Cappotto* (1952) di Alberto Lattuada.

In basso. La misura dello spazio vitale ed esistenziale nei *Vitelloni* (1953) di Federico Fellini.

I problemi del sud tornano nella ricostruzione risorgimentale di *Il brigante di Tacca del Lupo* (1952) di Pietro Germi. Arch. Cineteca Bologna.

A sinistra, in alto. Amedeo Nazzari e Silvana Pampanini in *Processo alla città* (1952) di Luigi Zampa. Arch. Cineteca Bologna.
In basso. In *Anni facili* (1953) di Luigi Zampa tornano a materializzarsi fantasmi ed ectoplasmi del fascismo.

Sopra, in alto. *Cronache di poveri amanti* (1953) di Carlo Lizzani.
In basso. Brunella Bovo e Alberto Sordi in *Lo sceicco bianco* (1952) di Federico Fellini. Arch. Cineteca Bologna.

In alto. Massimo Girotti e Lucia Bosè nel primo film di Michelangelo Antonioni, *Cronache di un amore* (1950). Arch. Cineteca Bologna.

In basso. Ingrid Bergman e George Sanders in *Viaggio in Italia* (1954) di Roberto Rossellini.

Alto. Lucia Bosè e Ivan Desny in *La signora senza camelie* (1953) di Michelangelo Antonioni.

Basso. Il sogno americano: Alberto Sordi e Maria Pia Casilio in *Un americano a Roma* (1954) di Steno. Arch. Cineteca Bologna.

Sopra. Alida Valli è la contessa Serpieri in *Senso* (1954) di Luchino Visconti.

A destra, in alto. Susan Shentall (Giulietta) e Mervyn Johns (frate Lorenzo) in *Giulietta e Romeo* (1954) di R
Castellani. Arch. Cineteca Bologna.
In basso. François Périer e Giulietta Masina in *Le notti di Cabiria* (1957) di Federico Fellini. Arch. Cineteca
gna.

Lo spazio come misura della distanza e dell'estraneità. Steve Cochran e Mirna Girard in *Il grido* (1957) di Mi
langelo Antonioni.

A destra, in alto. Marcello Mastroianni e Clara Calamai in *Le notti bianche* (1957) di Luchino Visconti.
In basso. Nasce la commedia all'italiana. Totò, Tiberio Murgia, Carlo Pisacane, Renato Salvatori, Marcello
stroianni e Vittorio Gassman in *I soliti ignoti* (1958) di Mario Monicelli.

Sopra. Il disegno del manifesto di Fratini per *Senso* di Luchino Visconti (1954).

A destra, in alto. Vittorio De Sica in una scena del *Generale Della Rovere* (1959) di Roberto Rossellini.
In basso. Alberto Sordi e Vittorio Gassman in *La grande guerra* (1959) di Mario Monicelli.

Un decennio di lavoro sul set: Luchino Visconti alla fine degli anni cinquanta. Arch. Tinazzi.

Ursus, di Carlo Campogalliani, con Ed Fury, Cristina Gaioni, Moira Orfei, Cineitalia Film-Athena Film, 1961, p. 215.

Vacanze a Ischia, di Mario Camerini, con Vittorio De Sica, Nadia Gray, Antonio Cifariello, Rizzoli Film-Francinex-Bavaria Filmkunst, 1957, p. 342, 601

Vacanze a Portofino, di Hans Deppe, con Teddy Reno, Giulia Rubini, Leil Dagover, Orlando-Film Omega, 1958, p. 601.

Vacanze col gangster, di Dino Risi, con Marc Lawrence, Lamberto Maggiorani, Giovanna Pala, Mambretti, 1952, p. 243, 491, 531.

Le vacanze del sor Clemente, di Camillo Mastrocinque, con Alberto Telegalli, Liana Billi, Virgilio Riento, Titanus, 1954, p. 22.

Vacanze romane (Roman Holiday), di William Wyler, con Audrey Hepburn, Gregory Peck, Paramount, 1953, p. 245, 601.

I vampiri, di Riccardo Freda, con Gianna Maria Canale, Dario Michaelis, Wandisa Guida, Athena Cinematografica, 1957, p. 586.

Vampyr, di Carl T. Dreyer, con Julian West, Henriette Gérard, Tobis Klangfilm, 1932, p. 182.

Vanità, di Giorgio Pastina, con Liliana Laine, Walter Chiari, Dina Galli, Fauno Film, 1946, p. 29.

Varsavia città indomita, di Jerzy Zarzycki, con Jan Kurnakowicz, Sofia Mrozowska, Polski, 1950, p. 86.

Il vedovo, di Dino Risi, con Alberto Sordi, Franca Valeri, Nando Bruno, Paneuropa, 1959, p. 323, 532, 596, 599.

La vena d'oro, di Mauro Bolognini, con Marta Toren, Richard Basehart, Elsa Vazzoler, Athena, 1955, p. 523.

La vendetta di Thugs, di Giampaolo Callegari, Lex Barker, Fiorella Mari, Venturini, 1953, p. 301.

Venezia in festa*, di Francesco Pasinetti, 1947, p. 487.

Venezia, la luna e tu, di Dino Risi, con Nino Manfredi, Alberto Sordi, Marisa Allasio, Titanus-Société Générale de Cinématographie, 1958, p. 334, 601.

Vent'anni, di Giorgio Bianchi, con Oscar Blando, Liliana Mancini, Francesco Golisano, Alce-Fincine, 1949, p. 280.

Verginità, di Leonardo De Mitri, con Eleonora Rossi Drago, Leonardo Cortese, Irene Genna, Romana Film, 1952, p. 295.

La veritàaaa, di Cesare Zavattini, con Cesare Zavattini, Piero Barreca, Rai, 1982, p. 276.

La Versilia di Carrà*, di Massimo Mida Puccini, 1958, p. 487.

La via del tabacco (Tobacco Road), di John Ford, con Charles Grapewin, Gene Tierney, Zanuck, 1941, p. 656.

Viaggio in Italia, di Roberto Rossellini, con Ingrid Bergman, George Sanders, Anna Proclemer, Sveva Film, 1954, p. 260, 417, 419, 421-423, 673.

Viale della speranza, di Dino Risi, con Liliana Bonfatti, Cosetta Greco, Marcello Mastroianni, Mambretti-Enic, 1953, p. 531.

Le vie del peccato, di Giorgio Pastina, con Leonardo Cortese, Jacqueline Laurent, Andrea Checchi, Fauro Film, 1946, p. 678.

756   Filmografia

Villa Borghese, di Gianni Franciolini, con Giulia Rubini, Antonio Cifariello, Anna Maria Ferrero, Astoria Film, 1954, p. 288, 493.
*La villa dei mostri**, di Michelangelo Antonioni, Filmus, 1950, p. 495.
*Village Without Water**, Economic Cooperation Administration, 1948, p. 171.
I vinti, di Michelangelo Antonioni, con Anna Maria Ferrero, Franco Interlenghi, Peter Reynolds, Henry Poirier, Film Costellazione, 1953, p. 285, 498, 499.
Vita da cani, di Steno, Mario Monicelli, con Aldo Fabrizi, Gina Lollobrigida, Delia Scala, Ata, 1950, p. 259, 292, 322, 328, 535, 586.
Vita di San Francesco, p. 196.
La vita ricomincia, di Mario Mattoli, con Fosco Giachetti, Alida Valli, Excelsa, 1945, p. 250, 280, 449.
La vita semplice, di Francesco De Robertis, con Giulio Stival, Luciano De Ambrosis, Scalera, 1945, p. 29.
I vitelloni, di Federico Fellini, con Franco Interlenghi, Alberto Sordi, Franco Fabrizi, Leopoldo Trieste, Peg Films-Cité Films, 1953, p. 326, 504, 507, 509, 510, 513, 515, 709, 710.
*La vittoria del popolo cinese**, Studio Documentaristico di Pechino, 1951, p. 86.
Vivere a sbafo, di Giorgio Ferroni, con Misha Auer, Umberto Melnati, Cdi, 1950, p. 291.
Vivere in pace, di Luigi Zampa, con Aldo Fabrizi, Gaar Moore, Ave Ninchi, Lux Film, 1946, p. 135, 285, 307, 313, 335, 466.
La voce umana, vedi *Amore*.
La voglia matta, di Luciano Salce, con Ugo Tognazzi, Catherine Spaak, Gianni Garko, Ddl, 1962, p. 594.
Vortice, di Raffaello Matarazzo, con Silvana Pampanini, Massimo Girotti, Gianni Santuccio, Lux Film-Par Film, 1954, p. 558-560.
Il voto, di Mario Bonnard, con Doris Duranti, Maria Grazia Francia, Giorgio De Lullo, Ara Film, 1951, p. 678.
Vulcano, di William Dieterle, con Anna Magnani, Rossano Brazzi, Geraldine Brooks, Panaria-Artisti Associati, 1950, p. 31.

Zéro de conduite (*Zero in condotta*), di Jean Vigo, con Jean Dasté, Robert Le Flon, Argui Films, 1933, p. 182.
Gli zitelloni, di Giorgio Bianchi, con Vittorio De Sica, Walter Chiari, Maria Luz Galicia, Cineproduzione Enzo Bistolfi-Union, 1958, p. 91.

Indice dei nomi

Lanaro Silvio, 110, 616, 630, 633, 645, 715
Landi Mario, 492
Lane Abbe, 596
Lane John Francis,401
Lanfield Sidney, 231
Lang Fritz, 25, 61, 182, 238, 404
Lang P. Michel, 650
Lang Walter, 231
Langdon Harry, 239
Langini Osvaldo, 569
Lanocita Arturo, 61, 393
Larrabee Edward, 626
Latreille André, 683
Lattuada Alberto, 22, 24, 25, 31, 88, 90, 95, 119, 213, 253, 257, 272, 273, 281, 284, 285, 288, 317, 370, 403, 406, 408, 437, 451, 458-463, 466, 468, 469, 472, 473, 481, 493, 591, 614, 619, 628, 647, 677, 683, 693, 703, 712, 716
Laura Ernesto G., 68, 192, 396, 623-625, 630, 692
Laurani Salvatore, 88
Lauria Michele, 654
Laurito Pasquale, 662
Lawson John Howard, 385, 687
Lazarsfeld Pane, 666
L.C.R., 666
Lean David, 179, 438
Lee Rowland, 231
Le Goff Jacques, XXI
Leisen Mitchell, 230
Leone Sergio, XII, 492
Leoni, famiglia, 58
Leoni, monsignor,.124
Leonviola Antonio, 214, 284, 569
Lepri Laura, 677
Le Roy Mervyn, 34
Levi Carlo, 88, 141, 488
Levi Pilade, 654
Leyda Jay, 401
L'Herbier Marcel, 118, 280, 574

Libonati Attilio, 158, 159, 161
Lipartiti Giuseppe, 601
Lippi Giuseppe, 717
Lippmann Walter, 667
Lisi Giuseppe, 694
Lisi Umberto, 612, 617, 622
Lisi Virna, 215
Livingwood Charles, 653
Livolsi Marino, 617, 618, 661, 667
Lizzani Carlo, XXI, 91, 95, 107, 130, 143, 195, 260, 290, 317, 397, 399, 401, 403, 409, 426, 437, 440, 478, 488, 491, 519, 520, 615, 634, 641, 645-647, 649, 650, 668, 674, 680, 686, 694, 696-699, 703, 705, 710, 711
Lober Louis, 161
Locatelli Luigi, 716
Lodato Nuccio, 445, 700, 701
Lo Duca Ettore, 397
Lollobrigida Gina, 215, 256-261, 316, 455, 546, 584
Lombardi Martina, 718
Lombardi Riccardo, 651
Lombardi Riccardo, padre, 636
Lombardo Goffredo, 19, 21, 257, 613
Lombardo Gustavo, 20, 168
Longhi Roberto, XXI, 271, 379, 382, 488, 689
Longo Luigi, 131
Loren Sophia, 25, 215, 257, 259-262, 288, 316, 546, 584, 592
Lo Savio Giulio, 622
Lo Schiavo Giuseppe C., 704
Losey Joseph, 32, 359
Lotman Juri M., XXI, 305, 661, 678, 679
Lotti Mariella, 248, 301
Lotto Lorenzo, 471
Loy Nanni, 522, 623
Lovett G., 656
Lubitsch Ernst, 230, 456

Sorlin Pierre, XXI, 655, 683, 695-697, 702, 716
Spadaro Umberto, 215
Spadolini Giovanni, 638
Sparti Pepa, 665
Spataro Giuseppe, 156, 157, 653
Spinazzola Vittorio, 40, 192, 361, 403, 423, 542, 544, 617, 657, 659, 673, 680, 684, 696, 702, 714-716
Spirito Ugo, 400
Spitzer Leo, 383
Staiola Enzo, 251
Stalin Iosif, 85, 649
Stanislavskij Konstantin Sergeevič, 255, 375, 687
Stanley F., 667
Steinbeck John, 79
Stella Vittorio, 400
Stendhal (Henry Beyle), 299, 447, 582, 677, 712
Steno (Stefano Vanzina), 238, 239, 259, 266, 269, 290, 292, 293, 535, 536, 550, 551, 555, 597, 714
Sterling Monica, 700
Sternberg Joseph von, 238, 359, 460
Stone Ellery W., 156, 157, 159
Stoppa Paolo, 641
Strand Paul, 274, 399, 680
Strasberg Lee, 673
Strazzulla Gaetano, 622, 671
Strichewsky Wladimiro, 281
Stringa Ezio, 622
Stroheim Erich von, 184, 359
Swann Paul, 655

Taddei Nazzareno, 67, 121, 395
Tadini Franco, 191
Tagliavini Ferruccio, 714
Tajoli Luciano, 215
Tamberlani Carlo, 301
Tamburi Orfeo, 518
Tarabusi Renzo, 676
Taranto Nino, 322, 329, 331, 555

Tarantola R., 670
Taurog Norman, 231, 241
Taylor Myron, 160, 610, 654
Taylor Robert, 664
Tcherina Ludmilla, 577
Tellini Piero, 266, 272, 290, 457, 491, 410
Teodori Massimo, 667
Terracini Umberto, 641
Terzano Massimo, 449, 546
Terzi Corrado, 397, 650
Tesi G., 659
Tesio Giovanni, 614
Tinazzi Giorgio, XXI, 192, 499, 611, 685, 707, 708
Tito (Josip Brož), 155, 320
Titta Rosa Giovanni, 677, 691
Tobey Mark, 514
Tofano Sergio, 79
Toffetti Sergio, 714
Togliani Achille, 29
Togliatti Palmiro, 8, 40, 50, 74, 78, 130, 144, 150, 390, 555, 642, 645, 646, 651, 694
Tognazzi Ugo, 263
Toland Gregg, 242
Tolin Francesco, 173
Tolstoj Lev Nikolaevič, 298
Tomasi di Lampedusa Giuseppe, 93, 630
Tonetti Claudio, 700
Tonti Aldo, 449
Tornabuoni Lietta, 608, 610
Torri Bruno, 693
Tortolina Piero, XXI, 190
Tosi Virgilio, 187, 189, 190, 192, 397, 399, 488, 657, 658
Totò (Antonio De Curtis), 26, 125, 207, 215, 238, 239, 250, 254, 261, 279, 292, 314, 320, 328, 331, 332, 338, 341, 535, 536, 549-555, 586, 587, 591, 599, 660, 680, 714, 718
Tourneur Jacques, 581

Finito di stampare nel mese di luglio 2000
per conto degli Editori Riuniti
da Stabilimenti Tipografici Carlo Colombo S.p.A. - Roma